陳獨秀南京獄中資料滙編

吳孟明敬署

陈独秀南京狱中资料汇编

（上卷）

奚金芳　伍玲玲——主编

上海人民出版社

编辑说明

陈独秀是中国现代史上的伟人，著名的五四启蒙运动总司令，中国共产党的主要创始人，我国著名的文字音韵学家。1932 年陈独秀的被捕与入狱是陈独秀一生中的最后一次(第四次)被捕，也是关押时间最长的一次，入狱前后近五年(四年十个月零九天)，这正是其思想、身份发生重大变化的时期。深入研究这一时期的陈独秀，对厘清其思想发展的脉络和关键性转折具有重大意义，这就需要全面而系统的资料。为此我们搜集了自 1932 年 10 月 15 日至 1937 年 8 月 23 日期间陈独秀被捕、营救、庭审、辩诉、判刑、入狱、狱中生活、释放各环节各种纸质媒体①、出版物、档案文献、往来书信、本人著述中的有关资料，汇编成册，以便为研究者提供一个全方位的资讯系统。

现将本书编辑的有关事项说明如下：

一、所收资料，分为九个专题。专题均以资料形成时间的先后排列(个别例外，日期不明确的按月份排；月份不明确的按年份排；年份不明确的排最后。专题之间有交叉的，依文章性质归类，别处存目，以供读者了解该专题全貌)。

二、所收资料，有的无断句无标点；有的为旧式标点，一并由编者重新标点。除无断句者加以说明外，其他不再一一说明。

三、为便于读者们阅读，尤其是便于现代青年人阅读，编者不仅对本书中的重要人物、主要历史事件、历史典故与已发表的同名文章的不同版本、托派组织及其相关的人与事均尽可能加以注释，而且对已发表的书信尽量考证出所写时

---

① 纸质媒体收录原则：国民党中央机关报《中央日报》，民国四大名报中的《申报》、《大公报》、《益世报》三报及《世界日报》全收录；其他报刊选录。其中重复者以首次刊登者被采用为先。

间(年、月、日)。注释采用页下注。原注一律注明。编者所注,多吸收或采用辞典、地方志、传记、政府网站及百度百科、维基百科等资源,并尽可能查实之。除重要文章外,恕不一一注明。

四、编者新发现(包括抢救出的)的资料,一并按内容依时间先后辑入之。不另辟专栏。

五、所收资料原文有误、脱、衍文或译名异于今译者,编者的更正、注明均置于〔〕内,但文章题目除外。

六、模糊不清无法辨认的文字,以□代替。

七、本书作为一部大型研究性资料书,辑入的两篇"前言"及编者的"导读"、"附录"与"大事记"等,是为读者提供对本书资料作通盘剔爬梳理及便于阅读利用的引线与脉络,也是提供参照的一批有针对性、指导性和工具性读物,均代表各位作者的观点,仅供研究参考。

八、原件上翻译的名字和专用及习惯词组及数字(为年月日),原则上不予改动(十分必要的或注释除外),以存原貌和整洁页面。编者只对明显易讹处更正之。

编　者

2012 年 2 月 6 日初稿,6 月 10 日修改,27 日定稿

2015 年 10 月六校终稿

目录

五、起诉、庭审、辩诉与判决(1932 年 12 月 31 日—1933 年 6 月 14 日) …… 305

前言

《研究室和监狱》发生的文明

（2009年5月29日）

叶尚志①

（一）

今年纪念五四运动90周年和陈独秀诞辰130周年，不禁想起陈独秀先生在“五四”之后的六月八日，为军警大肆逮捕学生愤而写下的一组短文，刊于《每周评论》，其中一文题为《研究室与监狱》。全文如下：

“世界文明发源有二：一是科学研究室，一是监狱。我们青年要立志出了研究室就入监狱，出了监狱就入研究室，这才是人生最高尚优美的生活。从这两处发生的文明，才是真文明，才是有生命有价值的文明。”

短短的华章，从字面上一看便可让任何人能够明白无误地理解其意涵，这便是：希望那个时代的青年要立志，既要下决心研究科学真理（包括自然科学、技术科学和人文科学之真理）；又要顶着反动当局的镇压，不惜牺牲，不怕坐牢；在监牢里可以亲身体验到民主、自由之可贵，反动当局之可憎，要为争取民主自由而奋斗。执着追求于此，才是最高尚、最优美的生活。这两处发生的文明才是真正的文明，有生

---

① 叶尚志（1919—2014），原名元亮，安徽宿松人。抗战时期（18岁）参加革命。曾任中央民族学院筹委会委员，中南民族学院副院长等职。1981年任中共上海市委组织部副部长（主持工作）。离休后在沪、皖多所高校任兼职教授、名誉教授。创办上海《人才开发》杂志。其对陈独秀研究著述达32篇之多，著有上海人民出版社出版之《世纪留笔》、《廿世纪续笔》、《九秩续笔》及《叶尚志诗集》等书。

命、有价值的文明。这便是陈独秀先生所希望达到的目标——追求文明的社会、文明的世界。

(二)

这仅就字面来理解陈独秀的这篇言简意赅、鲜明有力的文字。还应考虑他写此文时的处境与心情,以及一直以来的为人、所作的宣言和实践,才能从纵向、历史、立体地探索其深意,也许能受到更多的启发。

写此文时,陈独秀先生已是四十不惑之年的人了。1895 年日寇侵华发动甲午战争,我国失败,背负屈辱,失地赔款,倒赔两亿两白银,并把台湾等地割让给侵略者,喂肥了日本,助长其野心,导致日后遗患无穷。这对年仅 16 岁、血气方刚、充满忧愤的陈独秀这位少年刺激太深。从此,他立志爱国救亡、追求真理,致力革命,争取民主,反清反袁,改造旧邦。辛亥革命之后,陈被聘为安徽都督府秘书长,受到军阀倪嗣冲的追捕,在芜湖第一次落入囹圄。他要反动派要杀快杀,准备慷慨赴死,不料有人刀下留人,幸未被屠杀,又一次逃往日本,乃至五出东洋。回国不断推动反清、反袁和新文化启蒙运动,独树一帜,成为思想启蒙的"耀眼明星",五四运动的先导。

写到这里,应该突出地提到 1915 年陈最后一次返国。为了推进文化启蒙、思想革命,他在蜗居创办了《新青年》杂志,在创刊号第一篇《敬告青年》一文中,陈独秀写道:"青年如初春,如朝日,如百卉之萌动,如利刃之新发于硎,人生最可宝贵之期也",他"泣血陈辞于青年","自觉其新鲜活泼之价值与责任","奋其智能,力排陈腐朽败",对青年提出六项标准:

"一、自主的而非奴隶的……
二、进步的而非保守的……
三、进取的而非退隐的……
四、世界的而非锁国的……
五、实用的而非虚文的……
六、科学的而非想象的……"

他在阐释这六条标准时,强调了适应世界进步潮流,弘扬"科学与民主","若舟车之有两翼焉"。与此同时,他在创刊号中还强调宣扬"人权、进化论和社会主义"乃人类三大发明,把半个多世纪以来,借西学东渐之势,倡导现代化的水平向前推进了一大步。

这可以作为陈独秀在五四运动高潮中提倡通过"研究室与监狱",追求有生命、有价值的真文明的注脚。

(三)

上述这一历程,表明陈独秀这时已是坚定勇敢从事民主革命 24 年的老将,呼风唤雨,影响全国的风云人物。

陈独秀是在五四运动已风起云涌,斗争十分激烈,反动气焰张狂,170 多名学生被捕,800 多名学生关押在北大校舍,高校成了拘留所的背景下,写成《研究室与监狱》这篇文章的。他回答友人建议他从速逃离北京这个危险之地时,说道:“我脑筋惨痛已极,极盼政府早日捉我下监处死,不欲生存于此恶浊社会也。”

陈独秀的性格,可以概括为:感而发,勇而思,思必定,定必行,行必果。他在发表了大量评论和这篇短文之后,当即起草《北京市民宣言》,请胡适译成英文,立即亲赴印刷,不避追捕,准备牺牲,于 6 月 11 日,与高一涵、邓仲绳、王星拱、程演生分头到公共场所散发。不幸,果然被捕。经过京、沪和全国知名人士营救,关了 98 日,终于出狱,受到群众热烈欢迎。表明陈独秀不但是一位革命的思想家、宣传家,而且是言行一致、思想与行动统一的革命实行家、“身先士卒的统帅”,作出了示范和表率;不愧为后来毛泽东向斯诺所说的“陈独秀是五四运动的总司令”。他以实际行动实践了他写的《研究室与监狱》一文所弘扬的革命精神。

(四)

陈独秀在写出《研究室与监狱》这篇短文,经历了五四运动的骤雨旋风之后,直到他筹建中国共产党,担任五任党的主要领导,发动群众,推进大革命;经历了辉煌和挫折,转入地下。虽因政见分歧,被党内除名,仍然坚持反帝、反蒋和为民主、为社会主义而奋斗。因此再次被捕,投入南京监狱。

陈这次入狱,又一次验证了他如何实践《研究室和监狱》一文的真髓。

1932 年他在上海岳州路永兴里的秘密寓所,由于叛徒告密而被捕,时年 53 岁,已是久历风霜、备经锤炼的老将了。他和他的公子陈延年早就誓言:“革命不怕死,怕死不革命”,延年和乔年两位爱子,几年前(1927 年、1928 年)先后在上海龙华慷慨赴死,以高风亮节实践了乃父和自己的誓言。

陈独秀早把生死置之度外,视死如归。在火车押送他到南京的当夜,竟呼呼熟睡,令军警惊奇。到了南京,在与军政部长何应钦及一班喽啰见面时,何在大革命前后已领教过陈独秀的声望和风采，其他人等也久慕陈独秀的大名，备有笔墨，求他题字。他竟一口气写了五幅书法："三军可夺帅，匹夫不可夺志也"；"威武不能屈，富贵不能淫，贫贱不能移"等；并针对一班年轻反动军警写出"莫等闲白了少年头，空悲切！"陈简直把被捕当成平常之事，忘了囚徒的身份，利用当时当地条件，用笔墨继续战斗，用书法再造了中华传统文明，张扬了民族正气。

（五）

蒋介石本来对陈独秀恨之入骨，必砍杀之而后快，但慑于陈的社会名望和国内外许多知名人士营救或探望的压力，不敢对他妄开杀戒。这些知名人士，海外有：杜威、爱因斯坦、罗素、伏尔泰等；国内有：蔡元培、胡适、蒋梦麟、傅斯年、段锡朋、罗家伦、陈钟凡、章士钊、杨杏佛、杨树达、刘海粟以及安徽老乡柏烈武、李光炯、光明甫、潘赞化、王星拱等，共50多人。蒋介石当然不敢冒然动手。

这里特别提一下艺术大师刘海粟和他的女弟子潘玉良。刘海粟以引进西画与祖国传统绘画相结合，而驰名海内外。他是一位倡导新说、反对旧规，具有民主进步思想、无党无派的艺术大师。五四前后，服膺陈独秀的科学与民主、思想革命、文化启蒙的主张。他因出洋返国创办艺术学校，突破封建观念，实行男女模特教学绘画而出名，也受到保守势力攻击；陈独秀却表示支持。二位默契，惺惺相惜。刘曾敬佩陈的人格，冒着阻拦，两次入监看望陈独秀。刘当面赞扬他"你真伟大"，陈当即回应："你伟大！蒋介石要我反省，我反省什么，我看他倒要反省。"二人谈笑风生，刘大师带了笔墨求陈题词，陈不假思索，当即写了自撰对联：

行无愧怍心常坦；
身处艰难气若虹。

又一次刘从黄山下来，前往看望，陈在他画的《古松图》上题词：

黄山孤松，不孤而孤，孤而不孤；
孤与不孤，各有其境，各有其图。

改革开放后，刘老伉俪到蓬舍向我赠画、题字，并在落实政策发还书画中，在复兴中路的家中向我展示陈在狱中为他写的对联、题词，使我先睹为快，一饱眼福。1994年刘海粟大师百岁诞辰，我带陈独秀先生的孙女长璞看望刘老，回忆往事。老人仍伸出大拇指说："你的祖父真伟大，好人呀！"刘老与陈长璞相对而泣，刘老夫人夏伊乔、女儿刘蟾和我，众皆动容。

潘玉良，本是扬州流落少女，陈独秀的留日安庆同乡潘赞化怜女孤贫，予以救赎；陈独秀见她绘画很有灵气，建议送她到刘海粟的艺术学校培养；学有所成，陈又建议送她到法国深造。潘玉良得以远涉重洋，于1923年留法，终成大器。1933年回国，翌年任教于中央大学艺术系。潘玉良于1936年在南京办画展，竟不顾冒犯当局，画了一幅正在狱中的陈独秀像参展，以报答恩人。至今传为佳话。

（六）

陈独秀先生在监狱确实没有虚度光阴。除接见了大批知名人士外，就是继续看书、研究学问，撰写文章，作诗题词。

陈在这次入狱时，便托胡适等人帮他借书，从马恩著作、亚当·斯密等人的政治经济学、日、英、法文书籍，以及新近进修的德文书籍，还有大量中国历史学、中国文字学著作。他的监室是单间，除一张单人床和一张书桌外，就是竹制书架，书籍摆得满满的，这也是南京当局慑于陈的名望和舆论，对他的“优待”，不同于其他囚徒。他当初计划二三年内写《古代中国史》、《现代中国史》、《道学概论》、《孔子与儒家》、《耶稣与基督教》、《我的回忆》、《宋末亡国史》、《明末亡国史》。这些计划有的虽动手，但主要精力集中于他一生着力研究的中国文字学，从殷周甲骨文到《说文解字》等文字学说，他都参考；而在他头脑中储存的“资料”更丰富。因此他1927年从领导岗位退出后和在狱中完成了中国古语、音韵、字表，以及荀子、干支关于文字音韵考释等，著成文字，化名不断刊于各种杂志。他在此前和出狱后，至他卧病不起完成了《小学（即文字学）识字教本》和对国际、国内形势，抗战、建设、被压迫民族之解放等问题的演说与评论文章，在贫病交加情况下，从未辍笔。他既是白话文的倡导者，又是传统诗词的高手，他在狱中通过所作的《金粉泪》诗56首，嬉笑怒骂，信笔挥洒，揭露反动当局花天酒地，骑在人民头上，专打内战，不事抗日，讽刺无遗，脍炙人口。他以一生的实际行动，实践了《研究室与监狱》的誓言，对他所寄望的青年作出了榜样。

陈独秀一生为科学与民主、思想革命、新文化启蒙，新民主主义和社会主义，四进监狱，把社会当课堂，把革命当职业，把真理作目标，而研究，而奋斗。他精通祖国古今文字、古今文化，熟悉日、英、法语，粗通俄语，晚年狱中为了便于照原著进行研究，又学德语。他一生勤奋探索，博古通今，知行合一、言行一致、光明磊落、思想透明，从不搞阴谋诡计。他心系劳苦大众，胸怀祖国，眼观全球，立志为人类解放而斗争；不怕牺牲，毁家纾难，无私无畏，敢于担当，品格高尚，气魄非凡，魅力感人，是一位帅才。在他周围凝聚了不少精英，公认他能担当大任，建党之后公推他为五任主要领导，党的领袖，不是偶然的。

（七）

1927 年大革命形势发生突变、逆转，终于惨败，具有复杂原因，也不是偶然的。陈独秀的命运与中国新民主主义革命的命运是紧密相连的。他从高端跌入低谷，既有客观原因，也有主观因素。最根本原因是当时历史条件决定了国民党蒋介石、汪精卫反动阶级本质逐渐发展、暴露无遗，又持有军政实权，叛变革命，惨杀同盟者。共产国际和俄共全权在握，对蒋、汪当作依靠，奉送大批金钱、武器，养痈遗患，政策右倾；朝三暮四，也有“左”倾，七手八脚，指挥混乱；中国共产党成立不久，弱小无权，被共产国际当作附庸、苦力，作为国际一个支部纪律所限，无以自立，无法抵制误导，不可能独立负责，无法决定自己的命运。

总之，大革命失败，取决于历史条件的局限性，共产国际、俄共的局限性和中国共产党的局限性；总之，是由于历史主客观各方面的局限性综合交叉起作用的结果，而不是偶然的。

在这种失败的大局之下，从领导责任来说，显然起关键作用的是共产国际，实际上是俄共。这是一个复杂的课题，非片言只语可以说得清楚。中国共产党的领导如果说有错误、有责任，也是从属的，只能处于次要的地位。而陈独秀在中国共产党领导集体中是主要负责人，既有他的主张，也有对共产国际错误政策的抵制，也有不得不执行错误政策的错误，不能一概而论。在这个限定的意义上他也有责任，是这个领导集体的主要责任者。他在党的五次大会上和下台以后都作了真诚的检讨和自责，但共产国际和俄共没有一点检讨和自责，反而自封为一贯正确，把责任推给陈一人，这无论如何是讲不通的，也是铁骨铮铮的陈独秀无法接受的。

（八）

陈独秀与党中央分道扬镳、被除名之后，既有正确主张、表现的一面（如对革命低潮的估计与策略，不同意盲动的“左”倾路线），也有错误的主张（如否定农村建立红军，认为取得政权才应建立红军），走过弯路（如加入托派）。但是他一直高举的是马克思主义的旗帜，并在 1934 年公开审判他的法庭上维护了共产党人的声誉，公然抵制了法官的“清共”、“反共”反动主张和法官叫嚣“危害民国”、“剿灭红军”的反动主张、分不清敌我的错误说词。明确表示了对国民党反动当局必须推翻；对中国共产党只是路线不同，敌我界限却泾渭分明，保持了革命家和共产党人的气节和声誉，引起了法庭旁听观众啧啧称奇和对革命家的钦佩。这场法庭上的鲜明政治斗争，陈独秀由被告变成了原告，法庭吃了败仗，陈是胜利者，不亚于季米特洛夫 1933 年在莱比锡法庭上战胜法西斯一场政治法律斗争。可惜由于国民党借着手中特权，封锁了消息，不让报导，否则共产党人的声誉更隆，陈独秀的影响更大，不是可以逆睹的吗？

这是陈独秀在法庭上这一严峻复杂斗争条件下经受的考验，也是他五四运动时期所宣言的《研究室和监狱》，"这两处发生的文明，才是真文明，才是有生命有价值的文明"。

陈独秀一生 63 年，从觉醒、早熟、参加革命实践，共历 47 年，他一生的思想主张主要是正面的，也有错误，在中国革命复杂斗争中，谁能做到一贯正确呢？所以陈的错误能说那是次要的。他虽然经历过曲折跌宕，但也经历过鼎盛辉煌。他勤奋多思、自强不息、探索不止，思想是不断发展的。

他青少年时期萌发的是血气方刚爱国救亡，反清反袁，属于在知识分子精英人士圈子中进行旧民主主义范畴的斗争。五四运动和中共成立之后，已从知识分子精英人士圈子，进入工农劳苦大众，信仰力行的是马克思主义、社会主义，在我国是新民主主义。正如他说这是他一生中思想的一次飞跃。在他出党之后，思想并未停滞，经历跌宕曲折严酷磨炼之后，出狱前后近十年的反思，对一生的信仰和实践，有了扬弃和升华，实际上是一轮否定之否定，进入更高的境界。他不信教条，不信迷信，不崇拜任何个人，只崇尚真理。他在维护马克思主义正宗前提下，其标志主要是彻底否定了共产主义运动中的离经叛道，包括对自己重新认识和走过的道路，加以提升。所以他的晚年思想更加丰富，更臻成熟。他一生干出了一番伟大的事业，推动了历史前进，无愧于祖国、人民和历史。他是一位真正的大写的人，不论胜利和失败，他都表现铁骨铮铮，气节高尚；虽贫病交加，但精神不倒；赍志以殁，精神不朽。他生前、身后头上戴了九顶帽子，大都属于敌我矛盾性质，证明是不符合史实的。他是炎黄的优秀子孙，人民忠实的公仆，民族的英雄，是值得永远纪念的伟大人物。

我们当今对于陈独秀宣示的《研究室和监狱》文章，不在于机械照搬照套，而在于汲取其精神和实质：立志探索改造社会，无私无畏，勇于开拓，善于创造，与时俱进，自强不息，奋斗不止。

（本文所引资料，来源于陈独秀传记和其他党史资料。恕未一一备注。）

注：本文首刊于《人才开发》（上海）杂志 2009 年第 11 期。收入叶尚志《九秩续笔》（上海人民出版社 2010 年 4 月）第 111—116 页，题为《陈独秀先生诞辰一百三十周年祭》。

多元视角与陈独秀研究

陈谦平①

由于受中国传统政治文化的影响,目前中国学界对于近现代历史人物的研究仍然不能摆脱脸谱化的窠臼。“革命”和“英雄”人物被无限拔高,成为没有七情六欲、不食人间烟火的神;在政治上失败的人物,则一概受到无限贬低,有的甚至被描述成十恶不赦的罪人,遗臭万年。因此,突破“成王败寇”、“正统论”等思维范式的束缚,实事求是地研究历史人物,实为当务之急。

那么,怎样才能够做到实事求是地研究历史人物呢?我个人认为,多元化视角是一种值得提倡的、切实可行的研究方法。

何谓多元化的视野?我们了解一个物体的全貌,仅凭一个视角是不全面的,因为这样做容易以偏概全。特别是当我们站在盲点上去观察某个物体的话,一定会陷入盲人摸象的窘境。所以,我们研究历史人物,必须运用多元化的视角,只有通过不同角度、不同层面的综合观察,才能得出比较接近客观结论,才能比较真实地还原历史人物的原貌。

关于陈独秀研究,近年来取得了较大的进展,我们现在可以在一定程度上突破原先对于研究陈独秀所设置的政治藩篱。但是,在研究陈独秀的过程中,我们也要摒弃传统方式,避免从一个极端走向另一个极端,重新回到传统的范式。我们的陈独秀研

---

① 陈谦平(1955—),南京市人。祖籍扬州。南京大学特聘教授、博士生导师、历史系主任、南京大学中华民国史研究中心副主任。现任国务院学位委员会第六届历史学科评议组成员、教育部高等学校历史教学指导委员会副主任、国家社科基金评审委员、江苏省学位委员会委员等职。江苏省历史学会副会长,陈独秀研究分会会长。从事中国近代史、中华民国史研究,著有《抗战前后之中英西藏交涉(1935—1947)》、《国民对外关系史论(1927—1949)》等。

究，不应该只是拨乱反正、不能只是以阶级斗争或是领袖中心观为出发点。我个人认为，陈独秀研究也应该以多元化的方式来进行，也即是说，对于陈独秀应该用多元和多维的立体视角来进行综合的考察。

其一，国际化的视野。陈独秀的出现绝不是偶然的和孤立的，他创建中国共产党的过程实际上就是中国共产党国际化的过程。研究陈独秀和共产国际的关系，不能够脱离中国革命的实际。20世纪以来，中国已经融入了国际化浪潮中，中国所发生的任何事件都有着深刻的国际背景。费正清(John King Fairbank)指出："外国商品、观念和习惯进入中国达到了前所未有的程度，比中国历史上任何一个时期都更加全面、深刻。现代性的影响实际上包含着各种特定国家不同的特点。"①美国哈佛大学柯伟林(William C. Kirby)教授指出："民国时代的中国历史是由它对外关系的性质所界定、塑造、并且最终必须依此来解释的……对于民国时代，寻求某种'中国中心'的历史表述却未必恰是好处，因为这一时代的所有大事都具有国际层面的影响。"②

我们研究陈独秀，也要有国际化的眼光，以陈独秀为首的这批中国早期共产主义知识分子的出现，本身就是第一次世界大战和俄国十月革命后国际关系在中国产生的结果，这是国际文化"内卷化"的必然趋势。所以我认为，如果不注重从国际化的角度来观察，现代中国的历史简直无法理解。就中国共产党而言，它是一个国际化的革命党，作为共产国际的一个支部，中国共产党根本无法脱离其影响。

其二，国家和民族的视野，也就是民族主义的视野。陈独秀终究是一个民族主义者，我个人认为民族主义是他最后的归宿。当国际环境发生变化，于中华民族有利的时候，他是一个国际主义者；而当国际主义同中华民族主义发生冲突时，他就会选择民族主义。中东路事件以后他写信给中共中央，明确反对用"拥护苏联"、"武装保卫苏联"作为动员群众的中心口号，就是明证。

其三，文化的视野。这里有两个方面，即传统文化和西方文化的交互影响。五四运动以来，许多中国知识分子高喊着要抛弃传统，其根源在于他们认为传统文化是中国实现现代化的障碍。但是，如果我们认真地分析陈独秀的反孔思想，可以看到他思想本身也存在着传统性和现代性的对抗。陈独秀并不是一个完全西化或者马克思主义化的知识分子，他的思想深处仍然受着中国传统文化的影响，尽管他早年反孔，但作为一个中国知识分子，晚年的他依然跳脱不开回归中国儒家传统文化的宿命。

---

① John King Fairbank, *China, A New History*, Harvard University Press, 1994, p. 255.

② William C. Kirby, "The Internationalization of China: Foreign Relations at Home and Abroad in the Republican Era", *The China Quarterly*, No. 150, June 1997.

其四,人性化的视野。我们研究陈独秀,是要依据20世纪20年代那个大时代背景来进行,因此,我们的研究不是要重新将陈独秀塑造为神,而是要还原历史的真实,还原陈独秀"人"的本性,让我们看到在那个特定历史环境下中国精英知识分子的心路历程和命运。我们应该承认,陈独秀也是一个凡人,是人就有缺点,因此陈独秀的个性特点也应该是我们在研究中的关注点。

奚金芳老师和伍玲玲老师经过七年的辛勤工作,其足迹踏遍大江南北,将陈独秀自1932年10月15日被捕入狱至1937年8月23日被国民政府减刑出狱,期间的相关史料集结成《陈独秀南京狱中资料汇编》出版,实为研究囚禁时期的陈独秀提供了迄今为止最完整、最丰富的历史资料。这些资料包括收藏在中国第二历史档案馆、江苏省档案馆、上海市档案馆的原始档案,发表在《中央日报》、《申报》、《时事新报》、《益世报》等报刊上的陈独秀案相关报道、书信、文稿,甚至还有《密勒氏评论报》、《大美晚报》等英文报刊上的相关报道和评论。通过这批资料我们看到了围绕陈独秀被捕、营救、判刑入狱、减刑出狱,期间近五年,但折射出来的却是1932年至1937年的中国近代史全貌。陈独秀之所以成为当时中国社会的焦点,在于陈独秀独特的人格魅力,在于陈独秀不畏权势、独立思考的品质。

我坚信,这部资料汇编必定推动陈独秀研究的深入,亦必定会成为陈独秀研究的不朽之作。

2012年6月4日于南京大学

导读

陈独秀在南京狱中的风范与风骨

——兼论陈独秀与南京

奚金芳

陈独秀与南京结下了不解之缘。他一生中的两大思想转变都是在南京萌芽和开始的：第一个思想转变是由康党到“乱党”的转变；第二个转变就是由“左派反对派”到无党派的真正民主主义革命家的转变。这两大思想转变都与南京息息相关。尤其是在南京狱中的近五年(1932 年 10 月 19 日—1937 年 8 月 23 日)，成为他一生中继 1919 年 6 月 11 日在北京新世界屋顶花园向下层露台上看电影的观众散发传单被捕坐牢 98 天，举国声援获释的壮举之后，又一光辉的人生时段；他在狱中，对国家、民族、社会、人权问题，作了深入的思考、研究，并在文字学、音韵学方面作了精深的学术研究，写出了许多精辟的文章。在法庭上无私无畏，义正词严、气势如虹，依法进行了坚决斗争。从思想史而言，是他迸发思想火花，从而创造出我国合法斗争中法庭文化的光辉历史高峰。他写于 1933 年 2 月 22 日的《陈独秀自撰辩诉状》；同年 6 月 15 日的《上诉状》；7 月 7 日的《再抗辩书》；1934—1936 年所作《金粉泪》56 首七言绝句时事感言诗，以及分五期发表于著名的《东方杂志》上的《实庵字说》就是代表。他写于 1936 年的《无产阶级与民主主义》、《关于民主主义的几点根本思想》两篇文章(分别发表于由其主编的《火花》杂志 1936 年第三卷 1、3 期)，是其转变为真正彻底的民主主义革命家的代表作。研究这些代表作及其狱中和法庭上的作为，对发掘我国民族、社会、中国共产党思想资源，对总结我国及国际共产主义运动经验教训、重新读懂和了解陈独秀有重大意义。为此本书仅以多年来所收集的相关资料汇编成册，奉呈给读者阅读和研究，以求廓清是非，还历史以本来面目。

(一)

1897年7月(光绪二十三年),不足18岁的陈独秀以少年秀才身份,与大哥陈孟吉等一起乘船首次走出安徽,到南京贡院参加江南乡试。同年冬他便因写出《扬子江形势论略》(木刻本)而一举成名。在他自费木刻洋洋七千余言的《扬子江形势论略》一文中,他以满腔爱国激情,面对"时事日非,不堪设想"的社会现实,为挽救祖国危亡,防备列强侵略而从如何加强祖国的长江防务着手"保国保清",即文章所说的"略述沿江形势,举办诸端,是引领我国政府也"。他被誉为"皖城名士"。这半年奠定了他一生走与政治结缘之路的基础。用他自己在南京狱中所写《实庵自传》里的话说,就是这种腐败的乡试制度已到了非改不可、非改不行的地步了。他说:"所谓抡才大典,简直是隔几年把这般猴子、狗熊搬出来开一次动物展览会;因此又联想到国家一切制度,恐怕都有如此这般的毛病;因此最后感觉到梁启超那班人们在《时务报》上说的话是有些道理呀!这便是我由选学妖孽转变到康、梁派之最大动机。"①用他归纳的话可充分说明与南京的重要关系:在贡院试场内"一二个钟头的冥想,决定了我个人往后十几年的行动"②,即他人生历程中的第一次重大转折——由儒生转变为康党。诚如他所说,"我此次乡试,本来很勉强,不料其结果却对于我意外有益!"也就是说,他随后所从事的一系列光辉的革命活动,与他在南京乡试时就已萌发的变革思想是一脉相承的。这种渊源关系,就像种子的发芽与大树的生长变化关系那样地顺当而合乎逻辑,1937年他在南京国民党的监狱中所写《实庵自传》中(仅写两章)一半篇幅(即第二章)专门记述"江南乡试"。在陈独秀笔下,南京的风土人情是那样地栩栩如生。其记述之详,印象之深,思绪之广,在同时代文章中无出其右者。所以这本狱中所写而未完成的《实庵自传》虽未完稿,但1938年3月11日在武汉《宇宙风》散文十日刊杂志一发表,就风靡全国。这不仅是因为他写得真实,记叙直白生动,更因为他的名气——因写于他第四次坐牢的南京铁窗中,很快就出了单行本。一直到20世纪40年代陈独秀避国难在四川江津,托洛茨基和胡适还分别设法让他去美国写自传(前者更要其参与第四国

①② 任建树主编:《陈独秀著作选编》第五卷,上海人民出版社2010年版,第211页。

际的领导工作①)。从其《实庵自传》中可见,陈在南京这一次科举考试对于他发生的影响既大且深,不仅是苏皖两省的地缘政治与我国深厚的文化历史底蕴使然。所不同的是情同手足的胞兄是他“青灯课我读,文采励先鞭”,“弱冠弄文墨,寸草心拳拳”的良师兼骨肉;安庆是他的故乡兼战场;而南京同他的故乡安庆一样,是他革命生命航程的重要起航站,人生的搏斗场。确切地说南京是他选择结束科举仕途、决心上下求索救国之道,走职业革命家生涯的转折点(地)。这可从陈独秀离开南京贡院后几年所做的事得到证明。概括说他主要是办成了十件大事:

安徽俗话报封面

1) 1901 年在安庆组织青年励志学社,组织开辟展出革新书刊的藏书楼。发表救国演说。

2) 1902 年 9 月,在日本东京参加最早的中国革命留学生团体“青年励志社”(又名青年会)。

陈独秀 1904 年主编《安徽俗话报》时的旧址——芜湖长街 20 号楼上

① 托洛茨基 1931 年 4 月 7 日致信陈独秀,就热情表达“我很想学习中文,单单为了能阅读您关于中国经济的作品,我就该学习中文”的愿望;1935 年 8 月 10 日起至 1939 年 3 月 11 日,先后六次在信中谈陈独秀,说“他是一个有国际声望的人物……我深信陈独秀无疑应选入总理事会”(《1935 年 8 月 10 日致李福仁》。总理事会即第四国际总理事会);1938 年 2 月 5 日致李福仁的信中又说“让陈独秀出来,无论对于他或对于我们,同样是很重要的……他在第四国际中可以起片山潜在莫斯科给第三国际所曾起过的作用——而且,我希望陈独秀还能比片山潜给革命事业带来更多好处”。见《托洛茨基档案中致中国同志的信 1929—1939》,北京图书馆藏(复印本),第 62、71 页。

3) 1903 年 3 月 31 日，陈独秀、张继、邹容等五人在东京，发起了一次“革发代首”、惩治腐败学监姚煜的激烈行动，即将姚的辫子强行剪下挂于门前示众，以示警告。

4) 同年 5 月，与潘赞化等一起由日本返回安庆，成立了“安徽爱国会”，订立会章，5 月 17 日在安庆藏书楼组织了有 300 人参加的拒俄大会，他在会上发表了拒俄演说。为此他被清廷列入首要追捕对象而第二次流亡日本。

5) 1903 年夏，与章士钊(行严)一起在上海(当时属江苏省)创办并编辑《国民日日报》(1903 年 8 月 7 日创刊，主编章士钊)，这是以“《苏报》第二”面貌出现，鼓吹排满革命的报纸。存在仅四个月不到就被清廷停止了。陈独秀在其上发表了我国首译雨果名著《惨社会》(即《悲惨世界》，陈与苏曼殊合译，陈独秀笔名由己)。

6) 1904 年初与安庆房秩五等三人在芜湖科学图书社主办《安徽俗话报》。后来只剩他一个人，过着一天两顿稀粥，一身汗衫占满白虱的艰难岁月。但《安徽俗话报》的发行量竟达 3 000 份之多，因超过了当时有名的《杭州俗话报》、《无锡俗话报》而名闻文坛。

7) 同年 10 月，陈独秀为推翻清政府在上海加入暗杀团，与蔡元培等一批革命志士相识。从此与蔡结下了不解之缘。

8) 参与策划 1905 年吴樾密谋刺杀清廷出洋五大臣事件。

9) 同年秋在安徽芜湖创办“岳王会”。此会由陈独秀任总会长，他与柏文蔚、常藩候、宋少侠、杨瑞甫等建立了秘密反清军事组织，发动武装起义，推翻满清王朝。1905 年秋“岳王会”成立于南京玄武湖湖神庙。① 总人数二三十人，其外围组织为维新会。安庆、南京均设分会。南京分会 1906 年夏秋成立，分会长柏文蔚是安徽寿县人，比陈独秀长四岁。1905 年与陈同在芜湖安徽公学任教。两人志同道合，曾一起为反清于 1905 年夏游历淮上，结识志士。同年 10 月，柏文蔚应同盟会巨子赵声(字伯先，江苏镇江丹徒人。陈独秀挚友)之请，来南京任南洋第九镇三十三标第二营前队队官。在其驻节南京浦口期间，孙中山也派吴春旸②到宁组织长江流域同盟会，故柏文蔚即率岳王会南京分会全体成员加入了同盟会。这个以吸收军人为主要成员的秘密军事组织，以军界革命运动先锋的姿态出现，与同盟会汇合，一起在南京、安徽领

① 见柏文蔚《五十自述》。当年湖神庙在今南京玄武湖武庙闸附近而非现在的湖神庙所在处——编者。

② 吴春旸(1884—1911)，安徽合肥人，早年参加会党，为马福益回龙山头目之一。久居安源，任矿工领班。1906 年 7 月，洪江会成立后，积极组织矿工参加，并到醴陵等地进行联络，准备武装起义。11 月，清廷捕杀会党甚急，他屡次派人到上栗市与洪江总部接洽提前起义，拟先夺取矿警枪支，攻占萍乡，再与洪福会首领姜守旦会商进攻浏阳，未果。12 月煤矿总办与清军勾结，以宴客为名，将其诱捕杀害。

导民主革命。陈独秀虽于1905年秋创立岳王会前结束了他在芜湖一个人编辑《安徽俗话报》的艰苦生活，1906年夏他便与苏曼殊同赴日本了(第三次赴日)，但正是他领衔组织的岳王会，在很短的一个月内把革命的组织与主张发展到南京。此后，他一直与南京柏文蔚、赵声等同志互通声气，把革命的最新信息传给南京。其播种的革命火苗始终在江淮大地上跳跃着。岳王会成员们的革命活动从未停止。

10）安徽反袁世凯二次革命的先锋。1913年7月初，孙中山讨袁，请柏文蔚出山，柏文蔚第二次被委任安徽都督并安徽讨袁军总司令，柏与陈独秀在南京商量，于1913年7月17日宣布安徽独立。陈也再次复出，二度担任安徽省都督府秘书长，并兼任安徽高等学校教务主任之职。柏、陈两人联手贯彻中山先生的革命方针，由陈独秀负责与上海陈英士随时接洽掌握，决不能违背革命的宗旨，无论何种主张，皆不为动。①1913年6月至8月底，陈独秀担纲了繁重的都督府工作，使安徽成为与江西、浙江、江苏并列的辛亥革命反袁四大重镇之一。他也因反袁世凯失败而几遭杀身之劫难。② 至今留下的陈独秀起草的《安庆独立之布告》③就是明证。其中声讨“临时总统袁世凯凶残狡诈，帝制自为，戕贼勋良，灭绝人道，恶贯满盈，人民发指。近更无故派兵，蹂躏苏皖，东南各省，同深义愤，声罪致讨，吾皖岂能后。兹特邀集军商绅界会议决定，即日宣布独立”，“布告”同时发布了公推柏文蔚为讨袁军总司令等人事任命和安民告示数条。④

陈独秀第一次任安徽省都督府秘书长的1911年底至1912年4月间。在结束安徽政务后，便偕妻高君曼与柏文蔚一家一起自安庆迁南京。两家在南京城南同住一院(何院⑤)。夏天柏、陈两人黎明自水西门一带登舟，沿秦淮河至府城桥⑥纳凉。南京给他留下良好印象，似有久居之意，因此，他虽只在南京生活了短短不足四个月，在城郊外大校场附近置十几亩薄田、几间草房。他自己虽未入住，却成为1925年冬与高分手后，高在南京的生活依靠之一。高君曼于1930年病逝，靠友人接济安葬于南京清凉山，1993年4月又迁葬黄金山。⑦

---

① 《安徽公报》第四期，1912年10月17日，转引自林茂生、唐宝林：《陈独秀年谱》，第56页。

② 见高语罕《陈独秀入川后》，记述了陈独秀险遭合肥军人龚振鹏枪杀之难，被刘文典、范鸿仙等救下。

③ 原载《民立报》1913年7月22日，见《陈独秀著作选编》第一卷，上海人民出版社2009年版，第141页。

④ 《安庆独立之布告》，载《陈独秀著作选编》第一卷，上海人民出版社2009年版，第141页。

⑤ 据考柏文蔚当年曾住南京秦淮区明代状元朱之蕃故居，自1909年起在其中办金陵崇实学校并居住。见南京《现代快报》2006年2月20日《记忆科举文化的活化石》。

⑥ 现名复成桥。据吕武进、李绍成、徐柏春编《南京地名源》(江苏科技出版社1991年版)记载，古南京府城桥西为一片古木参天的树林。陈、柏两人每天去树下纳凉，夜深方归。

⑦ 孙其明：《陈独秀身世、婚恋、后代》，济南出版社2001年版，第73页。后因造飞机场，高君曼墓又迁至江宁业坊坟亲家赵世莹家祖坟一起。

陈独秀自20世纪初的头五年间，屡次被清廷两江总督端方和安徽巡抚恩铭列名追捕，他为此而三度赴日本。当他在日本，又因参加革命活动而被清廷驻日本当局驱逐，只得回国，实际过着留学（革命）兼避难的日子。这些直接为他总结辛亥革命经验教训，于1915年9月在上海创办《青年杂志》，以此为阵地发起新文化启蒙运动，从而点燃了五四思想启蒙的火把，把自由、民主、科学、人权等普世价值和改造社会、实现国家现代化的理念广为传播，身体力行，努力实践。此后，更多知识分子在其影响下以办报刊、杂志和译著为职志，形成了我国第一次从1915年9月—1919年“五四”前期的新文化启蒙运动。他为传播这些新的现代理念作出了杰出贡献。其代表就是他主编的《新青年》杂志（第一卷为《青年杂志》）。1919年爆发了我国近代史上著名的“五四”爱国政治运动，就是其思想启蒙的必然。因此，陈独秀在1919年6月11日晚由于散发《北京市民宣言》而第一次在北京被捕时，举国学界、报界乃至文化界奋起营救。毛泽东在其创刊的《湘江评论》头版发表的《营救陈独秀》一文中称陈独秀为“五四运动的总司令”；“我祝陈君至高至上的精神万岁！”[①]后来，王观泉著书称之为“被绑的普罗米修斯”。[②] 毛泽东在1945年4月21日延安中共七大预备会上说：“五四运动，替中国共产党准备了干部。那个时候有《新青年》杂志，是陈独秀主编的。被这个杂志和五四运动警醒起来的人，后来有一部分进了共产党。这些人受陈独秀和他一群人的影响很大，可以说是他们集合起来，这才成立了党。我说陈独秀在某几点上，好像俄国的普列汉诺夫，做了启蒙工作，创造了党，但他思想上不如普列汉诺夫。”[③]在这次讲话里，毛泽东还专门提出“将来修党史，要讲讲陈独秀的功绩”。

把视野放大至整个中华民族乃至东亚来看，正如曾彦修[④]所说：“陈独秀和他领导的思想文化运动，从原则上改变了两三千年来中国知识分子的基本人生价值取向。”陈独秀掀起的新思想文化运动首先必须对中国的知识分子作电闪雷鸣般地呼号和轰击。李大钊、鲁迅、胡适等一大批知识界猛士们同心协力，他们不比18世纪末法国大革命前的启蒙大师们差劲，他们勇敢地喊出了“打倒孔家店”、“打倒吃人的礼教”、“救救孩子”等口号。从此，中国知识分子中相当大的一部分人明白了，他们的任务是在为挽救国家的危亡，为争取国家的科学、民主，为推进现代化服务，而不再是为

---

① 原载《湘江评论》创刊号头版，1919年11月。

② 王观泉：《被绑的普罗米修斯——陈独秀传》，台北业强出版社1992年版。

③ 毛泽东：《中国共产党第七次全国代表大会的工作方针》，《毛泽东文集》第三卷，人民出版社1996年版，第294页。

④ 曾彦修（1919—2015），四川宜宾市人，笔名严秀。早年投奔革命，曾任康生秘书。新中国成立后任人民出版社总编等职，是新中国成立以来最具影响力的报人和出版人之一。著有《天堂往事略》（上、下）等大量著作。

维护封建主义的纲常礼教、伦理道德或某一个人服务了。“这样的历史功勋，难道还不能够永垂史册，不应该永垂史册么?”[1]

这就是陈独秀之所以在南京囹圄期间，广受国人尊敬及当局优待的根本原因。应当说，这就是五四运动的继续。确切地说这是整个“后五四时代”的大社会生态和政治环境使然；更是他个人法庭斗争及在狱中所作的卓越的历史贡献使然。

(二)

陈独秀在南京狱中的近五年牢狱生活，是他一生中与南京结缘的第二阶段，也是他继五四时期的又一段人生之路的光辉亮点。此即本书记录的全部史料。

1932年10月15日晚七时，陈独秀在上海法租界岳州路永兴里11号楼上寓所被公共租界巡捕房逮捕，当日上海市长吴铁成通令嘉奖三万元给“有功”人员。同月19日晚11时，他与彭述之二人[2]被上海市府公安局保安大队二十余名武警和侦缉员四人，乘夜车押解到南京国民政府军政部军法司看守所监狱(南京羊皮巷十凛巷)，直至1937年8月23日出狱。他这第四次被捕，共被关押四年十个月零八天。出狱后，于1937年9月9日赴武汉，共在南京度过五年差一个月的时光。连同前述两段在南京的时日加起来近六年，几乎占去了他全部生命近10%，其光辉却泽被了他的一生。

其时，先由国民政府军政部何应钦部长亲自讯明陈与军事暴动的苏区共产党红军无关后，旋即转由国民政府司法行政部发交江苏高等法院审理。1932年12月31日江苏高等法院检察官提交对陈独秀案十人的起诉书，至1933年2月陈独秀自撰辩诉状完稿，先后共四个余月。期间，围绕陈独秀的被捕，国内外掀起了杀害与营救两种运动。前者(指主杀派)主要是在国民党内部的部分党政人员。基于1927年之后国共双方尖锐的阶级矛盾，已由阶级立场的对立发展而成的斩尽杀绝的对抗，主张对待陈独秀这个“共魁”，应该从快从重，以“反革命”罪犯镇压之。如国民党广州市特别执委会宣传部控制下的《广州民国日报》刊发社论，认为20世纪30年代中国所经历

---

① 此处摘自曾彦修《浅论陈独秀的历史地位及影响》，见奚金芳编《纪念陈独秀先生逝世六十周年论文集》，第11—13页，2002年南京大学百年校庆政治学系举办全国第七届陈独秀学术研讨会筹备处编印。原载《炎黄春秋》2001年第3期。

② 见《世界日报》1932年11月19日，《上月末由沪押解梁有光、谢少珊等男女11人来京》。可见陈案11人分两批来南京。

的危难，原因在于日本的侵略和中国共产党“所挑起的内乱”；而日本的侵略之所以能得逞，原因则在于国民政府忙于“剿共”：“溯吾国共匪之由来，不能不忆及十年前李守常、陈独秀等之提倡”，因此，“应处以极刑，勿能宽纵”，否则，就是一面剿共而一面纵共。杨镜芙也在《十月评论》上撰文《论陈独秀的所谓“功”和“罪”》，说陈独秀“是一个危害民国的大罪犯”，“自民国四年以来，一直到现在，所作的都是始终如一的共产党的工作。这种巨魁，一旦被捕，是只有处以极刑，绝对没有轻办和赦免的余地”。该文作者呼吁，“希望政府严厉到底，拿出对邓演达的手段来对付陈独秀”。① 不少地方党政人员则打电报给国民党中央，要求“严惩”、“处以极刑”、“迅予处决”。中国第二历史档案馆里，仍还存放着这些电报，发电人包括新疆省政府主席金树仁，湖南清乡司令何健，湖南衡山县、罗田县、江西上高县等国民党县党部，以及陆军的几个师团党部。②

但是国内外的救陈派们，则首先在国内掀起了一场对陈独秀的“营救运动”，这个运动自《中央日报》于1932年10月17日二版刊载《陈独秀被捕　现拘留租界即将引渡》的消息传出，10月18日《申报》第十三、十四版又以几近二版的整版刊发了以下新闻：

> “共产党首领陈独秀等被捕　经两昼夜之搜捕而破获　陈等十一人均解公安局”

全国媒体不约而同每天连续大量报道，掀起了一场席卷全国的“救陈运动”。③ 其时，美国路透社记者，把陈独秀被捕的信息，用无线电从上海传播世界各处，全世界的各大都会，尤其是像莫斯科、列宁格勒、柏林、汉堡、布鲁塞尔、莱比锡、伦敦、巴黎、纽约、东京这些大城市的地方报纸，都热烈地载着从东方传来的信息，“比起汪精卫出洋这一消息来，是前者好比霹雳，后者好比蚊鸣了”。④ 如日本的三家著名报纸《读卖新闻》、《东京朝日新闻》、《东京日日新闻》均予报道。后者在二版刊登了陈的头像照片。该报称：

支那共产党的巨头陈独秀被逮捕

> ［上海分局专电］（十六日电）杳然隐蔽踪迹而巧妙地逃脱官府眼睛的原中国共产党的巨头陈独秀，十五日下午，在租界警察署及公安局共同合力下，在公

---

① 陈东晓：《陈独秀评论》，上海书店出版社1989年版，第228页。

② 参见北京《看历史》杂志2011年5月1日刊：《起诉民国——影响民国的司法大案》一书《陈独秀案：一个革命者的自白》（庄秋水）。

③ 《晨报》1932年10月26日第4版《各方积极营救》一文中，首次提到“关于救陈运动”之说。

④ 仿鲁：《清算陈独秀》，原载《社会新闻》1933年一卷七期，见陈东晓编：《陈独秀评论》，第65页。

共租界岳州路附近的民房被捕获了。但那时陈由于激烈的胃病在病床呻吟，极度衰弱，立刻被工部局警察医院收容，目前得到治疗。十七日他要首先被带到特别区法院受审讯。再者警察在陈的寓所里发现了多数的日，露，支，佛，英的共产党宣传传单印刷物书籍(照片是陈独秀)。①

面对国民党内部要求从快处理的声音和社会贤达主张司法审判的呼吁，蒋介石考虑再三，于10月24日致电国民党中央委员会："陈等所犯之罪，系危害民国之生存，国家法律对于此种罪行，早在法律上有明白的规定，为维持司法独立尊严计，应交法院公开审判。"当日，国民党中央委员会举行座谈会，讨论蒋介石来电，决议陈案"交法院公开审判"。

蒋介石将政治案犯交由普通法庭审理的做法看似出人意料，实际自有其发展脉络。诚如庄秋水文章所说：国民党在1928年占领北京之后，按照孙中山在《建国大纲》里描绘的蓝图，国民政府宣告革命的"军政"阶段已经完成，进入"训政"时期。革命党，即国民党，代表民众行使国家主权，同时要在各地训练民众自治。从以颠覆旧制度为目标、奉行斗争哲学的革命党转而为执政党，便不能仅停留在观念层面，而是要用合法、和平的方式去化解社会矛盾和斗争，来巩固政权和建设经济。于是，拥有最高权力的蒋介石，希望党务、政治、军事、财政、外交、司法诸端都能逐步规范化。1929年岁末，蒋介石借《大公报》通电全国各报馆，希望各报馆能于1930年1月1日起，就党务、政治、军事、财政、外交、司法诸端尽情批评，以收集思广益之效。不仅如此，以前为适应"革命"时期的特殊法条也随之进行了修改。1931年1月31日，《危害民国紧急治罪法》颁布实行。此法施行之日，1928年3月9日公布施行的《中华民国暂行反革命治罪法》同时废止。原来具有浓厚"革命色彩"的法律被终止。而陈独秀案此后的审判，也正是按照新法，以"危害民国罪"起诉，而非"反革命罪"了。此后，国民政府在1931年6月1日公布《中华民国训政时期约法》，在"人民之权利义务"部分增加了第八条、第九条，更与陈案直接相关。第九条规定："人民除现役军人外，非依法律不受军事审判。"此条规定是陈独秀案最终交由普通法庭审判的直接的法律依据。第八条的内容为："人民非依法律，不得逮捕、拘禁、审问、处罚。"有学者便认为，陈独秀和李大钊被捕后在狱中待遇完全不同，"与《中华民国训政时期约法》的颁布所反映并推动的司法进步相联系"。②

10月25日，军政部长何应钦面讯陈独秀。陈独秀正式澄清，自己与湘赣、鄂豫皖

① 日本庆应义塾大学长崛佑造教授提供原文及译稿。2009年5月29日。见本书第52页。
② 黄伟英：《从李大钊案到陈独秀案：民国时期司法现代化的发展》。

的共产党暴动毫无关系，还向何建议应该联合苏联抗日。何应钦则正式表示，“陈等虽属危害民国罪犯，但以其非现役军人，且犯案地点，又核与民国紧急治罪法第七条前段规定不合”，所以军法司无权管辖，于是命令军法司长王震南，“备文将陈等转解江苏高等法院，公开审判”。

于是，陈独秀案成为民国时期第一例由普通法庭审理的国内公民涉共案件。①

这里首先必须谈及我国主流社会一批主持正义的高官与学者闻人，包括昔日他的友好、社会贤达们（当年都受过“五四”新文化运动洗礼），以及他的同事、朋友、学生们，纷纷出面奔走呼号，设法保释与营救当年五四运动的总司令陈独秀。

首先是司法总长罗文干②，他早在1932年10月22日就致电在武汉的蒋介石，要求“请将陈独秀案付司法审判”。故当胡适于1932年10月22日即陈独秀被捕的第七天致信国民政府司法部长罗文干，请将陈独秀等付司法审判，以求公正时，罗文干即复告胡谓：“其实我于你来信时，已先电汉接洽，你来电那一天，老蒋（蒋介石——编者）已复电照办。”③可见蒋介石对陈独秀案交司法审判的明朗态度。

其次，蔡元培、杨杏佛、柳亚子、林语堂、潘光旦、董任坚、全增嘏、朱少屏等社会贤达八人，联名于10月23日发出致南京国民党中央党部、国民政府的快邮代电，其中褒扬陈独秀“此君早岁提倡革命，曾与张溥泉、章行严办《国民日日报》于上海，光复后佐柏烈武治皖有功，而五四运动时期鼓吹新文化，对于国民革命尤有间接之助。此非个人恩怨之私所可抹杀者也”。④ 电文呼吁当局应“矜怜耆旧爱惜人才”。

再者，新闻界的鼎力呼吁。当时全国上至著名大报如《中央日报》、上海《申报》、《大公报》、《时事新报》、基督教的《益世报》、北京《晨报》及各省省报，乃至地方小报；在华外文各报，均予大篇幅报道。上海出版的《大美晚报》中英文版（The Shang Hai Evering Post And Merecurn）⑤，竟每天双份由上海直送南京陈独秀所押在的江宁地

---

① 黄伟英：《从李大钊案到陈独秀案：民国时期司法现代化的发展》。

② 罗文干（1896—1940），广东番禺人。早年留学英国，回国后任北洋政府广东审判厅厅长。民国成立后，历任广东都督府司法局局长、高等检察厅厅长，北洋政府总检察厅厅长、内阁司法次长、大理院院长。1919年1月，以考察司法名义赴欧，在英国考获大律师资格。后任司法总长、财政总长、国民政府司法行政部长、外交部长、国防会议参议，西南联大教授等。1940年10月病逝于广东荣昌。

③ 《罗文干致胡适》1932年10月28日，载《胡适往来书信集》中册，第140页。

④ 《申报》1932年10月24日《蔡元培等营救陈独秀》；《大公报》同日第3版刊登全文，题为《营救陈独秀 蔡元培等之一电》。

⑤ 《大美晚报》英文版（The Shang Hai Evening Post And Merecurn）是20世纪上半叶美国侨民在上海发行的一份著名英文报纸。1929年4月16日在上海创刊，前身为《大晚报》（Evening News），英文初名Shanghai Evening Post。1930年8月13日，合并英文《文汇报》（Shanghai Mercury）后，英文报名改称The Shanghai Evening Post and Mercury。1945年8月日本投降后，高尔德返沪恢复《大美晚报》，1949年6月停刊。

方法院看守所。著名美国在华周刊《密勒氏评论报》(The China Weekly Review,主编鲍威尔)在显著版面以醒目标题《全中国加强反共举措》一文中称:

"上海巡捕房行动之引人瞩目案例是10月15日逮捕了著名学者和中国共产党创始人之一陈独秀。他在一系列对共产党机关迅猛凌厉的突袭过程中被拿获,其被捕地点在岳州路永吉[兴]里11号的一间华人寓所。同时还有大批共产党文件被缴获。除陈独秀之外还有另九名嫌犯被拘。陈独秀1879年生于安徽怀宁,他是两位最著名的共产党首领之一,他的活动范围主要在中国南方。另一位首领是李大钊,他掌管华北的共产党活动,他已在数年前被北京当局处决。陈独秀受业于安徽和北京的几所学府,毕业后赴日本和法国深造。陈独秀是'文学革命'的先驱之一,曾任《新青年》主编,在文学界大展身手,很快被公认为中国最杰出的学者之一。他受邀出任北京大学教授,后来担任该校文科学长……

"10月17日,陈独秀和他的5位助手及另5位上海共产党组织成员被监押至江苏高等法院第二分院,被诉以进行颠覆宣传和怂恿他人推翻国民政府的罪名。在当日下午一次长时间的听证会结束后,该法院核准了公安局代表提出的一项引渡请求,将一干犯人移交至Nantao(原文如此,即南市中国地界——编者)地方法院受审。"①

国内外呼声如此之强大的压力,促成了24日晨国民党中央召开谈话会,按国民党中常委蒋介石提议和他10月22日的电示,会议通过了将陈独秀案交予法院公开审判的处理方针。② 国民党对陈独秀这样处置,一方面顺从舆情,"揭示法治之保障",以标"法治";另一方面诚如当时报载,可"树立健全之理论"。③ 对陈彭案乃至所有党案"消弭反动,与其使用强力,不如使用理智,与其秘密处置,不如公开启导……此负责当局郑重注意也"。④

当时新闻界连篇累牍的以陈独秀案为中心的报道,所形成的"集群效应"本身就是五四精神的继续——如《晨报》称:"关于救陈运动,全国各方均极热烈,沪方柳亚子奔走尤力,胡适之亦有电致蔡元培营救。北大、燕大师生亦纷起设法,律师界章士钊、张耀曾、董康、郑毓秀均愿任陈辩护。盖陈思想虽不容于社会,惟其能牺牲一己,而推行其本人认为拯救民众之主义,即其人格弥可钦佩。"⑤许多知名律师坚持正义立场,挺身为之

---

① The China Weekly Review, 1932年10月22日,第62卷11月号,第323页。

② 《昨日中央谈话会讨论三中全会日期……陈独秀案在法院公开审判》,《中央日报》1932年10月25日。

③ 天津《大公报》社论小标题,《陈独秀评论》,第7页。

④ 《陈独秀评论》,第138—139页。

⑤ 《各方积极营救》,《晨报》1932年10月26日。

义务辩护。时任国民政府教育部次长兼中央大学代校长段锡朋①，受陈独秀之托致函胡适，谢绝蔡元培、胡适推荐的律师。陈独秀只请大律师章士钊和与章一道挂牌的彭望邺(国民政府检察院三名首席律师之一，在上海开设平章律师事务所)为之当辩护律师。段的复信说："蔡先生来函称汪有龄律师亦愿任辩护云，顷弟走访仲甫先生，云辩护事已委托章、彭二律师。"信中还称"彼云其实案情亦不过如是，烦请律师过多，或转易〔移〕外间无谓之注意"。② 南京吴凯声律师事务所的郭蔚然律师是北大毕业的，又是中国民权保障同盟会会员，于1932年10月31日诚恳致信蔡元培，其中有关陈独秀被捕事写道：

"夫子大人钧鉴……杏佛③夫子营救独秀夫子，适之夫子在北平响应。呜呼！政见不同各国皆有，于吾国则宜寒蝉，言论自由欺人之谈！我夫子老于革命，岂初料及此。昨阅独秀老夫子谈话，谓无钱不能请律师的，是伤心语。门人愿为不要钱之辩护人，如荷夫子赞同，敬乞赐示关照，以便晋京晤独秀夫子，作准备书状，为辩护之准备。牛兰外国人，独老夫子中国人，桃李盈门。为桃李者，此时不努力，等到何时？千钧一发，即求裁示。莊颂 公安　门人郭蔚然百拜(印)　卅一日夜八时。"④

蔡元培在信封上批语"复以陈案律师已请定，以后如有关于法律问题当随时奉询"。⑤ 此信用词之恭敬，态度之诚恳，乃当时之最。以门人自称的南京郭凯声律师事务所⑥郭蔚然大律师百般拜求以尽桃李之报，即学生报答先生之责，且将陈老师案与当时共产国际远东书记部负责人牛兰被捕案相比，其民族救犊之深情已溢于言表，感人心扉！

由此足见，是五四时代精神之影响和陈独秀人格魅力与风范所致，在国内外影响如此巨大，主要是他在五四当年所倾力提倡的科学、民主作为提升国民素质的主要目标，即前述的价值标准已经初步实现了。自然这就是以思想启蒙为特征的新文化运动的主要内容。这么多知识界精英纷纷愿挺身营救，就是明证。蒋介石当然不敢立

① 段锡朋(1896—1948)，字书诒，江西永新人。1916年入北京大学政法科学习，1919年五四运动时参与组织学生集会游行，被选为中国学生联合会第一任主席。后出国赴美留学，先后在哥伦比亚大学、伦敦大学、柏林大学、巴黎大学学习。回国后任武昌大学历史系教授、广东大学历史系主任。1930年起任国民党政府教育部次长、南京国立中央大学代理校长、中央训练团教育委员会主席、国民党中央执行委员。1948年在上海去世。

② 《段锡朋致函胡适》，《胡适来往书信集》，第141页。

③ 即杨杏佛。时任中央研究院总干事，中国民权保障同盟秘书长。

④ 陈独秀在1932年11月10日给上海李时蕊律师信中说"弟已延请三律师(一是章士钊，一是郭蔚然，一是彭望邺)"。

⑤ 郭蔚然律师就有关陈独秀被捕事1932年11月3日致信蔡元培(标点系编者所加)。2008年7月录自任建树抄件，经与上海市档案馆核对无误。

⑥ 上海市档案馆存南京郭蔚然律师原信信封。

即杀他。交付司法审判对陈独秀来说，无论于国家于个人，这本身已是一种巨大的胜利，尽管是有限的。比之瞿秋白来[①]，区别亦是巨大的。杀瞿固然是儆尤。正是蒋介石对待苏区各案，连起码的司法或军法也不讲的无数实例之一。自身深陷炼狱的陈独秀却对蒋介石政府发出怒吼道："囚捕无须烦警吏，杀人如草不闻声。"[②]他完全抛开当年开除其党籍的个人恩怨——当年被他骂成"那几个人"、"李立三辈"[③]之一的瞿秋白等的遇难，以诗句表明了敌我分明的革命立场，这是何等的凛然大义！

这次救陈运动比之1919年6月11日晚他在北京香厂新世界散发《北京市民宣言》传单被便衣警察拘捕后举国学界、教育界、社会各界的救陈运动，相隔12年余，由于"后五四"时代使然，陈独秀的社会地位及处境大不如前，不可同日而语。因为在1927年"4・12"清共后，陈独秀是国民政府通令"悬赏捉拿"的中国共产党的头号人犯[④]；此时陈独秀又早已被第三国际和苏俄斯大林目为"大逆不道"的中国"托派"(即反对派)头子，是必欲置之死地后快的头号敌人。所以这次陈独秀被捕，就共产党方面而言，必有截然不同的负面反应与态度。但历史吊诡的是，20世纪30年代的"救陈运动"与20年代即五四时代的"救陈运动"，在许多方面仍然有其一致性：1）仍有学界、教育界、社会各界名流起来一致宣扬陈先生当年反清爱国的坚决革命精神，和对五四新文化运动的杰出贡献。2）上述蔡元培、杨杏佛、柳亚子、林语堂、潘光旦等八人的快邮电报即是救陈运动的代表。他们中的大部分人也是12年前救陈运动的积极参与者和主力。3）与五四时期不同的是，这次最全面反映对陈独秀的舆论评价、也是这次救陈运动组成的主干内容要数陈东晓编印于1932年12月5日的《陈独秀评论》一书。[⑤] 此书共收入当时各界对陈的评论二十六篇(附录一篇即《陈独秀案起诉书》包括与陈案十人的分别《起诉书》)。其中所收二十六篇文章中，有六篇系反对与否定陈独秀的，二十篇是肯定陈独秀的。足见编者救陈之良苦用心。其中后者即

---

① 瞿秋白于1935年2月24日在福建长汀县上杭水口村被捕，26日被押解长汀国民政府第36师师部。5月17—22日写《多余的话》，6月2日蒋介石发密令给国民党驻闽绥靖公署主任、东路军总指挥蒋鼎文"瞿×秋白即在闽就地枪决"。6月18日瞿被杀害。

② 见本书陈独秀狱中著述《金粉泪》第46首。

③ 陈独秀1929年12月10日《告全党同志书》附注六："李立三辈对于机会主义，不愿推本溯源的使全党认识机会主义整个的路线之错误，而是想利用党的宣传机关与权力，把那几个个人造成机会主义的象征，以集中全党同志的视线，形成群众心理，好自然而然的把他们自己除外了"并举出瞿秋白在武汉大骂农民运动"过火"之类。任建树主编：《陈独秀著作选编》第四卷，第429页。

④ 《国民政府通缉共产党首要令》(1927年)，见中共中央党校中共党史教研室编：《中国国民党史文献选编(1894—1949)》，1985年9月，第123页。其名单第一人为鲍罗廷。以下以陈独秀为首共200人皆为中国共产党人。此名单系同年4月17日"蒋介石致李济深总参谋长及各总指挥、各军长、师长为奉中央监察委员会议议决举发共产党谋叛证据并知照以非常紧急处置案令依案执行电"所附"国民政府秘字第一号令"。

⑤ 原书系1933年东亚书局版。1997年山东人民出版社重新影印，为《民国资料丛书》之一。

"救陈派"之许多文章,以傅斯年的《陈独秀案》(刊发于1932年《独立评论》第24号)一文为代表。此文系统论列了陈独秀的"一生行迹,及最近二十年中国革命历史之必要"①,他分析了《新青年》的三个时期:1)1915年9月15日创刊—1917年,陈独秀一人独立编撰;2)1917年夏—1919年初,几个同仁合办,但陈的"贡献比其他人都多";3)自1920年初起,这个刊物变成了共产主义的正式宣传刊物。文章就《新青年》力主的"凡以上三事——文学革命,伦理改造,社会主义——是民国五年至十一二年中最大的动荡力,没有这个动荡力,青年的趋向是不会改变的,青年的趋向不改变,则国民党之改组与国民革命军运动之成事皆不得其前提。这个历史的事实,不能因为陈独秀现在累绁之中而抹杀之"。他提出要政府"处置此事,能够(一)最合法,(二)最近情,(三)看得到中国二十年来革命历史的意义,(四)及国民党自身的革命立场。"文章最后的结论(尾)说:"国民党决无在今日一切反动势力大膨胀中杀这个中国革命史上光焰万丈的大彗星之理!"②值得一提的是,在此文之后,还刊登了君达写的《舆论》短文一篇,称"前月卧病,偶读陆放翁诗有一首'去岁淮边寇未归,诸生上疏论危机。人才消失方当虑,士论峥嵘未可非。万事不如公论久,诸公莫与众心违。'"作者明确要政府重视"社会心理,尤其是士大夫阶级,莫不切望政府尊重舆论。……虽然在专制时代,当国者如果犯着舆论所不韪的,也不免小则一切行不通,大则落一个千古骂名"。③ 这种对当国者的当头棒喝,是中国传统士大夫阶级对陈独秀案独具影响力的典型表现,也是《独立评论》社翁文灏、丁文江、胡适、蒋廷黻、傅斯年、陶希圣、钱君达等"八九个朋友"用"公平的态度,来研究中国当前的问题",而"都希望永远保持一点独立的精神。不依傍任何党派,不迷信任何成见,用负责任的言论来发表我们各人思考的结果:这是独立的精神"④的一次大发扬——这就是五四新文化运动所提倡的理性精神。用之于陈独秀案,可谓正得其所。

《陈独秀评论》一书编者陈东晓在"自序"里说:"陈独秀的被捕,这乃是目前中国政治上一件非常重大的事件。我们只要看在陈独秀初被捕以至移送法院的那几天,全国各地报纸无一不以陈独秀的标题而作社论,甚至一次再次,表示全国舆论对于陈独秀案的重视。""自序"全面归纳了国内四种对陈独秀被捕的反映:"第一种最普遍而最有力的,就是胡适,傅斯年,以及全国各大报纸的舆论。……一方面着重于陈独秀个人在近代中国历史上所有的功绩,另一方面着重于要求政府依法治精神处理此案。

---

① 原载《独立评论》第24号,此处转引自陈东晓编《陈独秀评论》一书,上海书店出版社1997年版。
② 《陈独秀评论》,第11页,上海图书馆存。
③ 《独立评论》第24号,第7页。
④ 《独立评论》1932年10月30日创刊号扉页《引言》。

这些人一致承认陈独秀绝非共产党，绝非现行犯，绝不能与一般共产案同日而语。这可以说是全国舆论学术界之最大多数的意见。"[1]第二种意见是以广州《民国日报》社论为代表，要将陈与一般共产党一视同仁，以《危害民国紧急治罪法》处以死刑。此书编者则说："但是，虽然还是有人将他依旧看为共产党，可是真正的中国共产党对他的态度如何呢？"编者列举了彻底否定陈独秀的蔡和森的文章《论陈独秀主义》以及《大众评论》刊登的《托陈取消派首领陈独秀被捕之意义》说："其中将陈独秀骂得狗血淋头，指他为'中国革命的叛徒，对于帝国主义国民党的投降者'。这样，不仅足以证明陈独秀不是共产党，并且还可以证明陈独秀正是目前中国共产党之一个最大的敌人。"因蔡文正式定陈独秀"是中国革命运动和工人运动中之机会主义和孟什维克路线之典型的代表"，是"所有从中国近时革命运动中发生出来的各种机会主义的理论与实际——自戴季陶主义，彭述之主义，谭平山主义，以至鲍罗廷主义，都可以且应该归纳在这一中国孟什维克的总路线之中——即陈独秀主义之中。"[2]该书编者认为"这篇是共产党干部派最高首领蔡和森氏，在陈独秀未被捕以前所作。在这篇文字中，我们可以千真万确的相信，陈独秀在好久以前，已经离开了杀人放火斯大林派的共产党行列。……此篇乃系共产党内部反陈独秀主义最有力最系统的一篇名著，特将其介绍于此，使国人在真正之共党口中，来了解陈氏的为人"。[3] 既定性又定量的讨陈檄文——蔡文正式给陈独秀的"错误"定量为"是中国革命运动和工人运动中之机会主义和孟什维克路线之典型的代表"，是"所有从中国近时革命运动中发生出来的各种机会主义的理论与实际——自戴季陶主义，彭述之主义，谭平山主义，以至鲍罗廷主义，都可以且应该归纳在这一中国孟什维克的总路线之中——即陈独秀主义之中"。[4] 关于这个"定量"，我们还是应该听一听瞿秋白生前说的话。他说"是否责任由他一人负呢！大家说应该，又说他负有一点。这是法律的观点。他的思想是有系统的，常有脱离马克思列宁主义的观点。在政治意义上说，是他要负责的。但他的作用在中国革命中始终是伟大的。在武汉他有机会主义的政策，妨碍了甚至于出卖了工人阶级，这是不错，但当时的中央政治局，是和他共同负责的。至于过去，则'五四运动'的《新青年》杂志以来，他对中国革命有很大的功绩。现在，只说是他个人做

---

① 《陈独秀评论》编者自序。

② 《陈独秀评论》，第 12 页。1929 年 7 月至 1930 年 4 月，共产国际作出解除中共驻共产国际代表团的决议，由周恩来接瞿秋白任中共代表团团长。蔡和森（1895—1931）在苏联学习改造一年后，1931 年 1 月回国。后被派任中共广东区委工作。同年 6 月被英警逮捕于香港，随即由国民党政府引渡后杀害，年仅36 岁。

③ 《陈独秀评论》，第 10 页。

④ 《陈独秀评论》，第 11 页。

了错误,在政治上,机会主义应有〔由〕政治局负责”。[1] 这是对把陈独秀定量为“各种机会主义的理论与实际”的集大成者,即所谓陈独秀主义的最好而有力批驳。尽管还有过头和欠妥之处。

愚以为:蔡和森是中国共产党早期知名度很高的党史专家,大革命时期任党中央政治局常委和代理秘书长。正因为此,他被罢职、排挤去了苏联。1926 年他在莫斯科的工厂劳动改造,向中国留苏学生作过《中国共产党史的发展》报告;在 1927 年 9 月又写出了五万余字的《党的机会主义史》。后者系统回顾中国共产党产生发展的历史,客观地叙述党的错误发生的事实与过程,其结论是“党的改造不是换几个上级机关便了事,更不是由知识分子换成工人,由旧的知识分子换成新的便算了事”。[2] 全文连“陈独秀机会主义”的字样也没有。也因此,1929 年 2 月共产国际远东局“把蔡[和森]同志开除出政治局”及政治局常委。[3] 但是他在苏联劳动和学习时期,按照 1929 年 7 月 3—19 日共产国际执委第十次扩大全会后主宰共产国际的斯大林的残酷打击政策,在全世界推行其以“第三时期理论”[4]为牌号的“左”倾宗派主义和冒险主义,各国党大反“右倾”,而尤以打击托派和中国共产党陈独秀的不驯服为最;这给所属各国党带来了真正分裂危机的情况下,蔡和森作为中国驻共产国际代表团三名成员之一,他以“戴罪”之身于同年底在莫斯科步兵学校中国俱乐部作批判陈独秀右倾机会主义的报告。按共产国际制定新路线的内容写成了《论陈独秀主义》一文。但直至 1931 年 6 月他在广州英勇牺牲后三个月的 9 月 10 日发表(原载于中共《布尔什维克》1931 年 9 月第四卷第五期),纯是为批判与肃清陈独秀作为中国托派头子之需。该文说“这一社会法西斯主义必然成为民族法西斯主义的补充和助手。所以对于陈独秀主义和托洛茨基主义的斗争就成为中国共产党最重要任务之一。对于这种斗争的丝毫犹豫或调和态度就是帮助了反革命”。[5] 由此足见,此文给陈独秀错误所定之“性质”是何等的严重!它成为后来各种对陈独秀加上的“托匪”、“汉奸”等罪名之依

---

① 1928 年 7 月 15 日至 9 月 1 日中共六大上瞿秋白所作《政治报告讨论之结论》,《瞿秋白文集》第 5 卷,人民出版社 1995 年版,第 610 页。

② 《中共党史报告选辑》,中共中央党校出版社 1982 年版,第 150 页。

③ 《共产国际执委会远东局给共产国际执委会东方书记处的信》,1930 年 1 月 30 日,《联共(布)、共产国际与中国苏维埃运动》(1927—1931)上,第 36 页。

④ 第三时期理论即以对世界革命形势的极左分析为前提,从 1914 年第一次世界大战到 1918 年是第一时期,是资本主义制度发生严重危机,无产阶级直接革命的时期;1923—1928 年为第二时期,即资本主义渐趋稳定无产阶级继续斗争的时期;1928 年以后为第三时期。斯大林划分的第三时期,是资本主义瓦解,新的革命高潮即将到来,资本主义走向崩溃的时期,在中共六大上由布哈林最早提出。但他们两人的观点有重大分歧,直接导致了 1929 年 7 月反布哈林右倾的斗争并扩大至各国党,尤以陈独秀为最。

⑤ 《陈独秀评论》,第 31 页。

据——其源概出于这一苏制蔡和森文所定之基调！我这里所说“苏制蔡和森文”是以下列五个方面的质疑点为根据的：1）1929 年 10 月 26 日国际执委政治书记部下达给中共中央的训令中说“在一切斗争生活中，首先要反对取消主义陈独秀派及托洛茨基派，他们现在已经成为一个反革命的联盟向党进攻了，尤其重要的是肃清自己队伍里暗藏的陈独秀派托洛茨基派”。① 这里已给陈独秀定了“反革命联盟”的性质。这与前述中共五大后蔡和森总结的《党的机会主义史》一文的定性迥异。2）1932 年 8 月 27 日至 9 月 15 日共产国际执委第 12 次全会②决议，竟然将德国社会民主党作为最重要的敌人，称“社会法西斯主义所采取的，是资产阶级权力之中庸和‘合法的应用’”，“社会法西斯主义者演着烟幕弹（在烟幕弹之下，法西斯主义者能够组织其力量）及为法西斯专政开辟道路的作用”。因此全会号召“这个法西斯专政以后的发展或崩溃，将决定于工人阶级反对法西斯主义的一切形式的革命斗争”。③ 1933 年初，在共产国际执委另一个文件中说：“德国社会民主党的破产，他们的公开转变到法西斯营垒，这都极明显的证实着斯大林同志对于社会法西斯主义的估量——社会法西斯主义是法西斯主义的亲兄弟。”④当然打击社会民主党乃至一切中间势力就成为共产国际的最大决策。陈独秀之所以被定性为“社会法西斯”之来源早此两年余。3）1934 年 1 月，“把托派已定性为‘反革命资产阶级的先锋队’（斯大林的话）”。⑤ 4）蔡和森的上述两顶定性的帽子，早于“斯大林于 1937 年在联共中央全会上的报告所作如下的说明‘过去，在七八年前，托洛茨基主义……总算是一个政治派别’……‘现时的托洛茨基主义，并不是工人阶级中的政治派别，而是一伙无原则的和无思想的暗害者、破坏者、侦探间谍、杀人凶手的匪帮，是受外国侦探机关雇佣而活动的工人阶级死敌的匪帮’”之前六七年。因为“在 1927 年中国革命遭受失败之后，中国也出现了少数的托洛茨基分子，他们与陈独秀等叛徒相结合，于 1929 年形成了一个反革命的小

---

① 陈独秀：《答国际的信》1930 年 2 月 17 日，《陈独秀著作选编》第四卷，上海人民出版社 2009 年版，第 455 页。

② 中共六届四中全会后的中央政治局常委兼中共江苏省委书记王明于 1931 年 10 月 18 日赴苏联，同年 11 月 7 日抵达莫斯科。11 月 10 日被连任三命：中共中央驻共产国际代表团团长；共产国际执委，国际主席团委员；共产国际政治书记处书记。他主持了于 1932 年 8 月 27 日—9 月 15 日召开的国际执委第 12 次全会对共产国际政治书记第一书记库西宁主报告的讨论。这次会议作出的《国际情势和共产国际各支部的任务——国际执委第 12 次全会关于库西宁同志报告的决议》。此次会议把错误的“第三时期”理论推向顶峰，制定了各国武装夺取政权和武装保卫苏联的极左路线。事实证明，这次全会的先于法西斯执政就举行革命的要求是错误的。它导致各国党的普遍“左”倾，而客观上帮助了 1933 年 1 月德国希特勒上台。同年 2 月希特勒就炮制了德共“国会纵火案”，以作为镇压和消灭德国共产党的借口。

③ 《红旗周报》第 53 期，1932 年 12 月 10 日，第 7 页。

④ 《共产国际执委会给英国独立工党全国行政会的信》，《红旗周报》第 62 期，第 68 页。

⑤ 《坚决反对〈中国论坛〉偷运反革命托洛茨基主义的私货（提纲）》，《红旗周报》第 64 期，第 23 页。

组织……”还硬说他们是“领取日寇的津贴，从事各种有利于日本侵略者的活动”。[①]这就是“民族法西斯”之罪名的由来与解释。由此可见，斯大林既欲置陈独秀于死地而后快，包括蔡和森在内的中国革命者，迫于情势，投其所好，也就落井下石。这反映出第一代革命者身上所存在的历史局限性！所以我特别提出此乃“苏制蔡和森文”以存疑。此文的基调绝不是蔡和森的，它首先是共产国际十次至十二次执委全会精神的产物。即便具了蔡和森的名，但它是按一个中心的指令即斯大林旨意所为，是被不断篡改过的大量违心之言的伪作，而且是拙劣的伪作——陈独秀竟成了“社会法西斯”与“民族法西斯”的双料货。且不说蔡是读了陈独秀主编的《新青年》走上革命道路的，他任中共二至五届中央委员，五届政治局常委。对这种弥天大谎，就连“文化大革命”打派仗时的无限上纲的派系语言也不可与之相比。这在国际共运史上是典型的，也是空前绝后的造谣污蔑！只不过斯大林假手于蔡和森而已。

另一个可作救陈运动新闻界代表的是上海《涛声》报主编曹聚仁。[②]他在陈独秀被捕的第四天就在其主编的刊物《涛声》文艺周刊上发表了为救陈致国民党中央委员吴稚晖、蔡元培、邵力子三人的公开信，信称“看见报载陈独秀先生被捕，‘心中就有没名的悲痛’”。曹信引了汉末和现今的事实，请求释放，或者不杀陈，亟亟地呼吁求援。他说：陈先生的被捕事件，就纵的关系说，是否含有对于“五四运动”算总账的意义，五四运动前后的人物，若让我说一句狂妄的话，大半可说已经死亡了；有的在革命阵线上死亡，有的从事革命的阵线逃到腐化网中，行尸走肉，只是一个活尸。“若说陈先生应该担负五四运动以来的功罪责任，国家应该先设一个大规模的反省院，请吴蔡邵三先生首先进去，还请戴季陶先生，于右任先生，汪精卫先生，罗家伦先生以及参加五四运动现在当朝秉政的人物一同进去，大家反省一下究竟谁的罪过最大？究竟谁该上断头台？谁该判处徒罪？那才是最公平的办法！我们若共同承认各自是五四运动以来中华民国的罪人，则相向而哭是正事。一面忏悔，一面宽容，中华民国的生机，即在于此，亦未可知。不知三先生以为如何？”[③]随之，该报读者吉星去信讽刺说：“在此我给你们一个喜讯，安慰安慰你们的悲痛！免得‘忧心如焚’，这也是一种功德。——就是陈独秀不但不被杀，被监禁反而可成为汽车洋房中的巍巍乎大人”。[④]信中举出

---

① 《毛泽东选集》第二卷，人民出版社1951年版，第194页。

② 曹聚仁(1900—1972)，字挺岫，号听涛，笔名陈思、阿挺、尾生、丁舟等，浙江浦江蒋畈村(今属兰溪)人。父梦岐，清末秀才，在家兴办育才学园。1915年，考入浙江省立第一师范学校。五四运动时，任学生自治会主席，主编《浙江新潮》。

③ 《致吴稚晖、蔡孑民、邵力子三先生的公开信》，《涛声》第28期，1932年10月29日。其中吴、蔡是国民党中央监察委员；邵力子是国民党中央委员。

④ 同上。

实例：1) 陈独秀被捕时，身患重病，先进医院，后入公安局。公安局文局长转吴(铁成)市长，并赐以牛乳、面包等物，极为优待；2) 转到南京后，中央党部拨洋百余元，以作陈先生等衣服备办费；3) 陈先生等要求到汉(口)面见蒋委员长；4) 在那几日又在上海逮捕四人[①]，是真共产党，所以待遇不同，脚镣上哉。据此吉星的结论是："陈独秀等不但不被杀，监禁，反而可以升官。因为他们是极力反对共产党的。"[②]真可谓极尽挑拨挖苦之能事。曹聚仁则以高度理性精神和与人为善的态度作如是复文：标题是《假若陈独秀变了节——答吉星先生》。他的立论从总结历史教训出发答道："我们不能过于责备个人，个人的力量在集团前面实在显得太薄弱了。……我的意见，国民党若民国十六年之前，大量宽容一下，不去胡乱杀人，给共产党一条路走，国民革命不会到这样地步。干部派若大量宽容一点，不要胡乱开除[③]，给取消派一条路走，共产党也不会失败到这样地步。人类在历史上爬了这许多年数，可怜永远脱不下这'残忍'的外套，穿不上'宽容'的大衣。多少悲喜剧，由这样演成的哟。"[④]这不能不说是公允之论。1932 年底曹聚仁还曾代表上海群众图书公司以高价(每千字 20 元，高于市价四倍)向狱中的陈独秀索要《实庵自传》[⑤]文稿(未果)。其妹也以狱中医官的合法身份为陈独秀买参考书。

而司法界在司法部长罗文干(后为王用宾)的默默带领下，展开了一场营救兼保护陈独秀的运动，则是有史可鉴，也是旷日持久、贯穿陈独秀在狱始终的。其共同理由，诚如上述"盖陈思想虽不容于社会，惟其能牺牲一己，而推行其本人认为拯救民众之主义，即其人格弥可钦佩"。[⑥] 这是社会理性胜过党派意识形态的正义所在。也是陈独秀之成为不朽之客观社会环境所在。

厘清上述，对于理解并读懂在当时特定条件下，共产党及《救国时报》等，包括毛泽东，由 1919 年营救陈独秀运动中称陈是"思想界的明星"、"我祝陈君万岁！"、"我祝

---

① 四人为彭湃、颜昌颐、杨殷、邢士贞，均系共产党的军事领导干部，于 1929 年 8 月 24 日被捕，同月 30 日被国民党反动派杀害于上海枫林桥。彭湃是六届中共中央政治局委员，中央军委兼中共江苏省委军委书记。1921 年加入社会主义青年团，1923 年入党。他是中共最早从事农民运动的"农民王"。著有《海陆丰农民运动》一书，他曾于狱中写信给党中央，要"党内对于反对派的斗争，要多从教育上做功夫，以教育全党"。《周恩来选集》(上)，第 25 页。

② 《陈独秀到底怎样?》，《涛声》第 31 期。

③ 1929 年 11 月 15 日开除陈独秀党籍的手续程序上并未完成，见江苏《陈独秀研究》2012 年 1 期(总 18 期)陈独秀 1930 年 2 月 17 日《答国际的信》及附件。附件即共产国际来信，此事成了中共一大历史沉冤。

④ 曹聚仁：《假若陈独秀变了节——答吉星先生》，《涛声》第 31 期，1932 年 11 月 19 日。

⑤ 陈独秀：《致灵均女士信 12 封》之六，1933 年 2 月 7 日，见本书第 319 页。

⑥ 《各方积极营救》，《晨报》1932 年 10 月 26 日。另见陈独秀案《检察官起诉书》称"察核被告所为，仅只共产主义之宣传，尚未达于暴动程序"。

陈君至坚至高的精神万岁！”[①]退而听凭王明、康生等对陈加以“汉奸”、“卖国贼”等污蔑言论与非难，也就不难理解了。这既是中国共产党幼年时期的地位使然，也是意识形态高于一切之上所致，这是作为共产国际下属支部的中共所必须服从的国际纪律所致！

1932年10月25日，在国民政府军政部长何应钦“半谈话半审问”之前，陈独秀以其“三军可夺帅，匹夫不可夺志”、“先天下之忧而忧，后天下之乐而乐”等，给何部长及该部青年军官的逐一题词，向国民党当局表明自己决不会低头屈服之坚定立场与心志。对他的这种高风亮节，当即有汉口《晶报》(16开小报)、上海《涛声》等诸多报刊影印发表了“三军可夺帅，匹夫不可夺志”的这幅题词。顷刻，不仅这些小报随题词不胫而走遍全国，还引发了一些对陈独秀人格与人品的重要论争。1933年1月7日，陈独秀在复友人信中说及此事时称：“大约是我在军部所写……许多青年军人纷纷持笔墨和数寸长之小纸条，索书纪念，情意殷殷(充满同情心，毫无敌视表示)，令人欣慰，四面包围(长官不能禁制〔止〕)。”[②]

其时，国民党、政界、军界内的反动势力，亦同时掀起要求“处死陈独秀”、“严惩陈独秀”的声浪，称保释陈独秀的蔡元培等是“为共党张目”，应予以“警告”。此等喋喋叫嚣不绝于报端，陈独秀则泰然处之。他虽患病(肠胃病)，却安如泰山，早已将个人生死置之度外。诚如其老友高语罕后来所写：陈独秀“在上海被国民政府逮捕，押解南京。先生在京沪车中，酣睡达旦，若平居无素然，其对艰难从容不迫，而怡然处之，往往如此。必须认识独秀先生这种为人的精神，才可能了解他的整个的人格和他在中国文化史上所留给我们的遗产[是]怎样一种价值”。[③] 第四次入狱的陈独秀就是这样一如既往地过他的“出研究室入监狱，出监狱入研究室”，创造着他人生中的最高尚、最优美的文明。他在狱中多彩的生活，也是他一生风范之最大特点与亮点。有据为证：

首先，陈独秀以社会为本位，把监狱当成研究室。从他写给上海老友、法学家高语罕的夫人王灵均女士的12封信(已收入《陈独秀著作选编》第五卷。本书全部录入)可见，他除告知案情、释友疑虑、托友人通过已聘之上海彭望邺律师往返带信和买药外，并要她告诉自己的女友潘兰珍“案情无大危险，免她忧虑”，信中深悔潘受连累而致“一切衣物尽失……惟书桌抽屉(靠窗户右手抽屉，非将桌子挪开，不能抽出)内，

---

① 毛泽东：《陈独秀之被捕与营救》，《湘江评论》创刊号，1919年9月。
② 任建树主编：《陈独秀著作选编》第五卷，上海人民出版社2010年版，第48页。
③ 高语罕：《参与陈独秀先生葬仪感言》，《大公报》1942年6月4日。

藏有一小袋，系女友潘君之物。他多年积蓄，尽在其中；若失去，我真对她不起”。他要灵均“见信即去，迟则退租后，恐木器为房东移去”。后来当他得知原物俱在，并闻知潘兰珍已去取走，但仍念念不忘问询“不知确否？”①从致王的12封信中，一再要友人为之购书读。说明他一入狱就做好了长期在狱的准备。如他于1932年11月30日的信中要求王灵均女士将自己住处“书籍中有郭沫若著甲骨文及金文书三册两函（大东出版），望检出交彭律师带来”②；他在同年12月22日信中又说：“另纸所写西文书名，望交老友（指汪孟邹——编者）在中美图书公司购买，托彭律师带来”；1933年2月7日信中写道“急欲得老托（托洛茨基——编者）的《不断革命论》一读”，又在信末开列英汉字典、辞源、西方革命史等九种书。③ 从1933—1937年他接连写多封信给时任中央大学校长的罗家伦（本书收入七封，其中1935年10月18日的信系本书首次发表），请为之借古书及介绍学有专长的学者去该校任教。由此足见陈独秀在狱中系念亲人与为研究作各种准备之一斑。其对亲人、对学术之情深义切，不仅忘却了自己是病人和“犯人”，且证明其一种艺术人生之生活态度。其感人之至处就在于——他始终是他自己——当年他所写《敬告青年》一文里要求青年做到的“六义”：“自主的而非奴隶的”、“进步的而非保守的”、“进取的而非退隐的”、“世界的而非锁国的”、“实利的而非虚文的”、“科学的而非想象的”——他就是其化身。“六义”由其在狱中的身体力行而熠熠生辉。

其次，陈独秀的法庭斗争史迹光焰万丈。

1933年12月31日陈独秀一案十人被国民政府江苏省高等法院检察官朱隽提起公诉。公诉的定义是指国民政府检察院对犯罪嫌疑人的犯罪行为向法院提出控告，要求法院通过审判确定犯罪事实，惩罚犯罪人的诉讼活动。该《起诉书》概述陈独秀的经历和职务时称“其是为一党之主脑，其个人行动及发表者反动文件应负责任……即以中共反对派名义刊行之反动传单，宣言书及其指挥之行动，亦应由其完全负责”。④ 1933年2月20日，陈独秀在狱中自撰了5 000余字的《辩诉状》。其中针对江苏高等法院起诉书列举他的罪名是“以危害民国为目的，集合组织团体，并以文字为叛国宣传”。⑤ 罪证则是从他住所抄得的566本马克思、普列汉诺夫、考茨基、列宁、托洛茨基、布哈林等的著作，及中国共产党左派反对派的油印刊物、决

---

① 据考柏文蔚当年曾住南京秦淮区明代状元朱之蕃故居，自1909年起在其中办金陵崇实学校并居住。见南京《现代快报》2006年2月20日《记忆科举文化的活化石》。

② 任建树主编：《陈独秀著作选编》第五卷，第46页。其中“老友”即汪孟邹。

③ 同上书，第49—50页。

④ 《检察官起诉书》，《陈案书状汇录》第6页；见本书305—309页。

⑤ 《陈独秀案明日开庭，审判长及辩护律师已到京……》，《中央日报》1933年4月13日。

议等书籍、材料和文件。对此，陈独秀在《辩诉状》里义正词严的予以辩驳。其要点是：

1）阐述了自己的革命历史与宗旨说："予行年五十有五矣，弱冠以来，反抗清帝，反抗北洋军阀，反抗封建思想，反抗帝国主义，奔走呼号，以谋改造中国者，于今三十余年。前半期，即五四以前的运动，专在知识分子方面；后半期，乃转向工、农劳苦人民方面。盖以大战后，世界革命大势及国内状况所昭示，使余不得不有此转变也。"他开宗明义宣告"为中国民族利益，为占全国人口大多数的劳苦人民利益而奋斗之大纲，余以前和现在都愿意公告全中国大众所处的受压迫地位，及其由此而确立之反帝、反封建军阀"的革命宗旨。宣称"此即余于'五四'运动以后开始组织中国共产党之原因也"。他说："余以前之所行所为，即此物此志，现在及将来之所思所作，亦此物此志。'鞠躬尽瘁，死而后已！'一息尚存，余不忍眼见全国人民辗转悲号于外国帝国主义及本国专制者两重枪尖之下，而不为之挺身奋斗也。"①

2）从法理上对国民党当局诬控他"危害民国"及"叛国"罪作出有力反驳。他说"国者何？土地人民主权之总和也，此近代资产阶级的国法学者之通论……若认为政府与国民无分，掌握政权者即国家，则法王路易十四'朕即国家'之说，即不必为近代国法学者所摒弃矣。若认为在野党反抗不忠于国家或侵害人民自由权利的政府党，而主张推翻其政权，即属'叛国'，则古今中外的革命政党，无不曾经'叛国'，即国民党也曾'叛国'矣。袁世凯曾称孙、黄为'国贼'，岂笃论乎?!"②

3）他反诘当局："若认为力争人民的集会、结社、言论、出版、信仰等自由权力，力争实现澈底民主的国民立宪会议以裁判军阀官僚是'危害民国'，则不知所谓民国者，应作何解释?"

4）《辩诉状》反控国民党危害民国，列举的事实是：制止人民抗日，"围剿"工农红军；"日本帝国主义方夺取山海关，急功热河，而国民党军队却向江西集中，其对待共产党人，杀之囚之，犹以为未足，更师袁世凯之故智，威迫利诱，使之自首告密，此并不能消灭真正共产主义者，只以破灭廉耻导国人耳。彼等此时有权在手，迫害异己之事，固优为之，予唯有为民族为民众忍受一切牺牲，以待天下后世之评判"。"若于强权之外，复假所谓法律以入人罪，诬予以'叛国'及'危害民国'；则予一分钟呼吸未停，亦必高声抗议"。③ 他在此义正词严的《辩诉状》中，早已在法理上论证了何为"国

---

① 《陈案书状汇录》，1933年2月20日，第19—25页。上海图书馆存。
② 同上书，第26页。
③ 《陈案书状汇录》，第27—31页。

家”，批驳了《起诉书》强加的“危害民国”和“叛国”之罪，为自己取得法庭上的胜利奠定了基础。而且其开宗明义宣告世人以共产党的反帝反封建军阀的纲领和宗旨，其光明磊落、掷地有声的驳论，尤其是在庄严的法庭上当众大声指控国民党“竭全国民脂民膏以养兵，拥军队以搜括人民杀戮异己，对日本侵占国土，始终节节退让……”；“国民党政府，以党部代替议会，以训政代理民权，以特别法（如《危害民国紧急治罪法》及《出版法》）代替刑法，以军法逮捕审判枪杀普通人民，以刺刀削去了人民的自由权利……予现在及将来都无篡夺民国为‘党国’之企图。试问谁为‘危害民国’？”①这就在法理上和事实上把国民党政府处于被告席上。

5）他进而列举我国历史上专制独裁的皇帝、欧洲中世纪迫害异教徒和科学家的宗教法庭种种罪行控诉道：“若认为人民反对政府或政府中某一个人，即为有罪，则只远在二千年前周厉王有诽谤之诬，秦始皇有巷议之禁，偶语之刑，汉武帝更有腹诽之罚，彼时固无所谓言论自由也。……民国而若容有此，则不啻为日本帝国主义证明其‘中国非近代国家’之说非诬矣。”②

诚如 2014 年 5 月无疾而终的 106 岁的陆立之老人生前所写：“陈独秀的《辩诉状》大气磅礴，铮铮有声，不仅是为自己辩诉，也宣传了共产主义要旨，更批驳了国民党政府的腐恶。这洋洋数千言，恐怕在古今文献中，只有唐代骆宾王的《讨武瞾檄》堪与比拟。”③此《陈独秀自撰辩诉状》，连同国民政府对陈案十人的《检察官起诉书》及《章士钊律师辩护词》（1933 年 4 月 24 日）、南京《中央日报》论文《答陈独秀及章士钊》、《章士钊律师答中央日报》（1933 年 5 月 5 日）和《江苏高等法院判决书》（1933 年 4 月 26 日）等共六大部分文章组成的章士钊拟编的《陈案书状汇录》④一书，由东亚书局印制 1 000 本出售，瞬即告罄。不仅取得了社会舆论的广泛同情，当即被上海沪江大学，东吴大学法学院选为教材，流传于高等学府。真可谓艺高人胆大，字字重千斤。正如李劼所说“站在国民政府法庭上的陈独秀，充分展示出一位文化领袖的雄辩风采。既是一无所有的囚徒，又是富可敌国的精神斗士”。⑤

---

① 《陈独秀著作选编》第五卷，第 63 页。

② 《陈案书状汇录》，第 29—31 页。上海图书馆存。

③ 陆立之：《陈独秀〈辩诉状〉解读》，原载《谁主沉浮——沧桑 90 年沉浮》，中国文史出版社 2006 年版，第 134 页。陆立之（1909—2014），原籍江西，随父到上海谋生（印刷工人）。1925 年在上海三次工人武装起义中入党，留学莫斯科中山大学（毕业），1930 年归国，系托派。生前为安徽滁州市政协委员。

④ 1933 年 10 月 11 日下午陈独秀致方泉（汪原放）信。其信末写道“我以为《今古奇观》、《诉状》（章行严先生拟编的）、……都能销行”。可见此书为章士钊拟编。见本书第 486 页。

⑤ 李劼：《枭雄与士林：20 世纪中国政治演变和文化沧桑》，香港晨钟书局 2011 年版，第 120—121 页。

（三）

1933年4月至7月，江苏高等法院假江宁地方法院刑庭于4月14、15、20日三次开庭，审判陈独秀等一案。记者及旁听者共200余人到场。陈独秀针对《起诉书》所谓“打倒国民政府罪”进一步作了驳答：“（一）现在国民党政治是刺刀政治，人民既无发言权，即党员恐亦无发言权，不合民主政治原则。（二）中国人已穷至极点，军阀官僚只知集中金钱，存放于帝国主义银行，人民则困苦到无饭吃，此为高丽亡国时的现象。（三）全国人民主张抗日，政府则步步退让。十九路军在上海抵抗，政府不接济。只所谓长期抵抗只是长期抵抗四个字，始终还是不抵抗。根据以上三点，人民即有反抗此违背民主主义与无民权实质之政府之义务。”①这里，他用了人权超过治权的观点来与国民党的一党专政作斗争，与理与法两相得。

4月20日的第三次庭审是公开辩论，上、下午的两场共辩达七个小时之久。陈独秀针对检察官所公诉他的“在法律点上，他们主张打倒国民政府和无产阶级专政，是一样的目的，都是共产，都是危害民国”。以陈独秀应负的两大法律责任是：“（一）组织左派反对派，他是主脑，所以无论宣传命令，他都要负责。（二）宣传部分，他们有一个系统，向一个目标进行……成立苏维埃政府推翻国民政府。”②陈独秀抗辩道：“检察官论告，谓我危害民国，因为我要推翻国民党和国民政府。但是我只承认反对国民党和国民政府，并非危害国家。例如满清政府，曾自认朝廷即是国家，北洋政府亦自认代表国家，但是孙中山、黄兴等，曾推倒满清，推倒北洋政府，如谓‘推倒政府，就是危害国家，那么国民党岂非已叛国两次，但是这句话谁都不能承认，因为满清政府和北洋政府，根本不能算是国家，因此在理论上，我们反对国民党，反对国民政府并不能即认为危害民国云云。’”他归结反对国民政府的理由为三：（一）人民不自由；（二）贪官污吏横行；（三）政府不能彻底抗日。

章士钊律师1933年4月20日下午一开庭所作的长达53分钟的《律师辩护词》，从言论及行动两大方面援引中外古今法制，条分缕析地辩明陈并未叛国：一、“以言论反对或攻击政府，无论何国，均不为罪。即吾国应付紧急时期之特别法规，亦未见此项正条。本起诉书之论列，无中无西，无通无别，一切无据。”③二、从行动层面列论谓二：(1)“何为行为？反对或攻击政府矣，进一步而推翻或颠覆之，斯曰行为。而行

---

① 《陈独秀案开审记》，《国闻周报》1933年5月1日第10卷。

② 同上。

③ 《章士钊律师辩护词》，《陈案书状汇录》，第35页。详见本书第34页1933年4月21日《中央日报》三版文。

为者，有激随法暴之不同，因而法律上之意义各别。……颠覆有罪，推翻势不能有罪。设有罪也，立宪国之政府将永无更迭之日。如之何其能之？查刑法第一百零三条内乱罪，'意图以非法之方法颠覆政府……'言外之意，凡以合法之方法，更易政府，即无触犯刑章之虞。"①(2)"起诉书罪陈独秀有云：'推翻国民政府，由无产阶级专政。'为问此之推翻，所取何道耶？上次庭讯，审判长询及国民会议事。陈独秀答云：'共产党有权召集，则自行召集之；如由南京国民政府召集，共产党亦往参加。'由陈独秀之言，绝未自异其党于普通政党，普通政党以何道取得政权，共产党亦遵行之，此观各国议会，无不有共产党之席次。共产党之下选区，争选票，一是与他党同。可见共产党所取政争之第一大道，仍不外法定之选民投票，即陈独秀之意亦然。"②(3)训政有期，"孙中山先生恒言，选贤与能，无论党中何人，俱无国民党永久执掌政权之表示"。"陈独秀之主暴动，……谓之曰应，是理想，不是事实，事属应为，其在将来而不在今日甚明。《危害民国紧急治罪法》第二条，以'左列行为'为必要条件。左列行为者，指现在之事实也；反之，同为暴动，而无过未来之理想者，其将不在本条论域之内……""独秀虽不否认暴动，而当庭一再供称力量不足，并无何项暴动……'暴动'云云，亦揣想将来必经之阶段而已，与目前之治安了无连谊[联系]。无所谓扰乱(《危害民国紧急治罪法》第一条)，国宪如何，毫不生影响。无所谓紊乱(《刑法》第103条内乱罪)，如何牵连误会。"③(4)"夫法律之事，课现在而不课将来。……孙中山先生，即倡言共产主义者也。唯叮咛以示于众曰'我们所主张的共产，是共将来不是共现在"(《民生主义》第二讲)。章律师说"如谓将来之举动当受刑事制裁，则以共产嫌疑先陈独秀而应被处分之人，恐非法庭之力所能追溯。若州官可以放火，百姓不能点灯，绳之法律平等之谊，又焉可通？"结论："陈独秀亦无科罪理。"④

对于《起诉书》中陈独秀犯"叛国罪"的指控，章士钊辩驳说："国家与主持国家之机关(即政府)或人物既截然不同范畴，因而攻击机关或人物之言论，遽断为危及国家，于逻辑无取，即与法理不当。"他引孙中山先生民生主义讲话所言"民生主义就是社会主义，又名共产主义，即是大同主义"种种，"今孙先生之讲义，全国祓诵，奉为宝典，而陈独秀之杂志，此物此志，乃竟大干邢辟，身幽囹圄，天下不平之事，孰过于斯？"他以当年同盟会四大纲领之四平均地权证之，得出了"援陈证孙，本如一鼻孔出气。……夫孙先生之革命，与陈独秀之暴动，一贯之论尔"。他为此归结说："本案陈独秀、彭述之部分，检察官征引《危害民国紧急治罪法》第二条及第六条，所谓叛国，危

---

①②③④　《章士钊律师辩护词》，《陈案书状汇录》，第35—40页。

害民国，宣传与三民主义不相同之主义，湛然无据，应请审判长依据法文，谕知无罪。”[①]辩词颇得人心，不仅形神兼备，有理有据；而且伸张了浩然的民族正气，直驳得当局无地自容。

但就在4月20日章律师的辩护词中，有一段说陈独秀“清共而后……已为干部派摒除之故，地位适与国民党最前线之敌人为敌，不期而化为缓冲之一团。即以共产党论，托洛茨基派多一人，即斯大林派少一人，斯大林派少一人，即江西红军少一人，如斯辗转相辅为用，谓托洛茨基派与国民党取犄角之势以清共也，要无不可。即此以论功罪，其曰托洛茨基派有功于国民党也，且不暇给，罪胡为乎来哉?”[②]至此，陈独秀、彭述之均起立补充声明，章律师之辩护，“全系其个人之意见，并未征求本人同意，且亦无须征求本人同意。至本人之政治主张，不能以章律师之辩护为根据，应以本人之文件为根据”。这时，旁听席上有‘革命家’‘革命家’的赞声”。[③] 直到1933年8月1日陈独秀在给汪原放(方泉)的信，及汪在宁探监时，陈独秀一再要汪“望与行严先生一商，是否可将其中‘清共尔后……罪胡为乎来哉’这一段删去?”[④]汪原放在30年后还说:“我记得是要把‘反对派和南京国民政府，对于江西，成为犄角之势’的意思，要完全删去；这很明显，他无非不赞成说他和江西对立的。”“这也足以证明他对江西自是存莫大希望的。”[⑤]陈独秀作为中国共产党主要创始人的这种鲜明而坚定的立场，的确是做到了他题赠刘海粟的对联“行无愧怍心常坦　身处艰难气若虹”，不仅维护了中国共产党和他当年创党的宗旨，还从法庭上揭露了国民党军事“剿共”的反动本质。字字有声，可圈可点，大义凛然，彪炳日月！从中世纪宗教法庭上的伽利略，到1933年9月德国纳粹法庭上的季米特洛夫，人类历史上留下了许多进步和革命的人士在反动派的法庭上变被告为原告审判反动当局的佳话。陈独秀这次法庭斗争，正好发生在季米特洛夫莱比锡受审事件的同一年的前五个月，其脍炙人口，轰动社会之效，大大超过后者。他以不久前抒发过的“三军不可夺志”的气魄，傲然挺立在国民党的法庭上。虽然经过“托陈取消派”的坎坷，仍以其意气风发的精神风貌和泼辣酣畅的激扬文字再现了“五四”时期的勇敢精神。他高举民主自由独立解放的大旗，痛斥国民党政府卖国腐败和专制独裁，在法庭内外产生很大影响。法庭三次公开审讯时，旁听席之拥挤，一次甚于一次。20日那一天，有远自镇江、无锡、上海等地冒着滂沱

---

① 《章士钊律师辩护词》,《陈案书状汇录》,第47—49页。
② 同上书,第48—49页。
③ 同上。
④ 《陈独秀著作选编》第五卷,第71—72页。汪多次面聆陈为此事气愤。
⑤ 同上书,第73页。

大雨专程来南京的,“惟庭地不敷容纳,后至者多抱向隅。十时许,旁听席上已无地可容,有立于坐次两旁者,有立于记者席之后者,亦有立于室外者,总计何虑二百多人。”①陈独秀在法庭上“态度安闲,顾盼自若,有时且隽语哄堂”。② 其影响可谓震惊世界!参加旁听的美国记者斯诺发回美国的报道中,称之为“一场闹剧”。③

陈独秀又于1933年6月15日写成5 000余字的《上诉状》,代表除王子平、何阿方放弃上诉者外的六人上诉④,由律师递交最高法院。其中针对1933年4月26日江苏最高法院判决书对“陈独秀彭述之共同以文字为叛国之宣传,各处有期徒刑13年,褫夺公权15年,王子平何阿芳帮助以文字为叛国之宣传,各处有期徒刑五年,褫夺公权七年”不等⑤的判决,再次予以针锋相对的反驳;对国民党政府的军事、政治、经济等进行了全面地揭露与有力地批判,结论是对判决的坚决抗议:“而判以‘危害民国及叛国’之罪,‘莫须有’三字其何以服天下后世”,法院判决“于理于法两具无当”。⑥ 6月22日,陈独秀的这份上诉被江苏高等法院驳回。7月7日,陈独秀又写成《再抗辩书》,进一步批驳检察官对其上诉的答辩书,其中提出两大辩驳:1)驳“一国有一国之政制,未可强为比拟”说,以辛亥革命推翻君主专制与袁世凯复辟的正反两例,阐明前者“自系择善而从,余等主张,亦复如是……倘并此而亦目为‘强为比拟’,充其义必至认为‘民主政制不适用于野蛮民族’,袁世凯以至古德诺筹安会正以‘中国有特别国情’‘人民程度不够’之说,毁坏民主共和,为此说者,正为危害民国之罪魁”;2)以国家、政府、人民三者界义各别,“倘误认三者为一物,谓国民党国民政府即国家,试问在未有三民主义之国民党以前,中国乃一未有国家组织之部落社会乎?”进而《再抗辩书》以现行之《约法》及《危害民国紧急治罪法》亦不敢悍然有国民党、国民政府即国家,颠覆者即叛国之规定,“而今检察官竟公然作此惊人之解释,在近代国家学界,在中国司法界,皆属空前之壮举”。书中言明“上举二点,关系于中国民主政制之进退存亡者,至巨且急”,要法院依据法理政制详示之。此书寄给中央研究院院长蔡元培转交。最高法院迟迟不予答复,直到1934年6月30日才最后作出终审判决。历经近两年,轰动全国的陈独秀案终于落下帷幕。他与彭述之原先被宣判徒刑13年,此时改判为8年。原褫夺公权15年等均撤销。其他六人仍维持原判,十个人判了八个,

---

① 《国闻周报》:《陈独秀案开审记》1933年5月1日第十卷十七期,见本书441页。

② 见《申报》1933年4月15日三版《陈独秀案公开审判 陈彭自认为共党托派不承认犯危害民国罪》,见本书第371页。

③ 参见本书(五)之(二)第6条,即本书第434页。

④ 即陈独秀、彭述之(张次南)、濮一凡、曾猛(王子平)、王兆群、彭道之(郭兢豪)六人。

⑤ 《陈彭案宣判 陈彭等不服上诉 梁有光王鉴堂无罪开释》,《申报》,1934年4月28日。

⑥ 陈独秀《上诉状》,《法律评论》第10卷第44期。见本书第581页。

王鉴堂和梁有光无罪开释。

80年后的今天重读这段历史，可以说陈独秀与章士钊在威严的国民政府法庭上闹腾了一场“首都革命”！

其时，中央日报社由社长程沧波于陈独秀等被首次宣判当天的1933年4月26日，在《中央日报》发表社评，题为《今日中国之国家与政府——答陈独秀及章士钊》。他依现行法律出发反驳陈、章。首先，作者从国民党的党文化理论出发，批章士钊不懂法。他援引约法第三十条：“训政时期由中国国民党全国代表大会行使中央统治权，中国国民党全国代表大会闭会时，其职权由中国国民党中央执行委员会行使之。”以“统治权者，主权之动的状态也，今日中国之国民党，在法律上既为行使中央统治权之团体，则按之‘国家为行使统治权之团体’之原则，则国民党至少在现行法律上，在现存制度下，即为国家。国民党此种资格，由法律上所赋予，由事实所造成，训政时期约法未经合法废止以前，反对并图颠覆国民党者，即为反对并图谋颠覆国家，即为危害民国，亦即为叛国”。①

第二，此文进而指出：细考苏维埃之制度，则于民主国家，其为两种国体而决非政体之变更所能概括。他说：“陈独秀图谋颠覆国民党已为叛国，颠覆国民党及其政府以后欲实行苏维埃与运动复辟恢复帝制，同为叛国，此其二。”

第三，他强调现行政府之推翻只能根据《修正国民政府组织法》第十条“必经中国国民党执行委员会之选任。除此方法以外，希图推翻政府者，即为违法”。②

章士钊律师立即著文《国民党与国家》进行反驳，他此文的要点为：1）指责程文所引《中华民国训政时期约法》第30条与原文不同。原文是：“训政时期由中国国民党全国代表大会、代表国民会议，行使中央统治权。”“代表国民会议一义，最为本条眉目，记者引之，贸然将文中国民会议四字，割截以去，不知是何用意？”2）循览约法全文“称主权者一（第二条）称统治权者一（第三十条）称治权者一（第六十五条）之三权者，果同隶一义乎？不能混为一谈”，在英语中对应的也是不同的词。即便是《训政时期约法》第一章也表举主权属于全体国民，由孙先生所大声疾呼之国民会议行使，岂能在国民会议之外谈国家主权？3）既然承认国家的要素是土地、人民、主权，又怎能得出“党即国家”的结论？“则以主权论，全民者，国家也。国民党不过全民中一小小分子，乌得谬居其名？”说白了不过是国民党专政。“国民党专政与苏俄的无产阶级专政，正是它们的相同之处。”故陈独秀倡言推翻国民党，并非危害民国，充其量只是布

---

① 《南京中央日报社论》，《陈案书状汇录》，第53—54页。

② 《今日中国之国家与政府——答陈独秀及章士钊》，《中央日报》1933年4月26日。

达未来的政治理想，无背于立宪国的通则。①

三天后，《中央日报》刊出程社长的文章《再论今日中国之国家与政府——答章士钊》，对章文进行再辩驳，但文章没有任何新意，一再重申国民党即是国家，说这是"民意"所赋予的。章士钊未再予以回应。这场只能是两方(诉与辩)三家(陈、章、程)各抒己见，由庭内延至庭外的论争，本来就无需结论，以陈独秀等被判刑早已作结。这叫做"武器的批判"必胜过"批判的武器"。庭外的论争只能是法庭权力话语的继续而已。但在多元社会里尚存舆论多元化的当时，辩驳与争论双方，庭内与庭外构成的多种声音均能见之报端，也应说是后人之幸，历史之幸，陈独秀之幸。君不见全国媒体对陈独秀的历史功绩更对其风骨的充分肯定、褒奖和鼓励吗？这种全国性的对陈案的大张旗鼓的报道、宣扬本身，不啻为中华民族留下永恒的精神资源。笔者以为至少在下列几方面值得珍惜。

1) 是对中国国民党的统治理论"国家主义"的集中批判。在全世界，《中央日报》社长程沧波拥戴国家政权是毫无疑问的。因为他不是站在人民立场上，而是站在国家立场上，他们接受的就是黑格尔到蒋介石的所谓国家至上的概念。这个国家主义的概念，即蒋介石立国与实践的一个重要的理论基础。所以在他重建中国强大的、一个至高无上的国家政权的时候，特别需要的就是后来归纳的"一个党(国民党)，一个主义(三民主义)，一个领袖(蒋介石)"的专制理论武装。这个理论既是欧洲古典的，又是欧洲现代的，非常的时髦，能够迷惑很多人。我认为《中央日报》社社长程沧波这类知识分子，可以说丧失了他们的基本判断力。其浅薄就在于因为缺乏个人操守和独立人格，总是看风使舵，总是站在那里窥测方向，他们总是要依附和投靠到某个政治强人身上。从道德上看，这些人属于小人。难怪章律师上述所说"即便是《训政时期约法》第一章也表举主权属于全体国民，由孙先生所大声疾呼之国民会议行使，岂能在国民会议之外谈国家主权?"这是一语中的。这与陈独秀以工农大众的人权，反驳和揭露国民党不抗日和欺压人民、"围剿"红军的反动统治权的神圣抗辩，可谓有理有据，相得益彰，大大地伸张了民主(权)正义。

2) 关于法律本质的意义问题——曰"陈彭等从事无产阶级革命，固各有其独特之立场，然为违反现政府之法律行为，当亦同此解释，足证法与理之本质，全然无关，法律之本身，不问适合于大多数国民之道德观与正义观与否？只需为权优者之命令，即完全得以成立，此何以故？盖以优者之命令，即为强制的法律故也。"而国民对于恶法之态度——有信奉与制裁两种态度。后者属少数。正是因为少数，才越显其可贵。

① 章士钊:《国民党与国家》,《申报》1933 年 5 月 4 日。见本书第 444 页。

时文说“不满意于现行法制裁之一种反抗者，此种人属于人类之少数，一介书生，手无寸铁，乃为岿然之革命者，其态度，并不屑从法律之观点上批评法律之内容之当否，乃根本否认法律之强制力而拒绝其非从，所谓法律否认者是。持此态度之人，由来大人物中如美之华盛顿、俄之列宁、日本之河上肇、福本和夫，方今举目所判决之陈彭诸氏，要亦属于此种。其眼光，其气魄，均超于现行法之外，而处于改造政治之地位。故统治阶级之恶法的堆积，仅能束缚其躯壳，而终不能屈服其意志也”。①

3）被毛泽东称为“五四运动总司令的”陈独秀，虽然对西方的政治民主根本是以对人权理念的认同为前提的，如他在《敬告青年》中提出人权概念为“近代欧洲之所以优越他族者，科学之兴，其功不在人权说下”。② 其人权即所谓民主（民治）之类的主张，在当时虽然是新思想，且属于他毕生追求的理想与行动纲领，但也大部只能流于空谈。而巴黎和会上英美政府的表现，使他对民主政治失望，显然便利了他和五四同代人接受无政府主义、新村主义、泛劳动主义等种种新思潮。原本就相信中国的改造只能从社会改造做起的陈独秀等一代中国知识精英们，重新回到“社会改造”的思路上去。这样，几乎是不可避免地被随之而来的俄国革命的意外成功，特别是它抗击列强压迫和干涉，尤其是被其两次发表徒托空言的《加拉罕宣言》③的惊人表现，自然会引起中国社会舆论和众多知识分子，尤其是陈独秀的高度重视与向往。在他主编的《新青年》七卷六号上，竟以29页篇幅之长来刊登社会各界对第一次《加拉罕宣言》的狂热欢呼，以“走俄国人的路”，求一劳永逸的中国社会“根本解决”之道，也正切合了陈独秀和众多国人的梦想。现在我们回顾他一生的悲剧之所在，也正于此。而他笃信“学说之所以可贵，不过为他能够救济一社会一时代弊害昭著的思想或制度”④，就必然陷入对自己所信崇的学说或称为新的制度的膜拜。难怪新文化运动的挚友钱玄同在致胡适信中批评说陈独秀“本是一个鲁莽的人”。⑤

4）我们由陈独秀的法庭辩论，追溯对“五四”作为思想启蒙运动的作用，尤其是陈独秀身陷囹圄的当时，在任的中共领导人反加以种种罪责，这又是为什么？诚如杨奎松先生在《五四有多重要？》一文⑥中所言，可以得出如下几点结论：（一）如果我们把新文化运动看做是中国的“思想启蒙”运动，那么就必须清楚地了解，它原本就是一

① 彭时：《从法律本质上观察陈彭案判决之当否》，《法律评论》1933年4月，第10卷第34期。

② 任建树：《陈独秀著作选编》第一卷，第162页。

③ 奚金芳：《〈新青年〉与加拉罕宣言》一文所考证，此为列宁、斯大林要外交手腕之一纸空文，载《陈独秀与20世纪中国》，中国戏剧出版社2006年版，第46—58页。

④ 陈独秀：《学说与装饰品》，载《陈独秀著作选编》第二卷，第274页。

⑤ 1920年12月底钱玄同致胡适信，即2011年嘉德拍卖的十三封信的第七封。

⑥ 此文载于《南方都市报》2009年4月19日。

个早产儿，其被“走俄国人的路”的政治革命冲击而夭折，实属必然。（二）“如果说‘五四’对中国近现代历史发生过什么重大之影响，最值得重视的就是它为中国共产党的产生创造了条件。但诚如毛泽东所言，中国共产党的产生根本上是因为‘俄国革命的一声炮响，给我们送来了马克思列宁主义’，[①]并非是因为中国发生了‘五四’”。[②]历史就是这样吊诡与无情！（三）可以说，在陈独秀入狱问题上看五四传统，是在上述傅斯年为代表的20篇和更多当时的救陈文章才说得一清二楚。其一，他们尊重历史事实。其二，讲法制。诚如傅斯年文所表明：“我希望政府将此事付法院，公开审判，我并不要求政府非法宽纵。”其三，不以意识形态为转移。其四，讲理性与宽容（如曹聚仁文）。

（四）

从1934年8月至1937年8月23日出狱（1937年9月9日赴抗日中心陪都武汉）的三年多里，陈独秀被转至江苏第一监狱即老虎桥监狱服刑。国民党当局为之修缮了优待室。他则以高度的理性精神和科学态度在狱中进行了巨大的理论创造和写作。包括他毕生钟爱的文字音韵学研究与对我国传统文化尤其是儒学、道家及老子等的研究，写出了大量的政论文，大部发表在高品位的学术刊物《东方杂志》及其创办并主编的内部刊物《火花》、《校内生活》[③]上。据唐宝林研究员在《陈独秀音韵学论文集》一书《代序》[④]介绍，他在狱中写出了两大类著作。

第一类　音韵学方面。

《中国古代语音有复声母说》（载于《东方杂志》第34卷20、21号）：这是一篇有独特见解的音韵学论文。陈独秀深入研究中国古代语音后认为：“人类语言之起源，或由于惊呼感叹，或由于拟物之音，日渐演变孳乳，遂成语言。惊呼感叹多演为韵及韵母，拟物之音多演为复声母。”论文对音韵学研究中传统的“叶韵”（即“押韵”）和“通转”之说表示异义，提出以“复声母说”取代之。他认为，三百年来，中国音韵学者，知古韵读音不同今韵，无所谓叶韵，然仍为广韵韵目所拘，对许多字的读音不能解释，并以一字一声为天经地义而无可疑，于一字具有数声不得其解，乃造为通转之说。他指

① 毛泽东：《论人民民主专政》，《毛泽东选集》（合订本），第1360页。

② 《南方都市报》2009年4月19日。

③ 《火花》创刊于1931年9月25日，封面为《伊斯克拉（ISKRA）》，系中国共产党左派反对派执行委员会理论机关报，陈独秀主编。1936年9月25日第3卷第3期改名为《中国共产主义同盟理论机关报》，主编王凡西（一说陈独秀）。《校内生活》为反对党的政治机关刊，陈独秀主编，1931年11月28日首刊。

④ 唐宝林：《关于陈独秀的文字学论著（代序）》，《陈独秀音韵学论文集》，中华书局2001年版。

出这些都是荒谬的，“正确之解释，惟依古音有复声母之说，一字之音本有数声母；古代文字声母之音素与后代不同，无所谓通转，犹之古代文字韵母之音素与后代不同，无所谓叶韵”。作者最后强调：“笃守成说者，或目复声母之说为怪诞不经，余则以为此说乃追求中国原始语音新途径之一，其前途虽犹待芟夷开辟，而比之旧说语意含糊无发音学根据之任意通转，不失为踏实可寻之途径也。”①

《连语类编》手稿：此稿是为其“古代有复声母说”提供证据的，汇编了古籍中遗留有复声母痕迹的连语（即转语、联绵词），“辟华语单音节之说”。陈独秀在自序中说，作“此书非徒以考古”，乃为推动中国拼音文字的推广，“中国拼音文字之难行，单音及方言为二大障碍，古今语皆多复音之义明，拼音文字之障碍去其一矣”。② 此稿在狱中时未出版，随作者转辗涉徙到江津，因北大同学会资助其晚年部分生活费，1941年春取出此稿，书短序赠北大以报答，但因战时困难，仍未出版。

《古音阴阳入互用例表》：此表把古音分成四类十系，将古人《说文》、《玉篇》、《广韵》、《集韵》所收之字，依类录入，见古音阴阳入三声之互相通转，其条理至为明晰。此表在狱中写了初稿，1941年初重订，作自序，油印25份，征求文字学家魏建功、陈钟凡、顾颉刚等（均是陈独秀的学生）意见。魏等认为“此作开古音学界一新纪元”，但具体的学术观点，不能完全苟同。陈钟凡认为：“古韵非一成不变之物，周秦与汉魏，未必同符，隋唐以后，变化益繁；欲范以定型，恐难苟合。”③他写信给陈独秀说：“今所谓古人阴阳互用之字，当古人互用时，其音值究为何如，似尚待精密之研讨，遽难加以断论”。④陈独秀表示，此乃一人之见，持反对意见者必不乏人，各方异议，拟汇齐将来作一后序总讨论，给予答复。但未见他回答，就去世了。

《荀子韵表及考释》：考释荀子著作中一些古字的读音。发表于《东方杂志》第34卷2号。

《屈宋韵表及考释》：考释了屈原著作中一些古字的读音。此稿狱中未完成，以后也未续成。本稿及上稿，都纠正了一些流误。

《晋吕静韵集目》：此稿完成于狱中，但未见发表。

《广韵东冬钟江中之古韵考》：此稿考证了广韵数字同韵异读的情况，指出并补正了顾炎武、江永、江有诰等人在广韵研究上的舛误和不足。发表于《东方杂志》第36卷4号。

以上七种音韵学论著，在陈独秀逝世后，由何之瑜汇编成《陈独秀遗著》由商务印

---

① 《东方杂志》第34卷第20、21号。
② 陈独秀：《连语类编》（手稿）。
③ 陈中凡：《陈独秀先生印象记》，《大学》1942年9月。
④ 《陈中凡致陈独秀的信》，1941年12月11日。

书馆出版，取名《古音阴阳入互用例表及其他》。1949 年 3 月，该书排出清样，大 32 开，共 271 页，约 20 万字。但因社会变迁，该书胎死腹中。不过这些手稿和清样，大部一直妥善保存至今。

第二类　文字学著作。

《干支为字母说》手稿，这是一篇短篇学术论文。他认为"干支""起源甚古，约在殷商之前。……观《尔雅》所载干支之异名，概为复音字，其义绝不可解"。故陈独秀断定干支与汉字不同，乃外族传入的"译音"；指出阴阳五行家对干支的解释是"逞臆妄说"；干支为星宿辰属之说，也不能完全说通，因此，论文认为"干支之解释求之于义，不如求之于音，故近人干支为字母之说，有所取焉"。①

《实庵字说》：这是继 1913 年《字义类例》之后又一部逐个解析汉字字源的文字学主要著作。在《东方杂志》连载五期的《实庵字说》近六万字，发表于 1937 年 3 月 1 日第 34 卷 5 号(1)、3 月 16 日 34 卷 6 号(2)、4 月 1 日第 34 卷 7 号(3)、5 月 16 日第 34 卷 10 号(4)、6 月 1 日 34 卷 11 号(5)后，引起学术界的重视。有人评价说："《实庵字说》于金石甲骨文字，多所发明。"又说："其书最大成就，即在将有关联谊之字，分别释例，而所举间附以英语学名，于九经文字，鼎彝刻词，及音韵诸书，均有捃拾。……此较孙诒让所著《名原》②，仅录古文者有别。"③这一杰作，代表了陈独秀在国内文字学界的领先地位。其中言人之所未言，打破历史上近两千年来陈陈相因的许慎(约30—124 年)《说文解字》④的文字"六书"说，即象形，指示，形声，会意，专注，假借。陈著按字的音、形、义三者的内在关系，归纳出 174 个字为 43 组，分别说字纠谬。如在"臣民氓宰奴隶仆童妾"这十个字一组的辨析中，从"上古氏族社会，人皆平等"，到战胜之所俘，"遂由氏族组织，一变而氏族与地域并存之组织，再变而单纯地域组织，合若干氏族而为民族，合若干民族而为国家，昔之以不平等对待奴隶者，至是则一国中之统治者，亦施之于初非奴隶之人民矣"之说后，又考据了"尧典分九族、黎民为三，正言殷商以前氏族社会末年之事也"。⑤ 再以《小雅》的《天保》篇，郑玄注《吕邢》篇及《说文》等对民字的各种解说，尤其是民字字形的演变，得出了"民谓俘获或征服之人，

---

① 陈独秀：《干支为字母说》(手稿)，存中国社会科学院资料室。此处引自唐宝林《代序》第 9 页。

② 孙诒让(1848—1908)，幼名效洙，又名德涵，字仲颂(一作冲容)，别号籀庼，浙江瑞安人。清末经学家，被誉为有清三百年朴学之殿。在古文字研究方面，孙诒让还著有《名原》二卷，该书综贯音、形、义，从商周文字辗转变易之轨迹，探明古文字的源流，开启了用甲骨文考证古文字的先河，被誉为"划时代的作品"。称孙著"仅录古文"是编者不能认同的。

③ 梅：《实庵字说》，《新民报》晚刊，1942 年 6 月 9 日。

④ 许慎《说文解字》并叙目共 15 卷，集古文经学训诂之大成，是我国第一部以六书理论系统分析字形、解析字义的字典。

⑤ 《实庵字说》(三)，原载 1937 年 4 月 1 日《东方杂志》第 34 卷第 7 号，第 47 页。

氓谓封建之世自别国或邻近封邑逃亡来归之农奴……，故其字从亡”，从民或从田，《说文》云：“氓，民也；甿田民也；皆从亡音，失其义也”。他认为：“语言先于文字，故声之所在，即义之所在，声同者义亦不甚相远，……许氏不明此义，乃轻重倒置，依形声之谬说……使主要声根义根相同之字散在各部，声根义根绝不相同之字，反杂厕一部，一部《说文》乃依牛、羊、犬、马、山、水、草、木、隹、鸟、虫、鱼、金、石、丝、竹、人、手、耳、口、肉等分类而已。此许书全盘之根本谬误所在。他的结论是“今之为文字学者，当以摒弃六书形声之说为入门之匙”。陈独秀进而认为：此组文字“按臣、民、宰，初义为俘奴，奴、婢、隶、仆、童、妾初亦为俘奴，后犯罪者之家属亦从坐没入之，……诸贱役，与古希腊罗马委以全部生产事业者异趣，谓古之中国氏族社会后继之以奴隶社会若古希腊、罗马然者，则大误矣。希腊、罗马由奴隶社会而入封建，中国、印度、日本则皆由亚细亚生产制而入封建者也。”①由此可见，中华文明的基因在文字，文字是中华民族的伟大创造；文字承载的东方文明的生机延续至今。陈独秀正是在对文字学的毕生研究而在其力作《小学识字教本》中“取习用之字三千余，综以字根及半字根凡五百余，是为一切字之基本形义，熟悉此五百数十字，其余三千字乃至数万字，皆可迎刃而解，以一切字皆字根半字根所结合而孳乳（即衍生——编者）者也。上篇释字根及半字根，下篇释字根所孳乳之字，每字必释其形与义，使受学者知其然且知其所以然，此不独使学者感兴趣助记忆，且于科学思想之训练植其基焉”。② 遗憾的是，他自称这样解决汉字难懂难记难写的“给文字学以科学的面貌”的科学化的文字学著作，随同他的主人的受难而埋入地下。陈独秀由文字学研究得出的中国等东亚国家“则由亚细亚生产制而入封建制者”③的科学结论，这是 20 世纪 30 年代理论界长期争论的一大学术问题。郭沫若于 1937 年 3 月及 1972 年 9 月两次予以批判说：“托派是否定中国古代曾经历过奴隶社会的，他们信奉苏联托派的说法，妄说中国的封建社会是在原始公社的废墟上建立起来的。”④硬将学术论争引上政治批判的歧路，既否定陈说，又打击了一大批不同意见的“托派”学者。这从一个方面说明陈独秀深受压迫之严重（政治与学术的双重叠加）；又反证当年蔡元培早年说他“精通训诂音韵，学有专长”是可信的。

《识字初阶》：此稿在狱中只完成初稿，晚年以主要精力修改补充重订，更名为《小学识字教本》，成为文字学巨著。其内容汇毕生文字音韵学研究之成果，致力于寻

---

① 《实庵字说》（三），原载《东方杂志》第 34 卷第 7 号，第 48 页。

② 陈独秀：《小学识字教本》、《自叙》，载《陈独秀著作选编》第六卷，第 145—146 页。

③ 《实庵字说》（三），《东方杂志》第 34 卷第 7 号，第 48 页。

④ 《郭沫若全集·奴隶制时代和史学论集》。

找汉字的规律，依据上述这是陈独秀竭力鼓吹汉字拼音运动一时不能实现的情况下，另觅蹊径之为。此稿分上下两编，上编解字根及半字根共 544 个字，共分十类：象数、象天、象地、象草木、象鸟兽鱼虫、象人身体、象人动作，象宫室城郭、象服饰、象器用；下编是字根孳乳之字。目录上列了两章：（一）字根并合者共 366 字。（二）字根或字根并合字之附加偏旁者。第一章又分甲、复体字；乙、合体字；丙、象声字。其中甲、丙两种在书稿中已完成，乙合体字写到“抛”字，未作注释，乃成绝笔。因此，下编第二章只留下了目录。即使如此，陈独秀临终前说过：“本书之体系业已完成，即上编亦可单独问世。”①

《甲戌随笔》与《右旁之声分部计划》等文字学著作，均在狱中写出。据吴永坤教授整理审定的《陈独秀先生遗稿》的前言②称：前者从汉语译印度超日王都城 Lejjagini 为“痆日音”，而日语中“人、仁、日、儿”等日纽字吴音读 n 而汉音读 j 的事实中，认定日纽字在古代应有 j 的时期，在读 n 与 zh 音之间。元代，中国语言读“日本”应为 JaPang 或 JaPan，而不应如美国人 Cowen 氏所云读 nihon 或 Nippon。文章据《史记》、《汉书》之《匈奴传》、《魏志·乌丸传》及《南齐书》等史料，考证了东胡族及其后裔在历史上活动的地域，断定西方学者以“通古斯”与“东胡”发音偶合而误混两者为一，辨明了通古斯自通古斯，东胡自东胡的史实，结论令人信服。《甲戌随笔》以大量的篇幅（即在 60％），列举了百家姓中的稀见之姓 184 个，百家姓外稀见之姓 112 个。这 250 余个稀见之姓，几乎每一姓氏之后都据史书或其见闻，列出某朝某代某地有该姓之人某某，援古引今，资料极为赅博。这些对古今姓氏的钩沉稽考资料，对我国的姓氏文化及多民族百科全书的撰写，无疑是有很高价值的。他还通过若干字词形的变化，以历史学、社会学观点，阐述了先民生活、生产与文化衍进的情况。吴永坤教授的结论是：《甲戌随笔》“仲甫先生思路广阔，视野宏大，他不局限、死守《说文》，引文说义，随时联系金文、甲骨、古代名物，以文字学做工具，实事求是地考察历史的事、物，是《甲戌随笔》的串珠子的绳索”，“《甲戌随笔》的开篇，即显示了朴学家的著述风格：无证不信，然又不事豆丁，援引足够的中外文献之后，明确的下断语，使读者清晰地领会其结论，让我们得睹胸中自有万重丘壑的大学者风采”。③

《右旁之声分部计划》原无题目，是一批条例严密的字表。此文以“从丁之字”项

① 唐宝林：《陈独秀的文字学论著》代序，第 7—10 页。

② 吴永坤：《学养深厚的语言文字学家陈独秀——〈陈独秀遗稿〉阅后絮语》，载《陈独秀先生遗稿》，北京图书馆出版社 2006 年版，第 5—6 页。

③ 吴永坤：《学养深厚的语言文字学家陈独秀——〈陈独秀遗稿〉阅后絮语》，载《陈独秀先生遗稿》，北京图书馆出版社 2006 年版，第 5 页。

起，至“从甬之字”项迄，凡88项，陈独秀对每项详加训释。例如从开篇的从丁之字是指汉字形声字中的声符。形声字占汉字的80%以上，大多数汉字为形符，表文字的义类；右旁为声符，亦称音符，表该字的读音。如“残”字，《计划》中曰：“戈为兵器，两戈相对则为残矣。从歹者，骨肉狼藉也。本残贼字，故又用为残余字。”“凡从戋之字，皆有可分而小之义。分而小之，则残余矣”以下，复列从戋之字凡九，九个字一一注释，如“线”字注中的“缐”就是。

文字学是一门古老的学问，历代学者甚多，归纳起来可分为三派：一是以字形为主，如许慎的《说文》；二是以字音为主，如王念孙的《广雅疏证》；三是音、形结合起来，如近代有些文字学家。陈独秀对这三派，各取所长，对文字的形、音、义均作全面的研究，融以己意，独成一家。他的文字学著作最大的特色就是独创性。即使是初期的《字义类例》，不少地方也是见人所未见，发人所未发。尤其是《小学识字教本》中提出的“字根说”，虽然古已有之，但最终使之组成一个相当完整的科学系统的，“他却是第一人，这也是他最大的创见”。① 无疑的，陈独秀是吸取了前人的成果的。后来他在《教本》自序中说：“本书解生颇采黄（生）、顾（炎）〔武〕以来诸人之说。”但他却不是亦步亦趋，随声附和，更不是拾人牙慧，而是经过长期系统深入地研究后，大胆地突破了传统，建立了一套科学的体系。这篇“自序”，寄给陈钟凡②，征求意见。他在附信中说：“此书出，非难者必多，书中解说亦难免无错误，而方法余以为无以易也。形、声、义合一，此中国文字之特征也。各大学文字学科，往往形、声、义三人分教，是为大谬。欲通中国文字，必去六书之说，所谓指事，会意，形声，皆合体象形，声皆有义，又托于形；形、声、义不可分也。……吾书三千字，字字形义并释，不取某声以了之，明知此事至难，然非此无由通识中国之文字也。”③陈钟凡评论这部书稿时说：“其以形声义一贯解释文字的方法可谓缜密，是为文字学上有价值之著作。”④ 魏建功在读到《小学识字教本》稿时，“赞叹欢喜以为自古文字资料以来，文字学家趋末弃本，抱残守阙，两无裨补之失，俄然扫空……。先生不弃谫陋，更以《古音阴阳入互用例表》寄余读之。余惟先生实为检讨向来古音分部而有此作，其要旨具详自序，锐思精断，非依违章高者

① 文天谷：《汉字并不难认、难记——陈独秀文字学研究评介》，《广西师范学院学报》1987年第2期。

② 陈中凡（1888—1982），原名钟凡，字觉元，别号斠玄，居室题名为“清辉山馆”，江苏建湖人。1909年考入两江师范学堂。1913年入北京大学哲学门先拜著名经学家刘师培为师得其精义。1917年春以班级代表见陈独秀，从此接受新思潮熏陶，参加进步社团“北大哲学会”。1918年2月—1919年7月，任北大“国史编纂处”编纂员。1921年8月，受聘东南大学教授，任国文系首届主任。1926年秋，任金陵大学教授。1929年任暨南大学文学院院长。1930年赴日本考察教育。1937年随金陵女子文理学院内迁成都。1942年1月与马哲民等创办《大学月刊》。新中国成立后任金陵女子文理学院院长兼中文系教授。1952年院系调整至南京大学，任中文系教授、系主任等职。

③④ 陈中凡：《陈独秀先生印象记》，《大学月刊》1卷9期，1942年9月。

所可梦想”。①

书稿表明，陈独秀的独创性，绝非故逞臆说，以示特异，而是始终坚持以历史的观点、辩证的观点来从事文字学的研究。不是把眼光盯在一文一字上，而是在广阔的历史背景中，展开视野，从古代的生活、典章制度、文物习俗、自然科学成果等方面的联系上来进行深入的探讨，博大乃至精深，从而得出不一般的结论。为了求得一字的真义，陈独秀不仅广征博引，从大量的古籍中、地下发掘出的实物中寻找根据，而且作了精确的考证。如对鬲、鼎、曾、复、丹(另)、咼等字的分析，不仅引用了《周礼》、《左传》、《诗经》等十三四种古籍，而且考查了地下发掘出的螺、蚌、陶器、青铜器、铁器等实物，至于甲文、金文、篆、隶等更不用说是一一经过研究的了。可见，这部书稿中凝聚着作者多么巨大的劳动。更可贵的是，陈独秀并非为学术而学术，而是着眼于实用。因此，他的著作，不仅对古文字学研究，而且对文字改革、识字教育以至整个文化教育，都有颇高的学术和社会价值。自然，他的研究，也不无瑕疵之处。陈独秀研究文字学，都是在十分恶劣的环境中进行的，参考资料绝不能搜集得那么充分，尤其是狱中数年，自己上街买书、进图书馆查索的自由也没有，精神上又受着各种折磨，特别是晚年从事《小学识字教本》的撰述，一直是在贫病交加中进行，以致没有写完就去世，还来不及从头到尾的修改。直到1987年，文天谷教授还认为：“仅就他三部著作(即《字义类例》、《实庵字说》、《小学识字教本》——引者)达到总的水平来说，恐怕目前还没有能超过的。”②最为可惜的是，陈独秀这部文字学巨著《小学识字教本》的命运与他本人一样坎坷。为了书名问题，陈独秀与国民党教育部长陈立夫发生了争执。“小学”是“文字学”的古称，后来又广义为“语言文字学”。陈独秀的这部著作，特点就是形、声、义合一，集一生音韵学、文字学研究之大成，因此无论从狭义或广义上说，称此稿为《小学识字教本》是最确切不过的。但是，陈立夫显然怕引起读者误会是“小学生”用的识字课本，主张把“小学”二字改掉，后者提出的书名为《中国文字基本形义》。陈独秀立足点在于形、声、义三者合一，他当然不肯改动书名，未能出版。预付稿费5 000元退还，只自费油印了50本奉送友人。这成为他终身之憾！当然也是中华民族学术之憾。

语言本来是人类最引以为自豪与骄傲的能力，是思考的工具、互相沟通的桥梁和文明的基石。上述这批狱中著作，这些鸿篇巨制，既是他为我国语言科学化做出了开

① 陈独秀：《古音阴阳入互用例表》序，《陈独秀音韵学论文集》，第7页。

② 文天谷：《汉字并不难认、难记——陈独秀文字学研究评介》，《广西师范学院学报》1987年第2期。转引自唐宝林《关于陈独秀的文字学论著(代序)，载《陈独秀音韵学论文集》，中华书局2001年版，第12页。

拓性研究与创造。而他在狱中对中华民族文字音韵学领域的众多斐然成果，又是他实践自己的诗句“德赛自来同命运”①的范例。他的狱中斗争与著述，直接洞察并体验了我国政治、文化教育和知识上的问题，尤其是国民党法律的反动与虚伪，故他又在狱中所作《孔子与中国》(发表于 1937 年 9 月 16 日、10 月 1 日出版的《东方杂志》第 34 卷 18、19 号)一文中写出了“科学与民主，是人类社会进步之主要动力，孔子不言神怪，是近乎科学的。孔子的礼教，是反民主的”②这样深刻总结历史，入木三分的金石之言。

熱潮

中國民衆應該怎樣救國與自救

頑石

“九一八”事变后陈独秀办的救亡刊物《热潮》。刊头系陈独秀题字，“顽石”是其笔名。

陈独秀在狱中还写作和发表了《我们要怎样的民主政治》、《论国民会议口号》、《谁能救中国?怎样救中国?》、《老子考略》、《孔子与中国》、《实庵自传》、《中国的一日》等大量精品力作。其所作《金粉泪五十六首》(七言绝句)为代表的时事讽刺诗，尤为脍炙人口。《金粉泪》的第一首这样写道：

“放弃燕云战马豪，胡儿醉梦倚天骄。

此生犹未成衰骨，梦里寒霜夜渡辽。”

这是借五代十国时后晋石敬瑭割让燕云 16 州给契丹的历史，痛斥国民党政府对日本侵略东北所采取的绥靖政策。诗中最后“梦里寒霜夜渡辽”这句，强烈地表达了他要逝死收复国土的殷殷爱国之情。

在第四十六首中的后两句里，他写道：

“囚捕无须烦警吏，杀人如草不闻声”，这是他愤怒揭露国民党反动派滥杀革命者的恐怖罪行。

尤其第五十六首诗中他总结的是：

“自来亡国多妖孽，一世兴衰过眼明。

幸有艰难能练骨，依然白发老书生。”

这里他预言旧中国必然灭亡，一世兴衰已成定局。既彻底否定蒋介石国民党一党独裁的统治，又表述了他自称只是一个“白发老书生”，对国难民瘼无尽的忧思，与

---

① 《金粉泪》中“金刚法会”诗。

② 陈独秀：《孔子与中国》，原载《东方杂志》第 34 卷第 18、19 号，1937 年 9 月 16 日、10 月 1 日。任建树主编：《陈独秀著作选编》第五卷，第 171 页。

决心报国的坚强意志。

可以说这《金粉泪》五十六首诗，每一首都是针砭时弊、痛斥当局腐败不抗日的不朽之作。头尾两首一引(引领全诗)一结(终章结束)，充分表达了诗人革命家陈独秀的风骨。1) 他已把坐牢、逆境，看作自己接受气节与筋骨磨炼之地。从上述诗篇足见陈独秀的革命意志之坚定，胸怀之博大；2) 在国难当前的困境中的自我创造与再生能力。俨然是凤凰涅槃、浴火重生般脱胎换骨；3) 陈独秀实践他 1919 年 6 月 8 日的《研究室与监狱》里的名言："我们青年要立志出了研究室就入监狱，出了监狱就入研究室，这是人生最高尚优美的生活。从这两处发生的文明，才是真文明，才是有生命有价值的文明"①，因为他认为："世界文明发源地有二：一是科学研究室，一是监狱"。他面对监狱，不仅毫不畏惧，而且利用之，改变之。在狱中继续斗争、思考、写作、发表文章……不断迸发出独具的思想火花，写出一篇篇传世之作，留给后代一大批文明与文化资源。

(五)

坚持并发展了民主主义思想，这是陈独秀在南京狱中尤为难能可贵的重大贡献。他从对国际共产主义运动中出现的斯大林主义的反思出发，对苏俄变成官僚政治国家而非社会主义国家的重大问题，作出了深刻的思考与判断。这不仅为其晚年在江津时期一大批闪光文献的问世作了思想准备，还产生了后来被胡适称为"传世文献"的重要思想——关于人类民主主义的新思想，尤其是关于允许成立反对党，根本改变党制的思想。

关于民主主义属人类几百年奋斗的成果，是他在狱中所写发表在 1936 年《火花》三卷三期上署名孔甲的《无产阶级与民主主义》一文中的重要思想；这是他 1940 年 9 月致西流信中所说"根据苏俄二十年来的经验，深思熟虑了六七年"②所得的最大思想成果之一；是他与连根(即王凡西)及上海托派成员间展开的一场重大理论论争的思想产物。

关于这场论战，以王文元(连根)和上海托派的一些人(如尹宽)为一方，以陈独秀和朱学文为一方，先后写文章阐述了自己的见解。在上述两期刊物上以《关于民主主义的讨论》为题，辟出专栏发表文章。该刊三卷三期上编者按说"自从本刊登载了孔

① 任建树：《陈独秀著作选编》第二卷，第 112 页。
② 任建树：《陈独秀著作选编》第五卷，第 353 页。

甲(陈独秀笔名——编者)同志的《无产阶级与民主主义》一文以后,已引起学文同志[们]的回音,我们认为这是一个很重要的问题。为使同志们及一切革命者对它有清楚的认识起见,我们很想为它作一两次广泛的公开的讨论,我们很欢迎同志们的参加”。① 陈独秀署名孔甲的《无产阶级与民主主义》一文正是在这期《火花》上发表的。其中下列几点十分重要。

1) 指出“人为〔类〕社会,自有政治的组织及其消灭,在此过程中,民主主义乃随着历史的发展,而形成各阶段的人各兴〔形〕态”。

2)“在政治上经济上〔实现〕广大普遍的民权”,批评“(有人以为民主任务只限于经济的,这是不合乎历史事实的胡说),在社会主义运动未发生以前,完成这些民主任务,乃人类进步之唯一的伟大指标。所以民主主义乃是人类社会进步之一种动力。”

3) 我们所谓民主主义,不是抽象的,而是指当普遍全权的国民会议,排除帝国主义的势力使中国独立,实行八小时工作制,没收土地□〔给〕贫民,以至及讨论出版□集会结□〔社〕之自由,这些具体内容。

4) 我们采用民主主义的政纲与口号,是目的,而不是手段。民主主义是对于官僚主义的抗毒不〔剂〕,他和社会主义并不是对立而不相容〔的〕东西,无产阶级取得政权之后,并不是抛弃民主主义,而是广〔扩〕大民主主义,……“我们共产主义者同时也是真正的民主主义者。”

5) 批评不懂得民主主义对人类社会进步的历史意义;幻想中国的资产阶级还有不少民主主义的气味;把中国无产阶级认为的革命推起〔迟〕到达不可知之岁月和抛弃农民的民主的口号与斗争的“休想取得政权”等四种错误。

6) 提出矫正的要点有三:“(一) 不要把资产阶级狭小的形式的民主主义,当做是历史上随着各阶级〔段〕发展的民主主义之全〔部〕内容!(二) 不要把民主主义当做是和社会主义不能并存的东西!(三) 不要把民主主义的要求当做仅仅是推翻资产阶级军事独裁的手段而不是我们的目的。”②

这篇文章是陈独秀思想飞跃的一个里程碑。因为(1) 他跳出了列宁主义的“资产阶级民主由他的本性所决定的一个特点,就是抽象地或形式上提出平等问题,包括

---

① 编者考证此按语系王凡西所写。理由是:1935 年 1 月 13 日举行托派上海代表会议,托派根据托洛茨基反法西斯部署,改名为中国共产主义同盟。王凡西于 1935 年 12 月已参加临委(临时中央委员会),任宣传委员。故于 1936 年由他主编《火花》。《斗争》由陈其昌主编。刘平梅:《中国托派党史》,第 169 页;唐宝林:《陈独秀年谱》,第 466 页。

② 见本书第 618 页。

民族平等问题资产阶级民主在个人平等的名义下……用这种弥天大谎来欺骗被压迫阶级”、“要求平等的真正意义只能是消灭剥削”[①]打破了阶级论和一元化僵化思维的藩篱，从自由主义角度把握时代，提出了超阶级的人类历史发展史的民主内涵的真实内容。(2) 把科学和民主提升到整个党的，革命的也是时代的政纲和革命的口号与目的的高度来认识，强调“我们采用民主主义的政纲与口号，是目的，并不是手段。民主主义是对于官僚主义的抗毒不〔剂〕，他和社会主义并不是对立而不相容〔的〕东西”，这与此文发表一年半前提出的“科学与民主，是人类社会进步之两大主要动力”[②]的观点相连，深刻阐发了他早在五四时期所开创的民主启蒙运动的真谛，也是他对托派组织于 1931 年 5 月统一大会作出的由其起草的《中国左派反对派纲领》的彻底否定。(3) 此文是他继续完成我国的民主革命大业的宣言书。他批判的“休想取得政权”的四种错误，正是他抛弃托洛茨基的“不断革命”论(即完成资产阶级民主革命的同时进行社会主义革命的不间断性)的代表作。所以此文引起了托派的内部和国际托派的一片反对声(详见本书此文的三个附录)。

陈独秀又在该刊三卷三期上同名发表《关于民主主义的几点根本思想》一文。进一步阐明自己关于民主主义的十点根本意见是：(一) “社会主义是经济的，民主主义是政治的。”(二) “民主主义的本质即是人民公共的事由人民大多数或全体人民来管理，由多数人反对少数人把持，这即是民主斗争。此外没有别的乌烟瘴气的玄妙的唯心解释。”(三) “民主主义与资本主义，是资产阶级高飞的两翼，民主主义与社会主义是无产阶级高飞的两翼，不是无冲突无矛盾，而且缺一不可。而且后者主要依靠前者才能够实现。”(四) “民主主义，不是超历史的，也不是超阶级的，而是随着历史的发展，随着阶级斗争的发展，形成不同的形态，因此，我们可以予以不同的名称。”不能因为古代社会根本没有文字，没有民主主义这一名词，而否认当时存在民主的事实。“若因此而否认当时的事实，岂非滑稽。”(五) “列宁、托洛茨基所解释的民主主义两种意义：一为一般的，一为资产阶级的形式民主主义。……马克思主义者，从来未曾根本非难任何民主主义。”(六) 无产阶级的民主主义，“并不是以专政代替了民主(简单的以为专政代替民主，此乃史(斯)大林官僚专政所以发生之最大因由。这是全世界无产阶级所万不可忽视的一件大事!)”(七) “政治原始的民主主义和经济上原始的共产主义，是同时存在的；后因为土地贵族所破坏。无产阶级的革命，便要彻底恢

---

① 共产国际二大《关于民族殖民地问题的决议》第一条，《共产国际、联共(布)与中国革命文献资料选辑(1917—1925)(二)》，北京图书馆出版社 1997 年版，第 138 页。

② 陈独秀：《孔子与中国》1937 年 10 月 1 日，《陈独秀著作选编》第五卷，第 171 页。

复真的民主主义。”“我倒不愿这样，虚伪的把民主主义恭恭敬敬送给资产阶级，这就是资产阶级的义务宣传员！”（八）“恢复民主主义是全世界无产阶级的责任，它为此而斗争。应该从今天一直到阶级与国家的消灭，从落后国家一直到进步的国家。”（九）“国民会议能不能解决民主任务？”他的答案是：“国民会议都只是一种组织形式。”（十）“民主主义，是我的根本思想。”①

在这些简短的提纲性的话语里，陈独秀已得出了与他以往不同的一系列新见解。即把着重点放在“民主主义，是我的根本思想”这点上，这不仅是与他在距今 90 年前的中共二大手订的反帝反封建纲领是一脉相承；而且与他后来在 1939—1940 年间几封政治遗嘱性的信，强调是专制制度产生独裁的斯大林，而不是斯大林个人产生独裁专制，呼吁改革党制、政制，这既是他脱离托派思想，深化、继承、发展民主思想的结果，当然也是其站在爱国、民主和正义三个道德高地上，为中华民族作出重大建树的明证。

关于这两篇文章，王文元曾深情的回忆说：

“在我第三次入狱之前（即一九三五年夏到一九三七年五月间——引者），我们新建的理论机关报《火花》，记得只出了两期。那里主要刊载了第四国际筹备时期的一些有关文献，托洛茨基批评‘人民阵线’与苏联新宪法的文章。其他内容中值得特别提出来的是陈独秀的一个提纲，关于民主主义的。它表示出这位中国启蒙运动大师思想上的新转变，他在不断跃进后的倒退。进了南京监狱，陈独秀的思想开始发生了一种后退的酝酿。最初是对苏联的国家性质发生了疑问。他觉得当时苏联已经不再是工人国家，也不能像托洛茨基所说的是什么坠落的工人国家。……从这个‘直觉’出发，他比较郑重地研究了民主主义的历史发展。结果他达到这样一个结论：人类的历史主要乃是一部民主的发展史。据他的看法，自从奴隶社会破坏了原始共产主义社会的民主以后，继起的各种社会形态更迭，不变地代表着民主的提高与扩大。虽然历史发展所循的途径是弯曲的，但在较长的时空看，代表民主的那条线总在向上延伸。因此他获得了以下结论：民主是社会进步抑或倒退最可信的指标，它本身并不含有阶级性，更不是资产阶级的专利品，社会主义者若在民主头上扣上某某阶级的帽子而加以根本排拒，则是反动而非进步。他认为一个真正的工人国家绝对应该比任何资产阶级更加民主。”②

---

① 《关于民主主义的几点根本思想》，《陈独秀研究》2008 年第 2 期（总第 10 期）。感谢上海周履锵先生的校对修正稿件，本书收入即此。本文所引排序与原文有出入，请读者引用时以原文排序为准。

② 王凡西：《双山回忆录》，香港士林图书服务 1994 年版，第 242—243 页。

王文元还说:“我们看到了独秀的文章,没有一个人同意。他把民主主义看成为一个超历史性阶级的范畴,还原成一个抽象的观念了,我信服列宁关于民主的见解,至今仍然相信列宁是对的。所以在当时,附在独秀那篇文章后面,我写了一些反对意见,一起在《火花》上登载。……等到德苏协定以后,他的意见就更加彻底了。公然主张拥护民主国家反对苏德。这时,他和托派的思想上的联系已告断绝”[①]。这两段话,是追溯陈独秀狱中上述民主观的发展与变化,不,应当说是其民主思想巨大进步发展之有力见证。这证明了陈独秀在狱中总结了世界和中国革命经验,尤其是对苏联斯大林主义已使国家堕落变质的血的教训而做出的反思之作(直至后来 1939 年 9 月德苏协定成立,他强调从制度上反斯大林问题)。今天看来其思想资源至少有三:一是基于“五四”新文化运动反强权,反军阀官僚,反帝国主义,要求中华民族独立的目标,其根据乃是民主主义思想。因为五四的真精神不只是单纯的爱国至上,而是基于对民意至上、民权至上和理性精神的崇尚。陈独秀经过 1924 年以后,一度抛弃了以个性解放、人道主义、自由、民主、科学精神为主轴的“五四精神”,经过炼狱的反复思考,再次思想回归所致;二是他当年与大批知识精英们提倡的学习西方文明,以“科学、民主”为口号及重估一切价值的怀疑精神,与他五年狱中经常阅读的中、英文两份《大美晚报》直接相关。三是他在被罢黜总书记及领导中国托派运动后认真研究中国革命问题,在入狱前至狱中从事大量学术研究与思考,并从事反对斯大林主义的反对派运动的直接结果。

入狱前,从 1927 年夏起,陈独秀被斯大林和共产国际作为“替罪羊”,他一个人沉思了一年多。1929 年秋加入托派组织,到 1936 年 3 月写成上文的这六七年间,他认真思考总结中国革命失败的问题,悉心阅读了大量托派从国外带回的书刊和文章,从事并领导着中国共产党反对派运动。从国民政府给他治罪的“罪证”共 566 本马列及自然科学书刊[②]可见,他不仅阅读普列汉诺夫全集、论文集与专著《无政府主义与社会主义》,也阅读介绍普列汉诺夫著作中最重要的《辩证法的唯物论》(伏尔弗逊著,白俄罗斯国立大学教材。郑超麟译于 1930 年)一书;阅读了后来成立的第三国际的反对派——被列宁批判为“叛徒”的第二国际领袖考茨基的代表性著作《唯物史观》,这是 1920 年由他交恽代英翻译,《新青年社》出版,成为毛泽东等一代革命者接受马克思主义的最早入门读物之一的原版书;当然列宁和托洛茨基的著作更多。他还在狱

① 《双山回忆录》,第 209—210 页。当时王凡西以“连根”为笔名,在陈独秀文章的后面发表了《几点补充》一文及《补遗》短文。另外,当时在狱中与陈独秀辩论过此问题的濮清泉也有类似的回忆。

② 这大批“罪证”书中,陈独秀自己主编并出资印刷的托洛茨基著《中国革命问题》一书,复本达 144 本之多,包括其 1、2 两集。

中阅读了要胡适组织出版的《资本论》1—3卷(英文版)、《资本论大纲》(日文版,山川均撰)、恩格斯《家庭、氏族和私有制的起源》等大量原版书。德国共产党主要创始者卢森堡的书虽然未见其在"罪证"中,但她的名著《论俄国社会民主党的组织问题》一书中的名言"自由始终是持不同思想者的自由"①,则由陈独秀切切实实地做到了。他充分利用狱中斗争取得的阅读和思想自由的巨大空间,"沉思了六七年",也就是思想自由加上丰富的历练和知识,必然产生出新的思想。

当时陈独秀在狱中与濮清泉等人议论莫斯科审判三大案件说:"人类历史主要乃是一部民主的发展史,苏联无产阶级专政制度'贱视民主''专政到人民,甚至专政到党内',变成了官僚国家,不应再称为'工人国家'。"②这里可见他得出上述十大方面民主观的深刻内容的由来。这时,不仅他的民主观的内容大大具体化了、扩大了,而且他从人类历史发展的整体出发作出了新的总结和考察,进而又从制度的层面作出深刻反思,才能产生有别于以往传统观念,即被他称为"教派"观念的民主观。1940年9月陈独秀在病中写的《给西流(即濮清泉)的信》那封长达五千多字的信,"陆续写了二十余日才写好",其中有三千多字是讨论"民主政治"的。胡适说"这封信是中国现代政治思想史上稀有的重要文献"。陈独秀提出了"特别重要的是反对党派之自由"。胡适认为:"在这十三个字的短短一句话里,独秀抓住了近代民主政治的生死关头。近代民主政治与独裁政治的基本区别就在这里,承认反对党派之自由,才有近代民主政治。独裁制度就是不容许反对党派的自由。"③胡适称誉他为"终身反对派"。这条自从1927年陈独秀在许多公开信里早就一再呼吁党制变革,要求党内派别的公开合法化,不仅要求,而且身体力行。因为他早已从切肤之痛中悟出了:一、公开的派别比暗流涌动的争斗更符合现代政党政治。二、党内的多元的声音完全是一种正常的表达。三、他从中共内部突破体制的束缚,当然首先是突破教条理论的束缚,才能指明党制的改革发展方向与出路。

陈独秀自1937年8月23日出狱至入汉的半个月,他拒绝了来自国民党中统局与后来成为大汉奸的周佛海的"低调俱乐部"的拉拢引诱。更以其特有的坚韧不拔的气概向国民党当局"减刑"三年"以示宽大"的"减刑令"予以针锋相对的斗争:他出狱第三天的1937年8月25日才发出了在狱中早已写好的给《申报》编辑部的信。严厉驳斥该"减刑令":"兹读政府明令,谓我爱国情殷,深自悔悟。爱国诚未敢

① 《罗莎·卢森堡对苏联左倾修正主义的批评》[转帖],中国改革论坛。
② 濮清泉:《我所知道的陈独秀》,《文史资料》,第71集。
③ 傅国泳:《与陈独秀的"最后见解"共鸣》,http://book.sina.com.cn/longbook/his/1109646910_1949zhishifenzi/54.shtml

自夸，悔悟则不知所指。……我本无罪，悔悟失其对象，罗织冤狱，悔悟应属他人。”他进而揭露当局的卑劣伎俩：“以诬蔑手段摧毁他人人格，与自身不顾人格，在客观上均足以培养汉奸，此非吾人今日正所痛心之事乎！”①这不仅表示他人格的崇高，也是他与迫害、监禁自己的蒋介石独裁专制政府和政党所作政治斗争的总结；乃至是与人类历史上道德沦丧者（包括制度和政党个人多种在内）做总清算的重要结论。

此时，他以抗日为自己的神圣使命，也拒绝了上海托派要他去上海的多次来信，与妻子潘兰珍一起于1937年9月9日义无反顾地乘船离南京，直奔抗战中心武汉。可以说，这时的他，是属于中华民族的，而不是属于一党一派的。这从他后来给托洛茨基的信里可见。他说：

“我们不应该幻想着把工作推迟到收复失地以后再做；应该立即准备在日本继续占领的环境中开始在当地狭小范围内从头做起。我们的发展须等待一个时期。战后工业开始恢复（无论在外国的或本国的统治之下）才是我们工作较顺利之时。我们的工作较顺利之时，号称马克思主义的秘密的或半公开的小团体，必然在好些地方发生。没有大运动，没有中心势力，这些小团体是很难统一的。只有组织上获得相当数量的工人群众，政治宣传行动上无保留的百分之百的力量用之于民主民族斗争的小集团，才能够得上做重新创造无产阶级政党的中心势力。在组织上努力接近工人，加强民主民族斗争的宣传，这种初步而基本的工作，在日本占领区域或国民党统治区域，都同样是应该采取的方针；所不同者，在日本占领区域更加秘密而已。现实远离群众，远离现实斗争的极左派，如果不能深刻的觉悟过去轻视民族民主斗争的错误，大大的改变态度，如果不是每个人都低下头来在上述工作方针之下刻苦工作，如果仍旧说大话，摆领导者的大架子，组织空洞的领导机关，妄想依靠第四国际支部的名义，闭起门来自立为王，除了使第四国际②的威望在中国丧失外，别的将无所成就。”③

综上可见，陈独秀作为中华民族的世纪伟人之一斑。也正如一位见证这段历史的94岁上海托派老人熊安东先生所言：

“纵观陈的一生，他是重真理不重党派的人，故而‘康党——乱党——共产党——

① 见本书“（九）陈独秀狱中著述”栏1937年8月25日陈独秀给《申报》编辑部的信。

② 第四国际即1938年9月由托洛茨基支持者组成的国际性联合组织，其前身是1929年托洛茨基等人开创的国际左翼反对派运动，在政治上宣称继承第三共产国际前四次大会的政纲和决议（共产国际前三次大会的宣言乃至共产国际前身即齐美尔瓦尔德国际的宣言的主要执笔人正是托洛茨基）。全称世界社会主义革命党。

③ 1938年11月3日陈独秀《致托洛茨基》，见任建树主编《陈独秀著作选》第五卷，第8页。

共产党左派反对派(托派)——不属于任何党派’终其一生,天马行空。”①这是中肯的客观的结论。

可以说在陈独秀一生的生命轨迹里,是始终贯穿着与中华民族血肉相连融为一体的民主与科学精神,尤其是他在南京近五年狱中的囹圄生活。他通过自己的狱中斗争实践,发挥了作为人的历史主体的积极自主的能动性,创造着新的传奇般的辉煌史。他以自己特有的种种具有活力的态势,尤其是其人格和思想魅力,在法庭与监狱的特定范围内变被告为原告。这种斗争策略上的胜利,首先由自身内在本质即革命家的正义性决定,是他在与外部环境之间相互运作即互动的结果;其次也即是科学与民主在陈独秀思想里互动互促的必然,必然产生具有震撼性的推动社会进步的民主主义思想与占领我国乃至世界文明制高点的《小学识字教本》那样的民族文化结晶。自五四运动迄今,科学、民主历来相提并论的陈独秀,在狱中真正做到了两者相辅相成,相得益彰。可以说他已经成为了科学、民主精神的完美结合的化身,因为他创造了最高尚、最优美的文明。所以有人用“被绑的普罗米修斯”即马克思博士论文中所说的“普罗米修斯是人类哲学日历上最高尚的圣者兼殉道者”②来形容陈独秀狱中及其一辈子的生活是并不为过。正如香港凤凰卫视台 2009 年 5 月 4 日纪念他诞辰 130 周年电视纪录片所说,陈独秀创造了“堪称近代监狱史上的奇迹!”③那种认为陈独秀在南京狱中“就生命修炼而言,这正是了悟人生的绝佳时机。无奈陈氏仅止于人格的伟岸,很难跳出马克思主义的桎梏……无法从马列主义的精神监禁中成功逃脱”④之说,经不住上述事实所驳:恰恰是陈独秀用其民主主义思想家的睿智,凸显了“终其一生,天马行空”“不属于任何党派”的书生革命家本色,只有他才能够从教条的精神监禁中成功挣脱桎梏。因为他反对教派,他具有最基本最宝贵的人的本质——自由思想。上述对民主主义的精辟思想乃人类之幸!民族之幸!当然也是南京、江苏和中国之幸!正如日本国陈独秀研究会会长、日本东京大学著名教授佐佐木所说:“据我所知,像陈独秀那样波澜壮阔的人生,在革命家、思想家和文人中可以说是绝无仅有的。他的学术、思想、文化、不只限于中国,而是由中国波及东亚”,“他是属于世界的。……他的彻底的民主主义思想大大超过马克思。这对长期受封建统治的东亚国家有着直接的现实意义,所以我们要好好学习和研究并宣

---

① 熊安东(1916—2018),山东惠宁人,1948 年中央大学历史系毕业。早年参加革命,信奉托洛茨基思想。此处引自 2009 年 9 月 4 日熊安东致作者信。

② 王观泉:《被绑的普罗米修斯——陈独秀传》台湾版扉页。华东师范大学已故苏渊雷教授题签。

③ 2009 年 5 月 4 日香港凤凰卫视五四人物志“风雨独秀”解说词(陈晓楠讲解)。

④ 李劼:《枭雄与士林——20 世纪中国政治演变和文化沧桑》,香港晨钟书局 2011 年版,第 121 页。

传陈独秀。”①

监狱成了陈独秀思考、研究之地这就是对蔡元培生前所说的“当代学人人格之美莫如陈独秀”②之最好诠释!

1941年秋陈独秀给当时在江津国立编译馆的台静农③所作《对月忆金陵旧游》诗里,他这样写道:

“匆匆二十年前事,燕子矶边忆旧游,

何处渔歌惊梦醒,一江凉月载孤舟。”④

可见陈独秀在流落四川江津的贫病交迫时,仍旧怀念着他在创建中国共产党时的1921年的南京之行,即是诗里所说的“匆匆二十年前事”——与故友在南京游燕子矶(可否说访友其名,建党其实)⑤。更抒发了他对国难时的当局(也为他所关心的人和事)担忧——“何处渔歌惊梦醒”。他还是他——处处为民族、国家的抗日战争所处的黑暗形势与当局的腐败无能而忧心忡忡。事实上这时的他,也正如陈中凡所说沉湎于为文字科学化的著作《小学识字教本》出版问题中。他什么党派也不是,只有“一江凉月载孤舟”的这种心境(除已在1939年12月写给台静农的长诗《告少年》中有更完整的淋漓尽致的展示外),最能代表他二十年来,为民族、国家所牵缠的这种种情结,尤其是对中国抗战前途的担忧。对南京“燕子矶边忆旧游”的追忆,寄托了他对自己创建的共产党的一往情深,对抗战时期国难民瘼的无比揪心。这能不说是生死以

① 佐佐木力2002年5月27日在南京大学百年校庆政府管理学院主办的全国第七届陈独秀学术研讨会上的讲话。奚金芳:《陈独秀研究文集——陈独秀与20世纪学术思想文化》,中国文史出版社2005年版,第56页。

② 刘太希:《苏曼殊与陈独秀》,见《太希诗文丛稿》,第55页。转见香港陈万雄《新文化运动前的陈独秀》第110页(感谢石钟扬教授为本条注释释疑——编者)。

③ 台静农(1903—1990),中国现代著名作家,安徽霍丘人。曾用笔名青曲、闻超、孔嘉、释耒等,离开中学后曾在北京大学中文系旁听,后转至北大国学研究所半工半读,其间积极参加鲁迅支持和影响的文学社团未名社,与韦素园、李霁野、李何林结为好友。20世纪20年代后期在《莽原》半月刊和《未名》半月刊发表一系列短篇小说,并于1928年集结出版了第一部短篇小说集《地之子》,为鲁迅所赏识,认为是“将乡间的死生,泥土的气息,移在纸上”。抗战胜利后去台北,在台湾大学任教并任中文系主任。抗战期间在江津白沙国立编译馆工作,与陈独秀结成文字学忘年交。持有陈独秀写予的百余封书信,台湾中央研究院文哲研究所筹备处于1996年6月整理影印出版《台静农先生珍藏书札(一)》。

④ 1940年秋陈独秀作于江津鹤山坪《对月忆金陵》手迹。此诗于1941年暮春寄台静农,见《台静农先生珍藏书札(一)》,第301页。

⑤ 据1921年6月10日张太雷在共产国际第三次代表大会上的书面报告称(1921年):“到今年5月1日,中国共产党已经有了7个省级地方党组织,它们是:……“7. 南京组织,它是最年轻的组织,但已经同周围工人建立了牢固的联系。在我们党的队伍中,有一些著名的有理论素养的工作人员,所以在智力方面,中国的所有资产阶级派别都会羡慕我们党”(《共产国际、联共(布)、与中国革命文献资料选辑》(1917—1925),第2卷,第177页)。但至今只知1922年5月南京建立了社会主义地方委员会于高师梅庵,书记侯曜(中共江苏省委编:《征程——中国共产党在江苏》图集,中央文献出版社2011年版,第17页)。故张太雷所说南京党组织未知何人所建。陈独秀1921年秋到过南京燕子矶可作为一个重大线索,这里远离市区,游人众多,是接头交谈秘密工作的最佳场所,而南京高师更有他的学生与友人。

台湾传记文学社“陈独秀先生座谈会”与会人士摄影之二：陶希圣先生发言，右为任卓宣先生，左为关素质先生。（1977年5月30日）

之的吗！

南京、江苏（1949年以前上海属于江苏）乃至全国人民永远会纪念陈独秀这位民族民主革命的伟人和开拓创新我国音韵文字科学的大学者！他创造的监狱史上的奇迹，将永远激励、吸引、鼓舞、教育着后来人去追求真理。

奚金芳写于南京大学

（2009年9月7日白露时节完稿。2011年10月27日—2012年2月14日再修改，6月10日定稿，26日再校稿。此文献给陈独秀先生逝世70周年；第四次被捕入南京第一监狱80周年；由他亲自主持并亲手制定的中共二大通过的反帝反封建军阀的民主革命纲领发表90周年；纪念南京大学校庆110周年；纪念《新青年》创刊百周年。2016年6月11日，依原中共江苏省党史工作办副主任叶诸昌（1924—2017）之改而改之。也仅以此纪念这位一向支持编者之研究的老领导。）

一、被捕与引渡（1932年10月15日—10月18日）

1.《中央日报》 1932年10月17日

陈独秀被捕　现拘留租界　即将引渡

［中央社上海十六日电］　中国共党领袖陈独秀，删①（十五）夜被租界捕房捕获。

［中央社上海十六日路透电］　久缉未获之著名共党领袖陈独秀，昨（十五）日在沪被中国警探所捕获，现仍拘留于租界区内。中国当局，定明（十七）日向法院请求引渡。

原载《中央日报》

1932年10月17日　第二版

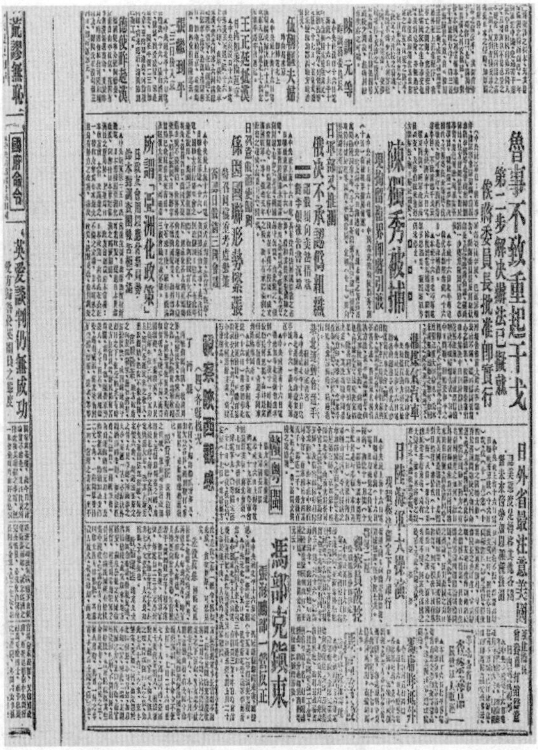
魯事不致重起干戈
陳獨秀被捕
馮部克鎮東

《中央日报》1932年10月17日刊发的陈独秀被捕消息

---

①　删：删日，即十五日。清朝开通电报后采用韵目记日法记日，即从《韵目表》中选出三十个韵目，分别代表每月的三十天（夏历）。其每月的前十五天用上平声，中间十天用上声的第16—25十个韵目表示，后五天用去声的后五个韵目表示；后来使用公历，大月有三十一日，则另取与“三十一”形似的“世”字来表示。如中国现代史上“马日事变”的“马日”，就是采用的韵目记日，马日即21日。

2.《益世报》[1] 1932 年 10 月 17 日

陈独秀前夜在沪被捕

[上海十六日专电] 中国共党领袖陈独秀,删(十五日)夜被租界捕房捕获。

[上海十六日下午九时四十二分本报专电] 陈独秀因某案关系,删(十五日)晚在公共租界被捕。陈年五十四,其子乔年[2],年前[3]被当局缉获正法。

原载《益世报》 1932 年 10 月 17 日 第二版

陳獨秀
前夜在滬被捕
伍朝樞北上
代表

《益世报》1932 年 10 月 17 日刊发的陈独秀被捕消息

3.《世界日报》 1932 年 10 月 17 日

陈独秀被捕 前夜在沪被捕后即送工部局医院疗养……今日解特区法院讯办

[本报上海十六日下午十时十七分专电] 共党领袖陈独秀,删(十五日)晚在英租界岳州路荣[永]兴里十一号被捕。因陈适病,即解工部局医院疗养。先是,删(十五日)下午市公安局据报,有大批共党在公共租界集会,即通知捕房,会同捕获谢某等五人。因供出陈住址,夜又在英、法两租界捕获二人,抄获书证甚多。定篠(十七日)晨将陈等八人,悉解特区法院[4]讯办。

[本报南京十六日下午十时十五分专电] 某机关接沪电,陈独秀近秘密由外返沪后,匿居公共租界。□巡捕房接密报,知陈匿居某处,事先即派便衣侦探往侦察;

---

① 1915 年,天主教天津教区副主教雷鸣远(Vincent Ledde, 1877 - 1940),比利时人。1901 年到中国,同年在北京升为神父,1912 年任天津教区副主教时,创立中华公教进行会。1915 年 10 月 10 日创办了一份名声、地位仅次于《大公报》的《益世报》。当时正值老西开事件发生,《益世报》因站在中国的立场上,积极报导和热情支持天津人民的反抗斗争,抨击法国的侵略行径而销路大增。抗日战争爆发后,《益世报》先后迁到昆明、重庆等地出版。旧日的天津,是中国的新闻舆论中心。曾几何时,民国的四大报纸《大公报》、《益世报》、《申报》、《民国日报》就有半壁江山落户津门。《益世报》与《大公报》作为津门报业的双子星座,在近代新闻发展史上写下了浓墨重彩的一笔。

② 即陈乔年(1902—1928),陈独秀次子。1915 年先后在上海法语补习学校、震旦大学学习,1919 年底赴法勤工俭学,1922 年加入旅欧中国少年共产党,同年转为中国共产党党员。1925 年任中共北京地委组织部部长、北方区委组织部部长。1927 年在中共第五次全国代表大会上当选为中央委员。八七会议后任湖北省委组织部部长,同年秋任中共江苏省委组织部部长。1928 年 2 月 16 日,因中共江苏省委机关遭到上海国民党反动派的破坏,被捕入狱,受尽酷刑,坚贞不屈。6 月 6 日,被国民党杀害于上海龙华,时年 26 岁。

③ 应为四年前。

④ 即江苏上海第一特区地方法院,中国政府设在上海公共租界(英美租界)内的司法机构。原名上海特区地方法院,后因上海法租界内成立江苏上海第二地方法院,改称江苏上海第一特区地方法院。院址:上海浙江北路 191 号七浦路口。

删(十五日)晚十一时,又派大批武装巡捕前往,包围陈寓,当将陈拘获。刻在工部局医院中。闻政府已向沪租界当局要求引渡,解京讯办。

按:自共党内部,分裂为干部、反干部两派后,陈独秀因向系依附杜洛斯基,故早为干部派开除党籍。但陈仍领导在华之反干部派,时为种种活动,故结果仍不免落网也。

原载《世界日报》 1932 年 10 月 17 日 第三版

4.〈日〉《东京朝日新闻》① 1932(昭和七)年 10 月 17 日②

陈独秀被捕

[上海十六日联合电] 被共产党开除以来作为支那托洛茨基派领导人活跃的陈独秀,十六日早晨③用公同租界警察的手被捕获了,至今一直从事政治活动。

原载《东京朝日新闻》 1932 年(昭和七)10 月 17 日晨刊 第二版

5.〈日〉《读卖新闻》④ 1932(昭和七)年 10 月 17 日

陈独秀被捕 共产党的元老(右图)

[上海十六日联合电] 被共产党开除以来作为支那托洛茨基派领导人活跃的陈独秀,今天早晨⑤用共同租界警察的手被逮捕了。

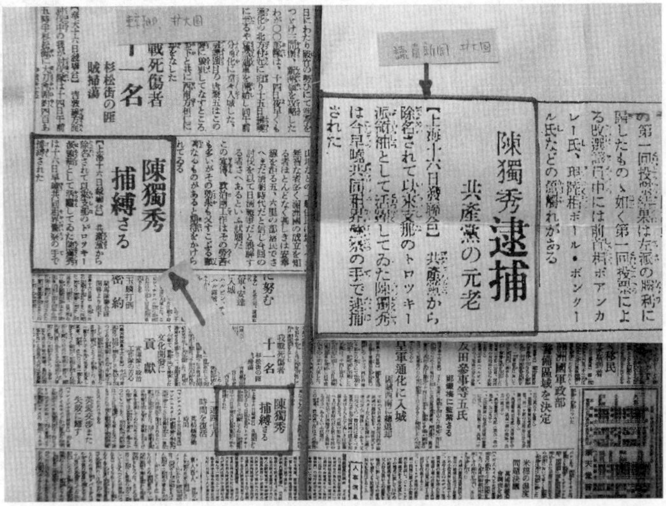

《东京朝日新闻》、《读卖新闻》刊发的陈独秀被捕消息

原载〈日〉《读卖新闻》
1932(昭和七)年 10 月 17 日 第一版

---

① 前身为《朝日新闻》,1879 年 1 月 25 日创刊于日本大阪。后打进东京出版《东京朝日新闻》,大阪《朝日新闻》改名《大阪朝日新闻》。1940 年 9 月 1 日,统一名称为《朝日新闻》。2005 年为全世界发行量第二大的日报。

② 此条及下面两条日刊资料均由日本庆应义塾大学长堀佑造教授提供并翻译。

③⑤ 此误,陈独秀被捕时间为 15 日下午 7 时(据国民党江苏高法院《陈独秀案起诉书》)。

④ 1874 年 11 月 2 日创刊于东京,日本第一大报。2003 年为世界发行量第一大日报。

6. 〈日〉《东京日日新闻》① 1932(昭和七)年10月17日

陈独秀被逮捕　支那共产党的巨头

［上海分局专电］（十六日电）杳然隐蔽踪迹、巧妙地逃脱官府眼睛的原中国共产党的巨头陈独秀，十五日下午，在租界警察署及公安局共同合力下，在公共租界岳州路附近的民房被捕获了。但那时陈由于激烈的胃病在病床呻吟，极度衰弱，立刻被工部局警察医院收容，目前得到治疗。十七日他要首先被带到特别区法院受审讯。再者警察在陈的寓所里发现了多数的日、露②、支③、佛④、英的共产党宣传传单印刷物书籍(照片是陈独秀)。

原载〈日〉《东京日日新闻》

1932(昭和七)年10月17日　第一版

陳獨秀逮捕

支那共産黨の大立物

【上海本社特電】（十六日發）杳として蹤跡をくらまし巧に官憲の眼を逃れてゐた元中國共産黨の大立物陳獨秀は十五日午後租界警察署及び公安局共同のもとに共同租界岳州路付近の民家で捕縛されたが、その際陳は激烈な胃病で病床に呻吟し極度に衰弱してゐたので、直ちに工部局警察病院に收容され手當を受けてゐるが、十七日一應特別區法院に廻され取調べを受けることになつてゐる、なほ陳の寓居には多數の日、露、支、佛、英の共産黨宣傳ビラ印刷物書籍が發見された（寫眞は陳獨秀）

渡邊修氏

【大阪發】大阪三品取引所理事長渡邊修氏はかねて喘息を病み大阪西區江戸堀上通

东京日日新闻

7. 上海市长吴铁城⑤关于陈独秀等被捕致南京行政院的密电⑥ 1932年10月17日

上海

限即刻到

南京行政院钧鉴：

团⑦密共党首领陈独秀在沪活动，前经与租界当局特别交涉，协同捕房侦查月

---

① 1872年2月21日在日本东京创刊，为日本历史最久的报纸。1911年3月1日，同《大阪每日新闻》合并，但仍以各自的名称在两地分别出版。1943年起统一采用《每日新闻》名称，为日本三大全国性大报之一。

② 露：即苏联。

③ 支：支那，中国旧称。近代日本使用时，带有贬义。1930年5月，南京国民政府经中央政治会议讨论，正式发出训令，禁止日本公文中使用“支那”之类文字。

④ 佛：即法国。

⑤ 吴铁城(1888—1953)，祖籍广东香山，生于江西九江。早年加入同盟会参加革命，曾赴日本明治法政大学学习法律。1929年3月被选为国民党第三届中央执委，国民政府立法委员。1929年3月被选为国民党第三届中央执委，国民政府立法委员。1931年6月，任国民政府委员。1932年1月，任上海市市长兼淞沪警备司令。1949年10月赴香港，后转去台湾，任台湾国民政府“总统府”资政。1953年在台北病逝。

⑥ 标题、分行、标点均系编者所加。

⑦ 团：国民党中央机构代号。

吴铁城

余,于兹咸日[①]在虹口破获共党常委会议机关,捕获共党谢少珊等五人。按谢供地址将陈独秀捕获。铣日[②]又在塘山路破获该党印刷机关,抄出文件甚多,缉获共党王之平、何阿方[③]二名。续在福履理路又破获机关一处,拿获共党王剑肠[④]一名。现正交涉,将陈独秀等一干人犯即日引渡,并按熊文任[⑤]供词搜捕余党归案法办。谨先电陈。

上海市市长吴铁城叩

筿[⑥]印

录自中国第二历史档案馆复印件

8. 上海市长吴铁城关于陈独秀等被捕经过情形致南京行政院的快邮代电[⑦] 1932年10月17日

南京行政院钧鉴:

关于破获共党机关及拿获共党首领陈独秀等一案,已于筿日电呈在案,兹谨将经过详情撮要报告如下:

案据市公安局报告称,前奉钧谕共党首领陈独秀在沪甚为活动,着即与租界捕房密商缉捕毋延等因,遵经严密侦查,并将侦查情形报告在案。咸日据密报,虹口有恒路[⑧]春阳里二百十号楼上设有共党机关,为共党中央常委会议之所。当函特区法院签发搜捕证,于删日下午二时[⑨],会同公共租界工部局政治部及虹口捕房中西探员前往查抄,当场拘获共党中常委会秘书谢少珊及中常委王武、王兆群、张次南、濮一凡等五名,并抄获反动文件二皮箱、一小藤箱、一网篮。据共犯谢少珊称,甘愿自首,并可将共党首领陈独秀拘捕到案等语,即于当日下午七时带同该犯至岳州路永兴里十一号楼上,将共党首领陈独秀拘获,当场抄获反动文件甚多。

---

① 咸日:15日。
② 铣日:16日。
③ 应为何阿芳。
④ 王剑肠疑即王鉴堂。
⑤ 熊文任:此名整个案件中仅此出现一次,按上下文看似为谢少珊化名。
⑥ 筿:筿日,即17日。
⑦ 快邮代电:继电报以后出现的一种新的信息传递方式,即以快信邮寄方式发文,所使用的格式与电报相同,但不使用码字,直接使用汉字,无需翻译。有时效限制,收到即发,相当于现在的特快专递。由于电报是按字论价,费用较高,因此在处理篇幅较长,紧急程度介于电报和一般公文之间的文件时,就采用"快邮代电"的形式。本文的原件无标点。文中标题、分行、标点系编者所加。
⑧ 据起诉书应为"东有恒路"。
⑨ 起诉书作"下午三时"。

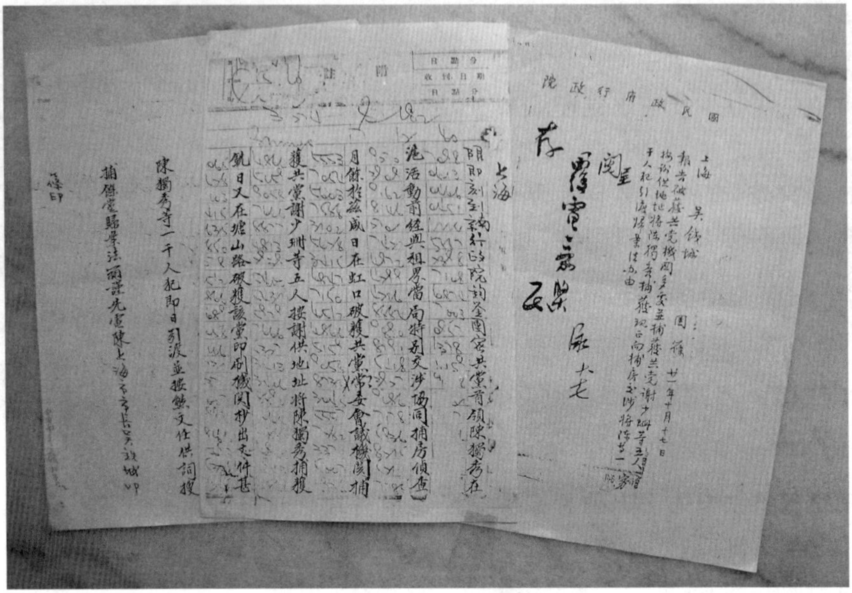

电文内容(林致良供的复印件)

复据共犯濮一凡供出圣母院路高福里三百二十二号住所，即于当日下十九时①带同该犯前往，抄获反动文件一藤箱，并拘获嫌疑犯王晓春一名。

继据谢少珊称，有同党梁有光匿居新闸路东斯文路②一零四四号，即于铣日晨一时，按址将梁拘获，抄出反动文件甚多。又于反动文件中发现反动机关地址，即于当日下午七时③在塘山路业广里三三五号，捕获共党王之平④、何阿方⑤二名，当场抄获油印机及大批反动文件，于同日下午十二时在福履理路四五六弄二二号⑥拘获共党王剑堂⑦，当场抄获反动文件数种。

是役共拘获陈独秀、谢少珊、王武、王兆群、张次南、濮一凡、王晓春、梁有光、王之〔子〕平、何阿方〔芳〕、王剑〔鉴〕堂等十一人，连同所有反动证物，由捕房押解高等第二分院⑧，现正交涉引渡归案法办等情，谨以转呈伏乞

---

① 据起诉书应为“下午九时”。
② 据起诉书应为“大通路斯文里”。
③ 起诉书作晨七时半。
④ 据起诉书应为“王子平”。
⑤ 据起诉书应为“何阿芳”。
⑥ 起诉书作“福履理路二二号”。
⑦ 据起诉书应为“王鉴堂”。
⑧ 即江苏高等法院第二分院，成立于1930年4月1日，地址在公共租界北浙江路。它管辖上海公共租界内一审政治案件和地方法院民刑事上诉案件的审理。1941年12月8日，日军占领上海租界。1942年2月2日该院被汪伪接收而结束。

鉴察。

上海市市长吴铁城叩

篠未①印

录自中国第二历史档案馆复印件

(香港马克思主义促进会林致良提供)

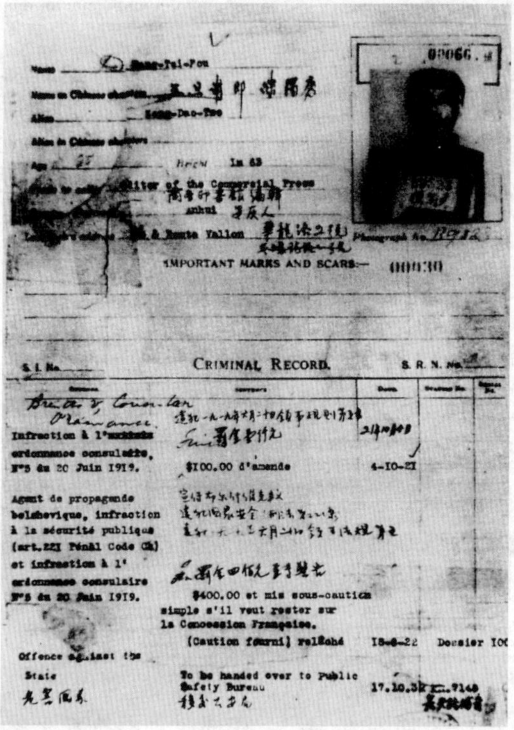
00066.
Bright In 63
Editor of the Commercial Press
Anhui
& Route Vallon
Photograph No.
IMPORTANT MARKS AND SCARS:— 00030
S. I. No.
CRIMINAL RECORD.
S. R. N. No.
Infraction à l'
ordonnance consulaire,
N°5 du 20 Juin 1919.
$100.00 d'amende
4-10-21
Agent de propagande
bolshevique, infraction
à la sécurité publique
(art.221 Pénal Code Ch)
et infraction à l'
ordonnance consulaire
N°5 du 20 Juin 1919.
$400.00 et mis sous-caution
simple s'il veut rester sur
la Concession Française.
(Caution fourni) relâché
Dossier 10
Offence against the
State
To be handed over to Public
Safety Bureau

此为 1932 年 10 月 17 日由上海公共租界复兴路捕房填具之陈独秀“罪行记录卡”。陈独秀表格号 00030,照片号 B9123,化名王旦甫即陈独秀。除 1919 年 6 月 11 日首次被捕于北京外的三次被捕均记录在此卡上(据任建树提供原件照复印)

9. 上海市长吴铁城关于陈独秀等引渡归案致南京行政院的密电② 1932 年 10 月 17 日

上海

限一小时到

---

① 未:未时,下午 1 点到 3 点。旧时以十二地支,即子、丑、寅、卯、辰、巳、午、未、申、酉、戌、亥记时,每两小时为一个时辰,夜间十一点至一点为子时,一点至三点为丑时,其余类推。

② 本文的标题、分行、标点,系编者所加。

南京行政院钧鉴：

团密陈独秀、谢少山[①]、王武、王兆群、张次南、濮一凡、王晓春、梁有光、王之〔子〕平、何阿方〔芳〕、王剑〔鉴〕堂十一人业经引渡归案。查王武即宋逢春，王兆群即罗世凡，张次南即彭述之，与陈独秀、濮一凡皆系共党中央常委，俱属共党重要分子，除饬公安局严慎各别管押候命讯办外，谨电奉陈。

上海市市长吴铁城叩

篠戌[②]二印[③]

录自中国第二历史档案馆复印件（由香港马克思主义研究促进会林志良提供）

10. 关于国民党湖北罗田县党务特派员办事处要求严办陈独秀快邮代电的公文

1932 年 11 月 17 日

见第三部分 第 1 条，本书第 89 页。

11.《中央日报》 1932 年 10 月 18 日

沪捕获大批共党　陈独秀等昨日审讯　最后裁决准予引渡

［中央社上海十七日电］　公共租界捕房，删（十五）晨[④]破获虹口东有恒路春阳里二一零号共党机关，当场捕获谢少珊、王兆群、张次南、濮一凡、王武等五人，并抄出反动文件、书籍多种。谢等供出系陈独秀党徒，陈匿居岳州路永兴里十一号。捕房当日下午，按住址往捕。陈适卧病，带入捕房略讯，即送工部局医院治疗。旋又在圣母院路高福里三二二号，拘获同党王晓春。铣（十六日）晨，又在大通路斯文里一零四四号，拘获梁有光。铣（十六日）晚，又在虹口塘山路业广里三三五号，拘获新由莫斯科回华之王子平、何阿方〔芳〕。在福履理路拘获王鉴堂。又在白克路修德里及东兴路、克洛克路、霞飞路等处，破获共产党机关，搜获反动文件、书籍六十大捆，俄文书籍七十八本。惟党徒闻风远飏，未能捕获。陈独秀等十一人，由捕房以危害民国罪起诉。篠（十七日）晨，解送苏高等第二分院审讯，先开调查庭。陈面色黝黑，两鬓已斑。因患病，庭上特准坐而受审。陈供曾因反动在平被警厅拘捕一次[⑤]，

① 据起诉书应为“谢少珊”。
② 戌：晚上 7 点到 9 点。
③ 二印：盖两次印，以示慎重。
④ 此处有误，应为 15 日下午。
⑤ 即 1919 年 6 月 11 日因散发《北京市民宣言》传单而在北京香厂被捕。

继复在沪被法公廨[1]拘捕二次[2]，判禁三天，及科罚现金，此外并未到过法院。昔年从事教育，现从事著作。张次南供，原名张述之，以著书生活，暇时参加共党工作。其余各人，均供词支吾。沪市公安局，请求引渡，并要求禁止旁听。庭上以本案正在调查中，应暂缓移提；禁止旁听，则准如所请。当由院警传谕，凡与本案无关系之人，均退出庭外，并准捕房律师之请，将各被告隔别审问云。又陈独秀自受共党中央派排挤后，匿沪三载，组织托罗斯基[3]学会，陈为常委之一。东有恒路春阳里二一零号，即该会会所。陈因有病休养，会务均由谢少珊代表执行云。

又电　苏高等第二分院，筿（十七日）下午续审陈独秀等十一人，至四时始毕。陈等数度请求拒绝移提，卒无效。最后裁决，准由市公安局引渡。

原载《中央日报》 1932 年 10 月 18 日 第二版

12.《申报》 1932 年 10 月 18 日

陳獨秀等被捕

1932 年 10 月 18 日《申报》报道

共产党首领　陈独秀等被捕

经两昼夜之搜捕而破获　陈等十一人均解公安局

---

① 即法租界会审公廨，租界时期旧上海形成的一种特殊的审判机构，俗称“会审公堂”或“混合法庭”，由上海道台代表与外国领事联合组成，负责审理租界内华人或华洋之间民事诉讼。

② 一次为 1921 年 10 月 4 日在上海老渔阳里 2 号寓所被法国巡捕房逮捕；一次为 1922 年 8 月 9 日在上海环龙路铭德里 2 号寓所被法国巡捕房逮捕。

③ 即托洛茨基，下同。

共产党内有所谓托辣司基派者，在沪组织青年团委员会，举有委员五人，处理党务。陈独秀实为此派领袖，发纵指使，该党党员咸唯马首是瞻。其委员会规定，每星期开常会一次。迩来，陈以体弱多病，每值会议及指导工作，则由谢少珊代理。当局以该党专事宣传赤化，且陈独秀早经政府通缉有案，爰严令警务人员密查拿办，以遏乱萌。最近始由市公安局侦悉陈及该党重要份子匿居公共租界与法租界各处，经公安局长文鸿恩①咨由第一特区地方法院，制发搜查票、拘票，派总巡捕房政治部探员会同嘉[复]兴路捕房中西探员，于十五日（上星期六）午后二时半②，开始活动，费两昼夜之时间，至十六日夜午止，凡该党著名人物，大都弋获；搜出之宣传共产文件书籍，尤为汗牛充栋，诚可谓自清共以来第一起巨案也。兹述破获各处机关及审讯情形如次：

春阳里获五人　上星期六午后二时半，中西探员奉法院搜查票及拘票，先往东有恒路春阳里二百十号屋内，拘获粤人谢少珊（二十二岁）、皖人王兆群（二十七岁）、湘人张次南（三十四岁）、皖人濮一凡（二十八岁）及河北人王武（三十五岁）等五名。抄出各项文件一百零六件、俄文共产书籍三十四种，带回嘉兴路捕房羁押。而此五人中，张次南其原名实为彭述之，并闻谢少珊又名谢德培③。

陈独秀之形状　春阳里搜查后，即赴岳州路永吉里④十一号搜查，时陈独秀正在室内，该探等立予逮捕；并在室内抄出中、日、俄三国文字之共产文件甚伙，连陈一并带入捕房。陈为皖人，现年五十四岁，迩以多病，貌甚清癯，唇蓄微髭，发已微斑，衣淡蓝色哔叽长衫，戴淡黄色呢帽。被拘入捕房后，捕头诘悉其有病，当派探送往工部局医院，旋经医生诊察得厥疾并不甚剧，认为尚可受鞫。

搜查濮之寓所　招商局秘书长[处]编译员濮一凡，在春阳里被捕获，经捕房查悉其寓于法租界圣母院路高福里二百二十二号⑤，遂由承办探员驰往法捕房，警请协助。旋与法探捕同赴濮家，搜查之下，发现共党文件三十余种，即被带回捕房。

西捕跳窗追逐　十五夜十一时⑥，中西探捕密往新闸大通路斯文里一千零四十四号掩捕余党，当获广西人梁有光一名。尚有两人，则从其室内窗口跳跃而逃。

---

① 文鸿恩（1892—1934），海南文昌人。1917 年毕业于云南陆军讲武堂第十二期，比朱德晚十期，叶剑英同期同学。曾参加北伐，攻下南昌，晋升少将军衔。1932 年，任海陆空军总司令部参议，国民政府军事参议院参议，兼上海市公安局长。1934 年 10 月病逝。

② 吴铁成电报作下午两点，高法院《陈独秀案起诉书》作下午三点。

③ 应为“谢德盘”。

④ 永吉里，应为永兴里之误（据吴铁成电报及高法院《陈独秀案起诉书》）。

⑤ 据吴铁成密电应为“三百二十二号”。

⑥ 吴铁成电报作十六日晨一时，高法院《陈独秀案起诉书》作当晚（15 日）十二时许。

比〔此〕经某号西捕亦即越窗追逐,卒被追获皖人王晓春一名(三十岁);其余一人终被兔脱无踪。旋将室内搜查,共抄出文件二十八种,连同梁、王一并带回捕房,严予羁押。

翌日续行搜捕　　捕房探员,于次日自晨至暮,继续工作。先往塘山路业广里三百三十五号拘获温州人王子平、何阿芳两名,抄出俄文各件七十八种。继赴法租界福履理路建业里二十二号①,拘获鲁人王鉴堂一名。抄出文件书籍十种及复写纸一张,是纸仅用过一次,其字迹犹可辨认,全为宣传共产之文字。嗣赴白克路修德里五百三十二号搜查,则住于屋内者已闻风逃逸。留有字条一纸在室,所书字句,致系通知同党,某地机关已破,着勿再往云云。此处并抄获文件八种。尚有霞飞路二百八十四号、东嘉兴路善吉里三号,及白克路三百九十四号弄某号门牌等三处均系若辈匿迹所在,迨往搜查,皆已预先逃避,且不复留一物,故此三处,一无所得。

起诉被告案情　　昨晨,捕房将陆续所获陈独秀等十一名,押解江苏高等法院第二分院,至各种文件书籍,亦以汽车运送法院,旋由赵钲镗推事②升座第一法庭,将各犯提案。捕房为使庭上易于明了起见,于各被告前缀一数字号码,如陈独秀被捕时为第六,遂作为第六被告而缀以六字号码。因陈犯病,特准其就坐。当由捕房律师厉志山陈述破案经过,末乃谓现依据《危害民国紧急治罪法》第二条第二款及同法第六条起诉,查被告陈独秀于民国十一年及十三年③曾两次在法租界因宣传布尔希维克④主义被前法公廨处罚,初次罚金一百元,二次罚金四百元;王兆群于十八年因案曾被惩办;王武前亦因共产案捕解警备司令部讯办,兹则尚需调查,请求改期云云。

公安局请移提　　市公安局代表到庭声称,本案被告中之陈独秀系政府通缉有案之要犯,无论捕房对于此人起诉与否,务先准公安局提去归案迅办。盖彼所犯各巨案,均在内地,而彼则避居租界,恃为护符。又谢少珊一名,亦请准提,过局讯问后,仍送回钧院,并请求禁止旁听。当由捕房律师声明对于谢少珊暂先解局讯问一点,并不反对。

秘密审讯被告　　赵推事因本案今系侦查,对于各被告供词,异常重要,未可稍泄,随即宣喻禁止旁听,并饬将各被告概带入待质室,隔别研讯。至午犹未终结,遂将谢少珊一名,先交公安局来员带去。

---

① 陈案起诉书作“福履理路二十二号”。
② 推事:即审判官。
③ 此误,应为十年及十一年两次。
④ 即布尔什维克,下同。

捕房撤回控诉　　午后二时，仍由赵推事开第一庭继续隔别研讯。首由捕房厉志山声明：兹经查明，各被告内由一部分所犯案件，并不在租界，为便利侦查审讯起见，捕房声请准予撤回控诉，所有被告如市公安局要求移提，捕房并不反对。

公安局请移提　　公安局代表律师，特再郑重声明，各被告多有经政府通缉者，今捕房既声请撤回告诉，应请一并移送公安局归案讯办云云。赵推事随将未讯各被告逐一研讯完毕，时正四句半钟，遂暂退庭。

裁决准予移提　　五时，由刑庭长郁华，推事赵钲镗、郭怀璞会同检察官特开会议庭，由捕房律师及公安局律师次第陈述经过情形后，检察官随起而论告，谓捕房既撤回控诉，应依协定，交公安局提去。郁庭长即宣告裁决：陈独秀等十一名，一并交市公安局来员带去，归案讯办。

各被告述意见　　被告等闻裁决之下，纷纷起立抗辩。当以王晓春、濮一凡、梁有光三名发言最多，陈独秀虽仅发寥寥数语，然可谓言简语赅。至彼等所辩则皆为法律问题，表示皆不愿将此案解往公安局之意。经郁庭长谆谆谕以此种移送手续，系照协定办理，纵使抗告，亦不能停止本裁决之执行，乃各被告仍哓哓伸[申]辩，历一时之久，此停彼起，言之不已。庭上以徒费时间，徒费唇舌，终难期其领悟，故至钟鸣六下，乃宣告退庭。而公安局来员，遂将各被告连同抄获文件书籍，一并押登汽车，解往该局讯办。

原载《申报》　1932 年 10 月 18 日　第十三、十四版

13.《大公报》　1932 年 10 月 18 日

沪连日捕获大批共党　陈独秀等十一人昨审讯

工部局允许移提至警备司令部

［上海十七日下午九时发专电］　市公安局据报，陈独秀匿沪，十五日向特一法院请出拘票，会同公共租界捕房，于十五日下午五时①派大批探捕，驰往东有恒路信［春］阳里二百十号，拘获驻沪共产党常委粤人谢少珊、皖人王兆群、张次南、濮一凡、冀人王武，并获文件书籍等。谢等供出重要共党和关系各委及组织。陈现卧病岳州路永兴里十一号，探捕等按址前往。首由一探推门入，陈适患病在呻吟之中，由床上扶出，即送巡捕医院医治。嗣在法租界圣母院路广福里三二二号获皖人王晓春。十六日晨，复捕获桂人梁有光、浙人王子平、何阿芳、鲁人王鉴基②，据

---

① 吴铁成电报作下午两点，高法院《陈独秀案起诉书》作下午三点。

② 此误，应为王鉴堂，下同。

供后复往白克路、霞飞路等共党机关搜捕,人均逃,仅获文件、书籍等。此次共捕十一人,十七日晨解高二分院,十时开庭。陈面色黝黑,两鬓斑白,有病容,陈因病准坐讯。陈供曾因反动工作,在平被警厅捕一次,后在沪被法公廨捕二次,此外未到过法院;昔年从事教育,近则从事著作云。审讯至午始毕,工部局允移提与警备司令部。陈皖人,年五十四。其子乔年①、延年②,早相继伏法。

[上海十八日上午一时发专电] 高分院十七日午后续审陈独秀案,公安局坚请移提陈等,律师力辩,冀免移解,惟无效,推事裁决陈等十一人因交公安局带去。

原载《大公报》 1932 年 10 月 18 日 第三版

14.《益世报》 1932 年 10 月 18 日

沪破获大批共党 陈独秀病老已三次被捕

当局要求引渡尚未移提 共党机关文件书籍多被查抄

陈乔年(陈独秀二儿子)

陈延年(陈独秀大儿子)

---

① 乔年,陈乔年(1902—1928),安徽怀宁人,又名遐乔。1917 年上海震旦大学学习。1919 年 12 月赴法勤工俭学。1922 年 6 月参与发起成立旅欧少年共产党并任支部领导人之一。1924 年冬回国,先后任中共北京地委及区委组织部长。1927 年 5 月起中共中央组织部副部长、6 月任中共顺直省委委员、中共中央代秘书长、8 月任中共中央湖北省委常委、组织部部长、长江局委员,中共江苏省委(兼上海市委)常委、组织部(科)长,1928 年 2 月被捕,1928 年 5 月 24 日于上海龙华就义。

② 延年,即陈延年(1898—1927),又名陈遐年,安徽安庆人,陈独秀长子。1915 年考入上海法语学校,1917 年考入震旦大学攻读法律。1919 年底赴法国勤工俭学。初期信奉无政府主义,1921 年后转向马克思主义。1922 年 6 月,与赵世炎、周恩来等一起创建中国少年共产党,任中执委委员。负责《少年》月刊编辑工作。1922 年秋加入法国共产党,不久转入中国共产党。1924 年 9 月回国,10 月先后任中共广东区委委员、秘书、组织部部长,1925 年任中共广东区委书记,次年参与组织省港大罢工。1927 年四一二事变后,奉命前往上海重新组织当地共产党活动,5 月在中共五大上当选为政治局候补委员,6 月任中共江苏省委书记。6 月 26 日,在上海北四川路恒丰里 104 号上海区委所在地被国民政府逮捕,拒绝招降,7 月 4 日牺牲。

[上海十七日下午十一时专电]

……(同《中央日报》1932 年 10 月 18 日　第二版《沪捕获大批共党　昨日审讯　最后裁决准予引渡》中之[中央社十七日电]报导,故略。其中"(十七日)晨十时,解送第一特区法院"《中央日报》作"(十七日)晨,解送苏高等第二分院"——编者)

[上海十七日下午八时五十分本报专电]　删(十五日)公安局会同捕房在东有恒路春阳里二百十号破获共党机关,拘张述之①、谢少珊、王兆群、张次南、濮一凡、王武等十人②,抄获共产书籍百余种。谢供出陈独秀卧病岳州路荣庆里③十一号,遂亦被捕。并在陈处搜出中俄日文书籍甚多。后又拘获王晓春、梁有光、王子平、何阿芳、王鉴堂五人。洽(十七日)日十时,解第一特区法院审讯。陈着青色衣服,面黝黑,两鬓斑白,上庭态度镇静,因病准坐下受审。陈侃侃而谈,因担任工作,在平④曾被捕一次,在沪法公廨曾二次被捕,判监禁三天,并科罚现金。昔年从事教育,最近努力著作。张亦供认不讳,余供支吾,公安局要求引渡,因捕房反对,暂缓移提。

原载《益世报》　1932 年 10 月 18 日　第二版

15.《申江日报》　1932 年 10 月 18 日⑤　社评

陈 独 秀 被 捕

过去中国共党首领陈独秀氏,竟于前晚⑥在上海岳州路荣庆里〔永兴里〕十一号被捕,同时被捕者,尚有同党九人,已于昨晨在高等二分院开调查庭经过了初步审讯,据国闻社消息,谓"中国方面警备司令部及市公安局均有人前来迎提,日内可交警备部提去云云"。而陈氏则以患病,尚在斐伦路工部局医院医治。

此案既尚在调查中,吾人本暂时不愿有所论列,但陈氏与中国共党有过甚深之关系,则为举世所共知,故吾人亦不妨略述对于此事之感想,以供注意此案者之参考。

吾人对于共党在湖北江西的行为,完全立于反对的立场,认为即以武力讨伐

---

① 应为彭述之,即张次南。

② 应为五人,因彭述之即张次南。

③ 荣庆里误,应为永兴里(据吴铁成电报及高法院《陈独秀案起诉书》)。

④ 平即北平。1928 年 6 月 20 日到 1949 年 9 月 26 日这段时间,北京称为北平。

⑤ 此文转引自陈东晓《陈独秀评论》,无日期、版次,此日期为编者推定。陈独秀 15 日被捕,17 日上午江苏高等第二分院开调查庭审讯(据高法院《陈独秀案起诉书》)。文中称江苏高等第二法院开调查庭时间为"昨晨",说明此社评为 18 日的社评。

⑥ 陈独秀被捕在 15 日晚,故"前晚"有误。

之亦不为过。但共党如放弃其杀人放火的行径,在不扰乱社会秩序的条件下,仅力从事言论思想之鼓吹,或参加某种会议之选举,则亦应有其法律上之保障。吾人希望警局对于此类政治背景较为复杂之案件,最好以尊重法律尊重司法独立之精神出之,一切依法以为解决,如最近司法当局对于牛兰案①之处理,颇不失法治国家持平之态度,吾人固希望司法当局之审慎精神,不仅适用于一国籍不明之共产学者牛兰,而类于牛兰相似之中国人鲁莽出之也。

原载《申江日报》 1932年10月18日

转引自陈东晓:《陈独秀评论》,第161—162页

16.《世界日报》 1932年10月18日

陈独秀在沪被捕后　已以危害民国罪起诉

昨由苏高二分院审讯　禁止旁听　最后裁决　已准交沪公安局引渡　陈面色黝黑瘦削　两鬓已斑

[本报南京十七日下午十时十分专电]　陈独秀被捕后,中央已办理引渡手续。据某中委谈,俟由租界提华界后,中央即派员赴沪,将陈押解来京,当依危害民国罪处理。

[本报上海十七日下午九时五十五分专电]　苏高等第二分院,粲(十七日)下时[午]续审陈独秀等十一人,至四时始毕。陈等数度请求拒绝移提,卒无效。最后裁决,准由市公安局引渡。

[本报上海十七日下午八时四十分专电]　……(同1932年10月18日《中央日报》第二版《沪捕获大批共党昨日审讯,最后裁决准予引渡》中之[中央社上海十七日电]报道,此略)

---

① 牛兰案:即共产国际驻中国代表牛兰夫妇被捕案。牛兰,真实姓名为亚可夫·马特耶维奇·鲁德尼克,1894年出生于乌克兰的一个工人家庭。1914年毕业于基辅一所商业学校。后入圣彼得堡军事学校学习。1917年2月,成为布尔什维克一员,曾任“芬兰团”政治委员,率队攻打冬宫。1918年被选入捷尔任斯基领导的“契卡”(非常委员会)。1924年调入共产国际联络部。上世纪20年代中期,中国革命形势逆转,共产国际驻中国机构遭到破坏。牛兰于1927年春被派往上海,以商人身份作掩护,从事共产国际中国联络站恢复工作。1929年牛兰开始全面负责中国联络站工作,其妻子中文名汪德利及2岁的儿子吉米也来到上海。1931年6月1日,共产国际信使约瑟夫在新加坡被捕,英国警察从约瑟夫携带的文件中获得有关信息,遂于6月15日逮捕了牛兰夫妇、儿子及保姆。国民党特务机关得知牛兰夫妇被捕、且国籍得不到确认,认定牛兰即被捕叛变的中共中央特科负责人顾顺章所说的“中国联络站”负责人,将牛兰夫妇从公共租界引渡到南京,移交江苏省高等法院(设于苏州)审理,羁押江宁地方法院看守所,住三间优待室,配有法医。由于牛兰是在中国被捕的第一位共产国际的工作人员,是国际工会组织——泛太平洋产业同盟秘书处驻上海的代表,因此他的被捕成为轰动一时的新闻,营救牛兰夫妇的活动很快演变成一次世界性的运动。中国当时的著名人士宋庆龄、蔡元培、鲁迅、林语堂等,以及国际著名人士爱因斯坦、蔡特金、高尔基、史沫特莱、德莱塞等,以各种方式要求南京国民政府释放牛兰。1932年8月19日,江苏省高等法院第一庭以触犯《危害民国紧急治罪法》的罪名,判处牛兰夫妇死刑,援引大赦条例,减判无期徒刑,移押在南京监狱。1937年8月27日,日本侵略军炮轰南京时,牛兰夫妇逃出监狱(一说为国民党政府以“驱逐出境”为名释放),返回苏联。

17.《中央日报》 1932 年 10 月 19 日

陈独秀等 昨在沪公安局受审

案情重大将解京法办

[中央社上海十八日电] 陈独秀等十人[①]被捕，篥（十七日）晨，由苏高第二法[分]院开审后，当晚由市公安局引渡，暂押该局警察大队部。巧（十八）晨，经该局局长文鸿恩，派员逐一究审。巧（十八）晨[②]，该局又会同捕房，续在大通路业广里捕获余党郭竞豪[③]一名，即引渡究讯。以关防严密，一时无从探悉。据文鸿恩语记者，此案关系重大，或将解京法办。

原载《中央日报》 1932 年 10 月 19 日

18.《申报》 1932 年 10 月 19 日

续获 陈独秀余党彭道之一名

捏名郭竞豪 已解公安局

共产党首领陈独秀等十一名被捕后，解由江苏高等法院第二分院预审终结，移送市公安局讯办，已详昨报。而警务当局，深恐尚有余党漏网，故于日前搜查各处，皆派探捕驻守，以占动静。迨至前日（十七）下午三时三刻，果有业经解送公安局之彭述之胞弟彭道之，突赴塘山路业广里三百三十五号，即被守于屋内之探捕拿获，带入嘉兴路捕房，由捕头诘问。讵彭竞捏称名郭镜豪，否认为彭道之，旋经多方证明，彼始俯首承认。遂由中西探员驰赴白克路五百三十一号其寓所搜查，当抄出共产文献甚多。昨晨移送高二分院，赵推事开庭预审。市公安局特派职员张泰清到庭，呈递公函，声请移提。即由捕房律师厉志山声明，对于移提一点，工部局并不反对，自可依据协定，由公安局提去，归案讯办。庭上遂谕将彭道之一名，交公安局来员提去，归案讯办。

原载《申报》 1932 年 10 月 19 日 第九版

19.《大公报》 1932 年 10 月 19 日

陈独秀将解京

现拘公安局监视严 昨续获同党郭镜豪一名

---

① 应为十一人。

② 起诉书作十七日。《申报》作十七日下午三时三刻。

③ 即彭道之（彭述之胞弟），化名郭竞豪。

［上海十八日下午九时发专电］ 陈独秀昨夜加镣，拘押公安局。警察大队部监视极严，陈极颓丧。十八日午后密讯，呈报市府，定期解京。

［上海十九日上午一时发专电］ 陈独秀案，十八日[1]续获关系共党郭镜豪一名，即解至公安局。

原载《大公报》 1932 年 10 月 19 日 第三版

陳獨秀將解京
現拘公安局監視嚴
昨續獲同黨郭鏡豪一名
【上海十八日下午九時發專電】陳獨秀昨夜加鐐、拘押公安局、警察大隊部監視極嚴、陳極頹喪、十八日午後密訊、呈報市府、定期解京、
【上海十九日上午一時發專電】陳獨秀案、十八日續獲關係共黨郭鏡豪一名、即解至公安局、
李杜痛心內戰
『不能團結對外已屬可恥

《大公报》1932 年 10 月 19 日刊登之陈独秀将解京新闻

20.《益世报》 1932 年 10 月 19 日

陈独秀引渡 将解京组特种法庭审理 治以危害民国罪

［上海十八日下午九时专电］ 陈独秀等十一人被捕，洽(十七)，经高第二法院开审后，当晚由市公安局引渡，暂押该局警察大队部。巧(十八)晨，经该局局长文鸿恩，派员逐一究审。同时该局又会同捕房，续在大通路业广里捕获余党郭镜豪一名，即引渡究讯。以关事严密，一时无从探悉。据文鸿恩语记者，此案关系重大，或将解京法办。

［上海十八日下午十一时专电］ 司法界息，陈独秀案，情节重大，已由沪公安局引渡，当依危害民国治罪法办理，或将由党、政、军三机关组织特种法庭审理，至审讯地点，是否在京，现尚未定。

原载《益世报》 1932 年 10 月 19 日 第二版

21.《晨报》(北平) 1932 年 10 月 19 日 社论

陈独秀被捕

当年“掭四十二生的大炮”[2]，为文学革命先锋之陈独秀，孰知于十年之后，为共产党中央派所驱逐，而列于取消派之林。虽曰世变之迁流，可以知时代混乱为何如矣。

---

① 起诉书作十七日。
② 语出陈独秀《文学革命论》，《新青年》第二卷第六号，1917 年 2 月。

国人闻陈独秀之名，每以独秀尚为共产党首领者，乃不识共产党内情之言也。共产党之秘书长，第一届为独秀，近年以来，为瞿秋白①，为李立三②，为某某，已易姓四、五次矣。其领袖所以再三更迭之故，曰由党内关于革命策略之不一致。一方曰中央派或曰干部派，断定中国社会尚在封建时代，故其策略为农民暴动，赣、皖、鄂之红军，此派所主持者也。其与之反对者，曰托洛斯基派，断定中国社会已入于资本社会，彼等不反对农民武装，然以为同时应注重工人罢工，及世界革命之手段。盖俄国内共产党之两派，史丹林③派近年绝不提世界革命，独注重俄内部之建设，发展集合农场。而托洛斯基派不忘情于世界革命，且以史氏之忽视工人为非计。此两派之分裂，自有其俄国内情为背景，不知吾国之共产党何以必沿用之，而造成同样之分野。无以名之，名之曰盲从而已。

或曰独秀虽已非共产党首领，然近年共产党之杀人放火，独秀乃始作俑者，故不可不明正典刑。窃以为主持共产党学说，组织共产党与夫实行危害国家，此系三事，不可混而为一。共产学说以反抗现社会为目的，然其所以发生，由于人心之不平。人心之不平，必其国家本身上早有病根。故负其责者，不独在主持异端之人，而政府与有罪焉。英政治学者赖司基④氏不云乎：

---

① 瞿秋白(1899—1935)，江苏常州人。1920 年 10 月赴苏俄采访的《晨报》记者，见过列宁。参加了 1921 年 6 月 21 日共产国际三大和 1923 年 11 月 5 日召开的国际四大。其时，他已有中共党员身份(张太雷介绍他于 1922 年 2 月入党)。会后他与陈独秀分途回国，主编《新青年》党刊。1927 年八七会议任中共中央临时政治局负责人。1928 年中共六大驻共产国际代表团团长。与中山大学校长米夫发生围绕“江浙同乡会”问题的斗争而被撤职。1935 年 2 月在闽西转移途中被捕。6 月 18 日英勇牺牲于福建长汀。

② 李立三(1899—1967)，原名李隆郅，湖南醴陵人。1919 年春赴法国勤工俭学，1921 年回国后加入中国共产党，分别在武汉、上海和广州进行工人运动。从 1927 年起他任中共中央政治局临时常委会委员。1930 年任中共中央秘书长，因推行“立三路线”，被指犯“左”倾路线错误。1931 年被派到苏联学习，1933 年任中共驻共产国际代表团成员兼中华全国总工会驻赤色职工国际代表、共产国际工人出版社中文部主任、《救国时报》主编。1945 年当选为第七届中共中央委员。1946 年回国，历任军调部东北三人小组成员、中共中央东北局委员、敌工部长、城工部长等职。1948 年 7 月起先后任中共中央东北局工委书记，中华全国总工会副主席、党组书记。中华人民共和国成立后，历任中央人民政府委员、政务院政务委员、中央人民政府劳动部部长。1955 年后，任中共中央书记处第三办公室副主任、中共中央工业交通工作部副部长。1960 年任中共中央华北局书记处书记。中共第四至八届中央委员，六届中央政治局委员，第三、四届全国政协常委。“文化大革命”中受迫害，于 1967 年 6 月 22 日服安眠药自杀身亡。1980 年 3 月，中共中央为他平反昭雪，恢复名誉。

③ 即斯大林，下同。

④ 赖司基，今译拉斯基(1893—1950)，英国理论家，政治活动家。社会民主主义和政治多元主义的重要思想代表。生于曼彻斯特一个犹太富商家庭，1914 年毕业于牛津大学，后赴加拿大麦吉尔大学和美国哈佛大学任教，1920 年回国。1926 年起在伦敦经济学院教授政治学。回国后以极大的热情从事政治活动，为工党竞选奔走。20 世纪 30 年代，他参加了工党左派激进分子的“左翼书社”。从 1937 年起担任工党全国执行委员会委员，1945 年当选为该委员会主席，1949 年退出，卒于 1950 年 3 月 24 日。拉斯基将理论与政治活动紧密结合在一起，他总是根据现实政治的发展变化修改他的政治理论，因此他的理论具有多变性的特点。著有《主权问题研究》、《现代国家的权力》、《政治典范》、《国家的理论与实践》、《论当代革命》等。参见[英] 金斯利・马丁著《拉斯基评传》，奚博铨译，1995 年版，商务印书馆。

"依往事观之,政府兴文字之狱,而能阻遏人民之指摘者,盖无几焉。其准人民之自由言论也,弊政既除,自少可以攻击之机会,反是而加以禁阻也,愈令人民迫而为秘密行动。"

可知政治革命或社会革命说之由来,其责任在政府,而不在倡异说之个人。赖氏又曰:

"(上略。)①以云列宁,亦复如是,使彼长居俄国,为国会议员,何能为革命领袖,乃既被逐而居瑞士,而谋复俄皇疏导之心,乃刻不去怀矣。"

盖政治上诚有疏导之法,何至以好生恶死之人类,迫而出于秘密革命之一途乎?故赖氏之结论曰:

"政府为周谘博访计,得力于反对者之批评,必较赞助者颂扬为多。阻塞人民之批评,即自种灭亡之根而已。"

至于共产党之结社,视共产学说之传播更重要矣。然所应研究者,则政团之被禁止者,实际上是否绝迹?赖氏亦有言曰:

"若按国家法律,告共产党曰:'汝等不得为共产党之结社',则此类结社,其绝迹矣乎?殆不然矣。表面上或不见共产党团之成立,而秘密中彼等活动之难防自若焉。"

故秘密结社之防止,乃不可能之举也。即令独秀尚有所谓托洛斯基学会之组织,不能以此定独秀之罪名,当问此托氏学会在实际上有无危害国家之行为。盖政府根据一切法令,有维持其自身生存之权利。若由人民可以自由推翻,则政府且不能一日安居,安有执行政务之可言乎?故禁止实行危害国家之结社,乃事之当然者也。然此有无危害国家之行为之问题,应由谁决定?曰此非政府自身之事,而应由法庭判决。政府应将关于独秀现时扰乱国家之行为,提出证据,由法庭在严格之司法保障之下,加以审查,果有真凭实据,则国家自有常刑。若徒以昔曾为共产党领袖,或今日尚立于托派旗帜之下,乃亦与江西杀人放火之共产党同类而并观,此大不可也。政府之所以待其人民,当以理性为标准。因独秀昔日之同志方以武力为争夺政权,乃迁怨于独秀之身,则人权一无保障,所以支配中国者,独有力而已,而吾国家非陷入于大混沌之状态不止矣。

原载《晨报》 1932年10月19日 第二版

转引自强重华、

王树棣等编:《陈独秀被捕资料汇编》,河南人民出版社1982年版,第131—133页

---

① 原文如此。

22.《民国日报》(广州) 1932年10月19日 社论

陈独秀引渡以后

吾国今日之危难，人人皆知为暴日与共匪所致。而暴日之决然于去年九一八逞其野心者，乃乘吾国水灾洊至，共匪猖獗，吾国上下忙于救灾，急于剿共。是暴日之肆恶，实与吾国共匪为因果，则亦国人所不能否认者也。溯吾国共匪之由来，不能不忆及十年前李守常①、陈独秀等之提倡。李、陈等国人皆目为智[知]识分子者，徒慕苏俄革命之新奇，极力介绍其思想输入吾国，且有中国共产党之组织。当时之苏俄，外受列国之围困，内恐为帝党所倾覆，不惜浪用卢布，助长国外之共党，以壮自身之声势，且可藉此分散各国压迫之目标。李、陈等既炫于新奇，又迷恋于卢布诱惑，引狼入室，遗祸无穷。及后本党恐共党贻祸国家，因许其加入，欲其共同致力于国民革命，乃李、陈等不独毫无诚意，且企图乘机消灭本党，以效忠苏俄，其叛党卖国之罪实已不容诛矣。

苏俄以(世界革命)"工人无祖国"之名词，欺骗国外之共党，尤垂意于与世界关系复杂之中国。设东方中央局统筹一切，以饷械接济吾国各地之共匪及收买军队，务使中国糜乱，造成赤化以作其臣属，其用意与帝俄时代之侵略手段同，中东路战役②之残暴，伯力会议③之无理，又何异于帝国主义？国难发生，举国同仇，凡有人性，莫不同声呼号。反观敌国共党，且宣言赞同其帝国侵略政策者，而吾国共匪反乘机暴动，予敌人以便利。今之赣南、闽西、皖中、鄂北，皆赤地千里，不见炊烟，无不焚之屋，无不伐之树，无遗留之鸡犬，无不杀之耕牛，百物荡尽，白骨累累。然其发纵、指挥、接济，皆为受第三国际所豢养之上海租界中国共党总机关。昔者牛兰夫妇之被捕，按出证据，尽与中国共匪有关，科以危害民国之罪，处以无期徒刑，因已过轻，而陈独秀则为中国共匪之鼻

---

① 李守常：即李大钊。

② 中东路战役：又称中东路战争、中东路事件。1929年张学良所领导的东北政府为收回苏俄在中国东北铁路的特权而采取武力接管中东路，导致中苏边境武装冲突，史称中东路战役。中东路战役使东北当局损兵折将，实力大为削弱，恶化了中苏关系，使日本坐收渔利。

③ 伯力会议：中(东北政府)、苏谈判解决中东路决突的会议。会议签订了议定书，因为是在苏方伯力举行的，史称"伯力会议议定书(一九二九年十二月二十二日)。议定书约定双方回到冲突前状态。但中方南京政府未予批准，苏方亦未退出占领的中方黑瞎子岛。后因中原大战和九·一八事变而不了了之。其间双方几经交涉，于2004年签订《中俄国界东段补充协定》黑瞎子岛约335平方公里，171平方公里归中国，164平方公里归俄方。2005年6月2日，双方外长交换证书和批准书，黑瞎子岛问题的解决画上句号。

祖,虽曾被干部派所排除,现在对内地共匪之发纵、指挥、接济,有无参加,在吾人未得确实证据之前,虽不必即与明断,然据报传,陈氏曾组织杜洛斯基[①]学会,自为常委,在其筹所据出反动文件书籍六十大捆,则其立意危害民国已无可疑,自应处于极刑,勿能宽纵。然陈氏虽经被目为所谓吾国之学者,而吾国目下之所谓名流,多与陈氏有交谊,恐又将有效保牛兰者,以保陈氏而哓哓于司法当局之前。故吾人于陈氏引渡以后不能不特为国人言之,应无致吾人一面剿共而一面纵共耳。

原载《民国日报》(广州) 1932年10月19日[②]

转引自1933年3月北平东亚书局印行,陈东晓编:《陈独秀评论》,第150—151页

23.《世界日报》 1932年10月19日 社评

陈独秀被捕事件

陈氏理论误谬……但个人风格则未偿不可矜惜

中国共产党反对派首领陈独秀氏,本月15日在沪于病中被捕,17日由特区法院移解市公安局,并将提京,依危害民国罪处理,此为牛兰案后共党首领被捕,最能轰动中外人士之又一事件。陈氏在十年前,与蔡元培、胡适等,固同以中国新文化先锋自任,今日中国各党派之少壮人物,甚至即国民党中之赫赫新贵,亦少有与陈氏无历史的关系者。陈氏曩任北京大学文学院长,以反动关系,逮入警厅,一时举国智[知]识界为之骚然,函电交驰,纷请释放,卒达目的。前后主办《新青年》、《向导》等刊物,中国青年受其鼓吹煽动者,颇不乏人。至陈氏与中国共产党之关系,则因其为共党发起人中最卖力气者,直可谓为中共之唯一的开创人,故今日共党中重要分子,无论其为干部派,或反干部派,多为陈氏所孕育而成。自共党成立,至国共合作时代,陈氏固俨然共党之首领也。国共分家后,不知以何因缘,为第三国际及中国共产党干部所不容,致被开除党籍。自是,中国共党,分化为干部派与反对派。陈氏领导反对派,师宗杜洛斯基的"不断革命论",与在施塔林[③]领导下的朱、毛等相对立。陈氏拘于杜洛斯基立场,对中国革命的估计及理论系统,与行动路线,一以杜洛斯基所著《中国革命问题》为依归。

---

① 即托洛茨基,下同。

② 此文转引自陈东晓《陈独秀评论》,无日期、版次,此日期为编者推定。

③ 即斯大林。

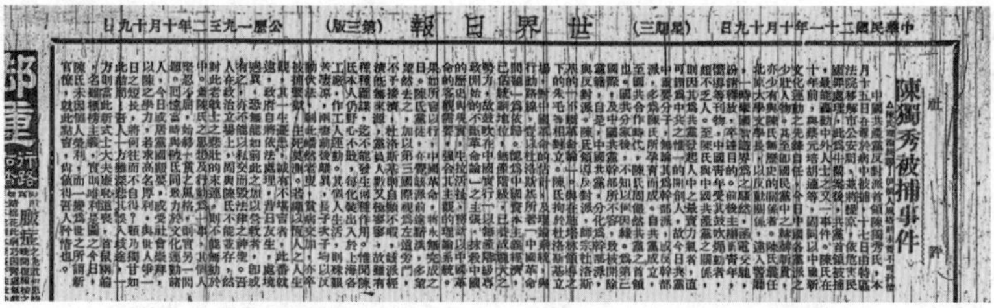
中華民國二十一年十月十九日（星期三） 世界日報 （第三版） 公歷一九三二年十月十九日

社評

陳獨秀被捕事件

《世界日报》1932 年 10 月 19 日的社评《陈独秀被捕事件》

认为中国资产本主义经济，已占统制地位；无产阶级，已养成庞大之势力，故鼓吹在中国实行“以无产阶级专政开始的不断革命论”之主张，抹杀中国的历史与现实，生拉活扯，务欲以中国革命的客观需要，强合其主观的理论系统。果如所言以行，中国革命，将永无完成之日。陈氏党徒，亦觉该派前途黯淡，多望望然去之，加以第三国际视为左道旁门，不予接济，杜洛斯基则自顾不暇，该派经济既无来源，党员人数又极寥寥，故虽有种种图谋，迄不能发生何种作用。惟闻陈氏本人仍野心不戢，每化装出入于上海各工厂，作工人运动。其个人生活，则殊艰苦凄凉，两妻前后离异，长子、次子均以反动伏法，剩此皤然老叟，贫病交加，亦卒被捕系狱，生死莫测。若绳以恒人之人生观，其一生忧患，诚有不堪言者。此番就逮，政府自将依法处理，昔日友生，处境迥异，恐无能如前此之加以营救者，即或有之，亦不能以私交而毁法律之神圣。吾人在政治立场上，固与陈氏不能并存，然对此老战士之悲壮的末运，则不能无动于中〔衷〕。盖陈氏之思想及行动为一事，其个人坚忍不屈，始终一贯之风格，则实另一问题。回忆当时与陈氏致力于文化运动诸人，今日或居党国显要，或受社会崇拜，以陈氏之学力，若求高名厚利，与世人争一日之短长，将何往而不自得？顾乃独甘如此结局！吾人一方虽深悲其误入歧途，一方则当此新式士大夫廉耻道丧，首鼠两端，名虽标榜主义，实则唯利是图之今日，陈氏未因个人荣利，而一变为世之所谓新官僚，就此点言，尚值得吾人矜惜也。

原载《世界日报》 1932 年 10 月 19 日　第三版

24.《世界日报》 1932 年 10 月 19 日

陈独秀案

将组织特种法庭审理

吴铁城定日内将陈解京

［本报南京十八日下午十时专电］　陈独秀案，将由党、政、军组织特种法庭

审理。

[本报上海十八日下午十时专电] 陈独秀押南市公安局警察大队小房中,光头无帽,鬓发斑白,脚无铁镣。余犯押特务处。文鸿恩呈吴铁城请示,吴决将陈日内解京。

[本报上海十八日下午十一时专电] 陈独秀等十一人,暂押市公安局警察大队,待遇颇优。巧(十八日)经一度审讯,并续获余党郭镜豪一名,日内将悉解京,组特种法庭审判。

原载《世界日报》 1932年10月19日 第三版

25.《益世报》 1932年10月21日

清共以来第一巨案 陈独秀被捕记

沪共党机关全被查抄 逮捕重要分子十一人

[上海通讯] ……①

春阳里获五人

……

陈独秀身染病

……

斯文里大跳窗

当……

已有三处全逃

……

公安局请移提

……

侦查庭禁旁听

……

各被告陈意见

……

陈独秀之略历

---

① 省略部分为编者所略,下同。本则报道较1932年10月18日《申报》第十三、十四版《共产党首领陈独秀等被捕》一文除少"搜查濮之寓所"一节,多"陈独秀之略历"一节外,内容均相同,仅有个别文字不同及小标题略有不同,此保留小标题,省略内容。

陈独秀，安徽怀宁县人，今年五十四岁，先后留学日本及法国，民元时曾充安徽郡部公署秘书，嗣充北京大学教授，醉心新文化。民国八、九年间，组织中国共产党，一千九百二十四年，充中国共产党代表，出席莫斯科第三国际代表大会，一九二五年[1]，复加入中国国民党。国民革命军克复江南，陈即来活动，民国十六年，时国共分裂之说，甚嚣尘上，中国国民党与中国共产党，由汪精卫陈独秀以领袖资格，发表联合宣言。清党后，共产党复分第三国际、列宁、托罗〔洛〕斯基与中国共产党数派别，陈则始终主持中国共产党，而言论激昂，颇迎合青年心理，其主编之新青年杂志，销行颇广，当时有南陈北李（大钊）之称。其子陈延年于清党后在上海被捕伏法，又一子则在广东枪毙，陈在共产党中不属于第三国际，被开除党籍。最近又改变论调，主张召集会议，攫取政权，实现共产主义，经该党中央执委开除党籍，□□□□□□□□云。

原载《益世报》 1932年10月21日 第一版

26.《世界日报》 1932年10月21日

陈独秀要求谒蒋中正

申述过去主持杜洛斯基派在中国活动情形

京宪兵部今日派员押陈赴汉

［本报南京二十日下午一时专电］ 陈独秀、彭瑞〔述〕之，号（二十日）晨八时，由沪公安局队长刘峻藩，率督察符索存、唐豹及侦探十名，押解抵京。陈、彭用铁丝网大汽车，由军警押赴军法司，陈手足均上铁链，态度镇静。反动文件八箱，送中央组织委会调查科。某有力中委谈，陈昔于文化确有贡献，后破坏工作，亦甚厉，功罪可相抵，余意不必严惩。陈抵军法司，沉默不言，经一再问谁是陈独秀，始含笑答话。

［本报南京二十日下午八时专电］ 陈独秀、彭瑞〔述〕之，羁押军法司内禁闭室。陈年已半百，面带病容；彭年较轻，态度安静。因在沪仓卒被捕时，未带衣被，函请添购，中央党部当拨洋百元，作陈彭添置衣被之用。陈要求晋谒蒋中正、陈立夫，申述过去主持杜洛斯基派在中国活动情形，于马（二十一日）晨由宪兵司令部派员押陈赴汉。

原载《世界日报》 1932年10月21日 第三版

---

[1] 应为1923年9月，与李大钊两人由张继介绍加入中国国民党于孙中山上海寓所。

27.《世界日报》 1932 年 10 月 21 日

陈独秀病中被捕　沪公安局费两昼夜之时间……始将陈等十一人捕获

[上海通讯] ……(与 1932 年 10 月 18 日《申报》第 13、14 版《陈独秀等被捕》报道,仅有少数文字不同,此略——编者)

28.《新社会》半月刊①　第三卷第九号　1932 年 10 月

陈独秀被捕

髡　谩②

从前出过大风头,做过共产党领袖,赫赫有名的陈独秀,冷落许久,报章上同他久违了。忽然"冷灰里爆出一个热栗子",各报大书特书"陈独秀被捕"。

陈独秀本来叫陈仲甫,是一个吟风弄月、惹草拈花的旧文学家,与诗僧苏曼殊狼[很]有深交。他个性是浪漫的,疏懒的,理想无实的,狠〔很〕像温李③一流人物。假使他生在闭关时代,只配做花月痕上韦痴珠④,还够不上做韩荷生⑤,与科学化的共产党,惨酷激烈的革命工作,本来"牛头不对马嘴"。然而时[势]会逼人,白面书生,竟做了共产的急先锋,革命的大伟人;居然有人称他为中国列宁,这真可以说时势造英雄了。

可是书生究竟是书生。当民国十五年,革命进占上海时候,有人告诉我,说:"他住在一个安徽同乡上海大地主某君的法租界花园内,终日吞云吐雾,在烟塌上,用烟枪指挥革命工作。"我以前未听到他吸鸦片烟,告者未必是真。而有人造他这话,未必不是他浪漫疏懒的脾气引出来的。他对于共产,除了文字倡导之外,不见有何工作;终究被他的共产后辈排挤掉。最后组织取消派,已是途穷日暮之思了。

---

① 《新社会》半月刊,民国 20 年(1931 年)7 月创刊,李孤帆主编,第二期起由俞颂华主编,俞寰澄曾担任发行人。1934 年,盛丕华发起成立"中社"(意为中产阶级团体),中社接办该刊。因该刊主张革新政治,抗日救国,反帝,反侵略,反贪污,反独裁,受到国民党查处警告,于民国 24 年(1935 年)6 月被迫停刊。

② 髡谩:从发表于该刊的重要版面文章及本文内容看,这很可能是俞颂华的笔名。俞颂华(1891—1947)中国新闻界著名报人。名垚,又名庆尧,笔名澹庐,江苏太仓人,上海复旦公学政治经济系毕业。1919 年又毕业于东京法政大学。1920 年俞颂华在梁启超等人的支持下,以上海《时事新报》与北京《晨报》特派员身份赴苏俄采访,同行的有瞿秋白与李仲武。俞颂华是最早采访十月革命后苏俄的中国新闻记者。民国 13 年后人商务印书馆,编辑《东方杂志》。民国 21 年起入《申报》馆任《申报月刊》主编,并创办《新社会》半月刊,提倡革新政治。

③ 温李:晚唐诗人温庭筠、李商隐,时称"温李"。

④ 韦痴珠:清人小说《花月痕》中主人公之一,风流文采,但怀才不遇,终身潦倒,一病身亡。

⑤ 韩荷生:清人小说《花月痕》中主人公之一,才兼文武,建屡奇功,最终封侯。

陈本人虽无实地革命工作，他两个儿子，延年、乔年倒是共党的健将，进行工作甚猛，都为主义牺牲了。陈孑然一身，极人世凄凉寂寞之致。共产党是反[翻]面无情的，不管他从前做过开创功臣，不管他两个儿子全牺牲在主义上，竟开除他中央委员，连每月八十元的津贴也取消了。在他们说是党纪党律，然由我们中国人报德酬功的旧眼光看来，亦可以说共党刻薄寡恩。

听说共党里面，亦是派别多歧，若显著的就是干部派与取消派。干部派是亲附苏俄现在握权的斯太〔大〕林，取消派是奉戴出亡在外的托尔斯基①，是共产的过时人物。陈独秀现在虽做取消派首领，已经倒霉极了。不知政府何以雪上加霜，忽而拘捕他，听他在外边，促成共党分裂之势，倒反不好么？

我个人主张思想应该自由，不论何种主义学说，都可以公开讨论，是是非非，一听国人公判。共党的扰乱社会行动，可以禁止；（就现状而言）至其主义学说，绝无禁止之必要。禁了反使它更易引动人。一本寻常书籍，列为禁书，便觉得神奇玄妙，富于好奇心理的人，便要千方百计觅取购读。共产学说，容易麻醉青年，恐怕效用有大半在这禁字上。共与非共的学说，列在一起，一禁一不禁，人们的兴趣及注意力，必先理会禁的，然后顾到不禁的，这是人类好奇的天性。所以禁止共产学说，实在不啻夸奖共产学说。陈独秀现在既没有破坏工作，只从事于文字宣传，又何必不宽容他呢？

原载《新社会》半月刊　第三卷第九号　1932 年 10 月

转引自陈东晓：《陈独秀评论》，第 215—217 页

29.《密勒氏评论报》②　第六十二卷第八期　1932 年 10 月 22 日

全中国加强反共举措

近日，蒋介石将军正大力追查华中地区的许多显要官员，表面理由是他们乃

---

① 即托洛茨基。

② 《密勒氏评论报》(The Cheina Weekly Review)于 1917 年 6 月 9 日在上海创刊，创办人是美国《纽约先驱论坛报》驻远东记者 T. F. Millard 密勒。此刊英文名称原为《密勒氏远东评论》，一度更名，中文名称《密勒氏评论报》沿用未变。1941 年太平洋战争爆发，主编鲍威尔被日本侵略军逮捕，刊物被查封。1945 年 10 月，在上海复刊，由鲍威尔之子 J. W. 鲍威尔接任主编。中华人民共和国成立后，继续出版，1950 年 9 月改为月刊。此刊除在中国发行外，还拥有相当数量的海外读者。以报道、评论中国和远东的政治经济时事为主旨，长期奉行密勒提出的“无所顾忌地发表言论”的编辑方针。设有“社论”、“特稿”、“一周要闻”、“中国名人录”等专栏。1936 年 11 月曾发表斯诺陕北之行的消息和他与毛泽东会见记。抗日战争爆发后，支持中国人民和南京国民党政府抗战，反对日本侵华政策。1950 年曾揭露美国在朝鲜进行细菌战等暴行。1953 年 6 月，美国政府对其实行禁邮，被迫停刊。

“腐化分子”—— 已有一人因“腐化”而被处决①，另有多人被囚；上海工部局巡捕和法租界的巡捕也应中国当地官宪之请严加缉捕共产党人。无论此两股浪潮之间是否有关联，它们在时间上恰好同步却是不争之事实。与此同时，十九路军司令蔡廷锴将军也在闽西展开了严密的剿共战事。

The China Weekly
REVIEW
密勒氏評論報
A Weekly Newspaper Established in 1917

IN THIS ISSUE
Preparing for the "Battle of Geneva"
Watch Out for Bandits---Plot to Estrange U. S.-China!
American Presbyterian Missionary Shot Dead in Manchuria
Drives Against Communists Intensified All Over China
Japan's Record Budget of More Than Two Billion Yen
Full Text of Lytton Commission of Enquiry's Report
Will Japan Triumph Over Russia and America?
Has U. S. Under Hoover Become World Leader?
Economic Blockade Preys on the Mind of Japan
Current Political Thoughts of the Overseas Chinese in Java
Malayan Immigration Law and the Malayan Chinese . . . . By K. K. Huang
The "Outside Roads" Controversy in Shanghai . . . . By C. Y. W. Meng
Japanese Propaganda, Journalism, and History . . . . By Harry Paxton Howard
Szechuen---The Hotbed of Civil Wars . . By Paul K. Whang
Social Piety: A Challenge to the Christian School . . . . By T. F. Tung
Far Eastern World War in Ferment . By Sheng Hsueh-chuan
SATURDAY, OCTOBER 22, 1932 VOLUME 62, NUMBER 8
FORTY CENTS A COPY

《密勒氏评论报》封面

上海巡捕房行动之引人瞩目案例是10月15日逮捕了著名学者和中国共产党创始人之一陈独秀。他在一系列对共产党机关迅猛凌厉的突袭过程中被拿获，其被捕地点在岳州路永吉〔兴〕里11号的一间华人寓所。同时还有大批共产党文件被缴获。除陈独秀之外还有另九名②嫌犯被拘。陈独秀1879年生于安徽怀宁，他是两位最著名的共产党首领之一，他的活动范围主要在中国南方。另一位首领是李大钊，他掌管华北的共产党活动，他已在数年前被北京当局处决。陈独秀受业于安徽和北京的几所学府，毕业后赴日本和法国深造。陈独秀是“文学革命”的先驱之一，曾任《新青年》主编，在文学界大展身手，很快被公认为中国最杰出的学者之一。他受邀出任北京大学教授，后来担任该校文科学长。1924年他出任国民党中央委员③，但不久倒向共产主义。次年④，他被遴选为中共赴莫斯科第三国际首席代表，回国后被选为国民党中央执行委员会委员。在国共分裂之前，他曾在政府中出任要职。1926

① 系指向忠发(1880—1931)，又名仲发，湖北汉川人。1894年入汉阳兵工厂学徒，后为武汉轮船公司水手。1922年加入中国共产党，1927年在中共五大上被选为中共中央委员。在八七会议上，被选为临时中央政治局委员。1928年7月中共六届一中全会上被选为中共中央总书记。1931年6月22日被国民政府逮捕，后叛变。24日被处决(参查《中国共产党中央委员会大辞典(1921—2003)》撰——编者)。

② 应为十人。

③ 陈独秀并无任国民党中央委员的记录，亦未任国民党中央执行委员会委员。只在1923年夏秋被孙中山委任为国民党中央宣传委员会委员三个月。同年9月该委员会即撤销。

④ 应为1922年而非1924年。陈独秀于1922年11月5日—12月5日代表中共中央出席第三国际第四次代表大会，是唯一的一名正式代表。

年，他在上海代表中国共产党与代表国民党的汪精卫联合发表过一份电文。他与中共北方首领李大钊合作良好。在国民党“清党运动”开始前，陈独秀流亡国外。①过去几年中他的住址一直密不可知，虽然近来颇多传闻他返回了中国，但他在上海的确切住址一直到最近才被确认。

10 月 17 日，陈独秀和他的五位助手及另五位上海共产党组织成员被监押至江苏高等法院第二分院，被诉以进行颠覆宣传和怂恿他人推翻国民政府的罪名。在当日下午一次长时间的听证会结束后，该法院核准了公安局代表提出的一项引渡请求，将一干犯人移交至 Nantao②（原文如此——译者）地方法院受审。

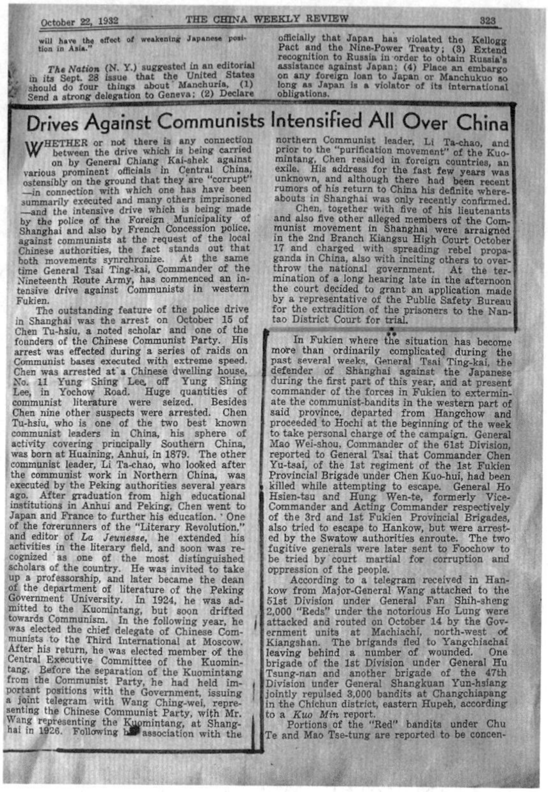

October 22, 1932 THE CHINA WEEKLY REVIEW 323

will have the effect of weakening Japanese position in Asia."

The Nation (N. Y.) suggested in an editorial in its Sept. 28 issue that the United States should do four things about Manchuria, (1) Send a strong delegation to Geneva; (2) Declare officially that Japan has violated the Kellogg Pact and the Nine-Power Treaty; (3) Extend recognition to Russia in order to obtain Russia's assistance against Japan; (4) Place an embargo on any foreign loan to Japan or Manchukuo so long as Japan is a violator of its international obligations.

Drives Against Communists Intensified All Over China

WHETHER or not there is any connection between the drive which is being carried on by General Chiang Kai-shek against various prominent officials in Central China, ostensibly on the ground that they are "corrupt"—in connection with which one has have been summarily executed and many others imprisoned—and the intensive drive which is being made by the police of the Foreign Municipality of Shanghai and also by French Concession police, against communists at the request of the local Chinese authorities, the fact stands out that both movements synrchronize. At the same time General Tsai Ting-kai, Commander of the Nineteenth Route Army, has commenced an intensive drive against Communists in western Fukien.

The outstanding feature of the police drive in Shanghai was the arrest on October 15 of Chen Tu-hsiu, a noted scholar and one of the founders of the Chinese Communist Party. His arrest was effected during a series of raids on Communist bases executed with extreme speed. Chen was arrested at a Chinese dwelling house, No. 11 Yung Shing Lee, off Yung Shing Lee, in Yochow Road. Huge quantities of communist literature were seized. Besides Chen nine other suspects were arrested. Chen Tu-hsiu, who is one of the two best known communist leaders in China, his sphere of activity covering principally Southern China, was born at Huaining, Anhui, in 1879. The other communist leader, Li Ta-chao, who looked after the communist work in Northern China, was executed by the Peking authorities several years ago. After graduation from high educational institutions in Anhui and Peking, Chen went to Japan and France to further his education. One of the forerunners of the "Literary Revolution," and editor of *La Jeunesse*, he extended his activities in the literary field, and soon was recognized as one of the most distinguished scholars of the country. He was invited to take up a professorship, and later became the dean of the department of literature of the Peking Government University. In 1924, he was admitted to the Kuomintang, but soon drifted towards Communism. In the following year, he was elected the chief delegate of Chinese Communists to the Third International at Moscow. After his return, he was elected member of the Central Executive Committee of the Kuomintang. Before the separation of the Kuomintang from the Communist Party, he had held important positions with the Government, issuing a joint telegram with Wang Ching-wei, representing the Chinese Communist Party, with Mr. Wang representing the Kuomintang, at Shanghai in 1926. Following his association with the northern Communist leader, Li Ta-chao, and prior to the "purification movement" of the Kuomintang, Chen resided in foreign countries, an exile. His address for the fast few years was unknown, and although there had been recent rumors of his return to China his definite whereabouts in Shanghai was only recently confirmed.

Chen, together with five of his lieutenants and also five other alleged members of the Communist movement in Shanghai were arraigned in the 2nd Branch Kiangsu High Court October 17 and charged with spreading rebel propaganda in China, also with inciting others to overthrow the national government. At the termination of a long hearing late in the afternoon the court decided to grant an application made by a representative of the Public Safety Bureau for the extradition of the prisoners to the Nantao District Court for trial.

In Fukien where the situation has become more than ordinarily complicated during the past several weeks, General Tsai Ting-kai, the defender of Shanghai against the Japanese during the first part of this year, and at present commander of the forces in Fukien to exterminate the communist-bandits in the western part of said province, departed from Hangchow and proceeded to Hochi at the beginning of the week to take personal charge of the campaign. General Mao Wei-shou, Commander of the 61st Division, reported to General Tsai that Commander Chen Yu-tsai, of the 1st regiment of the 1st Fukien Provincial Brigade under Chen Kuo-hui, had been killed while attempting to escape. General Ho Hsien-tsu and Hung Wen-te, formerly Vice-Commander and Acting Commander respectively of the 3rd and 1st Fukien Provincial Brigades, also tried to escape to Hankow, but were arrested by the Swatow authorities enroute. The two fugitive generals were later sent to Foochow to be tried by court martial for corruption and oppression of the people.

According to a telegram received in Hankow from Major-General Wang attached to the 51st Division under General Fan Shih-sheng 2,000 "Reds" under the notorious Ho Lung were attacked and routed on October 14 by the Government units at Machiachi, north-west of Kiangshan. The brigands fled to Yangchiachai leaving behind a number of wounded. One brigade of the 1st Division under General Hu Tsung-nan and another brigade of the 47th Division under General Shangkuan Yun-hsiang jointly repulsed 3,000 bandits at Changchiapang in the Chichun district, eastern Hupeh, according to a *Kuo Min* report.

Portions of the "Red" bandits under Chu Te and Mao Tse-tung are reported to be concen-

《密勒氏评论报》的报道

原作者：K. K. Hang

计秋风③译

30.《红色中华》④ 第三十七期 1932 年 10 月 23 日

取消派领袖亦跑不了

---

① 陈独秀在此时并无流亡国外之事，只是在武汉转入地下。同年 9 月秘密回到上海。

② Nantao：据杨小佛（杨杏佛之子、原上海市政府参事，92 岁）2012 年 3 月 1 日下午电话告知，此为上海话“南头”的音译，意为南面南市。当时逮捕陈独秀的公共租界捕房位于上海北部，南头指非租界区，即中国地界的南市。

③ 此文原为英文。译者计秋风（1963—2018），南京大学历史学系教授，博士生导师，曾任南京大学图书馆馆长。

④ 《红色中华》：是中国共产党在革命根据地创办的第一张中央铅印大报，1931 年 12 月 11 日在江西瑞金创刊。1934 年 10 月 3 日，因红军长征停刊。1935 年 11 月 25 日，因红军到达陕北，复刊。1937 年 1 月 29 日，改名为《新中华报》。

陈独秀在上海被捕

彭述之也在内

蒋介石不一定念其反共有力　网开一面许以不死……或者还会因祸得福作几天蒋家官僚呢!

[上海十七电]　公共租界在十五日晨①破获虹口东有恒路春阳里某号取消派机关,当场捕去谢某等五人,由谢某供出彼等是取消派陈独秀的党徒,陈现匿岳州路永兴里十号,捕房下午按时往捕。陈独秀正在年老多病,卧在床上。带入捕房后,略加讯问,即送工部局医院治疗(大为优待!)。连日取消派机关因牵连而被破获者,有数处,但取消派则未捕得一个,可算侥天之幸。中国地界的公安局,现派人向租界要求引渡。查此次共被捕去十一人,供出姓名,皆不真实,除陈独秀外,仅知尚有彭述之一人,其余九人皆供词支吾。同时国民党公安局要求法院禁止旁听,所以详情不悉,仅十七日开侦察庭一次。

原载《红色中华》　第37期　1932年10月23日　第二版

北京市民宣言

中國民族乃酷愛和平之民族。今雖備受內外不可忍受之壓迫,仍本斯旨,對於政府提出最後最低之要求,如左。

（一）對日外交,不拋棄山東省經濟上之權利,并取消民國四年七年兩次密約。

（二）免除徐樹錚、曹汝霖、陸宗輿、章宗祥、段芝貴、王懷慶六人官職,并驅逐出京。

（三）取消步軍統領及警備司令兩機關。

（四）北京保安隊改由市民組織。

（五）市民須有絕對集會言論自由權。

我市民仍希望和平方法達此目的,倘政府不顧和平,不完全聽從市民之希望,我等學生、商人、勞工、軍人等,惟有直接行動,以圖根本之改造。特此宣告,敬求內外士女諒解斯旨。

（各處接到此宣言,希即刻印傳佈。）

MANIFESTO OF THE CITIZENS OF PEKING.

We, the people of China, have always been a peace-loving people. It is as peace-loving citizens that we, in the face of intolerable oppression both from within and without, solemnly present to the Government the following final minimum demands:—

1) That, in dealing with Japan, the Government must not surrender the economic privileges of Shantung; and that all the secret treaties of 1915 and 1918 must be abrogated.

2) That Hsu Shu-chen, Tsao Ju-lin, Lu Chung-yu, Chang Chung-shiang, Tuan Chi-kwei and Wang Hwei-ching be dismissed from office and be banished from the city of Peking.

3) That the offices of Commander of the Metropolitan Gendarmerie and Commander-in-chief of the Metropolitan Emergency Corps be abolished.

4) That the formation of Metropolitan Guards be left to the citizenry of Peking.

5) That the citizens of Peking should have full freedom of speech, publication and assembly.

We still hope that these objects may be secured by peaceful means. But if the Government, in its disregard for the peace of the country, should fail to meet our demands, we,—students, merchants, laborers and soldiers,—have no choice except taking the matter into our own hands and seek the salvation of the nation in a fundamental way.

Let these our wishes be known to all so that our motives may be clearly understood.

(All who receive this Declaration are requested to reproduce same and

1919年,陈独秀亲自起草(胡适翻译)并散发过的《北京市民宣言》

① 此误,谢少珊等五人被捕时间应为15日下午3时(据国民党江苏高法院《陈独秀案起诉书》)。

二、押解南京（1932 年 10 月 19 日—10 月 20 日）

1.《中央日报》 1932 年 10 月 20 日

陈独秀等押解来京

［中央社上海二十日电］ 共党陈独秀等十二名①，皓（十九）夜车由市公安局派员押解赴京。

［中央社上海十九日电］ 陈独秀等捕获引渡后，仍押市公安局究审中，据市府秘书长余鸿钧②谈，陈等决解京，惟是否由淞沪警备部解往，抑或由市府解往，刻尚未确定。

原载《中央日报》 1932 年 10 月 20 日 第二版

2.《申报》 1932 年 10 月 20 日

陈独秀昨解京

在沪被捕之共产党领袖陈独秀，及各重要共党等二名，于昨晚由市公安局派探警等，押登汽车至北站，乘十一时夜车解交首都卫戍司令部讯办。闸北五区警署临时特派保安大队一排，在北站特别戒备，以防不测。

原载《申报》 1932 年 10 月 20 日 第十三版

---

① 原十一人，加后来被捕的彭道之为十二人。但首批押解赴京仅陈、彭两人。

② 余鸿均：应为俞鸿钧（1899—1960），中国台湾行政院院长（1954—1958）。广东新会人。1919 年毕业于上海圣约翰大学，历任英文《大陆晚报》记者、国民政府外交部长陈友仁的英文秘书、上海市政府英文秘书兼宣传科长、代理市财政局长、上海市政府秘书长、上海市长、中央信托局长、财政部长、中央银行总裁等职。1950 年后任中国台湾“财政部长”、“中央银行”总裁、台湾省“主席”等职。1960 年 6 月卒于台北。

3.《大公报》 1932年10月20日

陈独秀解京　昨夜车由沪押送

[南京十九日下午八时发专电]　中央十九日电令沪市府,妥慎押解陈独秀等来京讯办。

[上海二十日上午一时发专电]　十九日晚十一时,公安局派员警押送陈独秀、彭述之等共党十二名①,乘汽车送北站,登夜车送京。警备司令部临时有保安队一排,在站戒备。

原载《大公报》 1932年10月20日　第三版

4.《益世报》 1932年10月20日

陈独秀等昨解京

中央对陈主严办

[南京十九日下午十时本报专电]　某中□□陈独秀为托罗斯基派在华最高领袖,该派在俄虽失势,但其党羽野心极大。中央对陈主严办,已电沪当局妥慎解京。

[南京十九日下午八时五分本报专电]

……(同1932年10月20日《中央日报》 第二版《陈独秀等押解来京》,此略。)

[南京二十日上午一时二十三分本报专电]　陈独秀等十二名夜车解京。②

原载《益世报》 1932年10月20日　第二版

5.《益世报》 1932年10月20日　社论

因陈案而引起的几个问题

自陈独秀在上海被捕以后,因陈氏个人在学术上以及早年在共党中所处的地位,故该案颇引起社会各方面注意。近日各地舆论,对这案件,亦多加以讨论。我们愿乘此机会,提出下列数点,在原则上与社会各方共同研究:(1)思想言论自由问题;(2)惩治危害民国罪犯问题;(3)审判反动法律手续问题。

(1)思想言论自由问题

思想言论自由,训政时期约法,加以保障。所以在思想言论自由一点上,不是赞成与反对的问题,而是自由的范围问题。在理论上说,"自由"与"范围"是矛盾的名词。所以英国学者拉斯基是主张无限制的,他以为有人主张天方地圆亦可

① 应为两人,其余十名未解南京。
② 同上。

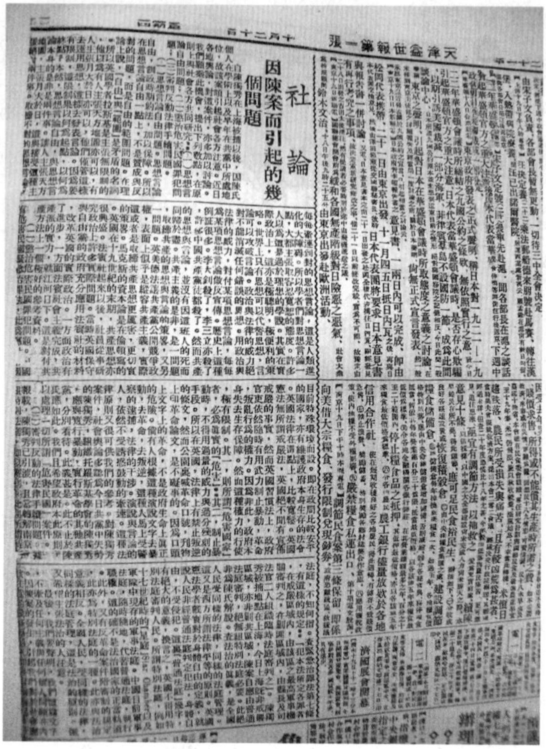
社論
因陳案而引起的幾個問題

天津《益世报》社论——因陈案而引起的几个问题(1932年10月20日)

以，有人主张月大于日亦可以，他们尽管这样去运用思想，这样去发表言论。因为要有限制，这限制果以何为起点，以何为终点？本然，思想言论自由，与思想言论本身的是非是两件事。让人主张天方地圆，主张月大于日，这与接受这种主张绝对两件事。取缔不对的思想言论，每每牵连到对的思想言论，这是人类进化的大障碍。所以学者们对于言论思想一点，大都主张取容忍宽恕的态度。许多人以为这是过于理想的学说。其实在实际政治上，这亦是极聪明、极便利的策略。世界上只有思想可以代替思想，言论可以攻破言论。政治与法律的威力绝对不能消灭任何错误的思想。用政治与法律的威力，对付某项思想言论，每每为某项思想言论做反宣传。历史上这种例证很多。李大钊杀了，李三立亦杀了①，许多中国共产

① 应为李立三。李立三(1899—1967)，原上海市总工会委员长。1925年五卅运动负责人。为此，吴佩孚雇佣刺客肖剑飞暗杀李立三。肖得知李是为工人大众谋利的好人，遂将其放过，并编了李已被杀的谎言交差。吴佩孚信以为真，第二天在多家报纸登出消息："共党要犯李立三在汉毙命。"各地工运组织和工人群众误认为真，纷纷进行哀悼。此处也是误信。

党徒都杀了。然而共产的思想言论,并没有因这班人的死而同归于尽。共产主义的是非,是一问题;取缔共产的思想与言论的策略,又另一问题。英、美、德、法让共产党公开竞争政权,表面上似乎是纵容共产主义,实际这或者是取缔共产思想更厉害、更切实的策略。马克思的《资本论》是在伦敦写的。英国在十九世纪的末期,共产思想亦很兴盛。法宾社①起来以后,社员从事研究政治上许多实际问题。当时英国保守与自由党的政府充分应用法宾社的材料,改革英国的实际政治。一方面政治有了进步,一方面法宾社的主义完成,共产派的实力,就江河日下,这是对付共产方法上一个极好的参考材料。

(2) 惩治危害民国罪犯问题

中国有《危害民国紧急治罪法》,此为应付中国目前特殊环境而设。即在政局比较安平的国家,亦有维护政府本身生存的法令。英国法律在这点上,比较宽松。英国宪法无所谓戒严法,英国绝不闻有宣布戒严的事实,然而英国习惯法上,政府官吏依然随时有用武力制止暴动、革命、叛乱行为的权力。因为非此,政府本身失去生存保障。然而这种权力的行使,极有限制。其一,则所谓"危害国家"者,必为真实的"危害";其二,制止暴动时,不得用过量的威力与过分残刻的手段。所以在英国,法律上有禁止叛逆的条文,然而公园里喊革命口号、刊物上印革命论文,是不碍事的。因为口头上、文字上的革命,不是政府生命上真正的危险。倘有人根据这种演说、文字去暴动、去革命、去叛逆,这种人马上受警察的逮捕、法律的干涉。演说与言论的人,依然不受诱惑鼓动的牵连。这种法律原则又很可供我们的参考。对陈独秀案件,社会舆论多认为今日共党中失势的陈独秀,组织托罗〔洛〕斯基学会的陈独秀,应与实行暴动、实行革命的其他共产党,分别看待。此意甚是。此不止于陈氏应如此,我们且希望政府本此原则,以处理一切所谓"危害国民"案件。

(3) 审判反动的法律手续问题

据报载陈独秀已引渡,且当转解南京,组特别法庭,加以审判。此间所谓特

---

① 法宾社:即费边社(Feibianshe),1884年由英国资产阶级知识分子组成的社会主义团体,取名于古罗马统帅费边·马克西姆斯,意为效法费边的缓进待机的战术。费边社创始人是戴维森,其核心人物是悉尼·韦伯、其妻比阿特丽斯·韦伯和文学家肖伯纳。其理论集中反映在1889年出版的《费边论丛》一书中。他们反对革命,主张通过渐进的改良,"土地和工业资本从个人所有制下解放出来,把它们转归公社所有"。他们宣扬市政社会主义,即通过民主选举使社会主义者掌握地方议会和市政机关,运用立法将公用事业公有化,用征收租金税消灭土地私有制,渐进地实现民主社会主义。他们协助建立了工党并集体加入工党。费边社成为工党的研究机构,费边社会主义成为工党纲领和政策的理论基础。费边主义在英国和欧洲知识分子中颇有市场,对欧洲社会主义运动也有深刻影响。

别法庭，不知何指。查《紧急治罪〔法〕》第七条，有这样的规定："犯本法所定各罪者，在戒严区域内，由该区之最高军事机关审判之；在剿匪区域内，有县长及司法官二人组织临时法庭审判之"。陈独秀被捕地点在上海，今日上海既非戒严区域，亦非剿共区域，陈案自应由普通法庭审判，绝无组织特别法庭必要。此绝非为陈氏解脱。查法治的真义，是全国人民受同样的法律、同样的法庭管理。这又是西方所谓法律平等的原则。英国宪法学者戴实①对于身体自由的定义，就说人民非经普通法庭判定犯法，身体自由，不受侵犯。这里"普通法庭"几字，有绝大的意义，换言之，英国不得用特别法庭审判人民。所谓特别法庭，例如十七世纪时的"星庭"StarChamber② 以及军队中现存的军事法庭。中国目前军事法庭随时随地代替普通法庭执行职权，这的确不是法治国家的正当轨道。此外，又有反革命案件陪审制的规定，此亦为特别法庭的一种。此亦与法治意义相反。全国人民，受同样的法律、同样的法庭管理，这是法治的原则。这又希望主张法治的人注意。

最后我们要声明，我们这篇文字，不牵及任何主义与任何个人问题在内。因陈案的发生引起我们对社会应该注意的几条原则，加以讨论而已。

原载《益世报》 1932 年 10 月 20 日 第二版

6.《导报》 1932 年 10 月 20 日 社评

陈案应归司法机关办理③

共党领袖陈独秀在沪就捕之后，经高等法院及公安局之审讯，已于昨日解京，羁押于军法司。今后政府对陈如何处置，尚属难料。或谓陈为托洛斯基派之共党，其主张异于一般共产党徒，且被第三国际除去共党党籍，其罪似可末减；或谓

---

① 戴实：即戴雪(1835—1922)，英国法学家。

② 星庭：1586 年，英国伊丽莎白女王(Queen Elizabeth，1533—1603)颁布"出版法庭命令"，亦即"星法院法令"，对违犯者处以罚金、判处徒刑和肉刑，甚至秘密审判。该法令一直持续到 1640 年，在 54 年间，成为英国出版自由的最大桎梏。以致在以后克伦威尔专政、查理二世复辟期间，都依此法为出版管制的基础。伊丽莎白女王于 1570 年将参议院的司法委员会独立成为的皇家出版法庭，就是被后来新闻学界看作封建社会严厉压制出版自由象征的"星法庭"。

③ 此文转引自陈东晓《陈独秀评论》，无日期、版次，此日期为编者据文中"已于昨日解京"推定，因陈独秀解京是 1932 年 10 月 19 日。

陈之破坏工作甚厉,将如邓演达[①]之组特别审判法庭办理;或谓陈罪之轻重,应调查其最近实际活动之情形如何为断;或谓陈昔为大学教授,对于教育文化上,曾有所尽力,功罪可以相抵者,论议纷纭,主张歧异。虽共有其一偏之见地,要尚未能赅〔概〕括陈氏之平生,是以吾人主张一切应以法为依归,政府对于陈氏宜立即送交法院公开审讯,俾符法治的精神,斯最为上策。盖法律所以维持一国之秩序,而奠定国家之基础,自府政以至于小民,皆应共同遵守,不能有二言,否则法律紊乱。国政必将衰弛,所关非细。矧陈氏系共党之领袖,国际闻人,视听所在,尤不应不慎重将事,借以表章法治,无愧大公也。况最近之牛兰案,当捕获之初,虽经军事机关侦查审理,而其后亦交付法院裁判。以陈氏比牛兰,其所犯情节相若,亦无组织特别法庭之必要,当以普通共犯视之,故政府宜交法院秉公审判,庶足以昭示中外垂法来兹。吾人之意,初不仅关于陈案应如是办理,即今后所有违法典章者,亦均应依法律程序处理,不可紊乱,不能擅越。盖自民国以来,国人致力于收回法权之运动者,二十有一年矣,而至今终未有些微之效果者,虽强半为帝国主义不肯放弃非法权益之故,而我内部一、二有力者,专擅越权不能守法,使法律失其权威,亦有为外人借口之处。故吾人希望政府,一切应以法为依归,而陈案所以必须由司法机关办理也。

原载《导报》 1932年10月20日

转引自陈东晓:《陈独秀评论》,第145—146页

7.《中央日报》 1932年10月21日

陈独秀等解京羁押

反动文件十余箱暂存中央党部

有今晨押解赴汉说

---

① 邓演达(1895—1931),又名策成、仲密,字择生,化名石生登,广东惠州客家人,著名国民党左派。早年加入中国同盟会。1919年毕业于保定陆军军官学校。1925年任黄埔军校教育长。1926年1月当选为国民党二大候补中央执行委员。同年7月任国民革命军总政治部主任、随军北伐,指挥攻克武昌。曾被国民党二届三中全会选为中央执行委员、中央政治委员会委员、中央军委主席团成员和中央农民部部长。"四·一二"反革命政变后,他力主东征讨蒋。民国16年,蒋介石、汪精卫相继背叛革命后,邓演达流亡欧洲。11月1日,与宋庆龄等在莫斯科发表《对中国及世界革命民众的宣言》,声明继承孙中山遗志,坚持反帝反封建革命。1930年5月回国,8月在上海格罗希路大福里(今延庆路29弄1—21号)将民国16年成立的中华革命党改组为中国国民党临时行动委员会,任中央总干事,建立第三种政治势力。同年9月1日创办和主编《革命行动》杂志,主张在中国建立以农工为中心的平民政权,宣传反帝反封建反蒋。11月在上海成立黄埔革命同学会,联系黄埔各期同学,策动反蒋。1931年积极筹划反蒋军事行动,8月19日由于叛徒出卖被捕,11月29日被蒋介石秘密杀害于南京麒麟门外沙子岗。12月19日宋庆龄为抗议杀害邓演达在《申报》上发表《宋庆龄之宣言》。中华人民共和国成立后被追认为革命烈士。遗著有《邓演达文集》等。

国民党中央党部大门(今湖南路江苏省军区司令部)

共党首领陈独秀、彭述之等,于昨晨八时,由沪市府公安局派保安大队第二中队长刘俊藩①,率领武装警士二十余名,及侦缉员四人搭京沪夜车押解到京。当即用大汽车押解进城,先至中央党部,稍事接洽后,即时由原警乘坐大汽车二辆将陈犯解交羊皮巷军法司拘押。并将此次在该犯宅中所搜得之反动文件,暨书籍共十余箱,均用沪市公安局封条封固,随带来京。此类反动证据,现已迳交中央党部,拟先行检查一遍后,即送往军法司,依案审讯云。

陈独秀年已半百,面带病容;彭年较轻,态度安闲。陈、彭入军政部军法司禁闭室后,即进午餐。惟因天气渐凉,在沪仓猝被捕,随带衣被无多,函请当局添购衣被。该司据情,转呈中央党部请示办法,当拨洋一百元,作陈、彭两犯添置衣被之用。陈犯并向人表示,要求晋谒中委蒋中正、陈立夫②两氏,申述过去主持托拉斯基派,在中国活动情形。闻当局已接受此项要求,将于今晨提陈犯出狱,由宪兵司令部派员押解赴汉云。

原载《中央日报》 1932年10月21日 第二版

---

① 刘俊藩:曾任上海市警察局警察大队第一中队长。

② 陈立夫(1898—2001),国民党政治人物,20世纪中国的重要人物之一。浙江省吴兴(现湖州市)人,名祖燕,号立夫,化名李融清、辜君明。陈果夫之弟。1923年北洋大学矿科毕业,后获美国匹兹堡大学硕士学位。历任蒋介石机要秘书、国民党秘书长、教育部长、立法院副院长等各项要职。国民党迁台后移居美国,潜心研究中华文化,晚年竭力推动海峡两岸的交流。

8.《大公报》 1932 年 10 月 21 日

陈独秀押解到京　暂押军法司待审

[南京二十日下午六时专电]　陈独秀、彭述之二十晨由沪公安局派警押送到京。中央组织会派员在站迎提入城,交军政部军法司收管。陈立夫已派定张冲①等会同军法司长王震南②审讯。

[南京二十日下午四时专电]　陈独秀、彭述之等二十晨由沪保安队中队长刘俊杰③率武装警察二十余,侦缉员四,搭京沪车到京。用大汽车押至中央党部,旋转解军法司拘押。搜得反动文件十余箱,由中央党部先行检查,再交军法司并案审讯。

[南京二十日下午九时电]　传陈独秀以在沪被捕时未带衣被,函请添置。中央党部当拨洋百元,作铺盖衣被之用。陈要求谒蒋及陈立夫,申述过去主持托洛斯基派在中国活动情形。当局已接受,二十一日晨将由宪兵司令部派员押陈赴汉。

原载《大公报》 1932 年 10 月 21 日　第三版

9.《益世报》 1932 年 10 月 21 日

陈独秀将解汉　谒蒋述过去活动经过　昨由沪到京押军法司

[南京二十日下午十时本报专电]　陈独秀、彭述之等号(二十)晨由沪保安队中队长刘俊杰率武装警十余人、侦缉员四人、搭京沪车到京,用大汽车押至中央党部,稍事接洽,即转解军法司拘押。搜得反动文件十余箱,交中央先行检查,再交军法司依案审讯。又息,陈年已半百,在沪仓卒被押,不及多带衣物,刻天气已寒,请代买衣服,中央党部当拨一百元为制备费。陈向人表示,要求晋谒中委蒋中正、陈立

---

① 张冲(1904—1941),浙江乐清人。1922 年考入上海交通大学,第二年加入国民党。后任国民党中央组织部调查统计室总干事。20 世纪 30 年代初期国民党对中共地下组织采取的一系列重大破坏活动,张冲均参与策划和指挥,诬陷周恩来的《伍豪等脱离共党启事》即是其执笔炮制。西安事变后,为国共二次合作谈判国民党方的主要谈判代表之一。在与周恩来等共产党人的密切接触中,思想转向联共联苏。曾单独与斯大林密谈五个多小时,议定苏联援华办法。1941 年 8 月 11 日,因患恶性疟疾在重庆病逝。蒋介石、毛泽东、董必武、周恩来、朱德、彭德怀等均送挽联。蒋介石、周恩来参加其追悼会。

② 王震南(1892—1963),浙江奉化人,蒋介石表弟。从小伶俐好学,毕业于浙江法政学堂,是民国初少有的具有科班出身背景的法律人才。毕业后,到嵊县县政府担任书记官。北伐时,出任国民革命军总司令部上校军法处长、少将军法处长。南京国民政府成立后,先后任军法司中将副司长、中将司长。1948 年安葬了在抗战时暂厝的父亲灵柩,赴香港。1951 年,在蒋介石的一再催促下到台湾。1963 年于台北去世。

③ 《中央日报》(10 月 21 日第二版《陈独秀等解京羁押》)作"刘俊藩",下同。

夫，陈述过去组织托拉斯基派在中国活动情形。闻当局已接受此要求，将于明晨由宪兵部派兵押解赴汉。

[南京二十日下午六时四十分本报专电]　陈独秀、彭述之号(二十)晨于紧严戒备中由沪解京。中央党部派干事黄凯[①]、李飞前往迎提。陈周身土布袍服，面黑带病容，发已斑白。未上刑具。彭述之亦朴素，神色均自然，黄递军法司长王振南[②]一手条，文为：兹奉命押送重要共党陈独秀、彭述之二犯，请贵司收押。本会正式备文，随后补送。此致军[政]部军法司。下署中央组委会干事黄凯。王接条后随讯问陈、彭姓名及被捕经过，即押军法司监狱。与陈同捕之彭述〔道〕之[③]、濮一凡等十人，仍在沪。陈、彭俱为前北大教授[④]，为托洛斯基派在华领袖。

原载《益世报》　1932 年 10 月 21 日　第一版

10.《益世报》　1932 年 10 月 24 日

陈独秀等解京详志

陈手足无刑具态度昂然　两手拢袖不脱寒士气概

[南京通讯]　在沪被捕之共产党托洛斯基派领袖陈独秀、彭述之、谢少珊等 12 人由上海市公安局局引渡。奉军委会委员长蒋中正电令，及中央同意淞沪市公安局警察稽查大队第一中队长刘俊藩[⑤]，率领干警二十名，携带手枪机关四架，盒子枪十六支，并督察员唐豹、侦缉队领班刘常瑞、侦缉赵怀仁等十人(均配手枪)于皓日(19 日)乘特快车押解来京，并携有搜出文件书籍等八大箱，沿途戒备森严。昨(二十日)晨七时半，到达下关火车站。下车后，即由侦缉二人扶陈独秀左右臂，又二名扶彭述之左右臂下车。当时中央党部组织委员会所派前往迎接之干事吴凯[⑥]、李飞二人，亦已到达，当即登备就之 904 号、918 号大汽车两辆，直驶

① 黄凯：国民党中统特务，时任国民党中央党部调查科驻沪调查员。1930—1933 年间，在汉口、上海、南京等地参与破坏中共组织多起，如中共中央委员杨匏安罗绮园夫妇、湖北省委负责人陈华全家及省委其他二十多位同志。第三党邓演达也是其参与组织逮捕杀害的。曾因捕获顾顺章而受到蒋介石嘉奖。1932 年 2 月，与当时任国民党中央党部调查科情报股总干事张冲合谋伪造了所谓的《伍豪等脱离共党启事》，由张冲执笔，黄派人送往上海各报刊载。中华人民共和国成立后 1951 年 3 月 7 日被逮捕。审讯时企图隐瞒，后经南京市公安局长陈养山亲自审讯，才如实招供。参见秦杰：《忆陈养山同志在南京的两三事》，《纪念陈养山文集》，中国检察出版社 1993 年版，第 52 页。

② 此误，应为王震南。参见本书附录 2 伍玲玲：《王震南乎？王振南乎？》一文。

③ 似应为彭道之，彭述之已在南京。

④ 彭述之在北大学习过，未有在北大任教授一说。

⑤ 刘俊藩《中央日报》作第二中队长。

⑥ 吴凯为“黄凯”之误，见《益世报》1932 年 10 月 21 日报道。

中央党部，将在沪搜出之文件、书籍共八大箱卸下，交中央党部保存，以备检查。至陈、彭二人，仅略讯一过，即乘军车，押赴羊皮巷军政部军法司，先入会客室休息。陈独秀年已半百，头戴淡灰色呢帽，身着绿色呢布哔叽棉袍，足登□黑布鞋，唇蓄短髭，形态憔悴，满面病态，时手足并无刑具，而陈两手则相拢袖□，伏案不语，不脱寒士气概。有人向其摄照相片时，昂首自若，态度自然，并无长□之状。彭述之穿有灰哔叽长袍，下身白布侉，黑袜，黄皮鞋，面有油光，神气□□，态度较陈独秀尤为自然。二人并坐会客室中，押解之要员，各散立四面。时军法司长王振〔震〕南尚未到司，经电话催促，即乘汽车到来。当由中央党部所到之黄、李二干事与之接洽，王〔黄〕即持一白便条，上书"兹奉命押送重要共党陈独秀、彭述之二犯，请贵司收押，本会正式公文随后补送，此致军政部军法司，中央组织委员会干事吴〔黄〕执"。王向陈、彭二人询问姓名后，即押赴禁闭内室暂押。上海派来之警员，当即乘原来汽车返回下关，当午乘车回沪。至与陈、彭同时被捕之湘人彭道之，粤人谢少珊，皖人王兆群，皖人濮一凡，冀人王武，桂人梁有光，皖人王晓春，温州人王子平，温州人何阿芳，鲁人王鉴堂等十名，则将不解京，在沪举行军法会审。缘陈独秀前与李大钊同为中国共产党起初之重要人员，嗣李在北平被获就刑，而陈遂销声匿迹。近陈且为共党左派所谓布尔什维克派开除党籍，故陈所领导之托洛斯基派(反干部派)，已无形没落。近忽又以被捕闻，可谓暮年末途矣。陈、彭二人，入军法司禁闭后，即遣午睡，然因天气寒冷，因被捕时仓卒未带衣被，陈等乃申请中央添购，当由军法司转呈中央，亦已批准拨款百元经费。闻陈等人，将要求谒见蒋中正、陈立夫二人，以便报告过去倡导杜洛司基运动经过，闻已在谓中央。又中央某委员诸记者，虽过去在文化上努力，此次被捕。可将功折罪，将不予重判云云。

原载《益世报》 1932 年 10 月 24 日　第一版

11. 《大公报》　1942 年 6 月 4 日　陈独秀在押往南京的火车上

……〔陈独秀〕后在上海被国民政府逮捕，押解南京，先生在京沪车中，酣睡达旦，若平居无若然，其艰难之从容不迫，而怡然处之，往往如此。必须认识独秀先生这种为人的精神，才可能了解他的整个的人格和他在中国文化史上所留给我们的遗产怎样一种价值。……

原载高语罕①:《参与陈独秀先生葬仪感言》,《大公报》(重庆),1942年6月4日
转引自河南人民出版社1982年8月强重华等编
《陈独秀被捕资料汇编》第232页,题目为编者所加

12.《传记文学》(台湾) 1977年5月1日

我对陈独秀先生的印象

尉素秋②

记得民国二十二年春天,陈独秀被捕受审的时候,轰动了全国的舆论。他在思想文化界人的心目中,投下的影子太深刻了。大家所谈的种种,有一件事特别耐人寻思。就是他被捕从上海押解来京时,在京沪车上酣睡一大觉,车到下关才把他叫醒。本来坐火车打瞌睡的事太寻常了,不值得一提,但是他这段旅程却不寻常,等于押赴刑场呀!滔天大祸,生死关头逼在眼前,能安心熟睡吗?这使我联想到宋朝的苏轼。苏轼被他的敌党以作诗诽谤皇帝之罪名下狱治罪,临不测之祸的前夜,他在监房中呼呼大睡,这不和陈独秀京沪车上的酣睡有些相似吗?

常人在利害交战于胸中时,已辗转不能入睡。至于生死大关来临,总会恐惧,仓皇失措。能从容不迫,以至于恬然入睡,假若没有养其浩然之气的功夫,以及"仰不愧于天,俯不怍于人"的至高境界,绝对做不到。就凭这一点,陈独秀在我的想象中,已勾画出一副东方哲人的简单轮廓了。

……

摘自《传记文学》(台湾) 第30卷第5期 1977年5月1日

---

① 高语罕(1888—1948),原名高超,安徽寿县人。早年赴日本早稻田大学就读。1907年毕业回国后从事反清活动。1911年辛亥革命后,任安徽青年军秘书长,与陈独秀结识,积极参加新文化运动。1920年冬于上海加入社会主义青年团。1923年前后加入中国共产党。8月与章伯钧等赴德国留学,入哥廷根大学深造,参加中共旅德支部组织的爱国反帝活动。1925年春回国到上海见陈独秀。1927年参加南昌起义,任革命委员会秘书。起义军南下广东受挫后,被派去香港进行联络工作。1928年转上海,与陈独秀过从甚密,对陈独秀极表同情,思想逐渐靠拢。1929年11月被开除中共党籍。同年12月15日随陈独秀等签名发表八十一人的《我们的政治意见书》,参加托陈派活动。1932年冬陈独秀被国民党当局逮捕后,他逃到香港任教兼卖文谋生。1937年抗日战争爆发后,以陈独秀代言人的身份活动。1939年5月随陈定居四川江津,与陈合译《大英百科全书》。1942年5月陈独秀逝世,他帮助料理后事。此后移住陈铭枢家中,撰写古体诗。1945年撰写《九死一生》回忆录。1948年春在南京病故。

② 尉素秋,江苏砀山人,中央大学中文系毕业,其夫为任卓宣(叶青)。早年湖南籍中共党员,后被诬称为托派。曾任台湾成功大学中文系主任,教授,居台北。

三、暂押与各方反应及营救(1932年10月21日—10月25日)

1. 关于湖北罗田县党务特派员办事处及湖南省立通俗教育馆馆长朱肇干要求严办陈独秀快邮代电的公文

1932年11月17、21日

(1) 国民政府文官处公函

公函第250号

迳启者：奉

主席交下湖北罗田县党务特派员办事处篆代电，请严办共党首领陈独秀，以除民害。又湖南省立通俗教育馆馆长朱肇干马[①]代电，陈同前情。各一案奉

谕并交行政院等因，相应检同各电函达

查照　此致

行政院

计检送原代电　二件

国民政府文官处印

中华民国廿一年十二月十三日

(2) 电文摘由：

① 来文机关或人名：湖北罗田县党务特派员办事处

文别：代电

文到日期：十一月二十八日

事由：电请严办共党首领陈独秀等以除民害

收文：府字第3625号

---

① 马：马日，即21日。

② 来文机关或人名：湖南省立通俗教育馆馆长朱肇干
文别：代电
文到日期：十一月二十八日
事由：电请剿戮共匪陈独秀
收文：府字第 3608 号

据林致良提供之复印件。原件存中国第二历史档案馆

2.《世界日报》 1932 年 10 月 21 日

陈独秀要求谒蒋中正

申述过去主持杜洛斯基派在中国活动情形　京宪兵部今日派员押陈赴汉

［本报南京二十日下午一时专电］ 陈独秀、彭瑞之[①]，号（二十日）晨八时，由沪公安局队长刘俊藩，率督察符索存、唐豹[②]及侦探十名，押解抵京。陈、彭用铁丝网大汽车，由军警押赴军法司。陈手足均上铁链，态度镇静。反动文件八箱，送中央组织委员会调查课。某有力中委谈，陈昔与文化确有贡献，后破坏工作，亦甚厉，功罪可相抵，余意不必严惩。陈抵军法司，沉默不言，经一再问谁是陈独秀，始含笑答话。

［本报南京二十日下午八时专电］ 陈独秀、彭瑞〔述〕之，羁押军法司内禁闭室。陈年已半百，面带病容；彭年较轻，态度安静。因在沪仓促被捕时，未带衣被，函请添购，中央党部当拨洋百元，作陈、彭添置衣被之用。陈要求晋谒蒋中正、陈立夫，申述过去主持杜洛斯基派在中国活动情形，于马（二十一）日晨由宪兵司令部派员押陈赴汉。[③]

原载《世界日报》 1932 年 10 月 21 日

3.《社会新闻》[④] 第一卷第七期 1932 年 10 月 22 日

论陈独秀

老　戆

陈独秀被捕了，正和当年列宁在克姆达特工厂被社会革命党行刺[⑤]受伤的消息一样的震动全世界，尤其是震荡每一个中国青年的脑海。虽然现在陈独秀还没

---

① “彭述之”之误。

② 唐豹：上海市公安局督察员。他与另一督察员张清泰“持函向第一法院签发搜查逮捕证，会同捕房西探长戈尔特，西探目克劳司来等”执行按址逮捕，详见本书《检察官起诉书》。

③ 陈未赴汉。

④ 《社会新闻》，国民党“CC”派的外围刊物。主编丁默邨，湖南常德人。早期出身于军统和中统，抗日时期投敌，国民党的七十六号特工总部主任，汪伪巨奸之一。

⑤ 1918 年 8 月 30 日，列宁由彼得格勒人民作讲演离开进入汽车时，被社会革命党女党员芬妮·卡普兰开枪射伤。全俄肃反委员会判决，三天后处决了这名凶手。但近年网文载此女是盲人，不可能作案。

有到盖棺论定的时候,但无论如何,此次即使不死,而他的政治生命,也必就此结束,所以我们可以有充分的权利来总论陈独秀了。

陈独秀的思想如何,他的一身事业如何,这是另一个问题,但无论怎样,我们总不能否认他是一位出人头地的怪杰。这十余年来,中国无论在政治上思想上,独秀都有极大的影响。五四运动是中国的启蒙运动,而这运动是独秀暗中领导的,自称为中国新文化运动的"开山"的胡适之,在独秀面前也不能不承认他是新文化运动的大师了。五卅运动的高潮,独秀尤其是一位主要的导师。由于五四、五卅这两个伟大的运动,在中国现代史所占的重要的地位,因而独秀的贡献,在历史上也是不朽的了。这,即使反对陈独秀的人,也是不否认的。但独秀也有他的缺点,第一:他的思想没有系统,无论对于那一种学说,都没有深刻的研究。例如他以马克思主义革命家自居,但他对于马克思主义事实上是门外汉。这点,他自己也是知道的,所以他生平没有关于理论上的任何著作。第二:他的个性过强,而那种唯我独尊的宗法社会家长自命的态度,也是他失败的原因。因此我们只能说独秀是一个政治家、纵横家,但不是一个理论家、思想家。

"清算陈独秀"是对于他一身作概括的清算的文章,可以自信的,就是执笔者是独秀的老朋友,所叙的全是事实。最后要说一句,共产党虽然是他首创的,但现在他已是干部派的眼中钉。有人说,陈之被捕,是干部派告密,干部派虽竭力否认(本报日前接到一封中国共产党中央驻沪办事处否认的信),但其欢欣鼓舞,较之当局还要有过之无不及,是可以断言的。

原载《社会新闻》 第一卷第七期 1932 年 10 月 22 日

4.《社会新闻》 第一卷第七期 1932 年 10 月 22 日

清算陈独秀

仿 鲁①

近代政治怪杰的陈独秀

路透社的记者,把陈独秀被捕的消息,用无线电从上海传播到各处以外,全世界的各大都会,尤其是像莫斯科、列宁格勒、柏林、汉堡、不律塞鲁②、莱布锡③、伦

① 仿鲁:陈独秀老朋友(据上文),具体不详。
② 即布鲁塞尔。
③ 即莱比锡。

敦、巴里①、纽约、东京这些地方的报纸，都热烈地载着这从东方传来的消息，比起汪精卫出洋这一消息来，真是前者好比霹雳，后者好比蚊鸣了。的确，独秀是一位近代的政治怪杰，他曾以个人的决心，推翻过第三国际东方部的决议；他曾以个人的力量，独霸了将近十年的共产党的党权，在中国推动了思想的狂浪。虽说他现在已被共产党及第三国际开除，虽说他领导的取消派现在已趋崩溃，但无论如何，他的过去的历史，已经替他造成了不可消灭的偶像。尤其是一般中国青年思想中，要把陈独秀的印象除去，简直是不可能的事。至于他的思想的荒谬与否，那是另外一个问题。因此，我们对于这位现代“政治怪杰”的陈独秀，给以一番清算，无论如何，是有价值的。

社会主义青年团之产生

民八②，陈独秀自北大教育长被逐抵沪，时适胡汉民③、戴季陶④、廖仲恺⑤、沈玄庐⑥等，在沪办《建设》杂志⑦，及《星期评论》⑧；无政府主义⑨者遣恨[派]金

---

① 即巴黎。

② 民八：民国八年，1919年。

③ 胡汉民(1879—1936)，原名衍鸿，字展堂，号不匮室主，汉族，广东番禺人，祖籍江西吉安。中国国民党元老和早期主要领导人之一，国民党前期右派代表人物之一。晚年标榜抗日、“剿共”、反蒋三大政治主张。1936年5月12日突发脑溢血病逝。

④ 戴季陶(1891—1949)，名传贤，字季陶，笔名天仇，晚号孝园，原籍浙江吴兴(今浙江湖州市)，生于四川广汉。国民党著名“理论家”。早年留学日本，参加同盟会。追随孙中山，颇受孙中山器重。五四运动期间，在上海主编《星期评论》周刊，宣传过马克思主义。国民党一大会上当选为中央执委，任中央宣传部长，后任黄埔军校政治部长等职。孙中山逝世后，反对孙中山联俄、联共、扶助农工三大政策，撰写《国民革命与中国国民党》、《孙文主义之哲学基础》等小册子，形成所谓戴季陶主义。南京国民政府成立后，历任国民政府委员、考试院院长、国民党中央宣传部长等职，长期充当蒋介石的谋士。1948年6月改任国史馆馆长。1949年2月在南京自杀。

⑤ 廖仲恺(1877—1925)，原名恩煦，又名夷白，字仲恺，广东归善(今惠阳县)人，生于美国旧金山。1893年父亲病故后，随母回国。早年留学日本，参加同盟会。协助孙中山联俄、联共、扶助工农三大政策，协助改组国民党，为实现国共两党第一次合作作出重要贡献。历任国民党中央执委、常委、财政部长等职。1925年8月20日被刺杀。

⑥ 沈玄庐(1892—1928)，原名宗传，字叔言，后改名定一，字剑侯，号玄庐，别署子丞，浙江萧山人。早年赴日本留学，攻法律。曾参加同盟会。辛亥革命期间当选为浙江省议员、议长。二次革命失败后再度赴日。1916年回国后投身新文化运动。1919年6月在上海参加主编《星期评论》，推广白话文。1920年5月在上海参加组织马克思主义研究会。参与发起并加入中国共产党。曾回家乡萧山衙前开展农民运动。1924年参加国民党第一次全国代表大会，当选为候补中央执行委员。后脱离共产党。1927年后任国民党政府浙江省清党委员会主任委员兼浙江政治分会秘书长、浙江反省院院长。1928年遇刺死亡。著有《玄庐文存》。

⑦ 《建设》：五四时期进步刊物，1919年8月1日在上海创刊，月刊，是孙中山领导下的中华革命党(后改组为中国国民党)主办的理论刊物。由朱执信、廖仲恺等主编，亚东图书馆出版。1920年12月1日第三卷第一号出版后停刊。孙中山、朱执信、廖仲恺、胡汉民、戴季陶、汪精卫、吴稚晖、李石曾为刊物撰稿或参加编辑工作。

⑧ 《星期评论》：五四时期宣传新思想新文化的重要期刊。1919年6月8日在上海创刊，周刊，每期八开两张。除单独销售外，还随《民国日报》免费附送。由戴季陶、沈玄庐等负责编辑。辟有主张、纪事、短评、小说、诗、书报介绍等栏目。1920年6月停刊。

⑨ 无政府主义：西方的一种社会政治学说，反对包括国家、政府在内的任何政治权威，主张建立以个人自由联合为基础的绝对自由的社会。20世纪初期被当做社会主义传入中国，辛亥前夕有了进一步的流传，出现了无政府主义的社团及专门宣传的报刊。“五四”前后，得到广泛传播。后受到共产主义知识分子批判。1924年第一次国共合作形成后，无政府主义开始走向衰落。

家凤[①]、袁振英[②]等,在沪倡导无政府主义。此时新文化运动者会集上海,《新青年》月刊亦迁沪出版,甚为蓬勃。而苏俄适派俄人维丁司克[③]偕同杨明斋[④],及韩人安某,携款到沪,为苏俄作宣传,并负组织共产党之责任。抵沪后住霞飞路716 号,即现在道路协会原址。遂与陈独秀密商进行,时陈住在渔阳里二号(即现铭德里)寓柏文蔚[⑤]处。经磋商再四,第一步,先收罗左倾及有革命性之青年,组织社会主义青年团。其时又因国内思潮汹涌,倡无政府者最多,反对孔孟及旧

---

① 金家凤(1903—1979),苏州角直人。早年结识陈独秀,积极参加筹建共产党活动。上海社会主义青年团八个发起人之一。1921 年 5 月,在李大钊主持下加入共产党,是中共一大前党员中年龄最小者(18 岁)。四·一二政变后脱离党组织,周旋于国民党各派之间。后加入汪伪政权。抗战胜利后赴香港,接受指示为党工作。新中国宣告成立前,受到毛泽东、董必武、周恩来邀请,北上参加首届全国政协筹备会。因忙于船务事,临行未果。1953 年因"罗斯陶"轮事件被广东省公安厅逮捕。1975 年被"特赦"出狱。1979 年初,获准赴港。9 月 11 日早上,因为给生病住院的妻子杨娜蕙送饭,遇车祸去世。9 月 14 日追思仪式在香港殡仪馆举行,新华社香港分社以"中国旅行社"的名义送了花匾,上写"典型尚在"四字。

② 袁振英(1894—1979),别名仲斌,曾用名震瀛、无梦青年等,广东东莞温塘乡人。11 岁随父到香港,1915 年毕业于香港皇仁书院。后入北京大学文科学院读书。1920 年 7 月从日本回国,跟随陈独秀参与创建共产党早期组织的一系列活动。中共一大时,因忙于去法留学事务,未能参加。此后,因留学,脱离了共产党的组织关系。1924 年回国,主要是参与教学和编译工作。1951 年底,由周恩来总理介绍安排任广东省文物保管委员会委员工作。1953 年 8 月,任广东省文史馆馆员。"文革"期间以"有现行反革命罪行"被逮捕和判处死刑,后得以平反昭雪,1979 年 1 月于广州病逝。

③ 维丁司克,即魏金斯基(1893—1953),原名格里格里·纳乌莫维奇·札尔欣(沃依琴斯基),又译维经斯基,在华期间化名吴廷康,笔名魏琴、卫金等,俄国人。1920 年 1 月到海参崴参加共产国际的工作。3 月经共产国际同意,受俄共(布)西伯利亚局东方民族分部的派遣率领三名俄籍人来中国。他 4 月到北京,结识李大钊、张太雷。后赴上海,会见《新青年》主编陈独秀和《星期评论》编辑戴季陶、李汉俊、沈玄庐等,向他们介绍十月革命和苏维埃情况,帮助创立中国共产党。1920 年 11 月在上海会见孙中山,畅谈中苏关系和苏维埃制度。次年 1 月离华回国。此后,一直任共产国际执委会东方部远东局局长,1926—1927 年任共产国际执委会驻上海远东局主席,出席中共"五大"。7 月回国后被罢黜。1953 年在莫斯科病逝。

④ 杨明斋(1882—1938),名好德,字明斋,山东平度人。1903 年辗转至 1908 年以后,在西伯利亚地区加入布尔什维克党。十月革命后受俄共(布)党组织的派遣,回海参崴,开展工人运动。1920 年初,随魏金斯基为首的共产党国际工作组到中国,任翻译和协调工作。8 月中旬,发起成立中共上海共产主义小组。中共一大以后,主要从事理论新闻工作。1925 年夏,率张闻天、王稼祥、乌兰夫、伍修权等人赴莫斯科中山大学学习。大革命失败后,奉命回国。后因与中央失去联系,于 1930 年越境赴苏联。次年被当作叛逃者流放托姆斯克当勤杂工。1934 年 8 月期满回莫斯科。1938 年 2 月,又遭逮捕,5 月牺牲。1989 年 1 月由苏共中央平反。1989 年 8 月,国家民政部门公布其为革命烈士。

⑤ 柏文蔚(1876—1947),字烈武,安徽寿县人。1899 年考入安徽大学堂,与陈独秀发起组织"励志学社",开展革命活动。后又在南京组织"强国会";1905 年秋与陈独秀等一起秘密组织"岳王会",任南京分会会长后,率领岳王会全体会员加入同盟会;因与孙毓筠等谋杀两江总督端方,被捕入狱。武昌起义爆发,与林述庆等一起指挥战斗,赶跑了张勋。11 月,任中华民国陆军第一军军长。1912 年 1 月,孙中山领导的北伐开始,柏受命联合粤军,连克宿州、徐州。不久,奉命入皖,任安徽都督。期间,在秘书长陈独秀的协助下,为澄清吏治,革新除弊,发展交通、教育等事业,做出很大努力,取得一定成绩。1913 年讨袁战争开始,任安徽讨袁军总司令。1923 年孙中山召柏到广州,在国民党"一大"上,当选为中央执委。1926 年任国民革命军第 33 军军长。1927 年蒋介石背叛革命,柏等将领通电拥护孙中山三大政策,要蒋介石下野,遭蒋忌恨。1928 年被迫辞去军长职,与共产党人廖运周、许光达等一起在寿县成立学兵团。1931 年日本帝国主义侵略我国,柏文蔚奔走呼号,发动反蒋抗日。1947 年在上海病逝。

礼教者亦甚多，反对军阀者亦极努力，故由独秀与季陶等决定约集施存统①、沈玄庐、陈望道②、李汉俊③、金家凤、袁振英、俞秀松④、叶天底⑤等各个社会主义者，在戴宅密商组织办法。当时以法界当局对革命党之行动甚注意，上海流氓又时时索诈危害，乃由张继⑥、柏文蔚二人之与法界有关系者出为相助，即以戴季陶住宅渔阳里六号（即现新铭德里）为团址，并办一外国语学校以避耳目。团务即由施存统、叶天底、俞秀松、袁振英、金家凤主持；事务由俞秀松主持；总务由杨明斋担任。但此项组织尚系各个社会主义混合物而非马克思主义之干部。故当时曾推定八

---

① 施存统（1898—1970），又名复亮、伏量，别号伏园，化名方国昌，浙江金华人。1919年就读于浙江省立第一师范学校。1920年加入上海共产主义小组，参与成立马克思主义研究会，为中国共产党最早的党员之一。1922年当选为青年团中央书记（第一任）。1924年到上海大学任教。后在中山大学、黄埔军校、广州农民运动讲习所讲授政治经济学。1927年任武昌中央军事政治学校教官、政治部主任。大革命失败后脱离中国共产党。后从事马克思主义和革命理论的著译工作，并任上海大陆大学教授、广西大学教授。抗战期间，为文化界救国会领导人之一，并与黄炎培、章乃器等组织民主建国会，曾当选为民建中央常委和副主席、第一届全国政协常委，第二、三届全国人大常委。曾任劳动部副部长。1970年11月29日病逝北京。其子是著名作曲家施光南。

② 陈望道（1891—1977），原名参一，笔名佛突、雪帆等，浙江义乌人。早年留学日本，毕业于日本中央大学法科。回国后积极提倡新文化运动，任《新青年》编辑，翻译出版了《共产党宣言》第一个中文全译本，中国共产党上海发起组成员。中共一大时当选为中共上海地方委员会第一任书记。1920年起在复旦大学任教。历任全国人大第四届常委，第三、四届全国政协常委，民盟中央第三届副主席。1955年当选为中国科学院哲学社会科学部委员，毕生从事进步语文运动和语文科学的教学研究，建立了我国修辞学的科学体系，对哲学、伦理学、文艺理论、美学等造诣较深。主编《辞海》，著有《修辞学发凡》、《文法简论》等。

③ 李汉俊（1890—1927），湖北潜江人。中国共产党第一次代表大会代表。早年留学日本，接受马克思主义。回国后积极宣传马克思主义，大力推进建党工作，为召开中共一大做出了卓越贡献。1922年回武汉组织学生、工人开展革命活动。1927年被反动军阀杀害，年仅37岁。

④ 俞秀松（1899—1938），又名寿松，字伯青，浙江诸暨人。1916年入省立第一师范。"五四"时期，为杭州学生运动骨干之一。1920年初加入北京工读互助团，后到上海参加《星期评论》社工作。同年夏在上海与陈独秀等发起成立共产主义小组，8月受陈独秀委托组织社会主义青年团，任第一任书记。1922年10月参加孙中山领导的护法斗争，任东路讨贼军总司令部参谋处一等书记官。1924年国共合作后，任国民党浙江省临时党部委员。1925年10月到莫斯科东方大学和中山大学学习、执教，一度任中共旅莫斯科支部委员，被王明诬为"江浙同乡会"、"反党小集团"头子。1933年去苏联远东地区，任《工人之路》副总编。1935年夏，到新疆做盛世才统战工作，任新疆反帝会秘书长、新疆学院院长等职。王明、康生诬他为"托派分子"，1937年12月假盛世才之手逮捕。翌年6月被转押送苏联监狱，不久牺牲狱中。1962年，被追认为革命烈士。

⑤ 叶天底（1898—1928），原名霖蔚，又名天砥，学名天瑞，浙江上虞谢家桥人。1916年考取浙江第一师范学校，上海社会主义青年团最早发起人之一。1923年夏任上海《民国日报》"觉悟"副刊、"艺术评论"专栏的编辑，同年底加入中国共产党。1924年7月应聘到苏州乐益女子中学任教，1925年9月初任中共苏州独立支部第一任书记。1925年最先建立了中共苏州独立支部，任书记。1926年春回上虞养病，建立第一个上虞县直属支部，任书记。大革命失败后领导浙江农民暴动，被国民党蒋介石新军阀逮捕，1928年2月8日牺牲于杭州陆军监狱。

⑥ 张继（1882—1947），原名溥，字溥泉，河北省沧县（今南皮县孙清屯）人。1899年留学日本早稻田大学，并积极参加反清活动。1903年3月31日在东京与陈独秀、邹容等五人一同发起了反满清政府督学姚煜的"割发代首"（即强制剪辫子）革命。1905年8月，在东京加入同盟会，任该会司法部判事，直隶主盟人，兼《民报》编辑和发行人。1908年赴法。1911年回国后，任同盟会本部交际部主任兼河北支部长、国民党参议员、国会第一届参议院议长。1916年任孙中山护法军政府驻日代表。1920年任广州军政府顾问、国民党北方执行部主持人。1921年任国民党广州特设办事处干事长，中国国民党宣传部长，北京支部部长。1922年11月，携带孙中山亲笔信到北京与苏俄使者越飞会谈。1924年1月，当选为国民党一大中央监察委员。6月19日，与谢持、邓泽如等联名提出"弹劾共产党案"，受到孙中山斥责。1925年11月，积极参与国民党右派西山会议派活动。1927年任国民党中央特别委员会委员。后历任国民党南京政府司法院副院长、北平政治分会主席、国民党三大至六大中央监委委员、国民党党史史料编纂委员会主任委员、国史馆馆长等职。1947年12月15日在南京病死。

人筹办《共产党》月刊,其人选甚复杂,有陈独秀、张松年[①]、袁振英、金家凤、俞秀松、施存统、沈玄庐及杨明斋等,一切经费当时均由维丁司克担任之。当社会主义青年团成立之时,当有日人坂西多郎[②]及韩人柏克及安某等参加之(日本《劳动》月刊上关于中国社会主义青年团组织情形完全刊出即系坂西之作也)。其后,各方志士周佛海[③]、张闻天[④]、李达[⑤]、卜士畸[⑥]、罗觉[⑦](即罗亦农)、彭湃[⑧]、陈为

---

① 张松年(1893—1986),又作张崧年或张嵩年,即张申府,张岱年之兄。早年在北京大学就读、任教,从事早期北方建党工作。1925年中共四大时,因意见不合退党。早年最先向国人介绍罗素、罗曼·罗兰等人的思想,后主要从事教学译著,曾在清华大学等校任教。1935年一二九运动的组织者和领导者之一。1938年7月,被国民党聘为第一届参政员。1942年加入民主政团同盟,任中央委员。1946年1月出席在重庆召开的政治协商会议。1948年因写《呼吁和平》文章,受到批判,被开除出民盟。1957年被错划为右派,"文革"中备受冲击,1979年彻底平反。为第五、六届全国政协委员,1986年辞世,享年93岁。

② 坂西多郎:日本学者,著有《旧殖民地等关系资料》、《中国渐进的金本位通货实施法草案》及《びその理由报告书》等书。

③ 周佛海(1897—1948),湖南沅陵人。早年留学日本,在日组织共产主义小组。1920年与陈独秀组建上海共产主义小组,中共一大代表。1924年任国民党宣传部秘书,同年9月脱离中共。抗战期间,叛蒋投日,成为汪伪政权的"股肱之臣"。在抗战胜利之后,因汉奸罪名被判死刑,后减为无期徒刑。1948年2月28日,病死在南京监房中。

④ 张闻天(1900—1976),原名应皋,亦作荫皋,化名洛甫,字闻天,江苏省南汇县(今属上海浦东)人。中国共产党早期的重要领导人、理论家;1925年加入中国共产党,1933年进入中央革命根据地,1934年10月参加长征并出席遵义会议,对确立毛泽东的领导地位起了重要作用;1959年被错定为反党集团成员;"文化大革命"中受冲击,1976年7月1日病逝。1979年8月,中共中央对其冤案予以平反昭雪。主要著作编为《张闻天选集》。

⑤ 李达(1890—1966),1919年五四运动后致力于研究、宣传马克思主义。1920年夏与陈独秀等人发起成立上海的中国共产党早期组织,并主编《共产党》月刊,参加《新青年》的编辑工作。1921年2月起任上海的中国共产党早期组织代书记。1921年7月出席中国共产党第一次全国代表大会,当选为中央局宣传主任,成为中国共产党的主要创始人和早期领导人之一。1921年8月至1925年5月任中国劳动组合书记部委员。1921年9月创办中国共产党第一个出版机构——人民出版社,出版马克思列宁主义的著作和革命丛书。1922年7月出席中国共产党第二次代表大会。同年11月应毛泽东邀请到长沙出任湖南自修大学校长,并主编自修大学机关刊物《新时代》。大革命失败后,在国民党反动统治的险恶环境中,他坚守马克思列宁主义的理论阵地,成为卓有建树的马克思主义理论家。1937年5月在上海出版《社会学大纲》,被毛泽东誉为是"中国人自己写的第一本马克思主义哲学教科书",号召党的高级干部学习此书。新中国成立后,长期担任武汉大学校长和中国哲学学会会长,1966年8月在武汉逝世。

⑥ 卜士畸(1902—1964),曾用名卞士吉、卜世畸、卜道明等,湖南益阳人。1920年底在上海加入社会主义青年团,当年入莫斯科东方劳动者共产主义大学学习。1921年冬转为中共党员。1922年回国后,历任上海大学俄文讲师、青年团中央干事、青年团第二届中央执委等职。曾与邓中夏主办《中国青年》杂志。后任蒋介石的俄文翻译、黄埔军校代理政治部主任等职。1926年秋作为邵力子翻译出使苏联。1928年6月以旁听代表,参加在莫斯科召开的中共六大。大会结束后,任莫斯科中山大学政治经济学讲师和列宁学院中国班政治经济学讲师。不久脱离中共组织关系。蒋经国在俄罗斯期间曾得到他的照顾。1933年冬返国,任中国国民党中央组织部国际问题编审,南京中央陆军军官学校俄文教官等职。抗日战争期间,担任国民党中央执行委员、军事委员会顾问事务处处长张冲的副手,参加国共和谈工作,任国民党谈判代表的联络人员。1949年10月去台湾,任国际关系研究会理事长、"革命实践研究院"讲座及教育委员、"国防研究院敌情组"首席讲座、国际关系研究所所长等职。1964年5月24日在台湾因病逝世。

⑦ 罗觉,即罗亦农(1902—1928),湖南湘潭人。1921年赴莫斯科东方大学学习,同年底由中国社会主义青年团员转为中国共产党党员。1925年3月回国。5月起任中共广东区委宣传部部长,同年12月任中共上海区执委会书记,兼军委书记和农委会主任。曾参与领导五卅运动、省港大罢工和上海工人三次武装起义。1927年10月任中共中央长江局书记、11月起临时中央政治局常委、中央组织局主任。1928年4月21日在上海被捕牺牲。

⑧ 彭湃(1896—1929),乳名天泉,原名彭汉育,曾用过王子安、孟安等化名,广东省海丰县人。1921年加入中国社会主义青年团,1924年初转入中国共产党。中国共产党早期农民运动的主要领导人之一,海陆丰农民运动和革命根据地的创始人。1927年8月1日参加南昌起义,任中共前敌委员会委员。在中共六大上当选为中央政治局候补委员。1929年8月24日因叛徒白鑫出卖而被捕,8月30日在上海龙华与杨殷、颜昌颐、邢士贞四人同时英勇就义,时年仅33岁。

人①、李农志②(即李立三)、袁远时③、傅大年、恽代英④等,均自各省及国外归来,汇集于外国语学社,遂成中国社会主义者之大集团,共产党干部亦渐因此而酝酿以成。

共产党之成立

社会主义者既不容于各省,纷集沪上,维丁司克即正式提议组织共产党,宣传布尔塞[什]维克,以纠正无政府主义之活动。于是一方面即由独秀找北平李大钊、广州谭平山⑤到沪,与戴季陶、沈玄庐等密商;一方面在社会主义青年团中组织马克思主义研究会,共产党方具雏形。当时即由独秀、汉俊、望道、大钊、明斋主其事。其后戴季陶等即已退出。社会主义青年团,至开代表大会时,无政府主义

《新青年》月刊自第8卷第1号起成为上海共产主义小组的机关刊物。

① 陈为人(1899—1937),原名陈蔚英,又名陈涛,湖南省江华县人。早年积极参加学生运动,被开除学籍。1921年初加入了中国共产党。后主要从事东北地区发展工人运动和筹建党团组织即护送共产党人赴苏出境工作。1928年12月被捕,身体遭严重摧残。出狱后,负责中央机要文件的保存和整理。在叛徒告密、妻子被捕、活动经费断绝情况下,仍然坚持工作,保住了党的重要文件。1937年3月12日在上海逝世,时年38岁。

② 李农志,即李立三(1899—1967),原名隆郅,湖南醴陵人(详见前注)。

③ 袁远时(1901—?),应为袁达时之误,曾用名袁大石,大石、袁正道、袁笃实,湖南湘潭人。1920年赴上海勤工俭学。1922年转为中国共产党党员。同年赴苏联莫斯科东方劳动者共产主义大学学习。刘少奇的入党介绍人之一。1922年8月起任中国劳动组合书记部上海分部主任。1923年至1924年先后任安源路矿工人俱乐部官传股、组织股、讲演股股长。1926年8月起任中共张家口临时地委执行委员会书记。1927年2月至7月任全国总工会执委会组织部部长、中华全国铁路总工会第四届执行委员会常委、中华全国铁路总下会组织部主任。1927年春任上海总工会执行委员会组织部负责人。1927年5月出席在武汉召开的中共五大,当选为中共第五届中央候补委员。大革命失败后,1927年7月至12月任中共江苏省委(兼中共上海市委)常务委员、组织部部长。1927年秋任中华全国铁路总工会常务委员。1927年7—8月任中华全国总工会组织部部长。同年12月至1928年3月先后任中共湖北省委候补委员。中共湖南省委组织部部长。1928年6月被捕叛变。

④ 恽代英(1895—1930),又名遽轩,字子毅,祖籍江苏武进,生于湖北武昌。1918年毕业于中华大学,后留任附中部主任。1921年加入中国共产党。1923年10月起,他创办和主编团中央机关刊物《中国青年》。1926年1月在国民党二大上当选为国民党中央执委会委员。1927年起在武汉中央军事政治学校任政治总教官、中央独立师党代表。同年7月,参与组织和发动南昌起义。12月参与领导广州起义。1928年6月到上海任中共中央宣传部秘书长等职,曾主编中央机关刊物《红旗》。中共五届中央委员,六届中央候补委员,后任中共上海沪中、沪东区委书记。1930年5月6日,在上海不幸被捕。1931年4月29日,被国民党杀害于南京雨花台。

⑤ 谭平山(1886—1956),原名谭鸣谦,字城斋,别号聘三,1886年生于广东省高鹤县一个裁缝兼小业主家庭。1905年,考入广州两广优级师范学校。四年本科毕业后,到雷州中学任教并参加同盟会。1917年,入北京大学哲学系。1920年,回广东创建共产党小组。1923年,在中共三大上当选中央委员。翌年,又在国民党一大上当选中央委员并任中央组织部长。1927年,任武汉国民政府农政部长。同年夏,参加领导南昌起义并任革命委员会主席团的实际主席。起义失败后于11月间被中共中央开除党籍。此后发起组织第三党,全面抗战爆发后恢复国民党籍,并任国民参政会参政员。1944年,在国民党内发起组织三民主义同志联合会。1948年初,参与创建(国民党革命委员会)。1949年,到北平参加新政协,当选中央人民政府委员、政务院监察委员会主任。1956年病逝。

者之个性较强者如袁振英、李绰①均退出，费哲民②等欲加入而不可得矣。

第一次大会前的波折

维丁司克返国后，第三国际派鲍罗丁③来华，少年国际亦派优林④来沪指导中国共产党运动及社会运动。抵华后鲍至各处考察一过，见优林之优柔寡断，不及为用，请改派越飞⑤使华。十一年冬，复抵北平，与越飞及俄使馆参赞伊凡诺夫等商议，认中国革命须经民权之过程，复见军阀之跋扈，必须先行去除封建余孽。而北平共产党中，时适急进与缓进分为二派：急进者以张国焘⑥、高尚

---

① 李绰(？—1980)，又名桌子，本名李卓吾，著名作家李健吾的哥哥。曾留法勤工俭学，1921 年与陈延年、陈乔年等人发成立了著名的无政府组织"工余社"，次年一月创办了《工余》杂志，陈延年转向信仰共产主义后由李负责编辑。1980 年病逝于陕西富平一家煤矿统计员任上。

② 费哲民(1893—1978)，浙江海宁新仓人。早年即投身革命，先后参加共和党、国民党，主要从事编辑《新国民》报、《自由杂志》、《广州晨报》等文化宣传活动。后随孙中山北伐，任大本营党务处宣传干事。1922 年奉派日本留学，任国民党东京支部执行委员兼宣传主任。1925 年 6 月回国，宣传声援五卅运动，加入孙文主义学会。后在南京办《京报》。九一八事变后，南下广州，参加反对蒋介石独裁活动。1932 年，任暨南大学教授兼训育主任。抗战爆发，任第五战区政工大队长。1940 年 4 月，任桂林行营政治部上校指导员。时与进步人士交往，后任全国粮食管理局视察、专员、统计室主任。1948 年 10 月，脱离国民党，移居上海。新中国成立后任大连海运学院教授。晚年定居上海。

③ 鲍罗丁(1884—1951)，即鲍罗廷，全名米哈伊尔·马尔科维奇·鲍罗廷，生于俄国西部。1903 年加入俄国社会民主党。1923 年奉派到广州，任共产国际驻中国代表、苏联驻广州政府全权代表。孙中山任其为国民党组织教练员，后任国民党中央执行委员会、政治委员会顾问，为孙中山得力助手。孙中山在北京逝世时，起草《致苏联遗书》。1925 年任国民政府政治顾问。1926 年任国民党中央执行委员会最高顾问。1927 年 4 月后，被通缉，7 月回苏联。曾任苏维埃劳动人民委员、英文《莫斯科新闻》主编。1949 年受美国记者安娜·路易丝·斯特朗间谍案牵连入狱，被指为苏维埃政权的敌人，流放到西伯利亚。1951 年 5 月 29 日死于伊尔库茨克的一个劳动营中。1955 年平反昭雪。

④ 优林，远东共和国的外交家。十月革命以前，他秘密地参加了革命；十月革命以后，他参加了苏俄红军进军西伯利亚。后随同克拉斯诺斯其科夫从事于远东共和国的创建、从事对华外交活动。1920 年 8 月 26 日，抵达北京。10 月 15 日，会见瞿秋白。接近吴佩孚，支持北方工人运动。对于中国共产党的创建有着重要的影响。

⑤ 越飞(1883—1927)，即阿道夫·阿布拉莫维奇·越飞，生于俄国克里米亚一个富裕家庭。中学时即参加政治活动，1903 年加入俄国社会民主工党，在俄国各地活动。1906 年被迫流亡。俄国二月革命后回到俄罗斯，任革命军事委员会委员、外交部副部长等职。1921 年 7 月 26 日，任驻华特命全权代表。1923 年 1 月 16 日，到上海与孙中山会谈，26 日发表《孙文越飞联合宣言》。1925 年参加俄共(布)党内以托洛茨基等为首的"新反对派"，后因"新反对派"受到批判、托洛茨基被开除出党，不堪政治压力，于 1927 年 11 月 16 日在莫斯科医院自杀身亡。1987 年恢复名誉。

⑥ 张国焘(1897—1979)，又名特立，凯音，江西萍乡人。1915 年入北京大学读书，"五四"时任北京学生联合会总干事。1920 年加入北京共产主义小组。中共一至六大代表。历任中共中央局组织主任，中国劳动组合书记部主任，中共中央政治局常委兼军事部长、组织部长等职。1928 年赴苏任中共驻共产国际代表。1931 年回国，历任中央鄂豫皖分局书记兼军委主席，中华苏维埃共和国临时中央政府副主席，西北革命军事委员会主席，红军总政委等。1935 年反对中央关于红军北上的决定，率部南下另立中央，1936 年 6 月被迫取消。后任中共中央西北局书记，陕甘宁边区政府副主席。1938 年 4 月借祭黄帝陵之机出逃。4 月 18 日被开除党籍，不久加入国民党"军统"特务组织。1941 年起任国民参政会第二、三、四届参政员。后任国民党政府行政院善后救济总署江西分署署长。同年 11 月去台湾。1949 年转居香港。1968 年移居加拿大多伦多。1979 年 12 月 3 日，因病去世。

德①、何孟雄②、罗章龙③、范鸿劼④、朱务善⑤为中心，缓进者以邓中夏⑥、许兴凯⑦

---

① 高尚德(1896—1925)，即高君宇，山西静乐人。1916年考入北京大学，参加各种进步社团，成为学生领袖。1919年参加领导了五四爱国运动。1920年，参与组织马克思学说研究会，领导发动北方早期的工人运动。同年冬，加入北京共产党早期组织，组建北京社会主义青年团任第一任书记。后回到山西，发起成立太原社会主义青年团。中共一大会召开前全国党员之一，历任中国社会主义青年团中央执行委员、中共中央执行委员、中共中央机关报《向导》周报编辑、中共中央教育宣传委员会委员等职。1924年夏回山西筹建共产党组织。1924年底陪同孙中山北上，协助进行国民会议促成会的筹备工作。1925年3月5日在北京病逝，时年29岁。

② 何孟雄(1898—1931)，湖南炎陵县即原酃县中村人。1919年就读北大政治系，1925年毕业。投身"五四"运动，参与创办马克思主义学说研究会活动，加入北京共产主义小组，后转为中国共产党党员。1921年底起，先后任中共北京地委书记、中共唐山市委书记、武汉市委组织部长等职。中共三大代表。大革命失败后，曾先后任中共江苏省委常委、农民运动委员会书记、军委书记、南京市委书记、上海沪东、沪中、沪西区委书记等职。1931年1月17日在上海被捕，2月7日在龙华被国民党淞沪警备司令部秘密杀害，时年33岁。

何孟雄于1930年4月15日，以当年在长辛店从事工运时笔名"子敬"冠以周姓，写信给《红旂》报(第105期刊出此信，为同年5月24日)，在党内首先提出"现在就全国看来，农民运动的发展比较城市的工人运动要快得多，农村的已经正在发展着武装暴动、苏维埃、红军，但这些东西在城市中都还没有，并且连大规模的有组织的政治罢工都还是很少的。在这一种情势之下，若我们依然将大部分的力都用在城市中，实不如用在农村为好，在农村中一定得的效果更大。若是革命势力占据了广大农村之后，他还是可以联合起来包围城市，封锁城市，用广大农村革命势力以向城市进攻，必然可以得着胜利。所以我们并不必要工人农民之绝对平衡的发展……。则我们为什么不可以暂时放弃城市而以全副力量去发展乡村呢?"这是中共党内最早较完整表述的农村包围和夺取城市战略的思想。参见奚金芳:《何孟雄研究文集》，江苏人民出版社1992年版，第83—86页。

③ 罗章龙(1896—1995)，湖南浏阳人，字文虎，化名仲言。1918年入新民学会、北京大学文学院。五四运动行动小组成员。1920年参与发起马克思学说研究会。1921年参加发起组织北京共产主义小组，后任中共北大支部书记、北方区委委员、《工人周刊》主编、中国劳动组合书记部北京分部主任兼全国铁路系统党团代表、"二七"大罢工委员会成员。1923年在中共三大上当选为中央委员、中央局会计，后改秘书兼宣传教育委员会主任。1924年任国民党上海执行部干事。1927年后任中共湖北省委宣传部主任兼汉口市委书记，湖南省委委员、宣传部长，参加秋收起义。1928—1930年任中华全国总工会秘书长，全总执委会党团书记，中共第四至六届中央候补委员、五届中央委员。中共六届四中全会以后，成立"中共非常委员会"组织以反对米夫——王明专权。1931年1月27日，被开除党籍。1934年后，在河南大学、西北大学等校任教授。新中国成立后，调中南财经学院任教授。1979年任中国革命博物馆顾问，全国政协第五至八届委员。1995年，于北京病逝。

④ 范鸿劼(1897—1927)，湖北省鄂州市葛店镇人。1918年入北京大学学习，积极参加和领导了五四爱国运动以及北方地区的各次革命斗争。1920年3月参与发起成立北京大学马克思学说研究会。1920年10月北京共产党小组成立，是小组最早成员之一。1922年6月，被选为社会主义青年团北京地委执行委员、团地委书记。同年7月至1923年6月，任中共北京地方委员会委员长。1923年7月至1927年先后任中共北京区执行委员会兼北京地委委员、委员长、组织部长，中共北方区委宣传部长，主编过北方区委机关刊物《政治生活》。1927年4月6日同李大钊一起被奉系军阀逮捕，28日英勇就义。

⑤ 朱务善(1897—1971)，又名朱悟禅，湖南省澧县人。1919年春入北京大学经济系学习，热情参加五四运动，是北大平民教育讲演团的活动分子，曾任该团总务干事。北京大学马克思学说研究会发起人之一，与邓中夏等一起积极宣传俄国十月革命和马克思主义。1920年10月北京共产党小组成立，是最早的成员之一。1924年任社会主义青年团北京地委执行委员，曾代理社会主义青年团直晋区委委员长。第一次国共合作建立后，在国民党北京特别市党部负责教育宣传工作。1925年赴苏联莫斯科中山大学学习，后长期在苏联工作。1955年回国后，在中国社会科学院从事翻译和研究工作。1971年病逝于北京。

⑥ 邓中夏(1894—1933)，字仲澥，又名邓康，湖南宜章人。1917年入北京大学国文门学习，1919年投身五四运动。1920年3月，发起成立北京大学马克思学说研究会。同年10月加入北京共产主义小组。1922年8月当选为第二届社会主义青年团中央执行委员会委员，任临时中央局委员长，中央局委员、组织部主任等职。后从事工人运动。1927年参加中共中央八七会议，被选为临时中央政治局候补委员。1933年5月，被国民党当局逮捕。9月21日，在南京雨花台被杀害，时年39岁。

⑦ 许兴凯：北京师范大学早期党员之一，曾任北京高师中共支部书记兼青年团支部书记。

为主干。当时明争暗斗，各不相让。后者人数虽少，但李大钊甚趋向之。缓进者以为中国不适宜于阶级斗争，而需国民革命为过程。因此问题而牵涉至于北平互相弹劾，地方书记屡经改派。学生运动方略亦有改易。其后主张缓进方面，迭与鲍罗丁数度密商，鲍遂在平招集各省共产党员及社会主义青年团人物，有数次重要之演讲，并召集各派主要人，在俄使馆交换意见，以解纠纷，而听第三国际之最后决定。俄使馆会议后，急进方面，以种种零星问题而至分化，缓进派遂占优势，议遂得定，由鲍电东方局请示，东方局亦遂原则接受，准予相机行动。但此议达沪，陈独秀表示反对，有脱离第三国际之意，张国焘亦以主张否决，有改组劳动党之运动。共产党至此，岌岌可危。鲍罗丁颇感无法应付，故再呈请东方局来一正式训令，令其全权支配中国之计划。以第三国际之威权，镇压行将涣散之势力。适值陈独秀等亦以政府追索通缉甚急，在无可奈何中，表面上表示无抵抗，暗中遂与陈炯明[①]相往来。当时李大钊、鲍罗丁见此情势甚危急，即主张提早举行代表大会。

国共两党合作的经过

当时一方面先与孙中山交换意见，孙以北伐不成，对李及鲍之提议，表示采纳。于是，李即派邓中夏等赍书赴沪，请求孙中山接受社会主义之原则，改组国民党，以容纳青年革命势力。孙亦全部接收，但须共产党员全部加入国民党。其时以共产党与国民革命之关系，显然日益接近，亟宜推进一步，以示拉拢。故又决

在广州时的鲍罗廷(1925 年)

鲍罗廷在武汉群众大会上演说(1927 年，左为张太雷)

① 陈炯明(1878—1933)，粤系军阀，曾主政广东，参加过辛亥革命。1917 年帮助孙中山打响护法战争，对抗段祺瑞政府。他在帮助孙中山的同时，也与孙中山对立。在粤系党政系统中拥有深广的人脉，与辛亥革命元老何子渊、姚雨平等人有袍泽之谊，后因政见不同而分道扬镳；他在二次革命期间与孙中山意见不合，于 1922 年炮轰总统府，企图杀害孙中山未成；于是遭到所有效忠孙中山的军队的讨伐，包括蒋介石。1925 年他的残部被李宗仁等的桂系军摧毁，逃到香港，后卒于香港。

议，请孙先生将三民主义之民生主义一节，重行确定，并须公开于社会，一方面则由李、鲍等在共产党内部做意志统一的运动，遂于十二年初，召集各省市著名人物，在广州开会。其时陈公博①方任通俗教育讲习所长，即在该校开会，计到陈独秀、李大钊、谭平山、张国焘、杨明斋、施存统、邓中夏、许白豪[昊]②、毛泽东等三十余人；其中主张分为二派：陈独秀、张国焘不若从前反对国民革命及民权革命之坚决，但认为如须改变共党策略，应由共产党直接指导民权斗争运动，不必加入国民党，上海及湘鄂同志均拥护之；李大钊、邓中夏等均主张加入国民党，作国民革命，但不以合作之形式由党员个别参加而设法使国民党赤化。北平代表及北方数省同志均赞成之。但其时北平代表金家凤、上海代表施存统等数人则对于国民革命及民权斗争之见解又显与李大钊等冲突。金、施等均主张共产党员加入国民党，完成国民革命，再及社会革命，为共产革命必经之途径，故主张共产党应诚意助成国民党之改组，并完成国民革命之使命；换句话说，即主张共产党应以民众力量交予国民党，先图国民革命之实现，再及其他。张国焘等曾当场指控金、施等人为共产党之叛徒，要求中央予以处分。争执三日，无法解决，后经鲍罗丁之调解，及全国铁路总工会第一次大会之推动，时亦在李大钊指挥之下，在广州第一公园成立，请求国民党正式改组。共产党党员合作案遂得通过。

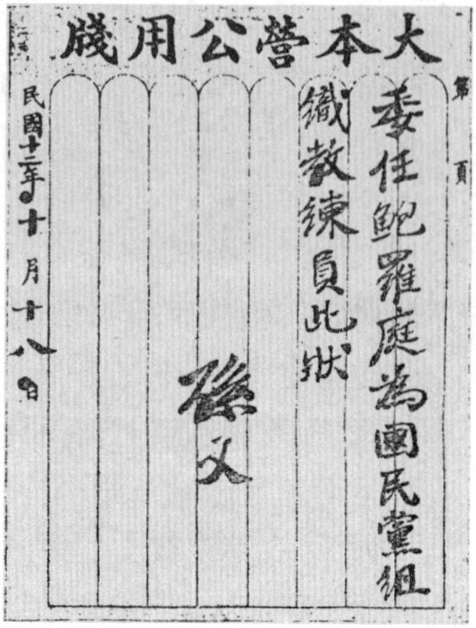
大本營公用牋
第　頁
委任鮑羅庭為國民黨組織教練員此狀
孫文
民國十二年十月十八日

孙中山所写聘请鲍罗廷为中国国民党组织教练员的委任状(1923年)

本页图选自中国社会科学出版社1983年《鲍罗廷在中国的有关资料》一书

中国列宁时代的声威

共产党自第一次大会至一九二七年五月在武汉开第五次大会、八月八七会议

① 陈公博(1892—1946)，广东省南海县人。早年就读北京大学。1921年参与组织广州共产主义小组，中共一大代表，国民党第二次全国大会中央执委。抗战开始后随汪精卫任南京政府立法院长，是汪伪政府内第二号人物。汪精卫死后代理南京国民政府主席，行政院长。中国抗日战争胜利后流亡日本，最后被捕解回中国，受审于苏州狮子口江苏高等法院，以通谋敌国罪处以死刑。

② 许白昊(1899—1928)，又名许白天、许北浩、许世光，湖北应城人。1921年8月在上海加入中国劳动组合书记部，1922年在莫斯科参加由第三国际召开的远东被压迫民族的代表会议，同年加入中国共产党。后在武汉地区从事党的工人运动，曾在汉口领导京汉铁路"二七"大罢工。历任中共汉口地委执委，中华全国总工会第三届执行委员。1927年4月出席中共五大，当选为中央监察委员。后调任江苏省委委员兼上海总工会党团书记。1928年2月被捕，5月牺牲于上海龙华。

时止,其间数年,独秀一直是以中央总书记兼政治局主席团主席的资格,家长式的统治全党。尤其是五卅运动以后,共产党的发展很快,陈独秀的声望,更是一天天增高起来。共产党的中央是设在上海的,上海是全国的中心,即由独秀坐镇其间。除了上海以外,全国共产党最重要的一区域,是广东和北京。广东的党务,是由独秀的大儿子延年一人主持的;北京的党务,表面上虽然由李大钊主持,但独秀的次儿乔年,却负着很重的责任。此外,独秀的外甥、表侄、侄子,都在各地分任着重要的职务,这时候的共产党,真可算是陈家党了。共产党的势力愈发展,这家长式的领袖陈独秀的权威自然也愈增加,所以连我们戴季陶老夫子,也称他为中国列宁。孙中山在世时,也极称许他的才干。那真是独秀的全盛时代,但可惜时间过去太快了。

原中共江苏省委秘密机关旧址——上海施高塔路恒丰里104号(现山阴路恒丰里90号)。陈延年烈士1927年6月即在此被捕。

上海龙华烈士陵园陈延年烈士墓碑

上海龙华烈士陵园陈乔年烈士墓碑

机会主义的由来

一九二七年八七会议以后,独秀即负荷了机会主义的恶名,而被开除了一切重要职务,一九二九年甚至被开除出党了。至于这机会主义的罪名,也不是突然发现的,因为他主持党务的时候,现在的干部派认为对于国民党的态度过于迁就。的确,他对于国民党始终抱着友善的态度，直至现在。他在国共时代，时时告诫他的党徒，要顾到“革命的联合战线”，不可过于激烈。一九二七年，他曾以家长式领袖的资格，下一道“上谕”给中央军委，禁止军队支部接收士兵同志，为的是恐怕破坏“革命联合战线”。在广州中山舰事变发生的时候（一九二六年三月二十日），广州陈延年、张太雷[①]、黄平[②]、周恩来及鲍罗丁等共魁，均主张即时与国民党反〔翻〕脸，但独秀主张仍旧与国民党合作，处处退让，一面撤回高语罕，一面亲函草头老总[③]解释。一九二七年四月初，各方面反共空气已很浓厚，而独秀依然主张维持“革命联合战线”，所以汪精卫一到上海，他就命周恩来强迫汪精卫签字发表所谓《国共两党领袖联合宣言》。这一篇联合宣言，被现在的干部派认为是一种“机会主义之一种最可耻的文献”，但的确是一种有历史价值的重要文献，兹抄录如下。

两党领袖联合宣言[④]

“国民党、共产党同志们，此时我们的国民革命，虽然得到了胜利，我们的敌人，不但仍然大部分存在，并且还正在那里伺察我们的弱点，想乘机进攻推翻我们的胜利，所以我们的团结，此时更非常必要。中国共产党坚决的承认中国国民党及国民党的三民主义，在中国革命中毫无疑义的重要，只有不愿意中国革命向前进展的人，才想打倒国民党，才想打倒三民主义。中国共产党无论如何错误，也不至于主张打倒自己的友党，主张打倒我们敌人（帝国主义与军阀）素所反对之三民主义的国民党，使敌人称快。无产阶级独裁制，本是各国共产党最大限度的政纲之一，在俄国虽然实现了，照殖民

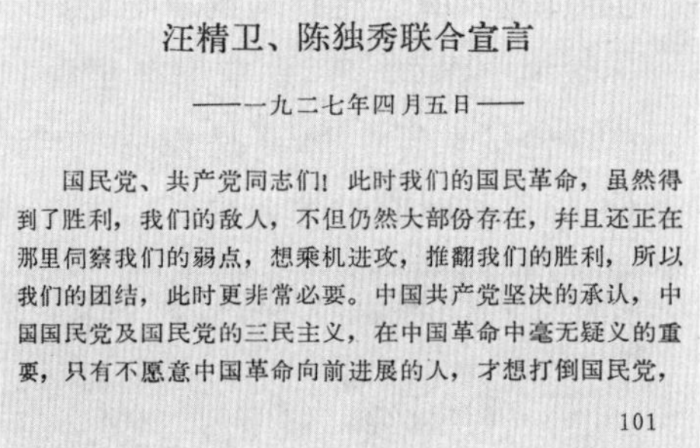
汪精卫、陈独秀联合宣言

——一九二七年四月五日——

国民党、共产党同志们！此时我们的国民革命，虽然得到了胜利，我们的敌人，不但仍然大部份存在，并且还正在那里伺察我们的弱点，想乘机进攻，推翻我们的胜利，所以我们的团结，此时更非常必要。中国共产党坚决的承认，中国国民党及国民党的三民主义，在中国革命中毫无疑义的重要，只有不愿意中国革命向前进展的人，才想打倒国民党，

101

---

① 张太雷（1898—1927），原名曾让，字泰来，革命后改名太雷，江苏省武进县（今常州市）人。早年就读于常州府中学堂，后毕业于北洋大学（现在的天津大学）法科。1920年参加李大钊创建的中国共产党北京早期党组织，参加过党的二大、三大、四大、五大和八七会议。四届候补中央委员、五届中央委员、临时中央政治局五人常委之一，担任过中共湖北省委书记、中共广东省委书记等职，是中国共产党早期重要领导人之一；中国共产主义青年团的创始人之一和青年运动的卓越领导人，广州起义的主要领导人。第一个被派往共产国际工作的中国共产党的使者、也是中国社会主义青年团最早派往青年共产国际的使者之一。1927年12月12日，在广州起义中被敌人枪击阵亡，年仅了29岁，为中共历史上第一个牺牲在战斗第一线的中央委员和政治局成员。

② 黄平（1901—1981），化名沃洛夫斯基。早期中共北京组织成员，1923—1924年莫斯科东方劳动者共产主义大学学习。回国任中共香港区委书记。1924—1926年任中共广东区委委员，区委工人运动委员会书记。1927年12月广州起义领导人之一。1928年出席共产国际六大。1932年被捕后退出中共。《共产国际联共（布）与中国国民革命运动》第四卷（下），北京图书馆出版社，第531页。

③ 指蒋介石。

④ 此文名为《汪精卫、陈独秀联合宣言》，1927年4月5日发表。

地半殖民地政治经济的现境,由资本主义向社会主义的过程,是否是一定死板的经过同样形式的同样阶级〔段〕,还是一个问题。何况依中国国民革命发展之趋势,现在固然不发生这样问题,即将来也会不至发生。中国所需要的,是建立一个各被压迫阶级的民主独裁来对付反革命,不是什么无产阶级独裁。两党合作,本有各种不同的方式,重要之点,是在两党大多数党员,双方以善意的态度,解决此问题,方不违背合作之根本精神。中国国民党多数同志,凡是瞭知中国共产党的革命理论,及其对于中国国民党真实态度的人,都不会怀疑孙总理的联共政策。现在国民革命发展到帝国主义的最后根据地上海,惊醒了国内外一切反革命者,造谣中伤离间,无所不用其极!甲则曰共产党组织工人政府,将冲入租界,贻害北伐军,将打倒国民党;乙则曰国民党领袖将驱逐共产党,将压迫工会与工人纠察队。这类谣言,不审自何而起。国民党最高党部全体会议之决议,已昭示全世界,决无有驱逐友党摧残工会之事。上海军事当局,表示服从中央,即或有些意见与误会,亦未必终不可释解。在共产党方面,爱护地方安宁秩序,未必敢后于他人;对于国民政府不以武力收回上海租界政策,亦示赞同,总工会亦已发表不单独入租界之宣言;对于市政府,亦赞同各阶级合作政策;事实俱在,更无造谣之余地。国共两党同志们,我们强大的敌人,不但想以武力对待我们,并且想以流言离间我们,以达其以赤制赤之计。我们应该站在革命的观点上,立即抛弃相互间的怀疑,不听信任何谣言,相互尊敬,事事开诚商协进行,政见即不尽同,根本必须一致。两党同志,果能开诚合作,如兄弟般亲密,反间之言,自不获乘机而入也。披沥陈词,万希各省自察!勿致为亲者所悲,仇者所快,则中国革命幸甚!两党幸甚!汪精卫、陈独秀,十六年四月五日”

这篇宣言发表以后,独秀就与汪精卫先后到了武汉,为了维持这所谓“革命的联合战线”,独秀老先生真是所谓煞费苦心。但是事实上这“革命的联合战线”势已不能不趋于破裂。可是独秀还是想尽了方法想维持残局,甚至提出了最可笑的口号“国共两党联合到底,”这也是后来干部排斥为最无耻的口号的。

八七会议后的陈独秀

一九二七年的八七会议(即八月七日举行),是共产党转变路线的关键。在这会议上,陈独秀派(即所谓元老派)完全失势,但新起干部派,对于这位老前辈究竟还有相当尊敬,所以一九二七年八月回到上海以后,他虽然已经脱离了中央任务,但中央还时常咨询些许多问题,他也以“撒翁”的笔名,在《布尔什维克》[①]上发表了

---

① 《布尔什维克》:中共中央机关刊物,创刊于1927年10月24日(上海),封面伪装成《新时代国语教科书》,1928年2月27日第十九期停刊。陈独秀在该刊发了140多篇杂文,笔名撒翁,刊于“寸铁”专栏。

一些短文(寸铁[①]之类)。广州暴动发生的时候,独秀对于暴动中的策略有所贡献,他寄了一封信给中央,提供了两个意见:(一)对帝国主义让步,极力避免与香港帝国主义武装冲突;(二)对国民党左派及谭平山之社会民主党一类组织,应与之联络。中央对此提议,表示前者尚可商议,而对后者则斥为机会主义,绝对反对。从此以后,干部派对陈独秀极为轻视矣。

开除党籍的经过

自此项提议被驳斥以后,独秀对干部派更为不满,即密组小团体,谋推翻干部派活动。一九二九年八月,中东路事件发生,独秀致书干部派主持之中央,表示意见,反对干部派所提出之"武装拥护苏联","反对帝国主义进攻苏联",而主张代以"反对国民党误国政策",于是又被干部派大骂一顿。第三国际东方部委员奥本托夫,且公然发表一文以指斥其为"无耻"。独秀复致第二函辩护。乃越三日,独秀又突然致第三封与干部派,将中东路事件撇开不提,而在组织上极力攻击干部派,并指出干部派用"警察政策"反对异己。这封信,不啻是一封哀的美敦[②]书。这封信发出以后,即指挥其部下半公开的进行反干部派活动,干部派至此乃忍无可忍,遂将其开除党籍,这是一九二九年年底的事。

在独秀被共产党开除党籍以前,曾受过留党察看的处分。在留党察看期内,他曾发表过一个"政治意见书"[③],其要点如下:

一、中国革命真的完全失败了,这责任完全是第三国际的错误,他在执行中早已反对过,所以他的错误只是不曾坚决反对。

二、中国此后若干年中是没革命的,须待中国民族资本主义发展到某种程度,方有革命的好况来临。

三、取消一切实际行动。

四、从新再行研究马克思列宁主义,和平秘密,培养革命力量,等待机会再干。

五、取消红军苏维埃,解散一切武装。

六、取消罢工、游行、示威,努力生产帮助民族资本发展。

七、主张召集国民会议。

这是政治意见书中的要点。他这一主张,立刻遭受了开除党籍的处罚。然而毕竟他的主张,似乎有真理存在,在他的这个意见书上,签名的有:彭述之、蔡

---

① 寸铁:原为《布尔什维克》杂志一栏目,因均为陈独秀撰稿,此栏目逐渐演变为陈独秀的专栏,"寸铁"亦成为陈独秀的笔名之一。后陈独秀创办了托派中央机关报《火花》杂志亦有此类栏目,甚至不设栏目。

② 哀的美敦:最后通牒拉丁文的音译。

③ 政治意见书:即1929年11月15日陈独秀被开除党籍,12月15日陈独秀联合八十一人签名发表的《我们的政治意见书》。

振德①、王独清②、李季③、高语罕、刘仁静④、张振亚⑤、马玉夫⑥,以及一些前所未闻不甚著名的,总共一百数人。他到底是个老牌党杆,号召能力确是不少,不上数月,服从他的党员,听说也上千成万了。

形成取消派

老陈虽然有了群众,所苦的是没有经济的来源。却好,这时有一批由莫斯科放逐回国的托洛斯基派的留俄学生,相互利用的结合了起来。独秀在金镑压力之下,修改了以前的主张,大约在他们政纲上,又加了几条:

一、中国是没有封建势力的存在。

二、立时开展社会主义革命。

三、反对资产阶级性的民权革命。

四、反对现有的伪红军,伪苏维埃。

五、反对土地革命。

---

① 蔡振德:大革命时期中共党员,领导过山西太原共青团组织,历任中共长江局秘书,中共湖北、江苏省委委员、中共江苏省委常委。因参加反对派,于1929年10月,被开除出党。

② 王独清(1898—1940),陕西长安(今西安)人。1913年考入三秦公学学习英文。16岁开始写笔记式杂文和政论文章。后被《泰镜日报》聘为总编辑。1915年到上海。不久东渡日本,开始接触外国文学。两年后返回上海,任《救国日报》编辑。1920年赴法国留学,结识陈独秀。后回国加入创造社,曾任理事,并主编《创造月刊》,成为该社后期主要诗人之一。同时任广东中山文科学长。1929年9月任上海艺术大学教务长,1930年主编《开展月刊》。1937年回到故乡,1940年病逝。

③ 李季(1892—1967),又名原博、卓之,字懋猷,号协梦、移山郎,湖南平江县人。1918年毕业于北京大学英文系。1920年参与筹建上海共产主义小组。1922年留学德国,入法兰克福大学经济系,1924年转入苏联东方大学。1925年回国,任上海大学经济系教授、社会学系系主任。1927年任武汉中央军事政治学校社会学教授。后定居上海,主要从事译著工作。从1918年至1964年,出版600万字以上。1920年出版的译著《社会主义史》,蔡元培作序。新中国成立后,任国家出版总署特约翻译。1967年2月在上海去世。

④ 刘仁静(1902—1987),湖北应城人,字养初,又名亦宇、敬云。早年参加五四运动。1920年春,加入社会主义青年团,为北京共产主义小组成员。1921年7月出席中国共产党第一次全国代表大会。1922年和邓中夏创办并主编社会主义青年团机关刊物《先驱》,同年9月去莫斯科参加共产国际第四次代表大会,继又出席了少共国际第三次代表大会。1923年在上海任团中央书记,主编《政治生活》。1926年去莫斯科列宁学院学习,参加托洛茨基派的活动。1929年离开苏联专程去土耳其拜谒托洛茨基,晤谈一个多月,托为其取化名列尔士。临行,托洛茨基把为中国反对派写的政治纲领——《中国的政治状况和反对派(布尔什维克列宁派)的任务》交给刘仁静带回。刘仁静到上海后,将托洛茨基起草的政治纲领和一些文件,通过彭述之转交给陈独秀。8月组织托派"十月社"。同年被开除出党。1935年被国民党逮捕,1937年出狱。1948年发表文章《评毛泽东的〈目前形势和我们的任务〉》。1950年在北京师范大学任教,1951年在人民出版社从事编译工作,翻译了《普列汉诺夫哲学著作选》等著作,署名刘若水。1966—1978年"文革"期间被逮捕、关押。1986年底,任人民出版社特约翻译,国务院参事。1987年8月5日,因车祸去世。

⑤ 张振亚(1890—1964),又名张存实,河北蠡县人。少年时代即立志报国,曾参加冯玉祥西北军,后入苏联东方劳动大学,1926年在苏入党。1928年回国,先后参加中央军事部、中央军委工作。1933年与党组织失去联系。抗战爆发后从事河北、博野民军工作。后任冀中军区警备旅副旅长及参谋长、晋察冀军区情报处处长、华北军区情报处长等职。1949年夏,转地方工作,任东北农科所兴城园艺试验场场长。1964年秋病逝。

⑥ 马玉夫,湖北人。曾留法勤工俭学,随后入莫斯科东方劳动大学。历任年任上海码头总工会党团书记,上海总工会负责人,江苏省委员委员、常委等职。1929年10月15日被开除出党。后因不满未被选为托派中央委员,向龙华国民党警备司令部告密,导致托派中央机关被国民党政府破获,中央委员郑超麟等13人被捕。

独秀当时心下计较了一下，既是反对开除他的共党，并且在这里，可以弄到一大批的金镑，只得答应了，同时发出了宣言通电，要求第三国际恢复托洛斯基的党籍，这一来托洛斯基的金镑便大批的源源的来了。此外，又得了第三国际及德国社会民主党的资助，于是陈独秀又活跃起来了。

独秀处在这左右逢源顺利的环境之下，立时成立了中国共产党反对派中央，当时中央主要角色是：

总书记陈独秀兼政治局主席团主席

常委彭述之兼宣传部长（常委即主席团之一员）

常委高语罕兼组织部长

常委潘问友[①]兼北方及满洲总负责

常委李季兼农民部长

常委刘静仁兼特务部长

常委王独清兼青年部长

常委张振亚兼军事部长

常委蔡振德兼秘书长及江苏省书记

工人部长一席亦由蔡兼

同时省党部组成的也有江苏、两湖、两广、山东、福建、河南、北方满洲、顺直等，真的又是一个共产党了，陈独秀仍旧是个赤色的王侯。

对于中国革命的见解

干部派认为中国封建势力还颇占优越地位，但陈独秀反对此说。他以为封建残余已完全没有作用，至少已变成残余的残余。所以他在《意见书》[②]中写道：

“中国地主阶级已经努力资本主义化，封建剥削已经不是农村中的主要形式，所以现在农村中的主要矛盾，已经不是反对封建势力的斗争，而是反各种各式的资本主义的斗争。”

“其实中国的封建残余，经过了商业资本的长期的侵略，自国际资本主义侵入中国后，资本主义的矛盾形态伸入了农村。整个的农民社会之经济构造，都为商

---

① 潘问友（？—1935），又名潘文郁、潘成文、潘东周，武汉人。1925 年去莫斯科中山大学学习，参加过中共中央共产国际代表团的工作。1928 年回国后被李立三委以重任，任中共中央宣传部秘书。但后来受到王明的排挤而被调到中共河北省委宣传部当干事。1931 年，中共河北省委遭敌人破坏，被秘密逮捕，曾登报声明脱离共产党。后从事国民党情报工作，对红军摆脱国民党的围剿堵截，起了很重要的作用。1935 年 3 月 3 日，被秘密杀害于武昌徐家棚。1949 年武汉解放后，周恩来指示一定要找到潘文郁的家属，作为烈属对待。1988 年 5 月，民政部批准追认他为革命烈士。

② 即《我们的政治意见书》。

品经济所支配，封建阶级和资产阶级的根本矛盾，如领主农奴制，本质上已久不存在。因此剥削农民，久已成为他们在经济上(奢侈生活或资本积累)财政上(维持政权所必需的苛捐杂税)的共同必要。……”

“而且中国一九二五年至一九二七年的革命，无论是如何失败，无论如何没有完成其任务，终不失其历史的意义，因为他已开始了中国历史的一大转变时期。这一转变时期的特征，就是社会阶级关系的转变，主要的是资产阶级得了胜利，在政治上对各阶级取得了优势的地位，取得了帝国主义的让步和帮助，增加了他的阶级力量之比重；封建残余在这一转变时期中，受了最后的打击，失了统治全国的中央政权形式，失了与资产阶级对立的地位，至少是在失去对立地位的过程之中，变成了残余的残余。它为自存计，势不能不努力资本主义化。就是说，不得不以全力争取城市工商业的经济势力，做他们各个区域内的统治基础。”

取消派的分崩离析

马玉夫自因为接近取消派，被共产党开除了，回到陈独秀的组织内，满想得一席中央常委兼工人部长，不料迟之又迟，陈(独秀)、蔡(振德)等不答应，认为资格不够，于是马便怒走南京，自首反共。蔡振德亦表示不干，回北方(陕西某军)做官去了。陈独秀的组织，本来是脆弱的，经过了这一次风波，上海的下层组织，都冲得落花流水了。

托陈取消派的共党，北方总负责原是潘问友，潘也继马玉山[夫]而起向北平当局自首。一般自潘以次党员，正如瓮中捉鳖，鲜有脱逃。接着又是山东省委与干部派斗争失败，感受这没有出路，亦向韩主席①自首。这一来北方的组织，完全塌台了。

在此时两广与福建省委，均因交通骗去数千现款，经济十分枯绝，便又起了裂痕了。除一少部分仍忠于陈外，大部被干部派夺取而去，而零零碎碎的细胞，顿有风流云散之感！接着河南省委又遭破坏。总之一九三一年度，共党托陈派已由活跃而之瓦解崩溃之象。昔日陈独秀的忠徒，都充满了失败无出路的情绪，再经生活困难的压力，这班平时专赖反动为生，别无技术的英雄们，在此情况之下，多数都往南京自首矣。

从失势到被捕

倭鬼在上海掷炸弹开大炮的时候——一·二八②——陈起了绝大恐慌，第一，

---

① 韩主席，即韩复榘(1891—1938)，字向方，河北霸县(今霸州市)东台山村人。中国近代史上军阀之一，冯玉祥的亲信将领。曾叱咤风云一时，后投靠蒋介石，官至国民党陆军上将。1930年9月被任命为山东省政府主席，捕杀大批共产党人和革命群众。在抗日战争中，因其不战而放弃济南并密谋反蒋，于1938年1月被蒋介石以“违抗命令，擅自撤退”的罪名处决。

② 一·二八：1931年九一八事变后，日本为了转移国际视线，压迫南京国民政府屈服，于1932年初在上海不断寻衅挑起事端，1月28日晚突然向闸北的国民党第十九路军发起攻击，随后又进攻江湾和吴淞。十九路军在军长蔡廷锴、总指挥蒋光鼐的率领下，奋起抵抗，史称一·二八事变，又称一·二八淞沪抗战。

感觉经济来源将断;第二,组织由动摇而开始崩溃;第三,托洛斯基派对已有露骨的不满;第四,前所认为的革命真理及主张亦觉把握不住了。因此他便决定了,重为冯妇①,要求干部派与所领导的托陈派,开个联席会议,退一步亦要求恢复其党籍。后来听说均不准,要他再等十年再说。

陈独秀触了这次霉头之后,又受了下层同志的非难,说他是干部派的投降者,不配做他们的领袖。后来经过王独清、彭述之等的解释,说向干部的投降,原是一种骗钱的妙计,这种解释总算发生了效力。但接着又由罗章龙、王克全等来夺取他的群众,散布出陈独秀向干部派投降,政治上已经破产的煽动,一方面又去联络托洛斯〔基〕派做剧烈的反陈运动。陈处此四面楚歌,众叛亲离中,不免怀念起他那悲惨的身世。他的土老婆②(本刊三期③请参阅)现在已不要他,他的儿子陈延年、陈乔年都已先他而死,这些原因,便一病不起。不料在病榻上,却做了阶下囚,

陈独秀的第一位夫人高晓岚

陈独秀的第二位夫人高君曼在南京之墓

(两图均自孙其明著:《陈独秀身世、婚恋、后代》一书,1995 年 10 月首版,2001 年 9 月二版)

① 冯妇:人名,语出"再作冯妇"一语(见《孟子·尽心下》),用来比喻再干旧行业。

② 指陈独秀发妻高晓岚之妹高君曼(1886—1931),曾就读北京女子师范学校。1910 年初成为陈独秀第二任妻子,1931 年病逝于南京。

③ 《社会新闻》1932 年第一卷第三期有署名为康明的文章《会到陈独秀天〔夫〕人》,称高君曼为陈独秀元配夫人,有误,应为第二任夫人。

回忆当年威风,真不堪回首。

陈独秀死活预测

陈独秀被捕,必然是报界绝好的资料,而判决他的死活则在法院,兹亦作一简短的预测,以作结论。陈虽是共党取消派,然而他是赤匪的创造者,首作俑者,这是无可否认的事实。根据这种事实,照现行法规,似应正法,而无活命之可能。反转来说,陈虽是共党却是反对共党现行暴动政策者,而且又是一个学者,只要他继续反共,似可不至于死,或许这个怪杰竟使出了余威,化险为夷,亦未可知也。

原载《社会新闻》 第一卷第七期 陈独秀号 第147—152页 1932年10月22日

5.《社会新闻》 第一卷第八期 1932年10月25日

陈独秀即将解汉

亦 平

陈独秀被捕之前后 喧赫一时的中国共产党发起人兼总书记,后来又被开除而改做取消派领袖的陈独秀,于本月十六[五]日在沪被捕,同时并有重要分子彭述之、谢少珊等十一人就擒,机关破获者十余处,该派自十九年成立至今,乃一网打尽矣。方陈之被共党干部派开除时也,气焰上[尚]高,以为凭己数年声望,实有压倒此辈后生小子之可能,而根本忘记中国共产党之命脉,是"卢布"作用,陈既与卢布断绝,乃无往而不倒霉!果然不多几时,取消派中委马玉夫等自首,北方书记、山东组织统统自首,省港负责人迭被干部派暗杀,势成江河日下。虽然时有干部分子跑入取消派,但已无补于事。陈老头子受着经济的致命伤,谁能予以解救呢!因此陈乃表面提高反共(?)口号,誓与干部派作殊死战,暗中则找寻大老板,觅取经济来源。曾为此赴欧洲访问托罗斯基——全世界取消派的大头子——在沪暗访太子及新近出国之某部长,都有相当结果。托曾面允以新近著作之某文稿费指定给中国(大概有三十万马克),太子亦与〔予〕以小接济,某部长允为介绍取消派陈独秀以下之要人任编辑。当然陈在摇尾乞怜的时候,已不再用总书记时代之昂然态度,而变成老病可怜的样子了。同时对于反共(?)一点,尤必信誓旦旦。不想正在找得一线希望之时,干部派派了一批人来诈降,给以一网打尽。陈解京之后,又将解汉,今后如何,再为别论。目下在沪取消派分子尚有数十人,知老头子被捕为干部派所下之毒手,有纠合残余誓与干部派一拼之说。

情罪相衡死有余辜 综合陈之生平,实在算不得一个革命者,只能说是一个政治阴谋家。所以陈之发起共党也，并不是真懂了共产理论，无非想利用苏俄之力，造成自己之地位耳！不知苏俄亦即利用陈之不解理论，而冒用共产之名，可在中国制造共产种子，俟种子造成，即撵陈走路。结果当然苏俄的计划是成功了，陈独秀是滚蛋了！不过空前的赤祸流毒，已成中国内地数省的大患，竭政府之力以防匪，致造成目下的内忧外患，此皆由于陈独秀一念之差！所以以情罪言，陈在今日虽已与共党处于反对地位，同样的在反共(?)，可是他免不了是罪魁祸首，造乱的发起人，今日就擒，死有余辜！犹之一个人放了一把火，希望趁风打劫，不想火势转变，烧起自己来了，他乃从而救火，你还是计算他的救火之功呢？还是论他的放火之罪呢？何况他的救火还是不切实际的。

各方营救不及牛兰 陈独秀现在虽则倒霉，但他老早就蜚声于学术思想界，算得一个人物。而在共产党内，更是唯一的老头子。名望、地位，总不比那个外国共产党牛兰不如！我们记得蔡元培、宋庆龄等之营救牛兰也，称之为世界思想所系之一人；中国假使不加省察而谬谬[贸贸]然①的处死了他，要成莫大的遗憾！说的何种郑重，更不论为之仆仆奔波了！乃今日陈独秀之被捕也，除孙哲生②曾去电中央力保外，尚无所闻。固不论陈之重要不下牛兰，即目前之党国要人，多半为陈

南京狱中牛兰和夫人汪得利合影

---

① 贸贸，同眊眊。愚昧不明，月不明之貌。

② 即孙科。孙中山与原配夫人卢慕贞所生之子。1891 年 10 月 20 日生于广东中山。1907 年加入同盟会，1917 年任第一任广州市长。后历任南京政府行政院长、立法院长、副主席等职。主张联共抗日实行宪政。1949 年辞职，旅居香港、法国、美国等地。1965 年任台湾总统府高级咨议。1973 年 9 月 13 日病逝于台湾。

之旧友,而蔡元培先生关系尤密,万无袖手旁观,使老友就死而不救者!岂因牛兰为正式共党,干部在竭力营救而遂营救!陈独秀则干部派幸其速死而遂不救与?大概是不会的吧?诸先生尚有待于集商耳!

杀之无益留之有用 陈于被捕后,生死问题为一般人所关心。然而亦有人说,陈虽为造成中国共祸之罪魁,但目前祸患已成,杀之无益,适足为干部派减少一敌。只要陈能痛悔前非,为桑榆之补救,则尚有一点用处。因湘鄂皖赣正在剿匪紧急之时,军事工作虽所差不远,而政治工作尚在发端,陈负共产责任多年,必然熟知共产利弊,且陈尚有一部群众,如能为地方效力,于事不无稍补。但恐陈执迷于曾为大领袖,不肯自首以失身份耳!今陈于到京之时,即向中央恳请解汉口见蒋军委员长,则必有自首之意矣。因陈与蒋向来熟识,而蒋负剿匪全职。所以有话要向蒋面白,俾得易于收效。陈之果否自首,须看到汉时作何说话,但有此种可能耳!

原载《社会新闻》 第一卷第八期 第 173—174 页 1932 年 10 月 22 日

6.《社会新闻》 第一卷第十期 1932 年 10 月 31 日

陈独秀被捕后的取消派

汪均予

自从陈独秀被捕以后,在野党方面又起了一个很大的变动。陈独秀早已被共产党开除了,共产党把他目为政治敌人,所以独秀之被捕,对于共产党可说是毫无损失,而且是减少了共产党的一个敌人,在这个意义上说,对于共产党还是有利的。但在取消派一方面,则自经此打击,其前途实在很难乐观了。

取消派的内部无论其派系如何复杂,无论陈独秀的基本势力如何单薄,但他究竟还是取消派的重心。取消派之所以能够与干部派成对峙之局,倒不是靠什么主张,而是靠陈独秀的牌头。所以有人说干部派所依赖的,是第三国际苏联与朱、毛的所谓红军,而取消派则靠陈独秀一班人的声望,这句话是颇有真理的。因为无论干部派怎样攻击陈独秀,而陈独秀的偶像,终于还很大。取消派之所以能够从第二国际领得一笔津贴,也是樊迪文①买陈独秀的面子,而一些莫名其妙的小党员,也是因为震于陈独秀的威名,而才加入取消派的。如今陈独秀被捕,纵不致立刻就死,但也总不能立刻恢复自由,所以他已不能再在名义上、实际上领导取消派了。本来一个有强巩〔固〕的组织基础的党,则领袖作用可以减少,以列宁如此能干伟大,但因为俄

① 樊迪文,第二国际执行局主席、比利时社会民主党领袖。曾于 1930 年 9 月来中国。

国布尔什维克已有强巩〔固〕基础，所以虽然没有了列宁，党还是存在。没有组织基础的集团，领袖就是集团的生命，所以纵然邓演达的能力与作用无论怎样赶不上列宁的万一，而因为第三党没有基础之故，他一死第三党就完了。陈独秀之于取消派，正如邓演达之于第三党。所以陈独秀被捕以后，取消派事实上已等于消灭。罗章龙辈虽然想重振旗鼓来闹一下，但强弩之末，已没有多大作用了。现在上海方面，取消派已大起分化，一小部分投降了干部派，表示悔过；大部分则丢去了马克思列宁主义的招牌，公然做了社会民主主义的信徒，如李季、刘仁静、李麦麦①辈，已经正式宣布为单纯社会民主党了。在北方，去年九一八以后，取消派的势力本有澎涨的趋势，但因为陈独秀被捕之故，引起极大的分化，王艺林辈公然宣布脱离取消派，而另组成马克思主义学会，宣告停止实际行动，专门研究马克思主义学说。北平杨凯一派，亦正式宣告取消派为革命的马克思列宁主义的叛徒，而承认自己的错误，向干部派要求恢复党籍。总之，可以做这样一个结论：因为陈独秀被捕之故，取消派已等消灭，这一方面减少了干部派政敌的影响，而另一方面又加重了社会民主主义的作用。

原载《社会新闻》 第一卷第十期 第221—222页 1932年10月31日

7.《申报》 1932年10月22日

陈独秀尚未解往汉

南京 陈独秀、彭述之解京后，现仍寄押于军法司，待遇尚优，惟因防其假供，故隔别羁押，该司并未开庭审讯，是否解汉，尚无消息。陈病据云系患盲肠炎，曾向中央声请派医施诊，已得允许。（二十一日专电）

原载《申报》 1932年10月22日 第七版

8.《晨报》 1932年10月22日

陈独秀昨未解汉

［南京二十一日下午六时半本报专电］ 军部军法司监狱科长语记者：陈独秀、彭述之二犯系由中央党部交押于本监狱中，系寄押性质，军法司亦未开庭审讯，是否解汉，尚无消息。自二犯来狱后，中央即送交百元，备资需用。陈独秀之病，据伊自称系

---

① 李麦麦，即刘治平（1904—1942），亦名刘英、刘胤，化名李麦麦、李建芳，湖北武汉人。1925年，加入中国新民主主义青年团，后转入中国共产党。“四·一二”后，赴莫斯科东方大学学习。后入中山大学。接受托派观点。1929年秋，刘与其他25名同学离校回上海。1935年，因工作需要改名李建芳（李麦麦），受聘任上海复旦大学史地系教授。著有《中国文化导言》、《对郭沫若哲学批判》等著作，还有关于民族、人口等问题的论述，翻译考茨基《法兰西阶级斗争》等名著。1942年，因病在校逝世，终年39岁。

染盲肠炎,但审其病势,并不十分剧重,或系慢性病。昨彼已向中央党部声请派医诊治。

原载《晨报》 1932 年 10 月 22 日 第三版

(《陈独秀被捕资料汇编》作《大公报》,查无此条,纠正为《晨报》)

9.《大公报》 1932 年 10 月 22 日

陈独秀患慢性盲肠炎

[南京二十一日下午十时发专电] 陈独秀押军法司,甚优待。陈患慢性盲肠炎,将由中央医院诊治。陈要求解汉受蒋审讯,俟得蒋覆电方起解。二十一晨沪市公安局又解共犯郭健明等四人到京,系另一案件。

原载《大公报》 1932 年 10 月 22 日 第三版

10.《益世报》 1932 年 10 月 22 日

陈独秀仍在南京未解汉

在狱中甚受优待

[南京二十一日下午十时本报专电] 陈、彭仍在京,报说押汉不确。陈、彭在狱中甚受优待。陈谓吾现无何要求,如能得彭同住,略释寂寞,幸甚。当局已允,惟严加戒备。

原载《益世报》 1932 年 10 月 22 日 第二版

11. 蒋介石关于陈独秀案交法院审判致翁文灏、胡适等的电文 1932 年 10 月 22 日

北平翁咏霓[①]先生并转胡、丁[②]、任[③]、顾[④]、傅[⑤]、唐[⑥]诸先生同鉴:陈独秀案已由

---

① 翁文灏(1889—1971),字咏霓,浙江鄞县(今属宁波)人,著名地质学家。曾以名学者之身份在国民政府内任事,时任国防设计委员会秘书长。在抗战期间主管矿务资源及生产。1948 年担任行政院长。期间推出金圆券,引起金融混乱和恶性通胀而下台。1948 年 12 月被中共列为第 12 号战犯。1951 年从欧洲回到中国大陆,后曾担任全国政协委员等职。1971 年病逝北京。

② 丁:即丁文江。

③ 任:即任鸿隽,时任中央研究院总干事。

④ 顾:即顾梦余(1888—1972),原名兆熊,生于河北宛平(今北京市),原籍浙江上虞县。民国政治人物、教育家。幼读译学馆,后留学德国,毕业于柏林大学。1917 年回国,任北京大学教授兼文科德文门主任、继而任经济系主任兼教务长。1925 年遭北京政府通缉乃南下广州,12 月 1 日出任广东大学校长,1926 年 6 月辞职,10 月任中山大学副委员长等职。1926 年 1 月当选中国国民党中央执行委员,5 月被指定为整理党务审查委员。1927 年 3 月任中央执行委员会常务委员、宣传部长。1932 年任铁道部长。1935 年 11 月当选国民党中央执行委员,后任中央政治委员会秘书长、交通部部长、国立中央大学校长、中华民国行政院副院长等职。1949 年移居香港,创办《火道》杂志,后移居美国加州柏克莱。1969 年返台湾定居,被聘为总统府资政。1972 年 6 月病逝于台北。

⑤ 傅:即傅斯年。

⑥ 唐:即唐有壬(1893—1935),字寿田,湖南浏阳人,唐才常次子,外交官。1912 年留学日本东京庆应大学。1919 年回国后历任北京大学经济学教授、湖北省银行行长兼省金库长、中国银行总管理处调查部主任等职。1927 年 10 月,任南京国民政府交通部次长。1930 年 12 月,任立法委员;12 月当选为国民党第四届候补中央执行委员,中央宣传委员会委员。在 1932 年一·二八事变中,向日本出卖情报。参加一·二八淞沪抗战停战谈判。1934 年 2 月,任南京国民政府外交部常务次长。11 月,当选为国民党第五届中央执行委员。1935 年 12 月 25 日在上海寓所遭暗杀身亡,为民国暗杀大案。

京移交法院公开审判矣。中正。

养[①]

密印

1932 年 10 月 22 日

转引自《胡适往来书信选》(中),第 139 页

12. 林语堂致蔡元培信 1932 年 10 月 22 日

10 月 22 日　陈独秀于本月 15 日在上海岳州路永兴里 11 号住所被捕,林语堂特来一函,略谓:

陈仲甫被捕,外间舆论皆谓人不当杀,特无人敢说话。今已准许谒蒋,性命似可无虞,然也在外间空气如何耳。堂与杏佛先生议,学界同人应以文化立场出来说话,况牛兰营救如彼,而对有文化贡献之国人,反默然如此,似为失体。杏佛先生已同意。本午亚子来电,亦谈此事。慈已有彼拟就电稿。如蒙同意,请斧正,交夫人转下。杏佛已允签名以外,学界列名,当亦不少。(林语堂手扎)

转引自高平叔:《蔡元培年谱长编》下,人民教育出版社 1998 年版,第 640 页

13.《中央日报》 1932 年 10 月 23 日

陈独秀解京后　中央检理反动案件

司法部正调查一切

(中央社)共党首领陈独秀、彭述之解京后,所有搜获各项重要反动文件,现正由中央党部详细检查、分别清理。对陈、彭两犯,将来究应如何处理,须俟各类文件检查完竣,方可决定云。

又共党托罗次基派领袖陈独秀等,于日前在上海就逮,由沪市公安局派员押解来京,暂羁押于军部军法司。陈等为政治重犯,将来究应如何审判,刻尚未具体决定。昨据司法行政部某负责人谈,陈案归何机关审判,暂时尚不能断言,大约须依《危害民国紧急治罪法》,觅取审判该案之一切手续,司法部现正调查中云。

原载《中央日报》 1932 年 10 月 23 日　第七版

---

① 养:22 日。

国民政府时任司法行政部部长的王用宾①(左);司法院院长居正②(右)

14.《申报》 1932 年 10 月 23 日

陈独秀案卷送往汉

南京 中央派组织委员干事黄凯,携陈独秀案重要文件多种,于二十二赴汉谒蒋,陈述一切。又关于陈案之审理,须俟蒋考虑后,始能决定。(二十二日专电)

原载《申报》 1932 年 10 月 23 日 第四版

15.《益世报》 1932 年 10 月 23 日

审判陈独秀 须待文件整理完毕

[南京二十二日下午九时专电] 共党要犯陈独秀、彭述之解京后,所获各项重要反动文件,正由中央党部分别检查清出中,陈、彭两犯如何审理,即俟文件检查完后再行决定。

[南京二十二日专电] 司法行政部某负责人说陈独秀案,究归何机关审判,暂尚不能断言,大约须依《危害民国紧急治罪法》审理,司法部正作调查云。

原载《益世报》 1932 年 10 月 23 日 第二版

① 本图录自密勒氏评论报(The China Weekly Recciew)1932 年 12 月 3 日出版第 63 期第 36 页 Who's Who in China 中国名人专栏每期一人之王用宾照片。时任立法院立法委员、立法院法制委员会委员长兼考试考选委员会委员长、兼司法行政部部长。

② 同上第 64 期第 186 页中国名人专栏照。时任国民政府司法院院长兼最高法院院长,中央公务员惩戒委员会委员长。

以上均存上海市徐家汇藏书楼。

16.《世界日报》 1932 年 10 月 23 日

陈独秀案开审尚无期

各项重要文件正由中央党部清理

国民政府司法行政部原址大门(现南京中山北路 251 号)

[本报南京二十二日下午专电] 陈独秀、彭瑞[述]之解京后,所获重要反动文件,正由中央党部分别检查清理中。陈、彭两人如何处理,须俟文件整理完后,再行决定。

[本报南京二十二日下午专电] 司法行政部某负责人谈,陈独秀案,大约须依《危害[民国]紧急治罪法》审理,司法行政正在调查中,开审尚无期。

《世界日报》 1932 年 10 月 23 日 第三版

17. 蔡元培等八人为营救陈独秀致南京中央党部、国民政府的快邮代电 1932 年 10 月 23 日

南京中央党部、国民政府钧鉴:

闻陈独秀,于卧病中被捕解京,甚为系念。此君早岁提倡革命,曾与张溥泉、章行严,办《国民日报》于上海。光复后,佐柏烈武治皖有功。而五四运动时期,鼓吹新文化,对于国民革命,尤有间接之助。此非个人恩怨之私所可抹杀者也。不幸以政治主张之差异,遂致背道而驰。顾其反对暴动政策,斥红军为土匪,遂遭共党除名,实与欧美各立宪国议会中之共党议员无异。伏望矜怜耆旧,爱惜人才,特宽两观之诛,开其自新之路。学术幸甚,文化幸甚。临电不胜皇恐,待命之至。

蔡元培① 印

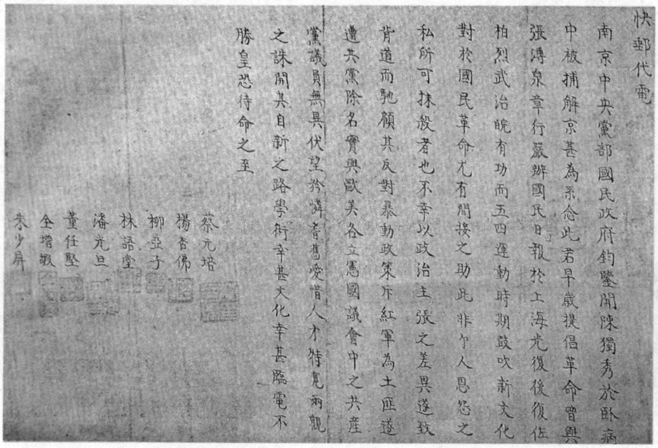
快郵代電
南京中央黨部國民政府鈞鑒聞陳獨秀於臥病中被捕解京甚為系念此君早歲提倡革命曾與張溥泉章行嚴辦國民日報於上海光復後復佐柏烈武治皖有功而五四運動時期鼓吹新文化對於國民革命尤有間接之助此非個人恩怨之私所可抹殺者也不幸以政治主張之差異遂致背道而馳顧其反對暴動政策斥紅軍為土匪遂遭共黨除名實與歐美各立憲國議會中之共產黨議員無異伏望矜憐耆舊愛惜人才特寬兩觀之誅開其自新之路學術幸甚文化幸甚臨電不勝皇恐待命之至
蔡元培 楊杏佛 柳亞子 林語堂 潘光旦 董任堅 全增嘏 朱少屏

蔡元培　杨杏佛等 8 人保释陈独秀的快邮代电
(1932 年 10 月 23 日)

蔡元培

杨杏佛② 印

柳亚子③ 印

林语堂④ 印

潘光旦⑤ 印

---

① 蔡元培(1868—1940),字鹤卿,又字仲申、民友、孑民,乳名阿培,并曾化名蔡振、周子余,汉族,浙江绍兴山阴县(今绍兴县)人,原籍浙江诸暨。革命家、教育家、政治家。民主进步人士,国民党中央执委、国民政府委员兼监察院院长。中华民国首任教育总长,1916 年至 1927 年任北京大学校长,革新北大开"学术"与"自由"之风;1920 年至 1930 年,蔡元培同时兼任中法大学校长。他早年参加反清朝帝制的斗争,民国初年主持制定了中国近代高等教育的第一个法令——《大学令》。北伐时期,国民政府奠都南京后,他主持教育行政委员会、筹设中华民国大学院及中央研究院,主导教育及学术体制改革。1928 年至 1940 年专任中央研究院院长,贯彻对学术研究的主张。蔡元培数度赴德国和法国留学、考察,研究哲学、文学、美学、心理学和文化史,为他致力于改革封建教育奠定思想理论基础。1940 年 3 月 5 日在香港病逝。葬香港仔山巅华人公墓。

② 杨杏佛(1893—1933),名铨,以字行,祖籍江西玉山,生于江西清江县。经济管理学家,社会活动家。中国人权运动先驱,中国管理科学先驱。时任中国民权保障大同盟总干事。1933 年 6 月被蒋介石的军统特务暗杀,以警示宋庆龄等民权活动家。

③ 柳亚子(1887—1958),苏州吴江黎里人,诗人,国民党左派。曾任中国国民党革命委员会中央常务委员兼监察委员会主席、三民主义同志联合会中央常务理事等。

④ 林语堂(1895—1976),原名和乐,后改玉堂,又改语堂,福建龙溪人。1912 年入上海圣约翰大学,毕业后在清华大学任教。1919 年秋赴美哈佛大学文学系。1922 年获文学硕士学位。同年转赴德国入莱比锡大学,专攻语言学。1923 年获博士学位后回国,任北京大学教授、北京女子师范大学教务长和英文系主任。1924 年后为《语丝》主要撰稿人之一。1926 年到厦门大学任文学院长。1927 年任外交部秘书。1932 年主编《论语》半月刊。1934 年创办《人间世》,1935 年创办《宇宙风》,提倡"以自我为中心,以闲适为格调"的小品文。1935 年后,在美国用英文写《吾国与吾民》、《京华烟云》、《风声鹤唳》等文化著作和长篇小说。

⑤ 潘光旦(1899—1967),原名光,字仲昂,江苏宝山罗店镇人。中国现代杰出的社会学家和优生学家,教育家。时为复旦大学教授。

董任坚[①] 印

全增嘏[②] 印

朱少屏[③] 印

（据1932年10月24日《申报》报道电报发出时间为1932年10月23日——编者）

（据林志良提供之复印件　原件存二档馆）

18. 国民政府文官处关于蔡元培等营救陈独秀代电的公文

(1) 处理意见

查陈独秀案已经江苏高等法院依法审查，本件可否交行政院转饬核办或存查之处。敬呈

核夺　　职李登俊　谨鉴　十一、一

如拟　　魏怀印　十一、三

拟交行政院　　刘　〔1932年〕十二、二

(2) 文官处公函

公函4362号

迳启者：奉

主席交下蔡元培等代电为陈独秀佐柏烈武治皖有功，对于国民革命尤有间接之功，此次被捕解京，望矜怜耆旧，爱惜人才，开其自新之路一案，奉谕交行政院，等因，相应抄同原代电函达查照。

此致

行政院

---

① 董任坚，时任中华儿童教育社上海分社总干事。编著《小学教育的改造》、《零到九一学算的第一步》、《性的教育》、《大学教育论丛》等。

② 全增嘏（1903—1984），浙江绍兴人。对中国经典与国学有深厚基础，早年入清华留美预备学堂，1923年毕业。1923—1925年就学于斯坦福大学，获哲学学士学位。1927年获哈佛大学硕士学位。归国后，先后在上海任中国公学、大同大学、大夏大学、光华大学、暨南大学等校教授。

③ 朱少屏（1882—1942），名葆康，字少屏，后以字行，上海人，早年留学日本，1905年参加中国同盟会。1912年中华民国临时政府成立，朱少屏受孙中山的邀请任总统秘书。孙中山辞职，朱少屏又回到上海，与南社社友创办了《太平洋报》，出任经理，宣传民主政治，反对袁世凯复辟活动。1916年，朱少屏受邀担任寰球中国学生会总干事，任职长达20年。留法勤工俭学运动恰值朱少屏在任时。1942年4月17日在我国驻菲律宾总领事任上被日寇杀害。1947年9月3日国民政府举行隆重国葬，将受害的驻菲律宾总领馆九烈士忠骨葬于国民政府公墓，现南京菊花台烈士陵园。

计抄送　原代电一件

国民政府文官处印

(3) 原代电

快邮代电：……(见上条，此略。——编者)

19. 蒋梦麟、徐颂明等十二人致蔡元培、吴稚晖等电　1932 年 10 月 24 日

教育部长骝先兄译转蔡孑民先生、吴稚晖先生、戴季陶先生、张静江[①]先生、陈果夫先生公鉴：育密报载陈独秀被逮解京。陈君以往倡导文化、赞助革命，功绩甚伟。近年举动偶或偏激，其主张已为彼党所不容。务恳俯念前劳，交由司法机关从宽办理。诸公党国柱石，一言九鼎，务请曲赐矜全。恳切晋词，诸维霭照。蒋梦麟、徐颂明、刘复[②]、马裕藻[③]、周作人、陶履恭[④]、钱玄同、沈兼士[⑤]、周

---

① 张静江(1876—1950)，名人杰，字静江，浙江湖州南浔镇人，出身江南丝商巨贾之家，一生充满传奇色彩。早年因救火成跛足。后其父以银 10 万两为其捐二品候补道衔。1902 年任驻法商务参赞一职并开始在国外经商。1905 年结识孙中山后便从经济上给予大力支持，被孙称为“革命圣人”。南京国民政府成立后，主持建设委员会工作。蒋介石称其为“革命导师”。与蔡元培、吴稚晖、李石曾并称为国民党四大元老。晚年逐渐淡出政治，转而信佛，号卧禅。曾先后担任国民党中央执行委员、中央政治会议主席、代理中央执行委员会主席、浙江省政府主席等职。1938 年他先避汉口，后从香港到美国，寓居纽约，1950 年 7 月 3 日病逝。

② 刘复：即刘半农。

③ 马裕藻(1878—1945)，字幼渔，音韵、文字学家。宁波市鄞县人。1905 年，与夫人双双入选浙江省公费留学日本，曾师从章太炎学习文字、音韵学。1909 年回国，历任宁波府中学堂监督、浙江省教育司视学。1913—1937 年任北京大学国文系教授、系主任长达十四年。其间，努力调和新旧二派，聘请鲁迅等名家来北大任教。与鲁迅、许寿裳、朱希祖等学者提出的“注音字母”，于 1918 年由北洋政府颁布施行。为中国首套汉字注音方案，至 1958 年《汉语拼音方案》公布之前，一直沿用了 40 多年。抗战爆发，因年迈和患高血压未能迁徙内地，与董康和周作人二教授留守保管校产。拒绝出山为日寇效劳，1945 年 4 月病逝北京。

④ 陶履恭(1887—1960)，字孟和，以字行。社会学家。祖籍绍兴，生于天津。先后留学日本、英国，学习教育、政治经济和社会学。1913 年获经济学博士学位。同年归国后任北京高等师范学校教授、北京大学教授、系主任、文学院院长、教务长等职。1926 年至 1934 年担任中华教育文化基金董事会(美国退还庚子赔款管理机构)社会调查部(1929 年独立为社会调查所)负责人，致力于社会调查事业。1934 年社会调查所并入中央研究院社会科学研究所(1945 年改称社会研究所)，陶任所长。1938 年起历任国民参政会第一届、第二届、第三届、第四届参政员，立法院立法委员。解放后任中国科学院副院长。1960 年 4 月，赴上海参加中国科学院第三次学部会议，未及会议召开，因病于同月 17 日去世。

⑤ 沈兼士(1887—1947)，名坚士，祖籍浙江吴兴(今湖州)，生于陕西省汉阴县城。中国语言文字学家、文献档案学家、教育学家。1905 年与兄沈尹默自费东渡日本，入东京物理学校，拜师章太炎，加入同盟会。归国后，先后任教于北平大学、辅仁大学、清华大学、厦门大学等。1922 年创办北京大学研究所国学门，任主任。曾与其兄沈士远、沈尹默同在北大任教，有“北大三沈”之称。为中国新诗倡导者之一，是清末档案整理的开拓者。抗战期间曾任《鲁迅全集》编委，参与组织抗日团体“炎社”进行抗日活动。在训诂、文字、音韵、档案学等领域独有所识，建树颇丰。1947 年在北平逝世。

炳琳①、徐鸿宝②、赵万里③、樊际昌④叩。敬。⑤

原载《档案与史学》《1932 年蔡元培等营救陈独秀函电辑录》
1995 年 2 月第 1 期第 12—13 页

20.《申报》 1932 年 10 月 24 日

陈独秀等在押情况

南京　羁押军法司之陈独秀、彭述之表示，拟请见顾孟余、陈公博，有所陈述。惟能否得其允许，俟顾、陈回京后可定。陈、彭等要求读报、通信，已被拒绝。又请读书，已准其阅读三民主义或其他总理遗教。至外来访客，及新闻记者，一概不准接见。(二十三日专电)

原载《申报》 1932 年 10 月 24 日　第五版

---

① 周炳琳(1892—1963)，字枚荪，浙江台州黄岩县人。早年就读北大法科经济。五四运动中，任全国学生联合会秘书。后参加少年中国学会，组织北大马克思学说研究会。毕业后获公费出国留学(为蔡元培选拔 5 名优等生之一)。1922 年，获美国纽约哥伦比亚大学文学硕士学位。后入英国伦敦大学经济学院和法国巴黎大学深造。1925 年回国，任教北大经济系，加入国民党。后历任武汉商科大学教授、国民党中央党部秘书、武汉政府外交部条约委员会委员、《中央日报》主笔、国民党浙江省党务指导委员会委员兼组织部长、清华、北大经济系教授、北大法学院院长、河北省教育厅长、南京政府教育部常务次长、中央政治学校教务主任等职。抗战期间，任西南联大经济系教授、法学院院长、国民参政会副秘书长、西南联大区党部筹备委员等职。1946 年，回北大任经济系教授和法学院院长。解放后，任抗美援朝总会宣传部副部长，参加国民党革命委员会，任民革中央委员，后任全国政协二、三届委员。1952 年思想改造运动中及"反右派"运动中受冲击，曾在《人民日报》发表《我的检讨》。1963 年 10 月 24 日卒，周恩来、彭真、许德珩等送花圈。

② 徐鸿宝(1881—1971)，字森玉。浙江湖州人。毕业于山西大学堂，早年从事自然科学研究。1949 年以前，历任北京京师图书馆委员会委员兼编纂主任、北京大学图书馆馆长、西北科学考察团常务理事、中央博物院理事和故宫博物院古物馆馆长等职。1935 年参与发起成立中国博物馆协会。上海解放前夕，拒绝应聘去台湾，与曾昭燏等发表声明，要求运台文物全部归返祖国大陆。1949 年后，任上海博物馆馆长、文史馆副馆长等职，为征集、保护流散文物和图书作出了贡献。

③ 赵万里(1905—1980)，字斐云。浙江海宁盐官人。1925 年南京东南大学中文系毕业，任清华国学研究院助教，得王国维指导，进行诗词、戏曲、版本学、目录学的考证和研究。1928 年后，历任北平图书馆善本考订组组长、中文采访委员会委员、北平图书馆编纂、馆刊编辑、善本部主任、故宫博物院专门委员等职，并任教北京大学、清华大学、中国大学、中法大学、辅仁大学等校，讲授中国史料目录学、版本学、中国戏曲史等课。解放后，任北京图书馆研究员、善本特藏部主任、《图书馆》杂志编委等职。在古籍善本图书的采访、征集、编目、整理和研究方面作出贡献，曾受到毛泽东和周恩来的接见，并当选为第三届全国人大代表。1980 年 6 月 25 日逝世于北京。

④ 樊际昌(1898—1975)，浙江杭州人。1920 年在上海南洋公学毕业后，考取半官费留学，赴美国华盛顿大学攻读心理学。1924 年，樊际昌回国，任浙江省禁烟专员。1926 年起在清华大学、北京大学、北师大、中国大学等校任教，历任北大教授兼注册部主任、心理系主任、教务长等职。抗战期间任西南联大教务长。1946 年 5 月任行政院秘书长助手。1947 年春，樊际昌又随蒋梦麟去任农村复兴委员会秘书长、总务长。1948 年去台湾。1964 退休，先后在国立政治大学、台湾大学受聘任教。1975 年 2 月 24 日病逝。

⑤ 敬：敬日，即 24 日。

21.《申报》 1932 年 10 月 24 日

蔡元培等营救陈独秀

昨日,上海学术界领袖蔡元培、杨杏佛、柳亚子、林语堂等,致南京中央党部,国民政府一电,特录如下:……。(电文见第 17 条,此略。)

原载《申报》 1932 年 10 月 24 日 第九版

22.《大公报》 1932 年 10 月 24 日

营救陈独秀 蔡元培等之一电

[上海二十四日上午一时半发专电] 柳亚子以蔡元培、杨杏佛及彼等列名之致中央国府电稿送各报,以陈独秀反对暴动政策,斥红军为土匪之理由,请予矜恤,开其自新之路。

原载《大公报》 1932 年 10 月 24 日 第三版

23.《中央周报》① 第 329 期 1932 年 10 月 24 日

共产党首领陈独秀等被捕

共产党内有所谓托辣司基派者,在沪组织青年团委员会,举有委员五人,处理党务。陈独秀实为此派领袖,发纵指使,该党党员唯马首是瞻。其委员会规定,每星期开会一次。迩来,陈因体弱多病,每值会议即指导工作,则由谢少珊代理。当局以该党专事赤化,且陈独秀早经政府通缉有案,爰严令警务人员密查拿办,以遏乱萌。最近始由市公安局侦悉陈及该党重要份子匿居公共租界与法租界各处,经公安局长文鸿恩咨由第一特区地方法院签发搜查票拘票,派总巡捕房政治部探员会同嘉兴路捕房中西探员,于十五日(上星期六)午后二时半②,开始活动,费两昼夜时间,至十六日夜午止,凡该党著名人物,大都弋获,搜出之宣传共产文件书籍,尤为汗牛充栋,诚可谓自清共以来第一起巨案也。

陈等被捕后,即于二十日晨八时,由沪市府公安局派保安大队第二中队长刘俊藩,率领武装警士二十余名,及侦缉员四人搭京沪夜车押解到京,当即用大汽车押解进城。先至中央党部,稍事接洽后,即时由原警乘坐大汽车二辆,将陈犯

① 《中央周报》:中国国民党中央执行委员会宣传部编印的时事政论性刊物,创刊于 1928 年 6 月,每周一期,至 1937 年 6 月停止发行,其间共出版四七三期。1938 年 7 月 7 日在长沙复刊,同年 8 月移至重庆出版,1948 年 11 月停刊,复刊后共发行至五百期。

② 吴铁成电报作下午二点,高法院《陈独秀案起诉书》作下午三点。

解交羊皮巷军法司拘押，并将此次在该犯宅中所搜得之反动文件，暨书籍共十余箱，均用沪市公安局封条封固，随带来京，此类反动证据，现已交中央党部，拟先行检查一遍后，即送往军法司，依案审讯云。

（又讯）共党托拉茨基派首领陈独秀、彭述之，由沪押解来京后，在狱中生活情形，想为各方所注意。某社记者，特向军法司详为调查，兹志各情如左：

陈独秀、彭述之二犯，二十日上午羁押军法司，犯人内紧闭室后，两人各居一室。是日下午，军法司长王振〔震〕南，亲往视察。陈则蜷卧一角，似甚寒冷，面部病态愈重，因由沪解京时，在京沪车中历时半夜以上，衣单食鲜，旧病略增。王司长见状，殊甚怜恤，即询其所需何物，不妨一一写出，当为斟酌购买。陈即开出需买棉被衣服，面盆面布等日常应用物品十余件。彭述之亦照陈独秀所需之物，同样开出。王氏即派员购买，并为各备帆布行军床一张，以免卧宿地面，至受寒湿。同时令看管人员，对两犯之饮食，从优拨给。是以于二十日下午起陈彭二人，衣被床铺，均已焕然一新，饮食亦较他犯为优待矣。

王司长旋询陈独秀云：独居一室，深感寂寞否？如须彭述之同居一室，则亦可以照准。陈谓我现在并没有什么要求，如能令他（指彭）同住，当然比较好些。言语之间，声音低暗而形态惨楚。王氏凭情酌理，乃令彭述之与陈同居，籍解两犯之苦闷。惟案情重大，看管不得不特别加严。遂由王司长向中央军人监狱调来精干之看守五名，盒子砲[炮]二枝，专负看守陈、彭之责。二十日晚十一时，王司长再往视察时，两犯已各自安然入睡，声息全无，并无违反羁押规则。是以两犯之手上、足上并无刑具，虽不能外出，手足行动，仍为自然也。

原载《中央周报》第329期《一周大事汇述》 1932年10月24日

24. 许寿裳①致蔡元培函(1) 1932年10月25日

孑民先生吾师钧鉴：

顷奉手谕，敬悉钧座已返沪滨，甚慰远念。休养两月当饶清兴，弟恐一至院中，尘务又业集矣。

---

① 许寿裳(1883—1948)，字季茀，号上遂，绍兴赵家坂人。早年就读绍郡中西学堂和杭州求是书院。1902年以浙江官费派往日本留学，先入东京弘文学院补习日语，后入东京高等师范学校史地科。与鲁迅结识，成为终身挚友。1904年冬加入光复会。1909年回国，历任浙江两级师范学堂教务长、教育部普通教育司司长、江西省教育厅长、北京大学、北京高等师范学校、成都华西大学、西北联大教授等职。1946年受台湾行政长官陈仪邀请，任台湾编译馆馆长。后编译馆裁撤，转台湾大学任教。常批评当局主导的教育改革。1948年2月18日，于台大宿舍被害身亡。

西北科学考察团邮票五组,系该团赠先生个人者。杏佛先生及裳亦各受其赠,惟此票邮局无寄售,故凡有邮票癖者甚重视之。

独秀被逮,梦麟、轼游诸君来一电,由教部转到,此电分致吴、戴诸公,请府念前劳,从宽办理。所言甚有理由。当局似亦同意,报载已交司法机关,想确也。顾子华等开办中原新闻社,求赐函向公博处酌商津贴,已善就一纸附上,请复签寄下。专此,顺颂

道安

后学寿裳敬上

十月廿五日

引自张斌、张劲:《1932年蔡元培等营救陈独秀函电辑录》

《档案与史学》1995年2月第1期第12页

25. 许寿裳致蔡元培函(2) 1932年10月25日

孑民先生吾师钧鉴:

今日上一笺,托孝焱[①]兄转呈,谅荷察悉。君武兄有一纸,兹特附呈,乞览之,余详前笺,顺颂

道祉

后学寿裳敬上

十月廿五日

引自张斌、张劲《1932年蔡元培等营救陈独秀函电辑录》

《档案与史学》1995年2月第1期第13页

26. 马君武致蔡元培函稿 1932年10月25日

陈仲甫案,蒋来电主公开审判,大约中央常委与居觉生接洽后即办。仲甫罪状大半已成过去,惟闻取消派有颠覆民国新计划一种,内容不详,颇关重要。

救之之法,在大义方面,主张贷其一死,例如师及杨、柳、林电文[②]所述措词甚好。如交法院,宜为在法官辩护人方面设法。在党一方面宜有人同陈立夫

---

① 即蔡元培的学生马裸光,曾任中央研究院秘书。

② 即蔡元培、杨杏佛、柳亚子、林语堂等八人为营救陈独秀致国民党中央党部、国民政府的快邮代电电文。

接洽。

引自张斌、张劲:《1932 年蔡元培等营救陈独秀函电辑录》

《档案与史学》1995 年 2 月第 1 期第 13 页

27.《中央日报》 1932 年 10 月 25 日

昨日中央谈话会　讨论三全会日期……(编者略)

陈独秀案交法院公开审判

中央昨晨举行纪念周后,于十时许召开常委谈话会。到中委陈果夫、褚民谊、何应钦、丁超五、陈公博、邵元冲、陈肇英、朱家骅等二十余委员,……(编者略)

(又讯)共产党托洛斯基派陈独秀、彭述之等,由沪解京,拘押于军法司,业已多日。外传陈、彭要求解汉谒蒋委员长,兹悉蒋委员长已有电来京,谓陈、彭等系危害民国犯,应交法院公开审判,以维司法之独立、尊严。闻昨晨中央谈话会,曾将蒋电提出报告,当即决定交法院公开审判。至于交江苏高等法院或江宁地方法院审理,现尚未定云。

原载《中央日报》 1932 年 10 月 25 日　第二版

28.《申报》 1932 年 10 月 25 日

胡适等电蔡元培

北平　胡适等电蔡元培,请就近营救陈独秀。(二十四日专电)

原载《申报》 1932 年 10 月 25 日　第四版

29.《申报》 1932 年 10 月 25 日

陈独秀案决交法院审判

南京　蒋委员长电京谓陈独秀等系危害民国犯,应交法院审判以重司法尊严。二十四日中央谈话会,曾将蒋电提出报告,决交法院审判。交江苏高等法院或地方法院尚未定。(二十四日中央社电)

原载《申报》 1932 年 10 月 25 日　第四版

30.《大公报》 1932 年 10 月 25 日

社评:陈独秀案移送法院

据京电:昨日中委谈话会,根据蒋常委提议,将本月 15 日在上海逮捕之陈独秀、彭述之等一案,解送法院公开审判。此极端正当之办法也,然而吾人于此,愿更为彻底之要求。

按陈案发生以后,因其人系中国新文化运动之开拓者,声望素著,极为社会注目;且以陈氏自来反对共产之杀人放火政策,早被第三国际开除党籍,久失领导地位,自不应与以暴力危害民国之党徒同视,故一般多希望能从宽办理。吾人以为陈氏言动,是否有与《危害民国紧急治罪[法]》第二条第二款及第六条规定相符之处,应由法庭审核,毋庸置论,要其能受司法机关之公开审理,已为幸运。试更以牛兰案与陈案比较,尤应视为国家法治精神渐见进步之证明。盖牛兰案情节重大,证据充足,远在陈案之上,此两案皆能依法律轨道处理,实值得注意也。查牛兰系于去年 6 月 15 日在上海被捕,先经租界内之江苏高等法院第二分院受理,嗣为淞沪警备司令部提去,于 8 月 14 日解送南京军政部陆军署军法司审办,羁押四月之久,至 12 月 17 日始称犯罪非在戒严区域,该司无权管辖,将案解送司法行政部,发交该管法院依法办理。其后因声〔申〕请移转管辖与要人要求保释[①]等事,引起不少纠纷,终以主管长官坚持独立精神,卒未通融骫[②]法,至本年 8 月 29 日判处无期徒刑,受者帖服,并未上诉。判决确定后,今日移监执行矣。牛案本较陈案为严重,牛兰夫妇且归法院审判,则陈案之不由军事机关管辖审讯,自是当然措置。所可遗憾者,前乎牛、陈两案,情节相类而未经正式裁判,率予处决者,不知凡几,最著者如邓演达之被杀,是其例也。即在今日,地非戒严,亦未剿匪,乃以共党嫌疑,受逮捕与羁押,延不处理者,更不知凡几?夫法律效用,在予〔于〕公平,因人异法,决非正轨。吾人不愿牛兰夫妇因系国际学者而受中国优待,亦不愿陈、彭诸人因系社会名流特被法律保护,谓宜一视同仁,彻底行法。往者已矣,来犹可追,希望政府严厉通令各省区,一体清查,凡非《危害民国紧急治罪法》第七条所应适用之地方,所有党案,概限剋日移送该管法院,公开审理,依法判决;并应申明约束,将来再有此种案件,通令交由法院核办。任何机关,不得擅自受理,或违法久羁,以重人权,并示公道,应几同一罪名,不致显有个别待遇。此事匪特人道正谊所应尔,实又爱护司法独立者所应努力施行者也。抑自国家政策上言之,消弭反动,与其使用强力,不如诉之理智;与其秘密处置,不如公开启导。近来政

---

① “要人要求保释”即宋庆龄任“牛兰营救委员会”主席,并有鲁迅、茅盾、杨杏佛、林语堂、史沫特莱等诸多名人参加的该委员会之要求保释。

② 骫:wěi,骪的俗字。骫法:枉法。

府对待共党，一意击破组织，从事分化。然而击破之后，应有以替代之；分化之后，应有以整齐之。其法惟有一方面揭示法治之保障，使社会生活，造成一种新组织、新秩序；一方面树立健全之理论，使青年人士怀抱一种新兴趣、新希望。凡此皆非以公开方式，予人以共信合作之信念不为功；如果扩大法治精神，则于不安不定之人心，必可收潜移默化之功，此尤望负责当局郑重注意也。

原载《大公报》 1932年10月25日 第二版

31.《大公报》 1932年10月25日

中央定期召集三中全会……陈独秀案决交法庭公开审判

［南京二十四日下午七时发专电］ ……蒋来电提议将陈独秀、彭述之送法院审讯案。蒋原电称陈等所犯之罪，系危害民国之生存，国家法律对此种罪行早在法律上有明白之规定，为维持司法独立之尊严计，因交法院公开审判当议决交法院公开审判……。

原载《大公报》 1932年10月25日 第二版

32.《益世报》 1932年10月25日

中全会十二月十五日举行 行政院今日讨论山东问题 对报告书意见明日政会可决 陈独秀等移交法院公开审理

［南京二十四日下午八时本报专电］ 中央敬（二十四）晨谈话会，讨论(1) 三中全会开会期，多数主十二月删（十五），在京举行，俟蒋返提中常会正式决定。(2) 蒋来电提议陈独秀、彭述之等应交法院公开审判，通过，交法院审讯。

［南京二十四日下午九时本报专电］ 敬（二十四日）中央谈话会决定① 三中全会开会决定十二月删（十五）日举行。感（二十七）日通知各地中委出席。② 陈独秀、彭述之案交法院公开审讯。蒋漾（二十三）日电中央，陈、彭等所犯之罪，系危害民国生存，此种罪行，在法律上早有明白规定，为维持司法尊严，应交法庭公开审判。中央议决后，即通知军法司移交江宁法院审讯。

……（编者略）

原载《益世报》 1932年10月25日 第一版

33.《世界日报》 1932年10月25日

陈独秀决交由法院审判

［本报南京二十四日下午八时专电］　蒋(中正)电京,谓陈独秀等系危害民国犯,应交法院审判,以维司法尊严。敬(二十四日)中央谈话会曾将蒋(中正)电,提出报告,决交法院审判,但交苏高等法院或地方法院尚未定。

原载《世界日报》　1932 年 10 月 25 日　第三版

34.《中央日报》　1932 年 10 月 26 日

陈独秀等决由苏法院审理

办理手续循牛兰案之先例　俟陈病愈即定期在京开审

共党托洛斯基派首领陈独秀、彭述之等,前(廿四)经中央决定,交法院公开审判。中央社记者于昨日向各方探悉,因此案与牛兰一案,其逮捕之手续与情形,均相同,且同为危害民国罪,故仍决定由江苏高等法院审理。审判地点,仍在南京,由高法院组织临时庭,以免押解苏州,而增手续上之麻烦。将来开审时,仍由中央党部派员出席旁听。至于开审日期,现尚未定,惟闻陈氏近日押在军法司内,病态仍未见愈。当局有拟先移往中央医院诊治,俟陈氏病痊愈后,再定开审时期之说。又在陈犯逮获时所搜之文件十余箱,已经中央调查科,完全检查一过,多系共党左派书籍及杂志,文件尚少。现已全部移往军法司,俟将来随犯移往法院办理,所有文件并未送往汉口。惟此案蒋委员长极为注意,中央组织委员会已派干事黄某,至汉报告捕获经过云。

又中央社记者昨(廿五)日,赴司法行政部谒次长石志泉①,访询陈案审判手续。据谈:陈案经最高军事机关调查之结果,既无应归军事机关管辖之理由,自应有司法机关审判。现中央已决定交司法机关办理,将来自依照法定诉讼程序进行。至司法行政部对于本案在侦查时期,虽尚可过问,如将来移交法院受理审判,则部方无权干涉。陈案与牛兰案相若,将来办理手续,或循此先例云。

京市第十区执行委员会,昨上午十时,在该会办公处,举行第卅七次会议,出席卓衡之、屠义方、黄志大,监委周步先列席。讨论下列各案:一、决议呈请转呈中央,对于蔡元培、杨杏佛等冒然保释陈独秀等,不啻为共党张目,应予警告。二、决意呈请中央,对于共党首领陈独秀等,应予依法严

---

①　石志泉(1889—1960),湖北孝感人。民国政要、法学家。蒋纬国夫人石静宜的大伯父。日本东京帝国大学毕业。1905 年加入同盟会。民国成立后,曾任北京政府大理院推事、司法部司长、司法部次长等职。1923 年后投身教育界,任国立法政大学教务长、北平大学法学院院长。1932 年任国民政府司法行政部常务次长。1949 年去台湾。1955 年 2 月 1 日任法务部司法训练所所长。1960 年 2 月 17 日去世。

办云。

原载《中央日报》 1932 年 10 月 26 日　第七版

35.《中央日报》 1932 年 10 月 26 日

陈独秀狱中阅书

又中央社记者昨访军法司长王振南①，据王语记者：陈彭两犯，解交本司拘押后，数日来彼等精神甚为安定，每日三餐外，尚浏览中央军校丛书，及党义书籍。陈独秀并向余（王自称）要求购买《水浒》一部，足见陈并不感觉狱中之寂寞。中央如令将陈等解交法院，本司俟接到正式通知后，即备函直交江宁地方法院，以清手续云。

原载《中央日报》 1932 年 10 月 26 日　第七版

36.《中央日报》 1932 年 10 月 26 日

禁止接见家属

又昨日下午二时，有自称陈独秀家属之女子王哲亚，偕同国府某职员，往羊皮巷军[政]部军法司，要求探望陈独秀，旋见监狱科长。该科办事人以陈之案情重大，奉命不准接见任何家属及亲友。王遂要求书一便条，派人递入与陈。办事员许之，该女遂取笔书数字而去。

胡适之电蔡元培

又北平二十五日路透电　胡适之电蔡元培，请促中央，将陈独秀交法院公开审判。

原载《中央日报》 1932 年 10 月 26 日　第七版

37.《晨报》 1932 年 10 月 26 日

审讯陈独秀　照牛兰案办理

陈病势未减将送中央医院

[南京二十五日下午十时本报专电]　共党托洛茨基派首领陈独秀、彭述之等，昨经中央决定交[法]院公开审判，记者于今日向各方探询，因此案与牛兰一案逮捕[手]续及情形均相同，且同为危害民国，故仍决由江苏高等法院[审]理。审判地点仍在南京，由该法院组织临时庭，以免解往苏州徒增手续之麻烦。将来开审

---

①　应为王震南，下同。

时,仍由中央党部派员旁听,开审日期,现尚未定。惟闻陈独秀近来押在军法司,病势仍未减,当局拟先将其移往中央医院诊治,俟病愈后,再定开审之说。陈氏被捕时,所搜出文件十三箱,均系共产党左派书籍及杂志,俟开审时,当送往高等法院。现此项文件并未送汉,惟因蒋(中正)对此案极为注意,中央组织部已派黄某赴汉报告一切。

原载《晨报》 1932年10月26日 第四版

转引自强重华:《陈独秀被捕资料汇编》,河南人民出版社1982年版,第143页

38.《晨报》 1932年10月26日

各方积极营救

[上海二十五日下午十时五十六分本报专电] 据列名营救陈独秀某君谈:关于救陈运动,全国各方均极热烈,沪方柳亚子奔走尤力,胡适之亦有电致蔡元培营救,北大、燕大师生亦纷起设法,律师界章士钊①、张耀曾②、董康③、郑毓秀④均愿任陈辩护。盖陈思想虽不容于社会,惟其能牺牲一己,而推行其本人认为拯救民

---

① 章士钊(1881—1973),字行严,笔名黄中黄、青桐、秋桐,湖南善化(今长沙市)人。早年投身革命。曾任《苏报》主笔,与陈独秀等人创办《国民日日报》鼓吹革命。后去日本、英国,武昌起义后回国主持同盟会机关报《民立报》。"二次革命"失败后,再度流亡日本。与陈独秀等人在东京创办《甲寅》月刊。后应蔡元培之邀,任北京大学研究所伦理教授。1921年2月赴欧洲,回国后受聘为北京农业大学校长。1924年段祺瑞先后任命为教育总长和司法总长。1930年,受张学良聘,任东北大学政治教授。九一八事变后,章赴沪成为杜月笙的宾客,挂牌当律师。后自觉替陈独秀辩护无罪,辗转南北担任法学教授和法律顾问。1949年1月蒋介石下野,章作为李宗仁政府的和谈代表与中共接触,和谈破裂后留京,劝说陈明仁将军起义。新中国成立后,章士钊相继被推举任:第一、二、三届政协委员、中央文史研究馆馆长等职。晚年研究柳文,于1971年出版《柳文旨要》。1973年5月为海峡两岸统一,92岁高龄的章士钊赴香港,与国民党秘密接触。于7月1日因病逝于香港。叶剑英、邓小平、李先念等人参加追悼会。

② 张耀曾(1885—1938),号镕西,笔名崇实,云南大理喜洲镇人,白族。民国政要、法学学者。1903年入北京师范大学,后留学日本,加入同盟会,创办《云南》杂志。武昌起义后回国,曾任孙中山秘书,帮助起草《中华民国临时约法》。从1913年起,历任众议院议员、众议院法制委员会委员长、云南都督府参议、北京大学法科教授等职。袁世凯称帝,愤然东渡日本求学,毕业后回云南,助蔡锷护国反袁。袁死后,担任司法总长。制定法典、审判官职责、监狱制度等重大法规。1921年,被聘为在华盛顿召开的太平洋会议高等顾问。1924年,同国务总理黄郛等人在北京组织临时内阁,共同摄行大总统职务。孙中山逝世,辞官去上海当律师,到大学任教。抗战爆发后,任国防参议会参议员和国民参政会参政员。日军占据上海后,忧愤成疾,1938年7月于上海病故。著有《考察司法记》、《列国在华领事裁判权志要》、《民法讲义》、《知非集》等。

③ 董康(1867—1947),原名寿金,字授经,号诵芬室主人,江苏武进人(今常州人)。早年就读于江阴南菁书院。1890年中进士后,先后入清朝刑部、法律馆任职,曾主笔中国历史上第一部宪法性文件——清政府的《钦定宪法大纲》。辛亥革命后,赴日留学,攻读法律。回国后,在东吴大学、上海法科大学、北京大学及司法部门频繁任职。多次赴日本考察日本的裁判制度与监狱制度,直接参与了刑法、民法、诉讼法、监狱法等基本法律的起草、修订。对戏曲、小说文献研究有重大学术贡献,他的《曲海总目提要》(46卷)被誉为中国所有记载剧本书中最为详细的一部。抗战爆发后,先后担任汪伪法院院长、伪华北司法委员会委员和伪大理院首席法官等职。抗战胜利后被捕,1947年于北平病逝。

④ 郑毓秀(1891—1959),广州府新安县(今深圳市)人,法文名苏梅,我国著名的社会活动家,清末女革命家和女权运动鼓吹者,也是我国第一个法学女博士和第一个女律师。1959年病逝于美国洛杉矶。

众之主义，即其人格弥可钦佩。且陈更因反对共党杀人放火，而为共党除名，更可概见陈人格之一斑。况陈过去之历史，与党国极有关系，故中央当局亦当回溯其已往功绩，以情理言，陈似不应处死。现陈案已决移司法机关审讯，则陈生命当可保全。蔡元培尚无赴京准备，惟陈病剧或将聘医往诊。

原载《晨报》 1932 年 10 月 26 日 第四版
转引自《陈独秀被捕资料汇编》，第 142 页

39.《晨报》 1932 年 10 月 26 日

柏文蔚探询当局对陈独秀处置态度

（上海二十五日下午十一时零五分本报专电） 柏文蔚径（二十五日）晨晋京，闻除为新中国公学筹集基金外，并将探询当局对陈独秀处置态度，以便进行营救。

原载《晨报》 1932 年 10 月 26 日 第四版
转引自《陈独秀被捕资料汇编》，第 141 页

40.《晨报》 1932 年 10 月 26 日

柳亚子等营救陈独秀文电

柳亚子、杨杏佛等，营救陈独秀文电，蒋表示不复电，但陈可交司法机关审理，外罗[①]前来沪，亦主张对陈从宽。

电报原文：快电代邮……。

（电文见第 116 页第 17 条，此略。编者）

原载《晨报》 1932 年 10 月 26 日 第四版
转引自《陈独秀被捕资料汇编》，第 144 页

41.《申报》 1932 年 10 月 26 日

陈独秀在狱读党义

南京 军法司长王振〔震〕南语记者，陈独秀、彭述之在狱中精神甚安定，每日阅党义书籍，陈曾要求读水浒一部，如中央决将两犯交法院审判，本司俟接正式通知，即解交江宁地方法院。（廿五日中央社电）

南京 石志泉谈，陈独秀、彭述之案，谓经军事最高机关调查结果，应归司法机关审理，在审理期间，本部无权过问，陈案与牛兰案相若，将来办理手续，或亦

① 即外交部长罗文干。

循此例。(廿五日中央社电)

南京　今有称陈独秀家属之子女王哲亚,偕国府某职员赴十凛巷军法司求见陈独秀,监狱办事人以陈案情重大,奉命不准接见任何家属及亲友,王求书一便条,派人递入与陈,使陈得悉已有家属前来探望,办事人许之。该女子遂书“特来探问未见　王哲亚”九字。又闻陈患胃病,经医诊治略好,每餐只饮粥。(廿五日专电)

原载《申报》 1932年10月26日　第四版

42.《申报》 1932年10月26日

陈独秀或不致处死

蒋罗俱有良好表示　平沪律师愿代辩护

国闻社云　共党托拉斯基派领袖陈独秀,经在沪捕获解京后,留沪中委蔡元培、柳亚子、杨杏佛,以陈为一学者,且其最近被共党开除党籍,亦系因陈反对共党杀人放火所致,故自陈被捕二日后,即电中央营救。现闻蒋委员长已有表示,对陈容可移司法机关办理,惟对各方缓颊文电,不作答复。但昨日记者访杨杏佛氏于中央研究院,据谈,罗部长前亦有好表示,以为陈设移转司法,将来在司法上,亦可稍予宽容。盖陈原非真共党可比云云,故将来可保全其性命。北方胡适之先生,前亦有电来营救。且平沪两地律师界著名律师,如前任过部长者,均意将来如陈移司法机关,自愿代陈任义务辩护。何人则现在陈尚未移转,未便预布。总之,陈在过去对学术上颇多贡献,现陈仍押首都军事机关,原定组织特别法庭之拟议,刻已打消。盖特别法庭,即欲(1)禁止旁听;(2)可不公开罪状,稍一经过司法证明,遂可定谳。在各国学者,如个人有好学说与主张,毋论对现实社会有益或有益于将来者,尽可自成一派,只不逾越司法或无根据学说之范围,不一定犯罪,所以现有数国,共党仍跻于政党中也。陈现患病缧拽中,且症属盲肠炎,如内肠溃烂,其毒侵入血液,三数日内即可毙命。今依法律方面言,即犯罪重病,还须为之医治,不妨多派人监视可耳。至医治方面,首都中央医院,素称嘉善,上海当无人入京代为诊治必要。谈毕,遂辞别。

原载《申报》 1932年10月26日　第十版

43.《大公报》 1932年10月26日

陈独秀要读水浒传

[南京二十五日下午十时发专电] 郑天锡①谈，陈独秀案应归江苏高等法院审理，地点在京在苏尚未定。

[上海二十五日下午九时发专电] 蔡元培等营救陈独秀，蒋表示可移司法机关办理，对缓颊各电，均不作覆。杨杏佛谈，罗文干于日前来沪时，亦表示对陈主宽容，陈非真正共党，胡适亦来电营救，平沪律师有愿为陈辩护者，由特别法庭审判说可取消，陈现患盲肠炎，甚危险云。

[南京二十五日下午九时专电] 军法司长王[震]南语人，陈、彭在狱中精神甚安定，每日阅党义书籍，陈曾要求购水浒一部，如中央决将陈、彭交法院审判，本司俟接到正式通知，即解交江宁地方法院。

[南京二十五日下午十时发专电] 陈独秀家属二十五日午赴军法司，请求探望，该司因案情重大，奉命不准接见而退。

原载《大公报》 1932年10月26日 第三版

44.《益世报》 1932年10月26日

陈独秀罪不至死

与牛兰案同一情形 苏高院将在京开审 章士钊董康将出庭辩护

[南京二十五日下午八时专电] 陈独秀案因其犯罪及逮捕手续等，与牛兰案同一情形。闻苏高等法院组织临时厅〔庭〕，在京审讯，开审时由中央党部派员旁听。现所获文件十四箱，已经中央调查科检阅，多系共产党左派书籍杂志，文件尚少，现已移往军法司，外传送汉不实，中央已派干事某赴汉谒蒋，报告此案破获经过。

[南京二十五日下午九时专电] 石志泉谈，陈彭案谓经军事最高机关审查结果，应归司法机关审理。在审理期间，本部无权过问。该案与牛兰案相若，将来办理手续或亦循此例。至陈独秀审讯地，据司次郑天锡谈，或将交苏高院审理。

[上海二十五日下午九时二十分本报专电] 此闻接京电，陈独秀自经蔡元培、

---

① 郑天锡(1884—1970)，字茀庭，广东香山人。早年赴英留学。1916年获伦敦大学法学博士学位。回国后执律师业。历任北京政府司法部法律翻译监督、法律编纂委员会委员、大理院大法官等职。1922年任中国出席关税特别会议专门委员，法权调查委员会准备处处长，国际法权委员会代表，国务院商标局法律顾问。曾先后兼仁北京大学、东吴大学等校教授。1932年任司法行政部政务次长，后任考试院法官初试典试委员会委员、外交部顾问等职。1936年10月，当选为国际联盟国际法庭法官。1940年避居瑞士，被选为国际联盟清理委员会委员。同年返国，重任司法行政部次长。1946年8月，任中国驻英国大使。1970年1月30日在伦敦病逝。终年86岁。

柳亚子、杨杏佛等营救后，京原定组特别法庭之意已取消，决交司法机关审判。郑等正为奔走，准其移京医院，治盲肠炎，胡适及平燕大学生亦电京沪为陈呼吁缓颊。据柳语人，陈之思想虽不容于现实，惟其牺牲一己而推行其本人认为挽救民众之主义，则人格可佩，且陈为反对共党杀人放火被除名，及其过去对新文化贡献之功绩，故以情理书言，似不应处死，闻张耀曾、章士钊、董康将为出庭辩护。

原载《益世报》 1932 年 10 月 26 日 第三版

45.《世界日报》 1932 年 10 月 26 日

陈独秀患胃病

王振〔震〕南谓俟奉中央通知后

即将陈解交江宁地方法院

[本报南京二十五日下午十时专电] 陈独秀在狱中患胃病，经医诊治稍愈，每餐只食粥，陈女哲亚径(二十五日)午往访，未准接见。

[本报南京二十五日下午七时专电] 军法司长王振〔震〕南语记者陈独秀、彭述之在狱中精神甚安定，每日阅读党义书籍，陈曾要求购水浒一部，如中央决将两犯交高法院审判，本司俟接正式通知，即解交江宁地方法院。

《世界日报》 1932 年 10 月 26 日 第三版

四、移押江宁地方法院看守所、案情侦查及各方反应(1932年10月26日—12月30日)

1. 关于国民党湖南长沙市执委会等要求将陈独秀立处极刑快邮代电的公函　1932年10月26日

公函4415

迳启者：奉

主席发下长沙市执行委员会宥代电为陈独秀不识国情，妄倡共产，元恶大憝，罪无可逭，今幸被捕，请立处极刑。又第十九师特别党部江电暨七十九师特别党部筹委会陷电，陈同前情。各一案奉谕并交行政院等因，相应检同各电，函达查照。

此致

行政院

　　计送原代电一件原电二件

国民政府文官处印

中华民国廿一年十一月九日

香港马克思主义研究促进会林致良供复印件

2.《中央日报》　1932年10月27日

陈独秀等昨转解江宁法院[①]

陈态度从容　住犯人病室颇优待　是否延律师辩护尚未决定

① 江宁地方法院：1927年11月设立，院址在今南京长乐路172号原南京保温瓶厂内(现为南京夫子庙金榜大市场)。为第一审级，管理南京市和江宁县的初审案件，上一级法院为江苏省高等法院(驻苏州)。1935年10月，改组为首都地方法院，院址不变，直隶司法行政部，仍然受理南京及江宁县的初审案件。抗战期间，原址毁于战火。

共产党反干部派领袖陈独秀,重要分子彭述之,解京拘押于军法司,业经数日。军政部长何应钦①,于前(二十五)日下午三时,召军法司司长王振〔震〕南,偕同陈某,乘车至三牌楼军政部会客室,询问陈犯主持共党反干部派活动情形暨政治主张。陈对各点,均无深切表示。会谈至四时许,王司长始偕陈返军法司。何部长以陈等虽属危害民国罪犯,但以其非现役军人,且犯案地点,又核与《危害民国紧急治罪法》第七条前段规定不合,遂令王司长备文将陈等转解江宁地方法院看管,以便将来转交江苏高等法院,公开审判。王司长奉令后,即于昨(二十六)晨十时,派尤看守所长及看守员二人,与陈、彭两犯,同乘汽车,由羊皮巷军法司,直驶江宁地方法院。陈登车时,面带笑容,态度自若,身着灰色爱国布②新棉袍棉袴、黑鞋,手携党义书籍数本。彭则患咳嗽,不似陈之精神饱满。陈、彭两犯,抵法院后,该院看守所长龚宽等,送陈等至犯人病室第二号房间(即前牛栏居室),并饬役将室内打扫清洁。室中置行军床二、洗面架一、小方桌一、方凳二,布置井然,光线亦颇充足。至陈等膳食问题,由该院厨役包饭,每日三餐,月洋十元。中央社记者至病室探视,适陈犯在室外低首散步,旋又退入室中。记者趋前点首问陈病愈否,陈答小毛病,不要紧;问到京后,有何感想,答:余二十年来,未来南京,如今道路房屋已大改变;问将来如果开审,请律师代辩否,答:我没有钱,现在还难决定,此次事件非法律问题,而是政治问题。陈继谓余在沪被捕时,外国巡捕房,太不客气,一切待遇太无人道云云。兹将军法司为解移陈彭两犯,致江宁地方法院公函、原文,录之于下。(见下条——编者)

原载《中央日报》 1932年10月27日 第七版

3.《中央日报》 1932年10月27日

军法司解移陈彭致江宁地方法院公函③

---

① 何应钦(1890—1987),字敬之,贵州兴义人。早年赴日本留学,并加入同盟会。1916年回国。1924年任黄埔军校总教官。北伐时,任国民革命军第一军军长等职。1927年宁汉分裂时在龙潭大败孙传芳,后任全军总司令部总参谋长、海陆空军总参谋长、国民政府军政部长、军委会行营主任、"剿匪"前线指挥等职。九一八事变后与日交涉,签署塘沽协定及何梅协定。西安事变时,暂代总司令,主张武力讨伐张学良。抗战爆发后,任第四战区司令长官、军委会参谋总长等职。后任同盟国中国战区中国陆军总司令、重庆行辕主任。抗战胜利后,前往南京,接受日军投降。1946年6月赴美任联合国安全理事会军事参谋团中国代表团团长。1948年接白崇禧任国防部长。1949年6月12日于李宗仁行代总统时任行政院长。1949年赴台湾,担任"总统府战略顾问委员会"主任委员、"三民主义统一中国"大同盟会长等职。1987年10月于台北病逝。

② 爱国布:在20世纪30年代前后,中国人民抵制帝国主义国家尤其是日本布匹的倾销,提倡服用自产土布,称之为爱国布。

③ 题目为编者所加。

军法司函江宁地方院：

径启者，案准中央组织委员会经和字第九三一号函解危害民国案犯陈独秀、彭述之二名，请收押审办等由一案，业经派员侦明在卷。查被告陈独秀、彭述之，既非现役军人，而犯罪地点又核与《危害民国紧急治罪法》第七条前段规定不合，本司自属无权管辖，依法应由江苏高等法院受理。除获案文件，未准附送，应请径向中央组织委员会调取外，相应将陈、彭二名连同本司侦查卷，派员解送贵院，即希查照发给收据，并转解江苏高等法院收办。办毕，仍将本司原卷送还归档为荷。此致

江宁地方法院

附送人犯陈独秀、彭述之二名，本司侦查卷一宗

原载《中央日报》 1932 年 10 月 27 日　第七版

4.《晨报》 1932 年 10 月 27 日

陈独秀等昨移江宁法院

何应钦询陈政治主张　陈侃侃而谈联俄

[南京二十六日下午八时三十分本报专电]　陈独秀、彭述之解押军部军法司，业经数日，当局以陈、彭两犯既非现役军人，而犯罪地点又核与危害民国紧急治罪法第七条前段规定不合，当不属军法司管辖范围，于宥（二十六日）晨押送江宁地方法院看管，以便将来转交苏州法院①公开审判。有（二十五日）午三时何应钦曾召军法司长王振〔震〕南偕同陈独秀至军部接见。何询陈〔主〕持共党反干部派活动情形及政治主张，历时许，仍还押军法司。该司遂于宥（二十六日）晨移解江宁地方法院。陈态度安静，手携党义书数本；彭因咳嗽，颇呈疲惫之状。陈等至江宁看守所②，由所长龚宽送主[至]犯人病室二号房（即前牛兰所居室）。室中置行军床、洗面架、案凳等，颇为清洁，光线亦好。陈语记者：余二十年未至京，今道路房屋已大改变。记者询陈开庭时是否请律师代辩，陈答无钱，刻尚未定，并谓此非法乃政治问题。

[南京二十六日下午十时本报专电]　陈独秀、彭述之，宥（二十六日），由江宁法院交看守所收押，并谕知禁止接见一切宾客。陈在候讯室时答记者问：自称安徽怀宁人，一九二二年曾游俄一次，民十六年武汉政府分裂时，即赴沪。四、五年来对

---

① 苏州法院：即当时在苏州的"江苏高等法院"。

② 江宁地方法院看守所俗称娃娃桥看守所，位于南京白下路娃娃桥马府西街上。后为南京市看守所。在长乐路 172 号。1997 年拆建，现为南京金盾公寓所在地。

于著述及工作均属微少,现在发行一种刊物名《水花》①,往年曾发行一种刊物名《向导》②。陈语时犹带怀宁乡音。记者问在狱中感想,陈答:在狱之人,他无所望,唯一要求,即望当局予以公开审判。

[南京二十六日下午十一时本报专电] 据军政部军法司长王振〔震〕南语人:何应钦径(廿五日)一度传询陈独秀,询以赣、鄂等省共党暴动行为,或知其详否?陈答:各处共匪行动,均由干部派指挥,与余毫无关系。又询以抗日问题,陈侃侃申述谓依国际形势观察,仍须联俄方为有利,英美及国联③均不能有助于我国。

原载《晨报》 1932 年 10 月 27 日 第三版

转引自《陈独秀被捕资料汇编》,第 148—149 页

5.《申报》 1932 年 10 月 27 日

陈独秀移押江宁地方法院

何应钦曾传询一切

南京 陈独秀、彭述之今日由军法司移至江宁地方法院看守所暂行羁押,将来提至苏高院,或由苏高院派员来京审讯,现尚未定。陈、彭移至宁院时,态度从容,二人均着灰棉布袍。陈面色清癯,时露笑容。彭因患目疾,两眼红肿。当由记者摄影,陈便谓本人安徽怀宁独秀山人,年四十六,民国十一年曾游俄一次。民十六武汉政府分裂时,即赴沪,五年来著述工作,均极微小,现在发行一种刊物(名《水〔火〕花》),往年曾[创]刊物名《向导》。某记者问在狱作何感想与希望,陈答:狱中无所谓感想与希望,惟盼当局予以公开审判耳。旋由检察官吴绍昌传谕上庭,略询一过,即送看守所。(二十六日专电)

南京 何应钦昨日申④刻,将陈独秀传至军政部会客室,当询赣、鄂等省匪党之暴动行为,是否与尔有关,陈答以各处共匪行动,均由干部派指挥,予为反干部派,当然是毫无关系。嗣询抗日问题,陈谓以国际情形观察,仍须联俄方为有利,

---

① 此误,应为《火花》。《火花》是陈独秀主编的托派中央理论刊物。1931 年 9 月 5 日创刊(油印),封面名取自英语"火花"——《伊斯克拉 ISKRE》。

② 《向导》:周刊,1922 年 9 月 13 日中共中央在上海创办的第一份公开发行的机关刊物,由蔡和森任主编,高君宇、瞿秋白、彭述之、张国焘任编委及主要撰稿人,毛泽东、周恩来等也发表过一些重要文章。后随中共中央迁往北京、广州、武汉等地出版发行,发行量最多时近 10 万份,并远销海外。后期有些观点颇受陈独秀影响。1929 年 7 月停刊。

③ 国联,即国际联盟的简称。第一次世界大战后成立的国际组织,是《凡尔赛条约》签订后组成的,共有 58 个会员国。其宗旨是减少武器数量、平息国际纠纷及维持民众的生活水平。美国没有加入。1946 年 4 月 18 日国联正式解散。后被联合国所取代。

④ 申:申时,下午 3 点到 5 点。

否则英、美不能有助于我，国联亦不能助我。约谈一小时之久。今日陈至看守所，由龚所长送其入优待室二号房间，该室即牛兰所住之房，陈、彭均吃十元一月包餐，谓尚适口。（二十六日专电）

南京　陈独秀在优待室又谈二十三年未至南京，但南京因成了政治中心，所以特别改了样子。看守所中虽不能看报，却可看书。问看何书，答看中央研究院出版物。又问开审时是否将请律师辩护，陈笑答，请律师是要钱的，没有钱哪里去请，如果时间太促，就没法子，否则我也要托托几个朋友的，不过这不是法律上手续的问题，而是一个政治上的问题。问胡适之等有电营救知之否，陈谓：仅知蔡先生等有电报耳。（二十六日专电）

原载《申报》　1932年10月27日　第四版

6.《大公报》　1932年10月27日

江宁地方法院昨审陈独秀

陈独秀希望公开审判　陈、彭昨已移入江宁看守所

[南京二十六日下午八时发专电]　江宁地方法院二十六日晨十时，奉令提审陈独秀、彭述之，由检察官吴绍昌开侦察庭，审讯一遍，即交看守所看押。陈表示希当局予以公开审判。

[南京二十六日下午九时发专电]　昨下午三时，何应钦曾召军法司长王振〔震〕南，偕陈独秀至军部接见。何亲询陈主持共党反干部派活动情形，及政治主张。陈无深切表示，历时许仍还押。今晨移解法院，陈态度安静，手携党义书籍数本；彭因咳嗽颇呈疲惫之状。陈等至江宁看守所，由所长龚宽送至犯人室二号房，即前牛兰所居之室。陈谈二十年未至京，今道路房屋已大改变。关于开庭时是否请律师问题，陈谓无钱，刻尚未定，并谓此非法律乃政治问题。

原载《大公报》　1932年10月27日　第三版

7.《益世报》　1932年10月27日

陈独秀昨送法院

陈态度自若军何曾传见　将交苏告法院公开审理　陈痛骂沪捕房谓租界宜收回　对抗日主联俄英美未必足恃

[南京二十六日下午七时十分本报专电]　陈独秀、彭述之解押军部军法司，业经数日，当局以陈、彭两犯，既非现役军人，而犯罪地点，又核与《危害民国紧急治罪法》第七条前段规定不合，当不属军法司法范围，于宥（二十六日）晨解送江宁地方

法院看管,以便将来转交苏高等法院,公开审判。有(25 日)午后三时,何应钦曾在军部传见,何询陈主持共党反干部派活动情形及政治主张,陈无何表示,历时许,仍还押军法司。该司遂于今晨移解江宁地方法院。陈态度安闲,手携党义书籍数本,彭因咳嗽,颇呈疲惫之状。陈等至江宁看守所,由所长龚宽送至犯人病室一〔二〕号房,即前牛兰所居者。室中置行军床、洗面架、桌凳等,颇为清洁,光线亦好。陈语记者,余病稍痊,精神尚疲乏,已二十年未到京,建设与商业胜昔百倍,国难时仍能努力,深为国家前途庆。余案系政治问题,亦是学理问题,开审时,无须请人辩护,况余系穷措大,已无力请人辩护。陈现时每日阅中央军校所出刊、丛书云。

[南京二十六日下午九时五十五分本报专电] 江宁地方法院讯,陈、彭系寄押性质,逮捕时所搜文件,全部移交苏高等法院,由检察署侦察事实,审议犯罪行为,然后提起公诉,再定期审讯。陈到京后,大骂沪捕房虐待,谓蛮不讲理,非加紧收回租界不可,到京后一切均好。

[南京二十六日下午八时十分本报专电] 何应钦有(25 日)曾传陈独秀至军部会客室谈话,何询陈赣、鄂共党暴动行为,是否与彼有关,陈答各处共匪行动,均由干部派指挥,与本人毫无关系。询以抗日问题,陈谓以国际情形观察,仍需联俄方能有利,英美以及国联,未必能助我到底。

原载《益世报》1932 年 10 月 27 日　第一版

8.《世界日报》 1932 年 10 月 27 日

陈独秀等昨日移送江宁地方法院

何应钦前午曾会见陈询其政治主张

陈自谓穷措大无钱请律师

[本报南京二十六日下午八时专电] 陈独秀、彭述之解押军部军法司,业经数日,当局以陈、彭两人既非现役军人,而犯罪地点又核与《危害民国紧急治罪[法]》第七条前段不合,当不属军法司管辖范围,于宥(二十六日晨)解送江宁地方法院看管,以便将来转交苏高等法院公开审判。有(二十五日)下午三时,何应钦曾召军法司长王振〔震〕南,偕同陈独秀至军部接见。何询陈主持共党反干部派活动情形及政治主张,陈无深切表示。历时许,仍还押军法司。该司遂于宥(二十六日)晨移送江宁地方法院。陈态度安静,手携党义书籍数本。彭因咳嗽,颇呈憔悴之状。陈等至江宁看守所,由所长龚宽送至犯人病室至二号房,(即牛兰所居室)。室中置行军床、洗脸架、条凳等,颇为清洁,光线亦好。陈语记者,余 20 年未至南京,现

在南京建设及商业，均较若盛旺，在国难时期，仍能努力，深为国家前途庆。余案系政治问题，亦是学理问题，开审时，无须请人辩护。况余穷措大，亦无余钱云云。陈每日阅中央军校所出之军事丛书。

原载《世界日报》 1932 年 10 月 27 日 第四版

五四时期的陈独秀

熱潮

中國民衆應該怎樣救國即自救

頑石

这是“九一八”后全国抗日民主运动高潮中，陈独秀办的救亡刊物《热潮》中的一期封面。1931 年 12 月 5 日出刊第一期。刊头系陈独秀题字，“顽石”是其笔名。

9. 陈独秀的生平及其政治主张① 1932 年 10 月 28 日

赤 光

原编者按：这是托陈取消派的宣传刊物之一，我们拿它和前面中央干部史达林派蔡和森等人所发表的几篇东西对照观察，可以知道两派如何在互相诋毁、仇视。同时，尽情暴露了中共派别之分崩离析与组织之不健全。至于理论上孰是孰非，请贤明读者自己去判断。

① 托派北方区委机关刊物《先锋》第四期（1932 年 11 月 17 日）载有出版《陈独秀的生平及其政治主张》单行本的新书广告。从此文的编者按语来看，此文与单行本应是同一作者所写的同一篇文章。

自中国革命领袖陈独秀于 10 月 15 日在帝国主义者及其代理人某党政府的阴谋之下被捕以后，全国革命民众，没有不愤慨痛惜，同时引起了大众对他的革命事业的特别注意。我们仓卒[促]之间，写出这篇文字，因为手边缺少一切重要的参考资料，所以只能简单扼要的叙述。一、他的家庭生活；二、日本留学回国之前后；三、五四运动之前后；四、中国共产党之组党时代；五、第二次大革命失败之前后；六、组织中共左派反对派时代；七、结论。

一、他的家庭生活

陈独秀的历史，就是中国无产阶级革命的历史，因为中国共产党是由他一手创造的，所以它的历史也就是中国共产党的历史。因为他是中共左派反对派的创始人之一，所以他的历史也就是恢复中国党到列宁主义的党的历史。

让反动派的某党诬蔑罢！让资产阶级的新闻记者造谣罢！让史大林主义者无耻地幸灾乐祸罢！这一切，都不能改变历史的事实！

陈独秀是安徽省安庆人，现年五十四岁。他于父亲在前清任武官于东北(大约是统带①)，前东北某大军阀②当年脱身绿林以后，曾作过他的卫兵。所以他的家庭是所谓“安庆望族”，且富有资财；在安庆、东北与北平等处之地产和商业，至少有好几百万。但独秀同志自二十岁留学日本时，即从事于革命运动，对财产则弃如敝屣，至今土地全被佃农分种，商业则被铺伙侵占，陈亦未尝过问，不归家已二十余年了。

他在安庆的家屋，北伐以后曾被反动的某党查封过一次，后因他与家庭十余年来毫无关系，得其同乡旧好柏文蔚之援助，又予启封。现在家居者仅其年逾八十之老母一[人]，且惟恃典质为生。他的妻子因不惯于受他那流离的革命生涯，早已和他分离了。他的两个儿子，乔年和延年两同志，自幼亦都献身于革命。1927 年大革命失败以后，延年同志首先牺牲于上海四一二的屠杀中，他受了极残酷的刑讯；乔年同志亦于 1928 年被害于武汉③。但这一切为常人所绝不能忍受的悲惨的命运，在他的革命的人生观上看来，都毫不足以使他的革命的决心有所动摇！

他永远渡[度]着一种俭约刻苦的生活，他作教授的薪金，他的著作税和他的稿费，除过维持他一个人的最低生活而外，都贡献于革命工作。他经过北京政府之反动，孙传芳之反动，武汉时代之反动，以及数年来某党资产阶级军阀之白色恐怖，时时度着一种提心吊胆的生活，被捕入狱和这次共有四次了，但他为革命为无

---

① 清末官名，统辖一标(相当于后来的一个团)的长官称统带。陈五岁时过继给叔父陈衍庶(1851—1913)，字昔凡。光绪元年即 1875 年恩科举人。由知县而知州、知府至道员。

② 指张作霖。

③ 此误，陈乔年于 1928 年 6 月 6 日被国民党杀害于上海龙华。

产阶级，为共产主义而奋斗，始终如一，永远没有松懈过。这一次无论资产阶级的舌人新闻记者们及史大林官僚们怎样对他造谣污蔑，他是决不会因爱惜自己的生命而被人变化的。

二、日本留学回国之前后

当清季，他留学于日本，年方二十岁左右，就开始了他的革命生涯。其时中山正组织同盟会，主张狭隘的民族主义，以“兴汉灭清”为口号，他即表示反对，他不赞成这种“民族残杀”的政策。辛亥革命就以这种汉族残杀满族而终结，仅仅在形式上推翻了专制政体，实际上对民主革命的中心任务——打倒帝国主义，打倒军阀官僚资产阶级，丝毫没有解决。由此可证明他对革命之卓识。

他中途废学归国，奔走革命，曾与于右任①之《民立报》②同时，在上海创办《国民日报》③，主张实行彻底的德莫克拉西革命，反对专制。他独树一帜，始终拒绝参加同盟会，以后也始终没有参加过某党，即 1923 年，共产党国际史大林的领导机关决定令中国共产党加入某党，惟他一人首先表示反对。他前后反对参加同盟会和某党的意义虽稍有不同，但对中山的政治路线总算有一点认识了。

在这个时期，他的心想虽然比中山要高出一筹，但还不能说它在政治上已如何的成熟；他的政治思想还只限于资产阶级的德莫克拉西革命，还未发展到无产阶级革命。这正由于他受了历史条件的限制，一个成熟的无产阶级革命的政治家，不是可以有天上降下来的“生而知之者”，而是要经过历史的训练，长期斗争的经验，才有可能。

三、五四运动之前后

民国六年，北京大学校长蔡元培聘他为该校文科学长。

民八以前，他受了十月革命的影响，他的政治思想就大大的改变了，他此时已经开始注意到无产阶级的革命问题，他认为这是最正确最彻底的一种政治运动，他曾劝导政治的朋友们应向这个道路走。

迄民八五四运动爆发时，他就站在领导的最前线上，因为那时还没有无产阶

---

① 于右任(1879—1964)，原名伯循，别署骚心、髯翁、太平老人，祖籍陕西泾阳，生于三原。国民党元老、近代著名书法家、诗人，复旦大学、上海大学、国立西北农林专科学校(今西北农林科技大学)等中国近现代著名高校的创办人。清光绪二十九年(1903)举人，1906 年追随孙中山加入同盟会。1910 年曾与宋教仁等办《民立报》鼓吹民主。1912 年任南京临时政府交通部次长。1918 年返陕西，任靖国军总司令。1931 年后长期任国民政府监察院院长。1949 年去台湾，1964 年在台湾病故。

② 《民立报》：革命党人在上海出版的报纸。1910 年(宣统二年)10 月 11 日创刊，于右任任社长，主笔为宋教仁，编辑或撰稿者还有范光启、景耀月、徐天复、吕志伊、马君武、王钟麒、章士钊、叶楚伧、张季鸾、谈善吾诸人。1913 年 9 月 5 日停刊。

③ 此处有误。《国民日报》于 1926 年 12 月 22 日由中共陕西地方组织在西安创办，应为《国民日日报》之误。《国民日日报》创刊于 1903 年 8 月 7 日，与《民立报》不同时。

级政党之组织，所以他不得不独自行动。有一天他和其朋友煽动群众，自印反对北京政府，援助被捕学生的传单，亲自到天桥香厂一带散发，被安福系[①]政府的军警捕去监禁，经全国各地的“学者名士”纷纷通电援助，始得免于毒手。出狱后他为环境所迫，已不能立足于北京了，便毅然辞去北大文科学长之职，南走沪上，主办《新青年》杂志。

五四运动，在中国的历史上，可以说是一个分划时代的“政治运动”，而且是一种“群众的”民族革命运动。它是辛亥革命所未解决的革命任务之重新开始爆发，独秀同志曾经说这并不是陈独秀、胡适等可能创造出来的。此时已有十月革命的胜利，若中国已有无产阶级革命的政党，对这一运动加以正确的积极的领导，使之继续发展下去，则第二次大革命之爆发，也许待不到一九二五年。

不幸，五四运动终被资产阶级改头换面了，即消灭其政治运动的意义，企图转变到“文化运动”的方向去。实验主义者胡适便是代表资产阶级以“文化运动”欺骗群众的急先锋。

然而，五四运动已冲动了中国无产阶级的觉悟，他们已走向政治舞台，全国如大产业区域与铁路工人对五四运动都曾热烈的[地]参加过，资产阶级要把五四运动“向后拖带”的企图，终不能完全实现。

独秀同志在五四时代的功绩，不仅在他能领导五四运动，而特别在他能竭力反抗资产阶级的阴谋以保持这一个运动的“政治面目”；不仅在他能注意到政治运动，而且在他能把这一运动与无产阶级革命的政治运动联系起来。独秀同志的这种卓识自然是发源于当时的十月革命之胜利与中国无产阶级的觉悟，然而当时惟有他能反映时代的最前线，唯有他能把握住这一新的客观形势，把新兴的无产阶级运动发展下去。

迄1920年，在《新青年》杂志中，他与胡适一派在思想上就完全分野了。他以辩证唯物论的政治家的观点，主张五四运动必须在政治的道路上继续的发展下去，而且只有与无产阶级革命运动联系起来，才有继续发展下去的可能。胡适则唱出“多研究些问题，少谈些主义”、“二十年不谈政治”等口号与他对抗，极力主张

---

① 安福系：北洋军阀民国时期依附皖系军阀的官僚政客集团。其成立及活动地点在北京宣武门内安福胡同，故名。袁世凯死后，皖系军阀首领段祺瑞出任国务总理，操纵了北洋政府。为了建立皖系的独裁统治，徐树铮在段祺瑞指使下于1918年3月在安福胡同成立安福俱乐部，为该系形成肇始。1918年8月的新国会选举中，安福系以非法手段操纵选举。在全部议员的400多人中，使安福系即占380余人，史称安福国会。后徐世昌就任大总统，段祺瑞被免总理职，皖系军阀仍通过安福系成员在参、众两院的多数议席左右北京政府。1920年直皖战争后，段祺瑞通电辞职。直系军阀控制下的北京政府下令解散安福俱乐部，通缉徐树铮等首要分子，安福系始告解体。

把五四运动只限于“文化运动”的范围以内。独秀同志则以无产阶级革命的观点，认为“文化运动”自然应该领导，但单独的做“文化运动”而忽略了“政治运动”，则“文化运动”便不可免的要成为资产阶级的“俘虏”了，极力予胡适以反驳。

他们经过一个时期的论战以后，就完全分开了，《新青年》杂志也就完全成为独秀同志一派——共产主义者的言论机关了。

那时法帝国主义者就认识它(《新青年》)是代表着中国反帝国主义的怪物——共产主义之萌芽，故两次拘捕独秀同志，终因多方营救，将拘禁改科罚金而出狱。他自始即站在阶级斗争的前线上，他认为“坐牢是革命家的点心”，每次出狱后都更紧其革命运动，不过《新青年》则因帝国主义者的压迫最后仍然停办了。

此时共产党的组党运动已渐渐成熟了。

四、中国共产党的组党时代

1920 年，在上海他首先联合少数同志，组织“中国劳动组合书记部”，开始工人运动，这是他投身于无产阶级革命实际工作之开始，是中国总工会的雏形，也是中国共产党的萌芽。

1921 年初，他及其同政治主张者又开始组织社会主义青年团(即 SY)；随即组织中国共产党，加入第三国际；至 1923[2]年经过 1 月 12 日在香港中华海员联合会指挥之下的六万余工人大罢工之胜利，影响到长江流域以及北方的工人群众，工会纷纷成立，工人罢工，7 月间之汉阳铁路厂工人罢工，8 月间的京汉铁路工人罢工，9 月间的安源矿工罢工，结果都得到相当胜利。工人由罢工中得到教训，工会的组织更加扩大了，更加坚固了。但工会往往遇到军阀之摧残，故于本年 8 月间全国工人曾发动劳动立法运动。至 11 月间因唐山五矿工人三万余人罢工失败，各铁路工会代表乃集合于北京，决议：(1) 筹备成立全国铁路总工会，次第统一各路组织；(2) 如遇外力压迫，各路一致行动，以保障工会之存在。至 1923 年 2 月 1 日因京汉铁路统[总]工会成立大会被禁止，乃引起“二七”流血剧。

经过这些运动，革命运动已深入于工人群众。这些运动大都是当时还在“婴年”的中国共产党的领导下进行的。共产党至 1923 年秋间便扩大组织，全国各重要区域都成立了支部。社会主义青年团也改为共产主义青年团(CY)了。

中国共产党自组织成立加入第三国际以后，独秀同志就任党的领袖(总书记)，并主编《向导》周报。自 1923 年以后，共产党在政治上差不多支配了全国劳苦工农及左倾青年的思想，不幸，这种伟大的力量，最后被“加入某党”那史大林路线断送了。

在开始组党的时候，发起人除他而外，有李大钊、戴季陶、邵力子、谭平山、陈望道、李汉俊等等。这些分子除很少数以外，中途不是因某党的关系而退出组织，便是叛变而投降了某党。李大钊于1927年在北平牺牲于革命,谭则于革命失败后背叛了。今日共产党尚存的干部,以及潜在反动旗帜之下的阔人们,多系受过他的熏陶者,然而有始有终,尽瘁于无产阶级革命运动,而且具有伟大的人格者,仅他一人,即他的敌人也不能否认这一事实。惟有丧心病狂的中国史大林主义者、惟有那些想藉骂陈独秀而要[讨]好于史大林以增加或保持其党的官僚地位者,如瞿秋白、李立三等,大言不惭的[地]骂陈独秀为"反动"!

独秀同志自组党以来,惟以其纯洁的人格贡献一切精力于革命,在党内从不"闹小组织"、"争领袖"、"排斥"、"拉拢"等卑劣的行为,在政治的道德上说,他可算是一个最真实的布尔什维克主义者。看看瞿秋白、张国焘、蔡和森①、周恩来、李立三,那些小官僚的行为!瞿秋白、张国焘、蔡和森等在五次大会以前,就进行小组织,互相拉拢,互相排斥?这几年以来更加乌烟瘴气了,有所谓"李立三派",有所谓"陈绍禹②米夫派③",有所谓"调和派"④,有所谓"周恩来派";最无耻的要算瞿秋白在莫斯科组

---

① 蔡和森(1895—1931),湖南双峰人。1918年与毛泽东在长沙组织新民学会。1920年1月赴法勤工俭学,1921年12月回国,加入中共。1925年10月赴莫斯科任中共驻共产国际代表。1927年5月在五届一中全会及1928年7月中共六届一中全会上均当选为中央政治局委员、常委兼中宣部长(五大中共中央秘书长)。八七会议后任中共中央北方局宣传部长。1928年底任中共驻共产国际代表。1931年1月回国,3月到广东主持省委工作,5月任中共两广省委书记。同年6月10日在香港被英帝国主义逮捕,旋即被引渡于广州,同年8月在广州就义。参见《中国共产党历届中央委员大辞典》第21页。

② 陈绍禹,化名王明(1904—1974),又名陈绍玉,字露清,安徽六安金寨县人。1925年6月,在武昌商科大学预科积极参加支持上海"五卅"运动,被推选为武昌学生联合会干事和湖北青年团体联合会执行委员。是年10月,加入中国共产党和国民党,并担任国民党湖北省党部宣传干事。11月,去莫斯科中山大学学习。学习努力,能说一口流利俄语,深得该校副校长米夫赏识。1927年2月,米夫率联共一工作小组访问中国,并出席了五大,王明任翻译。中共六大上,王明也参加了翻译工作。斯大林会见中共领导人他担任翻译。1931年1月7日,中共六届四中全会,选入中共中央委员会,又入政治局,9月赴莫斯科任中共中央驻国际代表。1934年1月中共六届五中全会起两度任中央书记处书记至1943年3月,1934年2月当选为中华苏维埃共和国第二届中央执委会委员,1935年出席共产国际七大,被选为共产国际执委会主席团委员和书记处候补书记、东方部副部长等重任。直至1937年11月回国。同年12月至1938年10月任中共中央长江局书记。1939年1月—1944年6月任中共中央统战部部长。1939年1月起兼任中共中央南方工委书记。1945至1947年任中共中央政治研究室主任。1956年1月再赴苏联。1974年3月27日在莫斯科病逝(参见上注书第759—761页)。

③ 米夫(1901—1939),全名巴威尔·亚历山大洛维奇·米夫,生于乌克兰一个小官吏家庭,犹太人后裔。15岁开始投身革命。先后入莫斯科社会主义学院和共产主义大学学习。1921年毕业后留校工作,任研究员。1925年曾任中山大学副校长,1927年任校长。1927年偕王明到中国考察访问。1928年3月,任共产国际东方部副部长,主管中国党的工作。1929年,任中山大学中国问题研究所所长。1930年12月,任共产国际代表来华。在1931年1月的中共六届四中全会上,扶持王明入中央政治局委员。1931年8月回国在共产国际工作。1935年,米夫任共产国际总书记季米特洛夫的中国问题政治助理。1936年,任东方共产主义劳动大学校长、民族殖民地问题研究所所长。1939年,在苏联肃反运动中被错杀,年仅36岁。1972年,苏联给他恢复了名誉。

④ 调和派:1930年9月24日,在瞿秋白、周恩来领导之下,中共中央于上海秘密召开了第六届三中全会扩大会议,对李立三的"左"倾冒险主义路线进行了批判,李立三被撤销了中央常委和宣传部长、秘书长职务,但是共产国际对三中全会的政策很不满意,批评三中全会对李立三做了调和让步,于是三中全会后党中央的一派被称为"调和派"。调和派的代表是瞿秋白和周恩来。但六届三中全会及共产国际又批判江苏省委反对李立三左倾冒险策略最力的何孟雄为"调和派"。

织“江浙同乡会”①了！然而就是这些人物来骂陈独秀是“反革命”！

五、第二次大革命失败的前后

在1925—1927年大革命的过程中，无疑的陈独秀同志曾执行了不少的错误路线。但我们必须研究这些错误路线是怎样构成的？错误的根源何在？他是不是应该负错误的主责任？史大林派的国际领导机关和中共中央（1927年八七会议以后的）把错误的全部责任推在独秀同志一人身上，取消它的领袖地位，最后并开除了他的党籍，不惜采取一切卑劣的手段打击他，这是不是应该？对革命的利益何在？

假若主要的错误之根源在他个人，假若他毫无理由的不承认错误，那么为了革命的利益，为了无产政党的纪律，独秀同志当然是不可饶恕的！饶恕了他就是不忠实于革命！

假若不是那样，主要的错误之根源在史大林派的国际领导机关而不在独秀同志个人，他个人不过是错误路线之执行者，他的错误不过是错误路线之“必然结果”，那么这样单方面的打击每个同志个人，这样的官僚主义手段与数[教]育，便是背叛革命，便是使全世界无产阶级得不到教训，便是使中国共产党破产！正如1930年2月17日，独秀同志复国际的信②中所说：“自1927年中国革命遭受了悲惨的可耻的失败后，我因亲身负过重要责任，一时实感觉无以自处，故经过一年之久，我差不多完全在个人的反省期间。我虽未能及时彻底认清这个失败的教训并找出新的出路，但我本着我亲历的经验，得深深知道这种失败是过去整个的政治路线之必然结果。然而国际的领导机关却轻轻地把这个失败几乎简单地归过于我个人。如果这样便解决了问题，关于我个人当然用不着说什么；但若以个人的责任问题掩盖了全部政治问题，掩盖了失败[之]真实教训，因而断送革命之前途，其罪实不可恕！”

我们现在开始由1925—1927年党的总政治路线来研究这一是非；我们为了革命利益，完全取着一种极客观的态度来研究，我们不代人造谣，我们也不代人掩饰。

---

① “江浙同乡会”系是1927年夏至1929年夏发生在莫斯科中山大学内，以校长米夫伙同亲信王明等诬陷中国学生中的不同意见者的莫须有团体的名称。由学生中的派别之争，爆发为中共驻共产国际代表团和米夫间的公开斗争。米夫以此打击异己并组织亲苏派核心小组织。后经联共会同中共驻共产国际代表团联合查处否定。但瞿秋白被撤中共驻共产国际代表团团长之职。向青：《共产国际与中国革命关系论文集》，上海人民出版社1985年版，第360—361页。

② 任建树：《陈独秀著作选编》第四卷，上海人民出版社2010年版，第455页；原载陈独秀主编之《无产者》第2期。1930年2月17日写，同年7月1日出版（油印）第101—108页。

1925—1927 年,中国共产党的总政治路线是:共产党与某党及史大林所谓“工农党”!联盟,不仅在政治上要与某党完全合作,实行国民革命;而且在组织上共产党也要“加入”某党,于某种旗帜下,共同行动。这种联盟规定一直要继续到“完成”资产阶级性的民主革命这个“阶段”为止,共产党中途若“推翻某党的领导,便是超越阶段的危险”,所以为要保持联盟的良好关系,共产党就得对某党整个妥协!

在联盟之初居然不定出具体的“联盟政纲”,共产党居然不保持它自己的“独立权”与对联盟者某党之“批评权”,居然对共同的责任,相互的义务,和联盟的限度,并不定出,因为既是“加入”某党,这些条件当然就用不着!

这种联盟自始就是出卖无产阶级革命,出卖中国共产党的孟塞维克政策!决不是列宁的原则。

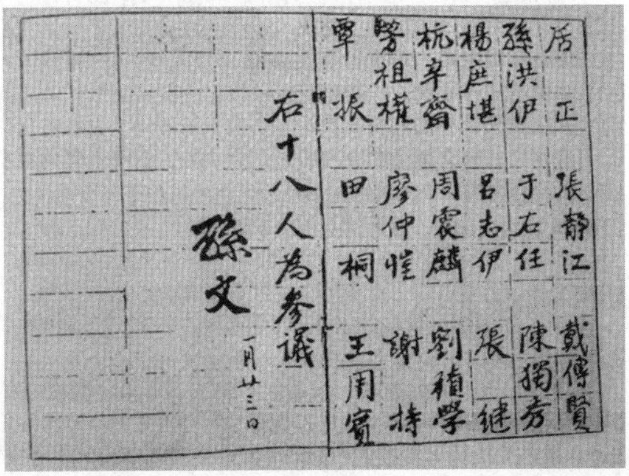

1923 年 1 月中山任命居正、陈独秀、王用宾等十八人为参议(图片引自李玉贞著《国民党与共产国际》)

这种总的政治路线完全是由史大林派的国际领导机关决定的。这由过去一切文件可以绝对证明!举凡第三国际与中国党的一切主要的政策和战术,都是根据这一路线而产生的!总的路线既有错误,则由它而生的政策和战术之错误,便是必然的结果;故 1925—1927 年中国革命之失败,其“主要的”责任当然在史大林派的国际领导机关,中国党及领袖陈独秀不过是第三国际官僚领袖们的错误路线之执行者罢了,陈独秀本身并不是毫无错误,但他不过充分的引申第三国际领导机关的错误罢了。

总的政治路线之错误处,就是共产党取消自己的独立领导权而与资产阶级的某党混合组织;以后虽经过历次的事变,都未能及时退出某党,组织苏维埃以挽救既成的错误与失败,一直不断革命到底!

托洛斯基论中国革命说:一个布尔什维克共产主义者,应该永远记下这一铁则:即“无论任何时候和无论任何条件下,无产阶级的党,决不能加入别阶级的政党,或与别阶级混合组织,无产阶级政党之绝对独立是共产主义政策之基本的和先决的条件。”

总的路线错误之原因,是由于“阶段论”的错误和对资产阶级革命性及某党的阶级性认识之根本错误。

中国某党无论在其行动的历史上，在其某某主义的政纲上，在其建设中国实业计划上，在其上层领导成分上，都是一个资产阶级的政党，而且自始即带有不少的反动性（如希求帝国主义的帮助及不主张没收土地及大贫小贫论等）；至于其中的下层群众含有不少的"工农分子"，在欧洲各国资产阶级的政党中不乏比[此]例，决不能因此改变其党的阶级性。无论其口头上如何主张"世界革命"、"拥护工农利益"和"联合苏俄"，凡在一个革命运动高潮中，羽毛还未丰满的资产阶级往往采用一部分迎合无产阶级的口号，甚至于拿出社会主义的幌子，以猎取无产阶级的同情与拥护，这是资产阶级的常态，是在欧洲革命运动史中的定例。无产阶级在没有独立的政党时，常常受了资产阶级的欺骗，常常是简单的替资产阶级服务，无条件的替资产阶级去推翻封建的统治，而马上即被资产阶级践踏。中国的无产阶级不幸也在共产国际及中共错误的幻想的政策领导之下，不自觉的做了中国资产阶级某党简单的工具，以苦力的资格替他们推翻了代表官僚买办资本的北洋派的统治，以与帝国主义妥协。资产阶级的某党刚一抬头即以空前的白色恐怖摧残他们昨日的拥护者——无产阶级。我们加入某党和长期留在某党的结果，是在无产阶级群众面前掩饰了某党之资产阶级的反革命性，松懈了工农群众对某党的戒备，提高了某党的政治地位，组织和强固了资产阶级反对工农的统治，终致某党对工农不断的大批屠杀和他们的政权之获得。

我们在某党的政策，因为希望留在某党内，保证长期的阶级联盟，所以不惜不断的让步。1924 年某党的中央全会，国际代表及中共中央代表允许某党的组织国际联络委员会，监督中共与第三国际的关系，凡国际所给中共中央的政策和命令须先交该委员会看过；1926 年 3 月 20 日某某政变围缴省港罢工委员会及苏俄顾问和苏俄视察团的卫队枪械，逮捕大批共产党员后，复以某党党务整理议决案的形式，令共产党和青年团将加入某党的党员名单缴存某党，禁止我们批评某人的某某主义，令我们同志退出军事学校或退出共产党，这些事实已经是资产阶级公开的强迫无产阶级服从他的领导与指挥，而不是史大林头脑所幻想的"联盟"！在这样的情形下，国际的政策不但不因资产阶级进攻使无产阶级自己更加独立起来，反而采用了最可耻的投降政策，严厉的阻止中共退出某党，连准备退出都不许，继续极力武装，国际代表还极力主张我们应将所有的力量帮助并拥护某人的军事独裁，从此无产阶级更进一步完全投降了资产阶级，不啻自己正式宣告为资产阶级的附属物。1927 年 4 月 12 日某人开始大屠杀，国际对某党的政策，仍然是继续拥冯拥汪,说冯玉祥①是工人出身,说汪精卫是土地革命的领袖,反对中共退出某党,反对组织苏维埃。并且在某人背叛以前,曾命令中共以“劳资仲裁”代替罢工斗争,命令我们避免与某人的军队冲突;在某人叛变以后,曾命令中共在土地革命中不得侵犯军官们的土地,命令中共以党部的力量制止工农的“过[火]”行动。最后全部某党已公然反革命,还命令中共退出国民政府而不退出某党。直到南昌暴动,还是在左派某党旗帜之下举行的。这样的政策,分明是使中共撕毁了自己的旗帜,服从某党的领导,变成了某党的束缚工农的工具;这样的政策,分明是自始至终从头到尾一贯的空前未有的最可耻的机会主义,分明是出卖阶级的政策,完全不是1905年布尔什维克坚决的反对与资产阶级妥协,独立的领导农民,准备武装暴动,夺取政权,实现工农民主专政的政策。关于阶级联盟问题,列宁常常引用巴尔夫斯的说话:“我们无论何时都不应忘记的条件是:共同奋斗,分别走路,不混合组织,看同盟者犹如看敌人一样”。国际既强制中共混合在某党组织之内,复大喊:“推倒某党的领导是超越‘阶级[段]’的危险”,事后却责备中共不应损失其组织上及政治上的独立。其实中共加入某党,根本已毁坏其独立,使不能执行其独立政策。中共要执行国际这些机会主义的政策,则步步投降资产阶级,毁灭中共组织上、政策上的独立,乃必然的逻辑。难道除了那些实际问题外,还有悬在空中的独立吗!

共产国际对某党这样破产的政策,是根据他们对殖民地的资产阶级和帝国主义之根本错误的认识。他们以为殖民地的资产阶级因受帝国主义之压迫需要革命,因此帝国主义对中国愈压迫,则中国国内进步的各阶级,愈会团结一致形成国民革命的联合战线!这种联合战线的方式是“某党”!史大林称某党为“各阶级联盟”或“四个阶级的联盟”,而不是资产阶级政党!这分明是组织上之阶级混合,而不是在某一时期某一运动中两个独立政党行动上的暂时的局部的联盟。他们不懂得帝国主义对中国商品与资本侵略之深入,使中国的资产阶级在经济上、政治上非依赖帝国主义不能生存,这种依赖外力而生存的幼稚的中国资产阶级,必须靠更残酷的剥削工农,才能勉强抵制住和资本技术更高的帝国主义工商业竞争,才能够维持自己的生存发展,因此中国的资产阶级和工农的冲突更为不可调和,

① 冯玉祥(1882—1948),原名冯基善,字焕章,祖籍安徽巢县,长在河北保定。国民革命军陆军一级上将,蒋介石之结拜兄弟。辛亥革命爆发后参加滦州起义。1917年张勋复辟时率部入京击溃张部,后历任陆军第十六混成旅旅长,第十一师师长,陕西、河南督军,陆军检阅使等职。1924年在第二次直奉战争中发动“北京政变”(史称“首都革命”),将其所部改组为国民军,任总司令兼第一军军长,后任国民军联军总司令,参加北伐。后因与蒋介石发生利害冲突,举兵反蒋,先后爆发了蒋冯战争和中原大战。后赴美考察,1948年7月,响应中国共产党号召,回国参加新政协会议筹备工作,途经黑海时,因轮船失火于9月1日遇难。

更易于爆发阶级战争。资产阶级最初参加民族革命，乃试图利用能够在他们控制条件(过去国际的政策正是对资产阶级担保这种条件)下的工农群众的声势，向帝国主义做买卖，好取得于他们自己阶级的那一点点利益；他们看到工农群众根据其本身利益，侵犯资产阶级的利益领导革命时，资产阶级便马上感觉到工农革命比帝国主义对他更是根本的危险，所以中国的资产阶级很快的反对革命，乃是其阶级性之必然。由此我们可以得到的结论，就是帝国主义愈压迫，革命运动愈高涨，则国内的两个阶级的斗争愈加急紧而决不能因此促成阶级联合和缓阶级斗争！某党是一种资产阶级欺骗、利用民众的工具，用抽象的“国民革命”的口号(我们不进行对资产阶级斗争的状况之下)麻醉住工农群众意识，不组织自己的独立的武装，而只是无条件的为资产阶级夺取江山，资产阶级独享胜利之果，而且马上回过头来屠杀工农群众，这是一件白日经天的事实，谁都不能否认的。

我们加入及留在某党的另一理由，便是要经过某党去争取小资产阶级的群众而与它联盟，这也是机会主义的模范的表现。无产阶级之最可靠的同盟者，只是下层小资产阶级群众，即城市及乡村的贫民。固然无产阶级随着革命发展之现实的环境，要团聚一切革命势力，但无论如何我们的着眼是在下层发[劳]苦群众，而不是在资产阶级或小资产阶级上层所领导的民主政党。我们要团结广大的劳苦群众在自己方面来，首要的就是无产阶级自己要有独立的政治地位与鲜明的旗帜。有时可以甚且必须在某一事务上，某一明确的具体的暂时的行动纲领上与资产阶级的民主派建立联盟；但这个所谓“联盟”之根本作用，是在以自己独立的政治地位，去揭破资产阶级的民主派之妥协与欺骗，以夺取广大劳苦群众在自己的政治影响方面来，而不在掩藏自己的政治面目，遂迁就资产阶级的民主派，更不在组织上与他混合起来，把自己的头颅套在资产阶级的圈套里，而认为是“集中革命势力”！从前第二国际即主张俄国的布尔什维克党应与资产阶级的社会革命党合并，他们常说：不懂得在落后的俄国为什么多数派少数派和社会革命党分而为三。列宁则坚持只能与社会革命党有政治行动上的“联盟”而不能在组织上和他混和[合]，和他联盟。德国 1848 年革命后，小资产阶级的民主党，尚保持与劳动者同盟对封建党及大资产阶级的党作革命的反抗；马克思在 1850 年 3 月，以中央委员会名义致共产主义同盟的信严厉地指出这一同盟者的危险性，他说：“即为对付共同敌人，亦不必有特殊的共同组织，对敌人直接斗争时，两党利害一时一致的，自然而然有一时的结合。”过去共产国际对某党的政策，完全抛弃了马克思列宁的遗教，而是采取了从前第二国际于[的]意见，特意把某党装成一个狮子灯，我们都钻在里面去旋舞。像这样混合组织的联盟，则遇事掣肘，并混乱了我们自己的政治面目,不但不能经过他们组织去争取其下层群众,并且更要丧失我们自己阶级的群众,因为在他们眼里,我们是和某党一个组织的东西!

在革命高潮中,无产阶级和小资产阶级下层群众即城市、乡村的贫民联合最好的形式,便是苏维埃,即是由工农贫民兵士的广大群众选举代表组织的苏维埃,它的任务是武装群众及指挥群众的政治斗争夺取政权的机关。共产国际的领导,在革命高潮中为要跟着大资产阶级或小资产阶级的上层跑,作那种无希望的同盟梦,于是根本抛弃代表城市乡村的贫民的利益,在斗争上服从某党的政纲,越此便说是“过火”!在组织上把农民协会及店员小商人的组织工作通统交给某党,不许组织苏维埃;他们竟至说:“中国的某党对现时中国的革命的作用与1905年的苏维埃对俄国革命的作用是一样的”,“武汉某党为革命运动的中心”,“武汉政府是革命政府”,“若现在即刻建立苏维埃,拒绝拥护武汉政府,提出二重政权的口号,推翻武汉政府,便是对某人等予以直接的援助(史大林)。”在将来过渡到无产阶级革命的时候,还可以利用某党作为无产阶级专政的国家组织形式(布哈林)。他们的错误完全由于迷信少数派的“阶段论”遮掩了眼睛,妄想由汪精卫的某党专政“和平”的转变到“工农民主专政”,再由工农民主专政“和平”转变到无产阶级专政阶段这样分得整整齐齐的,他们以为这一阶段做完了,那一个阶段自然就会跟着来,用不着苏维埃!他们完全离开无产阶级革命观点,他们不知道政权由这一阶级转变到另一阶级,只有经过暴力之夺取才有可能,决不能有什么“和平转变”,苏维埃就是无产阶级为夺取政权而应准备的最好武器;“政权的性质只能有两种,不是资产阶级的政权,便是无产阶级的政权”(列宁),绝无所谓中间阶段,即工农民主专政!他们完全不认识不但南京的某党已公然的反革命,即武汉的某党和某政府也已日渐走向反革命,尤其在“马日”事变后,他们和某大军阀已经没有区别,此时各派某党资产阶级(凡是剥削劳动的大小资产阶级都包函[含]在内)参加民主革命的历史已经告终;同时从共产国际执行委员会到中国某党一致承认“过火”的工农运动,已经打破了各阶级联盟,超过了资产阶级民主革命的范围,开始由民主阶段走向社会主义革命阶段,即反革命性实已经开始转变了。无产阶级的政党,至少在3月20日事变后即应退出某党而独立,在北伐开始时就应该在随北伐所到的地方组织苏维埃,至少在4月12日事变后即应建立苏维埃与某党政府相抗,由二重政权走到推翻反革命的某政府,由无产阶级专政,一面完成民主革命的任务,一面走向社会主义的道路。共产国际的领导不是这样,而是始终拘泥于民主革命的阶段,始终迷信某党,始终想利用大资产阶级及上层小资产阶级的民主政权代替工人与乡村贫民群众的苏维埃。中共中央此时未能力争退出某党,建立苏维埃，打倒某党的领导，反而在国际代表所起草的宣言中及农民部通告中，都承认农民有“过火”行动；并且自行取消汉口总工会纠察队的武装，以避免和某党军队冲突，这都是莫大的错误。一直到某党公然全部反革命，革命运动已经一败涂地，此时反而突然想起利用苏维埃的口号，作夺取政权的冒险尝试。

以上便是在“国共联盟”那一总的政治路线之下所演的过程与结果，这一切的一切都不是中国的国货，而是史大林、布哈林所主持的国际领导机关之所赐。没有相当时期经过马克思主义及阶级斗争锻炼的中国共产党，自己本没有发明理论决定政策的能力，过去及现在错误的根本政策与理论，自然都来自国际。

独秀同志并非没有错误，他的错误，在史大林派看来，说他不听(?)国际的指示，故错误的责任完全在他，那无异说他执行国际的机会主义政策在技术上太不高明了！

在我们看来，错误的根源在国际，独秀同志的错误只是执行国际的错误路线太忠实了；他及中共中央过去对机会主义没有一点认识与抗议，忠实的可耻的执行国际机会主义政策，国际喊一声农民运动“过火”，他就留声机似的在《向导》周报上也大骂“过火”！这是应该负责的！他是党的领袖，可以比别的中央委员负责更多些！

他对共产党加入某党这一政策，在开始时虽然曾表示反对，但他并未能坚持自己的正确意见，最后还是被国际批评为“幼稚”而取消了！这也是表现他那时在理论的认识上还不充分。

独秀同志这种错误，只能说是一种缺点，因为他为历史条件所限制，他没有经过长期的理论锻炼与斗争试验。他当然不能有丰富的革命智[知]识，他对列宁的门徒如史大林等也绝梦想不到那样的卑鄙！它的缺点并非不可救药！马克思、列宁、托洛斯基这些领导也并非由天上掉下来的！

假若史大林派的批评是完全对的，错误完全在陈独秀一人，独秀的错误是自造的机会主义，不听国际的正确领导，然而1927年的“八七会议”独秀没有参加，六次大会的决议案也说：“八七会议是根据共产国际的指示……定出武装暴动的方针……走向革命的大道。”为什么不几天而史大林的忠实信徒瞿秋白又被打下去，并[被]批评为“盲动主义”？六次大会是在莫斯科举行的，六大以后在李立三领导之下的中央也是国际认为毫无“陈独秀主义”的气味的，为什么不几天李立三又被打下去，并[被]批评为冒险主义？假若说是中国的干部不成功、不可靠的话，然而负有指导世界革命责任的共产国际对这一点极微小的事情，也不能先事预防，没有这一点远见，那国际之所以为国际，史大林之所以为史大林，不亦太难为情乎?!

独秀同志1930年2月复国际的信中说:“1925—1927年中国革命的失败是由于‘陈独秀的机会主义的领导’,然而自1927年以后直到现在,你们应该已经取消了‘陈独秀的机会主义’而引导中国党于正轨,两年来事实的经过是怎样呢? 中心的问题就在这里。”

我们现在来研究一下这个“中心问题”,就是打击独秀同志的问题,其用意何在?

第一,因革命失败了,史大林企图以打击“执行者”,打击领袖,推责任于一人,欺骗工农群众,欺骗中国党员群众,以遮掩共产国际之破产,抵制反对派之批评。这是史大林派官僚党制下的一个铁则,不仅适用于独秀同志,瞿秋白、李立三都是同样的牺牲者,在欧洲各国共产党之领袖自1923年以来被牺牲于此者不知凡几!

这种官僚党制,不仅以个人问题埋没了全部政治问题,消灭了由工农的血泊中得来的教训,因而断送革命之前途,在客观上完全是出卖阶级的企图,是使国际的威信更加扫地;而且是在主观上有意破坏兄弟党——中国共产党之机体。

领袖——政党——阶级——群众,其相互的关系是非常重要的。群众没有无产阶级及其政党之领导,革命只有失败;无产阶级没有它的政党之领导与革命群众特别是城市与乡村的贫民之拥护,也是没有出路的;党若没有领袖之倾〔领〕导及无产阶级之基础,也是不能走到胜利之路的! 归结起来说,领袖在革命中的作用是特别重要的。

一个共产党的领袖是不易培植成熟的,必要经过长期的工作,困难经验,与正确的理论锻炼,才会产生。培植领袖、保护领袖,是党在革命中极重大的任务。领袖不能毫无错误,能承认错误才是好领袖。随意摧残一个历史的领袖,损毁他的地位与声望,这对革命的利益说来简直是罪恶。

史大林派若能很细心很慎重的尽国际的责任,指导中国革命,培植中国党的领袖,爱惜兄弟党的机体,则中国革命决不至那样惨败,即革命失败而独秀同志也决不应受那样的摧残。因为他在中国党已成历史的领袖,他的声望与才能,在中国说来,无有再出其右者,在国际的培植之下,将来必能更见发展成为伟大的领袖,这无疑的是中国革命的利益,史大林并不管这个!

第二,史大林打击陈独秀,为的是将中国党完全制伏在他的马下。史大林为实行其一派把持共产国际,把持各国革命,为实行其官僚党制,为打击左派反对派,自1923年以来,无时不在处心积虑要将各国兄弟党一一制伏于他的马下。

德国共产党和中国共产党是史大林所最畏惧的,若这两兄弟党不能拿在他的掌握中，则他在国际有孤立的危险。因为德国党在欧洲是最有力量的，中国党在五卅运动以后也发展的[得]很快；在西方帝国主义国家内相[和]东方殖民地国家的这两大党对官僚主义是一种很大的威胁。史大林对机会绝不错过，1923年德国革命失败后，德国那些领袖们被打击得干干净净，毫无才能[的]太尔曼①经过召往莫斯科一个时期官僚主义的训练以后，再送回德国任党的领袖，德国党的问题是解决了。

1925—1927年革命时期中，独秀同志在国际在中国以及在党内有很大的权威，曾引起史大林最大的不安，所以1927年革命一失败，史大林便派其心腹米夫等到中国来，以国际的名义，包办“八七会议”，由久仰国际鼻息时思夺政治领袖的瞿秋白以[任]书记，把陈独秀打击下去。由瞿秋白以来的领袖们不能说完全成了史大林的“应声击[虫]”，史大林打他们，他们一声也不能响，中国党完全放在史大林的践踏之下，国际永远是对的，中国党党员，永远是幼稚！

八七会议对他的总书记资格被取消了，只要对革命没有损失，他也决不因此有所不快，他所反对者只是史大林派违反组织原则的办法。

八七会议应说是党转变政策的一个关键，因过去的工作关系与未来的策略之决定，八七会议无论如何应该要他参加，即取消他的领袖地位，也应该在会议中加以正式决定，然而瞿秋白及国际代表则承史大林之训令，拒绝他出席会议，而会议中又决定他入中央常务委员②，这还不是十足的官僚把戏吗！陈反对毫无结果，乃告假赴沪，拒绝参加常委，并拒绝前往苏联。

所谓八七会议的精神，最重要者，就是打击了陈独秀个人。在政策方面，对机会主义未作根本的系统的改正，仍然说留在某党有四大理由，仍旧主张站在某党左派某种旗帜之下，所表现者只是企图以无产阶级的武装暴动挽回其机会主义政策之绝望而已！

由南昌暴动，广州暴动，两湖秋收暴动，以至六次大会前，独秀同志曾向中共中央提出种种政治意见，反对盲动主义，但中央不予发表，反独[断]章取义的污蔑。以后湖北，顺直，江苏几个重要省委继续发生反对中央错误政策之斗争，中央认为这些风潮都有受他煽动的嫌疑，至1929年初便开除了他的党籍！独秀同志就是这样毫无理由的被开除他所手造的中国共产党！

---

① 太尔曼，即恩斯特·台尔曼(1886—1944)，生于汉堡，德国和国际工人运动活动家，1925年10月被选为德共主席。1933年3月被希特勒纳粹逮捕，1944年8月被杀害于集中营。

② 八七会议并未决定陈独秀入中央常务委员会。

国际曾一再召独秀同志到苏联去,他都拒绝了,他知道史大林的阴谋,这一去不是被软化,便永无回国之望,他当然不愿离开实际工作去受官僚主义的侮辱!直到 1930 年 2 月间,独秀同志早已接受了左派反对派的正确意见,国际政治书记部还来电要他前往,“参加本政治书记部审察中国共产党中央开除你的党籍的决定的会议。”[不]想用这种骗小孩子的方法骗他前往,以减煞左派反对派之势力。独秀同志在 1930 年 2 月对国际的回信说:

“中国向忠发、李立三、周恩来、项英等早已紧急地宣布我为‘托洛斯基主义者’、‘取消派’、‘反革命’、‘新工贼’……企图这样一次决定我的前途。同时你们在去年十月二十六日给他们的训令也就教导他们:‘在一切斗争生活中,首先要反对取消主义陈独秀派及托洛斯基派,他们现在已经成为一个反革命的联盟向党进攻了,尤其重要的是肃清自己队伍里暗藏的陈独秀派托洛斯基派。’然而现在你们突又来电给我,要我到莫斯科参加你们的会议,专门讨论我的开除党籍的问题,你们这种种意思,我很不容易了解。”

……

“中国无产阶级必须得到国际之列宁主义的领导,才可顺利地达到他的解放之前途,这是必然的。因为你们的蒙蔽与封锁,直到半年前,我们才得到托洛斯基同志关于中国问题及一些问题的文件。从此以后我才彻底的系统的了解在中国革命中所犯的机会主义盲动主义之真正的根源所在。当你们将革命失败单独归咎于中共中央或‘陈独秀的机会主义’时,而托洛斯基同志却早已在你们背后指出真正的机会主义和盲动主义;也并且预言这种机会主义盲动主义必然达到的结果。现在这种预言已经一步一步由事实证明出来了。可是你们却把托洛斯基放逐到苏联以外,把他交在阶级的敌人之手中,即土耳其的蒋介石之手中,其他和你们政治意见不同的大批同志都被监禁或流放,现在又要从中国调我到莫斯科,说是专门解决我的问题,我实不知你们又打算干什么!”

“我的问题不是一个简单的个人问题,而是关于整个的政治问题。我从中国革命失败的教训中,已完全证实五、六年来国际的领导是站在官僚机会主义的路线上,尤其重要的就是你们滥用国际的威信及凭藉官僚机关的权力,继续维持这种路线,不惜破坏一切布尔什维克党组织的原则,不惜恶劣地修改马克思主义的基石,十月革命的根本方法,列宁主义的战术主要教训。关于中国问题中目前最主要的就是:(一)将来第三次革命的政权是工农民主独裁,还是无产阶级的独裁?(二)目前的任务是直接准备武装暴动,还是提出过渡时期的政治口号(如国民会议)作民主的斗争?你们因未得到机会主义失败的教训,未认清革命发展中阶级关系的转变,因而你们在未来革命政权上所得到的结论是工农民主独裁;因为未得到盲动主义失败的教训,不承认上一次革命早已完结,因而你们在目前直接任务上所得到的结论是准备武装暴动和乡村游击战争。这样你们在总的政治路线上是把革命拉向后退;在目前斗争的策略上是破坏群众革命运动的发展。关于这些根本问题,我和你们实有不可调和的不同意见,我及我们意见相同的同志所发表的政治意见书,不久你们当可以看见。这里根本问题不能解决,便没有别的问题可以解决。但这些根本问题决不是调我个人到莫斯科便可解决的,而且这是官僚的办法。"

"政解问题,尤其是涉及到世界革命运动的问题,应该从党内公开的讨论来间〔解〕决。托洛斯基同志关于中国以及整个国际问题的许多文件,你们不肯正式公布于各国支部加以讨论;驻中国的国际代表会以开除党籍当面威吓我,禁止我发表政治意见;中国党中央仰承你们的意旨不允许把我屡次所提出的政治意见交付党内讨论,只凭他们片面造谣;同志中有提出疑问的,立即被指责为'隐藏的陈独秀派'开除出党——这样便算解决问题吗?你们如果有诚意解决问题,你们备有一切权力与方法,否则一切问题都只有凭世界无产阶级的命运一道去解决。"①

六、组织中共左派反对派时代

独秀同志自1927年革命失败以后,他虽然知道这种失败是过去整个路线之必然结果,不承认错误的责任应由他负,然而他却不能彻底的[地]认清机会主义的病源所在;他虽然知道八七以后的路线还是错的,他也反对盲动主义,然而他却不能及时地找出新的出路。这固然由于他的经验不够,然而主要的还是由于受了史大林派的蒙蔽,国际左派反对派的文件完全被封锁了,使他完全得不到布尔什维克列宁主义的启示!

直到1929年初,有些中国反对派的同志由苏联先后返国,在上海成立反对派小组织,谋发行反对派的机关报——《我们的话》。托洛斯基同志的《中国革命问题》与托同志所起草的《中国反对派纲领》,也渐渐传布到中国来了。

独秀同志此时始看见反对派的文件,因为他在中国革命中的实际经验比任何中国同志都要丰富些,加以他自革命失败后一年以来之深思熟虑,对于左派反对派的意见他最易了解,一切的一切他都由此恍然大悟了,至1929年12月间他完全接受了左派反对派的意见,便和他的同意见的八十余人发表了一种"我们的政治意见书",内容完全是根据中国左派反对派纲领而写成的。同时他们也组织了一

---

① 《无产者》第2期第101—107页,陈独秀1930年2月17日《答国际的信》。

个左派反对派的小组织,其机关报名为《无产者》。

中国左派反对派除我们的话与无产者以外,还有两个小组织:即十月社与战斗社。

中国整个的左派反对派运动之产生,一方面是由于受中国革命在机会主义与盲动主义领导之下迭遭悲惨的失败及党内官僚制度直接的反响;另一方面是由于得国际左派反对派及其领袖托洛斯基同志在理论上和实际上对于共产国际史大林派领导的批评之帮助。这就是中国各派的小组织之共同的来源。

但在整个的共产国际是分崩离析的状况之下,左派反对派在各国都不能一开始就达到统一的组织,在中国更遇到特别困难的环境。中共在国际的机会主义的领导下,差不多自始就未受到真正革命的马克思主义的教育,党的理论基础非常薄弱,迭次失败之严厉的打击又使党的基础瓦解,并处于极端的白色恐怖之下,再加上史大林派官僚制度先期对于反对派之极端无理的压迫——在这种种条件之下,中国左派反对派在开始的时候就很难从一个成熟的政治派别中形成一个统一的组织。以前未统一的各小组织都是在分散的状况中各自成立起来的,因为有各自的小组织之存在,就不免具有小组织的排他性;各不相下甚至互相攻讦,真正政治问题之讨论都难免别生枝节。

当时其他各派对陈独秀同志及其一派之参加反对派,取了一种很慎重的态度,这由于独秀同志是过去机会主义的执行者,他是否在主要的问题上能接受反对派的意见?对这一点当然不能取妥协的态度。不过在问题之争论中,其他各派对独秀也难免有些成见,这是小组织并立状况之下一种不可免的现象。

后经反对派国际委员会与托洛斯基同志来信批评,各派意见始渐接近。托同志的信中关于独秀同志问题说:“……不久以前我曾接得〔到〕译成英文的 12 月 10 日陈独秀同志公开的信,在这个信中独秀同志对于所有根本问题之立场完全与我们一般的立场相同。因此我未看出为什么几个中国的同志继续的称陈独秀同志的一派为‘右派’的理由。

“……直到今天,我才得读陈独秀同志 1929 年 12 月 10 日的信(即陈独秀同志的告同志书)。我认为这封信是一篇极好的文件,这封信以完全明显和确定的态度答复了一切重要问题,特别在民主专政问题上,独秀同志在这封信中,完全站在正确的立场上……

“当我们有了像陈独秀那样一个杰出的革命者,与党正式决裂,以致被党开除,而宣布自己与国际反对派的立场‘百分之百’一致,那我们能对他掉头不顾吗?难道你们当中有好多共产党员能像陈独秀那样老练吗?他过去有过很大的错误,但他已能自觉这些错误。自觉错误的经验,对于革命者,对于领袖来说,乃是‘金不换'的经验，我们反对派青年当中有许多人能够而应该从独秀同志学习呵！"①

国际委员会来信说："我们读到陈独秀给共产党员公开的信，都很愉快，我们相信这个宣言表示对国际反对派的充分的同情，不但可能并且绝对需要和其他各派合并起来。"

在1931年5月，反对派的四派在国际委员会及托同志的指示之下统一了。统一以后的领袖是独秀同志。

不幸，统一大会刚完结，刚要开步走，进行工作，便因叛徒马玉夫的告密遭受了一次大逮捕，组织上受了严重的打击，经独秀同志等一致努力的结果，至"九一八"事变以前，组织已渐渐的恢复元气。

在"九一八"运动中，因为我们的策略正确，一开始就抓住了这个事变的中心，一年以来我们在上海的工人运动中有很大的发展；因为史大林派之路线错误，领导中国革命的责任，已完全落在我们左派反对派的肩上了，我们在工人中的发展当然是中国革命前途的运兴〔幸〕。然而丧心病狂的史大林派则看着我们的发展而发抖，竟不惜常常造谣说反对派告密，竟不惜以法西斯的手段雇佣流氓破坏我们的工人运动（如上海电话罢工等），这还不算是阶级的罪人吗?!

10月15日，独秀同志与彭述之同志等又在沪被捕，不消说这不仅是中国左派反对派的损失，同时也是中国革命的损失！

他们——陈、彭两同志无论如何是决心为革命牺牲了，他们决不会因统治阶级之毒害改变其革命的立场；中国左派反对派经过这次损失后，其本身在国际反对派指导下必然要更加努力，它有它的政治的任务作真实基础，它决不会因损失一个领袖而溃散！一般劳苦群众们应赶快团结在左派反对派的旗帜之下，打倒某党争取革命之胜利，才可以挽救陈独秀、彭述之等同志的损失！

史大林派也应站在阶级的利益上，与反对派共起作打倒某党，夺回独秀同志，幸灾乐祸适足以证明你们毫无革命气味，不过是中国某要人的喽啰而已！

七、结论

归结起来，独秀同志是一个伟大的革命领袖，是中国共产党的创〔造〕者，是现在中国共产党左派反对派的领导者！

他十余年来，渡[度]着流离刻苦的生活，一切都贡献于革命！

他永远站在阶级斗争的最前线上，前后入狱四次，每次都使他对革命的决心

---

① 托洛茨基1930年8月22日《致刘仁静》，载《（1929—1939）托洛茨基档案中致中国同志的信》双山（即王凡西）译第23—24页，无出版单位及版权页。1981年5月21日双山作《作者弁言》于首页。

增加,这次他也决不会被统治阶级软化!

世间只有上帝没有错误!无产阶级的革命家之过人处,不在于说他绝对没有错误,而在他能承认错误,并能在错误中找出教训。独秀同志从来不掩饰错误!

在1925—1927年,中国革命失败的主要责任应该归咎史大林派的国际领导机关,独秀同志不顾因个人而埋没了全部政治问题的教训,所以坚决反对史大林派之卸责,这是对的,但独秀同志并非毫无错误,他的错误就在他忠实的可耻的领导着中共中央作了史大林派机会主义路线之执行者!没有反抗或没有坚决反抗,以致断送了中国革命,这种错误虽有可原,但也是十分严重的,这个责任他不能不负,他对这一点已公开的接受了!

他因政治斗争而被史大林派开除党籍,是光荣的!他绝不像那些现在党内的干部,为保持或增高自己的地位,竟不惜向史大林乞怜,牺牲自己的政治道德,[甚]至牺牲革命!

他在失败和错误的教训中找到革命的真理,他毫无保留的、毫不迟疑的接受左派反对派的正确路线,毫不松懈的为这一路线而斗争!

他自从走到反对派的正确道路以来,也并不是毫无错误,但他不久就完全改正。譬如他根据恩格斯及列宁、托洛斯基的意见,对于南方农民运动认为这不能作为无产阶级革命的主要军,这不是真正的红军,这在原则完全没有错误;他把南方农民运动中的流氓无产阶级的成分估计得过大,这是过分的,不正确的估计!因为,固然它不能是真正的红军,但它的主要基础还是在党的领导之下的革命农民的武装,而决不尽是流氓无产阶级,但这一错误,独秀同志以后已坦白地毅然地改正了。

史大林派常常拿这一点来攻击他,这又有什么意义?史大林派的错误断送了中国革命,现在还在继续的断送中,而且拒绝批评!独秀同志这一点错误与史大林派比起来那简直是"沧海之一粟"。

而陈独秀能够勇敢的作自我批评,史大林则永不承认自己的错误,永不改正自己的错误,所以陈独秀始终是伟大的布尔什维克!陈独秀始终是向前进的!在中国革命与世界革命的历史中,他始终是成为重要的领导者之一个!

末了,让我们沉痛的勇敢的高呼:

召集普逻①全权的国民会议!

夺回陈独秀同志!

改造共产党内的官僚党制!实行党内"民主集中制"!

---

① 普逻,亦作普罗,法语普罗列塔利亚的简称,意思为无产阶级的。在中国现代史中的文学作品中经常使用该词。常见的如"普罗文学"、"普罗大众"等。

召请托同志回国挽救国际与苏联危机！

拥护世界各国左派反对派，及其革命路线！

一九三二年十月二十八日

转引自陈东晓编：《陈独秀评论》，第175—214页

10. 罗文干[①]致胡适信　1932年10月28日

适之：

你太聪明了，不肯上我的当，该死。你来信请将陈独秀案付司法审判，其实我于你未来信时，已先电汉接洽，你来电那一天，老蒋已复电照办。我想骗你来，给电你看看，岂知你太可恶，复电不来。我不见你许久，相思欲死，你何以太扫兴呢？

十弟顿首　（一九三二年十月）二十八晚

原载《胡适往来书信选》（中）第139页

1931年任国民政府司法行政部部长的罗文干

11.《中央日报》　1932年10月28日

陈独秀等依法停止接见宾客　审判地点日期未决定

共产党首领陈独秀、彭述之，前晨移解江宁地方法院看押后，该院首席检察官楼英[②]，据情呈报江苏高等法院报告陈犯等解院经过情形，并手谕看守所长龚宽，依法停止陈、彭两犯接见宾客。又陈犯因患肠胃病，每日以稀饭充饥；彭则患眼疾，双目红肿，经该院延传华医院袁遵义治疗。又据楼首席官告记者，陈、彭两犯危害民国罪，依法属高等法院受理，至审判地点与开审日期，均须由高等法院决定，地方法院只负看押责任云。

原载《中央日报》　1932年10月28日　第七版

---

① 罗文干（1888—1941），字钧任，广东番禺人。1909年毕业于英国牛津大学，获法学博士学位。回国后评为留学生最优，赐法政科进士，任教于北大。与胡适交谊甚笃，自命为"有职业而不靠政治吃饭"的自由主义知识分子。1912年在北洋政府历任检察长及司法、财政等部长。筹安会成立后，以检察长身份参劾筹安会组织为非法。1915年辞职南下，参加反袁。1921年12月复任北洋政府司法总长，1922年1月改任大理院院长，同年9月任王宠惠内阁财政总长。1922年11月18日因订立《奥国借款展期合同》，被众议院议长吴景濂告发受贿被捕，蔡元培愤而辞职，并导致王宠惠内阁辞职，史称"罗文干案"。次年6月无罪释放。1928年任东北边防司令长官公署顾问。1931年担任国民政府司法行政部长，1932年兼外交部长等职。1933年5月，在《塘沽停战协定》签字后，辞去外长职位。1934年10月又辞去司法行政部长职务（同年8月由王用宾接任）。后在西南联大教授《中国法制史》。1941年10月，在粤北乐昌县城，因恶性疟疾不治身亡，享年53岁。

② 楼英：1927—1937年任江苏上海地方法院首席检察官，后到台湾。

12.《大公报》 1932 年 10 月 28 日　短评

营救陈独秀

陈独秀等被捕,已归到法院管辖,只要公开审判,按照法律处置,便是正当。

陈独秀是一个领袖,自有他的信仰和风格,所以只须给予他机会,叫他堂堂正正地把主张、意见,向公众公开申述,这正是尊重他、爱护他的道理。如果用哀恳式的乞怜、感情式的缓颊,在法律以外去营救他,倒反转辱没了这位有骨头、有意识的老革命家。

听说前天蔡元培先生们电致中央党部和国民政府,替陈求情,电内有"矜惜耆旧,爱怜人才"的话,我们认为是多此一举。

中国社会,实在太寂寞了,什么领袖,能够有真诚信念,不变节,不改话,言行始终一致的,找得出几个？所以我们希望大家应当成全陈独秀才对!

原载《大公报》 1932 年 10 月 28 日　第四版

13.《益世报》 1932 年 10 月 28 日

陈独秀案开审期须由苏高法院决定

[南京二十七日下午九时专电]　南京地方法院首席检察官楼英,向苏高法院呈报陈、彭解院经过,并谕看守所长依例停止陈、彭接待宾客。据楼谈,开审日期、地点,须由苏高法院决定。

原载《益世报》1932 年 10 月 28 日　第二版

14.《世界日报》 1932 年 10 月 28 日

陈独秀谓本人主张毫不改变　将来受任何处分自无悔言　陈昨对记者表示并未犯危害民国罪　并谓真正危害民国者为胡立夫、王赓　陈案公开审判约在二、三月后

[本报南京二十七日下午十时五十分专电]　据某司法当局谈,陈独秀、彭述之案,将全归苏高等法院审判。审判时,党、政、军概不参预。现正由该院检查处侦察案卷,俟侦察毕,即提公诉。公开审判在二、三月后,审判地点将照牛兰案办法,有〔由〕苏高等法院派员来京审问。记者访陈独秀于狱,询以感想如何,据陈答称,我们目前只要求公开审判,因此地所贴标语,称我们为危害民国,照民国二字名义说,一为民主国家,一为共和政体,但世界任何国之共和政体与民主国家,对人民之言论出版等绝对自由。国民党首次代表大会宣言,谓人民言论出版,有完全自由,此为事实。且称为民国,则我们虽有出版物或反对现代政党,并不是反对国家,亦不能称

为危害民国。真正危害民国者，乃是汉奸胡立夫、王赓等。月前王赓押在军法司，且十分优待，在广州枪杀爱国学生之军官亦押在军法司，同样十分优待。言至此，陈忽以掌拍桌，声浪甚高，似大为不平。记者复问，蔡元培等曾电党国，称尔（指陈）等虽有反对现党政之言论，但与实行暴动实不能一概而论，但不知所谓暴动意义为何如。陈答，革命当然要暴动，即国民党革命时，亦采取暴动方法，但宣传革命与实行暴动，虽为同一问题，惟宣传革命为民主国家所不禁止，暴动革命胜则获得政权，败则为政权所制裁，乃又不同。外传本人被第三国际共党开除，为反对暴动，其实并非尽然，其中另有内幕。余意暴动应适合大多数人民需要，不需要而暴动，即为捣乱，毫无意义。是以至现在，本人之主张尚如此，毫不改变，将来纵受任何处置，为主义起见，自无悔言。且中山革命为不满满清政体，及袁世凯、段祺瑞，二次革命时北京政府所杀戮之学生群众，不计其数，国民党自首者且可免罪，但结果国民革命一样成功，袁一样失去政权，本人对蔡意深表感谢，但原来主张，仍不丝毫改变。

原载《世界日报》 1932 年 10 月 28 日第三版

15. 《涛声》① 第二十八期 1932 年 10 月 29 日

曹聚仁②致吴稚晖③、蔡孑民④、邵元冲⑤三先生的一封公开信

稚晖、孑民、力子三先生，

① 《涛声》：文艺周刊。1931 年 8 月 15 日在上海创刊。上海群众图书公司发行。以刊登杂文小品为主，兼有诗歌、漫画等其他形式的文艺作品，对社会现象、思潮及文艺进行评论。曹聚仁、曹礼吾、陈子展、黄子冈等编辑。主要撰稿者有曹聚仁（陈思）、陈子展、周木斋、杨霁云等，鲁迅先生亦为该刊撰文数篇。自第 1 卷第 21 期起，刊头上印有乌鸦搏浪图案并题词："老年人看了摇头，青年人看了头痛，中年人看了短气，这便是我们的乌鸦主义。"图案"象征大时代大变动"和"我们为时代而叫喊"。（曹聚仁语）1933 年 11 月 25 日出至第 2 卷第 46 期后"被国民党政府查禁，奉令"被迫终刊。

② 曹聚仁（1900—1972），浙江兰溪人。中国左派作家、编辑、记者、教授。1921 年毕业于浙江省立第一师范，此后曾任教于上海多所大学。1950 年以后任香港《星岛日报》编辑，著有为中华人民共和国建设大唱赞歌的《北行小语》、《北行二语》、《北行三语》等。热衷于政治，甚至前往台湾游说蒋经国易帜，无功而返。1972 年 7 月 23 日病逝于澳门镜湖医院，作为爱国人士，葬于故乡浙江兰溪。

③ 吴稚晖（1865—1953），原名朓，后改名敬恒，学名吴纪灵（又称寄蛉），字稚晖，江苏武进人。中国近代思想家、政治家、教育家、书法家，台湾中央研究院院士。1902 年加入上海爱国学社，曾参与《苏报》工作。1905 年在法国参加中国同盟会，出版《新世纪》报，鼓吹无政府主义。1924 年起任国民党中央监察委员、国民政府委员等职。1927 年支持蒋介石反共清党活动。1953 年卒于台湾。

④ 即蔡元培。

⑤ 邵元冲（1890—1936），字翼如，浙江绍兴人。毕业于杭州浙江高等学堂，后加入同盟会，曾任孙中山大元帅府机要秘书。1919 年赴美国留学。后历任国民党补行委员、国民党中央青年部长、杭州市市长、国民政府立法院副院长等职，参加国民党右派召集的西山会议，曾因挪用公款引起市民指责，被迫辞职。1936 年 12 月初，应蒋介石电召去西安，12 月 12 日，张学良、杨虎城发动西安事变时，从京西招待所跳窗逃跑，被士兵开枪击伤，两天后死于医院。时年 46 岁。

报载陈独秀先生被捕,我看了心中有莫名的悲痛!

汉末,王允①收蔡伯喈②付廷尉治罪,马日磾③驰救不得,遂死狱中。搢抻诸儒,莫不流涕!日磾叹息:“善人,国之纪也;制作,国之典也;灭纪废典,其能久乎!”以千百年后来人看来,王允怎样?蔡伯喈怎样?汉朝的命运又怎样?在明达的三先生面前,原用不着我再说什么的。凡所以经邦理国者,说来说去,无非希望“她”能久;孟老夫子说:“不嗜杀人者能一之。”则运用党锢政策,实行扫荡人才,结果闹得关门大吉。还落得马日磾不幸而言中,与希望“能久”的原来希望,结果岂非南辕北辙,大相违背?所以:“凡所称引”,虽是“自公所知”,还不能不痛哭流涕为三先生陈之!

以我之与陈先生之漠不相识,和三先生之与陈先生,“演过多少次赤壁之战,一个充做诸葛亮,一个充做鲁肃,客到之前,客到之后,你我徘徊屏际”,关系之深浅,相去何可以道里计!且目前蔡孑民先生为着一个洋共产主义者那么秉义力争,则替平生至好更奔走援助,必得请而复已自在预期之中了。但洋共产先生能得千百多学者替他呼吁,而国货共产先生乃不得一人援助,以过去的事实证明,或乃竟如此,则我这个杞人,虽是忧天,不无相当的意义了!

要把这五、六年来政治上是是非非的责任,都放在共产党身上,三先生当不作如此想。换个方向看,这五、六年来,若没有共产党,没有红军,中国政治即会有办法,三先生亦不当如此想。现在戴了红帽子就得上断头台,三先生周游列国,识广见多,世界上可曾有过这种先例?先陈独秀而上断头台,先后何止万人?这千万人中还有陈独秀的两个儿子,一定要说这些人是红眉毛绿眼睛的十恶不赦的家伙,那得让百年后的传奇小说上去说;我们亲见其人,亲闻其语的只能承认他们和常人一样,至多他们不过多一个热望,热望把社会改造得好一点而已。记得吴稚晖先生曾经说过:“他们共同之点,在矮子里头寻长人,都是比较有三分诚心,想把中国弄好的。我在两百年后论他们,我称他们都是爱国者。”因此,不问《危害民国紧急治罪法》上怎么说,信仰社会主义的,不应该使他们受这样惨[残]酷的待遇,三先生当能加以承认。

---

① 王允(137—192),字子师,太原祁(今山西祁县)人,东汉末年大臣。汉献帝时任司徒兼尚书令,并成功谋划刺杀董卓。据《后汉书》记载,蔡邕闻董卓死讯,叹息一声,子允大怒,又恐蔡邕会象司马迁那样写一部史记,记下他的不良言行,不顾蔡邕本人及大臣马日磾求情,将蔡缢死狱中。

② 蔡伯喈,即蔡邕(133—192),字伯喈,陈留圉(今河南杞县)人。东汉文学家、书法家。博学多才,通晓经史、天文、音律,擅长辞赋。灵帝时召拜郎中,校书于东观,迁议郎。曾因弹劾宦官流放朔方。献帝时董卓强迫他出仕为侍御史,官左中郎将。董卓被诛后,为王允所捕,死于狱中。蔡邕著诗、赋、碑、诔、铭等共104篇。他的辞赋以《述行赋》最知名。

③ 马日磾(? — 194),字翁叔,东汉人,马融族孙。曾任太尉,后于李傕时期任太傅。曾奉丞相董卓之命,为交战的袁绍和公孙瓒调停。董卓死后,蔡邕被认为与董卓同党,因而被关入监牢待斩,他欲救蔡邕,向王充求情,遭拒。

以上就一般立论，以下单就陈独秀先生来讲。吴先生对于陈独秀是曾算做又过了两百年拿出那种做史论的风味，把时人去掉了恩怨，诚心的批判过的。吴先生说："陈先生的大吐大泻法，也不是陈先生能说得听别人，一定肯用，假如像"胡适之"那种含纤维质很富的，当令一点，不长新痞积，自然陈先生的巴头〔豆〕大黄汤①煎好了也无人过问。倘使"章氏保痞丸"②，竟会同红丸金丹一样流行，连倒把胡适之也送入咸菜缸里，做了茶干，变了不消化性质，痞积直增起来，到革麻子油泻不下的世界巴豆大黄自然会当令，这是已往不可挂的事实。——凡一制度崩坏，而新制度代生之先，必有稍奇之反动，乃亦一定之步骤，有如北美共和肇兴，而大革命之法兰西，反产出专断的拿破仑，又继之以神圣同盟，梅特业③的守旧反动，至亘二十余年，然由是而一八四八再革命，拿破仑第三自称帝。至普法战争后，法国却巩固了共和局面，又是一帆风顺，共和之趋势，愈推愈广。欧战以后，一方面方发生了从来没有那样认真的苏联共产党，一方面却又发生了也是从来没有那样认真的伊〔意〕大利法西斯党。这又是一巴黎大革命，与维也纳大守旧，相映成趣的把戏。最后是谁的一帆风顺，可怜今日谁在那里替人出力的自动促成别人的局面呀！则吴先生因明以为"陈独秀式的鼓吹共产，大家不必惊惶，惟有'章士钊'式的醸进共产，定是不得了。"我们大家为中华民国的千秋万岁着想，"不捕不杀"与"多捕多杀"的得失之间，关系如此重要，如三先生之身任想〔中〕央委员有实权者，应该网开一面，为国家留一线元气的。三先生以为如何？

陈先生的被捕事件，就纵的关系说，是否含有对于"五四运动"算总账的意义，五四运动前后的人物，若让我说一句狂妄的话，大半可说已经死亡了；有的在革命阵线上死亡，有的从古革命的阵线逃到腐化网中，行尸走肉，只是一个活尸。若说陈先生应该担负五四运动以来的功罪责任，国家应该先设一个大规模的反省院，请吴、蔡、邵三先生首先进去，还请戴季陶先生，于右任先生，汪精卫先生，胡汉民先生，周佛海先生，蒋梦麟先生，罗家伦先生以及参加五四运动现在当朝秉政的人物一同进去，大家反省一下究竟谁的罪过最大？究竟谁该上断头台？谁该判处徒罪？那才是最公平的办法！我们若共同承认各自是五四运动以来中华民国的罪人，则相向而哭是正事。一面忏悔，一面宽容，中华民国的生机，即在于此，亦未可知。不知三先生以为如何？

最后还引一引吴先生的话，吴先生说："××党的错误，他是一方反对守旧党，

---

① 巴头〔豆〕大黄汤：中药烈性泻药。

② 章氏保痞丸，指骂章太炎保筹安会六君子。

③ 梅特业(1773—1859)，奥地利外交家和政治家。1809 年起任奥地利外交大臣，前后达 40 年之久，是策划成立 1815 年 9 月俄奥普"神圣同盟"的核心人物，1848 年维也纳三月革命后被赶下台。

一方抑遏激进派”,他以为这是行我中庸之道的方法。其实官僚有四千多年传统,势力扩大,要想化官僚,结果终是官僚化。激进派有世界革命之背影,亦非抑遏可以消灭。官僚柔而激进刚,不胜激进之窘迫,往往便与官僚妥洽,有时还进一步,竟助官僚以扑激进,于是鹬蚌相持,官僚之渔利全奏两凯,一是他们的实力,成功了军阀割据,一是他们的酸质,把什么党逐渐十有八九的化成官僚或准官僚。……所贵乎温和稳健派之新党者,即一方战胜官僚,一方容忍急党,而自命即为“收现局惟一适当之人物是也”。这样明快切当的理论,辅以高高在上的地位,则陈先生必以三先生之力的邀赦,定在预料之中的了。明末东厂下吴中逮捕周顺昌,吴中士民众数万人遮道恳救①,这是吴中的故事,我以一品大百姓的资格,向三先生再提一提,请原谅我的啰嗦!

曹聚仁

这一封公开信给我先看了,又是一个不怕死的曹鸾②请赦党人,我想至少吴稚晖先生看见,免不了几个哈哈!

楚狂老人敬读

原载《涛声》第 28 期第一版　1932 年 10 月 29 日

16.《大公报》 1932 年 10 月 29 日

营救陈独秀　蔡晓舟③之呼吁

本报昨接蔡晓舟代电称,天津《大公报》转蔡孑民、顾孟余、王抚

---

① 明朝天启(明熹宗)年间,以太监魏忠贤为首的阉党把持朝政,贪赃枉法,残害百姓,利用手中掌握的“东厂”特务,专门迫害正直人士,血腥镇压主张改革弊政、整肃吏治的东林党人。周顺昌,苏州人,为官清正,为魏忠贤忌恨。当“东厂”特务下吴中逮捕周顺昌时,苏州发生了仗义捐躯的五义士事迹,轰动一时,人称“五人义”,是苏州历史上一次大规模的市民抗暴斗争。

② 曹鸾,东汉末年人,曾任永昌太守。后因上书汉灵帝,为党人鸣冤叫屈,触怒灵帝,遂下狱,被拷打致死。

③ 蔡晓舟(1885—1933),安徽合肥人。1908 年参加熊成基领导的安庆新军马炮营起义。民国初期在甘肃工作多年,任过盐运官。后在北京大学总务处、图书馆任职,接受了马克思主义。1919 年到安徽进行革命活动。相继创办了“工读夜校”、“工商夜校”和义务小学,积极宣传马克思主义。1921 年初,在怀宁县学宫义务小学召开安庆社会主义青年团筹备会议。4 月在安庆菱湖公园主持召开安庆社会主义青年团成立大会。参与领导并组织了安庆地区驱逐省长李兆珍的斗争。1923 年组成“二七”惨案后援会,主持在黄家操场召开数千名学生参加的声援大会。会后,举行了示威游行和募捐活动,号召社会各界声援。他曾刀断左手中指,血书“誓死争取筹建安徽大学”,先后到北京、上海、南京等地游说筹措经费,并被推选为安徽大学筹备主委。1923 年,他联络各界人士成立“安徽省国民救国大会”,提出“驱逐杀人放火的马联甲”的口号。10 月,和王步文等人领导学生捣毁国会议员何雯、张伯衍的住宅。遭通缉后,于 1924 年潜入上海,在亚尔培路附近弄堂办起“工人业余夜校”,向工人群众进行爱国主义和马克思主义的宣传教育。同时和王步文在上海重新出版《黎明周报》,揭露安徽贪官污吏祸国殃民的罪行。同年加入中国共产党。1926 年 11 月,北伐军入皖,他从上海秘密返回安徽合肥,同共产党员李云鹤(原名郑鼎)等人在合肥北乡串联了 300 余人的地方武装,于 11 日在吴山庙小营盘成立“安徽讨贼军第四路军司令部”,他任司令员。吴山庙起义失败后,他离开合肥到外地开展革命活动。1931 年,应马应亭的邀请,回到安徽任区长、训练所所长。不久,他辞职赴京,从事著述工作。1933 年春,他在北京出任“安徽中学”校长,因继续从事反对国民党反动统治的革命活动,引起反动当局的忌恨。同年 8 月,在离校返家途中遭到国民党特务暗杀。

五①、高一涵②、田炯锦③、罗家伦④、段锡朋⑤诸先生暨各省、各市北大同学会公鉴：陈独秀先生勇猛精进，最肯牺牲，于我国文化运动、制度改革、凡百维新大业，贡献已多。虽年来彼此政治立场未能尽同，要自为难得之良友，况渠以反对农民暴动政策，早被共产党开除党籍，尤为彰彰在人耳目之事。论罪已可原恕，今竟以憔悴衰病之身，突遭拘禁，至于贫穷无钱延聘辩护律师，尤足令人廑念不已。务恳我同事同学，俯念旧日交情，多方援救，为个人留一良友，亦即为国家多保存一份元气也。临电神驰，无任盼祷，蔡晓舟艳。⑥

17.《中央日报》 1932 年 10 月 30 日

陈独秀等解宁法院后　苏高法院开侦查庭

检察官朱隽偕书记官等奉派来京　明日仍须再度侦察始返苏提公诉

共党杜洛斯基派首领陈独秀、彭述之危害民国一案，自经中央决定交由江苏高等法院审理后，除一面将陈、彭二犯解押江宁地方法院外，苏高法院已经着手检查本案所获各项证物。该院前日已派检察官朱隽偕同书记官等来京，于二十

---

① 王抚五，即王星拱(1887—1949)，字抚五，安徽怀宁人，著名教育家、化学家、哲学家。早年入英国伦敦大学帝国科学技术学院学习，在英加入中国同盟会欧洲支部。毕业回国后任北京大学教授，后历任安徽大学、武汉大学、中山大学校长。五四时，在《新青年》等刊物上发表文章，宣传科学知识，反对宗教迷信。1925年“科学与玄学”论战中，主张“科学万能”。1948 年 3 月，辞职回安庆。国民党当局屡次催逼他飞赴台湾，皆不予理睬。1949 年 10 月 8 日，在上海病逝，终年 61 岁。在上海的 300 多名武大校友聚会哀悼；陈毅市长送挽联一副，上书：“一代完人。”

② 高一涵(1885—1968)，原名永浩，别名涵庐、梦弼、笔名一涵，安徽六安人。曾留学日本明治大学攻读政法，民国五年(1916)7 月回国与李大钊同办《晨报》，经常为陈独秀主编的《新青年》撰稿，并协办《每周评论》。作为新文化运动的主力军之一，高一涵在《新青年》上发表了大量作品，著作有《政治学纲要》、《欧洲政治思想史》、《中国御史制度的沿革》等，翻译有《杜威的实用主义》、《杜威哲学》等，另有诗集《金城集》。1968年病逝，葬南京雨花台公墓。

③ 田炯锦(1899—1977)，字云青，甘肃省庆阳人。毕业于天津南开中学，考入北京大学预科，曾参加五四运动。后获美国伊利诺大学硕士及博士学位。历任东北大学教授，监察委员，甘肃教育厅长，甘肃学院院长，“国大代表”主席团主席，陕甘监察使，考选部长等职。1949 年赴台，初任“行政院政务委员”兼“蒙藏委员会”委员长，后改任“内政部长”。1960 年再度主持“蒙藏委员会”。1963 年专任“政务委员”，曾主持台北市乞讨制专案小组、法规整理委员会。1971 年调任“司法院”大法官，旋擢“司法院”院长。1976 年当选国民党中央议评委员会主席团主席，兼任“行政院光复大陆设计委员会”委员。并执教于私立昆山工专及昆山中学，任董事长。1977 年病逝台北。

④ 罗家伦(1896—1969)，字志希，笔名毅，原籍浙江绍兴，生于江西进贤。国立清华大学、中央大学校长，国民党中执委，驻印度大使；台湾“国大代表”，“考试院”副院长，“国史馆”馆长，“中国笔会”会长。

⑤ 段锡朋(1896—1948)，字书治，江西永新人。1916 年入北京大学政法科学习，1918 年发起创办《国民》杂志。1919 年五四运动时，参与组织学生集会游行，被选为中国学生联合会第一任主席。后出国留学，先后在哥伦比亚大学、伦敦大学、柏林大学、巴黎大学学习。回国后任武昌大学历史教授、广东大学历史系主任。1930 年起任国民党政府教育部次长、南京国立中央大学代理校长、中央训练团教育委员会主席、国民党中央执行委员。1948 年在上海去世。

⑥ 艳：艳日，即 29 日。

八日晨九时半，即假江宁法院刑二庭开侦查庭，当经签提陈、彭二犯到庭，审讯至十一时许始行退庭。因侦查庭向守秘密，故内容无从探悉。闻朱检察官现仍留京，将于下星期一，再继续开庭侦查，再行返苏，提起公诉。惟朱氏以本案案情重大，昨日特条谕陈、彭二犯危害民国案情节重大，在侦查期中，严厉拒绝一切之接

江苏高等法院旧址今貌

见。昨据看守所中人员谈称，陈犯肠胃病已稍愈，仍进稀饭，彭之目疾亦已见瘳，陈、彭二犯，自入所以来，并无书信与亲故之往还云。

又自陈、彭等被捕后，中委蔡元培等，曾电请中央将陈、彭公开审讯，外间对此发生种种误会。中央社记者昨遇与蔡氏接近之某君。据谈，陈彭一案，与牛兰案情形相同，牛兰案既由苏高等法院在京公开审讯，陈、彭案自当同样办理，故蔡氏等电呈中央，将陈、彭依法公开审讯，此与保释陈、彭迥然不同。至陈、彭案，将来究应如何判罪，苏高法院审讯后，自能依法断定，蔡氏等对此毫无意见云。

原载《中央日报》 1932年10月30日 第七版

18.《申报》 1932年10月30日

陈独秀案在京开侦查庭

南京　苏高法院派检察官朱隽偕书记官等来京，于今晨九时半，假江宁法院刑二庭开庭，侦查陈独秀、彭述之犯罪案，审讯至十一时始退庭。朱检察官现仍留京，将于下星期一再开庭侦查一次，即返苏提起公诉。朱以本案案情重大，条

谕看守所，在侦查期中，拒绝一切接见、及书信往还。（二十九日专电）

南京　共党陈独秀、彭述之，解江宁地方法院后，该院已呈报苏高等法院。闻苏高等法院最近将先派检察官来京，先开侦查庭，讯明罪证后，即提起诉讼，再由苏高等法院派推事来京公开审讯。（二十九日专电）

南京　苏高等法院长林彪①为审理陈独秀、彭述之一案，于二十九来京，谒司法行政部各当局，接洽一切。（二十九日专电）

原载《申报》 1932 年 10 月 30 日　第三版

19.《大公报》 1932 年 10 月 30 日

刊登的陈独秀、彭述之在江宁地方法院候审室的照片及说明

说明：共党陈独秀、彭述之解送江宁地方法院，在候审室摄影。左为陈独秀，右为彭述之。时陈、彭态度，均颇从容。二人皆着灰色棉布长袍，黄皮鞋，棕色布裤，头戴青灰色半旧呢帽。陈面容憔悴，两鬓已斑。彭双目赤红，眼疾颇重。陈自谓为安徽怀宁独秀山人，年四十六岁，一九二二年曾游俄一次。民国十六年，武汉政府分裂时，即赴沪上。

原载《大公报》 1932 年 10 月 30 日　第七版

---

① 林彪(生卒不详)：投敌前，曾任国民党政府军政部司法院院长兼江苏高等法院院长。投敌后，任汪伪国民政府司法院行政法院院长。

20.《大公报》 1932 年 10 月 30 日

苏法院检察官禁止陈彭会客

侦查开始 将公开审讯

[南京二十九日下午十时发专电] 陈、彭案苏高法院二十八日晨开侦查庭,检察官朱隽奉派来京审讯。朱条谕不许陈、彭会客。

[南京二十九日下午九时电] 共党陈独秀、彭述之解江宁地方法院,已呈报苏高法院。闻苏高法院最近将先派检察官来京,先开侦查庭,讯明罪证后,即提起诉书,再由苏高法院派推事来京公开审讯。蔡元培对陈、彭案曾电请中央公开审讯,外间对此发生种种误会。据接近蒋氏之某君谈,陈彭案与牛兰案同,牛兰既由苏高法院公开审讯,陈彭案自因同样办理。蔡电中央请将陈彭案公开审讯,此与保释不同,且将来判罪,苏高法院审讯后,自能依法断定,蔡等对此毫无意见云。

原载《大公报》 1932 年 10 月 30 日 第四版

21.《益世报》 1932 年 10 月 30 日

陈独秀案

苏高等法院将先开侦查庭

讯明证据后再提起诉书

[南京二十九日下午十时本报专电] 共党陈独秀等移地方法院后,该院已呈报苏高法院,……(同 1932 年 10 月 30 日《大公报》相关报道,此略)

[南京二十九日下午九时本报专电] 陈独秀案,苏高等法院开侦察庭,朱检察官由苏来京,口理审讯,朱条谕不准陈、彭见客。

22.《晨报》 1932 年 10 月 30 日

陈独秀、彭述之解往法院经过

暂押看守所内优待室 审讯地点及日期均未决定

[南京特约通信] 共党托洛斯基派领袖陈独秀、彭述之,自在沪弋获解京后,即暂押于军政部军法司,昨日①上午十时,该司奉令押解江宁地方法院羁押。兹将详情分志于次:

决定地点 本星期一中常会谈话会,蒋(中正)来电提议,陈独秀、彭述之等应交法院公开审判,经通过后,即转令司法行政部依照法定手续审理。该部奉

---

① 应为二十六日。

令，以陈等为危害民国罪，依法第一审即属高等法院，并以高等法院远在苏州，故决定暂押于苏州高等法院属之江宁地方法院，听候高等法院决定审讯地点，当咨军部转令军法司遵照办理。

解往情形　军法司奉令后，即派定监狱科官长周、游二君，及军警八人，于昨①(二十六)日上午十时，将陈彭二人提出，连同铺盖二付，行军床二只，一并押登该司大卡车一辆，直驶地方法院羁押。十时五十分，车抵法院，即将陈、彭两人送至检察署候讯室，押解人员即行遣返。移时，检察官吴绍昌，即将陈、彭二人讯问姓名、年龄、籍贯完毕，签送看守所暂押。

住优待室　江宁地方法院看守所，原拟将陈等羁于普通狱所，嗣因前牛兰夫妇所住之优待室无人羁住，因所犯案件，性质与牛兰案相同，故决定暂住该室。该室房间极为清洁宽敞，共有一、二、三三间，分为三号，现陈、彭二氏同住二号，一号即为该所法医办公室。陈等入二号后，法医因彭一目患疾，当施以洗涤，并包以硼酸纱布，以期速愈。记者曾于昨日②下午往看守所探视，见该室极宽大，中置行军床二、方桌一、方凳二。陈穿灰布棉袍，棕色裤，正徘徊于室中，似病已痊愈。彭穿灰布棉袍，蓝色裤，仰卧床上，左眼包有纱布。

解往原函　军法司解往法院时，并备一函，原文略谓：危害民国案犯陈独秀、彭述之，请收押审办等由一案，业经派员侦明在案。查被告陈独秀、彭述之二名，既非现役军人，而犯罪地点又核与《危害民国紧急治罪法》第七条前段规定不合，本司自属无权管辖，依法应由江苏高等法院管理。除获案文件，未准附送，应请经向中央组织委员会调处外，相应将陈独秀、彭述之二名，连同本司侦查卷，派员解送贵院，即希查照验收给据，并转解江苏高等法院收办，公毕仍将本司原卷归还送档为荷。法院收到后，即付以收据。

王震南谈　记者昨③晤军法司司长王震南氏，叩以陈独秀等拘押该司及移解经过。据谈：陈独秀自拘押本司以来，余曾两度审讯，始终未得关于军事上之线索。昨日④下午三时，何部长亦电知本司，将该犯转解军部，在军部会客厅亲自审讯，达一小时之久，但其所供各点，均非关于军事。而该犯系非现役军人，犯罪地点，又核与《危害民国治罪法》第七条前段规定不合，本司无权管辖，故于今日⑤上

① “昨”字应删。
② 应为二十六日。
③ 应为二十六日。
④ 应为二十五日。
⑤ 应为二十六日。

午电询中央组织委员会调查科处置办法,并电请司法行政部刑事司司长李幼泉[1],转告江宁地方法院准备监房,查验收押。当即于上午十时派游看守所长率同看守员将该二犯押送至江宁地方法院拘押,以免外界误会云云。

陈独秀谈　记者至江宁地方法院看守所,由该所派员导往至病监第二号,斯时陈独秀徘徊于门外走廊,彭则仰卧于床上。记者即与陈独秀氏作谈话如下:(记者问)先生贵恙,近况如何?(陈氏答)余在沪被捕之时,方患病稍痊,至捕房后,未得诊治,致又转剧。自引渡后,曾入医院医治。解至南京后,又蒙军法司派医诊察,现已稍痊,惟精神尚觉疲乏。(问)先生对于此次被捕,感想如何?(答)余无何种感想。惟对于我二十〔年〕来未到之南京,见各处之建设及商业之繁盛,真胜昔百倍,在此国难日亟之时,政府仍能努力发展建设,此点实为国家前途庆幸。(问)法院对先生一案,即将开审,外传先生已聘定辩护人,确否?(答)余等案件系政治问题,又可说是学理问题,似无须请人辩护。如欲请人辩护,亦须有钱才行,但我系一穷措大,而信件来往每月只能一次,何来有此充分之时间,作请人之准备,故如开审期促,则更不延人辩护矣。(问)先生近在监中,作何消遣?(答)惟每日看看中央军校出版之各种军事丛书云云。

原载《晨报》 1932 年 10 月 30 日　第八版

转引自《陈独秀被捕资料汇编》,第 151—153 页

23.《独立评论》　第二十四期　1932 年 10 月 30 日

陈独秀案

傅斯年[2]

最近陈独秀在上海被公共租界工部局捕去,移交中国官厅,又解到南京,押在军政部军法司候审。这事件引起南北舆论重大的注意,平津的几个重要日报都有社论,论这件事,而其结论皆不外乎政府处置此案应分别陈氏之功罪,给他一个合法的公正的判决,不可徒然用一个"反动"的公式率然处分。舆论的这个

---

① 李幼泉,生卒不详。国民政府司法行政部刑事司司长,《地方行政季刊》主编,主持地方行政季刊社。

② 傅斯年(1896—1950),字孟真,山东聊城人,祖籍江西永丰。1913 年入北京大学预科。新文化运动中提倡白话文,与罗家伦等组织新潮社,编辑《新潮》月刊。为"五四"运动学生领袖之一。1919 年底赴欧留学。1926 年冬应中山大学之聘回国,历任教授、文学院长、中国文学和史学两系主任。1928 年因蔡元培之邀,创办中央研究院历史语言研究所,任专职研究员兼所长。后兼任北京大学教授,社会科学研究所所长,中央博物院筹备主任,国民参政会参政员,中央研究院总干事,政治协商会议委员,北京大学代理校长等职。1948 年当选为中央研究院院士。1949 年去台湾,任台湾大学校长。1950 年 12 月 20 日因脑溢血病逝。

态度我觉得是很可以佩服的。我们绝不能要求执政者法外徇情,同时也绝不能同意当官者之主观用事。我们对一切司法案件皆应如此主张,对陈案何独不然?

傅斯年

陈独秀案不是一件简单的事情。假如陈氏是在江西或湖北共产党巢穴中捕去,他是一个现行犯,这事情简单的多了,然而他是在上海公共租界中捕去,而其本身与其同派的人又早已为苏俄背后之第三国际开除了党籍,且对于他们这些人的态度是拔刀相见的。假如陈氏在江西共产党区域被共产党捉了去,他顿时便要明证了苏俄的典刑了,现在是国民党之政府捉到手,于是处置此事完全有考虑陈氏一生行迹,及近二十年中国革命历史之必要。

我们为要去论这件事,应该把陈氏行迹分作三段去看。

第一段是考虑国民党清共以前十年中陈氏在中国革命史上的地位。这里所论革命者,不只政治革命,应该槩括一切社会的、文艺的、思想的改革而言。本来近代的革命不单是一种政治改变,而是一切政治的、思想的、社会的、文艺的、相互改革,否则革命只等于中国史上之换朝代,试问有何近代意义呢?且就中山先生的“三民主义”看,其中含有无限的社会改造,何曾是“你去我来”的公式呢?所以我这一段中把革命用作广义的,必为读者所同意罢!

清末陈氏在日本时,加入革命团体,而与当时长江革命人士一派较亲密,与粤、浙各部分较疏,又以他在学问上及著文的兴趣,与《国粹学报》①、《民报》②诸人同声之来往最多,然而因为他在思想上是胆子最大,分解力最透辟的人,他永远是他自己。东南革命时,他先在南京,后到安徽都督府中作柏文蔚先生之秘书长。民国二年,反袁举义,失败逃亡,在日本度他那穷的只有一件汗衫,其中无数虱子的生活。袁世凯死了,他回来,在上海开始办《新青年》,要知道陈独秀对于革命的贡献,《新青年》便是最重要的证据。

《新青年》可以分作三个时期看,一是自民国四年九月创刊时至民国六年夏,这

---

① 《国粹学报》月刊,1905年2月23日创刊,国学保存会机关刊物,主编邓实。以“发明国学、保存国粹”为宗旨,1911年辛亥革命后停刊。

② 《民报》月刊,中国同盟会机关报,1905年6月创刊于东京,孙中山撰写发刊词,首次提出三民主义。1910年2月停刊。

时候是他独立编著的。二是自民国六年夏至九年年初,这是他与当时主张改革中国一切的几个同志,特别是在北京大学的几个同志共办的,不过他在这个刊物中的贡献比其他人都多,且他除甚短时期以外,永是这个刊物的编辑。三是自民国十年初算起。这个刊物变成了共产主义的正式宣传刊物,北大的若干人如胡适之先生等便和这个刊物脱离了关系。现在从《新青年》中看陈君之贡献与变迁是很明了的。

陈独秀是在反袁的立场上最努力的人,文字的和实际政治的皆然。袁氏代表什么呢?若把袁氏看作代表帝制,真正太把事情看浅了。蔡孑民先生的见解最澈底,他说:“袁氏之为人,盖棺论定,似可无事苛求。虽然,袁氏之罪恶非特个人之罪恶也。彼实代表吾国三种之旧社会:曰官僚,曰学究,曰方士。畏强抑弱,假公济私,口蜜腹剑,穷奢极欲,所以表官僚之黑暗也。天坛祀帝,小学读经,复冕旒之饰,行拜跪之仪,所以表学究之顽旧也。武朝宣誓,教会祈祷,相士贡谀,神方治疾,所以表方士之迂怪也。今袁氏去矣,而此三社会之流毒果随之以俱去乎?”(《旅欧杂志》第三号)

袁氏之死,虽不曾将这三个社会带了去,而反应之下却给反对这三种社会的分子一个阳春。《新青年》便是应运而生于民国四年之秋。那时候的志士虽也知道中国的问题并不简单,然而总看见希望在前面,希望的寄托正在青年身上,在能以天所付给之体力、智力为基础,西洋近代文明之贡献为工具,以刷洗这几千年的瑕秽之青年身上。独秀把这个意思透辟的、扼要地写在他的《新青年》发刊词中,他说:

“欲救此弊,非太息咨嗟之所能济,是在一、二敏于自觉,勇于奋斗之青年,发挥人间固有之智能,抉择人间种种之思想,利刃断铁,快刀断麻,决不作迁就依违之想,自度度人,社会庶几其有清宁之日也!……若夫明其是非,以供抉择,谨陈六义,幸平心察之!

(一)自主的而非奴隶的,(二)进步的而非保守的,(三)进取的而非退隐的,(四)世界的而非锁国的,(五)实利的而非虚文的,(六)科学的而非想象的。”

发轫于这个立点上,则后来之伦理革命论,文学革命论,民治论,以及社会主义,都是自然的趋势,必然的产物。

而陈氏之发挥这个立点,尤有一个基本精神,即是他的猛烈的透辟的自由主义。我们可于他的《法兰西人与近世文明》中(《新青年》一卷一号)看出他自己造成之来原,他的精神到底是法兰西革命的产品,并不是一个“普罗”的产品,这或者是他终久受不了第三国际的部勒①,而做他的“异端”之缘故罢?

① 约束的意思。

他在这个立点上发轫，自然要着眼到教育问题，他于教育问题上标出四个纲领，（一）现实主义，（二）惟民主义，（三）职业主义，（四）兽性主义（《新青年》第一卷[①]第二号）。这样的一个教育纲领现在还不是过时的，而兽性主义尤其需要。他于“兽性主义”一节下说：

“人间道德之活动，乃无道德的冲动之继续。良以人类为他种动物之进化，其本能与他种动物初无异致，所不同者，吾人独有自动的发展力耳。强大之族，人性兽性，同时发展，其他或仅保兽性，或独专人性。而兽性全失，是皆堕落衰弱之民也。

“兽性之特长谓何？曰，意志顽强，善斗不屈也；曰，体魄强健，力抗自然也；曰，信赖本能，不依他为活也；曰，顺性率真，不饰伪自文也。”[②]

其《抵抗力》一篇（同书一卷三号）痛论我国人“今日卑劣无耻退葸苟安，诡易圆滑之国民性”[③]，正和他的兽性主义相发明，在今天举国不振作之情况下看来，尤觉亲切。他的思想中这个“尼采层”[④]是使他最不能对中国固有不合理的事物因循妥协的，也正是他的文学革命伦理两运动中之原动力。

文学改良之论创于胡适之先生，他在这个运动中第一篇文字是《文学改良刍议》（《新青年》二卷五号）。他在这篇文章中标举入手法八件：一、须言之有物；二、不模仿古人；三、须讲求文法；四、不作无病之呻吟；五、务去滥调套语；

---

① 第一卷《青年杂志》，自 1915 年 9 月 15 日第一号—1916 年 2 月 15 日第六号；第二年即 1916 年 9 月 1 日第二卷一号起改名《新青年》，至 1922 年 7 月 1 日第九卷第六号，均由陈独秀主编。参见石钟扬《天下第一刊——〈新青年〉研究》，中国文化出版社 2007 年版。

② 引自陈独秀《今日之教育方针》一文，参见任建树等编《陈独秀著作选编》第一卷，第174 页。

③ 同上书，第 181 页。

④ “尼采层”即指陈独秀思想中受尼采影响的层面。尼采（1844—1900）出生于普鲁士萨克森州勒肯镇附近洛肯村的一个乡村牧师家庭。1869 年 2 月，年仅 25 岁的尼采被聘为瑞士巴塞尔大学古典语言学教授。1872 年，他发表了第一部专著《悲剧的诞生》（*Die Geburt der Tragodie*）。这是一部杰出的艺术著作，充满浪漫色彩和美妙的想象力；这也是一部幼稚的哲学作品，充满了反潮流的气息。但是在这部哲学著作中已经形成他一生的主要哲学思想。尼采哲学的主题是生命的意义问题，而他对这个问题的解答便是：靠艺术来拯救人生，赋予生命以一种审美的意义。尼采并不就此止步，他毅然攻击最受尊敬的典范——大卫斯特劳斯，以此抨击德国人的粗俗的傲慢和愚笨的自得：“司汤达曾发出忠告：我一来到世上，就是战斗”。《悲剧的诞生》和《不合时宜的思考》（*Unzeitgemabe Betrachtungen*）的第一部发表之后，引来了一片狂热的喝彩声，同时也遭到了维拉莫维茨领导的语言学家圈子的排斥。教授的名声也因此受到了极大的损伤。1883 年，他完成了《查拉图斯特拉如是说》的第一、第二部分，1884 年完成了第三部分，1885 年完成了最后一部分。尼采在这部著作中阐述了著名的“同一性的永恒轮回”的思想。这是他的两个主要思想体系中的一个。而另一个“趋向权力的意志”的构思，由于他的身心崩溃而半途夭折。著名的“超人”理想和“末人”形象就是在这部著作中首次提出的。尼采评价自己这部著作：“在我的著作中，《查拉图斯特拉如是说》占有特殊的地位。它是我给予人类的前所未有的最伟大的馈赠。1886 到 1887 年，尼采把他浪迹天涯时写下的箴言、警句、辞条汇集起来，组成了两个集子：《善恶的彼岸》（1886 年）和《道德的系谱》（1887 年）。在这两个集子中，尼采希望摧毁陈旧的道德，为超人铺平道路。1900 年 8 月 25 日，这位生不逢时的思想大师在魏玛与世长辞，享年 55 岁。

六、不用典;七、不讲对仗;八、不避俗字俗语。照这个方案做下去,只有做白话文之一路。他在这篇文字的末段中也露出这个意思,而未曾作绝对的主张。独秀接着在次一号中(二卷六号)发表了一篇响应的文章,叫做《文学革命论》,他说:

"政治界虽经三次革命,而黑暗未尝稍减,其原因之……大部分,则为盘踞吾人精神界,根深蒂固之伦理、道德、文学、艺术诸端,莫不黑幕层张,垢污深积,并此虎头蛇尾之革命而未有焉。此单独政治革命所以于吾之社会不生若何变化,不收若何效果也。……文学革命之气运,酝酿已非一日,其首举义旗之急先锋,则为吾友胡适。余甘冒全国学究之敌,高张"文学革命军"大旗,以为吾友之声援。旗上大书特书吾革命军三大主义,曰,推倒雕琢的阿谀的贵族文学,建设平易的抒情的国民文学;曰,推倒陈腐的铺张的古典文学,建设新鲜的立诚的写实文学;曰,推倒迂晦的艰涩的山林文学,建设明了的通俗的社会文学。"

这个讲台不仅注意在新文学之寄托物,白话,且高标新文学应有之风气,而说出新文学应有之风气是和中国政治与社会之改革不可分离的。这真是一个最积极的新文学主义,同时也是中国文学史及革命史上的一个不磨的文件!以后文学改革的趋势多集中在白话问题,诚然,这是初步中最基本的问题,然而白话终不过是个寄托物。用白话来做写实主义的文学固然方便,用他来做古典主义也未尝不可,用他来写人道主义固然方便,用他来写萨胧生活也一般方便。当时有个《学衡杂志》,专攻击白话文,我有一次对朋友说他们真把这事看的浅了,他们接受了白话文主义,还可以固守他的古典主义呢?当时对于外国文学又每每没有别择,我有一次对一个谈外〔王〕而德[①]的朋友说,你要打倒李义山[②],这是很有道理的了,然而要引进外而德这是多么矛盾呢?我这里说上这些不相干,无非要形容当时在文学改革的运动若干混乱的现象。独秀开头便看得透辟,以为文学革命之凭借第一是用白话以代古文,第二是借欧洲新文艺之真实,以代中国传统文学之虚伪,所以当年文学改革运动不仅是个形式主义,且是一个质料问题。

独秀当年最受人攻击者是他的伦理改革论,在南在北都受了无数的攻击,诽谤,及污蔑。我觉得独秀对中国革命最大的贡献正在这里,因为新的政治决不能建设在旧的伦理之上,支持封建时代社会组织之道德决不适用于民权时代,爱宗

① 即奥斯卡·王尔德(Oscar Wilde)(1854—1900),与萧伯纳齐名的英国作家、戏剧家、诗人。他生于都柏林,毕业于牛津大学。虽然他主要以成人作家而著称,但他的早期作品中有两本童话集《快乐王子故事集》和《石榴之家》已载入英国儿童文学史册。

② 即李商隐(813—858),字义山,唐朝著名诗人。

亲过于爱国者决不是现代的国民，而复辟与拜孔，家族主义与专制政治之相为因果，是不能否认的事实。独秀看出徒然的政治革命必是虎头蛇尾的，所以才有这样探本的主张。

独秀在《新青年》八卷以前对社会主义的倾向全没有具体化，但《新青年》自第六卷起渐注重社会问题，到第七卷的下半便显然看出马克思主义的倾向了。自国民党清共以来的立场论，共产党是犯罪了。然清共以前，十三年改组以后，国民党自身对于民众运动之注意，特别在劳工运动上，不在共产党之下，则独秀当年之创此路径，只可看做前驱，不得视为反动。

《独立评论》第 24 期封面（南京大学图书馆存）

凡以上三事——文学革命、伦理改造、社会主义——是民国五年至十一、二年中最大的动荡力，没有这个动荡力，青年的趋向是不会改变的，青年的趋向不改变，则国民党之改组与国民革命运动之成事皆不得其前提。这个历史的事实，不能因为陈独秀现在累绁之中而抹杀之！

至于国民党清共以后，陈在法律上是犯罪了，那时节他若被捉到，这问题到〔倒〕也简单了。然而他于清共以后，不久便为正统派的共产党者开除，弄得中国既不能容，苏俄又不能容，姑且利用上海之多国政治潜藏于一时。在这几年中，我们一面偶然看到中国正统派共产党即主持江西湖北杀人放火事业之共产党，对他之猛烈攻击，其重要口号之一便是“打倒陈独秀主义”，一面又偶然在朋友处看见他求卖一部中国语音学的稿子，辗转听到他的穷困颠连。他现在是不是现行犯自有法律决定，但他背后没有任何帝国主义，白色的和赤色的，是无疑的！

在记载他被捕事件之新闻中，颇有怪话。例如第一次北平各报登载他在工部局的口供，说：因反动被捕三次，第一次在北京，为警察厅捕去。这正是在五四运动后一个月他在北平大世界散发传单被捕，这算是“反动”，真正是工部局的话了。自工部局之基本立场看去，国民党全是反动，现在不得已而与之妥协罢了。然而我们中国人看去，陈独秀第一次被捕只是因为反对北洋安福之卖国行动，而捕他者恰是国民党所要打倒之军阀！今天又有一个报上说，“缘陈独秀前与李大钊同为中国共产党起初之重要人员,嗣李在北平被获就刑,而陈遂销声匿迹。”嗟乎,李在北京之死,是就刑呢,是被害呢?李虽是共产党员,然他是诚心与国民党合作之人,他死在帝国主义与张作霖合作的手中,死在国民党清共之前,然则他虽是为共产党而死,也为国民党的事业而死,是被害,不是就刑!否则今日国家岂不承袭了张作霖的正朔①呢?

考虑陈独秀与中国改造运动的关系,与国民革命之关系,与中国二十年来革命历史的关系,我希望政府处置此事,能够(一)最合法,(二)最近情,(三)看得到中国二十年来革命历史的意义,(四)及国民党自身的革命立场。我希望政府将此事付法院,公开审判,我并不要求政府非法宽纵。我希望社会上非守旧的人士对此君加以充分之考量,在法庭中判决有罪时,不妨依据法律进行特赦运动。政府以其担负执法及维持社会秩序之责任,决无随便放人之理,同时国民党绝无在今日一切反动大膨胀中杀这个中国革命史上光焰万丈的大彗星之理!

原载《独立评论》第24期　1932年10月30日　第二—七页

24.《世界日报》　1932年10月30日

蔡元培电请中央　公开审讯陈独秀案

苏高法院检察官昨继开侦查庭侦查

[本报南京二十九日下午七时专电]　共党陈独秀、彭述之,解江宁地方法院后该院已呈报苏高法院。闻苏高法院最近将先派检察官来京,先开侦查庭,询明罪证后,即提起公诉,再由苏告法院派推事来京公开审讯。蔡元培对陈独秀案已电请中央公开审讯,外界对此已发生极度误会。据接近蔡氏之某君谈,陈、彭案与牛兰同,牛案既有苏高法院审讯,陈、彭案自应同样办理。蔡电请中央将陈、彭公开审理,此与保释不同,且将来判罪苏高法院审讯后,自能依法断定,蔡等对此毫无意见云。

[本报南京二十九日下午十时十五分专电]　陈独秀、彭述之案艳(二十九日)苏高法院着手侦查各项证物,该院已派检察官朱隽,偕书记官等来京。当签提二人到庭,因侦查向守秘密,内容无从探悉。朱等仍留南京,定下星期一再行侦查后,即返苏,提起公诉。惟朱以案情重大特条谕陈彭在侦查期中,严拒接见一切宾客。又据看守所中人谈,陈肠胃病已稍愈,仍进粥。彭目疾谓已见缪。又苏高法

① 历法概念。正:一年的第一月;朔:一月的第一天。故代改朝换代,常要重定正朔。此处指承袭张作霖的作派。

院长林彪艳(二十九日)抵京,闻系接洽陈案审理问题。

原文附有照片及说明,同第 168 页 19 条,此略——编者。

原载《世界日报》 1932 年 10 月 30 日 第四版

25.《世界日报》 1932 年 10 月 30 日

陈独秀谈唯一希望 予以公开审判 陈面容憔悴两鬓皆斑 各省下级党部电京请严办

[南京特约通讯] 共党已没落之杜洛斯基反干部派首领陈独秀,及该党派重要份子彭述之,解京寄押军法司,迄今已一周。经中央数度讨论,复征得军委会委员长蒋中正之同意,决交法院办理,以维持司法独立之尊严。遂由本星期一中委谈话决定,函交行政院转令司法行政部办理。司法部以陈捕获地点在上海,犯罪行为含有全国性,即令江苏高等法院进行审理。苏高法院奉令后,乃决定暂寄押江宁地方法院,听候发落。昨①上午十时半,即由中央党部派员会同江宁地方法院职员,向军政部军法司移提。在未移提前,据军法司军法司长王振〔震〕南语记者:"陈、彭自押军法司后,曾先讯问两次,其目的在得到关于共党方面之情形与计划,无如陈为反干部派,其势方已去,对干部情形不甚详知。昨(二十五日)下午三时,军政部长乃将陈独秀传至军政部会客室,由军政部长何应钦亲自询以江西等省共党活动行为,是否与陈有关。陈答以各处共匪行动均由干部指挥,与本人毫无关系。嗣询以抗日问题,陈谓以国际情形观察,仍以联俄为有利,否则英美不能助我,而国联亦不能助我云云。时本人(王自称)亦在座,至四时余始将陈还押。陈确非现役军人(共党)而为已没落之杜洛斯基及干部派领袖,故并不关军事,本司无权管辖,今日(二十六日)上午会电询中央组织委员会调查科处置办法。乃决定移交江宁地方法院。"

原载《世界日报》 1932 年 10 月 30 日 第五版

26.《中央日报》 1932 年 10 月 31 日

陈独秀等宣传邪说 京市党部电请依法澈惩

南京特别市执行委员会前(二十九)日议决,呈请中央依法惩办共犯陈独秀等,不准保释,并电全国一致主张,该电昨已发出,兹录原文如此:

全国各省市党部、各团体、各报馆均鉴:共党首要陈独秀、彭述之及其党羽

---

① 应为二十六日。

等,自本党十五年北伐以后,煽惑民众,破坏国民革命,种种反动,吾人当未健忘,年来仍不后悔,宣传邪说如故,凡属国人,同深痛绝。近在沪就捕解京,正两犯之诛,实属罪有应得。乃近报载蔡元培、杨铨等电请中央准予保释,徇情庇护,为反动派张目,若中央府如所请,将何以资炯戒而快人心。本会除呈请中央依法惩办外,特电请一致主张,以警奸邪,而伸国法,无任企盼,中国国民党南京特别市执行委员会叩艳印

原载《中央日报》 1932 年 10 月 31 日 第六版

27.《世界日报》 1932 年 10 月 30 日

陈独秀与文学革命

胡适昨日在北大之讲演

北大国文系文学讲演一科,特请胡适讲演"陈独秀与文学革命",原定昨日在该校第一院举行,临时因外来听讲者极众,改在第三院大讲堂举行,听众约五百人。三时,胡适偕国文系主任马裕藻莅至,开始讲演,约五时始散,兹将胡适之讲演大意,附录如下:

今天我要讲的题目是"陈独秀与文学革命",这本来是国文系同学研究的材料,想不到报纸上登出去,变成公开的了。

陈先生与文学革命的关系,是很有讨论的必要的一个问题。在民国六年,大家办《新青年》的时候,本有一个理想,就是二十年不谈政治,二十年离开政治,而从教育、思想、文化等等,非政治的因子上建设政治基础。但是不容易做得到,因为我们虽抱定不谈政治的主张,政治却逼得我们不得不去谈它。民国六年第二学期陈先生来到北大。七年,陈先生和李大钊先生因为要谈政治,另外办一个《每周评论》,我也不曾批评它,他们向我要稿子,我记得我只送了两篇短篇小说的译稿去。民国八年,五四以后,有一天陈先生在新世界(香厂)散传单,因为前几天在报纸上看见陈先生的口供,说他自己因为反动,前后被捕三次,在此地被捕一次,就是因为在香厂散传单。那时候高一涵先生和我都在内,大家印好传单,内容一共有六条,大概因为学生被拘问题。有一条是要求政府免去卫戍司令王怀庆①的职,惩办曹、章、

① 王怀庆(1875—1953),字懋宣,河北宁晋县人。北洋直系老将,是徐世昌在军界第一心腹亲信,资格甚老,与"北洋三杰"同辈,际会风云,扶摇直上,成为煊赫一时的陆军上将,热察绥巡阅使。好鼻烟、骑马,为官贪婪,军事政治才能甚低,用人唯蠢笨老实;他喜好奇特,一具漆红烫金上面写着斗大的"王"字的马桶总是不离左右,人称"马桶将军"。1953 年,王怀庆因患心肌梗塞症医治无效在天津病逝。

陆①三人。到了十一点钟回家，我和高先生在洋车上一边谈，看见有没关门的铺子，我们又要给他一张。我还记得那时是六月天气正热，我们夜深还在谈话，忽然报馆来电话，说东京大罢工，我们高兴极了；但一会儿又有电话，说自你们走后，陈先生在香厂被捕了，他是为了这种事被捕，然而报上却载着他是反动！这是反动，那么现在的革命是不是反动？“反动”抹杀了许多事实，他怎么能算是反动？（未完）

原载《世界日报》 1932 年 10 月 30 日 第七版

28.《世界日报》 1932 年 10 月 31 日

陈独秀与文学革命

胡适在北大之讲演（续）

今天这个题目，说起来有很多不方便的地方，因为我们既是同事，而且主张也颇相同。在民国十二年，上海出版了一部《科学与人生观》论集②那时陈先生已经同我们分别到上海去了。这部二十万字的集子，我做了一篇序，陈先生也写了一篇，他极力反驳我，质问我，陈先生那时已转到马克思主义那方面去了。他问我所说马克思的唯物

---

① 曹、章、陆：即曹汝霖、陆宗舆、章宗祥。曹汝霖（1877—1966），字润田，生于上海。幼年入私塾，后去汉阳铁路学堂读书。早年留学日本。抗日战争时期，曾任伪华北临时政府最高顾问、华北政务委员会咨询委员。1966 年 8 月 4 日，曹汝霖病死于美国底特律。章宗祥（1879—1962），字仲和，浙江吴兴荻港（今湖州南浔区和孚镇）人。清朝秀才，1899 年留学日本，先入东京帝国大学，后获明治大学法学士学位。1903 年回国，任教北京京师大学堂，清廷赐进士出身。曾任法律馆纂修官、工商部候补主事、民政部财例局提调、宪政编查馆编制局副局长等职。辛亥革命后，受袁世凯派遣，随唐绍仪参加南北议和谈判。后任总统府秘书、法制局局长、大理院院长。1916 年 4 月出任段祺瑞内阁司法总长，6 月接替陆宗舆任驻日特命全权公使，参与多起中日交涉谈判，被认为是卖国亲日分子。1919 年 5 月 4 日在曹汝霖宅被五四运动抗议学生痛打。6 月 10 日被免职。1920 年出任中日合办的中华汇业银行总理。1925 年任北京通商银行总理。1928 年以后长期居住青岛。1942 年 3 月出任伪“华北政务委员会”咨询委员。日本投降后迁居上海。1962 年 10 月 1 日在上海病故。陆宗舆（1876—1941），字润生，浙江海宁人，1898 年留学日本，在早稻田大学攻读政经科。1902 年回国，曾任进士馆及警察学堂教习。1906 年任考察宪政大臣参赞随载泽出国考察宪政。1907 年东三省盐务总办。1909 年进京任宪政编查馆馆员。1910 年 10 月被选为资政院议员。次年秋任交通银行协理、印铸局局长。民国之后，任袁世凯总统府财政顾问。1913 年当选为参议院议员。1913—1916 年任驻日公使。其间 1915 年由袁世凯派遣，与陆征祥、曹汝霖一起与日方谈判签订丧权辱国的“二十一条”。由他在东京与日本换文批准该条约。1918 年任中日合资中华汇业银行总理。1919 年任币制局总裁。五四运动中，他与曹汝霖、章宗祥一起被称为“卖国贼”，于 1919 年 6 月 10 日被解职替罪。后寓居天津日租界经商。1925 年一度出任临时参政院参政。1940 年被汪伪政府聘为“行政院”顾问。1941 年 6 月 1 日病死于北京。

② 1923—1924 年学术界发生了一场关于科学与人生观关系问题的论争。以北京大学教授张君劢为代表一派主张科学无法支配人生观，被称为玄学派。以地质学家丁文江为代表一派认为科学与人生观不可分离，科学对人生观具有决定作用。由于这一争论涉及众多哲学问题，立时引起学术界的普遍关注，梁启超、胡适、吴稚晖、张东荪、林宰平、王星拱、唐钺、任鸿隽、孙伏园、朱经农、陆志韦、范寿康等知名学者纷纷发表文章，并结合本体论与认识论，自然观与历史观等理论问题展开辩论，从而使科学与玄学这一争论不断深入并成为当时学术思想界的热点所在。科学与玄学论争的文章主要发表在《努力周报》、《时事新报》副刊《学灯》等报刊上。随后，上海亚东图书馆编辑出版了《科学与人生观》（汪孟邹编，1923 年初版）收入二十九篇论战文章，陈独秀、胡适作序。

史观可以解释大多数的话,能否再进一步,承认它能解释一切。他说白话文也是因为产业发达,人口集中,才产生出来的,他说:"常有人说白话文的局面是胡适之、陈独秀一班人闹出来的,其实这是我们的不虞之誉,中国近来产业发达,人口集中,白话文完全是应这个需要而发生、而存在的;适之等若在十三年前提倡白话文,只需章行严一篇文章便驳得烟消灰灭,此时章行严的崇论宏议有谁肯听?"他是注重经济的条件的,我也没有反驳他,因为他不否认人的努力,两个人的主张不算冲突,不过客观的条件虽然重要,但不仅限于经济一个条件,至于文化的条件,政治的条件,也是不能否认的。

陈先生与新文学运动有三点是很重要的背景。

(1) 他有充分的文学训练,对于旧文学很有根底,苏曼殊、章行严的小说文章,他都要做个序子,这是散文方面的成绩。说到诗他是学宋诗的,在《甲寅》杂志他发表过许多作品,署名"独秀山民"、"陈仲"、"陈仲子"。他的诗有很大胆的变化,其中有一首《哭亡兄》,可说是完全白话的,是一种新的创造。他更崇拜小说,他说曹雪芹、施耐庵的《红楼梦》、《水浒传》比较归有光[①]、姚姬传[②]的古文要高明得多。在那时说这种大胆的话,大家都惊异得很,这可见他早就了解白话文的重要,他最佩服马东篱[③]的元曲,说他是中国的 Shakespeare。[④] (未完)

原载《世界日报》 1932 年 10 月 31 日 第七版

29.《世界日报》 1932 年 11 月 1 日

陈独秀与文学革命

胡适在北大之讲演(续)

---

① 归有光(1506—1571),字熙甫,又字开甫,别号震川,又号项脊生,江苏昆山人。嘉靖十九年举人。会试落第八次,徙居嘉定安亭江上,读书谈道,学徒众多,60 岁方成进士,历长兴知县、顺德通判、南京太仆寺丞,留掌内阁制敕房,纂修《世宗实录》,卒于南京。归有光与唐顺之、王慎中两人均崇尚内容翔实、文字朴实的唐宋古文,并称为嘉靖三大家。在散文创作方面造诣极深,时称"今之欧阳修",后人称赞其散文为"明文第一",著有《震川集》、《三吴水利录》等。

② 姚姬传,即姚鼐(1731—1815),字姬传,一字梦谷,室名惜抱轩(在今桐城中学内),世称惜抱先生、姚惜抱,安徽桐城人。与方苞、刘大櫆并称为"桐城三祖"。乾隆二十八年(1763)中进士,任礼部主事、《四库全书》纂修官等,年才四十,辞官南归,先后主讲于扬州梅花、江南紫阳、南京钟山等地书院四十多年。著有《惜抱轩全集》等,曾编选《古文辞类纂》。

③ 即马致远(约 1250—1324),字千里,号东篱,河北省沧州市东光县人,因《天净沙·秋思》:"枯藤老树昏鸦,小桥流水人家。古道西风瘦马。夕阳西下,断肠人在天涯。"而被称为秋思之祖。所做杂剧今知有 15 种,《汉宫秋》是其代表作;散曲 120 多首,有辑本《东篱乐府》。青年时期仕途坎坷,中年中进士,曾任浙江省官吏,后在大都(今北京)任工部主事。晚年因不满时政,隐居田园,以衔杯击缶自娱,死后葬于祖茔。

④ 即莎士比亚(William Shakespeare, 1564—1616),英国文艺复兴时期最著名的戏剧家、诗人。现存著作 38 部,长诗二首,14 行诗 134 首。提倡个性解放,反对封建束缚和神权桎梏,是资本主义上升时期人文主义的代表之一。

(2) 他受法国文化的影响很大，他的英文、法文都可以看书。我记得《青年》杂志(即后来的《新青年》)上，他做过一篇《法兰西人与近代文明》，表示他极端崇拜法国的文化。他说法国人发明了三个大东西，第一是人权说 Rights of men，在 1789 年法人 Lafayette① 做《人权宣言》②(La declaration des droits de l'homme)，美国的《独立宣言》③也是他做的④。第二是生物进化论，法人 Lamarck⑤ 在 1809 年做《动物哲学》⑥，其后五十年才有达尔文出来；第三是有三个法国人 Babeuf⑦、Saint-Simon⑧、Fourier⑨ 是马克思的先声，首开社会主义的风

---

① Lafayette 即拉法耶特(Marie Joseph La Fayetie 1757—1834)，法国近代政治家，大革命初期领袖人物之一。出生于法国奥弗涅省贵族家庭，承袭侯爵爵位。1776 年 4 月，得知英属北美殖民地反抗英国统治、发表《独立宣言》的消息后，冲破阻力远渡重洋到北美参加独立战争。在约克镇战役中发挥了重要作用。1789 年出任法国国民军总司令，提出人权宣言和制定三色国旗，成为立宪派的首脑，风云一时。1830 年再次出任国民军司令，参与建立七月王朝。由于参加了美国独立战争和经历了法国大革命，被称为新旧两个世界的英雄。

② 《人权宣言》：1789 年 8 月 26 日颁布，法国大革命时期颁布的纲领性文件。宣言以美国的《独立宣言》为蓝本，采用 18 世纪的启蒙学说和自然权利论，宣布自由、财产、安全和反抗压迫是天赋不可剥夺的人权，肯定了言论、信仰、著作和出版自由，阐明了司法、行政、立法三权分立、法律面前人人平等、私有财产神圣不可侵犯等原则。

③ 《独立宣言》：美国《独立宣言》是北美洲十三个英属殖民地宣告脱离大不列颠王国，并宣告独立的宣言。1776 年 7 月 4 日，由第二次大陆会议在费城批准。后 7 月 4 日成为美国独立纪念日。《独立宣言》的原件由大陆会议出席代表共同签署，保存于美国国家档案馆。

④ 据有关资料，美国《独立宣言》的起草人为马萨诸塞州的约翰·亚当斯、宾夕法尼亚州的本杰明·富兰克林、维吉尼亚州的托马斯·杰斐逊、纽约州的罗伯特·李文斯顿、康乃迪克州的罗杰·谢尔曼，即后世所称之五人小组聚集起草。五人小组决议，宣言由托马斯·杰斐逊独立起草后，对富兰克林与亚当斯展示。富兰克林一人至少修订了其中 48 处。杰斐逊后据此誊录了一份修订版，由五人小组于 1776 年 6 月 28 日上呈大陆议会。

⑤ Lamarck 即拉马克(Jean-Baptiste de Lamarck，1744—1829)，生于皮卡第，法国博物学家，生物学伟大的奠基人之一。生物学一词由他发明，最先提出生物进化学说，是进化论的倡导者和先驱。他还是一个分类学家。主要著作有《法国全境植物志》、《无脊椎动物的系统》、《动物学哲学》等。《动物学哲学》为达尔文进化论的产生提供了一定的理论基础。

⑥ 《动物哲学》：拉马克在 1809 年发表的重要著作。书中放弃了物种不变说，提出了重要的用进废退说和获得性遗传说，为达尔文的进化论的产生提供了一定的理论基础。

⑦ Babeuf 即巴贝夫(Francois Noël Babeyf，1760—1797)，生于法国毕卡迪省圣康坦城。法国 18 世纪革命者、著名空想共产主义者、平等派运动领袖。1786 年后形成自己的共产主义思想。法国大革命之初从事新闻活动，创办《皮卡特通讯员》报。1792 年任索姆郡行政官。1794 年创办《出版自由报》(后改为《人民的保民官》)。因参加法国大革命，几次被捕入狱。1796 年 3 月建立平等派密谋组织中央委员会，筹备起义，失败后被捕，1797 年 5 月 27 日被处死。其学说核心是“平等论”。认为在自然状态下人类本是平等的，私有制是造成人间不平等的总根源；主张通过密谋暴力方式推翻剥削制度，建立革命专政逐步消灭私有制；最终形成财产公有、共同劳动和平均分配的“平等共和国”。

⑧ Saint-Simon 即克劳德·昂列·圣西门(1760—1825)，法国思想家，世界著名的三大空想社会主义者之一。生于法国巴黎一个贵族家庭。法国大革命初期，放弃爵位和称号，热烈地投身革命运动。革命后，看到劳动群众仍然受苦，转而对资本主义采取了批判态度，从事理想社会的研究。其空想社会主义思想，对马克思主义的形成产生了重要影响。为研究，他花掉了全部家产，生活十分艰苦，时常疾病缠身，妻子也离他而去。1823 年 3 月 9 日，举枪自杀，未致命。1825 年 5 月 19 日死于巴黎。著有《日内瓦书简》、《工业问答》和《新基督教》等。

⑨ Fourier 即夏尔·傅立叶(1772—1837)，法国思想家。生于法国东部贝桑松的一个富商家庭。中学毕业后，在里昂独立经营一家商店。后因遭雅各宾派被逮捕，对革命由冷漠到否定，坚决主张用改良的手段来改造社会。从 19 世纪初，他先后发表了《全世界和谐》、《四种运动论》、《新世界》等著作，揭露资本主义制度的罪恶，提出以“和谐制度”建立一种工农结合的社会基层组织，来替代资本主义制度，并和几个门徒一起创办了一个“法郎吉”。1837 年 10 月 9 日，傅立叶在和两个信徒进行了长谈后于第二天早晨去世。其思想为马克思的科学共产主义学说的诞生，提供了宝贵的思想资料，成为马克思主义的三个来源之一。

气。但另外还有一点,陈先生没有说到,就是新文学运动,其实陈先生受自然主义的影响最大,看他一篇《欧洲文艺谈》把法国文学艺术的变化分成几个时期,一、从古典主义到理想主义(即浪漫主义);二、从浪漫主义到写实主义;三、从写实主义到自然主义。把法国文学上各种主义详细地介绍到中国,陈先生算是最早的一个,以后引起大家对各种主义的许多讨论。

(3) 陈先生是一位革命家,那时我们许多青年人在美国留学,暇时就讨论文学的问题,时常打笔墨官司。但我们只谈文学,不谈革命,但陈先生已经参加政治革命,实行家庭革命。他家是所谓的大世家,但因恋爱问题及其他问题同家庭脱离了关系,甚至他父亲要告他。有一次他到北京,他家开的一所大铺子的掌柜听说小东人来了请他到铺子去一趟,赏个面子,但他却说"铺子不是我的",可见他的精神。在袁世凯要实现帝制时,陈先生知道政治革命失败是因为没有文化、思想这些革命,他就参加伦理革命、宗教革命、道德的革命,在新青年上有许多基本改革的信条:一、自主的不是奴隶的;二、进步的不是保守的;三、进取的不是退隐的;四、世界的不是锁国的;五、实利的不是虚文的;六、科学的不是想象的,这是他根本改革的策略。民国五年袁世凯死了,他说新时代到了,自有史以来,各种罪恶耻羞都不能洗尽,然而新时代到了,他这种革命的精神,与我们留学生的消极的态度,相差不知多少。他那时所主张的不仅是政治革命,而是道德、艺术,一切文化的革命!

民国四年《甲寅》[①]杂志最后一期有两篇东西,一篇是学校国文教材之商榷,反对用唐宋八家的文章做材料,要选更古的文章,汉魏六朝的东西做教材,这是一趋势;又一篇是通讯,名记者黄远庸[②]写的(他后来在美国旧金山被暗杀了),他说:"愚见以为居今论政,实不知从何处说起,洪范九畴[③],亦只

---

① 《甲寅》:民国初期政论性期刊,月刊。1914年5月10日在日本东京创刊,创办人章士钊。这年为中国农历甲寅年,故以"甲寅"为刊名(甲寅年为虎年,该刊封面绘一老虎,人称"老虎报")。翌年5月改在上海出版,至第10期被禁停刊。秋桐(章士钊)主编,陈独秀、杨永泰等协办。撰稿人有章士钊、李大钊、陈独秀、高一涵、胡适、易白沙、吴稚晖、杨昌济等人。

② 黄远庸(1884—1915),名为基,笔名远生,德化(今江西九江县)新合乡人。少年时勤奋好学,曾在两年内连中秀才、举人、进士三榜而文名大噪。后入日本中央大学,攻读法律。辛亥革命后,创办和主编《少年中国》周刊,在北京任上海《时报》、《申报》特约通讯员,被称为"中国第一个真正现代意义上的记者",其"远生通讯"更是被视为当年中国新闻界的一大品牌。后为了躲避袁世凯的纠缠,于1915年避往上海。11月到达日本,当月中旬乘坐"佐渡号"轮船赴美。革命党人误以为黄为袁世凯本家,受孙中山指使,12月27日晚,国民党美洲总支部负责人林森指派警卫刘北海将在旧金山唐人街回旅馆途中的黄枪杀。其著作编有《远生遗著》。

③ 洪范九畴:《尚书·洪范》中提出的治理国家必须遵循的九条大法。据说是周武王十三年(前1122)灭殷后,殷遗臣箕子与周武王阐述天人关系时提出的。具体为:初一曰五行,次二曰敬用五事,次三曰农用八政,次四曰协用五纪,次五曰建用皇极,次六曰乂用三德,次七曰明用稽疑,次八曰念用庶征,次九曰向用五福,威用六极。

能明夷待访[①]，……至根本救济，还意当从提倡新文学入手，综之当使吾辈思潮，如何能与现代思潮接触，而促其猛省，而其要须与一般之人生出交涉，法须以浅近文艺，普遍四周……”章士钊答他说文学革新须从政治下手，此又一潮流。但陈先生却恭维自然主义，尤其是佐拉 Zola。[②] 有一个张永言写一封[信]给他[③]，引起他对文学兴味，引起我与陈先生通讯的兴味，他说现在是古典到浪漫主义的时期，但应当走到写实主义那方面去。不过我同时看见《新青年》第三号上有一篇无量[④]的律诗“寄会稽山人八十四韵”，后面有陈先生一个跋：“文学者，国民最高精神之表现也，国民此种精神委顿久矣，谢君此作，深文余味，希世之音也。子云[⑤]相如[⑥]而后，仅见斯篇，虽工部[⑦]亦只有此工力，无此佳丽，谢君自谓天下文章尽在蜀中，非夸矣，吾国人伟大精神，犹未丧失也欤？于此徵之。”他这样恭维他，但他平日的主张又是那样，岂不是大相矛盾？我写了封信质问他，他也承认他矛盾，我当时提出了八不主义，就是《改良文学刍议》，登在新青年上，陈先生写了一个跋。

他想到文学改革，但未想到如何改革，后来他知道工具解放了就可产生新文学，他做了一篇《文学革命论》，我的诗集叫《尝试》，刊物叫《努力》，他的刊物却叫《向导》，这篇文章又是《文学革命论》！他的精神于此可见。他这篇文章有可注意的两点就是：一、改我的主张进而为文学革命；二、成为由北京大学学长领导，

---

① 明夷待访：语出明清之际爱国思想家黄宗羲《明夷待访录》。“明夷”是《周易》中的一卦，意为有智慧的人处在患难地位。“待访”，等待后代明君来访采纳。黄宗羲在书中反对君主专制，提出民主政体主张，希望有明君来采纳，故取名《明夷待访录》。此书对清末的维新变法运动影响很大，是一部具有启蒙性质的批判君主专制、呼唤民主人权的名著。

② 佐拉(1840 —1902)，生于巴黎。法国作家，自然主义文学流派领袖，主张以科学实验方法从事文学创作，按生物学定律描写人，无动于衷地记录现实生活的一切方面。主要作品有《卢贡·马卡尔家族》(由 20 部小说组成)、《三城记》、《四福音书》。《卢贡·马卡尔家族》流露出对劳动阶层的同情。其中《萌芽》是法国文学史上第一次重视表现煤矿工人的生活。1902 年 9 月 28 日，因煤气中毒在巴黎寓所去世。其死因一直受到后人的揣测，有人说是自杀，有人则认为是其政敌谋杀的结果。

③ 张永言信见任建树编《陈独秀著作选编》第一卷，第 206 页。

④ 无量：即谢无量(1884—1964)，名大澄，字仲清，四川乐至县人。民国时曾任参议长、黄埔军校教官等职。民国 37 年当选为四川省乐至县第一届国民大会代表。新中国成立后任全国政协委员、人民大学教授、中央文史馆副馆长。著有《佛学大纲》、《中国大文学史》、《中国妇女文学史》、《平民文学之两大文豪》、《诗经研究注释》、《楚辞新论》、《中国哲学史》、《古代政治思想研究》、《谢无量自写诗卷》、《谢无量书法》等。

⑤ 子云：即扬雄(公元前 53—公元 18)，西汉辞赋家、文学家、哲学家、语言学家，字子云，蜀郡成都(今四川成都)人。仿《论语》作《法言》，仿《周易》作《太玄》，仿司马相如《子虚赋》、《上林赋》作《甘泉赋》、《羽猎赋》、《长杨赋》，后世有“扬马”之称。

⑥ 相如：即司马相如(约前 179—前 127)，字长卿，汉蜀郡(今四川省南充)人。西汉大辞赋家、汉赋代表作家。其代表作品为《子虚赋》。作品辞藻富丽，结构宏大。后人称之为赋圣。

⑦ 即杜甫(712—770)，河南汛县人。因曾任检校工部员外郎，人称“杜工部”，是尊称。其诗作被称为我国古代诗歌的现实主义高峰。

成了全国的东西,成了一个严重的问题。他说庄严灿烂的欧洲是从革命来的,他高张文学革命军大旗,为中国文学辟一个新局面,他有三大主义:(1) 推倒雕琢的阿谀的贵族文学,建设平易的抒情的国民文学;(2) 推倒陈腐的铺张[的]古典文学,建设新鲜的立诚的写实文学;(3) 推倒迂晦的艰涩的山林文学,建设明了的通俗的社会文学,他愿意拖了四十二生的大炮为之前驱,打到十八妖魔:明之前后七子[①]和归、方、姚、刘[②]! 这就是变成整个思想革命!

最后,归纳起来说,他对于文学革命有三个大贡献:

(1) 由我们的玩意儿变成了文学革命,变成三大主义。

(2) 由他才把伦理、道德、政治的革命与文学合成一个大运动。

(3) 由他一往直前的精神,使得文学革命有了很大的收获。

其他关于陈先生的事,可以看独立评论第二十四期傅斯年的《陈独秀论〔案〕》。(完)(L)

原载《世界日报》 1932 年 11 月 1 日 第七版

30.《北方公论》 第十一期 1932 年 10 月 30 日

由陈独秀被捕说到中国共产党分化之趋势[③]

金玉振

陈独秀是一个久已成名的人,不只在中国现实的政治上播布了他的影响,即在历史上也有了他的地位。关于他的功罪问题,吾人不欲有何论断,愿留待史学家批判。他现在已竟是阶下囚了,自此巨案发生之后,社会舆论一致表示援助,有人说他是占了牛兰的便宜,他的老同志说他对现政府已表示投降,这一切之一切的揣度,都是扑朔迷离,即全国最有权威的报纸,关于陈案亦不脱俗的人云亦

---

① 前后七子:明代文学复古思潮的代表人物。前七子为李梦阳、何景明、王九思、边贡、康海、徐祯卿、王廷相;后七子为李攀龙、王世贞、谢榛、吴国伦、宗臣、徐中行、梁有誉。

② 归、方、姚、刘:即归有光、方苞、姚鼐、刘大櫆。

③ 陈东晓《陈独秀评论》一书收入此文时在目录中为此文还分设了小标题:
陈独秀之政治行程;
1917 年至 1926 年陈独秀在中国共产党之地位;
1927 年至 1928 年陈独秀被共产国际指为“机会主义的领袖”;
1929 年至 1930 年陈独秀与托洛斯基派;
1931 年由干部派分化出来的罗章龙派多转入陈独秀派;
陈独秀被捕之意义。

云。究竟近日的陈独秀与往年的陈独秀有何不同,他此次被捕政治上的意义如何?影响如何?至今日止,尚未见有人很客观地描写出来。本篇乃一本刊之读者投稿,此中关于陈氏可歌可泣之政治行程,刻画尽致,至其被捕之意义及其前途,所论莫不入木三分,本刊爰为之发表,以飨读者。

编者附志①

提起陈独秀的名字,全中国当然很少不知道的。这是中国新文化运动的领导者,中国共产主义运动的创始者,中国共产党之最初的组织者。前些年间,陈独秀完全站在中国青年思想界的领导地位,有左右全国青年及全国文化趋势的威力。仅因为国共的分裂,使陈独秀不敢公开活动;仅因为共产党内部的分裂,使陈独秀失却全党之唯一的领导地位。于是,最近数年中,陈独秀活动的范围才日益狭小。然而,陈独秀在全国政治思想界的活动范围固然缩小了,可是,他在中国目前之秘密的共产主义运动中,仍然发生非常巨大的作用。不过这种作用,已经不是共产主义的组织者,而是反对共产主义之势力的组织者,这是他与从前不同的地方。

从 1917 年俄国发生革命以后,中国社会思想界首先受到俄国影响的就是陈独秀。第一次代表苏俄政府与中国南北当局接洽中俄外交关系的越飞,在中国风闻陈独秀的大名而委以筹备中国共产党的任务,自 1920 年中国共产党成立,直至 1926 年广州 3 月 20 日事变,陈独秀是中国共产党之唯一的领袖,俨然有现在史〔斯〕达〔大〕林在俄国共产党中所占的地位。中国共产党能有初步的发展,要以陈独秀之力量居多。那时候中国共产党内部已有一些较小的派别斗争,可是,陈独秀的领导,能以维系中国共产党的统一而不生破裂。广州 3 月 20 日事变以后,北伐开始,共产党与国民党的裂痕已经暴露,共产党内部的争论问题也随着加多。这时候广东鲍罗廷与陈独秀时常发生争辩。广东一部分共党多服从鲍罗廷的指挥。因为鲍罗廷是俄国人的缘故,所以鲍罗廷当然不能夺去陈独秀的领导位置,不过陈独秀的权威由此稍微发生动摇,这是从那时候便已经开始的事。北伐军占领武汉以后,共产党的势力大大地增加,陈独秀在全国青年界中的地位也就盘石胶固,这种情形直到上海清党事件发生的时候才渐有转变。上海清党事件发生以后,陈独秀便将共产党中央搬至武汉。这时候一方面国民党与共产党的关系日趋恶劣,另一方面陈独秀与鲍罗廷的暗斗也日趋紧张。为着保持所谓的领导威信,陈独秀与鲍罗廷虽然未至公开破裂,然而当时共产党之两个“二等领袖”——彭述之与瞿秋白,却公开对垒了。彭述之隐然代表着陈独秀的路线,瞿秋白就接受鲍罗廷所

① 此编者即刊登此文的《北方公论》的编辑。

授意的主张。两方面著书立说,互争短长,还没有得到最后结果的时候,更紧张的政治形势又到了。与陈独秀联名发表宣言号召"两党合作"的汪精卫,现在要反过来向共产党进攻了。武汉清共开始,共产党统治中国革命的黄金时代已经结束,于是陈独秀独占中国共产党领导地位时期也从此告一段落。

中国共产党在武汉的失败,被莫斯科共产国际指为"机会主义的错误"。领导中国共产党的陈独秀与鲍罗廷,也就被指为"机会主义的领袖"。1927年8月,共产国际重派新的代表①来改组中国共产党中央,取消陈独秀及鲍罗廷的领导地位,以向忠发、苏兆征②等人接管陈独秀的职务。在南昌八一事变,以及以后的广州暴动中,陈独秀完全处于消极的地位。隐匿于上海的秘密机关中,并没有任何积极的活动。

南昌及广州暴动都失败了,两湖的秋收暴动也没有多大的结果。中国共产党的组织日益破碎,中央机关也没有了统率全党的能力。于是共产国际决定在莫斯科开中国共产党第六次代表大会,重新改组中国共产党中央,并决定以后的新路线。这时候共产国际对于陈独秀的安置,就是只要陈独秀承认自己的错误,承认拥护共产国际,同时到莫斯科参加大会,则陈独秀的领导地位仍然是可以保持的。在这时候,陈独秀一派分裂了。一部分主张接受共产国际的条件,到莫斯科参加大会,以便取得以后的领导地位。这一派以张国焘为代表,而陈独秀与彭述之等人则完全不表示意见,不去参加大会,也不表示拥护共产国际,于是第六次大会所选举的中央,便将陈独秀等完全排斥了。新的共产党中央,自1928年至1930年,是向忠发、李立三等人所领导的。

陈独秀继续其静默的态度,前后总计约有二年的时间。至1929年中东路事件发生以后,陈独秀便已与反斯大林的托洛斯基派取得了相当的联络,于是开始对于共产党中央的进攻了。中俄问题发生以后,中国共产党中央提出的口号是"拥护无产阶级的祖国","拥护苏联",陈独秀则指斥"这种口号太高了","群众不了解",陈独秀所提出的口号是"反对误国政策"。从这时候起,共产党中央指斥

---

① 新代表为罗来那兹·B.B,化名贝索(1897—1935)。1925—1926年任青年共产国际执行委员会书记。1926年4月—12月为共产国际主席团委员。1927年7—11月任共产国际驻中国代表。1930年被开除出联共(布)。后来从事经济工作。自杀身亡。《联共(布)、共产国际与中国国民革命运动(1926—1927)》下四,第546页,1998年11月中共中央党史研究室第一部译,北京图书馆出版社,第546页。

② 苏兆征(1885—1929),广东香山县(今属珠海市唐家湾镇)人。中共早期领导人、工人运动活动家。1922年领导香港海员大罢工。1925年3月加入中国共产党。1926年5月第三次全国劳动大会上当选为中华全国总工会委员长。1927年春,任武汉国民政府委员兼劳工部长。同年5月中共五届一中全会当选为中央政治局候补委员,同年八七会议上当选为中共中央临时政治局委员、常委。1928年出席在莫斯科举行的赤色职工国际四大和共产国际六大,并担任这两个组织的执行委员会委员。中共六届一中全会上当选为中央政治局委员常委。8月任中央职工运动委员会书记。1929年1月回国,因积劳成疾于2月25日病逝于上海。

陈独秀"堕入国家主义的泥坑","机会主义的复活"等等,向陈独秀致严重的警告,要求陈独秀取消自己的主张。于是第三国际所指导的中国共产党中央干部派,便与陈独秀、彭述之最后宣战了。

陈独秀不但不取消自己的意见,在1929年底及1930年间,反而接连发布了几次的重要文件,否认武汉失败为陈独秀自己的责任,将主要责任推之与共产国际及其代表身上。批评共产国际中斯大林的领导,反对斯大林独裁,要求恢复托洛斯基的地位。指斥中国红军为流氓地痞,反对提出建立苏维埃与武装暴动的口号,主张召开国民会议。对于中国共产党内部的一些问题,则不服从向忠发、李立三的领导,并且指出周恩来之黄埔系对于中国共产党的把持,等等。

理论上与策略上的争论便引起了组织上更大的斗争。中国共产党中央开除陈独秀及彭述之等一派的党籍,称之为"机会主义的取消派"。陈独秀也就另外建立新的组织,称为"中国共产党反对派",先出版的机关杂志取名为《无产者》,以后又出版《火星〔花〕》及其他刊物,都是用来专门反对目前中国共产党的。

两三年来陈独秀的努力,对于中国共产党的组织上确实发生了非常严重的影响,因为陈独秀在共产党一般干部中是有着很大的潜势力的。自从陈独秀离开共产党中央以后,中国共产党始终未能产生足以统率全党的领袖,党的组织也因为非常薄弱,迨至经了陈独秀之几次的打击以后,于是号称"铁的纪律"之中国共产党,几年以来,便走入非常破碎的瓦解的状态。现在所有一切共产党中的动摇分子,虽然不完全在陈独秀的领导之下,然而这些分子所以发生动摇的原因,却是因为共产党之"铁的"威信已经为陈独秀所打碎了。近几年来,共党中已经脱离中央派的分子,如"我们的话"派,"战斗"派,这都与托洛斯基主义相近,与陈独秀一派有很密切的关系。1931年由干部派中新分化出来的罗章龙派,大部分也就转入于陈独秀派之中。现在尚在中央派统制之下的右派(张国焘领导),在过去与陈独秀一派的关系非常密切,目下虽不敢公然与陈独秀妥协,但这不过是时间问题。陈独秀的政治活动如不就此终止的话,将来中国共产党之更严重的分化自在意料之中。这是可以断定的。

现在陈独秀已经被捕了。政府对于陈独秀之最后的处置如何,我们现在还不得而知。可是,政府如认陈独秀为目前中国共产党的首领,因而将他枪毙或判决无期徒刑,那么,这与其说是国民党的胜利,还不如说是共产党的胜利。因为陈独秀果而死去之后,则再没有第二个人还能以继续陈独秀的事业,还能以从共党内部中去消灭或分化现在的共党。目前中国共产党中央派的领袖们,对于陈独秀、彭述之等人被捕的事件,一定轻声细语地向他们的党徒说:"死了好!死了好!”但是,南京政府是否愿意代为中国共产党除害,对于这个问题我们今日还不敢给予一个正面的回答,我们只有等候事实的昭示。

原载《北方公论》 1932年10月30日第11期第12—15页

31. 国民政府文官处关于国民党七九师特别党部筹委会要求依法严办陈独秀的电报摘由 1932年10月30日

府第1604号

姓名或机关:七九师特别党筹会 何处来:河口 陷[①]电 收到:十一月四日

摘由者签名:李廷钧

摘由:陈独秀等宣传赤化危害民国请政府依法严办

拟办:拟交行政院 刘 十一、七

批示:如拟 魏□ 十一、八

国民政府文官处机要宝

据林致良提供的复印件

32.《大公报》 1932年10月31日

京市党部通电 反对保释陈彭

[南京三十日下午八时专电] 京市党部二十九日通电,述陈独秀、彭述之及其党羽等宣传邪说,煽惑民众,破坏国民革命等,种种反动,国人同深痛绝。今在沪就捕解京,实属罪有应得,除呈请中央依法惩办不准保释外,特电请一致主张,以警奸邪,而伸国法。

原载《大公报》 1932年10月31日 第三版

33.《益世报》 1932年10月31日

陈彭狱中访问记

陈独秀力辩并未危害民国 不变主张但求公开审判

[南京通讯] 共党托拉斯基派领袖陈独秀、彭述之二犯,自经军政部军法司奉命于日昨[二十六日]移江宁地方法院后,此案之审判问题,与陈彭之在狱状况,颇为各方所注意。日日社记者爰于昨日[②](二十七)上午往访司法当局,探讯审判程序,复

---

① 陷:陷日,即30日。
② “昨日”应删。

往地方法院看守所中访问陈彭二犯。二人现羁押看守所之二号病监，此将各情，分志如下：

审判程序

记者昨晤司法当局，询以陈彭案件之审判程序，据云，现时此案已完全归江宁江苏高等法院依法审判，因司法有独立之尊严，将来审判时，党政军机关概不参加审讯。目前正由苏高等法院法院之检察处侦查案卷，一俟完毕，当即提起公诉，然后再由高院依据公诉而进行鞫审。其中费时约二、三月之久，将来审判地点，即照牛兰案件办法，由苏州之江苏高院派员来审问。为免週折计，陈彭二犯，并不转解苏州矣，是以此时羁押江宁地方法院继保寄押性质。

陈彭近状

记者自司法行政部退出后，即往江苏地方法院看守所，参观陈、彭在狱近状。当由该所职员导入病所第二号监房，此房即以前牛兰所居之处，今则陈、彭安居其中矣。陈独秀身穿灰布新棉袍，内外衣衫均系军法司新制，精神较前稍振，惟面容仍甚黎黑，每餐仅饮稀粥。彭述之衣服，与陈相同，足穿黄皮鞋，头留西式发，较陈略显贵族化。据云昨日下午，曾要求看守所，请传京医院院长袁遵义前往医治一次，尚未见效。房间中有一桌两椅，三条毛巾，二个面盆，桌上有两磅之暖水瓶一，及碗筷各项，井井有序。复有布床二张，床上置花格新布被褥，亦系军法司赠与。陈之枕畔，有国立中央研究院历史语言研究所出版之集刊一本，床前有白色大痰盂一，待遇尤其舒服。彭居其中，均散手散脚，未有刑具，颇为安然。

陈氏议论

有人问陈，入狱以后，感想如何，我们只要求公开审〔判〕，因此张贴之标语，称我们为危害民国。照民国二字之意义说，一为民主国家，一为共和政体，但世界任何各国之民主国家与共和政体，对人民之言论出版有完全自由，此为事实，且称为民国，则我们没有言论出版，既是批评或反对现代党政，并不是反对国家，亦不能称为危害民国。真正危害民国者，乃是汉奸胡立夫、王赓等，目前王赓押在军法司中，尚且十分优待，在广州枪杀爱国学生之军官，亦押在军法司中，同样十分优待。言至此，陈忽以掌拍桌，声浪亦高，似有大为不平者怒。旋问其蔡元培等诸人，曾电党国，称尔等无有反对现党政之言论，但与实行暴动者，不能一概而论，但不知认暴动之意义为如何。陈谓革命当然要暴动，国民革命时，亦采取暴动之方法也，但宣传革命与实行暴动革命，虽为同一问题，惟宣传民主国家所不禁止，暴动革命如胜则制裁政权，败则为政权所制裁，乃又不同。外传本人被第三国际共党开除，为反对暴动，其实并非尽然，其中另有许多内幕也，余意暴动适合大多人民之需要，不需要而暴动,即为捣乱,毫无意义。是以至现在,本人之主张如此,毫无意义,将来受任何处置,为主义起见,自无悔言。且孙中山先生之革命,为不满于满清政体,不满于袁世凯执政,二次革命时,北京被袁世凯杀戮之学生甚众,不计其数,国民党之自首者,且可免罪。但结果,国民革命一样成功,袁世凯一样夫失去政权。本人对蔡先生之意思,深表感谢,但原来主张,仍不丝毫改变,陈氏但言下态度殊见激昂。

彭氏否认

谓问尔等欲要求面见蒋委员长及陈果夫陈公博等诸要人,有所陈述,用意何在,彭述之即谓我们绝无此项要求,纯系外间误传。因吾等之主张既无爰吏,何得要求面见党政要人。惟一要求,为公开审判而已。至于吾等之政见,大部分发于出版之《火花》小册子上,不复多言。特有一事可言者,即主张目前中国之被压迫人民,一致武装起来反抗日本,收复失地,绝对不能希望国际或英国、美国帮助中国。因国联为自身之利益计,万一能援助中国亦为本身之利益耳,前门拒狼,后门进虎,与中国有何益处。军队亦不可靠,只有军民合作,军队尚能发生少数效力,光提军队,等于私人之工具,东北军之放弃东三省,可想见也。尚有一点,即中国与日本之立场不同,日本已为帝国主义,如日本与美国冲突时,日本共党,应起而反对日本政府。中国与美冲突时则中国共产党应起而反对美国,因中国乃被压迫国家,与日本不同也。中国与日本冲突,日共党固要反对日本政府,中国共产党,亦须起而一致对付日本,即中国为被压迫国家,日本为帝国主义也。

原载《益世报》 1932 年 10 月 31 日　第二版

34. 郭蔚然[①]为营救陈独秀给蔡元培的信[②]　1932 年 10 月 31 日

夫子大人钧鉴:

前昨趋谒崇阶,适值公出未获训教,至为系念。唯祝矍铄康胜,无限颂祷!

外患盲膏,内战又作,凡有心肝莫不痛心。或有劝夫子出长行政院者,唯门人独持异议。际此主角[③]高扬迷梦未醒,汪公[④]未得施展而去,我公何必登台作傀儡?我国急切所需在唯学术。唯战争、化学、枪炮、工程之学术研究院虽多,贡献对于切实致用者,尚未有希世之获得。切望大人致力于实用之救国技术,摒绝

---

① 郭蔚然,北大法律系毕业。民国名律师,时为南京吴凯声律师事务所负责人之一,曾任中国民权保障同盟上海分会法律顾问委员会委员。

② 此件录自上海市档案馆,原件的档号为:全宗号 3034,卷号 399。原文无标点,此系编者所加。

③ 指蒋介石。

④ 指 1931 年汪精卫赴法国。这是因在抗日问题上与蒋介石不同意见,又无权指挥东北军之故而赴法国。

一切政治团体。门人愿附夫子之后，为长期之研究。小子何知，敢谈何论？刍荛[①]之见或采，伏乞垂察是祷。杏佛[②]夫子营救独秀夫子，适之夫子并在北平响应[③]。呜呼！政见不同各国皆有，于吾国则宜寒蝉，言论自由欺人之谈。我夫子老于革命，岂初料及此。昨阅独秀老夫子谈话，并谓无钱不能请律师的，是伤心语。门人愿为不要钱之辩护人如荷，夫子赞同敬乞赐示关照，以便晋京晤独秀夫子作准备书状，为辩护之预备。牛兰外国人，独老夫子中国人，桃李盈门。为桃李者，此时不努力，等到何时？千钧一发，即求裁示。庄颂

公安

门人郭蔚然百拜(印)

卅一日夜八时

杏佛夫子大人均奉

复示请寄住宅　梅白格路新徐里 543 号

(任建树先生附注：信封：挂号　上海静安寺路静安别墅五十四号蔡院长公启

蔡元培信封上批语："复以陈案律师已请定，以后如有关于法律问题当随时奉询"

信封、信笺均用"吴凯声律师事务所"，信封上邮签是"廿一年十一月一日"

感谢任建树先生提供抄件，业经与上海市档案馆原件核对。标点为编者所加。)

35.《中央周刊》　第 230 期　1932 年 10 月 31 日

共产党陈独秀案江苏高等法院[④]开始侦查

共党托洛斯〔茨〕基派首领陈独秀、彭述之等，由沪解京，初拘押于军法司，本月二十六日已移解江宁地方法院看押。外传陈彭要求解汉谒蒋委员长。兹悉蒋委员长已有电来京，谓陈、彭等系危害民国犯，应交法院公开审判，以维司法之独

---

① 刍荛，割草打柴的人。多用于指草野鄙陋的人，此系郭自谦之称。

② 即杨杏佛。

③ 即指 1932 年 10 月 15 日陈独秀子上海寓所被公共租界巡捕房逮捕。胡适介绍律师外，于第二周即 10 月 30 日在北大发表了《陈独秀与文学革命》的著名讲演，声援并呼吁营救之。

④ 民国十九年(1930)2 月 17 日，中国与英国、美国、挪威、荷兰等国在南京签订《上海公共租界内中国法院之协定》。根据协定，公共租界会审公廨改组为上海第一特区地方法院和江苏高等法院第二分院。并于 4 月 1 日正式成立。民国二十年(1931)7 月 28 日，国民政府外交部与法国公使在南京签订《关于上海法租界内设置中国法院之协定》。8 月 1 日撤销上海法租界会审公廨，成立上海第二特区地方法院和江苏高等法院第三分院。民国二十一年(1932)1 月 21 日上海地方法院院长周先觉就职。3 月 1 日高等法院院长沈家彝到任，4 月 1 日补行宣誓就职典礼。3 月 14 日，上海地方法院首席检察官汪泽到任，4 月 1 日补行宣誓就职典礼。故此处应为设于苏州的江苏高等法院。

立尊严。闻本月二十四日晨中央谈话会,曾将蒋电提出报告,当即决定交法院公开审判。

又陈、彭等移解江宁地方法院后,某报记者晤司法当局,询以陈、彭案件之审判程序。据云,现时此案已完全归江苏高等法院依法审判,因司法有独立之尊严,将来审判时,党政军机关概不参与审判。目前正由苏高等法院之检查处侦查案卷,一俟完毕,当即提起公诉,然后再由高等法院依据公诉而进行公审,其中费时约需二、三月之久。将来审判地点,即照牛兰案件办法,由苏州之江苏高院派员来京审问。为免周折计,陈彭二犯,并不转解苏州云。

又陈、彭移解江宁地方法院看押后,该院首席检察官楼英,曾据情呈报江苏高等法院报告陈犯等解院经过情形,并手谕看守所长龚宽,依法停止陈彭两犯接见宾客。又陈犯因患肠胃病,每日以稀饭充饥。彭则患眼疾,双目红肿,经该院延传华医院袁遵义治疗。又据楼首席官告新闻记者,陈、彭两犯危害民国罪,依法属高等法院受理,至审判地点与开审日期,均须由高等法院决定,地方法院只负责看押责任云。

原载《中央周刊》 第230期 1932年10月31日

36. 共产国际远东局给中共地下党关于对陈独秀救援活动问题的意见(草) 1932年10月

编者按:此文献由美国埃奇伍德学院(Edgewood College)历史系陈锦骅教授提供并翻译。陈锦骅教授于麻省理工学院档案馆伊罗生①文件中所存的一些材料

① 伊罗生(艾萨克斯,哈罗德·罗伯特,Isaacs, Harold Robert,1910—1986)。是一位较富有的美国律师的儿子,1930年哥伦比亚大学新闻学院毕业后,在《檀香山广告报》(Honolulu Advertiser)任职。他曾在法国学习并作为哈瓦斯通讯社上海分社的工作人员于1931年来到上海,时为美国共产党党员。伊罗生来华后任职于《大美晚报》(Shanghai Evening Post)和《大陆报》。在上海期间他结识了一位南非共产党创始人、记者戈拉斯,他俩"不遗余力地企图和宋庆龄相识,并建立友好关系。艾萨克斯是通过宋庆龄参加《中国论坛》出版社工作的。自1932年1月13日到8月13日,《中国论坛》在上海以英文报纸形式出版,以周刊形式发行。1932年8月,由于印刷厂拒绝印刷而停刊。在找到自己的印刷厂后,该报自1933年2月11日起至1934年1月13日《中国论坛》增加了版面,由单一的英文版扩展成了中英文版,并自1933年3月1日《中国论坛》出第2卷第2期起改为每月出版两期。"《中国论坛》先后发行了40期。它的发行量达到了3 500份。共产国际提供了资金资助。1932年4月9日共产国际执行委员会政治书记处政治委员会会议讨论了关于资助《中国论坛》的问题。决定:"允许拨给一次性资助,数额为500美元。"8月3日该委员会开会,再次讨论了资助《中国论坛》的问题,决定:在牛兰夫妇案件结束之前"从1932年的备用基金中拨出500美元,资助《中国论坛》"。1934年秋伊罗生在鲁迅的指导下,编选、翻译了一本中国现代小说集《草鞋脚》。但由于种种不同意见,包括文本内容方面的原因,论坛终于被改组。伊罗生于1934年3月下旬由上海到北平,临行前鲁迅特意为他饯行。1935年6月他经欧洲返回美国,于1938年出版了《中国革命的悲剧》英文本,书中引用了经他千辛万苦从《国际新闻通讯》中找到的1927年4月5日斯大林还在支持蒋介石的一段演讲,认为1927年中国革命的失败,是苏联和共产国际造成的。同年托洛茨基为该书写序时,认为在充分融化中国革命的教训方面,伊罗生的书能予以无可替代的帮助。1943—1950年伊罗生任《新闻周刊》副主编,曾经再度到中国重庆活动过。1953—1965年他任美国麻省理工学院国际研究中心副研究员,1965年以后任政治学教授。1971年伊罗生在为《中国革命的悲剧》中译本写序时承认,由于自己的思想转变,对原本进行了相当大的删改。1980年10月14日应中国作家协会的邀请,伊罗生夫妇在动身访问日本之前来华访问,在北京宋庆龄寓所会见了老朋友宋庆龄。节选自:伊罗生,《〈中国论坛〉与中国民权保障同盟》。

中发现此件。他认为这是当时中共地下党的文件，因为这份英文文件虽然没有署名，且为草拟稿，但考虑到救援牛兰工作由中共领导，鲁埃格①上海委员会受中共地下党直接指荐，除了中共地下党以外，没有其他人可能作出这类原则性决定、意见和指令。这一判断基本成立故收录于此。但考虑到当时中共受共产国际远东局直接领导，此文更有可能是出于共产国际远东局之手。题目为编者所加。在此一并感谢陈锦骅教授对本书的鼎力相助。

Ch. T. C. Case②

在制定委员会行动路线之前，我们必须对陈独秀的政治特色，他被捕事件的意义，以及由国民党支持者和第三党势力掀起的同情陈独秀活动的性质有一个清醒的认识。由于中国革命形势的极其激烈，也由于中国共产党的发展和面对国民党第四次反苏维埃战争苏维埃力量继续壮大的情况，陈独秀领导的托洛茨基组织已堕落成了国民党各类派系，特别是汪精卫、孙科一派的最可悲的反革命帮手之一。例如，托洛茨基派反对农村革命，反对苏维埃，鼓吹国民议会（或“人民议会”——国民党控制下的另一形式的地主——帝国主义专政），反对“在目前危机时期”扩大罢工斗争，反对红军，支持蒋介石国民党在苏区的反革命阴谋，斥红军为“流寇”，帮助蒋介石武装清剿，等等。就因为陈独秀一伙的这类政策，帝国主义和中国资产阶级代言人对他们颇为赞许。《中国评论》(China Critic)的一篇社论就是一个例证，该社论讲：“应该记住他（陈独秀）的这一功劳，是他毫不含糊地谴责现在的共产党，称其军队为流寇”。亲英、日帝国主义的《上海时报》(shanghai Times)也沿这一套路来为陈独秀辩护。

叛徒们的被捕主要是国民党内部派系斗争的结果；托派叛徒们和汪精卫派系，国民党内其他类似集团有着确切紧密的联系，而蒋介石正力图孤立他们。但不同派别对待革命运动的态度基本上是相同的：都认为必须镇压共产党，镇压革命群众组织和报刊，必须用战争对付苏维埃，必须对帝国主义投降。从这点来看，正在安排陈独秀与南京官员“会晤”的协商就是为陈独秀与国民党反共反苏维埃的合作打开通道。国民党最近声明，将用更多的“半共产党的手段”来对付苏维埃，这就开启了国民党在反革命进攻中更广泛使用这一集团的更多可能性；从这一方面讲，被捕一事本身就可能是企图给已是名声扫地的这一反革命集团

① 鲁埃格是当时轰动国内外的上海牛兰被捕案中牛兰的化名之一（参见1934年9月15日发行之《苏俄评论》月刊第七卷45期合刊专载《牛兰案件破获之经过及其阴谋文件》）。文中关于“牛兰案件破获之经过”一节中称：牛兰持多国护照及上海有多处住所，又改名为“来特波尔盖”，翻译即鲁埃格。

② 此为原文件上的记号。Case为情况等意思。联起来可理解为“陈独秀近况”之意。

增色的策略。

正是由于这个原因,所以有这么多国民党追随者和第三党人士大声鼓噪保护陈独秀。他们的保护和反抗白色恐怖毫无相干,而是完全为了保护叛徒,为了美化对革命运动的背叛,为了提高陈独秀在群众眼里已丧失殆尽的声望。

所以很清楚我们不能为要求释放陈独秀而专门展开一场运动。委员会是特地为保护一位革命者而组建的,我们必须防止用它来保护一个革命运动的叛徒。这一方针与我们反抗中国各种白色恐怖现象并不矛盾。我们应讲明发起一场全面反对白色恐怖的斗争的必要性,陈独秀被捕问题在这场运动中会有一个恰当的次要地位。这场全面运动应由现在正在筹备中的新的保卫政治犯委员会来负责。如可能,鲁埃格委员会完全不应涉足陈独秀问题。如果此事被提及,我们的方针应为如下所述:对任何保卫陈独秀的建议,我们的回答应是明确提议组织一个更为广泛的反对白色恐怖的运动,如果他们拒绝参与这样一个运动,就揭露他们意在把活动仅局限于保护陈独秀及其追随者的企图。为了准备应对鲁埃格委员会在这一问题上可能出现的分裂,我们的方针必须指出,问题所在是他们拒绝参加一个不是专服务于陈独秀们的,而是广泛的反对各种形式白色恐怖的运动。

1932年中国民权运动大同盟成员欢迎萧伯纳来华留影。宋庆龄左边者为伊罗生

委员会可能发表的任何宣言都必须指出这一事实,陈独秀被捕事件提供给了我们一个新的机会去敦促所有正直的人们去反对南京政府的残忍与恐怖。我们必须发起一个全面的运动去挫败委员会中自由派发起单独效力于陈独秀的活动的所有企图,在这个全面运动中,陈氏的被捕一事只能占据一个次要地位。(英文原件附后——编者)

1

Ch. T.C. case

Before formulating a line for our committee, we must have a clear understanding of political character of Chen tu-shui and significance of arrest, and the nature of the campaign which the supporters of the KMT and third partyites are carrying on in favor of Chen tu-shiu. Because of the especially sharp revolutionary situation in China, because of the growth of the Communist Party of China, and the strengthening of the Soviet Power in the face of the Fourth Anti-Soviet War of the KMT, the Trotzkyist group, led by Chen du shiu, has degenerated into one of the most bitter counter-revolutionary aids of the KMT and its various factions, especially, [redacted] the faction of Wang Ching Wei, Sun Fo, etc. For example, the Trotzkyite struggle against the agrarian revolution, their fight against the Soviets, agitation for a Constituent Assembly (or "People's Assembly") which x would be under control of the KMT as another form of the landlord-imperialist dictatorship, opposition to spreading of strike struggles "in present crisis", against the Red Armies, calling the Red Armies "bandits," in unison with Chiang Kai Shek, counter-revolutionary conspiracy in the Soviet districts, together with the KMT, aiding the armed struggle of Chiang Kai Shek, etc. Both the imperialists and spokesmen for the Chinese bourgeois xxx praise the Chen du shuists for these policies. An example of this is contained in an editorial in the China Critic which says: "It should be remembered to his (Chen tu-shiu's) credit that he denounced the present communist party in no uncertain terms, calling their troops bandits." The pro-British and Japanese imperialist Shanghai Times writes along this line, defending Chen tu-shiu.

The arrest of the renegades is in the main an outcome of the fractional struggle within the KMT, the renegadexx Trotzkyites having definite and close connections with the Wang Ching Wei and similar groups of the KMT, against whom Chiang Kai Shek carries on a struggle for their isolation. The attitude of the different factions towards the revolutionary movement is essentially the same: necessity of suppression of the CP, the revolutionary mass organizations and press, war against the Soviets, surrender to imperialism. In this connection, the negotiations of Chen tu-shiu for "interviews" with the Nanking officials opens the way for Chen tu-shiu's collaboration with the KMT in the struggle against the CP and the Soviets. The recent statements of the KMT that more "semi-Communist methods" will be used against the Soviets, opens still wider the possibilities for an extensive use of this group in the counter-revolutionary attacks of the KMT; and in this regard the arrest itself might also xxxxx xxxxxxxxxxxxxxxxxxxx be a maneuvre to enhance the prestige of xxxxxxxxxxx this bankrupt counter-revolutionary group.

It is for this reason that so many of the KMT followers and Third Partyites are so loud in the defense of Chen du shiu. Their defense has nothing to do with protesting against the white terror, but is directed soley at defending a renegade to glorify the treachery to the revolutionary movement and enhance the lost prestige of Chen tu shiu in the eyes of the masses.xx

For this reason it is clear that we cannot make a special campaign for the release of Chen tu shiu. We must prevent the committee which was formed for the special purpose of defending a revolutionary be utilized as an agency for xxxx the defense of traitors to the revolutionary movement. This line does not prevent us from protesting against every manifestation of the White terror in China. We must show the necessity of starting a general campaign against the white terror, in which the arrest of Chen tu-shiu would be treated in its

3

2

-2-

proper and minor place. [redacted] This general campaign shall be left to the new committee for the defense of political prisoners now in process of formation. The Ruegg Comm., if possible, should not take up the Chen tu-shiu question at all. If it is brought up, our line should be as follows: We must answer any proposal for the defense of Chen du -shiu with a definite proposal for a broader campaign against white terror, and expose them if they refuse to participate in such a campaign, desiring to limit defense only to Chen du shiu and his followers. In order to meet the possibilities of a split of the Ruegg committee on this question, our line must be to put the question as one of their refusal to participate in a broad campaign against all forms of white terror instead of a special campaign for the Chen du shuists.

In any declaration the Committee may issue, the fact must be pointed out that the arrest of Chen tu shiu is a new occasion to draw the attention of all honest people against the brutal terror of the Nanking Goverment. All attempts of the liberal elements in the committee to develop an exclusive campaign for Chen tu shiu must be frustrated by developing this general campaign, in which the arrest of Chen occupies only a minor place.

" " "

4

37.《新生》 1932年第一卷第二期

《共产党领袖狱中真笔》

五郎

共产党托而斯基派中国领袖陈独秀，自沪上捕获解京后，即押于军政部军法司，有不日将移送法院审讯之说。本月二十五日，军政部何部长特提陈氏至军部，面询其主持托而〔洛〕斯〔茨〕基派中国共产党情形之时，有好奇者请其书字，以见其志。陈氏扶病，连挥五张。一为'三军可夺帅，匹夫不可夺志也。'二为'先天下之忧而忧，后天下之乐而乐。'三为'莫等闲白了少年头。'四为'梦中夺得松亭关。'五为'双鬓向人无再青。'等句，统观上面四十八个字中，倒有三个'夺'字，于此可见陈氏迄无悔悟之心。兹觅得第一张，特制版刊载于上，以飨读者。"闻陈氏曾为共党毁家败财数十万，二子皆殉党，今年逾半百，两鬓苍白，抱病囹圄，大有英雄迟暮之感。误入歧途，不为国用，深可叹息！二一、一〇、二八于南京。

原载1932年《新生》杂志　第1卷第2期第42页

38.《中央日报》 1932年11月1日

蒋梦麟

陈独秀等犯罪证据法院正着手审查

蒋梦麟[①]昨往探视

陈独秀案，自经移交法院办理，江苏高等法院检查处即派检察官朱隽来京，负责承办该案。曾于日前就江宁地方法院一度庭迅，惟该案案情重大，证据繁复，法院接受该案，仅及一星期，目前正着手审查各项证件。日昨派人至中央党部，领取陈等犯罪证据，计八大箱，多系反动书及传单标语等，文件尚少。因中央党部曾于二十九日将运送一部分证据至汉，

---

① 蒋梦麟(1886—1964)，浙江余姚蒋村人。1898年前后，在绍兴中西学堂求学两年。1901年，到杭州求学，入浙江省立高等学堂，其间于1903年初秋赴绍兴参加科举考试，被取为余姚县学附生(秀才)，之后返回浙江高等学堂继续学业。1904年赴上海入南洋公学读书。1908年秋季到达加州伯克利，补习英文。1909年2月入柏克莱加州大学农学院。1909年秋季转入社会科学学院。1912年，以教育为主科，历史与哲学为两附科，荣誉毕业于柏克莱加州大学教育学系。旋赴纽约入哥伦比亚大学研究生院，取得教育学博士，导师为哲学家约翰·杜威。1917年6月离美返国。回国后曾任《新教育》主编、国立北京大学总务长兼代理校长、国立北京大学校长(1930年12月—1945年10月)、国立浙江大学校长、国民政府大学院第二任院长(1928年10月3日—1928年10月24日)、国民政府教育部首任部长、国民政府行政院秘书长、中国农村复兴联合委员会主任等职务。1922年作为国民代表出席华盛顿会议。抗战期间曾出任中国红十字会会长，也曾出任国民政府行政院秘书长两年。1949年到台，1964年因肝癌病逝，享年78岁。

送呈蒋委员长审阅，此间仅余半数。刻法院就现已移来证据，逐一审查，需时颇多。俟审查完竣，即提起公诉，最近期内亦不至开庭侦迅。闻陈等羁押看守所内，颇受优待，疾病经延医诊治，亦渐次痊愈，惟彭述之左目尚略现红肿。彼等以既经法院受理，亦甚安心，每日惟阅读书籍，态度甚为闲散云。

北大校长蒋梦麟前日来京，接洽教育经费，业已竣事，闻陈独秀被捕在押，因与陈私交甚笃，眷念颇殷，特于昨午亲往江宁地方法院看守所探视。当经该所所长龚宽请示高等法院检察官朱隽，得允准接见，龚所长遂偕同蒋氏往监房探视。蒋并携有书籍多种及水果数篓馈陈，经检查后即送陈，以慰狱中岑寂。蒋氏与陈坐谈约半小时，即辞出返寓云。

原载《中央日报》 1932年11月1日 第三版

39.《申报》 1932年11月1日

宋庆龄昨飞汉

提议组织特委会

南京 宋庆龄女士于三十一晨八时抵京。入城后，赴总理陵园稍憩，即乘蒋之塞可斯号飞机赴汉。闻因陈独秀案，欲于将有所协商，抵汉后，或转湘晤蒋，抑留汉候蒋，尚未探听。（三十一日专电）

南京 宋庆龄拟以中委资格，向中央提议组织特种委员会，专门处理政治犯事件。闻此行赴汉，系征蒋同意。

原载《申报》 1932年11月1日 第三版

40.《申报》 1932年11月1日

苏高法院检察官 审阅陈案证据

蒋梦麟赴看守所访陈独秀

陈独秀病已就痊

南京 蒋梦麟因与陈独秀私交甚笃，于三十一〔日〕午往江宁地方法院，得当局之许可，入看守所探视并馈以书籍及水果等物。前日苏高法院检察官朱隽，开侦查庭时，陈及彭述之之供词颇确，惟要求法院公开审理，得有充分辩护机会。朱检察官连日将搜获陈等之反动证据多件，逐细审阅。日内将再开庭一次，即返苏提起公诉。陈所患之盲肠炎症，彭所患之目症，已见痊可。（三十一日专电）

原载《申报》 1932年11月1日 第六版

41.《大公报》 1932年11月1日

陈独秀等表示尊重国家法律

望勿加以个人恩怨

宋庆龄昨过京已飞汉谒蒋

[南京三十一日下午六时发专电] 苏高等法院侦查陈独秀案证据,再经一度传询后,即提起公诉。陈、彭均表示,愿尊重国家法律,望政府秉承大公,不参加个人恩怨,法律判我是罪有应得者,当亦愿受。

[南京三十一日下午七时发专电] 宋庆龄三十一[日]晨由沪夜车抵京,入城后赴陵园稍息,即往飞机场,乘在京蒋之自备之塞可斯机①飞汉。偕行者尚有女秘书一人,闻为陈独秀事,欲访蒋夫妇,有所商谈。

[南京三十一日下午九时发专电] 褚民谊②谈,宋庆龄飞汉,系为牛兰谋特赦,陈独秀素非激烈,可免死刑。蒋梦麟三十一日午赴地方法院视陈独秀,并赠书籍水果。

[南京三十一日下午四时发专电] 苏高等法院,昨派员赴中央领取陈独秀等犯罪证据。该项证件原系八箱,因中央曾于二十九日将一部分运汉,呈蒋审阅,现只就余数由检察官朱隽逐一审查。审查完毕,即提起诉讼。陈等羁押江宁看守所,病经延医诊治,已渐痊愈,惟彭述之左目尚红肿。陈等以既入法院,亦甚安心,当阅书报,态度甚安闲。

原载《大公报》 1932年11月1日 第三版

42.《世界日报》 1932年11月1日

宋庆龄昨日抵汉口 过京时发表谈话

谓拟请中央组特委会专审政治犯

对陈独秀案主不必严惩

[本报汉口十月三十一日下午七时专电] 闻宋庆龄世(三十一日)来汉,寓址不明,任务未悉。

---

① 塞可斯机:蒋介石之专用飞机名。

② 褚民谊(1884—1946),原名明遗,字重行,浙江吴兴县(今湖州市)南浔镇人。早年赴日本留学。在法国赴法途中加入同盟会。曾获医学博士学位。抗日战争爆发后,参加汪精卫"和平"运动。1939年8月底,在伪国民党"六大"上,任大会主席团副主席,被推为中央监察委员会常务委员。在伪国民党六届一中全会上,任秘书长,成为汪伪国民党的"总管家"。当时,人们对汪陈夫妇手下的汉奸,以"陈公博的嘴,周佛海的笔,褚民谊的腿"并称。日本投降后,与陈璧君等被软禁广州。后又押送南京宁海路25号看守所。1946年关入江苏高等法院第三监狱。同年3月21日,南京高等法院判处其死刑。同年8月23日,在苏州被执行枪决。

[本报南京三十一日下午一时三十分专电] 宋庆龄世(三十一日)上午七时，由汉来京，财部派车往下关迎接。宋进城后，径赴励志社休息，旋乘蒋(中正)自备飞机塞可斯号飞汉。据谈，拟请中央组特委会，专为审理政治犯，以便是非曲直，能大白于天下。对陈独秀案，亦有提议。余意，陈人格甚高，学术上亦多贡献，似不必严惩，赴汉系与蒋商量。回京后，再向中央建议。

[本报南京十月三十一日下午十时十五分专电] 宋庆龄飞汉，或系仍为牛兰奔走，冀邀特赦。

原载《世界日报》 1932 年 11 月 1 日 第三版

43.《世界日报》 1932 年 11 月 1 日

蒋梦麟昨探视陈独秀

传中央对陈不致处极刑

[本报南京十月三十一日下午十时十五分专电] 陈独秀案中央以陈等与牛兰视为一例，不致处极刑。又苏高法院检察官朱隽来京，侦查陈案后，陈、彭二人均应问而答，殊少意见表示，准许法院公开审理，得予充分辩护机会。朱连日正将反动文件逐件审阅，不出一周即提公诉。陈、彭在狱中甚安静，陈患胃肠炎，彭染目疾，看守所请传华医院医生逐日诊视，均已愈。陈等对狱中生活表示满意，每日阅览三民主义、总理学说各书。有人询问蔡元培等在外代彼缓颊事，陈答，本人极愿尊重国家法律，希望政府一秉大公，不参加个人恩怨之私，法律判我是罪有应得者，当挺身接受。又蒋梦麟与陈私交甚笃，世(三十一日)午亲往看守所探视，经所长龚宽请示朱隽后，准接见。龚遂偕蒋往监房探视，蒋携有书籍多种，及水果数篓馈陈，经检查后，即送陈收纳，谈约半小时辞出。

原载《世界日报》 1932 年 11 月 11 日 第三版

44.《主张与批评》报① 1932 年 11 月 1 日

陈独秀与牛兰

王造时②

共产托洛斯基领袖陈独秀及其同志 10 人被捕，并已解送公安局。将来结果，有人说是凶多吉少。我们虽不赞成共党的盲目暴动，但认为陈等被捕以后，应经过法律的手续，才能判罪，不能随便“解决”。(1) 陈等应交法庭；(2) 法庭审判应该公开；(3) 被告应有聘请律师辩护的权利；(4) 不应用刑强迫陈等自认犯罪。回想当局对于指挥共党干部派的牛兰夫妇还能依法解决，那么对于取消派的陈等，当然不会采用邓演达式的解决办法；否则，岂非又表示我们怕了外人。至于为牛兰夫妇奔走呼号的宋庆龄、蔡元培、杨杏佛诸氏，对于陈等，不知有同样的热心没有？更不知前此以去就力争的司法部长罗文干，再有维持司法独立的精神没有？

原载《主张与批评》 1932 年 11 月 1 日

45.《红色中华》 第 38 期 1932 年 11 月 1 日

不幸而言中

陈独秀要当蒋介石的反共参谋了！不信，你们等着

取消派一行十二人解往汉口，进谒蒋介石，陈说组织托罗〔洛〕斯〔茨〕基派反共的经过，……好不要脸，做得出来！

取消派的老头子陈独秀(仲甫先生)及鱼兵虾将彭述之等共十二人，在上海被捕，已见前报。现由上海公安局向租界中临时法院要求移提，即于十九日引渡去了。十日，上海公安局又把他们解到南京，送到军政部军法司，看管起来。因

① 《主张与批评》：半月刊，王造时等于 1932 年 11 月 1 日在上海创办，中国美术刊行社出版。因言论尖锐为国民党所不容，被以言论“荒谬”、“肆意诋毁本党”等罪名“秘密通令全国查禁”，被迫于同年 12 月 15 日停刊，前后只办了四期。王造时不服，向行政院代院长宋子文抗议。一个半月后，1933 年 2 月，他又在上海办起了《自由言论》半月刊，但到年底又被查封。

② 王造时(1903—1971)，原名王雄生，祖籍江西安福。1917 年考入清华学校，1925 年毕业赴美国威斯康星大学攻读政治学，获学士、硕士及博士学位。1929 年 8 月赴英国伦敦经济学院任研究员，师从英国费边社会主义代表人物拉斯基，研究政治思想和比较政治。1930 年回国，任上海光华大学文学院院长兼政治系主任。“九一八”事件爆发，王氏随即发表《救亡两大政策》，先后创办《主张与批评》与《自由言论》两刊物，均被国民党当局查封。此后仍积极参加抗日救亡运动，并加入上海文化界救国会、全国各界救国联合会。1936 年 11 月，被当局逮捕，为“七君子”之一。获释后，继续从事抗日救亡工作，创办《前方日报》，亲自撰写社论，号召抗日。新中国成立后，曾任华东军政委员会委员、上海市政协常委、上海市各界代表会议特邀代表等职。1952 年任复旦大学历史系教授，后被错划为右派。1966 年 11 月，被拘捕于上海第一看守所。1971 年 8 月 5 日死于狱中。1980 年 5 月获平反。同年 8 月 20 日，上海市政协和复旦大学联合为其举行追悼会。

解送仓促,陈独秀他的衣被都没有带一样,遂由国民党中央党部赏一百大洋,帮其购置,——要便不是取消派,如何有此大面子！现于二十一日晨又由军政部把他们交宪兵司令部,派宪兵送往汉口洛加山去会蒋介石,因为他们向国民党政府要求"进谒"蒋介石及蒋介石的特务负责人陈立夫(好家伙!)好当面申述过去组织托罗〔洛〕斯〔茨〕基派在中国活动的情形。托派在中国的活动,直接、间接都是帮助豪绅地主资产阶级来破坏革命的,苏区中发现的许多托派捣乱阴谋,就是铁证,那陈独秀先生报告之结果,只有证明他对国民党效劳的功绩了,蒋介石安得不拍手称善也哉！于是乎陈独秀的国民党官到手矣！——记者

原载苏区《红色中华》 第38期 1932年11月1日 第二版

46.《壬申》半月刊① 第三号 1932年11月1日

陈独秀等被捕以后

最近轰动全国的消息,要算是共产党托洛斯基派的首领陈独秀在上海被捕一事了。

实行奸淫掳掠杀人放火的政策,糜烂地方,危害国家,如现今盘踞赣、湘、豫鄂……等省的共产党徒,其罪大恶极,自然是应该聚而歼之。若共产党而在不扰乱社会秩序的条件之下,专从事于理论的宣传,思想的鼓吹,论理政府尚应认定其党的存在,其党及党员均应享受法律上的保障。

陈独秀大约要算是我国最先的社会革命运动者,他起初组织社会主义青年团(S·Y),进而组织共产主义青年团(C·Y)和共产党(C·P)。推今日赤祸之由来,陈氏固不得不负一部分的责任,然他确为反对共党干部派所现行的暴动政策之最力者。他在一九二九年曾发表《党治意见书》②,其要点如下:

1. 中国革命真的失败了,这责任完全是第三国际的错误,他在执行中早已反对过,所以他的错误,只是不曾坚决反对。

2. 中国此后若干年中是没革命的,须待中国民族资本主义发展到某种程度,方有革命的好况来临。

3. 取消一切实际行动。

---

① 《壬申》半月刊:1932年10月彭一湖在上海创办,宣传社会改良。1933年8月停刊。

② 1929年12月10日陈独秀发表《告全党同志书》。同年12月15日陈独秀等81人发表《我们的政治意见书》。此处指后者。

4. 从新再行研究马克思列宁主义,和平秘密,培养革命力量,等待机会再干。

5. 取消红军苏维埃,解散一切武装。

6. 取消罢工、游行、示威,努力生产帮忙民族资本发展。

7. 主张召集国民会议。

他发表上项的《党治意见书》以后,即被共产党及第三国际开除党籍。后虽领导共党托洛斯基派,而该派现在也似乎已经崩溃。是陈氏不过是一过去的共产党领袖而已,不过是一马克思列宁主义的信徒,而宣传其理论,鼓吹其思想而已。自陈等被捕解京,我当局尊重法律尊重司法独立,由蒋委员〔长〕提议,经中央常务会议通过,将全案移归法院审理,此诚不失为法治国家持平的态度。

抑又思之,司法当局之办理牛、汪①一案,颇极审慎。牛、汪之与陈独秀,一为指挥暴动的现行犯;一为从事宣传的言论家。法院方面如其能本办理牛、汪案件的精神、态度来办理陈独秀案,那陈独秀案之如何判决,我们也就不难预测到几分了。

原载《壬申》半月刊　第三号　1932年11月1日　第29—30页

47.《论语》半月刊　第四期　1932年11月1日

陈独秀不知何许人

公冶长

小子晨起,浪荡到了马浪路,看见烟纸店面前,立着外国报纸的广告牌上写着"Communist Leader Arested"的字样,共党首领被捕了!谁?便不自禁地喝出这样的惊异句,但是口袋中惟有数十铜元,还得去买粢饭油条,不得已只好抱着闷葫芦回转我的所设的家来。翻遍了《申报》,既未登载,便只好等待夜报了。

今天(十月十七)的《新夜报》来得特别早,天尚未夜,已在弄堂中高声叫卖了。原来是共党首领陈独秀補〔被〕捕了!据该报的记载:

"名震全国之共产党首领陈独秀,现年五十四岁,安徽怀宁人,……"但是同时其译《字林西报》的新闻则曰:

"查陈独秀谓安徽武宁县人……"

用了好奇的心理,把新闻从头至尾看全之后,小子不禁发生了一阵怀疑:共党领袖陈独秀到底是何许人呢?怀宁还是武宁?把中国地图及《辞源》拿来查了一番之后,武宁在江西,安徽只有怀宁,并无武宁。那么,陈独秀就是江西老表了。然而报上却说是安徽。

---

① 即牛兰与其夫人汪德利(中文名)一案。

关于陈氏，在我手头的文献，甚至如《独秀文存》之类，也没有一部，虽然尝想买一部来，以便翻阅，但卒因守着古人“明哲保身”的教训，到底不曾买得。因此，陈氏虽为鼎鼎大名的首领，他的身世，始终不得而知。单凭夜报来做考证，结果是越证越糊涂。有什么办法呢？最后，不得已，我下了这样的断语：

“陈独秀，不知何许人，于十月十五日被捕于上海岳州路永兴里。”但是问题又来了，据《新夜报》第一条新闻的记载是岳州路永兴里，而其第二条译《字林西报》的新闻则实为“岳州路附近荣兴里”。到底是什么里被捕的呢？又与陈氏共同被捕的人名，在同报前后的二条新闻中，亦两歧：谢少珊（谢少山）、王兆群（王兆崇）、濮一凡（潘叶凡）、张次南（崔秋楠）。在同日同报，同一新闻中，有这样不同的记载，似乎是件怪事，但是说穿了却平凡的很，这正是报馆记者的有闻必录。这样的耳闻，当然这样的草录了。于是对于报馆的编辑，得到一个新解，以供献于研究中国新闻学的先生们：

“报馆编辑者，只能以剪刀浆糊将同类之新闻编排于一处之人也。新闻内容之矛盾冲突，非其分内事，以留待读者自行推敲考证为便。”

原载《论语》 半月刊第四期 1932 年 11 月 1 日 第 126 页

48. 国民政府文官处关于国民党陆军廿七军特别党部筹备会要求严重处置陈独秀、彭述之等电报的公文 1932 年 11 月 2 日

（1）国民政府文官处公函

公函 4472

迳启者：奉

主席发下廿七军特别党部筹备会冬电为陈独秀、彭述之等在沪就捕，请严重处置其危害民国之罪一案，奉

谕交行政院等因，除原电据已分陈，不另抄送外，相应函达

查照，此致

行政院

国民政府文官处印

中华民国廿一年十一月十七日

（2）电报摘由府第 1624 号

姓名或机关：廿七军特别党部筹备会 何处来：贵阳 冬[①]电 送：十一月十日 摘由者签名：李廷钧

① 冬：冬日，即 2 日。

(3) 电文

贵阳来电

国急　南京中央党部各委员、国民政府林主席、蒋委员长、宋代院长钧鉴：近据报载共匪首领陈独秀、彭述之等在沪就捕，元恶大憝，久稽显戮，一朝罹法，人心大快。伏乞大张国纪，严重处置其危害民国之罪，慰被横遭赤祸之民，则法网不漏于吞舟，乱贼不拙于接踵，党国前途庶几有豸乎。临电择言，不律屏蒙，企祷之至。中国国民党陆军廿七军特别党部筹备委员会敬叩冬印

原件存中国第二历史档案馆

49.《中央日报》 1932 年 11 月 2 日

京市党部警告蔡杨

赤匪遍地胥受陈独秀之赐

包庇共犯　不啻为反动张目

南京特别市党部执委会前(十月二十九号)经议决，对于包庇共犯之蔡元培、杨铨①应予以警告。警告函昨已发出，兹将其原文刊布如次：孑民、杏佛两同志均鉴：阅报载同志等请求中央宽释共党首要陈独秀一电，至深惶骇。查陈独秀言伪行僻，昔年鼓吹共产邪说。十五年本党北伐，极意破坏，国民革命基础，几致动摇。流毒所及，今日之青年误入歧途，赤匪遍地为患，直接间接，胥受此君之赐，事实昭著，无可掩饰。乃同志等竟谓其有功于国民革命，请求宽释，徇于私情，曲加庇护，若奸邪得幸免于制裁，则法纪之尊严扫地以尽。同志等前曾迭请保释牛兰，已为清议所不直，今又再度包庇共犯，未悉是何居心。本会同仁，以同志等此种举动，不啻为反动派张目，特予警告。比匪终凶，愿同志等其慎念之。中国国民党南京特别市执行委员会。

原载《中央日报》 1932 年 11 月 2 日　第三版

50.《申报》 1932 年 11 月 2 日

京市党部警告蔡元培等

南京　京市党部因闻蔡元培、杨杏佛将请中央宽释陈独秀等，大为反对。一日致警告书，并有比匪终凶之语。(一日专电)

南京　蒋梦麟对某社记者发表对陈独秀案意见，谓陈过去对国民革命曾有极大努力。五四运动时，尤为思想界之先驱。渠以年来不满中国共产党干部派之暴动政策，致被该派排斥，遂退而领导反干部派竭力攻击，致干部派所受打击

① 即杨杏佛。

颇大。故站在反共立场上言，陈如无危害民国证据，自当予以宽宥。现全国学术界领袖，正在设法营救，中央之意亦主宽大，当不致有生命之虞。（一日专电）

原载《申报》 1932 年 11 月 2 日 第四版

51.《大公报》 1932 年 11 月 2 日

京市党部警告蔡元培

因蔡请宽释陈独秀

［南京一日下午九时发专电］ 京市党部以书面警告蔡元培、杨铨，略谓同志等前曾请保牛兰，已为清议所不直。今再电中央，请宽释陈独秀，徇于私情，曲加庇护，为反动张目，特予警告，比匪终凶，愿同志等其慎念之。又蒋梦麟谈，各方竭力营救陈独秀，中央亦主宽大，既非危害民国，自无生命之虞。

原载《大公报》 1932 年 11 月 2 日 第三版

52. 国民党中央执行委员会秘书处复蔡元培等函 1932 年 11 月 2 日

顷奉常务委员交下执事等代电为"陈独秀早岁提倡革命，五四运动，鼓吹新文化，对于国民革命有间接之助，卒以政治主张差异，遂背道而驰，伏望矜怜耆旧，爱惜人才，开其自新之路。"等由，一案。奉批：查此案业经本月二十四日谈话会决定，由江苏高等法院派员来京审判，已函司法院转饬遵照矣。"等因。特此函复。即希查照为荷！此致

蔡委员元培等

中央执行委员会秘书处

十一月二日

原载《档案与史学》1995 年 2 月第 1 期第 12—13 页

《1932 年蔡元培等营救陈独秀函电缉录》

53. 国民政府文官处关于国民党十九师特别党部请迅严办陈独秀的电报摘由 （电文时间 1932 年 11 月 3 日）

府第 1605 号

姓名或机关：第十九师特别党部 何处来：长沙 江[①]电 收到：十一月五日

摘由者签名：李廷钧

摘由：请迅严办陈独秀，以寒匪胆。

拟办：

---

① 江：江日，即 3 日。

批示：交行政院　　　十一、八

香港马克思主义研究促进会　林致良供稿

54. 国民政府文官处关于国民党湖南邵阳县执行委员会要求将陈独秀明正典型快邮代电的公函　(电文时间 1932 年 11 月 3 日)

公函 4519 号

迳启者：

奉主席发下湖南邵阳县执行委员会江代电，为共党首领陈独秀鼓吹邪说，迷惑青年，请明正典刑，以挽人心一案，奉谕交行政院等因，相应检同原代电，函达查照，此致

行政院

计检送原代电一件

国民政府文官处印

中华民国廿一年十一月廿二日

据林致良提供的复印件

55. 国民政府文官处关于国民党陆军第五十三师特别党部执委会要求将陈独秀明正典型快邮代电的公函　(电文时间约 1932 年 11 月 6 日)

公函 4521 号

迳启者：奉

主席交下陆军第 53 师特别党部执委会张敬兮等代电为陈独秀、彭述之两犯，阴蓄显谎，危害国本。今赤祸横流，斯民陷溺，推原祸始，罪有所归，此而姑宽，何以为法？祈迅将两犯照正典刑，藉平民怨而已祸源一案、奉

谕交行政院等因，相应检同原件函达

查照　此致

行政院

计检送原代电一件

国民政府文官处印

中华民国廿一年十一月二十二日

据林致良提供的复印件

56. 国民政府文官处关于国民党山东省邹县县党部要求严办陈独秀快邮代电的公函　(电文时间约 1932 年 11 月 10 日)

公函　　4552

迳启者：奉

主席交下山东省邹县县党部代电请严办共党首领陈独秀一案，奉谕并交行政院等因，查此案前据各方先后呈电到府，均经奉交贵院在案，兹奉前因，相应检同原件函达查照。此致

行政院

计检送原代电一件

国民政府文官处印

中华民国廿一年十一月廿三日

据林致良提供的复印件

57.《世界日报》 1932年11月3日

蒋梦麟昨再探视陈独秀

据谈宋子文等对北大经费均允帮忙

本人即赴无锡游览　日内仍转京返平

［本报南京二日下午十时专电］ 蒋梦麟冬(二日)午访宋子文、朱家骅后，再至江宁法院探陈独秀。据蒋谈，北大经费接洽结果，颇圆满，宋、朱均允帮忙，并允于最短期内尽先拨发。探陈系友谊关系，予事先请得法院同意，发到法院后，即由该院负责人带入陈室后，陈正翻书，彭正散步，二人除握手寒暄外，并无他谈。陈亦只露谢意，无其他表示，谈约半小时，即辞出。予在京事毕，午后及赴无锡，略事游览，日内即转京返平。

原载《世界日报》 1932年11月3日　第三版

58.《世界日报》 1932年11月3日

章士钊受陈独秀聘任

将赴京出庭代陈辩护

［本报上海二日下午十一时专电］ 章士钊受陈独秀聘任，日内将晋京询陈意见，并出庭辩护。

原载《世界日报》 1932年11月3日　第三版

59. 段锡朋致胡适的信① 1932年11月3日

适之先生大鉴：

① 因受陈独秀请托，段锡朋致函胡适，谢绝蔡元培、胡适推荐的律师。

赐电敬悉。蔡先生来函称汪有龄[1]律师亦愿任辩护云。顷弟走访仲甫先生，彼云辩护事已委托章行严先生及另一位彭先生，其实案情亦不过如是，烦请律师过多，或转易〔移〕外间无谓之注意。惟深感先生之厚意，并乞代为谢谢刘〔汪〕律师云云。谨以奉闻，借祝

日妥

弟锡朋上　二十一年十一月三日

引自《胡适往来书信选》第141页

60. 北平《民国日报》　1932年11月3日　宋庆龄之新志愿

［南京二日上午十时专电］　孙夫人函外报，谓社会仅知营救陈独秀，而不提其同时被捕之十一人，更未追论恐怖时代被牺牲之斗士。予现拟参加组织一团体[2]，专以保护及营救所有政治犯、及清共时被牺牲者为职志。予盼中外知识阶级及朋友参加是项运动。

［南京二日下午六时专电］　沪公安局冬晨，将共犯陈善甫、饶志陆、纪维芳、李荣生、苏正海、吴俊臣、吴陈氏、刘志福、刘防芳、陈王氏、朱彩娣十一人解京，即交军法司收押，与陈独秀同案，又获文件四十九件。

原载北平《民国日报》　1932年11月3日

转引自《中国民权保障同盟》，中国社会科学出版社1979年版，第24页

61.《中央日报》　1932年11月4日

陈独秀聘定律师三人担任出庭辩护

共产党杜拉斯基派首领陈独秀、彭述之，被捕送江宁地方法院后，业经江苏高等法院派检察官朱隽来京，开庭侦查，俟提起诉书后，即开庭公开审讯。闻陈、

---

① 汪有龄(1879—1947)，字子健，浙江杭县人。1897年以浙江蚕学馆官派生身份赴日学习新技术，后改学法律，毕业于日本法政大学。回国任京师法律学堂教席。民国后历任南京临时政府法制局参事，北京政府司法部次长，法律编查会副会长，参政院参政，安福国会参议员，大理院推事等职。1921—1931年任北京朝阳大学校长。1931年后到上海以律师为业。1937年，因为"七君子"之一李公朴出庭辩护，名重一时。

② 即"中国民权保障同盟"。民权保障同盟于1932年夏秋间由宋庆龄、蔡元培、杨杏佛、黎照寰、林语堂等人开始筹备。12月17日筹委会发表宣言，宣布组织该同盟的目的与任务是：为释放国内政治犯与废除非法的拘禁、酷刑及杀戮而斗争；刊布关于压迫民权之事实，以唤起社会之公意，援助为争取言论、出版、集会、结社等自由权利的一切斗争。12月29日，蔡元培、杨杏佛代表同盟在上海举行中外记者招待会，正式宣告同盟成立，宋庆龄任主席，蔡元培任副主席，杨杏佛任总干事。1933年6月，杨杏佛被国民党特务暗杀。宋庆龄在杨杏佛被害时发表声明，庄严表示：我们非但没有被吓倒，杨铨为同情自由所付出的代价反而使我们更坚决地斗争下去"……。但是，由于当时白色恐怖极端严重，加上杨杏佛被害后失去了一位组织家、实干家，活动无法进行，因此民权保障同盟无形中解散了(摘自2003.8.11人民网)。

彭二人，业已聘定平章法律事务所律师彭望邺[1]、吴之屏[2]及章士钊等三人为辩护律师，担任出庭辩护。其委托书于昨(三)日下午两时签订。彭、吴两人系上海之著名律师，最近来京，组织律师事务所，于小王府园七十四号。至章士钊律师，曾于北京政府时代，历任教育、司法等部总长云。

原载《中央日报》 1932年11月4日 第七版

章士钊

62.《申报》 1932年11月4日

陈彭委托律师辩护

南京 陈独秀、彭述之，委托平章法律事务所之吴之屏、彭望邺及章士钊等三律师出庭辩护，委托书三日下午已签字。(三日专电)

原载《申报》 1932年11月4日 第四版

63.《大公报》 1932年11月4日

陈独秀聘任辩护律师

南京三日下午九时发专电 陈独秀、彭述之三日共同聘任平章律师事务所律师彭望邺、吴之屏及章士钊为辩护人，江苏高等法院对陈案已派检察官朱隽来京侦查，俟提起诉书后，即公开审讯。

原载《大公报》 1932年11月4日 第三版

64.《益世报》 1932年11月4日

章士钊等将出庭为陈独秀辩护

[南京三日上午八时本报专电] 陈独秀、彭述之江(三日)下午二时，聘定彭望邺、吴之屏、章士钊为辩护律师，担任出庭辩护。苏高法院对此案已派检察官朱某来京侦查，俟将起诉，即开庭公开审理。

原载《益世报》 1932年11月4日 第二版

---

① 彭望邺，生卒年不详，号仰侯，时为上海“平章律师事务所”律师。彭望邺、吴之屏及章士钊三位著名律师为民国大案即陈独秀案的辩护人(期间，曾一度聘请郭蔚然律师，后改聘吴之屏)。

② 吴之屏，生卒年不详，字树人，泾县茂林人。民国初，于上海从事职业律师。与章士钊联合开设“平章律师事务所”。喜弄翰墨，水平高超，不轻易示人。

65.《世界日报》 1932 年 11 月 4 日

陈独秀案现仍在侦查中

俟提起诉后……即开庭公开审讯

[本报南京三日下午九时专电] 陈独秀、彭述之,江(三日)下午二时聘定彭望邺、吴之屏、章士钊为辩护律师,担任出庭辩护。但该案现仍在侦查中,提起公诉后,即开庭公开审讯。

原载《世界日报》 1932 年 11 月 4 日

66.《中央日报》 1932 年 11 月 5 日

陈独秀案仍在侦查中

陈独秀、彭述之等,自经移送江苏高等法院审理,刻检查处,仍在侦查中,兹将最近情况,分志如下:

律师辩护此时微嫌过早

陈案既经法院受理,将来公开审判时,必须委托律师出庭辩护。顷闻陈之友人,已代其聘定章士钊、吴之屏、彭望邺三律师,担任被告辩护。惟该案尚在侦查期中,检察处与被告立于对立地位,律师并无审阅案卷及辩护之机会,故此时微嫌过早。且陈等亦无律师委任状递呈检察官,则律师之聘任,不过为将来准备而已。

证据调齐即结侦查手续

前次检察官派主任书记官孙增厚,赴中央党部调来证据八大箱,仅及全案半数。近顷孙君又至中央党部调卷两次,刻正催调送往汉口之证据。俟案证调齐,俾从速了结侦查手续。又昨报载从上海移来共犯十一名,系与陈独秀有关,亦将移交法院,并案办理。但据中央组织部张冲言,该共犯十一人,另系一案,将来究应如何办理,尚未决定。陈等被捕时共十一人,陈、彭既已解京,现只余九人,就在上海第二高等分〔法〕院审理中,最近并无押解来京、并案办理消息。

陈等病恙现已日就痊愈

按律未决犯人,在侦查期中,只能羁押两月,至多得延长为四月。该案案情复杂,调卷又要时甚多,若不从速侦讯,则此四月期限,转瞬即满,且侦查期限,只有十五天,虽调卷及假日,均不在内,为时更极短促。现闻承办检察官,至赶紧审查卷宗,甚望于期限未满以前即可将此案侦查结束。陈等现在看守所中,前患病恙,经延医诊治,已日就痊愈。外面探视,均经检察官禁止,即中央派人讯问,亦须得检察官许可云。

原载《中央日报》 1932 年 11 月 5 日 第七版

67.《大公报》 1932 年 11 月 5 日

陈独秀病愈

[南京四日下午十时发专电] 陈独秀案尚在侦查中，陈病经医治，已日就痊愈，外间探视，均经检察官禁止。

原载《大公报》 1932 年 11 月 5 日

68.《益世报》 1932 年 11 月 5 日

陈独秀善断善疑极度矛盾 交友甚少能全始全终

如能监禁十年得读书休养 对中国文化必有绝大贡献

章士钊谈陈案开审当为辩护

[上海特讯] 自陈独秀案交法院讯理后，章士钊律师，以友谊关系决定于开庭时，晋京辩护。记者于今午(29 日)访章氏于寓所。据章氏谈，本人与陈独秀相交几念年，除关于共产党活动外，相知甚深。陈氏人极聪明，善断善疑，与人接谈，语语斩钉截铁，然怀疑亦即随之而生，可谓人类极度矛盾性之代表。复富于发表力，苟有所见，立即宣达，不惜以今日之主张，击破其昨日之言论，此其所以为共党之元勋，而卒为共党所排弃也。而在交友方面，亦甚少能全始全终者。本人(章氏自称)，则以政见自政见，友谊自友谊，两不相淆，故至今交谊尚未破裂。此次如能处以十年以上之监禁，俾其得长时间休养读书，则对中国文化上必有极大之贡献。苟必被置之死地，未绝可惜。陈氏家属尚有一母一妻，一子一女。记者复谈及，久不见章氏之文章。章氏谓，本人思想已落伍，言论已不复为青年所欢迎，且现在关于律师尚虑当局之垂问，如再多发言论，深恐尚不能安于律师事务。基此两点，故于申新时事各报相邀撰文，均未允执笔。本人自民国 12 年以后，未到过南京，此次为陈案辩护不得不一行矣。章氏在九·一八事变前，执教鞭于东北大学，目闻较切，亦有所论列。末谓安有独立国家而不能与人直接交谈〔涉〕者，故当时不直接交涉之高调，实不啻放弃，独立国家，格之低调，仰人鼻息，实已失策云。

原载《益世报》 1932 年 11 月 5 日 第二版

69.《申报》 1932 年 11 月 5 日

苏高法院侦查陈彭案

南京 陈独秀、彭述之已聘章士钊、吴之屏、彭望业三律师担任辩护。该案正在审查中，律师并无审阅案卷及辩护之机会，苏高法院检察官现正调审侦查加紧工作，以便早完手续。陈、彭现在看守所中，陈病经医治，已日就痊愈。外间探

视,均经检察官禁止,即中央派员讯问,亦须检察官许可。(四日专电)

南京　陈独秀、彭述之被捕后,所搜获重要证据,有八大箱,现一小部分在中央党部,大部分已运汉送蒋审查,一俟上方证物运返南方后,苏高法院即继续开庭侦查。(四日专电)

原载《申报》　1932 年 11 月 5 日　第八版

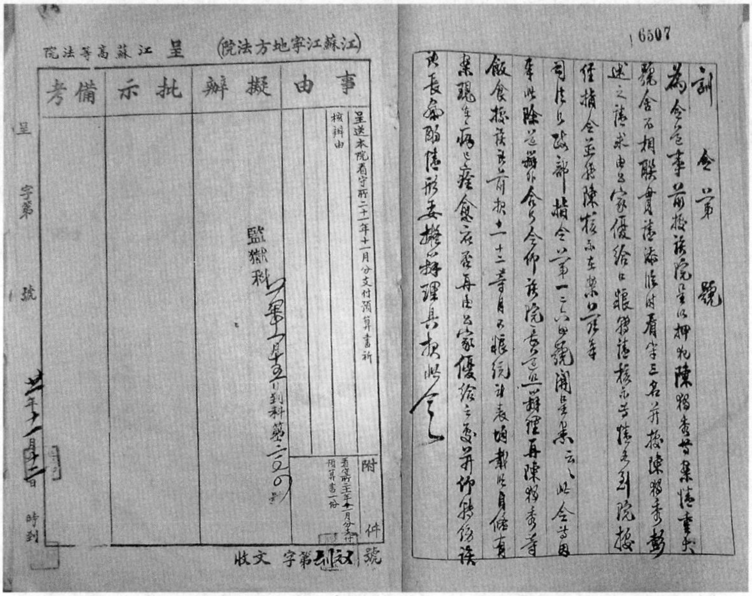
呈　江蘇高等法院

(江蘇江寧地方法院)

事由　擬辦　批示　備考

監獄科

附件

收文　字第　號

呈　字第　號　時到

6507

訓令　第　號

為令飭事

1932 年 11 月 25 日罗文干部长优待陈彭批文①

70. 江宁地方法院关于陈独秀等伙食费改由公家发给致江苏高法院的呈文　1932 年 11 月 5 日

江苏江宁地方法院呈　第 03609 号

呈为转请核示事,案据本看守所所长龚宽呈称:"呈为转请核定陈独秀等火〔伙〕食银数仰祈鉴核事,本日据在押危害民国案犯陈独秀、彭述之仝报称:'窃独秀等自到贵所以来,诸承优待。惟对于火[伙]食一项,以身份关系,本应自备,奈独秀等旅费拮据,复无亲朋告贷,现均染疾病,经诊治尚未痊愈,普通囚粮菜蔬虽可饱腹,实非独秀等平日习惯与病体所相宜,拟请所长转恳江苏高等法院,从本月一日起,每日每人伙食洋三角可否改由公家发给,每餐仍照样发给荤素菜蔬,

① 南京市江宁区法院存档并提供发表于本书。

俾益病躯，毋任感激。'等情，查该被告等于十月二十六日入所，仅带大洋四十五元，比因均染疾病，当延西医到所诊治，请求每餐发给白饭稀饭荤菜，以益病躯，即饬承包厨夫照办，准每人每日发上饭两餐，稀饭一餐，支洋三角。除法定每人囚粮自本月一日起改为一角外，各加洋三角。兹据该被告等以旅费拮据，请求从本月一日起将此项伙食费改由公家发给，应否准予所请，未敢擅专，理合据情呈请钧长察核转请江苏高等法院核示祇遵。"等情，据此查该陈独秀等从本月一日起所用之火〔伙〕食应否由公家发给，未敢擅拟，理合备文转呈

钧长核示祇遵谨呈

江苏高等法院院长林

署江苏江宁地方法院院长汪兆彭

中华民国二十一年十一月初五日

录自南京江宁档案馆存档

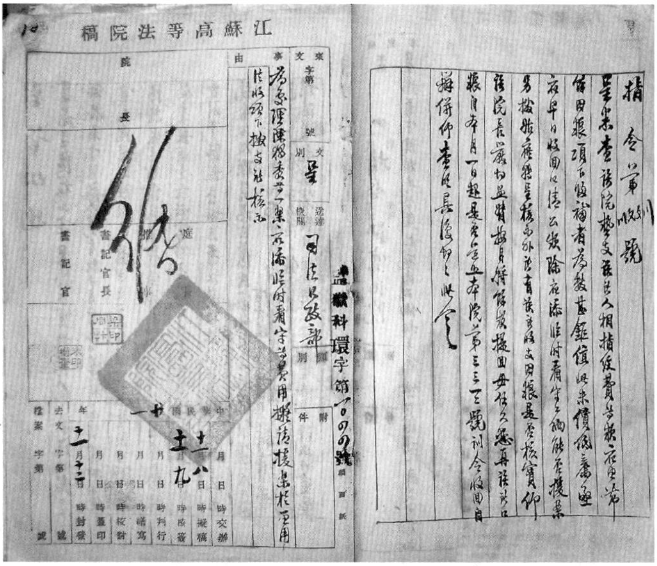

江宁地方法院为看守工饷等费请求拨款的报告(江苏南京市江宁区档案局供稿)

71. 江宁地方法院关于支付看守陈独秀等三名临时看守工饷给江苏高法院的呈文

1932 年 11 月初 5 日

江苏江宁地方法院呈　第 03611 号

呈为转请核示事，案据本院看守所所长龚宽呈称："呈为呈报添派临时看守

三名看护陈、彭两犯所需工饷，拟在每月节余囚粮项下开支，仰祈鉴核事。本月二十六日奉钧院检察处票押危害民国案犯陈独秀、彭述之二名到所，并指定以前牛兰住房为押舍等因。查该押舍系旧时疗病室，与各押舍不相联贯，戒护维艰，所长以该两犯案情重大，当添派临时看守唐延林、崔福、张宗祥等三人日夜轮班，妥为防范，所需工饷月拟各给十元。惟职所预算工饷无款可挪，查九月份囚粮一项已节余洋九十五元六角三分九厘，此项看守工饷拟在囚粮节余款内支付，一俟该案判结，所添看守即行取消，是否有当，理合备文呈请钧长察核迅赐，转呈
江苏高等法院核示祇遵。"等情，据此查此项看守工饷该所长拟在该所节余囚粮款内支付，似尚可行，理合备文转呈
钧长核示以便饬遵，谨呈
江苏高等法院院长林

署江苏江宁地方法院院长汪兆彭①
中华民国二十一年十一月初五日
录自南京江宁档案馆存档

72.《大公报》 1932 年 11 月 7 日

广州市党部电京请诛陈独秀
并谓蔡元培袒共应予警告

[香港六日下午十一时发专电] 广州市党部五日电中央，谓陈独秀曩在粤，以共产邪说煽动社会，酿成十六年广州空前浩劫。年来共祸蔓延，类多为陈主持，若稍稽显戮，则清党剿共有何意义可言，蔡元培袒庇共匪，贻祸党国，应予警告。

原载《大公报》 1932 年 11 月 7 日 第三版

73.《中央日报》 1932 年 11 月 8 日

陈独秀案昨开二次侦查庭

陈独秀、彭述之案，自经江苏高等法院检察处接受侦查以来，为时以逾两周。日前曾一度庭讯，仅为初步侦察，俟调卷审查证据，兹就已审查完竣之部分，须传讯犯人对质。昨(七)日下午，特开第二次侦查庭，由检察官朱隽②讯问、书记官孙

---

① 汪兆彭(生卒不详)，安徽绩溪人。毕业于法政学堂，派到山西运城当法官。后调南京江宁地方法院。抗战胜利后改为首都地方法院，任院长。

② 朱隽，生卒不详。毕业于中央大学法律系，时任江苏高等法院检察处处长。对陈独秀案的《检察官起诉书》即由其起草(参见《中国大律师辩护实录》)。

增厚记录，自二时半至四时，历时九十分钟始毕。侦查庭例须禁止旁听，故详情无由探悉。闻庭讯性质，尚属调查证据，朱检察官于闭庭后，即赴司法行政部。中央社记者于退庭时，遇陈、彭于返看守所途中，陈、彭并肩而行，体态健康，笑容可掬，惟因久未剪发，胡须未雉，颇有于思之象，且行且谈，均着新制之蓝色布棉袍。仅一看守兵，随后押送，未佩武器，陈等亦未戴镣铐。记者于长廊中趋前与陈等点首，陈亦含笑点头。记者问陈愿否与君等作简单谈话可乎？陈等答称可以可以，但终为狱卒禁止。至看守所门前时，闻高呼“两名回押”之声，即又深锁所内矣。

原载《中央日报》 1932 年 11 月 8 日　第三版

74.《申报》　1932 年 11 月 8 日

陈彭案第二次侦查庭

南京　苏高法院检察官七日下午二时，为陈独秀、彭述之案开第二次侦查庭，对已经审查有结果之犯罪证据向陈、彭询问一过，四时退庭。陈、彭精神均较入狱时为佳，至三次开庭期，须俟接到蒋之电示及证据到齐后，再定。（七日专电）

汉口　省执委会七日呈中央，请依法严办共党首要陈独秀等，以彰国法。（七日中央社电）

原载《申报》 1932 年 11 月 8 日　第七版

75.《大公报》　1932 年 11 月 8 日

陈独秀案昨第二次审讯

［南京七日下午十时发专电］　宁法院七日午后二次审讯陈独秀、彭述之，检察官现待运往汉口之重要证件寄回审阅后，始能确定陈彭犯罪之行为，提起公诉。

原载《大公报》 1932 年 11 月 8 日　第三版

76.《十日评论》①　第二卷第一期　1932 年 11 月 8 日

论陈独秀的所谓“功”和“罪”②

杨镜芙

关于陈独秀等被捕事件，记者于上期本报已略论其梗概；兹者国内舆论界，

---

① 《十日评论》：中国共产党推动、组织和领导下的革命团体——中国革命互济会出版的《海光日报》副刊，汇总十日来白色恐怖情形及革命形势，并做成有系统的评论，故名《十日评论》。

② 陈东晓《陈独秀评论》一书收入此文时，在目录中为此文分设了小标题：“北平思想界替陈独秀公布的功状也就是一张罪状；陈独秀被捕是必然的而非偶然的事实；邓演达可杀试问陈独秀可不可以杀呢？”

对此案极为注意。平、津、沪、汉各重要报纸杂志，尽皆著论评述，总其结论不外：一、在此清匪剿共时期，陈氏居然被捕，实为一大痛快事；认为非处以极刑，实不足以昭惩戒。二、认为政府处置此案，应分别陈氏之功罪，给他一个合法的公正的判决，不可陡然用一个“反动”的公式率然处置。

现在陈氏已经解京，新闻界、法律界和学术界对此事都异常注意。其注意讨论之点，不外乎陈氏之“功”“罪”二字。上海律师章太炎①愿作陈氏之义务辩护人。平、津、京、沪之学者，如：蔡元培、杨杏佛、胡适、傅斯年等以为陈氏过去对于中国文化有重大贡献？后虽为共党，亦应以功折罪，从轻发落。同时中央政府要员中，亦有为陈氏缓颊者。此时关于陈氏之功罪问题，记者认为有申述的必要。

近读胡适之氏主编之北平《独立评论》第二十四号，傅斯年氏著《陈独秀案》，有这样的一段记载：

“……处置此事完全有考虑陈氏一生行迹，及近二十年中国革命历史之必要……。

“应该把陈氏行迹分作三段去看：

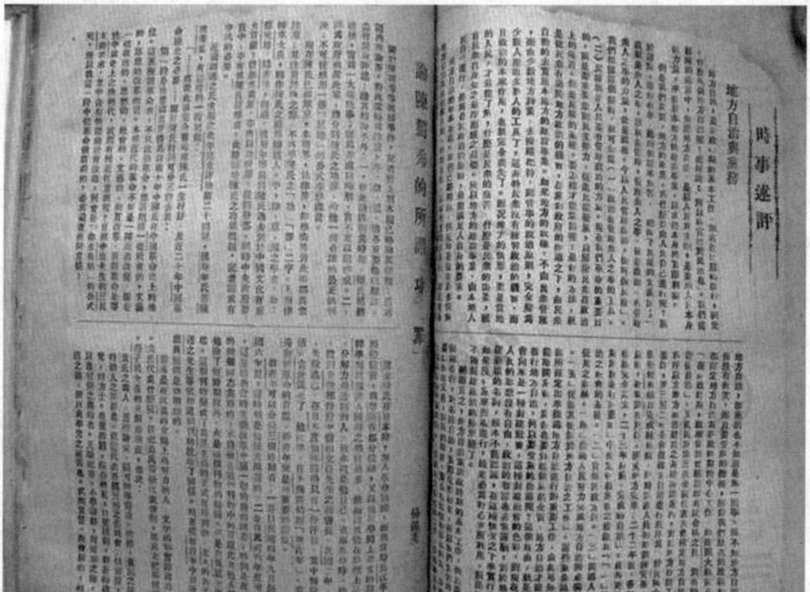
論陳獨秀的所謂功罪
時事述評

《十日评论》上刊登之本文(左)

① 应为章士钊之误。

“第一段是考虑国民党清共以前十年中陈氏在中国革命史上的地位。这里所论革命者，不只政治革命，应该包括一切政治的、社会的、文艺的、思想的相互改革而言。本来近代的革命不单是一种政治改变，而是一切政治的、思想的、社会的、文艺的相互改革，否则革命只等于中国史上之换朝代，试问有何近代意义呢？且就中山先生的‘三民主义’看，其中含有无限的社会改造，何曾是‘你去我来’的公式呢？所以我这一段中把革命用做广义的，必为读者所同意罢！

“清末陈氏在日本时，加入革命团体，而与当时长江革命人士一派较亲密，与粤、浙各部分较疏。又以他在学问上著文的兴趣，与《国粹学报》[①]、《民报》[②]诸人同仁之来往最多。然而因为他在思想上是胆子最大，分解力最透辟的人，他永远是他自己。东南革命[③]时，他先在南京，后到安徽都督府中作柏文蔚先生之秘书长。民国二年，反袁举义，失败逃亡，在日本度他那穷的只有一件汗衫，其中无数虱子的生活。袁世凯死了，他回来，在上海开始办《新青年》。要知道陈独秀对于革命的贡献，《新青年》便是最重要的证据。

“《新青年》可以分作三个时期看，一是自民国四年九月创刊时至民国六年夏，这时候是他独立编著的。二是自民国六年夏至九年年初，这是他与当时主张改革中国一切的几个同志、特别是在北京大学的几个同志共办的，不过他在这个刊物中的贡献比其他人都多，且他除了短时期以外，永是这个刊物的编辑。三是自民国十年年初算起，这个刊物变成了共产主义的正式宣传刊物，北大的若干人如胡适之先生等便和这个刊物脱离了关系。现在从《新青年》中看陈君之贡献与变迁是很明了的。

---

① 近代国学杂志，月刊，邓实主编。清光绪三十一年(1905)创刊于上海，至1911年辛亥革命后停刊，共出82期。邓实，字秋枚，广东顺德人。光绪三十年(1904)十月，邓实等于上海成立国学保存会。翌年创办《国粹学报》，宗旨是“发明国学，保存国粹，不有门户之见。”《国粹学报》汇编本16册。观之可略窥民国前六年(1905—1911)学风之大体。今百年过去，而黄节之《国粹学报叙》、邓实之《古学复兴论》尤其值得回味。《国粹学报叙》云：“不自主其国而奴隶于人之国，谓之国奴；不自主其学而奴隶于人之学，谓之学奴。”国之不国，学之不学，故有国粹保存之念。《国粹学报》之宗旨即为“保种爱国存学”。又，邓实《国学今论》谓，清代学术已历三变(顺康、乾嘉、道咸之世)，再变则为“今日之周秦学派”。邓实以周秦诸子比之古希腊七贤，作《古学复兴论》，以为“十五世纪为欧洲古学复兴之世，而二十世纪则为亚洲古学复兴之世”。由此可知，《国粹学报》所复兴者非仅经学，乃本诸“诸子出王官”之旨，也为诸子学别开生面。该刊台柱式人物为章太炎、刘师培，均与陈独秀善。参见四川大学教授王东杰论文《〈国粹学报〉与“古学复兴”》。

② 孙中山亲自主持创办的同盟会最重要的机关报，1905年11月26日创刊于东京，为大型政论型月刊，以“三民主义”为其宣传中心，前身是宋教仁创办的《二十世纪支那》，主编胡汉民、章太炎、张继，后二人均与陈独秀善。

③ 即指1911年11月4日至8日，江苏、浙江、安徽先后独立。是武昌起义后给清政府又一致命打击。陈独秀(秘书长)、柏文蔚(都督)组成了安徽省都督府，这是与1905年成立的“岳王会”及同盟会革命党人在东南诸省中的革命活动分不开的。

“独秀是在反袁的立场上是最努力的人,文字的和实际政治的皆然。袁氏代表什么呢?若把袁氏看作代表帝制,真正太把事情看浅了。蔡孑民先生的见解最彻底,他说:‘袁氏之为人,盖棺论定,似可无事苛求。虽然,袁氏之罪恶非特个人之罪恶也。彼实代表吾国三种之旧社会:曰官僚,曰学究,曰方士。畏强抑弱,假公济私,口蜜腹剑,穷奢极欲,所以表官僚之黑暗也。天坛祀帝,小学读经,复冕旒之饰,行拜跪之仪,所以表学究之顽旧也。武庙宣誓,教会祈祷,相士贡谀,神方治疾,所以表方士之迂怪也。今袁氏去矣,而此三社会之流毒果随之以俱去乎?’(《旅欧杂志》第三号)

“袁氏之死,虽不曾将这三个社会带了去,而反应之下却给反对这三种社会的分子一个阳春。《新青年》便应运而生于民国四年之秋。那时候的志士虽也知道中国的问题并不简单,然而总看见希望在前面,希望的寄托正在青年身上,在能以天所赋给之体力、智力为基础,西洋近代文明之贡献为工具,以剥洗这几千年的瑕秽之青年身上。独秀把这个意思透辟地、扼要地写在他的《新青年的》发刊词中,他说:

‘欲救此弊,非大〔太〕息咨嗟之所能济,是在一、二敏于自觉,勇于奋斗之青年,发挥人间固有之智能,抉[决]择人间种种之思想,利刃断铁,快刀断麻,决不作迁就依违之想,自度度人,社会庶几其有清宁之日也!……若夫明其是非,以供抉择,谨陈六义,幸平心察之!

‘(一)自主的而非奴隶的,(二)进步的而非保守的,(三)进取的而非退隐的,(四)世界的而非锁国的,(五)实利的而非虚文的,(六)科学的而非想象的。’

“发轫于这个立点上,则后来之伦理革命论,文学革命论,民治论,以及社会主义,都是自然的趋势,必然的产物。

“而陈氏之发挥这个立点,大有一个基本精神,即是他的猛烈的透辟的自由主义。我们可于他的《法兰西人与近世文明》(《新青年》一卷一号)中看出他自己造成之来源,他的精神到底是法兰西革命的产品,并不是一个‘普罗’的产品,这或者是他终久受不了第三国际的部勒,而做他的‘异端’之缘故罢?

“他在这个立点上发轫,自然要着眼到教育问题,他于教育问题上标出四个纲领,(一)现实主义,(二)惟民主义,(三)职业主义,(四)兽性主义(《新青年》第一卷第二号)。这样的一个教育纲领现在还不是过时的,而兽性主义尤其需要。他于‘兽性主义’一节下说:

‘人间道德之活动,乃无道德的冲动之继续。良以人类为他种动物之进化,其本能与他种动物初无异致,所不同者,吾人独有自动的发展力耳。强大之族,人性、兽性同时发展,其他或仅保兽性,或独专人性。而兽性全失,是皆堕落衰弱之民也。兽性之特长谓何?曰意志顽狠,善斗不屈也;曰体魄强健,力抗自然也;

曰信赖本能,不依他为生活也;曰顺性率真,不饬伪自文也。'

"其《抵抗力》一篇(同书一卷三号)痛论我国人'今日卑劣无耻退葸苟安,诡易圆滑之国民性',正和他的兽性主义相发明,在今天举国不振作之情况下看来,尤觉亲切。他的思想中这个'尼采层'是使他最不能对中国固有不合理的事物因循妥协的,也正是他的文学革命伦理改造两运动中之原动力。

"文学改良之论创于胡适之先生,他在这篇文章中标举人手法八件:一、须言之有物。二、不模仿古人。三、须讲求文法。四、不作无病之呻吟。五、务去滥调套语。六、不用典。七、不讲对仗。八、不避俗字俗语。(梦痕按:这就是胡先生的所谓文学革命的八不主义。)照这个方案做下去,只有做白话文之一路。他在这篇文字的末段中也露出这个意思,而未曾作绝对的主张。独秀接着在次一号中(二卷六号)发表了一篇响应的文章,叫做《文学革命论》,他说:

'政治界虽经三次革命,而黑暗未尝稍减,其原因之……大部分,则为盘踞吾人精神界,根深蒂固之伦理、道德、文学、艺术诸端,莫不黑幕层张,垢污深积,并此虎头蛇尾之革命而未有焉。此单独政治革命所以于吾之社会不生若何变化,不收若何效果也。……文学革命之气运,酝酿已非一日,其首举义旗之急先锋,则为吾友胡适。余甘冒全国学究之敌,高张'文学革命军'大旗,以为吾友之声援。旗上大书特书吾革命军三大主义,曰,推倒雕琢的阿谀的贵族文学,建设平易的抒情的国民文学;曰,推倒陈腐的铺张的古典文学,建设新鲜的立诚的写实文学;曰,推倒迂晦的艰涩的山林文学,建设明了的通俗的社会文学。'

"这个讲台不仅注意在新文学之寄托物,白话,且高标新文学应有之风气,而说出新文学应有之风气是和中国政治与社会之改革不可分离的。这真是一个最积极的新文学主义,同时也是中国文学史及革命史上的一个不磨的文件!以后文学改革的趋势多集中在白话问题,诚然,这是初步中最基本的问题,然而白话终不过是个寄托物。用白话来做写实主义的文学固然方便,用他来做古典主义也未尝不可,用他来写人道主义固然方便,用他来写朦胧生活也一般方便。当时有个《学衡》①杂志,专攻击白话文,我有一次对朋友说他们真把这事看的浅了,他们接受了白话文主义,还可以固守他的古典主义呢?当时对于外国文学又每每没有别择,我有一次对一个谈王而德的朋友说,你要打倒李义三,这是很有道理的了,然而要引进王而德这是多么矛盾呢?我这里说上这些不相干,无非要形容

① 《学衡》杂志(月刊)。由东南大学教授吴宓(1894—1978 主编)、刘伯明、梅光迪等主办于南京。1922年1月创刊,1926年底停刊。上海中华书局出版。

当时文学改革的运动若干混乱的现象。独秀开头便看得透辟,以为文学革命的凭借第一是用白话代古文,第二是借欧洲新文艺之真实,以代中国传统文学之虚伪,所以当年文学改革运动不仅是个形式主义,且是一个质料问题。

"独秀当年最受人攻击者是他的伦理改革论,在南在北都受了无数的攻击,诽谤,及诬蔑。我觉得独秀对中国革命最大的贡献正在这里,因为新的政治决不能建设在旧的理论之上,支持封建时代社会组织之道德,决不适用于民权时代,爱宗亲过于爱国者决不是现代的国民,而复辟与拜孔,家族主义与专制政治之相为因果,是不能否认的事实。独秀看出徒然的政治革命必是虎头蛇尾的,所以才有这样探本的主张。

"独秀在《新青年》八卷以前对社会主义的倾向全没有具体化,但《新青年》自第六卷起渐注重社会问题,到第七卷的下半便显然看出马克思主义的倾向了。自国民党清共以来的立场论,共产党是罪犯了。然清共以前,十三年改组以后,国民党自身对于民众运动之注意,特别在劳工运动上,不在共产党之下,则独秀当年之创次〔此〕路径,只可看做前驱,不得视为反动。"

诚然以上的便是陈独秀等过去对于中国革命和中国文化之所谓勋功伟业了?除了上面傅斯年氏替他把生平等所谓功勋?搬出来以外,我们再找不出其他的陈氏的所谓的"功"了。但是,我们把这功状读完以后,心目中有些什么感觉呢?我知道读者一定会和作者表同情的,一定是会起反感。北平思想界为了要为陈氏缓颊,所以才把这张功罪状宣布出来,以鼓励全国思想界为陈氏声援的先声。我想除了他们北京大学的陈氏的早年的朋友以外,绝对没有人附和的;我们试看现在为陈氏奔走呼号等所谓要人、学者、律师们,无一不是早前北京大学的教职。如章太炎、蔡元培、杨杏佛、胡适、傅斯年等都是。他们为了私人感情替陈氏声援,在人情上虽然是稍许说得过去,但是反过来说,陈氏是一个罪犯,是一个危害民国的大罪犯。试观如今湘、鄂、赣、闵、皖等省的同胞,被共匪蹂躏的惨状,目击心伤。虽然说陈氏没有参加暴动?但是他自民国四年以来,一直到现在,所作的都是始终如一的共产党的工作,这种巨魁,一旦被捕,是只有处以极刑,绝对没有轻办和赦免的余地。同时我们认为,北平思想界,替他公布的所谓功状,反过来说也就是一张罪状,这张罪状较之任何文件,都要来得明显透辟。

我不懂中国的思想界,和少数的党国要人,为什么不自检点?不努力于自己的职务?对于学术不加以特殊的研究?以期有所贡献于物质落后的中国;对于党国大计,尤其是在此非常国难时期,不思救国方策,而终日忙着来做这不需要作的勾当。如今我才知道中国的思想家之所以为思想家了;少数要人之所以为要人了。

陈独秀三个字之入国人的耳目，便是他在主编《新青年》时候，同时他的共党工作，也就是从这时开其端。中国青年因为意志薄弱，缺乏判断力，以致受了他的共产文学的麻醉和共产主义的熏陶而误于歧途，惨遭牺牲的实不下千万人。为了陈氏的宣扬共产，而牺牲了这如许的有作为的未来的中国主人翁（青年牺牲以十四、五、六年为最多）；为了陈氏的主张共产，以致弄成如今半壁国土的赤化；接着因为共匪的披猖，而有九一八东省事件的发生，以至于半壁山河的沦亡；这是无可讳言的事实。并且我们又可以证实，最近陈独秀的被捕，是必然的而非偶然的事实。目下国军剿匪异常胜利，朱、毛、彭、孔①、黄②诸匪都到了日暮途穷的时候了。陈独秀等在第三国际已经被开除党籍，在苏俄是此路不通了。想亡命海外吗？既然被弃于苏俄，金卢布的来源，也就随之宣告断绝了。想钻到匪区去苟延残喘吗？朱、毛、彭、孔、黄诸匪也都不信任你了，这里又是会享以闭门羹的。同时朱、毛等大势已去，自己也在逃生之不暇了。陈氏处在此种情形之下，进退两难，于是便只有潜居上海，以度残年了。但是又为当局所探悉而就逮了，天网恢恢，陈氏的罪恶也贯盈了，虽死也可无恨呢。

总上以观，陈氏等生平事业，无一不是罪恶，所谓功勋他是谈不到的。仅只作了一篇附和胡适的所谓文学改良的八不主义的《文学革命论》等就说是了不起的功勋吗？就是对于中国文化的大贡献吗？这真是笑话呢！我们希望政府严厉制裁，拿出对邓演达的手段来对付陈独秀；邓演达可杀，试问陈独秀可不可以杀呢？请政府注意到这一点；同时也请为陈氏奔走呼号者眈目以思之。

〔民国〕二一，十一，八，长沙

原载《十日评论》第二卷第一期　1932 年 11 月 8 日　第 3—6 页

77. 江苏高等法院关于看守陈独秀等应添工饷拟在节余囚粮项下开支给江宁地方法院的指令　1932 年 11 月 8 日

指令　第〣〩〩〣③号

呈悉。查该院垫支该所人相、指纹费等款应由节余囚粮项下临补者为数甚

---

① 孔即孔荷宠(1916—1956)，原中国工农红军红十方军军长，后投奔国民党。1956 年死于狱中。

② 黄即时任红三军团军团长的黄公略(1898—1931)。原名汉魂，湖南湘乡人。1927 年初考入黄埔军校三期，同年 12 月加入中国共产党。1928 年 7 月协助彭德怀领导平江起义。历任红五军第四军团党代表，第二纵队队长，红五军副军长。1929 年 12 月任红一军团三军军长，率部参加了一、二、三次反围剿，1931 年 9 月率部转移途中，于 9 月 13 日在东固附近遇空袭牺牲。

③ 〣〩〩〣：旧时产生于苏州的一种数字符号，故名苏州码子，有十个符号：〇、〡、〢、〣、〤、〥、〦、〧、〨、〩分别代表 0、1、2、3、4、5、6、7、8、9。此处即 3993。

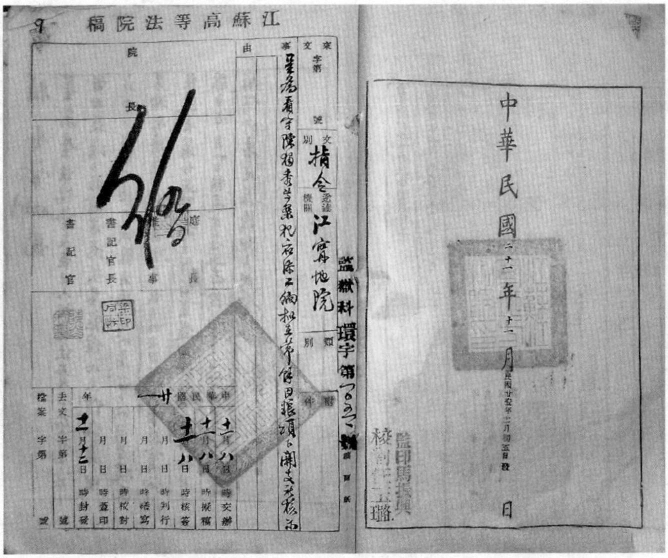

民国 21 年 11 月 8 日江苏高等法院给江宁地方法院的指令(江苏南京市江宁区档案局供稿)

巨,值此米价低廉,亟应早日收回,以清公款。除应添临时看守工饷能否援案另拨,姑应转呈核示外,所有该所收支囚粮是否核实,仰该院长严切监督,按月将余款提回,毋任久恋。再该所口粮自本月一日起,是否遵照本院三三三号训令收回自办,并仰查明具复,切切此令。

中华民国二十一年十一月八日

录自南京江宁区档案馆存档

78. 江苏高等法院关于陈独秀等要求由公家优给口粮给江宁地方法院的指令 1932 年 11 月 8 日

指令 第川ㄆㄆㄨ[1]号

呈悉。姑应呈部核示,候奉指令,再以饬遵。此令。

中华民国 廿一年十一月八日

录自南京江宁区档案馆存档

---

① 川ㄆㄆㄨ:即 3994。

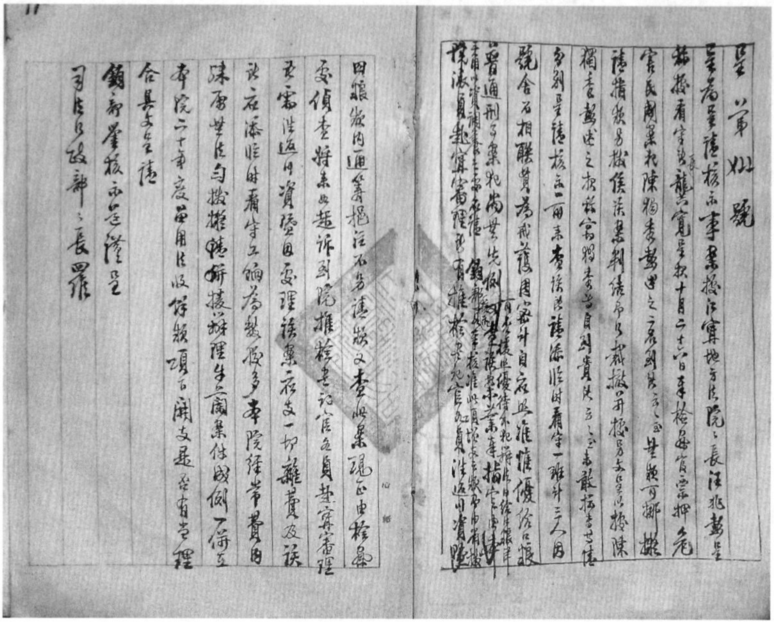

江苏高等法院呈请求拨款文(江苏南京市江宁区档案局供稿)

79. 江苏高等法院关于陈独秀等一案添临时看守等费用拟援案于留用法收项下拨支给司法行政部的呈文　1932年11月9日

呈　第〤〦〦[①]号

呈为呈请核示事,案据江宁地方法院院长汪兆彭呈称,据看守所所长龚宽呈报,十月二十六日奉检察官票押危害民国案犯陈独秀、彭述之二名到所云云,至无款可挪,拟请指款另拨,俟该案判结即以裁撤;并据另文呈以据陈独秀、彭述之报称窃独秀等自到贵所云云,至未敢擅专等情,分别呈请核示。前来查该所请添临时看守一班计三人,因号舍不相联贯,为戒护周密计,自应照准。惟优给口粮,普通刑事案犯尚无先例,可否援照优待外犯办法,日给口粮洋三角,以资调养之需,应请钧部核示。如奉核准,此项增支之款,即由省拨囚粮款内通筹挹注,不另请款。又查此案现正由检察处侦查,将来如起诉到院,推、检、书记官各员赴宁审理所需往返川资暨因处理该案应支一切杂费,及该所应添临时看守工饷,为数较多,本院经常费内殊属无法匀拨,拟援办理牛兰案件成例,一并在本院二十年度

① 〤〦〦:即466。

留用法收余款项下开支，是否有当，理合具文呈请钧部鉴核示遵

谨呈

司法行政部部长　罗　〔文干〕

中华民国二十一年十一月九日

录自南京江宁档案馆存档

80.《晶报》　1932 年 11 月 9 日

陈独秀军政部挥毫

白　门

陈独秀自解京后，初押于军政部军法司，继遂移送江宁地方法院。上月二十五日，军政部何敬之[①]部长，特提陈氏于军部，询其主持托罗斯基派及中国共产党情形，军法司司长王振〔震〕南伴之同来。先于会客室中，有军部诸职员皆欲一观陈氏之颜色，但见其双颊　苍白，意态亦殊颓唐。有某君出纸数幅，请其作数字以为纪念，陈欣然写数纸，其第一纸，即书“三军可夺帅，匹夫不可夺志也”十二字，(如铜版)尚有一纸曰：“先天下之忧而忧，后天下之乐而乐”，更有一纸则用岳飞句曰“莫等闲，白了少年头”，后与何氏谈半小时而去。

原载《晶报》　1932 年 11 月 9 日

陳獨秀軍政部揮毫

(白門)

陳獨秀近書

三軍可奪帥匹夫不可奪志也

陳獨秀自解京後、初押於軍政部軍法司、繼遂移送江寧地方法院、上月二十五日、軍政部何敬之部長、特提陳氏至軍部、詢其主持托洛斯基派及中國共產黨情形、軍法司司長王振南伴之同來、先於會客室中、有軍部諸職員、皆欲一觀陳氏之顏色、但見其雙頰蒼白、意態亦殊頹唐、有某君出紙數幅、請其作數字以爲紀念、陳欣然書數紙、其第一紙、即書「三軍可奪帥、匹夫不可奪志也」、十二字、(如銅版)尚有一紙曰、「先天下之憂而憂、後天下之樂而樂」、更有一紙則用岳飛句曰、「莫等閑白了少年頭」、後與何氏談半小時而去、

《陈独秀军政部挥毫》[②]

81.《世界日报》　1932 年 11 月 9 日

陈华编《陈独秀评论》　发售预约　实价一元二角

提起陈独秀三字，真是家喻户晓。其始则为一思想革命之权威者，继则领导中国社会革命，取得中国的列宁之美誉。后与共党斯大林派龃龉，被杀人放火的共党开除党籍，自成托派，针砭红军，诅咒苏维埃。此一老革命英雄，近则又沦为

---

① 即何应钦。

② 据任建树提供之复印件。

阶下之囚。其生平经历，可泣可歌。当其被捕之后，全国舆论，朝野名流，对之纷纷表示意见，是陈氏之功过，已成公开讨论之问题，未待盖棺，已有定论。本书局特请陈华先生，广征博采，辑海内名流对于陈独秀之评论数十篇，合刊出版，名曰《陈独秀评论》。凡欲知陈独秀之学术、思想及其在中国革命史上之地位者，不可不人手一编。全书十万言，现已付印，不日出书。实价一元二角，预约七角二分，外埠函定连邮共收费洋八角。初版二千册，为数无多，预约从速。折计算，另加寄费一角另五厘。

代预约处：北平东安市场新知书局；天津法界佩文斋；北平西单商场青年书店；太原楼儿底觉民书社；北平前外青云阁佩文斋；上海四马路现代书局；唐山粮市大街慎余书局；济南芙蓉街教育图书社。

东亚书局印行

世界日報副刊

法西斯蒂主義底本質

世界經濟中之蘇聯同盟

高等品質之表識

陳獨秀評論

陳華編

實價一元二角

輔助學界的好器具

北平直隸書局秋季廉價展期一天廣告

東亞書局印行

北平琉璃厂电南一五〇五

原载《世界日报》1932 年 11 月 9 日第二版;同月 13,14 日第十一版;
1933 年 4 月 24、25 日第十一版

82.《中央日报》 1932 年 11 月 10 日

陈独秀案

证据繁杂

年内恐难开审

陈独秀、彭述之案,案情重大,证据繁杂,所搜出证据总数在十六大箱以上,现犹有半数送汉口蒋委员长处,调卷来往需时,审查更非易事。目前已经审查之证据,未及半数,仅两度庭讯,且羁押期限,按律可延至 4 月,尚有充裕时间,可资侦查,年内为日无多,恐难正式开审云。

原载《中央日报》 1932 年 11 月 10 日 第七版

83.《申报》 1932 年 11 月 10 日

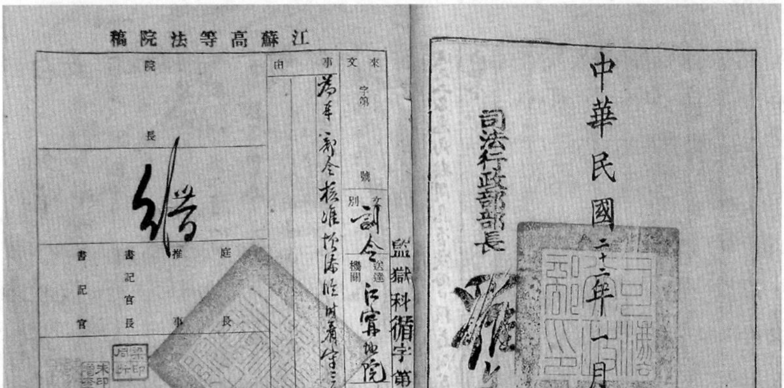
江蘇高等法院稿

中華民國二十一年十一月廿六日

司法行政部部長

罗文干部长优待陈彭批文(江苏南京市江宁区档案局供稿)

陈彭案年内难开审

南京　陈彭案证据繁杂，□部日前送汉，呈蒋委员长审阅，阅卷需时，恐年内不能正式开审。（九日中央社电）

原载《申报》 1932 年 11 月 10 日　第七版

84. 陈独秀致李时蕊大律师信　1932 年 11 月 10 日

见本书第 232 页 95 条《中央日报》1932 年 11 月 15 日第七版报道

85. 国民党湖南长沙市农会要求将陈独秀明正典刑的快邮代电　1932 年 11 月 10 日

长沙市农会快邮代电

南京国民政府钧鉴：

共魁陈独秀鼓吹赤化，煽扬凶德，危害国家，荼毒生灵。当此赤祸横流，全国糜烂，追原祸始，陈实罪魁。尚幸天夺其魄，缉获归案。元恶就擒，群匪胆裂，自应桀诸市朝，以彰国法。乃有谓陈未与焚杀毒谋，应从宽宥。不知陈虽未躬与焚杀，而焚杀之祸自陈倡之。此而可赦，谁则当诛。为此电恳钧府，俯赐垂察，即将该犯照正典刑，为国去奸、为民除害，不胜迫切，待命之至。

长沙市农会叩　灰①印

香港马克思主义研究促进会林致良供复印件，原件存中国第二历史档案馆

86. 关于国民党湖南衡山县党部执行委员会要求将陈独秀、彭述之明正典刑快邮代电的公文　1932 年 11 月 11 日

(1) 文官处公函

公函　第 174 号

迳启者：奉

主席交下湖南衡山县党部执行委员会电请将共魁陈独秀、彭述之等明正典刑一案，奉谕交行政院等因，相应抄同原电函达

查照　此致

行政院

附抄送原代电一件

国民政府文管处印

中华民国廿一年十二月六日

① 灰：灰日，即(11 月)10 日。

(2) 代电电文:

南京国民政府主席林均鉴:

查共魁陈独秀、彭述之等鼓吹邪说,煽惑人心,组织匪徒,危害党国,连年赤焰熏天,皆伊等尸其属阶,各地青年罹祸,均系中其流毒,罪恶贯盈,指不胜屈。今幸天网不漏,大憝就擒,应早明正典刑,以快人心。近闻竟有蔡、杨诸公,为之辩护,电请当局宽容,瞻念前途,实感痛心。微论伊在共党内之派系若何,缓进急进有别,戕贼人类,颠覆国家则一。与其姑息养奸,惜此济恶之才,孰若伸张法纪,以除心腹之患。吁恳乾纲独断,无稍优容,芟此祸首,奠安党国。迫切陈词,伏惟鉴察。　　中国国民党湖南省衡山县执行委员会叩　真[①]印

资料来源同上

87.《社会生活》 第一卷第五号 1932年11月12日

论"未亡人"陈独秀

森

中国取消派领袖陈独秀、彭述之及其党徒十一人于十五日在沪租界先后被捕,颇引起一般社会之注意。有谓陈、彭等此次必遭"毒手",有谓陈等即无生命危险,取消派的政治生活也必就此结束。事实是不是这样,会不会这样,我们仔细考察之下,以为未必尽然。

第一,陈在国共合作之际,颇博得一般社会的声望,国共发生裂痕时,陈主张维持革命联合战线,与国民党领袖汪精卫共同发表"国共联合宣言",事虽不谐,也颇得党国之谅解。国共分家,陈因思想错误为共党所蔑视,后因他估量中国革命已失败,此后若干年间没有革命,而主张取消一切实际行动,取消红军苏维埃,取消罢工、示威、游行,主张召集国民会议等来附和党国,致被共产党开除党籍。开除后,他组织了所谓取消派与共产党干部派对立,重新修改其政纲,估定现在中国社会没有封建势力存在,反对资产阶级性的民权革命,反对土地革命。此外在实际行动又与干部派处处为难。这些不但没有危害着党国,而且是党国一个有力的助手。

第二,陈彭被捕后,我们看到陈等因"仓卒被捕时,未多带衣被,函请添购,中央党部当拨洋百元作陈、彭添置衣被之用。陈要求晋谒蒋中正、陈立夫,申述过

① 真:真日,即(11月)11日。

去主持托洛斯基派在中国政治活动情形，当局已接受”（十月廿一日《晨报》）。同时国内名流学者北平胡适及沪上蔡元培、杨杏佛、柳亚子、林语堂等致电中央党部、国民政府，请求“矜怜耆旧”、“爱惜人才”，“开其自新之路”；蒋梦麟卅一日亲往监狱探视，并携带书籍多种水果数篓，以慰岑寂；宋庆龄又飞汉晤蒋营救，这都是表现陈、彭诸人非一般应立予枪决者可比。

过去如彼，现在如此，则未来思可过半，故我们逆料陈、彭等的“厄运”一过，即不能在党国获得高位重爵，生命危险，正可毋劳我们小百姓过虑，又何况陈、彭诸先生，现在神气十足，在狱中大阅读其党义，前途殊未可限量呢！？

原载《社会生活》 1932年11月12日 第一卷第五号 第53页

88.《大公报》 1932年11月12日

陈独秀案 郑天锡谈侦查须时 年内恐难公开审讯

［南京十一日下午八时专电］ 司法行政部次长郑天锡谈，陈独秀案内容复杂，侦查须时，年内恐不及公开审讯。郑奉命视察苏、浙、闽三省司法，定十四日出发，拟两个月完成回京。

原载《大公报》 1932年11月12日 第三版

89.《申报》 1932年11月12日

陈彭案侦查决从慎

南京 司法行政部次长郑天锡谈，陈独秀、彭述之犯罪一案牵涉极大，关系文件至繁复。关于侦查期间，法律上虽有规定，惟侦查手续既极繁重，为迁就事实计，亦可延长时间，期案情得以大白，不至有枉纵之弊，故本案侦查何时完毕，尚难预定。（十一日专电）

原载《申报》 1932年11月12日 第七版

90.《益世报》 1932年11月12日

陈独秀案牵涉甚广 年内难开审

［南京十一日下午六时十分本报专电］ 郑天锡谈，陈独秀案牵涉甚广，侦查时间难预定，年内恐难公开审讯。案既交法院办理，望社会静待公判，予定寒（十四）日去浙、闽、苏视察地方法院、新□监狱，□□二□月返京。

原载《益世报》 1932年11月12日 第二版

91.《红色中华》 第 40 期 1932 年 11 月 14 日

关于陈独秀

国民党军法司传出消息，陈、彭在狱中颇为安静。每日阅“党义”书籍(陈先生从此皈依蒋介石了——记者)。陈又要求购《水浒》一部。又电：陈独秀案，国民党高级法院将组织临时法庭，在南京审问，届时由国民党中央党部派员旁听，至所获之文件十余箱，已经检阅，共党托派书籍杂志文件尚少(那么甚多的是些什么东西呢？大概总不会是三民主义党书罢，国民党已经为开脱陈独秀留出余地了——记者)。现尚在军法司暂时不押往汉口国民党。另听黄某向蒋介石报告被获经过及请示处理办法。又讯：陈独秀等已解往江宁地方法院，高等法院将先派检查〔察〕官来开侦察庭，俟讯明罪证，即提起公诉，再由高等法院派推事往南京审问。蔡元培等曾电国民党中央，要求将此案公开审判，据闻蔡等要求保释陈彭一事，现蔡等已加否认。(国民党将把陈独秀、彭述之拿来如何利用，我们且等着看吧——记者)。又讯：检察官朱隽于六日开侦察庭，对已审查各证据向陈彭有所讯问，四时完毕。陈、彭并肩返狱，态度镇静(托洛斯基已替他们保了镖了——记者)。又讯：蔡元培几个人保陈独秀的电文，已有发表，现在抄录于下：“……。”(参见本书第 117 页第 17 条《蔡元培等营救陈独秀的快邮代电》，此略——编者)这篇电文实在妙得很，陈独秀看了，当然叹为知己，因为陈独秀的功劳都写上去了，尤其是“顾其反对暴动政策”以下，更是他老先生(耆旧)忠实于国民党的“非个人恩怨之私所可抹杀”的功绩，善哉善哉！仲甫先生可算不虚此一行了！

——记者

原载《红色中华》 第 40 期 1932 年 11 月 14 日第 5、6 版

92.《申报》 1932 年 11 月 14 日

陈彭案侦查未竣事

南京 承审陈独秀、彭述之案之最高法院检察官朱隽，开过两次侦查庭后曾一度返苏，兹又到京，俟日内全部证物由汉全部运回，即详加审核，再开庭继续侦查。(十三日专电)

原载《申报》 1932 年 11 月 14 日 第四版

93.《益世报》 1932 年 11 月 14 日

陈独秀读刑法

日内开三次审查庭

[南京十三日专电] 陈独秀、彭述之案,日内开第三次刑庭,继续侦查,每日陈在狱详读刑法。

原载《益世报》 1932 年 11 月 14 日 第三版

94.《益世报》 1932 年 11 月 14 日

陈独秀案内容复杂 侦查需时年内恐不及公审法次郑天锡之谈话

[南京通信] 记者今晨往访司法行政部政务次长郑天锡氏,据谈:一、陈独秀等危害民国案,牵扯极大,关系文件,实至复杂,故侦查期间,实无从预定。法律上对于侦查期限,虽有明文规定,如事实上侦查手续繁重,需时亦可延长期间,但为事实问题,无可奈何,因年□共党被捕地点、不必即为犯罪所在,故甲地被捕,羁往乙地的侦查,侦查中,又往往发生他项秘密,于是又不能不赴其他地方从事侦查,非如是往侦察,情实难大白。且现值大举剿共期间,吾人搜查共党案件时,常看见匪军□事阴谋,是对于剿匪前途,裨益自非浅鲜。基于上述原因,陈案在年内恐难公开审讯,至报载陈等已委托某某律师出庭辩护,为时自属太早,惟如被告对于法律知识无甚研究,预为委托律师,裨能充裕咨询研究案情,亦未为不可。总之,陈案□交法院审理,则社会人士,静待公判可矣。

二、……(因与陈案无关,略——编者。)

原载《益世报》 1932 年 11 月 14 日 第三版

95.《中央日报》 1932 年 11 月 15 日

陈独秀案苏法院昨开侦查庭

由检察官钟尚斌审讯历二小时

现正催调解往汉口之该案证据

陈独秀、彭述之案,前曾经苏高法院检察官两度庭讯,兹以在上海苏高第二分院,调来该案卷宗,经检察官缜密侦查,结果又须调犯人对质,将于昨(十四)下午二时,假江宁地方法院检察处,开第三次侦查庭。由前承办牛兰案之苏高法院检察官钟尚斌[1]审讯,主任书记官孙增厚记录,历两小时始毕事。刻正催调前解

---

① 钟尚斌:曾任江苏上海地方法院首席检察官。

往汉口蒋委员长处之该案证据,除前呈由司法行政部迳电汉口催调外,闻前日又去文催促,俾早日结束侦察手续。闻陈等在狱生活,甚为闲散,每日埋头读书,对诉讼前途,尚属乐观,兹觅得陈等在狱来往信件两通,籍可略窥彼等近来生活之一斑。

陈等在狱生活,似尚闲散乐观。陈独秀函写明寄交上海公共租界爱文义路大通路七号李时蕊①大律师,内云:次山先生:弟之健康已快恢复,知念特闻,弟已正式延聘三律师,一是章士钊,一是郭蔚然,住上海梅白格路新余里五四六号。又一是彭望邺,号仰侯,住南京小王府园七十四号;上海事务所住西藏路平乐里九十八号,电话94203;上海住宅,法界福履理路一〇二弄八号,电话74063。凡有垂询鄙状者,向彭律师接洽,彭律师每逢星期二、三、四、五等日,均在南京,余日在上海。请先生转告同乡诸友,是为至托,专请大安。(有信件可直寄此间不误)弟仲上言,十一月十日。

又十一月十日,由上海"英寄字样"信一件,寄之彭述之收,内云:吾哥:你离家数日之后,我因生活关系,曾害了一次眼疾和伤风,现在都完全好了。近旬余日来,我的身体一天好似一天,饭量也日见增加,丽儿也很好,我现在和大姐同住,在生活和精神上要减少很多的痛苦。至于目前的经济,也不十分成问题,统兄今天来信,说他每月津贴我二十元。我写信给他,他并没有提到这个问题。职业现在尚未成功,但这是有希望的。你去后,我曾会过蔡姐二次,他[她]对我非常之好,也很注意我的生活问题,他[她]说,一定留心我的职业。总之,我最爱的哥哥,我的生活,我的一切,你都不必忧虑,我总要想法子生活下去,并且我还下最后的决心,多求知识与学问。我现在唯望你能保重自己的身体好,便是我的快乐,便是精神上唯一的补品。需你所要的东西,我一定设法着人送来,不过要等两天,因为福昌我现在还没有会见。哥哥,现在已十点多钟了,就次搁笔罢,再谈。紧紧地握你的手,你的玉妹。十一月三号夜。

原载《中央日报》 1932年11月15日 第七版

96.《申报》 1932年11月15日

陈彭案续开侦查庭

---

① 李时蕊(1887—1936),字次山,安徽六安英山主簿寨人。二十世纪二三十年代是威震上海滩的律师界领袖,抗日反蒋的民主斗士。1911年毕业于安徽官立法政学堂,同年参加辛亥革命。中华民国成立,任省议员。因参与讨袁被捕,出狱后潜逃日本避难。1917年回国,在上海挂牌当律师。1924年加入国民党。"九·一八"事变后,曾以上海律师公会会长身份从事抗日救亡活动。1933年1月,国民党当局以"反对中央措施,散发通电宣言,诋毁党国"为罪名,开除其国民党党籍,吊销律师证书,并秘密逮捕。经律师公会营救出狱。1936年在上海病逝。

南京　陈、彭案曾经苏高法院检察官两度庭讯，兹又调来苏高第二分院该案卷宗，经缜密侦查。十四日又假江宁地方检察处，该〔开〕第三次侦查庭，由苏高检察官钟尚斌密讯经两小时始毕。该处催调前解汉之证据，俾早结束侦查手续。陈、彭狱中生活甚闲散。（十四日中央社电）

原载《申报》　1932 年 11 月 15 日　第六版

97.《益世报》　1932 年 11 月 15 日

陈彭昨受三次审讯　苏高法院正催调证据卷宗

［南京 14 日下午 10 时本报专电］　陈独秀、彭述之案曾经苏高法院检察官两度庭讯，兹又调来第二分院该案卷宗，经缜密侦查，十四日又假江宁地方法院检察处开第三次侦察庭，由苏高检察官钟尚斌审讯，经两小时始毕。该处催调前解汉之证据，裨早结束侦查手续，陈彭狱中生活甚闲散云。

原载《益世报》　1932 年 11 月 15 日　第二版

98.《世界日报》　1932 年 11 月 15 日

陈独秀案昨日三次侦查

公开审理尚无期

［本报南京十四日下午八时专电］　陈独秀、彭述之案曾经苏高法院检察官两度庭讯，旋复由沪调来关于陈案之卷宗，经缜密侦查后，寒（十四日）又假江宁地方法院检察处，开第三次侦察庭，由苏高检察官钟尚斌审讯，经两小时始毕。现正催调日前解汉之证据，俟该项证据解到后，即结束侦查手续，开始审理。

原载《世界日报》　1932 年 11 月 15 日　第三版

99.《先锋》报　第四期　1932 年 11 月 17 日

致河北省委一封公开的信

致河北省委会：

我们党的创始者陈独秀同志，已被帝国主义及中国的资产阶级的刽子手们逮捕了去，他的生命已非他个人所有，而是系于我们的最凶狼〔狠〕的敝〔敌〕人之手了。我们不但自己应该公开地承认，而且应该普遍地、公开地告诉中国无产阶级，独秀同志底被逮捕，不仅仅是我们党底一大损失，而且是中国革命底一大损失啊！

独秀同志对于党的贡献，也就是他对于中国革命的贡献，是他的一生都致力于革命。主要的是他之创造中国无产阶级底党——中国共产党，并且几年来领导党及革命的劳苦群众同我们的敌人作英勇的斗争。一九二五——九二七年革命中陈独秀同志的机会主义错误,实是国际底孟什维克[①]政治路线所造成的;独秀同志这里只是负一个冒昧执行的责任而已。革命失败之后国际官僚主义领导把全部责任都推在他一人身上,而他为了党的生命为了中国革命,仍不稍异其为革命奋斗的初衷:从失败之中求教训,从教训之中求中国革命底新出路,接受国际左派反对派底政治路线,不避一切地同官僚主义奋斗,纠正党的错误的政治路线。这正是独秀同志的伟大处!

现在,独秀同志已为反动的统治阶级逮捕去了。党应该及时审察其过去对独秀同志所加的一切非议,诬蔑之错误,接受反对派的政治路线,并为援救独秀同志而斗争。

中国共产党左派反对派北方区很诚恳地希望河北省委号召北方全党同志及其所领导的各种社会团体,发动援救独秀同志的广大斗争,从统治阶级底监牢中夺回我们党底及中国革命的领袖。同样的我们希望河北省委转求中央号召全中国的革命战士起来应援,冲破敌人的白色恐怖,援救我们的领袖,这是我们的重大责任啊!

中国共产党左派反对派北方区认为,在援救中国革命的领袖这一任务上,全世界的劳动者,革命的无产阶级应该表示他的力量与同情。只有全世界革命的无产阶级之联合战线,才能冲破帝国主义与国民党军阀之白色恐怖,以及他们的联合战线进攻中国革命。河北省委应该请求中央转请共产国际迅速停止对于左派反对派的摧残、造谣与诬蔑,号召全世界的劳动阶级为中国革命的领袖而斗争!

同志们,反动的白色恐怖已临到我们的领袖头上了。我们要十百倍的加紧我们的斗争,我们要争回我们的领袖,争取政治自由,争取共产党公开存在,根本上打破白色恐怖的统治,反对压迫革命,反对逮捕劳苦群众底领袖,释放一切政治犯!我们的使命促我们做英勇的斗争!

致布尔塞维克敬礼!

中国共产党左派反对派北方区十月二十二日

原载《先锋》 第四期 1932年11月17日

据香港马克思主义研究促进会林致良供复印件

---

① 孟什维克:俄文音译,意为少数派。1903年7、8月俄国社会民主工党第二次代表大会期间,以列宁为首的马克思主义者同马尔托夫等人在制定党章时发生尖锐分歧。大会在选举中央领导机关成员时,拥护列宁的人得多数票,称布尔什维克(意为多数派),马尔托夫等得少数票,称孟什维克。会后,孟什维克发展成为俄国社会民主工党内主要派别,其观点被称为孟什维克主义。

100.《先锋》报　第四期　1932 年 11 月 17 日

起来!! 起来!! 援救中国革命领袖陈独秀

中国革命的领袖，中国共产党的创始者，左派反对派的导师陈独秀，已被残酷的国民党逮捕了。这不仅是左派反对派的损失，同时也是整个中国革命的损失!

陈独秀是中国新文化运动的健将，同时，又是全中国无产阶级的领导者，他那坚苦卓绝为无产阶级斗争的精神之伟大，他那为中国革命斗争之不可磨灭的伟绩，只要知道中国共产党的人都没有不知道的。在革命的阵营中他是伟大的领袖，在军阀、官僚、资产阶级……反革命的眼中，是他们惟一的死敌!这次他之被捕，并不是历史上的列〔例〕外，乃是阶级斗争中之事实上所难免的!

反动的资产阶级某党几年以来压迫工农革命运动，日益毒辣的加紧对中国革命分子底攻击，逮捕，屠杀，监禁真是无所不用其极! 现在更逮捕中国革命的领袖陈独秀，企图更有力的压迫中国无产阶级的革命运动! 每一个革命群众，在此种情形之下再也不能稍事犹豫了，起来! 为中国革命反对某党逮捕陈独秀，推翻某党的统治，从反动的手中夺回我们的领袖陈独秀!

只有丧心病狂的史达林派才会诬蔑陈独秀，说他是"资产阶级的先锋队"，只有阶级的叛徒才会这样作可耻的谩骂造谣! 一切革命的战士们! 认清：中国共产党的创始者已被反动的某党逮捕了! 我们还不起来为夺回我们的领袖而斗争吗?

起来! 起来! 为援救陈独秀首先要接受他对中国革命的遗产，立即加入中国共产党左派反对派!

为援救陈独秀，要立即粉碎史达林派的造谣诬蔑与他葬送中国革命的错误路线!

陈独秀被逮捕了，中国革命失掉了伟大的领袖，中国的革命群众和一切左翼的社团，一切革命的分子都应立即起来，游行、示威、通电、开大会，坚决不拔的援救陈独秀而斗争!

反动的资产阶级某党，几年以来压迫群众运动，屠杀革命分子，某种旗帜的白色恐怖旗帜之下，不知有若干万的革命者的鲜血与头颅，现在更日益毒辣的加紧对中国革命分子残酷的进攻，逮捕、屠杀、监禁，真是无所不用其极。现在，更捕获中国革命领袖陈独秀，并在各地大批的屠杀工农群众，每一个革

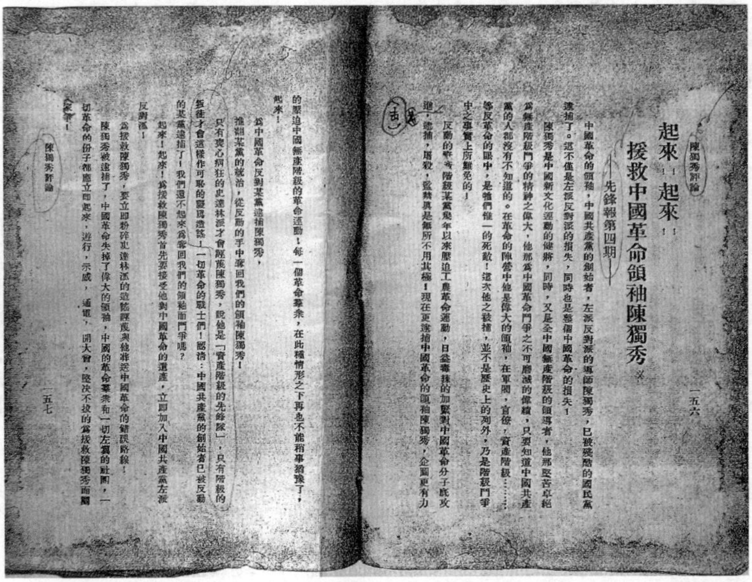

陳獨秀評論

起來！！起來！！
援救中國革命領袖陳獨秀
——先鋒報第四期——

中國革命的領袖，中國共產黨的創始者，左派反對派的導師陳獨秀，已被殘酷的國民黨逮捕了。這不僅是左派反對派的損失，同時也是整個中國革命的損失！

陳獨秀是中國新文化運動的健將，同時，又是全中國無產階級的領導者，他那堅苦卓絕為無產階級鬥爭的精神之偉大，他那為中國革命鬥爭之不可磨滅的偉績，只要知道中國共產黨的人都沒有不知道的。在革命的陣營中他是偉大的領袖，在軍閥，官僚，資產階級……等反革命的眼中，是牠們惟一的死敵！這次他之被捕，並不是歷史上的例外，乃是階級鬥爭中之事實上所難免的！

反動的資產階級某黨幾年以來壓迫工農革命運動，日益毒辣的加緊對中國革命分子底攻進，逮捕，屠殺，監禁真是無所不用其極！現在更逮捕中國革命的領袖陳獨秀，企圖更有力

一五六

的壓迫中國無產階級的革命運動！每一個革命羣衆，在此種情形之下再也不能稍事猶豫了，起來！

為中國革命反對某黨逮捕陳獨秀，

推翻某黨的統治，從反動的手中奪回我們的領袖陳獨秀！

只有喪心病狂的史達林派才會誣蔑陳獨秀，說他是「資產階級的先鋒隊」，只有階級的叛徒才會這樣作可恥的醜罵造謠！一切革命的戰士們！想想：中國共產黨的創始者已被反動的某黨逮捕了！我們還不起來為奪回我們的領袖而鬥爭嗎？

起來！起來！為援救陳獨秀首先要接受他對中國革命的遺產，立即加入中國共產黨左派反對派！

為援救陳獨秀，要立即粉碎史達林派的造謠誣蔑與他非逆中國革命的錯誤路線！

陳獨秀被逮捕了，中國革命失掉了偉大的領袖，中國的革命羣衆和一切左傾的社團，一切革命的份子都應立即起來，遊行，示威，通電，開大會，堅決不拔的為援救陳獨秀而鬥爭！

陳獨秀評論

一五七

《陈独秀评论》转载的1932年11月17日中国共产党托派北方区委《先锋》报第四期的评论

命群众在这种情形之下，还能屈膝忍受吗？还不起来推翻某党资产阶级的政府吗？

原载《先锋》报　第四期　1932年11月17日

转引自陈东晓：《陈独秀评论》，第156—158页

101.《先锋》报　第四期　1932年11月17日

新书出版

《先锋》小丛书　《陈独秀底生平及其政治主张》①

陈独秀为中国革命导师，中国共产党底创造者，中国共产党左派反对派领袖，几十年来从事革命运动！最近在沪被捕，本社为使国人明了其生平及其最近主张起见，特编成此书！内容充实，理论正确，成为一般青年手执一篇之书，每册一角，先锋代派处代为发行。第一版印数不多，购者从速。

原载1932年11月17日《先锋》报　第四期　第14页

香港马克思主义研究促进会林致良供复印件

① 内容见本书第140—160页。

102.《中央日报》 1932 年 11 月 17 日

蒋梦麟抵平　谈在京晤陈独秀

[中央社北平十六日电]　蒋梦麟统(十六)午抵平，据谈，余赴京系接洽教费，中央对教长一席仍望翁文灏就职，外传余将长教，胡适长北大，此说已成过去。在京曾晤陈独秀等，系私交性质，并告以中央依法处理之意，陈亦未作他语，仅望依法办理，至医院此次派高鲁①、周利生②来平，调查故宫问题③，乃因谣传甚多，并非恶意云。

原载《中央日报》 1932 年 11 月 17 日　第二版

又：《世界日报》同日第七版《北京大学校长蒋梦麟昨返平后谈话》均此，略。

103. 国民政府文官处关于国民党江西省上高县执行委员会要求严惩陈独秀快邮代电的公文　1932 年 11 月 17 日

(1) 国民政府文官处公函

公函　第 244 号

迳启者：奉

主席交下中国国民党江西省上高县执行委员会代电，陈为共党元凶陈独秀等竟被捕获，恳乞依法严惩以慰民情一案，奉

谕交行政院　等因，相应抄同原件函达

查照

此致

行政院

计抄送原代电一件

国民政府文官处印

中华民国廿一年十二月十三日

(2) 代电摘由

来文机关或人名：中国国民党江西省上高县执行委员会

文别：代电

文到日期：十一月二十四日

事由：为共党元凶陈独秀等竟被捕获，恳乞依法严惩，以慰民情

收文：府字第 5837 号

① 高鲁：国民党监察院监察委员。
② 周利生：国民党监察院监察委员。
③ 指故宫"盗宝案"，因发生在 1932 年至 1933 年间易培基任院长时，故又称"易培基盗宝案"。

(3) 原代电电文：国民政府钧鉴：共党元凶陈独秀等妄倡邪说，危害民国，灭人伦则言非孝，背道义则倡共产，乐为民族罪人，甘作苏俄走狗，罪恶贯盈，神人共戮。所幸天不漏奸，法网难逃，该匪等竞被捕获。乞恳

钧府，依法严惩，以杜反动而慰民情　不甚翘首之至。

中国国民党江西省上高县执行委员会叩　篥

林致良供稿

104. 国民政府文官处关于国民党陆军第十六师特别党部要求严办陈独秀电报的公文　1932 年 11 月 19 日

(1) 国民政府文馆处公函

公函　第 257 号

迳启者：奉

主席交下陆军第十六师特别党部皓[①]电，呈为共党首领陈独秀妄倡邪说，危害民国，现既在沪就捕，恳请严办，以缉乱源一案奉

谕交行政院等因，相应抄同原件函达

查照

此致

行政院

计抄送原电一件

国民政府文官处印

中华民国廿一年十二月十三日

(2) 原电电文

浏阳来电

南京中央党部国民政府钧鉴：共党首领陈独秀，泯灭天良，妄倡邪说，破坏礼教，煽惑人心，包藏鬼胎，图谋在本党实行兽化，毕竟陷害同胞，为我国之罪魁，诚世界之公敌，人神共嫉，天地不容，兹幸天不藏奸，在沪就捕。查陈匪危害民国证据确凿，罪无可逭，死有余辜。倘若漏网吞舟之巨鱼，何足以彰法纪。如果刑及万恶之大憝，庶乎可弥乱源。谨电请求迫切待命。陆军第十六师特别党部叩皓印

译员　孟继春

据林致良提供之复印件

① 皓：皓日，即 19 日。原件无标点，此系编者所加。

105.《涛声》 第三十一期 1932 年 11 月 19 日

陈独秀军政部题词①

三军可夺帅，匹夫不可夺志也

民国廿一年十月二十五日 独秀

《涛声》 第三十一期

1932 年 11 月 19 日 第二版

106.《涛声》 第三十一期 1932 年 11 月 19 日

曹聚仁(1900—1972)

陈独秀到底怎样?

吉星来信 人道楼主复信

聚仁先生：

我不认识你，我当然没有与你见过面，不过你在《涛声》上为陈独秀先生致吴、蔡、邵三中委的公开信，我是读过的，并且知道你是《涛声》负责的编辑人。

你看见报载陈独秀被捕，"心中就有没名的悲痛!"跟着就引了汉末和现今的事实，请求释放，或者不杀，更引了现今手握大权的中央委员过去的名言。你以为陈独秀先生这次被捕后，定是凶多吉少，所以亟亟的呼吁求援，这在你们"乌鸦商标"②"虚无主义"的立场，原是无足怪的。

在此我给你们一个喜讯，安慰安慰你们的"悲痛"！免得"忧心如焚"？这也是一种功德。——就是陈独秀不但不被杀、被囚禁，反而可成为汽车、洋房中的"巍巍乎大人"！这句话你看后，一定觉得我是不知事理的"疯子"？我敢担保我这句话是绝对真实的。虽然，我不是"当今天子"，"当朝国人"。

陈独秀不是共产党，是个"学者"，并且还是极力反对"杀人放火"、"危害民国"的共产党。虽然他过去身任共产党要职，仍是反对共产党的，在"明达的先生面前，原用不着我再说什么?"这次陈独秀的被捕，我们为他庆贺，他现在快要

---

① 此标题为编者所加。

② 曹聚仁主编的《涛声》自第 1 卷第 21 期起，刊头上印有乌鸦搏浪图案，故称"乌鸦商标"。

"飞黄腾达"了,可以大抒其平生所负的才能——杀尽扰乱中国的共产党匪徒。(由他最近的言论)

先生最近看报乎?若未,我将关于陈独秀先生被捕后之新闻约略述之:当陈先生被捕之时,身患重病(我想怕与汪先生的病一样),先进医院,后入公安局,文局长转吴市长,并赐之以牛乳面包等物,极为优待。陈先生要求到汉面见蒋委员长(虽然不是他亲自要求,是陈先生这一派的主张)。转到南京后,中央党部(是不是中央党部,记不清楚,大约总有一个机关),发洋百余元,以作陈先生等衣物备办费。在那几日又在上海逮捕四人,与陈先生不同党,是真共产党也,所以待遇不同也,脚镣上哉!算了,这样太噜嗦了。但是,我还得抄一点十月廿八日《时报》号外的新闻以作结束。不过记不全,大意如下:托罗斯基陈独秀派,第三国际斥之为帝国主义的辩士,中国共产党骂为资产阶级的走狗!最近命彭述之与蔡廷锴勾结,上剿匪计画〔划〕书。中国共产党恨之入骨。末后又说:听说陈独秀这次被捕是共产党告的密。这一段新闻读后,使我莫明其土地堂。既然共产党恨陈独秀派入骨,而跑去向国民党告密,不是国民党也成了共产党了吗?那还了得,污辱"党国"。这位记者该杀。

最后我再说一遍,请大家放心,陈独秀等不但不会被杀、监禁,反而可以升官。因为他们极力反对共产党的。

希望这封信能在最近的《涛声》杂志上发表,以慰像先生这样关怀陈先生的人。别的话也没有。祝先生近安!

吉星上 一九三二,十一,三

通讯处:本号东百老汇路××××所

周××先生转交

吉星先生:

陈独秀果然不致被杀,那自然是我们所希望的,其他则非我们所愿闻。也不愿说。

杀人总是不详的事。无论姓韩的打姓刘的,姓刘的打了姓刘的,乃至张三打了王二的,李四打了吴大,都免不了带着自己手下的队伍去杀别人手下的队伍,杀来杀去,只有两方手下的兄弟遭殃,白白地流血,他们几个头脑一旦利害一致,又可握手言欢,互称同志。这样的杀人有什么意义?

再如甲党得势杀乙党,乙党得势杀甲党,杀来杀去,也是不详的。比如现在国民党是杀共产党,倘要能够杀绝,未尝不算一件伟大工作。杀不绝呢?翻一个边，那就国民党该死了。至少没有捞得钱不能跑外国的小同志最倒霉。我们今日不满意国民党杀共产党，也许将来有一天要反对共产党杀国民党的，因为杀总是不详的。

在今日的中国，定要杀人流血，那么最好一致去打倒帝国主义。打倒帝国主义这一口号，好像没有一个公开的不公开的政党反对过。因为帝国主义的国家，尤其是日本，太不把中国人当人了。假如中国还有个两脚动物的人，总得肩[负]起做人的责任，向非人的帝国主义作殊死战。

先生，恕我说多了，我们不是向你传道，我们不过说出我们反对杀人的理由，同时也就是陈独秀不致被杀的理由。自然，先生要骂我们就太近视了。我也知道，我们还不曾为一切为革命而被杀者说话，是我们永远要向人类的全体抱歉的了。请了。

人道楼主代复

原载《涛声》 第三十一期 第二版 1932 年 11 月 19 日

107.《涛声》 第三十一期 1932 年 11 月 19 日

假若陈独秀变了节——答吉星先生

（曹）聚仁

吉星先生：

来教敬悉。

依先生的观察，陈独秀变节求官是既定的事实，我的请求释放，简直是“徒见其多事”。换一方面看，南京市党部、广州市党部电请诛戮陈独秀，和先生的出发点虽不同，却是殊途同归，认为杀了陈独秀方是办法。现在是什么时代，像我这样胡写几封信就能变更事实，我决不作此梦想。也不过历年来心上感触太多，看见“又来一个”的把戏，乃不觉得隐然作痛，向素识的大人先生们呼吁一番罢了。穿长衫搦〔捏〕笔管的朋友，即如傅斯年先生说的那么透彻，还不是长衫朋友大家关照一番，相互叹息一声，就算完事吗？

就说陈独秀先生的变节不变节，那当然就等事实的证明。若用过去历史来说明现状，知识分子在某种情况下变了节，那是常有的。这个“某种情形”，我的意思是说：一、当革命高潮低落以后，集团意识模糊下去，个人意识抬起头来，游离分子就逐渐丧了节了。其初有变节的倾向，他的同伴就用憎恨的态度挤了

中華民國二十一年十一月十九日　濤聲　(第三十一期)　(第二版)

假若陳獨秀變了節

答吉星先生　聚仁

陳獨秀倒底怎樣？

吉星來信

《涛声》31 期　曹聚仁文章(靳树鹏供稿)

一下,他才索性反过去了。阮大钺〔铖〕①在东林党中要算是卓特的人才,后来变了节,向魏忠贤投降,乃成为东林党的敌人;但他并非决志投降的人,他所著的《春灯谜》,就把他游历的心境写得明明白白。(《留东外史》②中也有一段写得很好。)可是我们不能过于责备个人,个人的力量在团体前面实在显得太薄弱了,既没有自杀的勇气,又没有一条路可以走,叫他怎能不变节呢;我的愚见,国民党若民国十六年之间,大量宽容一下,不要胡乱杀人,给共产党一条路,革命不会到这样地步。干部派若大量宽容一点,不要胡乱开除,给取消派一条路走,共产党也不会失败到这样地步。人类在历史上爬了这么多年数,可怜永远脱不下“残忍”的外套,穿不上宽容的大衣,多少悲喜剧,由这样演成的哟。

① 阮大铖(1586—1646),字集之,号圆海,又号石巢、百子山樵,怀宁(今安徽安庆)人。明末政治人物、戏曲作家。万历四十四年(1616)进士,天启年间官给事中。曾经列籍东林,为高攀龙弟子。后依附阉宦魏忠贤。崇祯初以阿附魏忠贤,名列逆案,废居南京。南明弘光朝立,官至兵部尚书。因翻逆案,报复东林党人,激起公愤。顺治二年(1645)南京为清兵所破,逃至浙江方国安军中。次年,降清,领清兵破金华,从攻仙霞岭,中风而死。一说为清兵所杀。善诗词,作传记多种,著有《燕子笺》、《春灯谜》、《牟尼合》、《双金榜》等。

② 《留东外史》:作者向恺然(1890—1957),原名逵,1916 年 5 月用不肖生笔名初版发行,主要描写揭露中国留学生和海外亡命客在日本的所作所为。

先生，我和你有一个根本不同之点：你是派别的得失重，而社会的得失轻；而我是社会的得失重，派别的得失轻。所以杀了陈独秀，固然合了右翼的口味，也正中先生的下怀。我则意味当今人才消乏之中国，杀了陈独秀，正如东汉失了蔡邕，毕竟是学术界的大损失，请先生平心静气听我说下去：若是叶德辉[①]，在左翼的刀光下牺牲掉的，现在认定他是土豪劣绅，非杀不可；若依我的办法，把他从湖南赶到北平，不准管社会闲事，只管审订出版，做《书林清话》[②]，你看对于社会有利有害？又如李大钊，是在右翼刀光之下牺牲掉的，也依右翼的眼光，认定他是罪大恶极，非杀不可；若是依我的办法，把他关到北京大学，只准讲学做教授，不准干预社会运动，你看对社会有利有害？社会上可努力的方面很多，人才可用之处甚多，陈独秀固然可杀，但请他回到北京大学去，专任教授，难道会于中国有害吗？

一个极大磁场，你能调整他们的正负性，就显出极大的力量，你若舛误了他们的正负性，什么力量都消灭了。现在要救中国，没有第二个法门，第一要宽容，第二要宽容，第三个还是要宽容，你若不信，请看乌鸦派[③]的预言：在朝廷不宽容则反动派必得势，将来反动派上了台，不宽容则反反动派的必再起，杀来杀去，杀到"天下大事去矣"为止。明末局面，可谓殷鉴；若说中国必待亡了国才有办法，那到是一条走到亡国的大道呀！

陆放翁[④]诗云："人才消失方当虑，论士峥嵘未可非？"我们苦口婆心，甘于做乌鸦者，也不过为着中华民国的千秋万岁呀！

曹聚仁　敬复

十一月六日

原载《涛声》　第三十一期　第二版　1932年11月19日

据吉林靳树鹏供稿复印件

---

① 叶德辉(1864—1927)，字奂彬，号直山，别号郎园，清湖南湘潭人。光绪十八年(1892)进士，为吏部主事。不久便辞官归湘里居，以提倡经学自任。大革命时期农民运动中被湖南省审判土豪劣绅特别法庭判处死刑。

② 《书林清话》，叶德辉著。此书用笔记体裁说明书籍和版本的各种名称，历代刻书的规格、材料，以及工料价值的比较，印刷、装订、鉴别、保存等方法，并叙述了古代活版印刷、彩色套印的创始和传播，各时代特出的著名刻本，刻书、抄书、卖书、藏书的许多掌故。

③ 乌鸦派：曹聚仁等人自称。

④ 陆放翁(1125—1210)，即南宋大诗人陆游。

108.《益世报》 1932 年 11 月 19 日

优待陈独秀

自由读书唯禁阅报

运汉证据待蒋查阅

[南京 18 日下午九时专电] 陈独秀、彭述之案解汉总部之证据，据法院接到复电，前因蒋赴湘未得查阅。现蒋已达汉，俟审查完竣，即装运来京，交法院完□办理。陈、彭在狱颇受优待，可自由阅读书籍，但禁止阅报云。

原载《益世报》 1932 年 11 月 19 日 第二版

109.《世界日报》 1932 年 11 月 19 日

陈独秀谓“胡立夫才是汉奸呢” 彭述之在狱内接情书一封“最爱的哥哥……紧紧的握你的手 你的玉妹”

[南京特约通讯] 共党已没落之杜洛斯基反干部首领陈独秀，暨该派重要分子彭述之，七月在沪被捕，已押解来京，交由江苏高等法院，在京审理。惟以证件太多，故暂时恐难侦查完毕。兹将前后一切经过，及开审情形，详记如下：

陈独秀系于十月十五日深夜十一时①，在法界岳州路永兴里十一号被捕，时正卧病在床，虽知有警来捕，然并不惊惶，当即被捕至总巡捕房。迨十六日，是项(陈独秀被捕)之消息，即首先披露于某西报。在陈被捕之前，总巡捕房曾破获共党机关数处，捕获与陈独秀同为反干部派之党人梁友[有]光、谢少珊等男女十一名，嗣又获该党派之重要份子彭述之，再后则陈独秀被捕焉。陈、彭之被捕，实系受梁友[有]光等被捕之影响。陈等被捕后，于十七日清晨，解往第一特区法院审讯。据陈供：“现年五十四岁，安徽人，从前曾从事反动工作，两度入狱，舍此以外无他。五四时代，从事教育，现从事著作。”同时上海市公安局，进行引渡，中央党部闻讯，亦派干事二人，赴沪调查事实，并接洽一切。

狱中生活 陈等解京后，即分别押于军法司内禁闭室，时天气甚寒冷，陈等又无衣被，故前日均蜷卧于室之一角，致陈病更甚，而彭亦面现微肿。当军法司长王振〔震〕南于第二日前往亲察时，见陈言语声音异常低暗，两手笼于袖际，而腰背曲蜷作一团，乃将陈与彭述之同押于一室，室外加派武装守备警察，并令陈、彭各开具需用品清单，允代购买，陈等即请代购棉被，棉袍，面盆，手巾等物。惟外传陈等要求谒蒋及陈果夫说，则陈等并未有此项之要求。迨至二十二日，

① 应为十五日晚七时。

中央将解京之文件，书籍七大箱，稍事整理后，即派组织委员会干事黄凯，携该项文件飞赴汉谒蒋，供蒋咨询，报告前后经过情形。蒋乃于二十四日电京，谓陈彭案应交法院办理。同时，中央谈话会，亦决定交法院审理。二十六日，司法行政部乃令江苏高等法院审理，江苏高等法院即于是日上午派员将陈等移提至江宁地方法院。陈行时，有力不胜支概。彭则新患眼疾。押于地方法院看守所前次押牛兰之优待室中。陈患病甚重，每餐仅食粥少许，乃要求法院代购《水浒》一册，俾资消遣。陈家属虽曾有女子名王哲亚者前往探视，但未获当局之允准。现陈等病已稍痊，在监中每日惟以阅书为消遣，其所阅书籍，除上次蒋梦麟前往探视时所馈赠之总理遗教各书外，并有其律师郭蔚然送来之《刑法总论》、《刑法各论》两种，计四册，阅读后，俾将来公开审判时，对法律作正当之辩护。

审理问题 陈等自解法院后，江苏高等法院即于二十八日派检察官朱隽等来京，开侦查庭。第一次在二十八日上午，第二次在三十一日，第三次则在昨日①(十一月十四日)下午，改由前次审讯牛兰之检察官钟尚斌审理，书记官亦上次审牛兰之吴远权，经二小时，始审毕。陈案因证件过多(除前次解京之七大箱外，上月末由沪押解梁友[有]光，谢少珊等男女十一人来京，寄押军法司时，又解来二十四大箱，经中央党部略事检查，又运汉甚多)，恐暂时尚难侦查完竣。司法行政部次长郑天赐谈：陈案证件极多，在汉者已电催从速运京，不过暂时恐难侦查完毕，刑法虽曾规定侦查期间，不得超过四个月，但事实侦查不完毕，亦系无可奈何云云。昨②江苏高等法院检查处又已电汉，催请从速将文件解京矣。

陈之言论 陈在江宁地方法院看守所中对记者谈："我们现在系在狱之人，没有什么话可说。不过，我们目前只要求公开审判，因此地(指政府)所贴之标语，称我们为危害民国。照民国二字之意义说，一为民主国家，一为共和之政体，但世界上任何各国之民主国家、与共和政体，对人民之言论出版等，绝对自由，所以我们并非反对国家，亦不能称为危害民国。真正危害民国者，乃是汉奸胡立夫、王赓③等。然广州枪杀爱国学生之军官，现亦押于军法司中，且十分优待，殊为不解。当局对予将来任何处置，为个人之主义起见，自无悔言。"又彭述之曾谈："目前中国为被压迫之人民，应该全国人民一致武装起来反抗日本，不能希望国际或英美帮

① "昨日"应删。

② 十一月十四日。

③ 王赓(1895—1942)，江苏无锡人，1911年清华毕业保送美国著名大学留学，西点军校高才生。回国后任民国陆军少将，交通部护路军副司令等职。1932年上海一·二八淞沪抗战守军撤退前夜，时任税警总团旅长的他在上海误入日本宪兵区，其随身所带军事地图落入日军之手，导致中国军队全线失利。此即"王赓献地图"说之由来。也即陈独秀在狱中称王为"汉奸"之由来——参见百度百科。

助,他们都不会牺牲自己的利益的,如希望他们,就如前门拒狼,后门进虎。”

原载《世界日报》 1932年11月19日

110. 《世界日报》 1932年11月20日

陈独秀谓“胡立夫才是汉奸呢” 彭述之在狱内接情书一封“最爱的哥哥……紧紧的握你的手 你的玉妹”(续)

陈寄沪函

当陈案于昨日下午开三次侦查庭时,觅得陈彭在狱中与外间来往函件二书,兹志如下,亦可藉以略窥彼等生活之大致也。

(见本书第233页第95条《中央日报》1932年11月15日报道,此略。)

原载《世界日报》 1932年11月19日

111. 《社会评论》第24号 1932年11月23日 傅斯年《陈独秀案》

(此略,见本书第171页《独立评论》24期条)

112. 国民党西南执行部致中央执行委员会的呈文(一)① 1932年11月21日

呈中央执行委员会为据广东省党部

请严办陈独秀等情请核办由

呈为转呈事:案据广东省党部巧日②代电称:共匪元恶独秀,迥日③在沪被捕,中央将该犯移交法院,依法惩办,此戕贼民族危害国本之巨憝,实罪无可逭。乃风传少数分子,呈请保释,聆悉之下,愤慨莫名!查该犯在陈逆炯明时代,窃据教育要津,传播共产邪说,迨后组织新学生社,诱一般优秀青年,误入歧途,洪水横流,巨火燎原,是以有海丰、陆丰、琼崖各县之共祸。而十六年广州之焚杀,吾粤人至今犹有余痛!即目今赤匪遍猕东南,方劳大军围剿,曷莫非该犯之遗毒。幸天夺其魄,元凶成擒,早置典刑,以绝后患,方足以生对数百万流离转徙之灾民,死对数十万惨被屠杀之冤鬼!不图少数分子,以陈对文化运动之贡献,为邀赦之护符,殊不知陈自组织共匪,惨行焚杀后,早已自坠其历史,此而可恕,则三

① 呈文中所引代电又见1932年11月28日《中央日报》报道:《粤省执委会电请严办陈独秀》。

② 巧日:每月的18日。从电文中有“少数分子,呈请保释”之于语看,应为11月18日。因所谓少数分子的呈请保释,如蔡元培等的呈请均在10月18日后。

③ 迥日:陈在沪被捕的时间为1932年10月15日晚,恰逢週(周)六。所以此处的“迥日”,可能是“週日”之误,因为週日是16日,与15日只差一天。

省剿匪之师，全为多事，何以昭仰于民众？何以自解于党国？为今之计，中央速将该犯明正其罪，依法严惩，并惩办出名保释之人，以遏乱萌。临电不胜悲愤之至！等情据此，理合备文转呈钧会察核办理，指令祇遵。谨呈

中央执行委员会

西南执行部 印

常务委员会胡汉民

陈济棠①

白崇禧②

刘纪文③

邹　鲁④

林翼中⑤

中华民国廿一年十一月廿一日

原载《中国国民党中央执行委员会西南执行部党务年刊》第八一页

---

① 陈济棠（1890—1954），字伯南，生于广东防城县（今属广西）。1907 年考入广州陆军小学校，次年加入同盟会。1913 年广东陆军速成学校步兵科毕业，历任粤军排、连、营、旅、师长。国民党第三次全国代表大会时，当选为中央执行委员。1928 年 4 月，蒋介石任陈为第八路军总指挥，从此统辖广东陆海空三军。1929 年—1936 年主政广东，对广东发展颇有建树。人称"南天王"。其间（1934 年 10 月初），曾派人与红军代表潘汉年、何长工在营区举行密谈。1936 年 6 月，与桂系联合，以"抗日救国军"名义发动两广事变反蒋，事败出走香港。抗战时期，出任国防最高委员会委员，战略委员会委员等职。1949 年，任海南行政长官兼海南警备司令。1950 年到台湾，任总统府战略顾问。1954 年 11 月 3 日，因脑血栓卒于台湾。

② 白崇禧（1893—1966），字健生，广西临桂（即今桂林市临桂区）人，回族。当代作家白先勇之父。1909 年，考入广西省立初级师范学校。辛亥革命爆发，加入广西北伐学生敢死队至汉口，与北军对峙。1916 保定军官学校毕业，历任少尉、中尉、连长、营长、参谋长等职。1926 年任国民革命军副总参谋长，代理总参谋长。国民党桂系核心人物，地位仅次于李宗仁，与李宗仁合称"李白"，有"小诸葛"之称。历经北伐、抗战，指挥过诸多著名战役。1945 年当选第六届国民党中央执行委员。同年，被授予陆军一级上将。1949 年底赴台湾，任总统府战略顾问委员会副主委、中国回教协会理事长等职，1966 年因心脏病死于台北寓所。

③ 刘纪文（1890—1957），字兆铭，国民党政要。祖籍广东顺德，生于东莞，家境清贫。1910 年加入同盟会。后留学日本，加入中华革命党，任财政部员。1917 年回国，参加护法运动。历任陆军军需处处长、国民政府南京特别市市长、广州市长、国民党中央执行委员、陪都建设计划委员、特考典试委员长等职。1949 年，去日本。后迁居台湾，任总统府国策顾问。1957 年在美国洛杉矶病逝。

④ 邹鲁（1885—1954），原名澄生，别号海滨，广东大埔县客家人，国民党元老。早年加入同盟会。1911 年，组织广东起义响应武昌起义。1914 年遵孙中山指示任民国杂志编辑进行反袁。后组织护法运动。1923 年任总统府财政厅长，被誉为"理财经纶手"。1924 年 1 月，国民党一大会上当选为中央执委委员、青年部长，后为常委。孙中山国事、家事遗嘱见证人之一。1926 年 1 月，被国民党第二大会永远开除党籍。同年，国立广东大学成立，任首任校长，并为校歌作词。1927 年，蒋介石进行清党时，退出政坛、出游欧美。撰写中国国民党党史。1929 年，自日本归国。抗战期间，主张连俄抗日。1946 年，任监察委员。1949 年，参加广州非常会议后经香港到达台北。任中央评议委员。1954 年，病逝于台北。著《中国国民党党史》、《回顾录》、《教育与和平》、《邹鲁文集》、《邹鲁文存》等。

⑤ 林翼中（1887—1984），原名家相，字翼宗，后改翼中，以字行，国民党政要。广东合浦（今属广西）人。1905 年加入同盟会。辛亥革命时率众在廉州起义响应。1915 年广东高等师范毕业，从事中学教育，参加讨袁（世凯）驱龙（济光）运动。1925 年后，历任陈济棠部政训处处长、政务处处长，广东省民政厅厅长，国民政府农林部次长，广东省参议会议长等职。1936 年随陈济棠赴苏联考察。1949 年广州解放前夕移居香港，任珠海书院监督、香港崇正总会理事长。1984 年 11 月 20 日在香港病逝。著有《苏俄现状一瞥》、《广东地方纪要》。

113. 国民政府文官处关于国民党湖南清乡司令何健要求迅予处决陈独秀电报的公文　1932 年 11 月 26 日

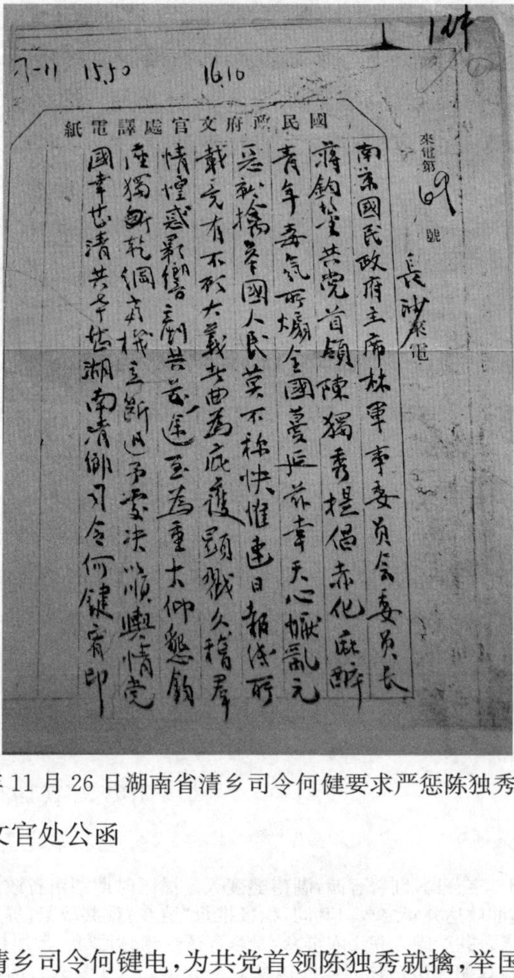
國民政府文官處譯電紙
來電第 69 號
長沙來電
南京國民政府主席林軍事委員會委員長
蔣鈞鑒共黨首領陳獨秀提倡赤化麻醉
青年毒氣所播全國蔓延荼毒天心嫉亂元
惡就擒舉國人民莫不稱快惟連日報紙所
載竟有不顧大義者曲為庇護顯係久稽厚
情惶惑影響剷共前途至為重大仰懇鈞
座獨斷乾綱交軍法嚴訊予處決以順輿情黨
國幸甚清共幸甚湖南清鄉司令何健宥印

1932 年 11 月 26 日湖南省清乡司令何健要求严惩陈独秀的电文

(1) 国民政府文官处公函

公函　第 31 号

迳启者：奉

主席交下湖南清乡司令何键电，为共党首领陈独秀就擒，举国称快，惟报载竟有不顾大义者，曲为庇护，影响铲共前途，至为重大，恳迅予处决，以顺舆情一案，奉谕交行政院核办等因，除函复外相应抄同原电，函达查照办理，此致

行政院

湖南何清乡司令

计抄送原电一件

国民政府文官处印

中华民国廿一年十二月六日

(2) 原电电文

来电第 69 号

长沙来电

南京国民政府主席林、军事委员会委员长蒋钧鉴：

共党首领陈独秀提倡赤化，麻醉青年，毒氛所煽，全国蔓延。兹幸天心厌乱，元恶就擒，举国人民莫不称快。惟连日报纸所载竟有不顾大义者曲为庇护，显戳[黜]久稽，群情惶惑，影响铲共前途至为重大。仰恳钧座独断乾纲，当机立断，迅予处决，以顺舆情，党国幸甚，清共幸甚。

湖南清乡司令　何键[①]　宥[②]印

据林致良供复印稿。原件藏第二历史档案馆。

原件无标点。文中标点为编者所加。

114. 陈独秀致王灵均信[③](1)　1932 年 11 月 27 日

王女士[④]：

前托彭律师[⑤]带沪由长沙路[⑥]转交一函，不知收到否？该函所索款及胃病药六瓶，均已由彭律师带来，至少老朋友[⑦]已接阅该函矣。

目前又由玉英[⑧]女士转上一函，谅亦寄到。

岳州路[⑨]旧居，你已去过否？所虑之事，不知可行否？至以为念，并联系知。

我去后，屋中一切情形，请尽所知见告！至盼至祷！

附上致老朋友一信，请即交他。

彭律师处，望先生能去一晤，并望能于每星期日下午去见他一次，因每次我都有信寄沪也。

明夷[⑩]白(1932 年 11 月)二十七日

---

① 何键(1887—1956)，字芸樵，别署容园，湖南醴陵人。民国时期湖南省政要，曾任湖南省政府主席。国民革命军二级上将，总揽湘政达九年之久。其间，积极推行“清乡”反共政策，提出“宁可错杀三千，不可放走一人”的反动政策，大肆屠杀共产党人和工农群众，是杀害杨开慧的元凶。参加扫荡湘赣、湘鄂赣革命根据地。抗战胜利后，因病辞职，长期在南岳休养。1949 年迁居香港。次年夏去台湾，任“总统府”“国策”顾问，1956 年病逝台北。

② 宥：宥日，即 26 日。

③ 汪原放的手稿《亚东六十年》收录了陈独秀写给王灵均女士的十二封信。信前有说明，信后有注释，本书收录时均移至脚注。信前的说明是：“最近(1964)我又看见陈仲翁(独秀)的一些信件，都是大叔(汪孟邹)要人录存的。我看这些信都是在民国廿一年(1932)，仲翁被捕入狱以后写的，我现在来把它一封封的录于下”。

④ “王女士”即王灵均，高语罕的爱人——汪原放原注(以下简称汪注)。

⑤ “彭律师”，我未见过，听说是年轻的，自不是和行严先生一道挂牌的老彭律师——汪注。

⑥ “长沙路”是亚东图书馆编辑所的所在地——汪注。

⑦ “老朋友”是我的大叔孟邹——汪注。

⑧ “玉英女士”大概是陈碧兰(碧云)女士的别名，彭述之先生的爱人。陈仲翁和述之先生当时同在狱中——汪注。

⑨ “岳州路”是仲翁旧居，即被捕处，我未去过，看报才知道的——汪注。

⑩ 明夷，陈独秀狱中化名。

望赐平安信,以释远念! 又白

115.《中央日报》 1932年11月28日

粤省执委会电请严办陈独秀并请惩办出名保释之人

湘省清乡司令部亦电请处决

(中央社)共犯陈独秀,自在沪被捕后,即经中央将该犯移交法院依法惩办,广州省党部,日前电呈中央,请予严办,以绝后患。兹录原电如下:

南京中央党部钧鉴:

共匪元恶陈独秀,迥日[①]在沪被捕,中央将该犯移交法院,依法惩办,此戕贼民族危害国本之巨憝,实罪无可逭。乃风传少数分子,呈请保释,聆悉之下,愤慨莫名。查该犯陈逆炯明时代,窃据教育要津,传播共产邪说,迨后组织新学生社,诱惑一般优秀青年,误入歧途,洪水横流,巨火燎原,是以有海丰、陆丰、琼崖各县之共祸。而十六年广州之焚杀,粤人至今犹有余痛,即目今赤匪遍犯尔。方劳大军围剿,曷莫非该犯之遗毒。幸天夺其魂,元凶成擒,早置典刑,永绝后患,方足以生对数百万流离转徙之灾民,死对数十万惨被屠杀之冤鬼。不图少数分子,以陈对文化运动之贡献,为邀赦之护符,殊不知陈自组织共匪,惨行焚杀后,早已自隳其历史。此而可恕,则三省剿匪之师,全为多事,何以昭信于民众,何以自解于党国。为今之计,中央速将该犯明正其罪,依法严惩。仰并惩办出名保释之人,以遏乱萌,临电不胜悲愤之至。

中国国民党广东省执行委员会叩

中央社长沙二十七日电,清乡部电请处决陈独秀,略谓元恶就擒,举国称快,应即处决,以顺舆情。

原载《中央日报》 1932年11月28日 第三版

116. 国民政府文官处关于新疆省政府主席金树仁[②]要求严惩陈独秀快邮代电的公函 1932年11月29日

国民政府文官处公函 字第142号[③]

---

① 此处有误,陈独秀被捕在10月15日,韵目代日法纪日应为"删日"。

② 金树仁(1879—1941),字德庵,甘肃省河州永靖人,国民政府新疆省主席兼总司令。主政期间在新疆实施改良。1933年新疆4.12政变,被迫出走。是年十月赴南京国民政府述职时,行政院秘书长诸民谊因恨金在新疆时未礼遇,唆人控告下狱,以擅自与苏联订立通商协定判罪。同年10月10日,国民政府主席林森宣布:"金树仁与苏联政府订立临时通商协定,是为维护地方,因以获罪,应予特赦。"获释后,先居南京,后举家迁至兰州,1941年去世,归葬永靖先茔。

③ 原件无标点,此为编者所加。

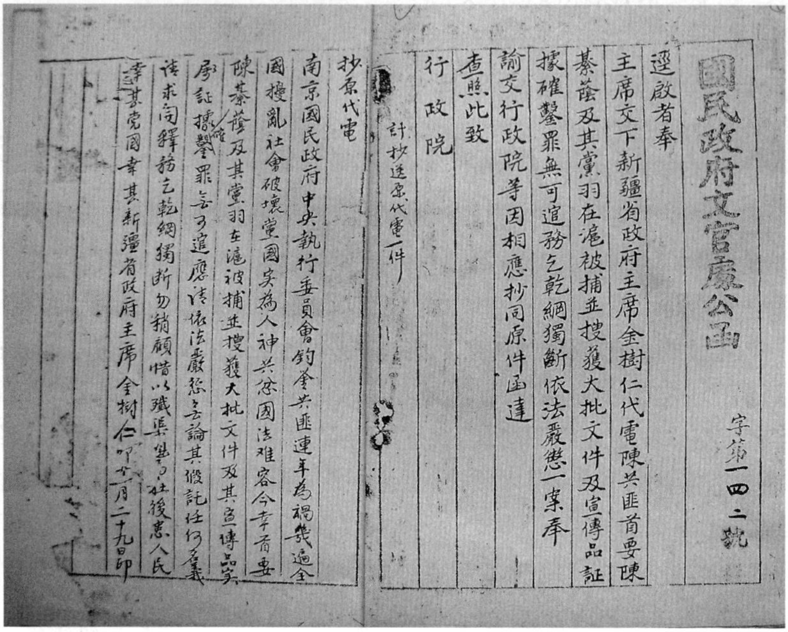
国民政府文官處公函
字第一四二號
逕啟者奉
主席交下新疆省政府主席金樹仁代電陳共匪首要陳蓁蔭及其黨羽在滬被捕並搜獲大批文件及宣傳品証據確鑿罪無可逭務乞乾綱獨斷依法嚴懲一案奉
諭交行政院等因相應抄同原件函達
查照此致
行政院
計抄送原代電一件
抄原代電
南京國民政府中央執行委員會鈞鑒共匪連年為禍幾遍全國擾亂社會破壞黨國實為人神共忿國法难容今幸首要陳蓁蔭及其黨羽在滬被捕並搜獲大批文件及其宣傳品實屬証據確鑿罪無可逭應請依法嚴懲無論其假託任何名義請求開釋務乞乾綱獨斷勿稍顧惜以殲渠魁以杜後患人民幸甚黨國幸甚新疆省政府主席金樹仁叩十一月二十九印

新疆省主席金树仁 1932 年 11 月 29 日要求严惩陈独秀的电文及抄送行政院公函(林致良供复印件)

迳启者：奉

主席交下新疆省政府主席金树仁代电，陈共匪首要陈蓁荫及其党羽在沪被捕，并搜获大批文件及其宣传品，证据确凿，罪无可逭，务乞乾纲独断，依法严惩一案奉谕交行政院等因，相应抄同原件函达

查照。此致

行政院

计抄送原代电一件

抄原代电

南京国民政府中央执行委员会钧鉴：共匪连年为祸，几遍全国。扰乱社会，破坏党国，实为人神共忿，国法难容。今幸首要陈蓁荫[1]及其党羽在沪被捕，并搜获大批文件及宣传品，实属证据确凿，罪无可逭。应请依法严惩，无论其假托任何名义请求开释，务乞乾纲独断，勿稍顾惜，以歼渠魁，以杜后患。人民幸甚，党国幸甚。新疆省政府主席金树仁叩 十一月二十九日印。

① 此名系首次出现，确指陈独秀。出处不明，之前未见，待考证。

中华民国二十二年一月十二日(上盖国民政府文官处印)

文官长　魏怀 印

监印沈紹珠

校对曾宪孔

中华民国　二十二年一月十二日

据林致良提供之复印件。原件存中国第二历史档案馆

117. 陈独秀致王灵均信(2)　1932 年 11 月 30 日

陈独秀的晚年伴侣潘兰珍②

灵均女士：

廿七日托彭律师带来的信及麦乳粉、狼褥，均收到，至感至祷！

岳州路一切衣物尽失，都不必问了，惟书桌抽屉(靠窗户右手抽屉，非将桌子挪开，不能抽出)内，藏有一小袋，是女友潘君①之物。她多年积蓄，尽在其中；若失去，我真对她不起，务请先生再去探看一次。需否偕律师去，请你自己酌定。务求见信即去，迟则退租后，恐木器为房东移去。如幸而尚在，望携存先生处，我得信即函告潘女士亲自前往领取，领取之地，或可在彭律师住宅，不知你能想的更妥的地方否？

书籍中有郭沫若著甲骨文及金文书三册两函(大东出版)，望检出交彭律师带来。捕房如无禁令，即木器、书籍亦可搬出。如房[东]要房租，付他十四元也值得。

明夷白(1932 年)十一月卅日

118. 国民政府文官处关于国民党广东英德县第七次全县代表大会要求迅予枪决陈独秀快邮代电的公文　1932 年 12 月 1 日

(1) 国民政府文官处公函

公函　第 437 号

---

① “女友潘君”是仲翁的第三个爱人——汪原放《亚东六十年》书稿原注。见任建树主编《陈独秀著作选编》第五卷，第 46 页。

② 此照见孙其明：《陈独秀身世、婚恋、后代》一书，济南出版社 1995 年版。

迳启者：奉
主席发下广东英德县第七次全县代表大会代电，请迅颁明令，立予枪决共匪首领陈独秀，以昭炯戒一案，奉
谕交行政院等因，相应抄同原件函达
查照，此致
　　行政院
　　　　计抄送原代电一件

国民政府文管处印

中华民国廿一年十二月十九日

(2) 快邮代电电文
南京中央国民政府钧鉴：百万火急。中国垂危成累卵，外患交相迭至。虽暴日之侵凌，为吾全民之公敌；而共匪之扰乱，实为外侮之导线。查共匪首领陈独秀迭次倡乱，尽人皆知，今已就擒，亟应明正典刑，以快人心。若任苟延，将增后患，赤焰高涨，无时止息。代表等经已提出大会表决，一致主张电请钧座，迅颁明令，立予枪决，以昭炯戒。临电不胜感激，待命之至。

中国国民党广东英德县第七次全县代表大会卯东[①]

据林致良提供之复印件。原件存中国第二历史档案馆

119. 国民政府文官处关于国民党中山大学校党部要求对陈独秀等人迅予典刑通电的公文　1932年12月1日

(1) 公函　第493号

迳启者：奉主席发下国立中山大学校区党部筹备委员会东日通电，请将就擒之共党元恶迅予典刑，以申民怨。蔡孑民等惑于私情，电请保释，尤恳严加痛斥，以维人心一案奉　谕交行政院等因。相应抄同原件函达查照，此致
行政院
　　计抄送原电一件

国民政府文官处(印)

中华民国廿一年十二月廿一日

① 东：东日，即1日。

(2) 电文机要室交译铁道部电台号56号

来　电①

南京中央党部、国民政府西南执行部、西南政务委员会钧鉴：

各省市党部、海外各党部、各省市政府，各机关团体、各报馆暨全国各界同胞钧鉴：窃查组织共党、宣传醜说，纠集暴徒、聚为军旅，蹂躏各省、破坏农村，焚杀良善、残民以逞。贼党所致，草木不生；蔓延全国，迄无已时。斲丧我民族，危害我国本，造成旷古未有之匪患，乃致劳师动众而仍此剿彼窜，遗害地方。今幸元恶就擒，解京讯办，举国称快。祈中体念民难，迅予典刑，以伸民怨，使奸险者无逃于法纲，横暴余孽有以寒其心。乃蔡孑民其惑于私情，忘怀民难，电请保释之事，尤恳严加痛斥，以维人心而遏乱源，是为至幸！

中国国民党中央直属国立中山大学校区党部筹备委员会东叩印

林致良供稿，原件存中国第二历史档案馆1—491号案卷

120. 陈独秀致胡适信(1)　1932年12月1日

适之先生：

此次累及许多老朋友奔走焦虑，甚为谦然。梦麟先生北返，当已详达鄙状。日来贱躯比梦麟先生到此时更好一点，已能稍稍吃饭与肉了，已能照常写字读书了，特此告慰故人。

审判约在本月底，计尚有月余逍遥。判决后，以弟老病之躯，即久徒亦等于大辟，因正式监狱乃终日禁闭斗室中(牛兰现在即是这样的生活)，不像此时在看守所中尚有随时在室外散步及与看守者谈话的自由，狱中购买药品和食物当然更不方便。所以我以为也许还是大辟爽快一点；如果是徒刑，只有终日闷坐读书，以待最后。如果能得着纸笔，或者会做点东西，现在也需要书看以销磨光阴。梦麟先生前曾送来几部小说，惟弟近来对于小说实无丝毫兴趣，先生能找几本书给我一读否？

英文《原富》，亚当斯密的

英文李嘉图的《经济学与赋税之原理》

英文马可波罗的《东方游记》

崔适先生的《〈史记〉探源》

此外，关于甲骨文的著作，也希望能找几种寄给我，先生要责我要求太多了罢！

① 原件无标点，格式，均系编者所加。

存尊处的拼音文字稿，我想现在商务可以放心出版了，倘商务还不敢出版，能改由梦真先生在研究所出版否？弟颇欲此书能早日出版，能够引起国人批评和注意。坑人的中国字，实是教育普及的大障碍，注音字母这一工具又太不适用，新制拼音文字，实为当务之急。甚望先生能够拿出当年提倡白话文的勇气，登高一呼。拙著至浅陋，只是引龙出水的意思而已。

先生著述之才远优于从政，"王杨卢骆当时体，不废江河万古流"，近闻有一种传言，故为先生诵之，以报故人垂念之谊。此祝健康！

梦麟、孟真、叔雅、启明、兼士①及其他友好，均请代为道念。

弟仲白　(1932年)十二月一日

回信望寄段书诒兄转下，他常来此探视。

叔雅兄所著《淮南集解》，望他能觅一部送我。又白。

原载《胡适往来书信选》(中)，中华书局1979年版

121. 国民党西南执行部致中央执行委员会的呈文(二)　1932年12月3日

呈中央执行委员会为转据广州第五区省党部请

严办陈独秀等情转请察核由

呈为转呈事。案据广州特别市执行委员会呈称：窃属会现据第五区党部呈称：现据职部第三、四、五分部联同呈称：呈为共首缉获，保释堪虞，恳请核转，迅予明正典刑，以遏乱源，而昭国法事；窃共产之祸，甚于洪水猛兽，危害党国，至足隐忧！今幸天夺其魄，共产党首要陈独秀，在沪就捕；并搜得共产主义宣传品多种为证。罪人斯获，薄海欢腾！不意有等中委，竟以陈独秀推进文化为词，公然冒天下之大不韪，代为缓颊，电京保释，殊属大惑不解！查陈独秀当民国九、十年间，陈炯明督粤时，曾任教育司长，倡仇孝公妻等邪说，麻醉青年，举国若狂；嗣被粤省议会及各学校、各社团先后分别警告驱逐，始潜行去粤。以此邪说惑人，扰乱国家之共首，而尚谓为推进文化，则共产党亦为推进文化之徒，何劳政府出师痛剿？况共产之祸，最为惨酷，为民十六年十二月十一日，粤垣之变，焚杀数千家，损失不下数千万元。同年惠州、汕头、琼崖等处，亦被先后焚杀，城市为墟，十室九空，惨无天日！及今思之，犹为谈虎色变！当轴诸公，既不能防患未然，为人民造福，亦当事后补救，谋国家安全。陈独秀身为共党魁首，罪证确凿，死有余辜，若不及早正法，诚恐一日纵敌，遗祸千年。读我省、市党部请惩办

---

① 梦麟、孟真、叔雅、启明、兼士：即蒋梦麟、蔡元培、刘文典、周作人、沈兼士。

陈独秀电文,先获我心,职部等怵共魁之未诛,恐国亡之无日,心所谓危,难安诚默。理合备文联请钧会核转上级党部,转呈中央政府,迅将在押之共产党首要陈独秀,明正典刑,以谢天下,毋任狡卸,以遏乱源,实为党便。等情。据此,理合备文转呈监核,准予转呈,实为党便。等情。据此,理合转呈监核,伏讫准予转呈,实为党便。等情。据此,查此案前据广州市第五区党部呈请前来,业经转陈在案。兹据前情,理合据情备文转呈钧会察核,实为党便。谨呈

中央执行委员会

西南执行部

常务委员会胡汉民

陈济棠

白崇禧

刘纪文

邹　鲁

林翼中

中华民国廿一年十二月三日

原载《中国国民党中央执行委员会西南执行部党务年刊》第八四页

122. 左派反对派临时委员会(中国地区):《为陈独秀与其他人被捕向国际无产者的呼吁书》① 1932 年 12 月

何柞康译　陈锦骅校

10 月 15 日至 17 日,国民党政府与国际帝国主义分子对中国布尔什维克——列宁主义派进行了一连串袭击和逮捕,并将我们的领导同志带走,陈独秀同志也在其中。自中国第二次革命(托派称中国第一次大革命为第二次革命,辛亥革命为第一次革命——编者)失败以来,成千上万为全国解放而斗争的共产主义者和革命战士被匆促处决,不审即被枪决、受酷刑、被监禁,直至监狱人满为患。"白色恐怖"到达了世界所有文明国家所闻所未闻的程度。中国的资产阶级为了保住他们统治毫不犹豫地用一切手段来镇压人民革命运动。它仇视一切进步思想和创造性。国民党的军事独裁毁了国家,将中国送至帝国主义的魔爪之

① 据提供此文的美国埃奇伍德学院(Edgewood College)历史系陈锦骅教授介绍,此文为刘仁静所执笔,原件藏于哈佛大学霍顿(Houghton)图书馆托洛茨基档案中。

中。中国在国民党资产阶级的统治下甚至比革命前的政权下更为贫困和荒芜。

中国革命被镇压的直接后果就是日本入侵满洲。国民党军阀在屠杀饥民起义、镇压工人反抗资产阶级压迫的斗争和迫害共产党人时貌似强大，但在外国侵略面前却软弱无能，将几千平方公里的土地不加抵抗地送给了日本帝国主义。将满洲义勇军弃之不管，让他们自行与日本作战。军阀们运用一切权力来禁止抵制日货的运动，从而在财政上帮助日本在满洲反对人民的战争，能想象出比这还要背信弃义的政府吗？

国民党政府和蒋介石越是脱离人民，它们就越感到统治不稳，越是求助于恐怖和暴力反对革命人民，而共产党人是首当其冲的对象。中国布尔什维克——列宁主义派比斯大林派尽管在人数上处于劣势，比斯大林派更受资产阶级的仇视，被认为“更危险”。无疑，国民党在做出这一判断时是考虑到我们在中国革命中的政治立场的，因此，一次又一次地对我们进行打击。

中国最近的政治发展情况是：蒋介石的政权在满洲事件后遭受了短时间的动摇后又得到了巩固，但这次，它发现它的社会基础更狭小了，在国民党内部，它组织了秘密法西斯“蓝衣社”，其目的是进行系统的剿共活动。蒋介石希望，这种工作的胜利会使他自己成为帝国主义的最青睐的傀儡，从而使其他军阀都无法动摇其地位。但蒋介石长期维持其政权的努力将会落空，因为它是与民族发展的最基本的要求相抵触的，它将被首先在城市里爆发的人民革命运动的最初攻击所打倒。

是蒋介石法西斯匪帮利用了我们的叛徒作为向导才发生了 10 月 15 日的事件。陈独秀同志在被捕时身患重病。为解放而斗争的年青〔轻〕的无产阶级将永远怀念陈同志的人格。从青年时代起，他就参加了革命民主活动，首先是反对满清王朝，然后反对北京军阀官僚政权，后来又长期领导了中国的文化和思想革命运动，为中国的民族觉醒，特别是青年觉醒，作出了巨大贡献。陈同志后来将他的命运与青年无产阶级联系在一起，成为第二次中国革命的领袖。虽然他在革命中犯有错误(这部分是由于共产国际斯大林派领导所导致的)，陈同志对无产阶级事业无限忠诚。他在了解了国际左派反对派的文件后，毅然决然的转向反对派，由此遭到了斯大林派官僚集团的开除和猛烈攻击，中国资产阶级和帝国主义报界对他的被捕欢欣若狂，他们认为这意味着中国无产阶级最真诚最有才华的代表的被捕。

在陈同志被捕后中国斯大林派的所作所为十分拙劣。1925—1927 年间，斯大林派不顾反对派的警告和抗议，以一切方法帮助蒋介石扼杀革命。现在他们却厚颜地称我们是“取消派”。他们一直喋喋不休的宣传反对派和陈同志帮助了资产阶级和蒋介石。在陈同志被捕后他们竟根据国民党新闻机关故意散布的谣言嚷嚷陈投到国民党的营垒去了。蒋介石的法西斯的喉舌与斯大林派一同称我们为“取消派”。

中国革命的失败在国际上也产生了影响。帝国主义列强为控制中国市场的斗争愈益尖锐。战争的危险愈益变得真实了,中国革命的胜利将会消除帝国主义战争爆发的最重要的根源。确实,中国无产阶级还没有医治好自己的伤口,站立起来去推翻帝国主义的统治。但在中国,没有其他力量能完成这一伟大的历史任务。陈同志和其他十位布尔什维克的被捕会暂时削弱我们的力量,但同时也会唤起许多革命青年投入到以陈同志为代表的事业中去。左派反对派的阵营会紧密团结起来,继续陈同志和其他同志留下来的斗争事业;我们需要国际无产阶级的支持,我们希望国际无产阶级将和我们一起提出抗议,反对逮捕我们的领袖,要求释放他们。

左派反对派临时委员会(中国地区)

1932 年 12 月于上海

致国际秘书处

亲爱的同志:

我们已收到你们 11 月 15 日的来信,兹将本呼吁书送给你们。如你们认为必要,请修改本呼吁书或根据以上所提供的情况另写呼吁书。

尼尔斯①

1933 年 1 月 1 日

原载中国现代文化学会陈独秀研究会、安庆市陈独秀学术研究会合编　唐宝林主编:《陈独秀研究动态》合订本上册,第 150—151 页

123. 罗文干致蔡元培函　1932 年 12 月 6 日

孑民先生阁下:

奉诵手笺,如亲大教,审兴居男,胜〔甚〕为慰。承示陈君独秀患病一节,据看守所报告,陈君胃病现不甚剧。昨杨杏佛兄往看,馈以药品,陈君服之,尚觉对症。杨君并询以是否需医诊视。陈君答谓现尚无需等语。其经过情形如此。

---

① 尼尔斯当为格拉斯(1901—1988)之化名。中文名李福仁。格拉斯时任《密勒氏评论报》副总编,英文《大美晚报》编辑,托派成员。美籍南非人,曾是美国托派负责人之一。1932 年以记者身份来上海。1933 年由其沟通中国托派(上海)与国际托派及托洛茨基的联系。1935 年起,任托派中央临委委员。该临委于 1934 年夏进行反对原临委陈其昌和陈独秀的斗争。故陈独秀从狱中写信出来,说明联合战线问题上的观点,但本化名还待进一步证实——编者参考唐宝林《陈独秀年谱》而作。

弟已谆饬该看守所长对于陈君之病状随时注意，倘需要医疗时可延外间医生诊治也。布复。恭颂

冬祺

罗文干

十二月六日

引自《档案与史学》1995 年 2 月第 1 期第 12—13 页

张斌、张劲：《1932 年蔡元培等营救陈独秀函电辑录》

124. 金家凤致蔡元培函　1932 年 12 月 9 日

孑民夫子大人函丈敬肃者：日前师座离京，未及恭送为谦。仲甫先生处迩来常有特务处人员前去探谈，并有追踪探询接见人之举，大约出之误会。生昨已向陈立夫、徐恩曾等为之解释。据称尚未接到报告，不明原委，立夫且允为关照中央特务组及军委特务处，深恐下级人员别有用意，谅此后不致再有啰哧矣。……。(因与陈案无关，此略。编者)专此，敬请

钧安

受业金家凤上言

十二月九日

引自《档案与史学》1995 年 2 月第 1 期第 12—13 页

张斌、张劲：《1932 年蔡元培等营救陈独秀函电辑录》

125. 国民党西南执行部致中央执行委员会的呈文(三)　1932 年 12 月 13 日

呈中央执行委员会为据各县市等代电请

严办陈独秀转呈察核由

呈为转呈事：案据广东省四会县第十次全县代表大会、顺德县第九次全县代表大会、澄海县党部执监委员会、广东省汕头市执行委员会、赤溪县执监委员会、广东省高要县党部执监委员会，广东省电白县第九次全县代表大会、广东省饶平县执行委员会、广东省琼东县执行委员会等代电称：共党首要陈独秀，罪证确凿，死有余辜，恳请依法严办，以谢天下，而遏乱萌。等情，前来。理合备文转呈钧会察核，实为党便。谨呈

中央执行委员会

中央执行委员会西南执行部

中华民国廿一年十二月十三日

原载《中国国民党中央执行委员会西南执行部党务年刊》第八九页

126. 陈独秀致王灵均信(3)　1932 年 12 月 13 日—23 日

灵均女士：

与老李[①]信，望转交。我等在此有钱用，暂时不需寄款来。惟上海方面有点小用度，乞向长沙老友[②]取二十元交老李代我应付。

潘女士信，望为付邮。她如愿在律师处见你，请告以鄙人生活近状，且语以案情无大危险，免她惧虑，此祝

双安[③]！

弟明夷白　12 月 13 日

又启：我处出事之由于小谢[④](即由你们介绍到现代译俄文小说者)，这方面你们还要相当戒严！我们和玉英及任曙[⑤]通信时，早都说过，外间同人均知之，我以为你们和李三先生都一定知道了。不料你来信竟虑我对你怀疑，我闻之十分不安！你为我做了许多事，我无以酬劳，结果还对你有所怀疑，使你心中难受，这是什么话！彼此相知非一日，出事后，我和你们的关系丝毫没改变，按之常识常情，你均不至虑我对你有所怀疑，长兄[⑥]何以也至过虑而不给你解释呢?!

我此次信望你保留若干日，万一有人冤枉你，你便可拿给他看，不过我以为除了你们自己以外，不会有人这样无理白怀疑。下次来信壳，望称明夷，望(勿勿)书仲甫。

夷又白　廿三晨

127.《红色中华》　第 41 期　1932 年 12 月 21 日

陈独秀取消派叛党！反共！且听蒋梦麟道来……

蒋系的所谓教育名流，现任北京大学校长的蒋梦麟，对某记者发表对陈独

---

① “老李”是李季先生。汪原放《亚东六十年》手稿原注，下同。

② “长沙老友”也是我的大叔孟邹，因住长沙路。汪原放原注。

③ “双安”指高先生(语罕)和灵均女士。汪原放原注。

④ “小谢”，听见大叔说过，记不起他说的名字了。汪原放原注。小谢，即谢少珊。

⑤ 任曙，原名任旭。1932 年从托派北方区临委(汪泽楷为书记)分裂出来。大革命失败后任中共中央长江局委员及中共湖北省委代理书记。1927 年底随陈乔年到上海。1928 年 5 月代表中共湖北省委赴莫斯科出席中共六大，见到托洛茨基反对斯大林的文件，转向托派。著有《中国经济问题》(又名《中国经济研究绪论》，神州国光社 1932 年版)一书，分析中国经济的性质，着重批评各派之不同见解。内容分绪论、各派述评、帝国主义与中国经济、中国资本主义问题、中国农村经济与农民战争、各派错误的总清算、结论等七章。陈独秀被捕后，一度任托派临委书记，后与托派分手，去四川任国民政府县长。

⑥ “长兄”大概是指语罕先生，他的个子又高、又长——汪原放原注。

秀案意见，谓陈过去对国民革命，曾有极大努力。五四运动时，尤为中国思想界之先驱，渠以年来不满中国共党干部派之暴动政策，致被该派排斥，遂退而领导反（反得好！记者）干部派竭力攻击，致干部派所受打击颇大（假如是有打击的话，那陈独秀甚好向国民党献丑表功，但是打击了什么呢？——记者）。故站在反共立场上言，陈如无危害国民证据，自当予以宽宥。现全国学术界领袖，正在设法营救，中央之意亦主宽大，当不致有生命之虞。

陈独秀叛党以后，投降到资产阶级去做走狗，充“反共”先锋，这个我们并没有污蔑的他，他的老同事蔡元培（见本报前期蔡电）蒋梦麟都替他老实不客气地说出来了。这就叫取消派。

原载《红色中华》 第41期 1932年12月21日

128. 陈独秀致王灵均信(4) 1932年12月22日

灵均女士：

十八日信收到。家具事只得如此结束。书箱存彭律师处甚妥。我前函所需郭沫若甲骨文及金文二书，得便则检出托彭带来，不便当，暂缓亦可。

我处出事，由于小谢，我等次日在捕房会齐时即不谋而合的一致断定了（有许多证据），十七日（出事在十五日）在公堂上，捕房律师又公开的报告是由于谢，此事早无若何疑问之可言。我之写信问你经过情形，乃因为你幸未波及，我欣喜之余，欲得悉经过详情以为快，乃痛定思痛者之常态也。今接来函，竟有什么“是否已足解释疑团”的话，真是天外飞来的奇谈！彼此相知非一日了，以后万万不可这样多心！（此信可与长沙老友一看）

室中衣服是谁拿去，很难说。如果潘女士取去当在当铺，倘见面，可请他给我当票自赎。所当之钱，她当然已用去，不必提了。

我下半夜不眠症，日来略好一点，然未全〔痊〕愈。前日猪肉吃多了一点，口溃微泻一、二日，现已好了。每日可跑慢步数分钟，习柔软运动数次，身体、面色、精神，都和初来时不同了。

老友十八日信亦收到。表两只尚未收到。《自传》①一时尚未能动手写，写时拟分三、四册陆续出版。有稿当然交老友处印行，如老友不能即时印行，则只好给别家。《自传》和《文存》是一样的东西，倘《文存》不能登报门售，《自传》当

① 《自传》即（陈独秀）《实庵自传》，《文存》即《独秀文存》，都是亚东（书局）先后印行的——汪原放原注，见任建树《陈独秀著作选编》第五卷，第55页注(4)。

然也没有印行可能。若写好不出版,置之以待将来,则我一个字也写不出。

另纸所写西文书名,望交老友在中美图书公司购买,托彭律师带来。

下回来信,可不要署上款,或署明夷。

明夷白(一九三二年)十二月廿二日

129.《中央日报》 1932年12月30日

陈独秀案公审期在明年二月

共产党反干部派首领陈独秀、彭述之,危害民国罪,拘押于江宁地方法院看守所,起居饮食,颇受优待。其住上海之家属,不断有金钱上之接济,日昨汇来百元,由所保管,为陈氏填补冬衣及餐食之费。据法院传出消息,承审陈案检察官朱隽,业将全部案宗,携返苏州,精密审查,闻将来提起公诉,将侧重于物证方面。明春拟再度侦讯,即作终结,大约将来公审时期至早须在明年二月间。刻陈、彭二犯,在看守所中同住一室,每日除阅览各项法律书籍,态度异常清闲,二人之病症,亦均痊愈。

原载《中央日报》 1932年12月30日 第七版

130.《申报》 1932年12月30日

陈彭在狱近况

南京 陈独秀、彭述之,在江宁法院看守所起居饮食颇受优待,两人同住一室,每日看书,态度清静。其沪家属不时予以金钱接济,日昨汇到百元,由所保管,为陈添补冬衣,及餐食之费。承审陈检察官朱隽,业将全部案卷,携返苏州,精密审查,闻将来提起公诉,注重物证。明春拟再度侦讯,即作终结,大约公审时期,早则明年二月。(二十九日专电)

131. 陈独秀等危害民国案证据目录①

证据第一号起至三十九号止原存第一号箱,兹因便利起见暂移第九号箱,特此记明

① 本证据目录分两批次抄录。1995年8月本书第一主编奚金芳按江苏省档案馆提供之原件档案目录抄得,缺五号及九号箱目录。本书第二主编伍玲玲于2009年按缩微胶卷所编的顺序抄录校对,而非按证物所存原箱号,特此说明。外文书无原书名,故以档案中原译书名为准。个别书名或人名缺字或漏字,编者在字后加〇以补正。本文最初发表于经江苏省版权局批准(准印证号JSE-0005511)2002年5月内部出版《纪念陈独秀先生逝世60周年论文集——陈独秀与廿世纪学术、思想、文化》一书。注释系编者后加。

陈独秀等危害民国案证据目录

第一次提来证物　一号箱　文件类

1. 北方七个支部给中央的一封信
2. 参加特委之经过与晴光①错误之新事实
3. 苏俄何以不战
4. 白特伟给中央的信
5. 为五卅七周年告民众②
6. 中央左派反对派时局宣言③
7. 中央政治局并转全党同志④
8. 反对帝国主义的国联调查团⑤
9. 上海电话公司全体工人传单
10. 组委通告
11. 为日本进攻上海告民众书⑥

---

① 晴光：即任曙。原名任旭，四川人。大革命时期在广州工作。大革命失败后任中共中央长江局委员，中共湖北省委代理书记，领导从事农民运动。1927 年底随陈乔年到上海。1928 年代表中共湖北省委出席中共六大。参加托派。但主要从事经济研究工作，出版《中国经济问题》，是中国三十年代一场 关于中国社会性质和社会史论战的重要论战之作。1932 年在中共北方区(托派)任领导。赴上海后一度任托派临时委员会书记。抗战时期脱离托派，投奔国民政府，任四川某县县长——编者据唐宝琳、林茂生编《陈独秀年谱》第 415 页注③撰。

② 陈独秀起草之文章，载《火花》1 卷 11 期，1932 年 7 月 28 日。

③ 原载陈独秀主编之中国共产党左派反对派机关刊《无产者》第四期，1930 年 10 月 30 日油印出版。陈独秀起草。

④ 这是陈独秀为反对派所写给全党的公开信，原题为"中央委员会转全党同志"原载《无产者》第三期，1930 年 10 月 10 日油印出版。内容如下："一、自从中国资产阶级压倒革命势力形成相对稳定局势以来，因为机会主义与盲动主义的领导，使工人阶级在政治上遭受空前的破产，在组织遭受可怕的摧残，卒至形成一个革命失败后的消沉时期，统治阶级因此乃可以无所顾虑的放手推行其内部的混战。但是，现时在国内外新的政治经济条件(如国际经济危机慢性的扩展，国际工人罢工斗争开始活跃；印度、埃及、安南等殖民地的革命运动先后发展；金价问题对中国国民经济生活的影响及统治阶级内部的混战等)影响之下，一般劳苦群众的斗争特别是城市工人罢工运动，已有逐渐复兴的趋势。怎样加强这一趋势推动广大群众□□□参加现实政治生活以打破目前阶级力量的对比关系，重新走向革命高涨的前途，这是我党目前最至要的中心工作。如果党忽视这一新的活跃形势，轻轻放过这一种阶级斗争的转捩点，固然是帮助了统治阶级重新延续其稳定局势，假如是过分估量了这一形势，以为实现选举之无限制的自由。重要的是不只是为国民会议而要求召集国民会议，我们必须站在下列大众利益具体要求之上，为召集国民会议而奋斗！取消帝国主义在华一切特权与利益，取消一切不平等条约，取消过去一切外债，实行真正的绝对的关税自主，反对军阀战争，各系军阀均需受国民会议的裁判，以实现统一。反对国民党的'训政'及军事独裁，中国境内各小民族均有完全自决权，切实施行人民身体集会结社言论出版罢工之自由，立即释放一切政治犯，组织政党之政治自由，每天施行八小时工作制，制定工厂法，特别保护女工及童工，实行劳动保障及失业救济，无偿没收地主土地归贫农，取消高利欠债，恢复对苏联的邦交，并与之建立友谊的反帝国主义联盟。一九三〇年十月一日。"原件无署名(因本文原件不全，只有一，未见二——编者)。

⑤ 陈独秀起草之文章，载《火花》1 卷 8 期，1932 年 4 月 1 日油印(刊)。

⑥ 与下一件(12)《为上海事变二次告民众书》，陈独秀起草之二份传单，1932 年 1 月 29 日—30 日(油印)。

12. 为上海事变二次告民众书

13. 告全党同志书①

14. 论满洲事变

15. 为日军占领淞沪告全国民众②

16. 为日本帝国主义在上海进行大屠杀告民众书

17. 常委③对北方问题决议

18. 中共北方区对时局宣言

19. 无产者社④对时局宣言⑤

20. 暗码一束

21. 中国现在有没有革命运动

原贮第一号箱自四十二号杂件起至五十号杂件止因过多故贮入第五号箱

22. 公开的信(致苏联中央执委会主席团)

以上文件类

刊物类

23. 无产者⑥二、四、五、六、七、九(六本)

24. 校内生活⑦一至五期(十本)

25. 斧⑧二至四期(八本)

---

① 陈独秀起草之文章,载《火花》1卷7期,1932年1月28日(油印)。

② 陈独秀起草之文章,载《火花》1卷8期,1932年4月1日(油印)。

③ 原载《校内生活》第2期,即1932年1月7日托派常委《对北方问题的决议》正式发表。中共左派反对派"常委"系托派中央领导机构,但其时只陈独秀、彭述之等二三人。此决议要求两派"立即无条件的合并起来,……成立北方区临时特委"。

④ 1929年11月15日,陈独秀因为在中东路问题上发表对中共中央的公开信,而被中共中央开除党籍(尚需共产国际审批。但共产国际几次明令陈去莫斯科均被陈拒绝,审批程序不告而吹)。同年12月10日陈独秀发出《告全党同志书》。同年12月15日发表由陈独秀等起草的81人署名的《我们的政治意见书》。同时,在上海组成托派小组织"无产者社"。

⑤ 即《中国共产党左派反对派对时局宣言》,同前页注③。

⑥ 以陈独秀为首的上海托派组织"无产者社"成立于1929年8月,此时陈独秀和尹宽为代表,与区芳等人组织的中国布尔什维克列宁主义反对派谈判加入问题,无结果。同年9月,陈独秀建立托派组织"中国共产党左派反对派",发展组织,选举以陈等五人为常委,1930年1月出版刊物名《无产者》。故该派又名"无产者派"或"无产者社"。参见刘平梅编:《中国托派党史》,香港新苗出版社2005年版,第62—63页。

⑦ 1931年11月28日陈独秀又创办了托派内部理论机关刊《校内生活》(参见唐宝林、林茂生编《陈独秀年谱》第408—409页)。

⑧ 托派北方区委机关刊。

26. 火花①二至十四期(缺十一、十三期)(十七本)
27. 热潮②一至七期(七本)
28. 国际材料
29. 反对苏维埃革命的各党派
30. 此乃天下之大经也
31. 中央左派反对派对时局宣言
32. 十月革命与革命不断论③
33. 中央委员会转全党同志④
34. 共产国际的转变与德国的现状
35. 中共左派反对派告全党同志书⑤
36. 旧监(临)委对北方问题的意见
37. 中共左派反对派政纲⑥
38. 取消派的秘密(即托洛茨基主义)
39. 我们的路(即我们的导师)
40. 火花一束
41. 校内生活一束
42. 杂件一束
43. 无线电学讲义
44. 青年寡妇(未刊剧本)
45. 中国土地革命问题概论(原件无"论"字)
46. 未刊剧本(文丐)一束
47. 社会主义与资本主义

---

① 1931年9月5日,陈独秀创办了托派中央机关报《伊斯克拉ISKRA(火花)》,原定于当年5月统一大会后立即出版,第一期的稿件已审定了,但是,由于郑超麟、王文元等人被捕,《火花》拖延到1931年9月5日才出版。陈独秀主编的《火花》,是向公众表述托派的政纲、政治主张、时事评论和斗争纲领。《火花》一直延续出版到1942年托派组织分裂时为止。(陈独秀被捕后停顿了一个时期)。

② 1931年"9·18"事件后,托派在此形势下出版的对外公开的刊物,即陈独秀主编的《热潮》(1931年12月5日创刊),激励人民抗日。

③ 1930年11月10日,陈独秀在《无产者》第五期发表之文章。《十月革命与"不断革命论"》的结尾说"全世界的无产阶级,为拥护十月革命,首先必须拥护马克思、恩格斯、列宁、托洛茨基一脉相传的'不断革命论',因为它是十月革命的灵魂,同时必须打碎史大林、布哈林、季诺维埃夫的'一个国家的社会主义'和'阶段论',因为这是伤害十月革命的魔鬼"。任建树主编:《陈独秀著作选编》第四卷,上海人民出版社2010年版,第487—489页。

④ 即左派反对派《中共委员会转全党同志》,原载《无产者》第三期。

⑤ 即左派反对派《告全党同志书》,原载《火花》第一卷第七期,1932年1月28日出版。

⑥ 见本书本专题附录,全名为《中国共产主义左派反对派(布尔什维克列宁派)的纲领》。

48. 三民半月刊①
49. 小木匠(译稿)②
50. 杂件一束

以上刊物类

二号箱　书籍类

51. 经济决定论
52. 新俄文学曙光③
53. 中国社会史研究
54. 苏俄的文艺论战④
55. 辩证法的唯物论⑤
56. 现代中国文学作家
57. 社会与哲学的研究
58. 革命文学论⑥
59. 社会科学的基础知识
60. 苏俄的消费组合
61. 现代社会学
62. 托洛斯基自传⑦
66. 人生观 ABC
67. 文艺论

---

① 民国期刊,三民半月刊社出版,1928—1932 年,共出 72 期,8539 页。

② 《小木匠》(英文译稿)。书中介绍主人公小木匠名阿多朵的故事。

③ 丁玲译:《新俄文学曙光期》,1928 年北新书局出版。

④ 《苏俄的文艺论战》一书,译者任国桢,《未名丛刊》之一。1923 年到 1924 年间,苏联文艺界曾就文艺政策等问题展开辩论,参加论争的有《列夫》、《在岗位上》和《红色处女地》等杂志为代表的文学团体。1925 年 7 月 1 日联共〔布〕中央为此作了《关于在文艺领域内党的政策》的决议。该书收入有关文章四篇。鲁迅在此书的前记末段说"不独文艺,中国至今于苏俄的新文化都不了然,但间或有人欣幸它资本制度的复活。任国桢君独能就俄国的杂志中选译文论三篇,使我们借此稍稍知道他们文坛上论辩的大概,实在是最为有益的事——至少是对于留心世界文艺的人们。别有《蒲力汗诺夫与艺术问题》一篇,是用 Marxism 于文艺的研究的,因为可供读者连类的参考,也就一并附上了。一九二五年四月十二日之夜,鲁迅记。"

⑤ (苏)伏尔佛逊:《辩证法的唯物论》,郑超龄译,亚东书局出版。

⑥ 丁丁编,上海泰东图书局总发行,1928 年 9 月第四版《革命文学论》一书,收入郭沫若、茅盾、瞿秋白等名家作品。陈独秀的《文学革命论》为其中的第五篇。

⑦ 此书又名《我的生平》,著于 1929 年 9 月 14 日,中译本 1996 年 2 月国际文化出版社出版。作者在书中写道"在政治中,回忆和民主原则一样只占很小一部分"。"因此,我根据我的亲身经历清楚地知道什么是历史潮流的起落,它们服从自己的规律。单凭急躁不能加快它们之间的交替。我已经习惯于不从个人命运的角度观察历史的前景,认识所发生的一切的规律性,并在这一规律性中找到自己的位置——这是革命者的首要责任,同时,这也是不把自己的任务消融到现实生活中的人所能享受的最崇高的满足。"王实味在延安翻译此书,译名为《托洛斯基自传》。

71. 苏联五年计划
72. 中国社会史的论战①
73. 唯物史观②三册
74. 社会主义发展史纲
75. 马克思伦理概念
76. 马克思氏族社会及国家概念③
77. 中国革命史④
78. 无政府主义与社会主义⑤

---

① 20 世纪 30 年代上海《读书杂志》社出版了四期《中国社会史论战专号》，这是其中的一本。在 20 世纪 80 年代中期以前，研究者强调社会史论战是思想文化战线的一场严重的阶级斗争，是马克思主义和反马克思主义的斗争。前者以郭沫若等马克思主义史学家为代表，后者则以陶希圣等国民党人为代表。20 世纪晚期以来，一些研究者反过来强调社会史论战只是马克思主义唯物史观内部不同意见的讨论。在讨论中，以郭沫若为代表的史学家把斯大林的"五种生产方式"往中国历史上套，犯了教条主义和公式主义的错误。而以陶希圣为代表的一派则比较注意中国特点，是从中国的历史实际出发的。主持《读书杂志》并出版了四期《中国社会史论战专号》的王礼锡，曾经比较了人生观论战与社会史论战的异同，指出前者是科学与玄学之争，后者科学已经成为人们的常识；前者是唯物和唯心之争，后者是唯物的内部斗争，都以唯物辩证法作武器。积极参加论战的胡秋原也说过，这次论战表示唯物一元论的历史观已经取得中国思想界的霸权。

② 考茨基(1860—1918)，作为第二国际的理论权威，对于中国马克思主义历史理论的传播有相当大的影响。考茨基所著《唯物史观》一书，由陈独秀交恽代英翻译，1920 年由新青年社出版的作为马克思主义哲学发展史上的一部重要著作，它较为准确地把握了马克思主义哲学的精神实质，并积极地阐发了马克思主义哲学的一些基本观点，是毛泽东等一代人接受马克思主义的最早入门读物之一。探究考茨基对马克思主义哲学阐发中的积极之处，对于把握马克思主义哲学的源流关系，正确处理"坚持和发展"的关系具有重要意义——编者。

③ 即恩格斯《家庭、氏族和私有制的起源》一书的最初译名。此书写于 1884 年 3 月底至 5 月 26 日，用德文写成，同年 10 月在苏黎世以单行本出版。1883 年 3 月 14 日马克思与世长辞，恩格斯失去了最亲密的战友，他肩上的担子也大大加重了。为什么恩格斯在马克思逝世不久，暂停其他工作，专门挤出时间研究大量人类学和考古学文献，写成《起源》一书？为什么恩格斯在此时要对原始社会的家庭关系和氏族制度做专门的探讨？第一，揭示原始社会基本特征和发展规律，是丰富和发展唯物史观基本原理的必要；第二，19 世纪文化学家和人类学家关于古代社会的研究成果，特别是摩根的《古代社会研究》一书的出版，提供了系统揭示原始社会发展规律的可能性；第三，恩格斯写作《起源》是为了执行马克思的遗愿，完成马克思已经开始但未能完成的关于原始社会的研究；第四，恩格斯关于两种生产的理论的提出为科学地研究原始社会提供了理论依据和指导原则。

④ 华岗：《中国革命史》，第一部总结大革命失败经验的理论著作，1928 年上海出版，1982 年文史资料出版社再版。

⑤ 普列汉诺夫、格奥尔基·瓦连廷诺维奇(Plekhanov，Georgii Valentlnovich)著，王荫庭译：《无政府主义与社会主义》，三联书店 1980 年版，第 144 页。普列汉诺夫 1856 年 11 月 29 日生于坦波夫省的古达洛夫卡，1918 年 5 月 30 日在芬兰的特里奥基逝世。他开始自己的革命生涯时是一个革命民粹主义的信徒。他反对当时居支配地位的政治恐怖主义路线，是最早倾全力于城市工人工作的民粹派鼓动家之一。到 1878 年，他已公开地运用马克思主义来捍卫自己的下述观点：俄国公社的公社土地占有制是并将继续是俄国的占统治地位的生产方式。1882 年，他所翻译并由马克思作序的《共产党宣言》出版，次年他发表了他的第一篇反对民粹主义的长篇论文，并在日内瓦组建了劳动解放社。这个受普列汉诺夫才智支配的劳动解放社是 19 世纪晚期俄国马克思主义的领导中心。它的权威出版物有助于确立俄国马克思主义的正统观念，并对列宁 1914 年前的思想产生了深刻的影响，被称为"俄国革命之父"。毛泽东在 1945 年中共七大预备会上说"陈独秀有点像俄国的普列汉诺夫"。

79. 社会主义之路①
80. 资本论大纲②
81. 新政治学③
82. 个人主义的哲学
83. 宗教哲学社会主义
84. 资本主义最后阶段帝国主义论④
85. 马克思主义经济学基础理论
86. 俄罗斯短篇杰作二册
87. 社会主义社会学⑤
88. 唯物史观的哲学
89. 社会科学根本问题
90. 社会主义与资本主义
91. 文学与革命⑥
92. 唯物史观浅释⑦
93. 无产阶级之哲学唯物论

---

① 即布哈林著《通向社会主义之路》。布哈林论证了“通向社会主义之路”是“民族类型”的社会主义道路。根据俄国革命的经验,布哈林预见到:“我们面临着一个很长的时期,在这个时期中存在着社会主义生产的各种各样的民族类型。”《布哈林文选》(上册,第63—64页)。而这些民族类型的根源在于资本主义。布哈林指出:即使已经发展了数百年达到如此高龄的资本主义制度,也仍然具有各种不同的形式、各种不同的所谓“民族特点”,美国的资本主义不同于法国,德国的资本主义也不同于英国。“向社会主义的发展不是从空地上开始的”,是从“资本主义制度给它留下的遗产”的基础上开始的,这就决定了社会主义也将具有各自的特点。布哈林在社会主义还刚刚独绽一蕾之际就提出并论证了社会主义的“民族类型”这一重大理论问题——这一理论要求每个建设社会主义的国家发扬探索精神和创造性,选择符合自己国情的独立自主的发展道路,这实在是敏锐的、深刻的。苏联后来把自己并不健全的模式强行搬到其他社会主义国家,从而扼杀了这些国家的创造性,并为之埋下了导致剧变的不幸的种子——这恰是抛弃和忽视布哈林的理论成果的结果。

② (日)山川均撰:《资本论大纲》上海棠棣出版社发行,1951年中译本再次出版,共153页。

③ 陈豹隐著:《新政治学》,上海乐群书店1929年版,共212页。

④ 列宁在1917年出版《帝国主义是资本主义的最新阶段》,这就是我们通常所说的列宁著《帝国主义论》。列宁逝世后10年,即1931年该书以《帝国主义是资本主义的最后阶段》为书名出版。在俄文版一、二、三版的《列宁全集》中,该书名用《帝国主义是资本主义的最高阶段》。

⑤ (苏)波达诺夫著,萨孟武译:《社会主义社会学》,上海新生命书局1929年版,共282页。

⑥ 托洛茨基著于1904年的《文学与革命》一书,是对国际文学界的指导性文献。早在20世纪20年代被翻译成日文。后译成中文,并产生了广泛的影响。早在1925年鲁迅就买了托洛茨基著《文学与革命》的日文译本。《十二个》出版时,鲁迅从《文学与革命》译出第三章《亚·勃洛克》,他还介绍说:“中国人的心目中,大概还以为托洛兹基是一个喑呜叱咤的革命家与武人,但看他这篇,便知他也是一个深解文艺的批评者……”鲁迅经常引用托洛茨基论文艺的话,说明他对托氏的文艺主张很赞赏。一丁(楼子春)认为,鲁迅最痛恶“卢布”说,他绝不会用此说对托派发难。他还认为鲁迅对失败了的托洛茨基并没有势利之见。1927年托洛茨基被苏共开除出党,鲁迅1928年还写道:“托罗兹基虽然已经‘没落’,但他曾说,不含利害关系的文章,当在将来另一制度的社会里。我以为他这话却还是对的。”

⑦ 刘宜之著,向警予校:《唯物史观浅释》,上海国光书店1923年版,共64页。

94. 石炭王

95. 壁下译丛

96. 近代文学 ABC

97. 新经济学

98. 一个贫农子的路

100. 铁镜

102. 国内消息(剪报)十一册

103. 大众文艺

104. 新思潮

105. 社会与教育①九册

106. 中国社会史的论战②

107. 创造③

108. 展开

109. 我们

110. 俄罗斯研究④

111. 新青年三册

112. 马克斯〔思〕传⑤

113. 社会科学

114. 法国大革命史⑥三册

115. 唯物论与经验批判论⑦

---

① 陶孟和的《社会与教育》是我国第一部明确以教育与社会之关系为研究对象,并较为系统地研究教育社会学的著作,标志着中国教育社会学的形成。本书具有浓厚的理论色彩和深厚的学术造诣。

② 中国社会史问题论战是继 1930 年中国社会性质问题论战之后不久开始的。1931 年 5 月王礼锡主编的《读书杂志》开辟《中国社会史的论战》专栏为标志,正式开展论战。1931 年 9 月,上海《申报》发表长篇时评,号召研究中国经济问题。1931 年 8 月至 1933 年 4 月,《读书杂志》先后出版《中国社会史的论战》专辑四辑,同时许多刊物上纷纷发表争论文章,使论战形成高潮。大体说来,论战主要围绕三个问题进行:一是关于亚细亚生产方式问题,二是中国历史上有没有奴隶制社会的问题,三是秦汉以后的中国社会性质问题。最终则归结为人类社会历史的发展有无共同的客观规律,马克思主义关于社会发展阶段的学说是否适用于中国的问题。

③ 即《创造》季刊,创造社成立的最早发刊的文艺刊物,由郭沫若、成仿吾、郁达夫编辑。1922 年 3 月 15 日创刊,1924 年下旬停刊,共出二卷。

④ 民国文学期刊《俄罗斯研究》,1930 年(民国十九年)5 月 25 日初版。

⑤ 《马克斯〔思〕传》,梅林著,国内 1945 年才有译本。陈独秀此时很可能看到的是英文原版书。

⑥ 王云五主编之(丛书)万有文库第二集《法国大革命史》,马德楞(Madelin & Louis)著,伍光建译,上海商务印书馆 1936 年版,共 894 页。原本为 8 册,陈独秀使用三册本当系法语本。

⑦ 民国丛书《唯物论与经验批判论》,作者列宁,译者曹葆华,东北书店出版。

117. 新俄短篇小说集
118. 十年来之俄罗斯

四号箱

119. 中国革命问题　三十五册又二十册
120. 前线
121. 国家与革命
122. 俄国革命史①二册
123. 俄国党史
124. 战术与策略
125. 共产主义青运理论与实际
126. 第三国际议案及宣言
127. 环球半月刊②
128. 东方杂志③七册
129. 辩证法的唯物论④
131. 沫若译诗集
132. 铲共半月刊⑤
133. 国际政法概论

---

① 托洛茨基著于 1930—1939 年的《俄国革命史》,共四卷。它系统而深刻地总结了俄国革命：只有通过布尔什维克党在无产阶级中的长期不变的、激动人心的和令人兴奋的工作,才有可能将大多数俄国工人们争取到苏维埃政权的这边。不属于布尔什维克的目击者们已经完全证实了这点——阶级自我组织和先锋党的辩证统一,在这里达到了它的古典的成熟。1939 年王凡西翻译了第 1 卷,郑超麟翻译了第 2 卷(上下部)。

② 1930 年 12 月 10 日上海环球旬刊社编印《环球旬刊》,后改为《环球半月刊》,1931 年 1 月被查禁。

③ 《东方杂志》由商务印书馆创办于 1904 年 3 月,为我国期刊史上首屈一指的大型综合性杂志。初为月刊,后改半月刊,至 1948 年 12 月停刊,共出四十四卷。它忠实地记录了历史风云变迁,是名人发表作品的园地。梁启超、蔡元培、严复、鲁迅、陈独秀等著名思想家、作家都在该刊发表过文章,杜亚泉、胡愈之等出任过其主编。

④ 《辩证法的唯物论》,伏尔佛逊著,郑超麟译。郑认为：只有到了这本书出来的时候,才能够从玄学的唯物论转到辩证法的唯物论来。未曾发展到这个时候以前,唯物论思想观察社会生活时,必然要依靠在摇摆不定的理论上面。译者附记写道"本书系明斯克(Minsk)白俄罗斯国立大学社会科学院唯物史观一科所用的讲义。著者伏尔佛逊(S. Y. Wolfson)为革命后俄国著名教授之一。他对于普列汉诺夫极有研究,曾经著有三部书关于普列汉诺夫：一个伟大的社会主义者——普列汉诺夫略传,普列汉诺夫著作中之辩证法的唯物论,关于普列汉诺夫的文献。本书大体是依照普列汉诺夫的见解而著成的。列宁曾经劝勉青年人去研究普列汉诺夫的哲学著作,因为在前一辈马克思主义者中,在哲学方面惟有普列汉诺夫能正确的发挥马克思和恩格斯的学说。但普列汉诺夫的著作,是要有相当的哲学知识,才能读得懂的。本书则将普列汉诺夫的某几点见解通俗化,极便于初学,尤其关于马克思以前唯物论思想的发展说得明白而有系统。故乐为译出贡献于中国学术界的青年。译者 校后记 一九三〇年四月十二日"。

⑤ 左舜生(1893—1969),湖南长沙人。1920 年代曾去法国留学,1925 年加入中国青年党,并成为该党头目之一。1930 年,他与另一政客陈启天等创办了《铲共半月刊》,旨在反对与消灭共产党。

134. 社会学大纲

136. 徽音①

137. 时事新报

138. 苏俄评论②二册

141. 中国革命与共产党③

142. 环球半月刊

143. 世界周刊九册

144. 国家与革命

147. 社会进化史④

148. 社会通诠⑤

149. 看月楼词⑥

150. 关税自主问题

151. 中山实业计划

152. 百科小丛[书]四本

154. 云雨潮

155. 现代中国文学作家

156. 社会经济丛刊

157. 内燃机关

158. 国际商业政策

159. 新日

160. 无线电工程概要

161. 无线电言论集

六号箱

---

① 安徽同乡会组织“徽音社”发行之刊物，先后共出《徽音》12册。

② 南京苏俄评论社编辑，于右任题签之月刊，南京现代书局印，俞颂华主编。

③ 瞿秋白在上海，1928年4月12日他起草完成了党的第六次全国代表大会报告《中国革命与共产党》，见《瞿秋白文集》政治理论卷第五卷，人民出版社1982年版，第341—524页。

④ 《社会进化史》初为蔡和森在上海大学讲授社会进化史课程所编写的讲义，1924年出版，共三篇35章，约14万字。这部书同李大钊的《史学要论》一样，是中国马克思主义史学的奠基之作，亦是我国第一部用马克思主义唯物史观写成的社会发展史，在当时对传播唯物史观发挥过重要作用。

⑤ 清代学者严复于1903年译著的《社会通诠》一书，就是英国学者甄克思于1900年出版的《政治史》(*A History of Politics*)，首次把“totem”一词译成“图腾”，从此成为中国学术界的通用译名。此书实际上讲的是政治进化史。严复译八大名著之一。

⑥ 《看月楼词》，1932年上海女子书店发行，章衣萍著。原书总计72页，全一册。

162. 东方杂志三册
163. 学生杂志一本
164. 小说月报
165. 新生命
178. 上海各团体救国联合会工作计划
179. 经济学讲义
180. 急难嘤鸣录①二本
181. 最新阵中勤务图表解
182. 马克思主义本质
183. 苏俄之消费协作
184. 新政治学纲要
185. 内燃发动机
186. 国民经济学原论
187. 现代日本讲话
188. 示威
189. 瓦格涅财政学提要
190. 中国今日之财政
191. 枯塚
192. 新时代国语教科书(布尔塞维克九二卷)
193. 又一本(共产国际第十次全体会议②)
194. 国地财政划分问题
195. 月明之夜③
196. 纺编的故事
197. 社会运动字典

---

① 《急难嘤鸣录》,中国实业社编,中国实业社1932年版。内收《为援助东北抗日义军告各埠侨胞》、《东北义勇军后援会宣言》、《东北义勇军后援会组织大纲》、《东北义勇军后援会职员名录》等文。附上海各团体救国联合会概览。

② 1929年7月3日至19日,共产国际执委第十次全会会议于莫斯科召开。进一步发展了"第三时期"形势观,大力开展对布哈林的批判斗争。在世界共运范围大力推行极"左"的"反右倾"运动,给各国党带来了真正的分裂危机。

③ 这是黎锦晖(1891—1967),80多年前创作的歌曲《月明之夜》。黎锦晖生于湖南湘潭,中国流行音乐的奠基人。这首歌留给了人间是那么迷人:蕴涵着爱人,爱己,爱天地;昭示着远离功利,排斥浮躁,崇尚平和。

207. 中国革命问题①卅本
208. 又三十四本
209. 又十七本
210. 煤油
211. 沙宁
212. 红拂夜奔(中国工人)
213. 中国革命问题论文集
214. 左派幼稚病
215. 布尔塞[什]维克
216. 我们的政治意见书二本
217. 帝国主义与战争
218. 青年半月刊二本
219. 国际青运的形势
220. 示威
224. 葡萄仙子②
225. 社会进化史大要
226. 春明外史
227. 党的生活二本
228. BOLSHEVIC③
229. 人生问题
230. 人类的历史
231. 青春月刊
232. 科学与哲学
233. 小小十年

1947 年上海春燕出版社印
2001 年中国现代文化学会陈独秀研究会翻印本封面

---

① 陈独秀出资油印的托洛茨基关于中国革命问题的书信、论文与专著,分四次四册印出,由郑超麟、陈其昌、刘仁静、王凡西等译。1947 年上海春燕出版社出版一册本《中国革命问题》,由王凡西校译。2001 年中国现代文化学会陈独秀研究会翻印于温州第六次全国陈独秀学术研讨会。

② 《葡萄仙子》是著名作曲家黎锦晖的早期(民国十三年)儿童歌舞剧,是抗战时期爱国青年学生以此在街头进行爱国宣传的节目之一。

③ 中共中央机关刊《布尔什维克》,创刊于 1927 年 10 月 24 日(上海)封面伪装成《新时代国语教科书》。从《布尔塞维克》创刊到 1928 年 2 月 27 日第十九期停刊,陈独秀在《布尔什维克》上发了 140 多篇杂文,笔名撒翁。刊于《布尔塞维克》"寸铁"专栏上。

234. 夜未央①

236. 地狱

237. 无产者三十本

八号箱

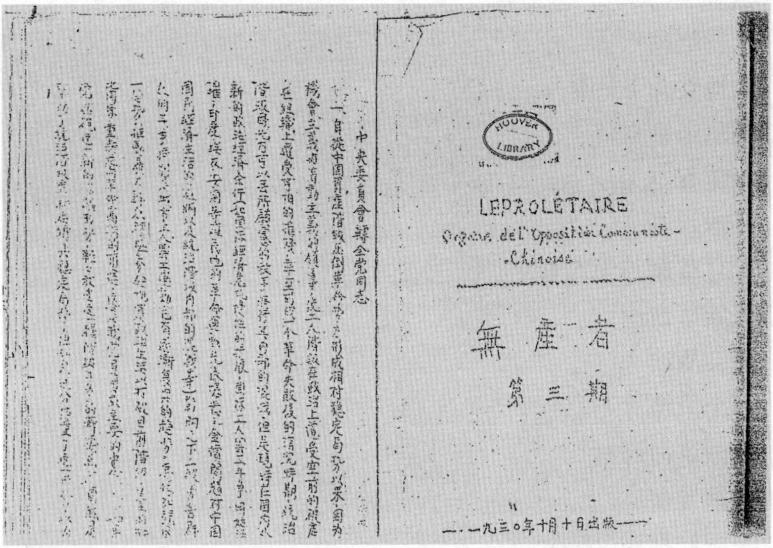

238. 极左派与马克思主义

239. 政治理想

240. 俄国党史②二本

241. 辩证法的唯物论

242. 社会组织

243. 共产国际纲领③

---

① 巴金(1904—2005)于 1930 年 1 月根据世界语翻译意大利作家亚米契斯的话剧《过客之花》,重译法语小说《夜未央》(廖亢夫著)。同年 4 月重译本《前夜》(即《夜未央》)出版。

② 1930 年出版之社会科学丛书。

③ 《共产国际纲领》是 1928 年 7—9 月在莫斯科举行的共产国际第六次世界大会即六大通过的国际共产党的纲领。被发配于苏联阿拉木图的托洛茨基与此同时就写出了《评共产国际纲领草案——对根本原则的批判》一书。托洛茨基此书的第二章谈革命战略与策略,第三章总结中国 1925—1927 年的革命的失败。题为《中国革命的回顾与前瞻》。两章其实是互为表里。学者王凡西在由其于 1947 年校译出版的《中国革命问题》一书中,将托洛茨基此文的题目标为《共产国际第六次大会后的中国问题》,并加注释说:"共产国际第六次世界大会,对中国革命的领导政策是一个重要的路标。""托洛茨基这篇文章主要是讨论革命失败与反革命形势确定后中国共产党的策略问题,文章写成于 19 年前,这 19 年来的中国政治史给斯大林与托洛茨基间的争辩下了最不含糊的判断"(见该书第 174 页)。陈独秀和大批中国托派成员正是在 1929 年见到此书中的文章后转向托派的。

244. 1917年革命文件
245. 猫路
246. 日本对华最近野心之暴露
247. 中国革命问题五本
248. 急难嘤鸣录
249. 未刊剧稿六本
250. 大地女儿①二本
251. 托尔斯泰自传②
252. 青年五本
253. 环球六本
254. 十月革命与无产青年
255. 民族革命论
256. 妇女战线
257. 两个策略③
258. 中国革命问题
259. 首都导游
260. 左派幼稚病④
261. 中国产业组织和资本主义之发展
262. 经济科学大纲
263. 奴隶制度史

---

① 《大地的女儿》,艾格尼丝·史沫特莱(1892—1950)著于1927年,1929年出版。随即被译成英德法俄等文本,1932年由上海沪西书局译成中文出版。1956年作家出版社再版。史沫特莱出生在密苏里州北部一个贫穷的矿工家庭,母亲三十多岁就死于营养不良和过度疲劳,家里一度靠当妓女的姨妈不断接济。此书真实反映了她的早年生活。1929年,近40岁的艾格尼丝·史沫特莱,从德国远涉重洋来到了中国上海。在这里,她认识了作家鲁迅并与他成为了挚友。他的另一部名著《伟大的道路——朱德传》名闻中外。由于美国"麦卡锡"的疯狂迫害,她只得迁居英国。她因患胃癌病逝于伦敦牛津医院。遵其遗嘱,史沫特莱的骨灰安葬在北京(八宝山公墓)。朱德为她写了碑文:"中国人民之友美国革命作家史沫特莱女士之墓"。

② 列夫·尼古拉耶维奇·托尔斯泰(ЛевНиколаевич Толстой,1828—1910),他将自己的一生写入了自传体三部曲《童年》、《在人间》、《我的大学》中,1892年发表。

③ 即列宁《社会民主党在民主革命中的两个策略》一书的简称,著于1905年5—7月,此书为毛泽东常读的马列"四大名著"之一,1929年有了中译本。参见人民出版社1980年版《列宁选集》第四卷,第511—627页。

④ 列宁的《"左派"幼稚病》一书全名为《共产主义运动中的"左派"幼稚病》,写于1920年,针对国内外错误思潮而作,因而成了革命战略和策略的指南。在1929年已有中译本,它对于国际共产主义运动起了重大的指导作用,据延安时期给毛泽东管过图书的史敬棠回忆,此书是毛泽东经常读的。但陈独秀深度阅读的乃此书的俄文原本。

264. 中国古代社会研究①

265. 国际问题翻译材料一束

267. 内政剪报七本

以上书籍

63. 猎人日记

64. 艸枕

65. 日语会话教科书

68. 三月革命与十一月革命

69. レンミン 学教科书(少了一个片假名——编者)

70. 唯物史观の中间派史观

99. 中央公论

116. 战争问题

130. 社会进化之妇人の地位

145. 日文书一册

146. 日语教程七册

235. 日语读本

以上日文书籍

三号箱

101. 外国书籍18册②(译名列下)

政治遗教③

两个〔脱〕罗斯基帝国主义④

---

① 郭沫若著《中国古代社会研究》是1930年我国史学界最重要的两种书之一(其余一种是顾颉刚的《古史辨》)。它的贡献不仅在若干重要的发现和有力量的假说(积极方面,例如西周的奴隶制度、传说上舜与殷先祖之关系;消极方面,例如"周金中无井田制度的痕迹"、"周金中无五服五等之制"等),尤在它例示研究古史的一条大道。那就是拿人类学上的结论做工具去爬梳古史的材料,替这些结论找寻中国记录上的佐证,同时也就建设中国古代社会演化的历程。这成为研究古史的一种路径。

② 应为18种20册。

③ 即恩格斯的《政治遗教》,选自未发表的书信一书。青年共产国际执行委员会编,作为《国际青年丛书》第12辑于1920年在柏林出版。列宁在收载于这本小册子的恩格斯1884年12月11—12日和1891年10月24—26日给奥·倍倍尔的两封信上作了批注(这两行批语列宁写在小册子的封面上)。从前一封信摘录的关于"纯粹民主派"在革命关头的作用的一段话,列宁曾在《在共产国际第三次代表大会上关于俄共策略的报告提纲》中和在代表大会上作的这个报告中以及在《论黄金在目前和在社会主义完全胜利后的作用》一文中引用过(《列宁全集》第2版,第42卷,第9—10、53—54、244—245页)。

④ 此书介绍墨克尔·罗斯基(苏)《帝国主义之政策的基础》论证帝国晚期经济的性质,帝国主义的冲击等;另一个(美)托马斯·罗斯基《中华民国经济概论》(民国丛书)。

新印度[1]二本

列宁关于国家问题[2]

反杜林论(恩格尔斯)[3]

马克思主义问题

资本论[4]卷一二本

又(资本论)卷二一本

(资本论)卷三一本

唯物史观历史讲义

列宁及抱持何种意思者

马克思主义丛书

马克思致库格曼书

军国主义

德国的革命及反革命[5]

哲学之贫困

无产哲学

唯物史纲要

135. 外国书籍一册(意译)

---

① 《新印度》译者胡荣铨(1886—1972),字衡忱,浙江永嘉下嵊山霞村人。1918 年毕业于北京大学。曾任教于浙江省立第十中学、厦门集美学校,以科教救国为己任。1924—1933 年,任上海商务印书馆编辑,为推动新文化运动作出贡献。抗日战争期间,曾回永嘉家乡养鸭,并创办瓯北补习中学(后并入济时中学)。胡荣铨译著有《化学概论》、《采矿工程》、《新印度》。

② 即《论国家》,列宁 1919 年 7 月 11 日在斯维尔德洛夫大学的讲演。针对当时世界各国资产阶级对苏维埃政权的攻击,列宁阐明了马克思主义关于国家问题的基本原理,论述了国家的专政职能等。

③ 恩格斯:《反杜林论》,吴黎平译,人民出版社 1956 年版,共 346 页。《反杜林论》是马克思主义的"百科全书",它是恩格斯的著作,马克思自始至终都参与了该书的写作过程,因此也可以说它是恩格斯和马克思的共同作品,恩格斯甚至谦虚地说,这本书的主要观点是马克思的。作为一本论战性著作,恩格斯讲过,他们无意于以一种体系对抗另一种体系,但是其各种观点之间的内在联系毕竟是存在而且是不能忽视的。就哲学编而言,这种内在的联系其实也就是马克思主义哲学体系。

④ 此系英文版——编者,下同。1933 年 11 月 2 日胡适写信给陈独秀,汪原放在狱中见到此信。其上说"《资本论》,此间已托社会调查所吴半农、千家驹两君合译,已脱稿的第一册有三分之二了。第一分册已在四月前付商务排印。此两人皆极可靠,皆能用英德两国本子对勘。其第二册中 rent 的一部分也已译成。此间与社会调查所已订有契约,不便再约季子(即李季——编者)重译"。可证陈胡二人共同组织翻译《资本论》——见任建树主编:《陈独秀著作选编》第五卷,上海人民出版社 2010 年版,第 85 页。

⑤ 弗·恩格斯写于 1851 年 8 月—1852 年 9 月。载于 1851 年 10 月 25 日和 28 日,11 月 6、7、12 日和 28 日,1852 年 2 月 27 日,3 月 5、15、18 日和 19 日,4 月 9、17 日和 24 日,7 月 27 日,8 月 19 日,9 月 18 日,10 月 2 日和 23 日《纽约每日论坛报》。署名:卡尔·马克思。原文是英文。俄文译自《纽约每日论坛报》。其中提出的关于组织和实施武装起义的指导思想及其行动规则,受到了列宁的极大重视。陈独秀很可能看到是英文本。

政治经济学大纲

130. 洋文书六册(译名列下)

政治经济学二本

普列哈诺夫论文

全苏联共产党历史摘要

和平论文及劳动者

140. 洋文书十二册(译名列下)

经济学及帝国主义

反柏林斯登对于马克思主义的批评(柏林斯登应为伯恩斯坦之译——编者)

马克思哲学思想入门

唯物史观的理论

西洋革命史

中国农村经济

军事问题

反对理想主义

马克思丛书

西方农民运动

德国最新历史

无产阶级著作家

153. 洋文书一本(译名如下)

唯物史观的基础

166. 外国书籍十五本(译名列下)

列宁图书馆

马克思主义讨论集

两种战略

马克思及其在历史上之意义

列宁文集

无产哲学

第一国际

资本主义各国之农民革命运动

文学及革命

在马克思旗帜之下

俄国农民运动

资本主义工业理论

一九〇五年革命宣言

土地问题

俄国共产党一九二[〇]年十一月中央扩大会议总报告

167. 外国书籍五本(译名列下)

马克思之根本问题二本

共产主义史纲要

改革及革命

唯物哲学思想入门

168. 外国书籍一本(译名如下)

论文汇编

169. 外国书籍一本(译名如下)

论文汇编

170. 外国书籍一本(译名如下)

无产阶级文学

171. 外国书籍一本(译名如下)

俄国共产党之形式

172. 外语书籍一本

共产主义历史纲要

173. 外语书一本(译名如下)

社会主义史指南

174. 外国书籍一本(译名如下)

一九二三年讨论

175. 外国书籍一本

奥国革命

176. 外国书籍一本

马克思革命者思想家与人

177. 洋文书一本(译名如下)

共产党史

七号箱

198. 洋文书一本(译名如下)

土地分配农业问题

199. 洋文书一本(译名如下)

童工

200. 洋文书一本(译名如下)

土地分配问题

201. 洋文书一本(译名如下)

马克思文献

202. 洋文书一本(译名如下)

列宁文集

203. 洋文书一本(译名如下)

列宁文集

204. 洋文书一本(译名如下)

列宁文集

205. 洋文书一本(译名如下)

列宁文集

221. 洋文书二本(译名列下)

西洋革命史

奥大利工作史(应为奥地利革命史——编者)

206. 洋文书一本(译名列下)

德国革命

222. 洋文书一本(译名如下)

从理想主义到唯物主义

266. 洋文书籍二十五本又十本(译名列下)

马克思主义危机

与反动哲学争斗

第三国际及全俄共产党关于中国革命

莫斯科武装同志

全苏联共产党历史关系

共产国际(即第三国际)之纲领及章程

第一国际

帝国主义

列宁主义问题

全俄共产党简史
普列哈诺夫全集
列宁丛书
面包斗争①
西方及我们的文化
苏联土地分配政策问题
共产国际程序
印度革命问题
列宁文集
列宁文集
马克思文集
东方及西方和平政策及和平革命
阶级矛盾
资本主义兴盛或衰落
列宁路线
列宁路线(政治常识读本)
土地问题与马克思主义
退化与进化自然与社会
马克思书翰
关于反对派及内部情形
马克思及其生平
苏维埃联邦之土地问题
取得政权之路
一九〇五年协助工人
政治经济学
帝国主义时代之欧化
以上俄文书籍

第二次提来证物
九号箱

① 应译为《为面包而斗争》(土耳其) 奥尔汉·凯末尔著的短篇小说,此为俄文版。1958 年我国才有人民文学出版社出版的中译本。

271. 陈独秀、彭述之致中央信(印件及草稿)四件
272. 陈独秀告全党同志书①
273. 尹宽②等抗议书一件
274. 彭述之在支部干事会发表意见一份
275. 罗世藩③致江苏省委书一份
276. 蔡振德④的(被)高级机关开除之经过一份
277. 从机会主义到布尔塞维克主义草稿一份
278. 中国共产党对目前时局宣言一本
279. 党化教育实施纲要及党化学校训育法一本
280. 组织通信(第一期)一本
281. 省委通告⑤(十四期)一份
282. 支部生活⑥(第一期)一本
283. 尹宽致中央信 一本
284. 陈独秀、彭述之致中委信一件
285. 吴季严⑦致中央信一封
286. 宣传教育大纲草案一份⑧
287. 内部生活(第一期)一本

---

① 此系陈独秀被开除党籍后第25天所写,见上海人民出版社2010年6月任建树等主编《陈独秀著作选编》第四卷,第414—429页。其主要内容为彻底否定共产国际关于国共合作的策略并检讨了自己的执行之责。

② 尹宽(1897—1967),安徽芜湖人,五四芜湖学生运动领袖之一。1920年2月抵法国墨兰留法补习法语。1921年参加工学世界社,转向马克思主义,后留苏。大革命时期先后任中共山东省委书记,上海区执委常委,是上海三次武装起义最高领导人之一。大革命失败后任中共安徽省委书记,是他将托洛茨基的文章影响陈独秀,郑超麟等阅读并走向托派之路的。

③ 罗世藩(湖南邵阳人),留苏学生中的托派。1928年回国后曾任中共江苏省委委员,常委。因苏联告知中共罗在苏的托派身份,而于同年被开除党籍。1929年参加陈独秀的"无产者社"。1930年托派统一大会被选为九名中央委员之一。

④ 蔡振德:大革命失败后,中共江苏省委常委中的两名"陈独秀派"分子蔡振德和马玉夫(均分管工人运动)在1929年冬竭力推动这个江苏"独立"事件。骨干蔡振德对托派前途完全失望,干脆脱离组织,到西安投靠了西北军杨虎城。

⑤ 中共江苏省委机关刊。

⑥ 中共江苏省委领导下的上海党的机关刊。

⑦ 吴季严(1904—1952),安庆人,陈独秀的外甥。早年任国民革命军叶挺独立团政治部主任、党支部书记,1927年留苏,加入托派,1929年回国任中共中央中宣部干事,同年被开除党籍。后从事译著为生。本书题写书名的吴孟明即其孙。

⑧ 据郑超麟回忆,1929年冬"刘仁静未回国以前,我们陈独秀派早已活动起来了。我们无形中分为几个小组,互相讨论,统一思想,解答疑问。尹宽自告奋勇,写'宣传大纲',用现在的话,'学习提纲'。……我们油印起来,简直成为一本书"。《史事与回忆——郑超麟晚年文选》第一卷,香港天地图书有限公司1998年,第452页。

288. 李季致中委信一本
289. 常委通告一束
290. 一封致沪西全体同志信一本
291. 对于中央第六次大会议决案的批评一本
292. 苏联阶级及工会状况一份
293. 政治决议案一本
294. 红旗报一束
295. 青年报各期九本
296. 目前中国党的组织问题
297. 帝国主义与战争一本
298. 共产国际纲领一本
299. 国际青年运动的形势一本
300. 中国产业革命概观一本
301. 中国革命与中央的任务一本
302. 中国革命的理论问题一本
303. 中国革命与机会主义一本
304. 中国革命的根本问题一本
305. 中国革命中之争论问题①一本
306. 中国革命与反对派一本
307. 中国革命一本
308. 共产主义青年运动理论与实际一本

---

① 瞿秋白《中国革命中之争论问题 第三国际还是第零国际？——中国革命中之孟雪维克主义》(以下简称《争论问题》),是在1927年5月的中共五大上分发的公开批评陈独秀、彭述之右倾机会主义的重要论著。《瞿秋白文集·政治理论编》第四卷(人民出版社1993年版)记为1927年2月,周永祥《瞿秋白年谱新编》(学林出版社1992年版)、姚守中等《瞿秋白年谱长编》(江苏人民出版社1993年版)等书也都认定为1927年2月。1928年4月12日中共中央在出(再)版此书时写的《序》中说:"中国革命中之争论问题,是瞿秋白同志在第五次大会之前(1927年2月)做的……"(详见姚守中等:《瞿秋白年谱长编》,第199页)也肯定此书写于1927年2月。李立三《党史报告》(1930年1月至2月):"到了一月底国际决议全文到了中国,在中央就引起一个严重的讨论,发生秋白同志和彭述之的争论……这一争论秋白同志是失败了。他当时就感觉反机会主义的重要,就在病中花了一个礼拜工夫,写了这一本小册子,反对彭述之主义。这一小册子内容对于彭述之主义批评得体无完肤,非常正确……"(中央档案馆编:《中共党史报告选编》,中共中央党校出版社1982年版)。但笔者认为,瞿秋白此文,是适应了共产国际在上海考察撤换领导人陈独秀的需要而写,参见托洛茨基《中国革命问题》一书中《上海来信》(见该书第102—120页)一文。此信由共产国际、联共派驻中国的那桑诺夫、福京、阿尔勃来希特三人联名于1927年3月27日写成。

309. 共产主义ABC[①] 一本

310. 艺术论一本

311. 英文社会共党报二份

312. 英文社会主义哲学一本

313. 英文列宁左翼共党之幼稚病一本

314. 给阶级争斗的一封信稿及给常委信稿各一件

315. 政治通告(第一号)一件

316. 万国储蓄会(会单号,数为五一四〇一号)一张

317. 信件等一束

318. 日记簿一本

319. 护照一本

以上系第二次提来证物

陈独秀等危害民国案证据目录

(托氏文件)

第三次提来证物

320. 公开的信(致苏联中央执行委员会主席团)　一九三二、三、一　一袋之一

321. 商业周转前途与共产国际任务(英文)　一袋之二

(托陈派文件)

322. 左派(反对派)中委致托氏信(中俄文各一件)[②]　一九三二、六、十五　二袋之一

323. 北平特委最近工作计划　一九三二、二、二　三袋之一

324. 最近组委工作大纲　三袋之二

325. 左(最)近时期中东区的工作计划　三袋之三

---

① 《共产主义ABC》原名《共产主义入门》。俄国布哈林和普列奥布拉任斯基合著,是为配合1919年俄共(布)八大通过的新党纲的宣传和进行系统的共产主义基本理论教育而著的。1926年陈独秀主持中共中央时,将其中第一部分(即理论部分)译出,作为《新青年社丛书》之一,由青年出版社出版于上海。

② 此信是中国托派向托洛茨基汇报中国托派重整组织的情况,并说明现阶段中国托派中央为抗日而与"左倾"的小资产阶级、自由资产阶级、中国苏维埃红军、义勇军建立联合战线的"共同行动"的新政策,并请示国民会议等问题。参见托洛茨基:《是行动的战略不是揣测——答中国同志的信》,载《中国革命问题》,第263—270页。

326. 中国革命职工运动任务[①](一九三一) 三袋之四
327. 中国土地问题决议案学(草)案[②] 一九三一 四袋之一
328. 政治决议草案[③] 一九三一 四袋之二
329. 政治提纲 四袋之三
330. 国民会议斗争的提纲草案 四袋之四
331. 彭述之[④]政治报告 四袋之五
332. 前临时工作委[员]会接受中央决议之信 四袋之六
333. 明光田希华呈常委员信 五袋之一
(党员呈中央常委信)
334. 区山呈常委信 五袋之二
335. 区山呈常委信 五袋之三
336. 王平一[⑤]致常委信 五袋之四
337. 小陈呈常委信 五袋之五
338. 刘二土给常委信 五袋之六
339. 凡给常委信 五袋之七
340. ××呈常委信 五袋之八
341. 刘伯壮[⑥]给常委信 五袋之九
342. 宏图给常委信 五袋之十

---

① 1931年5月初举行了四个托派组织统一大会。在托洛茨基直接推动下,陈独秀被选为会议主席并被选任托派中央九名委员组成的中央委员会(五名常委)书记。会议通过由陈独秀补充托洛茨基托起草的《纲领》,即《政治决议案》(见本书第四部分附录),由尹宽起草了《职工运动决议案》等。参见王凡西的《双山回忆录》和《郑超麟回忆录》。

② 据唐宝林、林茂生《陈独秀年谱》称"陈独秀起草《土地问题决议案》未通过,交特别委员会继续讨论"。但王凡西、郑超麟均未提及,王凡西说"中国反对派的统一大会……其余由协议委员会提交的决议,差不多全未经过争辩就一致通过了"(《双山回忆录》,第89—190页)。郑超麟说:"各种决议案都是协议委员会起草好了的,各派重要人物都已同意,这些人大多数在代表之列,因此几乎没有什么讨论。"(《史事与回忆——郑超麟晚年文选》第一卷,第370页)

③ 这个草案原为王凡西起草,后被陈独秀修改,统一大会通过。

④ 彭述之与陈独秀原同是托派"无产者社"的代表,参加1931年5月1日举行的统一代表大会。由于彭述之一直反对统一,会上仍反对。出乎其意料之外的事,他被选为九名中央委员之一(见上述郑超麟书)。但彭未进中常委。

⑤ 1930年春从莫斯科东方大学回国的赵济、刘英、王平一(山东人,后投靠国民党,成为叛徒)、徐乃达等在上海成立了一个托派小组织,名"战斗社"。这个名称的由来,是因为托洛茨基办过一个《战斗》报,为了纪念他所以他们用这个名字以表"光荣"。"战斗社"的代表是王平一(赵济、刘英都没有),参加了1931年5月的托派统一大会。

⑥ 刘伯壮,中共第五届中央候补委员(后参加托派组织)。1895年生,四川南充人。1923年2月加入旅欧中国共产主义青年团,后转为中国共产党党员,大学肄业。曾任中共江苏省委委员,后脱离革命队伍。

343. 仰之[①]礼山[②]世凡[③]呈常委信　五袋之十一
344. 法南区委呈常委信　五袋之十二
345. ××给常委信　五袋之十三
346. 张特给常委复信　五袋之十四
347. “钟先生启”[④]一束　五袋之十五
348. 陈士毅罗伟夫给常委信　五袋之十六

(各种信件)

349. 关于中东路的问题几封信[⑤]　六袋之一
350. 列尔士给常委信——要求召集扩大会议 一九三一、七、卅一　六袋之二
351. 致左派反对派国际局同志们并转托同志的信——报告统一大会后机关破坏的原因和马玉甫叛变之事实　一九三二、八、一　六袋之三
352. (原文为 252)　致共产主义左派反对派国际局同志们并转托同志信——报告中国各党派情势　一九三〇、十二、一　六袋之四
353. 仁静给述之信——对述之缺点之批评　六袋之五
354. 仁静给仲甫信——对仲甫的态度不同意之点　六袋之六
355. 仁静给仲甫信——对政治意见书不同意见　六袋之七
356. 罗世璠、龙三给常委信——关于马玉夫叛变问题之商榷　六袋之八
357. 国垣给英铮的信——关于他的个人景况　六袋之九
358. 国垣给英的信——关于他的个人出处问题　六袋之十
359. 仰之、农山、世凡给常委信——对于常委指出各种意见的答复　一九三一、十一、十一　六袋之十一

---

① 即杜仰之,又名培之,上海工人,大革命时期为上海某丝绸厂党支部书记。受马玉夫影响参加托派“无产者社”五人领导之一。不久做了强盗,被杀于南京。郑超麟:《记尹宽》,春燕出版社 1997 年版,第 84 页。

② 即托派薛农山,上海《时事新报》编辑,抗战中在重庆有对陈独秀的照顾和接济。任建树:《陈独秀大传》,第 630、633 页。

③ 即罗世璠。

④ 即中共中央的代号。

⑤ 即陈独秀于 1929 年 7 月 28 日、8 月 2 日、8 月 5 日、8 月 11 日给中共中央的四封信。据此,连同以此信在党内的反对派活动,10 月 21 日,中共江苏省委便作出《开除彭述之、汪泽楷、马玉夫、蔡正德及反对党内机会主义与托洛茨基反对派的决议》。其中“请求中共开除陈独秀”——参见唐宝林、林茂生《陈独秀年谱》第 362—363 页。

360. 沪西执委再致沪西区委会一封信　四、一八　六袋之十二
361. 信一束　六袋之十三
362. 致列尔士信——常委答复几个问题　十九　六袋之十四
363. 平一给常委信——质问有无中伤问题　八、十五　六袋之十五
364. 姚素礼给张云信——隐语　八、四　六袋之十六
365. 姚素礼给伟克信——暗语　六、七　六袋之十七
366. 张特给常委信——辩明造谣　二七　六袋之十八
367. 谢少珊信一封——暗语　六袋之十九
368. 大慈给总干常委会信——关于区芳请愿书提出三点　一九三〇、九、十一　六袋之廿
369. 给昶伟信——相互批评　五、三　六袋之廿一
370. 张特给述之信——申辩谣言之由来　廿、七　六袋之廿二
371. 林宗卢先生施先生通信处一件　六袋之廿三
372. 常委给张特信——指责狡辩怠工之不当　八、五　六袋之廿四
373. 伟给琴信　五、九　六袋之廿五
374. 超群给悟生信——讨论中国社会　六、五　六袋之廿六
375. 伯伟给琴信——暗信　四、二　六袋之廿七
376. 区芳来信——二代决议案诸问题　九、六　六袋之廿八
377. 总致梁函——开除梁张通知书，总工组会对梁张决议等　五、十六　六袋之廿九
378. 张特、区芳给黄元信——论新的革命高潮　一九三〇、九、十一　六袋之卅
379. 致世几、龙山、仰之、等信——关于他们政治上的错误指正　六袋之卅一

(杂件)

380. 少珊私人信件一束　七袋之一
381. 香烟合一方——当备忘录　七袋之二
382. 学校登记表三分　七袋之三
383. 备忘录一本　七袋之四
384. 谋志目录　七袋志五
385. 墨侨被逐惨史　七袋之六
386. 为募捐慰劳战士及救济难民警告国人书　七袋之七
387. 日帝国主义军队进攻到上海　七袋之八
388. 工人报一份　七袋之九

389. 工厂调查表一份　七袋之十

(各种报告)

390. 香港报告——统一会后组织状况　一九三二、六、廿九　八袋之一

391. 广东临委报告——临委组织经过　一九三一、四　八袋之二

附：1. ××给广东临委及支部信一件

2. 香港九龙澳门各支部负责人姓名

3. 长给仲甫信一件

392. 关于沪西问题及其他　一九三二、一、十四　八袋之三

393. 沪东区委给常委信——关于北平小组织问题　一九三二、七、十七　八袋之四

394. 最近阜宁县之一般的情况　四、十二　八袋之五

395. 山东工作发展情况　八袋之六

396. 关于厦门一般情形　八袋之七

397. 福建情形——军事工会群众组织各种活动　八代之八

398. 支部工作状况　八代之九

399. 紧急通告　九袋之一

400. 告同志书　九袋之二

401. 第二次代表大会之讨论中心集中的三个问题　九袋之三

402. 第二次总干常委会议　九袋之四

403. 给无产者社一封公开的信　九袋之五

404. 通告处分区山同志　九袋之六

405. 给沪东区委的信　九袋之七

406. 开除薛农山党籍通告　九袋之八

407. 关于内部对统一问题争论解决通告　九袋之九

408. 为召集普选不记名投票的国民会议解决目前国家的一切根本问题告民众书　九袋之十

409. 打倒反对派内部左倾的危〔害〕　九袋之十一

410. 反日运动与共产国际的领导　九袋之十二

411. 给特委的一件书　九袋之十三

412. 给中央的一封信　九袋之十四

413. 中国布尔塞维克列宁主义者——反对派的政治主张　九袋之十五

414. 文献　九袋之十六

415. 反对派内部生活之二　九袋之十七
416. 国际共产主义左派反对派告中国及全世界共产党员书　九袋之十八
417. 告全党同志书　九袋之十九
418. 宣传工作大纲草案　九袋之廿
419. 目前中国政治状况问题　九袋之廿一
420. 宋逢春、董汝成二同志的错误　九袋之廿二
421. 给小脥等的信　九袋之廿三
422. 给培文的信　九袋之廿四

（建设计划及个人著述）

423. 建国计划大纲　十袋之一
424. 中国农民问题与我们的土地政纲　十袋之二
425. 托洛斯基论国际形势　十袋之三
426. 共产主义同盟中央局致德国支部书　平平译　十袋之四
427. 托洛斯基论满洲事变　十袋之五
428. 满洲事变一年来的教训与民众应有之觉悟　彭述之　一九三二、九、廿五　十袋之六
429. 中国局面之发展阶段——并论革命的前途　十袋之七
430. 告全党同志书(反对派中央廿年十一、十日出版)　十袋之八
431. 中国有没有革命运动　陈独秀　二一、八、一　十袋之九
432. 论国民会议口号　陈独秀　二一、九、一　十袋之十
433. 国联第二次决议后的局势　十袋之十一
434. 在德谟克拉西口号中我们的不同意见　严氏杰 一九三二、九、七　十袋之十二
435. 从右边来的左派　严氏杰　一九三二、九、十八　十袋之十三
436. 两个路线中到那个是正确路线　严氏杰　一九三二、三、四　十一袋之壹
437. 中国将来的革民性质　十一袋之贰
438. 阶段论还是不断革命论　十一袋之三
439. 托洛斯基赤色民众投票的教训　利夫译　十一袋之四
440. 两条路线上之斗争　十一袋之五
441. 德国共产党目前政策之错误　十一袋之六
致德国共产党的一封信——反对派中央

442. 五月廿五[号]晚与仲甫同志谈话的零碎意见　翰君[①]　二一、五、卅一　十一袋之七

443. 致常委的一封信　其昌[②]　十一袋致八

444. 给中央的一封信　民友等　十一袋之九

445. 给托同志的一封信　列尔士　一九三二、九、十九　十一袋之十

446. 我对于目前中国革命的见解　胡节 一九三二、三、十五　十一袋之十一

447. 牛汪案[③]的判决与资产阶级的法律　严灵峰[④]　十一袋之十二

448. 刘仁静要怎么样　十一袋之十三

449. 一个死不了的人　叶林中　二一、四、二　十一袋之十四

450. 读校内生活第五期后　战友　十一袋之十五

451. 聊胜于无——献给于上海全体同志及扩会代表　王平一　一九三二、九、廿八　十一袋之十六

452. 工农联盟问题研究提纲　十一袋之十七

453. 什么话　十一袋之十八

454. 杂碎　十一袋之十九

455. 什么是我们的出路——青年通讯　光涛　十一袋之廿

456. 西洋史笔记簿　暨六高中周彬　十一袋之廿一

457. 目前的局势与我们的任务　反对派中央　二一、三、三　十一袋之廿二(余件)

458. 上海纱厂工人工会行动纲领一束

459. 曾访梅上学(海)艺术大学修业证书一张

460. 会务鸟瞰一本

461. 挥戈第一卷(二、三两期)

---

① 即寒君,原名王瓘,1934—1937 年托派中央临时委员会五名委员之一兼华南区委书记。早年中共北方区工人运动骨干(在何孟雄领导下)。1945 年初,因肺结核死于香港。

② 即陈其昌(1900—1942),化名纪它,河南洛阳人。北京大学学生时代于 1925 年加入中国共产党。1929 年转向托派。1933—1937 年任托派中央临时委员会书记。曾翻译斯大林大规模谋杀苏联老一辈革命家的三大案真相的书籍——《莫斯科审判真相》、《杜威委员会判决书》等历史文献。陈独秀去世后,因用其兄的电台与重庆联系发送日伪经济情报,被日本宪兵逮捕入狱,遭毒打英勇不屈牺牲。

③ 即共产国际太平洋职工联合会秘书牛兰与其夫人汪得利于 1931 年 6 月 15 日在上海被事件。

④ 严灵峰(1903—1999),福建连江人。由福建大学赴莫斯科东方大学留学,期间加入托派。1929 年回国后任上海艺术大学教授。主讲政治经济学、哲学并从事译著,主编刊物《动力》杂志。被国民党政府逮捕后投降。曾任重庆政府总动员委员会经济检察处处长等职。去台湾后在台湾大学任教授。1999 年在台北去世。

462. 中国革命问题两本　托洛斯基著
463. 伊斯克拉①第一卷第一期三本
464. 学校登记表一束
465. 工厂调查表一束
466. 国垣短篇创作及论文原稿一本(民)

陈独秀主编《火花》首期刊封面(林致良复印件)

467. 国垣会议斗争的提纲草案三页
468. 对时局宣言三页
469. 彭道之学校登记表一张

以上第三次提到证物

268. 照片三张
269. 钥匙一包
270. 图章一包

录自江苏省档案馆缩微胶片 1948—2004 号

---

① 俄文 ИСКРА 的中文音译。英文音译为 ISKRA。意为火星，一译火花。是陈独秀对列宁《火星报》名称的借鉴。

132. 本专题附录

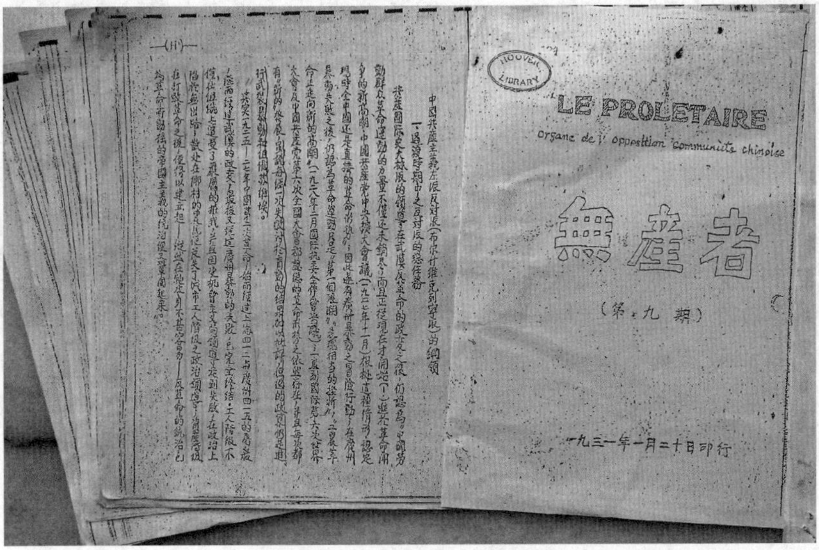

1931 年 5 月 1 日统一大会通过的陈独秀为中国托派起草的托派纲领油印件

中国共产主义左派反对派(布尔什维克列宁派)的纲领

编者按：本纲领原系 1929 年 2 月由托洛茨基起草，交刘仁静携回中国。原译名《中国布尔什维克——列宁派(反对派)的纲领》，此乃 1931 年春国内几个托派小组织推举代表成立的统一大会筹备机构起草各项决议之中最主要的决议。前文系由王凡西根据托洛茨基所写中国托派政纲起草。本文系陈独秀代表“无产者社”修改后，交同年 5 月初于上海举行的中国托派统一大会讨论并通过之托派纲领(《郑超麟回忆录》上，第 431 页；王凡西：《双山回忆录》修订本，第 187—190 页)。陈独秀所作修改，主要在第三部分——《目前的政治状况和共产党的策略》，它比原政纲篇幅增加近一倍。在本纲领后面，陈独秀所作《纲领草案修改的说明》，明显可见陈独秀对托洛茨基起草的纲领之不足处，作了重大的补充与纠正。这是研究陈独秀思想，尤其是中国托派问题的代表性、纲领性文件。由本纲领可见：1）当年的中国“托派”之起源，乃基于对中国大革命失败之真相、责任、原因、教训、前途等一系列问题上，由苏联党内的意见分歧传到中国，再以陈独秀为首在总结中国大革命失败经验中形成的共产党内意见分歧而来，绝不是革命与反革命之别。把意见分歧变成“托派反革命”正是斯大林残酷斗争，杀人灭派的最基本手段，且成为世界性的党狱，这是 20 世纪人类的一大灾难。2) 反映了以陈独秀为首的中国托派革命者们经过大革命胜利到失败，再被打入敌营，他们早已具备十分强烈的“中国革命总要中国人自己领导”(《郑超麟回忆录》上，第431页)的鲜明特色。3) 陈独秀接受了托洛茨基的“不断革命论”，在第三次革命性质问题上以极“左”的观点写道：“根据中国阶级斗争的发展，将来推翻资产阶级的统治就必然要实现无产阶级专政，再没有过渡的工农民主专政的存在之可能；因此，我们在斗争过程中就要坚决地准备无产阶级夺取政权。第三次革命在其初步就要为情势所迫，不能不采取比俄国十月革命开始时更激进的办法与手段；或如托洛茨基同志所说的“直接没收外国资本家的因而及于本国资本家的企业之事实，在其斗争的进程中多半将在暴动胜利之翌日举行。第三次革命(虽然中国经济比俄国落后些)连像俄国十月革命后半年(1917年11月—1918年7月)的“民主”时期也不会有；而将于开始时就要坚决地动摇，而且推翻城市及农村中资产阶级的私有财产”(见本纲领Ⅲ)。这直接影响到我国的民主革命阶段之实际上被取消。

一、过渡时期中之反对派的总任务

共产国际史[斯]下同大林派的领导，在武汉反革命的政变之后，仍认为“中国劳动群众举命运动的力量不仅还未销尽，而且正从现在才开始(!)进入革命斗争的新高潮。中国共产党中央扩大会议(一九二七年十一月)根据这种情形，认定现时全中国还是直接的革命形势”；因此遂有广州暴动之冒险行动；在广州暴动失败之后，仍认为革命运动只是“第一个浪潮”，“表现相当的挫折”，“工农革命正走向新的高潮”(一九二八年二月国际执委全体会决议)；一直到国际第六次世界大会及中国共产党第六次全国大会都认总的革命形势依然存在，并且每次都有“新的”发展，虽说每经一次失败，对于盲动的结果加以批评，但总的政策仍是进行武装暴动和组织苏维埃。

其实一九二五—二七年中国第二次革命，始而经过上海四·一二与广州四·一五的屠杀，从而经过武汉的政变，最后又经过广州暴动的失败，已完全终结。工人阶级不仅在组织上受了严厉的摧残，并且因受机会主义的领导走到失败，在政治上趋于无出路，散处在乡村的农民便丧失了城市工人阶级之政治领导；资产阶级在打败革命之后，便得以建立起——纵然在它本身不甚容易——反革命的统治，已为革命所动摇的帝国主义的统治便又巩固起来。

迄至现在，史大林派的领导只有使这种反革命的形势继续加深，因之我们目前仍处在上一次革命早已经完结和下一次革命尚未到来的两个革命过渡期。这个过渡期的时间将延长多久,我们不能预言,它受许多国内和国际的因素所影响。但第三次革命的到来是必然的,在第二次革命失败的情况之下,已完全伏着它的种子。只要中国之内外的矛盾尚未经过革命的方法来解决,中国潜伏的(即可能的,但非现实的)革命形势总是深深地存在着。

中国共产主义左派反对派目前的主要任务是:明了的了解革命失败之原因;正确地估量现时的形势;团结无产阶级先锋队中最坚决勇敢而能坚持的分子,在过渡时期要求之基础上,重新团结群众,建立党支部;并且在各种社会生活中准备工人阶级走向第三次革命。

二、中国革命失败的教训

第二次中国革命[①]在一九二七年连遭三种模范的失败——上海、武汉、广州。这三次失败都是共产国际和中国共产党中央最根本的错误政策的直接产品。在以下决定中国革命命运的四个问题中,共产国际的机会主义路线达到最十足的实现。

(一) 党的问题 中国共产党被引导加入资产阶级的政党国民党,而且史〔斯〕大林和马丁诺夫[②]用种种胡诌哲学,为“工农党”甚至“四个阶级联盟”隐藏该党的资产阶级性,因此无产阶级在最紧急关头没有自己的政党,尤其甚者,所谓共产党反变成资产阶级欺骗工农群众的辅助工具。在世界革命史中从未有过类似这样的罪恶,此应由共产国际中央执委会及其灵魂——史大林负其全责。

现在印度、高丽及其他国家还正在培植新国民党式的“工农党”,因此中国共产主义者反对派根据第二次中国革命的经验,认为应该郑重宣言:

无论任何时候和无论在任何条件之下,无产阶级的政党均不能加入别一阶级的政党或与别阶级混合组织,无产阶级政党之绝对独立,是共产主义政策之最基本的和先决的条件。

(二) 帝国主义问题 共产国际错误政策之理论根据,是认为帝国主义的压迫,可以使一切“进步”阶级携手同进。换言之照史大林在共产国际的理论,

---

① 这里指 1911 年辛亥革命为第一次革命而排序。

② 马丁诺夫·亚(Martynov, A. 1865—1935)早在 1884 年以民意党成员积极参加了俄国革命运动,被流放十年。1899 年参加俄国社会民主工党,是理论家和经济派首领。1907 年进入孟什维克中央委员会,1923 年加入俄共(布),第二年入《共产国际》编委会,忠实贯彻斯大林的政策。

帝国主义的压迫，似乎是取消了阶级斗争的法则。实际上，帝国主义对中国之经济、政治、军事的侵略，恰使国内阶级斗争紧张到异乎寻常的程度。

中国资产阶级在中国基本的农业经济中，与封建形式的剥削发生了有机的和不可分离的联系。他们在上层与世界财政资本也是有机的不可分离。中国资产阶级同样的不能解除农村中的封建剥削形式和与国际帝国主义的关系。

资产阶级和最反动的封建军阀的冲突，和与外国帝国主义的冲突，比起他们对工人和贫农的不可调和的冲突，在最后一分钟内，永远退至不重要的地位。

所谓中国民族资产阶级特有反对中国工农的现成的国际帝国主义的军事力量为后援，他们比任何国家的资产阶级更要迅速的残忍的将阶级斗争变为国内战争以屠杀工农。

共产国际领导的最重大的历史罪恶，莫过于帮助中国资产阶级骑在中国工农的颈上，而且掩护着它以抵制革命布尔什维克的攻击。在一切革命运动史中，资产阶级还未有过如史(斯)大林的领导拥护中国资产阶级的这样一个盾牌。

反对派请中国工人和全世界工人注意以下的事实。在蒋介石的上海叛变以前，布尔什维克——列宁派——反对派曾及时警告过对于革命将准备着的屠杀。而史大林在蒋介石叛变以前数日不唯得意的劝人信任和拥护蒋介石，而且对于反对派(托洛茨基主义者)施以极野蛮的压迫。

过去的反动的传说谓“民族”资产阶级能领导民众进行革命斗争，现在如有人赞成宣传或拥护此种意见，中国的反对派即宣布他是共产主义的叛贼，只有中国无产阶级领导被压迫的群众，推翻资产阶级的政治统治，夺取政权，才能真正解决中国革命的任务，此外没有任何别的道路。

(三) 关于小资产阶级及农民问题　关于此对中国及对东方各国有极重大意义的问题，共产国际的政策是将马克斯[思]主义作孟维克主义的伪解。我们反对派说无产阶级应与小资产阶级有革命的联盟，我们所指的是被压迫阶级的几千万几万万的城市与农村的贫民。共产国际领导所谓小资产阶级乃指小资产阶级的上层分子，主要的是知识分子；他们以民主政党和团体的名义利用城市及乡村贫民，在紧急关头即将它们卖给大资产阶级。我们所谓联盟不是联合汪精卫反对蒋介石，而是联合一切劳苦群众反对汪精卫和蒋介石。

(四) 苏维埃问题　布尔什维克关于苏维埃的理论为机会主义者的曲解所代替以后，又辅以冒险主义的实际。

在东方各国以至西方各国，苏维埃是一种组织形式，在广大的革命高潮时期，即应组织。一般苏维埃的要点，是一种革命罢工委员会之组织，以后渐扩大其权能和群众眼中渐提高其威信。在第二期它成为革命暴动的机关,最后,在暴动胜利后,成为革命政权的机关。

共产国际史〔斯〕大林的领导,妨害中国工农组织苏维埃,有意削弱他们的地位,在资产阶级面前解除了他们的武装,使资产阶级有摧残革命的可能。以后在一九二七年十二月企图在二十四小时内组织成苏维埃,这只是一种冒险罪恶,反使军人更可肆无忌惮地屠杀英勇的广州工人。

以上是史[斯]大林的共产国际领导在中国的根本罪状。总括言之,它以最完全最彻底的孟什维克主义代替了布尔什维克主义,第二次中国革命失败,首先就是孟什维克战略的失败。不过这次他戴着布尔什维克的假面具,无怪全世界社会民主党关于这一问题都和史大林、布哈林同情一致的。

不了解这些由中国无产者付了极巨代价所得的教训,我们即不能前进,中国反对派完全立足于这些教训之上。

三、目前的政治状况和共产党的策略

史大林派在革命失败之后,把经济状况的恶化,财政的紊乱,军阀的战争,白色恐怖,甚至于反革命屠杀的悲剧,即认为"必不可免的推动群众走向革命的道路";把工人的"困兽犹斗",农民在乡村里的散乱的暴动,兵士无目的叛变,都解作革命走向新的高潮;把革命在政治的工业的中心地的消失及在偏僻地方之群众的原始骚动,解作"革命运动的发展在各省是不平衡的,各自有当地的历史条件";根据这样的观察,他们否认了城市对于乡村的支配,否认了某几个最大的政治和工业的中心对于全国的政治的和经济之支配作用,因此他们在实行上抹杀了无产阶级革命的领导权;他们不能从政治的和经济的中心上,而只能从边隅的地方去寻找革命高潮,他们进攻的战术便采用一个"旁敲侧击"的路线:从乡村组织"红军",乘内战之一时混乱,夺取附近省城(即所谓争取一省或数省首先胜利),再从政治的工业的中心中号召"政治的总同盟罢工"以响应"红军"。

本年六月十一日史大林派中央政治局的决议所决定的进攻长沙会师武汉的企图之失败,便是这一路线之最后的破产,然而新近共产国际关于中国问题的决议及中国党三中上全会的决议仍继续这一路线。

我们左派反对派认为经过三次的大失败之后,经济恐慌不能唤起无产阶级,反而能征服已流血殆尽的无产阶级;杀戮只是毁灭在政治上已经削弱的共产党。

军阀战争并不表示新成立的资产阶级统治之最后的崩坏,乃表示在国际帝国主义经济系统之下所形成的中国资产阶级尚难脱离地方性，同时又因为要镇压革命的民众，不得不依附于军阀，故在反革命胜利之后又重新陷于内部的纠纷以至演成公开的战争，这些战争正是压平革命，破坏了民族的集中势力之后果。

但是，中国工农的失败，便是表明中国统治阶级政治的稳定是不可避免的，这乃是经济稳定的前提。过去革命因得机会主义政策的领导，已增加了资产阶级政治上的比重，相当地建立起它的中心势力（以东南资产阶级为基础的南京政权），特别是抬高它对帝国主义的关系，在打败了革命之后，它便取得它的相对的稳定之条件。资产阶级若能更有效的利用帝国主义间的冲突并得到与帝国主义更有利的妥协，则它更容易使国民党军阀屈服于集中的资产阶级国家机器。

现在资产阶级这种企图已经不是单纯理想，最近战争刚停止，一般资产阶级即表示要如何恢复交通，整理财政，减轻捐税，实行生产合理化，利用外资，进攻工人，平定农民暴动，以发展它的工商业。在南京所开过的工商会议便是充分表现资产阶级在反革命胜利之后如何增加其本阶级的自信心，加紧其内部的关系，提出它在明天所应做的大任务。当然中国资产阶级的发展是依靠在对工人之奴隶或剥削上，并且要依赖帝国主义（最近南京政府急急整理外债就是这个意思），以美国为领导的国际帝国主义正在要来帮助中国资产阶级，以它为媒介，更加屈服中国劳动群众于地下。

国民党四中全会召集国民会议的决定，其直接的动机是出自蒋介石与张学良两大系派的冲突，但在实际上仍是反映资产阶级的要求，资产阶级愿意本身有更大的部分能够直接参加政权，用议会制度形式以缓和内部的纠纷，用宪法以保障它的阶级利益。张学良要用国民会议以进攻国民党的专政，蒋介石则表示由国民党自动决定召集国民会议以维系国民党的正统，所以国民党这种国民会议的决定在客观上正是表示资产阶级立宪运动的发轫。固然蒋张战争还是有爆发之可能，但是无论如何这次战争仍然不会是对资产阶级的统治作最后的打击。史〔斯〕大林派若对这次战争又继续演其投机冒险的政策，则只有使党更加溃散，更加丧失未来的进攻基础。

两三年来，工人罢工，虽不断地爆发，但都限于经济的范围，并且带防御的部分的性质，离开共产党的领导。工人群众还没有恢复其自己的阶级的组织与自信心，更未认清它的解放的前途，战争的停止及因之而起的经济之相当的复兴，罢工便要活跃起来，工人斗争可以逐渐反守为攻，由部分的斗争进到整个阶级的行动以至革命的斗争。史大林派的领导是阻碍工人运动这种进程,在工人斗争复兴时为改良主义开辟道路。它在工人群众中所散布的是"红军"冒险的幻想。

现时的农民运动是对工人阶级独立而依照其本身特殊的环境,特殊的规律及特殊的步骤去进行的,农民不能依靠自己的力量来建立苏维埃制度。而且农民运动现时在全国范围以内也还不是普遍的。依靠某一些特殊区域所组织的游击队(即所谓"红军"),始终只能定着于一定省份而不能担负大规模的集中的战术行动,并且到了军阀战争有相当长的停止期间,便难以存身。

当然,在商品经济侵略及捐税的繁重,致使广大的农民群众日趋于破产的状况之下,农民运动是只有继续发展下去。这种运动的发展是在某种一定的情形之下,可以加速工业中心政治斗争的进程,但只是加速而已,并不能代替这个进程。

革命失败之后最严厉的表现就是在共产党本身。党在城市中已与无产阶级的群众隔绝,没有一点群众的基础,党在农村中,亦是随"红军"而飘荡的;党的有经验的干部大半都被牺牲了;党的政治地位已削弱殆尽;党的理论水平几干到等于零;党内充满了颓废与腐化的现象。错误的政治路线每步均与事实背道而驰,继续毁坏中国共产党。假如左派反对派不能获得关于党的政策上及党制上的根本变迁,则共产党将必然地趋于灭亡。

共产国际史大林派的领导,继续掩饰其错误,即在中国劳动运动中,替两个敌人开辟道路——社会民主党、无政府党。只有左派反对派同时进行反机会主义和反冒险主义——两者都是史大林派领导之下必然产物——之不可调和的斗争,才可使革命运动免去此两个交互为用的敌人之危险。

现时共产党还是要重新开始为第三次革命做准备,首先抵御资产阶级在政治上和经济上向工人阶级进攻,摆在共产党面前之具体的任务是:领导工人之部分的经济和政治的斗争,发展党的无产阶级的基础,创造在共产党领导之下真正群众的阶级工会,巩固党的秘密组织,同时利用一切公开工作的可能扩张党的政治影响。领导农民之减租,抗捐,反高利贷的斗争,团结贫农,建立党的农村支部;同时站在过渡时期要求的基础上多量吸引工人和贫农参加国内政治生活。

实际这个任务就是走上将来武装暴动夺取政权的道路,苏维埃的口号只是过渡时期一切斗争中宣传的口号,在现时若是实行的口号,则只是冒险或高调。

反对军事独裁和国民党的"训政",必然采用过渡时期革命的民主要求的形式,如要求召集国民会议(由普选的平等的直接的不记名投票的选举而产生的),以解决国家的最重要问题;实行八小时工作日;没收土地;民族独立;国内民族自决权;集会结社言论罢工的自由等。

共产国际第六次世界大会否决了过渡的革命民主口号，陷中国共产党于无口号的状态，因此，使它除作军事冒险外就不能在反革命时，去进行动员群众的工作。

国民党所要召集的国民会议必然要用种种方法限制下层劳苦群众之参加，首先要剥夺共产党的政治权利，使这个会议只限于上层资产阶级之狭小的范围。若共产党不事先号召劳苦群众做普选的国民会议而斗争并提出它们的具体的要求，即是坐视资产阶级从容维持它的统治，加紧对劳动人民的压迫。

战争的停止，国民党召集国民会议的决定，必然要引起各阶级之政治的活跃。

五〔四〕、反对派目前的任务

1. 统一左派反对派创立坚强集中领导的反对派的小组织；2. 发行中国左派之理论的和政治的机关报；并出版最重要的布尔什维克列宁派(反对派)的文件；3. 加紧自己的训练及新的干部之培养；4. 在主要的产业区域之重要产业中重新建立党的刻〔核〕心(支部)；5. 利用一切公开的斗争，重新与群众发生联系；6. 和国际左派发生经常的实际的关系，以集中左派反对派之国际领导。

左派反对派并不是要企图组织第二党或"第四国际"，它的特殊任务是在马克思和列宁之真实的基础上恢复共产国际。它决不离开无产阶级先锋队的活动。它只有与工人运动之真实的进程，首先是与无产阶级先锋队(共产党)的革命斗争密切地联系起来，才可得到发展。

反对派在每个问题中采取它的态度。它在示威、罢工等斗争中无情地批评正式领导机关之政策的错误，但同时要积极参加无产阶级先锋队的战斗，取得它的信仰，对正式机关的领导者不作任何种的让步。只有这样，才能将共产国际和中国共产党从灭亡变节的道路中挽救过来。

纲领草案修改的说明①

协议委员会②一九三一年所拟定的纲领草案③经过无产者社讨论，认为还

① 陈独秀的《纲领草案修改的说明》，是针对王文元代表协议委员会起草的《纲领草案》所作的批评。文章个别漏字编者以〔〕相加。

② 协议委员会即1930年10月托派各组织("我们的话"派、"无产者社"派、"十月社"派、"战斗社"共四个派)，根据托洛茨基的指示，派代表组成的协商机构。其主要工作：1) 起草统一政纲；2) 筹备统一大会。各派均由两名代表参加。

③ 即上述已由陈独秀修改了的(原王文元起草)《中国共产主义左派反对派(布尔什维克列宁派)的纲领》(草案)。

有许多要修正与补充的地方,故归结起来提出现在这个修改案。

为便于讨论起见,我们还须把我们对于原草案所修改的地方加以“简要地说明。这个说明可分作三部分”:(1) 纲领全部构造之改革;(2) 内容之补充及(3) 某一些错误观念之改正。

Ⅰ

关于全部构造上,我们这个修改案完全依照托洛茨基同志在一九二九年所为我们起草的纲领的次序:首先指出两个革命间的过渡期及我们在此时期中之一般的任务,接着即研究过去革命失败的原因,本着过去的经验,分析现时的状况,提出斗争的策略,指示未来的前途,最后再指出反对派目前应着手的工作及反对派对正式党的态度。

必须采取这样构造的方式,才可使人看出我们的纲领是一个政治的实际的纲领,而不是一个研究的提纲。

协议委员会的原草案之主要的缺点就是把整个的政治纲领分裂成首尾不相顾的几个专门研究的问题,使人辨别不出反对派在整个过渡时期之一般的任务是什么,目前斗争的策略是什么,未来发展之大概的趋势是如何……,例如原草案开始就是研究过去革命失败的原因;不把革命性质的问题放在革命胜利的前途之估量上,而把它单独拿在前面当什么一个专门研究的问题;不从政治状况的分析中提出我们的策略,最后再大概地指示未来发展之可能的前途,而把现实的政治状况与前途发展的可能混合地排列起来,笼统地说明一个整个过渡时期,因之在策略上就缺乏一切现实性,只作了一些原则上的推论;把反对派在整个过渡时期之一般任务与目前的政治任务及反对派小组织本身应着手做的工作混合不分……。

对于这些缺点的改正表面上看似乎是只属于形式的问题,但站在政治的行动的观点上看是很重要的。协议委员会的原草案大体上都是抄写托同志所提出的纲领,但因把该纲领的构造拆开来加以改编,反把整个纲领的机体弄到支离破碎,把一个政治的行动的纲领变成一个学院主义的研究,这就是草案之最大的毛病。

Ⅱ

关于内容的补充,主要的就是在目前政治状况与共产党的策略的一部分。在这一部分,托同志的纲领到现在可以说已经老了,不完备了。托同志就当时中国政治状况只极简单地指出军事独裁之所以形成,战争的意义及我们对战争的态度;党的衰败,没有广大的群众的革命运动……,当然不能包括现在经过一两年发展以后的许多新的政治情形，因之在策略上也就不能有更新的说明，只概括地指出反对军事独裁之必然采用过渡的革命民主要求的形式。同时托同志对史大林派的领导在当时只指出国际第六次大会否决过渡时期的革命的民主口号，并未指出中国党最近的根本路线（如"红军"的割据，夺取一省或数省政权，政治罢工等）。

原草案于托同志的纲领中这一部分应该大加补充的毫未补充，反排榜式地罗列一些原则上的推论，致使纲领完全缺乏活的内容。

修改案对其他各部分（除开失败的教训一部分）也都略有补充，但没有再说明之必要。

关于过去革命的教训一部分，我们认为应完全依照托同志起草的原文，用不着增减，也用不着改编。

Ⅲ

关于第三部分，我们只就原草案上择要的举出以下几点：

一、关于第三次革命性质的问题，我们对原草案并不认为（有）多少根本原则上的不同，不过我们觉得像"第三次革命就是社会主义的性质"这类的说法不免是以机械的教条代替阶级斗争活的内容之说明。我们只可说：根据中国阶级斗争的发展，将来推翻资产阶级的统治就必然要实现无产阶级专政，再没有过渡的工农民主专政的存在之可能；因此，我们在斗争过程中就要坚决地准备无产阶级夺取政权。第三次革命在其初步就要为情势所迫，不能不采取比俄国十月革命开始时更激进的办法与手段；或如托洛茨基同志所说的"直接没收外国资本家的因而及于本国资本家的企业之事实，在其斗争的进程中多半将在暴动胜利之翌日举行"。第三次革命（虽然中国经济比俄国落后些）连像俄国十月革命后半年（一九一七年十一月——一九一八年七月）的"民主"时期也不会有；而将于开始时就要坚决地动摇，而且推翻城市及农村中资产阶级的私有财产。机械地武断"一开始"就是社会主义的性质，这乃是一种教派的说法。

但是，如果有人根据托洛茨基同志说将来第三次革命有一时期重演过去"全民战线"之可能，来反对"一开始就是社会主义性质"的说法，当然也是犯了另一极端的错误：这确有转入机会主义的危险。托洛茨基同志说：第三次中国革命第一阶段中，是否得以别样更缩短的形式重演过去的"全民战线"？这是有可能的；然而这一时期，将只是使中国共产党提出其"四月大纲"[①]于民众之前,就是说提出"夺取政权的纲领与策略"。托洛茨基同志说这一段话,正是防备将来有人陷落在"全民战线"的泥坑中。

二、关于战争的问题,原草案说:"战争的前途在群众革命运动没有起来之前,是一时期的相持与妥协,它才会使国家统一;也不是不断地动摇与不断的崩溃。"这种机械的断定是不对的,恰恰相反,中国资产阶级"在群众革命运动没有起来之前,是可以使国家统一的"。托洛茨基同志早就见到:"资产阶级认为它若能更成功地利用帝国主义者之间的冲突并取得更有利的与帝国主义者的妥协,则它更容易使国民党军阀屈服于集中的资产阶级国家机关。资产阶级这种见解并非没有根据的……"(详见《中国革命问题》第二集一四四页)。战争的原因我们已在修改案中明白指出,我们可以说这个战争是表明资产阶级在反革命胜利之后仍陷于它自己内部的一时难以克服的纠纷。但是资产阶级既打败了工农,成立了它的统治,取得与帝国主义妥协的资格,就可以开辟它的前途,渐渐地解除现在的纠纷。这一可能性实现的速度与程度及将来是否遇着新的阻碍,还要受国际的因素之决定。但是无论如何,现在还在革命低潮的时期,"现时尚难预言革命高潮将于何时与依何种道路发生",绝没有理由可使我们断定资产阶级不会使国家统一。战争既然"不会是不断地动摇和不断地崩溃",资产阶级就"会使国家统一"。说它"不会使国家统一,也不会是不断地动摇和不断地崩溃",这是一种莫名其妙的哲学。

三、原草案对农民运动的分析,特别显其"割裂不精"的毛病,并且又未提出反对派对农民运动的策略。只从农村经济分析及客观环境中指出中国农民运动发展的情形,而笼统地说:"因过去革命未解决民主任务,故农村中普遍的发展着农民的暴动",这是不对的。是否"因过去革命未能解决民主任务",中国农村中现在已经有或将来继续有"普遍的发展着的农民暴动"呢?原草案实不免对史大林派农民暴动的政策作了夸张。原草案又说:"不过在客观上说来,它(指"红军")并非毫无革命的意义,它那广大的发展,能推动工业中心政治斗争之活跃,起绝非仅起消极作用的流寇土匪可比。"其实若与中派领导机关一样,处处以客观的意义来掩盖自己的错误,即流寇土匪在"客观上说来",也"并非毫无革命的意义"。我们不要凭空地笼统地说,那"广大的发展能推动工业中心政

① 俄国1917年二月革命后,列宁在"四月大纲"中除了指出无产阶级夺取政权之必要及怎样准备夺取政权的基本策略外,总的政治口号是"一切政权归苏维埃",及与之相连系的土地与和平的民主口号。当时中国托派内部对是否提出立宪会议即国民会议为行动口号问题产生了分歧。

治斗争的活跃”。这样的说法是要助长中派的红军冒险政策。夺取长沙就没有“推动工业中心政治斗争之活跃”，我们一定要说中派这种政策不能推动城市工人。农民暴动也有它自己此起彼落的潮流，中国农民运动是否此后要继续爆发广大的暴动，这是绝不能以“过去革命未能解决民主任务”，而机械地肯定的。农村暴动能影响城市，也只有在城市工人脱离了反革命后的麻痹及斗争复兴的情形之下。

四、原草案说：要严厉地批评含义模糊的口号：“无产阶级和贫农专政”，这又是犯了学院主义的毛病，根据形式逻辑作字句上的推敲。“无产阶级与贫农专政”已成了马克思主义著作中一种术语。这种术语是用以表明革命运动的发展到了无产阶级革命的阶段中之无产阶级与农民的关系。在资产阶级革命的阶段中，无产阶级在乡村是联合贫农反对一般的资产阶级，联合乡村资产阶级反对封建地主，反对城市资产阶级的妥协，以取得它的领导权。到了无产阶级革命的阶段中，则联合贫农中立中农、反对富农，实现无产阶级专政。根据十月革命的经验，“工农民主独裁”只是在革命的前一段中无产阶级联合农民的一种革命的号召，不能实现成为一个阶段的政权形式，这就是说，农民终于不能有一个独立阶级的作用与无产阶级共担革命政权。史大林派把“工农民主独裁”这一口号应用于一九二五年——一九二七年的革命之后，同时又不得不反对富农，这只证明他们领导路线之破产，因为贫农只可作无产阶级在乡村的同盟者，更少有独立阶级的作用。我们若把“无产阶级与贫农专政”解成类似于“民主专政”，这是帮助史大林派对他们破产的路线之诡辩。

——原载《无产者》第九期(1931年1月20日出版)，第11—31页。香港马克思主义研究促进会提供的油印本原件之复印件。

五、起诉、庭审、辩诉与判决(1932 年 12 月 31 日—1933 年 6 月 14 日)

(一) 起诉、庭审、辩诉(1932 年 12 月 31 日—1933 年 4 月 25 日)

1.《申报》 1932 年 12 月 31 日

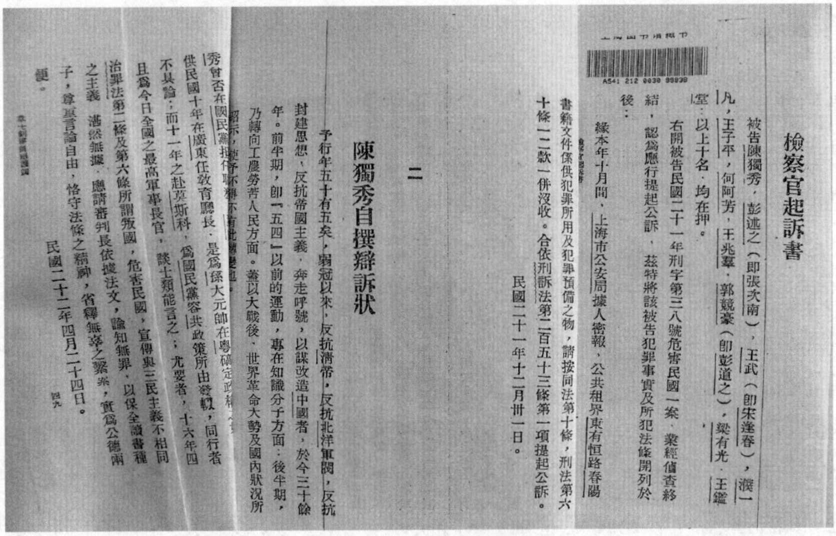

檢察官起訴書

被告陳獨秀，彭述之（即張次南），王武（即宋逢春），濮一凡，王子平，何阿芳，王兆羣，郭競豪（即彭道之），梁有光，王鑑堂：以上十名，均在押。

右開被告民國二十一年刑字第三八號危害民國一案，業經偵查終結，認爲應行提起公訴，茲特將該被告犯罪事實及所犯法條開列於後：

緣本年十月間，上海市公安局據人密報，公共租界東有恒路春陽

書籍文件係供犯罪所用及犯罪預備之物，請按同法第十條，刑法第六十條一二款一併沒收。合依刑訴法第二百五十三條第一項提起公訴。

民國二十一年十二月卅一日。

二

陳獨秀自撰辯訴狀

予行年五十有五矣，弱冠以來，反抗滿帝，反抗北洋軍閥，反抗封建思想，反抗帝國主義，奔走呼號，以謀改造中國者，於今三十餘年。前半期，即『五四』以前的運動，專在知識分子方面；後半期，乃轉向工農勞苦人民方面。蓋以大戰後，世界革命大勢及國內狀況所

詔示，使予不得不有此轉變也。

秀曾否在國民黨擔任職……

供民國十年在廣東任教育廳長，是爲孫大元帥在粵確定政權之……同行者

不具論；而十一年之赴莫斯科，爲國民黨容共政策所由發軔，十六年四

且爲今日全國之最高軍事長官，談士類能言之；尤要者，

治罪法第二條及第六條所謂叛國，危害民國，宣傳與三民主義不相同之主義，湛然無據，應請審判長依據法文，諭知無罪，以保全讀書種子，尊重言論自由，恪守法條之精神，省釋無辜之縲紲，實爲公德兩便。

民國二十二年四月二十四日。

四九

1932 年 12 月 31 日对陈独秀案的《检察官起诉书》、1933 年 2 月 20 日《陈独秀自撰辩诉状》及 1933 年 4 月 22 日《章士钊律师辩护词》(录自《陈案书状汇录》)

陈独秀案起诉

苏高院检察处之起诉书　陈等十人犯危害民国罪

陈独秀、彭述之等解京后，由司法行政部令交江苏高等法院依法办理，迭经承办检察官朱隽赴京侦查，业已终结。除王晓春一名，查无确据，另予不起诉处分外，

陈独秀、彭述之、王武、濮一凡、王子平、何阿芳、王兆群、郭竞豪、梁有光、王鉴堂等十名，认为供证确凿，均触犯《危害民国紧急治罪法》，应负刑责。前日已向同院刑庭提起公诉，一俟林院长回苏后（林氏因出席苏省代表大会报告工作，现在镇江），即指派庭长赴京审理。兹觅录朱检察官起诉书如下：被告陈独秀、彭述之（即张次南）、王武（即宋逢春）、濮一凡、王子平、何阿芳、王兆群、郭竞豪（即彭道之）、梁有光、王鉴堂，以上十名均在押。右开被告，民国二十一年刑字第三八号危害民国一案，业经侦查终结，认为应行提起公诉。兹特将该被告犯罪事实，及所犯法条，开列于后。

缘本年十月间，上海市公安局据人密报，公共租界东有恒路春阳里第二百十号楼上，设有共党伪中央机关，当即密派督察员唐豹、张清泰，持函向特区第一法院签发搜查逮捕证，会同捕房西探长戈而特、西探目克老司来等，于同月十五日下午三点钟，按址前往，适谢少珊及被告濮一凡、彭述之（即张次南）、王武（即宋逢春）、王兆群等五名，正在开每星期常会，遂一并逮捕。当场抄出大批反动文件，并有小条通信处数纸。探捕等即根据此项地点，于同日下午七时，至岳州路永兴里十一号楼上，将被告陈独秀拘获①，并获大批反动文件。九时许，至圣母院路高福里三百二十二号楼上濮一凡家内搜查，起出反动文件多种，并拘获王晓春一名。当晚十二时许（十六日零时），又至大通路斯文里一〇四四号，因夜深打门，屋内人闻声惊恐，有二人由窗口跳下，一人逃去，仅将被告梁有光拘获，并搜出反动文件多件。七时半，到塘山路业广里三三五号楼下，被告王子平、何阿芳，正在印刷共产党刊物《火花》及《校内生活》，遂连同证物一并抓获。十二时，又到福履里路二十二号，获住被告王鉴堂，又起获反动书籍十种。先是，探捕等在塘山路业广里三三五号屋内，捕去王子平等，复派人暗中守住。迨至十七日，被告郭竞豪（即彭道之）不知事已败露，前往该屋，亦被守屋探警一并捕获，遂解送江苏高等法院第二分院，交由上海市公安局派员提回。先将陈独秀、彭述之两名，转送军政部陆军署军法司，讯明与鄂、赣等处共匪无关，且陈独秀等既非现役军人，而犯罪地点又与《危害民国紧急治罪法》七条前段规定不合，认为无权管辖，转由司法行政部发交本处，依法办理。本处调集卷证，一再侦讯。陈独秀、彭述之等，对于加入共党，创立中国共产党左派反对派团体，及被举为中央执行委员等，均各自认不讳。正进行间，查悉公共租界捕房又在陈独秀家内续获反动文件四十余种，复派员向中央党部一并调齐，并经上海市公安局将共犯王武（即宋逢春）、濮一凡、王子平、何阿

① 据国民党上海市长吴铁成捕获陈独秀后发给南京政府的密电，陈独秀的住址是谢少珊供出来的，此处这样讲显然是为叛徒谢少珊隐瞒。

芳、王兆群、郭竞豪、梁有光、王鉴堂、王晓春等九名,续解来处,并案讯办。侦察结果,除王晓春一名查无确据,另予不起诉处分外,陈独秀等十名,期犯罪行为,应分别论述如左〔下〕:

(一)陈独秀部分:被告陈独秀,系安徽怀宁人。初在日本东京大学读书。于前清宣统元、二年(一九〇九年——一九一〇年)间,曾一度回国从事著作。光复后,又往日本继续求学。至民国四年(一九一五)回国到上海,在《青年报》[1]当主笔,一以反宗教军阀及孔子主义为目的。民国五年(一九一六)至北京大学当文科教务长,直至民国九年(一九二〇),复回上海办《青年报》,是年即加入共产党。旋往广东任教育厅长,约一年,因病回沪。民国十一年(一九二二)赴莫斯科住约二月,回国后,被派为共党总秘书,直接受莫斯科命令,指挥各地共党活动。至民国十六年(一九二七),因国民党清共,共党失败,第三国际[2]以被告执行职务不力,将其总秘书职务开除。彼时,共党内部分裂为二:一为斯丹〔大〕林派,又名干部派。一为托洛斯〔茨〕基派。被告侧重于托洛斯〔茨〕基派,自与干部派意见不合。至民国十八年(一九二九)下半年复被开除党籍。于是被告纠集一般被开除党籍者,若彭述之、王子平、宋逢春等,在上海组织中国共产党左派反对派团体,举被告与彭述之、张九为中央执行常务委员,宋逢春、濮一凡二人为候补常务委员。复在北京、天津、广州、香港等处,组织支部分头活动。因限于经费,仅参加工会及学生运动。而农会方面党员较少,无法扩张。党内刊物有《校内生活》及《火花》两种,均由被告负责编辑。以上事实,均经被告在捕房高二分院及本处自白,核与共犯彭述之等供词,尚相符合。

查被告为中国共产党左派反对派中央执行常务委员首席(以下简称中共反对派),是为一党之主脑。其个人行动,及发表之反动文件,应负责任,固无论矣;即以中共反对派名义刊行之反动传单宣言书,及其指挥之行动,亦应由其完全负责。详阅中共反对派名义发表之《政治决议案——目前的局势与我们的任务》(证据第二十四号)[3]、《五卅七周年纪念告民众书》(证据第五号)、《对时局宣言》(证据第六

---

① 即《新青年》。

② 第三国际即共产国际(下同),列宁领导创建的世界各国共产党和共产主义团体的国际联合组织,总部设于莫斯科。第一次世界大战爆发后,第二国际破产,促进了各国共产党的建立,客观形势要求建立新的国际组织。1919年3月2日在莫斯科召开了国际共产主义代表会议,有来自21个国家的35个政党和团体的52名代表参加。大会通过了《告国际无产阶级宣言》、《共产国际行动纲领》、《关于资产阶级民主和无产阶级专政的提纲》等文件,宣告第三国际成立。它实际上成为了苏俄输出革命的总指挥部,但又以苏俄的国家利益为导向。

③ 证据二十四为"《校内生活》1—5期(十本)"。此文刊于《校内生活》第三期。

号)①、《组委通告》(证据第七号)②、《为日本帝国主义近〔进〕攻上海告民众书》(证据第十一号)、《为日本占领淞沪告全国民众》(证据十五号)、《沪东区委员为日本在上海进行大屠杀告民众》(证据第十六号)、《为日本占领淞沪告全国民众》(证据第二十六号)③、《北京特委最近工作计划》(证据第三二三号),一面借口外交,竭力宣传共产主义,一面则对于国民党政府,冷嘲热讽,肆意攻击。综其要旨,则谓国民党政府威信堕地,不能领导群众,应由其领导农工及无产阶级等,以武装暴动,组织农工军,设立苏维埃政权,推翻国民政府,由无产阶级专政。并欲打倒资本家,没收土地,分配贫农。其言词悖谬,显欲破坏中国经济组织、政治组织。而其个人名义所发表之《中国将往何处去》(证据第二十六号)④,《此是抗日救国运动的康庄大路》(证据第二十六号)⑤、《国联第二次决议后之局势》(证据第二十六号)⑥、《为纪念五一告工友》(证据第二[十]六号)⑦,竟目三民主义为反动主义,并主张第三次革命,坚决扫荡国民党政府,以革命民众政权代替国民党政权。其意图在危害民国,已昭然若揭。惟查共产党进行之程度,原有组织团体,宣传主义,武装暴动,设立苏维埃政权各阶段。察核被告所为,仅只共产主义之宣传,尚未达于暴动程序。然以危害民国为目的,集会组织团体,并以文字为叛国之宣传,则证据确实,自应令其负责。

(二) 彭述之部分(略——编者)

(三) 王武部分(略——编者)

(四) 濮一凡部分(略——编者)

(五) 王子平部分(略——编者)

(六) 何阿芳部分(略——编者)

(七) 王兆群部分 (略——编者)

(八) 郭竞豪部分(略——编者)

(九) 梁有光部分(略——编者)

(十) 王鉴堂部分(略——编者)

---

① 证据第六号为《中央左派反对派时局宣言》。

② 为陈独秀证据目录证据十之误。

③ 证据第二十六号为《火花》二至十四期。《火花》一卷八期刊登之《为日本占领淞沪告全国民众》,但与此证据15号重复。

④ 证据二十六为《火花》一卷二期,1931年9月28日油印。

⑤ 同上,此文刊于《火花》一卷三期。

⑥ 同上,此文刊于《火花》一卷五期。

⑦ 同上,此文刊于《火花》一卷十期。

总上论结,陈独秀、彭述之(张次南)、濮一凡(宋逢春)、王武、王子平、何阿芳、王兆群、郭竞豪(彭道之)、梁有光、王鉴堂等,组织以危害民国为目的之团体或集会,均触犯《危害民国紧急治罪法》第六条;又,陈独秀、彭述之以文字为叛国之宣传,及王子平、何阿芳为叛国宣传之帮助,并有触犯同法第二条第二款之重大嫌疑;起获共产书籍文件,系供犯罪所用及犯罪预备之物,请按同法第十条,《刑法》第六十条一二款一并没收,合依《刑诉法》二百五十三条第一项,提起公诉。

原载《申报》 1932 年 12 月 31 日 第三版

2.《大公报》 1932 年 12 月 31 日

陈独秀案 江苏高等法院起诉

[上海三十日下午十时电] 苏高等法院检察官对陈独秀、彭述之三十日起诉,认被告等十人所为共产主义之宣传,组织危害民国之团体及集会违反《危害民国紧急治罪法》第六条及第二条第二款。

原载《大公报》 1932 年 12 月 31 日

3.《益世报》 1932 年 12 月 31 日

陈独秀案

军法司讯明与赤匪无关 惟检察官朱隽起诉 指为有意危害民国

[南京 30 下午 11 时本报专电] 陈独秀、彭述之等,经军法司讯明,与鄂、赣赤匪无关,由法部交苏高院审讯后,陷(30 日)检察官朱隽起诉,谓陈系反对派中央常委首席,一切言论行动,应负全责。其刊物竭力宣传共产主义,对政府冷嘲热讽,肆意宣传,其词背谬,欲破坏中国经济、政治组织,虽仅纸上宣传,未有暴动程度,然以危害民国为目的,集会组织团体,为叛国宣传,则证据确实,触犯《危害民国紧急治罪法》第六条及第二条第二款,彭为该派中央常委,当同负责。王武、濮一凡为候补常委,王子平、何阿芳、郭竞豪、王兆群、彭道之、梁有光、王鉴堂加入团体犯同法,王晓春据不起诉。

原载《益世报》 1932 年 12 月 31 日 第二版

4.《大公报》 1933 年 1 月 3 日

苏高法院检察官 对陈彭等起诉书 触犯《危害民国紧急治罪法》

[上海快信] 中国共产党反对派首领陈独秀、彭述之等,自十月间为上海市公安局捕获,解送南京军法部军法司,嗣经讯明与皖、鄂、赣等省赤匪无关,与《危害民国紧急治罪法》之规定不合,乃移送司法行政部交江苏高等法院审讯,兹经检察官

朱隽侦查结果，提起公诉，兹录起诉书原文如左〔下〕：

起诉书　被告陈独秀……自应令其自负。（未完）（省略部分见 1932 年 12 月 31 日《申报》，见本书第 307—308 页，此略。——编者）

原载《大公报》　1933 年 1 月 3 日　第四版

5.《益世报》　1933 年 1 月 3 日

陈彭案　苏高等法院提起起诉书　被告等所为仅只共产党宣传　违反《危害民国紧急治罪法》

［上海通讯］　中国共产党反对派首领陈独秀、彭述之等，自 10 月间为本市公安局捕获解送南京军政部军法司，嗣经讯明与皖、鄂、赣等省县赤匪无关，与《危害民国紧急治罪法》之规定不合，乃移送司法行政部交江苏高等法院审讯，兹经检察官朱隽侦查结果，提起公诉，兹缘起诉书原文如左〔下〕：

起诉书

……负同等责任。（省略部分见 1932 年 12 月 31 日《申报》，见本书第 307—308 页，此略——编者）

原载《益世报》　1933 年 1 月 3 日　第三版

6.《大公报》　1933 年 1 月 4 日

苏高法院检察官对　陈彭等起诉书（续）　触犯《危害民国紧急治罪法》

彭述之部分……（三十一日）（省略部分为编者略。）

原载《大公报》　1933 年 1 月 4 日　第四版

7.《益世报》　1933 年 1 月 4 日

陈彭案　苏高等法院提起起诉书　被告等所为仅只共党宣传　违反《危害民国紧急治罪法》续

王武部分……（此略——编者）

原载《益世报》　1933 年 1 月 4 日　第三版

8. 陈独秀致王灵均信(5)

灵均女士：

四、五两日信均收到。收到乳精及被褥已见前函，谅已达览。

某君译书费，最好和长沙老友商量早日交清，以免麻烦。长沙老友此次总算镇静,难得之至!

来函所云章律师①古道热肠,不知于何事见之?

弟在此间并未写过楹联,《晶报》所影印的,大约是我在军部所写,弟在军部受何应钦半谈话、半审问后,许多青年军人纷纷持笔墨数寸长之小纸条,索书纪念,情意殷殷(充满同情心,毫无敌视表示)。令人欣感,四面包围(长官不能禁制〔止〕),弟真应接不暇,幸而墨尽,才得解围。

我当初甚虑先生因看病被误,后竟幸免。不知何以能够幸而免,望告我以经过。

潘女士所藏物包已自取去,真是万幸!但不知确否?倘只是二房东所云,未必十分可靠,因出事后的数日,她未必敢,也未必能自由出入也。惟事已如此,只得听之而已!

顷闻彭律师云,岳州路二房东说我欠她房租两个月,真是混帐。弟处房租,先付后住。弟出事在十月十五日,十三日付房租十四元,交她的儿子六福之手(潘女士手交),当然可住到十一月十三日。倘过十三(日)搬出,也只欠她一个月十四元,不至欠二十八元也。木器虽破旧,当可值五、六十元,惟此等小事,可以不必与之计较。书籍似宜搬出,因有许多日文书颇有用,二房东不但不要书籍,一定还很害怕收留此物。有人搬去,她当万分乐意。惟为安全计,和二房东说好,请她搬家后(她早已说打算搬至法界),我们再搬书,较为安全。但若无探捕守门,头天装好箱,次日一清早车去,狗门也注意不及也。

潘女士她浦东有父母,她能在卷烟厂做工(这是她的旧业),不需我们帮助,并且事已揭开,她必不敢受我们帮助也。为她藏物事,迟日或去信问她。

与长沙老友信,阅后请送给他。

世道艰难,我望你们能以生活刻苦,节省用度,以便早日开设诊所,才是办法。
此祝
健康!

明夷白(一九三三年一月)七日

9.《中央日报》 1933年1月13日

陈独秀案侦查终结　起诉书已送达各犯　将于下月初在江宁法院开审　王晓春一名另予不起诉处分

共产党反干部派,陈独秀、彭述之等,自在沪捕获解押江宁看守所后,江苏高

---

① “章律师”是行严先生。灵均女士是学产科的,故有“开设诊所”的话。——汪注。

等法院特派承办该案之检察官朱隽来京侦查，先后开庭三次，业经侦查终结。除王春一名查无确据，另予不起诉处分外，陈独秀等十人供证确凿，触犯《危害民国紧急治罪法》，于上月二十八日向同院刑庭提起公诉。正气社记者昨赴该所，探悉，起诉书业已送达在押各被告，陈独秀以侦查期间已过，要求准许接见。并悉江苏高院指定承审本案之刑二庭长胡善称，亦定日内来京开庭审理。兹记各情如下。

起诉书昨送达　关于本案拘押看守所之人犯，计有陈独秀、彭述之、王武、濮以凡案、王子平、何阿芳、王兆群、郭竞豪、梁有光、王鉴堂、王晓春等十一人，陈彭同居一室，其余九人共住一间。高院起诉书，于昨日上午十点邮达京，当由该院分至各被告，每人一份签提，王晓春一名侦查结果，另予不起诉处分文证，当庭开释，其余诸人，分别羁押。

要求准许接见　陈独秀自解京入押，因侦查关系，奉令停止接见，昨日起诉书送达后，陈氏以侦查期间已过，要求即日恢复准许接见之权利，当由看守所接受，据情转呈江苏高等法院请示，俟奉核准即行通告。

指定承审庭长　本案自上月二十八日提起公诉，业经该院院长林彪指定刑二庭庭长胡善称承审，胡氏现正及全部证据，将为避免手续决定江苏地方法院开庭公开审理，闻开庭日期在十月初。

起诉书之结论　总合起诉书全部之转结论陈独秀、彭述之（张次男）、濮一凡、王武（宋逢春）、王子平、何阿芳、王兆群、郭竞豪（彭道之）、梁有光、王鉴堂、王晓春等危害民国为目的之团体或集会，均属《危害民国紧急治罪法》第六条，又陈独秀、彭述之以文字为叛国之宣传，及王子平、何阿芳为叛国宣传之帮助，并有触犯同法第二条第二款之重大嫌疑。起获共产书籍文件系供犯罪所用及犯罪预备之物。请按同法第十条，刑法的六十条一二款一并没收。合依《刑诉法》第二百五十三条第一项提起公诉。

原载《中央日报》　1933 年 1 月 13 日　第七版

10.《涛声》　第二卷第三期　1933 年 1 月 14 日

论牛兰、陈独秀并质吉星先生

华　龄

聚仁先生：

最近才拜读了你所主编的《涛声》，在中间发现了好几篇关于陈独秀的文章，使我十分兴奋！因为陈独秀无论如何是一位中国不可多得的人物，陈独秀这一次的被捕，我也和先生的意见一样，总是希望他不致被杀掉才好。可是“人心不同,各如其面”,主“杀”,主“牺牲”,主“宽容”,主“不置可否”……亦各各不同。因此,我也喜欢来说说陈独秀。

論牛蘭陳獨秀幷質吉星先生

曹聚仁等主编之《涛声》第28期刊登之营救文章

当牛兰被捕时,国民党方面是认为:“该杀”(如国民党各地党部函电交驰要求处牛以极刑),但是在共产党方面当然是认为绝对“不该杀”(我也同意这点),用尽九牛二虎之力在国内外作有力之“救牛”运动,果然马到成功,国民党人亦肯“放下屠刀”,不宰此牛。因而,牛兰没有杀。我希望他今后像大世界的寿星“张再丰”一样活到一百零九岁,他一定有享受所谓“中华苏维埃共和国”统治下的“自由”的机会。

陈独秀被捕了,国民党也说他:“危害民国”,“共匪”是“该杀”!不料共产党却说他:“不是共产党”,是“叛徒”,“取消派”,“反革命”,“资产阶级的走狗”是该杀千刀,杀万刀(如吉星先生的用意)!在中国这两个决胜负的大政党——都是主张:“该杀”;这简直等于国人皆曰可“杀”。这个“危害民国”的“共匪”,同时又是“反革命”的“走狗”之匹夫陈独秀,可说是“罪大恶极”而“死有余辜”了!我想他就是活到一万零九百岁也是永无享受“自由”的可能,因为,他既不容于国民党的“中华民国”,又不容于共产党的目前所谓“中华苏维埃共和国”;同时,他自己囚禁在牢监里更不能依当年在《向导周报》上写“造国论”时代的计划为自己去“造国”。所幸者，陈独秀此刻还没有被杀——纵然他就活到一百万零九万九千九十九岁还是没有用处。聚仁先生，你千万不要笑我浅见！我以为革命的目的不是在“杀人”，而是为要解决社会问题，换言之，反而是在“活人”：至于在革命过程中会发生“流血”的惨剧，这是万不获已的事，这不是由于“革命”英雄们狭隘的“复仇主义”的结果，而是人类历史发展之“必然性的”结果！

俗语说：“路见不平，气死旁人！”我虽然不敢学孙中山的“打不平”，但我却愿意替陈独秀来“鸣不平”。当年牛兰被捕时，共产党就多方活动，宋庆龄、蔡元培、杨杏佛等从一切方面设法营救，向国民党当局为牛兰缓颊，一到陈独秀被捕就不然了。虽然杨杏佛、蔡元培等会替陈独秀向南京政府启情，但是苏联共产党机关报《真理报》却因这件事以大号字的标题写着：“托洛斯基主义者得到国民党的保护。”谁都知道，国民党是当今中国执政的党，陈独秀如果得到这个“顶呱呱”的保镖，自然是“只愁富贵”了，然而，事实并不如此。我们只能就目前的情况而论——至于将来的陈独秀是否会投降国民党，或变为无耻的忘八蛋，我们可不管他——他现在不是坐在国民政府的办公厅中或国民党中央党部的议席上，而是幽禁在牢狱，这是任何人不能否认的！国民党为什么要来“保护”他呢？是否因为怕共产党会以对付白鑫①和顾顺章②的手段来对付他，所以把他封在密不透通风的斗室中使他的老命不致发生意外的危险呢？但是，国民党人却又口口声声说他“危害民国”，应当重办严惩。是否因为怕“红军”不久会打下上海将把陈独秀的首级割下来“号令天下”，因此马上把他绑到南京去以便保护呢？然而，上海的政局此刻还是原封未动，这样看来，共产党何重于牛兰而又何轻于陈独秀？这对于旁观者的我不无疑惑！

若是照吉星先生的话说：“陈独秀不是共产党，是个‘学者’”而该杀，不该“优待”，那么牛兰也是“学者”，为什么就不该杀，而该“优待”呢？呵呵！牛兰“是真共产党也，所以待遇不同也”。但也并未一脚镣上铐！我以为大概是因为陈独秀

---

① 白鑫，湖南常德人。1926 年 3 月被录取为黄埔四期学生，后加入中国共产党，1927 年参加了“八一南昌起义”，1929 年初返回上海任中共中央军委秘书。是共产党中最著名的叛徒之一。由于白鑫的叛变，致使当时的中央农民部部长彭湃、军事部部长杨殷、颜昌颐、张际春等四名军事干部等被捕遇害。白鑫当叛徒几个月后，被他的师兄陈赓手下的“红队”击毙在上海街头。

② 顾顺章(1904—1935)，本名顾凤鸣，上海宝山吴淞人，中国共产党早期领导人之一，地下情报人员，中共秘密特务组织中共中央特科的负责人。1931 年投降国民政府，由于其掌握大量共产党机密，成为共产党最危险的叛徒，其家人因住中共秘密机关，由周恩来处置予以灭门。1935 年顾顺章被国民政府以秘密联络共产党为由处死。

是“假”共产党、是“学者”而口口声声自认为“共产党”;牛兰是“真共产党”而一味胡拆〔扯〕不肯认是共产党而认自己是“学者”,所以陈独秀是该杀,牛兰是不该杀罢。假使这是理由,那无非是陈独秀加犯了一条不懂“掩耳盗铃”之罪罢了。若以为陈独秀得了国民党方面赐以“牛乳面包等物”以及拨洋百余元作衣物备办费就足证明陈独秀是受“保护”或快要“飞黄腾达”,我以为事情并不如此简单。假使陈独秀不是中国历史上一个杰出人物,又不是因为贫困和抱病(吉星先生说,陈先生的病“怕与汪先生一样”)。据我的一位接近陈独秀的朋友说,他这回即因患严重的“盲肠炎”以致被捕。因为他的住址是不轻易告人,此番因病不能行走,为送医药和报告消息方便起见,才不得以告诉谢少山[珊]。后因谢叛变,供出地址他遂就逮。他被捕时,穿着灰布的长袍,钱不名,要别人拨洋。牛兰被捕时,身上有几千元美金的存折,穿着挺直的西装,然而,在事实上,牛兰也并不比陈独秀为虚待罢!我看所不同的是:陈独秀食此“嗟来”之食,而牛兰则学陈仲子[1]三日不食,后见井上有李而“三咽”食之。比如他曾几度要求“移转管辖”,甚至于要求“夫妇同居”而“绝食”,后轻[经]政府屡劝而始食!我说如牛兰者真可称为“学者”之楷模,不像共产党员或革命家也!要是说陈独秀该死,那也只有说他太大胆地敢在国民党面前戴“红帽子”罢了!至于说到陈独秀“要求到汉面见蒋委员长”,这也为事实所证明。或如吉星先生所言:“是陈先生这派的主张”,据我有一位此派中友人说“这乃某方面的有意造谣藉以诬蔑异己而已而无真凭实据”。我们且姑听之姑言之罢。总之,我不管陈独秀是“真”共产党或是“假”共产党,是“左”派或是“右”派,但他在中国革命运动史上的确如傅斯年先生所说“光焰万丈的大彗星!”因此,我希望他不至于死,希望他的寿命会活到八百岁和彭祖一样,我所以如此,正是和曹先生同一鼻孔出气:“也不过为着中华民国的千秋万岁呀!”

“成败论人”是历史学家的一个大忌,陈独秀在狱中还寄出许多题字(如:“三军可夺帅,匹夫不可夺志也”和“先天下之忧而忧,后天下之乐而乐”等),以表明自己的心迹。但他还没有死,所以我在此也不能为他作“盖棺之定论”也,不过我在此地要向吉星先生提出几个问题:

一、陈独秀该不该杀?

---

① 陈仲子,本名陈定,字子终,又叫田仲,是战国时期齐国著名的思想家、隐士。陈仲子因见其兄食禄万钟,以为不义,故避兄离母,又先后坚辞不受齐国大夫、楚国国相等职,先迁居於陵,后隐居长白山中,终日为人灌园,以示“不入污君之朝,不食乱世之食”,最终因饥饿而死。

二、如果不该杀，可不可以设法营救？或对他说些公道话？

三、如果该杀，那可否请求国民党和南京政府处以“死刑”？

聚仁先生！我生平最怕的是，没有“是非之心”而有“好恶之心”的人。我也最佩服那些昧于“常识”而“言之或[有]理的人”。世界上最忠实的人莫过于卖臭豆腐者，因为他所卖的东西是“臭”的，所以他口里喊出来的声音也是“臭”的。世界上最不公平的人是刑名师爷，他满口是“公理”、“正义”、“法律”，他心里却是丧尽天良，想颠倒一切是非和黑白，这是社会上另一种人的“行业”，也就是他们的人生真谛。

我的话就此结束了，有意见时以后再说。

祝

编安！

华龄

一九三二年十二月二十七日

11.《中央日报》 1933年1月19日

陈彭案　开审期尚有待

陈独秀、彭述之案，自经苏高法院检察官侦查结果，认为触犯危害民国罪及刑法条文，已正式提起公诉，起诉书业经送达各被告，同时高等法院亦派定审判官，拟来京就近审理，现陈等一干人犯，共十人，仍羁押江宁地方法院看守所。自去年十二月二十六日起，该案即已有苏高法院管辖，惟被指定之推事，截至昨日止，尚未抵京。江宁地方法院前日又去文催促，想日内即可由苏州启程来京。据法界中人谈，现废历年关将届，陈案开审期，恐在废历年关以后或元宵节前后也。又陈等在所，前曾经承办该案之检察官谕令停止接见，现侦查既已完毕，陈等亦正式呈请撤销该项命令，但尚未奉到批示，故陈等现仍不能接见访者。

原载《中央日报》 1933年1月19日　第七版

12.《世界日报》 1933年1月21日

陈独秀曾绝食法院允陈等接见家属后……陈等始复食

［本报南京二十日下午十时专电］　陈独秀等因要求恢复接见权，未准。而开审复无期，故铣（十六日）起已绝食。经江宁地□□院长汪所彭赴看守所劝导，陈等态度极坚，并表示不达目的，誓不复食。汪当即电苏高等法院请示，苏高等法院

复电,准陈等见家属,惟须记录谈话。呈报法院,刻陈等已复食。

原载《世界日报》 1933 年 1 月 21 日　第三版

13. 司法行政部关于陈独秀一案添临时看守费用给江苏高等法院的指令　1933 年 1 月 26 日

司法行政部指令　　　　　　　　指字第 1264 号

令署江苏高等法院院长林　彪

呈一件为处理陈独秀等一案应添临时看守等费用,拟呈请援案于留用法收项下拨支,祈核示由

呈悉。据称江宁地院看守所羁押危害民国案犯陈独秀、彭述之二名,案情重大,而押舍又不相联贯,为戒护周密计,拟添设临时看守三名,以资防范等情,应予照准。每月工饷三十元以及该院办理陈独秀案一应费用,如果经常预算内无从匀支,应妥为筹划,分别编列二十一年度司法补助费概算,俾动支时有所依据。至陈独秀、彭述之二名患病期间应否优给口粮,着该院长酌量情形办理可也。此令。

司法行政部部长　罗文干印

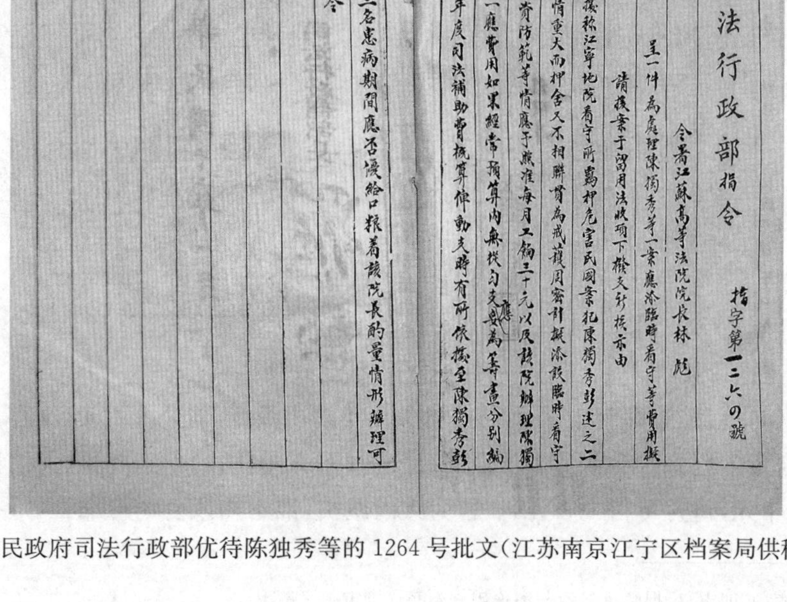
司法行政部指令
指字第一二六四號
令署江蘇高等法院院長林　彪
呈一件為處理陳獨秀等一案應添臨時看守等費用擬
請援案于留用法收項下撥支祈核示由
呈悉據稱江寧地院看守所羈押危害民國案犯陳獨秀彭述之二
名案情重大而押舍又不相聯貫為戒護周密計擬添設臨時看守
三名以資防範等情應予照准每月工餉三十元以及該院辦理陳獨
秀案一應費用如果經常預算內無從勻支應妥為籌畫分別編
列二十一年度司法補助費概算俾動支時有所依據至陳獨秀彭
述之二名患病期間應否優給口糧着該院長酌量情形辦理可
也此令

国民政府司法行政部优待陈独秀等的 1264 号批文(江苏南京江宁区档案局供稿)

中华民国二十二年一月廿六日

14. 国民政府江苏高等法院训令　第6507号　1933年1月30日

为令遵事。前据该院呈以押犯陈独秀等案情重大，号舍不相联贯，请添临时看守三名，并据陈独秀、彭述之请求，由公家优给口粮转请核示等情，各到院。据经指令并转陈核示在案。兹奉

司法行政部指令第一二六四号开：呈悉云云此令等因奉此，除遵办外，合乃令仰该院长遵照办理。再陈独秀等饭食据该所前报十一、十二等月口粮统计表均载明自备有案。现在病已痊愈，应否再由公家优给之，复并仰转饬该所长察酌[①]情形妥拟办理具报。此令。

录自　南京江宁档案馆

6507号档案原件

15. 陈独秀致王灵均信(6、7、8)　1933年2月7日、26日

灵均女士：

玉英女士回沪，托带一信，谅已收览。

急欲得老托[②]的《不断革命论》一读，前曾函托长沙老友向中美图书公司(听说此处的确有)买一册寄来，望催他务必买来；如他办不到，即请你买一本托彭律师带来。是为至托！

前函所拟将寄存彭律师处之书，分存兄处及老友处，不知可行否？有一部分(如另单所开)书，希望捡出托彭律师带来。捡出带来之书，可开一清单交彭律师，以免其疑心有红色书籍，不敢带来也。

致李、潘二信，请分别送寄。潘如果在彭处留有通信地名，则当然可以改寄那里。此祝

健康！

明夷叩(1933年)二月七日

上次彭律师来宁，带来一月八日信，早已收到。

《自传》稍迟即可动手，老友[③]处大半不能出版；不能公开发卖《文存》，岂能发卖《自传》，曹聚仁君曾代表群众图书公司(上海四马路)来索此稿(大约稿费每千字二十元，每月可付二百元)。曹为人尚诚实，惟不知该公司可靠否，望托人打听

---

① “察酌”即审察、斟酌也。察与酙连用之察乃详细审查之谓也。
② “老托”是指托洛茨基。——汪注
③ “老友”仍是我的大叔孟邹。——汪注

一下。

夷又白

1. 英汉字典。2. 辞源。3. 西方革命史。4. 法兰西革命史。5. 北京大学国学季刊一本。6. 郭沫若著甲骨文研究。7. 郭沫若著金文研究。8. 清朝通史。9. 我的生平

仲三①老哥:

近来各事多见致灵均女士信中,谅她已略告吾兄,兹不赘及。

超麟、资深、长子②等各处救济事,弟甚关心,经灵均女士手交兄之款,已有几次,约有若干,如何分配办理,是否足用,他们(超等)的近状如何,均望吾兄一一赐知。来信交灵均女士转来不误。

罗汉③兄近状如何,亦望示及,此颂

双安!

弟 明夷叩(1933)二月七日

灵均女士:

久未接来信,不知你们好吗?

前向长沙老友索要各书均未见寄来,至为盼望。

致老李信,亦未得复,不知他仍在上海吗?

鄙人身体如恒,惟大便不能天天有,有时还是糖便,这是胃中消化不良之证,不知应服何药?此祝

双安!

明夷白(一九三三年)二月廿六日

---

① "仲三老哥",不知道是哪一位。至于"长子",疑指"陈大哥",我还不知道他的名字。他的个子也是又高又大的。——汪注。编注:仲三为李仲三,山西人。无产者社首批成员。见"中国托派的产生和灭亡网"(中)。

② "超麟、资深、长子":"超麟"即郑超麟先生;"资深"不认识;至于"长子",疑指"陈大哥"。——汪注 编者按:资深即何子深、之瑜。

③ "罗汉"不认识。——汪注。

罗汉:宜兴人,早期留法的革命者。北大同学会托代为照顾陈独秀之职。抗战期间任宜兴陶瓷学校教员。他自觉担负起为陈独秀回党一事与延安的联络人而奔走于上海延安之间,因故只到西安,与西安八路军办事处林伯渠联系。死于1939年5月重庆大轰炸。

小女洗子[①]在上海大同大学中学读书，曾嘱她与先生一见，俾受教益，已相见否？

今后彭律师多在沪，少来宁，普通信可由邮政局寄来（惟不必写发信地址），此间寄尊处及长沙老友之信，亦望择一收信地址示知（当然以普通信为限，署名明夷，或常常易名）为盼。

明又白

陈独秀的女儿陈子美[②]

16. 陈独秀自撰辩诉状　1933 年 2 月 20 日

予行年五十有五矣。弱冠以来，反抗清帝，反抗北洋军阀，反抗〔对〕封建思想，反抗帝国主义，奔走呼号，以谋改造中国者，于今三十余年。前半期，即“五四”以前的运动，专在知识分子方面；后半期，乃转向工、农劳苦人民方面。盖以大战后，世界革命大势及国内状况所昭示，使予不得不有此转变也。

半殖民地的中国，经济落后的中国，外困于国际资本帝国主义，内困于军阀官僚。欲求民族解放、民主政治之成功，决非懦弱的、妥协的上层剥削阶级全躯保妻子之徒，能实行以血购自由的大业。并且彼等畏憎其素所践踏的下层民众之奋起，甚于畏憎帝国主义与军阀官僚。因此，彼等亦不欲成此大业。惟有最受压迫、最革命的工农劳苦人民与全世界反帝国主义、反军阀官僚的无产阶级势力，联合一气，以革命怒潮，对外排除帝国主义之宰制；对内扫荡军阀官僚之压迫。然后中国的民族解放、国家独立与统一、发展经济，提高一般人民的生活，始可得而期。工农劳苦人民解放斗争与中国民族解放斗争，势已合流并进，而不可分离。此即予于“五四”运动以后开始组织中国共产党之原因也。

共产党之终极目的，自然是实现无剥削、无阶级，人人“各尽所能，各取所需”

---

① “洗子”是君曼（高）女士所出，好像是哲民之姐。——汪注

洗子是哲民之姊陈子美（1912—2004），出生于安庆市，乳名喜子。在陈独秀六个子女中排行第四。早年就读于上海第三女子中学，1925 年随母高君曼赴南京，因生活艰难赴山东半工半读，学成收发电报的技术。在杭州电信局工作。19 岁奔母丧，不久同张国祥结婚。生有子女五个。1945 年离婚。靠她“跑单邦”维持生活。又在上海解放前与李焕照结合，生两个儿子。陈靠曾学会的接生技术当了上海的里弄接生员。“文革”中她受造反派很大冲击，因为是“大右派陈独秀的孝子贤孙”而游街示众。20 世纪 70 年代初与两个儿子一起偷渡香港，转赴加拿大，定居并逝世于美国纽约医院。

② 孙其明：《陈独秀身世、婚恋、后代》，济南出版社 1995 年版。

的自由社会。此即是说：一切生产工具收归社会公有，由社会公共机关，依民众之需要计生产与消费之均衡，实行有计划的生产与分配。使社会生产力较今日财产私有自由竞争的资本主义的社会有高度发展；使社会的物质力量日渐达到足以各取所需的程度。所以共产主义，在经济学上是一种比资本主义更高度发展的生产制，犹之资本主义较高于封建生产制也。此决非世俗所视为简单的各个穷人夺取各个富人财产之义。此一种生产制，决非予等之空想。经济落后之俄国，已有初步试验，而获得初步成功。全世界所有资本主义生产制的国家无不陷于经济恐慌的深渊，独苏俄日即繁荣。此一新的生产制之明效大验，众人之所周知也。

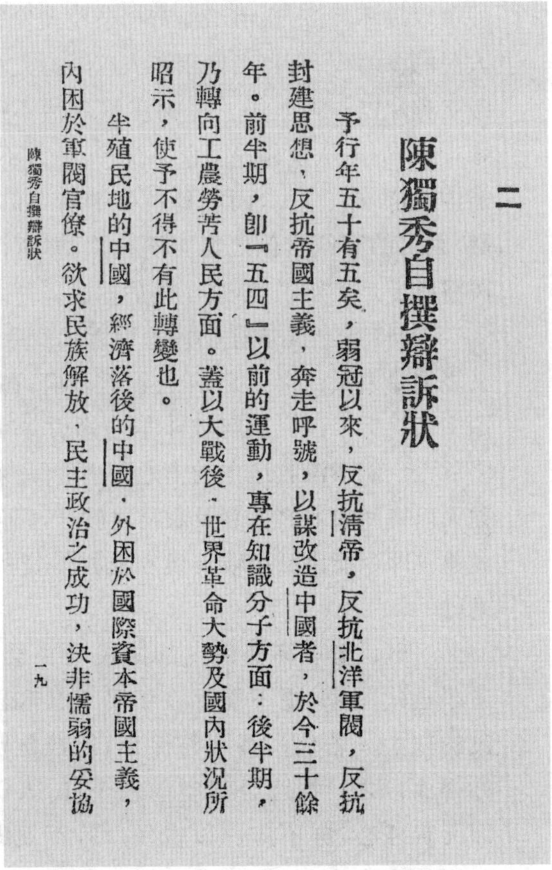
二

陳獨秀自撰辯訴狀

予行年五十有五矣，弱冠以來，反抗清帝，反抗北洋軍閥，反抗封建思想，反抗帝國主義，奔走呼號，以謀改造中國者，於今三十餘年。前半期，卽『五四』以前的運動，專在知識分子方面；後半期，乃轉向工農勞苦人民方面。蓋以大戰後，世界革命大勢及國內狀況所昭示，使予不得不有此轉變也。

半殖民地的中國，經濟落後的中國，外困於國際資本帝國主義，內困於軍閥官僚。欲求民族解放，民主政治之成功，決非懦弱的妥協

陳獨秀自撰辯訴狀　一九

1933年2月20日陈独秀自撰辩诉状，复印自章士钊编《陈案书状汇录》一书

中国推翻帝制的革命，先于苏俄者七年。今日二者之荣枯，几不可比拟，其故可深长思矣。或谓共产主义不适宜于中国，是妄言也。此一终极目的，固非旦夕所能完成，亦非“和平”所能实现。为实现此目的而清除道路，中国共产党目前的任务：

一曰：反抗帝国主义以完成中国独立。盖以中国的海关、矿山、工厂、金融、交通等经济命脉，都直接、间接宰制在帝国主义之手，非采取革命行动，击碎此等宰制吾人之镣锁，中国民族的大业将无自由发展之可能。列强的海、陆军威吓着全国大都市，日本更以武力强占了中国领土五分之一，此而不加抵抗，或空言抵抗，欺骗人民，均与卖国同科，尚何“民族主义”之足云。

一曰：反抗军阀官僚以实现国家统一。盖以军阀官僚自由发动他们的内部

战争以破坏经济，自由增加苛捐杂税及发行公债以饱私囊；自由制定法律以剥夺人民的自由权利；自由任用私人以黜抑人材，毁坏行政效率；甚至自由勒种鸦片、贩卖鸦片以毒害人民。军阀官僚政治不彻底肃清，所谓国家统一、所谓民力伸张，一切都无从谈起。国家不统一、民力不伸张，而能抵御外患者，未之有也。未能内抗苛政之顺民，而能外抗强邻者，亦未之有也。国外帝国主义之宰制不推翻，国内的军阀官僚之毒害不扫除，即所谓发展资本主义的经济，亦属梦呓。中国将终于是半殖民地，终于落后而已。

一曰：改善工农生活。盖以近代产业工人及其所领导之农民乃反抗帝国主义之主要力量。资本家、地主及其政府，在物质上、精神上压抑工农，即不啻为帝国主义挫折中国民族解放斗争之锋刃。在农业的中国，农民之衰落几等于民族之危亡。倘不没收地主的土地归诸贫民，农民终岁勤劳只以供地主之剥削，则不独无以挽回农业之就衰及农村之破产，而且农民购买力日弱，直接影响到城市工商业。即令能由城市输资设立农村借贷机关，亦不过向农民增加一种剥削机关而已。

一曰：实现彻底民主的国民立宪会议。盖以贤人政治及保育政策已不适于近代国家，更不能存在于民主共和国。北洋军伐既废，代之者只应是人民的权力。若仍尚贤人与保育，则谁是贤人，堪任师保，伊何标准，北洋军阀亦得而尸之。况当外患空前之今日，人民无组织，即无力量，无政治的自由，即无责任心，亦不应课以责任。若不立即实现全国人民的集会、结社、言论、出版等完全自由，实现普选的、全权的国民立宪会议，以制裁卖国残民的军阀官僚，一切政权归诸人民，集合全国人民的力量以解决全国危急问题，其何以立国于今日！

凡此为中国民族利益，为占全国人口大多数的劳苦人民利益而奋斗之大纲，予以前和现在都愿意公告全中国，衹以政府之禁阻，未能达到全国人民之前耳。共产党是代表无产阶级及一切被剥削、被压迫人民的政党，其成功也，必期诸多数人民之拥护，而不尚少数人的英雄主义，更非阴谋分子的集团。予前之所思所行，即此物此志，现在及将来之所思所行，亦此物此志。“鞠躬尽瘁，死而后已！”一息尚存，予不忍眼见全国人民辗转悲号于外国帝国主义及本国专制者两重枪尖之下，而不为之挺身奋斗也。

今者国民党政府因予始终尽瘁革命之故，而加以逮捕，并令其检察官向法院控予以“危害民国”及“叛国”之罪，予不但绝对不能承认，而且政府之所控者，恰恰与予所思所行相反，国者何？土地、人民、主权之总和也。此近代资产阶级的国法学者之通论,非所谓“共产邪说”也。故所谓亡国者,恒指外族入据其土地、人民、主权而言,本国某一党派推翻某一党派的政权而代之,不得谓之“亡国”。“叛国”者何?平时外患罪、战时外患罪、泄漏秘密罪,此等叛国罪状,刑法上俱有具体说明,断不容以抽象名辞漫然影射者也。若认为政府与国家无分,掌握政权者即国家,则法王路易十四“朕即国家”之说,即不必为近代国法学者所摈弃矣。若认为在野党反抗不忠于国家或侵害民权之政府党,而主张推翻其政权,即属“叛国”,则古今中外的革命政党,无不曾经“叛国”,即国民党亦曾“叛国”矣。袁世凯曾称孙、黄为“国贼”,岂笃论乎?!民国者何?民主共和国之谓也,亦即别于专制君主国之称。欧洲各国推翻专制者,流血以争民主,其内容无他,即力争宪法上集会、结社、言论、出版、信仰之自由权利,及实行不参政者不纳税之信条已耳。此不但民主共和国如是,即在民主政治的君主国亦如是也。“危害民国”者何?共和政府剥夺人民自由,剥夺人民之参政权,乃由共和到帝制之先声。罗马历史、十九世纪之法兰西及中华民国初年的历史均已遗同样之教训于吾人。即或不然,而人民无权利、无自由,大、小无冠之王,擅作威福,法律只以制裁小民,文武高官,则在议亲议贵之列,是以共和其名而专制其实矣。倘遗实而存其名,彼军阀之魁,民主之敌,亦得以“三造共和”自诩。妄人抑或以“共和勋臣”称之。其实毁坏民权,罪即邻于复辟,以其危害民主共和国之实质也。若认为力争人民的集会、结社、言论、出版、信仰等自由权利,力争实现彻底民主的国民立宪会议以裁判军阀官僚是“危害民国”,则不知所谓民国者,应作何解释?

国民党竭全国人民膏脂以养兵,拥全国军队以搜刮人民杀戮异己。对日本侵占国土,始终节节退让,抵抗徒托空言,且制止人民抵抗,摧毁人民之组织,钳制人民之口舌,使之“镇静”、使之“沉着应付”,即使之驯羊般在国民党统一指挥之下,向帝国主义屈服,宁至全国沦亡,亦不容人有异词、家有异说,而予则主张由人民自己扩大组织与武装,对帝国主义进行民族解放战争,以解决东北问题,以完成国家独立,试问谁为“叛国”!

国民党政府,以党部代替议会,以训政代理民权,以特别法(如《危害民国紧急治罪法》及《出版法》等)代替刑法,以军法逮捕、审判、枪杀普通人民,以刺刀削去了人民的自由权利,高居人民之上,视自己为诸葛亮与伊尹;斥人民为阿斗与太甲。日本帝国主义方挟“武力征服”之政策对付吾国,同时国民党政府亦挟同样态度以临吾民。最近竟公然以“背叛党国”之罪枪决新闻记者闻矣。而予则力争表示民主共和国实质的人民自由权利;力争实现普选全权的国民立宪会议；力争民主制扩大至其历史的最高阶段；予现在及将来都无篡夺民国为“党国”之企图。试问谁为“危害民国”？故予曰政府之所控者，恰恰与予所思所行相反也。

若认为一为共产党人即属犯罪行为，则欧美民主国家若法、若英、若瑞士等均无此事，各国中之共产党人莫不有集会、出版、参加选举之自由权利，与一般人民无异，若认为人民发言反对政府或政府中某一个人，即为有罪，则只远在二千年前周厉王有监谤之巫①；秦始皇有巷议之禁，偶语之刑②；汉武帝更有腹诽之罚③，彼时固无所谓言论自由也。而二十世纪之民主共和国，似乎不应有此怪现象。若认为宣传共产主义，即“宣传与三民主义不相容之主义”，即为“危害民国”(如《危害民国紧急治罪法》第六条)，此乃欧洲中世纪专横黑暗的宗教法庭迫害异教徒，迫害科学家，以阻塞思想信仰自由之故事，企容复见于今日之民国！民国而若容有此，则不啻为日本帝国主义证明其“中国非近代国家”之说之非诬矣。

总之，予生平言论行事，无不光明磊落，无不可以公告国人。予固无罪，罪在以拥护中国民族利益，拥护大多数劳苦人民之故开罪于国民党已耳。昔之“法利赛”不仇视罗马，而仇视为犹太人自由奋斗的“热狂党”。今之国民党所仇视者，非帝国主义，乃彻底反对帝国主义、反对军阀官僚，始终戮力于民族民主革命之共产党人。日本帝国主义方夺取山海关，急攻热河，而国民党军队却向江西集中，其对待共产党人也，杀之囚之，犹以为未足，更师袁世凯之故智，威迫利诱，使之自首告密。此并不能消灭真正共产主义者，只以破灭廉耻导国人耳。彼等此时有权在手，迫害异己之事，固优为之。予唯有为民族为民众忍受一切栖牲，以待天下后世之评判。若于强权之外，复假所谓法律以入人罪，诬予以“叛国”及“危害民国”，则予一分钟呼吸未停，亦必高声抗议：法院若不完全听命于特殊势力，若尚思对内对外维持若干司法独立之颜面，即应毫不犹疑地宣告予之无罪，并判令政府赔偿予在拘押期间之经济上

---

① 周厉王：公元前858—前841年，在位时横征暴敛，垄断社会资源和财富。为压制国人的不满，任用卫巫监视口出怨言的人，发现就杀，国内矛盾愈来愈尖锐。公元前828年死于彘(今山西霍丘)。

② 此语出自李斯(？—前208，河南上蔡人)。公元前213年(秦始皇三十四年)淳于越反对当时实行的“郡县制”，要求根据古制，分封子弟。丞相李斯反对，主张对“入则心非，出则巷议”者“禁之便”；对“偶有敢语诗书者弃市”；非秦记之书皆焚毁。第二年，秦始皇将460多名方士和儒生活埋，即“焚书坑儒”。

③ 汉武帝腹诽之罪：汉武帝以繁刑重法治国，酷吏备受重用，发明了腹诽罪。发明人是张汤，被害者是大农令颜异，一次颜稍微动了一下嘴唇，就被张汤奏了一本，定为腹诽罪而被杀，由此多了一种罪名即此(百度网)。

的健康上的损失!

民国二十二年二月二十日,陈独秀

原载章行严编《陈案书状汇录》[1],第19—31页

17. 共党干部派对陈独秀的诋毁与批判 1933年3月

(原文署名思美[2])

张闻天

一、取消派之现形

在中国革命危机日益成熟的形势之下,取消派内部的新的崩溃与分化,是必不可免的。这种新的崩溃与分化,第一,表现于取消派"理论家"陆渊[3]、梁干乔[4]等的公开的投降某党;第二,表现于取消派内部陈独秀主义者、托洛茨基主义者关于革命基本问题的新的争论。

在中国革命危机日益成熟的形势前面,取消派的"统一政纲",当然已经被革命的事变打得体无完肤(我关于这一政纲的理论上的批评,请参看布报(即中共中央党报《布尔什维克》——编者)第四卷,第三期《是取消派取消上〔中〕国革命,还是中国革命取消取消派》)。拿这

---

① 《陈案书状汇录》一书无编者及出版者。汪原放在其整理的陈独秀交由其从狱中带出的致王灵均十二封信后加的注称:"由行严交来铅印《辩状》二册(据他说是从老友处拿来),我想是'组织所印',似有错,不是'组织所印',是行严先生要亚东替他排印的,名《陈案书状汇录》。但不知'《辩状》二册'便是汇录不是。《汇录》是我手付排印的,记得是一千册。"由此可见《汇录》是章行严编的。此书存上海市图书馆。

② 思美:即张闻天。从标题口吻看,不似原文标题,应为录者所起标题。

③ 陆渊:浙江余姚人,曾就读沪江大学,与国际法官、将日本战犯送上绞架的倪徵奥(1906—2003)是同学。莫斯科中山大学第一期学员,成绩优异,毕业后留校任教,是中山大学中宣扬托派主张的理论者。后因在十月革命10周年红场上举行的庆祝游行中高喊"拥护托洛茨基'被遣送回国。回国后与梁干乔、史唐等人建立了中国第一个托派组织,后来又建立了"我们的话"社,形成托派中的"我们的话派"。1931年投靠国民党。

④ 梁干乔(1902—1945),广东梅县人。早年加入中共,黄埔一期生。1926年考入苏莫斯科中山大学,加入联共。1927年入托派。在苏联庆祝十月革命十周年游行中,和其他托派分子经过主席台时,突然打出标语"执行列宁遗嘱,罢免斯大林,拥护托洛斯基",并高呼口号,酿成著名的红场事件,并受到托洛茨基的接见。立即被开除学籍、党籍、遣送回国。回国后,与陆渊、史唐等人建立了中国第一个托派组织。不久又与区芳等建立了"我们的话"社。后脱离托派,成为戴笠特务十人团成员及复兴社十三太保之一。1934年10月转到老同学胡宗南门下,从事对陕甘宁边区的反共工作。后因淳化事件,遭胡宗南训斥,不久去世。著有《回忆与展望》,载《苏俄评论》第一卷第三期(1932.12.1.)。

样的“政纲”去号召群众，去欺骗群众，去拥护某党的统治，当然不会有什么好的成绩。

很显然的，估计中国目前的革命形势为“革命的衰落时期”，为“反革命的胜利时期”，以为只有依靠帝国主义与某党的合作，才能产生中国的“经济复兴”，才会“重新集合工人到工厂，提高他们的阶级自信力，造成组织工会和扩大共产党影响的条件”的取消派，当然结果必然会得出梁干乔、陆渊等所得出的结论。

梁干乔在他向某党自首论文《回忆与展望》上，说统一运动之后，虽是反对派各派在政治上，没有丝毫不同的意见。

“然而，我却没有看见一种鲜明的足为建立健全无产阶级政党的要素。我开始对于自己表示怀疑！对于建立健全政党的愿望表示失望！的确，那些反对干部派的思想内容及其行动的表现是使我怀疑、使我失望的，然而，它并不是偶然的现象，而正是现存的无产阶级力量的反映，是抱了纯粹共产主义理想的人们落到中国现实环境上必然发生的心理现象”（见《苏俄评论》第一卷第三号）。

陆渊在他的《以前种种》上也说：

“中国反对派的工作，是在极度的困难中进行的。但工作的困难，却不能阻止反对派的发展，所困难者，中国社会经济背景，却不能给反对派或共产党以捷足发展的条件，过去工作的经验告诉我们：中国工人群众在资本主义下尚未孕育成无产阶级的意识，社会主义的政治要求绝对引不起他们的兴趣。”（同上）

取消派的“理论家”等待中国的“经济复兴”等不到，那自然会对于中国无产阶级的力量表示失望，自然对于取消派发展的条件表示怀疑，自然只有以投降到某党某某主义的怀抱中去，作为他们唯一的出路了。

但是像梁干乔那样公开的投降某党，到底在拥护某党统治上来说，没有什么很大的作用。至多在反苏联、反共产的《苏俄评论》或《光明之路》的这类杂志上多一两篇文章而已，但可怜这些杂志的读者是凤毛麟角一般的少！

二、取消派怎么“领导”民族斗争

取消派内部这一次的争论，主要的意义，是在到底怎样做，才更能去维持某党的统治，才更能去欺骗一部分工农民众。陈独秀、刘仁静等这一次新的主张的提出，主要的目的，是在拿一些新的革命词句去欺骗民众，去拥护某党与反对共产党。

在反帝斗争急速开展的条件之下,陈独秀等主要的任务,当然是号召群众去拥护资产阶级。他在取消派刊物《火花》第三期《此次抗日救国运动的康庄大道》一文上曾经说:

"在此次抗日救国运动中,只有排货和对日宣战这两个主张,不但是多数人民的意志,而且比较的正当。"

取消派更在"只有"这两个正当的主张之下,号召"工农商学"的联合,请求"全权的国民会议"的召集,要全国的工农群众在取消派的主张之下,去"一致对外"!(关于取消派这些主张的批评,请读者参看《红旗周报》第二十三期《满洲事变中各反动派别怎样拥护着某党的统治?》)

这就是在中国革命目前的阶段中,取消派所能提出的唯一的主张!

陈独秀在取消派内部刊物《校内生活》《被压迫国的无产阶级应不应领导爱国运动》①上说:

"我们号召领导群众斗争,除在日常环境中找出些特别活泼的口号外,必须有一个总的政治口号即政治旗帜,能够召集比较宽广的群众参加全国性的斗争,走上革命道路。这样的政治旗帜,这样的政治口号,在落后国幼稚的、人数较少的无产阶级,只能采用民主民族的,而不宜于社会主义的。"(原书第一页,思美加圈,以下仿此)陈独秀并且更进一步的说:

"我以为民主主义固然包含了民族主义在内,而后者在中国更特别重要。在中国历史上,只有传统的民族主义运动,而没有传统的民主主义运动。……在中国历史的、政治的、经济的条件之下,传统的民族主义运动,即爱国运动,将来还不断地发生,一直到中国民族从一切帝国主义的束缚压迫下,完全解放出来。在解放斗争中,……'爱国'或'保卫祖国'更是号召广大群众的唯一口号。"(同书第四页)接着陈独秀大作之后,即有一卒先生论文,主要的也是发扬光大陈独秀主义的,他慷慨激昂地说:

"同志们!'工人无祖国',我们应当领导他们起来创造一个祖国。现在的抗日救国运动为大小资产阶级所把持,我们应当领导他们积极参加。现在无产阶级的力量虽十分薄弱。然至少可以督促这种运动持久不变,迨将来它的组织健全,战斗力加强,即可和五卅运动一样,走到抗日救国的领导地位,并准备踏上第三次革命的大道。"②(第六页)

---

① 见陈独秀主编《校内生活》第1期,1931年11月28日油印刊。

② 托派称辛亥革命为第一次革命,五卅运动和北伐战争的第二次革命,未来的革命为第三次革命。

从这几段议论中，我们可以明显地看出，取消派是怎样的在帮助某党宣传民族主义，是怎样的想拿“爱国救国”的口号，去欺骗民众，要民众作民族资产阶级的尾巴。他们在这里讲到如何参加民族运动，爱国运动等许多好听的话，但是他们一句话也没有说到如何在这运动中揭破某党，民族资产阶级民族主义的欺骗宣传，来争取广大的工农群众到无产阶级领导之下，来推翻帝国主义某党的统治。他们一句话也没有说到只有推翻某党的统治，建立农兵以及劳苦民众自己的政权，我们才能真正的爱国救国，反对某党，打倒某党的口号，他们是不敢提出的，因为这是将来的事，在“落后国幼稚的人数较少的无产阶级”，“无产阶级力量十分薄弱”的中国，当然无产阶级的任务是在“积极参加”民族运动，“督促这种运动持久不变”，“追将来他的组织健全，战斗力加强”时，才说得上领导这一抗日救国运动！

取消派公开的告诉中国的工农群众，要“爱国”，“要保卫祖国”，“要抵制日货”，“要对日宣战”，但决不要企图打倒某党，绝不要想建立工农民众自己的政权！这只有在很远很远的将来，这只有在中国经济得到帝国主义剩余资本的帮助而复兴之后！

至于向全中国无产阶级与一切劳动群众宣传社会主义，在社会主义的纲领之下去团结这些群众，那在陈独秀等取消派看来，检[简]直是空想！关于这一问题，我想取消派一切理论家同陆渊等完全没有什么不同的意见，甚至陆渊所说的“中国工人群众，在资本主义下尚未孕育成无产阶级的意识，社会主义的政治要求，绝对引不起他们的兴趣”，与陈独秀所说的“这样的政治口号在落后国幼稚人数较少的无产阶级，只能采用民族的，而不宜于社会主义的”，在字句上也差不多完全一样。

这样，取消派一方面说中国的无产阶级如何幼稚，力量如何薄弱，而另一方面不愿意拿共产党的党纲去教育无产阶级，去提高无产阶级觉悟的程度，去领导千百万工农群众的斗争，主要的是为得要使无产阶级服从资产阶级，服从某党，以维持动摇着的某党的统治！

中国共产党不像取消派所说的那样，抛弃目前广大民众反帝的民族斗争的领导。却正相反，最近斗争的经验已告诉广大的劳动群众，只有中国共产党是反帝的民族革命的唯一领导者，但中国共产党的参加这一斗争，同取消派的参加这一斗争完全没有共同的地方。中国共产党参加这一斗争的目的，是在揭破某党一切派别的与民族资产阶级的民族主义的欺骗宣传，使广大的工农群众明白的了解，要打倒帝国主义必须打倒某党，必须建立工农兵的苏维埃政权。中国共产党没有一刻忘记把反帝国主义与反某党的任务密切联系起来,中国共产党参加这一斗争,是在夺取这一斗争的无产阶级的领导,使斗争不为某党与民族资产阶级所出卖,而使斗争得到真正的胜利。不反对某党,不反对民族资产阶级的取消派参加反日救国运动,不是在使斗争得到胜利,而是使斗争走向失败;不是在领导斗争,而是使斗争失去领导!

三、陈独秀与刘仁静的"民众政权"论

取消派这种反革命的、反无产阶级的观点,当然照例要弄些"左"的词句来做调味。认为目前是反革命胜利时期的取消派,近来忽然提出了建立民众政权的问题。在取消派常委通告第五号上,曾经这样说:

"现在小资产阶级的各种宣传和煽动中,只有极少数的"左倾"派对于某党政权发生了怀疑的倾向,然而仍旧不能提出某党政权之任何代替物。这仍然不曾涉及政治斗争的中心问题。"

在《火花》第三期上,陈独秀说:

"要对日宣战,要实现民族革命战争,要获得反帝国主义战争的胜利,只有中国第三次革命复兴,以革命的民众政权(这一政权将经过全国抗日救国会而实现,或经过国民会议而实现,或经过苏维埃而实现……)代替反革命的政权。"

刘仁静在《满洲事件与国民党》一文上(同期《火花》上)说:"历史上不止一次,当资产阶级对外丧城失地以后,民众起来推翻他,……中国现在所需要的是民众政权,……只有这样的民众政权,才说得上对日的经济绝交。"并且最后刘仁静还提出了"召集国民会议,实现民众政权!"的口号。

这样看来,取消派在反日斗争中似乎也没有忘记打倒某党,建立民众政权。然而这只是"似乎"而已。只是因为现在全中国广大的工农学生群众,不但高喊打倒帝国主义,而且高喊打倒某党,所以取消派为得要维持它对于民众的欺骗,也不能想到"国民党政权的代替物",甚至提出了"实现民众政权"的口号。

正像取消派中托洛茨基主义者所批评,陈独秀等在这时提出政权建立问题,是同取消派的基本观点不相容的。陈独秀主张的反对者民杰①在他的大作《革命的民众政权与国民会议斗争》上说:"这里我们用不着驳斥把'政

① 民杰:即严灵峰。1931 年任托派上海中央宣传部干事。作家。

权’问题，当为议事日程中一种行动的斗争，是很明显的错误。目前是个反革命的阶段，这是反对派对于现阶段之具体的认识，亦即是目前政治斗争策略之出发点。在没有革命形势之下，提出‘建立……政权’为行动口号，这正是模范的斯达〔大〕林主义者在现在所干的勾当。”（《校内生活》〔第〕十一页）

但是，实际上所谓“斯达〔大〕林主义者”同陈独秀主义者、托洛斯基主义者，丝毫没有共同的地方。陈独秀等现在提出“民众政权”问题，不过是为得要欺骗民众，表示他们的“革命”。至于真正建立民众政权，为了这一政权而斗争，那还是将来的事，因为现在是“反革命的阶段”，根本谈不上这一问题。这是一。

其次，陈独秀他所要实现的“民众政权”同中国共产党目前所说的民众政权，他丝毫没有共同地方。陈独秀等所说的民众政权是在某党下面经过某会议的召集而实现的，而我们所要的“民众政权”是在武装暴动推翻某党统治之后实现的。陈独秀等所说的民众政权是全民的，是工农商学各界用“直接平等不记名”选举出来的国民会议而实现的。而我们的民众政权，是由反对地主资产阶级，反对一切剥削者参加的工农兵以及一切劳动民众选举出来的工农兵代表会议（苏维埃）而实现的。

请问我们的民众政权同取消派陈独秀等所说的民众政权，有什么共同之点吗？一点也没有！

陈独秀等过去梦想某人召集国民会议来实现“民主政治”。后来国民会议固然召集了，但“民主政治”是丝毫气味也没有。现在陈独秀等又梦想某党“召集直接平等不记名的紧急的国民会议，决定对日方针，并国家主要问题！”某党现在又快要召集“国民救国会议或国难会议或国防会议”之类的会议，来满足取消派的愿望了。这一会议当然会决定对日方针（即投降帝国主义）并国家主要问题（“剿赤”与屠杀民众）！这当然又会令取消派完全满足吧？

也许取消派会说，他们所需要的是用直接平等不记名的选举法选举出来的国民会议，但这对于国民会议的本质不会有丝毫的改变！在地主资产阶级的统治之下，任何形式召集的会议，只能是代表地主资产阶级的。如像英国的“工党政府”，德国的“社会民主党政府”，在资产阶级统治下，也只能是代表资产阶级的。而取消派却希望在某党统治下，实现民众政权，这不是欺骗民众，拥护地主资产阶级的统治是什么？

取消派对于这种“民众政权”的鼓吹,当然同国家主义派①,新月人权派②,改组派③等所说的民众政权没有丝毫的不同。取消派在这里是要广大的工农兵学生群众,不去反对某党,打倒某党,而是要他们同某党合作,去实行“官兵共治”之局,以维持某党的运动。

第三,中国共产党所说的民众政权是工农民主专政,是工农依靠自己的武装力量对于一切剥削者的压迫,并且剥夺一切剥削者的选举权与集会结社等的一切自由。而取消派陈独秀等则说由那样的国民会议所实现的那样的民众政权,就是无产阶级的专政!

陈独秀在答复托洛斯基主义者小陈④与民杰两人的论文中说:“如果我们不决定在民族的民主的革命基础之上夺取政权,而决定须在社会主义基础之上夺取政权;如果我们不相信落后国家的民主任务可以直接到无产阶级专政,然后由取得政权的无产阶级来踏上社会主义政策的道路,而主张一开始就实行社会主义的革命,然后再回过头来附带的解决民主任务:这种‘把车子放在马前面’的办法,将使中国无产阶级获得政权的时期,惟〔推〕迟到世界革命成功以后。”(《校内生活》〔第〕三十三页)。刘仁静也在同书内说,对于取消最重要的:

“这就要求我们勇敢坚决无保留的参加民族民主运动,因为在这运动中,有我们夺取政权的前途;因为在这运动中资产阶级的作用永远是妥协的,背叛的。民族民主的彻底胜利,也就是无产阶级的胜利。”

读者试想,在某党统治下面用直接平等不记名的方法选举出来的国民会议,原来就是无产阶级专政!这当然是取消派陈独秀等的新发明!自由主义者的陈

---

① 国家主义派:即中国青年党,初名“中国国家主义青年团”。1923 年 12 月 2 日成立于法国巴黎。主要创始人为曾琦(1892—1951)。1929 年 8 月 20 日在沈阳举行第四次全国代表大会,定名为“中国青年党”,成员由地主、资本家、军阀、政客及部分知识分子组成。抗日战争期间,一部分成员公开投靠日本。解放战争期间,进一步依附国民党政权。该党于 1949 年随国民党去台湾。

② 新月人权派:《新月》是一个以文艺为主的月刊,鼓吹所谓“为艺术的艺术”,与当时的左翼文学相对峙。中国现代改良派之一,因通过《新月》月刊来阐述其政治主张,又称“新月派”。1928 年 10 月,国民党确立一党专政体制,引起部分资产阶级代表人物的不满,于是他们经常聚集讨论现实政治问题,并以争取人权相标榜,故称人权派。其代表人物是胡适和罗隆基。1929 年 4 月,胡适首先提出了“保障人权”问题。接着,罗隆基发表《论人权》,提出发动“人权运动”,“争回人权”。人权派认为,“国家的主权在全体国民”、“国民应有思想、信仰、言论、出版、集会的自由”,要求政府制定宪法,保障人权。人权派的主张,终为实行一党专政的国民党所不容。罗隆基被逮捕,胡适被警告。1930 年底,人权派被迫停止活动。

③ 改组派:南京国民政府成立初期,政府内部的主要反对派。1928 年下半年成立于上海,主要发起人为陈公博、顾孟余等。他们创办《革命评论》、《前进》杂志,以改良主义为号召,重新制订纲领,改组国民党。成为南京国民政府初期影响较大的一个政治反对派。

④ 即陈岱青。原名陈聚,福建福州人。1926 年入苏联东方大学,1929 年回国,加入托派组织“战斗社”。1931 年任托派上海法南区区委书记。托派临委会成员。1933 年北京中国大学教书。后在复旦大学任教。大陆解放前夕去台湾。

独秀等一方面要中国的无产阶级只去参加民族民主的斗争，认为社会主义的要求对于幼稚的落后的中国无产阶级没有丝毫的兴趣，而另一方面，告诉中国无产阶级说，参加某党的国民会议，就可实现无产阶级专政。这真是值得一唱三叹的高明到万分的叛徒的理论。这种理论当然会在世界历史上同第二国际的“建设的社会主义”等理论，先后辉映！

然而说到这里，读者一定要问：“既然取消派说中国社会是资本主义社会，资产阶级已经完全得到政权，那么为什么取消派又说中国无产阶级只能在民族主义的基础之上夺取政权呢？”

刘仁静回答这一问题道：

“这几个同志（指小陈、民杰——思美注）宣布民主革命已经完结的唯一理由是说资产阶级已取得了政权。不错，中国资产阶级取得了政权，但是它能满足全体资产阶级的需要吗？它能用和平手段解决资产阶级的问题吗？某人的专制主义和沙皇的专制主义，除了其头衔不同，其阶级基础不同以外，其妨害资产阶级的社会发展有什么分别？或者某人的专制（军事独裁）比俄国沙皇更妨碍资产阶级社会之发展，因为中国是半殖民地，中国的主人是帝国主义，蒋介石不过是它的代理人（不平等条约的保护者）。所以中国革命的直接任务是推翻帝国主义及其代理人的压迫。将资产阶级的社会从这些压迫与桎梏中解放出来。但是任何派系的资产阶级都不能推翻帝国主义，革命的动力是无产阶级的，所以我们也说中国革命是无产阶级性。”（《校内生活》〔第〕二十三页）

这是刘仁静给读者喝的一碗迷魂汤，使读者会觉得拜读之余如坠五里雾中。但是刘仁静所要说的真话，对于我们还是非常明显的。刘仁静、陈独秀等要中国无产阶级参加民族民主的革命，为得要“满足全体资产阶级的需要”，是为得要“能用和平手段解决资产阶级的问题”，是为了要不妨碍“资产阶级社会的发展”，总之，是为了要“将资产阶级的社会从这些压迫与桎梏中解放出来”！正因为这样，所以中国革命是无产阶级性！

这是革命叛徒们所能说出的最下流无耻、最卑鄙龌龊的资产阶级走狗的狗话！

四、托洛斯基派与陈独秀派之反革命的竞赛

取消派内部的争论就是关于这一民众政权的问题。陈独秀等这种对取消派“统一”政纲的新的修正或发挥，当然不能得到“真正”托洛斯基派的完全同意！这些托洛斯基派主义者除了资产阶级专政与无产阶级专政之外，不愿听到任何关于其他政权的话。他们不但反对“斯达林主义者”的“工农民主专政”，而且也反对陈独秀等的"民众政权",他们甚至说"民众政权"就是"工农专政"的变相。民杰其人者在他反驳陈独秀、刘仁静等的《论所谓革命的民权》一文中说:

"假使说民众政权乃工农民主专政口号之变相,那么,在中国已往阶级斗争的经验已切实证明,这是在另一种形式之下来提出斯达林的反动口号。假使说这种政权乃国民党统治之另一面目,那么,这个对于资产阶级专政的内容和实质仍旧没有改变,那更无所谓'推翻了资产阶级以后'之'革命的民众政权'。如是说,这种政权本身就是代表'无产阶级专政'的特殊形式,或如仁静同志所说的'通俗公式'(?),那为什么不可以直接提出无产阶级专政呢?再不然,这个政权本身只有代表在资产阶级和无产阶级之间的小资产阶级的阶段,如仁静同志所说的'第三者的统治'。可是这种论调比之斯达林式的'工农民主专政'的反动口号来,更为堕落,更反动些。"(《校内生活》第八页)

我们前面已经指出陈独秀等的民众政权是"某党统治的另一面目",所以对于地主"资产阶级专政的内容和实质仍旧没有改变",更无所谓"推翻了资产阶级以后"的"革命的民众政权"。这里似乎民杰等是从"左"的方面来反对陈独秀等的取消主义。

小陈其人者在反对陈独秀等的主张的论文中说:"这种政权(指'民众政权'——思美)是什么政权呢?这显然不是无产阶级专政,因为无产阶级专政无论如何都不能从国民会议而建立起来的,国民会议无论如何的'真正',都没有此种力量能够建立无产阶级政权。这种政权在陈独秀同志和仁静同志的心目中,必然是与'反革命的'、'训政的'军事独裁的政权相对立的'革命的'?'最大多数的民众的'民主政权了。……但是我们应当明白,这种'民主政权'——'革命的民众政权'或'最大多数的民众革命政权',只不过是无产阶级在资产阶级面前自缚手足的锁链,这个'实现民众政权'的或'建立革命民众政权'国民会议,也必然成为无产阶级在反动阶段——两个革命过渡期中走上政治斗争最可怕的绞绳了。"(同书〔第〕十二页)这里似乎小陈又是从"左"的方面来反对陈独秀等的取消主义。

"我们在召集国民会议口号的鼓动过程中,要向群众解释:说这个国民会议不一定能够召集成功,如果召集成功了,但若物质权力仍在某党军阀手中的时候,这个国民会议,仍是没有力量的。共产党在为国民会议的行动斗争中没有一时一刻不向群众指示这一斗争之可能的前途,就是在国民会议斗争中就已经告诉群众:最后只有推翻革命的国民党政权,代替以无产阶级专政的前途,始能解决本身的根本问题。"(同书〔第〕十三页)这里似乎小陈也是从"左"的方面来反对陈独秀等的取消主义。

然而，这不过都是“似乎”而已。这些托洛斯基主义者，实际上同陈独秀等完全一样，认为现在是反革命的时期，所以根本说不上推翻国民党，建立民众的政权的问题。这是将来中国“经济复兴”以后的事。现在他们所能做的，也不过是“召集全权的国民会议”，去“决定对日方针与国家主要问题”而已。而且依照他们自己所说的这种国民会议只能是资产阶级专政的另一形式，那么，他们之参加国民会议只是为资产阶级装装门面，是非常明显的事。不，更正确些说，他们的目的是在帮助资产阶级同帝国主义合作，去造成中国的“经济复兴”！

陈独秀下面的这段话，的确道破了托洛斯实[基]主义的真意：

“在反革命的阶段，只能做做灰色运动，大约一向群众宣传鼓动推翻某党政权和以革命政权代替反革命政权，就算是逾越了反革命阶段的政治斗争之‘正轨’，这种和平改良主义的倾向，陈同志和民杰同志是一样的。他们当然不是无政府工团主义者，但一谈到政权问题，陈同志便谆谆的教训我们：‘目前是一个反革命的阶段，这是反对派对于现阶段之具体认识，亦即是目前政治斗争策略之出发点。’因此他们的路，很明显的是在反革命的现阶段，无论采用国民会议之口号与否，都只能做做不涉及某党政权的灰色运动，在社会主义的口号下夺取政权，是将来革命阶级[段]的事。”（同书〔第〕二十一页）

陈独秀更说：

“在我们的时代，若有人认为中国资产阶级的和平发展到了相当时期，能够准备下社会主义革命的经济基础，这便是戴季陶混进了中国左派反动派的队伍中！”（同书〔第〕二十二页）

陈独秀这几句话拿来骂骂小陈、民杰之流，固然痛快，但是拿来骂骂陈独秀自己，也未尝不可以通用！而且陈独秀大概决不能忘记自己是取消派“统一政纲”的签名者与拥护者吧！

托洛斯基主义者反对“工农民主专政”，反对“民众政权”，这在我们看来是毫不足为稀奇的。正当全中国广大的工农劳苦群众在反帝反某党的斗争的开展中，迫切地要求着民众的政权时，取消派又出来给这些民众以打击，说民众的政权，只能是资产阶级的专政，以此来反对革命的民众与拥护某党的统治！

只有拥护某党，实行各阶级联合的陈独秀的“民众政权”不能不是地主资产阶级的专政，但是打倒帝国主义与某党，取消一切剥削者政治权利的民众的、工农兵的、苏维埃的政权，决不能是地主资产阶级的专政！

托洛斯基主义者是惧怕中国广大民众反帝的民族的与土地革命的斗争之发展的。因为参加这一斗争的不但是无产阶级，而且是广大的农民与小资产阶级的群众,因为这一斗争不但要捣毁帝国主义在中国的统治,而且也要捣毁地主资产阶级某党的统治,因为这一斗争的发展,必然要建立民众的、工农兵的代表会议(苏维埃):实现工农专政。要拥护地主资产阶级的统治,必然要反对这一斗争的发展,必然要反对民众政权,必然要反对工农民主专政,说一切这些都是"斯达[大]林主义"反动的阴谋,正像一切某党的派别把近来工农学生反某党的斗争完全看做是中国共产党(当然是指"斯达[大]林主义者")反动的阴谋完全一样。

陈独秀主义者要中国无产阶级做某党与资产阶级的尾巴,以出卖反帝的民族革命斗争,托洛斯基主义者要中国无产阶级放弃对于千百万革命群众参加的反帝的民族革命斗争的领导,而等待将来无产阶级革命的到来,请问这中间根本上有什么差别呢?

托洛斯基主义者是反对农民群众,认为农民群众不能是革命的力量,所以拒绝与千百万农民群众联合,领导他们去夺取政权。中国共产党认为,农民群众是中国目前民主资产阶级革命中主要革命动力之一,是无产阶级巩固的同盟者,所以中国无产阶级必须和他们一起去取得政权。这一政权就是民众的,最大多数的,工农兵的苏维埃政权。中国无产阶级更将经过这一政权去实现无产阶级的专政。

让取消派在亭子间里去背诵"或者是资产阶级的专政,或者是无产阶级的专政"的托洛斯基先生的这一公式吧!让他们去等待将来中国经济复兴后(等不到时只有去走陆渊、梁干乔所走的路),去实行纯粹的无产阶级专政吧!中国共产党则一刻也不放松千百万工农劳苦群众斗争的领导,领导他们去推翻帝国主义与某党在中国的统治,去建立民众的、工农兵的苏维埃政权:中国共产党,同取消派完全不一样,它相信中国无产阶级的力量,它相信中国无产阶级能领导千百万劳苦群众反帝国主义、反某党的斗争,达到苏维埃革命的胜利!

转引自陈东晓《陈独秀评论》第 111—131 页

18.《大众评论》①创刊号 1933 年 6 月 20 日

托陈取消派首领陈独秀被捕之意义

——载共党干部派《大众评论》创刊号——

(G)

托洛斯基取消派领袖陈独秀、彭述之等被捕后,众议纷纷,尤其是取消派乘

---

① 《大众评论》:旬刊,1933 年 6 月 20 日创刊。

机活动，挂着马克思列宁主义的革命招牌，到处招摇哄骗，企图以欺骗麻醉的手段，争夺在群众中反革命的领导权；以卑鄙龌龊的谩骂中伤，与曲解马克思列宁主义，以动摇真正革命政党在群众中的威信；以更险毒的破坏革命，完成其反革命的帝国主义某党的先锋队的任务。

在此，我们有充分的必要，根据取消派反革命的史迹：陈独秀被捕后某党与取消派演变的一切事实，来剖析陈独秀被捕的意义。

陈独秀被捕的意义：

(1) 某党和取消派更亲密的携手的开会——统治阶级以拘捕陈独秀的手段，与陈氏等共同协商进攻中国革命，取消派趁陈独秀被捕的机会大大地活动起来了，10月21日出的《革命时报》和《太平湖》，便是最无耻的欺骗的东西；但是不管取消派怎样忸忸怩怩的否认，事实证明：陈独秀被捕不久，便要求见陈公博、顾孟余等，好诉诉取消派有史以来一切反革命的功绩，与处心积虑为维持帝国主义某党统治而费的心机要〔与〕忠诚，以求谅解，并借此永誓盟好。此举正中某人下怀，岂有不喜之理？便即刻派中央某和[要]人亲赴狱中慰问，问寒问暖，闻病即刻请大夫，闻寒即刻由中央党部拨百元为之添购被褥，及饮食为狱中之超等，诸般疼爱，不胜枚举。其中最令人不得不怀疑的是"陈、彭同居一室"，盖任何重大案情的要犯，而尤以共党要犯被捕后，为防止假供，向必严格隔离。今竟由中央要人来问陈独秀"寂寞否？要彭述之和你同住好吗"。实在是破题儿第一遭！这证明取消派和某党已经更紧地握好手了，取消派已经公开地投在某党的怀里了！取消派还再拿什么来做欺瞒?!

10月25日中委曾扩情谈话："据谈共党陈独秀虽号苏俄共党，中央派目为投降本党而开除共籍，此乃系共党内部问题"，倒还有些吞吞吐吐。10月26日杨杏佛谈话语气可爽快了："罗文干日前来沪时亦表示对陈主宽容，盖陈非真正共党。"一个说陈独秀投降某党，一个又说陈非真正共党，那么，当然是已经反革命投降某党的假借马克思列宁主义冒充中国共产党以欺骗群众破坏革命的取消派，也就是"某党的好朋友"（取消派在《革命时报》上的自称）啦，而应该宽容的了，然而取消派反革命的真面目被这铁的事实赤裸裸地暴露了以后，还竟企图抹杀一切事实，以"这是史〔斯〕大林派造谣"来继续维持其欺骗作用。可是中国劳苦群众知道只有在共产国际领导下的中国共产党是打倒帝国主义某党的唯一革命领导者与唯一力量，也就是某党的真正敌人，某党的报纸上会不会登载共产党（史〔斯〕大林派）的新闻稿子？（由当时报纸上说此消息是根据那个通讯社的电一节可凭）取消派这种愚蠢的欺骗，恐怕只有更暴露其破坏革命的面目，而在广大劳苦大众的锐眼中自己宣布死刑！全国工农劳苦群众们！请看这是谁造谁的谣!？是谁中伤谁!？是谁向革命进攻!？是谁做了反革命的先锋队!？

(2) 取消派反革命势力猖獗的机会——统治阶级企图以逮捕证明陈独秀取消派“还有革命性”,以加强取消派欺骗麻醉的反革命作用。我们看看陈独秀被捕后取消派如何加紧欺骗群众,破坏革命领导权的一切有计划的阴谋吧：

1. 以陈独秀被捕来证明取消派是革命的,以骗取工农群众对取消派的好感……10月21日取消派为陈独秀被捕,特出版《无产阶级革命者战士陈独秀家世、才能、个性及革命事业》,专刊名《太平湖》上说:“为陈氏为革命前途,兹将陈氏生平略历写出……”惟不知“革命前途”与“老战士”的略历有什么关系?！取消派答:“陈独秀被捕不仅是中国无产阶级革命(按中国现在只有无产阶级所领导的民权革命,并没有无产阶级革命,可惜取消派不能不了解的损失),而且是……,陈先生过去在新文化运动上有极广大的助力,在中国革命史上是开荒播种的伟大领导者,然而一切曾经参加过革命后来又叛变革命的政党(某党、第三党、改组党、社会民主党、取消派等)或个人,都是革命的敌人,都是工农劳苦群众阶级的敌人。取消派企图拿在革命历史上曾经‘开荒播种’的革命‘领导者’的过去,来遮掩其目前反革命的事实,以取得广大工农群众的拥护是不可能的。”

又说:“……中国思想界之能有今日的展开,谓为陈先生之熏陶不为过誉,中国革命之能有今日之扩大,谓为陈先生的推动,又更中肯,他是中国学术界的太阳！是中国劳苦大众的救星!”这便是取消派亲手写出的告白,这便是取消派马克思列宁主义的真面目！这便是托陈取消派的“革命政党”的正确理论！这便是根据马克思列宁主义与辩证唯物论的理论,中国群众的革命意识,不是建筑在中国半封建半殖民地的经济基础上,即帝国主义与军阀地主豪绅资产阶级及国民党的剥削关系上,而是中国民众的革命要求是由取消派领袖陈独秀天才家应用“特殊(借用调查团报告书上的字)马克思列宁主义”一手独创出来又“熏陶”到劳苦群众的脑子里去的;而且中国革命之发展,不是因为帝国主义加紧瓜分中国,某党加紧剥削民众,与世界无产阶级革命及殖民地革命势力的高涨,和帝国主义某党内部经济危机之加深,统治之日趋动摇崩溃及其向社会主义苏联,全世界与中国革命势力之进攻。不是中国革命群众在共产国际与中国共产党的正确领导之下有斗争血战而获得伟大发展与胜利,而是由陈独秀之一手推动便建立了南方各省苏区红军,北方数省份中的红军游击队,与各地的工人罢工,农民斗争,这是十足资产阶级的英雄主义与取消革命的理论！又说:“他(陈)是中国劳苦大众的救星”,这又是与马克思列宁主义没有丝毫相同,而且完全是敌对的资产阶级的理论，马克思列宁主义是不能承认任何个人为解放劳苦大众的救星的，只有在共产国际的正确领导下，中国革命才能得到最后的胜利，中国劳苦大众才能得到真正的解放！

但是，取消派为什么要这样抹杀事实胡说八道呢？当然有他们的用心，忸忸怩怩的[地]欺骗了半天，终说出“而为劳苦大众谋福利‘出卖劳苦大众的’与资产阶级作艰苦斗争的‘好艰苦’！一百元的被褥先到手，美味的饮食先到口了，陈独秀的被捕而一方面证明了陈先生在革命的前卫中之伟大‘小心呵！此处但是欺骗的毒箭’，他方面则暴露了资产阶级之卑鄙下陈[流]！‘当心！此处又是麻醉的毒矢！’……无产阶级劳苦大众革命学生！立刻团结起来，用我们全团的力量夺回我们的向导前卫陈独秀先生！……”这其实是醉翁之意不在酒，陈独秀在他们主人家早已服服帖帖住得很称意了，过几日何愁不把整个取消派搬进洋楼住？“夺”什么？不过借此欺骗群众以增厚取消派的实力，以更努力执行其破坏革命的先锋任务而已！

全国工农兵劳苦群众革命学生们！正当为争取十月革命十五周年纪念及中华苏维埃中央政府成立一周年纪念的胜利而斗争的时候，反革命取消派公开投到某党怀里去了，取消派在与某党共同阴谋下，在某党政府的武装保护下，更加积极的向革命进攻破坏革命了！我们必须给取消派及一切反革命以最严厉的打击，揭破其破坏革命的一切阴谋，在广大群众中宣布其死刑！才能保障十月革命的彻底胜利。

转引自陈东晓编：《陈独秀评论》，第132—137页

19. 取消派消灭苏维埃运动的妙策　1933年

筱　妞　儿

共党机关报

苏维埃是致某党及一切反对阶级死命的武器，所以某党和它直接、间接的走狗们拼命向苏维埃进攻，极端仇视苏维埃运动是当然的。不过进攻苏维埃的方式，因地位及力量的关系有些不同罢了。某党是用围剿的方式从正面进攻，而某党的朋友取消派则用无耻的谩骂和造谣从侧面进攻。正因为取消派是从侧面的，而且他是拿着马克思主义的招牌——所以它的方法也最毒辣和无耻的。

下边是取消派在国民会议专号中提出来的方法，在这里有机会请大家赏光一下（大意）：

（1）苏维埃一定要经过国民会议，才能和城市工人运动及整个革命连系起

来,才能扩大。所以苏维埃必须派代表参加资产阶级召集的国民会议,把平分土地问题,请求追认,叫非苏维埃区也照样办。

(2) 红军必须派代表参加国民会议,请求追认贫农有自动武装的权利。

朋友们！这是多么漂亮的说话呵！这是多么无耻的鬼〔诡〕计呀！苏维埃红军是由武装斗争中生长出来的,而取消派则献计叫苏维埃红军代表去国民会议中追认！这样,则很容易地把苏维埃红军消灭了。取消派除这些毒计外,还玩些中国的苏维埃红军不是无产阶级专政(聪明的宝宝),不是十月革命时的工农红军,而是贫农武装,是二十七年革命的回光的字眼来降低苏维埃的政治意义和安慰自己。

这有什么呢,这只是比取消派从前骂红军为流氓无产阶级,为土匪,为共产党"製制〔造〕"的革命势力更无耻罢了。

某人三十万大军的围剿,托洛斯基、陈独秀的恶骂,都没有把苏维埃运动消灭了。恰恰相反,它一天天更加强壮起来。于是取消派的先生们愤恨、苦闷的结果,想出了这条妙计,这真是取消派的进步！

现在苏维埃的发展,已经成了革命的一个主要部队,不只动摇了某党的政权,而且威胁了帝国主义的统治。帝国主义某党更加紧地向苏维埃进攻,在帝国主义直接援助之下的第四次围剿已经开始。正在这个时候,取消派提出这样的妙策来消灭苏维埃,并不是偶然的,这是它在中国革命中一贯的政策和唯一的任务。但是历史真是顽固的,苏维埃能突破某人的三次围剿,必然也要压碎取消派的造谣中伤,蛮横地走向革命成功的前途！

转录自 1933 年 3 月　陈东晓编:《陈独秀评论》,第 173—174 页

20. 陈独秀与文学革命及国民党共产党　1933 年

陈　华①

提起文学革命运动来,我们总会联想到陈独秀和胡适两个人。虽然胡适认为一千多年的白话文已经种下了文学革命的种子,陈独秀也说:"常有人说白话文的局面是胡适之、陈独秀一班人闹出来的,其实,这是我们不虞之誉。中国近年产业发达,人口集中,白话文完全是应这个需要而发生而存在的。适之等若在二十年前提倡白话文,只需章行严一篇文章,便驳得烟消火灭,此时章行严的崇论宏议,有谁肯听?"我们也承认文学革命运动是基于多方面的原因而发生的,不过,这两位先驱者的倡导之功究竟不能埋没。如同社会主义革命一样,资本主义

① 陈华即陈东晓的化名。

的崩溃与社会主义革命的到来纵然是不可避免的事实，不过自十九世纪中叶以来，社会主义革命思潮之所以能迅速成长弥漫于全世界，一半不能不归功马克思对于这方面理论的建设与倡导，试问哪一个社会主义者能忘掉马克思的大名？自然，陈独秀和胡适不比马克思那样伟大，但在中国文学革命运动史上，他们二人确居于创始者、领导者的地位，这是我们不能否认的事实。

"有不顾迂儒之毁誉，明目张胆，以与十八妖魔宣战者乎？予愿拖四十二生的[之]大炮，为之前驱。"（文学革命论——陈独秀）抱有这样的决心和根深蒂固的旧文学势力作正面冲突者，除陈独秀外，当时能有几人？有人说，陈独秀对于新的纯文学其实并没有什么贡献，这是事实。但陈独秀在中国文学革命运动史上的地位，并不因之降低丝毫。因为新的纯文学是要建立在革命文学的原则之上的，旧文学一日不推翻，革命文学一日不能建立起来，新的纯文学便也无由产生发展。文学革命运动的意义，就在破坏旧文学的典型，建设新文学的原理原则。新的纯文学的作品，在文学革命运动史上，不能不是属于后期的事，这是无可怀疑的。

中国旧文学相沿了几千年之久，一直到今日，还有一部分人崇拜秦汉以上的文章，在那里拼命模仿，唯恐不肖，旧文学的势力，可谓根深蒂固，积重难返。在这种情形之下，揭起反对之旗，提倡文学革命，和旧势力宣战，若没有"拖四十二生大炮"的战士，结果恐怕要弃甲曳兵，得不到胜利。虽然新文学是"应产业发达人口集中"而发生，文学革命运动终于要成功，但也要晚几年，说不定到今天新旧文学的是非，还成问题。

陈独秀所发表关于文学革命的文字，在量一方面，确不及胡适。但他的态度却比胡适更为积极，更加激烈。民国六年，胡适在美国有信给陈独秀说："此事之是非，非一朝一夕所能定，亦非一、二人所能定。甚愿国中人士，平心静气与吾人同力研究此问题，讨论既熟，是非自明。吾辈已张革命之旗，虽不容退缩，然亦不敢以吾辈所主张为必是，而不容他人之匡正也。"

可见当时胡适只承认文学革命尚在讨论时期，所谓平心静气研究讨论，虽然是学者的态度，但不是革命家的态度。认定真理，勇往直前，不徘徊，不返顾，那才是革命家应有的态度。若照胡适那样平心静气的商量下去，岂但"文学革命至少还须经过十年的讨论与尝试"？恐怕在二十年内新、旧文学还不出聚讼时期。我们再看陈独秀的态度如何，他在答复胡适的信里说："鄙意容纳异议，自由讨论，同为学术发达之原则。独至改良文学，当以白话文为文学正宗之说，其是非甚明，必不容反对者有讨论之余地。必以吾辈所主张者为绝对之是，而不容他人之匡正也。"

他以为既认清新旧文学的是非，当然不容反对者加以匡正。有这种精神，然后才可以和顽强的旧文学势力相抵抗,亦即文学革命家所应有的态度。

陈独秀对于文学革命的态度既是这样,我们再来看一看他的文学革命理论如何。在这一方面,量上确不及胡适那样多,前面已经说过。但是,在另一方面,已足以树立文学革命的基础而有余,他在文学革命论中说:"旗上大书特书吾辈革命三大主义:曰推倒雕琢的阿谀的、贵族文学;建设平易的抒情的平民文学。曰推倒陈腐的铺张的古典文学;建设新鲜的立诚的写实文学。曰推倒迂晦的艰涩的山林文学;建设明了的通俗的社会文学。"

以上寥寥几句话,把旧文学的缺陷,暴露无遗。并且指示出新文学的方针,破坏与建设,同时顾到,确是一篇具体的文学革命理论。末后,更进一步把社会文学提示出来,尤其值得我们大书特书。

当时,鼓吹文学革命唯一的刊物,便是陈独秀主办的《新青年》。这《新青年》杂志社也就是文学革命运动的大本营,执笔人除陈独秀外,有胡适、沈尹默、刘复、周作人、周树人(即鲁迅)、钱玄同、李守常等新作家。民国七年,陈独秀和李守常又办了一个《每周评论》。接着傅斯年、罗家伦等所办的《新潮》月刊也出现了,同时,又有《国民公报》、《晨报》副刊等起而响应,尽量刊载宣传文学革命的文字。

于是文学革命运动的声势,一天比一天的大起来,浩浩荡荡,向旧文学势力猛攻。再经过五四运动的激荡,旧文学遂一蹶不能复振,文学革命运动,至此可以说达到了成功的境地。推源溯本,是我们不能忘掉文学革命运动大本营的《新青年》,尤其是首创《新青年》的陈独秀。

以后的中国新进作家,无论直接间接,都和这一班先驱者不无多少关系,至少,也受了他们的影响。现在有一部分自命为最进步的作家,对于陈独秀、胡适这班人,时常出以藐视的态度,甚至否认他们在文学革命运动史上占有重要地位。固然,文学革命运动的成功,是有它的社会背景和客观条件的,决非单凭少数几个人所能造成。不过,有陈独秀等人出来,不顾一切勇往直前地和旧文学势力斗争,至少总能使文学革命的成功时间缩短几年。否则现在自命为最进步的作家,恐怕仍然忙于讨论新旧文学的是非问题,换言之,还在做十数年前陈独秀、胡适等人所做的工作。这自然并非说是后来的人不如他们,不过,我们观察一件事对于过去的事实和革命的阶段,是不应该忽略的。

陈独秀自民国四年创办《新青年》起,至民八五四止,这个时间是他努力文学革命运动时期。此后似乎认为文学革命运动已得到最后的胜利,没有再谈的必要了,便一步踏进社会革命,从事社会运动。他的文学革命生涯,便也从此结束。《新青年》自五四以后,渐渐露出社会革命的色彩,民十已完全变成社会主义的宣传刊物了。

陈独秀这种转变，是必然的趋势，因为他是富有革命性的人，不单对于文学，对于一切，都抱着革命的态度。他在《新青年》发刊词中说：

"若夫明其是非，以供抉择，仅陈六义，幸平心察之：(1) 自主的而非奴隶的；(2) 进步的而非保守的；(3) 进取的而非退隐的；(4) 世界的而非锁国的；(5) 实利的而非虚文的；(6) 科学的而非想像的。"

他这六义决非仅指文学，而是泛指一切学术思想、道德政治、经济艺术而言。由这个基点出发，他对于所有以为非的，都抱着反抗的态度。就是当时一班头脑较新的人们，心所欲言而不敢言的伦理革命，他也毫无顾忌地公然鼓吹提倡。这种大胆和勇气，委实值得我们佩服。但在另一方面，也招出了许多恶毒的诬蔑与谩骂，甚至有人散布流言，毁谤他的家庭。曾记得当时某报批评说这是社会舆论对于陈独秀的制裁，藉曰这能算是所谓舆论的制裁，但是对于革命家可能制裁他丝毫?

陈独秀为鼓吹文学革命和伦理革命，被一班保守者视为礼教的叛徒，后来宣传社会主义，又一变而为政治上的危险分子了。

陈独秀在五四以后开始致力于社会主义革命，不但用文字宣传唯物主义观和马克思主义，并且接受第三国际的命令，参加中国共产党，正式工作。不久被推为中国共产党总部秘书长，居于领袖地位。当年和他共同努力文学革命运动的主要人物除李守常①外，如胡适、刘复②、钱玄同③、沈尹默④、周

---

① 即李大钊。

② 刘复(1899—1934)，原名寿彭。江苏江阴人，1917 年北京大学教授，《新青年》编辑之一，和钱玄同撰文尖锐批判封建顽固派。1920 年夏赴美，法留学，1925 年回国。1928 年任中央研究院历史语言研究所特约研究员、北平女子学院院长。1934 年 7 月病逝于北平。

③ 钱玄同(1887—1939)，浙江吴兴人，原名钱夏。1906 年入日本早稻田大学文学系，与鲁迅同修章太炎的文字学。1907 年加入同盟会。1910 年回国，在浙江海宁、嘉兴等地教中学。辛亥革命后任浙江教育总署司科员。1913 年 9 月到北京高等师范附中教国文，后升任高等师范国文系教授、北京大学中文系教授。1917 年在《新青年》发表《寄陈独秀》、《寄胡适之》等文章，积极倡导文学革命，反对封建文化，产生了一定影响。同年参加教育部国语研究会。次年参与《新青年》编辑工作。多次约请鲁迅为《新青年》撰稿。同年写作的《尝试集序》对于新诗的发展起了积极的推动作用。1919 年任教育部国语统一筹备会常驻干事，潜心于音韵学、文字学的研究，硕果累累。1923 年参与创立国语罗马字拼音委员会。1928 年任北平师范大学中文系主任、教授。1939 年 1 月 17 日因右脑部溢血在北京病逝。

④ 沈尹默(1883—1971)，原名君默，祖籍浙江湖州，生于陕西汉阴。著名学者、诗人、书法家、教育家。早年游学日本，归国后执教于北大、北京女子师范大学等。曾与陈独秀等同办《新青年》，为新文化运动的得力战士。因陈独秀曾批评其"字则其俗在骨"，两人关系不佳。1925 年，在"女师大风潮"中，与鲁迅、钱玄同等人联名发表宣言，支持学生正义斗争。后由蔡元培、李石曾推荐，出任河北教育厅厅长、北平大学校长等职。1932 年，因不满政府遏制学生运动、开除学生，毅然辞职，南下上海，任中法文化交换出版委员会主任。抗战初，应于右任之邀，去重庆任监察院委员，曾弹劾孔祥熙未遂，不满政府之腐败，胜利后即辞职，卜居上海，以鬻字为生，自甘清贫。新中国成立后任第一届上海市人民政府委员，中央文史馆副馆长，历届上海市人委委员，全国人大代表和政协委员。创建了新中国成立后第一个书法组织——上海市中国书法篆刻研究会。"文革"中备受冲击，1971 年 6 月 1 日病逝于上海。

作人[①]等都渐渐与他隔绝了。

不过,陈独秀虽然信仰马克思主义,负了第三国际的使命,领导中国共产党,但是起初他的革命方略,和马克思列宁所主张的阶级斗争无产阶级专政,并不十分相同。他认为无论哪一国,必然要有两次阶级斗争,第一次是资产阶级和封建势力的斗争;第二次是无产阶级和资产阶级的斗争。他以为就是最进步的国家,如德意志、法兰西等国,资产阶级和封建势力的斗争阶段,还未完全终了。至于日本,不过是半封建半资本式的国家。中国现在正是半殖民地的状态,外面受着帝国主义的压迫侵略,内里有军阀扰乱剥削,就是资产阶级的政党,也还很萎弱,没有强壮的表征。在这种情形之下的中国,第一步应该先完成资产阶级对于封建军阀的民主主义斗争,第二步才是新兴的无产阶级对于资产阶级的斗争。所以民国十一年中国共产党在上海发出一个宣言,表示愿和资产阶级的民主主义革命联合起来,造成共产党和民主主义的联合战线。不过,国民党和共产党正式合作,是民国十三年的事,这是我们要注意的。

陈独秀的立场虽是共产党,这第一步的革命主张,却恰合国民党完全相同,这是后来国共所以有合作可能的一个重要原因。不过陈独秀和国民党的关系,还不是这样简单,更非三言两语所能包括。关于这一点,不但研究陈独秀的生平所不能忽略,就是研究国民党发展史,也是一件极有意义的事。

国民党自民国十三年改组后,力量才充实起来,如没有这次的改组,国民党北伐决没有那样的顺利。为什么国民党改组后力量便充实了呢?就是这一次改组吸收了很多新的成分,如同给衰弱的躯体注射兴奋剂一样,使十余年暮气沉沉、萎靡不振的政党,又恢复了辛亥以前朝气勃勃的精神。所谓新的成分,便是一班革命青年。他们受新思潮的激荡,愤懑现状,渴望革命成功,不惜牺牲一切,去参加革命工作。这种精神,决不是偶然的,是经过长时间的培养与鼓励的。这种培养与鼓励,就是由于文学革命运动和民主主义的倡导。

---

① 周作人(1885—1967),本名魁寿,浙江绍兴人,鲁迅二弟,现代散文家、诗人、文学翻译家。1903年进江南水师学堂,1906年东渡日本留学。1911年回绍兴任中学英文教员。辛亥革命后,任浙江省军政府教育司视学、绍兴县教育会会长、省立五中教员。1917年3月经鲁迅推荐任教北京大学等校任教。"五四"时期任新潮周刊社主任编辑,参加《新青年》的编辑工作,参与发起成立文学研究会,发表《人的文学》、《平民文学》和大量白话散文,积极提倡新文学,抨击封建思想和封建文学,产生较大影响。1921年参与发起成立文学研究会。1924年11月发起组织语丝社,并成为《语丝》的实际主编。1931年九·一八事变后,对中国前途悲观失望。抗日战争爆发后,投靠日本,出任伪北京大学文学院长、伪华北政务委员会教育总署督办。抗战胜利后,被国民党政府逮捕,1949年1月被保释出狱。新中国成立后从事翻译工作。1966年"文化大革命"中遭受冲击,于1967年5月7日病死。著有《中国新文学的源流》、《自己的园地》、《雨天的书》、《鲁迅的故乡》等,译有《日本狂言逊》、《伊索寓言》、《欧里庇得斯贝剧集》等。

文学革命运动，骤看起来，似乎和国民党无关。并且，总理中山先生也曾不以文学革命为然而主张保存旧文体，其实，却是国民党成功的一个重要的因素。关于这一点，我们可以分做有形的和无形的两方面来说：

有形的，文体解放，最低限度给了国民党一个最有力的宣传工具。

无形的，文学革命运动的本身就是革命，受了这种运动的影响的青年，有意识无意识之间，养成了对于一切旧的陈腐的现象，都抱着反抗的态度，换句说话，就是革命情绪。

文学革命成功，也就是革命情绪的普遍化。至少，在新兴智[知]识阶级青年是这样。五四运动，无疑的是经过革命情绪培养了的革命的表现。五四以后，文学革命运动告一段落，接着便入于社会革命时期。不过，当时所谓社会革命，实际上只是在宣传民主主义，因为科学的社会主义革命——无产阶级革命，无论在客观上的条件上相差尚远，就是关于这方面的理论，也只有极少数的人能够了解。共产党在中国虽已成立，但是，他们的主要对象，不是资本家，而是国外的帝国主义与国内的军阀政客。他们那时所宣传的，本质上不是真正的共产主义，而是和国民党内容相同的三民主义。共产党所持的主义，虽不能和国民党始终完全相同，但是事实上，在这个阶级[段]，是和国民党走一条路的。民国十一年中国共产党联合民主主义的宣言，便是证据。

文学革命运动之启发与成功和民主主义思潮之推进，给国民党积蓄了无限大的力量，至民国十三年国民党改组，便把这种力量充分地吸收运用起来，一直到北伐成功。以后，似乎不大需要这种力量了！

对于文学革命运动和民主主义的倡导——国民党力量的积蓄，尽了最大力量的人是陈独秀。

当时代表上述文学革命等两种运动最著名的刊物，为《新青年》、《新潮》月刊《每周评论》、《努力》周刊、《向导》月刊，其中除《新青年》、《每周评论》、《向导》月刊为陈独秀所主持外，其余也都和他有相当关系。结果，成功的既是国民党而不是共产党，所以陈独秀的努力，实际上只是给国民党效劳尽义务，虽然他的立场始终是共产党。

不过上述的关系，后来终于断绝了。其断绝期间，不在〔民国〕十六年国民党清共以后，而在〔民国〕十三年实行容共之始。何以言之？在未容共之前，受了陈独秀鼓吹新思潮的影响的青年，无论加入国民党或共产党，事实上都立在一条战线上努力。自国民党容共以后，表面上看来，国共是正式合作了，骨子里却开始互相猜疑、互相仇视起来。尤其是共产党主要分子，和国民党绝对没有水乳交融的可能。自容共以后,两方面不但不能收协作之效,反而背道而驰。民国十六年清共之举,已肇端于容共之始,关于这点,我们可以举一段最初的事实来证明:

民国十三年一月二十日,中国国民党第一次全国代表大会在广州开会,实行联共,一连开了十天,主席团人选,系由国民党总理孙中山先生亲自指定,为胡汉民、汪兆铭①、林森②、谢持③、李守常(李为共产党)五人。在第十日会议席上,国民党的同志提议"本党党员不得加入他党",共产党李守常当时出而声明:"第三国际共产党员加入本党——国民党,系服从本党主义,遵守本党党章,参加国民革命,绝对不是想把国民党化成共产党。其加入本党,系个人资格,并非以党团资格。"国民党方面本党党员不得加入他党的提议,所谓他党,明明指共产党而言,用意就在对之加以限制。所以共产党方面也就出而声明,两下是如何的互相猜,可想而知了。

民国十六年四月,国民党中央监察委员会,在上海开全体委员会。经吴稚晖提出检举共产党谋叛证据案,决议将共党首要分子,令各地方当局拘捕监视。其实,国共由猜忌而仇视,分家乃是必然之势。如同干柴和煤油已经在那里堆积好了,吴稚晖之检举,不过是擦火柴的工作而已。

国共自合作也就是互思猜忌的时候起,共产党方面的宣传,已渐渐不利于国民党,到后来甚至有推翻国民党的意思。陈独秀是共党的领袖,在国民党方面看来,确是最主要的反动分子了。虽然在清共的时候,国民党的领袖汪精卫和共产党的领袖陈独秀在上海联合发表告两党同志书,开头一句就是"国民党、共产党的同志们"叫得那般亲热,其实是口是心非,别有作用。吴稚晖竟遽以为这是汪精卫主张和共产党共治中国的证据,岂其然哉?

---

① 汪兆铭:即汪精卫。

② 林森(1868—1943),字子超,号长仁,福建闽侯县人。早年就读培元学校、鹤龄英华书院。1884 年于台北电信局工作。1902 年到上海海关任职,参与反清活动。1905 年加入同盟会。辛亥革命时,任江西九江军政府民政长。后任南京临时政府参议院议长。1913 年 4 月当选为首届国会参议院议长。参加二次革命,失败后流亡日本,加入中华革命党。1917 年随孙中山南下,历任广东非常国会议员、护法军政府外交部长、广州国会非常会议议长、大本营建设部部长。1924 年当选国民党一届中央执行委员。后任西山会议派"中央执行委员兼海外部部长"。宁沪汉合流后,任国民政府常务委员、立法院副院长。1932 年起接替蒋介石任国民政府主席一职,1943 年 8 月 1 日在重庆逝世。

③ 谢持(1876—1939),原名振心,字铭三,一字慧生,四川富顺人。光绪秀才。1907 年加入同盟会,任富顺县分部长,谋成都起义,未果,逃往上海。1911 年 2 月抵重庆,筹划武装起义。11 月 2 日重庆独立,成立军政府,任总务处长。1913 年 5 月参与谋刺袁世凯,未果被捕。获释后避往日本。1914 年加入中华革命党。1917 年护法军政府成立,任孙中山大元帅府参议,代理秘书长。1924 年国民党一大召开,当选为中央监察委员。1925 年 11 月与邹鲁等发起西山会议,公开反对联共政策。1927 年 9 月任国民党中央特别委员会常委、国民政府委员。九一八事变后,为全国统一抗战奔走,被选为中央监察委员和国府委员。1939 年 4 月在成都病逝。

陈独秀和国民党既居于反对地位，思想也起变化。他原来主张中国革命要经过两个阶段，第一是民主主义革命；第二是社会主义革命。第一个阶段完成后才能达到第二个阶段。但是后来他把这种主张放弃了，而直接努力社会主义革命，隶属于托洛斯基派。不但在中国是危险分子，在苏俄当局看来，他也变成反动了。这一派的首领托洛斯基，既不见容于干部派首领史大林，而被放逐，陈独秀的共产党籍于是也被开除。我们明了陈独秀这时的主张，不能不把共产党干部派和托洛斯基派的主张不同之点考察一下：

干部派的首领史大林氏，认为在最近的将来，外国的资本主义还不易推翻。一方面苏俄的富农阶级依然占有很重要的经济地位，政府对之不得不取缓和态度。并且欲消灭国内小资产阶级，只有吸收外资之一途。这从反对派的托洛斯基等人看来，这都是反革命的理论。他们批评史大林这种主张，无异使苏俄渐次恢复资本主义，他们反对一九二一年的新经济政策再度扩张，并且决不放弃引起世界革命的希望。尤其对于史大林派宽容富农阶级的态度，表示坚决反对。至于托洛斯基对于中国的观察，认为中国的资本主义经济，已进据了统制的地位，同时，无产阶级也养成了庞大的势力，所以主张在中国实行无产阶级专政，开始不断革命。

陈独秀师承了杜氏的理论与主张，从事所谓以无产阶级专政开始的不断革命，与干部派的中国共产党朱德、毛泽东等相对立。不过陈独秀所领导的这一派党员，为数不多，势力也很薄弱。年来只潜藏在都市地方，暗中宣传，而没有朱、毛等公开武装活动的力量。

事实上在中国资本主义经济，何尝达到统制的地位？以资本主义为对象的无产阶级，何尝已经养成了庞大的势力？中国的现状，外受帝国主义的侵略，内受封建军阀的剥削，农村破产，农民无以为生。革命的力量，是以帝国主义和封建军阀为对象的广大农民，而不是以资本主义为对象的少数无产阶级劳工。陈独秀信仰托洛斯基的理论，实行他的主张，如果是由于良心上的驱使，承认中国已达到资本主义的阶段，那不能不是错误。如果狃于党派成见，必欲以客观事实迁就主观的理论，明知错误，还要倔强到底，我们真为他以前光荣的革命历史，抱无限惋惜，因这样已经不配称为革命家了！

总之，我们清算陈独秀的功过，应该分前后两个时期观察：在前期，陈独秀对于文学革命运动及民主主义思潮之推进，尽了极大的力量，在中国革命思想史上，占有重要的地位。直接间接受他的影响而参加革命的青年不知有多少，这些人加入共产党的恐怕要居少数，大多数都在〔民国〕十三年国民党改组前后参加国民革命。

但是,后期的陈独秀,理论上的根据既嫌薄弱,同时,行动的目的,似乎也错乱了。无论由于观察的错误或狃于党派的成见,总之已经失掉革命领袖的资格。不过,我们不能因此便抹杀他以前伟大的功绩,在现代中国,他毕竟是最出色的人物。

现在陈独秀是被捕了,他聘请三个律师为他辩护,他在十一月十日给上海李诗蕊①律师的信里说:"弟已延聘三律师,一是章士钊,一是郭蔚然,一是彭望邺。"这颇出我们意料之外。本来,打官司请律师原是一件极寻常的事,但在以推翻现代政治为职志的革命领袖,似乎应当另当别论。因为律师无论如何辩护,不能不根据现政府的法律。换言之,请律师辩护,无异承认现政府的法治,然则以往革命的意义,就很难解了。这和李守常当年在北京遇害时的态度,就不大相同,不过,陈独秀或者不能算"怙恶不悛"吧。

陈独秀被捕以后,有几处甚么部电请中央严办,甚至主张处以极刑。关于这点,我们不便加以批评。至于法院对于本案应当如何处理,我们更无权过问。不过,以陈独秀的才能声望,打算显贵,是很容易的事。而他偏委身于革命事业,弄得长子延年、次子乔年都先后被人枪毙,妻子也摒弃了他,结果自己又变成阶下之囚,生死不测,这种情景是如何的凄惨?固然,一个为主义牺牲的革命家,就上断头台也不愿受人怜惜,不过和以革命为手段以升官发财为目的的人们比起来,就不可以道里计了!

转录自陈东晓编:《陈独秀评论》,第 229—244 页

21.《陈独秀评论》编者自序　1933 年 2 月 5 日

陈东晓

陈独秀的被捕,这乃是目前中国政治上一件非常重大的事件。我们只要看在陈独秀初被捕以致移送法院的那几天,全国各地报纸无一不以陈独秀的标题作社论,甚至一次再次,表示全国舆论对于陈独秀案的重视。尤其在全国青年界以致党人中,无论其最近的思想变化如何,他们在过去的时候大半都受过陈独秀的影响,因此,对于今日的陈独秀案也就加以特别的注意。现在我们将全国报纸杂志中关于陈独秀案的评论一律搜集起来,集为一册,在这个中间我们不仅可以看出陈独秀在中国社会上的地位,而且可以看出在陈独秀案中所表现的中国社会各派系的冲突。

在我们观察了中国全国对于陈独秀案的舆论以后,我们可以说在这个中间

---

① 李诗蕊:《中央日报》作李时蕊。应为后者。

可以看出四派不同的意见。

第一种最普遍而最有力的意见，就是胡适、傅斯年，以及全国各大报纸的舆论。他们虽未直接提出对于陈独秀如何处置，可是，他们的字里行间，一方面着重于陈独秀个人在近代中国历史上所有的功绩，另一方面着重于要求政府以法治精神处理此案。这些人一致承认陈独秀绝非共产党，绝非现行犯，绝不能与一般共党案件同日而语的。这可以说是全国舆论学术界之最大多数的意见。

第二种意见，为一部分中国民党的意见，这种意见所见不多，仅有广州《民国日报》的社论说："陈氏曾组织托洛斯基学会，自为常委，所搜得之反动文件六十大捆，其立意危害民国已无可疑，自应处以极刑，勿能宽纵。"这种话的意见，自然是要将陈独秀与一般共产党一视同仁，以《危害民国紧急治罪法》而处以死刑的。

但是，虽然还有人将他依旧看为共产党，可是真正的中国共产党对他的态度又是如何呢？假使我们看一看共产党首领蔡和森所作的《论陈独秀主义》，以及共产党干部派机关报《大众评论》上所登载的《托陈取消派首领陈独秀被捕之意义》，其中将陈独秀骂得狗血淋头，指他为"中国革命的叛徒，对于帝国主义国民党的投降者"。这样，不仅足以证明陈独秀不是共产党，并且还可以证明陈独秀正是目前中国共产党之一个最大的敌人。

最后，也还有无条件拥护陈独秀的，这就是陈独秀所直接领导的取消派。譬如《先锋报》的标题就是"起来！起来！！援救中国革命领袖陈独秀"。但是这种完全崇拜陈独秀而无条件拥护的人，大概与要求对陈独秀处以极刑的人，是一样的不多。

对于陈独秀的舆论，大概可以分为这样四派。

然而一般人所最注意的问题，当然还是陈独秀与中国共产党之关系的问题。对于这一点，《北方公论》上的一篇文章说的最为恰当："两三年来陈独秀的努力，对于中国共产党的组织上确实发生了非常严重的影响，因为陈独秀在共产党一般干部中是有着很大的潜势力的。自从陈独秀离开中央以后，中国共产党始终未能产生足以统率全党的领袖，党的组织也因此非常薄弱。迨至经了陈独秀之几次的打击以后，于是号称'铁的纪律'之中国共产党，几年以来，便走入非常破碎的瓦解状态。现在所有一切共产党的动摇分子，虽然不完全在陈独秀的领导之下，然而这些分子所以发生动摇的原因，却是因为共产党之铁的威信已经为陈独秀所打碎了。近几年来，共产党中已脱离中央派的分子，如'我们的话'派、'战斗'派，这都与托洛斯基主义相近，与陈独秀一派有很密切的关系。一九三一年由干部派中新分化出来的罗章龙派，大部分也转入了陈独秀派之中。现在尚在中央派统制之下的右派（张国焘领导），在过去与陈独秀一派的关系非常密切，目下虽然不敢公然与陈独秀妥协,但这不过是时间问题。陈独秀的政治活动如不就此终止的话,将来中国共产党之更严重的分化自在意料之中。”

我们认为这一段对于描写陈独秀在共产党中的作用是非常确切的,陈独秀正是使中国共产党支离破碎的唯一酵母。

这样,我们将一切评论都集中起来,使读者自己再去加以正确地估计,这本书的任务就在这里。

一九三二年二月五日①

陈东晓编《陈独秀评论》第1—4页

1933年3月北平东亚书局印行,上海图书馆存。

《民国丛书》上海书店1989年版

22. 陈独秀《除夕歌》 1933年3月

丁巳除夕歌 一名《他与我》②

古往今来忽有我,
　　岁岁年年都遇见他。
明年我已四十岁,
　　他的年纪不知是几何?
我是谁?
　　人人是我都非我。
他是谁?
　　人人见他不识他。
他何为?
　　令人痛苦令人乐。
我何为?

---

① 应为1932年12月5日或1933年2月5日,因1932年2月5日陈独秀的这次被捕事件尚未发生。

② 陈独秀不仅是中国现代白话诗的倡导人物,且身体力行,1918年3月15日,陈独秀与胡适、刘半农、沈尹默的同题白话诗《除夕》发表在《新青年》第二卷第三期上。为纪念1917年《新青年》提倡白话诗15周年,1932年底刘半农编辑了《初期白话诗稿》,收入李大钊、陈独秀、胡适、沈尹默、沈兼士、鲁迅、周作人、陈哲衡等八人的26首白话诗手稿(均为刘半农于1917—1919年间收集),于1933年春由北平星云堂书店彩色影印出版,以保存珍贵墨迹,故刘在前言中说:“陈仲甫先生白话文做得很多,旧体诗做得很好,白话诗就我所知道的说,只有《除夕》一首。这一首的原稿也保存下来了。李先生(即李大钊——编者)已在数年前做了牺牲,陈先生目下正在过他的看守所生活,这两首诗稿就愈见珍贵了。”(《初期白话诗稿》书目文献出版社1984年影印版,第10页)由此使后人感受到前贤在那场新旧文化搏战中的战斗身影。

　　拿笔方作除夕歌。
除夕歌，歌除夕；
　　几人嬉笑几人泣：
富人乐洋洋，
　　吃肉穿绸不费力。
穷人昼夜忙，
　　屋漏被破无衣食。
长夜孤灯愁断肠。
　　团圆恩爱甜如密。
满地干戈血肉飞，
　　孤儿寡妇无人恤。
烛酒香花供灶神，
　　灶神那为人出力。
磕头放炮接财神，
　　财神不管年关急。
年关急，将奈何；
　　自有我身便有他。
他本非有意作威福，
　　我自设网罗自折磨。
转眼春来，还去否？
　　忽来忽去何奔波。
人生是梦。
　　日月如梭。
我有千言万语说不出，
　　十年不作除夕歌。
世界之大大如斗，
　　装满悲欢装不了他。
万人如海北京城，
　　谁知道有人愁似我？

刊于1918年3月15日《新青年》第四卷三号

本文查阅原刊及任建树主编的《陈独秀著作选编》第一卷第405—406页此文勘校，两个版本的标点符号不同。上两种文本均为一逗到底，这是陈独秀、胡适在我国首创标点符号之初撰文的风格和习惯。而刘半农编著收录此文是原文手稿。本文即按此真迹校出——编者。

23.《益世报》 1933年3月5日

陈独秀案定六日在京开审　高院已派员赴京

[南京四日下午八时本报专电]　陈独秀案苏高院定于(六日)在京开审,高院派审判长胡善称、推事张秉慈、主任书记官沈育仁。

原载《益世报》 1933年3月5日　第二版

24.《中央日报》 1933年3月6日

陈独秀案　承审员今日可来京

共党及干部首领陈独秀、彭述之等自获解来京,迄已数月,全部证据已经高等法院检察官朱隽侦查完竣,以危害民国罪提起公诉,告法院业已派定刑庭长胡善称承审此案。闻胡定今日同推事张秉慈、书记官沈育仁、检察官朱隽由苏来京,假江宁地方法院刑庭公开审判。该院奉最高法院命后,昨日已为之预备一切。记者昨往访陈之辩护律师蒋豪士,据谈,陈、彭一案敝律师以证据已经苏高院侦查完竣,日前呈请参阅全部案卷,未得高院交下,故审判长来京后,亦须将全案交律师参阅后,始能出庭辩护,开审日期,大约于本月十日左右。蒋律师又谈,陈、彭近来在监生活,尚称安适。

原载《中央日报》 1933年3月6日　第七版

25.《中央日报》 1933年3月7日

陈独秀案一周内开审　律师聘章士钊等三人

共党首领陈独秀、彭述之等,自在沪就逮以后,羁押江宁地方法院看守所,迄已四月有余,前经侦查完毕,已由江苏高等法院检查处正式提起公诉,惟为就近审判,拟仍仿牛兰案前例,借江宁地方法院开庭审理。昨据该地方法院消息,该院迄今未接到定期开审训令,惟得承办该案之法官私人函云,即日来京,陈案刻已由苏高法院刑庭处理,诉讼进行情形,此间无由探悉,但审期当不出一星期左右。中央社记者旋至看守所往晤陈等,由看守长导往陈等居室,室中陈设较为简单,仅设铁床两张、书桌书架等数事而已。现气候较寒,并燃文化煤炉取暖,陈等神色较入狱时为佳,均御羊裘,面有笑容。狱中生活,颇似置身学校宿舍,而不类囚舍也。彭述之正习德文,架上书籍以关于自然科学及国故学者为多，与记者谈话时，彼等均未改乡音。(记者问)君等已恢复健康否？(陈答)身体已较入狱时健实，惟胃病一时颇难复原。(问)狱中生活状况如何？(答)尚称舒适。(问)君等对于诉讼有何意见？(答)无甚意见，惟静候审判。何日开庭，我等尚未接到通知。(问)君等已聘定律师已上辩诉否？(答)我等聘章士钊、彭望邺、吴之屏三律师代为辩护，已呈辩诉一次。(问)迩来读何书？写文章否？(答)狱中惟有读书，然亦不甚专注，并无甚写作，惟间有老友来闲谈耳。(问)君等已闻热河失利之消息否？(答)尚无所闻，日人之侵略，殆无已时，谈时彼等甚愤慨。

原载《中央日报》 1933 年 3 月 7 日 第七版

26.《大公报》 1933 年 3 月 7 日

陈独秀案 将公开审判

国闻社五日南京电，陈独秀案将公开审判，约七日左右开庭，高法院派胡善称承审，胡日内将偕推事张秉慈、检察官朱隽来京。

原载《大公报》 1933 年 3 月 7 日 第四版

27.《申报》 1933 年 3 月 7 日

陈彭在狱近况 审判期不出一星期左右

南京 陈独秀、彭述之于停止接见期间已过，某记者得看守所长及陈、彭同意，由罗看守所长导入监内，陈、彭所居为第二号房。狱卒启门后，二氏含笑出迎，谓尚系数月前来南京时与君方晤。房内设寝榻二，方桌、藤椅、书架、靠背椅等数事，房中有瓷制火炉，空气温暖，架上书籍颇多，除《论语》、《书经》、《诗经》等线装书外，《万有文库》①中关于“人类学”一项凡数十本，国际法、解剖学、中央研究院之出版物等尤多，又有德文书籍十数本。二人均着皮袍棉裤棉鞋，一切居处享受尚优。陈云，余来京后，身体强壮多，饭量亦较前健，胃病告愈，面部见胖，狱中除阅书外，起居散步均有定时。蔡元培、杨杏佛、蒋梦麟诸先生，去年均来看过，近则无书信来往。审判日期尚未得

---

① 《万有文库》：20 世纪上半叶最有影响的大型现代丛书，由王云五策划主编。共两集，第一集收十三种丛书；第二集收四种丛书，共收书 1 721 种 4 000 册。1929 年至 1937 年商务印书馆排印、影印。此书目的是“使得任何一个人或者家庭乃至新建的图书馆，都可以通过最经济、最系统的方式，方便地建立其基本收藏”。

悉,即余之辩护律师亦未接得通知。律师系请章士钊、彭望邺、吴之平①三人,何人主辩,由彼等商酌,大约系章士钊担任,至在公开审判前,余等意见均在答辩内详之也。彭述之所谈,略与陈氏同,且不欲多言,观其情状,似有今是昨非之感。(六日专电)

南京　共产党首领陈独秀、彭述之等迄无开审确期,惟承办该案法官日内将来京,陈案已由苏高法院刑庭处理,诉讼进行情形,此间无由探悉。惟审问当不出一星期左右,陈等在狱生活,颇舒适,神色较入狱时为佳。(六日中央社电)

原载《申报》 1933年3月7日　第六版

28.《中央日报》 1933年3月8日

陈独秀案将开调查庭　准许被告陈述事实

承审人员昨已抵京

共党托派首领陈独秀、彭述之等十人,在沪逮捕,寄押江宁法院看守所,业经江苏高等法院检察处,以危害民国罪提起公诉,该院院长林彪,指定承审本案人员,并假江宁法院公开审判。兹悉审判长胡善称、陪审推事张秉慈、书记官沈育仁、丁毅等四人,于前晚由苏乘车抵京,昨晨赴江宁法院,接洽一切开庭手续,并在该院设立临时办事处,办理本案事宜。为明了本案事实起见,决定本日内先开庭调查,根据检察处起诉理由,准许各被告陈述事实,惟所聘辩护律师,不得出席,俟调查庭闻讯竣事,再行定期开庭,公开审判。届时对本案起诉之检察官朱隽亦将由苏来京列席,发表意见,并准章士钊、彭望邺、吴之屏三律师出庭辩护,为法律条文上之解释云。

原载《中央日报》 1933年3月8日　第七版

29.《中央日报》 1933年3月11日

陈独秀案证据即可审竣　四月上旬公开审判

共党托拉斯基派首领陈独秀、彭述之等十人,自经逮捕解京,经江苏高等法院以危害民国罪起诉后,本星期一江苏高等法院审判长胡善称偕同陪审张秉慈书记官、推事沈育仁、丁毅等四人,由苏来京,下榻江宁地方法院,进行侦查陈案。日日社记者,昨访胡审判长,询问此案真相与公开审判日期

---

① 《中央日报》作"吴之屏",应以此为准。

等，据云此次来京，系审查陈案证据，并不开侦查庭，公开审判日期，须在四月上旬。本案原可早日审判，惟因证据甚多，一时不易审查完竣，以至展迟。总合陈案证据共有九大箱，均系宣传共产之书籍与著作，内有俄文、德文、日文、法文各种著作，大部分系小册子，每一页小册子上，写有数千文字，字小如蚁，排列尤密，须用显微镜照映，始能看清笔画。以上证据，一部分在苏高法院，一部分在江宁法院。与本案有无关系，均经分别审查，外国文者，一一翻译中文。最近就能审查就绪，本人等一星期即离京回苏，然后确定正式公开审判日期。将来审判之地点，仍假江宁地方法院，届时当允许被告律师出庭辩护云云。

原载《中央日报》 1933 年 3 月 11 日 第七版

30.《大公报》 1933 年 3 月 11 日

陈独秀案下月初公开审理

［南京十日下午十时发专电］ 陈独秀案经江苏高等法院胡审判长到京审查证据，因数量多，共九大箱，公开审理期限延至下月初。

原载《大公报》 1933 年 3 月 11 日 第三版

31.《涛声》第二卷第九期(总第四十五期) 1933 年 3 月 11 日

美国著名思想家来电营救陈独秀

玛 金

闻陈独秀、彭述之等政治案件开审在即，美国著名思想家德莱塞(Theodou Dreiser)①、

① 德莱塞(Theodou Dreiser，1871—1945)：即西奥多·德莱塞。美国著名小说家、现实主义作家。生于印第安纳州特雷霍特镇。父亲原是德国纺织工人，1846 年来到美国。德莱塞曾长期在社会底层劳动挣扎。18 岁时，进入印第安纳大学学习，肄业，有机会接触到达尔文、赫胥黎和斯宾塞著作。23 岁开始，先后在芝加哥的《环球报》、圣路易斯的《环球-民主报》和《共和报》任记者，在纽约《每月》杂志任主编。1899 年开始写作。第一部小说为《嘉莉妹妹》(1900)，1911 年，《珍妮姑娘》问世，揭露美国社会贫富悬殊、道德沦丧。接着又发表了长篇小说《欲望三部曲》的前两部《金融家》(1912)和《巨人》(1914)，揭露金融资产阶级的发家及其必然灭亡，奠定了德莱塞在美国文学界的地位。1917 年后倾向社会主义。1925 年代表作长篇小说《美国的悲剧》发表，通过穷教士儿子克莱特·格里菲斯为追逐金钱财势堕落为蓄意杀人犯的故事，揭示了利己主义恶性膨胀的严重后果及金钱至上的美国生活方式对人的腐蚀毒害作用。1928 年应邀访苏，政治立场有所转变，创作开始走向社会主义现实主义道路。这一时期的作品有《德莱塞访苏印象记》(1928)，短篇小说集《妇女群像》(1929)，政论集《悲剧的美国》(1931)，《斯多葛》(1945)，《欲望三部曲》第 3 部等。1945 年，加入美国共产党。同年 12 月 28 日逝世。德莱塞作品贴近生活，大胆、真实地再现了当时美国社会，是美国现代小说的先驱和代表作家，被认为是同海明威、福克纳并列的美国现代小说的三巨头之一。

戴尔(Floyd Dell)①、辛克莱(Uplon Sincleis)②、赫斯(John Hays)③、杜威(John Dewet)④等二十余人,以陈独秀乃中国新文化运动导师,其他同案被捕诸人,亦系为社会利益而参加政治活动者,故对他们深表同情。特于前日致电南京政府,要求速即恢复陈等自由云云。

原载《涛声》第二卷第九期(总第四十五期) 1933年3月11日

32. 陈独秀致王灵均信(9) 1933年3月14日

灵⑤、羽⑥二君:

彭君带来四日的信一封及麦乳精二盒(今天收到的),都照收。

又《醒世姻缘》八本,信中虽未提及,因是亚东出版,想是长沙老友送我们的。惟另有白色药水一瓶,西名□□□□,来信亦未提及,不知是否你们寄来给我吃的,或是玉英寄给老彭的,所以还未敢服用,尚望来信示知!

《自传》尚未能动手,此时不急于向人交涉出版。倘与长沙老友一谈,只要他

---

① 戴尔(Floyd Dell, 1887—1969):即弗洛伊德·戴尔,美国小说家、剧作家、诗人和文学评论家,生于美国伊利诺伊州的巴里。早年曾为地方报纸和社会主义《三市工人》杂志的记者,在国家级杂志发表诗歌。1908年,移到芝加哥,成为《星期五文学评论》的编辑和芝加哥文艺复兴领导。1913年迁到纽约,成为麦克斯·伊士曼激进的《群众》杂志主编辑和战前格林威治村(Greenwich Village)波希米亚社区的领导。曾获1910年代促进现代美国文学国家级荣誉。战后,转向小说创作。他的第一部小说,成长小说《月亮牛犊》(1920)反映了美国在第一次世界大战后那代人的幻想破灭及放荡不羁的生活方式,成为畅销书。后加入著名的普罗文斯敦剧团,他的《亚瑟王的袜子》在此获首演。1928年他的《小事故》在百老汇上演,轰动一时。1935年加入WPA和美国信息服务,二战结束后退休,继续从事写作,1969年7月23日在华盛顿附近的马里兰州贝塞斯达去世。作为一个散文、小说的畅销书作家,20世纪上半叶的许多主要的美国作家都受到戴尔的影响。

② 辛克莱(Uplon Sincleis, 1878—1968):即厄普顿·辛克莱,美国最负盛名的揭弊作家之一,生于马里兰州的巴尔的摩市,先后在纽约市立学院和哥伦比亚大学读书。15岁开始给一些通俗出版物写文章,靠稿费维持生活;1902年参加社会党;为揭露社会弊病,创作一系列长篇小说,如揭露工厂残酷剥削和压榨工人的《屠场》(1906)、描写科罗拉多州煤矿工人罢工事件的《煤炭大王》(1917)、抨击垄断资本家的《石油》(1927)、揭露政治腐败和警察暴行的《波士顿》(1928)等。从1940年开始,侧重描述两次世界大战之间美国和欧洲各国的社会情况,其中《龙齿》(1942)获普利策小说奖。

③ 赫斯(John Hays):即约翰·海斯(John Hays, 1888—1965),Hay, Hayes的异体,读音:[heiz],美国著名政治学者。

④ 杜威(John Dewet, 1859—1952):即约翰·杜威,美国著名哲学家、教育家。他出生于佛蒙特州贝林顿的一个杂货商之家。1879年毕业于佛蒙特大学,1884年获约翰·霍普金斯大学哲学博士学位。起初在密歇根大学、明尼苏达大学教授哲学。后来在芝加哥大学任哲学系、心理学系和教育系主任、教育学院院长。1904—1930年,在纽约哥伦比亚大学哲学系兼任教授。还担任过美国心理学联合会、美国哲学协会、美国大学教授联合会主席等职。作为美国实用主义哲学的集大成者、美国机能主义心理学和进步主义教育运动的先驱,他使实用主义成为美国特有的文化现象。他曾提出教育即生活,学校即社会的口号,主张从实践中学习,反对灌输和机械训练的教育方法,影响很大。杜威还到苏联、土耳其、南非及墨西哥等世界许多地方宣传他的思想。1919年,他曾经先后在北京、南京、杭州、上海、广州等地讲学,对中国产生了一定的影响。1952年93岁时因肺炎去世。

⑤ "灵"是灵均女士。——汪注。

⑥ "羽"是高先生(语罕),他的笔名有一个是"一羽"。——汪注。

肯即时付印，别的条件都不重要。

我的衣服，除羊皮袍及驼绒袍三二件外，余都不能用了，想是潘女士的。又不知能否通知她捡出这二种衣服的当票，以备赎取？她对于我，以前未曾告以真姓名及她此次失去衣服，有怨言否？她在浦西有通信处否？

如有信由邮局寄来时，信中望勿提及收到我的信，因为我不便公开寄信给你们（因通信地址的原故，你们来信不写发信地址，则无妨也，玉英常有普通信由邮局寄老彭），日前由邮局寄去之信（由老友处转）乃托人投之邮箱，未曾交所检查也。上海如有妥便收信处，此间托人投邮箱甚便，倘无甚秘事，以后可以不烦彭律师也。

前与老李信，急盼复，超麟及长子接济之事，弟甚挂念，不知老友处能否每月付二十元？老李收款后如何办理，均望示知。此祝

双安！

弟　明夷叩（1933年）三月十四夜

33. 江苏高等法院关于派庭长胡善称代行审理陈独秀等一案文件给司法行政部的呈文　1933年3月15日

江苏高等法院呈文　循1102号　民国二十二年三月十五日核签

呈报审理陈独秀等一案文件派庭长胡善称就近代行祈鉴核备案由

呈为呈报审理陈独秀等一案文件，派庭长胡善称就近代行仰祈

鉴核备案事。窃查陈独秀等因犯危害民国嫌疑一案现已由本院刑庭就江宁地方法院审理所有关于该案文件，即派庭长胡善称就近代行，以期迅速。除令饬遵照外，理合具文呈报仰祈

钧部鉴核备案谨呈

司法部部长罗（文干）

录自江苏档案馆1848—1849号缩微胶卷

34.《大公报》　1933年3月18日

陈独秀案　法院审查证据　下月公开审判

［南京十七日下午十时发专电］　陈独秀案，经苏高等法院胡审判长来京审查证据，顷已将外文部分之证据全部译竣，胡即回苏，定四月上旬来京，假地方法院公开审判。

原载《大公报》　1933年3月18日　第三版

35. 国民政府司法行政部关于收悉胡善称代行审理陈独秀案文件呈文给江苏高等法院指令　1932 年 3 月 29 日

司法行政部指令　指字第四六七四号

令署江苏高等法院院长林彪

呈一件为呈报审理陈独秀等一案文件派庭长胡善称就近代行由

呈悉此令

司法行政部部长罗文干

中华民国二十二年三月廿九日

抄录自江苏省档案馆 1851—1852 号缩微胶卷

36. 江苏高等法院关于陈独秀等危害民国案延长羁押裁定书(残页)　1933 年 3 月 30 日

江苏省高等法院刑事裁定　二十一年度　声字第一九四八号

裁定

申请人　本院推事

被告人　陈独秀　在押

彭述之　在押

王武　在押

濮一帆　在押

王子平　在押

兹据申请人以……法第七十三条第二项……

王兆群、郭竞豪、梁有光、王鉴堂羁押……

中华民国江苏高等法院刑事第二庭

……判长推事　胡善称

推事　斯文

推事　黄炳道①

右〔上〕　件正本证明与原本无异

江苏省高等法院　书记官　□□□

---

① 黄炳道(1881—1951),字星如,号悟空道人,浙江苍南钱库黄车堡人。光绪末年考取官费留学日本早稻田大学法律专业。在日本参加同盟会,1910 年回国后被清廷授予法政科举人(当时科举制度已废除,可以说是最后一科举人)。辛亥革命时,任温州军政府法官。民国时历任浙江高等审判厅推事、检察厅检察官、杭县地方检察厅检察官,江苏审判厅推事,江西高等检察厅检察官等职。

中华民国二十二年三月三十一日

文中省略号为原卷残缺部分——编者。

抄录自江苏省档案馆　1869号缩微胶卷。

37.《申报》　1933年3月30日

陈独秀案定期审判

南京　陈独秀、彭述之危害民国案，定四月十四日在宁地法院公开审判。（三十日专电）

原载《申报》　1933年3月30日　号外第一版

38.《中央日报》　1933年3月31日

陈独秀案十四日开庭　庭长及推事即将来京

托拉〔洛〕次〔茨〕基派首领陈独秀、彭述之等危害民国案自经法院提起公诉后，即由江苏高等法院审查各种证据，现一切已竣事，顷悉关于陈、彭案苏高院已定下月十四日假江宁地方法院正式开庭。其程序先开调查庭，整理调查一切证据，完毕后即开辩论庭。由提起公诉之检察官与被告辩护律师，互相辩论，辩论结果，再开公判庭。现苏高院庭长胡善称及各推事书记官等，将先期来京，准备一切；陈、彭辩护律师章士钊等三人，日内亦将晋京与陈、彭交换意见。陈、彭等之声〔申〕辩书，早已拟好，开庭时即正式提出云。

原载《中央日报》　1933年3月31日　第七版

39.《大公报》　1933年3月31日

陈独秀下月公开审判

［南京三十日下午八时发专电］　陈独秀案定四月十四日公开审判，假江宁地方法院开庭。

原载《大公报》　1933年3月31日　第三版

40. 陈独秀致王灵均信(10、11、12)　1933年4月5、6日

(10)

灵、羽二先生：

前函据云托的□□□□□已托书店代定，二月后准有，惟日前老友来信云（即由哲民转来者),遍询沪上各书店,均已售罄,无法购得,嘱弟告以原出版的外国书店,以便定购云云。倘君等已向书店定妥如寄函所云,则已无问题;倘君等亦系托诸老友,则此尚无着落矣。原出版书店之名,弟亦不知,曾忆向刘仁静开有该书出版书店之名,交之弟处,不知尚存在否?其实并不需知这原出版处,只要托中美图书公司函美国芝加哥各大书店定购即得也。

尹宽

前函仲三兄询问救济郑(宁)[①]、尹(沪)[②]等之事,不独至今未得回信,即君等来信亦未一字提及,殊为闷之。在外者不知在狱者之苦,我们对他们,即以朋友关系,亦不应置之不理也。仲三兄已去沪了吗?不知何以不给我回信?即仲三不在沪,老友处是否取得款,所得后又如何办理,君等亦理应告知我也。又老友处如取不得款,君等亦应函告我另行设法,置之不理,殊不应该!

贱躯如常,惟胃肠仍不佳,大便过少而稀薄,老友寄来之白色药水已服半瓶,依然无效,不知是否肠中有寄生虫?

弟之辩诉状稿,前托彭先生带上一份,不知收到否?兹再寄一份,较前稿有二处字句的修改,望交老友饬人抄录数份[③],分送知已传阅。本月十四日准开审,弟等虽然要求公开发表该辩诉状,而将否为政治力所阻,不可知也。倘开审后,上海各报未见发表该文件,请君等设法油印数十份,分送上海大小各报及北平《世界日报》,天津《益世报》、《庸报》、《大公报》,是为至托!

写《自传》事,俟判决后情形如何,再决定动手与否。

请告老友将亚东出版的《欧洲经济发展史》(李季译)[④]寄我一部,同时告知季子,请他将此书德文原本寄我,以便对照译文一读,以此作学习德文的教科书,虽

---

① "郑(宁)"指郑超麟先生,时在南京陆军监狱中。——汪注。

② "尹(沪)"指尹宽,不知在上海哪一个监狱里,他们在《向导》里都时有文章。——汪注。

尹宽于1936年初于上海第二次被国民党逮捕(同贺希、邹鲁一起)。先关在闸北公安局,后解到市公安局。未判刑,经他写信给同学——北京市长何其巩设法,转反省院(三人一起),至1937年南京快沦陷时出狱,回老家桐城(见郑超龄《记尹宽》,春燕出版社1998年版,第108—109页)。

③ "较前稿有二处字句的修改","望交老友"的"辩诉状稿"我未见过。——汪注。

④ "亚东出版的《欧洲经济发展史》(李季译)"是《社会经济发展史》之误。——汪注。

稍艰难，而比他书有趣也。《德文入门》将习了（此书极好，灵姐可一读。江西路壁恒公司有），大约或可求教字典强行读书，狱中从事于此，最足消遣日月也。

书及信，均可由老友寄哲民转我，（他每星期来看我一二次，甚自由）不必烦彭先生。

与潘女士信，读转发邮，如见她，婉言劝她不必来此看我。

明夷叩（一九三三年）四月五日

望即赐复！！！

(11)

灵均女士：

彭君赴申之便，带上要信（此信寄与老友一阅）一封，望即往取。彭君已移居辣斐德路万福坊六号，谅先生已知之。

来信望交老友寄哲子转下不误，倘向老友抄哲子通信处直接寄来，则尤为便捷也。

余已详前函，不赘。此颂

双安！季、仲处均乞代为致意，未另。

弟　明夷白（一九三三年）四月六日

(12)

灵、羽二先生：

由彭君带上之信（内有状稿）及由邮局寄老友处转上之信（内有致静真信）均收到否，至以为念。

昨日由行严交来铅印辩状两册（据他说是从老友处拿来），我想是组织所印①，一问静真即知，或羽兄已知之。此印本昨最后改正之稿，而亦大致可用，稍加改正，即可发出，似乎不必再印。当送已间接的命令此种文件发表，不知铅印之件曾送达上海各报否？大约平、津、港三处报或可发表，望即寄去。

下次彭君来时，望示以静真的通信地名。托潘君寄老友转尊处之款（闻老友

---

① “由行严交来铅印《辩状》二册（据他说是从老友处拿来），我想是组织所印”似有错，不是“组织所印”，是行严先生要亚东替他排印的，名《陈案书状汇录》，但不知《辩状》二册便是《汇录》不是。《汇录》是我手付排付印的，记得是一千册。——汪注。其中静贞即郑超麟之妻刘静贞，她每月往来于上海—南京间，既探视，又是联络托派的联络员。

已还乡,月余始回申)[①]请你询问□□,函及。

1933年4月[②]

41. 蔡元培:《独秀文存·序》[③] 1933年4月

二十五年前[④],我在上海《警钟报》社服务的时候,知道陈仲甫君。那时候,我们所做的,都是表面普及知(常)识、暗中鼓吹革命的工作。我所最不能忘的,是陈君在芜湖,与同志数人合办一种白话报,他人逐渐的因不耐苦而脱离了,陈君独力支持了几个月。我很佩服他的毅力与责任心。

后来陈君往日本,我往欧洲,多年不相闻问。直到民国六年,我任北京大学校长,与汤君尔和[⑤]商及文科学长(的)[⑥]人选,汤君推陈独秀,(并)说独秀即仲甫,并(又)以《新青年》十余本示我。我问明陈君住址,就到前门外某旅馆访他,他答应相助[⑦]。陈君任北大文科学长后,与沈尹默、钱玄同、刘半农、周启民诸君(均)甚相得;后来又聘到已在《新青年》发表过[⑧]《文学革命通讯》的胡适之君,益复兴高采烈,渐渐儿引起新文化的运动来。后来陈君离了北京,我们两人见面的机会就(又)很少(了);我记得的,只(止)有十五年冬季(十一月)在亚东图书馆,与[⑨]今年在看守所的两次。他所作的文,我也很难得读到了。

这部文存,所存的都是陈君在《新青年》上发表过[⑩]的文。大抵取推翻旧习惯、创造新生命的态度,而文笔廉悍(犀利),(尤)足药拖沓、含糊(混)等病。即到今日,仍没有失掉青年模范文的资格。我所以写几句话替他介绍。

中华民国二十二年四月　蔡元培

原载《独秀文存》亚东图书馆1933年版

---

① “闻老友已回乡,月余始回申”,不错,我的大叔孟邹是四月一日回绩溪去的。(民国廿二年1933)。——汪注

② 在这封信后,有汪原放的说明和注释:“上面的十二封仲翁在狱中书,我觉得有几处,可以根据我所知道的,一封封的略加注释,以便阅读。我分条写于下,1即第一信的注,2即第二信的注,以下仿此:……(为阅读方便,注释已移至每信脚注,此略)。……以上所录的信,第二封是‘十一月卅日’,是1932年;第六封是‘二月七日’,是1933年的信。推测或不至大误。总是三十年前的旧信了。仲翁致我的大叔的信,我一封不曾见过,再也找不到,不知道哪里去了。将来如出现,再录。”

③ 1933年,亚东重印《独秀文存》,1934年又印了一次,为此书第九第十次印刷。这两次出版,正文和版式都没有动,增加了蔡元培的这个《序》。详见汪原放《关于重印〈独秀文存〉和拟新写的书》(《亚东图书馆与陈独秀》第十一章《仲翁狱中来信一束》)。

④ 中国第二历史档案馆存蔡元培手迹为“二十余年前”。

⑤ 手迹为“汤尔利君”。

⑥ 括号中的字,为手迹中用字,下同。

⑦ 手迹中无“相助”二字。

⑧ 手迹中无“过”字。

⑨ 手迹中无“与”字。

⑩ 手迹中无“过”字,“发表”二字前有“所”字。

42. 章士钊赠陈独秀诗　1933 年 4 月

南京路上①

龙谭血战高天下②，一代功名奕代存③；
王气只今收六代④，世家无碍贯三孙⑤。
廿载浪迹伤重到⑥，此辈青流那足论？
独有故人陈仲子⑦，聊将糟李款牢门。

陈独秀字仲甫，章引用於陵陈仲子之典称陈独秀为“陈仲子”。（此为作者

① 此诗较早见于濮清泉《我所知道的陈独秀》一文的注释（《文史资料选辑》第 71 辑，中华书局 1980 年版），无题名，时间为“去南京为陈独秀辩护时”。丁仕原《岁寒然后知松柏——章士钊与陈独秀晚年的友谊》（《书屋》2003 年第 12 期）以“南京路上”为此诗题名，并说“这首诗，在陪都重庆时还广为流传。当沙孟海录示这首诗后，章士钊特地写下了《沙孟海录示余六年前南京旧作赋贻长句，并简独秀》：三载从亡面扑尘，缘君飞梦到王城。剩将海内流传句，听作人间寥阒声。托契败云年事少，论诗旋忘面情生。牢门今日成天网，因漏才叨凿老伦。”姚金果在《陈独秀与章士钊的交往》（《党史文苑》2005 年第 1 期）作“去南京为陈独秀辩护的途中……写下《念故人陈独秀》诗一首”。此取丁说。

② 1927 年 8 月 25—31 日发生于镇江经六昼夜苦战之龙潭战役，是孙传芳与北伐军之间进行的一场著名战役，也是北伐战争中最激烈、最具决定性的一场战役。可以毫不夸张地说，龙潭战役奠定了国民政府的基业，也决定了显赫一时的五省联帅孙传芳从此一蹶不振、变成光杆司令的转折点。当年 8 月 28 日孙传芳本人已经亲自渡江，在龙潭镇东的中国水泥公司坐镇指挥。而国民革命军第 1 军第 2、第 14 师在孙军主力的猛烈攻势下，几乎已经溃不成军。龙潭旋即再度失守，国民革命军战史记载：“孙军约 5 万人依据龙潭以西之黄龙山，以南之青龙山、虎头山，及东面之大石山、雷台山等，各山险变成坚固不拔之根据地。”当乌龙山孙军失守，栖霞山几经争夺也最终被攻克后，国民革命军开始从东、南、西三面包围龙潭。孙军在青龙山、黄龙山等山头构建工事，进行最后的抵抗，于是这里成为龙潭之战最激烈、最血腥的战场。孙传芳丢下部队，登上小汽艇逃向江北，仅以身免。孙军全线崩溃。到 8 月 31 日午后 2 时，不及渡江北逃之残敌约有四、五万人，全部被俘。国民政府军缴枪三万余支，炮数十门，俘孙军高级军官师、旅长数十人。参加龙潭之役之革命军以一、七两军为主。龙潭大捷，扭转了自 8 月初反攻徐州失败以来的战场颓势。1927 年 9 月 1 日孙传芳率残部从长江北岸向北全线后撤，9 月 2 日，南京国民政府军乘胜渡过长江北进，占领浦口、扬州等要隘。作者以“龙潭血战高天下”怀古，以表彰北伐战争的功绩。

③ “奕代”即一代接一代之意。本诗颔联两句是指国民政府曾有过的辉煌历史（龙潭血战）以切入现实。也泛指包括陈独秀在内的革命先行者们，在大革命国共合作时期，打倒列强除军阀的可歌可泣史迹。

④ “王气只今收六代”此句采用刘禹锡《西塞山怀古》一诗中的“金陵王气黯然收”中，所指公元 280 年晋武帝司马炎派水师在王濬率领下，直取金陵，灭掉东吴最后一个皇帝孙皓的故事而写成。“王气”指朝代，“只今收六代”指接下来南朝的东晋、宋、齐、梁、陈五代相叠，故称“六代”。

⑤ “世家无碍贯三孙”，这一句同上句连起来，借古讽今，是指贪污腐败的国民党政府官员们，世家显贵的资财却可传至子孙三代享用还绰绰有余。

⑥ 后四句写陈独秀的遭遇：“廿载浪迹伤重到”，指陈独秀从 1913 年在安徽芜湖汪孟邹、汪原放叔侄所办科学图书社的小阁楼上办《安徽俗话报》，开始干革命的艰辛与成功，到 1933 年被国民政府以莫须有的“危害民国”罪起诉，整整 20 年的浪迹天涯，为革命所受的“伤重”之极！“此辈青流那足论？”即指国民政府的官员们（“青流”，贬义词）何足挂齿。

⑦ 诗的最后两句“独有故人陈仲子 聊将糟李款牢门”。连起来是说：只有我的老故友陈独秀（亦名仲子），在狱中只能以“糟李”（泛指陈的人格与人品，不忘旧情，人穷志不穷，用糟李即坏李子款待我于牢门中——泛指去牢房探望者而言）——南京大学中文系教授、博士生导师王继志识诗，奚金芳为文于 2012 年 4 月 21 日。

注——编者)

原载《文史资料》 第 71 期

濮清泉:《我所知道的陈独秀》

43.《中央日报》 1933 年 4 月 13 日

陈独秀案明日开庭

审判长胡善称及辩护律师已到京　陈彭之刑事辩诉状昨已送到法院

中国共产党反对派首领陈独秀、彭述之等,经检察官朱隽侦查结果,认为陈、彭等虽仅为共产主义之宣传,然以危害民国为目的,集合组织团体,以文字为叛国之宣传,则证据确实,当经提起公诉。计被告除陈独秀、彭述之(即张次南)外,尚有王武(即宋逢春)、濮一凡、季平①、何阿芳、王兆群、郭竞豪(即彭述〔道〕之)、王鉴堂、梁有光(尚有王晓春一名,侦查结果,查无确据,另予不起诉处分)等十人,江苏高等法院,当即派由刑庭长胡善称会同张秉慈等三推事审查一切证据。因此案中、西证据文件过多,迄至上月始审查完竣,该院即定期于本月十四日正式开庭,并即通知被告。现承审是案之庭长胡善称,及推事书记官暨陈、彭诸人之辩护律师,均于昨、前两日到京,正在赶阅一切案件,准备明日上午正式开庭。兹探悉各情分志于此。

▲审判长来京　陈彭案自提起公诉后,即由江苏高等法院刑庭长胡善称负责办理,现该院即派胡氏担任审判长,胡以明日即将正式开庭,乃于前日偕同推事张秉慈、林哲长[民],书记官沈育仁、丁毅暨提起公诉之检察官朱隽等一行六人,由苏州来京,当住苏州地方法院②。两日来正在赶阅一切案卷。因卷证复杂,整理费时,致连日整天工作,迄无休息。昨晨八时,并接得陈、彭律师送上陈、彭二人对此案之刑事辩诉状,各一份,各长数万言。胡审判长当即详加审阅研究,故工作更形忙碌。

▲各地律师同来　被告陈、彭等十人之辩护律师共为五人,计章士钊律师代表陈独秀、彭述之二人;吴之屏律师代表全案被告十人;彭望邺律师代表陈独秀、彭述之、王武、濮一凡、王子平、何阿芳、王兆群、郭竞豪等八人;蒋豪士律师代表濮一凡、何阿芳、郭毅〔竞〕豪、梁有光、王武、王兆群、王子平等七人;刘祖望③律师

---

① 此误,应为王子平。

② 苏州地方法院为南京江宁地方法院之误。旧址已难觅,当在现南京市白下区长乐路 172 号原保温瓶厂旧址所在地。

③ 刘祖望:当时苏州律师,曾当过法官,1937 年“七君子”案律师团成员之一。

代表濮一凡一人。除蒋豪士原住本京外，其余吴之屏、彭望邺已于昨晨由沪联袂来京。刘祖望亦于昨晨自苏州到来。章士钊则定昨晚由沪乘车，今晨到京。昨日上午八时，吴、彭两律师，即将陈独秀、彭述之刑事辩诉状送递审判长胡善称。胡当派书记官丁毅、郭友松二人，陪视阅卷。下午一时半，吴、彭、蒋、刘四律师复赴看守所探视陈独秀、彭述之等，首询安好，继则与陈、彭等交换开庭前之一切意见，谈约一小时始出。

▲明日决开庭　昨日上午十时，苏高法院即通知江宁地方法院看守所，原文大意谓，本院审理陈独秀等一案，业派本院刑事庭长胡善称等来宁，定十四日正式开庭，合将该审判长胡善称印鉴令仰该所所长查照云云。嗣据承审是案之负责人语记者，本案决定于十四日上午九时正式开庭，其程序将先开调查庭，调查一切证据文卷，然后续开辩护庭，尽双方辩论，最后方开审判庭，公开审判。业已通知被告律师，届时出庭。至对陈、彭刑事辩诉状所声〔申〕诉各点，在未开庭前，殊不能发表任何意见云。

原载《中央日报》 1933 年 4 月 13 日　第七版

44.《大公报》 1933 年 4 月 13 日

陈独秀案　明晨在京审理

[南京十二日下午十时发专电]　陈独秀案定十四日开庭，苏高等法院刑庭长胡善称及推事、书记官、检察官均到京，准十四日晨九时开庭。将先开调查庭，调查一切证据文卷，然后开辩护庭。

原载《大公报》 1933 年 4 月 13 日　第三版

45.《中央日报》 1933 年 4 月 14 日

陈独秀案今晨公开审讯

上午九时假江宁地方法院　审判期间将在一星期左右

中国共党托拉斯基派领袖陈独秀、彭述之及嫌疑犯王子平、濮一凡、王武、何阿芳、王兆群、郭毅〔竞〕豪、梁有光、王鉴堂等十人一案，今日上午九时由江苏高等法院假江宁地方法院法庭公开审讯，庭长胡善称暨推事等六人，及陈、彭等之律师五人，一律已于十三日到京。昨日正午十二时，章、吴、彭、蒋、刘五律师，联袂至法院看守所，与在押各被告交换出庭意见，谈约二小时始出。记者特访五律师于平章法律事务所，据吴之屏律师谈，陈等对于共产主义早已改变其倾向，未曾有暴动程序，开庭后将如何处分自有法律之裁制云。

(又讯)审判程序,先二日开调查庭,继则宣读笔录,然后始公开辩论俟辩论终结,始行宣判,故审判期间,为时将在一星期左右云。

原载《中央日报》 1933 年 4 月 14 日　第七版

46.《申报》 1933 年 4 月 14 日

章士钊为陈独秀案赴京

章士钊律师刻以陈独秀案行将开审,特于日昨夜车赴京,先行调阅案卷,准备辩诉。

原载《申报》 1933 年 4 月 14 日　第十版

47.《益世报》 1933 年 4 月 14 日

陈独秀案今日在京公审

陈撰自述书长达五万〔千〕言　引证过去行为自认无罪

[南京 13 日下午 10 时 20 分本报专电]　陈独秀案寒(十四日)晨在江宁法院开审,陈在狱中撰自述,略谓余年五十三,三十余年来,上半期在五四前,专在知识方面活动,后半期乃转向工农劳苦民众活动。所抱主义,一、反抗帝国主义,二、反抗军阀官僚,三、改良农工生活,四、彻底实现民主国,引证袁曾捕孙黄之反证,自认无罪。全文达五万字,送法院。

[南京 13 日下午 11 时专电]　陈独秀自去冬捕解来京,经苏高等法院检察处侦查结果,以危害民国罪提起公诉,现定于寒(十四)公开审判,苏高法院特派刑庭长胡善称会同推事张秉慈及书记官等负责审理,以胡为审判长,审判程序先二日开侦查庭,继宣读笔录,然后公开辩论,辩论终结即宣判。审判期间约在一星期左右云。

原载《益世报》 1933 年 4 月 14 日　第二版

又:同日《世界日报》第三版作类似报道,唯文末有陈独秀"本人自信,并无危害民国之嫌,俟开庭后,拟要求赔偿被控损失"之语。

48.《中央日报》 1933 年 4 月 15 日

陈独秀案昨晨开审

陈彭自认共党中委不讳　审讯未毕今晨继续开庭

(中央社)中国共产党托洛斯基派首领陈独秀、彭述之及濮一凡、王武(即宋逢春)、王子平、何阿芳、王兆群、郭毅〔竞〕豪(即彭道之)、梁有光、王鉴堂、王晓春等十一人,于去岁十月,在沪被捕,移解江宁地方法院看守所管押。经江苏高等法院派检察官朱隽，历次开庭侦查，除王晓春一名无罪释放外，陈、彭等十人均以危害民国罪起诉，于昨日上午九时，假江宁地方法院刑庭公开审讯。陈、彭二人，自认共党领袖不讳，兹记各情如次：

公开审讯情形

旁听席上拥挤

江苏高等法院，以陈、彭等犯均系中国共产党托洛斯[茨]基派重要人物，为慎重计，特函请首都警察厅派武装保安队一排，于昨晨到江宁地方法院戒备，首都各界人士，以此案哄传一时。昨晨虽大雨倾盆，但前往旁听者仍有八、九十人之多。至十时四十五分，承审本案之庭长胡善称、推事林哲民[长]、张秉慈、书记官沈育仁、检察官朱隽等，升坐公堂。陈、彭等犯之辩护律师章士钊、吴之屏、彭望业、蒋豪士、刘祖望等五人，亦相继莅庭。胡庭长即传陈、彭等十人莅庭，一一讯问姓名、年龄、籍贯、住址、职业，旋即还押至候审室，依次单独审问陈独秀、彭述之、濮一凡、王武等人。陈独秀衣蓝布长衫，布棉袍；彭述之衣灰布棉袍，审问时态度安闲，顾盼自若，有时隽语风生，引起全堂哄笑。至下午一时半退庭，定今日上午九时，继续开庭审讯其余各犯。

检察官提公诉

追述逮捕经过

开庭传提各犯后，检察官首先起立，提起公诉。略谓去年十月间，上海市公安局据人密报，公共租界东恒路春阳里第二百十号楼上，设有共党伪中央机关，当即密派督察员唐豹、张清泰，持函向特区第一法院签发搜查逮捕证，会同捕房西探长戈而特、西探目克老司来等，于同月十五日下午三时，按址前往。适谢少珊及被告濮一凡、彭述之（即张次南）、王武（即宋逢春）、王兆群等五名，正在开常会，遂一并逮捕，当场抄出大批反动文件，并有小条通信处数纸。探捕等根据此项地点，[①]于同日下午七时，至岳州路永兴里十一号楼上，将被告陈独秀拘获，并获大批反动文件。九时许至圣母院路高福里三百二十二号楼上濮一凡家内搜查，起出反动文件多种，并拘获王晓春一名。当晚十二时许，又至大通路斯文里一〇四四号，因夜深打斗，屋内人闻盛惊恐，有二人由窗口跳下，一人逃去，仅将被告梁有光拘获，并搜出反动文件多件。十六日晨七时半，到塘山路业广里三三五号楼下，被告王子平、何阿芳，正在印刷共产党刊物《火花》及《校内生活》，遂连

---

① 实为据谢少珊叛变口供提供，见1932年10月17日吴铁成密电。

同证物一并抓获。十二时,又到福庆里[①]廿二号,获住被告王鉴堂,又起获反动书籍十种。先是,探捕等在塘山路业广里三三五号屋内,捕去王子平等,复派人暗中守住,迨至十七日被告郭竞豪(即彭道之),不知事已败露,前往该屋,亦被捕获。遂解送江苏高等法院第二分院,交由上海市公安局派员提回。先将陈独秀、彭述之两名,转送军政部陆军署军法司讯问,与粤赣等处共匪无关,且陈独秀等即非现役军人,而犯罪地点又与《危害民国紧急治罪法》第七条前段规定不合,认为无权管辖,转由司法行政部发交本处,依法办理。本处调集卷证,一再侦讯。陈独秀、彭述之等,对于加入共产党,创立中国共产党左派反对派团体,及被举为中央委员等均各自认不讳。正进行间,查悉公共租界捕房又在陈独秀家内续获反动文件四十余种,复派员向中央党部一并调齐,并往上海市公安局将共犯王武(即宋逢春)、濮一凡、王子平、何阿芳、王兆群、郭竞豪、梁有光、王鉴堂、王晓春等九名,续解来处,并案讯办。侦查结果,除王晓春一名查无确据,另予不起诉处分外,陈独秀、彭述之(即张次南)、濮一凡、王武(即宋逢春)、王子平、何阿芳、王兆群、张竞豪(即彭道之)、梁有光、王鉴堂组织以危害民国为目的之团体或集会,均触犯《危害民国紧急治罪法》第六条。又陈独秀、彭述之以文字为叛国之宣传,及王子平、何阿芳为叛国宣传之帮助,并有触犯同法第二条第二款之重大嫌疑。起获共产书籍文件均系供犯罪所用,及犯罪预备之物,请按同法第十条《刑法》第六十一条一二款,一并没收,合依刑诉法第二百五十三条第一款提起公诉。

先传审陈独秀

自供共党不讳

检察官提起公诉毕,胡庭长即传陈独秀,讯审年龄、籍贯、职业。据陈独秀供,年五十五岁,安徽怀宁人,民国五、六年,曾在北京当大学教授,计二、三年。民国九、十年间到上海。十一、十二年间到广东,任广东教育厅长约一年。以后回到上海,并无职业。一九二七年被举为中国共产党书记,指导共党活动。国民党清共时,在武汉参加共产工作,未有其他社会活动。(法官问)第三国际对你满意不满意?(陈答)有些地方满意,有些地方不满意。(问)书记是怎样的职位?(答)就是总秘书长,也就是中央主席。(问)你是什么时候被共产党开除的?(答)大约是民国十七年或十八年。(问)为什么要被开除呢?(答)因意见不同。(问)意见不同在什么地方呢?(答)这是党内的事情,我不愿多说。(问)你在国民党做过事没有?(答)没有。在清共以前,及我被开除后都没有做过。(问)你

① 应为"福履里"。

被开除后在上海做什么事情？(答)没有做什么事，也没有著什么书。(问)你是共产党哪一派？(答)托洛斯基派。(问)共产党是不是分史丹林和托洛斯基派？(答)是的。(问)托洛斯基派情形如何？(答)托洛斯基派在俄国人数不很多，托洛斯基是领袖，从前在土耳其，现在哪里，因没有看报，不知道。我在洛托斯基派中担任中央常委。(问)《火花》刊物内有你的著作，是不是？(答)有。(问)你同彭述之什么时候认识的？(答)很早，大约自一九二二年或一九二三年，我们是在莫斯科认识的。(问)你到过日本没有？(答)日本去过好多次，我曾在日本留学，法律、政治、文学都学过，没有毕业。(问)你到莫斯科去做什么？(答)去看一看，住了一个月就回来了。(问)托洛斯基派的总机关在哪里？(答)这是党内的事，我不愿多说。请就控诉范围内的事问我。(问)第三国际对你们接济不接济？(答)第三国际是史丹林派，与我们没有关系。(问)你们一派人多不多？(答)我们的组织，全国都有，人数不多，力量也小，参加的人工人较多，学生次之，农村方面，我们还没有力量走进去。(问)你们党里大约有多少人？(答)大约几百人，分散在上海、天津、香港等处。(问)他们加入，是不是信仰主义？(答)那是当然的，不然他们不会来加入。(问)你们的经济从哪里来的呢？(答)自己筹的。当教员的拿出一部分薪水，当工人的拿出一部分工资，多少不一。(问)《火花》同《校内生活》两种刊物，都有你的著作，是不是？(答)有的。(问)你在租界里是不是化名姓李？(答)那是当然的，否则早就被抓了。(问)彭述之是不是与你同一组织？(答)是的。他也是常委，他与我同时被开除的。(问)你们共有几个常委？(答)三个正式，两个候补。(问)候补常委是谁？(答)蒲亦方、罗世凡。我现在要顺便声明一句，以前开侦查庭时，笔录没有读过，今天检察官提起公诉说，濮一凡、宋逢春是候补常委，这是很奇怪的。宋逢春不是候补常委，因为第一宋逢春被捕时，才从牢里出来，他在牢里怎么能当常委？并且任何党里常委，或是五人或是七人，总是单数。如果他是常委，那变成六个人了，这是断乎没有的。再我们候补常委蒲亦方是四川人，有三十多岁，面孔很黑，一点都不好看。今天看见的，却是一个小孩子，面孔白白的，很漂亮，不是我们那个蒲亦方。(问)彭述之曾经供过候补常委是濮一凡、宋逢春。(答)他怎么样供，我不知道，但据我所知，都不是的。至此章士钊律师要求将侦查庭笔录交陈审阅，陈亦要求提看文件，法官将《火花》、《校内生活》两种刊物共一包交陈详细审阅，约二十分钟，陈承认系彼等之刊物。(问)你的主张是不是先要成立苏维埃政府，然后才组织红军？(答)是的。红军是一种军事组织，应以贫民农工为基础。(问)照中国的现状，你主张要不要红军呢？(答)红军不过是一个名称，我主张要成立农民军。中国现在不是不需要红军,而是照现状组织红军,还不可能。(问)那么什么时候要红军呢?(答)有了政权才要有红军,不然政权就不能维持。(问)你对暴动的意见如何呢?(答)革命政党要取夺政权,当然要暴动。就是国民党革命,也是暴动。(问)苏维埃三字是什么意思?(答)没有特别的意思,就是会议的意思。(问)资本家要不要打倒呢?(答)那是当然的。(问)你主张要夺政权吗?(答)当然的,政党不取夺政权,还叫什么政党。(问)劳资妥协对不对?(答)劳资决无妥协的可能。(问)你主张组织无产阶级政府,是不是?(答)是的。(问)有一种刊物叫作《斧》的,是你们的吗?(答)是的。那是在华北发行的,谁主编,我不大清楚。《火花》是我主编的,《校内生活》是南方的刊物。(问)书记是不是最高的地位?(答)是的。(问)湘、鄂、赣赤匪与你们有关系吗?(答)没有。(问)你们去参加否?(答)现在没有到暴动的时候。至此法官详讯《火花》、《校内刊物〔生活〕》内各种重要文件,是否陈之手笔,陈均一一据实承认。其中主要者有《反对帝国主义》、《发展农工武装争斗》、《反对国民党两条路线上的争斗》、《目前局势及任务》、《为日本帝国主义者侵略满洲告民众书》、《抗日康庄大道》、《第三次革命》、《实行八小时制》、《公开军权》、《反对〈危害民国紧急治罪法〉》、《国联决议后之局势》、《抗日救国告同党同志书》等。(问)托洛斯基派目的何在?(答)最大的目的是世界革命,最终的目的是中国民族解放,反对军事独裁制度,夺取政权。(问)你们主张召集不记名选举的国民会议,是不是?(答)是的。这个会议我们有权就由我们召集,国民党有权召集,我们也参加。(问)你们与赣、粤、皖、闽等地赤匪,因政见不同,不能合作是吗?(答)是的。(问)你们总机关,在上海吗?(答)是的。就在我的寓所,规模很小。(问)你们的刊物公开吗?(答)我们当然是愿意公开,什么人都可以看,但是政府禁止,所以大家就看不到。现在法官总算有看的机会。(问)你们常常开会吗?(答)常常开的。(问)你们被捕时是不是在开会?(答)我在病中,不知道,我病了已两个月。但以前开会我是参加的。(问)搜查时,搜到许多小条子,你知道吗?(答)不知道。(问)被捕的十个人你都认识吗?(答)有的认识,有的不认识。(问)你认识哪几个?(答)党内情形,我不能报告,我只能说政治意见,谁是共产党,这是政府侦探的责任,我不能作政府侦探。至此法官问陈反对国民政府之理由,陈共述三点,结论谓说我反对国民政府,我是承认的,但是说我危害民国,则不承认,容辩论时详陈理由。时已十一时三十五分,法官所讯已详,命陈退庭,传讯彭述之。

再传讯彭述之

所供与陈略同

(法官问)何时加入共产党?(彭答)大约是一九二一年。(问)以前做什么事?(答)在湖南中学读书,毕业后在宝庆办高等小学,以后即加入共产党。那时共产党未分派,我是CY,没有做什么工作。(问)何时与陈独秀认识?(答)一九二一年,在莫斯科,我在俄国东方大学读书,四年毕业后,在该校任教。一九二四年,返国在上海编《新青年》、《向导》等刊物,并加入中央局。(问)你加入陈独秀一派,是不是因为佩服他的文字?(答)没有什么佩服不佩服,我对解放中国的主张与陈独秀一样。(问)你什么时候被共产党开除,为什么原因?(答)与陈独秀同时被开除,因为政见不同。(问)你是不是托洛斯〔茨〕基派?(答)其实不能称为托洛斯〔茨〕基派,他不过是一个领袖而已。(问)你所谓政见不同,究在哪里?(答)这很难说,大概地说,我对苏俄的态度,在欧洲和中国无产阶级运动制度等问题,意见不同。(问)共产党的基础是什么?(答)工农,至于小资产阶级,常动摇于有产阶级和无产阶级之间,靠他们革命是不行的。(问)红军是不是需要呢?(答)无产阶级专政必定要红军,但是组织红军,应该在无产阶级革命胜利之后,在胜利之前只能武装农民。至于中国现在所以能产生这样大的红军,完全是客观条件上产生的,因为农村破产。(问)托洛斯基派在上海有多少人?(答)我们组织是宣传主义的,尚不普遍,力量不大,人数也不多。(问)你们的经费是哪里来的?(答)自己掏腰包。(问)你是中委吗?(答)是的。我同陈独秀同时被选,三个常委是陈独秀、张济文(注此是记音)同我,候补常委是蒲亦方、罗世凡。(至此彭又声明侦查庭笔录未宣读,并证明濮一凡、宋逢春并非候补中委,宋只是一党员,与陈独秀所述者相同,并将蒲亦方、罗世凡二人姓名之书法用笔写下呈庭)(问)第三国际对你们有无接济?(答)没有。(问)《火花》及《校内生活》两种刊物是你编的是不是?(答)有我署名的都是我做的。(问)你反对国民政府吗?(答)当然反对,不然我也不到这里来。(至此彭述其反对之理由数点)。(问)你们有没有暴动?(答)没有暴动,文字宣传当然是有的。(至此已十二时三十分,法官乃命其退庭,传讯濮一凡)

濮宋二人呼冤

不知何为常委

法官再传讯濮一凡,据供二十九岁,安徽怀宁人,住上海圣母院路高福里三百二十二号。曾在日本早稻田大学毕业,回国后在安徽某中学任教一年,旋即至沪,从事文艺生活。被捕时,在招商局任月刊编辑,月薪一百五十元。对候补常委,根本不懂是什么,被捕时在谢少珊家,但非前往开会,乃系去找曾肇伟(注此系记音),因招商局总经理李伟侯,见我工作太苦,叫我去找一个校对抄写,我到东有恒路去找曾肇伟,他不在,谢少珊叫我等一等,不知如何被捕。住所内搜出之文件,是朋友寄在那里的。如果是我的,就不必抵赖。谢少珊在高二分院,说我是委员,真是滑稽,我不是共产党员,怎能做委员。被捕后招商局总经理要保我,但他自己另案发生问题。月刊编辑,共有四个人,他们因为共产嫌疑案,恐怕连累,当然不敢出来说话,我是冤枉的。在高二分院,陈独秀曾供过不认识我,有案可查。此时律师刘祖望亦起立,陈述谓在濮住所内搜出之箱子,上面另有图记,应注意,并且箱内有许多信件,被西捕丢掉,应传搜查之西捕来证明云。濮亦陈述搜查之非法,谓乱打乱撞,曾请西捕将箱之文件登记,亦未蒙允许云云。时十二时四十五分,法官传讯王武(即宋逢春),据供去年十月十五日,在东有恒路春阳里被捕,我是去找谢少珊借钱的,因为我在十月五日,因病由狱中保释,身边一个钱都没有,谢少珊是我以前的朋友,他答应借钱给我,我同他回去就被逮捕,我以前是共产党托洛斯基派,但十月五日保释后,未有行动,说我是共产党候补中委,我不便鱼目混珠,请庭上亦不要指鹿为马云云。至此已下午一时三十分,法官传各被告,谕本日时间已迟,改明(十五日)上午九时继续开庭讯审云。

原载《中央日报》 1933 年 4 月 15 日 第三版

49.《申报》 1933 年 4 月 15 日

陈独秀案公开审判

陈彭自认为共党托派　不承认犯危害民国罪

南京　十四日晨九时三刻,最高法院假宁地方法院公开审讯陈、彭案,戒备严密,旁听拥挤。庭长胡善称,推事林哲民、张秉慈,书记官沈育仁,检察官朱隽,辩护律师章士钊、吴之屏、彭望邺、蒋豪士、刘祖望,被传者陈独秀、彭述之、濮一凡、王武(即宋逢春)、王子平、何阿芳、王兆群、郭竞豪(即彭道之)、梁有光、王鉴堂等十人。陈、彭态度安闲,顾盼自若,有时且隽语哄堂。开庭后,检察官先提公诉,历述逮捕经过,结论谓,陈等十人组织以危害民国为目的之团体或集合,均触犯《危害民国紧急治罪法》第六条。又陈、彭以文字为叛国之宣传,王子平、何阿芳为叛国宣传之帮助,并有触犯同法第二条第三款之重大嫌疑。起获共产党书籍文件,均系供犯罪所用及犯罪预备之物,情按同法第十条刑法第六条一二款,一并没收,各依刑诉法第二五三条第一项提起公诉,旋庭长传十犯讯姓名、年龄、籍贯、住址、职业等次分别单独传讯。据陈供:一九二七年被举为共产党书记后,以意见不合被开除,我是托洛斯〔茨〕基派,党内情形不愿多说,《火花》、《校内生活》两刊物,均系主编,与第三国际无关系。我们的一派人数很少,力量不大,参加者工人较多,经费自筹。我与彭均是常委。常委共三人,候补二人,名浦亦方、罗尧①,至濮一凡并不认识,宋逢春只是党员,非候补常委。照中国现状,组织红军还不可能,革命政党要夺取政权,当然要暴动,资本家当然要打倒,我们与湘、鄂、赣各省赤匪无关,因现在尚未到暴动时期。说我反对国民党,我承认,说我危害民国,我不承认。彭供与陈同时被共产党开除,同时任托洛斯〔茨〕基派常委,余供与陈略同。次传濮一凡,不承认为共党,更不知常委为何事,被捕时任招商局月刊编辑,总经理李侯曾要保我,但他本人因另案发生不果,同事因恐牵累,不敢说话,寓内搜出之箱子是朋友寄存的云云。次传王武(即宋逢春)据供,曾参加托洛斯〔茨〕基派,被捕后因病保释未有活动,出狱只十日,即又被捕,我非常委,不便鱼目混珠,请庭上亦不要指鹿为马,时已下午一时半,即退庭,十五日晨九时续审。(十四日中央社电)

南京　陈独秀自去冬捕解来京,经最高法院检察处侦查结果,以危害民国罪提起公诉,现定十四日公开审判,苏高法院特派刑庭庭长胡善称会同推事张秉慈及书记官等负责审理,以胡为审判长。审判程序,先二日开调查庭,继宣读笔录,然后公开讨论,辩论终结即宣判,审判期间约在一星期左右。(十四日中央社电)

南京　陈独秀案苏高法院十四日晨,假江宁地方法院刑处[庭]公开审判胡善称为审判长,至午尚未退庭。(十四日中央社电)

原载《申报》 1933年4月15日　第三版

50.《大公报》 1933年4月15日

陈独秀案昨日开庭　今日续审

[南京十四日下午七时发专电]　十四晨九时,江苏高等法院假江宁地方法院审判陈独秀、彭述之案,各机关代表及新闻记者多往旁听,到审判长胡善称、推事张秉慈、林叵民②、检察官朱隽、辩护律师章士钊等五人,先传陈独秀讯问过去参加共党情形。陈承认曾任托尔斯基派常委,彭供略同,定十五日续审。

原载《大公报》 1933年4月15日　第三版

51.《中央日报》 1933年4月16日

陈独秀案昨日续审　宣读笔录并传讯王子平等　定二十日再行开庭

---

① "浦亦方、罗尧":托派常委中无此二人。《中央日报》作:"浦亦方、罗世凡。"

② 据陈独秀等危害民国案判决书应为林哲长。

(中央社)托派共党首领陈独秀等危害民国一案,经江苏高等法院假江宁地方法院刑庭,自十四日起开始公开审讯,当将陈独秀、彭述之、濮一凡、王武等四人分别传讯。昨日上午,又继续审讯,首先核对陈等四人笔录,旋即继续传讯同案被告王子平等六人,至下午一时十五分始退庭,旁听席上仍甚拥挤,兹分志各情如次:

宣读前日笔录

陈彭等略有更正

九时五十五分,承审该案之审判长胡善称偕推事张秉慈、林哲民、检察官朱隽、书记官沈育仁等升座公堂,被告辩护律师章士钊、彭望邺、吴之屏、蒋豪士等相继莅庭,首由书记官宣告本日继续审理陈独秀危害民国一案,旋法官声称昨日审理陈等之笔录已经整理,应提被告等当庭核对,即命提:

▲陈独秀

到庭,由书记官朗读笔录(即陈之供词,大意已载昨报),陈俯立静听,经宣读毕,声称与昨供无大出入,仅关于红军一段及《火花》第四期关于赤化一段,略有更正,末谓笔录原词文字上尚欠妥帖,略有与原意不符处,但这不是我的政治思想,似无关宏旨。此时被告辩护律师彭望邺起立发言,笔录中关于陈供候补中委濮一凡一段,略有脱漏,陈曾供称候补中委为蒲亦芳,四川人,年三十余岁,面孔很黑,而今天看见的濮一凡是白白的面孔,年纪很轻的,不是那个蒲亦芳等语似未录入,应请补录。即由书记官将更正各点一一补记,法官命陈退坐被告席次。继命提

▲彭述之

由书记官核对笔录,大致彭均承认,惟谓彼系一九二九年被开除党籍,及关于红军与何谓三次革命等语,稍有声明,未将其反对国民政府之理由分成对外的、对内的及民众的痛苦三点,重新叙述,请再为补记。律师又起立声明,彭述之供词中,亦有脱漏,彭供关于候补中委一点,谓宋逢春羁押囹圄,哪有押在监狱里的人尚能被选举为候补中委呢,而笔录中叙述略欠明了,亦经补记更正。陈、彭供词笔录最长,仅选读及更正,已历一小时,旋即核对濮一凡、王武(宋逢春)两人笔录,均无甚重要更正,约一刻钟即竣事。

审讯王、何二人均自认共党不讳。

▲王子平

十一时十分,即提讯王子平。据供彼即为王子平,又名曾猛,浙江温州人。曾于一九二七年加入共党,同年即被派遣赴俄留学,入孙逸仙大学读书,嗣因病

返国。当时中国共产党尚无托洛斯〔茨〕基派名称，但在俄时有很多中国党员，有此倾向，回国后即有一部分人被开除党籍。我（王自称下仿此）因与彼等有友谊的关系，被干部派怀疑，于一九二九年春亦被开除党籍，但并未加入托洛斯〔茨〕基派，从此即成失业。我寓居闸北，去年一·二八战役发生，闸北被毁更形落魄，遂路遇彭述之妻，请我担任抄写职务，每月给资维持生活。随于九月二十三日迁入唐山路业广里三三五号，与何阿芳同居，代为印刷《火花》及《校内生活》两刊物，稿子由谢少珊拿来，每期约印二百五十份，印好交谢少珊带去，这些刊物都是托派的主张，但我并不认识陈独秀，我代托派仅做印刷工作，其余的事均无所知。于十月十六日晚即被捕，当时我们是住在该屋客堂间，正在印刷《火花》刊物，即被巡捕捕获，至所印文件底稿，均经巡捕检查搜去云。

▲何阿芳

十一时三十分，法官命提讯何阿芳，据供略称，又名何止铮，浙江瑞安人，于十六年加入共党，同年九月即被派赴俄，先后在东方大学及孙逸仙大学肄业三年，未毕业即被开除党籍，并驱逐返国，即在上海卓群机器厂做铜匠。去年九月二十三日，经谢少珊之邀，迁入业广里三三五号与王子平同住，白天即在厂做工，晚间有时即帮助印刷《火花》等刊物之事。十月十六日晚，尚系第一次印刷《火花》，而正在印刷时未曾印好即被捕，《校内生活》我（何自称下仿此）并未印过，以前的《火花》我亦未印过，被逮后所有室内一切什物（包括衣服及印刷品在内）均被搜去，我迁往业广里，仅由谢少珊介绍，并不认识陈独秀、彭述之及彭之妻子陈璧〔碧〕兰等，十月十七日，在捕房供词之记录不确，谢少珊叫我来担任印刷工作，每月给我二十元，其余的事情都不甚知道。

王兆群等四人异口同声均抵赖

▲王兆群

供系安徽南宿州人，曾在安徽省立第四农业〔学校〕卒业，嗣在东南大学读书一年，旋又去北平，前在湖北旅平中学担任教职，每月薪金八十元，因撤换校长始行离职来京，找中大农场职员李思昌介绍职业，李又转介绍至沪找谢少珊，即寓谢家内。十月十五日与彭述之等一并被捕，并不认识彭等，亦不知为共党机关，被捕时我正在楼上阅电影杂志，彭等正在闲谈，彼等是否为开会被捕，我并不知悉，至我因何被捕，至今尚不明了原因，捕房西探长戈而特之报告，我根本不知有这回事。讯至此，法官问你既身充教员，为知识分子，察彼等行迹，难道不知为共党机关吗？且彼等机关所在，你如非彼等同党，何至将一不相干之人容纳同住？王答称，委实不知该处为共党机关，彼等为何容纳，是否另有原因，亦不清楚，亦不认识陈独秀，仅于杂志上读其文耳其名而已。

▲郭竞豪

供称年二十一岁，一名彭道之，湖南宝庆人，是彭述之的弟弟，在上海劳动大学读过一学期后，因劳大被封闭停学。我不曾加入共产党，听说述之是的。十月十七日在唐山路业广里三三五号找周勃生(记音)被捕，我找他借房钱的，当时有巡捕守在门口，即将我逮捕。改名郭竞豪，是因哥哥是著名共党的关系，我不知道因何被捕。郭答至此，审判长提出学校登记表更改之三字，郭答学校登记表我不能承认就是我犯罪的证据，一、表的来源，我不知道，不是从我住的地方找出的；二、表上说我一九二五年在长沙加入共党，我根本没有到过长沙，又讲我一九二九年加入反对派，那时我还不曾来沪，我在十九年春才到沪，二十年春考入劳大，表是公安局捏造的。

▲梁有光

供称年三十三岁，广西桂县人，我从来没有加入共党，十月十六日在大通路孙竟宽(记音)家被捕，我住在他家里，因为他是我的兄弟梁有明的朋友，我以前在家里做金银首饰生意，十月一日才到上海，十四日到孙家，十六日上午十一时探捕敲门，全屋不知原故，异常惊慌，孙即跳窗而出，我不知道原委，以为发生意外，想爬至邻室躲避，失手坠下，并未逃走。反动书籍，我不知道。我并非房主人，东西我不能负责。我刚来，房东亦可作证。至说我是托洛斯基派各省调查员，全无证据。除孙竟宽外，罗思凡①、谢少珊我都不认识。

▲王鉴堂

供词略称山东人，年二十八岁，住上海福履里二十二号，开烟纸店，家眷即寓店内，从来未曾加入共产党，被搜查之反动书籍一部分系前楼房客的，他那天白天出去到晚尚未回来，当晚即遭搜捕，前楼住客自称王伯平(记音)，说在市政府做事，后楼房客是卖小菜的，前在捕房所供反动书籍系姓薛的所有云云，那是另一回事，因从前有一个姓薛的在我店里做账，他于去年七月到普陀去了，他欠我二十一块钱，去时即将木箱做抵押，我并不知道里面是些什么，直到被捕时，探捕将木箱打开，始知为反动书籍，因搜去前楼房客之书籍及姓薛的书籍便指我系共党，实是冤枉，可请庭上调查。观王之形状似未曾受教育，且因口吃致供词欠缺条理，讯至此被告辩护律师声请庭上函上海高三分院，就近调查王之供词是否属实，即可断定彼是否与本案有关，但观彼之形状颇不类共产党徒云。

再传陈彭直讯

---

① 据上文应作“罗世凡”。

供词乃异常倔强

十二时三刻，分讯既毕，审判长复传陈、彭、王、濮四人。首问陈独秀，托洛斯基的最后目的是什么？（陈答）是世界无产阶级专政。（问）是不是要推翻国民政府？（答）当然。再传王武。（官问）在证文中有牵涉你的名字，说你参加第一次常会会议是否的确？庭上即交文件与王阅看。（王答）这篇稿子第一在时间上那还是一九三零年的刊物，而与我去年十月十五日的事情无关，且就整篇文字在意义上是骂我的，是攻击我，在同一的刊物上也许可以寻出开除我的通告，如果这可作为法律的证据时，那正可作我的反证。再次传濮一凡。（官问）你是安徽人还是四川人吗？（答）听我的说话就可以知道。（问）你在何处被捕的？（答）在春阳里谢少珊家。（问）你是不是共党候补常委？（答）我不懂。我是在日本早稻田大学研究文学的。关于月呀、花呀、妹妹我爱你等类的东西我就知道，其余均非所知云。

庭谕定期再讯

律师等联袂返沪

二十日续讯

自开庭以至讯毕，历时约三小时有奇，始将全案有关系部分审讯一过，于是法官宣称本案业经审讯一过，明日适逢星期例假，后日须整理笔录，现定期十八日（即星期二）再讯。嗣后被告辩护律师声称谓庭上为调齐全案证据及传问证人等事，恐不能于此最短期内即可办妥，请求展期庭讯，法官乃改期二十日上午开庭审讯，并不另发通告，时已一时十五分，乃宣告退庭，一干人犯仍还押看守所。

▲律师等赴沪

此次代表被告辩护之律师章士钊、吴之屏等五人，均系在沪上执行业务，陈案在京审讯，特由沪兼程来京出庭，兹因二十日始再开庭，乃联袂于昨日下午三时二十分由京乘车赴沪云。

原载《中央日报》 1933 年 4 月 16 日　第三版

52.《申报》 1933 年 4 月 16 日

陈彭案昨续审　定二十日再审

南京　陈彭案十五日晨十时续审，由胡善称审讯，律师章士钊等均莅庭。首对核陈等四人十四日供词笔录，陈、彭对于红军及反国之理由各点，略有更正；王武、濮一凡笔录无多更正，嗣即分别审讯。首讯王子平，据供称曾入共党，并留俄回国,后与托派发生友谊关系,致被干部派开除,被捕时系代托派任印刷职务。续讯何阿芳,供称业铜匠,曾入共党,留俄时因入托派,被开除,被捕时与王子平同寓,同为托派担任印刷工作。嗣再传讯王兆群、郭竞豪(即彭道之)、梁有光、王鉴堂,均坚称未入共党。旋即再传陈、彭、王、濮等四人,陈、彭均直认彼等之最终目的为世界无产阶级革命,并称当然反对国府,王、濮二人则坚决否认为候补执委。下午一时十五分始退庭,庭喻改期二十日再审,章士钊等于十五日午后返沪。(十五日中央社电)

原载《申报》 1933 年 4 月 16 日 第七版

同日《世界日报》第四版《陈独秀案昨继续审讯 陈独秀彭述之均供认:最终目的为"世界无产阶级革命",内容同上,此略。

53.《申报》 1933 年 4 月 16 日

陈彭案开审记

陈彭自认为共党中委

但最后不承认危害民国

全文内容除小标题略异外,与《中央日报》1933 年 4 月 15 日第三版报道《陈独秀案昨晨开审》同,此略。

54.《大公报》 1933 年 4 月 16 日

陈独秀案昨续审

陈彭核对供词略有更正 法庭宣布定二十日再审

[南京十五日下午八时发专电] 陈独秀、彭述之案十五日晨十时经苏高法院续审,由胡善称审讯,律师章士钊等均莅庭。首核对陈等四人十四日供词笔录,陈、彭对于红军及反国之理由各点略有更正,嗣即分别审讯。首讯王子平,据供称,曾入共党,并留俄回国后,与托派发生友谊关系,致被干部派开除,被捕时系代托派任印刷职务。继讯何阿芳供称,业铜匠,曾入共党,留俄时因入托派,被开除,被捕时与王子平同寓,同为托派担任印刷工作。嗣再传讯王兆群、郭竞豪(即彭道之)、梁有光、王鉴堂,均称未入共党。旋即再传陈、彭、王、濮等四人,陈、彭均直认彼等之最终目的为世界无产阶级革命,并称当然反对国府,王、濮二人则坚决否认为候补委员。下午一时十五分退庭,庭谕改期二十日再审。章士钊等于十五日午后赴沪。

原载《大公报》 1933 年 4 月 16 日 第三版

55.《益世报》 1933 年 4 月 16 日

陈彭案昨日续审

陈直认彼等最后目的 为世界无产阶级革命

[南京十五日下午九时专电] 陈、彭案删(十五日)晨 10 时续审,由胡善称审询、律师章士钊莅庭,首核对陈等四人寒(十四日)供词笔录,陈、彭对于红军之理由各点略有更正,嗣即分别审议[讯]。首讯王子平,据供被干部派开除,被捕时系代托派任印刷职务,嗣再传讯王兆群、郭竞豪(即彭道之)、梁有光、王鉴堂,均坚称宋入共党,旋即再传陈、彭、王、濮等四人。陈、彭均直认彼等之最后目的,世界无产阶级革命,并称当然反对国府,王、濮二人则坚决否认为候补执委。下午一时十五分退庭,庭谕改期号(二十)再审。章士钊等于删午后赴沪。

原载《益世报》 1933 年 4 月 16 日 第二版

56.《世界日报》 1933 年 4 月 16 日

陈独秀案昨继续审讯

陈独秀彭述之均供认:最终目的为“世界无产阶级革命”

[本报南京十五日下午六时十分专电] 陈独秀案删(十五日)晨十时续审,厅长胡善称主审,陈等辩护律师章士钊等,均莅庭,旁听者,较昨更拥挤,有人竟坐在被告席,全庭哄堂,陈(独秀)彭(述之)亦大笑。旋经庭上制止,并令坐在被告席上者退去。审判官首核对陈等四人,寒(十四日)供词笔录。陈独秀、彭述之对于红军及反国民党之理由各点,略有更正,王武、濮一凡二人笔录,无多更正,嗣即分别审讯。首讯王子平。据供称:曾入共党,并留俄,回国后,与杜洛斯基派发生友谊关系,致被干部派开除。被捕时,系代杜洛斯基派任印刷职务。继讯何阿芳,供称:业铁匠,曾入共党,留俄时因入杜洛斯基派被开除。被捕时,与王子平同寓,同为派担任印刷工作。嗣再传讯王武、濮一凡、郭竟豪(即彭道之)梁有光、王鉴堂,均坚称:未入共党。旋即再传陈独秀、彭述之,均承认彼等最终目的为“世界无产阶级革命”,并称:“当然反对国府”,王武、濮一凡,则坚决否认为候补执委。下午一时十五分始退庭,改期号(二十日)再审。章士钊等于删(十五日)午赴沪。

原载《世界日报》1933 年 4 月 16 日 第四版

57.《申报》 1933年4月17日

陈彭案审讯再记

全案已审讯一过　定于二十日再审

(本文内容除小标题外,全文同《中央日报》1933年4月16日《陈独秀案昨日续审》),此略。

58.《大公报》 1933年4月17日

陈案听审记

陈彭等承认为共党不讳　陈供夺政权乃当然目的

[南京通信]　陈独秀、彭述之等十人,于去年十月十五日在沪被捕,经高二分院审讯后,旋解公安局拘押,去年十月二十日押解来京,初押军政部军法司,经军法司长王振〔震〕南两度审问,核与《危害民国紧急治罪法》第七条上段不合,即移送江宁地方法院看守所拘押。苏高等法院即派员来京,迭经开庭侦查,因调阅案卷,颇费时日,始于今日(十四日)上午九时,假江宁地方法院刑二庭公开审讯,记者前往旁听,兹将审讯情行誌之如次:

宣告开庭

十四日上午九时三十分,审判长胡善称,推事张秉慈、林哲民,检察官朱隽,书记官沈育仁等,莅庭升座,同时被告辩护律师章士钊、吴之屏、彭望邺、蒋豪士、刘祖望等五人,亦入律师辩护席,时各界人士参加旁听者约百余人。九时三十五分,书记官宣告开庭,即有法警签提陈独秀、彭述之、濮一凡、王武、何阿芳、王兆群、王子平、郭竞豪(即彭道之)、梁有光、王鉴堂等十人,首由审判长逐一讯问各人年龄,籍贯,住处,职业。陈独秀五十五岁,安徽怀宁人,现无职业。彭述之……(编者略,下同)濮一凡……王武……何阿芳……王兆群……王子平……郭竞豪……梁有光……王鉴堂……

拘捕经过

检察官宣告陈、彭等十人拘捕经过。略称去年十月十五日晨,公共租界捕房在虹口东恒路春阳里二一零号,捕获共党机关,当场捕获谢少珊、彭述之、濮一凡、王兆群、王武等五人,并抄出反动文件书籍多种,并通信处小纸条。当日下午即根据小纸条所开通讯处,在至岳州路永兴里十一号捕获陈独秀,并得反动刊物多种。在圣母院路高福里三二二号濮一凡家中搜查时,又获王晓春一名。在大通路斯文里一零四四号,拘获梁有光。在虹口塘山路业广里三三五号拘获王子平、何阿芳。在福履里路拘获王鉴堂。十七日在大通路业广里捕获郭竞豪。以上各人初经上海高二分院审讯，旋于十月二十日先将陈、彭二人押送来京，拘押军政部陆军部军法司，陈、彭等既非现役军人，而犯罪地点亦核与《危害民国紧急治罪法》第七条上段不合，即转送江宁地方法院看守所拘押。经侦查审讯，二人对加入共党，供认不讳，且在陈寓搜获之反动刊物，有二刊物，内有陈、彭署名之著作。陈、彭为中国共产党中央执行委员会常务委员，亦供认不讳，惟尚无暴动事实。又王武……。（编者略，下同。）濮一凡……。惟彭述之曾供濮一凡为中执委常委。郭竞豪……。王鉴堂……。以上各人依据《危害民国紧急治罪法》第二条第六款起诉，其余各人依据第二条起诉。

陈独秀供

检察官宣告后，首传陈独秀审讯，彭述之等九人退至待审室。陈两鬓已斑，发长寸许，面色红润，已无病容，四围瞻顾，神色自若。审判长先问姓名、年岁、籍贯后，（问）以前做何事？（答）在教育界做事。……（参见 1933 年 4 月 15 日《中央日报》，见本书第 367—369 页，此略——编者）

彭述之供（略）

濮一凡供（略）

宋逢春供（略）

原载《大公报》1933 年 4 月 17 日第三、四版

59.《申报》 1933 年 4 月 18 日

陈独秀呈高院文　自称无篡夺民国之企图

［苏州通讯］　陈独秀等现经高法院派员在京审理中，近陈亲撰一状，递呈高院，洋洋千言。内容首述本人三十余年来之革命，为谋改进中国，次述组织共产党宗旨，为抗对帝国主义，以完成中国之独立，反抗军阀官僚实现国家统一，改善工农生活，实现彻底民主的国民立宪会议，并声述托派与江西等史派无关，共产党欧美各国均有，不能即认为犯罪。予（陈自称）现在及将来都无篡夺民国为党国企图，一切宗旨行为，均为拥护民国，不能认为危害民国，否则，所谓民国者应作何解？最后谓法院若不完全听命于特殊势力，若尚思对内对外维持若干司法独立颜面，即应毫不犹疑的宣告予之无罪，并判令政府赔偿予之在拘期间之在经济上的、健康上的损失。

原载《申报》 1933 年 4 月 18 日　第六版

60.《大公报》 1933年4月18日

陈独秀拟有辩诉状　解释未犯叛国罪

[上海十七日下午十一时发专电]　有人以陈独秀二月二十日辩诉状,分送各报社。中述彼之政治主张,解释并未危害民国及叛国。法院所控彼此两罪,恰与其所思所为相反。末谓应宣告彼无罪,并赔偿其在拘押期内之损失。

原载《大公报》 1933年4月18日　第三版

61.《大公报》 1933年4月18日

陈独秀案二次听审记

陈彭对口供笔录略加修正　王子平等均签提到庭审讯

[南京通信]　今日(十五日)上午为审讯中国共产党托洛斯基派陈独秀、彭述之等十人之第二日,地点仍在江宁地方法院刑庭,听众约百余人,各界均有,学生为多,旁听席挤满,后至者伫立。九时五十五分,审判长胡善称、推事张秉慈、林哲民[长]、检察官朱隽、书记官沈育仁等升座,被告律师章士钊、吴之屏、彭望邺、刘祖望、蒋豪士五人亦相继莅庭,即签提陈独秀、彭述之、濮一凡、王武等四人到庭。

提陈独秀

首传陈独秀,审判长对陈讲,昨日审讯之笔录,由书记官宣读,内有错误不对处,可当时声明更正,继由书记官朗读笔录单,陈略有修正补充。继次第宣读彭述之、濮一凡、王武等所供之笔录,各人均略有补充修正,宣读毕,四人退出。

王子平供(略)

郭竞豪供(略)

梁有光供(略)

王鉴堂供(略)

再讯陈、彭

王供毕,复传陈独秀、彭述之、濮一凡、王武等四人庭到,审判长首问陈独秀托罗〔洛〕斯〔茨〕基派之最终目的如何,是否为推翻国民党,[实行]无产阶级专政,陈答是。次问彭述之托罗〔洛〕斯〔茨〕基派之最终目的如何,答:世界无产阶级革命,又问是否为推翻国民党,〔实行〕无产阶级专政,彭答是。次问王武即(宋逢春)有一文件为第二次总干常会会议,上有你的名字,旋即将此文件递给王看,王阅毕,称这是一九三零年的事,此文内容,完全是骂我,此项证据,在一九三零年,时间既不够,依文字内容,实可为本人反证。审判长旋又递一刊物与王阅,王阅毕称,此亦为无关系之文件。后传濮一凡,问你供是安徽人,不是四川人,答:是。问你供至春阳里是去找人的,答是。又问你在招商月刊内之作品已见过,你与共党是否完全无关系,答本人研究的是文学,其他所谓主义完全不知。问毕,审判长宣称本案因公安局尚有一部文件未到,明日(十六日)为星期日,定十八日上午开审。旋各律师共同要求再展两日,决定于二十日上午十时继续审讯。下午一时退庭(十五日寄)。

原载《大公报》 1933 年 4 月 18 日 第三版

62.《中央日报》 1933 年 4 月 20 日

陈独秀案今晨继续审讯

宣读笔录并重讯口供 证人及律师均已到京

共党托拉斯基派领袖陈独秀、彭述之等危害民国一案,业经苏州高等法院派庭长胡善称,推事张秉慈、林哲民[长]、书记官沈育仁、丁毅等五人来京,于本月十四、十五两日公开审讯,嗣以各项证据,尚未调集,乃定于今日上午十时,假地方法院临时刑庭继续开审。日来法院方面,正整理各项证据及上次各人口供笔录。该案除陈独秀、彭述之、王子平、何阿芳四人,供认在共党担任工作外,其余六犯均不承认。法院虽在侦查期中,已获得不少证凭,而毫无对证,难以公判,故特请沪公安局拿获各种证明文件。主事人唐豹及上海租界捕房逮捕共犯之西捕戈而特二人,来京当面证明,核对种种事实,以昭公允。兹悉唐豹、戈而特二人已于昨日下午由沪晋京,当能如期到庭,其余沪公安局之证明文件,已于昨日一并寄京。又辩护律师章士钊、彭望邺、刘祖堂、蒋豪士、吴之屏等五人,十五日刑庭审毕后,各人因事于当日下午先后离京。除蒋豪士、彭望邺二律师已于前日到京外,其余三人定于昨晚夜车由沪动身,今晨抵京。闻此次须先将上次各犯口供之笔录,宣读,再将各犯之重要犯口供重讯后遂正式开始辩论,预计此次开庭日期约需三、四日。

原载《中央日报》 1933 年 4 月 20 日 第三版

63.《世界日报》 1933 年 4 月 20 日

陈独秀案

今日开辩护庭

陈谓不满现政府……并非危害民国……如被判罪决上诉

[本报南京十九日下十一时专电] 陈独秀案,号(二十日)开辩护庭。律师章士

钊等及沪 捕房证人戈而特,公安局证人唐豹,均于皓(十九日)晚抵京,准备出庭质辩。据陈谈:余等,因不满现政府,而被认为危害民国,实难承认,如判罪,决向最高法院上诉,必达无罪始止。濮一凡、宋逢春,与余素不相识,日前庭讯所供,乃彼等之友或邻居均被认为共党,如共党之友或邻居均被认为同党,则天下共党不知几凡。又据律师谈:陈等虽系共党,仅宣传而无暴动,与牛兰案不同。

原载《世界日报》 1933 年 4 月 20 日 第三版

64.《申报》 1933 年 4 月 20 日

陈独秀案今日续审

南京 苏高法院对陈独秀、彭述之等之危害民国案,定二十日上午十时传齐证人,开庭再审。律师章士钊等均已齐集,预备出庭辩护。上海捕房证人戈小〔而〕特、公安局证人唐豹亦到京。据法院方面消息,陈、彭二人案情已经明白,尚有数人矢口否认,必须对证明白,约再过二、三庭,即可结束宣判。(十九日专电)

原载《申报》 1933 年 4 月 20 日 第六版

65.《大公报》 1933 年 4 月 20 日

《陈独秀评论》陈东晓编

发行:北平琉璃厂现代书局

代售处:各省现代书局及各大书局

提起陈独秀三字,真是家喻户晓。其始则为一思想革命之权威者,继则领导中国社会革命,取得中国之列宁之美誉。后与共党斯达〔大〕林派龃龉,被杀人放火的共党开除党籍,自成托派,针砭红军,诅咒苏维埃。此一老革命英雄,近则又沦为阶下之囚。其生平经历,可歌可泣。当其被捕之后,全国舆论、朝野名流,对之纷纷表示意见,是陈氏之功过,已成公开讨论之问题,未待盖棺,已有定论。本书局特请陈华先生,广征博采,辑海内名流对于陈独秀之评论数十篇,合刊出版,名曰《陈独秀评

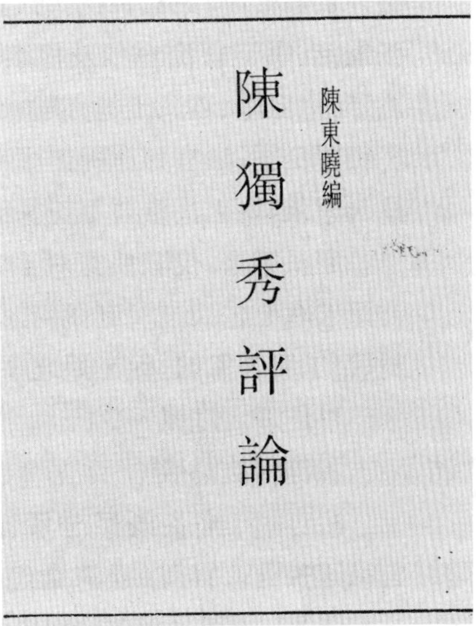

《陈独秀评论》封面

论》。凡欲知陈独秀之学术思想及其在中国革命史上之地位者，不可不人手一编。全书十万言，定价一元二角，外埠函购，八折计算，另加寄费一角另五厘。同行别有章程，存书无多，购请从速。

《大公报》 1933 年 4 月 20 日　第一版

66.《中央日报》 1933 年 4 月 21 日

陈独秀案辩论终结

昨上下午均开审　各律师出庭辩护　定念六日宣判

（中央社）共党托派首领陈独秀等危害民国一案，业经江苏高等法院假江宁地方法院刑庭，于本月十四日、十五日两日开庭审讯。昨日该院又继续审理，因值公开辩论，历时更久，自上午十时四十分开庭至下午二时始暂时退庭休息。下午三时半起又赓续开庭，至六时三十分辩论终结，定期本月二十六日下午宣判，兹分志各情如次：

十时三刻开庭

旁听席上拥挤

该院原定昨晨十时开庭，至九时许，旁听者即陆续到院请求签发旁听证。有远自镇江、无锡、上海等地专程来京者，惟庭址不敷容纳，后至者多抱向隅。十时许，旁听席上已无地可容。有立于座次两旁者、有立于记者席之后者、亦有立于室外者，总计何虑二百余人。至十时四十二分，审判长胡善称，推事林哲民[长]、张秉慈、书记官沈育仁及检察官朱隽等升堂。被告辩护律师章士钊、彭望邺、吴之屏、刘祖望、蒋豪士等亦联袂莅庭。首由书记官宣告本日继续审理陈独秀等危害民国一案，法官即命提王子平、何阿芳、王兆群、郭竞豪、梁有光、王鉴堂等到庭核对笔录，均无甚重要更正。继又传陈独秀、彭述之、王武、濮一凡等四人核对第二日庭讯笔录，仅陈独秀对于该党之最终目的与该党候补常委略有更正。王武并请求庭上告知上次庭讯所示证物之来源，而王之辩护律师又提出王之家信一封，谓王家曾寄款，促王返北平，可足为王刚离囹圄并未参加任何行动之证明。

再作最后庭讯

陈等仍执前供

法官对于各犯既经分别详讯，惟于辩论之前仍对陈等十人作最终之鞫讯。首讯陈独秀。官问：本案业经再度审讯，今犹有数语相询，王兆群是否即为罗世凡？陈答：不是。问：你前供称常委是你和彭述之，还有一个叫张九的是不是？答：是的。问：罗世凡是否常委？答：他是候补常委。问：王兆群是不是候补常委？答：不是的。继讯彭述之。问：常委究竟有几个人？答：陈独秀刚才说过。问：候补呢？答：蒲亦芳和罗世凡。问：谢少珊说常委均已被捕何故？答：他背后说的话我们不知道。问：罗世凡呢？答：没有抓到。问：然则罗世凡是另外一个人？答：是的。再次讯王武。问：谢少珊供称他住的地方就是中央机关、是开常会的地方，对不对？答：我不知道。问：谢在高二分院供称王武是常委，但只参加常会一次？答：据陈独秀、彭述之所供，均证明我并非常委。被捕的那天我并不是去开会，而是去借钱的。且按谢少珊之供词，亦谓我尚系第一次到他那里，至于我是否常委，到辩论的时候再说。继讯濮一凡、王子平等七人。濮坚称彼非共产党员。王子平、何阿芳则称彼等为托派担任印刷工作，是为经济关系。何并称我觉得我相帮托派共党印刷刊物，并不是犯法的，而是和做铜匠一样的机械的工作。王兆群、郭竞豪等四人仍坚决否认为共党党员，至此遂为庭讯终结，已十二时零五分矣。

检察官之论告

详述犯罪条文

十时二十分，法官讯问完毕，检察朱隽即起立提起论告，略谓本案被告陈独秀等十人被捕经过，已于起诉书中述明，并对被告十人之犯罪证据加以说明：

陈独秀

他供过民国九年加入共产党，十一年任秘书长职，十六年清共，共党失败，因他工作无成绩致被开除总秘书长职。十八年因倾向托洛斯基派，被开除党籍。彭述之、王子平、何阿芳等倾向托派，亦均被开除。因此共同组织中国共产党左派反对派。查被告之被开除是被史丹林派开除，并非完全脱离共产党。史、托两派不同的地方是史派说暴动时期已到，托派说还没有到；在策略上托派主张红军应以农工为基础，史派则连土匪盗贼都参加在内；在手段上，史派主张国民党分子亦可加入，托派主张国共应分开。凡此种种，都是内部问题。在法律点上他们主张打倒国民政府和无产阶级专政是一样的，目的都是共产，都是危害民国。被告供过说他们现在势力不大，只有几百人，分子以工界为多，学界次之，农村尚无力量走进，与第三国际并无关系。这些在证据上看来，可以相信。又被告自认组织共党，以前开会是去的，并任首席常委，所以被告负有两个责任：（一）组织左派反对派，他是主脑，所以无论宣传、命令他都要负责，被告个人之言论著述当然亦要负责。（二）宣传部分，他们有一个系统，向一个目标进行，著作很多，被告当然亦要负责。著作中重要者以共〔同〕名义、个人名义发表者有《政治决议案》、《目前的局势与我们的任务》、《五卅七周纪念告民众书》、《对时局宣言》、《组委通告》、《为日本帝国主义进攻上海告民众书》、《为日本占领淞沪告全国民众》、《沪东区委员为日本在上海进行大屠杀告民众书》、《北京特委最近工作计划》、《中国将往何处去》、《此是抗日救国运动的康庄大路》、《国联第二次决议后之局势》、《为纪念五一告工友》等，以上之内容，均利用外交攻击国民政府，使国府威信堕地，不能领导群众，应由其领导农工及无产阶级等，以武装暴物〔动〕组织农工军，设立苏维埃政权，推翻国民政府，由无产阶级专政，并欲打倒资本家没收土地，分配贫农，破坏政治及经济组织，故为危害民国，毫无疑义。综纳被告之主张共有四阶段：（一）组织团体。（二）宣传。（三）武装暴动。（四）无产阶级专政。但是被告之行为，在第二阶段中至第三阶段，现在还办不到。综合所述，被告实犯《危害民国紧急治罪法》第六条及第二条第二款。

彭述之（编者略。下同）

王武（略）

……他不承认去开会，也不承认是候补常委。但是谢少珊在高二分院供过常委五人是陈独秀、彭述之、濮一凡、罗世凡、宋逢春，宋是第五人，方由漕河经监狱放出，参加开会还是一次，又供王武就是宋逢春。又本处侦查时问过陈独秀，他说常委五人三个正式、两个候补，一个是濮一凡，还有一个是罗世凡还是宋逢春记不清楚。又彭述之供过候补是濮一凡、宋逢春，所以王武是候补常委并且是重犯亦无疑义。实犯《危害民国紧急治罪法》第六条之罪。

濮一凡

他也是在谢少珊家被捕，他否认是共产党。但是谢少珊供过他是候补常委，又陈独秀也说过候补常委第一个是濮一凡，第二个记不清楚，彭述之也供过濮是候补常委。现在陈彭都否认此说，测其原因陈是首领自己愿负责，对他手下的则想法开脱而已。被告所引条文亦是《危害民国紧急治罪法》第六条

王子平（略）

何阿芳（略）

王兆群（略）

郭竞豪（略）

梁有光（略）

王鉴堂（略）

以上对各被告犯罪证据已说明，又本院前曾承审牛兰案，牛兰是史丹[斯大]林派与现在赣、鄂、皖、豫、闽、粤、湘各省共匪暴动有直接关系，本案各被告则并无关系，情节似属较轻，判决时请庭上酌量。

陈独秀提抗辩

不认危害民国

检察官提论告毕,时已下午一时四十五分。庭上即传陈独秀讯问是否尚有抗辩,陈答当然要抗辩。继即述其理由,略谓检察官论告谓我危害民国,因为我要推翻国民党和国民政府,但是我只承认反对国民党和反对国民政府,却不承认危害民国。因为政府并非国家,反对政府并非危害国家。例如满清政府曾自认朝廷即是国家,北洋政府亦自认代表国家,但是孙中山、黄兴等曾推翻满清,推翻北洋政府。如谓推翻政府就是危害国家,那么国民党岂非叛国两次?但是这句话谁都不能承认,因为满清政府和北洋政府,根本不能算是国家。因此在理论上,我们反对国民党、反对国民政府并不能即认为危害民国云云。其次,陈即再述其反对国民党与国民政府之理由三点:(一)人民不自由,(二)贪官污吏横行,(三)政府不能彻底抗日,故不得不反对云。继又述其主张无产阶级专政,组织苏维埃政府,并不危害民国。因以苏俄为事实之证明。苏俄政府殊为强固,即美国、德国亦不如之,国人对苏维埃三字现视为洪水猛兽,此与同治、光绪年间视铁路为洪水猛兽者情形相同。我们现在宣传组织苏维埃政府,或者许多人反对,且亦不为法律所赞同,但不能因不赞同即说是叛国云云。故法庭如对人民之政治思想加以判断,即非人民之法庭而成为宗教式法庭,所以检察官之控告根本不能成立,应请庭上宣判无罪云云。

章律师之辩护

谓陈并未叛国

陈独秀抗辩后,其辩护律师章士钊起立辩护。从言论及行动方面说明陈并未叛国,并谓陈对于三民主义亦非即不相容,请求庭上宣告陈无罪。其词甚长,自一时至一时五十三分始毕。此探志其原词云:

“本案当首言言论与行为之别。言论者何?近世文明国家,莫不争言论自由。而所谓自由,大都指公的方面而言。以云私也,甲之自由,当以不侵乙之自由为限,一涉毁谤,即负罪责。独至于公而不然,一党在朝执政,凡所施设,一任天下之公开评骘,而国会、而新闻纸、而集会、而著书、而私居聚议,无论批评之酷达于何度,祇需动因为公,界域得以“政治”二字标之,俱享有充分发表之权。其在私法,个人所有,几同神圣,一有侵夺,典章随之。以言政权,适反乎是。甲党柄政不得视所柄为私有,乙党倡言攻之,并有方法取得国人共同信用,一转移间,政权即为乙党所承,‘夺取政权’云云。‘夺取’二字丝毫不含法律意味,设有甲党首领以夺权之罪控乙于理,天下当无此类法院足办斯狱。

法院之权尽可推鞫违法之帝王，而独立由〔未有〕扶助怙势不让之政府者，凡政争之通议则然也。律师囊游英伦，闻教于法家戴雪①，彼谓国会改选，两党之多数互易，而在朝党不肯去位，在野党殊无法律救济之途，诉之法官，法官必无法置对。而英伦自有宪政以来，在朝党从不以不肯去位闻者，全由名誉律为之纲维故。本斯而谈，政权移转之事，移之者绝不以为咎，被移者亦从不以为诟。我往彼来，行乎自然，斯均衡之明谊，亦作宪之宏轨。十八世纪后，欧美国家之逐步繁昌，胥受此义之赐。稍有通识类能言之。

至若时在廿纪，号称民国，人民反对政府，初不越言论范围，而法庭遽尔科刑论罪，同类无从援手，正士为之侧目，新国家之气象黯淡如此，诚非律师之所忍形容！中国如历代暴主与文字狱者无论已；欧洲在中古黑暗时期，士或议政，辄遭窜杀；惟英伦自大宪章确立后，“王之反对党”一名词，屹然为政治上之公开用语，人权得所保障，治道于焉大通，各国效法，纷立宪典，遂蔚成今日民权之盛。倘适伦敦，或之纽约，执途人而语之：反对政府应为罪否？将不以为病狂之语，必且谓是侮蔑之词。如本案检察官起诉书。“一方对国民党政府冷讥热骂，肆意攻击，综其要旨，则谓国民党政府威信堕地，不能领导群众”云云，皆成为紧急治罪之重要条款，此即中外人而互衡之，何度量之相越及公私之不明如是甚耶？

退一步言，如起诉书所称，信有罪矣，《危害民国紧急治罪法》共十一条，究视何条足资比附耶？讥而言冷，骂而曰热，检察官究以何种标准定其反对高下之度数耶？要之，以言论反对或攻击政府，无论何国均不为罪。即吾国应付紧急形势之特别法规，亦未见此项正条。本起诉书之所论列，无中无西、无通无别，一切无据，此首需声明者一。

何谓行为？反对或攻击政府矣，进一步而推翻或颠覆之，斯曰行为。而行为者，有激、随、法、暴之不同，因而法律上之意义各别。法者何？如合法之选举是，暴者何？如暴动或革命是。凡所施于政府，效虽如一，而由前曰推翻，由后则曰颠覆，所立之名于法大不相同，何也？颠覆有罪，推翻势不能有罪。设有罪也，立宪国之政府将永无更迭之日，如之何其能之？查《刑法》第百〇三条内乱罪“意图以非法之方法颠覆政府……”言外之意，凡以合法之方法更易政府，即无触犯刑

---

① 戴雪(1835—1922)，英国法学家，早年就学于牛津大学。1863 年获专门律师资格后开业。1882—1909 年在牛津大学兼任英国法教授。主要著作有《英宪精义》(1885)、《论冲突法》(1896)、《19 世纪英国的法律和舆论关系的演讲》(1905)、《英国反对爱尔兰自治法的理由》等，被称英国宪法的编纂者。其《英宪精义》对中国宪法学人来说一直是非常重要的书，是最早被译成中文的宪法学经典之一，在建构宪法学科和促成国人宪法智识方面，具有启蒙教本的作用。

章之虞,殊不难因文以见义。

起诉书罪陈独秀有云:“推翻国民政府,由无产阶级专政。”为问此之推翻,所取为何道耶?上次庭讯,审判长询及国民会议事。陈独秀答云:‘共产党有权召集,则自行召集之;如由南京国民政府召集,共产党亦往参加。’由陈独秀之言,绝未自异其党于普通政党。普通政党以何道取得政权,共产党亦遵行之。此观各国议会,无不有共产党之席次,共产党之下选区,争选票,一是与他党同。可见共产党所取得政权之第一大道,仍不外法定之选民投票。即陈独秀之意亦然。

国民党政府虽以训政相标榜,而训政有期,与美国总统之任期相若。孙中山先生恒言天下为公,选贤与能,无论党中何人,俱无国民党永久执掌政权之表示,公文书中亦无此类规定。最近开放政权之声,尤甚嚣尘上,训政之期,无形缩短;每年一开之本党代表大会,今为还政于民之故,亦正议提前。在若此情形之下,有人谋代国民党而起,易用他种政体,以行使准备交还之政权,何得为罪?

审判长郑重问陈独秀云:‘共产党最终目的是推翻国民党,建设苏维埃否?’答云:‘当然。惟非最终目的耳’。夫‘推翻’二字虽于耳未顺,然若英伦法官问保守党员云:‘保守党之目的,是推翻自由党,建设巴尔温内阁否?’此除‘当然’以外,当无异答。遽课为罪,宁非滑稽之尤?或曰:不然,陈独秀所云,乃暴动也。在此供词中侃侃言之,何止一次?故起诉书曾切指曰:‘应由其领导农工及无产阶级等,以武装暴动,组织农工军,设立苏维埃政权。’争选无罪,暴动岂得无罪乎?曰:是宜分别言之。陈独秀之主暴动,谓与国民党打倒北洋军阀时所用之策略正同,核之恒人心理中之杀人放火,相去绝远:且亦只谓‘应’如何如何而已,谓之曰应,是理想不是事实;又事属应为,其在将来而不在今日甚明。《危害民国紧急治罪法》第二条以‘左列行为’为必要条件,左列行为者,指现在之事实也;反之,同为暴动,而无过未来之理想者,其将不在本条论域之内。初不待深识之士而知之。

独秀虽不否认暴动,而当庭一再供称力量不足,并无何项暴动;江西一带之共党,与彼等意见不一致,绝未参加,亦从未派人前往视察,至于正式红军,须在取得政权后始行组织,此时尚谈不到:党中组织完全独立,经费由党员节衣缩食充之,不受第三国际之一毫接济等情,是‘暴动’云云,亦揣想将来必经之阶段而已,与目前之治安了无连谊,所谓扰乱《危害民国紧急治罪法》第一条,国宪如何,毫不生影响,无所谓紊乱(《刑法》第一百〇三条内乱罪)。如何牵连傅会,始得羼入紧急内乱之范围,律师不敏,窃所未谕。

夫法律之事课现在不课将来。《春秋》诛意,有君亲无将之义;秦皇暴虐,有腹诽必禁之条。此一为相祈〔斫〕经说，一为专制淫威，律以近世发见真实之《刑法》要旨，相去何啻万世！贵庭遗像昭垂之孙中山先生，即倡言共产主义者也。特叮咛以示于众曰：'我们所主张的共产，是共将来，不是共现在'(《民生主义》第二讲)。以故先生所持共产理论，中边俱澈，而流弊毫无。如谓将来之举动当受刑事制裁，则以共产嫌疑先陈独秀而应被处分之人，恐非法庭之力所能追溯。若州官可以放火，百姓不能点灯，绳之法律，平等之谊，又焉可通？综上所言，陈独秀之主暴动，既未越言论或理想一步，与《紧急治罪法》上之'行为'两字，含义迥不相侔。是以行为论，独秀亦断无科罪理，此应声明者二。

复次，起诉书所引罪名，一则曰叛国，再则曰危害民国。窃思国家作何解释，应为法院之所熟知。国家与主持国家之机关(即政府)或人物，既截然不同范畴，因而攻击机关或人物之言论，遽断为危及国家，于逻辑无取，即于法理不当。夫国者，民国也，主权在民，时曰国体，必也于民本大有抵触，如运动复辟之类，始号为叛，始得谥为危害。自若以下，不问对于政府及政府中何人何党，有何抨击，举为政治经程中必出之途，临之以刑，惟内崇阴谋，外肆虐政，一夫半开化之国为然。以云法制，断无此象。

且独秀之所以开罪于政府者，非以其吹鼓共产主义乎？若而主义，由司直之眼光视之，非以其与三民主义不相容乎？(检察官以《紧急治罪法》第六条起诉)，如实论之，大谬不然。孙先生之讲民生主义也，开宗明义言曰：'民生主义就是社会主义，又名共产主义，即是大同主义'(第一讲首段)。其解释同党之误会云：'许多同志，因为反对共产党，便居然说共产主义与三民主义不同'(第二讲)。下又云'民生主义就是共产主义，就是社会主义，所以我们对于共产主义，不但不能说是和民生主义相冲突，并且是一个好朋友'。又云：'国民党员既是赞成三民主义，便不应该反对共产主义，因为三民主义中之民生主义，大目的就是要众人能够共产'。(同上)综合前后所论，其说明民生共产相同相爱及相质相剂之处，何等明切！今孙先生之讲义全国弦诵，奉为宝典，而陈独秀之杂志，此物此志，乃竟大干刑辟，身幽囹圄，天下不平之事，孰过于斯？

又起诉书指独秀'打倒资本家，没收土地，分配贫农，其言词悖谬，显欲破坏中国经济组织、政治组织。'此即《中山丛书》求之，复如桴鼓之应，不差累黍。《民生主义》第一讲云：'资本家和工人的利益总是相冲突不能调和，所以便起战争……最好是分配之社会化，消灭商人垄断。'斯与起诉书中上述各语，论质论量，俱不知有何分殊。大[尤]大彰明较著者，同盟会之四大政纲，第四即曰平均地权。既曰平均，当曰[由]分配，后有分配，其先必有没收，没收者何？取之地主之谓。分配者何？给于贫农〔之谓〕。商人之垄断于焉销灭，劳工之冲突于焉化除，中国传统至今之经济、政治两种组织，如之何其不破坏乎？援陈证孙，本如一鼻孔出气。谓是言悖谬，龙头大有其人，尤有足资记注者，孙先生平均地权之策，至今迄未实行。其所以然，则囊述'共将来不共现在'一语足为铁板注脚。惟其如是，故孙先生时日以"革命尚未成功"一语强聒于众。盖平均地权之业，须以革命之力成之，理势则然也，夫孙先生之革命与陈独秀之暴动，一贯之论尔。孙先生之书既为国人所诵习，即其革命方略，亦谆嘱同志努力为之。独陈独秀以含义悉同之'暴'动字样求民生主义内之同一中坚政策实现，乍一启口，陷阱生焉。凡服膺中山主义之忠实信徒，其谓之何？

且也，就陈独秀、彭述之连日口供观之，此二人者，并不得视为表里如一，首尾一贯之共产党，何以明其然也？独秀不认危害民国而认反对国民党政府，综其理由约分三事：一刺刀政治。政府以强暴之力强抑天下之口，使不得有所论列。微论非党人之无言论自由权也，即商及[高级]国民党员之无枪杆者，亦阻禁使不得声。[二]搜括手段。凡国民党之政策，悉以构[贿]成：苛捐杂税，横征无已，聚敛所得，悉数寄存外国银行，以便帝国主义者之操纵把持，侵压本邦；反之商市萧条，农村破产，国民经济之如何衰败，举不值国民党政府之一顾。三，抗日无诚意。当人民一致抗日声浪最高之顷，政府竟听孤军转战，不予接济，民[权]既剥夺殆尽，民族主义且无以自持；甚至民间宣言攘外，骎骎有得罪政府之势。彭述之所供略同，此之论调，盖已离却共产党本位与一般讥切时政之声口仿佛一气。如西南五省，如冯玉祥先生，与共产党风马牛不相及者，近时箴规政府之文电，遍载于南北新闻纸类，亦殊去上陈三事不远。假令吾国国体未改，帝制依然，以此置之汉人论时事远盛[疏]、或宋人上皇帝表[书]中，匪惟责罚无闻，抑且优旨嘉奖，事例颇多，无可抵谰。至各国国会议郎前席陈词，所为推排当局，惟一时舌锋是视者，其类此之论，尤难枚举。独是中华，忝为民国，陈、彭言虽稍激，议实从同，以此列为罪状，写入爰书，其何以示天下后世？明代于谦之狱、熊廷弼之狱，当时推问并不限于中涓，狱成之日，何尝不以为罪人斯得？然朝局一变，是非大白。至今公论如何，宁待考知？以今例昔，事同一例。

何况陈独秀之于国民党也，今虽仳离，始则合作？审判长屡讯陈独秀曾否在国民党担任职务，独秀坚称无有，如实论之，却不尽然。所供民国十年在广东任教育厅长，是为孙大元帅在粤确定政权之始，且不具论；而十一年之赴莫斯科，为国民党容共政策所由发轫，同行者且为今日全国之最高军事长官，谈士类能言之；尤要者，十六年四月五日，独秀与今行政院长汪精卫先生发布国共两党领袖宣言，首称'中国共产党坚决承认中国国民党及国民党之三民主义在中国革命中毫无疑义的需要'，并云'只有不愿意中国革命向前进展的人才想打倒国民党，才想打倒三民主义，中国共产党无论如何错误，也不至主张打倒我们的敌人(帝国主义与军阀)素所反对之三民主义的国民党'，由是推测，可见共产党中眼光错误，主张打倒国民党者大有人在，而独秀苦口劝之，情见乎词。至哀告同志使勿'为亲者所怨，仇者所快'，即此一点，殊足酿成共产党分裂之势而有余。

审判长迭问独秀：'何故成为苏俄干部派(即斯丹〔大〕林派)之反对派?'独秀答云：'意见不同耳。'再问是何意见，则惨然不答，并求审判长勿复进叩党事，致陷彼于自作侦探之嫌。此其哀情苦志，实已洋溢言表。而独秀党籍之被开除，与联合汪精卫发表宣言一事之不见悦于莫斯科干部人物，不无草蛇灰线，因果相寻之迹，明眼者不难一目得之。己虽不言，而要不失为法院应采之证。当是时也，容共为国民党公开政策，凡共产党同时为国民党；反之凡国民党亦多同时为共产党。陈独秀实为大团结中之一人，其地位与当今国民党诸要人雅无二致。清共而后，独秀虽无自更与国民党提携奋斗，而以己为干部派摈除之故，地位适与国民党最前之敌人为敌，不期而化为缓冲之一团。即以共产党论托洛茨基派多一人，即斯〔大〕林派少一人，斯大林派少一人，即江西红军少一人，如斯展转相辅为用，谓托洛斯茨基派与国民党取犄角之势以清共也，要无不可。即此以论功罪，其曰托洛斯茨基派有功于国民党也且不暇给，罪胡为乎来哉？此义独秀必不自承，而法院裁决是案，倘不注意及此，证据方法既有未备，裁决意旨复不得谓之公平。

要而言之，陈独秀之不能与国民党取同一之态度，势为之也；其忠于主义，仍继续研究共产学说者，理为之也。彼将实行计划付之后来，与江西红军无关，与第三国际复无关，以托洛斯〔茨〕基自号厥派，实与生物学家之奉达尔文，心理学家之奉佛洛伊德无异，而亦中山之遗教如是。国民党人且当奉行唯谨，矧在他人？其偶见到国民党之失政，引绳批根，有所抨击，此国民之义务如是，即不为共产党，亦得激于忠义而为之。政府现时约束舆论，刻意从严，若陈独秀所陈三事，未便公开，如量发布，则有政府所颁之出版法在，与其他新闻杂志一律取缔，要自未妨。且如所言当也，政府宜媿谢之不暇，罪于何有？如其未当，自附闻者足戒之例，亦不得过罪言者，必也侦骑四出，如临大敌，一有索引，辄论大刑。国家立法之本旨岂其如是？

基上论述，本案陈独秀、彭述之部分，检察官征引《危害民国紧急治罪法》第二条及第六条所谓叛国、危害民国、宣传与三民主义不相同之主义湛然无据，应请审判长依据法文，谕知无罪，以保全读书种子，尊重言论自由，恪守法条之精神，省释无辜之系索，实为公德两便，谨状。”

民国二十二年四月二十四日①

彭律师等补充就法律上辩护

章律师既经审述辩护理由，陈之辩护人尚有彭望邺、吴之屏两律师，亦相继辩护。彭称关于陈独秀部分，检察官援用《危害民国紧急治罪法》第二条及第六条条文，断定陈为犯罪。然各条条文之第一句均有“以危害民国为目的”一句，此语应特别注意。查国家与政府，不能混为一谈。国家之要素有之即土地人民主权，如陈果为危害国家，则应损害国家之土地或人民或主权，方为有据。但陈之行为第一即无损于国家之土地。今日我国土地之丧失，丝毫不能归咎于陈，此其一。再则，陈鼓吹工农阶级专政，系以大多数之民众为对象，而以改善此大多数民众生活为目的，是其无害于人民亦昭昭明甚，此其二。更就主权而言，查《训政时期约法》第二条第一款，即谓中华民国之主权属于中华民国国民全体，陈等即属中国国民，而仅鼓吹其理论学说，是亦无悖于主权，请以例明之。国家有如公司、政府为董事会、人民即股东，股东不满意于董事会或董事会所产生之经理，而谋改组董事会，决非危害公司，以此例陈之行为，其非危害民国已甚昭著。再查《刑法》第一〇三条内犯罪条文，谓企图以非法之方法，颠覆政府，始得构成犯罪，陈独秀系以合法的手续，谋推翻现行政府，即于该条条文不合。至其于主义上、学说上之研究发行《火花》及《校内生活》等小册子，不能认为叛国的宣传。其次，对于组织及集会，其目的亦非危害民国云。继由吴之屏律师再加以补充，略谓凡构成犯罪行为须应以行为要素，即使有行为，其行为是否危害民国，亦待研究。关于陈对于本案事实，尚不能引用《危害民国紧急治罪法》第二条第二款至该法第六条，谓以组织及集会作叛国之宣传等语。陈等所发行之刊物，均系于谢少珊家中搜出，尚未在社会上发行，是不负宣传责任，故其罪案亦不能构成云。(未完)

原载《中央日报》 1933 年 4 月 21 日　第三、七版

① 本文按《陈案书状汇录》一书校对，1933 年 5 月陈案判决后汪原放据章士钊拟编文书稿印制，上海市图书馆存。)

67.《申报》 1933年4月21日

陈独秀案宣告辩论终结　定二十六日宣判

南京　陈独秀等危害民国案，今日上、下午开庭，已告辩论终结，定二十六日下午宣判。（二十日专电）

南京　陈彭案二十日续审，自上午十时四十分至下午二时，下午四时至六时半，辩论终结。本日庭询法官及律师仍旧，旁听极拥挤，有自沪、镇、苏、锡专程来者。开庭后先读笔录，各人均无甚更正。继又作最后讯问，各人所答与前庭相同。继检察官提论告结论，陈独秀、彭述之、王子平、何阿芳等犯《危害民国紧急治罪法》第六条第二款之罪，余犯第六条罪，但本案较牛兰情节较轻，判决时请斟酌。继陈独秀提抗辩，谓反对国民党国府并非危害民国，因政府并非国家，次述反对国民党国府理由三点，及主张无产阶级专政并非危害民国之理由，请庭上宣判无罪；次章士钊辩护，达一小时之久，为全场所最注目，就言论及行为方面说明陈并未叛国，请庭上省释无罪。继彭望邺、吴之屏两律师补充意见，至下午二时退庭。四时续开，彭述之九人相继抗辩，律师均代辩护，六时半宣告辩论终结，定二十六日宣判。（二十日中央社电）

原载《申报》 1933年4月21日　第五版

68.《大公报》 1933年4月21日

（见本书第383页，此略——编者。）

69.《大公报》 1933年4月21日

陈独秀案定二十六日宣判

[南京二十日下午十时发专电]　高等法院二十日上、下午审陈独秀等十人，检察官诉陈罪状为反对国民党，组织无产阶级政府，打倒国民政府，攻讦现政府不能抗日，并主张第三次大革命，违反中华民国《紧急治罪法》第二条第二款行为。彭述之犯同条行为。何阿芳、王兆群、王子平、郭竞豪、梁有光、王鉴堂六人，同犯《紧急治罪法》第六条行为。但陈等与牛兰殊有不同，陈等行为仅止宣传，课罪应有分别。继陈、彭等辩论，请宣告无罪开释，并将各辩诉状公布，以服大信。审判长宣告定二十六日下午判决。

原载《大公报》 1933年4月21日　第三版

70.《益世报》 1933年4月21日

陈独秀案昨辩论终结

定26日正式宣判 检察官昨宣布陈等罪状 章士钊为陈等辩护甚力

[南京20日下午10时本报专电] 陈彭案号(廿日)开庭辩论终结,王武不承认参加托派常委,定于(廿六日)正式宣判。检察官朱隽宣读陈、彭十人罪状。一、陈为托派领袖,对危害民国行为应负相当责任,犯《危害民国紧急治罪法》。陈仍不服有罪,章士钊代辩,谓陈行为与国民党从前推翻满清北洋动机相同,陈宣传共产主义与孙中山同,中山谓三民主义即是社会主义,社会主义即共产主义,是陈无异为三民主义宣传;按照事实理论,实无《危害民国紧急治罪法》第二条第二款之成分。彭望邺律师起辩,政府如同公司,董事会办理不善,自当宣传改组。彭述之谈其主张,对内提高农民生计,对外取消不平等条约,其目的纯为国家民族。彭律师谓彭反对国民党政府,并非反对国家,请法官分清党、政府与国家之不同,二条二款行为,因一、反对党与政府,责其不能领导民众;二、组〔主张〕无产政府〔应〕打倒,三、攘讦现行政府不能抗日,彭亦系托派首领,犯罪与陈同。濮一凡、王子平与陈、彭有同样行为,何阿芳、王兆群、王武、郭竞豪、梁有光、王鉴堂犯第六条行为。惟谓此案与牛案不同,陈于宣传按律论罪应有别。

原载《益世报》 1933年4月21日 第二版

71.《中央日报》 1933年4月22日

陈独秀案辩论终结 定二十六日宣判(续昨)

各被告之抗辩律师一一辩护

章、彭、吴三律师为陈独秀辩护毕,时已二时十五分,庭长宣告退庭,改下午继续开庭辩论。下午四时整继续开庭,旁听席较上午益行拥挤。书记官宣布开庭后即依次传各被告,准其抗辩并由律师代其辩护。兹将各被告之抗辩及律师之辩护词,概记如次:

1. 彭述之(编者略,下同)
2. 王武(略)
3. 濮一凡(略)
4. 王子平(略)
5. 何阿芳(略)
6. 王兆群(略)
7. 郭竞豪(略)

8. 梁有光(略)

9. 王鉴堂(略)

宣告辩论终结

念六〔日〕下午宣判

至此时已下午六时三十五分,各被告及辩护律师均已辩论完毕。庭长再传各被告询问是否尚有其他话说,除口吃之王鉴堂谓放我回家去外,余均无话可说。庭长乃宣告辩论终结,定本月二十六日下午宣判云。(完)

重要声明　本日庭讯,以章士钊律师为陈独秀辩护最为全场注目,记者所发表之章律师之辩护词,系向章律师索取之底稿。记者将全稿整理完毕之际,章律师特派其书记袁砚公来,请作郑重之声明曰"章律师本日之辩词,大半系于昨(十九)夜在沪所草者,尚有三分之一,系今(廿)晨抵京后在中央饭店所草者,仓促成辞,不能作为法定之稿件,且在庭上辩护时,亦有若干处与底稿不同,俟修正后再呈法院始能作为正式之稿件"云云。代为声明如上。本案于今(廿)日下午六时三十分始辩护完毕,记者于仓促间整理数万字之稿件,或亦难免有错误之处。本案笔录,自以法院书记官之笔录为法定之笔录,至陈独秀、彭述之等所述反对国民党、反对国民政府之理由,记者只实记录其大概,是否合理,记者不对稿件作何批评、指责。

原载《中央日报》 1933 年 4 月 22 日　第七版

72.《申报》 1933 年 4 月 22 日

陈彭案辩论终结

定本月二十六日宣判

(同 1933 年 4 月 21 日《中央日报》《陈独秀案辩论终结》,见本书第 384—393 页此略。——编者)

73.《大公报》 1933 年 4 月 22 日

陈彭案　陈彭自认无罪

[南京二十一日下午七时发专电]　陈、彭案定二十六日宣判,一般推测,陈、彭情节较牛兰为轻,或将处十年左右徒刑;濮一凡、王武、王子平、何阿芳、王兆群等或处五年左右徒刑;梁有光、郭竟豪、王鉴堂或可宣告无罪或处极低徒刑。闻陈、彭等仍自认无罪,如处徒刑,决上诉,律师章士钊二十一日夜车返沪。

原载《大公报》 1933 年 4 月 22 日　第三版

74.《益世报》 1933年4月22日 社论

颠覆政府与国家——国人应有的常识

陈独秀案已在南京开审。本案结局如何,社会人士十分注目。在二十六日宣判以前,我们对本案不欲有所论列。惟审判经过、检察官论告、陈独秀申辩、及陈氏律师章士钊辩护文,此中双方论据各点,的确有许多地方,值得国人充分留意。此中争辩各点,有许多地方,可以增加国人的政治常识。检察官认定陈独秀有"危害民国"行为,应依《危害民国紧急治罪法》第六条及第二条第二款之治罪。陈独秀的申辩说:"谋推翻政府及国民党,断非危害民国。因国民党曾推翻满清政府与北洋军阀政府,若认为推翻政府,即需定罪,则世界何有民国,何有政党?"章士钊律师亦说:"推翻国民党及国民政府,此与企图颠覆民国,绝不相同。因国家与政府二名称,法律上解释极严。谋推翻政府,若算叛国,则国民党推翻满清与北洋政府,是二次叛国矣。"

这里争辩的焦点,是政府与国家的分别。检察官以政府即国家,谋颠覆政府的人就是颠覆国家,陈独秀既然直认不讳图谋颠覆政府,自然应依据《危害民国紧急治罪法》处治。陈、章认为"政府与国家二名称,法律上解释极严",谋推翻政府与谋推翻国家,不能相提并论。

这里,我们认定陈、章立论的根据是对的。政府与国家在法律上完全两件东西,颠覆政府与颠覆国家绝对是两件事。这是举中国人民应具有的常识。用极浅近的话来说,国家是有人民、有领土、有政治主权的一个团体,政府不过是国家行使治权的机关。倘用比喻来解释,国家是公司,人民是股东,政府是公司中的经理机关而已。颠覆政府与颠覆国家是两件事,等于改组经理机关与破坏整个公司是两件事。政府与国家,既然有这种不同的意义,自然不得以颠覆国家之罪加之于图谋颠覆政府的人的身上。

照这样说来,颠覆政府到底有没有罪呢?这完全以国家的整体为标准。君主专制时代,皇帝就是政府,政府就是国家,三位一体。所以又有"朕即国家"这句话。谋推翻皇帝的人,在法律看来,就是推翻政府,就是推翻国家,所以危害皇帝,危害政府的人,就以危害国家论罪。在民主国家,民为主体,人民图谋推翻政府,等于公司里的股东图谋改组经理机关,这有什么罪?在民主政治的国家,在宪政的国家,图谋推翻政府实在算不了一回事。在内阁制的国家,内阁塌台,就算政府塌台。在总统制的国家,总统改选,就可认成政府改组。英国目前的政府有时就叫"麦克唐纳政府",倘使一旦内阁总理麦克唐纳在国会得不到多数拥护,麦克唐纳倒了,就算英国的政府倒了。新的人上台,重新组织内阁,就算重新组织政府。英国在野党，是天天图谋颠覆政府的。英国在朝党的政府，是天天有颠覆的可能。图谋颠覆的政府，又犯什么法，更与危害国家何干？美国又何尝不是如是。胡佛总统在位的时候，政府就叫胡佛总统的政府，如今罗斯福总统上台，政府又叫罗斯福总统的政府。每四年总统改选的时候，在野党图谋颠覆现任政府，罗斯福是颠覆胡佛总统的成功者。图谋颠覆政府的人，又犯什么法，更与危害国家何干？

颠覆政府，难道绝对不犯法？政府的生命，自然亦有法律上相当的保障。法治国家，政府依据法律产生，推翻政府，自然应有法律上正当轨道。英国内阁改组，美国总统改选，都有宪法上的定轨。倘有人离开法律上的轨道，另以他种手段谋推翻政府，这种人自然应受法律惩罚。公司的经理股东有权撤换，但撤换自有法律上撤换的程序。倘任何股东可取任何手段撤换经理，则公司里多数股东的意志亦无由表现。任何股东不能随意撤换经理，但任何股东有批评讨论公司经理一切政策的自由。在国家，这就是国民在政治上思想言论的自由。思想言论上颠覆政府，这与行动上的颠覆政府应当分别看待，合法的颠覆政府的行动与非法的颠覆政府的行动，亦应分别看待。这一切都是中国人民应有的常识。

我们这一篇话，不是偶然而发的，同时亦不是为陈案作辩护而发的。我们认定这种常识，关系国家的治乱安危甚重。一方面我们希望国人，不要把政府与国家混为一谈。民主国家，国民有批评与颠覆政府的权利。根据中山先生的学说，政府领袖是汽车夫，国民是坐汽车的主人。自然，主人对汽车夫不满意，当有指摘撤换的权利。民主国家的政府，本非子孙帝王万世之业，总以民意向背，为政府去留的标准。人民批评政府的自由愈广，则政府为善的机会愈多。国家合法更换政府的途径愈简便，则国家革命的变乱愈可减少。国中果有人，在言论上甚而至于在行动上图谋颠覆政府，政府只有"止谤自修"努力政绩，以求多数民意维护的一条路。这里法律保障的力量，极其薄弱，更不可拿"危害国家"的大帽子来压人。政府如是，凡与政府表同情的人其所取态度亦应如此。

另一方面，我们亦希望人民了解，不满意政府，与不满意国家是两件事。绝不宜因欲推倒政府，而闹成颠覆国家的结果，更不宜以颠覆国家的手段，以达颠覆政府的目的。国民固为国家主体，国民固有批评并改换政府的权利，然而改换政府的手段，应有极慎重采择。章士钊代陈氏辩护说："颠覆国家之人，惟郑孝胥之流可以当之。"引外寇以图谋颠覆政府，此非颠覆政府，此实颠覆国家。颠覆国家，即成叛逆，即为国贼。凡为国贼，举国人皆得而诛之。

75.《法律评论》 第10卷第29号第497期 1933年4月23日

陈独秀危害民国案审理记(一)

(内容与1933年4月15日《中央日报》第三版《陈独秀案昨晨开审 陈彭自认共党中委不讳 审讯未毕今晨继续开庭》同,见本书第365—371页,此略。——编者

76.《申报》 1933年4月23日

陈彭案辩论终结 定本月二十六日宣判(续)

同1933年4月22日《中央日报》第七版《陈独秀案辩论终结》见本书第395—396页,此略。——编者

77.《益世报》 1933年4月23日

《共产党史重要之一页》

(同1933年4月21日《中央日报》第三版《陈独秀案辩论终结》,见本书第384—387页,此略。——编者)

78.《益世报》 1933年4月24日

《共产党史重要之一页》(一续)

(同1933年4月21日《中央日报》第三版《陈独秀案辩论终结》,见本书第387—390页,此略。——编者)

79.《大公报》 1933年4月25日

陈独秀案明日宣判

检察官提起之犯罪证据 被告个人纷纷提出抗辩

陈独秀、彭述之等以危害民国罪起诉后,经两次开庭,与二十日作最后审讯,并定于二十六日宣判,本报驻京记者以此次审讯关系重要,特亲自莅庭旁听,并亲记审讯情形,寄津发表。讵该件于二十日到津,经警宪联合检查处检查,迟至昨日始行到社,致未能早日发表,以供快览,然仍不失为信史。兹将该案最后审讯情形,检察官之论告,以及陈彭之抗辩,分别披露如次:

[南京通信] 中国共产党托洛斯基派陈独秀、彭述等十人前经两次审讯,尚未终结,于二十日上午继续开审。是日旁听者甚为踊跃,因为刑庭过小,旁听席无多,后至者挤立无隙地,仅容二百余人,未得旁听证不能入内旁听者尚有多人。十时四十分,审判长胡善称,推事林哲民[长]、张秉慈,检察官朱隽,书记官沈育仁莅

庭升座，被告辩护律师章士钊、彭望邺、吴之屏、刘祖望、蒋豪士五人入席。

最后审讯

由书记官宣告开庭后，即签提王子平、何阿芳、王兆群、郭竞豪、梁有光、王鉴堂等六人听供，由书记官逐一宣读第二日各人口供笔录，除王子平略有更正外余均即签名画押。听供毕，律师吴之屏起立称，宋逢春出狱后，其叔曾汇钱来，作为路费，嘱其回平，今将信件呈阅。将信件递呈审判长后，复签提陈独秀、彭述之、王武、濮一凡四人到庭听供。首传陈独秀，审判长问，前次本院有几句话问你，中共托洛斯基派最终目的是否为反对国民党与推翻国民政府，你说当然是的。陈答当然是，不过，简单地说，反对国民党与国民政府，不能谓为共产主义最终目的，此在理论上说不过去。旋由书记官宣读陈第二日口供笔录，陈签名画押。继宣读彭述之、王武、濮一凡口供笔录。各人签名画押后，律师吴之屏起立称，上海所传证人已否到京，审判长答谓公安局张某、陆某二人已到京，口供已笔录。继传陈独秀审讯，审判长(问)：王兆群是不是罗世凡？(答)不是。(问)常委除你和彭述之之外尚有几人？(答)我、彭述之与张某三人为常委。罗世凡与另外一人为候补常委。王兆群不是常委。传彭述之，(问)认识王兆群否？王兆群是不是罗世凡？(答)：不认识王兆群，王兆群不是罗世凡问：常委究有几人？答：陈独秀、张某与我三人为候补常委。罗世凡、蒲亦方二人为常委，共为五人。问：谢少珊在高二分院供说，常委均已被捕。(答)：我已说过，常委是我、陈独秀、与张某三人。候补常委不是王兆群，是罗世凡与蒲亦方二人。传王武，(问)谢少珊在高二分院供说，谢之住处为集会之所，你是否知道？(答)：不知。问：高二分院口供笔录内有王武为常委，曾参加常会一次，见过否？(答)：见过。惟是否参加过常会，有陈独秀、彭述之可以说明是〔有〕没有参加过。前至谢少珊处，系去借钱。被捕时，我是在场，至是否在开会，我不知道。且开会应有会议记录，今并无开会证据，当时在谢处与谢妻闲谈，谢妻劝我如何养病，正在闲谈时被捕。传濮一凡，问：彭述之曾供濮一凡与朱〔宋〕逢春是候补常委？(答)：不是，我在招商局做事，这是很明显的事实，我只有一个名字。(问)至谢少珊处何事？去找曾某，曾为谢少珊妻弟，曾不在，谢嘱稍待，因以被捕。传王子平，(问)为托洛斯茨基派抄写、印刷《校内生活》、《火花》两种刊物，你已承认不讳，既知为共党刊物，何以担任此种工作？(答)：前曾加入共党，被开除后过的是浮浪生活，一・二八后，闸北住处被毁，更无办法。适遇彭述之家眷叫我去做事，既有住处，又有钱用，为生计问题，没有办法。(问)：在本院递状及中央党部之信是否亲笔？(答)：是。传何阿芳，(问)：此次为什么去印《火花》？——共党托洛斯茨基派之刊物。(答)：因遇谢少珊答应帮忙,叫去担任印刷工作,每月二十元钱,以为印刷工作是常事,不知为犯法的事。传王兆群,问:被捕时,是不是在开会?答:在谢少珊处住一星期,当巡捕来时,我在楼上看书,其余各人在做何事,我不知道,问公安局陆某说,看当时情形,似在开会,(答):这是造谎。(问):为何住在谢少珊处?(答):找谢少珊为的是找事。(问):你是不是罗世凡?(答):不是。我从未改过姓名,罗世凡我未听说过。传郭竞豪,(问):到塘山路业广里去何事?(答):找周姓朋友去借钱。(问):是否与王子平等住处相近?(答):不知。(问):学校登记表知道不?(答):不知道。(问):在登记表上系曾涂改姓名,并担任沪东区委及学运工作?(答):根本没有这东西。次传王鉴堂、梁有光二人讯问,供与前次同。

提起论告

讯毕,检察朱隽即起立提起论告谓,陈独秀等十人被捕经过,已于起诉书中述明,今对被告十人犯罪证据加以说明,照各人口供词句看,内容简单,并不复杂。

陈独秀……。(省略部分与 1933 年 4 月 21 日《中央日报》《陈独秀辩论终结》提起论者之陈独秀部分同,见本书第 385 页,此略。——编者)

80.《益世报》 1933 年 4 月 25 日

《共产党史重要之一页》(续完)(同 1933 年 4 月 22 日《中央日报》第七版《陈独秀案辩论终结》,见本书第 390—395 页,此略。——编者)。

81.《世界日报》 1933 年 4 月 23 日 第五版《陈独秀案最后审讯》(续)
《世界日报》 1933 年 4 月 24 日 第五版《陈独秀案最后审讯》(续)
《世界日报》 1933 年 4 月 25 日 第五版《陈独秀案最后审讯》(续)
《世界日报》 1933 年 4 月 26 日 第五版《陈独秀案最后审讯》(续)
《世界日报》 1933 年 4 月 27 日 第五版《陈独秀案最后审讯》(续)

以上连载五日,内容与《中央日报》1933 年 4 月 14、15、16、20、21 日第三版同样内容之报导同,此略。

(二) 判决与各方反应(1933 年 4 月 26 日—1933 年 6 月 15 日)

1.《论陈独秀主义》

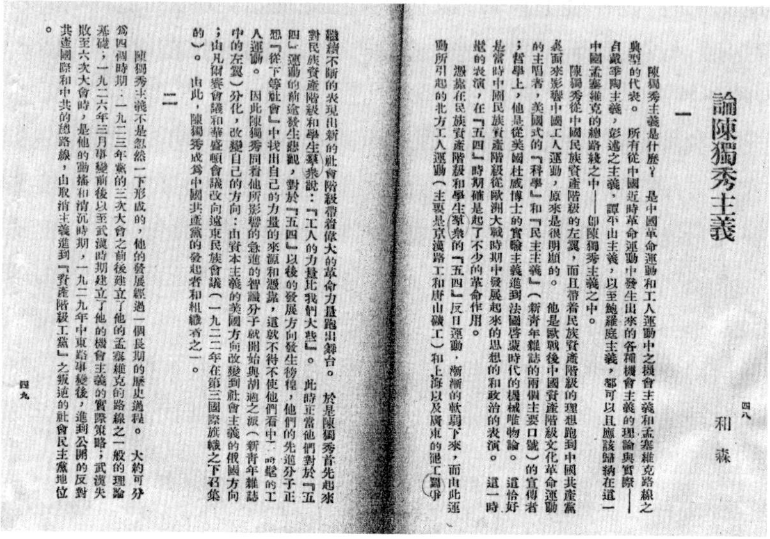

論陳獨秀主義

四八

和森

一

陳獨秀主義是什麼？是中國革命運動和工人運動中之機會主義和孟塞維克路線之典型的代表。所有從中國近時革命運動中發生出來的各種機會主義的理論與實際——自戴季陶主義，彭述之主義，譚平山主義，以至鮑羅庭主義，都可以且應該歸納在這一中國孟塞維克的總路綫之中——卽陳獨秀主義之中。

陳獨秀從中國民族資產階級的左翼，而且帶着民族資產階級的理想跑到中國共產黨裏面來影響中國工人運動，原來是很明顯的。他是歐戰後中國資產階級文化革命運動的主唱者，美國式的『科學』和『民主主義』（新青年雜誌的兩個主要口號）的宣傳者；哲學上，他是從美國杜威博士的實驗主義進到法國啓蒙時代的機械唯物論。這恰好是當時中國民族資產階級從歐洲大戰時期中發展起來的思想的和政治的表演。這一時期的表演，在『五四』時期確是起了不少的革命作用。

激蕩在民族資產階級和學生羣衆的『五四』反日運動，漸漸的歇弱下來，而由此運動所引起的北方工人運動（主要是京漢路工和唐山礦工）和上海以及廣東的罷工鬥爭繼續不斷的表現出新的社會階級帶着偉大的革命力量跑出舞台。於是陳獨秀首先起來對民族資產階級和學生羣衆說：『工人的力量比我們大些』。此時正當他們對於『五四』運動的前途發生悲觀，對於『五四』以後的發展方向發生彷徨，他們的先進分子正想『從下等社會』中找出自己的力量的來源和憑藉，這就不得不使他們看中一時崛起的工人運動。因此陳獨秀同着他所影響的急進的智識分子就開始與胡適之派（新青年雜誌中的左翼）分化，改變自己的方向：由資本主義的美國方向改變到社會主義的俄國方向；由凡爾賽會議和華盛頓會議改向遠東民族會議（一九二二年在第三國際旗幟之下召集的）。由此，陳獨秀成爲中國共產黨的發起者和組織者之一。

二

陳獨秀主義不是忽然一下形成的，他的發展經過一個長期的歷史過程。大約可分爲四個時期：一九二三年黨的三次大會之前後建立了他的孟塞維克的路線之一般的理論基礎；一九二六年三月事變前後以至武漢時期建立了他的機會主義的實際策略；武漢失敗至六次大會時，是他的動搖和消沉時期，一九二九年中東路事變後，進到公開的反對共產國際和中共的總路線，由取消主義進到『無產階級工黨』之叛逆的社會民主黨地位。

四九

《布尔什维克》四卷五期

蔡和森

编者按①：这篇东西是共党干部派最高首领蔡和森氏，在陈独秀未被捕以前所作，在这篇文字中，我们可以千真万确的相信，陈独秀在好久以前，已经离开了杀人放火斯大林派的共党行列。他在数年前就结合了其往日的一部分同志，组创了反干部派反所谓“国际路线”的共产主义的另一个政党。他们反对红军苏维埃，他们主张由真正的国民会议建立民众政权。共党干部派诅咒声讨陈独秀的文字，我们也不知道读过多少了，按着共党干部派的说法，陈氏久已是国民党的好友，甚至陈氏此次被捕，干部派的刊物中，说这是陈氏的“苦肉计”，这是陈氏变相的自首，今后陈氏将如胶似漆的贴在国民党的怀中，献替屠杀工农大众，假设干部派所说的全不错，国民党政权对陈氏之激言厉色，吾人诚有些不解。陈氏之功过问题，总需盖棺，始有定论，此篇乃系共党内部反陈独秀主义最有力最系统的一篇名著，特将其介绍于此，使国人在真正之共党口中，来了解陈氏的为人。本篇作者之蔡和森氏，在共党干部派中乃是数一数二的首领。

二十一、十二、五日。

① 陈东晓《陈独秀评论》收录此文，并加了编者按。

一、陈独秀怎样参加了革命的行列

陈独秀主义是什么?是中国革命运动和工人运动中之机会主义和孟塞维克路线之典型的代表。所有从中国近时革命运动中发生出来的各种机会主义的理论与实际——自戴季陶主义,彭述之主义,谭平山主义,以至鲍罗廷[①]主义,都可以且应该归纳在这一中国孟塞维克的总路线之中——即陈独秀主义之中。

陈独秀从中国民族资产阶级的左翼,而且带着民族资产阶级的理想跑到中国共产党里面来影响中国工人运动,原来是很明显的。他是欧战后中国资产阶级文化革命运动的主唱者,美国式的"科学"和"民主主义"(《新青年》杂志的两个主要口号)的宣传者;哲学上,他是从美国杜威博士的实验主义进到法国启蒙时代的机械唯物论。这恰好是当时中国民族资产阶级从欧洲大战时期中发展起来的思想的和政治的表演。这一时髦的表演在"五四"时期确是起了不少的革命作用。

凭靠在民族资产阶级和学生群众的"五四"反日运动,渐渐的软弱下来,而由此运动所引现〔起〕的北方工人运动(主要是京汉路工和唐山矿工)和上海以及广东的罢工斗争,继续不断的表起〔现〕出新的社会阶级带着伟大的革命力量跑出舞台。于是陈独秀首先起来对民族资产阶级和学生群众说"工人的力量比我们大些"。此时正当他们对于"五四"运动的前途发生悲观,对于"五四"以后的发展方向发生彷徨,他们的先进分子正想"从下等社会"中找出自己的力量的来源和凭靠,这就不得不使他们看中了时髦的工人运动。因此陈独秀同着他所影响时急进的智[知]识分子就开始与胡适之派(《新青年》杂志中的左〔右〕翼)分化,改变自己的方向:由资本主义的美国方向改变到社会主义的俄国方向;由凡尔赛会议和华盛顿会议改向远东民族会议(一九二三〔二〕年在第三国际旗帜之下召集的)。由此,陈独秀成为中国共产党的发起者和组织者之一。

二、陈独秀主义之"改良"与"进化"

陈独秀主义不是忽然一下形成的,他的发展经过一个长期的历史过程。大约可分为四个时期。一九二三年党的三次大会之前后建立了他的孟塞维克的路线之一般的理论基础;一九二六年三月事变前后以至武汉时期建立了他的机会主义的实际策略;武汉失败至六次大会时,是他的动摇和消沉时期;一九二九年中东路

---

① 鲍罗廷(1884—1951),生于俄国西部,1903年加入俄国社会民主党。1923年奉派到广州,任共产国际驻中国代表、苏联驻广州政府全权代表。孙中山任其为国民党组织教练员,后任国民党中央执行委员会、政治委员会顾问,为孙中山得力助手。孙中山在北京逝世时,起草《致苏联遗书》。1925年任国民政府政治顾问。1926年任国民党中央执行委员会最高顾问。1927年4月后,被通缉,离华回苏联。曾任苏维埃劳动人民委员、英文《莫斯科新闻》主编。1949年受美国记者安娜·路易丝·斯特朗间谍案牵连入狱,被指为苏维埃政权的敌人,流放到西伯利亚,1951年5月29日死于伊尔库茨克的一个劳动营中。1955年平反昭雪。

事变后，进到公开的反对共产国际和中共的总路线，由取消主义进到“资产阶级工党”之叛逆的社会民主党地位。

三、三次大会时代的陈独秀主义

首先看他在党的三次大会时期所形成的孟塞维克路线之理论的基础。这一时期有他最典型的两篇文章，《资产阶级的革命与革命的资产阶级》和《中国国民革命与社会各阶级》，这两篇文章最能代表他的一般理论的立场和倾向。

假若在一九一九——一九二二年陈独秀看重过中国工人阶级的力量，那么，到一九二三年京汉路罢工失败后，他就跑到孟赛维克的根本立场——不相信工人阶级的势力。他说：“工人阶级在国民革命中固然是重要分子——然亦只是重要分子而不是独立的革命势力。概括来说，是因为殖民地半殖民地产业还未发展，连资产阶级都很幼稚，工人阶级在客观上更是幼稚了。详细说起来，产业幼稚的中国，工人阶级不但在数量上幼稚，而且在质量上也很幼稚。此时，中国工人阶级的理想界分为三类：（一）大多数还沉睡在宗法社会里，家族，亲属，地方观念还非常之重……，有许多目前虽是近代产业工人，而他过去未来的生活，并未能与独立生产者（小手艺，小商人，小农等）的环境绝缘，不感政治的需要，并不脱神权帝王之迷信……，工人阶级的理想，犹是宗法社会的而非国家的……。第二，只少数有了国家的觉悟，有了政治的要求，……只在最进步的海员及铁路工人罢工中才表现出来……。第三，真有阶级觉悟并且感觉有组织自己阶级政党的工人，更是少数中的极少数；……因此，我们可以知道，中国最大多数的工人，还没有自己阶级的政治斗争之需要与可能，而且连一般的政治争斗之需要〔甚至于连自己阶级经济的争斗之需要〕都不曾感觉的工人（如手工业工人），也并不是少数”。（《中国国民革命与社会各阶级》）①。

固然，中国工人阶级不是没有缺点的，可是陈独秀经常的乐于从缺点方面来看中国工人阶级。他在三次大会的演说中，简直把中国工人阶级咒骂得不成东西。什么“宗法思想”呵！“不脱神权帝王迷信”呵！没有“国家觉悟”呵！他举了许许多多的琐细事实来形容中国工人阶级之“穷极丑陋”而不是独立的革命势力。上面所引的文章，是在大会开幕后写的，语句口气已经比在大会争论时客气万倍了。他在大会中从中国工人阶级的落后，神权帝王迷信及没有国家觉悟的立场发出来的分析中国革命的动力，拼命的肯定中国工人不是独立的革命势力之后，他就很骄傲的夸大民族资产阶级是中国革命的主要动力。他说：“殖民地半

---

① 参见任建树主编：《陈独秀著作选编》第三卷，上海人民出版社 2010 年版，第 158—159 页。但本段末行括弧内小字文未引用。

殖民地的社会各阶级固然一体幼稚,然而资产阶级的力量究竟比农民集中,比工人雄厚,因此,国民运动若轻视了资产阶级,是一个很大的错误观念”。(同上文)。又说:“半殖民地的中国社会状况既然需要一个资产阶级的民主革命,在这革命〔运动中……〕,若失了资产阶级的援助,在革命事业中便没有阶级的意义和社会的基础(《资产阶级的革命与革命的资产阶级》——此文是大会前两个星期写的[①])。他在大会的答辩中,热烈地辩护民族资产阶级是中国资产阶级民权革命的主人。

他对于农民怎样呢?大会中的左翼曾提出工人阶级与农民是中国革命的主要动力的理论与他对抗,这在他看来简直不值一笑,因为中国农民更是宗法观念,反动思想,神权帝王迷信,散漫不集中的“四不像”。大会闭会后,在他的论文中很客气地这样说:“农民占中国人口之大多数,自然是国民革命之伟大势力,中国之国民革命若不得农民之加入,终不能成功一个大的农民革命。但是农民居住散漫,势力不易集中,文化低下,生活欲望简单,易于趋向保守,中国土地广大易于迁徙,畏难苟安,这三种环境是造成农民难以加入革命运动的原因。”

在他的革命势力的计算中始终没有农民,因为他看定了三个原因,农民难于加入革命。试看他所计划的民族革命联合战线:“中国的经济状况,军阀阶级已与资产阶级显然分开,而资产阶级与无产阶级之分化尚未到截然分离的程度,所以革命的资产阶级应当与革命的无产阶级妥协,打倒共同的反对的军阀阶级……中国国民党目前的使命及进行的正轨应当是:统帅革命的资产阶级,联合革命的无产阶级,实行资产阶级的民主革命”。在一切时候,陈独秀是把农民放在资产阶级民主革命的联合战线之外。他自始至终了解这联合战线为资产阶级与无产阶级之联合,为资产阶级与无产阶级之阶级合作和阶级妥协,在这革命联合战线中资产阶级是居领导地位,而无产阶级是附属的。

陈独秀怎样决定中国革命的性质和任务呢?他说:“半殖民地的经济权大部分操诸外人之手,政治权形式上大部分尚操诸本国贵族军阀之手,全国资产阶级无产阶级都在外国帝国主义者及本国贵族军阀压迫之下,有产无产两阶级共同起来,对外谋经济的独立,对内谋政治的自由,这是半殖民地国民革命的特有性质”。

固然在党的六次大会以前,对于中国革命性质和任务全党都没有明确的观念,然而如像陈独秀始终不认识土地革命为中国革命之主要内容,始终不认识而

---

① 1923年4月25日写在中共三大前两个月,而非中共三大召开前两个星期写的。

且不愿认识工农民主独裁制，这对于他完全不是偶然的。他说："在普通形式①之下，国民革命的胜利自然是资产阶级的胜利，……国民革命成功后，普通形式之下，自然是资产阶级握得政权，但彼时如有特殊的环境，也许有新的变化……但是这种未来的机会我们没有预算的可能，也并没有预计的必要，现在只有一心不乱的干国民革命"(同文)。

那末，工人阶级为什么目的要加入这革命呢？他说："殖民地半殖民地国民革命的意义，就是对外要求民族之经济的政治的独立，对内要求一般国民在政治上之自由。这种一般国民之政治自由，如集会结社罢工等之自由，正是中国工人阶级目前工人阶级至急的需要"②(同文)。工人阶级参加革命的目的就仅仅在这里——不是为得争取资产阶级民权革命之领导权，不是为得工农民权独裁制的胜利，更不在争得革命之转变到社会主义的前途。这种转变的观念在他是完全没有的。他同俄国的少数派一样，把资产阶级民权革命和社会主义革命截然割分为两个不相连续的阶段，即现在既然是资产阶级民权革命，工人阶级只有帮助资产阶级取得政权，在资产阶级民权革命和资本主义发展以后，再来实行社会主革命。他对于农民运动也就是从这样的立场出发，他说：

"所以中国农民运动，必须国民革命完全成功，然后国内产业勃兴，然后普遍的农业资本化，然后农业的无产阶级发达集中起来，然后农村间才有真的共产的社会革命之需要与可能"③。

从以上所述，就可明显的看出陈独秀主义在第三次大会时期所形成之理论的基础，——即中国革命的工人运动之少数派的路线，他对于革命动力的估量——重视资产阶级，轻视无产阶级，而忽视农民；对于民主革命联合战线的了解——资产阶级和无产阶级的阶级妥协，无产阶级隶属于资产阶级的领导之下；对于革命性质和前途的观念——看不见土地革命的内量，看不见工农民主独裁而更没有看见革命有转变到社会主义革命的前途，只有"一心不乱的干国民革命"，只有"自然是资产阶级的胜利，自然资产阶级的握得政权"，待资本主义发展之后，将来再来社会革命。所有这些就确确实实形成了中国少数派的总路线。从他的"造国论"以至"汪陈宣言"以至中东路事变后的三封信，不过把这总路线"一言以贯之"吧〔罢〕了！

为什么使他这样呢？这不是偶然的，因为他自始至终是站在左翼民族资产阶

① 原文为"形势之下"，见任建树主编：《陈独秀著作选编》第三卷，第158页、161页。
② 同前页任编书第三卷，第159—160页。
③ 同前页任编书第三卷，第158页。

级的立场上来影响中国革命的无产阶级。既然自始至终是站在民族资产阶级的立场,所以不能了解无产阶级在革命中的领导,而只能了解资产阶级的领导,不能了解土地革命,只能了解反帝国主义和反军阀;不能了解工农民主独裁,而只能了解资产阶级握得政权和建立资产阶级的国家(造国论之精神);不能了解资产阶级民权革命必然要转到社会主义革命,而只能了解革命是停留在资产阶级的民权主义的阶段之上,或完全跳过此阶段。

陈独秀在三次大会的立场既然如此,他当时发出些什么具体的口号呢?“一切工作归国民党!”“没有阶级斗争,只有民族斗争!”“无产阶级和共产党的独立性此时是鬼话!”“等待和国民党分家后,再组织共产党不迟!”……

三次大会闭会后,陈独秀和马林共同提议响应上海资产阶级的民治委员会召集国民会议的〔主〕张,办法是请求国民党发宣言,而不用共产党名义发宣言。当时,我向他们抗议,才把这一个企图打消。难道现在陈独秀的取消主义和叛逆是没有历史的深远的来源?

四、一九二五—一九二七年大革命中陈独秀主义之实际的应用

一九二五年的革命高潮,推动中国党开始由知识分子的小团体变为工人群众的党。党在这一高潮中起了相当的组织的和领导的作用。这一高潮首先就是证明中国无产阶级之领导的能力与作用,打破陈独秀马林以至鲍罗廷等对于中国工人阶级势力之不相信和轻视。陈独秀在相当的短时期中,似乎多少变动了对于革命动力的机会主义观点。可是一到五卅末星〔期〕——某某出兵镇压上海工人,郭松龄事变及吴佩孚攻取河南之后,又使陈独秀对于工人阶级势力发生悲观,对于时局发生不正确的估量。他同魏金斯基立刻修改以前坚决反对国民党右派的政策,由此以至武汉时期就实行陈独秀主义之机会主义的实际政策。

第一、改变只要左派国民党的方针(坚决打击右派,削弱中派和强大在中共领导之下的左派)号召国民党右派合作,并送右派首领回广东这是三月事变[①]的主观原因之一。

第二、对三月事变完全采取无原则的退让政策,并实行乡村联合战线的机会主义的策略,阻滞广东的土地革命。

第三、北伐开始后,即将独立的工人运动隶属于某人所要挟的民族利益之下,实行阻止和削弱罢工运动的方针;同时扩大乡村联合战线的口号,去阻滞湖南高涨的土地革命。

① 即 1926 年 3 月 20 日中山舰事变,史称蒋介石在黄埔军校发动的军事政变。

第四、在上海工人三次暴动中实行“帮助资产阶级夺取政权，工人阶级只要政治自由”的孟塞维克策略。

第五、对于已经开始反革命的民族资产阶级和其代表某某〔蒋介石〕采取卑鄙的屈服退让政策。

第六、北伐出发，鲍罗廷同陈独秀完全把广东交于李济深，盛行“以甲制乙，以乙制甲”的小政客式的上层策略。

上面这些机会主义的实际策略，就规定了一九二七年四月间上海和广东之大失败。

现在再看武汉时期陈独秀主义之实际政策。这一时期，陈独秀主义与鲍罗廷主义混合起来，有名的西北学说①理论与实际成为陈独秀主义之变形发展。他的主要内容是：（一）回避帝国主义离开东南工业中心，接出冯玉祥同到西北去建立革命根据地；（二）停止土地革命，等打到北京后再说；（三）取消所谓工农运动的过火；（四）向小资产阶级让步；（五）承认国民党的领导权，共产党在政治上完全处于隶属地位；（六）完全向汪精卫、唐生智投降，自动的承认退出国民党及其政府，以换得共同打到南京去（详见我《党的机会主义史》）。

中国第一次大革命之断送于陈独秀主义及其变形的西北学说之手，难道还不显明？

五、“以退为进”

武汉失败后，陈独秀进到消沉与动摇时期。这一时期的特征，他不仅顽固的拒绝承认机会主义的错误，而且开始演进到取消主义和合法主义的阶段。一九二七年七月底，他向临时中央局提议：（一）把一切工会农会及政权机关转交于国民党左派；（二）我们在左派政权下进行下层群众日常工作；（三）暂时专做反帝运动，工农运动不要有所动作，以回避大的牺牲和破坏，这就是他的“保全”自己势力的方法——取消主义合法主义。

以为资产阶级完全胜利了革命完全没有了。现在要紧的只是怎样回避牺牲保全势力——这就是陈独秀主义发展到取消主义的根本精神。

一九二七年十一月中央扩大会议时，他提出下列主张：（一）苏维埃口号现在不宜采用；（二）农民运动应在四不主义（不纳税、不还债等）的限度下进行；（三）中国共产党不能一党包办革命，如谭平山等仍应与之党外合作。

---

① 西北学说最早起源于斯大林，他在 1927 年“四一二”事变及同年“七一五”汪精卫武汉分共事变之后，“乃逼不得意移其目标于西北，意欲利用冯玉祥以恢复共产党之势力。”参见陆渊《以前种种》，载 1931 年《苏俄评论》第一卷第 3 号第 9 页。

这一取消主义的"温和"纲领,难道不是中国孟塞维克路线之继续向前发展?

六、陈独秀主义之完成——从少数主义到取消主义

陈独秀拒绝出席党的六次大会,违抗两年以来共产国际的电召;他只是口口声声说,共产国际"牺牲了我和平山"。然则他向那方面走呢?早就看的明白:他非走到反革命的营垒不可。某〔南京政府〕向苏联进攻的冒险事业,就成了他的最后的转变。他向中央进攻的三封信,不外是"资产阶级工党"的大纲。

他对中东路事变的态度根本是站在资产阶级国家主义和爱国主义的观点上,绝对的与社会主义的无产阶级的观点相反。这不是偶然的。因为他自来就是带着资产阶级国家主义的影响跑到中国共产党内来,现在仍然不得不带着这副本来面目跑出中国党的队伍之外去。所以他不关心于无产阶级社会主义的祖国之被攻,而且只关心于某派〔国民党强盗〕统治的中国之变为塞尔维亚第二。他们的主要借口是:"此时中国大多数民众尚在眼前的具体的民族利益蒙蔽之下,不能懂得拥护苏联的口号"。他所谓的大多数民众自然是把工人与资产阶级混在一起。经过长期激烈的阶级血战之后的中国工人阶级,在陈独秀看来还是这样落后,这样不能了解拥护苏联口号。这不是没有理由的,因为他在一九二三年认定中国工人"还沉睡在宗法社会里","没有国家的觉悟",现在经过七年以上的斗争,中国工人已有了"国家的觉悟"即在民族利益的蒙蔽之下,拿这个一九二三年所他说的中国工人对照起来已轻〔经〕是大进步了!陈独秀先生!你不是没有进步的呵,拿你的进步,与你所想象的中国工人的落后或进步去比较:你是进步得更远了!中国工人只领导中国革命进到苏维埃阶段,而你却领导孟塞维克主义进到资产阶级工党:——进到公开反革命!陈独秀先生,你不必拼命反对中国共产党的"阶级口号"罢〔吧〕,你自己的"反对误国政策"就是你们自己的阶级口号;改组派同你们一样的采用此口号!

陈独秀对于革命失败后的政权性质取了托洛斯基主义的观点。这完全没有什么奇怪。因为他自始至终的立场是资产阶级的,一切阶级关系都用资产阶级做中心来决定。看他怎样说一九二七年的事变:

"这一种转变时期的特征便是社会阶级关系之转变,主要的是资产阶级得了胜利,在政治上对各阶级取得了优势地位,取得了帝国主义的让步和帮助,加增了他的阶级力量之比重,封建残余在这一大转变时期中受了最后的打击,失了统治全中国的中央政权形式,失了和资产阶级对立的地位,至少在失去对立地位之过程中变成残余之残余!为自存计,不得不努力资本主义化,就是说不得不下全力争取城市工商业的经济势力,做他们各个区域内的统治基础。"……这"中国历史上一大转变时期",他所看到的主要只是"资产阶级取得胜利,取得了帝国主义的让步和帮助","封建残余受了最后打击，……变成残余势力之残余”。他绝对不会梦想到由这一转变中国革命进到苏维埃阶段，资产阶级投降帝国主义和封建地主阶级，无产阶级取得了中国之唯一的领导地位。这些小事情，在他是不会梦见的。为什么呢？因为他的中国革命的图表素来就是这样预定的：革命的胜利自然是资产阶级的胜利，建立资产阶级的国家，在资产阶级民主政治之下，发展资本主义，再来做社会主义革命。

所以现在陈独秀对于中国革命性质问题完全过渡到托洛斯基主义，这是一点也不奇怪的。中国资产阶级的民权革命是由某某〔蒋介石〕所代表的中国资产阶级完成了，封建势力不存在了，帝国主义让步了，现在所有的事情只是等待提高生产力，发展资本主义，以后再来干社会主义革命；所以工农民主专政的口号不要了，以后直截了当就是无产阶级专政。这是陈独秀主义和托洛斯基主义之共同立场。工农民主专政这一口号，自来在陈独秀脑中就没有〔设〕想过，直到现在依然不能设想。因为他所能设想的，只是既然叫做资产阶级民权革命，那末一定是资产阶级胜利，建立资产阶级政权，那〔哪〕里会有什么工农专政这回事。中国资产阶级从一九二七年以来已经胜利了，已经“形成了自己为中心领导的统治者，并且已实现了这样的统治，就是某派〔国民党〕的南京政府”，再则反资产阶级的资产阶级民权革命——在陈独秀看来简直不可了解，他至死也不会了解，因为这与他素来所设想的相去太远了。他素来设想的革命主要动力是资产阶级，若失了资产阶级这革命便没有阶级的意义和社会的基础，然则现在革命动力既然把资产阶级除外，而革命任务又要反对资产阶级——这不是社会主义革命是什么？

所以陈独秀和托洛斯基接着就提出“国民会议”做目前政治任务的中心口号与中国共产党工农民主独裁和苏维埃口号相对抗。陈独秀自来就不赞成采用苏维埃口号。托洛斯基咒骂在武汉失败后采取此口号是犯了罪恶。不是别的，只是因为他们认为某某〔蒋介石〕已经完成了资产阶级的民权革命，现在所应有的任务只是召集国民会议来做议会行动，合法运动，及“取得一些自由”罢了。这不是新的，仍是发展他一九二七年七月底的取消主义的大纲。①

---

① 1927年7月底，陈独秀向临时中央局提议：一、把一切工会农会及政权机关转交予国民党左派；二、我们在左派政权下进行下层群众的日常工作；三、暂时专做反帝运动，工农运动不要有所动作，以回避大的牺牲和破坏（见唐宝林《陈独秀年谱》，第334页）。据1927年7月8日联共中央政治局紧急会议第116号决议，明确指令中共：“共产党人必须示威性地退出国民政府”“退出国民政府并不意味退出国民党……留在国民党内，并在国民党的一切组织中和在拥护它的群众中，为改变国民党的政策和改组其领导机关人员进行坚决的斗争”（见247号《联共（布）中央政治局紧急会议第116号（特字第94号）记录（摘录）》。

同日，第248号《斯大林给莫洛托夫的信》指示：“只要能利用武汉的上层人士时，我们就利用他们，现在应该抛弃他们。应该尝试去掌握国民党的地方机关并使之与今天的国民党上层相对立。”（见《联共（布）、共产国际与中国国民革命运动（1926—1927）》）第四册下，第398、400页。

在这样的取消主义之下他们自然要拼命否认中国革命高潮，用反对“盲动主义”来做阻止与破坏高潮的借口。陈独秀曲解列宁两个波涛间的话来掩饰自己的取消主义，其实他在武汉失败时就宣言革命在很近的将来很难再起。从他看来中国的事变似乎已经证实了他与彭述之的革命阶级〔段〕论：现在是南京政府稳定发展资本主义的时期——长的历史时期，现在所有军阀战争不过是资产阶级发展的过程。托洛斯基在一九二八年就预言某人〔蒋介石〕制度的稳定。国民会议的口号就是建立在他所估量的中国革命低潮上面。

陈独秀把自己装作是革命势力“保全者”，极力咒骂八七以来共产国际与中共新的政策如何牺牲了干部，如何丧失了革命势力，那么我们首先看他在武汉政变时用什么政策来“保全”革命势力；他同鲍罗廷规定投降的政策来“保全”革命势力——自动退出某党与某政府，把一切革命领导权、政权、工农组织交给国民党左派，用“适合工商业利益的政纲”同汪唐共同打到南京去。上帝呵！假若此时没有共产国际坚决的出来打碎你们这一“保全”革命势力的投降政策，还有今日布尔塞维克化的中国党吗？还能取得中国革命中无产阶级之唯一的领导地位么？你们自命为革命势力的“保全”者和反对盲动主义的英雄，实际你们只是可耻的投降者，顽固的叛徒。再看你们七月会议的大纲、十一月的大纲(一九二七)以至中东路事变后的大纲，难道你们革命势力的“保全”之假面具还不显明么？

七、陈独秀怎样在理论上进攻革命

陈独秀现在全身投到托洛斯基的怀里，用托洛斯基的旗帜来廻[维]护过去机会主义的错误，来破坏中国革命的新高潮，来进攻共产国际。他无耻的宣言他的错误是在所谓共产国际的机会主义领导之下做出来的。他宣言共产国际的机会主义的路线是资产阶级的民主革命及工农民主独裁，而准备武装暴动夺取政权是盲动主义的策略。他咒骂现在工农革命的高潮为“土匪式的扰乱”，侵犯了资产阶级的“胜利”与“稳定”，使他们国民会议和资本主义发展的计划遭遇困难。他不要脸的诬蔑“国际的指导却在刚进攻的时候教中国党投降，当退守的时候教中国党胡乱的拼命”。他认为一切罢工斗争，街头示威、游击战争都是盲动主义，都是土匪式的扰乱。他不仅咒骂中国党的领导机关为官僚主义，他更咒骂“国际的领导站在官僚主义的路线上”。

还在武汉失败时陈独秀同鲍罗廷就说“如果说中国党是犯了机会主义，那末根本这机会主义就是季诺维也夫领导的国际教我们的，国际教我们加入国民党，教我们帮助蒋介石”。照陈独秀的见解，加入国民党就是“一切工作归国民党”“无产阶级和共产党的独立性是鬼话”。这样叛徒的思想难道是一九二三年国际教你们的吗？断送上海暴动的胜利，对某人卑鄙让步与幻想，隶属工人阶级于民族资产阶级之下，停止土地革命，取消工农运动的“过火”，以至向汪唐投降……难道这些是国际教你们的？现在你们的假面具要算完全揭穿出来：你们根本否认工农民主独裁的路线，认为是机会主义的路线，因为这一路线是在无产阶级的领导下反资产阶级的资产阶级民主革命的路线，是要建立苏维埃的中国，保证他迅速的转变到社会主义革命。这完全违犯了资产阶级的利益和陈独秀主义之资产阶级的立场，所以陈独秀同某人等一模一样的咒骂“共产国际破坏中国革命”。

八、论陈独秀主义的康庄大道——社会法西斯蒂

中国革命运动中之有少数派路线和半少数派路线——托洛斯基主义——现在也如俄国一样的：假如托洛斯基主义在俄国革命中表面上能维持一种与布尔什维克对立的第三种路线和第三种派别，那么在中国他（托洛斯基主义）一开始便与取消主义的陈独秀主义完全混同，以与共产国际和中国共产党布尔什维克路线相对抗。这完全是自然的，因为一九二八年以后的托洛斯基主义已经从半孟什维克的性质完全进到反革命。所以现在托洛斯基派与陈独秀派在中国所进行的不止是“八月联盟”，而且立即进到“资产阶级工党”的地位，这不是偶然的，其中重要原因之一就是现在中国比八月联盟时候的俄国，阶级斗争的剧烈与革命复兴的状况要不同些。现在的中国（一九二七年以来）阶级斗争这样的剧烈，与托洛斯基主义的混合的陈独秀主义以及托洛斯基主义的本身必然迅速进到社会法西斯蒂主义。陈独秀派马玉夫等在上海工人斗争中的工贼行为就表徵了这一社会法西斯蒂的前途——不是远的将来的前途，而是目前的非常之近的前途。

这一社会法西斯主义必然成为民族法西斯主义的补充和助手。

所以对于陈独秀主义和托洛斯基主义的斗争就成为中国共产党最重要任务之一。对于这种斗争的丝毫猜疑或调和态度就是帮助了反革命。

九、陈独秀主义与孟赛维克社会民主党有“区别”么

对陈独秀主义的性质、阶级基础以及其前途之不正确的了解，就要弄弱对于他们的斗争。比如鲍罗廷在讨论陈独秀主义时（在莫斯科中国科学研究院）开口便说：“陈独秀主义与西欧的孟赛维克主义有区别么？我以为在业已走到社会法西斯主义的欧洲孟塞维克主义，与中国的孟赛维克主义之间是有区别的。半殖民地的国家如中国，说他同欧洲的孟塞维克是一样的——这是不正确的。这个意义就是我们承认在中国已完成资产阶级革命，而资产阶级已站在政权上，孟塞维克已在中国起社会法西斯蒂主义的作用。不能断定中国孟塞维克主义走到欧洲社会法西斯主义，因为中国革命的道路是社会主义革命的道路。中国资产阶级的民权革命是必不可免的转变到社会主义革命。所以说不上中国有资产阶级的发展道路……。所以陈独秀与他〔的〕派别即中国少数派完全不要妄想他们与其欧洲兄弟——即帝国主义国家孟塞维克起同样的作用,换过说,中国孟塞维克没有任何前途”。

又有一个同志用书面这样的写着:“假如我们现在再提出一个问题:陈独秀主义代表什么东西,他的社会基础怎样?那么我们明白看出一种回答,以为陈独秀代表将来的中国社会民主党——这是不正确的。社会民主党有变成社会法西主义的倾向,有工人贵族做基础,而且只有在财政资本和剩余赢利发达的地方才有地位。以为陈独秀和他的派别会成为中国社会民主党那就会错误。因为要做出这样的结论就需要设想中国资本主义的发展——即开始第二个资本主义时代。照我的意见他的社会基础就是城市小资产阶级的知识分子,他们一方面是自己的社会地位与中国资产阶级,一部分买办资产阶级有关系的自由职业者学生等,另一方面没有脱离半封建地主的关系。”

上面的见解可以说是补充鲍罗廷的。他们做出陈独秀主义与欧洲孟塞维克主义的区别,在陈独秀主义不会变成社会法西斯主义。主要理由是这个不是财政资本的国家,没有资本主义的发展,没有工人贵族等等。这种不正确的区别和否认,不仅是建立在殖民地国家和帝国主义国家之机械的对照上面,而且建立在对于中国阶级关系之不正确的了解上面。所以对陈独秀主义的性质作用及其阶级基础就发生不正确的估量。

陈独秀主义在他长的历史发展过程中铁一般的证明是在中国工人运动内来执行中国资产阶级对于无产阶级的影响。无论陈独秀及其派别的个人大都是由上面所引的城市小资产阶级知识分子出身;但当我们要正确的判断陈独秀的主义的性质,作用及其代表的阶级基础时,我们就不得不:一方面指出他是在中国工人运动内来执行民族资产阶级的影响;另方面指出他是代表中国式的贵族工人(工头及少数高等熟练工人等)及一部分被资产阶级影响包围的落后工人。不指出这两点就不能正确的了解陈独秀主义的性质及作用,也就不能正确的了解陈独秀派与改组派及其他资产阶级派别的区别,和他(陈独秀主义)的危险之更大。

陈独秀主义代表中国式的贵族工人和被资产阶级影响的工人;故自来就看不起中国的工人阶级的努力,而欲把工人阶级隶属于民族资产阶级利益之下。陈独秀主义和欧洲孟塞维克主义在一切根本问题上——如阶级关系,革命动力之不正确的了解(崇拜资产阶级,轻视无产阶级与农民),资产阶级民权革命的性质及政权性质等等没有任何区别；在工人阶级内来执行资产阶级的影响更没有任何区别；在代表贵族工人和资产阶级影响包围的落后工人一点上也找不出严格的区别。毫无疑义的现在陈独秀主义是隶属于民族改良主义下的社会改良主义（如四不主义，限制工人运动于部分的斗争，而反对工人的政治进攻，宣传国民会议等等）。所以中国的孟塞维克主义也如西欧一样，必然要变成社会法西〔斯〕主义——至且正在变成社会法西〔斯〕主义。否认陈独秀主义之社会法西〔斯〕主义的前途，就等于否认陈独秀主义之孟塞维克的性质。如果要在他们之间找区别，只能说中国孟塞维克主义转变成社会的法西〔斯〕主义的速度比欧洲的特别快些。因为在中国发展社会改良主义至社会法西〔斯〕主义的条件远不如西欧之具备。如果这一转变在欧洲经过一个长时期的过程，而在中国这一过程却是非常之迅速的。这不仅由于中国是殖民地的国家不能与帝国主义国家之资本主义的发展相比较，而且也是由于世界革命时期，尤其是中国阶级斗争特别剧烈，不能容许中国资产阶级工党如欧洲社会民主党一样经过一很长的发展时期才转变到社会法西〔斯〕主义阶段，只有在这样的观点上，不能笼统的说陈独秀派完全同欧洲社会民主党一样。因为他的命运特别短促和不固定，他的发育特别困难。

以为指出陈独秀主义必然变成社会法西〔斯〕主义，就是设想中国资产阶级的发展，这样机械的可笑论证，完全不是马克思列宁主义的观点。鲍罗廷主义近年以来显然趋向于完全否认资本主义在中国的发展和民族资产阶级的存在，他把民族资产阶级通看为买办资产阶级。鲍罗廷主义对于中国的阶级关系又复活了彭述之主义的“新”解释。

鲍罗廷主义否认陈独秀主义之必然变成社会法西〔斯〕主义——这对于中国党与陈独秀主义的斗争是很有害的。鲍罗廷主义是陈独秀主义的兄弟。这一否认的意义就见〔是〕辩护陈独秀主义。

十、陈独秀主义的诸友军

对于陈独秀主義之狭义的不正确的了解也是很有害的。以为陈独秀主义就是陈独秀个人和其团体，而与其他反马克思主义反列宁主义，以至现在还隐藏在党内各种不正确的倾向，没有思想上路线上的联系。所以为要充分的制胜党内右倾的危险，必须充分的了解陈独秀主义为中国革命中之孟塞维克路线与各种已发生，以及正在发生的机会主义与倾向有密切的思想上的关系。我们单从陈独秀的本身还不能充分了解陈独秀主义，纵然陈独秀自己在机会主义的理论方面和实际方面已做出整个的系统（如以上所述的）。我们必须更从中国革命中之已发生的各种机会主义派别，来观察这一路线的孟塞维克的路线与系统。

首先来看戴季陶主义。他以民族利益为“最高原则”。换句话说,以民族资产阶级的利益为最高原则,把工人阶级隶属于民族资产阶级的利益之下;拼命的反对阶级斗争,也无异是发挥一九二三年陈独秀“只有民族斗争,没有阶级斗争”的原则。假若陈独秀主义在五卅高潮时曾反对过戴季陶主义。那末从五卅末期和三月事变开始,陈独秀主义在客观上就成为在中国工人运动中之戴季陶主义的执行者——把工人阶级隶属于民族资产阶级利益之下。一直到中东路事变陈独秀提出的“反对误国政策”的口号,还是隶属于戴季陶的最高原则之下。

再看彭述之主义。彭述之主义的特质就在用左的浮词否认民族资产阶级的存在,来帮助陈独秀主义进行把工人阶级隶属于民族资产阶级的政策。口头上很漂亮的叫“天然的无产阶级领导权”,实际上把革命领导权奉送于民族资产阶级。没有彭述之主义的帮助,陈独秀主义在党内之宗法的统治与党外实际机会主义的政策之发展不能那样顺利。

再看谭平山主义。他在戴季陶的最高原则之下宣布“中国革命要得真正的成功,一定要以广大的劳苦平民为中心,联合一切被压迫的民族,构成民族阶级与帝国主义作整个斗争才能实现。故中国革命充满了阶级性,就是说中国革命的斗争,就是一种阶级斗争,就是无产者国家与有产者国家的斗争。”谭平山的民族阶级和无产阶级者国家,可谓把戴季陶的最高原则发挥尽致了。谭平山比戴季陶聪明些,他不反对阶级斗争,只把阶级斗争翻译成为“被侵略的无产者民族与侵略的有产者一种剧烈的阶级斗争”。陈独秀比谭平山又聪明些,他现在率性用托洛斯基主义来防护中国不变为塞尔维亚第二。

十一、鲍罗廷主义

最后不能不说到陈独秀主义一个重要的伴侣——鲍罗廷主义。武汉时期鲍罗廷主义与陈独秀主义混合为一个东西,此处不用赘说。现在所说的,只是一九二七年后,鲍罗廷关于中国最近的见解和态度。

在讨论陈独秀主义时(在中国科学研究院),鲍罗廷宣言他在中国革命中的错误,在于他与陈独秀之间发生了重大不同的政见,而他没有把这不同的政见引到公开斗争;他宣言当时由广东路线与上海路线的对抗;他的结论是:假若他的路线与陈独秀的路线引起公开斗争,那就不会有武汉时期那样的失败。

不是一九二七年以后生长的人,大约不会相信鲍罗廷的话是真实的罢〔吧〕!然而不然,竟有同志公开出席替他辩护。可见鲍罗廷主义在我们党的队伍中直到现在不是没有保留重大的影响和残余。这一残余保留在党内终于有复活陈独秀的危险。所以在反陈独秀主义的斗争中决不能把鲍罗廷主义除外。

鲍罗廷在中国革命中起过很大的作用。假若说陈独秀是中国的蒲兰德尔①，那末，鲍罗廷就是中国的拉狄克②。所以他对于我们党内同志的影响不是值不得注意的问题。

首先看他对于中国阶级关系的新见解：

"帝国主义与中国的相互关系可分三个时期：第一个时期，当时垄断帝国主义与中国的经济地位的，是以皇帝为首的高等官僚贵族……；第二个时期……即你们所知道的买办阶级；……最后第三个，就是现在我们所处的时期，这一个时期民族资产阶级已在排挤第二时期的中间人，排挤买办阶级而开始与帝国主义发生各种相互关系。"

"……资产阶级企图废除不平等条约，不外是企图在中国创造一种条件，在这条件下，民族资产阶级更能密切与帝国主义联系。不仅在大商埠条约上给他与帝国主义联系的可能，而且在全中国。换一句话即为帝国主义肃清在中国道路上一切的障碍，实现买办性质于新形式〔势〕中，在新环境中，于极广大的范围中。"这在鲍罗廷主义的信徒看来，要算是极革命的极响亮的高调了。看他的下文说些什么了：

"讲到这一点还必须说明，民族资产阶级完全是另外一个程序的资产阶级，就是这样的资产阶级：他要把中国工业化的大道上的障碍物扫除，准备同国内的封建势力以及与封建势力勾结的帝国主义作坚决斗争。然而我们所看到的完全是另一种性质的资产阶级。"

"当我们说到民族资产阶级还极弱时，我们所说的民族资产阶级不是企图垄断中国与帝国主义间之经纪地位的资产阶级，但是有点工业资产阶级倾向的民族资产阶级，那么我们就应当说这种资产阶级现在还不能引导中国到工业发展的道路上去，因为这种资产阶级现在还极弱。"

原来鲍罗廷主义把民族资产阶级与买办资产阶级同化之后，还保留一"不企图垄断中国与帝国主义间之经纪地位，准备同国内封建势力及与封建势力勾结的帝国主义作坚决斗争"的民族资产阶级，这一极弱的民族资产阶级现在还极弱，还不晓得把中国引到工业发展的道路上去。而其将来怎样呢？这点他虽没有明说，但读者不难从他的观点做出结论，就是从鲍罗廷主义的中国阶级关系的观点非走

① 蒲兰德尔，即1929年被共产国际罢黜的前德共犯"右倾机会错误"的领导人。

② 拉狄克(1885—1939)，1919—1924年为俄共(布)中央委员，1920—1924年为共产国际执行委员会书记，东方部部长，1925—27年任莫斯科中山大学校长。遭非法镇压，死后恢复名誉(联共(布)、共产国际与中国国民革命运动(1926—1927)四下人名索引，第538页)。

到复活“民族资产阶级还有革命作用”的机会主义不止。

鲍罗廷接着上文就来估量无产阶级：

“这种资产阶级在中国现在是极弱的。由此就可明了中国无产阶级也充分的弱，数量太少，他的年龄，总共不过几岁。他的基本群众不在中国内地，而在租界，完全与中国隔离的香港一类的地方。在香港，上海，天津，和汉口，你们有工业无产阶级基本群众，而在中国其他各地，工业无产阶级在真正的字义上是很少的”。

鲍罗廷新的“租界无产阶级论”的论证仍然回复到自己老的西北主义的结论，就是远居上海，香港等租界之中国无产阶级很难领导中国的农民，中国革命很难凭靠大城市的领导。所以在反动统治下，职工运动的工作没有什么前途，唯一重要的是农民游击战争。中国全体共产党都要加入游击战争，如欧洲共产党全体参加工会工作一样。鲍罗廷主义的根本精神，自始至终，如陈独秀主义一样，怀疑与不相信中国无产阶级在革命中的领导。鲍罗廷主义不仅不相信中国无产阶级有领导农民，领导革命的能力，而且根本不相信中国在无产阶级领导下有用自己的力量完成中国革命之可能。他说：

“中国无产阶级的缺点，在数量上，年龄幼稚上及其他方面，这些缺点之百倍的补偿，就在不能把中国革命，中国无产阶级从其他世界分开。假若拿中国无产阶级从印度无产阶级，和其他各国的无产阶级，特别苏联的无产阶级分离起来，那末，自然不待说对于指导基本联盟的农民他要遭受莫大的困难。假若中国无产阶级是分离的，那末就很可怀疑到他是否能成就摆在他前面的伟大任务，即关于指导农民与封建残余斗争，与帝国主义斗争等等。但假若拿他与印度无产阶级，特别苏联无产阶级共同来看，那末中国无产阶级之必不可免的历史的缺点就百倍的补偿起来了。从这样的观点看来，中国无产阶级较强于中国资产阶级”。

这是多么漂亮的托洛斯基主义理论呵！托洛斯基不相信俄国在无产阶级领导下有用自己的力量建设社会主义之可能，鲍罗廷却比较进一步不相信中国在无产阶级领导下有用自己的力量成就中国革命之可能。

中国革命之社会主义转变和社会主义之建设必须依靠先进国无产阶级的帮助，尤其苏联的帮助，这是毫无问题的；中国革命之需要国际无产阶级帮助也是毫无问题的。可是照鲍罗廷的观点就完全是不对的。从列宁主义的观点，中国革命不仅有自己的充分的力量，而且他能促进世界各国的无产阶级革命以及东方各殖民地革命，中国无产阶级比资产阶级强有力的理由，不仅在于与国际无产阶级联合的观点上，而尤其在中国内部阶级势力之对比上。鲍罗廷主义完全与列宁主义相反，从他自己的阶级关系的分析，他断定中国无产阶级比中国资产阶级更弱些，只有在与世界无产阶级联合的观点上，中国无产阶级较强于中国资产阶级。所以他把中国革命的命运完全建立在国际无产阶级的依赖之上。

鲍罗廷主义的信徒以为，鲍罗廷同陈独秀“根本不同”的地方就在他极看重农民势力，着重游击战争；纵然他在武汉时期与陈独秀共同阻止了土地革命，而现在他却与陈独秀“根本”相反，他“异常”看重土地革命。现在来看他对于农民问题的政见：

“现在说到农民方面。与农民的关系的问题，必须指出下列的根本要点：一是不是真的在中国乡村中已发生这样的阶级变迁，其结果已使富农分化，而这富农已同着资产阶级组成南京的政权，所以需要与富农斗争。我不否认中国乡村有富裕的农民之存在。但是应当说明富农是什么，其意义就不能与我们（指苏联——森注）所了解的一样，不能搬运革命以后的我们所有的富农观念到在革命以前的中国所有的富农的观念上去。这个不是一样的富农。说到中国农村，那就必然须〔需〕要一个全体农民的共同民主的战线去反对封建制度，反对军阀制度，反对一切封建基础的上层建筑，反对帝国主义等等（以下大大的引证列宁——森注）。土地革命在中国只有凭靠在中国农村的统一战线上才有可能。”

此外关于国际状况，他做了以下的肯定：“无论怎样还没有牢不可破的论证，证明在最近的将来，在太平洋上美与英日就发生武装冲突。美在中国将采取最谨慎的政策”。

上面一切的话都是从鲍罗廷一九二九年五月二十日之《中国革命的前途》有名的大报告中引出来的。这是新的变态中的机会主义大系统，是西北主义之继续发展：在中国革命的一切根本问题上——阶级关系、与无产阶级领导权、对农民的策略及革命前途等——是与共产国际和列宁主义的路线不能并存的。假若拿了现在的鲍罗廷主义与一九二七年和一九二九年以及一九二三年的机会主义去对照，便可看出中国革命中孟塞维克路线之一贯的线索。这一路线的中心点，是在对于资产阶级的态度和对于资产阶级民权革命统一战线之孟塞维克的了解：从隶属无产阶级与资产阶级（武汉时期以前），做小资产阶级上层领袖的尾巴（武汉时期），以至联合富农。假若陈独秀在一九二九年用托洛斯基来攻击中共中央之业已改正的联合富农的错误，那末鲍罗廷在同年就企图恢复以前乡村联合战线的机会主义策略与谭平山的“民族阶级”和统一战线的理论内外相应。由此不难推想：假若中国共产党真正执行反富农路线到底时，陈独秀主义便会同鲍罗廷主义一样暴露其代表富农的真面目。

十二、彻底肃清陈独秀主义的影响

陈独秀主义一直到今有他的三个不可分离的机会主义同盟：即彭述之主义、

鲍罗廷主义和托洛斯基主义。彭述之主义早已丧失其独立的影响,因为一方面他早已熔化于陈独秀主义,另方面鲍罗廷主义已摄取了他的精神。所以现在托洛斯基主义和鲍罗廷主义实成为陈独秀主义左右之手。假若陈独秀主义与托洛斯基的共同点在忽视土地革命,忽视农民为革命的动力及不了解工农民主专政,那么陈独秀主义与鲍罗廷主义的共同点就在不相信无产阶级的势力与领导,轻视中国革命的阶级力量,即把中国资产阶级民主革命了解为隶属于资产阶级——自民族资产阶级以至乡村资产阶级的通常的资产阶级革命。所以与陈独秀主义的坚决斗争,同时就要求打击他的左右手——托洛斯基主义和鲍罗廷主义。

公开的陈独秀派和托洛斯基派在表面上现在虽然已驱逐于党外了,但他暗藏在党内的影响,特别是他的友军鲍罗廷主义的影响还很严重。不少的同志在思想上还不能完全从他的影响中解放出来(如对于富农,对于阶级关系,职工运动和游击战争之不正确的了解等)。这样的现象在反陈独秀主义的斗争中绝不应当忽视。为要彻底肃清陈独秀的主义在党内的残余,就要求这些同志在以后能自觉的与陈独秀主义的同盟者鲍罗廷主义在思想上完全脱离关系。不然,党就应该作不容情的斗争。

十三、结论:列宁主义的正确路线

与陈独秀主义斗争的任务,尤其要执行于一切实际工作,群众工作,党的生活及一切目前所发现的各种各色的不正确倾向的斗争之中。一切尾巴主义,黄色倾向,失败情绪,合法主义,和平发展倾向,党内调和倾向,盲动情绪,保守观念,极端民主化等等,如若任其发展都可变成陈独秀主义的支流;随时随地制胜这些倾向,其意义就是制胜陈独秀主义。中国革命中和我们党中的危险现在主要的是右倾的危险。譬如富农路线的错误,在上级指导机关,虽然改正,但在实际工作上和在下级党部中,严格的说,还是没有改正过来,有些地方还正在发展。反对农民分土地,固然是富农路线,同时就是在分土地之中也发现了富农路线——如闽西分土地定出以生产工具及资本为标准,显然的是富农路线;同时在闽西苏维埃区域中“不要增加工人工资”之不正确的提议也开始发现。

为要制胜右倾机会主义的危险,首先要求对于革命的性质,目前阶级关系的变迁,及革命发展的形势有正确的了解和估计;对于这些主要问题的丝毫错误都是帮助了陈独秀主义。托洛斯基主义帮助陈独秀主义跳过资产阶级民权革命的阶段,夸大资产阶级,看不见封建残余势力,因此完全忽视土地革命;而事实上是企图帮助资产阶级他们所梦想的“稳定”去实行国民会议制度;鲍罗廷主义帮助陈独秀主义停留于他所了解的资产阶级民族革命的阶段;夸大封建势力,否认民族资产阶级的存在和资本主义在中国的发展，企图贯彻把中国革命隶属于资产阶级利益之下的路线，即把以前隶属于城市资产阶级的路线变成隶属于乡村资产阶级的路线。这一孟塞维克路线的危险在目前是非常之有害而带现实性的主要危险。在托洛斯基主义——陈独秀主义和鲍罗廷主义，两者都绝对没有目前阶级关系和革命任务的正确观念，尤其两者都绝对没有革命转变的观念——资产阶级民权革命转变成社会主义革命。

我们有些同志在反对陈独秀主义的过程中，常常发现托洛斯基主义的错误观念，或鲍罗廷主义的观点，尤其是后者占多数。常常有人把反对富农的路线与反对地主的路线对立起来，常常不了解在中国土地革命中之反富农是同在资产阶级民权革命中之反资产阶级的总路线是一致的；常常有人过于夸大封建势力而完全否认资本主义在中国的发展。因此，又隐隐的发现复活以前的两个革命阶段论的倾向而完全忽视革命转变的观点。这些都证明右倾是中国共产党目前之主要的危险之表徵。他们不能正确的了解中国革命的性质，任务及过程：当他们"严格的"区别革命的性质及任务时，就连说到革命的过程——资产阶级革命转变到社会主义革命的过程时，也把他完全划成鸿沟，以为资产阶级民权革命与社会主义革命之间有一道"万里长城"(陈独秀主义和鲍罗廷主义就是这样看法)；或则完全跳过资产阶级民权革命的阶段，而不自觉的堕落到托洛斯基主义的观点，这种"右〔左〕的"错误实际上帮助了陈独秀主义。

中国资产阶级民权革命转变到社会主义革命，虽然是长的过程，但有快的速度之可能，因为他具有很优越的转变的条件——国际的和国内的。国内的条件——如一九二七年以来，无产阶级取得了中国之唯一的革命领导权；土地革命的深入和苏维埃区域之建立，无地的贫农，雇农，苦力以及地少的中农占乡村人口之绝对多数；城市大工业具有相当的经济前提(此前提在工农民主专政的过程中更会大大的加强)；最后尤其是中国革命之反帝国主义的特性，和反资产阶级的特性，——自城市资产阶级以至乡村资产阶级。中国农民基本群众已在而且正在无产阶级领导之下，进行反国际帝国主义和国内资产阶级。国际的条件，如苏联社会主义国家之大工业化与农村的集产化之异常迅速的发展，欧美各国无产阶级革命及印度等殖民地民族革命之高涨，世界资本主义的总危机，资本主义的"稳定"不仅剧烈动摇而且开始崩溃。这些条件对于中国革命转变到社会主义革命都有决定的意义。

中国共产党应坚决的明确的站在列宁主义和共产国际的路线上，来执行中国革命目前阶段上的任务，同时准备资产阶级民权革命转变到社会主义革命的社会前提。他丝毫不为企图跳过资产阶级民权革命的"左的"机会主义托洛斯基主义所动摇。同时,更丝毫不为企图停留在资产阶级民权革命的"右的"鲍罗廷主义所动摇。他一定要彻底的克服陈独秀主义及其左右手的托洛斯基主义和鲍罗廷主义;他一定要领导现在的革命高潮速进到直接革命形势,推翻帝国主义地主资产阶级的统治,建立中国苏维埃联邦共和国,由工农民主独裁转变成无产阶级社会主义的独裁制。

打倒陈独秀主义及其左右手——托洛斯基主义和鲍罗廷主义!

全体党员站到共产国际的列宁主义的路线上来!

原载《布尔什维克》[①]四卷五期1931年9月

转引自陈东晓《陈独秀评论》,北平亚东书局1933年版,第12—50页

2.《中央日报》 1933年4月26日 社评

今日中国之国家与政府

答陈独秀及章士钊

自陈独秀案开审于江苏高等法院(假座江宁地方法院刑庭),检察官代表国家之论告陈独秀与其律师章士钊之辩论,已叠见于南北各报纸。而章士钊律师之辩词,博征旁引,滔滔万言,作者既自炫其文采,读者遂亦相叹为卓论。数日以来,南北论坛,因章君之言而为之倡和者,不一而足。夫陈案判罪之结果,此法院之职,非记者所愿妄参末议,惟记者必欲与今日谈士共相探讨者,厥为陈案辩论中最关重要之一问题,此一问题,即国家与政府。记者今日又必欲与陈独秀、章士钊两君探讨者,厥为(一)今日中国国家在法律上与国民党之关系;(二)叛国之真实意义何在,叛国之罪又如而何始构成。今兹陈案所受审判之地为法院,而章士钊所业者为律师,无论陈君过去在学术界之地位如何,更无论章君在论坛之声光为何如,吾人与陈、章两君今日辩难中所最应共同恪守之一点,即一切论据当依法律,当依中国现行之法律。因记者与陈、章两君同为操觚之士,陈、章两君又曾同业新闻记者,凡陈、章两君所犯之逻辑病,与陈、章两君曾操同样职业及同样经历者,皆易犯之。盖纵横泛滥,文采流溢,是论坛之所尚,讲院之所贵,而法家之所大忌也。曩

① 《布尔什维克》,中共中央机关刊物,1927年10月24日创刊,1932年7月终刊。该刊因极端恐怖的反动统治下出版,为了避免检查,封面曾以"中央半月刊"、"新时代国语教科书"、"中国文化史"等等为书名。原文发表于布尔什维克四卷五号,该期封面为红色《军民》。按语及文中各节标题和着重号为《陈独秀评论》编者陈晓东所加。但末句陈编所无。

阅章君辩词，设有人焉，掩蔽标题，则读者非认为讲坛辩词，即认为杂志论文，而必不能目为法院对质辩难之词也。何则？章君所言者，一则曰学律于英伦，再则曰闻教于戴雪；一则曰“通识”，再则曰“要旨”，而独忘其所处者为中国，而辩论之场合为中国之法庭。中国今日若犹未沦为印度，则英伦之说，其效几何？戴雪所言，若犹未著于中国政府所颁之法律条文，则戴雪所授于其弟子者，与中国法庭之诉讼进行相涉者又几何？章君以律为师，而言不及现行之法律，章君辩词之价值，于是可见。

陈案开审时，检察官所论告者，谓陈危害民国，而陈独秀则否认危害国家，只认反对并图颠覆国民党及其政府。律师章士钊为之辩曰：“窃思国家作何解释，应为法院之所熟知，国家与主持国家之机关（即政府）或人物，既截然不同范畴，因而攻击机关或人物之言论，遽断为危及国家，于逻辑无取，亦于法理不当。”凡陈之所以自辩及为陈辩者，皆曰国家与政府不能同科，推翻政府与推翻国家又不能齐观，夫论坛所谈议，事不涉于法律，皆可姑置不论。惟章君所辩，则律师之言也。律师不能离现行法律条文而谈法理，犹之司法官不能于执行法律之外任意对现行法律加以评骘。夫陈独秀在法庭公开承认反对并图谋颠覆国民党及其政府，此一语也，陈自言之，章于辩词中引征之。章且附陈之意，而为之词曰，陈反对并图推翻政府而非反对并图推翻国家，章君不知陈独秀于反对国民党政府以外复反对国民党，章君又不知今日中国现行之根本大法，为《中华民国训政时期约法》。在此法律上，约法之效力超过一切，无人能否认之，尤其为律师者，更不能否认之。《约法》第三十条：“训政时期由中国国民党全国代表大会行使中央统治权，中国国民党全国代表大会闭会时，其职权由中国国民党中央执行委员会行使之。”

夫国家组成之要件，为土地、人民、主权，而统治权者，主权之动的状态也。今日中国之国民党，在法律上既为行使中央统治权之团体，则按之“一国家为行使统治权之团体”之原则，则国民党至少在现在法律上、在现存制度下即为国家，国民党此种资格，由法律上所赋予，由事实所造成，《训政时期约法》未经合法废止以前，反对并图谋颠覆国民党者，即为反对并图谋颠覆国家，即为危害民国，亦即为叛国。此其一。

章君又言：“夫国者，民国也，主权在民，时曰国体，必也于民本大有抵触，如运动复辟之类，始号为叛，始得谥为危害。自若以下，不问对于政府及政府中何人何党，有何抨击，举为政治经程中必出之途，临之以刑，惟内崇阴谋，外肆虐政，一夫半开化之国为然。”章君于此，遽行国体之说，以明陈君所图者于国体、民本无涉，因而证陈君于国非叛，且目其所为举为政治经程中必出之途，愿先举国体之论，与章君言之。国体之说,欧西政家千余年来言者多矣,其滥觞源于亚里士多德。亚氏析国体为三,一曰郡主,二曰贵族,三曰民主,而其抉别之准绳,则为大权之所寄。亚氏而降,论国体者无虑数十家,德儒白伦智利所主者为人指摘最深,德儒叶林克 Prof. Jellinek 及英人白极司所论为近似。惟美人格楠博士评之曰:“之数家所论国体分野,辞旨皆偏于数量而未尝注意国体之质。”言外之意,则国体之准绳,不应专注于主权所寄之人数,尚应旁及于主权所寄之性质。夫国体之论,在今日政治学中犹成聚讼之题,然历数百家,则国体之分,有一大准绳焉,则其主权所寄之地而已。自民主变为君主,谓之变更国体,因在前者,主权寄予多数人民,而后者,则主权寄予一人,此主权所寄者,数量之说也。夫苏维埃国家与普通之民主国家,是否为国体之不同,抑仅为政体之不同,晚近政家言之盖寡。然苟细考苏维埃之制度,则于民主国家,其为两种国体而决非政体之变更所能概括。何以言之?在民主国家,主权寄予全民,而在苏维埃国家,则主权仅寄予工农兵阶级。今日苏俄宪法中第六十五条第一款至第五款所列之人,在苏俄皆剥夺其公权,不齿于公民,故在苏维埃国家中,其主权之所寄乃在特殊之阶级,此阶级以外之人皆不能预问国事,共产党人名之曰无产阶级专政。由此主权所寄之性质而言,苏维埃与民主明明为两种国体,由民主入于苏维埃,又明明为变更国体。今日吾国国体,为统一共和国(《约法》第三条),中华民国国民无男女、种族、宗教、阶级之区别,在法律上一律平等(《约法》第六条)。中华民国国民依建国大纲第八条之规定,在完全自治之县,享有建国大纲第九条所定选举、罢免、创制、复决之权(同法第七条),就此根本法所规定者而论,今日中国国体根本与苏维埃有别,更就经济制度言,则苏维埃制度下所存者与今日吾国“民本”,抵触实深。陈独秀自认推翻国民党及其政府后将建立苏维埃制度,则与郑孝胥等迎立溥仪,同为变更国体,同称叛国,而决非更易政府一语所可轻轻文饰。为问章君,由今政训,一变而为苏维埃,其事足与包尔温、麦唐纳之更迭相并论乎?陈独秀图谋颠覆国民党已为叛国,颠覆国民党及其政府以后欲实行苏维埃与运动复辟恢复帝制,同为叛国,此其二。

反对国民党及其政府非反对国家,图谋推翻国民党及其政府并非图谋推翻国家,陈独秀侃侃言之,章士钊滔滔辩之。夫国民党与国家在法律上之关系已如上所述,推翻国民党与推翻国家之关系,亦复略陈其说,今姑退一步而就陈、章所论,则政府之颠覆,讵曰绝不违法,夫政府之生命,又岂在法律上毫无保障。《刑法》第一百零三条,“意图以非法之方法,颠覆政府,僭窃土地,或紊乱国宪,而着手实行者为内乱罪。”又同条第二款,“预备或阴谋犯本条之罪者,处六月以上五年以下有期徒刑”。故推翻或颠覆政府,必以合法之方法,方为合轨,此在各国皆成通则。

英国内阁之推倒，必在议会失去多数党信任之后，美国总统之更迭，亦必在选举会经过大选，英美国家推翻政府无罪，其事诚然，然于此有一重要条件焉，则其推翻之方法必为合法的，又必为在轨道以内的。英国今日之在野党，谋推翻现政府，不于议会中赢得多数议士对己党之同情，不于民间舆论使人民信其所主张，而谋组织团体，推翻议会制度及英王，于议会之外，用暴动手段，以求实现其所认为当然之苏维埃制度，不知英伦法官，亦将认此为无罪否？亦将认此为当然否？夫今日政府之所为，自有使人不满之处，谁得而为之讳，然而世界果有任何现实之政府，在当时被认为尽善尽美者乎？况今日政府于人民之抨击，在法律范围以内，未尝摒之于门外也。再进一步言之，今日法律上之政府为行政院，本党未尝否认行政院不能更迭。即由陈、章所论，今日之行政院，未尝不许人推翻，惟推翻之方法，必用合法之方法。所谓合法之方法者，即院长、副院长之产生，由中国国民党执行委员会选任之（《修正国民政府组织法》第十条），中国现政府之推翻，必经中国国民党执行委员会选任，除此方法以外，希图推翻政府者即为违法。犹之英美在野党之谋组内阁或当选总统，必在巴立门或总统选举舍[会]中努力，舍此即违法。犹如公司股东，如欲撤换经理，必在股东大会中提议或依法建议于董事会，不此之图，乃谋雇集流氓凶殴经理，以求撤换经理，此即为违法。中国人民皆可用合法之方法推翻今日之政府——行政院，而不许以非法之方法推翻政府。中国人民，在训政时期《约法》未经废止以前，皆有注意国民与国家关系之义务，此其三。

陈君独秀在法庭抗辩，谓法庭对人民之政治思想加以判断，即非人民之法庭。夫陈君视自于一切法律无所容心，本无庸为之多辩，然据检察官之论告，则陈君之所犯，或不决止于思想，而其在组织团体之行为。陈君所言，自有其立场，吾人雅不愿为之穷究，惟章君行严则以学律之人，而辩词全文中乃不知现行法律，且于现行之根本法亦忘之。文采智辩，毋乃用非其地，万言辩词，在法律上之价值，遂无足观。章士钊之名氏，将永远不能与法律家或名律师相连缀，而终无改其纵横谈士之面目也乎。

原载《中央日报》 1933 年 4 月 26 日 第二版

3.《大公报》 1933 年 4 月 26 日

陈独秀案今日宣判

检察官提起之犯罪证据 被告各人纷纷提出抗辩

（续昨）彭述之之犯罪情节与陈独秀同……判决时请庭上酌量。

（省略部分同 1932 年 4 月 21 日《中央日报》第三版《陈独秀案辩论终结》，故略——编者。)

被告抗辩

检察官提论告毕,即传问陈独秀是否尚有抗辩,陈答当然要抗辩。并谓法庭公开审讯为政治上之辩论,可说尚是第一次。陈复问审判长,这是中华民国法庭,还是国民党宗教法庭,审判长答谓当然是国民政府法庭。继陈根据检察官论告所指为危害民国之数点抗辩谓,检察官论告说我危害民国,因为我要推翻国民党与国民政府,但是我只承认反对国民党与反对国民政府,却不承认危害民国。因为政府并非国家,反对政府并非危害国家。如清朝自称为国家,北洋政府亦自命代表国家,但是国民党曾推倒满清与北洋政府。如谓推翻政府就是危害国家,那么国民党已〔岂〕非叛国两次?但是这句话谁都不能承认,因为满清政府与北洋政府根本不能算是国家,因此,在理论上,我们反对国民党反对国民政府并不能即认为危害民国。其次申述其反对国民党与国民政府之理由三点:(一)人民在少数人之足下,无言论自由、无爱国自由,只少数人有权。(二)贪官污吏横行,人民无以为生。(三)政府不能彻底抗日。以上三点,有一点即足以亡国,今政府由此三项事实,故不得不反对。此为爱护国家,而非危害国家。至主张无产阶级专政,组织苏维埃政府,并不危害民国。以苏俄来证明,现在世界各国,无论政治、经济只苏俄最为稳固,由此可见并非危害民国。中国革命在苏俄之前,现在中国比较苏俄相差甚远。又德国革命后,为资产阶级专政,故亦不及苏俄之强固。这是事实。又国人对苏维埃三字,视为洪水猛兽,此与同治、光绪年间视铁路为洪水猛兽者,情形相同。我们宣传组织苏维埃政府,或有许多人反对,恐各法官与律师亦不会赞同,然不能因不赞同即说是叛国。法庭不能如对人因政治思想之不同,而加以判断。如此则非法庭,而成为宗教式之法庭。故检察官之控告,不能成立,如判我为危害帝国主义与军阀官僚,我是承认的,如说我是危害民国,则不能承认。(未完)

原载《大公报》 1933年4月26日 第四版

4.《益世报》 1933年4月26日

陈独秀案定今日宣判

均将处以徒刑 陈等将声明上诉 彭王等抗辩原文补志

[南京25日下午九时专电] 陈、彭案定宥(二十六日)宣判,陈、彭均判处以徒刑,闻陈、彭绝不服,当庭将声明上诉云。

[南京通讯] 陈彭案曾于二十日开庭续审,陈独秀部分于当日上午辩论终结,其他诸人部分,改下午继续开庭辩论。下午四时整,继续开庭,旁听席较上午益形拥

挤。书记官宣布开庭后，即依次传各被告，准其抗辩，并由律师代为辩护。兹将各被告之抗辩及律师之辩护词。概记如次：

彭述之　彭首述……故请庭上宣告被告无罪。

同1933年4月22日《中央日报》第七版《陈独秀辩论终结》此略。

原载《益世报》　1933年4月26日　第二版

5. 江苏高等法院判决书[①]　**1933年4月26日**

江苏高等法院刑事判决二十一年度高字第三五号

判决

被告陈独秀，男，年五十五岁，安徽怀宁县人，住上海岳州路永兴里，无业。

被告彭述之(即张次南)，男，年三十五岁，湖南宝庆县人，住上海东有恒路春阳里，无业。

右选任辩护律师章士钊律师、彭望邺律师、吴之屏律师。

被告王武(即宋逢春)，男，年二十六岁，河北沧县人，住上海四马路梁溪旅馆，无业。

右选任辩护人彭望邺律师。

被告濮一凡，男，年二十八岁，安徽怀宁县人，住上海圣母院路高福里，招商局月刊编辑。

右选任辩护人刘祖望律师、彭望邺律师。

被告王子平(即曾猛)，男，年三十岁，浙江永嘉县人，住上海塘山路业广里，印刷。

右选任辩护人彭望邺律师、蒋豪士律师。

被告何阿芳(即何止铮)，男，年二十七岁，浙江瑞安县人，住上海塘山路业广里，铜匠。

右选任辩护律师吴之屏律师、彭望邺律师、蒋豪士律师。

被告王兆群，男，年二十八岁，安徽宿县人，住上海东有恒路春阳里，教员。

右选任辩护人彭望邺律师、蒋豪士律师。

被告郭竞豪(即彭道之)，男，二十一岁，湖南宝庆县人，住上海白克路修德里，读书。

右选任辩护人吴之屏律师、彭望邺律师、蒋豪士律师。

---

① 原件无标点，此系编者所加。本书录自江苏省档案馆原件复印件。

被告梁有光,男,三十三岁,广西贵县人,住上海大通路斯文里,首饰匠。

右选任辩护人蒋豪士律师、吴之屏律师。

被告王鉴堂,男,年二十八岁,山东临淄县人,住上海福履里路建业里,纸烟店。

右选任辩护人彭望鄴律师、吴之屏律师、蒋豪士律师。

右被告等因危害民国案件,经检察官提起公诉,本院审理判决如左〔下〕:

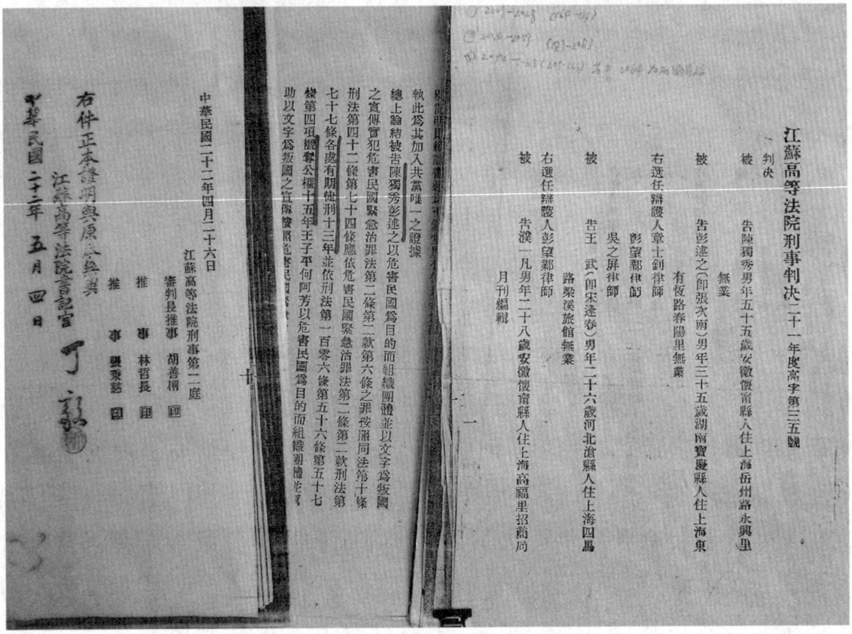
江蘇高等法院刑事判決二十一年度高字第三五號

判決

被告陳獨秀男年五十五歲安徽懷甯縣人住上海岳州路永興里無業

被告彭述之(即張次南)男年三十五歲湖南寶慶縣人住上海東有恆路春陽里無業

右選任辯護人章士釗律師 彭望鄴律師 吳之屏律師

被告王 武(即宋逢春)男年二十六歲河北滄縣人住上海四馬路梁溪旅館無業

右選任辯護人彭望鄴律師

被告濮一凡男年二十八歲安徽懷甯縣人住上海高福里招商局月刊編輯

一

執此爲其加入共黨唯一之證據

總上論結被告陳獨秀彭述之以危害民國爲目的而組織團體並以文字爲叛國之宣傳實犯危害民國緊急治罪法第二條第二款第六條之罪按照同法第十條刑法第四十二條第七十四條應依危害民國緊急治罪法第二條第二款刑法第七十七條各處有期徒刑十三年並依刑法第一百零六條第五十六條第五十七條第四項褫奪公權十五年王子平何阿芳以危害民國爲目的而組織團體並幫助以文字爲叛國之宣傳

中華民國二十二年四月二十六日

江蘇高等法院刑事第二庭

審判長推事 胡善偁 印

推事 林哲長 印

推事 張秉慈 印

右件正本證明與原本無異

江蘇高等法院書記官 丁

中華民國二十二年五月四日

1933 年 4 月 26 日陈独秀案判决书

主文

陈独秀、彭述之共同以文字为叛国之宣传,各处有期徒刑十三年,褫夺公权十五年;王子平、何阿芳帮助以文字为叛国之宣传,各处有期徒刑五年,褫夺公权七年;王武、濮一凡、王兆群以危害民国为目的而组织团体,各处有期徒刑五年、褫夺公权七年;郭竞豪以危害民国为目的而组织团体,处有期徒刑二年零六月,褫夺公权三年。裁判确定前羁押日数均以二日抵徒刑一日,案内关于犯罪之文件及违禁书籍均没收。梁有光、王鉴堂无罪。

事实

缘陈独秀于民国九年,即西历一九二零年,受第三国际委任,在中国创立共产党;彭述之则于民国十年,即西历一九二一年加入该党,同由第三国际派为中国共产党中央常务委员。陈独秀兼任书记,共同执行第三国际指示策略,领导党员在中国内地活动。嗣因共党首领列宁死亡，内部分为史丹林即干部派及托洛斯基两派。党权归史丹林掌握，托洛斯基被放逐于君士坦丁。陈独秀、彭述之均与史丹林派政见不合，倾向托洛斯基，至民国十六年遂同被开除职务，十八年复同被开除党籍。于是纠集同志，在上海组织中国共产党左派反对派（以下简称中共反对派），其所采用之策略，以联合工人、贫农、无产阶级为建设基础，并反对史丹林派在中国现况之下利用土匪溃兵领导乡村农民为武装暴动。惟其党员人数不多，经济来源缺乏，故活动范围只及于上海、天津、香港等处，且只能参加工会及学生运动，至乡村农会尚无力发展。党中最要工作系藉文字以代宣传，如《校内生活》、《火花》、《无产者》、《热潮》诸种，皆为党内刊物，多由陈独秀、彭述之主编，而以中共反对派名义发行。其余藉抗日名义而散布之反动传单种类尤多，大都以推翻建设中华民国之国民党、国民政府，而组织苏维埃政府，由无产阶级专政为其最终目标。

王武、王子平、何阿芳三人，亦皆在共产党中资格甚深，因反对史丹林派被开除党籍者，与濮一凡、王兆群同为组织中共反对派之主要分子。王武、濮一凡并被推举为中央候补执行委员；王子平、何阿芳则担任抄写印刷工作，以帮助宣传。王兆群每星期参加会议，郭竞豪则于民国十八年加入，担任组委工作及学生运动。

至民国二十一年十月间，上海市公安局据人密报，公共租界东有恒路春阳里第二百十号楼上设有共党伪中央机关，当即密派督察员张清泰、科员陆文虎会同捕房西探长戈而特等，于同月十五日按址前往查拿。适同属中共反对派党员之该屋主谢少珊与濮一凡、彭述之、王武、王兆群等五人正在开星期常会，当场一并逮捕，抄出大批反动文件。并在濮一凡所住之圣母院路高福里三百廿二号楼上亦搜出反动文件。旋又探悉岳州路永兴里十一号为陈独秀住所，前往捕获，并在其住所两次搜出反动文件甚多。

嗣复根据谢少珊口述地点，先后捕获王子平、何阿芳及嫌疑人梁有光、王鉴堂四名，当王子平、何阿芳被捕时，正在塘山路业广里三三五号寓所印刷《校内生活》及《火花》两种刊物，郭竞豪因至王子平家探访，为守屋警察拘获。

当由探警将上列人犯、证物一并解由公共租界巡捕房转送法院，经检察官侦查终结，以陈独秀、彭述之犯《危害民国紧急治罪法》第二条第二款、第六条嫌疑，王子平、何阿芳犯同法第六条及帮助犯同法第二条第二款嫌疑，王武、濮一凡、王兆群、郭竞豪、梁有光、王鉴堂犯同法第六条嫌疑提起公诉。

理由

本案经审理结果，依各种证据，分别认定被告等有罪或无罪之理由分别说明如次：

(一) 关于陈独秀、彭述之部分：被告陈独秀自民国九年即在中国创立共产党，彭述之则于民国十年附和参加，同受第三国际委任为中国共产党中央常务委员，陈独秀兼任书记。至民国十六年同被第三国际开除职务，十八年复同被开除党籍，于是纠集同志，组织中共反对派，以上事实不独该被告等迭次历历供明，即就搜获之文件如：《独秀述之告全党同志书》、《独秀述之致中央信》，其中叙述经过情形綦祥，且攻击史丹林派不遗余力，是被告等为第三国际确已脱离关系，固堪认定惟脱离后复组织中共反对派，是否以危害民国为目的、其危害之程度如何、在刑事法上负何种责任，此应就被告等自白情词与搜获之文件互证参观，以为论断之根据。

本院审阅搜获各文件，除仅属违禁而与案情无关之书籍不计外，其由被告等主编以中共反对派名义发行之刊物多至一百余种类，如《火花》、《校内生活》、《无产者》、《热潮》诸小册子，又如《中国将往何处去》、《国内团结一致对外之意义》、《因国联第二次决议后的局势》、《为日本帝国主义进攻上海告民众》、《为日本占领淞沪告全国民众》、《为纪念五一告工友》、《组委通告》种种传单，核其内容，大都攻击国民党政府为资产阶级所组织，为帝国主义者所利用，鼓吹工人、贫农起而为阶级奋斗争，并目三民主义为反动主义，又谓应坚决地撕碎军政、训政的建国大纲，且乘日本之侵略妄诋政府不抵抗，藉反日救国名义欲将建设中华民国之国民党、国民政府推翻。

其反动文字之尤显著者，如以中共反对派中央常委名义所发表之政治决议案，内称“我们的任务(一) 须组织及参加各地工人、农民、城市贫民的义勇军运动，坚决地举起反日、反国民党的旗帜，并要在正式军队作分化运动，使之脱离国民党的支配，而成立反日、反国民党的义勇军。(二) 用全力推动城市工人自卫的、以致进攻的斗争，使罢工运动广泛起来，便应组织工人苏维埃。如果当地已有义勇军或我们能够影响的军队，更进而建立苏维埃。(三) 在夺取土地、反帝国主义、反国民党的旗帜之下，发展广大的农民武装斗争，扩大农民苏维埃。(四) 在已有农民苏维埃的省份城市，苏维埃或义勇军一经成立即汇合苏维埃的红军占领城市”等语(下略)(见《校内生活》第四期)，核与陈独秀、彭述之在本院供称我们中共反对派与史丹林派政见是不相同，在最终目的当然是要推翻国民党、国民政府，建设苏维埃，由无产阶级专政等语相符。

查中华民国为民主国家，其主权寄于全民，故凡属中华民国国民，无男女、种族、宗教、阶级之区别，在法律上一律平等(见《约法》第六条)，而在苏维埃国家则主权仅寄于工农阶级，除此特殊阶级以外之人皆无参政权，是两种制度，显然为两种国体。且中华民国是以国民政府本革命之三民主义、五权宪法①而建设，国民党则在建设程序中于训政时期以内指导人民为革命建设之进行，故三民主义实为中华民国之建设基础，国民党、国民政府均为从事于建设之领导机关。该被告等所组织之中共反对派，既以打倒三民主义，实行共产主义为惟一要旨，以颠覆国民党、国民政府而组织苏维埃，由无产阶级专政为最终目标，是不独图谋变更全民主治之中华民国国体，并将中华民国之建设从根本上推翻，其危害民国及叛国毫无疑义。

该被告等在本院侦查及审判中，虽又据迭次供称，"我们中共反对派的团体统共只有数百人，分在天津、上海、香港数处，因力量很小，尚不能有军事组织，所以还没有红军；我们主张红军应该由纯粹工农组织的，不该夹杂土匪在内，而且要苏维埃成立以后，才需要红军；江西、湖北各省共党，我们与他们政见不同，所以没有合作的可能"云云。本院复检阅搜获文件中如中共反对派发行之《无产者》刊物，其第二期由陈独秀主编之《关于所谓红军问题》内称："全世界几十国的共产党一向都遵守昂〔恩〕格斯的遗训，不敢采用利用游民无产阶级（指土匪与溃兵）的政策，现在中国工人运动的叛徒李立三、向忠发、周恩来等（皆第三国际史丹林派）正在利用此种游民无产阶级为卫军、为支柱，简直把它当作无产阶级革命运动中的主要力量，企图扩大凭借在游民无产阶级基础之上的所谓（红军）来领导农民做游击战争，除被统治阶级击溃或收买，或自己内讧溃散，或逐步与农村资产阶级妥协变成他们的白军外，不能有别的前途。"②

又如《火花》第一卷第四期彭述之所著之《史丹林主义者对满洲事件的估计与反日运动的危机》，内称"史丹林派信赖的只有红军，以为有了红军就可以包打天下，湘、鄂、赣的农民武装斗争，是一个事实。但忽视了城市的工人运动，而将其一切幻想寄〔托〕在此等武装农民身上，这正是他们几年来陷于无出路的主要原因"各等语。以此可见被告等既反对史丹林派在中国现况之下採〔采〕用红军策略，及利用土匪溃兵领导乡村农民武装暴动，则被告等与湘、鄂、赣各省武装暴动之共匪自无联络关系，因之该中共反对派尚未发生暴动之事实，固亦可从而证明。

惟前所列举之各小册子及种种传单，皆为该中共反对派用以宣传之文字，该

---

① 五权宪法：五权指立法权、司法权、行政权、监察（弹劾）权和考试权，是孙中山对于宪法的创见。他认为传统西方宪法在政府机关采取行政权、立法权、司法权三权分立的制度仍有流弊，因此认为应该再加入考试权与监察权。

② 见任建树主编：《陈独秀著作选编》第四卷，上海人民出版社 2010 年版，第 475 页。但此处引文无删节。

项文字又已陆续发行,其宣传之宗旨及目标,复无一非危害民国叛国,均于前段详为述明。则该被告等纵为达于实施扰乱之程度,然亦不仅以危害民国为目的而组织团体,并以文字为叛国之宣传,按诸《危害民国紧急治罪法》第二条第二款之立法精神,除构成同法第二条之罪外,更应构成该条款之罪。

至于被告等之抗辩意旨,谓实行共产主义于民国有利而无害,图谋推翻国民党、国民政府不得谓之叛国云云,按此种主张,完全与中华民国现行法律相违背(理由见前),况被告等图谋颠覆国民政府以后,复组织苏维埃,由无产阶级专政,尤为吾国数千年来国体所不容,自无采纳余地,更何足为解免罪责之理由。

惟念该被告等均为刻苦深思之学者,其犯罪原因盖由于研究社会主义误入歧途,而对于己身并无权利思想,且反对史丹林派利用土匪溃兵领导乡村农民为武装暴动,时时加以抨击,即从证据上观察,该反对派亦尚无实施暴动之准备,审按情节,尚可矜原,自应量予减科,以昭平允。

(二) 关于王武(即宋逢春)、濮一凡部分:被告濮一凡迭经审讯,坚不承认有加入共产党及被举为中共反对派候补中央常委情事;王武亦仅承认从前加入共产党,已于民国二十年经上海市临时军法会审判,处有期徒刑六年,至于执行中保释出外,复任中共反对派候补中央常委及列席共党会议则均不供承。然查被告等皆在共犯谢少珊家列席星期常会,与彭述之、谢少珊、王兆群五人同时就获。并据谢少珊在上海公共租界巡捕房供称,我处常作开会之所,常委包括有委员五人,即陈独秀、彭述之、濮一凡(即卜得子)及罗世凡、宋逢春,后一人是刚由漕河泾狱中释出,此次参加开会是第一次。在我等被捕之日,彼等正在开每星期常会(见公共租界巡捕房民国二十一年十月十六日供单)。嗣经解送江苏高等法院第二分院,推事问以"你处是什么机关呢?"据答:"我处是托洛斯基领导的机关。"问:"你们会在何处开的呢?"答:"每星期六在我家开的。"问:"彭述之是什么职分呢?"答:"是常委。"问:"濮一凡及王武呢?"答:"亦是常委。"问:"共有几个常委呢?"答:"共五个,均已被捕了。不过陈独秀是常委主席,王武仅第一次参加,我是常委秘书。"(见江苏高二分院二十一年十月十七日笔录)本院检察官又讯,据陈独秀供:"常委三人,除我一个外,是彭述之与张九两个;候补常委第一个是濮一凡,还有一个是罗世凡抑宋逢春,我记不清楚了。"随提彭述之讯问,复据供明常委三人,我同陈独秀及一个张九,候补常委是濮一凡、宋逢春各等语(见本院检察处二十一年十二月六日笔录)。且在濮一凡所住之圣母院路高福里第一百二十号楼上寓所搜出反动文书甚多。宋逢春本因倾向托洛斯茨基派被第三国际开除党籍者,此次复与彭述之在谢少珊家一同被获。罪情明显,均无讳饰之余地。随据陈独秀、彭述之于本院审理时，代濮一凡声辩，谓前在检察处所说之候补常委，系蒲亦芳，并非濮一凡，蒲亦芳年龄、相貌、籍贯均与获案之濮一凡不同；又彭述之代宋逢春辩称，伊在狱中释出未久，无被选候补常委之可能；该被告等亦即执此反证以为抗辩。查蒲亦芳、濮一凡，字音固相类，然必先有相当证据证明候补常委确系另有蒲亦芳其人，则到案之濮一凡非候补常委虽不辩亦可了然。乃陈独秀等并不能提出蒲亦芳却有其人之证据，徒因前供具在，无可推翻，遂以音同故为蒙混，此种空言不独难以掩饰，转使情罪弥彰。至宋逢春，虽在狱释出未久，然谢少珊最初供词，即述明后一人刚由漕河泾狱中释出，此次参加开会是第一次，可见所述与事实相符，与陈独秀等初供亦相吻合。虽谢少珊未经本院直接讯问，然在江苏高二分院及公共租界捕房既均录有供词在卷，自可予以采取，至于被告等为开会应有记录及签名簿，然共党秘密集会与通常公开会议不同，形式当然不能完备，况经在场参与会议之共犯谢少珊供明，尤无疑问。执此以为抗辩，殊无理由。依上供证，被告等以危害害（衍字——编者。）民国为目的，组织团体及集会，事实甚为明确。惟查候补常委对于团体中其他之行动，苟不能证明有其共同意思表示，应认为不负其他之共同罪责。

（三）关于王子平、何阿芳部分：被告王子平，又名曾猛，在民国十六年经友人秦丁郁之介绍，入上海江湾路崇文堂印刷所当校对，旋因崇文堂副经理豪千之劝，加入共产党。被告何阿芳，亦于同年二月经友人金慕韩即金石生介绍，加入共党，并充当送信员，月支薪洋二十元。嗣后，均因反对史丹林派被第三国际开除党籍，遂同入陈独秀所组织之中共反对派，并在党内共同担任抄写印刷工作，均据被告等迭次供明。且被捕时正同在塘山路业广里三三五号寓所印刷《校内生活》及《火花》两种，当场由探捕等连同物证一并搜获，犯罪事实极为确凿。查《校内生活》、《火花》以及其他之刊物传单，其中所宣传之文字，不仅属共产主义范围，已达于叛国程度，其理由在陈独秀、彭述之部分已详言之。被告等既属中共反对派党员，又明知属于宣传叛国之文件，乃竟担任印刷其应负帮助宣传责任，自不待言。惟查被告等均为生计所迫，图得印刷工资，审核罪情倘堪悯恕，自应量予减科。

（四）关于王兆群、郭竞豪部分：被告王兆群、郭竞豪迭经讯问，对于参加中共反对派事实虽皆坚不供承，然查王兆群系在共犯谢少珊家与彭述之、王武、濮一凡、谢少珊等同时捕获，被获时又正在开每星期常会。业据谢少珊供明：且谢少珊家系中共反对派秘密集会之所，参与会议者如彭述之、王武、濮一凡等又皆为团体中重要之人，被告果非党员，谢少珊岂肯容留在寓内居住？并据上海市公安局督察员（即破获此案之陆元虎）曾在本院提起谢少珊口供，共党名单内，指王兆群真名罗世凡，并谓罗世凡为中共反对派之中央常委，但质诸陈独秀、彭述之则坚称罗世凡实在另有其人,并非王兆群;常委亦只有三人,除伊两人外,尚有一张九。详核谢少珊在江苏高二分院及公共租界捕房两次讯问时,亦并无王兆群即罗世凡之供述,该项名单又系辗转抄写而来,自未便采为认定事实之根据。但该王兆群虽不能证明为常委,然既列席星期常会,其为中央反对派组织中之一份子,要无可疑。又被告郭竞豪原名彭道之,既为彭述之之弟,又系在王子平印刷机关经守屋警察拘获,况经上海市公安局抄获学校登记表(即共党登记表)一纸,内中载明彭道之于一九二五年(民国十四年)九月在湖南长沙入团,嗣后无形脱离关系,至一九二九年(民国十八年)十二月复在上海入反对派,曾经担任学生运动沪东区区委及学运,现在担任组委工作及学运,属于沪西区学生支部,一九三二年六月八日登记等语,备考栏内并有假名郭竞豪五字之记载(郭竞豪三字虽经涂抹,仍可辨认),是该被告加入中共反对派团体亦有相当证明。惟该被告年轻识浅,因受其兄彭述之之引诱,以致同罹法网,情节不无可原,亦应酌予减刑。

(五)关于梁有光、王鉴堂部分:查起诉书认定被告等犯罪嫌疑,最要之点,以其姓名均与在谢少珊家搜出共党通信处小条内所载姓名相符,又皆搜获反动书籍多种,并以梁有光经上海市公安局函指为陈独秀派之各省视察员。本院核阅江苏高二分院卷宗,虽据上海市公安局函称捕获被告等均根据谢少珊家搜出通信处小条,然经饬传该局科员(即破获此案之陆元虎)到案,据供在谢少珊家搜出小条,只有一纸面上写一陈字,系陈独秀住址,此外并无通信处小条,被告等系由谢少珊口述前往逮捕者。是被告等被逮原因究竟何所根据,已属不无可疑。况经本院向上海市公安局函查梁有光为陈独秀派之各省视察员一点,据其复称因自首人谢少珊,供新闸路东斯文里一零四四号亭子间系罗世凡住址,罗系陈独秀派负组织责任者,故时有外地工作负责人员来沪与罗接洽,且时有寄寓该处者,然梁有光来沪未久,尚未在组织关系内正式会面,虽未知其详,当系负外地工作责任者等语,是依谢少珊所述,无非揣测之词,尤难采为根据。况梁有光所住之新闸路东斯文里一零四四号既系罗世凡住址,则当时谢少珊指拘之姓名当系罗世凡而非梁有光,更可证明;所搜获书籍系罗世凡之物而非梁有光所有,则关于梁有光犯罪事实已属毫无证明。至于探警往捕时,既在深夜,梁有光闻声惊慌,越窗跳下,仅此一点亦难即指有参加共党嫌疑。又被告王鉴堂供称,我所在福履里路二十二号,屋内不止我一家,我是二房东,书籍系在前楼租户王伯平房间搜出,因王伯平不在屋内,所以将我带案等语。究竟当时谢少珊所口述者系指明王鉴堂抑王伯平,本院质诸陆元虎,供称因事隔日久,记不清楚。况本案搜获文书计有八箱之多,其中有供共产之研究者,有与共产无关系者,在该屋内所搜出书籍十种,究属何类,捕房送案时已与他处搜集者全数混合，文内并未分别记明，则纵认书籍为王鉴堂所有，但是否为研究共产之书籍，既无从证明，即难执此为其加入共党唯一之证据。

总上论结，被告陈独秀、彭述之以危害民国为目的而组织团体，并以文字为叛国之宣传，实犯《危害民国紧急治罪法》第二条第二款、第六条之罪，按照同法第十条，《刑法》第四十二条、第七十四条，应依《危害民国紧急治罪法》第二条第二款，《刑法》第七十七条，各处有期徒刑十三年，并依《刑法》第一百零六条、第五十六条、第五十七条第四项褫夺公权十五年。王子平、何阿芳以危害民国为目的而组织团体，并帮助以文字为叛国之宣传，按照《危害民国紧急治罪法》第十条，同法第六条、第二条第二款，《刑法》第七十四条、第四十四条第一项、第三项前段、第七十七条、第七十八条、第八十七条各规定，应依《危害民国紧急治罪法》第二条第二款略减，各处有期徒刑五年，并依《刑法》第一百零六条、第五十六条、第五十七条第五项各褫夺公权七年。王武(即宋逢春)、濮一凡、王兆群、郭竞豪以危害民国为目的而组织团体，均犯《危害民国紧急治罪法》第六条之罪，王武(即宋逢春)、濮一凡、王兆群各处有期徒刑五年；郭竞豪依《危害民国紧急治罪法》第六条、《刑法》第七十七条处有期徒刑二年零六月；并依《刑法》第一百零六条第五十六条、第五十七条第五项，王武、濮一凡、王兆群各褫夺公权七年，郭竞豪褫夺公权三年。裁判确定前羁押日数，均依《刑法》第六十四条以二日折抵徒刑一日。案内关于供犯所用或犯罪预备所用之文件违禁书籍(按照卷内目录)，均依《刑法》第六十二条第一、第二两款没收。梁有光、王鉴堂犯罪嫌疑不能证明，依《刑事诉讼法》第三百六十条均谕知无罪。特为判决如主文。

本案经本院检察官朱隽莅庭执行检察官之职务。本案上诉法院为最高法院。当事人对于本判决如有不服，应于送达判决书之翌日起，十日内以书状叙述不服理由，向本院提起上诉。

中华民国二十二年四月二十六日
江苏高等法院刑事第二庭
审判长推事胡善称印
推事林哲长印
推事张秉慈印
(原件存江苏省档案馆)

6. 美国作家斯诺旁听陈、彭案审判过程

美国作家斯诺旁听了陈、彭案的审判过程，他在发给美国本土的报道中，以一

个美国人的眼光评价了这次审判。他写道:"此间正在审判前共产党总书记陈独秀,审判一共进行了三次,整个审判就像一场滑稽闹剧一样。"

摘自《现代大律师章士钊义辩陈独秀"危害民国"案》

原载张忠宪《中国大律师辩护实录》 金城出版社 1997 年版,本文摘自百度网

7.《中央日报》 1933 年 4 月 27 日

陈独秀案昨宣判

陈独秀彭述之各处徒刑十三年

王子平等处徒刑五年或二年半

梁有光王鉴堂二人均无罪开释

陈彭等当庭声明不服决意上诉

中国共产党托洛斯基派首领陈独秀、彭述之等危害民国一案,业经江苏高等法院假江宁地方法院刑庭于本月十四、十五及二十等日分别审讯完结,昨日下午一时半,在原庭宣判。审判长胡善称,推事林哲民[长]、张秉慈,书记官沈育仁及检察官朱隽等升堂,首由书记官宣告本日宣判陈独秀等危害民国一案,法官即命提陈独秀、彭述之、王子平、何阿芳、王武、濮一凡、王兆群、郭竞豪、梁有光、王鉴堂等十人到庭,胡庭长宣读判决主文(另录)即谕各被告如不服判决,准予上诉,除梁有光、王鉴堂二人宣判无罪外,陈独秀等八人均声明不服,决意上诉。胡庭长即谕知准予判决书送达十日内上诉,旋即宣告退庭,各被告仍还押,梁有光、王鉴堂二人,俟觅保后,即行开释。

判决主文　江苏高等法院刑事第二庭公示,陈独秀等危害民国一案判决主文:陈独秀、彭述之共同以文字为叛国之宣传,各处有期徒刑十三年,褫夺公权十五年。王子平、何阿芳帮助以文字为叛国之宣传,各处有期徒刑五年,褫夺公权七年。王武、濮一凡、王兆群以危害民国为目的,组织团体,各处有期徒刑五年,褫夺公权七年。郭竞豪以危害民国为目的,组织团体,处有期徒刑两年零六个月,褫夺公权三年。裁判确定前羁押日数,均准以二日抵折徒刑一日。案内关于犯罪之〔文〕件及违禁书籍均没收,梁有光、王鉴堂无罪。

陈彭谈话　陈、彭两人同居一室,记者趋访时,两人适由法庭退归看守所,在室吸烟,并阅读报纸,短衣科头,态度安闲。室中置两榻、一桌、一书架。架上、桌上,满列社会科学书籍,有若大学生之宿舍生活。见记者至,二人皆起立微笑相迎,如接待友朋之来到,使人不相信彼等为狱中人也。记者叩以对宣判后之感想如何,陈答法院所判,正如余等所意料,无何特异之处。言后,在彼黝黑之面部,

现黯淡之微笑。彭答，余等被判为触犯《危害民国紧急治罪法》第六条及第二条第二款，但余等始终不能从余等过去行为上寻出任何叛国之严重事实，行使统治权之团体，决不能认为即国家云云。记者问两君是否准备上诉，陈答：俟判决书正式送达后，在可能范围内，自当上诉，至是否请托原有诸律师辩护，则现在尚未思及云。

原载《中央日报》 1933 年 4 月 27 日 第七版

8.《申报》 1933 年 4 月 27 日

陈独秀案昨日宣判

陈独秀彭述之各处有处〔期〕徒刑十三年

南京 苏高法院刑事第二庭审判之陈独秀、彭述之等危害民国案，二十六日下午二时开庭，宣告判决，其主文为：陈独秀、彭述之，共同以文字为叛国之宣传，各处有期徒刑十三年，褫夺公权十五年。王子平、何阿芳帮助以文字为叛国之宣传，组织团体，王武、濮一修〔凡〕、王兆群以危害民国为目的，组织团体，各处有期徒刑五年，褫夺公权七年。郭竞豪以危害民国为目的，而组织团体，各处有期徒刑二年零六个月，褫夺公权三年。裁判确定前，羁押日数，均准以二日折抵徒刑一日。案内关于犯罪之〔文〕件及违禁书籍均没收。梁有光、王鉴堂无罪。宣判完毕，陈、彭及其他判罪之人，各当庭声明不服，决依法上诉。（二十六日专电）

原载《申报》 1933 年 4 月 27 日 第二版

9.《大公报》 1933 年 4 月 27 日

陈彭案昨判决 各处有期徒刑十三年！

[南京 26 日下午 10 时发专电] 高等法院二十六日下午二时宣判陈、彭案，判决主文："陈独秀、彭述之共同以文字为叛国之宣传，各处有期徒刑十三年，褫夺公权十五年。王子平、何阿芳帮助以文字为叛国之宣传而组织团体，王武、濮一凡、王兆群以危害民国为目的而组织团体，各处有期徒刑五年，褫夺公权七年。郭竞豪以危害民国为目的而组织团体，各处有期徒刑二年零六个月，褫夺公权三年。裁判确定前，羁押日数，均准以二日折抵徒刑一日。梁有光、王鉴堂无罪。"陈、彭等均当庭表示裁判不公，大为咆哮，声明上诉。

律师辩护

陈独秀抗辩后……此应声明者二。（未完）

（省略部分除个别文字外，均同《中央日报》1933 年 4 月 21 日第三版《陈独秀

案辩论终结》,此略。——编者)

10.《大公报》 1933年4月27日 社评

陈独秀等一案判决矣

陈独秀、彭述之等因犯危害民国紧急治罪法嫌疑,于去年十月十五日在上海被捕。二十日解京,由军政部军法司移送法院。侦查数月,至四月十四日始由江苏高等法院开第一次公判〔审〕,越日继续公开辩论,二十日为第三次之审理,即宣告终结,至昨日正式宣判。依《危害民国紧急治罪法》第二条第二项之规定:“以文字图画或演说,为叛国之宣传者”,判陈、彭以十三年有期徒刑及褫夺公权十五年,其他则依同法第二条之规定,分别处以三年有期徒刑等。据南京电称,陈、彭等闻判咆哮,谓为裁判不公,当庭声明上诉。此实共产党人经由普通法庭公开审判之第一案,大堪注意也。吾人对于兹案,原就法律与政治两种观点,分别述其感想如下:

就法律观点言,依检察官之论告,陈等所为,危害民国,殊难卸除责任,盖国家之法益[律],为宪法上之政治组织,与夫公共遵守之社会秩序。在普通刑律内乱罪中有颠覆政府、紊乱国宪之说,亦即危害民国之一解。《危害民国紧急治罪法》之制定,系为镇压特殊犯罪起见,故其科刑较刑律为严重。此案果如检察官之论告,陈、彭等迭著论文,广肆宣传,主张打倒国民政府,建设无产阶级专政,则其罪情适合于该法第二条第二项及第六条之规定,在法言法,殊无不当。惟吾人引为遗憾者,陈、彭及其辩护人,既一再声辩并非危害民国,而检察官殊少举证驳诘,令其折服;且偌大案情,仅仅辩论三次,审判长讯问亦极简短,于陈等是否必欲无产阶级专政,否认私有财产制度诸要点,均未尝反复剖质,得其真正意旨。即陈独秀自撰辩诉状,于本人主张,亦欠明了贯穿,如仅言改良工农生活,没收地主土地,归诸贫农,而于一般的私有财产制度,取何态度,则无表示。且又主张彻底的民主的国民立宪会议,一似抱有通常宪政国家全民参政之见解,此皆应予研讯,乃法庭于此等要点,似多忽略。再者,在审理中,陈、彭于红军虽称暂无需要,然固主张武装农民,更谓夺取政权,须用暴力,是亦重要论点,乃法庭竟置之不问,尤难索解。综观三日辩论,情形甚不紧张,比较日本审理共产党案时,法庭激烈辩论之状,真不可同日而语。由此可见不特法曹诸人,对于马克斯一派理论,缺乏研究,即陈、彭等自身,亦未能以其研究之心得,公开论战,引起公众之注意。加以近年言论文字,取缔奇严,检察官论告中列举之陈、彭著述，大抵未为公众所阅读，故仅据法庭之浮泛的言辞辩论，殊难确立一种公是公非之判断也。

抑吾人对于《危害民国紧急治罪法》之特别刑法，根本即不敢赞成。盖该法所谓“危害民国”、“与三民主义不相容”云云，意义皆嫌过于广泛，远不如刑律内乱罪章所谓：“意图以非法之方法，颠覆政府，僭窃土地，或紊乱国宪”等字样为切实确定。试再就类似《危害民国紧急治罪法》之外国立法例比较，亦感不如。如日本之治安维持法，明白规定：“以变革国体为目的，以否认私有财产制度为目的”，实较中国法文为具体而有限制。又如英国有一九二二年之《危险思想取缔法》及一九二二年之《危险思想教唆取缔法》，亦皆有明白之范围。此外德国曾有取缔无政府党之专条，法国曾有干涉言论自由之法律，莫不确立界说，不涉空洞，要所以防止滥用特别刑法之流弊。中外相比，吾人不能不祈祷此项特别刑法之早日废止也。

最后就政治论言之，陈、彭等并未参加湘、赣、鄂等省之暴动，而陈氏抗辩其反对国民党之理由三点，亦为不满现在统治者之一般论调，至于力争言论、结社、集会种种自由，更无足异。其于国民会议一节，陈谓国民党如果召集则共产党可以参加，然则陈、彭等殆有将共产党武力斗争，变为议会论战之意志欤？果尔，正为使共产党合法化之一道，在欧美各国，今皆行之，故吾人深望兹案在上诉审中，应再为绵密深刻之研讯，首须有洞明世界政治、经济新潮流之法官，主持审判，然后发问诘难，乃可中其窍要。政府于此，亦宜特加注意，果为平和论争，不取暴动政策之反对党，则应请国府予以特赦及减刑复权，使得首沐开放党禁之殊惠，以观后效，其于消弭内争，所关甚巨，望当局其勿忽视也。

原载 1933 年 4 月 27 日《大公报》 第四版

11.《益世报》 1933 年 4 月 27 日

陈独秀、彭述之被判处……

有期徒刑 13 年

理由为“以文字为叛国之宣传”

陈语记者谓“自当上诉”

［南京二十六日下午九时专电］ 陈独秀、彭述之等危害民国一案，宥（二十六）下午一时半，在江宁地方法院宣判。审判长胡善称，及推事、书记官及检察官朱隽等升堂，首提陈、彭等十人到庭，胡庭长即宣读判文，陈、彭共供以文字为叛国之宣传，各处有期徒刑十三年，褫夺公权十五年。王子平、何阿芳帮助以文字为叛

国之宣传,各处有期徒刑五年,褫夺公权七年。王武、濮一凡、王兆群以危害民国为目的,组织团体,处有期徒刑两年六月,夺褫公权三年。裁判确定前,羁押日数均准以二日抵折徒刑一日。案内关于犯罪之文件及违禁书籍,均没收。梁有光、王鉴堂无罪。胡庭长曾谕陈、彭等如不服可声明上诉,故陈答记者问时云:俟判决书正式送达后,在可能范围内,自当上诉,至是否请托原有诸律师辩护,现尚未思及云。

[南京26日下午10时本报专电] 陈、彭之律师,已代陈等进行向最高法院提起上诉。

原载1933年4月27日《益世报》 第二版

又:《世界日报》同日第四版以《陈独秀案昨宣判》为题,刊登同样内容之报导,此略——编者。

12.《申报》 1933年4月28日

陈彭案宣判

陈彭等不服声明决上诉

梁有光王鉴堂无罪开释

……。

(除小标题外,文同1933年4月27日《中央日报》第七版《陈独秀案昨宣判》,见本书第435页,此略——编者)

原载1933年4月28日《申报》 第八版

13.《大公报》 1933年4月28日

陈独秀案 律师抗辩书补志

(续昨)复次,起诉书所引罪名……实为公德两便,谨状。

(省略部分,除个别文字外,均同4月21日《中央日报》第三、第七版《陈独秀案辩论终结》,见本书第384页,此略——编者)

14.《法律评论》 第10卷第30号第498期 1933年4月30日

《陈独秀案第二次审理记》

(除小标题、个别文字有异外,均同《中央日报》1933年4月16日《中央日报》第三版《陈独秀案昨日续审 宣读笔录并传讯王子平等 定二十日再行开庭》报道,见本书第372—376页,此略。——编者)

15.《大公报》 1933 年 4 月 30 日

今日中国之国家与政府——答陈独秀及章士钊
（南京《中央日报》四月二十六日之社评）

见本书第 421 页 1933 年 4 月 26 日《中央日报》，此略。

16.《世界日报》 1933 年 4 月 30 日

陈独秀案判决时
彭述之等高呼不服
彭仍称并未危害民国
何阿芳谓判决不公平

［南京特约通讯］ 陈独秀、彭述之、王武、濮一凡、王兆群、王子平、何阿芳、郭竞豪、梁有光、王鉴堂等十人，被控危害民国案，已经本月十四、十五及二十日三次开庭审讯，今日下午一时零五分，开庭判决，兹将详情录下：本次开庭时间，原定下午二时，但法院临时提早于下午一时零五分开庭，故旁听者不如前数次之踊跃，仅七、八十人。开庭后，仍有数十人继续到庭旁听，并有数十人到法院时已退庭者，彼等甚为扫兴也。庭长胡善称，推事林哲长等到庭后，当有庭长谕传陈独秀到庭，由书记官将前一次辩护庭陈所供之笔录宣读一过，错误者当经更正。次一一依传彭述之、王武、濮一凡、王兆群、王子平、何阿芳、郭竞豪、梁有光、王鉴堂等到庭，亦一一宣读前次庭审笔录更正完毕后，庭长即令陈独秀等十人，均站立庭上听候宣判。庭长乃称：陈独秀、彭述之二人共同以文字为叛国之宣传，各处有期徒刑十三年，褫夺公权十五年。王子平、何阿芳二人，帮助以文字为叛国宣传，各处有期徒刑五年，褫夺公权七年。王武、濮一凡、王兆群三人，以危害民国为目的，而组织团体，各处有期徒刑五年，褫夺公权七年。郭竞豪以危害民国为目的，而组织团体，处有期徒刑二年六月，褫夺公权三年。裁判确定前羁押日数，均准以二日折抵徒刑一日，案内关于犯罪之件及书籍均没收。梁有光、王鉴堂二人无罪。庭长宣判毕，濮一凡先表示不服，谓不懂其所判决。庭长答称：你不懂吗？法院不久即有判决书送给你们，你既识字，你就看得懂。此时王武、王兆群、王子平等，均谓不懂法院根据什么这样判决。庭长谓：你们不许再说，还有话同你们讲。乃转问陈独秀："对于判决你们服不服"？陈答："不服"。庭长称："你不服可在判决书送到十日以内，据状向最高法院上诉。"当时，彭述之即大声谓："我有一重要申明，你们的判决将我们

的辩词与辩状完全抹杀,可见你们的判决,乃受政府之指挥与支配。现在政府乃系真的危害民国者,而危害民国者竟指挥你们判非危害民国者为危害民国者。再者,你们此次的审判,系公开审判,即应将我们的辩诉书,以及辩词公诸社会,现在你们不公布即系秘密审判。(按:陈独秀等辩诉书,京、沪、平、津及其他各报,均未登载)现在,我们不服你们的判决,请书记官记明白。"彭述之说毕,庭长即称:"你不服,可向最高法院提起上诉,现在不必多说"。庭长语毕,王、濮、何等均大呼"判决不公平! 不秉公!"庭长乃当即宣告退庭,而王、何等仍大呼不已,退庭时声色益为激烈云。

(二十六日下午　寄岳)

原载《世界日报》 1933 年 4 月 30 日　第五版

17.《国闻周报》 第 10 卷第 17 期　1933 年 5 月 1 日

陈独秀案开审记

记　者

陈独秀、彭述之等十人,于去年十月十五日在沪被捕,经高二分院审讯后,旋解公安局拘押。去年十月二十日押解来京,初押军政部军法司。经军法司长王振〔震〕南两度审问,核与《危害民国紧急治罪法》第七条上段不合,即移送江宁地方法院看守所拘押。苏高法院即派员来京,迭经开庭侦查,因调阅案卷,颇费时日,始于四月十四日上午九时,假江宁地方法刑二庭,公开审讯。十五日二次开审,二十日三次开审,辩论终结,于二十六日宣判。陈独秀、彭述之共同以文字为叛国之宣传,各处有期徒刑十三年,褫夺公权十五年。王子平、何阿芳帮助以文字为叛国之宣传,各处有期徒刑五年,褫夺公权七年。王武、濮一凡、王兆群以危害民国为目的组织团体,各处有期徒刑两年零六个月,褫夺公权三年。梁有光、王鉴堂无罪云。此为中国一大党案,兹汇记其详情如次:

第一次开审

……。(同 1933 年 4 月 17 日《大公报》第三、四版《陈案听审记》,此略。)

第二次开审

四月十五日第二次开审,地点仍在江宁地方法院刑庭,听众约百余人,各界均有,学生为多,旁听席挤满,后至者伫立。九时五十五分,审判长胡善称,推事张秉慈、林哲[长],检察官朱隽,书记官沈育仁等升座,被告律师章士钊、吴之屏、彭望邺、刘祖望、蒋豪士五人亦相继莅庭,即签提陈独秀、彭述之、濮一凡、王武等四人到庭。

提陈独秀

……。（同 4 月 18 日《大公报》《陈独秀案二次听审记》“提陈独秀……下午十一时退庭”。此略。）

第三次开审

四月二十日第三次开审，因值公开辩论，历时更久。自上午十时四十分开庭，至下午二时始暂退庭休息下午三时半起，又赓续开庭，至六时三十分辩论终结，定期本月二十六日下午宣判。兹分志各情如次：

旁听席之拥挤

……。（同《中央日报》4 月 21 日报道之《十时三刻开庭旁听席上拥挤》，此略。）

作最后之庭讯

……。（同《中央日报》4 月 21 日报道之《再作最后庭诉，陈等仍执前供》，此略。）

检察官之论告……。（同《中央日报》4 月 21 日报道之《检察官之论告详述犯罪条文》，此略。）

陈独秀之抗辩……。（同《中央日报》4 月 21 日报道之《陈独秀提抗辩不认危害民国》，此略。）

章士钊辩护状……。（同《中央日报》4 月 21 日报道之《章律师之辩护谓陈并未叛国》，此略。）

彭律师等补充……。（同《中央日报》4 月 21 日报道之《彭律师等补充就法律上辩护》，此略。）

各被告之抗辩……。（同《中央日报》4 月 22 日报道之《各被告之抗辩律师一一辩护》，此略。）

宣告辩论终结……。（同《中央日报》4 月 22 日报道之《宣告辩论终结念六下午宣判》，此略。）

宣告判决

四月二十六日下午二时宣判陈彭案，判决主文：“陈独秀、彭述之共同以义字为叛国之宣传，各处有期徒刑十三年，褫夺公权十五年；王子平、何阿芳帮助以文字为叛国之宣传，各处有期徒刑五年，褫夺公权七年；王武、濮一凡、王兆群以危害民国为目的而组织团体，各处有期徒刑五年，褫夺公权七年；郭竞豪以危害民国为目的而组织团体，处有期徒刑二年零六月，褫夺公权三年。裁判确定前羁押日数,准以二日折抵判刑一日,梁有光、王鉴堂无罪。”陈彭等均当庭表示裁判不公,大为咆哮,声明上诉云。

原载《国闻周报》 1933 年 5 月 1 日 第 10 卷第 17 期

转引自强重华、王树棣编《陈独秀被捕资料汇编》1982 年河南人民出版社第 160—191 页

18.《益世报》 1933 年 5 月 3 日 社论

陈独秀案的重要性

上月二十六日陈独秀、彭述之等由江苏高等法院依《危害民国紧急治罪法》第二条第二项“以文字图书和言说,为叛国之宣传者”的规定,判处有期徒刑 13 年,剥夺公权 15 年,其他同案各人,各处徒刑由二年至七年不等,宣布无罪者,亦有二人。

除牛兰夫妇因别有瞻徇而外,中国共产党人,在非戒严区域,因党案而受普通法院之公开宣判者,算以此为第一次。中国党犯,在法律上得到最低之保障者,亦算以此为创例。当陈案公开审判的时候,代表政府之检察官与被告律师双方争辩的理由,概括起来,不外(一)陈独秀等是否危害民国;(二)今日中国之国家与政府是否一物。关于〔第〕一点,检察官的结论曰“是”,被告律师的抗辩曰“否”。关于第二点,检察官无申诉,而被告律师则阐扬甚为精透。

陈案本是法律问题,其有罪无罪,亦属于法的范围,不过此案宣判以后,因其性质不仅是法的方面,而且牵涉到政治思想的基本观念方面。数日以前,南京《中央日报》曾著为社论,对于此点,多所启迪,吾人于此,亦愿贡所见。

第一,吾人以为“朕即国家”之政治制度,在过去已演成不少恶果,继在今日现行党治之下,若坚持“反对并图颠覆国民党者,即为反对并图颠覆国家”的观念,其错误——甚至于危险——亦属极大。何以言之? 训政时期《约法》第一条规定“中华民国之主权,属于国民全体”,而不是属于国民党党员。同法第三十条虽然说“训政时期由中国国民党全国代表大会代表国民大会行使中央统治权,中国国民党全国代表大会闭会时,其职权由中国国民党中央执行委员会行使之”。此乃是指政权而言。至于主权,则仍之于国民全体。若连此主权而无之,则中国

非国民党的国民岂不是居于Subjects①之地位吗?

第二,中国政治之不上轨道,已为朝野上下所公认,但何以故?其原因不外政府不容许人民在轨道上作政治的活动。所以,激烈之士,不能不在轨外作活动。英国是君主国,而何以英国的共产党徒不作轨外的暴动行为?德、法是民主共和国家,而何以德、法两国的保皇党不另立政府,以与现政府对抗?其理由极为简单,但其关系极为重要,就是君主的英国政府能容许共产党,民主共和的德、法政府能容许帝制派,有法律的存在。一个政党能为法律允许公开的生存,能公开的与他党竞争,能有和平的政治道路可走,即无暴动之必要,即不必利用干戈以夺取政权。人民的信仰与主张,决不能使之全国一致。各种信仰不同的人,不能公开活动,则必秘密活动;不能公开竞争,则必以暴动夺权。这是政治上的必然现象,这也是中国政治纷乱最重要原因之一。吾人希望政府在未开放政权以前,对于反对暴动而信仰主张不同之人,取宽大仁慈的态度,庶不致驱人于铤而走险之一途。陈独秀等虽信仰共产主义,但反对暴动。此等人而在英、美、德法各国尽可公开活动,今国民政府既反对苏俄主义,又何必拾其党治余唾。

第三,国无法不立,但此中有一个基本原则,就是普通法院只能执行民刑法律。《危害民国紧急治罪法》,在法律上是戒严法(见第七条之规定),似不能适用此等法律。陈等被捕,既在未经戒严的区域,其审判机关亦为江苏高等法院,而不是军事裁判所,而何以援用《危害民国紧急治罪法》。吾人因此对于中国司法前途,不胜忧戚之至!

原载《益世报》 1933年5月3日 第一版

19.《申报》 1933年5月4日

国民党与国家

律师章士钊

近日,陈、彭叛国嫌疑一案,愚曾赴京庭辩。钊对起诉书及审讯事实,逐款抗论不讳。语势所趋,辄逾万言。就中国家与政府之别,尤三致意。良以检察官所执罪名,为叛国、为危害民国,而陈、彭自认反对或推翻者,止于政府,必于二者离析至明,然后刑责可得容头过身以去。而亦真理在是,不得

① Subjects原意为主体,此处意为受国民党统治的附属之意。

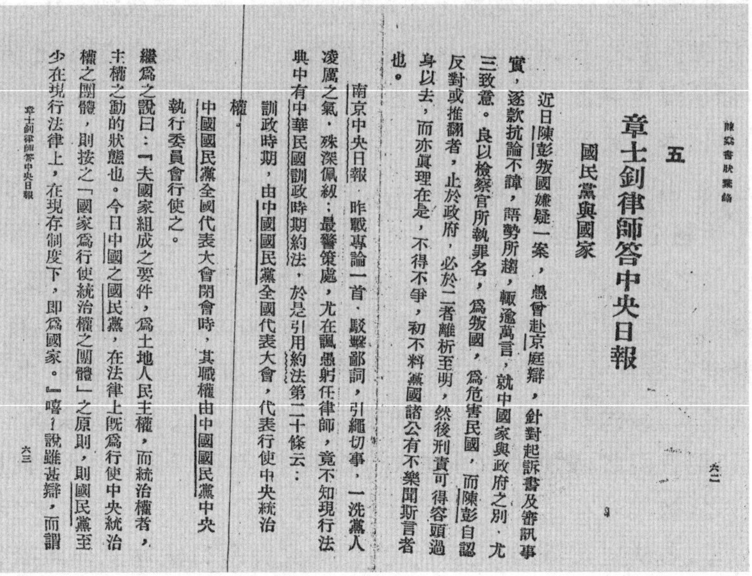

五

章士釗律師答中央日報

國民黨與國家

近日陳彭叛國嫌疑一案，愚會赴京庭辯，針對起訴書及審訊事實，逐款抗論不諱，語勢所趨，輒逾萬言，就中國家與政府之別，尤三致意。良以檢察官所執罪名，爲叛國，爲危害民國，而陳彭自認反對或推翻者，止於政府，必於二者離析至明，然後刑責可得容頭過身以去，而亦眞理在是，不得不爭，初不料黨國諸公有不樂聞斯言者也。

南京中央日報，昨戴專論一首，駁擊鄙詞，引繩切事，一洗黨人凌厲之氣，殊深佩紉；最警策處，尤在諷愚躬任律師，竟不知現行法典中有中華民國訓政時期約法，於是引用約法第二十條云：

訓政時期，由中國國民黨全國代表大會，代表行使中央統治權。

中國國民黨全國代表大會閉會時，其職權由中國國民黨中央執行委員會行使之。

繼爲之說曰：『夫國家組成之要件，爲土地人民主權，而統治權者，主權之動的狀態也。今日中國之國民黨，在法律上既爲行使中央統治權之團體，則按之「國家爲行使統治權之團體」之原則，則國民黨至少在現行法律上，在現存制度下，即爲國家。』嘻！說雖甚辯，而謂

《陈案书状汇录》收录的 1933 年 5 月 4 日章士钊律师答《中央日报》

不争。初不料党国诸公有不乐闻斯言者也。南京《中央日报》，昨载专论一首，驳击鄙词，引绳切事，一洗党人凌厉之气，殊深佩纫，最警策处，尤在讽愚躬任律师，竟不知现行法典中，有《中华民国训政时期约法》[①]，于是引用《约法》第二十条云：“训政时期，由中国国民党全国代表大会，代表行使中央统治权。中国国民党全国代表大会闭会时，其职权由中国国民党中央执行委员行使之。”

继为之说曰：“夫国家组成之要件，为土地、人民、主权。而统治权者，主权之动的状态也。今日中国之国民党，在法律上既为行使中央统治权之团体，则按之‘国家为行使统治权之团体之原则，则国民党至少在现行法律上，在现存制度下，即为国家。’”嘻！说虽甚辩，而谓是义为不佞浅识所不及知，殆未尽然，且即而察之，亦属君子一言不智之伦，料非全党不易之科律也。

愚尝读所谓《约法》者矣，其开宗明义之词曰：“由国民会议制定《中华民国训政时期约法》”。夫国民者何？本《约法》第六条大书而特书曰：“中华民国国民，无男女、种族、宗教、阶级之区别，在法律上一律平等。”党派云者，性质介乎宗教、

① 1931 年 6 月 1 日国民党政府颁行。以“训政”为名，规定由“国民党全国代表大会代表国民大会行使中央统治权”，由国民党中央执行委员会选任人员组织国民政府，其主席总揽大权。本文以下均简称《约法》。

阶级之间，国民之不当以党派不同，睃削其在法平等之权利。殊不难因文以见义，而依史料考之，国民会议，中山先生倡言于曹、吴[①]用事之顷，布告天下，文电恢张，而遗嘱更翘此为重要款目之一。虽召集之期，在总理已殁南都奠定之后，而既曰奉遗嘱为之，国民云云，当然不能有悖于发言人之手定范畴。读者试遍迹《中山丛书》，先生曾谓非国民党员，不得号称国民否乎？如实征之，民国二十年制定本《约法》之国民会议，议员并无何种党籍之限制，虽政力所之，国民党员之列席者，不期居大多数，而谓此次国民会议，论质论形，俱无异于国民党会议。譬之几何，两圆相覆，整然广狭同幅，[国民纵以阿斗自命，][②]恐非党国贤豪之所肯承。《约法》之第三十条，原文固为“训政时期，由中国国民党全国代表大会，代表国民会议，行使中央统治权”。代表国民会议一义，最为本条眉目，记者引之，贸然将文中国民会议四字，割截以去，不知是何用意？夫以权原言之，被代表者之资地，应高于代表者一阶，乃为选举政治之通义。所谓数同分母，名从主人，籍如记者所论，国民党在现行法律上即国家也。国民会议，在同一法律上，应以何物牒牒[之]，请下一转语来；国家之外，更得容太上国家否？抑或蛇有蜕、鱼有筌，凡此类物所自出，是否应即弃之如遗？亦俱请明白示复。

且循览《约法》全文，称主权者一（第二条），称统治权者一（第三十条），称治权者一（第六十五条），之三权者，果同隶一义乎？将各具分别义乎？就固陋所知，主权当英文萨[威]棱帖字，“Sovereignty”，统治权或治权，当英文“Political Power”字。前者国家所有事，后者政府所有事。观夫主权属于国民全体，订在总纲；治权得由政府总揽，订在政府组织下之中央制度，是二者各有部居，不可混淆，湛然明已。愚又闻之，主权者绝对无限，而又不得分割者也。中央记者所举国

---

① 曹吴：曹锟、吴佩孚。曹锟（1862—1938），字仲珩，直隶天津人。天津武备学堂出身。1930 年随东三省总督徐世昌出关驻扎，残酷镇压东北人民反对日本侵略者的斗争。1916 年任直隶督军。1920 年 7 月直皖战争后他与张作霖共同控制北京政府。1922 年控制中央政权。

吴佩孚（1874—1939），字子玉，山东蓬莱人秀才出身，投北洋军，1906 年任曹锟部第三镇管带。1922 年将奉系赶出关外，掌握直系军力，任两湖巡阅使、直鲁豫三省巡阅使。1923 年残酷镇压京汉铁路工人，酿成“二・七惨案”。九・一八事变后转辗到北京居住。下野后他始终坚守中国人的起码良心和底线，拒绝日伪拉他下水当汉奸，其人品和人格堪称民国第一人。他死后国民政府追认为一级上将，蒋介石唁电称其流芳千古！董必武在重广发表谈话，赞他“有清廉名”。美国《时代》杂志作封面人物称之为“Biggest Man in China”中国最伟大的人！（参见章君毂著《吴佩孚传》。此处转引自云南曲靖付亚丁：《吴佩孚的四个原则》，载《杂文报》2014 年 5 月 20 日第 39 期，总第 2635 期第二版）。

② 编者据《陈案书状汇录》版增补。

家学者，自伯伦知理①下逮柏哲士②(柏系美人，记者误为英人)，其说靡不皆然。至于治权，义取相对，而且限制惟意，割裂惟意。《约法》第六十六至七十六各条，列举政府作何事，行何权，皆治权之一部也。故于第六十五条统举之曰："政府总揽中华民国之治权"，此种随意分合聚散之实，罗罗清疏③，一览可得，而悉于第一章所标主权无与。主权既属于国民全体，惟国民在某种形态下，若照相镜然，所摄全民迹象，毫无渗漏者，始得擅居行使之名，无慙德焉，是何也？即孙先生所大声疾呼之国民会议也。尝论国家，本一玄名，以见人类最高之政治理想，必以国界内之察物表之。则舍国民会议外，则无质量俱称之物事，足以尸诸。会议中之一党一派，岂其伦也？公孙龙子以悖言乱辞，比之棺椁异处。今中央记者齐视国民会议，与议席间之党若派，卒之主权与治权之界域，樊然不清，又可谓棺椁同度。持此历物，借使服人之口，焉足服人之心。姑退一步，主权即统治权，行使统治权之国民党即国家，一切如记者言，而记者明明为国家核定其组成要件曰：土地、人民、主权，三者缺一，义即未备。主权一项，敬闻教矣！土地、人民，说果如何？《约法》第一条曰："中华民国领土，为各省及蒙古、西藏"，是土地之谓也。第二条第二项曰："凡依法律享有中华民国国籍者，为中华民国国民"，是人民之谓也。二者皆烜然载在现行根本大法者也。倘若此之领土不视作国民党之私田、之采地、之汤沐邑；此之国民，不视作国民党之农奴(如希腊)、之喀斯(印度)、之非人秽多(日本)，非微根本大法之显文露书，价值等于傀儡登场之道白。而中央记者爱护己党，张皇布辞，以国家之宝三始，以党即国家终，抑亦自陷于逻辑矛盾之域而不可通。

记者或振振有词曰：吾之所言，本非通论，特中国在训政时期，有此见象，乃"由事实所造成"，无可如何，"训政时期约法未经合法废止以前，反对并图颠覆国民党者，即为反对并图颠覆国家"。此则愚又惑已。某时期《约法》，亦指《约法》之订于某时期云尔，与言千八百七十一年法兰西共和宪法，以示别白于前时所立诸宪，词旨相类，除训政之一特殊事项外，余文大率赋有永久法性，保持百年，要

---

① 伯伦知理(Bluntchli Johann Caspar)，1808—1881，生于瑞士苏黎世，是当时欧洲知名的学者、政治家。著有《一般国家法》、《德意志国家词典》、《国家学》等。

② 柏哲士：即J. W. Burgess(1844—1931)，又译作伯盖司、伯吉斯。19世纪末20世纪初美国著名的政治学家，哥伦比亚学院政治学院院长，兼史学、政治学、国际法教授。为"政治科学"(Political Science)一词的首创者，享有美国政治学之父的荣誉，在19世纪末与当时的政治学者(后来当选为总统的威尔逊)齐名。著有《政治学及比较宪法论》(1890)等。

③ 罗罗清疏：疏朗清晰的意思。

自未妨。如上述法兰西宪法，赘载麦马韩[①]将军总统任期一节，与吾《约法》标明训政又同。今巴黎、白宫首领，无虑五六选，而宪法如故。麦马韩将军之名，化为宪法上之殭石如故。倘吾之《约法》，运行有效，叶叶相安，欣欣向荣，则训政时期之成文典章，殊无合法或非法废止之必要。是在国民党人斟酌经权，好自为之而已。何以言之？寻《约法》全部，国民党于政治范围以内，虽位置显为优越，然试律于国家本体，无论大小纡径，要绝无僭窃侵害之嫌。一旦此党求还初服，解除训政，不但国家表里山河，生聚教训，依然无恙，即"约法"参照法兰西前例，殭者听之，活者行之，或正或负，一体祗遵如昔，并无意想中杈枒难就之境。乃者党中新进少年，辄鳃鳃焉以希腊市府之贵族为归，视齐民如徒隶，皇皇焉以鲁易十四之淫威为逞，同国家于朕身，竟合党与国而一之，谓反对其一，即为反对其二。初不意法理既非如是，事实亦大相刺谬。党中之法家拂士，谅不为之推波而助澜，庸人自扰，召闹取怒，驯至国中领导国民之惟一大党，无形中丧失信用不少，是亦不可以已乎！

尤奇者，中央记者一面主张党即国家，一面说明民国国体与苏维埃国家不同。其言曰："在民主国家，主权寄于全民，而在苏维埃国家，主权仅寄于工农兵阶级。今日苏俄宪法第六十五条第一款至第五款所列之人，在苏俄皆剥夺其公权，不齿于公民……共产党人名之曰无产阶级专政。……(以上省略号为该报原来就有——编者)今日中国国体，根本与苏维埃有别。"嘻，怪已！记者既知民主国家主权，寄于全民，则以主权论，全民者国家也，国民党不过全民中一小小分子，乌得谬尸其名？此其一。既谓党即国家，此谥为国民党专政，其谁曰不宜？中国国民党专政，苏俄无产阶级专政，此正两国相同之处，焉得曰否？此其二。或曰："国民政府之与苏维埃，名不同而实同。国民政府，在法予党外人以公权，而实则靳之。苏俄不论法实，非无产阶级之公权，一律剥去。苏俄一本，而国民政府二本。一本者何？国体与政体合，二本者何？国体与政体歧。中央记者不居国民党不敢居之名，而却为本党尽攫其所欲攫之实，是之谓党报！"愚曰不然，党即国家，亦国民党不敢居之名也。而记者居之不疑，又表面力图避免之苏维埃制度，实际竟或是一是二。有人偶扬苏俄，谓中国治道宜进于是，又动以叛国之罪加之，并缧囚其人，使不得声。如此高下在心，膝渊惟口，国有禁脔，触之者死，诚哉力之所在，人孰得而抗之？政之所擅，亦孰从而反之？惟由力而理，

① 麦马韩：即帕特里斯・麦克马洪(1808—1893)，法兰西第三共和国第二任总统(1873—1879)，君主制主义者。曾于1871年镇压巴黎公社起义，在总统任内颁布了1875年宪法。

由政而学,事关人类之思想自由,及百年之是非统计,概欲由一时权党,垄断以尽,恐非徒托梦想之举,即属枉耗心计之为。至若推倒现政,直接行动(即暴动)诸标识,乃共产党理论之所必然。各立宪国之许彼党同下选区,即同时听其提出理论,从容鼓吹。盖国家号为立宪,选民大抵享受依法变更宪政之权。英伦之易称共和及法兰西之恢复帝制,只须国人公同意志如法表显以上,在谊无不可能,何况主张之远下于此者乎?何况环[意]境之属诸未来者乎?

愚主陈独秀倡言推翻国民党,并非危害民国,及布达未来之政治理想,无背于近世立宪国之通则,自信确有法据,深叶人情,犹非身任函人之不得不尔也。而中央记者,于该案尚未宣判之日,利用全党第一宣传机关之班资,显示被告应受何等刑责,以致判决主文,适如所期,似其影响所中,实溢出于吉人词寡之外,其曰"陈某判罪之结果,此法院之职,非记者所愿妄参末议"。毋亦世人凡于愿为之事阳为不愿之一例而已,取瑟之意朝明[①],城旦之刑夕应[②],中间有无相感相召之迹,及其迹为若何,自非外人推测力之所能至,然若在寻常非党报纸,将万无此等任意指陈刑事大案之权,稍逾范围,行遭纠问,此其事有必至,殆同十日并照之明,独《中央日报》负党以趋,意之所指,辄生杀予夺人,大书深刻,俨诚论告,举世不敢非,敢非亦不顾,此党国名记者之"文采智辩",自非可以八面论师及操觚恒律衡之者已。

原载《申报》 1933年5月4日 第十二版

20. China Forum (《中国论坛》[③]) 第2卷第5期 1933年5月4日

陈独秀获刑13年[④]

4月27日,中国共产党创始人陈独秀在南京被判处13年徒刑、剥夺政治权利15年。陈独秀系1925—1927年间的中共领袖,1929年作为托洛茨基分子被开除出该党。他的七名追随者分获13年到两年半不等的徒刑,另两名受审者被判无罪释放。他们被指认犯有"蛊惑人心"罪并组建"旨在颠覆民国之组织"。

---

① 取瑟之意。比喻用曲折的方式表达意思。出自春秋、鲁、孔子《论语·阳货》。

② "城旦之刑夕应",指以城旦之刑罚处理陈案,城旦之刑在秦为四年劳役,汉为五年,服刑者夜筑长城日防寇之刑。

③ 《中国论坛》见四专题36条题注"伊罗生"条。

④ 孙江供稿,计秋枫翻译。孙江东京大学博士,日本静冈县文艺大学教授。现南京大学高级研究院教授,博士生导师,长江学者。

陈独秀及其九名追随者于1932年10月16日在上海公共租界被捕，随后被引渡给国民党当局，直到本年4月14日才提交审判。针对此次审判，"中国人权保障同盟"于4月30日发布抗议，其中声称：

"中国人权保障同盟抗议此次仅凭文学写作而定罪的判决……本同盟希望指出，被定罪者作为托派人士从未从事暴力行动，且与江西的共党活动无涉，其被定罪仅因发表一些被认为'反对民国之宣传'的作品。本同盟还要指出，北平的Ma Chen-ming① 和Hou Wai-lu② 教授也因其授课笔记而被判处两年和六个月的徒刑。"

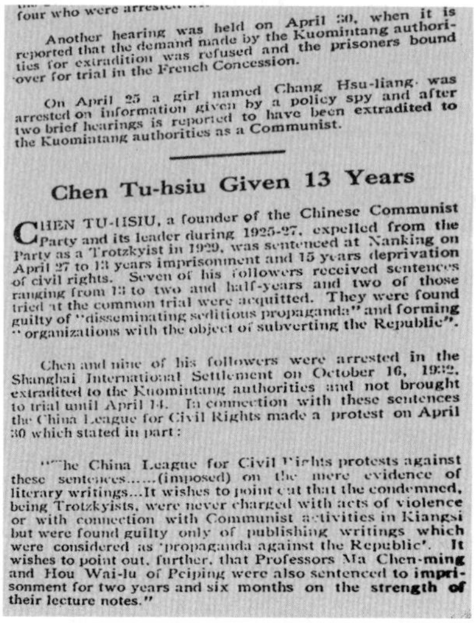
four who were arrested ...

Another hearing was held on April 30, when it is reported that the demand made by the Kuomintang authorities for extradition was refused and the prisoners bound over for trial in the French Concession.

On April 25 a girl named Chang Hsu-liang was arrested on information given by a policy spy and after two brief hearings is reported to have been extradited to the Kuomintang authorities as a Communist.

Chen Tu-hsiu Given 13 Years

CHEN TU-HSIU, a founder of the Chinese Communist Party and its leader during 1925-27, expelled from the Party as a Trotzkyist in 1929, was sentenced at Nanking on April 27 to 13 years imprisonment and 15 years deprivation of civil rights. Seven of his followers received sentences ranging from 13 to two and half-years and two of those tried at the common trial were acquitted. They were found guilty of "disseminating seditious propaganda" and forming "organizations with the object of subverting the Republic".

Chen and nine of his followers were arrested in the Shanghai International Settlement on October 16, 1932, extradited to the Kuomintang authorities and not brought to trial until April 14. In connection with these sentences the China League for Civil Rights made a protest on April 30 which stated in part:

"The China League for Civil Rights protests against these sentences......(imposed) on the mere evidence of literary writings...It wishes to point out that the condemned, being Trotzkyists, were never charged with acts of violence or with connection with Communist activities in Kiangsi but were found guilty only of publishing writings which were considered as 'propaganda against the Republic'. It wishes to point out, further, that Professors Ma Chen-ming and Hou Wai-lu of Peiping were also sentenced to imprisonment for two years and six months on the strength of their lecture notes."

《陈独秀获刑13年》报道英文原文

原载China Forum(《中国论坛》)
1933年5月4日
第2卷第5期

21.《申报》 1933年5月5日

陈独秀患盲肠炎症

南京 陈独秀现患异性盲肠炎症，日食面包小半个，精神极为委顿，刻正由

① 即马哲民(1899—1980)，号铁肩，湖北黄冈人。早年毕业于武昌外国语学校和福州高等工业学校，后赴德学习社会学。五四运动后回国，在上海参加了马克思主义学会和中国社会主义青年团。后与陈独秀一起在武汉创办中外通讯社。1922年春以新闻界代表出席远东各国共产党和各民族团体大会并入党。1923—24年任中共武汉区委委员兼武昌地委委员。1924年入早稻田大学学习政治经济学，创建日本中共党团组织(支部)，兼任两组织书记。为国共合作时期中国国民党驻日总部常委兼组织部长。1926年秋归国，先后任国民党中央党部秘书处文书主任，武汉国民革命军15军文书股长兼《汉口民国日报》编辑等。1927年"七一五"汪精卫分共事变后脱离共产党。1929年任暨南大学教授。后任北师大社会学系和中国大学经济系主任。1932年应北平学生之请，讲"陈独秀与中国革命"课而被捕，判刑二年，1942年在重庆与陈中凡合编《大学》月刊。建国后被错划为右派。已平反。

② 侯外庐(1903—1987)，原名兆麟，又名玉枢，自号外庐，山西平遥人。中国历史学家，思想家、教育家。1923年入北京法政大学和北京高等师范学校，攻读法律和历史，1927年赴法国巴黎大学留学并加入中共。1930年回国而与组织失去联系。1932年被日寇按三光政策逮捕入狱，1933年8月保释出狱。1936年与王思华合译《资本论》第一卷。后主编抗日报刊《文汇报》副刊及《中苏文化》。1948年入东北解放区，曾任西北大学校长，中国社会科学院历史所所长，中国哲学史学会名誉会长等，第一、二、三、五届全国人大代表，六届全国政协常委。

鼓楼医院派医诊治。据陈谓，本人被判决徒刑，明知将来上诉亦未必能有效果，不过既有上诉机会，愿一试探中国司法最高机关，对于法律上之印象如何。(四日专电)

原载《申报》 1933年5月5日 第七版

22.《大公报》 1933年5月5日

陈独秀病

[南京四日下午十时发专电] 陈独秀患肠病，饮食难进，现延医诊治。

原载《大公报》 1933年5月5日 第三版

23.《法律评论》 第10卷第31号第499期 1933年5月7日

《陈独秀案第三次审理记(上)》

(同1933年4月21日《中央日报》三、七版《陈独秀案辩论终结 昨上下午均开审 各律师出庭辩护 定念六日宣判》报道，见本书第384页第66条此略。——编者)

24.《中央日报》 1933年5月7日 社评

再论今日中国之国家与政府

曩者陈、彭叛国案在法庭公开审判之日，记者曾本法理及现行法律，于陈、彭供词及律师章士钊之辨文，郑重提出今日中国之国家及政府一问题，为天下论坛，稍正是非而明黑白。愚论既揭本报，一昨章士钊投文上海《申报》题曰：国民党与国家。文中论点要旨，大抵悉指本报前揭社论。记者自忖前次行文，纯虑学理及法律，于章士钊辩词疵谬之处，除为学说法理之纠正辩难以外，丝毫未涉本题旨趣以外。顷观章士钊在《申报》所表论文，文中所论各点，自有待再为譬晓，然综览其全文词旨及语气，则凌厉之气、拉杂之词，充塞行间，已多溢出论家樊篱之外。若章君论及《约法》而必冠以“所谓约法者”，涉及本党遂名之曰“匪党”，测前次社论之动机谓与法庭之判决相感召，且进而为之言曰：“《中央日报》负党以趋，意之所指，辄生杀予夺人”。凡此词章，所以逞其笑骂谬辱者，无不备至。章君个人既在，足为天下后世所讥评、谬辱之资者，自有天下后世。章君二十年来于人于己，所以资为百年是非统计之地者，自有百年以后之统计。章君昔日跳跃南北、所负以趋者、彼物彼志，在天下后世之观感，亦自有天下后世。吾人今日决

中華民國二十二年五月七日 中央日報

南開校友會南京分會啟事

社評

再論今日中國之國家與政府

各地敵軍積極增援

灤東察東形勢極緊張

荒木公然談稱對我將採斷然手段

敵竟提出要求迫令我軍退出灤東

下星期起

華府將談遠東問題

宋財長約昨晚可抵美京

美報主張各國應向日本聲明態

1933 年 5 月 7 日《中央日报》社评《再论今日中国之国家与政府》

不因章君之尤而为征效，贸然于论旨之外，以一矢遣章君。偶愤章君在京出庭抗辩归沪之日，在沪自作谈话，曾自言政府当局于其辩词，丝毫未加阻止，京中党内外各报，亦普遍予以披载，不漏只字。章君且为政府辩白干涉言论之无罪，章君肺腑，天下明眼人皆能烛之。非记者所欲资一字，记者今日尤必保持本党从来宽容之态度，以与章君一论国家与政府问题。□□以章君自命为学人，于其自身生息之国家政府之性质，终不忍使其长此冥惑而不解也。

训政时期《约法》之制订为国民会议，根据国民会议之选举法，国民会议由全国人民选举之代表及国民党之代表所组成，国民会议代表并无何种党籍之制限，正如章君文中所言。章君既认国民会议代表无党籍之制限，则其承认国民会议为全国人民代表所组成，不难于文义中见之。国民会议由此全国人民代表所组成，训政时期《约法》则由国民会议议决通过之，故《约法》中所赋予本党之权，皆为民意所授予："训政时期，由中国国民党全国代表大会代表国民大会行使中央统治权……"国民党与国家此种法律上之关系，如记者前文所论者，其为全国民意所授与，则由章君所论亦可推见之，不待吾人再为引论。记者前论于国民会议之性质，未曾涉及，且亦根本未言国民会议即为国民党会议。使国民会议仅为国民党会议，则《约法》并非全国之《约法》，而仅为国民党之《约法》；又使国民党代表行使中央统治权之根据，仅为国民党全党会议之决议而非全国民意之授与，则国民党今日代表国家之资格，在法律上即无依据。反对国家与反对国民党有别，惟在此场合尚有可说。章君于国民会议知其一而未知其二。一者何，国民会议之组成其代表不限于党员，国民会议为全国人民代表之会议而非国民党会议；二者何，国民党与国家之一体，由全国民意所授予是也。

国民会议与国民大会性质迥殊，权职亦有别，国民会议之名词，见于总理北上宣言，而国民大会之名词，则屡见于总理遗教。其最具体之说明，尤在《建国大纲》：国民会议为全国国民在某一时期"对于时局谋中国统一与建设"之一种会议。总理十三年北上宣言中所言主张召集国民会议之最大动机，即为谋中国之统一与建设。而其理论根据，则为(一)使时局之发展能适应于国民之需要，(二)使国民能自选择其需要，凡总理所主张"于曹、吴用事之顷"及谆告于遗嘱中者，皆指国民会议而非国民大会。国民会议为临时解决时局之会议，在时间上为暂时的，其对象为暂时的时局问题；至于国民大会则性质、职权迥异。《建国大纲》二十三条"全国有过半数省份达至宪政开始时期，即全省之地方完全成立时期，则开国民大会决定宪法而颁布之"，又第二十四条"宪法颁布之后，中央统治权则归于国民大会行使之，即国民大会对于中央政府官员有选举权、有罢免权，对于中央法律有创制权、复决权"。由此以言，则国民大会者全体人民代表集合之团体也，此团体之职权，在宪政时期开始之初为"决定宪法而颁布之"；在宪政时期中，则为行使中央统治权。国民大会之产生，必在训政时期完成以后。换言之，即全国有过半数省份达至宪政时期，即全省之地方自治完全成立时期。训政时期，中国国民党所代表而行使中央统治权者，为国民大会而非国民会议。训政时期之中全国方经军事时期之非常破坏，全国各省未能完成地方自治。在此时期中，国民方在保育训导之中，故国民大会，根本尚未存在，章君所谓超国家者，自未免为节外之杞忧。章君既认主权不可分割，则训政时期中之主权既无根本大法赋予国民党，国民党外之任何团体自不得窃尸其名。训政时期中无国民大会，国民大会在训政时期中无法产生，事实上如此，中国建国之国民党的宪章遗教皆明明如此规定。章君责记者于此下一转语，因其假定之前提不能成立，当然无从为之结论，此逻辑上基本原则也。

中央统治权与治权大异，统治权属于国家而治权则属于政府，诚所谓罗罗清疏各有部居。章君就其“固陋所知”谓主权当英文 sovereig[n]ty，而统治权或治权当英文 Political Power，所以辟愚说之理据，即在此英词之杜撰。夫统治权一名词，系日人由德文中译出，英文中颇难得其偶，必欲在英文中求其匹偶，则统治权之译名必为 sovereign Power 而决非笼统之 Political Power 一词可以概括。且即其统治权与治权之内容观之，更可识别，总理《建国》大纲第二十四条“宪法颁布之后中央统治权则归于国民大会行使之”，其下总理更释所谓中央统治权者“即国民大会对于中央政府官员有选举权、有罢免权，对于中央法律有创制权、复决权”，之四权者，总理名之曰政权。按之通常宪政国家，政由民主，其人民所得而主者，大抵曩日仅为选举，而近顷稍及于覆决创制，故主权在民一语其所在之实质即此而止。中央统治权行使之内容，既为此四种政权，则主权是已。中央统治权者，主权之动的使用状态也。此与治权自非可同论，原夫治权理论所宗，起于孟德斯鸠三权分立之说，孟氏创之而北美独立时，费城宪草会议诸子和之，尽纳其义于美宪，故总统、两院、大理院三届划然如鸿沟，各不相犯。所谓立法、行政、司法三种治权，果与选举、罢免、创制、覆决四者何涉？章君一举英词 Political Power 遂欲强两种不同之物为同，不知章君所示我之转语为何，章君于愚统治权之论据，既丝毫未能动摇，则章君所欲集矢之问题，即根本未有解答。章君一再侈言逻辑，因谓破坏主权，未即为破坏国家，是诚大惑不解者矣。夫国家组成之要件有三：土地、人民、主权是。三者之中偶损其一，即为叛国。犹之身体自由，缧绁一人之足，或系累其手，皆可谓之侵犯身体自由。更取浅显，批章士钊之颊或挞章士钊之臀，或损之章士钊之肤发者，同为伤害章士钊之身。由章之说，必使章之四肢周身遍体鳞伤，方得谓伤害章之身体乎？故变更国体谓叛国，变更国体者，于土地、人民皆无损者也。眼前取譬，如郑孝胥之佐命溥仪降附日人，其于东三省之人民并未屠戮，必如章君所言则郑逆所损者但国家之土地与主权而已，郑亦不能目为叛国也。使他日郑逆身系法庭，乞灵于章律师之辩护，吾知章氏为郑解脱之词当无逾此，是其自身陷于逻辑矛盾之域，诚可笑已。

苏维埃国家与中华民国国体之别，前尝论之。章士钊谥训政为专政，由此而言“中国国民党专政、苏俄无产阶级专政，此正两国相同之处”。章君既习名学，应知比较事物应先就事物之内容着眼，昔有人叩其师曰羊一兽也，牛亦兽也，是牛等于羊，章君所观于中、俄今日两国国体毋乃类此。中国国民党以建国之党，在训政时期代表行使中央统治权，在法律上是由全国国民民意结晶之《约法》而来，苏俄共产党之专政，其同于是乎？《约法》关于人民、国民无男女、种族、宗教、阶级之区别，而苏俄则只许劳工者有公权，苏俄国民之权利其同于是乎？中国国民党之基础在全民，本党总章于党员之加入绝无阶级或其他限制，苏俄共产党之基础在于阶级。国民党训政时期《约法》有无类似苏俄宪法第六十五条第一款至第五款之条文及精神，共产党之主义学说有无还政国民及训政等规定，又是否以民治民享民有之政治为目的？且以事例言之，今日中央之特任官由非党员任者有几人？其他公务员之由非党员任者又有几人？非党员之公权与党员所异者安在？即以主权论，普通代议政治国家事实上其主权实有多数人委托于少数人行之，是说也，法儒欧里安 Hourou[①] 尝痛论之，故中国现在政制，统治权暂寄予党，实取代议政治之质而法律化之，是恶可与仅保阶级利益之国家为同其国体耶?

章君拳拳不忘辩护之责，故《国民党与国家》一文中再为陈独秀辩曰：有人偶扬苏俄，谓中国治道宜进于是，动以叛国治之罪加之。又曰“国家号为立宪，选民大抵享受以法变更宪政之权，愚主陈独秀倡言推翻国民党，并非危害民国，及布达未来之政治理想，无背于近世立宪国之通则。自信确有法据，深叶人情”[②]。夫陈独秀过去之行为，是否“偶扬苏俄”及“布达未来政治思想”足以尽之？选民享受依法变更宪政之权，是否即为暴动屠杀之权？陈独秀于民国十六年汉口南昌之大暴动及向年年终在广州与海陆丰之大屠杀皆为主要人物，此种人物此种行动，谓其背于近世立宪国之通也。章士钊若起白芝浩、戴雪于地下而就教之，当亦可使其有蓬之心稍去茅塞，否则即有舌如簧、有笔如刀当亦无所施技。陈独秀之叛国，可诉诸法律，可诉诸全国民意之总投票。“百年是非统计”中，观于章君所论辩，必有弃书而叹曰“此言伪而不辩，”叩其两端而竭已。

记者前论国家与政府，揭布于前月二十六日，而法院之判决即在是日。记者于此刑事大案论列之日，所以必迟至宣判之日而不在辩论进行中及辩论后者，诚恐或有妄加测度之人，横加诬蔑。然本报于法庭宣判之日揭载前论，而章君犹目为意之所指则生杀予夺人，章君自许于法庭滔滔攻击国民党，而不许党报有一言为本党自明其立场。一言说明，即为予人生杀，是章君刻意构陷，其心计口舌尚

① 欧里安：法国公法(以研究公权力、公权力配置、公法关系和公法责任为主要内容)方面的著名学者。

② 引自 1933 年 10 月章行严编《陈案书状汇录》第 73 页(上海市图书馆藏)。由汪原放印制一千份散发，无编者、无出版单位、无日期。据陈独秀《致汪原放四十二封(1933 年 6 月—1935 年 3 月》中第十封信(1933 年 10 月 11 日下午)，该信明确说“《诉状》(章行严先生拟编的)”可见。

出于白刃之上□者，“三一八”时代执政府门前之下意识，至今尚憧憬于脑中，执政府门前之杀机，与老虎周报杜撰之联想，不觉流露于无形。故“骞冢再毁”之记与李煜瀛等通缉之令[①]前后相为辉映，所谓生杀予夺者毋乃在彼而不在此。至今物换星移，此物此情已入“百年是非统计”之列，本可存而不论，然必欲使全国人有此回忆者，则章君之所自求也。

原载《中央日报》 1933年5月7日 第二版

25.《红色中华》 第77期 1933年5月8日

托陈取消派向国民党法庭讨饶

上海讯：托陈取消派首领陈独秀、彭述之等十一人自去年十一月[①]间被捕后，颇得国民党当局的青睐，在狱中备受优待，生活舒适。因之，陈、彭等不禁“铭感肺腑”，对国民党更愿表示“五体投地”，以为“报德”。闻最近陈、彭案经过公审后，已宣判结束，均判以文学〔字〕宣传罪，陈、彭判十三年徒刑，其余则判七年至二年不等。开庭审讯时，陈、彭等都服服帖帖，自认是托落斯基派，一再声明与第三国际无关，并痛斥他们所谓“斯太林派”等主张，骂红军为“土匪”，最后极力否认他们有任何危害民国之罪。托陈取消派跪在国民党法庭前面如此讨饶，所以保住了性命，而且很快便可在国民党的“皇恩浩荡”下得到大赦，以致起用，大做其官咧！

原载1933年5月8日《红色中华》 第77期

26.《晨报》 1933年5月8日

《再答章士钊——再论今日之国家政府》(即5月7日《中央日报》社评，见本书第451页第24条，此略。——编者)

27.《中央日报》 1933年5月12日

陈独秀案将提起上诉

▲中央社上海十一日电 章士钊谈，陈独秀俟判决书送达后，决向最高法院提起上诉。

原载《中央日报》 1933年5月12日 第三版

---

① 李煜瀛(1881—1973)，又名李石曾。河北高阳(今保定)人，清李鸿藻之第三子，中国留法俭学会创始人，1902年赴法国，1906年加入同盟会。中国博物院创始人，中国近代著名社会教育家，革命家，生物学家。1926年由于奉系军阀迫害进步人士，李被通缉避居东交民巷后赴上海。其所任北大生物系教授一职也因此“不克至校授课”。1928年任首届故宫博物院理事长。1948年任总统府资政。1973年于台北去世。

28.《大公报》 1933年5月12日

陈独秀决向最高法院起诉

[上海十一日下午四时发专电] 章士钊谈,陈独秀俟判决书送达后,决向最高法院提起上诉。

原载《大公报》 1933年5月12日 第三版

29.《法律评论》 第10卷第32号第500期 1933年5月14日

《陈独秀案第三次审理记(下)》

同(1933年4月21日《中央日报》二、三版《陈独秀案辩论终结 昨上午均开审 各律师出庭辩护 定念六日宣判》和1933年4月22日《中央日报》七版《陈独秀案辩论终结 定二十六日宣判(续昨)》报道,见本书第384—393、395—396页此略。——编者)

30.《中央日报》 1933年5月24日

陈独秀案判决书全文

共党托洛斯基派首领陈独秀、彭述之等危害民国一案,兹经江苏高等法院派推事胡善称等来京,假江宁地方法院审讯完结,被告除梁有光、王鉴堂宣告无罪外,各处有期徒刑,褫夺公权在案。惟判决书因整理需时,延至日昨始由苏高法院将全文送达各被告,但为慎重起计,由邮局挂号递送,故延至日昨下午。陈等尚未收到。(案本社电苏州觅得判决书全文,已志另条)中央社记者特赴地方法院看守所,探视陈独秀、彭述之二人,据谈:余等行为始终不能认为危害民国,故对苏高法院之判决,已经声明不服,决提起上诉。惟辩护律师是否仍聘章士钊等,现犹未完全决定。至上诉书,恐律师无暇执笔,拟亲自撰述,陈等首次并向记者探询华北近势云。兹将由苏州觅得之判决书全文录下:

(见本书第426页《江苏高等法院判决书》,此处略——编者)。

原载《中央日报》 1933年5月24日 第七版

31.《中央日报》 1933年5月25日

陈独秀案判决书全文(续昨)

(见本书第426页《江苏高等法院判决书》,此略——编者。)

原载《中央日报》 1933年5月25日 第七版

同日《世界日报》1932 年 5 月 25 日陈独秀案判决书全文(略)。

32.《大公报》 1933 年 5 月 25 日

陈独秀案判决书

陈独秀彭述之等一案，业经江苏高等法院赴京审结。被告除梁有光、王鉴堂无罪，陈独秀等八名各处有期徒刑，褫夺公权，判词全文即日送达，爰觅录如下：(见本书第 426 页《江苏高等法院判决书》，此略。——编者)

33.《益世报》 1933 年 5 月 25 日 陈独秀判决书全文(一)

［苏州通讯］ 第三国际派首领、托洛斯〔茨〕基主义之首领陈独秀、彭述之等危害民国一案，业经苏高院派员赴京审结，被告除梁有光、王晓春无罪，陈独秀等八名，各判有期徒刑，褫夺公权在案。现被告等均奉判不服，拟向最高法院提起上诉。该审判词全文，苏高院谓已编辑□□即日送达。兹觅录全文如下：(见本书第 426 页《江苏高等法院刑事判决书》，此略。——编者)

34.《大公报》 1933 年 5 月 26 日 陈独秀案判决书(续昨)(略)

《世界日报》 1933 年 5 月 26 日 陈独秀案判决书全文(续)(略)。

35.《益世报》 1933 年 5 月 26 日 陈独秀案判决书全文(二)略

36.《大公报》 1933 年 5 月 27 日 陈独秀案判决书(续昨)(略)

《世界日报》 1933 年 5 月 27 日 陈独秀案判决书全文(续)(略)。

37.《大公报》 1933 年 5 月 28 日 陈独秀案判决书(续昨)(略)

38.《法律评论》 1933 年 5 月 28 日 第 10 卷第 34 号第 502 期

从法律本质上观察陈彭案判决之当否

彭 时

一 引 言

自从陈独秀、彭述之等一案移归江苏高等法院公开审理以来，轰动全国，报纸争相记载，民众摭为谈资，几至街谈巷议，妇孺皆知。迨至法院分别判决有期徒刑以后,一般论者,有谓陈、彭等均为改造国家的志士,性质属于政治犯,似不应课以重典;有谓陈、彭等意图推翻国民政府,危害民国,法院依法判决,甚为适当。议论纷纭,莫衷一是。然陈、彭若是,则法非也;判决若是,则陈、彭罪有应得矣。二者必难两全,吾人就其审理、辩护、及判决之经过,依据法律的本质,而论列其得失如次:

二 法律本质的意义

为观察陈、彭案判决之当否?吾人所应首先明了者,即恶法得为法与否之问题。若依奥斯丁(John Austin, 1790—1859)[①]氏之命令说,与夫边沁(Jering Benthan, 1748—1832)[②]氏之立法论,恶法之观念得以成立,究依如何之方法考察之?对此问题,吾人即应研究法律之本质。即先了解法律本身之作用,然后始能分析其作用加于客体之当否也。一般人所谓正义,法的确信,或国民道德之法律化……等定义,予意均为关于法律内容之答案,而无关于法律之本质。所谓法律本质者,与其内容有截然之区别,乃与法律之效力相结合,即合于法律的效力之本质的情势者是。关于此点,又有多数之学说。大概近世法律,又多以强制为其本质,凡在发达之国法范围内,靡不皆然。不过此强制手段,不仅以狭义的刑罚与强制执行法为限耳。

三 政治上优者之命令即为法律

法律有强制力,至少有强制一般人遵守之性质,是为法律本质的效能。此强制力何由发生?结果,均以力之优劣而定其最后之原因。神授法之古代,固无论矣,即在近世国家,法律之发生,亦系优者对于劣者之关系。换言之,法律之渊源,即为优者对于劣者统治之工具。故对于劣者,能以优越之力强制其遵守。再说法律为国家之意思观之,国家对于其为构成分子之各个人,居于优者之地位,故在其意思上强制的条件具备时,当然能强制构成国家分子之各个人。若上述奥斯丁一派之学说,谓一国家或社会,分为政治上之优者与政治上之劣者,其优者对于劣者所下之命令,即为法律。亦即谓法律,系优劣对立之关系而成立者也。更就习惯法言之,其法效之源,为君主之默认,或为人民之承认,吾人试一考究罗马法之学说,其法律之渊源,必得优者之所首肯,在四民平等民主之国家,国

---

① 奥斯丁(1790—1859),是 19 世纪英国伟大的法律哲学家,分析法学派的创始人,又被尊称为"现代法理学之父" 其思想独树一帜。对以后的一些法学流派影响巨大。在代表作《法理学的范围》中首次提出"法律命令说"这一概念,

② 边沁:杰里米·边沁(Jeremy Bentham, 1748—1832),英国的法理学家、功利主义哲学家、经济学家和社会改革者。政治上激进,是英国法律改革运动的先驱和领袖,对社会福利制度的发展有重大的贡献。

民之意思，即为法律，以其有优越之支配力故。在独裁君主之国，君主之意思，即为法律，亦以君主握有优越权故也。

然所谓优劣之关系，含义云何？奥斯丁曾谓：仅系一种力之优劣。所谓力者，指物理的意义之力。易言之，即不外军队之力，与警察之力，亦即不外得以捕缚，投狱，杀戮对方之力。具有此力者，即为优者，其意思与其命令，即为法律。独裁君主只一人，然有多数之贵族为其手足，其下则由武士，兵队支持之。其一人占优者之地位，其命令即为法律。在苏俄之革命，最初不过十万人，因剑与枪之优越力，遂一跃为全俄之优者，其命令，亦为法律。由此观之，凡所谓一社会之优者，无过半数多数党之必要，仅剑与枪占优势，即获优者之资格，其命令即为法律。

基于此理，法律之废灭亦然，爱新觉罗氏之法律，因辛亥一战而归于废灭，非清室有意废灭之，乃剑与枪失去优越力故。曹锟之宪法①，瞬归于废灭，亦非曹氏个人愿意废止，以国民革命军握有强力，而旧军阀本身迫处于劣者之地位故。法律之生灭，固渊源于优越力之得丧，至一国家一社会优劣之分，又不外一种之事实与历史，而不能以法理说明者也。

如上所述，为法律本质之强制力，全由物理的优者之力而流出，其内容如何，与法律之成立无关，凡属优者之命令——人咸服从者，即为法律。或者以正义、道德、合目的等观念，定法律之观念，此就自然法或法律哲学立论，或不无相合，若以之观察现实之成文法，则实有未当。何以故？征之一般法家者言，谓“以法可以破理，理不可以破法”，此即成法与理之关系。此种关系，专制武断政治之法律固属于此，即共和民主政治之法律，亦不外是。鲜血般日曜之虐杀，是否为俄国国民之道德观与正义观所支持，实不可知。然奉长官之命令可撒克兵之行为，则完全为合法的。佐仓宗五之惨刑，是否为日本之道德观所支持，亦不可知，然为德川氏之法律的正当执行，亦为不可争之事实。中山先生于清季唱革命之快举，固为方今全国人民所景仰，然在当时为违反大清律之行为，实属毫无疑义（故有伦敦之蒙难）。陈、彭等从事无产阶级革命，固各有其独特之立场，然为违反现政府之法律行为，当亦同此解释，足证法与理之本质，全然无关，法律之本身，不问适合于大多数国民之道德观与正义观与否？只须为优者之命令，即完全得以

① 曹锟宪法：即北洋政府的《中华民国宪法》。1923年10月，曹锟为了给自己通过贿选总统披上合法外衣，速成了这部宪法，史称“曹锟宪法”。此宪法公布后仅一年即被段祺瑞公布的《中华民国宪法草案》所推翻。

成立,此何以故?盖以优者之命令,即为强制的法律故也。

四 法律善恶之观念以存于法律外之其他观念为基准

法律之成立,固不问其内容如何,其意即为法律自身,本无善恶之区别,已如上述。然国民根据道德观、正义观,或根据政治上以及经济上之见地,以批评法律之内容,此种最少限度之自由,无论如何政治压迫,决不能夺去国民之心理。换言之,即以法律批评法律,纵然禁止,终不能强制国民内心的意识。国民对于法律之内容,得以自由批评,至是,始生法律善恶之区别。凡合于国民怀抱之道德观与正义观者,则为善法,与此背反者,即为恶法,要之善法、恶法之区别,非以法律之本身为标准,乃全然存于法律外之他种观念为标准,约言之,即由对于法律批评而生之观念也。

善法、恶法区别之发生,已如上述,然所谓善法,则受国民之支持,即不课以极严之强制,亦得以实行。反之,在人类历史上,纵为专制君主,或少数贵族等之法律,只要具有其强制力,亦得成为国民之法律。古代亚拉比亚法,有所谓养子制度,然穆罕默德氏因养子遗妻貌美,意欲娶之,以隔于养子关系之障碍,故依然以一纸命令废止养子制度,藉以达其目的,其动机既不纯洁,似不能强迫禁止,然以握有君主之权威故,卒成为法律而实行之,其一例也。

五 法律强制力之二种状态

原来法律之强制力有两种,其一为作成法律之力,即法律与强制法律之力,不能分离存在;强制力如不备,即不能成其为法律,此种强制力,为国家优者之力,通常因法院、警察及监狱等之设备而实现,其方法及对于违反法律者,加以一定之痛苦,严格言之,即所谓制裁者是。第二,为支持法律之力,即社会力,如为善法而为国民所是认时,则有支持之社会力,个人以法律之意识为意识,不待法律有形之制裁,即社会无形之制裁,亦足收强制之实效。惟第二种之强制力,仅对于善法而生,决非一切法存在之要素,纵无此制裁力,亦得谓之法律。所谓恶法之运行,仅有狭义的制裁,而缺社会力之支持。善法、恶法之区别,在其强制力方面之表现,形状绝不相同。故吾人对于恶法,无社会意义遵守之义务,换言之,即对于恶法无遵守之义务也。

更明确言之,法律纵为善法,国民对之,亦不生须遵守之道德的义务,何以故?盖依前面所述,法律之本质,仅有力,而丝毫不含有道德的成分也。德国学者麦尔格尔氏,谓国民有必须遵守法律之道德义务,殊不可解。虽然,晚近法律思潮,道德与法律,已渐融成一片,果属善法,当即生国民必须遵守之道德上义务。否则法律本质不善,即无在道德必须遵守之根据,亦即与无法律相等。此即谓之国民对于法律之道德观。

六　国民对于恶法之态度

对于恶法，固不生道德的遵守义务，而国民出于拒绝服从阻止实行之态度，实为一极普通之事。国民对于法律之服从或拒绝之关系，完全由于力之关系，即国民之力微弱时，则可以反于其意思而强制之；反之，支配权者之力次第减少而失其强制力时，则所谓法律者，亦即失去法律之生命。所谓力——包含腕力与武力之关系在内，若从道德上之观念以批评行为之善恶，全为无用之企图。原来，对于恶法，国民之态度有二，即第一，信奉恶法，屈于制裁之威力而遵守者是。在一般社会，凡被统治的群众，均属于此种。因之统治阶级之势力，遂呈一种伟大之作用，恰如民事诉讼，占有人，常占有利之地位；政治斗争亦然，现在握有优越权者，则即居于有利之地位，而得盲目群众的支持。第二种，对于恶法的制裁，胆敢公然拒绝服从，换言之，固持自己之道德观正义观，或政治上及经济上之主义，不满意于现行法制裁之一种反抗者。此种人属于人类之少数，一介书生，手无寸铁，乃为一巍然之革命者，其态度，并不屑从法律之观点上批评法律内容之当否，乃根本否认法律之强制力而拒绝其服从，所谓法权否认者是。持此态度之人，由来大人物中如美之华盛顿、俄之列宁、日本之河上肇①、福本和夫②等皆是。方今举世注目所判决之陈、彭诸氏，要亦属于此种，其眼光，其气魄，均超于现行法之外，而处于改造政治之地位。故统治阶级之恶法的堆积，仅能拘束其躯壳，而终不能屈服其意志者也。

七　法律上之义务与制裁均为力之关系

吾人对于法律，固不生必须遵守之道德上义务，然并非不生任何义务，就法律言之，即生所谓法律上之义务。所谓法律上义务，在广义上，仍不外法律之一面。盖以法律之本质，为力之关系，同样，法律上之义务，亦不过系力之关系。法律为物理上之力，其意即谓由物理而流出。换言之，法律上之权利义务，即由武力流出者是。盖法律命令人为某事或不为某事，有背于其命令者，即课以某种制

---

① 河上肇(1879—1946)，日本著名的马克思主义经济学家、作家。河上肇的著作，不仅在日本，对中国革命者的影响也很大。曾在日本京都帝国大学教学，任教授，后辞职投入共产主义的实践活动，被检举参加了日本共产党而被关进监狱。著有《贫乏物语》等，翻译了马克思的《资本论》。

② 福本和夫(Fukumoto Kazuo，1894—1983)，日本无产阶级运动的理论领导人之一。1920 年毕业于东京帝国大学法学部政治学科，任教松江高等学校。1922 年起赴英美德法留学，从事马克思主义研究。1926 年参加日本共产党再次组建大会，任党中央政治部长。福本思想，被称为“福本主义”，曾风靡一时。1928 年因被党内检举违反“治安维持法”而被捕入狱，被长期独自监禁、羁押于北海道钏路监狱。战后被日共除名。后关注于文化史、捕鲸史和农业问题，撰写了《日本文艺复兴史论》，以及《枭》、《捕鲸》、《浮世绘》等，是日本具有广泛研究范围的革命家。

裁,此即法律机件之全部。由来法律学,曾以种种方法试行法律美化,吾人如依据远古历史法学派之主张,以初时之法律,系以道德为内容,其次时期,虽反于道德之事项,亦得为内容,但一旦成为法律后,即当然化为道德律,以企图法与道德化为一体。虽然,吾人如舍去法理而直窥现行法律与其机能,则予以为无论法律及法律上之义务,均为一种力之关系。例如法律命令由道路之左侧通行,行右侧者,则受法律之制裁。因此一般人,即负不能通行右侧之义务。吾人若一追究为何负此义务?乃系弱者服从强者之命令,丝毫不含内心之意味。例如惯于通行左侧之日本人,一旦旅行柏林,通行左侧时,立受德国法律之处罚。此因德国法律之优越力,负有反对日本人之意——通行左侧之义务故。由是观之法律不过为一种力之关系。一般法律之机能,为命令、义务及制裁,三者实异名而同物,要皆一种力之表现。

八　无论对于善法与恶法均生法律上遵守之义务

依上所述,凡属善法,受国民道德观之支持,因之生道德上遵守之义务。反之对于恶法,因无国民道德的支持,故缺乏道德的遵守义务流出之源。但无论善法与恶法,必与发生力之意义,法律上之义务,则一而已。

方今有产阶级与无产阶级分裂,相互呈斗争状态。对于握有支配权的有产阶级所制定之法律,属于被支配的无产阶级,是否有服从遵守之义务?本文愿就此实际问题略一言之。以此问题为南北论坛晓晓争辩急欲置答者也。关于此问题之解决理论,亦甚简单,即适用以上所述,不必拘泥自然法,法律哲学。由成文法现行法上之立场,以观察法律之发生,运用之现象等,即可立即解答。何以故?即法律者,非正义、非道德、非法律观念之发露,而仅为社会政治上之优者对于劣者所下之命令也。此种简单定义,贯古今东西而无例外。读者试就最近俄国革命事实观察,即足以知之。原来,俄皇之命令,即为法律,以其为政治之优者。嗣后共产党取而代之,共产党即占有政治上优越之地位,故苏俄今日之法律,即不啻共产党命令之结晶也。依同一理由,今日之社会,分裂有产阶级与无产阶级,彼此互相仇视而排斥一切妥协,用尽所有方法,以争夺此优越权,则其命令,无论如何不公平或利己,仍不失为法律。何以故?以其有强行命令之实力故也。在有产阶级握有优越权形势之下,无产阶级,未能参与立法,为己身利益计,对于有产阶级所制定之法律,乃欲有所非难,亦所谓与虎谋皮,根本错误,以法律之作成及公布,无得受支配阶级承诺之必要故也。吾以是则知国民政府所颁布之各种现行法,无论善恶与否,凡居其下之被统治阶级,均发生法律上之遵守义务,要亦毫无疑义者也。

九　恶法在法律上之价值

虽然，在方今之社会状态，支配阶级者之法律，从被支配阶级观之，当然不认为善法。且依据自由批判，以为与政治上、经济上以及道德之标注不相吻合，往往明白认为恶法（如陈、彭之观察国府现行法），被支配阶级之对于此种法律，亦不负道德上之遵守义务。故虽违反法律，在道德上匪特不足为耻，而且为一种极光荣之事，若中山先生之伦敦蒙难，今日陈、彭等之幽系囹圄，其适例也。

总之，依有产阶级而作成之法律，颁布后仍由力维持之，排斥法律的阶级之力，与维持法律的阶级之力相对峙时，则法律之实行，殊感困难。然阶级之力，尚未覆灭，予以为仍不失法律上之价值。若然，则支配阶级所加于人之制裁，除认为合法外，实无其他。列宁志士被放逐于西伯利亚，固为合法，反之共产党，处白俄以残酷之刑，亦不能不谓合法。盖以法律，元[原]来与法律毫无关系，合法的行为，从道德的见地言之，其价值甚少者有之，或全然反于道德者亦有之。反之，反法律之行为，如革命志士之改革国家，现行法认为政治犯，就道德的见地衡之，其价值反而至高无上，而在法言法，不能曲宥，要亦无可如何者。因此之故，对于恶法杀所谓志士仁人之身，不得已而出以反抗态度者，此乃超越法律领域之问题也。

十　对于陈彭案审理判决之清算

准诸上所述，则陈、彭等今日之行为，以及今日法庭审理判决之当否？自可迎刃而解矣。第一：陈、彭等之所为即从事无产阶级革命的行为，就道德的眼光观之，其价值当然至高无上，与陆克、霍布斯、卢梭之鼓吹自由平等，华盛顿之争求独立，列宁之反对俄皇，中山先生之革命，先后如出一辙。其所为实超出法律范围以外，对于现行法，在道德上不负遵守之义务。现行法从本于法律上之力对彼加以制裁，亦只能拘束其自由，杀害其身体，绝不能屈服其意志。

第二：就法律的立场观之，（即以上所述之恶法，不含道德的成分）陈、彭等推翻现政府之行为，即为危害民国之行为，此点为当时法庭上辩论之焦点。然予以为其理由仍甚简单，国家与政府，是否为一物，在政治学上容有甚多之学说；然法律上之理论观之，国家之要素有三，而代表国家行使主权者，则为其机关——政府（姑无论为君主的、民主的抑为一党的政府），二者名词虽异，实难为截然之区别。推翻政府，而谓为非危害国家，在法律上实无从索解。例如代表一公司之机关，为董事及经理人，今有大盗入室，屠杀其董事及经理人，而曰非破坏公司，其谁信之？又如组织一家者，为家长及其家属，今有人焉，入吾户，屠杀吾家长及家属，反扬言曰：非破坏吾家，宁非滑稽？以此例之，则凡谋推翻政府之行为，依据现行法,(如《约法》、《刑法》、《刑事特别法》等)即为危害民国,亦即谓叛国,盖以法为阶级所制定,仅为现政府命令力之表现故也。陈氏又谓,如以推翻政府为犯罪,则中山先生已犯叛国罪两次,此语成辩,殊不知中山先生幸而革命成功,故能立法绳人,否则如入清之法庭,恐中山先生亦有冤莫白,理由实极明显也。

第三:法院对陈、彭等根据《危害民国紧急治罪法》第二条第二项之规定,“以文字、图画或演说为叛国之宣传者”,判陈、彭以十三年有期徒刑,及褫夺公权十五年,其他则依同法第二项规定分别判以较轻之有期徒刑,其轻重之间,容有出入。然在法院方面,法官身为现政府之官吏,负司守现行法之职责,当然只有依法裁判之一途。海内论者,谓“当时陈、彭等及其律师之声辩,法官殊少驳诘,不足以令其折服……因之推论法曹诸人,对于马克思一派理论,缺少研究……”(见《大公报》四月二十七日社评)予以为此种立论,对立法家言之,固属甚当。至于司法官,只负适用法律之义务,无论对马克思派经济理论有如何高深研究,决不能取现行法而变更之,不能变更现行法而宣告陈、彭等为无罪,则无论如何善为诘问,恐亦无以折服其心。论者不明了司法官之职责,而责以所难能,故其所论,殊难认为公允。

第四:辩护人章士钊氏之答辩,旁征博引,滔滔万言,纵横泛滥,文词绚烂,辩诚辩矣。惟章氏本为一政论家,故其议论,往往驰骋不羁,此次辩词,忘却律师之立场,超轶于现行法范围之外,如为政论,固不失为雄辩,惜在律家,实难采取,此点已由南京《中央日报》社详答之矣(见该报社四月二十六日社评),兹不赘。

一九三三,五,一〇,于北平。

原载《法律评论》1933 年 5 月 28 日第 10 卷 34 号第 502 期

39. 国民政府江苏高等法院向司法行政部呈送陈独秀判决书的呈文 1933 年 5 月 26 日

呈文第〡一〩〨号①

为呈报事。查本院受理陈独秀等危害民国一案已于本年四月二十六日宣告判决,理合检送该案判决书正本一份,专案呈报,仰祈

钧部鉴核。谨呈

司法行政部部长罗[文干]

计呈送判决书一份

---

① 〡一〩〨号:即 1198 号。

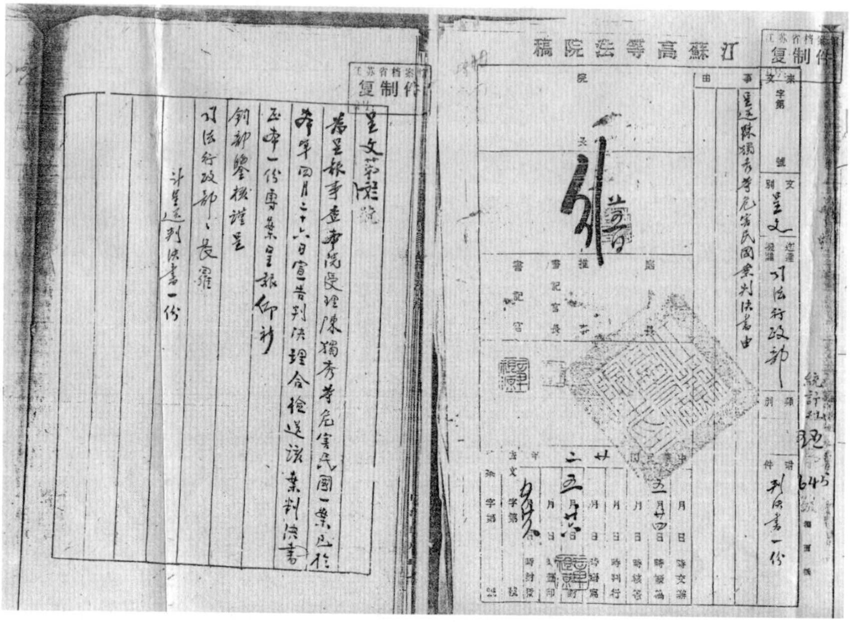
江蘇高等法院稿

事由：呈送陳獨秀等危害民國案判決書由

呈文第 號

為呈報事，查本院受理陳獨秀等危害民國一案，已於本年四月二十六日宣告判決，理合檢送該案判決書正本一份，專案呈報，仰祈鈞部鑒核。謹呈

司法行政部部長羅

計呈送判決書一份

1933年5月26日江苏高等法院呈司法行政部陈独秀判决书的公文
（据林致良供复印件）

（判决书见本书第426页第5条，此略。——编者）

录自江苏省档案馆缩微胶卷2005—2028号

40.《中央日报》 1933年5月30日

陈独秀案判决书昨已送达 陈彭将提起上诉

共党托派首领陈独秀、彭述之等危害民国一案，江苏高等法院之判决书已于前日妥当，由苏寄达江宁看守所，陈彭等十人，各人一份。陈、彭二人，决意提起上诉。昨据陈、彭语记者，现本人等第一步决先向最高院呈递简单之声明书，声明将提上诉。第二步再即起草辩诉书，正式向最高法院提起上诉。至于律师方面，已决定仍请章士钊、彭望邺、吴之屏等三位担任。昨已专函上海通知，促即入京撰稿。兹章、彭、吴等，因受钮传椿①之聘，定于六月一日晚车来京，出席六月二日钮案之庭审，届时本人等与其一度晤商后，即刻草递声明书，并开始撰写辩诉书。正式上诉之期，恐尚须相当时日，因高法院判决书原文甚长，须经相当长时

---

① 钮传椿：民国时期郑毓秀任上海审判厅厅长时的书记官长。1933年国民政府监察委员的高友唐弹劾郑毓秀贪婪不法，郑出国躲避，钮传椿作为郑毓秀案内嫌犯成为替罪羊。江宁地方法院于1933年8月30日，开庭审理钮传椿。

间之研究,而辩诉书亦不得不长也云云。

原载《中央日报》 1933 年 5 月 30 日 第七版

41.《法律评论》 第 10 卷第 35 号第 503 期 1933 年 6 月 4 日

江苏高等法院陈独秀案判决书(一)

(见本书第 426 页第 5 条,此略。——编者)

42.《法律评论》 第 10 卷第 36 号第 504 期 1933 年 6 月 11 日

江苏高等法院陈独秀案判决书(二完)

(见本书第 426 页第 5 条,此略。——编者)

43. 国民党司法行政部关于陈独秀等危害民国案办结的指令 1933 年 6 月 12 日

司法行政部指令 指字 第八九〇七号

令署江苏高等法院院长林彪

呈一件呈报受理陈独秀等危害民国一案业已办结,检送判决书请检核由。

呈判均悉,判存此令。

司法行政部部长罗文干

中华民国廿二年六月十二日

录自江苏省档案馆

陳獨秀南京獄中資料滙編

吳孟明敬署

陈独秀南京狱中资料汇编

（下卷）

奚金芳 伍玲玲——主编

上海人民出版社

六、上诉、抗辩与改判(1933年6月15日—1934年8月13日)

(一) 上诉与抗辩(1933年6月15日—1934年7月20日)

1. 陈独秀致汪原放信①(1)　1933年6月16日

第1封

方泉兄台鉴：

自去年十一月起，至本月止，承代购书物、药品甚多，(并月付灵均之款)至为感谢。

柏、章诸君曾有小款讬尊处转收，不知全数若干？除以此扣还外，尚欠尊处若干？(去年十一月以前另计)务请抄一细帐赐知。无论如何深交，帐目必须清楚。令叔对此往往糊里糊涂，望兄一矫正之。

潘寄百元，收付均不必列入，因系一笔整帐也。

专此敬颂

大安！

弟夷白　〔一九三三年〕六月十六日②

---

① 汪原放的《亚东书局与陈独秀等人的关系》(手抄本)有"陈仲翁在狱中来信"一章，以"狱中信一束"和"狱中信又一束"为小标题收录了陈独秀致汪原放的42封信(标为41，实为42，因有两封信均标为31)。在收录时，汪原放对这42封信，或有说明，或有注释，本书均移至脚注。编注另注明。原件存中国第二历史档案馆，此据任建树抄件。

② 汪原放在信后注：这是1933年(民国二十二年)的信，信封上有"南京"戳。信封上书：上海公共租界北泥城桥长沙路亚东图书馆编辑所转交方泉先生启，金陵小门口高冈里刘宅缄。

"方泉"是仲翁在狱中替我取的一个别名。

"灵均"是高语罕先生的爱人。

"柏"是烈武先生，"章"是行严先生。

"潘"是仲翁后来的爱人。

"夷"是仲翁的别名，是"明夷"的简称。

"潘"是英美烟公司的一个女工。有一个时期，她曾得到许可，进监与仲翁同居。仲翁去世于江津(1942)后，潘在上海，因患癌症去世，是生前自己决定要火葬的。记得我的大叔替她办过后事(还另有朋友)可惜年份记不清了。

2. 陈独秀致杨杏佛　1933年6月16日

杏佛先生：

前奉赐书，比即敬复，交由书贻兄转上，谅已达览。兹奉上上诉状稿二份，一呈先生，一请转呈蔡先生。贱恙时发时愈，近日来反复二、三次，殊为厌烦。知注，特简。此颂

大安

独秀叩

六月十六日

引自《档案与史学》1995年2月第1期第12—13页

《1932年蔡元培等营救陈独秀函电辑录》

3.《法律评论》　第10卷第37号505期　1933年6月17日

对于陈独秀案章律师辩护评议

李学澄

自陈独秀案开审于江苏高等法院，名律师章士钊为之辩护；国内报纸，均为揭载；南北论坛，颇多评涉。就中尤以《今日中国之国家与政府》（四月二十六日《中央日报》社评）、《国民党与国家》（五月四日《申报》章律师专件）、《再论今日中国之国家与政府》（五月七日《中央日报》社评）三文，争辩最烈。作者于陈案公开审理之日，曾列席旁听，亲聆章律师之辩词。对兹政治要案，已入司法范围，审理定谳，法院之职，不敢妄参末议，惟以陈君今日在政治上之地位，过去在学术界之声光，一旦身系囹圄，公庭对质，必有所谓"足资天下后世为百年是非统计之地"者。苟吾人立论，稍涉支离，行将使天下后世，对今日我国之司法，发生怀疑与诟病，是乌可以不慎乎？用词不敏，愿本司法立场，贡其一得之愚，草撰斯文，以就教于当代学者！

二

昔人有言："有所见必有所蔽"，又曰："私其所绩，唯恐闻其恶也；尚其所私，以观异术，唯恐闻其美也"。是故立场不同，持论亦异，凡挟有攻击异党之见者，出言属词，多涉于意气之争，夫亦何怪其然？特章律师之辩护，论者有谓章君以律为师，而言不及现行之法律，辩词纵横泛滥，文采流溢，颇类政论家言，有失法家风度。夫以学术渊博如章君者，宁不知此？第章律师者，陈案之辩护人也。陈君于法庭审理之日，对于检察官论告之事实，如推翻国民党也，推翻国民政府也，图谋组织苏维埃政府，实行无产阶级专政也，一一供认不讳。为之作辩护人者，职责所

在,能不多方辩难,分庭抗礼,以冀免其罪刑,或从轻议处乎？能不上下古今,旁征博引,以尽辩护之能事乎？章氏所谓“尤非身任幽〔函〕人不得不而”,善哉！此“不得不而”之四字也。据此四字,可以说明辩护人之地位,可以窥见章律师苦心,可以衡论其辩词之价值。此吾人于立论之前,不可不明了各人自有其不同立场,未可苛责他人,以为知中国现行法律者,人皆莫我若也。

三

若以第三者之态度,纯从司法之立场观察陈案,则法理所争之范围,至为简单。检察官援引《危害民国紧急治罪法》第六条及第二条第二款以为论告,依现行刑事诉讼法之规定,法院只能就论告之范围而为审理,则为法理上之争辩者,亦当准是二条为界域。综覈章律师辩护之要旨,不外三点：一则曰,以言论反对或攻击政府,无论何国,均不为罪;再则曰,陈之主张暴动,未越言论或理想一步,法律之事,课现在不课将来;三则曰,宣传共产主义与三民主义亦非积不相容。夫言论自由,原有限制,姑不论章律师所举英伦之说,戴雪所言,其政治理论是否适用于今日之中国,其效力是否能与中国之现行法律等量齐观,即在文明先进诸国,其言论自由,亦当受现行法律之限制。各国宪法,大率明文规定,“人民有发表言论之自由,非依法律不得停止或限制之”。意即在此。陈之言论,是否逾越《危害民国紧急治罪法》所限制范围,应为辩论者之所争。若徒举政党政治之理论为防御之工具,亦复何益？至于现代刑法,以发现真实为主旨,诛心之论,已成历史上之陈迹,信如章君所云。然法律上之所谓行为,要当视其法文所要求者为准。《危害民国紧急治罪法》第二条第二款规定以文字、图画或演说为叛国之宣传者,第六条规定以危害民国为目的而组成团体或集会或宣传与三民主义不相容之主义者,则凡组织团体也,集会也,宣传也,胥为本法所要求之行为。且三者有一,即为已足。不能谓凡仅主张暴动,尚未达实行暴动之地步者,即非现在之事实,即不足以构成法律上行为之条件也。复次,所谓与三民主义不相容之主义,究何所指,应从严格之解释,当本立法者之原意探索之。制订《危害民国紧急治罪法》之当时,中国之政治局面为如何？制定此法之用意,系在镇压政治上之反动,所谓反动者,究为何党何派？各种主义之在中国,为三民主义者制订此法时,所认为最大之敌人,究系何者？于此而求解释,方能获得法律上正确之答案。不然,仅据孙先生片段之言词以为论争,遑论此片段之言词,含有某一时期之政治作用;而在今日之中国,此片段之言词,其效力究不能超越现行之法律也。准斯立论,章律师滔滔万言之辩词,其为吾人所钦佩者,与常人之观点殊异其趣,吾人所钦佩于章君者,为章君学术之渊博,为章君不得不而之苦心。若为章君之辩难,即足以供司法者之准绳,殊未见其可。章君比引西欧政治理论，攻击我国司法当局，谓“何度量之相越，公私之不明，如是其甚?”立论亦殊未见其公平。天下后世，若蔽于章君之辩词，而诟病及于今日之司法者，余诚为我司法界同人呼冤也！

四

复次，《危害民国紧急治罪法》第六条及第二条第二款所谓叛国，所谓危害民国，为审判上最堪注意之所在，亦为中央记者与章律师辩难时之所争。吾人对兹大案，虽不敢妄加指陈，然必须确定其解释之范围，揭橥其扼要之点，而后可免无益之争议。章律师根据国家与政府之区别，当就陈君图谋推翻国民政府一事，而认为不足以构成《危害民国紧急治罪法》上之叛国，似不免语焉未详，言之太易。而中央记者混统治权与主权为一物，援引《约法》第三十条“训政时期由中国国民党全国代表大会代表国民大会行使中央统治权”之规定，而谓国民党至少在现行法律上即为国家；反对并图谋颠覆国民党者，即为叛国，即为危害民国。此种理论，吾辈研法之士，殊不能予以同情。吾辈以为叛国之意义，应另有解释之范围。试附加数语，一剖析之。

主权在英文为 Sovereignty，语源出自拉丁字 Superanus，德国学者往往称之曰“决定一切职权之职权”(Kompetenz-Kompetenz)。至于统治权，则为德国公法学者所创立之名词，在德文中用语虽不一致，然普通均称之曰 Herrschaftsrecht。此种权利，为若干种权力之集合体，多数学者均认为可以分割而主权则不可分也。即按诸《建国大纲》及《约法》之法文，所谓中央统治权者，统治权之上必冠以中央二字，亦正因联邦国家之各联邦，与单一国家之地方团体，亦各有其统治权也。吾人亦能分主权为中央主权与地方主权乎？若必欲于学理上求两者之近似，则惟有德国学者拉庞氏(laband)创为“固有统治权”(Eige nes Herrstelaftsrecht)一名词，论者以其冠以固有二字，如含有原始的独立的之性质，几与主权无殊。然拉氏虽然自陷于矛盾之境，仍认统治权为可以分割之物，而主权则否。是则二者截然各别，殆无丝毫假借之余地。

且也，吾人纵认中国国民党全国代表大会为训政时期法律上主权之所在，亦不能谓国民党即为国家。盖国家之要素，析之有四：曰土地、曰人民、曰组织、曰主权。一种政党，无论如何，不能谓具备此四要素，亦无论如何，不能谓即是国家。否则，法国路易十四①亦为当时法律上主权之所在，“朕即国家”一语，奈何成为

---

① 路易十四：即路易·迪厄多内·波旁(Louis-Dieudonné，1638—1715)，自号太阳王，法国波旁王朝著名的国王，纳瓦拉国王，巴塞罗那伯爵，1643 年 5 月 14 日— 1715 年 9 月 1 日在位。

后世讥评僚辱之资？盖同为逻辑上所不可通者也。中央记者亦尝谓破坏主权，即为破坏国家，要素之中，偶损其一，即为叛国，亦何必弄巧成拙，必谓党即国家乎？

是故吾人以为解释叛国之意义，必须注意以下二事：其一，则陈君图谋推翻国民政府，组织苏维埃，实行无产阶级专政，是否为叛国，是否为危害民国？其二，则凡以非法方法图谋颠覆政府者，是否亦可入于该法所谓叛国，所谓危害民国之范围？必须注意以上二者而求解释，方可允洽而无间。否则，支离琐碎，无当于事情，徒滋论坛上之纠纷也。

五

总之，若依司法之立场观察陈案，则当一本《危害民国紧急治罪法》为依归。该法之良否，非吾人所愿过问，盖法律之良否，其责由立法者负之，司法者不负其责也。人倘以该法为不良，则可建议政府依立法之手续变更之。陈君之为政治运动，欲以革命手段夺取政权，为功为过，此在天下后世，诚有难言。然既入司法范围，则在法言法，适用法律为法官之天职，惟有执法以绳，不容假借。国人倘同情于陈君早年为青年思想界之领导，欲为国家保全读书种子，则不幸为法院论罪定刑之后，亦可根据《约法》及《国民政府组织法》之规定，请求特赦权之行使。在此司法程序已开始进行，尚未终结之日，惟有依法为之辩护，不能离法而为意气之争。故吾人之观察陈案，可以数语归结之：即《危害民国紧急治罪法》是否为法律？如为法律，陈君之行为是否触犯该法？如触犯该法，法院之论科乃属当然之事。是则目前之问题，亦仅陈君之行为是否触犯该法之一问题而已。对此问题，吾人不敢于积极方面有所主张，惟消极方面，则认章律师之辩护，未能依据现行法律为确切之说明，已反复申论之如上，并于本文确定法理症结之所在，以怯群疑。苏高法院判决理由已发布于报端，闻陈君将延律师上诉于高等法院，则法院之爰书，律师之辩护，终可使此法理之症结大白于世也。吾人谨拭目以俟之！

五月二十五日作于阜城

原载《法律评论》第 10 卷第 37 号 505 期　第 1—4 页　1933 年 6 月 17 日

4.《中央日报》　1933 年 6 月 17 日

陈彭之狱中生活　上诉书已草就

托派共犯陈独秀、彭述之，自经江苏高等法院派法官来京审讯判决后，陈、彭表示不服，已申请最高法院具状上诉。其上诉书，业由陈独秀草就，全文长约四、五千言，并由蒋律师豪士带往上海，与章士钊律师共同斟酌，如无多大修改之处，一经缮就后，即迳呈最高法院云。陈、彭二人同处一室，态度安闲，日阅报章书籍。彭每晨练习太极拳，由友人到狱教练，气色甚佳；陈则因盲肠炎时发时愈，体质不甚健旺，近日因旧病复发，每餐仅食稀粥充饥云。

原载《中央日报》 1933 年 6 月 17 日 第七版

5.《世界日报》 1933 年 6 月 22 日、23 日、24 日[①]

陈独秀上诉状

不服江苏高等法院之判决……

引证一切声述理由逐条驳辩

[南京十八日通讯] 中国共产党杜洛斯基派首领陈独秀，前经江苏高等法院判决：按危害民国罪，判处徒刑十三年，褫夺公权十五年，判决书已于五月二十七日送达。陈表示不服，已有杨秀拟具上诉状，于十五日完成，十六日，由律师蒋士豪携上诉状赴沪，与章士钊研究，即呈递最高法院。兹于某处，觅得陈之上诉状原文，照录如次：（全文见本书第 582 页，此处从略）

原载《世界日报》 1933 年 6 月 22 日 第四版 6 月 23、24 日第五版

6.《中央日报》 1933 年 7 月 4 日

最高法院驳回陈彭等上诉状

通知书六份已送达看守所

并附苏高院检察官答辩书

共党托派首领陈独秀、彭述之等一案，经苏州高等法院分别宣判，陈独秀、彭述之、濮一凡、郭竞豪、王武、王兆群、王子平、何阿芳八人徒刑，王鉴堂、梁有光等二人无罪释放，王子平、何阿芳二人放弃上诉。前日中央党部以王子平一人有应以党纪办理，特转咨苏高法院，已由中央党部备文向看守所提去。其余七人，刻仍在押。陈独秀等六人，前经依法向最高法院上诉。前日苏高院原案检察官（代原告）为不服陈等上诉，亦向最高法院提呈上诉答辩书，请驳回被告上诉。现悉陈、彭等上诉书，已被驳回，通知书及答辩书六份，业已送至看守所。兹将高等法院检察官答辩书摘录如下：

---

① 《世界日报》，是当时最早刊登陈独秀上诉状全文的报道。随后《法律评论》于同年 8 月 5 日第 10 卷 37 号第 505 期全文刊载。

答辩陈彭上诉理由

本案被告陈独秀、彭述之,组织中国共产党左派反对派团体,以及鼓吹工人贫农起为阶级斗争,组织苏维埃推翻国民党政府,由无产阶级专政等文字作叛国之宣传,业经被告等自认不讳,并有抄获一切证据。其危害民国,事实极为明白,原判按照《危害民国紧急治罪法》第二条第二款、第六条、第七十四条,拟处罪刑,并无不合。核阅上诉理由书,谓英、美、法诸国,对于共产党行动,未认为危害国家,何以中国独异云云,殊不知一国有一国之政制,未可强为比拟。中华民国既有《危害民国治罪法》之制定,被告触犯该法,应依法治罪。上诉意旨,牵引他国之政制,图卸罪责,其理由自不成立。又上诉理由,谓国民政府并非国家,推翻政府不能认为危害民国云云。查三民主义为中华民国之建设基础,国民党、国民政府,又均为从事于中华民国建设之领导机关,关于此点之释明,原判已言之甚详,被告等所组织之中央反对派,既以打倒三民主义,颠覆国民党国民政府为目的,即为危害中华民国,事理至为明显。被告又以其叛国宣传,尤为明晰。上诉意旨,强为曲解,殊难认为有理由,希请维持原判,驳回上诉。江苏高等法院检察官朱儁。

答辩濮一凡等理由。核阅被告等上诉论旨,谓判决基础,全出揣测之词,并无具体采证,及有利证据,均未调查云云。查王武(宋逢春)、濮一凡、王兆群,于民国三十一年十月十五日,在谢少珊家列席每星期共党会议常会,已据谢少珊在上海公共租界巡捕房及江苏高等法院第二分院供称"我等被捕之日,彼等在开每星期常会"等语,是原判认为组织团体集会,要非无据。至王武、濮一凡均为中国共党左派反对派候补中央常务委员,亦由谢少珊、陈独秀、彭述之,分别供述明白,供词俱在,均可复按。被告郭竞豪(彭道之),加入中共反对派团体,从事于学运及组委工作,公安局抄获之学校登记表(即共党登记表)中,记载极详,亦属有证可稽。原判根据论罪,洵无不合,上诉意旨,宣言狡饰,自非有理,应请维持原判决,驳回上诉。江苏高等法院检察官朱隽。

原载《中央日报》 1933年7月4日 第三版

7.《中央日报》 1933年7月7日

陈独秀案最高法院未接上诉状

陈独秀等上诉案昨日据记者赴最高法院探悉,该院迄未收到上诉状。报传上诉驳回一节,当非事实。惟刑事案件上诉时,原审检察官立于原告之地位,被告若提起上诉,原告自应就法律点有所答辩,关于被告之上诉意旨,作法理上之驳诉,俾最高法院得聆取原、被告之意见。且最高法院收受上诉案件，先须经检察署侦查，无论上诉理由是否成立，均须作成意见书，移送最高法院刑庭审理，经刑庭之判决，始可作为该上诉案之决定。刻陈案犹未经检察署侦查移送，自无上诉已经驳回之说云。

原载《中央日报》 1933 年 7 月 7 日 第七版

8. 陈独秀《再抗辩书》 1933 年 7 月 7 日，见本书第 586—588 页。此处略。

9. 陈独秀致汪原放信（2） 1933 年 8 月 1 日

第 2 封

方泉兄：

地图二份，《西游》二册，均收到。①

商务新刊《英文世界地图》价金元一元。②

已见广告，望代购一份寄来。

羽兄寄来《大美晚报》（汉文的）（登载“上诉状”的）未曾收到，大概未用信封寄，被没收了，可否再觅一份寄来？（用信封寄，或托人带）。

黄医生来此一次，不知用钱若干？黄医生所开药方，已购服二次，未见有若何特殊现象，大约病未发，不易试出他的效力，现在只有继续服用再看。

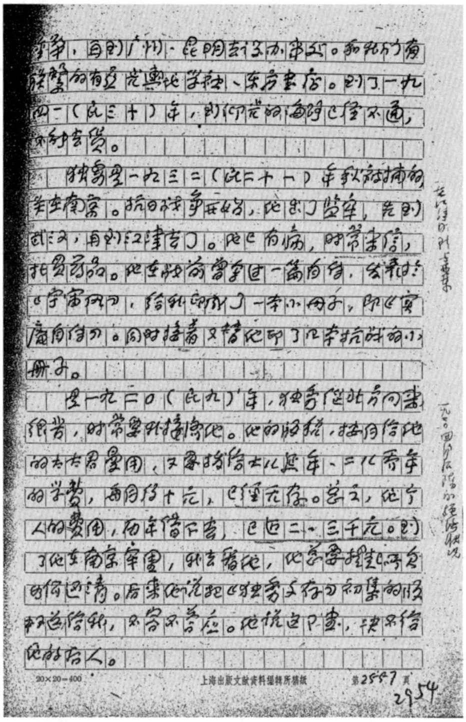

任建树提供之汪原放《亚东书局与陈独秀等人的关系》手抄本中录抄之陈独秀狱中给其叔汪孟邹及王灵均女士的信的一页

望与行严先生一商，是否可将其中“清共而后……罪胡为乎来哉”这一段删去？

莫尔干《古代社会》（南强出版吧？）望购一部寄来，能购一部英文的更好。倘

① 汪原放在文后注：鉴初兄用铅笔批有“已发”两字——原

② 汪原放在文后注：鉴初兄用铅笔批有“商务缺，另办《新世界列国地图》有中英文”一行——原

英文购不着,望商之季子兄可否暂借我一读,如他此时不用。此启

方泉兄:

弟　季丹白〔1933 年〕8 月 1 日

以后来信,望写今名,因"明夷"此间已有知云,望告羽兄。①

10.《法律评论》第 10 卷第 44 号 512 期　1933 年 8 月 5 日　《陈独秀上诉状原文》

陈独秀《上诉状原文》

中国共党托洛斯[茨]基派首领陈独秀,前经江苏高等法院判决,按"危害民国罪"判处徒刑十三年,剥夺公权十五年,其审讯详情及判决书全文,已迭载本报。至判决书,已于五月二十七日送达,陈表示不服。兹悉陈已自行拟具上诉状,于十六日由律师蒋豪士携状赴沪,与章士钊律师研究,即递最高法院。爰觅陈之上诉状原文,照录如次:

---

① 汪原放在信后注:这是 1933 年的信,信封有"二十二年八月九日南京"邮戳。信封上所写和前信一样,但发信处有"高冈里廿三号刘缄",以前未写号头。《古代社会》旁,鉴初兄有铅笔字注:"照发中文本一本,英文本一本——借的"。"羽兄"是高语罕先生,他号"一羽"。"黄医生"是黄钟医生。"季子"是李季先生。"季丹"是仲翁的另一别名。

这封信里有"望……将其中'清共而后……罪胡为乎来哉',这一段删去"的话,可惜我一时无法查出行严先生所写的这一段话的全文了。我只记得有一句是"成畸[犄]角之势"。有一天,我到南京狱里去看仲翁,他一见面便气忿忿的,光着眼对着我说道:"唉! 行严真糟! 你回去,马上告诉他,我再也不要他替我答辩了! 你看罢! ……"他一面回头在书架上拿出一本《陈案书状汇录》来,翻看一页,说:"你看! 这成什么话!"我当时一看,仲翁已经在"清共而后"那一段改掉了不少的字句了。我看后,说:"这一本,我可以拿回去给章老伯一看罢?"他说:"好的"。我记得是要把"反对派和南京国民政府,对于江西,成为"畸[犄]角之势",(非原文)的意思,要完全删去;这很明显,他无非不赞成说他和江西是对立的。我希望行严先生将来可以找出那本《陈案书状汇录》来,在他的书橱里或者是文件柜里,那是我面交给他的。上面改的句子,都是仲翁的亲笔字(毛笔写的),熟人一见便会知道是仲翁的笔迹。

最近,我访《陈案书状汇录》不得,只有在此带说一笔。如此书再也找不到了,将来如有机会,在当年的《申报》、《新闻报》、《晨报》等日报上,或者也可以找出章先生替陈先生答辩的文章来,再把那"清共而后"的全段完全录来。不过,可惜的是仲翁亲手改的那几句子究竟怎么样改的,非找到我带给章先生的那一本书,无法录全了。这真是大憾事。

现在手头还有"中华民国二十二年(1933 年)五月八日的《晨报》"上剪下的"时论"一篇,是《中央日报》《再答章士钊(再论今日中国之国家及政府)》中有云:"……偶忆章君在京出庭抗辩归沪之日,在沪自作谈话,曾自言政府当局于其辩词丝毫未加阻止,京中党内各报亦尽量予以披载,不漏只字,章君且为政府辩白干涉言论之无据"。又有云:"……记者前《论国家与政府》揭布于前月二十六日,而法院之判决即在是日"。照这样看来,1933 年四月二十六日以后的上海日报上,如有机会一查,章先生的"清共而后"那一篇辩词一定是可以查考得出的。

陈仲翁去世已经有二十多年了,《陈案书状汇录》里亲笔修改的一段,恐怕是再也找不出来了。(如下很大的功夫,自还可以找得出来吧?)。现在只有他给我的一封信里有如下的这一句了:望与行严先生相商,是否可将其中"清共而后……罪胡为乎来哉"一段删去? 这也足以证明他对江西自是存有莫大的希望的。此信是用本国信纸、用毛笔写的,也有信封,并不是像其他的信,有时只是用练习簿(三十二开本)上的纸,用钢笔写的。可是他的字,那怕是用钢笔写的,熟人一见,也都会认得出是他的笔迹的。

我觉得这一句可以看出仲翁的立场来的。

见第九专题第4条,本书第582—586页,此处略。

原载《法律评论》第十卷四十四号第512期　1933年8月5日

11. 陈独秀致汪原放信(3)　1933年8月9日

第3封

方泉兄:

托赵先生带上之信,谅已收到。

顷接哲子①转来手书,并附来章先生致黄医生信稿(见前),均读悉。

黄医生来此之川资、旅费,应在弟存款内开支,如不足,迟日再行筹寄补足,万不可由亚东支付。(已有款,惟尚未想得寄法;如一时无妥便方法,只好俟兄有事来此时带去。)

章、江、卢处,不必向之索款,尊见极是。

兄前偕令亲②来此,在弟处毫无妨碍,因此时任何人都可来谈。闻他在南京伊文思书馆任事,如确实,可函知其时常来谈,弟顺便可托其购西文书,似甚便当,再兄处及羽兄如寄西文书与我,似亦可寄他转交也。

黄医生药方已服四瓶(每瓶十粒),除大便稍顺利外,无他特别现象,盲肠部分已月余未作痛,谅无妨碍矣。

令叔回沪时,望告其来此一游,故人久不见,弟颇思之。

望到内山书店代购如下各书:

1. モルガン古代社会(上下卷)(如购得此书,前函所请购中英文本,均可作罢)。

2. V—=r组织论

3. 卢森堡致考茨基书信。

4. 伦理ト〔与〕唯物史观。

5. ヌル キシユム方法论。

以上五书均日本改造社出版,其定价共计日金不过二元余,务望购齐寄刘女士处。

与灵、羽信,望转交。

中央研究院历史语言(集刊)由何家发行望示知。

《马克〔可〕波罗游记》可请洪孟博或仁静(季子可寻着他)翻译。据我所知,

---

① 见第4封信后的汪原放注。

② 见第4封信后的汪原放注。

他们二人,英文均可靠。其中人名、地名部分很难译,此方面,弟可尽力考证。此书在近代东方史(特别是中国)极有价值。

《古代社会》莫尔干的,亦有重译的必要(最好请季子译),此书和《资本论》及《人类由来》为近代三大名著之一,皆世界不朽名著也。此颂

暑安!

弟季丹白 〔1933 年〕八月九日①

12. 陈独秀《上诉状原文》

《法治周刊》第一卷第二十三期 1933 年 8 月 13 日

同《世界日报》6 月 22、23、24 日《陈独秀上诉状》,见本书第九部分第 4 条(第 582 页)。

13. 陈独秀致汪原放信(4) 1933 年 8 月 17 日

第 4 封

方泉兄:

刚兄来此,得悉一切。带来《世界地图》一册、《古代社会》英、汉文本各一册、《大美》报一张,均照收。最近寄来之《伦理与唯物史观》一册亦收到,勿念。(药六瓶亦收到)。

交刚兄带上钞洋一百元,望收弟帐内。

兄之婚事,刚兄亦与我谈及。我以为旧戚吴女士因家庭及子弟关系而论,固属方便;惟闻她的个性颇强刚,日久共同生活,未必于兄病体及急躁脾气有益;此事兄可不必过于固执,如有其他合适者(性情很重要),亦可图之。

弟病两月以来,曾发胀痛数次,惟未及盲肠部分,痛快放屁后,胀痛即止,此为消化不良,肠中发哮以至胀痛,此病症已毫无疑义。望以此病象告知黄医生,并问他是否继续服用前方或改服他药。Intealinol Henning 治发哮似有效,是否更有好于此者?饮食方面,何者宜食,何者宜忌,亦请黄先生开单示知。

此祝

暑安!

弟季丹叩 〔1933 年〕八月十七日

---

① 汪原放在信后注:这也是 1933 年的信。"章"是行严先生,"江"是彤侯先生,"卢"是仲农先生。"江"、"卢"后来有款接济仲翁与否,不得而知;至于行翁处,后来由我经手,接济仲翁的钱实在不少。(每次都由我要仲翁写有亲笔收条交与行翁。)我记得有一次,行翁一面说困难,一面掏出皮夹,连六十几元几角(钞票)一概都交给我转与仲翁先作为另〔零〕用再说。

日来大便还不大好，吃面包及黄牛油，不知相宜否？

余已与刚兄面谈，兹不详及。①

14.《中央日报》 1933年9月2日

陈独秀等上诉案

须调集全部案卷 约下月中旬裁判

共党托派领袖陈独秀、彭述之等，自经江苏高等法院分别判处徒刑后，不服原判，撰状向最高法院声请上诉业经两月。顷记者晤最高法院负责人谈，陈等之书面上诉状，已有最高法院数度审查，惟其内容非常复杂，且有高等法院第一刑庭长吴[胡]善称之驳斥书等，故须向该院调集全部案卷，重予审议，大约须于下月中旬，方能予以裁判云。

原载《中央日报》 1933年9月2日 第七版

15. 陈独秀致汪原放信(5、6、7、8) 1933年9月12日、22日

第5封

方泉兄：

所托购买各书已购得否？又有二种书：

一、何礼所著12本小册子，内容是主张共和政治，香港出版，以前上海广学会②出售，书名已不记得，只要是何礼著的便得。

二、《中亚细亚游记》(书名大致如此，其详已记不清)。上海时务报馆出版(不过十万字左右)。

右二种书，均是三十年前的古骨，但此古骨却有不朽的价值。望兄自己或乃刚兄弟亲到广学会(基督教的)和各石印书店详细一搜寻，如能寻得，等于获得宝物，因此二种书均极有价值，恐均已缺版了。倘购得，亚东

---

① 汪原放在信后注：以上两信(指第三封信与第四封信——编者)套在一个信封里，外书“请便交原放先生转方泉先生”。赵先生名健，号畏天，是刘梦符女士的丈夫，信是托他带来的。我记得那时赵先生是在慈幼协会工作。他从前是柏先生部下的军官。他真是一个和蔼可亲的人，最宜于做“慈幼”工作。“哲子”是哲民。他是延年、乔年、松年的弟弟，他出自君曼女士。“令亲”是先妻的娘舅萧绳之，他后来自己在中央大学门口开过一个良友书店，卖新书、新杂志与文具仪器，抗战后收歇。“刚兄”是我的大哥乃刚。“吴女士”是先妻的妹妹，她名彩霞。先妻只有姐妹二人，并没兄弟。先妻比我小十二岁，她的妹妹比我的年纪更小得多，原来是不很适宜的。1937年，先岳母去世后，她和许自诚先生结婚了。

② 广学会：原名“同文书会”，1887年成立，1892年中文名称改为“广学会”，是基督教传教士在上海创立的出版机构，由英国伦敦布道会传教士韦廉臣(Alexander Willamson)联络林乐知、慕维廉等人发起创办。1956年与其他基督教出版单位组成中国基督教联合书局。

大可重印出版,可请多人作序(弟当然要作叙)大吹一下,这种书真值得一吹也。

所购买各书,大部分均可交邮局寄刘女士,只很少部分须托赵带也。

又,日本出版的《史学杂志》、《满洲厂史、地理》、《史林》,此三种刊物均已连续出数十册,中多名著(商务印书馆已选择数种出版了)。请函托日本书坊,尽所有的全部购来,我以为亚东亦可于其中选译几种出版,因其有永久价值,且多系二、三万字的小册子,费成本并不多,虽然销数不能很多很快,而却有永久性也。亚东如有意办此事,我可为寻可靠而价贱的日文译手,由我选编指导为之。此事如商之适之兄,彼必然赞成。

《法史》(法国革命史),程始仁的编译三种,适之的《自述》及《短篇小说》各一册,均收到。

与兄往来之账,务望于每节给我一细账单(以前令叔经手的只好将来另算)。此次中秋节的结账,望交赵君带来。他将于十月一号或二号来京寓过节,所有托带之件,望于此期前送给他。

前与行兄信,不知有何结果?

兄之婚事,前途如无望,应另图;如有望,亦望勿急图;总之,勿以此等儿女事累及精神,损及事业也。此祝

一切快活!

季丹手启 〔1933年9月〕十二日

第6封

再启者:

最近病状奉告如左,请送黄先生一看,前收到"一扫散",比晚睡前服四粒,次晨迄午泻三次,腹中胀痛难受,精神大疲,嗣即停用此药。我认为泻剂对于我病还不相宜。幸一、二日即愈。

"阿达所根"服后无特殊现象。

在今一星期前,因午饭时食牛肉五、六块,食时尚无所感觉,晚间腹部忽腹痛,手不可触,起坐转动均觉痛。腹部极右,在盲肠之右(以前作痛均在此处)近胯骨处,有硬块隆起,不独手可摸着,而且眼可看见,惟不作红色。胃及大肠亦时作阵痛,而不甚剧。此病是否盲肠发炎,还是疑问。因无热度,不作呕,硬块不作红色也。发病之因是否因吃牛肉,也不一定,因为在此前三、四日,曾食鸡腿一只,并未发病也。病时服药如后:

上午七时服"阿达所根"一汤匙。

七时半吃牛奶一碗。

吃牛奶后服“阿达所根”一汤匙。

午饭前半小时服“阿达所根”一汤匙。

饭后服 Acidol-Pehksin 一粒。

午后三时服“音特司梯拿尔”四粒。

晚饭前半小时服“阿达所根”一汤匙。

饭后服 Pehsin 一粒。

如此一、二日仍不见好，乃加服 Ohtalidon，上午十时、晚九时各一粒。

一日后，痛乃止。近来三天已渐渐回复到一星期前状况。

现时只于早点、晚饭后各服“音特司梯拿尔”三粒，午饭后服 Pehsin 一粒，他药均未服。

病根显然未除，现时只是为 Ohtalidon 勉强制住，稍一不慎，均再发堪虞也。

今后以取不作痛不服药的方针，不知可否？

〔1933 年〕九月十二日①

第 7 封

北京大学《国学季刊》及清华《国学丛刊》，亚东曾代售否？能觅得若干册否？全部当不易得也。

罗振玉著《殷墟书契》前后编（珂罗版②影印本），此书不知何处出售？哈同花园仓圣大学不知有售否？便中可问行严先生知道此书售处否？书价倘能在廿元左右，请为我购一部，特恐无此便宜耳。③

第 8 封

日来病未发，（前二、三日小伤风，服金鸡纳丸数次，已愈。）睡眠照旧好。饮

① 汪原放在信后注：“这是 1939 年的信。后又附一毛笔字的‘又白’：……。”又白部分即第七封信，见本页，此略。

② 一种用厚磨砂玻璃作为版基的印刷技术，又叫“玻璃版印刷”，特点是逼真传神，且能保留、产生笔墨的神韵，多用于绘画、碑帖、墨迹、古籍的印刷。

③ 汪原放在信后注：以上三信并一信，信封上是“高冈里廿三号刘缄”，下注“九月十二日”，邮戳上是“南京”，廿二年九月十三日。“刘”即刘梦符女士。

只要仲翁有信来，说病状，我总要想法去看到黄钟先生，拿信给他看，再请他开药方，再办药送到南京监里去。黄先生已经摸到他的病了，所以回回总可以开好药给他服用。我记得回回都要写信给仲翁，把黄先生怎么说告诉他，可惜都没有留底，无从知道是怎么写的了，这是很可惜的。黄先生不厌烦，真令人感谢。后来仲翁继续服药、行针，经过一个不短的时期，病才大好，他竟可以天天读不少时间的书，到后来，又竟能从事著作了。最后他还开始学德文了，他原来懂日文、英文、法文的。他还懂别国文不懂，我不知道了。

食及大便亦尚可，惟精神不见佳，不能继续读五、六小时的书，尤其不好的是肌肉日见瘦削，想是胃肠中吸收滋养料的力量日弱也。

Ohtalidon "Sandoz"仿单，望送交黄先生一阅。此药据其仿单云能止一切痛，弟屡次服之都实有效。

Biolactyl 英法文说明书中均未言服法，弟暂时每饭后十分钟服一粒，俟黄先生指示时间及分量后再改正。据此药说明书所云，似乎贱恙定有益，因此药不是普通的杀菌剂，而是以人工的发酵剂克服胃肠中因发酵所生之毒，定是近世理想的治疗法。服后有如何现象，自当详陈，想黄先生亦乐闻之。

每饭前仍服"音特司梯拿尔"三粒，谅无妨也。

此外温和运动和"静坐"并行。静坐时眼观所谓视窍，即是集中精神于抱朴子所谓眉(?)间却行三寸之"上丹田"。弟以为即是脑下垂体之内分泌，殊有益于生机。不知黄先生以为如何?

〔1933 年〕九月廿二日①

16. 陈独秀致罗家伦信②(1、2)　1933 年 9 月 23 日、10 月 2 日

志希兄左右：

久未晤面，想起居多善。旬日以来，迭与海门陈训丹先生晤谈，至为愉快！陈君苦学二十余年，于古文字学造诣极深，方法亦极好，征诸事实，以穷其源，广征偏旁，以观其道，其学于③术，均举世无双，鄙人至为倾倒。窃以如此笃学之士，

---

① 汪原放在信后注：这是 1933 年的信，这封信无头无尾，想来是为了带到黄先生那里请他一看，比较的方便。

② **罗久芳谈陈独秀致罗家伦的七封信、两个信封和一张条幅：**

1917 年秋父亲到达北大入外国文学系，读到《新青年》里的言论，"每为神往"，大胆用文言文写了一篇《青年学生》投稿，在 1918 年 1 月号里刊出，开始建立与陈先生的关系。接着他积极加入由陈独秀、胡适两位教授倡导的"文学革命"阵营，年底与傅斯年、顾颉刚、毛子水等几位同学，发起"新潮社"和创办《新潮》杂志，用白话撰文，受到诸多师长的赞助。在 1919 年风潮澎湃的日期里，蔡元培校长虽尽力保护学生，却在五月七日离开了北京；胡适教授恰巧在上海接待杜威先生；陈先生则因离开校园发起工人运动而遭到逮捕。

1920 年父亲出国后与陈先生失去了联系，直到 1933 年起，才有机会亲往老虎桥监狱探望晤谈。那时传说傅斯年先生和父亲都有意提供经济支援而被陈先生拒绝，但中央大学近〔就〕在南京，父亲不难为陈先生的研究工作效力。所留存的七封信书中实际收录六封编者和两个信封，多半为了借书或代别人托事，都曾经过监狱的讫查盖印。内容突显出陈先生治学不倦的精神，以及对学术界的关注。这时期，他写赠父亲一张条幅，选录了杜甫《秋兴八景》中的两〔一〕首七绝〔律〕，最后两句"同学少年多不贱，五陵裘马自轻肥"或许可以反映出他当时的心情。(摘自 2011 年版百花文艺出版社罗久芳《五四飞鸿——罗家伦珍藏师友书简集》第 71 页《陈独秀致罗家伦·解读》篇)

③ 于应为"与"。

世无闻焉，在朴学①君子固因如此，而社会之对待学者，亦未免太薄，且其现服务于监狱，而用非所学，至为可叹！故特介绍于吾兄，以当今如此人才，似宜招之学府，以惠后学，务望吾兄于万无可设法之中为之一谋，弟亦殷望陈君能居京，因弟亦颇好此道，并欲班门弄斧，以一得之愚，助陈君早日成事也。

专此敬颂

教益

弟独秀手启

〔一九三三年〕九月二十三日

（此信约为1933—1937年间）

志希先生左右：

昨畅谈甚快。太炎弟子吴承仕君②，闻近在贵校任课。顷见《申报》中有吴君论文，不知是否同名？乞询明告知，唐岩兄若来此，示知！吴君于旧学造诣颇深，弟希望其能来谈，以获教益。此颂

教安

弟　独秀手启〔一九三三年〕③十月二日

（此信约为1933—1937年间）

原载罗久芳：《五四飞鸿——罗家伦珍藏师友书简集》

百花文艺出版社2011年版，第64—65页

17. 陈独秀致汪原放信(9)　1933年10月2日

第9封

方泉兄：

九月廿八日寄刘女士转来信，附李函，均已收到。

---

① 朴学：即考据学，清代学术思想的主流学派。以汉儒经说为宗，从语言文字训诂入手，主要从事审订文献、辨别真伪、校勘谬误、注疏和诠释文字、典章制度以及考证地理沿革等等，注重于资料的收集和证据的罗列，主张“无信不征”，少有理论的阐述及发挥，也不注重文采，因而被称作“朴学”或“考据学”。

② 吴承仕(1884—1939)，字检斋，号展成，安徽歙县人。清光绪二十八年(1902年)举人。光绪三十三年，以殿试一等第一名被录取，被点为大理院理事。拥护辛亥革命，民初出任司法部佥事。1927年4月28日，闻张作霖杀害李大钊等革命烈士，不胜悲愤，立刻停餐辞职，绝迹仕途，改任教育工作。历任北京师范大学、中国大学、北京大学、东北大学等校的教授和北京师范大学国文系主任、中国大学国学系主任。潜心研究国学，成就卓著，与在南京执教黄侃被称为南北两经师。1936年秋加入中国共产党。七七事变后被上了日寇黑名单，只得潜去天津继续斗争。1939年9月21日病逝于北平。1940年7月延安举行隆重的蔡孑民、吴承仕追悼大会，被追认为烈士。经编者查吴承仕并未在中央大学任教。

③ 原文无年份，罗家伦于1933年才去南京狱中探望陈独秀，故此信当系1933年所写。

买书既如此之贵，自然不能买，即有钱亦不必买。如有二百三十二元，再加若干，可购一部《廿四史》了，何必买此，已设法托人借一部来看看，或者可以有望。

售地事，蔡信即到手，大约有望。惟事前必须与令亲谈好条件，否则彼钱到手，对你说一声多谢了事，你为彼白忙，真是白白地为烟鬼多筹点烟费，岂不多此一举！

你的婚事，倘你真能静待，不至妨碍做事，自然很好；惟在吴女士方面，一面回绝你，一面又想你另作他图，殊非常情常识所可解。

我服 Biolaotyl 一瓶后，食欲稍旺，大便已顺利，腹中 gas 放出也很通畅，已显出有效，望告黄先生。现在每日服"音特司梯拿尔"三次，每次三粒；Biolactyl 三次，每次二粒。拟续服。惟 Biolaotyl 此间买不着，请即速在沪购二瓶寄来(前一瓶，明天即吃完)此祝

大安！

弟季　丹手启　〔1933 年〕十月二日①

18. 陈独秀致汪原放信(10、11、12、13、14、15)　1933 年 10 月 5—24 日

第 10、11、12、13、14 封②

方泉兄：

前日由邮局寄上一函，已收否？致行严信，望便中交去。

中美图书公司或他家，如有英、德及德、英小本字典(没有汉文的)望各买一册，有小本合印者更好。我以前曾见过此类小本字典，小小本子，纵约三英寸，横约二英寸弱，一册中英、德及德、英各半，解释少而单字并不少，价钱不过一元左右，不知此时上海能觅得否？如觅不着，望询之行严先生，他如有，请他送我一本。

再者，日本有一种各国语独羽小丛书，每册定价不过一、二角，想必现在还有，或者比从前的更好些。兹开一单，请寄东京托购(其书纵横不过二、三寸，不过一百页)。

1.《蒙古语独羽》

---

① 汪原放在信后注：这是 1933 年的信。先岳母(萧镜清女士)常对我提起家中人口太多，很困难，全家商定，决把房屋并给中央大学，要我托蔡元培先生、罗家伦先生(中大校长)，把这件事办成。后来我托蔡先生写一信给罗先生，用子女教育费困难为题，蔡先生竟替我写了，我带给先岳母，我便不过问了。我是不要分钱的。她们家的房子很不少……先妻在日，我们都不想到南京去住，依先岳母，把我们的孩子们带到那里去读到大学毕业，岂有在先妻去世之后，托我卖屋，还要去分钱之理？此种情形，仲翁实在不知道。不过他听见有人吃鸦片烟，他非常可恶，却真好。

② 这五封信未分编，原稿如此。

2.《西藏语独羽》

3.《缅甸语独羽》

4.《逻罗[①]语独羽》

5.《朝鲜语独羽》

6.《安南[②]语独羽》

7.《马来语独羽》

8.《土耳其语独羽》

或者先去内山一问，他那里有也未可知。

昨日中秋，食物稍多，今日午间，腹又胀痛（Biolactyl 昨今两日因用罄未服，但决非因此而作痛复发），此病老不易好，请问黄医生，是否"大肠癌肿症"或有寄生虫？此祝

健康！

季丹手启　〔一九三三年〕十月五日

我的肠胃五日痛了一天，六、七日都好了，八日又多吃了一点，胃肠又有点胀痛，今天（双十节）还未全好，此两次胀痛，非出于偶然，我有点试验作用。

赵君带来书如下：日文书十一本（内计十种，其中：《第一インタナシヨナル史》只有第二部一本，望补购。函购时，此次要注明"改造文库本"）、《中国革命史》一本、《达尔文传》一本、《不如归》一本、《书信选辑》一本、《马克思传》三本。药：罗氏补药四瓶，Biolactyl 二瓶。又：石印《山海经》四本，前已收到。你的信及羽的信均照收。牛肉汁暂勿买，狮牌的要不得，兰庭又太贵，保卫尔比较适当，此间大瓶二元八角一瓶，沪价如何，问知再说，服罗氏补品时，拟不同时吃牛肉汁，以便试其效力。

店中经济，应早日开源节流并行。开源如令亲地皮即是一法；节流则将店用、家用双方紧缩。分等级的廉价多卖几次，或也是开源之一法。根本出书宜小心，除有价值及真能投机行销二种的，概不出版及再版。

闻令叔已回沪，确否？

兹托赵君带上一百元，望入弟帐。此祝健康！

弟季丹手启　双十

与适之信，他到时交他。

---

① 疑为"暹罗"之误。泰国旧称"暹罗"。

② 越南旧称"安南"。

今日(十一日)又由刘女士转来八日的信,并附有账单。

罗氏补药,只吃一天便觉得很好,可是价钱真太贵,穷人真吃不起。

账中一次胃药一瓶(价二元五角),一次胃药二瓶(价五元),想必都是Biolactyl,此药也不便宜。前函说每瓶一元五角,想是笔误。同时吃此二种贵重的药,实不能再吃牛肉汁了。

另一账单,是《文存》的账,写的商业方式,我是外行,不大看得懂。账上的11¥是《文存》的码价吧。15%是版费吧。我猜想这账上的主要意思是说《文存》的版费,除前透支外,现尚存洋二百六十四元余,是这样吗?所谓透支,是在以前的版税账上,我多用过三十元余,是这样吗?《文存》还可以再印吗?《字义类例》未卖出多少,还有多少呢?

看你最近的来信,孟翁似还未来沪。

我以为《今古奇观》、《诉状》(章行严先生拟编的)、《适四集》(是指《胡适文存》四集)都能销行,勿过虑!

地皮事,如令亲问你蔡信是怎样弄来的,要说是托朋友弄来的,如此才便提出分钱的话。此事,最好你自己再获写一介绍信与罗家伦,来宁为令亲接洽一下,这样办,不独事易于成,如能钱经你手,分钱更有把握,对这班鸟烟鬼,不必客气。

前托你到中美图书公司购英文的《世界地理新字典》,有否?那里如有L. T.的What next?望代购一本。致羽信,望转交。

仲叩 〔一九三三年十月〕十一日下午

顶上又批云①:

《中亚游记》(时务报馆出版)各石印局都没有吗?

兄处如有《中国革命问题》第一、二集,望检出觅便带来,此时需用甚殷。最好托适之带来。

我胃肠已不胀痛了,大概与罗氏补药有关系。此药已吃三整天了,觉得很好,饭后放屁很顺利,放屁后颇觉舒适;但无屁才算是更好。此药一瓶只可用一礼拜,一个月要四瓶;Biolactyl一个月要三瓶,音特司梯拿尔一个月要二瓶,这三种药每月要花二十六元左右,实在太多,只好过一两个月再看罢。

自传尚未能动手写(或不名自传而名回忆录,你以为何如?或名自述)。

① “顶上又批云”似是汪原放作的说明,但未说明顶上的批语到哪里止。从文意来看,似乎是到“最好托适之带来”止,下面则是另一封信。

如能写，拟不分为少年期等段落，因为我于幼年、少年的事，一点也记不得了，即记得，写出也无甚意义。我很懒于写东西，因为现在的生活，令我只能读书，不能写文章，特别不能写带文学性的文章，生活中太没有文学趣味了！我以前最喜欢看小说，现在见了小说头便要痛，只有自然科学、外国文、中国文字音韵学等类干燥无味的东西，反而可以消遣，所以不大有兴味写自传。你可以告诉适之，他在他的《自述》中希望我写自传，一时恐怕不能如他的希望。

仲白〔一九三三年十月〕十三日

所有的药品，候我来信再买，现正在此间讬人打听，如各种药价和上海相差不远，当以在此购买为便。

亚东和有正书局，以同业名义购书，如有折扣，望代买《汉晋西陲木简汇编》(珂罗版印)一册，讬便人带来(书重，邮寄太贵，不合算)。倘无折扣，则勿购。

又启 〔一九三三年十月〕十五日①

第15封

泉兄鉴：

赵先生携去函件，谅已收到。

此间药价不比上海贵，已在此购得矣，上海不必再寄。

请函日本书店为购モルガン著《古代社会》一部(改造文库本)上下二册，书到请即交邮局寄下为荷。

病体日渐痊可，知注特闻。此颂

侍安！

弟丹手启 〔1933年10月〕廿四②

罗氏补药已服两瓶，现停一星期再吃。

---

① 汪原放在信后注：这是1933年的信，信封上写的是“请便交(外洋一百元)汪先生，仲托，十月十五日”记得是畏天先生带来的。药费都成问题，读“穷人真吃不起”一句，真令人神伤。那时(以前)有些文章里常说他有“卢布”可用，自非实话。“商业方式，我是外行，不大看得懂”这一段真叫我不解。当年上海书店、新青年社、长江书店的账，看来他都是不看的。L.T的书是否在中美图书公司可以买得，《中国革命问题》是否可以在书架上检出，(寄来的，寄给编辑所的)都记不起来了。那都是反对派——取消派——托派的书，真不知道何以又有“需要甚殷”的话？是作为研究的资料吗？“现在只有自然科学，外国文、中国文字音韵学等类干燥无味的东西，反而可以消遣”这可知在狱中看书是不能自由的。

② 汪原放在信后注：这是一个明信片，1933年10月25日收到，据邮戳。发的地址是“南京乌衣巷周寄”。“周”是随便写的，并无姓“周”的人。

19. 陈独秀致胡适(2)　1933 年 10 月 25 日

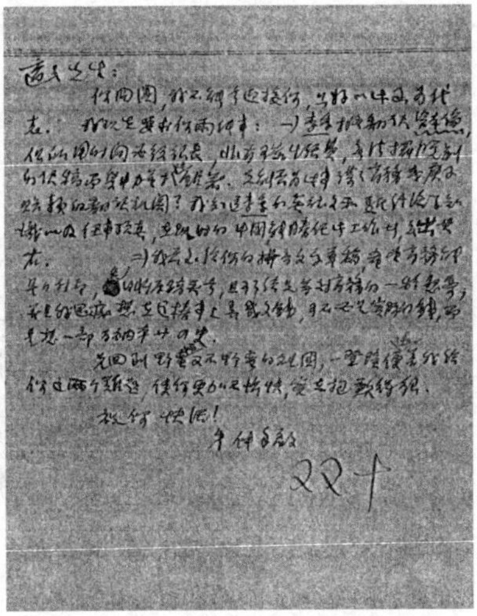

1933 年 10 月 25 日陈独秀致胡适信复印件（杨克平① 供稿。其上"双十"两字显系后人判断之误）

适之先生：

你回国，我不能去迎接你，只好以此函为代表。我现在要求你两件事：一）李季拟翻译《资本论》，但所用时间必须很长，非有可靠生活费，无法摆脱别的译稿而集中力量于此巨著。兄能否为此事谋之商务或庚子赔款的翻译机关？我知道李季的英德文和马氏（即马克思——编者）的经济学知识以及任事顶真，在现时的中国能胜任此工作者，无出其右。二）我前交给你的拼音文字草稿，希望商务能早日付印，免得将原稿失去，且可了结兄等对商务的一种悬案；并且我还痴想在这桩事上弄几文钱，可不必是实际的钱，而是想一部百纳本廿四史。

兄回到蛮野而又不蛮野的祖国，一登陆便遇着我给你这两个难题，使你更加不愉快，实在抱歉得很。

祝你快活！

弟仲手启

〔1933 年 10 月 25 日〕②

---

① 杨克平（1932—　），江苏常州市人。江南大学肄业。1962 年赴香港。著名国学大师黄侃和两岸院士潘重规的后人。任职香港寰宇企业集团公司董事长。改革开放之初即以伍佰万美元之巨款，回大陆从事文化教育事业的开发与投资。他以"历史是民族的家谱"以及"做一个合格的中国人"为思想指导，先后在北京师范大学，云南大学，南京大学，武汉大学等多所大学设"黄侃奖学金"；参与发起并资助成立了我国的徐霞客研究会，章太炎研究会、瞿秋白研究会，方志敏研究会和江苏省历史学会陈独秀研究分会。是陈独秀研究分会名誉会长。作为著名的爱国港商，1989 年 10 月他在上海投资百万美元创建了中外合资上海华山寰宇保健医疗中心，为上海对外服务开辟了新的窗口。2006 年荣获中华人民共和国经济建设功勋人物奖章及荣誉证书。特别值得一提的是：2012 年 3 月，当日本东京都地方知事石原慎太郎发起对我国的钓鱼岛"购岛"闹剧时，杨克平先生夫人潘锦女士，从美国搞得了全套钓鱼岛历史文献资料，经由南京大学呈送中央。与本图相关的 2011 年香港嘉德拍卖会 13 封信的资料，也是杨先生支持取得，特刊此一封以飨国人。2013 年杨克平、潘锦夫妇将黄侃、潘重规藏书五千余本捐赠南京大学图书馆。

② 信封系陈独秀亲自用毛笔书写，收信人及地址："北京后门内钟鼓寺胡同十四号　胡适先生。"发信人住址："广州太平沙迴龙下街六号陈寄 二月十五日。"信封正面左上角三分面值的邮票上，邮戳盖明"民国十年"（1921 年）。信封背面邮戳盖明二月廿二日抵京，二月廿四日到收信人所在的邮局。现据唐宝林先生来信说：1. "开头说胡这次回国，是指胡 1932 年 6 月去美国转到加拿大参加太平洋国际学会第五届常会，10 月初回国。胡适 11 月 2 日回信中表示抱歉，并说二个月后南下，'当来奉看'。2. 托胡为李季翻译《资本论》提供经费，李是 1929 年本人不知道的情况下，被陈独秀他们的填上"81 人"托陈取消派名单的，很埋怨 （转下页）

20.《中央日报》 1933 年 10 月 28 日

陈独秀案

最高法院决不开庭

仍用书面审讯

陈独秀、彭述之等危害民国一案，经苏高院判决后，陈等不服，当向最高法院提起上诉，现检察署已检察完毕，送达审判厅。前日报载最高法院对陈案破例开庭审讯，记者以此为创举，昨特往访最高法院，某负责当局，讯以究竟。据云，陈、彭案决不至开庭，因在事实上殊无必要也，盖陈、彭案虽案情重大，但于法律手续上，亦于普通案件相同，外传种种，想系重视此案之揣测耳。

原载《中央日报》 1933 年 10 月 28 日 第七版

21. 吴虞①《寄狱中陈独秀》 1933 年 10 月 30 日

〔一九三二年〕十月初二日② 星期〔日〕 十月三十号③ 阴 夜半四点，得诗二首，披衣起录之：

……。(第一首略。——编者)

寄陈独秀狱中

早年谈《易》记儒生，意气翻惊四海横。

党锢固应关国计，罪言犹足见神明。

尽知大胆如王雅，何必高文似马卿。

万古江河真不废，新书还望狱中成。

原载《吴虞日记》下册，四川人民出版社 1986 年版，第 660 页

(接上页)他们这样做，因为他要公开的身份当翻译家。怎么会是 1921 年呢？胡在回信中说，商务印书馆已经接受吴半农和千家驹翻译的《资本论》，所以不能接受李季的了。3. 请胡设法出版陈独秀的拼音文字草案，这个草案是陈独秀被八七会议阴撤总书记后的 1928 年写的。”据此，此信应为 1932 年 10 月 10 日写(唐宝林 2011 年 8 月 24 日致奚金芳信)。故此信上述信纸与信封显然是装错了。

另据编者查到 1933 年 10 月 24 日上海《大美晚报》(中文版)第四版载《胡适之今日到沪》记载：“中国出席太平洋国际学会之代表团主席胡适博士，自今春赴加拿大开会，并在美国各大学讲学后，现已事毕，由美国乘大来公司之哈斯总统号轮回沪，今日下午三时半即可抵埠，该轮停泊于浦东白莲泾大来码头，胡将于下午四时十五分，乘接客小火轮渡江至新闸码头”。足可以印证本日，即陈独秀从报纸看到胡适回国即写此信。故日期应为 1933 年 10 月 25 日，不是 1932 年 10 月 10 日。原信一页(印抄本纸)用钢笔横写。落款处有“双十”两个钢笔大字，显系后人所加的误判。

① 吴虞(1871—1949)，字又陵，四川新繁人。1906 年留学日本，归国后任成都府中学堂教习。五四运动时，为陈独秀办的《新青年》撰稿，批判旧的礼教和传统的旧文化，提倡思想解放。1920 年任北京大学教授，晚年任教于四川大学。1949 年在成都病故。

② 此为农历。

③ 此为公历。

22. 陈独秀致蔡元培信(1)　1933 年 11 月 1 日

孑民先生赐鉴：

敬启者：七月以来，得晤海门陈训丹先生，与谈文字学，甚为快慰。陈先生于此道颇有深造，且多创见，独秀以能时与晤教为乐，陈君亦以居通州太孤寂，思来就获得友朋商榷之机会。因此日前曾言之于志希、孟真①二兄，为寻一相当职业，使陈君得以寄居京中。闻中大及史语研究所目前均无法可设，故特陈情于先生，倘研究院其他部门或教部之图书馆及编审方面，如有可谋，请先生为之一言，使陈君有居京研究之机，则独秀之所渴望也。此上，敬祝

健康！

独秀拜手

[一九三三]年十一月一日

(据陈独秀手札)

选自《蔡元培书信集》(下)　浙江教育出版社 2000 年版

23. 陈独秀致汪原放信(16)　1933 年 11 月 2 日

此信②望与季子一阅③。

24. 胡适致陈独秀(2)④　1933 年 11 月 2 日

仲兄：

手示⑤敬悉。

《资本论》，此间已托社会调查所吴半农⑥、千家驹⑦两君合译，已脱稿的第一

---

① 孟真：即傅斯年。

② 指胡适 1933 年 11 月 2 日给陈独秀的信。陈独秀托汪原放将胡适给他的信转交李季，故此信只有一句。信后是汪原放的说明与手录的胡适致陈独秀的信。汪原放的说明见注③，陈独秀致胡适信见下一条。

③ 汪原放在信后注：信封外面有“十一月八日”一行。信是适之兄写给他的，录于下：……(内容见本页 24. 胡适致陈独秀(2)，此略)。

④ 胡适致陈独秀的这封信收录在陈独秀致汪原放信(第 16 封)的注释内，现将其单独列出，便于查找。

⑤ 从信的内容来看，此指陈独秀 1933 年 10 月 25 日给胡适信。

⑥ 吴半农(1905—1978)，原名祖光，号曲林，安徽泾县人。清华大学经济系毕业。1929 年任北平社会调查所副研究员。后赴美留学。曾任国民政府经济部秘书、统计局长等职。抗战胜利后，任中国驻日本代表团第三组(经济)组长和驻盟军总部赔偿归还代表团首席代表。1956 年冲破阻力回国，任职外交部。全国政协三、四、五届委员。“文革”中被下放。1978 年病逝于北京。

⑦ 千家驹(1909—2002)，经济学家，中国科学院学部委员。笔名钱磊，浙江乌义人。早年毕业于北京大学经济系。1936 年参加全国各界救国联合会，任常委。1945 年加入中国民主同盟，任南方总支部秘书长。新中国成立后历任中国人民银行总行顾问，民盟中央副主席、常委等职。2002 年 9 月 3 日在深圳逝世。

册有三分之二了。第一分册已在四月前付商务排印。此二人皆极可靠，皆能用英、德两国本子对勘。其第二册中 Rent 的一部分也已译成。此间与社会调查所已订有契约，不便再约季子重译。季子译书能力，自然能胜任此书。但我听说中山文化馆有约季子译此书之说。如此则季子另译一本，已有着落。如不归商务发行，则两本并无冲突。如两本均归商务印行，则商务不能不因此间契约关系，继续接受此间吴、千二君之译本。

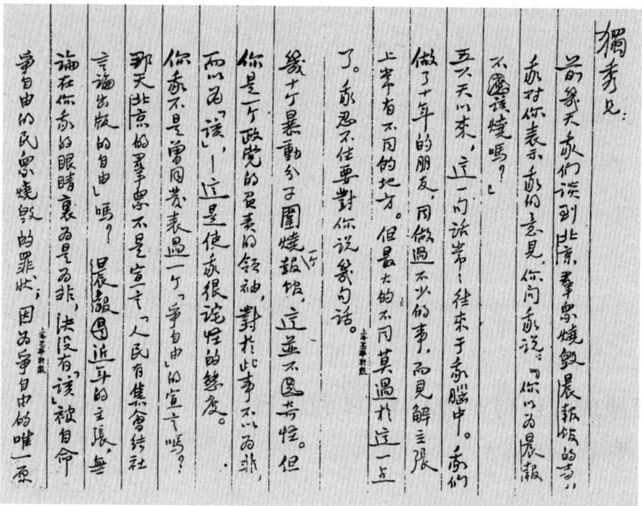
獨秀兄：
前几天我们谈到北京群众烧毁晨报馆的事，我对你表示我的意见，你问我说：「你以为晨报不该烧吗？」
五六天以来，这一句话常常往来于我脑中。我们做了十年的朋友，同做过不少的事，而见解主张上常有不同的地方。但最大的不同莫过于这一点了。我忍不住要对你说几句话。
几十个暴动分子围烧报馆，这并不足奇怪。但你是一个政党的负责的领袖，对于此事不以为非，而以为「该」，——这是使我很诧怪的态度。
你我不是曾同发表过一个「争自由」的宣言吗？那天北京的群众不是宣言「人民有集会结社言论出版的自由」吗？晨报近年的主张，无论在你我的眼睛里为是为非，决没有「该」被自命争自由的民众烧毁的罪状；因为争自由的唯一原

胡适于 1925 年 12 月致陈独秀函（节选，唐宝林提供复印件）

《国语稿本》，已于四月前亲交商务。顷晤云五先生，他说，稿本字太小，不便影印，排印则有许多困难。他已与馆中商如何排印之法，迟印之因在此。

此次过京，匆匆不能来省视吾兄，十分失望，两个月后南下，当来奉看。敬祝

安好！

适之　廿二、十一、二①

① 汪原放在信后注：这是 1933 年的信，很正确。适之兄写信总要写年分、月、日，行严先生写文章总要系甲子，都比仲翁不写年分好，极便考核。《独秀文存》里的文章都是根据《新青年》等杂志加上年分的，否则这一个时期和那一个时期有什么大不同的地方，要花很不少的时间去考据了，很不经济，很麻烦。关于此信，仲翁来信还问过，其实已经交与李季先生看过了。

25. 邓以蛰谈陈独秀在南京狱中 1933年11月15日

最难风雨故人来——在南京高等法院看守所里的陈独秀①

邓叔存②

……(上略)

稍顷,书贻③驾车来约同往高等法院的看守所,探视陈独秀。这是我在这次旅行动头时就预期的了。汽车行于长街狭巷之间,转弯抹角,殊觉十分勉强,岂看守所一类地方必处于陈旧污下之区,窄巷萦回始能达耶?于是乃悟南京新筑大道专为阔人开汽车而设,斯言殊也不诬;雨又越下越大,行人持伞避我们的汽车,几乎无地自容。这些都不在话下,假使我们不乘汽车而往,说者谓管看守所的也许挡驾;假使车中同坐的不是一位阔人(书贻能恕我用此两字吧!)也许压根儿不得其门而入。我们到门口下车,书贻导我直入,叫我取出一张有衔头的名片——说真话,我在北京第一次印了一百张有衔头的名片,意思就是为这次用的。片子送进,雨真下得灵巧,行院中几至湿透,却竟有人嘱阍者持伞照我们以导入。这在第一次进看守所看犯人的我真是不胜受宠若惊之至!心里想,"最难风雨故人来"!我同独秀分别以来,几乎二十年了。在这二十年中,他是轰轰烈烈的尽力于社会的改造,我则是平平淡淡地过我的学生生活,各各行径的不同,大有天涯海角,北辙南辕之势,不易碰头的。不必提,我背着他遇有非难他的人,虽至友也必争得耳红面赤为止,仅[尽]管在那特殊的当儿,他的思想,他的政治

---

① 摘自邓叔存《癸酉行笥杂记》(1933年11月15日《大公报·文艺副刊》第16期),题目为编者所加。其时南京江苏高等法院看守所大门在今南京大石桥马府西街上(原名娃娃桥)。当年的娃娃桥乃一狭窄的长巷。今以横向广艺街为界分为马府西街与娃娃桥两段。但原址已毁,在其上建成了金盾公寓。

② 邓叔存(1892—1973),号以蛰,安徽怀宁白麟畈(今五横乡白麟村)邓家大屋人,著名书法家邓石如的五世孙,教育家邓艺孙的第三子。现代美学家、美术史家、教育家。1912年曾任安徽教育司长,一生从事文化教育事业,是著名核物理学家、中国原子弹之父、两弹元勋邓稼先之父。他1907年到日本学习日语,以文学博士毕业于早稻田大学,并且接触了西方文化。在日本结识了他的同乡陈独秀,这对他接受新思想有积极的影响。1911年回国,陈独秀任安徽省都督府秘书长,邓以蛰任教育厅长。他1917年赴美,入纽约哥伦比亚大学学习哲学,特重学习美学,是我国留学生到欧美系统学习美学的先行者之一。1923年回国,他曾在北京大学、燕京大学任教授。1927年到厦门大学任教,1928年转至清华大学。出版文集《艺术家的难关》。这是一本提倡新文艺的著作,其基本的立足点是黑格尔美学,认为艺术是超出于自然的绝对境界、理想境界的表现,不同意把艺术视为对自然的模仿,强调艺术要鼓励鞭策人类的感情,而不要流落为仅使人感官愉快的东西。另一方面,他又倡导艺术对社会人生的作用,倡导民众的艺术。在这本著作中,他还论述了艺术与情感的关系,诗、音乐、造型艺术、戏剧的区别等。1933年夏秋出游西欧意、比、西、英、德、法等国,出访前先到南京探望狱中老友陈独秀后写出本文。他在访问很多艺术博物馆归国后写成《西班牙游记》一书。同时潜心从事中国书画及美学理论的研究并取得重大成果,写成《中国艺术的发展》、《画理探微》、《六法通铨》、《病余录》(未写完)、《书法欣赏》等多部。邓以蛰的美学思想尤其是其书画论对中国近代美学作出了重要的贡献,成为与朱光潜、宗白华齐名的美学家。

③ 书贻:即段锡朋。见前注。

大公報　中華民國二十二年十一月十五日　（第三張）

文藝副刊　第六十期

每星期三出版　通訊處：北平西單西斜街甲十五號或天津大公報文藝副刊編輯處

癸酉行笥雜記　鄧叔存

《大公报》1933年11月15日第3张《文艺副刊》邓叔存：《癸酉行笥杂记》的原文刊头。本文摘录其后半部（任建树供复印件）

主张，我是丝毫不懂，对政治我虽也有毛毛的主见，但说不上能从转变无常，交错复杂的经济方面（学哲学的往往有忽视这方面的偏见，我也不免。）着想的，故独秀的主张，说实话，我压根儿就没有理会过；那我为他辩护的终不过为他的人格罢了。这种神交值不得什么，何况于大刀阔斧，捭阖勤劳的独秀，那有闲情，想到过去！在这瞬刻之间，雨下得这样大，看守所的墙高似通于天，门禁的森严不啻虎牢的铁闸，老英雄，老英雄了的独秀，在这忽尔报道来看他的人，是他的少年的小友钝生。（我于二十岁以后，与仲甫改用独秀的同时常用此名，他与我通信时最爱用之，我是小他十二岁的。）其人，将如何将这二十年间各不相同的经验山崩浪倒地排挞开，而归到高墙笼住的，雨点簇簖的灵犀一点的旧情？陈仲①、苏子谷②、邓

① 陈仲又称陈仲子，陈独秀之暱称——编者。

② 苏子谷，名曼殊（1884—1918），中国清末民初诗人、作家、画家、翻译家。广东香山人（今广东珠海）。其父苏杰生为日本横滨山下町三十三番英国茶行的买办，子谷母亚仙（柳亚子说姓河合，日籍）。苏曼殊十一岁被带回到广东老家，就读于私塾。由于其带有异族血统，在家族内备受排斥和虐待。十五岁时，家道中落，曼殊随表兄再赴日本，在横滨华侨设立的大同学校，就读于该校乙级（中文一科）。1901年经亲属林氏赞助考入早稻田大学预科学习，一年后因赞助终止而停学。幸而清公使王大燮准许各省自费优秀学生改当公费生，曼殊遂经横滨侨胞推举，转学于振武学校（由东京成城学校改制而来）。此时他开始醉心佛理。在日本期间，还与陈独秀、邓初、邓以蛰兄弟四人同屋而居，并结识了章士钊、廖仲恺和何香凝等留学生。他先后（转下页）

初①(我的二哥)、邓以蛰②,四人多年在日本东京同住一下宿屋(飧宿同供的次等旅舍)。陈仲沉酣于他的拜轮(Byron)③和雪梨(Shelley)④的全集;和尚终日无衣衫出门,吃着睡着,哼他的以龚定庵⑤为蓝本的七言绝句(他当时所出的《文学姻缘》、《潮音》中翻译诸作,凡是五、七言古体,不是章太炎修改的,便是仲甫所作,和尚只会绝句。)我弟兄两人凑兴的事也不少。若独秀仿效(希望仲甫见到勿生气)或尝试拜轮式的浪漫生活,到得他本性太强,仿效不易,格格不入的时候,他老是愤慨多怒,直接当其冲的人固是别人别性,但形诸文字的是封封给我们两兄弟的信。这些信倘能流传人间,(倘若我家山房一切无恙,这些信必定还在人间,但不敢保。)潘彼得⑥

(接上页)参加了在日本成立的中国革命团体如青年会。苏杰生在家乡已经为苏曼殊订下亲事,赶到香港想劝其完婚,苏曼珠避而不见。数月后即返港,并已剃度出家,法号曼殊。他先后在苏州吴中公学任教、《国民日报》担任翻译,并与章炳麟、柳亚子等人交游。1918 年 5 月 2 日,曼殊因胃病逝于上海广慈医院,年仅三十四岁。死前留下一偈:"一切有情,都无挂碍。"后孙中山捐赠千金,葬其于杭州西湖孤山北麓,南社诸宗元撰《塔铭》。20 世纪 50 年代墓坍,1964 年迁葬于西湖西鸡笼山。苏曼殊能诗擅画,通晓日文、英文、梵文等多种文字,翻译作品有《拜伦诗选》和《悲惨世界》。《拜伦诗选》出版于宣统元年(1909 年),以中国古体诗的形式翻译《哀希腊》、《去国行》等篇。《悲惨世界》发表于光绪二十九年(1903 年,陈独秀从 11 章续译到 14 章),最初译名《惨社会》,在上海《国民日日报》上连载,其译书未忠于原著,自第 7 回起,添加了南德的故事情节以宣传革命。1904 年底今镜书局出版单行本,书名《惨世界》,署名"苏子谷、陈同译"。苏子谷创作的小说有《断鸿零雁记》、《绛纱记》(陈独秀序)、《焚剑记》、《碎簪记》、《非梦记》等,另有《天涯红泪记》未完成。柳亚子将其著作编成《曼殊全集》(共 5 卷),现存诗约有 100 首。以上参考博讯网及唐宝林《陈独秀全传》。

① 邓初,生卒不详。邓以蛰二哥。陈、邓两家是世交。陈独秀与邓仲纯、邓以蛰、邓季宣三兄弟交往甚密,亲如兄弟。1908 年底,陈独秀到日本留学,与苏曼殊、邓初兄弟四人同住。邓初在日本留学读医学专科的他,除在校上课外,几乎与陈独秀形影不离。邓以年长的陈为楷模,除学医外,接受新思想,探索科学民主学说,追求革命和学习救国强邦的理论。1938 年 8 月陈独秀暂住邓家时(江津黄荆街 83 号的延年医院)经邓初介绍而与台静农相识。台邓二人成为陈独秀事业(《小学识字教本》的油印出版)和人生(治病,送终)二大需要的生死与共的朋友。参见张皖生《邓初:陈独秀晚年的至亲好友》2011. 11. 7.《安庆晚报》A9(http://aqdzb. aqnews. com. cn/aqwb/html/2010 - 11/07/content_153374. htm)。

② 即邓叔存本人。

③ 拜轮:即乔治·戈登·拜伦(George Gordon Byron, 1788—1824),英国 19 世纪初期伟大的浪漫主义诗人。代表作品有《恰尔德·哈罗德游记》、《唐璜》等。在他的诗歌里塑造了一批"拜伦式英雄"。拜伦不仅是一位伟大的诗人,还是一个为理想战斗一生的勇士;他积极而勇敢地投身革命,参加了希腊民族解放运动,并成为领导人之一。

④ 雪梨:即珀西·比西·雪莱(Percy Bysshe Shelley, 1792—1882),英国浪漫主义诗人。1792 年生于苏萨科斯郡一个贵族家庭。其诗作抨击专制,赞美革命,节奏明快,积极向上,在英国诗歌史上占有重要地位。1822 年 7 月驾小艇旅行途中,因遇风暴,溺水于斯佩齐亚海湾,时年 30 岁。

⑤ 龚定庵:即龚自珍(1792—1841),清代思想家、文学家,改良主义的先驱者。27 岁中举人,38 岁中进士。曾任内阁中书、宗人府主事和礼部主事等官职。主张革除弊政,抵制外国侵略,曾全力支持林则徐禁除鸦片。48 岁辞官南归,次年暴卒于江苏丹阳云阳书院。他的诗文主张"更法"、"改图",揭露清统治者的腐朽,洋溢着爱国热情,被柳亚子誉为"三百年来第一流"。著有《定庵文集》,留存文章 300 余篇,诗词近 800 首,今人辑为《龚自珍全集》。著名诗作《已亥杂诗》共 350 首。

⑥ 潘彼得:即彼得·潘,苏格兰小说家及剧作家詹姆斯·马修·巴利(James Matthew Barrie, 1860—1937)最为著名的剧作《彼得潘:不会长大的男孩》中的主人公——永无岛上永远也长不大的调皮小孩。

了，保加侨(Boccacio)①了，猛忝动(Mtiangne)②了，都没有那些文字的痛快淋漓。他真是南宋的陈同甫③再世，(据我所知，他早年最服膺陈同甫、叶水心④)极痛快爽直：于人，凡为晬面盎背(龙川语)的道学先生，攻击无余；于事，凡为两售之地的妄庸(龙川语)之徒，极其鄙视；这是他的根本人格。至于他的主张，时而拜轮的浪漫主义，时而卢骚⑤的自然主义，时而伊蒲生⑥的个人主义，时而马克思的社会阶级主义，都不过是他的年岁上的花蕾，时开时谢，而他的性格特强，蕾珠过紧，开时特作怒放之势而已。也罢，我们终于在他的住房外，雨已淋不到的一条窄廊子的尽头相迎。他的须发大半白了，面色又瘦又黑，见了我悠然不表示一点惊异，异常安祥，仍然一口安庆城里的口音，握握我的手说道："你也老了呵。"好像是回答我的话似的。我的话真是无再说出的必要，然而我不禁用一种问候病人的态度低声说出："仲甫哥，你为何老到这样？瘦到这样？报纸上说你的胃病厉害，到底现在怎样？好了些么？"他回道："我没有胃病，是大小肠子的毛病，老是小肚子的左边痛。"(后来一涵告诉我，鸣岐前次过京看他的时候，细细替他检查一遍，断定他是大小肠交接处的毛病。)我又问他"还有他种病么？饮食何如？"他仍然旧日满不在乎的神情回道："从前所疑的肺病了，胃病了，心脏病了，概无根据；此地伙食也还可以，自己要弄东西吃也很自由，只是我没有这种兴致就是了。"我说"叔雅⑦曾嘱他的学生的太太每日送菜进来，不是么？"他说："那有这回

① 保加侨：即乔万尼·薄伽丘(1313—1375)，意大利文艺复兴运动的杰出代表，人文主义者。代表作《十日谈》批判宗教守旧思想，主张"幸福在人间"，被视为文艺复兴的宣言。其与但丁、彼特拉克合称"文学三杰"。

② 猛忝动：即蒙田(Michel · de · Montaigne，1533—1592)，法国文艺复兴后期、十六世纪人文主义思想家。主要作品有《蒙田随笔全集》。因其丰富的思想内涵而闻名于世，被誉为"思想的宝库"。在十六世纪的作家中，很少有人像蒙田那样受到现代人的崇敬和接受。

③ 陈同甫：即陈亮(1143—1194)，原名汝能，后改名陈亮，字同甫，号龙川，婺州永康(今属浙江)人。南宋永康学派(或称永康事功学派)的代表。在外交上力主抗金，反对议和；在国家治理政策上主张简法重令；在学术上主张经世致用，提倡有益国计民生之事功之学，反对空谈。与朱熹多有次争论。著有《龙川文集》、《龙川词》。

④ 叶水心：即叶适(1150—1223)，字正则，学者称水心先生。他是我国南宋时期著名思想家、文学家、政论家。他所代表的永嘉事功学派，与当时朱熹的道学派、陆九渊的心学派，并列为南宋时期三大学派，对后世影响深远。

⑤ 卢骚：即让·雅克·卢梭(Jean-Jacques Rousseau，1712—1778)，法国伟大的启蒙思想家、哲学家、教育家、文学家，是18世纪法国大革命的思想先驱，启蒙运动最卓越的代表人物之一。主要著作有《论人类不平等的起源和基础》、《社会契约论》、《爱弥儿》、《忏悔录》、《新爱洛漪丝》、《植物学通信》等。

⑥ 伊蒲生：即亨利克·约翰·易卜生(Henrik Johan Ibsen，1828—1906)，生于挪威希恩，是一位影响深远的挪威剧作家，被认为是现代现实主义戏剧的创始人。他的《布兰德》等作品谴责资本主义社会的丑恶现实，痛斥宗教道德，鼓吹精神上的极端个人主义，表现出不妥协的精神："或者得到一切或者一无所有。"其《玩偶之家》(又译《娜拉》或《傀儡家庭》)中娜拉要求个性解放、不做"贤妻良母"的坚决态度，引起社会强烈反响。

⑦ 叔雅，即刘文典。

事,他的话多不可信。”我们走进他的住室内,这间屋子纯粹安庆小客栈式,地板比门外廊檐下的砖面还要低,走起来弹性力极富,全屋都得震动;肮脏的洋式窗子安得特别高,一面永远粘手的黄色的方桌子摆在下面,沉到老底下,得到光线的一面还没有一本书的宽处;一间四四方方的房子,左面靠墙摆着一张不挂帐子的木架床,床面前又摆着一张老旧老旧的藤椅子,一见就晓得这是属于独秀用的部分。对着窗子的一面,靠墙又支着一个木板铺,上面的被条来得比床上的就要脏得多,这当然是彭述之睡得了。与床相对的一面墙,满满的几架书,线装的洋装的都有,摆得都齐整极了。原来独秀的脾气,干净虽不见得,但极爱整饬,书架几案无不是一尘不染,目前的情形虽然不容他尽情尽性,倒是那种利落劲儿还够有的。我们进了房,他让书贻坐到藤椅子上,彭述之坐在书架面前一条窄凳子上,我与陈独秀坐在方桌上,他开始与书贻谈些对于我不接头的话,又谈到商务承印《四库全书》的消息,中日问题。回头,他问问我北平的情形,敬重地赘了一句:“清华为何还不预备搬呢?”我说“清华还在建筑房子呢。”他复叹声道:“那又何苦呢!”我们的交谈,像似太重情谊,所以很琐碎而无精彩;我并觉有些话,我极不当说。如他问“仲纯(我的二哥)在青岛一切还好么?”我说:“他因为孩子殇得太多,最近最后一个男孩又死去了,非常懊丧。”他说:“在这种时代,那不是好极了?何必懊丧!”缘独秀的两个儿子延年、乔年,都绝顶聪明,非常可爱,他俩在家与母亲同住时,颇不赞成他们父亲的主张。后来他俩到巴黎留学,及独秀奔走党事,他们也捨了学业,回国帮助他们的父亲,两人都前后因此丧命;听说他的女儿得到他的二哥乔年被杀的消息,立时昏倒而死去;这三兄妹的母亲——独秀的妻也是命送在这些消息上。有所为而捐躯,正是一门节烈,再光荣没有的了。不过,也是人生极大的悲剧!我深觉不应该在这种情形之下,提醒他这个!他谈话的神情一如往昔:背,被他的看东西往里钉的极锐的目光带着向前稍勾一点,谈话时眼睛爱向上看,忽而闭,忽而睁的。他的一副眼睛最能代表他的为人:钉则表示他看重事实,仰则是不断的回向他的理想,一睁一闭显着他遇事有决心。他的口才流利,幼年与人谈话往往终日不倦,戏谑杂出,一言不相投便嚷骂随之;朋友们爱他憎他都在这一点。因为他谈话痛快流利,不假做作,所以他虽从十几岁即离家乡,到今天五十余岁还是一口土音。曾涤生[①]说我们怀宁人俗而傲,他却是傲极了;说句老实话,他也不能免俗。怕是普遍的公例:凡是细大不捐的好事

① 曾涤生:即曾国藩,号涤生。

的人——就是事无不可对人言的范希文①，以天下为己任的司马涑水②(谨案：先生此所举人和事，不知有意颠倒，还是一时疏忽。)，恐怕都有点俗味儿。因为俗是对雅而言的，雅以文胜，今若一切凭他的质地而行，由所谓雅的眼光看起来，岂有不俗的。独秀是个质胜文的人，尽管他是一个当代文章魁手(他的死友，我的姊丈夫葛温仲的话。)他如今穿着一件灰色的哔叽呢的夹袍，旧的只剩沿边一带还保持本来的较深的颜色，其余部分都褪得成皮蛋壳的颜色了；又瘦得满面菜色，八字须儿；当他伴我们闲步到廊檐下时，还有点摇摇摆摆；这些都越发显出怀宁人的驾步，于他是生来的。我们四人伫立在檐下多时，雨已止了，好像不忍遽然分手似的，还说了许多笑话。最可笑的，是他告诉我们往日他的大哥带到南京下考场的经验。一下三场，一场三天，一共九天。他那时不过十几岁光景，到着第二场，哭着不愿进场，他的大哥又骂他又哄他一定要他进去。他进是进去了。而抡着(他的土话)不做文章，慢慢找着一些年老发白的考生，一丝不挂的由那内容只有轿子大小的考棚中钻出来，手持着文稿，摇头摆脑的高声朗诵他们的佳构，一身肉体凡是顶着悬着的大大小小全都摆动起来，他寻着当把戏看着出神，叫他的大哥莫奈他何！我们听完这个笑话，只当是《离骚》的“乱曰”，Symphonyd 的 Cado③，不得不散了！归途，我在车中又想到，他曾酷爱书画，他到过我的山庄，将我家的收藏一一评定，为之编目，其中较好的如弘光时成回和尚山水小幅，渐江山水幅等等，他称之不去口，上面的题跋，他多能背诵。(曼殊画中成回的题句，就是他诵与和尚的。)记得他为了一幅萧尺木的山水得不到手，竟同朋友翻脸！如今我也酷爱字画，好为赏识，我自问在东京同住的时候，受

《陈独秀被捕资料汇编》封面

① 范希文：即范仲淹(989—1052)，字希文。北宋名臣，政治家，文学家。吴县(今属江苏)人。以天下为己任，敢言。其《岳阳楼记》一文中“先天下之忧而忧，后天下之乐而乐”两句，为千古佳句。也是他一生爱国的写照。

② 司马涑水：即司马光(1019—1086)，北宋政治家、文学家、史学家。原籍陕州夏县(今属山西夏县)涑水乡人，世称涑水先生。编纂了中国历史上第一部编年体通史《资治通鉴》。为人清廉仁厚温良谦恭，人称其事无不可对人言(语出《宋史・司马光传》：“平生所为，未尝有不可对人言者。”)。

③ Symphonyd 的 Cado 意指离开，散了。Symphony 交响乐，Cado 离开。

他的影响不少。

节录自邓叔存《癸酉行笥杂记》

原载1933年11月15日第三张第12版《大公报·文艺副刊》16期

26. 陈独秀致汪原放信(17、18) 1933年11月15日、19日

第17封

泉兄:

十一日信及打针药一盒,均于昨日收到,勿念。

《史林》等三种报既如此昂贵,当然不能买了。

牛肉汁此间可购,大瓶保卫尔每瓶二元一角,上海未必更便宜,望勿买来。

兄来函为老胡[①]辩护,我深为惊异!他说他太忙,不错,他很忙,我知道他在此间即和一班达官贵人拜会吃酒,已经够忙了,弟前函及此函所说关于老胡之事,望勿告知他人,即令叔亦不必令知之,君子绝交不出恶声也。我和他仅仅友谊关系,其他一切不必谈,他现在既不以友谊态度待我,不过旧朋友当中又失了一个,如此而已。

店中经济既如此困难,眼前救急,除节省开支外,实无其他办法。令叔以前谨慎小心的办法,未必无理由,兄现在身当其冲,已领略其中滋味,我以前极力怂恿令叔把店交给你管,亦有必须使你早日获得经验之意。惟兄却不可以自馁,应该加倍努力为之,谨慎为之,天下无不可战胜之困难也。惟节省开支,必须以身作则,始能见谅于同事及家人,此层望兄特别注意。

前次寄来日本文十一本书中(改造文库),《第一インタナシヨナル史》只有第二部一册,缺少第一部,前已奉告,谅已知之,不知系由东京寄来即缺第一部,或系误留兄处未曾寄来,望示知。

《反杜林》不知系何家出版(汉译)望代购一部寄来。

月余病未发,面色已较好,大便亦稍好,可无虑矣。

此祝 努力!

---

① 即胡适。

（前函王女士在兄处取五十元，谅已交她。）

季丹手启 〔一九三三年〕十一月十五日[①]

第 18 封

方泉先生台鉴：

日文《古代社会》上、下二册及汉译《经济学批判》、《工资、价格与利润》和石印书目均先后收到。惟前函所托购《经济学批判》等四种书，注明均要英文的，不是要汉译本，此书汉译本弟已有了，现在买重复了。《工资、价格与利润》买来也好，惟前函所要的，不是这书，而是李季译的、商务出版的《价值、价格及利润》。下次购书，请将原名细心看明，以免错误。此颂

近安！

弟季丹叩 十九日[②]

27. 陈独秀致汪原放信（19、20） 1933 年 11 月 26 日、12 月 2 日

第 19 封

方泉兄：

日前收到日文、汉文书二册，比即复以明信片，谅已收到。

灵、羽处久无信来，彼等仍在沪否？倘见面，望致意。

兄倘知高一涵先生沪寓地名，望即示知。

与季子信，请转交。

寄来打针药尚未用，因近来小伤风初愈也。

胃肠已渐良好，面色亦略好，勿念。

哲民借你的四十元，已还清否？如未，望催他还，至要。

令叔有信来否？何以久不出来？我很想见他谈谈，请告知他。

令亲地皮事如何办了呢？

---

① 汪原放于信后注：这是 1933 年的信，是 11 月 17 日收到的，“上海”邮戳很清楚。此信嘱办《反杜林》，可以看出，不能单搞“干燥无味”的东西了。适之兄次年还是到牢里去看过仲翁的。据适之兄说，他是由那时的教育部长段锡朋同他一道进监牢里去看过仲翁的。仲翁最重感情，适之兄去看过他以后，他又不生气了。他时常要和人绝交，如行翁，如适之兄，可是火性过了，又没事了，仍旧当好朋友了。为了《新青年》的事，也闹得要和我的大叔绝交，和陈家（子沛、子寿翁）绝交，可是后来又照旧要好了。我的大叔常要说的：“仲甫的脾气，真怕人哩！他的脾气发起来的时候，真是‘黄茅火性’一样呵！”

② 汪原放于信后注：这是一个明信片，1933 年 11 月 21 日收到的，据邮戳。此信是明信片，所以索性用了“先生”二字，这是更稳妥的，他想。

此祝健康!

弟季丹叩　〔1933年〕十一月廿六日[①]

第20封

方泉兄:

昨日寄上一函,想可与此函同时达览。

七月十日左右,曾有一与王女士函托兄转交,函内嘱她向兄处取五十元;顷接她昨日来信,竟未提及此事,(相隔二十天了,实在误事非浅!)想前函已失。兹特再写一信请兄转致,万请注意,勿再失去! 前曾两次函询兄已否给王女士五十元,即指此款;如尚未付,望即随信付她。

兄近日想甚忙而脑中纷乱,弟又屡以琐事奉渎,罪过罪过,后当极力避免之,乞恕!

弟丹叩　〔1933年〕十二月二日[②]

28. 江苏高等法院为陈独秀案雇临时看守给江宁地方法院的公文(残页)　1933年12月7日

请将您所为陈独秀案添雇临时看守三名(月支共三十元)一案呈部核准动支留院法收数目查示为荷(廿二年度是否列支三百六十元)此照

会计科

吴先生　　台照

呈部核准动支留院法收二十二年度全年三百六十元

廿二年十二月七日我室指示　第一八五六四号令　注册

录自江苏省档案馆缩微胶片1855号

29. 陈独秀致汪原放信(21、22)　1933年12月7日、9日

第21封

方泉兄:

本月三日、四日两信均已读悉。

借款度日终不是办法,以后总须努力设法,能够保持入出均衡才对。(我以

---

① 汪原放于信后注:此信是1933年11月27日收到的,据邮戳。灵、羽那时都在上海。高一涵先生的地址打听清楚,告诉他了。那时我们正在准备出《现代文明史》,我曾求得高先生的一篇新序,置于卷首。语罕先生也写了一篇。有些报纸上的文章,常把高一涵、高语罕先生当做一个人,实在是错的。

② 汪原放于信后注:这封信是1933年12月3日收到的,据信封上邮戳。"七月十日"的"七"似有误,在"十二月"怎么好说"相隔二十天了。""王女士"即灵均。

为缩紧仍有必要，别的积极方法，收效太慢。）

贱恙近又小发三、四日，但只胃肠微有胀痛，现已渐好，勿虑！朋友都说面色颇好，惟肌肉消瘦如故，想非短时间所能复元也。

补血针已打过三针，不见好歹，医生云非有二十针，不能见效，精神还不坏。

罗氏补药，不知能否再服一、二瓶，羡慕，因其收效较速也，请问黄先生。

今晨奉上一名片，言《大美晚报》事，谅已与此信同时收到。五日的报，昨日下午送来（只有英文的，没有中文的），今晨才见到，闻系由下关专人送来，而非由邮寄，不知何故？务望通知该报馆，望每日交邮局寄来为要！

灵女士未将住址告知我，所以不能直接寄信给她，很不方便，见面时，请她把住址写给我。

我无什么须询行翁。

此祝健康！

弟　丹手启〔1933年〕十二月七日①

第22封

方泉兄：

前致兄函中附有与季子一信，来信未提及，不知收到否？

《大美晚报》英文部，五、六、七日的报均按日收到，中文的只收到五、六两日的。六日的报昨日收到，五日的信〔报〕反在今日收到。中文的均由邮局寄来，英文的均由下关派人送来，不知何故？或该报馆在下关有分社吗？倘由下关派人送报，不用我们另出钱，听其派人送也好。因鉴于中文报由邮寄反延误也。如果每日交邮，邮费过贵，则更应听其由下关送来。

寄上通商纸币十元一张，尚系去年病中由王女士从令叔手取来者，在此数次用不出，兄处倘能搭用固好，否则暂存兄处以为纪念也好。

弟　丹手启〔1933年十二月〕九日

顶上批云：

Intistinol “Henning”（音特司梯拿尔）已用完，此间索价每瓶三元五角五分，太贵，望即在沪买两瓶（只要两瓶）寄来为荷。

又白②

---

① 汪原放在信后注：这是1933年的信。同日“早晨”的明信片并未收到，看来有些信也都会遗失了，也许已经收到了，后来散失了。

② 汪原放在信后注：这是1933年12月9日的信，11日收到的。“通商纸币十元”大概是一张假钞票，究竟是我的大叔有意搭给仲翁的不是，不得而知。他说“存兄处以为纪念也好”，也是一句很生气的话了。

30.《中央日报》 1934年2月8日

陈独秀案　最高法院尚在审议中

陈独秀、彭述之等危害民国案，经江苏省高等法院判处徒刑十五年后，陈、彭不服，又上诉于最高法院。去年八月间，最高法院检察署侦查完结，移送最高法院裁判。昨据该院周代理书记官长语记者，此案案情重大，审查证件颇费时日。前曾一度会商签认此案，不必开庭审讯，刻仍在审议中。外传即将终结非事实，定谳日期尚有待。

原载《中央日报》 1934年2月8日　第七版

31.《中央日报》 1934年2月12日

陈独秀狱中生活

衣食住用甚舒适　自称感觉性烦闷

共党托拉斯基派领袖陈独秀、彭述之等，羁押江宁地方法院看守所以来，已逾半年，自经法院判决徒刑，陈、彭不服，提起上诉，至今仍在最高法院侦查案卷中，因此陈、彭尚押看守所内。陈对狱中生活称为舒适，因所住者，为看守所之优待室，即以前牛兰夫妇所居之房间，其家属亲朋亦不时送钱送衣送食，总合衣食住用四项，不亚于富有资财之士绅。遇有亲戚朋友前往探望者，陈且不愿出外接见，要求看守所长须接入监房会谈。中央日报及各种合法图书，堆满监房。陈、彭等除有时接见探望者会谈外，其代表律师章士钊最近曾赴监探询其生活状况及重要事项。陈独秀答称，衣食住用，尚能过去，惟极感苦闷者，为性欲问题之无法解决云云。章士钊氏以此项要求无法向司法当局提出，即对其安慰而去。又据司法界息，陈、彭等虽已提起上诉，但最高法院仅从案卷审查，不再开庭审问云。

32.《红旗周报》 第64期　对章士钊为陈独秀辩护的评论①　1934年3月1日

……

三、“托洛斯基主义老早已经不是共产主义派别了”而是“反革命资产阶级的先锋队”(斯达林的话)，反对共产党，反对苏维埃革命，替国民党服务了。事实上，谁提出“国民会议”口号去帮助国民党愚弄群众？这是托洛斯基主义。谁认为红军是“土匪”，给蒋介石等刽子手以“围剿”的借口？这是托洛斯基主义。谁

① 摘自《坚决反对〈中国论坛〉上偷运反革命托洛斯基主义的私货(提纲)》，《红旗周报》第64期，1934年3月。此标题为编者所加。

认为"工农民主专政是反动",给国民党反对苏维埃政权的"论据"? 这是托洛斯基主义。谁在满洲事变以来,诬蔑苏联与日本"勾结"而给一切反动派反苏联的武器? 这是托洛斯基主义。谁在革命工会内组织"反对派"来破坏工人运动? 这是托洛斯基主义。正因为这样,所以资产阶级的律师,如章士钊之流,在国民党面前替托洛斯基主义辩护,称颂他们服务地主资产阶级统治,反对共产主义和革命运动,拥护三民主义等所尽的功劳。

……

1934 年 1 月

节录自《红旗周报》第 64 期 1934 年 3 月《坚决反对〈中国论坛〉上偷运反革命托洛斯基主义的私货(提纲)》

33. 江宁地方法院为报陈独秀案临时看守工饷给江苏高法院的呈文　1934 年 4 月 26 日

江苏江宁地方法院呈　　第 10029 号

呈为呈请事,案据本院看守所所长程振麟呈称,呈为呈恳本所临时看守所工饷仍在法收项下拨补,以示体恤而重戒护,仰祈鉴核转请遵事。窃奉钧院第九四一四号训令内开案奉江苏高等法院第九八一三号训令内开,查该法院看守所二十二年度预算,业将实在必要各费酌量增编,现此项预算已经奉准,自本年一月份起实行,所有原在法收项下核准拨补各款除超俸一项仍归另案办理外,余应同时一律停拨,以符原案。唯此令仰该院长遵照办理并转饬该看守所长知照此令,等因。奉此,合行令仰该所长遵照办理此令,等因。奉此查本所押犯陈独秀等案内添设临时看守三名,前经请呈准由二十二年度岁出预备费项下每月支给工饷三十元,本应遵令停拨。惟查此项临时看守,系专为戒护陈独秀等而设,不能兼办其他事务,而本所预算系按收容押犯三百七十名定额,设主任看守四名,看守三十名,近来收押人犯,多则六、七百名,少则亦在四百名以上,且多属重要案犯,所房又不相联络,以致对于戒护向感人力薄弱。窃念此项看守系临时雇用,每日工饷拟恳仍在法收项下拨补,一俟该案判结,所雇看守即行裁去。所有拟恳本所临时看守工饷仍在法收项下拨补缘由是否有当,理合呈请核转等情,前来查核尚属实在,理合备文呈请钧院鉴核示遵。谨呈

江苏高等法院院长林(彪)

署江苏江宁地方法院院长汪兆彭

中华民国二十三年四月二十四日

录自江苏省档案馆缩微胶片 1857—1859 号

34. 江宁地方法院关于陈独秀案临时看守工饷致江苏高等法院会计科的催文

NO：10832　1934 年 5 月 21 日

迳启者，查本看守所押犯陈独秀等案内添雇临时看守所需工饷曾于本年四月二十六日具文呈请仍由法收项下开支在案。迄今多日，尚未奉到钧院指令，究竟此项工饷能否由法收支给，相应函请贵科查照迅予核办为荷。此致

江苏高等法院会计科

江宁地方法院书记室启

〔一九三五年〕五月廿一日

录自江苏省档案馆缩微胶片 1860 号

35. 江苏高等法院关于陈独秀案内临时看守工饷给江宁地方法院的指令

指令第 07962 号　1933 年 5 月 28 日

呈悉。据称该所号舍不相联络，戒护困难等情尚属实在。所有陈独秀案内添雇临时看守工资应准仍在该院法收项下支给，以资应用。仰即知照并转饬遵，此令。

江苏高等法院(印)

中华民国廿三年五月二十八日

抄录自江苏省档案馆缩微胶片 1861—1862 号

(二) 改判(1934年6月30日—8月13日)

1. 最高法院刑事二庭关于函送陈独秀案判决书及送达证书致江苏高等法院刑事科公函　1934年7月7日

最高法院刑事第二庭书记科公函　刑字第　214号

迳启者,查陈独秀等因危害民国上诉,中华民国廿二年捌月拾壹日收到案。业经本院判决,兹将判决书正本暨送达证书函送

贵科,希即代为送达,所有送达证书仍请缴还为荷。此致

江苏高院　　　　刑事科

计送判决书正本陆件,送达证书陆件　最高法院　中华民国廿三年七月七日

录自江苏省档案馆缩微胶片1863—1866号

2.《中央日报》　1934年7月21日

陈独秀彭述之

最高法院

判处徒刑八年

较原判减轻七年

轰动全国之陈独秀、彭述之等危害民国一案,经上诉最高法院,历时已年余。现经最高法院刑庭判决,由该院公布,兹将判决主文探录如下:

"原判决关于陈独秀、彭述之及王武、濮一凡、王兆群、郭竞豪之褫夺公权部分,均撤销。陈独秀、彭述之以文字为叛国之宣传,各处有期徒刑八年,裁判确定前羁押日数,均以二日抵徒刑一日。关于陈独秀、彭述之供犯罪所用之文件,书籍皆没收。其他上诉驳回云"。(按陈独秀、彭述之系经江苏高等法院判处徒刑十五年①,现上诉结果已减轻七年)

原载《中央日报》　1934年7月21日　第二版

3.《申报》　1934年7月21日

最高法院判决陈独秀等减刑

各处有期徒刑八年

南京　陈独秀、彭述之等危害民国案,上诉最高法院,业经判决,原判决撤消,

① 此误。应为十三年,褫夺公权十五年,见判决书。

陈等以文字为叛国之宣传,各处有期徒刑八年。(二十日专电)

原载《申报》 1934年7月21日 第六版

4.《大公报》 1934年7月21日

最高法院判决 陈独秀案 陈彭各处徒刑八年

[南京二十日下午九时发专电] 陈独秀、彭述之案,经江苏高法院判处有期徒刑十三年,不服,上诉于最高法院。现该案已加判决,主文云"原判决关于陈独秀、彭述之及王武、濮一凡、王兆群、郭竞豪之褫夺公权部分均撤销,陈、彭以文字为叛国之宣传,各处有期徒刑八年,裁判确定前羁押日数,均以二日折一日。关于陈、彭之供犯罪所用文件书籍,均没收。其他上诉驳回。"

原载《大公报》 1934年7月21日 第三版

国民政府最高法院大门(今山西路原址仍在)

5.《申报》 1934年7月24日

陈独秀等刑期执行三分之一——依优待政治犯办法只需二年零八个月

南京 司法部息,陈独秀案经最高法院减为八年徒刑。现视陈等有否新证据,是否申请重审,倘不请重审,则于判决书送达后,依照法定日期,由最高法院转令江宁地方法院,速送本京江苏第一监狱执行刑期。先依照法律规定优待政治犯办法,执行刑期三分之一,自执行刑期之日起,共八年刑期计算,只须执行二年八个月。再送入反省院反省,以六个月为期,倘反省人确有反省之表现,则六个月后即可恢复自由,其未执行之刑期得以撤销。(二十三日专电)

原载《申报》 1933 年 7 月 24 日 第九版

6.《大公报》 1934 年 7 月 26 日

陈独秀案将送苏州执行

[中央社南京二十五日电] 陈独秀等危害民国案,经最高法院判决,各处徒刑八年,判决书将送达江宁地方法院,陈等即监送苏州第一监狱执行刑期。

原载《大公报》 1934 年 7 月 26 日 第三版

7.《中央日报》 1934 年 7 月 27 日

陈彭案判决书 送苏高院转当事人

危害民国罪犯陈独秀、彭述之等上诉于最高法院后,日前高院判决陈、彭二人减轻刑期,为各处徒刑八年。记者昨访最高法院负责人,据谈,陈、彭两犯上诉于本院,业经判决,改为八年徒刑,判决主文已于日前公布。宣判理由,全文今日可印就,定明日寄送苏州高等法院,由高等法院转送当事人。送达后,依照法定日期内,不申请重审,即由高等法院提解江苏第一监狱执行。至陈、彭等是否申请重审,恐此种案件,决无新证据发现,故未必申请重审矣云云。

原载《中央日报》 1934 年 7 月 27 日 第十版

8.《申报》 1934 年 7 月 27 日

陈独秀案 宣判理由即可送达

南京 最高法院息:陈独秀上诉判决徒刑八年,判决主文已于日前公布。宣判理由全文二十七日可印就,二十八日寄苏州高法院,由高院转送当事人。送达后依照法定日期内,不申请重审,由高等法院提解江苏第一监狱执行。至陈等是否申请重审,恐此项案件,决无新证据发现,故未必申请重审云。(二十六日)

原载《申报》 1934 年 7 月 27 日

9. 江宁地方法院致江苏高等法院的陈彭案判决书送达复函 1934 年 7 月30 日

送达复函 909

迳复者函准

贵院民国廿二年(　)字第　号陈独秀等危害民国上诉一案嘱托本院对于陈独秀等施行送达,业已遵照办理,相应将原送达证书函请贵院查收。

此致

江苏省高等法院书记室

计送达最高法院送达证书陆件①

江宁地方法院书记官印

中华民国廿三年七月三十日

录自江苏省档案馆缩微胶片 1864 号

10. 江苏高等法院缴还陈彭案判决书送达证书公函　1934 年 8 月 3 日

迳启者案准贵院函发陈独秀等危害民国一案判证各六件到院,当经依法送达去后,兹据缴还送达证书前来相应函送贵院查收。

此致

最高法院

计送达证书六件

中华民国廿三年八月三日

江苏省高等法院书记官丁毅印

录自江苏省档案馆缩微胶片 1863 号

11.《中央日报》　1934 年 8 月 5 日

最高法院之陈彭案判决书　下周可发表

危害民国罪犯陈独秀、彭述之等上诉于最高法院,业经判决陈、彭二人改刑各判八年。昨据最高法院负责人谈,陈等判决书理由全文,已于日前寄交苏州高等法院,转送当事人。依照法定,判决书送达后,十日内不请重审,即定期解送江苏第一监狱执行刑期。该判决书原文,定下星期一呈送院长请示后,即可全文发表、并分送各报馆披露,以明罪状云云。

原载《中央日报》　1934 年 8 月 5 日　第七版

① 档案内未见。

12.《中央日报》 1934 年 8 月 11 日

最高法院陈彭案判决书

地方法院俟执行命令到达即送监执行

陈独秀、彭述之等危害民国一案，前经最高法院于六月三十日判决，陈、彭减处有期徒刑八年，其余众犯仍维持原判。并各将褫夺公权部分撤销，该项判决书，经由江苏高等法院送达当事人，并取得送达证，于八日呈复最高法院。现陈等仍羁押江宁地方法院看守所。据地方法院息，该院现静候高等法院之执行令到达后，即将该案全部人犯，送往本京第一监狱执行。最高法院昨（十）日将该案之判决书全文发表，特录志如次：

最高法院刑事判决，二十二年度上字第四九一七号 上诉人陈独秀，男年五十六岁，怀宁县人，住上海岳州路永兴里，无业；彭述之即张次南，男，年三十六岁，宝庆县人，住上海东有恒路春阳里，无业；王武，即宋逢春，男，年二十七岁，沧县人，住上海四马路梁溪旅馆，无业；濮一凡，男，年，二十九岁，怀宁县人，住上海高福里路，招商局月刊编辑；王兆群，男，年二十九岁，宿县人，住上海东有恒路春阳里，教员；郭竞豪，即彭道之，男，二十二岁，宝庆县人，住上海白克路修德里，读书；右上诉人等，因危害民国案件，不服江苏省高等法院中华民国二十二年四月二十六日第一审判决，提起上诉，本院判决如左：

主文

原判决关于陈独秀、彭述之部分，及王武、濮一凡、王兆群、郭竞豪之褫夺公权部分钧撤销，陈独秀、彭述之以文字为叛国之宣传，各处有期徒刑八年，裁判确定前羁押日数，均以二日抵徒刑一日。关于陈独秀、彭述之供犯罪所用之文件、书籍，均没收，其他上诉驳回。

事实

陈独秀、彭述之于民国九、十年间，先后入共产党，由第三国际派为中国共产党中央常务委员，陈独秀兼任书记，共同执行第三国际所指示之策略，领导党员，在中国内地活动。旋因该党内部分为史丹林与托洛斯基两派，党权悉操之于史丹林派。陈独秀、彭述之因倾向托洛斯基派，于民国十六年被第三国际开去职务，十八年复被开除党籍，乃纠集同志，在上海秘密组织中国共产党左派反对派（以下简称中共反对派），其目的在联合工人、学生、农民组织苏维埃政府，并反对史丹林派，在中国利用土匪溃兵，领导农民暴动。一面编述各种文字，或以中共反对派名义发行种种刊物，藉抗日名义已〔以〕散布各项传单，向上海、天津、香港等处，宣传该派主义，冀以推翻国民政府，另组织苏维埃政府，由无产阶级专政。

王武与濮一凡、王兆群同为中共反对派之组织分子，王武、濮一凡并被推为该派中央侯补执行委员。郭竞豪于民国十八年加入中共反对派，并担任组委工作及学生运动。至民国二十一年十月十五日，彭述之、濮一凡、王武、王兆群与谢少珊五人，正在上海东有恒路春阳里第二百十号楼上即谢少珊家开星期常会。上海市公安局据人密报后，当即派员会同该管捕房前往春阳里，将彭述之等当场拿获，随即分往各处拘捕。陈独秀、郭竞豪连同搜出之宣传文件书籍，一并解由捕房移送江苏高等法院第二分院，转解江苏高等法院检家〔察〕官侦查起诉。

理由

查陈独秀、彭述之在侦查中及原法院于如何加入共产党，如何由第三国际委[员]为中国共产党中央常务委员，如何因倾向托洛斯基派被第三国际开除职务及党籍，如何在上海组织中国共产党左派反对派，如何向工人、学生各方面宣传主义，希图推翻国民政府，建立苏维埃，由无产阶级专政各等情，已完全自白。所应审究者，该派于宣传工作有无扰乱治安情形，并以在中国内地之史丹林派是否互为声扰，是本院查陈独秀主编之《无产者》中《关于所谓红军问题》内称“全世界几十国的共产党一向都遵守昂格斯的遗训，不敢采用利用游民无产阶级(指土匪与溃兵)的政策，现在中国工人运动的叛徒李立三、向忠发、周恩来等(皆第三国际史丹林派)，正在利用此种游民无产阶级为卫军为支柱，简直把他当作无产阶级革命运动的主要力，企图扩大凭借在游民无产阶级基础之上的所谓红军来领导农民，做游击战争，除被统制〔治〕阶级击溃，或收买，或由自己内讧而溃散，或逐步与农村资产阶级妥协，变成他们的白军外不能有别的前途”。及《火花》第一卷第四期内彭述之所著《史丹〔大〕林主义者对满洲事件的估计与反日运动的危机》内称“史丹〔大〕林派信赖的只有红军，以为有了红军，便可以包打天下，湘、鄂、赣的农民武装斗争，是一个事实，但忽视了城市工人运动，而将其一切幻想，寄托在此等武装农民身上，这正是他们几年来，陷于无出路的主要原因”各等语。其攻击在中国之史丹林派不应利用游民领导农民暴动，情见乎词。更参以陈独秀供称“红军该在苏维埃政府成立以后纯粹由农工组织起来，不该夹杂土匪在内。况且现在还不需要红军”。彭述之供称“我们主张红军是应该纯粹由农工组织的，不主张红军内有土匪的。我们以为现在还不需要红军，要等苏维埃成立以后，才需要组织红军”云云。是陈独秀、彭述之不独与中国内地之史丹林派立于反对地位，除宣传工作外，现时尚无扰乱治安情形，亦堪认定。至其宣传之文字，是否达于叛国之程度，亦为本案应研究之问题。查陈独秀、彭述之等所主编及用中共反对派名义发行之刊物，多至百余种，无一非反对国家现状，反对国民政府

之文字,其最显著之《火花》、《枝〔校〕内生活》、《无产者》、《热潮》诸刊物。(未完)

原载《中央日报》 1934年8月11日 第七版

13.《中央日报》 1934年8月12日

最高法院陈彭案判决书

地方法院俟执行命令到达即送监执行

(续昨)

以及借抗日名义而散发之各种传单,与夫以中共反对派名义发表之《政治决议案》等等,或谓《建国大纲》不适用于中国,应于撕碎;或谓国民政府系资产阶级所组织应该打倒。窥其意,无非欲将国家现状破坏无余,另行组织苏维埃政府,由无产阶级专政。其足以动摇国本,情节昭然。按之《危害民国紧急治罪法》立法本旨,实不得谓非叛国之宣传。况查立国基础,首重主权,而中华民国之主权,属于人民全体。中华民国国民,无男女、种族、宗教、阶级之区别,在法律上,一律平等。约〔法〕第二条、第六条,均有规定,以视苏维埃制度仅将其主权寄予农工之特殊阶级之上者,不可同日而语。该陈独秀等,竟主张除由民主改为帝制,为叛国外,其组织苏维埃与中华民国立国之本体无关,尤属牵强。原审认为,陈独秀、彭述之以危害民国为目的,而组织团体,并以文字为叛国之宣传,固无不合,但原审既因陈独秀、彭述之倾向托洛斯基,并反对史丹林派,在中国利用土匪溃兵,领导农民,为武装暴动,毫无利己思想,尚不失为深思刻苦之学者,仍各处以有期徒刑十三年,未免稍重,综核陈独秀、彭述之上诉意旨,就法律上之见解攻击原判决失当,虽无足取,要其声明不服,尚非毫无理由。又查王武仅承认前因加入共产党,经上海市临时军法会判处有期徒刑六年,及保释出狱后,复为中共反对派候补中央常委,并参与星期常会,则完全否认。濮一凡于获案以后,亦不忍有组织共产党及担任中共反对派候补中央常委之事。但查王武、濮一凡,于二十一年十月十五日,同在上海东有恒路春阳里谢少珊家,与彭述之、王兆群、谢少珊,开每星期常会,当场被捕,已为不可掩之事实,更证以谢少珊在上海公共租界巡捕房供称"此处常作开会之所,常委包括有委员五人,陈独秀、彭述之、濮一凡及罗世凡、宋逢春(指王武),后一人是刚由漕河泾狱中释出。此次参加开会只是第一次,在我被捕之日,彼等正在开每星期常会",嗣由江苏高等法院第二分院推事,诘以"你是什么机关呢?"答称"我处是托洛斯基〔派〕领导〔的〕机关。"诘以"你们会在何处开的呢?"答称"每星期六在我家开的。"诘以"彭述之是什么职分呢?"答称"是常委。"诘以"濮一凡、王武呢?"答称"亦是常委。"诘以"共有几个常委呢?”答称“共五个,均已被获了,不过陈独秀是常委主席,王武仅第一次参加,我是常委秘书。”此外如彭述之在侦查中,亦由候补常委为濮一凡、宋逢春之供述,是王武、濮一凡均为中共反对派之重要分子,因参与星期常会,而被捕情节,显然无可狡矫饰。乃王武、濮一凡,始终坚称与中共反对派无关,更无被推为常委之事。而陈独秀、彭述之,在原审复附和其说,为王武虽为党人,并非常委。对于濮一凡或谓另有其人,或谓濮一凡为浦亦方之误,不独与谢少珊之供不符,即核以陈独秀、彭述之在侦查中之供词,亦判若两人,其为故意虚捏,希图左袒王武、濮一凡,毫无疑义,自难采为王武、濮一凡等有利益之证明。至王兆群、郭竞豪,虽亦不认与陈独秀等同党,然王兆群因参与中共反对派星期常会,以至被捕,已如前述。究竟王兆群是否罗世凡,是否为中共反对派常委,据陈独秀、彭述之迭次述词,均谓罗世凡并非王兆群,谢少珊在捕房,及江苏高等法院第二分院,亦未指明罗世凡即为王兆群,参互以观,是王兆群仅为中共反对派之一份子,并非该派常委,尚堪据以认定。又查郭竞豪原名彭道之,系彭述之之弟,经原审检察官向彭述之诘以“你兄弟彭道之是党派里的吗?”答称“是的”,已足证明郭竞豪为中共反对派之一人。更就搜获之学校登记表(即共党登记表),深加考究,内载彭道之于一九二五年(民国十四年)九月在湖南长沙入团,嗣后无形脱离,关系至一九二九年(民国十八年)十二月,复在上海入反对派,曾经担任学生运动沪东区区委及学运,现在担任组委工作及学运,属于沪西区学生支部,一九三二年六月八日登记等语。其备考栏内,并有“假名郭竞豪”五字之记载。该“郭竞豪”三字,虽经涂抹,仍可辨识。是郭竞豪以危害民国为目的而组织团体,证据亦甚确凿,尚何有遁饰之余地。综综原审,对于王武、濮一凡、王兆群均以《危害民国紧急治罪法》第六条判处有期徒刑五年。对于郭竞豪为年轻无知,情状可悯,依同法第六条第十条,《刑法》第七十七条,判处有期徒刑二年六月,并均适用《刑法》第六十四条,谕知羁押日起折抵徒刑之标准,自非违法。该王武等各上诉意旨,徒以空言否认犯罪,殊非有理。复查《危害民国紧急治罪法》〔乃〕《暂行反革命治罪法》废止后之新法,在《暂行反革命治罪法》第十一条,虽有关于褫夺公权之规定,而在《危害民国紧急治罪法》已不复采用。依本院判例,凡犯《危害民国紧急治罪法》者,不得褫夺公权,乃原审对于陈独秀、彭述之、王武、濮一凡、王兆群、郭竞豪均予褫夺公权,显有未当,亦应由本院以职权为之撤销,据上论结,应以《刑事诉讼法》第四百零九条第一项,第四百十条第一项第一款,《危害民国紧急治罪法》第二条第二款,第六条、第十条,《刑法》第四十二条、第七十四条、第八十条第二项、第六十四条、第六十条第二款,《刑事诉讼法》第四百零八条第一项,判决如主文。中华民国二十三年六月卅日，最高法院刑事第二庭审判长推事夏勤印，推事杨天群印、高熙印，张孚甲印，郑虎印。右正本证明与原本无异，书记官夏菊初。（完）

原载《中央日报》 1934 年 8 月 12 日　第七版

七、收监、优待及狱中生活（1934 年 8 月 14 日—1937 年 8 月 29 日）

（一）收监（1934 年 8 月 14 日—8 月 28 日）

1.《中央日报》 1934 年 8 月 14 日

陈彭日内送监

第一监狱预备优待室

中国共产党托拉斯基派领袖陈独秀、彭述之等，自经最高法院改判徒刑八年后，判决书送达被告，已逾十日。依照法律规定，在十日内被告不提出非常上诉，即须执行收监。今陈、彭二犯，对于非常上诉之十日期限已过，足证其已停止上诉。惟截至昨日，仍寄押江宁地方法院看守所中，尚未执行收监。因江苏第一监狱，正在修理为陈、彭二犯特备之优待室，一俟工竣，苏高法院即可下令收监云。

原载《中央日报》 1934 年 8 月 14 日 第七版

2.《中央日报》 1934 年 8 月 17 日

陈彭尚未移监

非常上诉日期已过旬日

第一监狱正为布置房间

陈独秀、彭述之等危害民国罪一案，自经上诉最高法院判决后，迄已多时。兹悉该项判决书，系于七月三十日送达陈、彭。规定判决书送达后，如十日内有其他新事实发现，可提出非常上诉。而该案迄今已达十六日，并无新事实发现，例须送监执行。兹因第一监狱尚在为陈、彭布置房间，故未定期移送。据法院当事人见告，陈、彭执行日期，此时尚不能决定。实则无定期必要，盖判决书送达之后，除非常上诉外，该被告虽羁押于看守所，羁押一日，即抵徒刑一日，故自八月一日起，已作开始执行徒刑计算，送监日期，不过事前通知准备而已。按陈、彭系二十一年十月二十七日送看守所羁押，至本年七月底为一年又九月，折合徒刑日数为十个半月云。

原载《中央日报》 1934 年 8 月 17 日 第三版

3. 陈独秀致汪原放信(23、24) 1934 年 8 月 18 日、19 日

第 23 封①

原放兄：

刘女士回沪带去之信及文稿，谅已收到。稿送行翁后，不知彼以为可用否？接来函，屡述及行翁付款为难情形，可见此款纯由行翁拿出，并未将文稿售于书店。行翁未有书店营业，收稿何用？望兄言之行翁，可否将稿设法售出。如实无处可售，则弟便无意续作矣。

《廿五史》第一批书，不知何日可出？

顷见报上大吹补益胃肠药“赫飞灵”Hefering，未知实际如何，望便中一问黄钟医生。

此祝 健康！

明宜手启〔1934 年〕②

第 24 封

原放兄：

与行公信，乞转致，有回信亦望即转示下。

哲民赴沪校继续读书，每年应缴学校之费，略有着落，望兄在弟版权费存款内，按月(自本月即八月起)付他拾元，作为另杂用度。入校之前，望能暂住兄处几日，以免小客栈之不洁。

回信交畏天③或哲民均可。

此祝 暑安！

明宜手启 〔一九三四年〕八月十八日

---

① 此信前有汪原放的说明：狱中信又一束。

以下是 1934—1935 年的信了。编号接着前面的，可知仲翁在狱中给我的信一共究竟是多少。每信有当注处，仍旧明注于后。我很怀疑，仲翁的信散失的实在不很少哩。1934 年怎么会到八月才有信呢？这里大概少掉了不少的信的。只好拣在手的先一一录下再说了。

② 汪原放在信后注：只有此信未写时日。

③ 畏天：即赵畏天，高君曼(陈独秀第二任夫人、陈独秀原配夫人高晓岚的同父异母妹妹)生前好友刘梦符丈夫。

4. 江苏省第一监狱关于拟另辟陈独秀监房修造费用致江苏高等法院的呈文 1934年8月19日

〔呈文〕:

案查本月一日

司法行政部监狱司司长莅监视察,转奉

部长面谕,以政治犯陈独秀危害民国一案,业经终审判决,不日送监执行,应予另辟监房。当有司长指定看守宿舍一间,改为监禁处所,并谕将修建费用,开单呈核,于最短期内完成,各等因;随即饬工估价,以卢顺鑫营造厂为最廉,计工料洋二百十四元一角六分。比由司长呈请

次长石核示,认为工价适宜,批准由部暂行垫付,将来仍应向

高等法院于修建监所费用项下划领归垫,等因,当以事属急办,时间又复匆促,未及呈报钧院,立即动工兴修,现以将次完成。此项费用,究应如何开支外,理合检同图样一纸,估单一份,

具文呈请

钧院核示祇遵,贵为公便!

谨呈

江苏高等法院院长 林〔彪〕

计呈送图样一纸,估单一份

江苏第一监狱典狱长钮传锜(印)

中华民国二十三年八月十九日

录自江苏省档案馆缩微胶片1889—1896号

估单:

计开:

新做围墙二十五寸,扁砖高一丈,高一丈三尺,长一丈五尺,长一丈一尺半,宽二尺,三合土长三丈三尺,深两尺,折方三尺二寸,每方拾三元,计洋十七元一角六分。

墩台高一尺半,宽一尺五寸,折方一方一尺,每方三十九元,计洋三十二元九角,

十寸墙墩子十五寸,高八尺五寸,折方两方九尺二寸,每方二十九元,计洋六十七元二角。

新做大门一个,高七尺,宽二尺半,大框用洋松,外面用白铁,铁闩,洋锁在内,计洋七元五角。

下沿新做门一堂，计洋十二元正。

迁移窗子一堂，计洋伍元正。

新做纱窗两堂，计洋四元五角正。

房内补刷，计洋四元五角。

扫房拾漏添瓦一千片，计洋七元九角。

修理葛漏，计洋三元正。

新做地板两间本松板丁工在内，计洋二十九元正。

新做走栏一道皮高芦席，共长二丈五尺，宽四尺半，计洋二十四元正。

共计大洋二百十四元一角六分。

江苏第一监狱　台鉴

中华民国二十三年八月一日卢顺鑫营造厂具

图样：

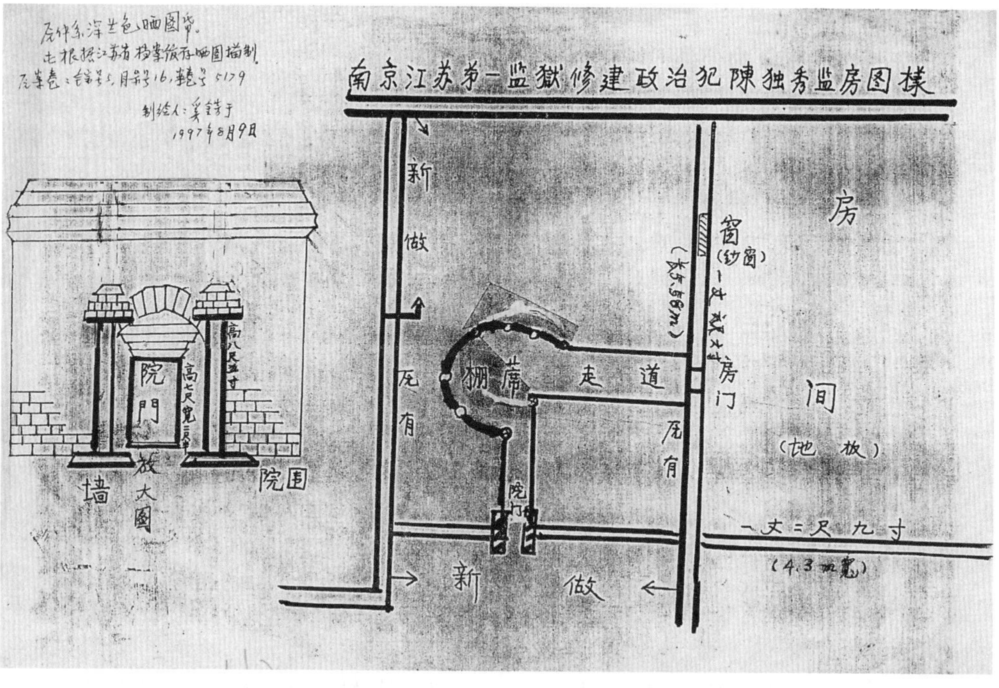

监房示意图（录自江苏省档案馆，奚金芳抄画）

5.《大公报》 1934 年 8 月 21 日

陈彭案判决书发表

[中央社南京十日电] 最高法院十日发表陈、彭案判决书，将原审判陈、彭各处十三年徒刑改处八年，理由略谓原审既因陈独秀、彭述之倾向托派，并反对史丹林派在中国利用土匪、溃兵领导农民为武装暴动，毫无利己思想，尚不失为深思刻苦之学者，仍各处以有期徒刑十三年，未免稍重。综核陈、彭之上诉意旨，就法律上之见解，攻击原判决失当，虽无足取，要其声明不服，尚非毫无理由。又原判决对陈、彭等均予褫夺公权，但《危害民国紧急治罪法》，已不复采用，亦应撤销，陈等现仍寄押江宁地方法院看守所，一俟江苏高等法院执行令到京，即送本京第一监狱执行。

原载《大公报》 1934 年 8 月 21 日 第三版

6.《中央日报》 1934 年 8 月 23 日

陈彭即移监 九月上旬执行

中国共产党托拉斯基派陈独秀、彭述之，自经最高法院判徒刑八年，被告已决定不再提起非常起诉。苏高法院为优待陈、彭起见，特由本京之江苏模范监狱[①]修筑优待监房一所，近已工竣。据监狱职员谈，此所优待监房系看守所住之寄宿舍，划出一部，改造而成，并不于普通监房联络，使其与普通犯人隔离。而监房约有丈余大小，下有地板，墙辟纱窗，中置高铺两张。一切设备，与国际共党牛兰夫妇者同等。现已完工，惟油漆未干。将来陈、彭二人，即同住一间，如能服从监狱管理规则，除饮食起居得予特别优待外，即正当书报，亦可准予购阅。现时陈、彭尚羁押江宁地方法院看守所内，大约九月十日前后即可由苏高法院批令执行收监云。

原载《中央日报》 1934 年 8 月 23 日 第二张第三版

7.《中央日报》 1934 年 8 月 26 日

监狱为陈独秀另设监房

罗文干说明理由 谓系使其独居思过早日觉悟

金树仁病愈后当即提回法院

---

① 即江苏第一监狱。光绪 31 年(1903)，清政府依照日本和天津习艺所，在南京老虎桥创办了近代最早的监狱，定名为江南省模范监狱。随后又办了游民习艺所。前者计 220 余间，分教诲堂、课堂、工场、教务所，提调室，办公厅以及要犯分居监、官犯分房监、女监、病监、杂层监等，可容犯人 500 多。北洋时期改名“江苏第一监狱”。第一任提调官为前任和在任两知府许星壁、杨钟羲——见南京出版社 1991 年 8 月蒋永才、狄树之主编《南京之最》第 85 页;《最早的近代监狱》。

最近关于陈独秀移监执行刑期、监狱为之另设监房；及金树仁养病医院、迟不返狱两事，外界不明真象，每多误会。顷据司法行政部长罗文干语中央社记者（一）监狱之目的，在使人明了过去之错误、痛改前非，立志向善。至监狱之所以为陈独秀、牛兰等另备房间者，一则恐与普通犯人同居一室，易受煽惑。二则使其独居思过，且居室僻静，可以多读正当书籍，以改造其过去谬误之思想，早得觉悟。（二）金树仁案现时尚在法院审理中，如何处置已经法院决定、司法行政当局，不便干涉。（下略。编者。）

原载《中央日报》 1934 年 8 月 26 日　第七版

民国时期"老虎桥监狱"大门（南京老虎桥 45 号 1997 年拆除）

8. 陈独秀致汪原放信（25）　1934 年 8 月 26 日

第 25 封

原放兄：

前托转章行翁信，谅已交去，回话如何，望示知！

来信望寄南京东厂街五十六号陈子美女士转交李明宜收不误。

结存兄处之款，计尚有九元五角三分八，请扫数付给静如女士手收不误。

此祝

秋安！

弟明宜手启　〔一九三四年〕八月二十六日①

9.《中央日报》 1934 年 8 月 28 日

陈彭今日移入监狱

为陈独秀、彭述之移监日期问题，记者前曾在第一监狱探询究竟。当时该狱负责人，谓为陈、彭另备之房间，已修理停当，一俟秋凉，即可迁入。顷闻陈、彭移狱日期已定，前日江宁法院通知第一监狱，陈、彭等一起五人，决于今

① 汪原放在信后注："陈子美"是仲翁的女儿，哲民的姐姐，都是君曼女士所出。

"李明宜"是仲翁的另一别名了。"静如女士"姓吴，是郑超麟同志的爱人。那时超麟还在南京的陆军监狱（应为中央军人监狱——编者）里，没有出来。有一次，静如女士要我介绍她见见行严先生，托他设法要超麟同志出狱，我陪她去看过章先生的。

南京老虎桥监狱内景(1997年拆除)

日(廿八)移入云。

原载《中央日报》 1934年8月28日 第七版

10.《中央日报》 1934年8月29日

陈彭等昨午移监

陈因有病住房较佳 狱中准许阅读书籍

托派共党首领陈独秀、彭述之等自最高法院判决后,复经高等法院裁定,于昨日(廿八)上午九时,由江宁地方法院移入江苏省第一监狱执行。记者昨晨八时,即至第一监狱,候观陈、彭等移监经过情形,当经该狱第一科科长接见,并蒙引至陈独秀之监房参观。

陈之监房位于该狱前院西北角处,为一所□□小方院,面积约为二丈方。外置以黑门,门前斜对一隙绿木花丛之地。门启处,则有藤棚引至监房。房内南北纱窗斜对,光线极佳。北窗陈一铁床,上有较厚草垫,窗前放一黄色方桌,旁有木椅二架,屋角处尚有马桶一。设备虽极简,然于此种环境下,有是居处,亦殊难得。同时院中空地,尚可散步与休息。参观毕,即专候陈、彭等到来。

陈之物件 十一时三刻,突有一马车载物驶入,迨记者举目详视,乃有一二箱上写“陈”字,此时始知为陈氏所携之物品,藤床二,陈之物品,大小共十三件。计有书箱一、衣箱二、行李一、衣包一、网篮一、帆布床二、澡盆一、大小水壶三。陈氏物品中,以书箱既重且大,搬运时极难。至十一时廿五分,乃有四部汽车驶入狱内,陈、彭等至矣。

押送情形　押送人员除警厅派人外，地方法院派检查处主任书记官孙增厚、警长杨宇文及四名警士。第一部车为彭述之乘坐，由二警士看守。第二部车为陈独秀乘坐，由一警长与警士看守。第三部车为濮一凡、王兆群与王武所乘。第四部车为孙增厚所乘坐。陈独秀着赭色制服，足着便鞋，形容异常消瘦，面色黧黑，但其精神殊显健壮，态度沉静，步入公事房内。彭述之则衣条子府绸衫褂，精神颇为振作。

入监手续（一）陈、彭等下车后，即由法警引彼至一科对象片，即指纹检查是否与地方法院送来指纹的照片相符，相继印文后，（二）复导彼至典狱长室，典狱长①除申明监狱一切犯人应守规则外，则诘问彼等之原案执行书，是否有何错误，一一讯毕后，（三）第三科即开始检查彼等一切物件，并一一注册。（四）延医生诊断健康，以便按症轻重，规定工作。（五）引入监房。陈独秀住内收分房一号。彭述之住收分房十三号。濮一凡、王兆群住收分房十二号。王武住收分房十一号。

典狱长谈　据典狱长谈，陈、彭等昨日为执行刑期之第一天，今后当按狱则遵守一切指挥。惟陈独秀身体正染病未愈，为顾念其健康关系，狱中所设之房稍佳。至其本人病症，本狱可允延请医生诊治，决不干涉。饮食一层，暂如普通犯人待遇。目下本狱已呈请高等法院，陈、彭是否受外国犯人待遇，每日用三角饭制，一俟批准，即可改餐，再关于陈、彭等之阅书事，亦不成问题。凡关于修身、道德伦理等书，均可攻读。除使其读书外，并令为狱负责印刷工作，如校对、编稿等项云。

原载《中央日报》 1934年8月29日　第三版

11.《大公报》 1934年8月29日

陈彭昨收监

将来或送反省院受训

[南京二十八日下午九时发专电]　陈独秀、彭述之、王武、濮一凡、王兆群五人经最高法院判决徒刑八年，二十八日执行收监。上午十时由江宁地方法院将陈等提出，移解第一监狱。闻俟满刑期三分之一时，即可送反省院受训。

原载《大公报》 1934年8月29日　第三版

---

① 江宁地方法院于1932年10月26日接收陈独秀入看守所。时任院长汪兆彭。后任林彪。看守所所长历经三任，至1934年8月28日入江苏省第一监狱（即模范监狱）。三任所长依次为：龚宽（1932年10月26日—1933年4月）、张济霖（1933年4月15日—7月15日）、邱怀问（1933年7月15日—1934年8月）。

(二) 优待及狱中生活　(1934 年 8 月 29 日—1937 年 8 月 29 日)

1. 江苏高等法院关于收悉陈独秀监房图纸、估价单给江苏第一监狱的指令　1934 年 8 月 29 日

指令　　　第〡〤〨〡号①

呈件②均悉。仰罗呈　部核饬遵,此令。

江苏高等法院

中华民国廿三年八月二十九日

抄录自江苏省档案馆缩微胶片第 1898 号

2. 江苏高等法院关于陈独秀监房图纸、估价单给司法行政部的呈文　1934 年 8 月 29 日

呈　第〢〨〥号③

案据南京江苏第一监狱典狱长钮传锜呈称:

"案查本月一日云云,实为公便"等情,并图单到院,据此,查此项修理费用,已经钧部垫拨。拟请即在二十三年度国家岁出概算经常门第四项预备费内开支,以资归垫,据呈前情,除指令外,理合检同原估单,具文呈请钧部鉴核示遵。

谨呈

司法行政部部长罗(文干),

计呈送估单一份(照抄一份附卷)。

江苏高等法院

中华民国廿三年八月廿九日

录自江苏省档案馆缩微胶片第 1898—1899 号

---

① 〡〤〨〡:即 1481 号。苏州码子,又称花码,是一种在中国民间流传的数字。产生于我国的苏州,故称之。现仅在港澳地区仍使用。称中国古代数字或中国数码。它是一种进位制记数系统,以位置代表大小。记数符号写成两行,首行记数值,第二行记量级和计量单位。

数字	〇	一	二	三	四	五	六	七	八	九
花码	〇	〡 一	〢 二	〣 三	〤	〥	〦	〧	〨	〩

② 呈件:指陈独秀监房图纸和估价单。

③ 〢〨〥号:即 285 号。

3. 陈独秀致汪原放信(26、27、28) 1934年9月4日、22日、27日

第26封

原放兄：

哲民来信言你说我的文章有法出版，我意非止出版，主要的是筹款。我每月开支非百元不可，此时一文没有，十分为难。我的文章至少要卖每千字十元，(要现金，不要版税)，此条件不独亚东，即他处亦未必能办到，故只有托行翁商之商务，即请吾兄将弟困苦情形转告行翁。以现在的市场，我若给稿亚东，非助之，实害之也。一旦市场好转，我必为亚东写几部有价值的书。孟翁与我多年好友，必不负之，望兄放心。

静女士需用甚急，存兄处余款九元余，务求设法早日付之。此祝
健康！

弟明宜手启 〔一九三四年〕九月四日

第27封

方泉兄：

本月十六日手书并附件，刘女士已于前日送来。《独逸文法教程》极好，正合用。前托兄所购各书书单中并未列此书，惟前曾托羽兄购此类书，或系他送交兄寄来的吗？

日本文译手即住此间，候书寄来，弟阅后，如有可译印者，兄亦同意，即可令其动手，此时不必介绍也。

女医主持家中自是极好，惟行翁介绍之人，必须注意是否彼之妾党，品行是否可靠；倘此点无问题，弟十分赞成你就此舍吴。我妄揣吴女士之为人年幼性傲，恐不适宜于稍复杂之家庭也。托行翁介绍之人亦必须询明此点，长久同居，非一时苟合，性情不谐者，必不能终吉也。此点万望注意！

赵君有信来，他于秋节或双十节来，尚未大定，已购得之日本文书，可择其中比较平淡者三、四种先由邮局寄来，因托赵君携带太多，恐更不便也。

你已非初婚，何以因此碍及做事的精神？真不可解？我以为在行翁尚未介绍成功之前，应先向吴女士直接正式提出婚姻问题，要求其明确答复，成则问题解决，不成亦便安心更作他图，倘始终含含糊糊，在你则方针动摇不定，在吴女士则现在有观望游移之余地，将来还有说事后的风凉话之余地(即是说：她本有意于你，只是你未曾向她正式求婚，即另与别人结合云。)不知你意以为何如，我则以为有取此快刀斩乱麻的手段之必要。此层务望复知，因我闻你不能打起精神做事，甚为挂念也。

此祝决祉。

季丹手启

我给兄的信均可留与孟翁来沪时一阅,因为在这些信中亦可得知我之近况也。

又及。

病况另函,便与黄先生一阅也。

〔一九三四年〕九月二十二日

V. Sanint Martin: Nouveaudictionnaire de geographie universolle《世界地理新字典》

不知中美图书公司有此书否?如有英译本,那便更好。

又及[①]

第 28 封

原放兄:

静回沪所托寄书,谅已达览。兹托静转上宣纸一条,请即送交行翁,请其大笔一挥,写好仍交兄觅便寄来。并请兄转告行翁,最好能写他的近作诗词,愈速愈好。拟择朋友中能书者四人,各书一幅,合为一小屏,朝夕瞻对,以释消愁,兹托行翁书即此四幅之一,望以此意告之行翁。此祝

健康!

明宜手启 〔一九三四年〕九月廿七〔日〕[②]

4. 章士钊赠陈独秀诗 1934 年初冬[③]

夜郎流客意何如?犹记枫林入梦初。
夙鄙诸生争蜀、洛,那禁文网落潘、吴。
议从刻木威奚在?煎到同根泣亦徒。
留取心魂依苦县,眼中台鹿会相呼。

---

① 汪原放在信后说:此信以前,仲翁有一信要我面交行翁。行翁拆看后说:"很好。我有四、五个女子,都是学医的。他们都是护士学校出来的,我来一个个介绍给你认识认识。如果你不欢喜,不要当面说,只告诉我,再换别人。你同意的,可以先做个把月的朋友,再成家。"我当然很感谢,但是我一直不曾开口要看一看那一位护士。仲翁要行翁替我介绍一个女友,事前我实在不知道。

② 汪原放在信后注:此信交后,过了一些时,行翁已经写好,我问起时才知道他新做了诗,写成便拿去裱去了。这张条屏真裱得好,是绫裱的。记得是我送交静如女士带到南京去给仲翁的。当时我把行翁所写的抄下了,今录于下:"……。"(见本页《章士钊赠陈独秀诗》,此略,编者。)

③ 此诗录自汪原放的信后说明,为检索方便,单独列出。

三十年前楚两生，君时扪虱我谈兵。

伯先京口长轰酒，子谷香山苦嗜饧。

昌寿里过梅福里，力山声杂溥泉声。

红渠聚散原如此，野马风棂目尽迎。

（佛罗伊德画一囚室，其人目送窗棂间，日光一线，生平梦想事件均浮动于中）。

独秀兄近自江宁函索拙书，因便为长句写寄。世乱日亟，衣冠涂炭，如独秀幽居著书，似犹得所。奉怀君子，不尽于言。

士钊　甲戌初冬①

5. 司法行政部关于陈独秀监房费用给江苏高等法院的指令　1934年9月29日

司法行政部指令　　　指字第一三八四三号

令试江苏高等法院院长朱树声

呈一件呈报：南京江苏第一监狱另辟政治犯陈独秀监房附送估单祈核示由，呈单均悉。查所开各价，尚不浮滥，前因需用孔亟，已由部暂行垫付。惟查二十三年度预备费，近因司法费一再减缩，业经支配无余，所请由预备费项下开支一节，实在无款可拨。应由该院于所管经费项下，如数筹还。仰即遵照，并转令知照。单存，此令。

中华民国二十三年九月二十九日司法行政部印

司法行政部部长罗文干

录自江苏省档案馆缩微胶片1901—1903号

6. 江苏高等法院关于陈独秀监房费用给江苏第一监狱的训令　1934年10月4日

训令 第〣〦〩〣号②

案奉

司法行政部第一三八四三号指令，本院呈一件为呈报南京江苏第一监狱另辟政治犯陈独秀监房附送估单祈核示由，内开

“呈单钧悉。云云此令。”等因，奉此查此项修理费，国家概算内预备费项下既无从筹拨，本院经常费用内，又未便开支，殊属无法筹还。为此，令仰该典狱长遵照于该监正常费用内妥筹开支，即将部垫之款，克日备齐缴院，以凭转解，而清款

① 汪原放在信后注：甲戌是民国二十三年(1934)。标点是我现在随写随加的，也许有误，原来是并没有标点的。

② 〣〦〩〣号：即3793号。

目,切切此令。

江苏高等法院

中华民国廿三年十月四日

录自江苏省档案馆缩微胶片档号第 1905 号

7. 陈独秀致汪原放信(29、30) 1934 年 10 月 10 日、15 日

第 29 封

原放兄:

前月底托静女士转上一信并附上代请行翁写字宣纸一张,谅已收到。行翁如写好,望即存兄处觅便寄来。

行翁处之款倘本月分能继续付出,望存兄处,候弟去信拨用。此信到兄处,已属月半,兄可向行翁一问能否继续付款。文稿已动手,题为《道家概论》。此一种稍冗长,一时不易写完,拟先写一短文,题名《老子考略》,写好即寄兄处转行翁,乞兄先告行翁,不知合用否?行翁收到拙稿,系售诸书局出版,或暂存置行翁处以待价,请兄询明行翁示知!

近日上海印两种全史:一、开明[①]《二十五史》,预约价四十元;一、书报合作社《廿六史》,预约价廿八元,后者比前者价钱少十二元,是否内容太差?倘二者不相上下,当然购书报合作社的《廿六史》;倘合作社的太投机,撒烂污,则应购开明之《廿五史》,虽稍昂贵亦无可如何也。此祝

健康!

弟明宜叩 〔一九三四年〕双十

回信望寄南京东厂街五十六号陈子美女士转李明宜收。

又启者:

开明及书报合作社两家预约券最廉之价,均以十月底满期,兄处能否代定,务望早日示知,以便弟决定办法,免得误期,是为至要!

又白

第 30 封

原放兄:

---

① 即开明书店,20 世纪上半叶著名出版机构,1926 年成立,创办人章锡琛。1929 年改组为股份有限公司,杜海生、章锡琛先后任经理。淞沪会战中,开明书店出版物包括茅盾《子夜》,巴金《家》、《春》、《秋》,林语堂《开明英文读本》等;1950 年,开明书店实行公私合营,1953 年与青年出版社合并改组为中国青年出版社。

行翁款倘交来，望与静六十元，余请代购开明《廿五史》或书报合作社《廿六史》预约券一分。专此敬祝
健康！

弟明宜手启　〔一九三四年〕十月十五(日)

8. 陈独秀致汪原放信(31、31〔32〕、32〔33〕)　1934年11月3日、8日、26日

第31封

原放兄：

静带来一日手书并钞洋二十四元，均收到。日内如能在行翁处取得一百四十元，望拿交静收不误。

兹托静带上文稿一册，请交行翁，无论能用与否，尚望寄还。倘能用，俟全部写定誊清后再寄上转送行翁处。倘不能用，亦望示知，以便另写别稿。

弟拟在二、三年内着手写下列各书：

《古代的中国》

《现代中国》

《道家概论》

《孔子与儒家》

《耶稣与基督教》

《我的回忆录》

《二十五史》预约券已定，好极。出版时嘱其直接寄弟处如何？倘邮费不甚贵，可以直接寄来，弟定《东方杂志》①，每期亦由商务直接寄来也。

行翁之款，仍以交由兄转为宜，倘他往或有他项故障，不便经手再说。

孟翁出来，望来看我。

此祝　健康！

弟明宜手启〔一九三四年〕十一月三日

① 《东方杂志》，由商务印书馆于1904年3月创办，为我国期刊史上首屈一指的大型综合性杂志。初为月刊，后改半月刊，至1948年12月停刊，共出四十四卷。它忠实地记录了历史风云变迁，是名人发表作品的园地。梁启超、蔡元培、严复、鲁迅、陈独秀等著名思想家、作家都在该刊发表过文章，杜亚泉、胡愈之等先后出任其主编。

第31〔32〕封

泉兄：

《汉晋木简汇编》①一大册已收到。《玉函山房辑佚书》②如有石印本，请代购一部寄来，务求派人即到各石印书局一问，并求向各石印书局索一书目寄下。

此祝　健康！

弟季丹手启　〔一九三四年〕十一月八日

第32〔33〕封

原放兄：

行翁处之款已取得否？寄去之稿，彼意云何，均望即速示知！

书报合作社之《廿六史》、《史记》已出版，开明之《廿五史》，不见动静，不知何日出版，不至成为骗局否？出版望即寄来，邮寄或太贵，能有便人托其带来最好。寒假中静女士必来，倘迟至彼时始能出版，托她带来正好。

此祝　健康！

弟明宜手启　〔一九三四年〕十一月廿六日

回信望寄南京东厂街五十六号李明宜收。

9. 陈独秀致罗家伦信(3)　1934年12月3日

志希先生：

所恳代借三书，前面云已获一部，希即送下，用毕即奉还。又卫聚贤③所辑著《古史研究》一、二集，弟欲一阅，不知兄能设法借得否？适之近著《儒论》④，尊处如

---

① 《汉晋木简汇编》：即《汉晋西陲木简汇编》，张凤编著，上海有正书局1931年版。书前有民国学者叶公绰序和作者自序各一篇。书中所收录的简牍民国时期出土于敦煌、新疆，曾被英国探险家斯坦因掘往国外。简牍从珂罗版原版影印，后附有详细精当的考释文字，为民国时首次披露，是一部学术性较高的考古学、古文字学著作。

② 《玉函山房辑佚书》：清末济南学者马国翰生前曾编辑，该书辑佚书594种，为辑书史上的空前巨著。马国翰去世未能刊行。1870年，在丁宝桢协助下，泺源书院经整理后分订一百册印刷行世。为后世学术研究提供了珍贵资料。

③ 卫聚贤(1899—1989)，字怀彬、号介山，又号卫大法师，山西万泉人。清华国学研究院从1924年至1928年共有四届，卫考取的是第二届。卫聚贤在清华受教于梁启超、陈寅恪、王国维、赵元任、李济"五大导师"，尤其受梁启超、王国维教诲独深(卫毕业论文《"春秋"研究》与《"左传"真伪考》即得二师之启发和指点而成)。卫专修中国上古史，研究课题是《左传》，导师是王国维，此外李济先生的建构中国考古学对其构成了直接影响，民国17年任南京古物保存所所长，民国18年发掘南京明故宫。他的毕业论文《左传研究》，由商务印书馆出版的，《春秋的研究》是由"朴社"出版的，加上其前写成的《国语的研究》，这三研究后来又合为《古史研究》，由上海新月书店出版，此书在中国史学界影响颇显。1975年卫聚贤退休后赴台，任台湾辅仁大学教授。晚年的卫聚贤渴盼祖国统一，以其谱牒学的功力参加"寻根认祖"的活动，先后为移居台湾数百年的不少大陆籍人士找到祖籍，并著有《台湾山胞由华西迁来》、《台湾山胞与粤闽关系》等。

④ 应为《说儒》，1934年12月由中央研究院历史语言研究集刊发行单行本出版。

有，亦求赐一份，弟方写一册《孔子与儒家》急须参考也。专颂

教安

弟　独秀手启

〔一九三四年〕 十二月三日

10. 陈独秀致汪原放信(33〔34〕、34〔35〕)　1934年12月7日、24日

第33〔34〕封

原放兄：

三日手书敬悉。

行翁出钱收稿给亚东，我自不反对，惟有三事请兄答复：

1. 亚东是否承认每千字稿费十元，而且外国文翻译权保留。

2.《自传》是否收用。

3. 以现在之市面，亚东是否能印此类冷僻之书？

亚东近出二书，书名及作者之名均不能号召读者，不知何以要印那样的书？行翁《论衡》①及李译《马可波罗》②都要行销些，若照那样书，我的书也可印。

此祝你的健康！

弟明宜手启　〔1934年〕十二月七日③

第34〔35〕封

原放兄：

由此回沪后未来信，不知所谋如何，至以为念。

1. 店中加新资金有希望否？

2. 为季君谋事之事有希望否？

3. 文稿已由行翁处寻得否？

4. 行翁处，年内能通融百元否？

此四事望早日示知！文稿及钱如到手，均可交由静如带来。

此祝　健康！

弟明〔宜〕手启　〔一九三四年〕十二月二十四日④

---

① 即章士钊的《论衡旨要》，后未出版。

② 即李季译《马可波罗游记》，上海亚东图书馆于1936年4月出版。

③ 汪原放在信后注：这是1934年的信。

④ 汪原放在信后注：这是1934年的信，寄"上海公共租界温州路二十七号，亚东图书馆编辑所"我收。信封上有"南京"邮戳，是1934年。以上是1934年的信，以下是1935的信了。

11. 陈独秀致汪原放信(35〔36〕、36〔37〕) 1935年1月13日、28日

第35封〔36〕

方泉兄：

别后谅早已抵沪

所托三事，希一一赐复：

1. 托购中、英、日各书如何？

2. 蔡处已去过否？

3. 黄医生对贱恙有何意见？上次寄来打针之药已用完，此地买不着，请再购一打寄来。（药名：Glycero-Coliton N0. 60 - 1c. c)。

兄店事实危，靠借款救济，不是办法。第一必须实行大大的减人减薪；第二兄必须早日解决婚姻问题，以便安心整顿营业。我以为必须绝对办到此二事，始能逃出危机，否则终必不克。婚姻之事必须选择一老练女子，吴女士实不相宜，务必斩钉截铁的打破以前的迷信。兄口中虽不言，弟却深深察知兄对于吴女士无理的迷信实太过也。兄初次恋爱不也是弄昏了头脑吗？后来和已故的夫人结婚，不也很好吗？你现在的固执，也得称是错误的。望速觉悟！叨在至好，我对兄事又极关心，既已见到，便不能不言也。吴女士果然能爽快和你结婚，倒也罢了，像现在这样吊的你不上不下，实在要不得。单相思有何意义呢？

弟季丹手启 〔一九三五年〕一月十三日

第36封〔37〕

原放兄：

久不接你信，亚东增加资本问题，谅必无望了。

为季君向北京及福建谋事的话，有无希望，请面告静如，由她函告我。

《老子考略》稿及《廿五史》一册，望交静如或哲民带来，谁先来则交谁带。

行翁处款，有则收之，交静如带来，无则不必催他。此祝

侍安！

弟明宜手启 〔一九三五年〕一月二十八日①

原放兄：

日前静如女士来信说行翁已来南京，恐怕不确罢。

① 汪原放注："季君"名杰〔絜〕，是第一监狱里的办事人，很想行严先生替他另谋一事，后来没有办成。下面的信也是"一月廿八"的，现在只好并在一起。信的次序不免有错，但无法排得正确了。不写年份，真不很好。

《廿五史》一册及稿纸早已由哲民交来，勿念！

哲民说你旧历年后将来此一行，确否？

存行翁处之稿，务望取出带来，倘失去则真糟！

报载《廿五史》第二次出书已发行，来时望带来。

商务百衲《本廿四史》①缩本价若干，及是否影印，望便中打听一下。

此祝　健康！

弟明宜手启　〔1935 年〕一月廿八〔日〕

12. 江苏第一监狱关于陈独秀监房用款给江苏省高等法院的呈文　1935 年 2 月 6 日

案查二十三年十月八日奉

钧院第三七五三号令内开：关于陈独秀监房用款，饬就本监经常费用内妥筹匀支，即将部垫之款克日备齐缴部，以凭转解，而清款目等因。奉此，惟查本院近日以来，人犯激增，经常费用，支绌异常，委实无法匀支。而本年一月二十一日，司法行政部总务司第三科来函催促措齐缴还，似未便久事悬搁。兹查本监专案保存之皇城地租及鱼塘租两项租款现共存洋五百十元，拟就该项专款内，拨还部垫修理政治犯陈独秀监房用款洋二百十四元一角六分，以清款目，是否可行，理合具文呈请鉴核指示祇遵！

谨呈

江苏省高等法院院长朱树声

江苏第一监狱典狱长钮传锜

中华民国二十四年二月六日

录自江苏省档案馆缩微胶片 1907 号

13. 陈独秀致汪原放信(37〔38〕)　1935 年 2 月 11 日

第 37 封〔38〕

原放兄：

兄如无要事，当然不必来。

店股款事，谅必无望，(我以为章、胡都无法)则只有自己努力，极力开源节

---

① 《百衲本廿四史》：1930—1936 年间商务印书馆影印出版，国学大师张元济编著。此书纠正了殿本三百年来造成的混乱，澄清了许多长期困扰史学界的错误。出版后，被史学界一致公认为最佳全本正史，在中国五千年文明史上有着重要地位与珍贵价值，是中国史学上的一座丰碑。

流,以勉强支持此不景气时期。年关不知如何过去?好在全上海市面都不佳,即信用欠好,也不算什么特别希奇,望勿以此愁损身体!

章家婚事即不成也勿懊恼,行翁想亦无可如何,必非有意欺弄你也。望勿以此伤友谊。

我的稿子倘失去则真糟糕!究竟尚在与否,望向行翁讨一个明确的回答!如果已失去,得示以便重新另写,搁久殊难记忆也。

静如日内或来,《廿五史》第三册,望取交她带下,季子所译《马可波罗》倘不即时付印,能带给我校阅一下也好。《廿五史》颇有错字,确是排印而非影印。兄前所云商务百衲本价昂贵有限,谅是缩印本(请打听价若干),否则须四百余也,此祝

健康!

弟明手启 〔一九三五年〕二月十一日

14. 江苏高等法院关于陈独秀案监房用款给江苏第一监狱的指令 1935 年 2 月 12 日

指令 第〥〩⊥0号①

令江苏第一监狱典狱长钮传锜

呈一件为拟就本监保存之皇城地租及鱼塘租款拨还部垫修理政治犯陈独秀一案监房用款祈核示由

呈悉,查此项基地及鱼塘租金仍属国家岁入,除由院指定用年度岁出呈部核示饬遵外仰即发照,并将二十二年度租金收入即日报解,以清款目,切切此令。

江苏省高等法院

中华民国廿四年二月十二日

录自江苏省档案馆缩微档号 1911 号

15. 江苏高等法院关于修理陈独秀监房用款给司法行政部的呈文 1935 年 2 月 12 日

呈　　　　第丨0〤〩号②

呈为第一监狱修理政治犯陈独秀监房费用款可由司法建设费预备费内开支

---

① 第〥〩⊥0号:即 5960 号。

② 第丨0〤〩号:即第 1049 号。

祈核示由

案据南京江苏第一监狱典狱长钮传锜呈称

“查二十三年度十月八日奉训令狱修理政治犯陈独秀监房用款云云指示祈遵”等情，据此，查此案前奉钧部第一三八四三号指令，当以本院所管国地各项经费，均有预算规定，无从筹拨，经即令乃该监于经常费内妥筹匀支在案。据呈近来人犯激增，经费支绌，事属实情，可否准重在二十三年度国家岁出临时概算第三项预备费内动支，以便判拨缴解而免部款久悬之处，理合具文呈请

钧部鉴核示遵

谨呈

司法部部长王〔用宾〕

江苏省高等法院

中华民国廿四年二月十二日

抄录自江苏省档案馆缩微胶片第1911号

16. 陈独秀致胡适信(3)　1935年2月14日

适之兄：

由书诒兄转来信及稿均收到。闻此稿费已付账，如释重负，请转达云五①先生致谢，千万。此稿改好交何人转致他，并求询明示知！（弟常向此间商务分馆购书，不知可否交那里转云五先生?）我拟写各书他们要么？不知是顺口应酬话，还是真话？倘真要，我便真写。他们倘真要，望示以内容大致范围，明确能出版者。著书藏之名山，则非我所愿也。乞便中转达此意于云五先生。

兄南游中，此间颇有谣言，兄应有纪行一文公表，平心静气描写经过，实有必要。弟私心揣测，兄演词或有不妥处，然圣人之徒不过借口于此，武人不足责，可叹者诸先知先觉耳！

此祝

著安

弟　仲甫启〔一九三五年〕二月十四日

转引自《胡适书信选》(中)中华书局1979年版第268页

---

① 云五：即王云五(1888—1979)，原名之瑞，字云五。籍贯广东香山，生于上海市。王自学成材，在1920年代至1930年代主理商务印书馆。1948年曾出任财政部长，期间推出金圆券，引起金融失调。1949年后到台湾，并主持台湾商务印书馆。著作等身，有《物理与政治》、《中外图书统一分类法》、《四角号码检字法》等。1979病逝于台湾。于台北市新生南路三段19巷的故居现辟为纪念馆。

17. 司法行政部关于催缴陈独秀监房修理垫付款给江苏高等法院的训令　1935 年 2 月 15 日

司法行政部训令　训字第七六一号

令试署江苏高等法院院长朱树声

案查江苏省第一监狱修理政治犯陈独秀监禁处所曾由本部暂行垫付费用洋二百一十四元一角六分，前经饬科致函该监将该项垫款，由经常费项下早日筹还，嗣据函复。以上项修理费，业经呈请该院核发，俟领到后，即行如数呈缴等语，迄今半年之久，未据缴还。现又饬科函催去后，兹据复称，关于该项修理费用，前奉该院训令，饬就本监经常费内妥筹匀支，备齐缴还，惟本监近月以来，人犯激增，经常费用，支绌异常，拟一再呈请核示，另筹他款归垫等情，函复前来。惟该项借垫之款，未便久事悬搁，合行令仰该院遵照，迅即转饬该监，速将前项垫付修理费洋二百十四元一角六分，剋日措齐解部，以清款目，毋任拖延，是为至要。此令。

司法行政部部长王用宾

中华民国二十四年二月十五日

抄录自江苏省档案馆缩微胶片第 1914—1916 号

18. 陈独秀致汪原放信(38〔39〕、39〔40〕、40〔41〕)　1935 年 2 月 18 日、22 日、25 日

第 38 封〔39〕

原放兄：

今日乃刚兄来此面谈，敬悉一切。

孟翁及行翁往来信稿亦看过。书店改组后，孟翁只任董事，推鉴初任经理，我甚以此见为然。如照此办法，兄可一面帮助店中进行改组后的出版新计划，(此事十分必要)一面帮助行翁做点事，兄以为然否？

店事，兄之借款主张，全是幻想，切勿再作此打算。股份公司亦不可能，不独招股不易，而且以书店历史关系，诸多窒碍难行也。唯一的办法，只有二、三好友，集资合办。此制度中外都有。合资之人，当以行翁及黄(钟)先生为最相宜，章、胡(适之)如能合作，胡亦应加入；惟此事务必慎重，不可冒昧邀胡加入，是为至要！

新资五、六百万元即足用(能多更好，恐不易得)。章、黄二人如肯出任董事(合之旧资代表孟翁共计三人)，五、六百万元谅非绝对不可能，虽然不很容易。据我观察，此事非孟邹到沪，便无从谈起，我看章、黄二人都有此意见，所以催速孟翁出来为要。他虽然答应出来，兄还应继续函催，且应告以兄及乃刚兄及惜余(协如)拟作何事(我以为乃刚兄或恒余到芜湖科学)，使其安心把大部分时间用

在店中。孟翁未出来以前，兄应拟一详细的改组后整顿出版及发行计划。此事至要，非此，即章、黄亦未必乐于出资，特别是黄，他不无将本就利之观念也。即章非此亦无法向人挪款，因夏太太与亚东并无交情也。惟此计划必须守秘密，宜力嘱章、黄勿轻示人。

婚事，兄宜暂取冷静态度，盖缓则将来或可有成，急则立见决裂，甚至影响店事，兄必须慎之！此事行翁必大呕气（因塌〔坍〕了家长的面子），你托人询问一次，他为难一次，以后不可再向他提及此事了。行翁伯侄都愿意，本人不愿意，事无可疑，何必追问。此事泽民糊涂于前，行翁糊涂于后，事已至此，目前只有放松，以待将来。事已弄糟，越追问越糟，即将来终于不成，亦没有什么大不了，倘此女子果有嫌贫爱富之意，失之亦不足惜也。前几天有一世交托我做媒，此女是安徽师范毕业，将来兄如有意，我可令她家中寄照片来看。

此祝　健康！

明宜手启　〔一九三五年〕二月十八日

另一函又与行翁一看

再启者：

我的稿子不知行翁寻得否？

我以为行翁事务繁忙，应有一得力的私人秘书管理往来函件，（并且应有专室办公，并誊写一人，均与律师事务所无关）及他的著作，（此方面整理起来，必不在少数）系此时的手工业新法，毫无秩序的乱丢乱塞，将来失去的还不只我的文稿，将来店事如得人，兄任此颇相宜，可达此意于行翁。

又白　〔一九三五年二月〕十八日①

第39封〔40〕

原放兄：

日前寄一长函，谅已收到。

哲民已转学他处，不到大同矣。他的零用，据他说，从你处取过六个月（至正月）共计六十元，对否？以后尚望继续，惟不可直寄他，望按月交静如收，以便交我转去。

行翁手中想必甚窘，寄我的款曾提及否？

此祝健康！

弟明宜手启　〔一九三五年〕二月廿二日

---

① 汪原放在信后注：这是1935年2月18日的信，寄“温州路27号”的。

第 40 封〔41〕

原放兄：

日前奉上一长信，嗣又托静如转一信，均达览否？

弟比来手中奇窘，不知行翁处能商得若干否？如有所得，望交上海银行直寄东厂街十七号舒宜之先生转弟收不误。交上海银行寄，不需汇费也。（中国银行或者也可）

专此敬颂

侍安！

弟明宜手启

〔一九三五年〕二月廿五日①

19. 司法行政部关于准予陈独秀监房修理用款由司法建设预备费内动支给江苏高等法院的指令 1935 年 2 月 26 日

司法行政部指令　指字第三五九五号

令试署江苏高等法院院长朱树声呈一件，呈为第一监狱修理政治犯陈独秀监房用款可否由司法建设预备费内开支祈核示由。呈悉。第一监狱修理政治犯陈独秀监房用款二百十四元一角六分准在该省二十三年国家岁出临时预算第三项预备费内动支。仰即转饬造具动支法收表呈部注册。

再租金属于国有财产收入，应编列罗入概算，并逐月在收入计算书内列报。原呈谓本监专案保存之皇城地租及鱼塘租现共存洋五百十元等语，是何情形，并仰转饬查明详晰声复备核。此令。

司法行政部部长王用宾

中华民国二十四年二月二十六日

抄录自江苏省档案馆缩微胶片第 1918—1920 号

20. 江苏高等法院关于司法行政部准予陈独秀监房修理用款由建设预备费内动支给江苏第一监狱的训令 1935 年 3 月 5 日

训令　　　　第八九七〇号

令江苏第一监狱典狱长钮传锜

前据该监狱以皇城地租等款，拨还部垫修理监房费用等情，据经指令并拟二

---

① 汪原放在信后注：这是 1935 年的信，寄温州路廿七号，信封上有邮戳。

十三年度岁出临时预算第三项预备费拨转请核拨在案。兹奉

司法行政部第三五九五号开"呈悉,云云此令。"等因,奉此,合行令仰该典狱长遵照,填具动支留院法收表呈部转呈注册。将专案保存之皇城地租等遵照部令指各节保存情形,随案呈复,切切此令。

江苏高等法院院长

中华民国廿四年三月五日

抄自江苏省档案馆缩微胶片第 1922 号

21. 陈独秀致汪原放信(41〔42〕) 1935 年 3 月 8 日

第 41 封〔42〕

原放兄:

旧历正月已过,孟翁尚未出来,不知又有变动否?店中加增资本事,想尚无把握,店中生意如不佳,与哲民款,望停止,即寄,亦万勿直寄彼处,彼用度已另有办法矣。

弟欠亚东之款(孟翁手),公私两方面在三千元左右,店中又如此困难,我一时无力偿还,心中十分不安。目前办法,惟有将版税逐渐扣还,虽为数不多,亦聊胜于无耳。

廉价书目中,《文存》已加入否?望将《文存》极力推销,使我还欠可以加速。倘能销七千部以上,清还旧欠,当相差不远。重新印售以来,不知已销若干部,已有版税若干元,务乞示知!倘懒于写信,乞店中朋友抄一帐单,交静如寄下,是为至盼!

我的文稿实已失去否?望告行翁予以明确答复!此祝

侍安!

弟明宜叩 〔一九三五年〕三月八日

何以屡次询问,他均置之不理!非待朋友之道!

22. 江苏第一监狱关于保存皇城地租情形及修理陈独秀监房动支法收表给江苏高等法院的呈文 1935 年 3 月 16 日

案奉

钧院本年三月七日第八九七〇号训令内开:

"前据该监呈请以皇城地租等款,拨还部垫修理监房费用,等情,并拟拨二十三年度岁出临时预算第三项预备费,转请核拨在案。兹奉

司法行政部第三五九五号开:

"呈悉。第一监狱修理政治犯陈独秀监房用款二百十四元一角六分,准在该

省二十三年国家岁出临时预算第三项预备费内动支。仰即转饬造具动支法收表呈部注册。再租金属于国有财产收入,应编列罗入概算,并逐月在收入计算书内列报。原呈谓本监专案保存之皇城地租及鱼塘租现共存洋五百十元等语,是何情形,并仰转饬查明详晰声复备核。此令。”等因,奉此合行令仰请典狱长遵照,填具动支留院法收表,呈候转呈注册。并将专案保存之皇城地租等遵照部令指饬各节随案呈复,切切此令等因。查本监皇城地租及鱼塘租金,以前均系滚入经常费支出计算书内列表,嗣于二十二年六月二十四日奉钧院第九七一六号指令饬以“查本监鱼塘及皇城地租收入(已经编列二十一年度国家岁入概算呈报在案,自上年七月至本年二月止,共收租银一百零五元,应于三月份计算书内剔除,专款保存,不得滚入经常费余款,以清界限。”本监于奉令后,当即遵照办理,所有皇城地租)自二十一年度一月起至二十三年度六月止,计两年六个月,每年租金一百八十元,共四百五十元。鱼塘租自二十一年度七月起至二十三年度六月止,计两年,每年租金三十元,共六十元。以上两项租金共五百十元,均经专款保存在案。奉令前因,理合将本监专款保存之皇城地租及鱼塘经过情形,并填具修理政治犯陈独秀监房用款洋二百十四元一角六分动支留院法收一览表二份,具文呈请鉴核赐转注册!再以上两项租户均于二十三年六月底退租,曾经呈报有案,合并陈明。

谨呈

江苏高等法院院长　朱〔树声〕

所呈动支留院法收一览表二份(一份交会计科吴汇订)

南京江苏第一监狱典狱长钮传锜

中华民国二十四年三月十六日

抄录自江苏省档案馆缩微胶片 1924—1926 号

23. 江苏高等法院关于保存皇城等处地租及鱼塘租金情形及动支法收表给第一监狱的指令　1935 年 3 月 20 日

指令　　　第〧〇〢〧号①

令江苏第一监狱典狱长钮传锜

呈一件为呈复专案保存皇城地租及鱼塘租金情形并填具动支法收表祈鉴核存转由,呈表均悉。查皇城等处地塘租金,自二十年度起已经编列国家预算,自应归入收入计算书内列报。该监前送经常费计算,误将此款列作收入,经本院指

① 〧〇〢〧号:即 7027 号。

令剔除保存原为划清界限起见并未尊奉列收，殊属错误。兹据前情，除检同原表，呈部注册，并请将作业收入支出计算书对照表，发还更正外，仰即将是项收入如数解院，所有修理政治犯陈独秀监房用款二百十四元一角六分准在缮具即领，作为现款抵解，以凭转帐而清款目。表存转。此令。

江苏高等法院

中华民国廿四年三月二十日

抄自江苏省档案馆缩微胶片1929—1930号

24. 江苏高等法院关于第一监狱保存皇城等处地租鱼塘租金情形及动支法收表给司法行政部的呈文 1935年3月20日

呈　　第〡＝〢〨号①

呈送第一监狱修理政治犯陈独秀监房用款动支法收表，祈鉴核注册由。本年二月二十六日奉钧部第三五九五号指令，本院呈一件为第一监狱修理政治犯陈独秀监房用款可否由司法建设收费预备费内开支祈核示由内开："呈悉。云云此令。"等因，奉此。遵即令行第一监狱遵照办理，具处去后，兹据呈复称"查本监皇城地租及鱼塘租金云云，合并陈明"等情，并动支法收表，前来查该监收入计算书内与计算纯益有关于专记作业收入，此项皇城基地及鱼塘租金系属国有财产收入，未便记入纯益以内，另有该监专款保存现该监二十一、二十二、二十三年度作业收支计算书类已经呈送钧部核转在案，拟请一并发还，以便特饬更正。据呈情除指令外理合检同动支法收表，具文呈复，仰祈钧部鉴核注册令遵。

谨呈

司法行政部长王〔用宾〕

计呈送第一监狱二十三年度动支留院法收表一份

二十年度编杂项收入　□四十五元

二十一年度　又　　　□四十五元

二十二年度编皇城地租　180　鱼塘租金60　□十元

廿四年□□　查注

江苏省高等法院

中华民国廿四年三月二十日

录自江苏省档案馆缩微胶片1930—1932号

---

① 〡＝〢〨号：即1229号。

25. 司法行政部关于江苏第一监狱修理监房用款已予注册的指令　1935年4月3日

司法行政部指令　　指字第5745号

令试署江苏高等法院院长朱树声

呈一件,呈送第一监狱修理政治犯陈独秀监房用款动支法收表,祈鉴核注册由。

呈表钧悉。表列呈送第一监狱修理监房用款二百十四元一角六分已予注册。

再房地租金属于"国有财产收入",作业余利,属于"国有事业收入",以预算科目论,显有分别,收入计算书与作业收支计算书类性质上复不同,作业收支计算书类所列者,限于作业事项,收入计算书所列者,为各该监狱全部收入,包括"国有财产收入"、"国有事业收入"、"其他收入"三项,界限至为明显,何至与计算纯益牵混,原呈所称各节,不无误会,所请发还作业收支计算书类之处,应毋庸议,仰即知照,表存。

此令

司法行政部部长王用宾

中华民国二十四年四月三日

录自江苏省档案馆缩微胶片第1934—1936号

26. 江苏高等法院关于司法部准予修理陈独秀监房用款动支法收表准予注册的训令　1935年4月9日

训令　　第〡〇〡〤　〇号①

令江苏第一监狱典狱长　钮传锜

案奉

司法行政部第5745号指令本院呈一件,呈送第一监狱修理政治犯陈独秀监房用款动支法收表,祈鉴核注册由内开,"呈表钧悉,云云此令。"等因,奉此。合行令仰该典狱长遵照。并呈本院第七〇二七号指令,将其余之款,连同印领,克日呈院转账。勿延,切切。此令。

江苏高等法院

中华民国廿四年四月九日

录自江苏省档案馆缩微胶卷第1938号

---

① 〡〇〡〤〇号:即10140号。

27. 司法行政部关于严于防范江苏第一监狱陈独秀等活动的训令　1935 年 5 月 28 日　司法行政部训令训字第 2750 号

令江苏高等法院院长朱树声

案准国民政府军事委员会调查统计局函开：

"为据报第一监狱男女共犯尚萌故态，鼓动煽惑，函请转令设法制止，严于防范"等由，准此，令将该局抄附原报告一件，暨本复函一件一并抄发，仰即密令该监严加防范，以免发生意外，仍将办理情形具报，毋忽此令。

计抄发原报告一件，本部复函一件。

司法行政部部长王用宾

中华民国廿四年五月二十八日

抄本部复函

迳复者，本部于本年五月廿二日准贵局统字第 108 号公函内开，据报第一监狱共犯之现状与活动，相应抄同原报告，希能令第一监狱设法制止，并严于防范，以杜意外，附抄原报告一件，等因准此，本部前以各监所反革命人犯，常有图谋暴动脱逃情事。速令各省该高等法院转饬所属各监所对于此项人犯特别注意，严密戒护，如有疏虞忽情事，应将该管职员从严惩处在案。兹准前因，即派部中重要职员，前赴该监密查。据报该监现有男共犯十名，女共犯三十六名。女犯前经籍事绝食，事早平息。女犯黄浩于本年四月三日由警备司令来文提去。季杰系看守所主任看守，二十三年九月已经辞退。女看守李玉仙既系情有可疑已告该监将其撤退。去年以来共犯与普通犯虽已隔绝，而男犯陈独秀、女犯许守真、李时英、林玉娟、王隽等举动以及常到监接见之王素芬等，已告该监特别注意防范等因据此。又据行政法院评事季手文函开。李杰系远房孙辈、前荐江宁地方法院看守所主任看守，现已离职。寓本京徒门桥糯米巷 17 号，有妻及子。其与陈独秀等认识，想因陈等在该所羁押接近之故，何以由手文处转信，事先绝无所闻，事后追出原函一件，附呈察核等语。检查季杰与监犯王兆群往来信件所说，系医药购书制衣之事。除密令江苏高等法院，转饬该监设法制止，并严加防范，以免疏外，相应函复，即希查照

此致

国民政府军事委员会调查统计局

抄原报告

第一监狱共犯之现状与活动

一、第一监狱男女共犯之一瞥

第一监狱原有犯人一千三百余人,其中共犯则有八十余人,男共犯陈独秀等廿余人,女共犯则有李时英、林玉娟等六十余人。该犯等虽被处徒刑,然多数时思活动,陈独秀每日接见亲友,从不间断。今有王素芬(女性,年廿左右)每日五时许必来接见一次,另有住娃娃桥之六号谢纫清、许守贞(女性)亦常探望陈氏,陈氏且在京建立一通讯机关,地居长乐路四八号李推事公馆季絜转(前第一监狱职员)。凡陈氏各方往来信件,均由该处送。女共犯中之李时英、林玉娟曾于普通女犯读书,以图活动,被监狱当局发觉禁止,查其行动系散布阶级斗争之思想,如前报普通女犯之日记中检出"女看守及女看守长是压迫我们的,她们是花瓶,她们是走狗,他们来了我们不能读书了,我的先生真好,这样的好人还要坐狱"一等。则全系该女共犯之影响而出此。且最近该女共犯曾发生包围看守,与绝食风潮。

二、女共犯绝食之起因与经过

本月二日晚十时半,忽有一〇九号女共犯王隽突称有病,且在狱中狂呼。该狱值班女看守杜志远睹此情形,即报告看守长,呈监狱当局,派医检查。据谓王隽之病并不甚重,当即斥责该犯,不应称诈有病,而狂呼呐喊,更属违反狱规,乃即令归寝,迨次晨早操时,全体女共犯乃大兴问罪之师,将值班看守杜志远包围,施以种种辱骂,有暴动之势,当经看守长竭力应付,事乃稍息。嗣监狱当局,据此情形,执行狱规,将为首者,三五号吴振庭、三十号胡玉英各罚责二十板。该女共犯受罚后,复又诈死,监狱当局见其如此倔强,再罚立半小时,该二共犯继以绝食对付,经三、四日后,因其他共匪并未一致绝食,事遂平息,此种行动,恰于此时发生,是有纪念所谓红五月之作用。查此次风源之主使者为一三八号李时英,该犯虽未直接参与绝食风潮,但胡、吴两犯之绝食,却系李所主持,因李第一监狱内颇为一般女共犯所信仰,无形中成为该女共犯之首领。

三、可疑之女看守同情女法犯

该监狱之女共犯绝食之后,各女共犯深恨看守杜志远,谓女且有新到之看守李玉仙,意以同情女共犯之立场,指责杜志远,谓女共犯所受监狱当局之处罚,你于心何忍,她们果因绝食而死,你良心岂非丧尽。查李玉仙系湖北汉口(三月五日既职,后又入狱供职)并未经考试手续,像由一考取而不到职之张转接介绍,当时因该监狱当局未准而罢。至本年三月间女看守王有光被调最高法院,因急欲离职,乃提荐李玉仙提补其职,故又通知考取而不到职之张姓请其转知李玉仙至第一监狱任职。当时据张姓介绍写信至上海约李玉仙来京，此其可疑者一，李玉仙到职后，与女共犯一三八号李时英、一一一号林玉娟颇为接近，此其可疑者之二。

四、黄浩出狱后之活动

女犯黄浩原为共党互济会之要角，曾任伪互济会援救部干部及满洲互济会特派员等职。此次出狱后，遍访在狱共犯之家属，据已知者不下七、八人，黄浩改住小王府园九十六号张群范家，且易名为黄道范，足见其作用在避人耳目。苟黄浩无互济会之关系，则至低限度，亦有建立所谓在狱战士，家属关系，以为异日建立互济会组织之企图。此外者当有探望林玉娟之郭玄武（男性），自称与林为表兄妹，但见面时，并不相识，其徽章为陆军大学学员，而其地址又出铁道部十一号。郭玄武在接见林玉娟时，谓出狱只有两条路，一为与调查科发生关系，一为觅二中委作保，第一条路非仅你所不愿，抑友裴均不以为然，由此所见其意志之一斑。

五、结论

第一监狱人数不过八十左右，且彼等思想行动，多无悔祸之心，如最近绝食风潮之发生，恰与外间共党残余纪念红五月之活动互相辉映，足证其绝非偶然，黄浩实似互济会之活动、陈独秀外间秘密之联系，皆为极堪注目之问题，故特为具报。

呈复监狱对于男女共犯严密注意情形仰祈

江苏第一监狱，江苏高等法院

廿四年六月十三日

录自江苏省档案馆缩微胶片 2109—2120 号

28. 江苏第一监狱关于严防陈独秀等活动给江苏高等法院的呈文

案奉

司法行政部第二七五〇号密令开

案准国民政府军事委员会调查统计局函开："为据报第一监狱男女共犯，尚萌故态，鼓动煽惑，函请特令设法制止，严予防范"等由，准此。"令将该局抄附原报告一件，暨本部复函一件，一并抄发，仰即密令该监狱严加防范，以免发生意外，仍将办妥情形具报，毋忽，此令。计抄发原报告一件，本部复函一件"等因。"奉此，合函抄发原件，令仰该典狱长密饬办事人员，对于男女共犯在监之活动，随时设法制止，平日接见书信，及其送入书籍，尤应特别注意监视核查，以期防范周密，而免发生意外，仍将奉令后办理情形具报核转，此令"等因；计抄发原报告一件，部函一件，奉此，查此案，自部派监狱司廖科长□□监密查后，当即将女看守李玉仙开除,以杜意外,并对于来监狱接见之人之身分及关系,均先事加以审核,其行迹稍有可疑者,立予拒绝。接见时,指定重要职员监视,并谈话要旨言动随时督查察外,理合将遵令办理情形,具文呈后,仰析,鉴核赐转,实为公便。

谨呈

江苏高等法院院长朱〔树声〕

南京江苏第一监狱典狱长钮

录自江苏省档案馆缩微胶片2124—2127号

29. 司法行政部关于催缴陈独秀监禁处所修理费用给苏高等法院的训令 1935年7月22日

司法行政部训令　　训字第三八二六号

令试署江苏高等法院院长朱树声

案查江苏省第一监狱修理政治犯陈独秀监禁处所,前由本部暂行垫付费用洋贰百拾四元一角六分,嗣因未据筹还,曾于本年二月十五日以训字第七六一号令,饬该院转饬该监迅速措解在案。乃迄今日久,尚未据呈解前来。现在,二十三年度业经终了,垫付之款,急待清结。合亟令仰该院遵照先今各令,迅即严催该监,速将前项垫付修理费洋贰百拾四元一角六分,克日措齐解部,以清款目,毋任拖延。是为至要,并将催解情形,呈报备查。此令。

司法行政部部长王用宾

中华民国二十四年七月廿二日

录自江苏省档案馆胶片1940—1942号

30. 江苏高等法院关于催缴陈独秀监禁处所修理费给江苏第一监狱的训令　1935年7月26日

训令　　第〤⊥丨号①

令江苏第一监狱典狱长钮传锜

案奉司法行政部训令第3826号开,

"案查江苏第一监狱修理政治犯陈独秀监禁处所,云云,此令"。等因奉此。查此项修理费,前据该监呈请以结存地租等款拨解,经呈奉本年四月三日第五七四五号部令准予注册,并饬缮具印领,呈院划解,在案。迄已数日,何以尚未解

① 〤⊥丨号:即961号。

决，殊属玩延。奉令前因，合行令仰该典狱长查照，于文到一星期内迳行解部以缮领呈院划解，以便转账，毋延。切切此令。

录自江苏省档案馆缩微胶片 1944—1945 号

31. 陈独秀致罗家伦信(4)　1935 年 10 月 18 日

至希先生左右：

前阅之陈君尊意文学院教书事，恐季刚[①]先生不易共事，鄙意此似与当年北大新旧并容之说有异。今季刚已逝，继其职者，应择一能够并纳新旧之人。全国最高之文学院任听一人一派所把持，似乎不成话说，不知尊意谓何？陈君之事得空尚希留意。

此祝　　教安

弟　独秀手启

〔1935 年〕[②]十月十八日

苏州李学忠供图

32. 柳亚子谈陈独秀与苏曼殊的诗一首[③]

柳亚子与曼殊也交往甚密。1935 年他写有一首七绝：

“名扬画虎惜行严，

孤愤佯犯有太炎，

---

① 即黄侃(1886—1935)，我国著名文字学家、训诂学家、教授。湖北省蕲春县人。初名乔鼐，后更名乔馨，最后改为侃，字季刚，又字季子，晚年自号量守居士。早年投身民主革命活动，参加同盟会。1905 年秋至 1907 年留学日本，拜章太炎为师。留日期间为《民报》撰稿七篇，又写《讨满洲檄》，历数满清王朝十四大罪状。1911 年二度赴日返国后参加革命团体文学社，在该社所办《大江报》上发表《大乱者，救中国之妙药也》檄文，致该报为清廷查封，主编入狱。发动家乡组织鄂东起义失败，乃走上海，专治小学。1914 年入北京大学任国文系教授，其批判理学家的进步思想，深得师生拥戴。著作有《音略》、《说文略说》、《音韵略说》、《尔雅略说》等多部。

② 罗久芳：这封“十月十八日的信，内容紧接着拙作(《五四飞鸿》第 64 页的信之后所涉及的‘陈君’都是海门陈训丹)。第七封信说‘今季刚已逝’，所以我认为时间应该在 1935 年”。——罗久芳 2011 年 11 月 4 日致伍玲玲的电子邮件。

③ 柳亚子(1887—1958)，原名慰高，号亚子，江苏苏州市吴江区人。创办并主持南社。曾任孙中山总统府秘书、国民党中央监察委员、上海通志馆馆长。“四一二”政变后被通辑，逃往日本。1928 年回国从事反蒋活动。抗日战争期间任中国国民党革命委员会兼监察委员会主席、三民主义同志联合会中央常务理事、民监中央执行委员。新中国成立后，任中央人民政府委员、全国人大常委会委员。南社成立于 1909 年 11 月 13 日，创建于苏州。发起人有陈独秀好友陈去病、柳亚子、安旭，均为三民主义信徒。南社与陈独秀夫人高君曼关系密切，高的诗作得到发表，惜留世者甚少。南社活动中心在上海，连分社在内社员达 1 180 人。

要忆囹圄陈仲子(时陈独秀被关押在南京老虎桥监狱),
曼殊朋友定谁贤?”

言外之意,苏曼殊的三位好朋友,最贤的是陈独秀。

摘自任建树:《陈独秀大传》,上海人民出版社 2012 年版,第 45 页。

33. 陈独秀致蔡元培信(2) 1936 年 2 月 7 日

孑民先生赐鉴:

舍亲等承先生之力保,前日已释出,其本人及独秀均至感。又有王简①、贺贤深②,五年前同在上海被捕,王判十五年,贺判十年,经过大赦之后,王之刑期只余四年余,贺之刑期只余二年余,二人均日久重病,再羁迟狱中,必无生理。兹特请求先生函上海警备司令部,保释就医。此二人现在京中中央陆军监狱,原判机关则为上海司令部也。屡渎至歉。专肃。敬颂

道安

独秀敬上

[一九三六]年二月七日

送此信到先生处之王女士,即王君之妻也。又及。

(据陈独秀手札)

引自《蔡元培书信集》(下),

浙江教育出版社 2000 年版

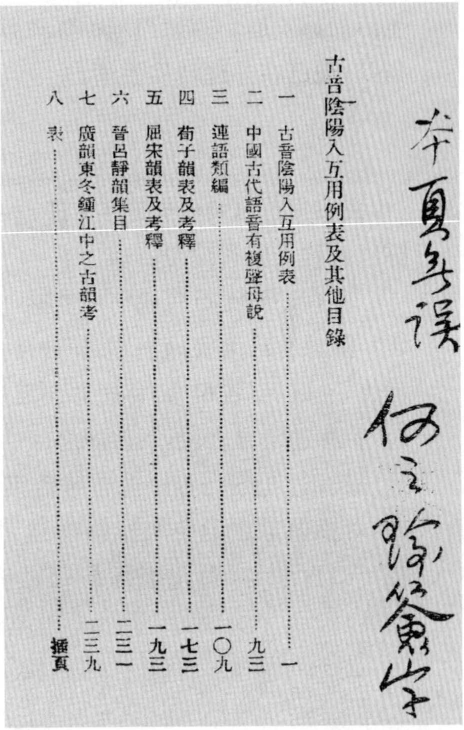

古音陰陽入互用例表及其他目錄

何之瑜生前为整理陈独秀遗著而编出交商务书局出版之陈著《古音阴阳入互用例表及其他》一书目录,1948 年。(唐宝林供复印件)

① 王简:郑超麟当时的化名。

② 何之瑜(? —1960),化名贺资深、贺贤深,湖南安乡人。父亲是同盟会员,留日。上世纪 20 年代北京私立民国大学法律系毕业并于 1921 年加入共产党,任中共北京地委第二任宣传委员。大革命时期任中共湖南省委秘书长,与毛泽东交往甚密。曾代表中共湖南省委出席中共五大,并任湖南省委出席中共六大代表团团长。1929 年加入托派。曾任托派干部。1931 年在上海被捕,判刑十年,服刑于南京军人监狱。抗战期间任江津国立九中史地教员。代表北大同学会照顾陈独秀,是陈最亲近的学生并是陈的遗嘱执行人。他整理《陈独秀丛书总目》及《陈独秀的最后论文和书信》二书。前者经何于 1946 年返上海集资由胡适、王云五等力促于商务印书馆出版,但因 1949 年上海解放而搁置。后者由胡适作序于 1949 年在香港自由中国社初版,后在香港、台北二版三版。版权页上改作《陈独秀最后对于民主政治的见解(论文和书信)。——编者据郑超麟 1998 年《史事与回忆》(二)《记何资深》一文,及百度资料撰。

34.《中央日报》 1936年5月4日

陈独秀将移送反省院

正在办理手续

陈独秀于二十三年五月间，经最高法院以危害民国罪判处徒刑八年，移送江苏第一模范监狱执行。陈在狱中独居一室，终日阅读古籍，并校对狱中印刷品，生活尚称安适。监狱当局称陈在狱中颇守规则，将授陈予反省机会，移送苏州反省院，现已在办理转移手续。

《中央日报》 1936年5月4日　第二张第三版

35.《中央日报》 1936年5月5日

陈独秀移送反省院说不确

苏高院长派员巡视第一监狱　对卫生纪律两点特加注意

陈独秀以危害国民罪，于二十三年七月送江苏第一监狱执行。外传监狱方面将予陈以反省机会，移送苏州反省院。兹据记者探悉，监狱当局以陈未至反省时期，移送反省之说，系传闻之误。

又讯，江苏高等法院首席监察官孙鸿霖日昨来京，赴江苏第一监狱巡视一周，对该监狱之卫生与纪律两点，特加注意。孙氏视察结果，以该监狱全数人犯千二百余名，尚无疾病与死亡情事，而监狱之秩序，亦极肃静，现已据情呈报矣。

原载《中央日报》 1936年5月5日　第二张第三版

36. 陈独秀致罗家伦信(5)　1936年10月13日

志希先生：

日前承允为觅《古史辨》①、《东壁遗书》②一读，谅不易得也。如已觅得，希即

① 《古史辨》是以顾颉刚(1889—1987，江苏苏州人)先生的疑古思想为核心而编著的考辨我国古代史料真伪的论文总集。自1926年至1941年共出七册。它反映了20世纪20—40年代史学界考定我国古代史料上所取得的卓越成就。1982年上海古籍出版社重印全书七册。

② 清崔述著。崔述字武承，号东壁，直隶大名府魏县人。乾隆二十八年(1763年)举人。清朝著名的辨伪学者。著作由门人陈履和汇刻为《东壁遗书》，内以《考信录》三十二卷最令学者注目。嘉庆十九年(1814年)，该书完稿。翌年，崔述不顾年老多疾，自己修订了全集88卷总目。9月22日，又将自己的书装为九函，并留下遗嘱。二十一年二月，崔述去世，享年77岁(见百科名片崔述条)。此书1903年日本史学会出版了丛书，日文学博士那珂通史予以高度评价。此由刘师培告知陈独秀、胡适、钱玄同等人。

送下。又《敦煌石室遗书》①及《石室秘宝》②,此二书倘能觅得,或借或购均好,专此奉托,并祝

健康

弟　独秀手启

(1936年)③十月十三日

37. 陈独秀致罗家伦信(6)　1936年10月30日

志希先生:

承借《古史辨》,稍迟几日始能奉还。你倘知有借书处(江苏省立国学图书馆如何?)望遣人为代借左列三书:

1. 苏子由《栾城集》附后集及三集④
2. 千金方
3. 外台秘要

概如约送还不误。专此敬祝

健康!

弟　独秀手启

(1936年)⑤十月卅日

---

① 罗振玉著。罗振玉(1866—1940),江苏淮安人,祖籍浙江上虞,字叔言、叔蕴,号雪堂,晚年更号贞松老人。清末奉召入京,任学部二等谘议官,后补参事官,兼京师大学堂农科监督。辛亥革命后逃亡日本,后曾参与制造伪满洲国活动。1909年,法国人伯希和到北京为法国国立图书馆购买汉籍,随身携带了一些1908年他从敦煌掠走的敦煌文献珍本。直到此时,北京学界才得知莫高窟发现敦煌文献的消息。当时在京的许多著名学者如罗振玉、蒋斧、王仁俊、曹元忠等,都前往伯希和寓所参观或研读、抄录。同年9月,王仁俊出版了我国第一部敦煌文献资料集《敦煌石室真迹录》;11月,罗振玉出版了他和蒋斧辑录的《敦煌石室遗书》。这是以公布资料为主,同时也以跋、按语和提要等为主要形式在许多方面进行了开拓性研究的代表作之一。

② 罗振玉辑,1917年珂罗版影印本出版。在中国境内研究敦煌文书中,他以浓厚的国学功底开研究之先河,于1914年和王国维开创和倡导简牍研究,共同开辟"国学"新领域的又一硕果。

③ 据哈尔滨师范大学阿城学院副教授林修敏先生考证,编者采用之,见林修明《陈独秀致罗家伦信函年份考》。

④ 苏辙著。苏辙(1039—1112),宋散文家。字子由。眉州眉山(今属四川)人。宋仁宗嘉祐二年(1057),与兄苏轼一起中进士。不久因母丧,返里服孝。嘉祐六年(1061),又与苏轼同中制科举。当时因"奏乞养亲",未任官职,后任大名府推官。熙宁三年(1070)上书神宗,力陈法不可变,又致书王安石,激烈指责新法而一再受贬。崇宁三年(1104),在颍川定居,过田园隐逸生活,筑室曰"遗老斋",自号"颍滨遗老",以读书著述、默坐参禅为事。死后追复端明殿学士,谥文定。代表之一《栾城集》,包括《后集》、《三集》,共84卷,有《四部丛刊》影明活字本。又,《栾城应诏集》12卷,有《四部丛刊》影宋钞本。

⑤ 1933年下半年陈独秀在狱中动手写《道家概论》,但先行写了《老子考略》短文(见林茂生、唐宝林编《陈独秀年谱》第455—456页)。1936年写信借书,是为写《老子考略》、《孔子与中国》二文。此二文先后于1937年6月1日、10月1日《东方杂志》上发表。此信年代参照林修敏文所断。

38.《中央日报》 1936年11月30日

陈独秀在狱中　研究考古学

羁押本京江苏第一监狱执行徒刑之中国共党托拉〔洛〕斯〔茨〕基派领袖陈独秀，两年来所阅读之书籍，已堆满监房。书籍中十分之八为考古学，尤多绝版孤本，他人视之味同嚼蜡，陈则如获至宝，凡其家属或亲友前往探问者，所交款项，陈收受另用外，余嘱购买考古书，其意在出狱之后，或将放弃其政治工作，而成为中国之考古学专家。

原载《中央日报》 1936年11月30日　第二张第三版

39. 陈独秀致罗家伦信(7)　1937年1月14日

志希先生：

《栾城集》已用毕，得便可遣人取回，《古史辨》、《东壁遗书》，尚须留用时日，前托觅卫聚贤著《古史研究》一、二集，未审有所得否？顷见报上载有《中大图书馆藏书期刊目录》(中大出版)，请赠我一份，可否？此祝

教安

弟　仲手启

(1937年)一月十四日①

40.《救国时报》 1937年5月30日

陈独秀的"牢"中生活

亦是别有天地

日方每月"冰敬"②

本报上海的读者裕生来信写道："……著名的中国托洛茨基组织分子陈独秀在西安事变后，已渐见其名于杂志报纸间。正月时，曾有中央社传出陈独秀牢中生活悠游的短电见至各报；四月里，《南华日报》、《星加坡》、《新国民日报》等又详记陈独秀牢中生活，都一律地写着：陈独秀的狱中生活，别有天地。他占房共三间：书房一、饭厅一、卧室一。有院子可以栽花，有家属代为做饭，并可以写文吟

---

① 高艳华《〈五四飞鸿〉的细节编辑》(《博览群书》2010年第4期)中称："在研究陈独秀的六封信时，(罗)久芳鉴定为1933—1937年间所写，如不细看，很容易把其中一封1月份的信排在最前面，经分析认定是转年的信，故排在最后。据编者从此信写的内容可证。"

② 冰敬：与炭敬相对应。"冰敬"明清时期地方和下级官员在夏季给六部司官消暑降温送的礼。"炭敬"指的是冬季的给六部司官购置取暖木炭送的礼。实际上就是夏冬两季行贿的别称。但因无"钱""财"二字之俗，又兼有体贴入微之意，令人感服。此指日方给予之特别费之意。

诗,在各杂志报章发表。据外间传说,陈独秀尚留居南京的原因系亲日派欲藉拘囚之名,来抬高陈之身价,以挽陈已失之信用的一种戏法。陈独秀与亲日派之密切关系,如以前由唐有壬[①]的介绍而月得日寇三百元'冰敬'等事实而言,则外间传说,甚可信也。由此足见托洛茨基匪徒与亲日派均为日寇所豢养,均为一丘之貉,其狼狈为奸,破坏我国团结等阴谋,实值得海内外同胞以严重之注意也。"(裕生五月八日于上海)

原载《救国时报》 1937年5月30日 第二版

41. 陈独秀为潘玉良素描画《侧身背卧女人体》题词[②]

一幅画为《侧身背卧女人体》,题词为:

余识玉良女士二十余年矣,日见其进,未见其止,近所作油画已入纵横自如之境,非复以运笔配色见长矣。今见此新白描体,知其进犹未已也。

独秀(印)

另一幅画为《裸女》[③],题词为:

以欧洲油画雕塑之神味,入中国之白描,余称之曰新白描,玉良以为然乎。廿六年初夏独秀(印)

转引自任建树主编:《陈独秀著作选编》第五卷,第158页

42.《中央日报》 1937年6月12日

潘玉良画展巡礼

白描速写冶中西画理于一炉 陈独秀在狱中题字大加赞赏

本报特写 潘玉良女士是以西洋油画成名的一位艺术家,她这一次在华侨招待所[④]举行的绘画展览,当然也以油画居大多数,可是正像路旁偶开着的野花,

---

① 唐有壬(1893—1935),字寿田,湖南浏阳人,唐才常之子。早年留学日本。后从事金融业并步入政界。曾任湖北省银行行长、中国银行总管理处调查部主任、国民政府中央政治会议秘书长、外交部常务次长、交通部次长等职。在一·二八事变中,曾向日本间谍川岛芳子出卖情报。1935年12月25日在上海寓所被爱国团体刺杀。

② 潘玉良(1895—1977),生于扬州。原名陈秀清,后改名张玉良。家境贫寒,曾被卖于青楼。1913年嫁于潘赞化,改姓潘。陈独秀为唯一证婚人。陈见潘玉良画有灵气,建议潘送玉良进美专,后又建议去法国深造。1928年学成回国。先后任教于上海美专、南京中央大学等校。曾任上海美专艺术系主任、中大艺术系教授。1943年返回巴黎。1977年逝世于巴黎。1937年初夏,潘玉良在上海举办画展,并去狱中探望陈独秀。陈为其题词。6月12日《中央日报》作了专门报道。

③ 此画作题目全称为《俯首背女人体》。

④ 即今南京市山西路江苏省人大招待所。

有时比花圃里富贵堂皇的牡丹还来的〔得〕可爱、动人。她的几幅白描的人体速写，那么素淡淡的几笔，居然诱致不少知音者的注意和欣赏。狱中埋头读书的陈独秀先生对她的白描速写特别赏识，称其为“新白描体”，下面是陈氏题画的赞语：

“玉良女士近作此体，合中西于一冶，其作始也犹简，其成功也必巨。谓余不信，且拭目俟之。

余识玉良女士二十余年矣，日见其进，未见其止，近作油画亦入纵横自如之境，非复以运笔配色见长矣。今见此新白描体，知其进犹不止也。”

“以欧洲油画雕塑之神味、入中国之白描，余称之曰新白描体，玉良以为然乎？”

陈独秀为《侧身背卧女人体》题词

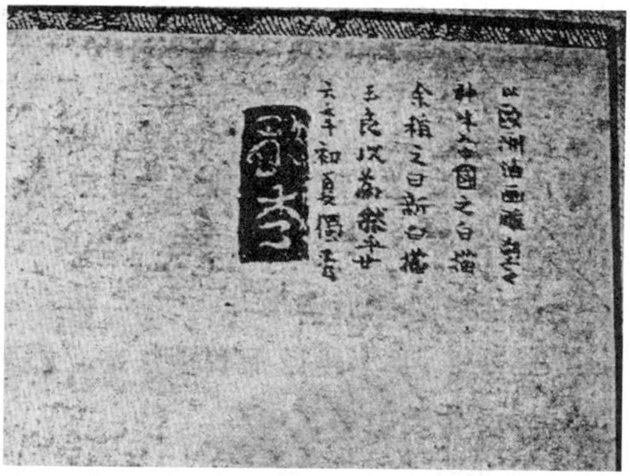

陈独秀为《裸女》题词

陈独秀题潘玉良画展词

由于陈独秀先生的评语，我们至少可以认识潘女士这种“新白描体”的价值。张道藩先生也说“这一次画展内使我们最惊奇的是她的白描人物，这显然是她的一种新试作，但是我们由那些画里已经看得出她对此种作品成功的确证。”真的，在这种画里，我们见到一种中西画理的天衣无缝的融合——以东方的精神入西洋画法，结果在绘画艺术上开辟一片新园地，一个艺术家不是应该孜孜努力寻求新园地么？由于这一点，我们可说潘女士的艺术还在向前迈进着①……（下略——编者）

原载《中央日报》 1937 年 6 月 12 日 第七版

① 潘玉良生前将此画及其所作大量画幅赠予安徽省博物馆。

43. 陈独秀致陶亢德信[①](1)　1937年7月8日

〔亢德先生：〕

手书及汪先生[②]转来条件均读悉，惟希望文章寄上后，倘认为可用，即将稿费赐下，不必待出版之后。《宇宙风》[③]自传专号出版期在九月十六日，八月中寄稿，当不致延误时期，因为日内方有他方文字工作，未能同时兼作他文也。许多朋友督促我写自传也久矣，只以未能全部出版，至今延未动手。前次尊函命写自传之一章，拟择其一节以应命，今尊函希望多写一点，到五四运动为止，则范围扩大矣，今拟正正经经写一本自传，从起首至五四前后，内容能够出版为止，先生以为然否？以材料是否缺乏或内容有无窒碍，究竟能写至何时，能有若干字，此时尚难确定。版权虽归作者，印单行本时，《宇宙风》当然有优先权，贵社将来是否愿印单行本，亦求示知，因亚东想印单行本，此事必须得贵社之同意也。

独秀〔一九三七年〕七月八日

原载《宇宙风》(乙刊)3第四期　1939年4月16日

44. 陈独秀致蔡元培信(3)[④]　1937年7月24日

孑民先生函丈：

在报上见先生病后已复康宁，至为喜慰。兹特恳者，前承盛意，致函军政部请释放中央陆军监狱郑超麟一事，至今延宕未行。顷据人云，此事非有先生亲笔

---

① 陶亢德(1908—1983)，字哲庵，浙江绍兴人。早年在苏州当学徒，后到沈阳工作。九一八事变后到上海。先后任《生活》周刊、《论语》编辑。1934年4月与林语堂、徐讦合编《人间世》半月刊。1935年9月与林语堂创办并编辑《宇宙风》半月刊，在上海创立人间书屋。1938年去香港，与简又文等编辑《大风》周刊。日军侵占香港后，去日本。1942年，为上海古今社编辑《东西》月刊。1943年，任上海太平书局总经理。新中国成立后先后在新知识出版社、教育出版社、中华书局上海市编辑所任编辑。著有《徒然小说集》、《欧美风雨》散文集等。

② 即汪原放，上海亚东书局经理。

③ 《宇宙风》1935年9月16日创刊于上海，半月刊。自第51期起改为旬刊，16开本，林语堂主编，陶亢德、林憾庐等先后担任编辑。1938年4月11日迁到广州出版，同年10月因广州陷落而休刊。1939年5月16日在桂林复刊，1944年11月再度停刊。1945年5月在重庆复刊，仅出3期又告休刊。1946年7月在广州复刊，1947年8月终刊。前后共出版152期。期间，1937年8月至10月，曾与《逸经》、《西风》共同出版《非常时期联合旬刊》，共出七期。1939年3月—1941年12月在上海出版《宇宙风》乙刊，共出56期。据当年此刊编者周黎庵回忆，由于编辑部内部人事矛盾，协议分的家，《宇宙风》的牌子给了林憾卢(林语堂三哥)，算是正牌；陶亢德另创乙刊，算是副牌。编辑人：林语堂、陶亢德、周黎庵、林憾庐，发行人陶亢德。

④ 这是狱中的陈独秀第二次为郑超麟、何之瑜出狱事致信蔡元培，见安徽人民出版社《郑超麟回忆录》2004年9月版第523页。又见香港天地图书公司出版之《郑超麟回忆录》卷三第235—238页的记载。这就是陈独秀的高尚风格——自己身陷囹圄，还设法营救难友。直到1940年郑回到上海，才从汪原放处得知信是汪从狱中陈独秀手中取出交蔡元培，由蔡签名后交汪送何应钦而得以营救出郑的。

信，恐难生效。不审先生已完全康复，能为郑生作一短函否？（闻该监狱近来保释之人颇多。）酷暑中续求，惶恐无似。专此，敬祝

道安

独秀手叩 [一九三七年]七月二十四日

（据陈独秀手札）

转引自任建树《陈独秀著作选编》上海人民出版社2010年6月版第五卷第160页

附：陈独秀狱中救难友的信及其内幕 1996、1、14

郑超麟

编者按：唐宝林先生在刊登此文时加编者按说"自己身陷囹圄，还设法营救难友，这就是陈独秀的高崇风格。本文原题《阴差阳错》。"本标题系唐宝林所加。因本文证明《蔡元培全集》中有二封信提到郑超麟的，其中的一、二、四三封是陈独秀写的手笔，故全文录此。

近年出版的《蔡元培全集》中有几封信提到我的姓名，我自己未看到《全集》，但友人将这几封信抄来寄给我看了。奇怪，我不是北大学生，何以姓名能入《蔡元培全集》呢？兹将这几封信抄录于下：

（一）陈独秀致蔡元培信：

孑民先生函文：

在报上见先生病后已复康宁，至为喜慰，兹特恳者，前承盛意，致函军政部请释放中央陆军监狱郑超麟一事，至今延宕未行。顷据人云，此事非有先生亲笔信，恐难生效。不审先生已完全康复，能为郑生作一短函否？（闻该监狱近来保释之人颇多。）酷暑中续求，惶恐无似。专此，敬祝

道安

独秀手叩

（1937年） 七月二十四日

（二）蔡元培致何应钦言：

敬之仁兄勋鉴：

敬启者：前函关于保释现押中央监狱政治犯郑超麟事，谅达台览。兹悉该犯郑超麟胃病日愈加深，惟恐久系狱中，危及生命，殊非国家爱护人才之道。用特再函请从速准予保释，俾得保全生命，实为德便。

顺颂

勋祺

蔡元培签名

(1937年2月28日)

(三) 何应钦致蔡元培信:

孑民院长勋鉴:

敬复者:大翰祇悉。查郑超麟因犯危害民国罪,原判有期徒刑十五年,经大赦,减处有期徒刑十年。兹既在监患胃病甚剧,已饬由军法司饬中央军人监狱长,通知本人觅保出监就医矣。专此奉复,并颂

勋祉

弟何应钦谨启(1937年)八月二十五日

(四) 蔡元培致杨虎[1]信:

啸天先生处长大鉴:

径启者;查有郑超麟、贺贤深二人,于民国二十年五月二十日在上海被捕,由尊处判决郑十五年、贺十年之徒刑,经大赦减轻后,刑期尚未满,现在中央陆军监狱[2]拘押。二人在狱日久,不无悔悟,现均患疾病,日见沉重,拟请由弟作保,准其出外就医,俾得相当调理,早日就痊。特为函达于左右,还希察裁允许,不胜感荷!

蔡元培(签名)敬启

(1935或1936年)二月二十八日[3]

以上四封信都是蔡元培从留下的个人档案中发现的。且都编入《蔡元培全集》中出版。

可注意的是这四封信中都未记年份,三封有月份和日期,蔡元培致何应钦的一封则连月份日期及署名也没有,因此,后人难得说明和安排。

陈独秀致蔡元培的信,亦见于一九八七年出版的《陈独秀书信选》,则将此信编入"一九三一年"内,编者以为我一九三一年五月被捕,那么陈独秀这年七月写信请求蔡先生去营救我是合情合理的,殊不知那时陈独秀同国民党要人(蔡先生在内)毫无往来,绝不会写信请他们营救,何况信内所说与当时事实不符。例如,

---

① 杨虎(1889—1966),字啸天,1889年出生,安徽省宁国县杨山乡人。原姓胡,年少时,生父无力抚养,将其卖与村邻杨允龙为嗣,取名德顺。少时曾入私塾读书,12岁到宁国西街魏天源药店当学徒,17岁弃店从戎,先后攻读于清军武学堂和两江讲武学堂。历任江苏军总司令、广州非常大总统府参军、上海警备司令和中国国民党4—6届中央监察委员。授陆军中将。此信系陈独秀起草,由汪原放送交蔡元培签名后交何应钦准予保释郑超麟出狱。

② 应为"中央军人监狱"之误。

③ 以上四信见《蔡元培全集》第六卷,第202—205页。信中年份系《陈独秀研究动态》主编唐宝林(编者)根据《郑超麟回忆录》中的本文所加。

一九三一年七月我尚关押在龙华警备司令部看守所等候判决，何来什么“中央陆军监狱”？“前承盛意；致函军政部”又何所指？

《蔡元培全集》则将此信编入一九三二年，编者大概认为这年七月，陈独秀尚未被捕，才能写信给蔡先生，以后各年七月直至出狱以前，陈独秀便无此可能了。殊不知事实恰好相反，陈独秀被捕后关在狱中才敢写信给蔡元培的。

那么究竟陈独秀这封信以及蔡元培二封信和何应钦的一封信是那一年写的呢？后世聪明的历史家是能考证出来的。可是，当事人，我今天还活着，对于这个问题看得清清楚楚，而且可以把他所知的轶事说出来，帮助现在和未来的历史家解决这个问题。

先从陈独秀信中说的“前承盛意，致函军政部请释放陆军监狱郑超麟一事”谈起，这是表明，现存的陈独秀信是陈独秀在国民党监狱中写给蔡先生的第二信，不是第一信，他的第一信已遗失了。

蔡元培致信何应钦营救我，我并非从家属知道的，陈独秀似乎未曾向我的爱人①提起他曾写信给蔡先生，我是从监狱内部知道了蔡先生曾写信给何应钦。

沈炳铨②，中央军人监狱的教诲所所长，受我的朋友富阳华林的委托，照顾我在狱中的生活。（我在《记沈炳铨》一文详述此事，刊于河北省政协的《文史精华》1995年第三期）。他有朋友在军政部军法司做事，他听这朋友说，蔡元培写了一信给何应钦，要求释放我，何应钦在蔡元培信后面批了字：“此老爱管闲事，相应不理可也。”但何应钦仍把蔡信连同批语发给军法司了，沈炳铨从军法司的朋友知道此事，便转告了我，我于是知道并至今记得这个批语。蔡先生写信营救我，完全出我意外，我同他毫无关系，他怎么会写此信呢？毫无疑问，这是陈独秀求他写的，事情既然不成功，也就不必去追究了。

---

① 即刘静贞（？—1960），云南人。早年投身革命。20年代中共江苏省委组织部干事。1928年清明节与郑超麟结婚，从事党的机要工作。中国大革命失败后成为托洛茨基派。郑超麟被捕后成为陈独秀与上海托派的联络员（参见《史事与回忆——郑超麟晚年文选》，香港天地图书有限公司1998年版，第一卷“恋爱与革命”节）。

② 沈炳铨（1902—1959），又名永泉，富阳春江乡月台村（今属富阳镇）人。早年毕业于浙江省公立政法专门学校法律本科。1926年加入中国共产党。次年初，任富阳县党小组组长，组建并领导富阳县总工会，出任国民党富阳县临时党部执行委员兼工商部长。1927年“四一二”反革命政变后被捕，囚于杭州浙江陆军监狱。1928年，经多方营救出狱，避居南京，与共产党组织脱离关系。嗣后，经友人介绍，任国民党南京军人监狱教诲所所长。利用职务之便，曾帮助狱中共产党员和进步人士传递消息，并对被囚于狱中之楼适夷、笪移今等倍加照顾。1949年到台湾，与台静农、李霁野等进步人士交往密切。次年，被控为预谋离台，遭台湾国民党当局软禁。1950年8月，迁居九龙。同年12月，在潘梓年、李乐光等帮助下，返回北京，入华北人民革命大学政治研究院学习，后被分配在中国红十字会天津分会产科医院工作。1952年10月，任林业部资料室主任。1959年1月，在北京逝世。

出狱后,一九四〇年回到上海,同汪原放密切来往,才知道这件事情的详细经过。汪原放告诉我;陈独秀写了致蔡先生信,连同代蔡先生拟好的致何应钦信,就是他汪原放送交蔡元培的。蔡元培很客气地招待了汪原放,把房门关起来,小声问汪:“陈先生的健康和生活。”知道没有什么大病,就表示放心了,对于陈独秀所求的事情,蔡先生一句话不说,立即在我拟的信上签上名字。

为什么要代蔡元拟好信呢?汪原放说:蔡元培是有名的“好好先生”,有求必应,但求他写信,必须代他拟好信,交他签名。

我们从现存的陈独秀信(第二封)也可以看出这种情况。信中说:“顷据人云,此事非有先生亲笔信,恐难生效。”可见当时的人知道:蔡元培的亲笔信和仅仅签名信,效力是不相同的。不过这件事情上,第一封致何应钦的信即使是蔡先生亲笔写的,也不会发生效力。

当时,中央军人监狱的政治犯由国民党元老具名保释的颇不少。沈炳铨认为我也能走这一条道路。他和我都把希望寄托于于右任。我同于胡子虽也没有见过面,但他是上海大学的挂名校长,我是上海大学的教授,毕竟有这么一层职务上的关系。更重要的,是我的朋李仲三也是于胡子的老朋友,他介绍我的爱人去找于胡子,求他设法保释我,于胡子满口答应,并送了五十元给我爱人零用。每次都很客气接待我的爱人,而且说:我出狱之后他还要设法弄一笔经费送我们夫妇去外国留学。去不去外国,另作考虑,但于胡子的态度是诚恳的。

所以一九三七年八月二十九日早晨,贺贤深①已经出去九天了,沈炳铨到我的囚室来告诉我:“蔡元培写信给何应钦保释你,何应钦已经批准,但不需要保释手续,你今天就可以出去,”沈炳铨说的是“蔡元培”,但我以为他说错了,应当是“于右任”,既然不需要保释,我也就不去弄清楚保释的问题了。

我起初以为沈炳铨将“于右任”说错为“蔡元培”,久而久之就简直记得那日沈炳铨说的正是于右任,一直到近年看到朋友抄给我看的那四封编入《蔡元培全集》的信才恍然大悟,才记起了沈炳铨那日告诉我的正是“蔡元培”。我这个阴差阳错并不减于《陈独秀书信选》和《蔡元培全集》的编者认定那几封信年份的阴差阳错,我决无权利讥笑他们!

如此,本文开首抄录的前三信年份就可以确定了,这三封信,即陈独秀致蔡

---

① 即何资深,又名何之瑜(1896—1960),湖南人,北京大学毕业。曾任湘潭县委书记,是毛泽东在湖南的亲密战友,一九二七年,在毛泽东去领导秋收暴动后,接任毛泽东的湖南省委书记。何资深 1929 年在上海加入托派。抗战时在江津国立九中任史地教员。陈独秀在四川江津直至病逝,何均以北大同学会的名义悉心照料陈并整理、出版其遗嘱和遗稿。

元培信，蔡元培致何应钦信，何应钦致蔡元培信，都是一九三七年写的，即都是卢沟桥事变之后写的。至于蔡元培致杨虎信，则是另一年写的。总之，由此信我们可以推知陈独秀致蔡元培第二信的月份和日期，即也是“二月二十八日”，但决非一九三七年二月二十八日，而是一九三六年或一九三五年二月二十八日。第一信的内容也可以推知，即不是保释我一个人而是保释我和贺贤深二个人，随同第一信呈交蔡元培签名的信，既有致何应钦信，又有致杨虎信，这二封代拟的信正是陈独秀自己代拟的，从致杨虎信中将“中央军人监狱”误写为“中央陆军监狱”可以证明。

陈独秀关心贺贤深，并不减于关心我。有一年。他派赵畏天①夫人刘梦符带了一位医生来中央军人监狱给贺贤深看病，顺便给我看病，我当时并没有病，原名何资深的贺贤深则有从济南法院看守所带来的肠胃病，时有发作。

那么为什么大家都说陈独秀请求蔡元培写信保释郑超磷，而不说保释郑贺二人呢？连送信给蔡先生的汪原放也是这般说？这问题很简单：郑超麟的“知名度”高于贺贤深而已。那么陈独秀的第二信为什么不要求保释二人呢？那也是很简单：一九三七年七月间，贺贤深刑期快满了，不需要保释，他判十年徒刑，洛阳国难会议减刑三分之一以后，只有六年八个月了，不久即刑满。他本人也接到家中汇来的几百元作为出狱后的生活费了。

最后一个问题：为什么这封致杨虎信，没有送给杨虎，而保存在蔡先生的档案中？这个问题，我不能解答；汪原放已死，也无法询问。蔡先生是签了字的，可能他最后认为有致何应钦的信就够了，不需要再写信给杨虎，至于蔡元培致何应钦信既无日期，也未署名，则仍保存在蔡先生的档案中，只能猜想那是蔡先生写信的底稿。何资深为什么会错成贺贤深呢？这也是明差阳错。因告密者一直以为他姓贺，军法处的书记官又误资为贤，这个差误救了何资深一条命。因为他是从济南越狱逃出来的，要是把这两宗案子联系起来，他就没命了。

1996 年 1 月 14 日

（原载《陈独秀研究动态》第 8 期 1996 年 7 月第 101—103 页。安徽人民出版社 2004 年 9 月《郑超麟回忆录》（下）第 523—527 页。收入本书时本文题为《阴差阳差》。）

① 民国 16 年（1927 年）秋，中国国民党安徽省党部委派赵畏天、贺新民等人到来安县组建国民党来安县筹备委员会，赵畏天、贺新民、吕守铭、周震东、范一等 5 人担任筹委会委员。2 月后，直鲁联军南下经过来安县城，赵畏天等人逃离来安，筹委会解散。（来安县志第十八章政党群团第二节中国国民党）。

45. 陈独秀致陶亢德信(2)　1937 年 7 月 30 日

〔亢德先生：〕

手书敬悉。自传打算从头写起，先写中间某一段不大方便。第一章拟为“没有父亲的孩子”，第二章拟为“由选学妖孽到康梁派”。

〔独秀〕〔一九三七年七月三十日〕

原载《宇宙风》(乙刊)第四期作家书简(三)1939 年 4 月 16 日

46. 汪精卫致胡适信　1937 年 8 月 19 日

适之先生惠鉴：

手书奉悉，已商蒋先生转司法院设法开释陈独秀先生矣。敬复，并颂

著安

弟　汪兆铭顿首

(一九三七年)八月十九日

引自《胡适来往书信选》中，中华书局 1979 年版，第 365 页

八、减刑、出狱及离宁入汉(1937年8月21日—9月9日)

1. 司法院关于陈独秀减刑给南京国民政府主席的呈文　1937年8月21日

中华民国二十六年八月廿一日

呈请将陈独秀减刑　呈字第二六〇号

呈为呈请减刑事,查陈独秀前因危害民国案件,经最高法院于民国二十三年六月三十日终审判决,处有期徒刑八年,在江苏第一监狱执行。该犯入监以来,已逾三载,爱国情殷,深自悔悟,似宜宥其既往,籍策将来。拟请钧府依法宣告,将该犯陈独秀原处刑期,减为执行有期徒刑三年,以示宽大。是否有当,理合呈祈

鉴核施行。谨呈

国民政府主席林〔森〕

司法院院长〔印〕

(此据唐宝林提供之复印件,原件藏中国第二历史档案馆)

2. 国民政府关于陈独秀减刑给司法院的指令

国民政府指令①　　　　第一八四四号

令司法院

二十六年八月二十一日第二六〇号呈一件,为陈独秀前因危害民国案件,经最高法院于民国二十三年六月三十日终审判决,处有期徒刑八年,惟查该犯自入

① 此函时间为1937年8月21日(据1937年8月22日《中央日报》和1937年8月23日《申报》),标点、分行原有。

狱以来已逾三载，爱国情殷，深自悔悟，拟请依法将陈独秀原处刑期，减为执行有期徒刑三年由。

呈悉。应于照准。业经明令宣告减刑矣。仰即转饬知照。此令。

〔民国二十六年八月二十一日〕

（此据复印件，原件藏中国第二历史档案）

3. 国民政府司法院关于陈独秀减刑给司法行政部的训令　1937 年 8 月 21 日

司法院训令　训字五九四号　中华民国二十六年八月廿一日

令司法行政部部长王用宾

为令饬事，查陈独秀危害民国一案，前饬本院秘书处调取该部卷宗呈阅，兹已经本院呈请国民政府将该陈独秀原处刑期减为执行有期徒刑三年，以示宽大。现值时局紧迫，仰即转饬先行开释可也。原卷发还。此令。

附卷一宗

（此据复印件，原件藏中国第二历史档案馆）

4. 国民政府文官处关于陈独秀减刑给司法院的公函　1937 年 8 月 21 日

国民政府文官处公函

五九八五号

径启者，奉

国民政府令开，“据司法院呈为陈独秀前因危害民国案件，经最高法院于民国二十三年六月三十日终审判决，处有期徒刑八年，在江苏第一监狱执行，惟查该犯入监以来，已逾三载，爱国情殷，深自悔悟，似宜宥其既往，籍策将

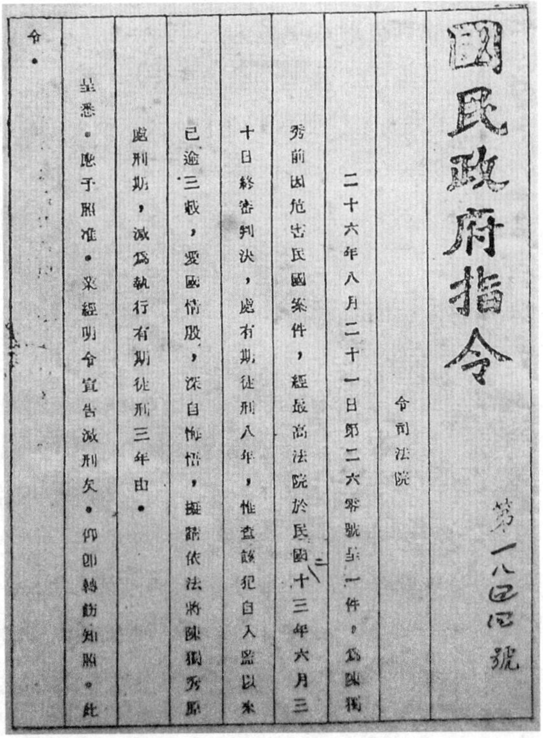
国民政府指令
第一八四〇號
令司法院
二十六年八月二十一日第二六零號呈一件，為陳獨秀前因危害民國案件，經最高法院於民國二十三年六月三十日終審判決，處有期徒刑八年，惟查該犯自入監以來已逾三載，愛國情殷，深自悔悟，擬請依法將陳獨秀原處刑期，減為執行有期徒刑三年由。
呈悉。應予照准。業經明令宣告減刑矣。仰即轉飭知照。此令。

1937 年 8 月国民政府提前释放陈独秀的指令（唐宝林提供）

来，转请依法宣告减刑等语。兹依《中华民国训政时期约法》①第六十八条，宣告将陈独秀原执行之有期徒刑八年减为执行有期徒刑三年，以示宽大。此令”等因，相应录令函达查照。此致

司法院

文官长　　魏　怀②印

中华民国二十六年八月廿一日

国民政府文官处(印)

(此据唐宝林提供之复印件，原件藏中国第二历史档案馆)

5.《中央日报》 1937年8月22日

国府昨明令

宣告陈独秀减刑

原判徒刑八年减为三年

陈氏入监迄今已逾三年

二十一日国民政府命令云：……(文同《国民政府文官处公函》五九八五号“据司法院……此令”，此略。)

原载《中央日报》 1937年8月22日　第四版

6. 陈独秀致陶亢德信(3)　1937年8月22日

〔亢德先生〕：

日前寄自传稿二章，谅已收到。兹有增改之处如左：

第一章13页　他说：这可不错罢，改为他接着说：—

17页或18页　累考不中改为屡考不中。

第二章(36页?)脚踏一双破鞋下，加“手里捧着试卷，”一句。

另有几处，“考卷”均改为“试卷”

倘尚未付印，请代为改正，如已付印，校对时请注意！

弟日内即可出去，此间小报乱造我谣言，请转告一切朋友

① 《中华民国训政时期约法》是中华民国训政时期制订的具有宪法性质的文件，以根本法的形式确定了国民党一党专政的政治制度。1931年5月12日由国民会议通过，计有八章八十九条。同年6月1日公布施行。至1947年《中华民国宪法》实施后自然废止。百度网。

② 魏怀，福建人。早年曾参与林森“旅沪福建学生会”，与林森结互结金兰，林森任国民政府主席，任魏为文官长。

勿信！又及

〔独秀〕

〔一九三七年八月二十二日〕

原载《宇宙风》(乙刊)第四期　1939年4月16日

7.《申报》　1937年8月24日

陈独秀宣告减刑

有期徒刑八年减为三年

南京　国府廿一日命令，……。(文同南京《国民政府文管处公函》五九八五号“据司法院……此令”，此略。)(二十一日中央社电)

原载《申报》　1937年8月24日　第二版

8.《华北日报》　1937年8月23日

陈独秀决予减刑释放

(上海廿二日同盟电)

中国共产党领袖陈独秀，民国廿三年六月三十日，受徒刑八年之判决，在江苏第一监狱服役[刑]中。国民政府二十一日，命令减刑[为]三年，决予释放。此盖华北事变①以来，人民战线派②及共产党一派，与冯玉祥联络，在政府部内有卷土重来之势。其结果，前者既行人民战线派领袖沈钧儒③之释放，同时国府于统一战线之名目下，益向容共联俄之方向前进一事，大可证明，此为对于时局将来，予以一暗示者也。

1937年陈独秀从南京第一监狱出狱后④

原载《华北日报》1937年8月23日第三版，转引自强重华、王树棣等编：《陈独秀被捕资料汇编》，河南人民出版社1982年版，第230页

天津《大公报》1937年8月23日《陈独秀决予减刑释放》同上，此略。

---

① 华北事变：1935年日本侵略军蚕食侵犯华北地区的一系列事件的统称，包括察东事件、河北事件、张北事件等。

② 人民战线派即民主党派。

③ 沈钧儒(1875—1963)，字秉甫，号衡山，浙江嘉兴人，著名爱国民主人士，中国法学家，政治活动家，1936年11月被国民党政府逮捕入狱，为“七君子”之一。曾任民盟中央主席，历任中央人民政府委员、最高人民法院院长、全国人民代表大会常务委员会副委员长、中国人民政治协商会议全国委员会副主席和中国政治法律学会副会长等职。1963年6月11日，在北京去世。

④ 照片来源：复印自香港天地图书有限公司2012年11月《陈独秀晚年著作选》，林致良、吴孟明、周履锵编。

9. 陈独秀录赠罗家伦杜甫《秋兴八景(首)》七律一首

释文：千家山郭静朝晖，日日江楼坐翠微。
信宿渔人还泛泛，清秋燕子故飞飞。
匡衡抗疏功名薄，刘向传经心事违。
同学少年俱不贱，五陵裘马自轻肥。

原载罗久芳：《五四飞鸿——罗家伦珍藏师友书简集》
百花文艺出版社 2010 年版，第 72 页

10.《中央日报》 1937 年 8 月 24 日

陈独秀昨午出狱

闻在京将有相当勾留

陈独秀在狱二年，政府以其爱国情殷，深自忏悔，经国府命令，依照约法，宣告减刑，业经司法院转令司法行政部遵照。兹悉已于昨晨由司法行政部训令江苏模范监狱遵办，模范监狱奉令后，即将手续于上午赶办妥当。时陈氏故旧十余人，前往探候，略谈之后，陈氏即于下午二时奉令出狱。闻陈氏出狱后，在京作相当时间勾留，分谒当局致敬。

原载《中央日报》 1937 年 8 月 24 日 第四版

11.《申报》 1937 年 8 月 24 日

陈独秀

昨午出狱

南京 陈独秀昨午出狱，在京将有相当勾留，谒各当局。

（二十三日专电）

原载《申报》 1937 年 8 月 24 日 第一版

12. 陈独秀给《申报》编辑部的信①　1937 年 8 月 25 日

鄙人辛苦狱中，于今五载。兹读政府明令，谓我“爱国情殷，深自悔悟”。爱国诚未敢自夸，悔悟则不知所指。前此法院科我之罪，诬以叛国。夫叛国之罪，

---

① 陈独秀于出狱后第三天，即撰写此信。即陈独秀“书面谈话”。信于 9 月 8 日邮寄上海《申报》馆，《申报》馆未予发表。新中国成立后转交上海市档案馆收藏。1980 年沈寂先生在收集资料过程中在上海市档案馆发现了此书面谈话。同年 8 月，该馆以《陈独秀给申报编辑部的信》为题送交上海《党史资料丛刊》第 2 辑发表，未加标点，加按语说：“这是陈独秀一九三七年八月二十五日在南京写给上海《申报》编辑部的一封信。我们提供给《党史资料》丛刊发表，以资党史工作者研究参考。原件存本馆。”此标题，标点为本书编者所加。

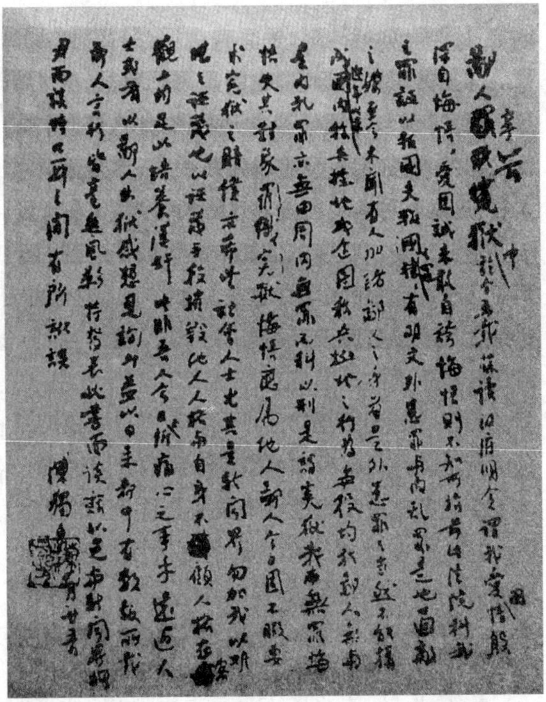

陈独秀出狱的书面谈话(即给《〈申报〉编辑部的信》原件照(唐宝林先生提供)

律有明文,外患罪与内乱罪是也。通敌之嫌,至今未闻有人加诸鄙人之身者,是外患罪之当然不能构成;迩年以来,国内称兵据地或企图称兵据地之行为,每役均于鄙人无与,是内乱罪亦无由周内。① 无罪而科以刑,是谓冤狱。我本无罪,悔悟失其对象;罗织冤狱,悔悟应属他人。鄙人今日固不暇要求冤狱之赔偿,亦希望社会人士,尤其是新闻界勿加以难堪之诬蔑也。以诬蔑手段,摧毁他人人格,与自身不顾人格,在客观上均足以培养汉奸。此非吾人今日正所痛心之事乎! 远近人士或有以鄙人出狱感想见询者,盖以日来都中有数报所载鄙人言行,皆毫无风影。特发表此书面谈话,以免与新闻界诸君面谈时口耳之间有所讹误。

陈独秀(章)八月二十五日

原载《党史资料》丛刊1980年第2辑

13.《天下日报》 1937年8月27日

陈独秀出狱

定 思

陈独秀先生又于本月廿三日出狱,这是我们觉得很可以欣幸的事。他是一直献身于革命的一位英雄,其业绩早已在人耳目,现在无需来述其是非。他出狱后,不亟亟于寻亲访友,仍留京拜谒当道。具见他身体亦许因五年的铁窗生活,

① 据沈寂与上海吴孟明(陈独秀大姐长孙)、周履锵先生研究,"周内"即周纳,意为罗织罪状,陷人于罪。

不免有几分憔悴，而精神焕发，似乎仍不减当年。目前中国民族危机已到生死关头，自西安事变以后，全国上下，都在团结一致，为民族生存而战，想陈先生的热血也已早在沸腾。这次在京拜谒当道，对于目前的民族战争，一定有所贡献，私心企望，无任拳拳。

这次暴日穷兵黩武，我不得已而应战。战端既开，就只能进不能退——进有新生的希望，退就是必死的道路。全国民众，不但在听到全国前线上捷报频传，一个个都欢喜得跳起来，而且就是在战区中后方遭受了生命财产上的损伤与牺牲的，也都置自己的身家于不顾，一个个摩拳擦掌，争为抗战效力；因此事实是在告诉我们，不但政府是在为着应付这紧急关头，在高瞻远瞩，兼筹并顾，结集各方的人力物力，为这光明的民族斗争而取得胜利前途。即人民方面，不管从前是怎样的彼此敌视，怎样在政见上不肯苟同，目前也是坦白的、真诚的摒弃一切，奔赴抗敌救国的政府之前，愿听指挥，愿为争取民族生存而牺牲所有的一切。这种现象，确是我们中华民族复再造这一光辉希望之所寄。这样民族战争的火焰，我想是在每一个中华民族的国民意识〔中〕燃烧着的。这是我们抗战胜利上最伟大最宝贵的一个力量。这种力量，目前政府是在尽可能地组织着、运用着。西安事变的解决，七君子与陈独秀先生的释放，郭沫若先生的恢复自由，都是这一措置的事实。然而我们还不能不焦心地指出，现在这种最伟大、最宝贵的抗战胜利的力量，还有很大一部分被遗弃着，搁置着，那就是全国数千万关在牢里的政治犯。政治犯的入狱，并非为的他们在社会上为非作恶，完全是为了他们在政见上的未肯苟同，从他们的革命精神，战斗能力上讲，他们还都是社会上的优秀分子，社会与政府亟宜予以爱惜。在这全国抗战已经开展了的今日，尤宜予以运用。要讲政治犯、七君子、陈独秀他们，于情于势，应当是最为重大的。现在政府对于他们也已逐一释放，对于数千万的一般政治犯，政府也已在一体开释的办法。记得前几天上海公共租界提篮桥监犯，已为了战争，开释了一部分，当时得着中国政府的协助，也曾废去了几天的筹商，可见释放大批监犯，已不能不有周详的预备的。

等着吧，我们已在七君子出狱之后不久，就得到了陈独秀出狱的喜讯，我们要等着陈独秀出狱之后的第三次喜讯——全国政治犯出狱的喜讯吧！

——八月廿五

原载《天下日报》 1937 年 8 月 27 日，转引自沈寂手抄件

14. 陈中凡赠陈独秀诗　1937 年 9 月①

荒荒人海里，聒耳几天民？
侠骨霜筠健，豪情风雨频。
人方厌狂士，世岂识青尘？
且任鸾风逝，高翔不可训！

转引自任建树主编：《陈独秀著作选编》 第五卷，第 193 页

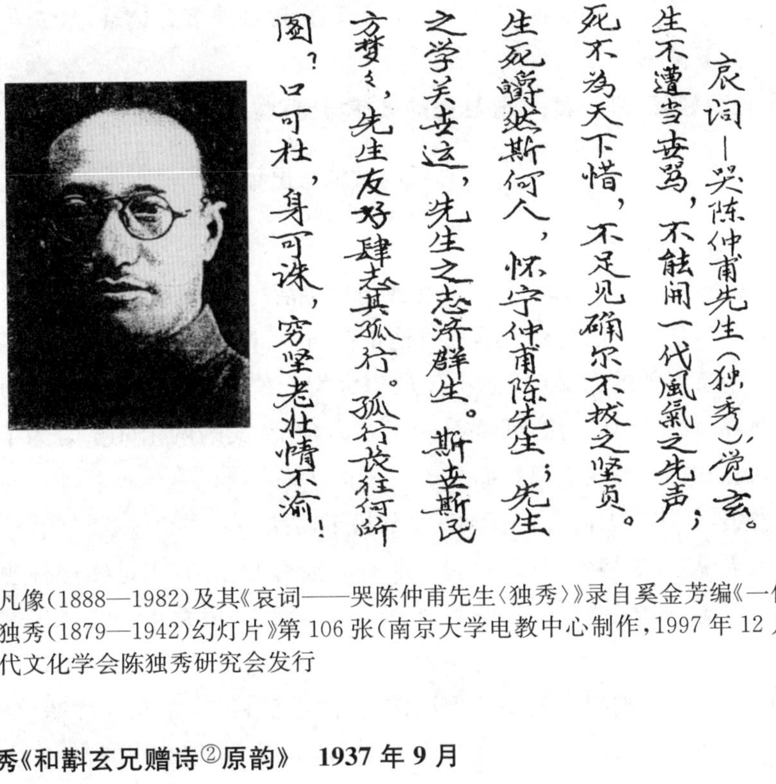

陈中凡像(1888—1982)及其《哀词——哭陈仲甫先生〈独秀〉》录自奚金芳编《一代伟人陈独秀(1879—1942)幻灯片》第 106 张(南京大学电教中心制作，1997 年 12 月中国现代文化学会陈独秀研究会发行

15. 陈独秀《和斠玄兄赠诗②原韵》　1937 年 9 月

莫气薄大地，
憔悴苦斯民。
豺狼骋郊邑，

① 此诗和陈独秀和诗的写作时间，任建树《陈独秀著作选编》(上海人民出版社 2010 年版)作 1937 年 10 月。据陈觉玄(即陈中凡)《陈独秀先生印象记》(1942 年 9 月，《大学》第一卷第九期)称，陈中凡赠诗与陈独秀和诗均写于陈独秀出狱后寄居陈中凡家期间。陈独秀 8 月 23 日出狱后，先住傅斯年家，因傅家被炸，移住陈中凡家，居陈家半月之久。9 月 9 日陈独秀离开南京赴武昌，故作 9 月。

② 原载 1942 年 9 月《大学》月刊，陈中凡：《陈独秀先生印象记》。《哀词——哭陈独秀》为该文之开篇。任著将原诗中头句"莫气薄大地"误为"莫色"，特予更正。

兼之惩尘频。
悠悠道途上，
白发污红尘。
沧漠何辽阔，
龙性岂能驯。

雪云:《陈独秀著诗录略注》。载《革命史资料》第五期,1987年2月
录自《陈独秀著作选编》第五卷,第193页

16.《中国内幕》第三集 君:《陈独秀的被捕与出狱》 1944年

陈独秀的被捕与出狱①

……。(编者略)

在感伤中生活

廿一年冬,陈独秀被捕了,那时他正在病中,记得陈独秀被两个宪兵押赴者,刚踏上南京下关的车站时,他不仅放声大恸起来,弄得两个宪兵也为他落下泪来。他说"我犯了什么法,我终身为了革命奔走,我的两个儿子是为了革命而牺牲的,我的内人,现在也离我而去了……。"②

说罢,又放声大恸。一直到南京的模范监狱。

俗语说"人之将死,其言也善。"那时陈独秀的心情,正是在这种悲惨的境遇中。不想这一位鼎鼎大名的陈独秀,那时也会和一般常人一样说出这样脆弱的话来。

陈独秀在未被判决无期徒刑以前,他的心情,一直是在这样悲哀的境遇中。那时,他常常痛哭着,他大骂中国共产党,他大骂毛泽东,同时,他又大骂罗龙章与王克全等人,他说罗、王两人不应该欺骗他,不应该夺取他的群众,干着剧烈的反陈运动。

有时候,他又大骂托洛斯〔茨〕基派,他说中国的托洛斯〔茨〕基派有罗、王等人在那里把持是不会有出路的。有时候,他又否认自己是托洛斯基派,像这样的言行,实在是太多了。他这样的表示,是不是要企图减轻自己的罪行,或者另有作用,那就非外人所知道的了。

---

① 原文题名为《客死蜀中的陈独秀》,此为节选,题名为编者所拟加。
② 省略号为原有。

在监狱中他也常常想起了他的太太高君曼女士,他为了怀念他的太太写了很多的诗,例如:《怀君曼》、《忆凤集》等,可惜这些诗现在已经无法找到了。

他除了写写诗外,便是喝酒,喝醉了便又是大哭大骂一番。那时候监狱当局为了调剂他的心境起见,有时候也允许他和他一道被捕的彭述之见面,但只是一个短短的时间,而且在说话时旁边都有人监视着。除了彭述之和他常常见面外,那时,中央的要人戴季陶与陈立夫等人,也常去探望他,戴季陶也许是为了不忘旧情吧,还时常买一点日用品和食物去送给他,这对陈独秀自然是一个莫大的安慰。

戴、陈那时常常去探望他,自然不是没有作用的。据说,他还曾经打算上呈文给蒋准备将陈独秀保释出来,利用陈独秀替中央做一点反共的工作。但是,那时释放陈独秀,对外已不容易应付,陈独秀尚未明白表示他的态度,陈的行动有时尚在疯狂中起见,这个打算终于取消了。

这以后,戴、陈二人去探望他的次数也少了。

陈独秀被判决以后,相反地,他的心境倒反而平静下来,好像只要不死,虽则是无期徒刑,也有机会脱出囚笼似的。他每日的生活是喝酒,作诗,读读旧书,有时候还读圣经一类书,那时候他手不释卷的是一本新旧约全书,他常常赞叹那里面的美丽的文学的字句。

模范监狱的狱长×君,也是一位留法学生,有时候也和他谈谈留法时代的学生生活以及研究法文的文法问题,这一时期的生活,倒是非常平静与悠闲的。

陈立夫设宴陈词

八一三事变以后,陈独秀真的脱出牢笼了,在中央当局八百多个被释放的政治犯中,陈独秀也是其中的一个。记得他第一次离开监狱的时候陈立夫带着陶希圣以及一向隐居在杭州专门在理论上干着反共工作的叶青等人,坐着一部汽车亲自去接陈独秀出狱,当晚在陈立夫的公馆中,便为陈独秀设下了欢迎的宴会,陈立夫在宴席上曾经说过这样的几句话:

"……今后,希望陈先生(指陈独秀)在中央的领导下,做一点真正为国家服务的工作,现在共产党已宣布服从中央,归化中央了,今后没有共产党,也没有什么托洛斯〔茨〕基派,全中国只有一个党——国民党,全中国只有一个最高领袖蒋委员长……"①

---

① 引文中省略号为原有。

“不过,今天共产党表面上虽则是服从中央了,但是不是真实的,是不是忠实的,这以后还要看共产党的表现……。我们更希望陈先生以中共老前辈资望,多多领导他们(指中共),多多与他们联络,使他们走入正轨,不再走上歧途才好……。”①

陈氏的这一番话,不再加以解释,识者一听,便可以知道这一番话的真正意义是在哪里了。他希望陈独秀今后能负起的使命与任务是什么?所谓“联络”,所谓“领导”,便是对中共采取监视与督导的意思。那时候,中央当局是希望陈独秀最好能再打进共产党中,恢复共产党党籍,取得共产党的信任,然后再真正地替中央做一点有利于中央的事情。

当时,陈独秀听了陈立夫的这一番话,是感动的涕泪交流的,表示今后愿意效忠中央。

……。② (君 三一、六、一)

原载 1943 年 1 月 1 日　新中国报社　《中国内幕》第三集第 113—119 页

编者附识:唐宝林著《陈独秀全传》香港中文大学 2011 年 12 月版第 700 页有段文字可作本文的补充,特提供于下:

“同时,他(指陈独秀,下同——编者)毕竟对国民党有着几十年的深刻的了解,因此在许多原则问题上也作了保留和谨慎的态度。当时,国民党千方百计拉拢他。出狱时,中统局长丁默村迎接,要把他安排在国民党中央党部招待所暂住,显然是‘虚位以待’。他拒绝了。胡适、周佛海等请他参加国民党政府‘国防参政会’;蒋的亲信朱家骅(时任国民党中央秘书长、国民政府教育部长和国立中央研究院总干事),甚至答应提供十万元经费和‘国防参议会’五个名额,要他组织一个‘新共党’。他也拒绝说:‘蒋介石杀了我许多同志,还杀了我两个儿子,我和他不同戴天。现在大敌当前,国共二次合作既然国家需要他合作抗日,我不反对他就是了。’对于亲日派周佛海等人,更有警惕。在南京时,周等举行所谓‘低调谈话会’……陈始终一言不发。而在他发表的文章和讲演中,却狠批这种论调,甚至有一篇文章的标题就是《言和即为汉奸》。”

由此是不能得出上文的结论的——编者。

---

① 引文中省略号为原有。
② 此为编者所略。

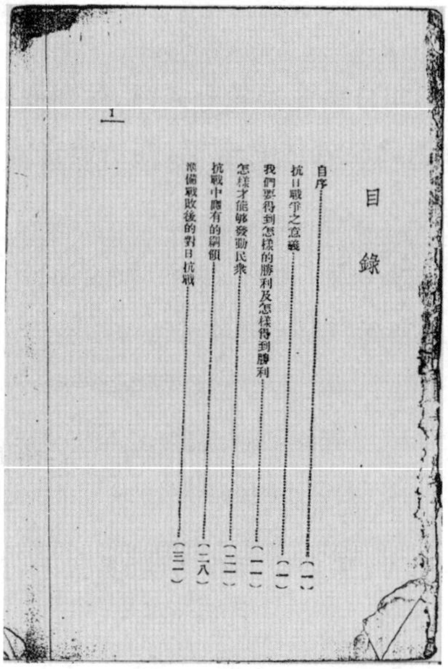

目錄

陈独秀《我的抗战意见》封面及目录(左)复印件(唐宝林提供)

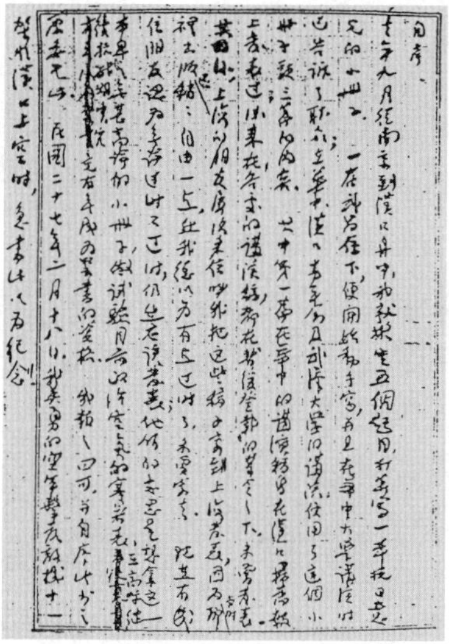

自序

上书《自序》手稿(复印件,唐宝林提供)

陈独秀在狱中著述时摄
此图录自任建树提供之《实庵自传》一书的封面

17. 陈独秀给耕野的信[①] 1937年9月8日

耕野兄左右：

羽兄[②]夫妇来此已见面畅谈多次。弟明日由此乘轮赴武昌，俟到彼处再行奉告。沪上诸兄均平安否？至以为念。弟到武昌处住尚未定，赐示望寄实庵收，外加封致武昌武汉大学王抚五校长收可也。

《东方杂志》及《宇宙风》尚能出版否，乞示知！

此祝

秋佳

实庵叩

一九三七年九月八日

潘女士附候

引自《陈独秀著作选编》第五卷，第162页

---

① 陈独秀给耕野的信共有三封，由上海人民出版社编审郝盛潮先生供稿。耕野即汪孟邹。后刊于《革命史资料》第10期，上海人民出版社1990年版。三信中这9月8日信尚在南京，后两封则已入汉故收入第一封。

② 羽兄，即高语罕。

九、陈独秀狱中著述

(一) 政论与诗文

1.

谁和怎样救中国?①

独　秀

在国际帝国主义榨取束缚之下的中国经济,大工业之发展,赶不上农业及手工业破坏之速度,并且资本主义的大工业发展之本身也带有破坏农业及手工业的作用,这样的农村经济和城市经济之剪刀式的发展,便是农业国的中国农村破产及其影响到一般经济不安之根本原因。年来世界经济恐慌,空前大水灾,日本帝国主义武装蹂躏中国南北经济中心的区域,这三件事先后并发,更使整个的中国国民经济陷于空前大破产:不但农村并且城市,不但小城市并且大城市,最大城市如汉口,甚至全国经济中心的上海,都有朝不保夕之势;不但工人与贫农,即中等农民和城市中小商人,中小学教员,各机关小职员,这些占全国绝对最大多数的人民,都在破产、失业、借债、饥饿中度日。

这就是现中国之一幅明显的画图。

谁都知道,不但是恢复并且要提高国民经济,中国才有救;因为只是经济恢复,或一时的部分的活跃,根本还并不能救中国。但谁来提高中国经济和怎样提

---

① 此文写于1932年6月20日,原名《谁和怎样救中国?》发表在1932年7月28日《火花》第1卷11期。后又在1932年11月17日《先锋》第五期刊出,改名"谁能救中国? 怎样救中国?"(见任建树主编《陈独秀著作选编》,第五卷,第38—44页),两文有大小31处出入。本文按《火花》第1卷11期校勘。

高国民经济以救中国,乃是问题的中心所在。

由外国帝国主义来提高中国的经济吗?不用说这是使中国更直接的殖民地化,是救中国的反面。并且,由帝国主义势力来发展中国经济,其结果不是提高了中国国民经济,而是肥了外国的财政资本家和中国的少数买办及半买办的企业家,大多数人民仍旧陷于颠连困苦和饥饿,印度和朝鲜便是榜样。帝国主义间相互争夺战争更要变中国为废墟。

由中国人自己来提高中国之经济以复兴中国吗?"在资本主义关系统治着的社会,两个力量决定一切。"即是:或由资产阶级政府自上而下的改革,来复兴中(普鲁士的道路),或由无产阶级的革命来复兴中国(俄罗斯的道路)。更具体些说,或由代表中国资产阶级的国民党,或由代表中国无产阶级的共产党,来担负提高国民经济以复兴中国之伟大而艰难的责任。政党是代表阶级的意识与力量之最高表现,中国现时只有这两大政党,即将来也只会有这两大政党,别的党派在政治上只能立在附属地位,并且有终于要融解于这两大政党之中,其中间作用与地位,只能是最短时期的,甚至只是名义上的。

代表资产阶级地主的国民党能否复兴中国呢?我们可以断然的回答一个"否"字。

何以故?

提高国民经济以复兴中国,有三个根本的必要条件:(一)必须推翻帝国主义对于中国海关,银行,工厂,矿山,交通机关,商业机关等的经济命脉之控制:因为这是中国经济自由发展的道路上唯一的最大障碍物。(二)必须无条件的从不事生产的地主手中,没收所有土地,交给生产劳动的农民;因为在生产技术落后的小农国家,如果大部分耕地所有权独占在不经营农业而出租土地的地主手中,他们用非资本主义的地租形态,榨取土地生产物之大部分,就是说,他们不只是榨取了严格意义的地租即超过普通利润及工资以外的剩余,并且榨取了农民投下农具种子肥料等生产资本所应得的利润,有时甚至榨取了农民由劳动所应得的工资之一部分;其结果,农民把大地部分再生产所必需的费用(甚至农民一部分生活费也包含在内),都在非资本主义的租佃制度之下牺牲干净,这不但阻塞了农业经济发展的道路,而且因之农民贫困,农业衰退,土地荒芜,农村破产,都是相因必至的现象。(三)必须实现适合于大多数人民利益的民主政治,使大多数人民都有自由,在生活的火焰中自动的创造经济,创造政治,方能根本肃清闻名世界的 Mandarin(中国官僚)这一臭虫窝。

这三件事是提高国民经济以复兴中国的必要条件,同时也是中国资本主义及资产阶级发展的必要条件,代表中国资产阶级的国民党,为什么不为它的利益而办到这三件事呢？这是因为它的利益根本是与外国帝国主义和本国地主利益相连的，它自身则是军阀官僚的集团，它不但不愿也决不能办到这三件事，所以中国资产阶级的革命任务只有无产阶级来完成，这不仅仅是理论的推断，而已是众人目睹的事实。

国民党政府对帝国主义的态度及它与帝国主义的关系是怎样，当它宣布对俄绝交时，美报《密勒评论》曾有这样的描写：中国之封闭俄领署及要求俄员离境，此种姿势显然表示中国领袖今日之目光向于何方，诚如郭泰祺氏上星期在美国大学同学会席上所说，中国已决定于其将来发展中国追随“盎格鲁撒逊之途径”，此其意味即彼愿与美英为友而接受彼等之赞助是也。中国已利用苏俄之赞助而成其革命之主要部分，即克服长江流域及传播国民党主义于全国[是]；但今以俄共党欲包揽中国之革命，中国之民族性及保守性遂大显其本能，而与俄人决裂。既与俄人决裂，中国乃相信西方列强尤其英美已准备与中国讨论条约问题，假使列强于此，能急起应和，勿再断断于法律理由，稽延时日，则西方制度在中国之前途当颇为光明。但此种新局面必须以绝对平等给予中国为基础，质言之，必须修改条约，使中国满意，而放弃外人在中国领土即租借地之管理权是已，此乃中国抛弃共产主义应得之代价。若列强而果贤明者，应速承认之，勉力与国民党之中国结好，与之合作而造成一新中国。

但国民党政府之“目光向于何方”是充分表示了，而所得的代价，不是“修改条约”和“放弃外人在中国领土”，却是扩大不平等条约，扩大外人在中国的领土，扩大租界和租界管理权。在眼前的中日战争中，国民党的政府不但不曾援助向日本帝国主义长期抵抗的黑龙江、吉林军队及义勇军，不但不曾援助抗日的十九路军，而且密令“上海北平及全国各业之中国当局，解散一切反日抵货团体。并停止检查日货。”(路透社五月六日北平电)并且造出“反日即是卖国”的妙论(最近蒋介石在南京军校演说)。国民党政府的军队枪炮和飞机炸弹，不是用以抵抗侵占中国土地在中国杀人放火的帝国主义军队，而是用以屠杀中国农民的。它对于农民为饥饿而争取土地的要求，始终只以“派兵剿赤”答复之，它始终不曾考虑一下，在农民国而有了广泛的农民暴动，这决不是简单的什么赤化问题；在民主共和国而有要求土地的农民暴动，这不是拥护旧制度的农民暴动可比。至于国民党的军阀之横征暴敛和官僚之黑暗贪污，比之前清及北洋时代更是肆无忌惮；这班飞蝗横行全国的国民党军阀官僚，不但以搜括行贿晏安淫靡，腐烂中国，而且公然奖励鸦片，以毒杀中国。

以这样的国民党来担负提高国民经济以复兴中国的大任，就是他们当中稍有知觉的青年党员也不敢自信了。如果有人以“走资本主义的道路”非难国民党，这是一种太过奢侈的说法；其实国民党的罪恶，还不是走资本主义的道路，反而正是它是投降帝国主义，镇压农民的土地斗争和军阀官僚之横行，破坏了提高中国经济的三个条件，阻塞了资本主义发展的道路。孙科、陈公博辈所指发展国家资本主义，所谓四年计划五年计划，都等于伍廷芳之说鬼。在国际一般物价还正在向下低落的今天，在中国资产阶级政权也没有像一九二八——三〇年相当统一与稳定的今天，连中国资产阶级企图利用外资以实现暂时的经济活跃，目前也还没有可能。

出狱时的陈独秀

最近胡汉民发表关于国民党的问题之谈话，他认为：近顷“外交之丧权辱国，政治现象之日趋恶劣，国亡无日”不能“归咎于党治”，“盖五年以来，所厉行不改且有加无已者，实为民国以来相承一贯的所谓军阀之治，而未尝有所谓党治”。试问国民党执政五年，还仍旧是军阀之治，它竟能容忍所谓“以军权而于一切之故，形成以军驭政，以政握党之现象”。这样吃饭睡觉不问事的党，它在政治上的作用已等于零，还有存在的价值吗？胡汉民并且公然承认以下的事实：“自十七年后，各省北洋武力虽被打破，而人民仍被武力所统治则如故，二十年来所以造成军阀政治之环境仍如故，即自袁世凯以来相承一贯之所谓军阀统治，亦遂继续如故”。党员“沉醉于‘有枪斯有权’之谬说，甘心为军人之附属品”。“人民自由权利横被摧残。”“我人只见借党营私之个人，而不见有献身革命之同志，所谓党员者或一切取给于党，以党为寄生，或倚党而作恶行奸，于党为蠡贼狡黠之魁，正乐得此辈供其指使。”这样无恶不作的党，人民尚能容它存在吗？胡汉民为了一时快意，痛快淋漓的攻击蒋介石而不自觉的把整个的国民党之罪恶供认出来了。五年以来，在国民党党治之下所行的一切摧残人民自由权利的法令，那一件不是胡汉民一派的立法院所制定？他有什么理由什么脸面可以反对蒋介石的“军阀之治”？

又如宋庆龄骂倒了国民党中无论那一派，这当然等于骂倒了整个的国民党，她并且宣称不怀疑国民党已经给全国人民所唾弃，所蔑视，所憎恶，然而她同时却又说：“中山先生的三民主义就从来没有在那一天实行过。”孙中山的三民主义能够救中国吗？孙中山以国际资本开发中国实业的计划，显然是主张由外国帝国主义来复兴中国经济；因为一直到现在，还只有帝国主义国家的国际而没有社会主义国家的国际。孙中山在世所领导的党，不只一次宣布他们的革命政府将遵守一切国际条约，决不侵犯列强在华权益；不只一次希求由列强承认他们的政府来打击北洋派；他并且公然替帝国主义威吓中国民族，说："中国假若和日本绝交，日本在十天以内，便可以亡中国。""中美绝交，在一个月之后，美国便可以亡中国。""法国也和英国一样，最多不过两个月，便可以亡中国。"（民族主义第五讲）这就是孙中山的民族主义，也就是今天的国民党政府向国际帝国主义投降，向日本帝国主义不抵抗之理论的根据。"四万万人都是像阿斗"，"这些阿斗当然应该欢迎诸葛亮来管理政事"。"人民都是不知不觉的多，我们先知先觉的人，便要为他们指导引他们上轨道。""我们应该造成民权，交到人民。"（民权主义第五讲）把人民看做"是很庸愚的"阿斗，把国民党看做是"万能"的诸葛亮，把管理政事的"治权"交给先知先觉的国民党，把名义上的"政权"奉诸不知不觉的人民，把人民在政治上法律上的自由看成"放荡不羁"和"一盘散沙"而加以掊击之，这就是孙中山的民权主义，也就是今天的国民党政府以军阀官僚的权威压倒民权摧残人民自由权利之理论的根据。"你们更要联络全体的农民来同政府合作，慢慢商量来解决农民同地主的办法，农民可以得利益，地主不致受损失，这种方法，可以说是和平解决。"（民国十三年八月二十日孙中山在广州农民运动讲习所的训词）宣布阶级和平，用不着阶级斗争，反对所谓"大贫"的工农，向所谓"小贫"的地主资本家斗争，教成千万成万万饥饿垂死的农民，等候着国民党政府和地主慢慢商量；等候着国民党政府规定地价几十年后把涨高的地价归公的办法，来平均地权（民生主义第二讲）；这就是孙中山的民生主义，也就是今天的国民党政府镇压农民土地斗争之理论的根据。

这样的三民主义，谁要说广州政府，武汉政府，南京政府，不曾实行过孙中山的三民主义，谁就不曾认真研究过三民主义的内容究竟是些什么。

这样的三民主义，这样的国民党，能够提高国民经济以救中国吗？

代表资产阶级及地主利益的国民党既不能够提高经济以复兴中国；别派资产阶级以及小资产阶级的党派，其能力当然更在国民党之下；那么，提高经济以救中国的责任，只有放在代表无产阶级及贫农利益的共产党双肩之上了。

中国共产党所代表的阶级利益，是和帝国主义、资产阶级、地主、军阀官僚，立在绝对相反的地位，它是在最近十余年来反军阀反帝国主义反资产阶级反地主之不断的流血斗争中生长起来的。中国共产党之排除帝国主义在中国的势力和没收地主的土地给农民，已经不是仅仅写在政纲上的白纸黑字，已经在它所领导的农村苏维埃区域见诸实行；虽然还没有统一中国的苏维埃政权来解决整个的帝国主义及土地问题。中国共产党所主张的苏维埃政制，已经不是乌托邦而有了俄国的经验，他不但是走社会主义道路的保障；同时也是空前的最高度的民主主义政制；任何资产阶级小资产阶级政权所不能召集的彻底民主的国民会议，只有它能够召集。苏维埃不仅是整个的无产阶级联合机关，而且是一种广大而富于伸缩性的组织形式，一切觉醒起来，反资产阶级反地主的城乡被榨取的劳苦民众，都能够参加进去。苏维埃政权不是由少数人在上面统治民众，而是由民众从下创设起来的政权，除了游手好闲靠榨取他人血汗以生活的社会寄生虫，都有参加这一政权的公民权利，它废除了立法权和执行权无益而有害的分立，它撤去了人民和政府间的障壁，它引进了广大民众直接参加国家的政治及经济之管理，它废除了以官吏为职业的特权阶层，它扫清了国会及地方议会等猪圈，它实现了直接选举一切公务人员和随时撤换的彻底民权。

在共产党领导的苏维埃政权之下，有充分的保证，能够实现提高国民经济以复兴中国的三个根本条件：推翻帝国主义之控制，解放农民和肃清官僚制度，所以只有她能担负得起复兴中国的大任；所以苏联五年计划之初步的成功，已在事实上表示社会主义的经济方法之优点与伟大力量是非资本主义所可企及。

我们这样的主张，并非根据党派的成见，而是根据理论与经验，而且还要诉诸被榨取的大众之政治好恶，必须由大众在实际的政治斗争中，特别是在民主的国民会议要求的斗争中，认识我们的主张之优点与需要，蜂起拥护我们的主张，这才谈得上自下而上创设大多数民众直接参加的苏维埃政权。真正苏维埃政权，是大多数民众的政权，必须由大多数民众自己创造起来，决不能由少数人创成交给民众，少数人用民众的名义所宣布的苏维埃政权，是经不起困苦艰难的斗争之试验的。

现时代表资产阶级及地主的国民党政权，它不但不能担负提高国民经济以复兴中国的大任，它还在正在极力为帝国主义服务，为帝国主义勦灭能够复兴中国的共产党。日军从吴淞撤退时，日本军官举杯向中国接管人员演说："自此以后，愿中日两国共同合作，以扑灭共产党。"不几日，十九路军果然被调到福建"剿共"去了！这不但表示这一件事中日政府早有了秘密协定，并且是国民党政府向一切帝国主义表示其"目光向于何方"。

为帝国主义服务，为帝国主义屠杀工农民众屠杀共产党的国民党政权存在一天，它的政绩，只有破坏国民经济，扩大延长人民的饥饿，而不能提高农民经济。

中国的民众必须选择自己的道路，或株守在资产阶级的国民党政权之下，走向破产，饥饿，灭亡的死巷，或与无产阶级的共产党革命合作，走向复兴中国的大道！别的道路是没有的了！

我们的道路上也有两个困难，这是不应该对民众掩蔽不言的。第一个困难而且是很大的困难，便是国际帝国主义向中国彻底反帝国主义的新政权之围攻。但我们只应以最革命的阶级——无产阶级——的力量以及全国广大的劳苦民众的力量，最后还要结合全世界革命的力量，以克服其困难，而不应企图避免此困难。因为这一困难的斗争，几乎是中国革命之全内容，也就是提高中国国民经济之根本的根本条件。国民党资产阶级，正因为企图避免此困难，而屠杀革命的工农和共产党，而对苏联绝交，而投降帝国主义，而背叛革命，而断送了复兴中国的机会。我们的党——中国共产党——领导者史大林派的错误政策足以延迟革命甚至绞杀革命，也和别国共产党中央史大林派一样，他们在中国所做的错误摆在眼前的如：用命令主义和玩弄政治总罢工，在客观上是不断的破坏了城市工人运动复兴的萌芽；过分的估量农民在革命中的作用，企图以农民来代替工人的领导，并且连党自身也有农民意识化的危险；把发动民众引导民众到革命道路之彻底民主的国民会议斗争，看做是改良派的合法主义议会主义而加以鄙弃；党的这些错误政策，当然也是我们的道路上一个困难。但共产党是全无产阶级自己的先锋队，并且是全民族的领袖，革命的民众不应该因为党的领导者之错误而根本反对它，而是应该积极纠正党的领导机关之错误，甚至于改造党，以除去我们道路上的困难，这正是我们左派反对派的立场。

原载《火花》第一卷第十一期　1932 年 7 月 28 日

2.

目前形势与反对派的任务

国际形势及中国形势都已渐渐明显了，对于目前的政治斗争之策略，我有以以下的意见：

(1) 史大林派机会主义与盲动主义往返移行的一贯政策，经过第三国际，毁坏了各国无产阶级，特别是德国和中国无产阶级的力量，使之在巨大的事变中，不能表现一点作用，不但不能进攻，并且无力防御，这种状况，不是很快的时间所能可以改变过来的。

(2) 一九二九年以来的全世界经济恐慌时国际左派反对派向来不曾说过，资本主义的统治已经到了最后的崩溃，此时它们的弥缝，它们的挣扎，(即它们的所谓“复兴”)尽可支持一短时期。每一短时期(只要有三、五年)在历史上不算什么，在实际的革命斗争之策略上，便是大的问题，各帝国主义经济事业更国家主义化，和对于工人在工资工时上做一让步以解决一部分失业问题，它们虽然只能如此弥缝，虽然对此只是一时的弥缝而更埋下国际间经济大竞争的炸药，然而毕竟会有弥缝一时的效果。

(3) 法西斯主义，也和大革命前风行全欧的"Machiavellianism"①一样，都是历史上民主政治大流中一个逆流，虽然只能是一时的，而却都有它们必然发生和发展的条件。现世各资本主义国家的统治阶级，到了无法利用既成政党及旧政策维持其权力时，都会或早或迟的走入法西斯蒂的道路，现时这一运动，还在上升，并非下落，它的衰减，只有在无产阶级的大革命到来时，也和"Machiavellianism "一样，它曾衰减于十八、十九世纪大革命之中。

(4) 美国在造成强有力的海军以前，不会和英国或日本公开的决裂，保守的老大英帝国埋头于欧洲问题，它最近在国联一面改变以前的袒日政策，一面暗中示意日本容许它退出国联，这便是英国在远东不取冒险政策的表示。欧洲的英法一团，意奥一团，都很明显，如果这两团共同抑制德国，则欧洲大陆一时不会发生重大问题的，从前赔款问题，会逼着德国发生剧变，现在情形改变了(这也便是资本主义的国家自己弥缝政策之效果)，现在是欧洲对于美国的问题，而且是拖延的而非紧迫的问题。

(5) 苏联的危机，国内重于国外，自一九二七年以来，它在国际政治地位，已日渐减轻了，以现时国际关系，各强国间一有战争，迟早必然国际化，在第二次世界大战的时机未成熟以前，简单两国间的战争是很难想象的；况且欧洲进攻苏联的联合战线已解体，美俄又日渐接近，日本未必敢于单独的向苏联武装进攻。

(6) 中国的统治阶级经过"九一八"、"一二八"及今年热河平津事变②这三次

---

① 即马基雅维利主义。马基雅维利(1469—1527)，意大利政治思想家和历史学家。出身没落贵族家庭。曾任佛罗伦萨共和国要职。主张结束意大利的政治分裂，建立一个统一而强大的君主国；为了达到此目的，可以不择手段，即所谓马基雅维利主义。他著有《君主论》、《罗马史论》、《佛罗伦萨史》等。前书又译《霸术》而闻名于世。

② 热河平津事变：1933 年 1 月初，日军侵占山海关，热河吃紧，平津危急。国民政府军事委员会北平分会布防，第三军团 29 军担任喜峰口至马兰峪方面的作战。3 月 10 凌晨，以宋哲元为总指挥的 29 军的三十七师赵登禹、王治邦、佟泽光三个旅赶到，赵登禹率队在喜峰口附近与日军展开肉搏战，他们手提大刀，杀声震天，几处高地失而复得。3 月 12 日凌晨开始，赵登禹、佟光泽两个旅分两路包抄敌营，拂晓前赵登禹到达日军特种兵宿营地，大刀队如神兵天降，痛歼睡梦中的日军。据《中国共产党迁西县历史》记载，从 3 月 9 日至 3 月 13 日的喜峰口血战中，歼灭日军 4 000 余人。29 军大刀队的神勇使得全国振奋，也震惊了日本，日本国内媒体惊呼"明治大帝练兵以来皇军名誉，均在喜峰口外被宋哲元剥削净尽也"。著名音乐家麦新受喜峰口血战鼓舞，创作了《大刀进行曲》。

1933 年 4 月 13 日，29 军撤出喜峰口，在兴城以北滦河西岸布防。4 月 14 日，日军突入喜峰口。4 年后的"七七事变"中，29 军再次对敌军挥起大刀，曾经在喜峰口英勇抗战的赵登禹为国捐躯。

危机后，它的地区〔位〕已相当稳固了，大资产阶级已一致拥护国民党消极对日让步，积极依赖英美的政策，城市小资产阶级始终只有附庸作用，工人群众还在消沉状态中，农民除少数特别区域外，最大多数除悲叹驻军、土匪及苛税杂捐之厄运外，还没有别的举动，在革命民众及其政党还没有力量的时间期，一般国民经济之破产还是有利于革命运动。现时统治阶级之所谓"统制经济"运动，最好也不过是一种幻想，其实还是策略用作获得外资和排挤另一派以攫取政权与利润之幌子。如果在此幌子之下，获得若干外资，此若干外资须有若干用在工业方面，一方面固然可以使经济及工人运动稍稍活动一点，另一方面乃使中国特别是南方各省更加殖民地化了。国民党及大资产阶级，欢迎外资，欢迎和国联合作，欢迎"江浙模范省"的计划，这便是等于欢迎中国南方变为英美殖民地的表示，也就是他们认为做英美殖民地比做日本殖民地会好的表示。

在这样国际的中国的形势之下，至少在一九三五年以前，世界上几个主要的国家如果没有意外的大的事变发生，这二、三年中，还只能是反革命抬头革命低落的时期。在此革命低落期间不应该采用过激的自欺的口号如"苏维埃"等，我们的力量，应该集中于后年三月国民大会的斗争，特别是在大会前大会外的群众的斗争。后年三月能否召集国民大会和召集怎么样的国民大会？除国际影响外，这一年半中国内民众对于这一问题的斗争，是主要的决定因素。

无产阶级未得著政权以前，即放弃民主主义运动，这决不是马克思主义的策略。我们的民主运动，固然目的是在无产阶级的民主政制，即苏维埃政制，而在目前对资产阶级军事统治的斗争，即资产阶级的民主主义也是推进历史的一种动力，是不利于资产阶级而有利于无产阶级的东西，国民大会(最好是用"国民立宪大会"这个名称)运动，正是民主运动之具体的总括的表现。

因此我提议即日在上海召集一活动分子会议，决定关于参加国民大会运动的政纲(即政治要求的政纲中，除以前我们发表的各项要求外，应加上一项：反对国民党起草的宪法草案，宪法应由国民大会自己起草，由全国人民直接总投票表决)及工作大纲。

在这一运动，要特别注意于史大林派下的党员群众工作。

在此次运动中，必须全体动员，任何人如果没有不同意见，即不同的政纲，而仍旧留在组织者，必须担负他力所能任的工作。

我们虽然不能预想此次运动在现局势下有很大的发展，但如果我们的工作做得好，总可以由此得到一些接近及组织工人、农民、激进的学生的机会，使我们相当的脱离散漫、孤立、软弱的现状。

署名：雪衣[①]〔1932 年〕9 月 29 日

原载《校内生活》 1933 年 11 月 23 日 第七期

3. 陈独秀自撰辩诉状

见本书五之(一)第 16 条(第 320 页),此略。

4.

上 诉 状

陈独秀

1933 年 6 月 15 日

五月二十七日,奉读贵院判决书,所据理由,颇露布予等政治主张,使之有目共睹。其是非当否,正如日月经天,江河行地,无待废辞,众应瞭然矣。惟是贵院亦自宣称“该反对派尚无实行暴动之准备”,仅据予等政治主张而判谓“危害民国及叛国毫无疑义”,而判以徒刑十三年、褫夺公权十五年。似此显有疑意之判决,关系予等罪状之事小,侵害思想言论自由、阻抑民主政治实现之事大。故不得不将不服判决之理由,为贵院缕析陈之。

政府即国家,与夫行使中央统治权者即统治权、即国家之说,贵院亦知其乖谬过于显明,不便公然采用,乃苦心文饰,易以“国民党、国民政府为建设中华民国之领导机关”之义,其词虽与前说异形,而含意所趋,仍在与前说同质。其不能据此构成予等叛国之罪,亦复无殊法王路易十四自称“朕即国家”,其意亦以身致法国富强之巨任丰功自许,反之者即目为叛国。清朝以为中国开辟疆土自夸,中国士大夫亦以“我国家深仁厚泽”颂之,反之者即罪以叛逆,“保中国不保大清”即爱新觉罗氏穷治康梁之唯一罪状。自古帝王无论创业、继统,悉如梨洲[②]所讥:“视天下为莫大之产业”,“以我之大私为天下之公”。此辈专制独夫,其家天下之谬见,固已无足申论,独是国民党革命正为颠覆帝制、标榜建立民国而起,帝政仆而仍继前轨,弃“天下为公”之说,以民国为一党一人之私产,目反之者为“叛国”,岂其以万

---

① 陈独秀笔名。

② 梨洲:即黄宗羲。明代思想家、史学家、教育家和文学家,博学多才,著述弘富,在哲学、历史、天文、地理、数学、文学、艺术、宗教、文字等领域都有独到研究。代表作有《明夷待访录》、《明儒学案》等。《明夷待访录》提出“天下之治乱,不在一姓之兴亡,而在万民之忧乐”,系统批判封建君主专制制度。

世一系之天赋特权自居乎？此于建设民国之约言，岂不显然背叛乎？视建设中华民国者之自身即为国家，犹之视建筑房屋之匠人即为建筑物；谓反对建设民国者之自身即为“根本推翻民国”，亦犹之主张更易匠人即等于毁坏建筑，世间滑稽之论，宁有过于此者乎？再衡以建设中华民国之现状，无冠之王，遍于宇内；田赋附加，增逾正额十倍以至数十倍；新税名目，多至难以悉数；贪夫盈廷，饿殍载道；农夫辍耕于田亩，工贾咨嗟于市廛；鸦片官营已为公开之秘密；士流动色相戒莫谈国事，青年出言偶激辄遭骈戮。民国景象固应如是乎？此即判词所谓“中华民国建设之基础”乎？六年以来，内战大小十余次，破坏铁路车辆七千有余，增加内债十余万万。最近更由政府借入美国农产品，价值二万万元，既以加速农村之破产，又阴增人民对于未来内战军费之负担。此即判词所谓“于训政时期以内，指导人民为革命建设之进行”乎？前年不战而断送东北三省，今年不战放弃热河及平津以东，南渡之局已重见于今日，崖山之迫亦难免于方来。政府复纵百万虎狼于民间，所谓抗日捐，所谓救国公债，所谓防空捐，飞机捐，成为强征暴敛之最新名词。人民之爱国心，渐为迫于暴政苛征之惨痛心情所排而去。瞻念前途，令人不寒而栗！此即判词所谓“从事于建设中华民国之领导机关”之所应从事者乎？以予等反对如此建设中华民国之领导机关，而谓为“乘日本之侵略，妄诋政府不抵抗”，而诬为“将中华民国之建设从根本上推翻”，而判以“危害民国及叛国”之罪，“莫须有”三字其何以服天下后世？

“图谋变更国体”，亦为贵院判词指责予等危害民国及“叛国”之一要点。夫所谓民国体其大要有三：曰君主，曰贵族，曰民主共和。由民主共和而改为帝制，或前王复辟，如袁世凯与张勋之所为，固为变更国体；由帝制而民主共和，如国民党之所为，虽视前者顺逆不同，而变更国体则一也。民主共和已达改制之极则，过此便无国家改制之可言。世界政论已无于民主共和之外别标新制，即根本已无变更国体之要求者，只在采用若何方法：或和平进化，或革命斗争，以达到巩固共和、发展民主为歧点耳。是以十月革命后之新俄国体，仍属社会主义苏俄联邦共和国也，苏维埃并非新奇怪物，只“工农兵会议”之翻译名词而已，其不独与民主共和无忤，且因而巩固之，发展之。先于苏维埃俄国而共和之中国，恢复帝制者二次，至今仍徒有共和民主之名。后于苏维埃俄国而共和之德国，年来帝制复活运动已公然行之国中，魏马宪法①不绝如缕。独苏俄共和国日臻巩固，此非世界共见共闻之

---

① 魏马宪法：1919 年 1 月，经第一次世界大战败北和 1918 年资产阶级民主革命的德国，召开由社会民主党控制的国民会议，改组政府，制定一部将德国建设成为一个实行地方分权的统一共和国新宪法。经过反复讨论修改，1919 年 7 月 31 日通过新宪法，即《德意志共和国宪法》，因在魏玛召开的制宪会议，又简称“魏玛宪法”。

事乎？以言民主，其一即由大多数人民管理政治，亦即由大多数人民代表政制行使国家统治权，此乃君主一人统治及贵族少数人统治之对称也。是以自英人边沁著作，以迄最近美国大总统罗斯福[①]和平申请书，悉以所谓“为大多数人民谋最大幸福”一语相标榜，但以何阶级人民占全国大多数，资产阶级政论家自来避而不言。以自君主贵族衰亡以来，财产权以至统治权悉操诸极少数人资产阶级之手。彼辈所标榜之民主政治，虽与君主或贵族专制有别，而仍不越统治者资产阶级之狭小范围；所谓大多数人民幸福等诸空头支票，惟自占人民大多数之工人、贫农苏维埃政权成立以来，始获睹真正大多数人民统治之实现。在此政权统治之下，大多数人民幸福始庶几可得可期，亦惟有经过此政权，始有达到全民福利之途径。盖以任何优良之社会制度，只能使人人为生产者（工人或农民），不能使人人为剥削者（资本家或地主）。苏维埃政权正为消灭剥削制度之工具。人剥削人之制度消灭，始有全民福利之可言。即以欧美资产阶级所标榜之民主国家而论，所谓民主，虽实际只限于狭小范围，而其统治者亦不敢公然躬自撕毁其民主之假面，不得不以普选议会之名，掩饰其专政。是以自组织共产党、宣传社会主义、共产主义、苏维埃政制为“违背民主共和”、为“危害国家”、为“叛国”者，在欧美标榜民主之国家实属罕闻之事。即在君主立宪之英国，不独二百余年来无人目所谓“王之反对党”为叛逆，即今之共产党，亦不被认为犯罪集团。其公布政纲，竞争选举，列席国会，与法、德诸国无异。两月前，独立工党集会时，亦党魁高呼“打倒现政府”，高呼“推翻资本主义制度”，亦不曾以“图谋变更国体”、“危害民主政治”及“叛国”，被控于法庭。统治英国之资产阶级何以如此宽容？以不便自毁其民主之假面。故“特克诺克拉西”[②]运动方轰行于美国，近复延及法兰西，其公然抨击资本主义及私产制度，主张根本取消之，主张组织技术家苏维埃，以实现技术家之统治，主张以“能力证券”代替金银货币，其论旨、其方策虽为左方之共产主义者及右方之资本主义者所夹击，然不闻美、法政府曾以“推翻现行制度”、“图谋变更国体”、“危害共和民国”及“叛国”罪之。美、法之统治者何以如此宽容？亦以不便自毁其民主之假面故。独至东方民国之统治者，仅此民主假面，亦不惜躬自毁也！即此一点，已充分说明“危害民国”者乃所谓建设民国之领导机关之自身，而非他人也。欧人有言曰“民主政治不适用于野蛮民族”。吾人深吟此语，宁不痛心！此予等所以主张继

---

① 罗斯福：即富兰克林·德拉诺·罗斯福(Franklin Delano Roosevelt，1882—1945)，美国31位、第32任总统(1933—1945)，美国历史上唯一蝉联四届(第四届未任满)的总统。在20世纪经济大萧条和第二次世界大战中扮演了重要的角色。被认为是美国最伟大的三位总统之一，同华盛顿和林肯齐名。

② 特克诺克拉西：英文democracy的音译，意译“民主”。

续革命，实现苏维埃政权，以完成第一次、第二次革命所未完成之民主任务所由来也。贵院判词谓予等主张苏维埃政制为“变更国体”，为“危害民国”实属无稽。盖以苏维埃政制并与民主共和无忤，在民国而图谋变更国体，仅只恢复帝制之一途。由北京政府而国民政府，由国民政府而苏维埃政府，均民主政治发展之必然趋势，根本与国体问题不相牵涉也。北京政府由北洋各派相继行使中华民国中央统治权者十余年，吾人能谓十六年北伐战争为变更国体，为危害民国乎？

复次，贵院判词又以“中华民国为民主国家，其主权寄于全民，故凡属中华民国国民，无男女、种族、宗教、阶级之区别，在法律上一律平等”；“而在苏维埃国家则主权仅寄于工农阶级，除此特殊阶级以外之人，皆无参政权，两种制度显然为两种国体”为言，予等于此，则益有说焉。吾人第一须知，民主之定义即为由大多数人民管理即统治国家，无所谓全民主治之说，所谓“全民主治”或“全民统治”及“全民政治”者，皆不合逻辑之言，近代统治国家之资产阶级用以欺骗人民者也。最新之工农苏维埃政制，乃民主制之最后最高阶级亦仅只达到以大多数人民统治国家已耳。过此以往，必待剥削制度消灭，因之阶级消灭，统治者与被统治者之界限消灭，夫然后乃有真正全民平等之一境。谓阶级存在而全民得以平等者，非有意欺世亦自为童稚。剥削阶级因有被剥削存在，统治者乃对于被统治而言。既无被统治者，则全民政治所统治者何人？所以剥削制度及统治、被统治阶级既已消灭，全民平等之社会既已出现，则所谓国家统治权及一切政制悉成为历史上过去名词矣！故曰“全民主治”（全民统治）（全民政治），皆不合逻辑之诳言也。吾人第二须知，主张苏维埃政制之共产党人，固不屑以全民统治之妄语欺世〔欺〕人；而并世英、美、法、德等号为民主之国家，其实际无一非资产阶级专政；所谓民主，更无不限于其阶级之狭小范围，占人民大多数之工农劳苦贫民，胥隶属于被统治者之地位。至于在数十万国民党员统治下之中华民国，四万万人民益复被谥为阿斗，更明明无参政之权，兹忽为之曰“全民”，未免过于揶揄！判辞谓为“全民主治”不知置国民政府现行之“党治”及“训政”制度于何地？谓予等图谋变更“全民主治之中华民国国体”更属无的而放矢矣。夫“主权”及“统治权”，乃英、法、德文“权威伦特”一语之异议。后一译名，视前者较有实际意义。所谓“主权在民”，所谓“主权属于人民全体”、所谓“主权寄于全民”，其空洞无实权，以视清代加头品顶戴、赏穿黄马褂尤过之。以故虽袁世凯以至曹锟，亦并不惜承认“主权在民”之说。盖以主权而不行使，仅只在之、属之、寄之之虚名，实际统治者固不惜慷慨奉送也。倘责以应由大多数人民行使统治权，则必闻而大骇矣！“由中国国民党代表大会行使中央统治权，大会闭会时，由国民党中央执行委员会行使之”。此非赫然载在国民政府所须颁布之《约法》者乎？即宋财长最近在美国人面前之饰词，亦仅云“中国政府之后盾，筑在强固之中产阶级”。奈何贵院判词竟以所谓“主权寄于全民”与“全民政治”为之遮饰耶！吾辈无欺之共产党人，固尝提出由无产阶级、贫农专政之苏维埃政制之主张，以诉诸人民公意。此一政制特为对待剥削阶级少数人以专政，以实现被剥削者大多数人民行使统治权之真正民主国家者也。持〔特〕试此以与现行政制两相较，孰为合于民主制度，孰为危害民国，尚希贵院平心静气一思之！

贵院判词，当有最后之一盾，即现行法律是也。兹姑退一步而在法言法。按之现行刑法，关于平时外患罪、战时外患罪、泄露秘密罪，均有具体说明。关于内乱罪，乃以“意图非法之方法，颠覆政府，僭窃土地，或紊乱国宪，而着手实行者”为条件。予等固未有此，判词亦未援用此条文。再退一步而言《危害民国紧急治罪法》，此法第六条第二款所谓“叛国之宣传”，何谓叛国，并无定义。稽之此法全文，亦无反对国民党、国民政府即为危害民国及叛国之明文规定。贵院判词所援用者，何为“按诸《危害民国紧急治罪法》第二条第二款之立法精神”？贵院仅知揣摸〔摩〕该法之“立法精神”，而忘却民主国家所应尊重之思想、言论自由精神；而且于法律明文之外揣摸〔摩〕“精神”，此种神秘方法，在法言法者固应如是乎？

依上所述，予等认为贵院判词于理、于法两具无当。此即所以不服判决要求上诉之理由也。

陈独秀六月十五日

原载《世界日报》1933年6月22日第四版，6月23日、24日第五版

5.

再抗辩书①

1933年7月7日

为提出抗辩事，顷奉读高等法院检察官六月二十二日上诉答辩书，对于余等

① 此书于1933年7月22日陈独秀用快信邮寄给上海蔡元培，请蔡转交。档案内信封上陈独秀亲笔写“上海法界亚尔培路三三一号国立中央研究院通讯处确交蔡孑民院长台启。落款为‘仲缄’，七月廿二。”邮戳为“上海，廿二年七月廿三日十二时”。据1933年12月15日出版之《火花》二卷一期（上海托派临时中委会编）第12—13页刊出之《再抗辩书》，此文具名为“独秀、述之等”。两份《再抗辩书》有个别差别。如前者开头称“顷奉读贵院检察官”。其余有多处差异（包括标点）本文依第二历史档案馆陈独秀署名之手书原件校对之。

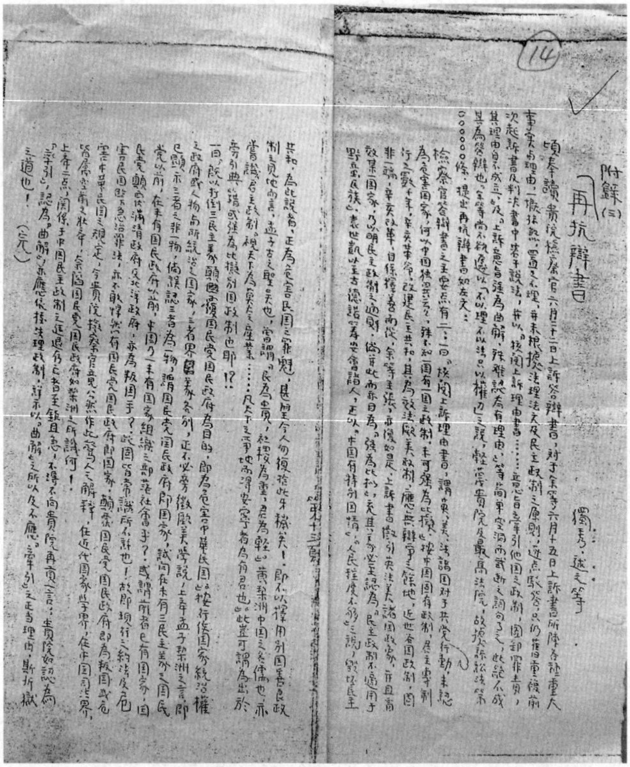
附錄(三)
再抗辯書
獨秀 述之等

刊登在《火花》第 2 卷 1 期上的陈独秀彭述之等的《再抗辩书》（林致良提供之复印件）

六月十五日上诉书所陈各种重大事实与理由，一概抹煞，置之不理，并未根据法理法文及民主政制之原则，逐点驳答，只仍旧重复前次起诉书及判决书中若干说法，并以“核阅上诉书理由书意旨，牵引他国之政制，图卸罪责，其理由自不成立”及“上诉意旨强为曲解，殊难认为有理由”等简单空洞而武断之词句了之。此绝不成其为答辩也，予等尚不欲遽以“不以法不以理只以权力”之说，轻蔑高等法院及最高法院故提出再抗辩书如左文。

检察官答辩书之主要点有二，一曰“核阅上诉理由书，谓英、美、法诸国对于共产党行动未认为危害国家，何以中国独异云云，殊不知一国有一国之政制，未可强为比拟。”按中国固有政制，君主专制行之数千年，辛亥革命，改建民主共和，其为效法欧美政制，应无辩争之余地。近世各国政制，固非一端，辛亥改革，自系择善而从，余等主张，亦复如是，上诉书征引英、美、法诸国政象，并非盲效某一国家，乃以明民主政制之通则，倘并此而亦目为“强为比拟”，充其义必至认为“民主政制不适用于野蛮民族”。袁世凯以至古德诺①筹安会②诸人，正以“中国有特别国情”、“人民程度不够”之说，毁坏民主共和，为此说者，正为危害民国之罪魁，甚望今人勿复拾此牙秽矣。即不以择用别国善良政制之见地而言，孟子古之圣贤也，曾谓“民为贵，社稷为重，君为轻”。黄梨洲，中国之名孺也，亦尝讥君主政制“视天下为莫大之产业”，“凡天下之无地而得安宁者为有君也”。此岂可谓为出于旁行典籍或强为比拟别国政制也耶。

一曰：“即以打倒三民主义，颠覆国民党、国民政府为目的，即为危害中华民国。”按行使国家统治权之政府或人物与所统治之国家，三者界义各别，正不必旁徵欧美学说。上举孟子、梨洲之言，即已显示三者之非一物，倘误认三者为一物，谓国民党、国民政府即国家，试问在未有三民主义之国民党以前，在未有国民政府以前，中国乃一未有国家组织之部落社会乎？或谓前者已有国家，国民党颠覆满清政府及北洋政府，亦为叛国乎？

此固皆常识所不许也，故即现行之《约法》及《危害民国紧急治罪法》，亦不敢悍然有国民党国民政府即国家，颠覆国民党国民政府即为叛国或危害中华民国之规定，今贵院检察官竟公然作此惊人之解释，在近代国家学界、在中国司法界，皆属空前之壮举，奈陷国民党国民政府如梨洲之所讥何。

上举二点，关系于中国民主政制之进退存亡者，至巨且急，不得不向贵院再贡一言，贵院如认为“牵引”、认为“曲解”，亦应依据法理政制，详示以曲解之所以及不应“牵引”之正当理由，斯折狱之道也。

陈独秀

[一九三三年]七月七日

香港马克思主义研究促进会林致良供《火花》二卷一期复印稿(见图)

① 古德诺(1859—1939，Goodnow，Frank Johnson)，美国著名政治学家教育家。美国政治学会的主要创建人，第一任主席。1914 年至 1929 年任约翰·霍普金斯大学校长。1913 年曾到北京任中国政府的法律顾问，在华滞留两年之久，参与策划《中华民国约法》。1915 年 8 月上旬在北京《亚细亚日报》上发表《共和与君主论》，认为共和制度不适宜中国，为袁世凯的复辟制造舆论。《政治与行政》是其代表作。

② 筹安会，是 1915 年杨度、孙毓筠、严复、刘师培、李燮和、胡瑛等六人成立的一个政治团体。公开支持时任中华民国大总统的袁世凯，鼓吹恢复帝制，实行君主立宪。

6.

几个争论的问题①

1933 年 10 月 8 日

我们过去和现在争论的一些问题，如果具有现实性，我们必须有个真实的解决；否则一切工作，特别是内部教育和对外的政治宣传，因为两方面相反的意见相互掣肘而一步也不能进行。我特地写出这篇短文，以贡献一点帮助解决这些问题的意见。

(一) 民主运动问题

经济落后国家，无产阶级能比资本主义先进国的无产阶级早些得到政权，即是说，它能在资产阶级的民主革命斗争的基础上得到政权，这本是“不断革命”的主要概念之一。这一“不断革命”的战略，在十月革命前，乃是布尔什维克和门什维克的争论之中心；两方面在各种事变各项问题是不同的策略，都由于这一不同的中心战略而分歧。门什维克阶段论的战略，即是认为资产阶级的民主主义革命，只好由资产阶级取得政权；无产阶级只有在无产阶级的社会主义革命中取得政权。这样划断两个不同时代不同阶级的革命论，已经由“十月”打得粉碎了。我们还很有理由可以根据俄国十月革命的经验，推论在法国大革命中，在一八七一年巴黎公社斗争中，如果当时有相当力量的无产阶级及其政党，历史上第一个无产阶级政权会首先在法国民主革命中出现了。我们也可以因此假定，在一九二五——二七年中国革命中，如果中国党采用了“不断革命”的战略，谁也不能够武断说无产阶级绝对不能取得政权。不但是理论上，而且在好几次历史大事变的证验上，已经破产的阶段论，我们现在还在讨论它，真是不幸得很！如果我们不是资产阶级的阿谀者，便应坚信资产阶级的民主主义革命任务决不是卑怯的中国资产阶级所能完成的了。例如：脱离帝国主义的羁绊，全国政权之统一，彻底解决土地问题，召集真正由人民选举的国民会议，由人民选举和罢免各级官吏等等，没有哪一样是社会主义的，没有哪一样是中国资产阶级所愿做所能做的：只有由无产阶级的英勇斗争之胜利，取得政权，才能完成这些任务。这便是“不断革命”的战略应用于经济落后国之具体说明。落后国家的无产阶级如果不走“不断革命”这条生路，如果不把民主运动当做自己的事业去拼命，如果不认为民主斗争之胜利和

---

① 1933—1936 年，陈独秀与狱中的彭述之等人以及狱外的刘仁静，史朝生等人对一些问题的争论——任建树原注。

无产阶级政权斗争之胜利有相互不可分离的密切因果，而认为只有在实行社会主义的条件成熟时代才谈得上夺取政权，那么，真要如布哈林所说须等到数十年整个时代以后了！我敢说，对于民主主义斗争估价过低，会成为无产阶级之致命伤。对于民主主义斗争估价过低者，有二种人，一是巴枯宁主义者，他们根本鄙弃它；二是门什维克主义者，他们把民主主义限制在资产阶级统治下的改良运动。门什维克主义，在中国党内有深的根蒂，并且带到左派反对派中来了；至少在许多人的下意识中还未能肃清。因此他们仍旧用门什维克的见解，把国际左派反对派给我们的革命民主口号右化，即是：国际左派反对派告诉我们，革命民主主义不仅用在反革命时期打击军事独裁，并且还可用在革命时期举行武装暴动夺取政权；而我们的阶段论者却认为民主主义的口号是资产阶级的，只能用在反革命时期，在资产阶级统治之下，做做改良运动，到了民众运动高涨起来，便用不着它；无产阶级只有在社会主义的口号苏维埃口号之下夺取政权。这样还不是门什维克的阶段论，怎样才是阶段论呢？这样还不算是将民主口号右化了，怎样才算是右化呢？他们由于将民主口号右化出发正会走到感觉它不中用，想根本放弃它，会在长篇的政治论文中取消它的地位，竟以别的没有一点革命意义的口号代替它。或者仅仅为了敷衍国际左派反对派的面子，或者为了搪塞同志间的责难。在左派反对派的理论，史大林主义的理论以及其他的理论之杂货堆上，也不痛不痒的安上民主运动和国民会议几个孤单词句，作为各种杂货之一，这更是对左派反对派的民主口号之刻薄的讽刺。因此，我必须坚决地说：我们如果不是披着左派反对派大衣的门什维克主义者，我们对于关联中国无产阶级运命的民主运动民主口号，必须有深切的认识，必须认识它已经由资产阶级打击封建势力的武器变成无产阶级打击资产阶级的武器；必须认识它不仅是在反动时期向资产阶级进攻的武器，并且是在革命高潮中推翻资产阶级由无产阶级夺取政权的武器；必须认识它不仅是某一时期的策略，而是中国革命的骨干，中国无产阶级夺取政权的革命之全部策略的基石！

（二）“民众政权”口号问题

“民众政权”本来只是在民众运动高涨而还未达到能够提出无产阶级夺取政权这样的中间斗争环境中一个临时的鼓动口号；它根本不能和党纲上无产阶级专政或工农专政这样表现政权阶级性的问题相提并论。前年反日反国民党运动高潮时，此口号一提出，即受到疯狂的反对。由杜畏之传染到彭述之。述之因反对这一口号，走到根本反对在宣传鼓动上涉及政权问题。他主张只提出国民会议，不说政权。我问他，既然喊出打倒国民党的口号，群众如果问国民党打倒后，谁接受政权,我们如何答复呢?他说此时根本就不应该喊出打倒国民党的口号。可是此时许多学生群众已经在南京喊出这一口号,可惜述之无力制止他们的“过火”!述之走得这样远,恰好证明当时实有提出这一类的口号之必要。史大林派起初也很尖刻的笑骂这一口号,可是在群众中碰壁后也采用了这一口号。我们如反对这一类的口号,现在无问题,将来一定碰壁。有人说,民众政权即资产阶级的政权。说这样话的人,未免太过阿谀资产阶级了!大家都知道,即在法国大革命中,历史上最革命的资产阶级,也是反对民众政权的。真正民众政权,只有在无产阶级专政之下才会出现。他们又自相矛盾的说,民众政权不表示阶级性。我以为正因为不明显的表现阶级性,它才不是和无产阶级专政及工农民主专政鼎足而立的东西。他们又问民众是什么?我可以反问:苏联人民委员会的“人民”是什么?托同志所谓“布尔塞维克主义”在一九一七年的进程中,是一真正的俄国国民的“党”。之“国民”又是什么?正确的答复,只有如托同志自己所说:“我们所了解的国民,不是有特权的头目,而是大多数的人民,即是说,工人与农民。”(见《俄国革命与五年计划》之二九页)列宁在《国家与革命》中论马克思眼中的民众,也作了同样的解释:民众即工人与农民。听说最近临时大会以“人民建立自己的政府”代替“民众政权”的口号,从前反对“民众政权”口号的人们也同意了。其实这两个口号的内容是一样的;反而是我觉得此时不需要这一类的口号,因为这一类的临时鼓动口号,不宜于把它用做比较有永久性政纲性的宣传口号,一切策略,一切口号,都有它的时间性,都会因易时而变质,由正确而变为不正确甚至错误。

(三)国民会议问题

对于国民会议之错误的见解,不用说是从对于民主主义的谬见演绎而来的。施存统近来颇倾向史大林派,因为他认为左派反对派的国民会议太和平了。我们且慢点责骂施存统诬蔑左派反对派的民主口号,有许多自命为左派反对派的人们,其诬蔑我们的民主口号,也不亚于施存统,或者还要厉害些。国民会议只能是资产阶级统治形式,国民会议只能是两个革命间反动时期的口号,国民会议不能解决任何问题,国民会议运动不应涉及政权问题,不应喊出打倒国民党的口号;综合起这些意见看来,能够说施存统诬蔑左派反对派的民主口号,比这样更恶毒吗!?托同志曾告诉我们:国民会议须由民众暴动来实现;中国的党能在国民会议口号之下,举行武装暴动取得政权;由共产党人占多数的国民会议通过苏维埃政制等等。在披着左派反对派大衣的门什维克人们眼中看来,托同志这些指示未免犯了盲动主义的错误吧,因为托同志这些指示,和他们门什维克的头脑中所想象之国民会议和平运动的景象太相违背了。同志们，让我们不要取学者态度，专门研究国民会议在学理上的定义，在历史上是那一阶级的性质和能不能解决那些问题；让我们取革命战士的态度，努力为无产阶级所需要的国民会议奋斗，为逼迫它解决我们所要求解决的问题而奋斗，以至激起大众走上武装暴动的道路。这便是左派反对派的头脑中所想象之国民会议运动的景象。有人曾批评我故意把国民会议口号革命化了，是的，不错；但这不是我的罪过，只怪中国无产阶级不安分不听和平的门什维克学者们劝告，而要走上"不断革命"的"迷途"。说不定将来又要劳驾披着左派反对派大衣的门什维克先生们，在国民会议斗争高涨中，再玩一次制止"过火"的把戏！

(四) 经济复兴问题

资本主义发达自然是社会的进步。俄国无产阶级，与其说吃了资本主义发达的苦，不如说吃了资本主义太不发达的苦(这句话用在中国更适当)，在这一观点上，列宁和斯徒卢威是一致的。然而列宁的革命政策，便不因此而和他一致了。我们现在且不说资本主义比较不甚发达的国家，是全资本主义世界最薄弱之一环，正容易爆发无产阶级的革命，因为还有其他必要条件。我们可以承认，任何幼稚的资本主义国家，只要那里有了无产阶级运动，只要那里有了无产阶级之有力的同盟者，那里便有无产阶级革命之可能。如果认为必须资本主义发达到和先进国相接近的程度，那里的无产阶级才能担负革命的任务，那么"无产阶级革命"这一名词，必须从经济落后国家的字典中永远除去。所以，如果有人把中国经济复兴问题和现存的无产阶级能否担负革命任务的问题牵连在一起，我必须要问：所谓革命任务，是指社会主义的革命任务，还是民主任务？如系前者，便是门什维克传统的思想；倘系后者，便是把中国无产阶级的评价拉退到中国还没有左派反对派，还没有共产党以前了。梁干乔①正因为对于中国无产阶级失望，对于农民也失望，这才走回到他们的老营寨去。这是一个危险的思想！如果所谓经济复兴问题，简单地说，主张在落后的中国经济范畴以内，我们应该把手放在经济状况上升或下降这一社会的动脉上，来决定我们政治的及罢工的策略之进攻或退守，这是完全正确的，这是共产主义的 A. B. C。我们已不需要这一原则的讨论。我们所要讨论的，是现实的经济状况之升降或其征兆。史大林派固执其经济危机有利于革

---

① 梁干乔，留学苏联期间接受托洛茨基反斯大林的斗争观点，于 1928 年 1 月被苏遣送回国。同月于上海成立"中国布尔什维克列宁主义反对派"，成为中国第一个托派小组织，并在北平、上海、香港、广州、武汉、苏州、哈尔滨诸城市建立分支，在上海设"全国总干事会"，梁为委员，负责华南的活动。后脱离托派投靠国民党。

命发展这一不完全的理论，即谬论，到处夸大经济衰退的现象，到处隐蔽经济上升的事实，以求符合于他们的盲目政策之前提，这当然是含有罪过成分的错误。倘因为反对这一错误，而走向另一极端，即是将斗争策略依靠在虚构的还没有征兆的经济上升之前提上面，形成等待主义，这便是反对错误者多走了几步，自己也陷入错误。有些人预测的中国经济复兴，经过了整个的一年，一般的国民经济之崩坏，反而日见加大其深度与广度。现时统治者的欢迎外资(统制经济也包含在内)运动，虽然是使中国更加陷于殖民地化的运动，在经济上可算是得以稍稍活跃的征兆；但是这种征兆毕竟还很脆弱，因为国内各种纷扰，使南京政府的统治还没有能恢复到它在一九二八——二九年那样稳定的地位。即令因外资的关系使经济稍稍活跃，有利于工人运动之进展，而也决不能将这种可怜的经济“复兴”说成一桩了不得的大事，即是它有推动不能担负革命任务的无产阶级，进步到能够担负这一任务这样动力的大事。这样程度的经济复兴，将是中国历史上一个划时代的伟大事业，谁敢在中国能民主革命完成之前作此幻想呢？在这样的经济复兴以前，除了所谓不能担负革命任务的无产阶级，又有哪一阶级能完成民主革命呢？这样循环推论的结果，非使人们陷入绝望的深渊不止，这样危险的思想，在无产阶级革命的队伍中，非即时停止不可！

(五) 帝国主义进攻苏联问题

无产阶级的苏联之孤立，只有靠推动世界革命来救济。“国际条约和国内宪法同样是自身无力的白纸黑字。”史大林派的不侵犯条约，大部分是靠着帝国主义之国际的国内的矛盾冲突和苏联停止世界革命企图以求得帝国主义谅解作保障的。如果世界革命来得太迟缓，或史大林派的统治被左边来的力量所削弱以至代替它来得太迟缓，则世界资本和俄国内部的特尔米多①势力相呼应，史大林派的左右跳跃政策，重复着又加强这一呼应，帝国主义并不一定要采用武装进攻政策，也可以使无产阶级的苏联不能长久在资本主义世界里巍然独存。至于武装进攻苏联，帝国主义者过去已经有过苦的经验，现在的情形更不同了。帝国主义者不是疯子，它们武装进攻苏联，必须依据它们的可能与必要，不会作冒险的尝试。现时帝国主义有武装进攻苏联的可能吗？现在的苏联已经不是以前的苏联了；在帝国主义绅士们的眼中，它已经是一个不易欺侮的泼皮。各帝国主义自己之间的矛盾

---

① 特尔米多：Thermidor 的音译，亦称特米多尔，1793 年 10 月 5 日，法国国民公会通过决议，决定在法国实行共和历，每月以季节时令命名。特米多尔意为热月，即共和政历之地第十一月(公历 7 月 19 日—8 月 17 日)。1974 年热月 9 日发生政变，罗伯斯庇尔等人被捕，被送上断头台，法国资产阶级革命终结，以热月党人为代表的大资产阶级取得政权，标志着法国共产阶级革命的终结。——任建树注。

冲突，已穷于弥缝应付，又加以各国内部的牵制，它们那里有武装进攻苏联之可能。有必要吗？也没有！它们迫切的武装进攻苏联，是因为受到苏联推动世界革命之威胁。在史大林派一个国家社会主义的理论，及由这一理论所产生之无条件的和平政策统治下之苏联，帝国主义并不甚感觉着有这一威胁了。单看下面二件事，已可见这一威胁的程度。苏联的美国顾问 Thomas Campbell，在他的著作中说："史大林君……将我的手握在他的双手中（对我说）……在托洛斯基当权时曾有过普及共产主义到全世界的企图。他说这是他与托洛斯基决裂的最初原因。"（见《俄国革命与五年计划》一五一页）欧洲进攻苏联之组织者——法兰西统治阶级代表赫里欧，游俄后大肆宣扬其钦佩史大林之"六原则"。如果我们认为上述的情形一时不会改变，便应该认为帝国主义武装进攻苏联的联合战线已经解体，并且不是什么暂时的事。希特勒统治下的德国，在它未能和法国、奥国、波兰的关系弄好以前，亦未必敢于冒险。所以托同志说："苏联的危机在国内不在国外。"如果我们认为这句话是正确的，则与其说史大林派的不侵犯条约政策是掩蔽帝国主义进攻苏联的烟幕弹，不如说史大林派夸张帝国主义进攻苏联的危机，是掩蔽国内危机的烟幕弹！

雪衣

一九三三年十月八日

原载《政治问题讨论集之二——国民会议与苏维埃》（油印件），"中共左派反对派中央宣传部"1934 年 5 月 12 日。转引自任建树主编：《陈独秀著作选编》第五卷，第 109—115 页

7.

国民会议与苏维埃

雪衣

1934 年 1 月 7 日

在战略上预先把国民会议和苏维埃对立起来，视为两个绝对冲突而任何时候都不能并存的东西，这在史大林派不足为奇，而这种非辩证的见解，竟混进紧靠不断革命论的左派反对派里来，则不能不令人惊异了！

一般说来，资产阶级的民主革命之历史任务，在资本主义先进的国家都已经急进的或缓进的由几个阶级力量解决了！这就是说，在这些国家中，已经没有国家独立问题，以立宪政治推翻绝对专制问题和农民推翻领主夺取土地问题的魄

力，并且有些国家（如中国）她自身对于民众站在绝对专利地位，连形式的民主政治也没有，因此在这些国家中，国家或民族斗争，国民立宪会议国事和农民夺取土地斗争，仍然是革命的因素。同时，在我们的时代，世界无产阶级已走上了政治舞台，在落后国家，她在为这些民主任务斗争中取得政权，也只有这一政权才能够完成落后国的民主任务，同时踏上社会主义的道路，这二者之间并无阶级〔段〕之可言，这便是一九〇五年以来，后来的不断革命论之特点及其中心意义。

如果有人怀疑中国无产阶级能够在民主口号民主斗争中取得政权，这固然是否认了中国革命不断性和不断革命的战略在中国之应用；被否认中国无产阶级能够在国民会议口号之下在国民会议斗争中取得政权者，其错误亦与前相等。

在历史上，所有资产阶级的民主革命，都同样必须用最大的力量解决他们的中心任务，推翻绝对专制，召集立宪会议。所以托同志曾说"俄国当前是摆着资产阶级的民主革命……社会民主党的当前任务是完成民主主义的革命……党的中心政治口号要求立宪会议"（雪衣按：立宪会议和国民会议，仅在用名之同，希望诅咒立宪运动是幻想是和平梦的先生们，慎勿咬文嚼字妄加分别！）

中国虽经过两次资产阶级革命而资产阶级的民主任务却未完成，即立宪会议问题也和国家独立与统一问题土地问题同样未曾得到解决；因此，托同志有理由向中国党提出国民会议即国民立宪会议为中心政治口号，为两个革命民主口号之第一个，而且托同志有理由向中国党解释：农民争取土地运动，必须和国民会议运动联结在一起，才有全国性的政治意义，在这一口号之下，中国共产党能够团结全国贫民在自己周围，执行对抗国内外压迫者的武装暴动（大意如此）。如果有人认为国民会议应该排除在民主任务民主口号之外，我便要问他：推翻专制召集国民立宪会议，既不是民主主义的革命任务，也没有人说是社会主义的革命任务，那么，或者不是任何阶级革命任务，而只是资产阶级的民主革命完成后一般的议会制吗？这种说法，完全不了解历史上的民主革命中的国民会议即立宪会议之特性及其作用是什么，这便难怪他否定中国无产阶级在国民会议口号之下夺取政权的可能了；因为一般的议会制度当然没有可能使政权由一阶级转到另一阶级的手中，如议会主义者所想象的。当然无产阶级在民主革命中若不采用不断革命的战略，即在国民会议口号之下在国民会议斗争中夺取政权，依照资产阶级的意志而发展，即便开始是革命的国民会议，最好结果也不过成为通常的议会制度而已。托同志在（大火）后论国民会议一文中，预见我们拿议会主意〔义〕的方法干国民会议运动，并申以四个条件，以预防机会主义的危险，这正是针对着机会主义的先生们以资产阶级的议会，为目标而和平的干国民会议运动，而不准备在国民会议口号之下武装暴动夺取政权而发的。

国民会议即立宪会议，不但是民主任务之一，而且是这一任务之主要的支柱，是联系一切民主口号而与之不可分离的中心口号，正因为如此，我们的政纲，我们无数宣传品及论文，才有理由千百遍说过："我们总的政治口号是国民会议。"国家独立和统一若不与民主的国民会议紧相连接，则在理论上无数之武力统一的自由资产阶级藉口对外战时，增加其军事专政之权力，剥夺人民之自由(例如国民党资产阶级藉口，同赴国难，压迫工人增加生产)。农民争取土地若不与国民会议运动紧密相连起来，则将取极经济的地方的斗争，而滑走向全国性的政治的意义。

各阶级所有的国民会议诡计，当然不同。国民党资产阶级有时需要拿她来缓和其内部冲突或为其军事专政之遮掩物，小资产阶级的党派，则企图利用形式民主主义的武器，来向资产阶级索得若干让步，无产阶级政党，则不但要求国民会议须由直接普选而产生，而且要求有全权解决国家独立与统一总是和政府解决土地问题的国民会议，这样才能够使全国广大民众自己直接感觉到，至少也要使他们能以了解我们正确的提议；要实现这样的国民会议，非武装暴动根本推翻国民党资产阶级的政权才行，并且非把一切政权归苏维埃不行。这便是我们将来何以能够在国民会议口号之下夺取政权的具体说明，也就是我们至少在现在可以想象和应该假定的将来怎样才有可能走向权力之路的进程。

现在有些自命为货真价实的不断革命论者出来叫道：不行，不行，国民会议运动就是国民会议运动，不能□□，不能过火，不能把她和武装暴动夺取政权的斗争联系一起，不能给民众以国民会议能够解决任何问题的幻想。国民会议是资产阶级的统治形式，国民会议的口号只能用在资产阶级统治之下的民主运动(非反对军事专政，要求集会结社言论出版罢工自由等)。

我们武装暴动夺取政权，应该在苏维埃口号之下举行。

以前我们在国民革命和组织苏维埃夺取政权之间，划了一道不许人违越的线，断送了革命；现在这些货真价实的不断革命论文(是否为不断革命者)在国民会议斗争和武装暴动夺取政权之间，划断了一道同样的线，这不但拿资产阶级小资产阶级意识，来代替了无产阶级所要的国民会议在民主斗争中之全部作用，缩小范围只限定在反动后期形式民主主义运动之部分的作用；这不但推翻资产阶级政权的民主运动，变成了向资产阶级统治要求改良的民主运动；这不但对在反对派革命的民主口号加上了非革命的解释即议会主义的解释，把我们这一总的政治口号形容得不堪，形容得和史大林派和施存统所攻击的一样；这不但拿阶级论混充了不断革命论；而且对于苏维埃的意义与作用，也不曾很好的了解。历史告诉我们：在革命高潮时期，苏维埃是革命民众的组织形式之一种；更进一步苏维埃乃是集合群众武装群众和组织武装暴动夺取政权的机关，最后乃是无产阶级专政的政权形式。在中国第三次革命高潮的初期，我们即应组织苏维埃，这在我们之间是没有问题的，这只可以说：我们是为了准备夺取政权而组织苏维埃，决不是为了组织苏维埃而夺取政权。简单的泛空的，在苏维埃口号之下夺取政权，过去没有这回事，将来也不会有这一回事。一切政权归苏维埃乃是一个有时间性的临时口号，不能作为总的政治口号；因为这一个口号这第一个条件，必须是苏维埃而且是半政权的苏维埃(否则，一切二字便无解释)已经存在。第二个条件，必须已经存在的苏维埃是继续革命的，而不是带反动倾向的中间阶级分子占多数，这是十月前后教训我们的。因此，我们可以看出，所谓在苏维埃口号之下夺取政权，这一公式虽只十二个字，包含了几方面的错误，彻头彻尾的错误！如果这种人可以算是不断革命论者，同时便不能否认另一个人也是不断革命论者，因为他虽然主张自己只用国民会议口号做反对军事独裁的运动，同时却主张下一代的人们(或者是一万代以后)在苏维埃口号之下夺取政权。用左的辞句掩饰阶级国家论路线的本质。于事何难?

我时常听见有人(如压迫)拿十月革命的先例，来证明我们只有对苏维埃口号之下夺取政权，指斥认为我们有可能并且应该准备在国民会议口号之下武装暴动夺取政权的人是机会主义者，首先他忘记了十月暴动之前，已经有二重政权的苏维埃，在推翻沙皇召集立宪会议斗争中成立了这种苏维埃，古[故]斗争中能够吸引广大民众的主要口号是土地与和平(即停止参加帝国主义的战争)并没有简单的突如其来的(在苏维埃口号之下夺取政权)这回事。并且在十月前，列宁曾主张取消(一切政权归苏维埃)的口号；在武装暴动前约一个月，党的中央委员会在苏卡诺夫家问起时，列宁还大骂把暴动计划与苏维埃第二次大会联结在一起的人们，他坚决的主张使暴动独立持〔之〕大会，并且说他对于苏维埃第二次大会的问题，简直没有一点兴趣。其次他又忘记了俄国曾有了沙皇时代的国会，又有了二月革命后临时政府。大会无选择，所少的只是实际召集开会，列宁党在此时不曾放弃立即召集立宪大会口号，这便是苏维埃政权成立后仍须召集立宪大会的原因；我们应该预先安排在中国第三次革命中首先让资产阶级成立临时政府召集立宪大会，然后我们才在苏维埃口号之下夺取政权吗?

人们时常要问：你们要求国民会议解决民主任务，那么，苏维埃做什么呢？我的答复是：我们要求做彻底民主的国民会议，应该有全权解决民主任务，苏维埃在未曾成为政权形式之前，当然不能自上而下在法律上解决民主任务。苏维埃成为政权形式之后，解决民主任务的，实质上是无产阶级专政的权力。这已达到了问题的中心；我们将由怎样的动摇，在什么口号之下夺取政权呢？至少在现在我们可以说，我们若能用百分之百的力量为彻底民主的全权的国民会议奋斗，所得到的是无产阶级专政的苏维埃政权，如果我们放弃不断革命的战略，没有意志在今天的国民会议的斗争中，国民会议口号之下武装暴动夺取政权，只直起眼睛看着明天的苏维埃，所得到的只有国民党国民会议，连形式民主主义的议会却[都]是幻想。

国民会议与苏维埃，始终可以并存而不会有冲突吗？任何时都不能共存，或任何时都没有冲突，这是科学家的思想方式。在阶级斗争的进程中，如果无产阶级虽然据有了苏维埃，而别的阶级尚有力量据有国民会议来和苏维埃对抗，这当然有冲突，并且在无产阶级政党错误的政策即放弃不断革命的战略的结果，这种冲突更不可免的。如果这一冲突出现在我们还能来夺取政权的局势之前，则我们更应加紧在国民会议内的斗争，坚决的提出立即实行彻底解决民主任务的要求，使资产阶级小资产阶级的代表在民众面前破产，同时鼓动民众采用武装暴动的手段，推翻资产阶级的政权，召集真能执行民众要求的国民会议；偏若简单的拿苏维埃与国民会议对抗，便愈把小资产阶级的群众（主要的是农民）赶到资产方面去，而自取失败。如果这一冲突直到苏维埃政权成立时还存在着，则只有取十月革命后的办法。如果国民会议当时和苏维埃并不冲突，则仍是前后亦终究要自然死亡。

最不幸的是无产阶级的政党自己预先就把国民会议和苏维埃对立起来，尽做两个不能并存的东西，把这两个东西看做两个阶级之专利品，即是把国民会议让给资产阶级，自己简单的拿苏维埃与之对抗，这至少是助长两者之间的冲突。这种错误是由于先天的任何的苏维埃都当作宝贝，把任何国民会议都当作旧货烂东西，我们不是议会主义者，当然坚信任何最好的资产阶级的议会制度也不及无产阶级专政的苏维埃，同时，如果我们不是唯名主义者，如果我们也不是托同志所骂苏维埃拜物教的官僚，我们也尽可□德国社会民主党谢曼·德荣所领导的苏维埃，并不及法国一七九二年的国民大会。

不错，国民会议在历史上是资产阶级的统治形式，正因为如此，我们更应采用不断革命论的战略，使国民会议的口号作无产阶级武装暴动夺取政权的工具，不让他作了资产阶级军事专政的掩遮物！不仅国民会议如此，一切民主任务的要求口号，在历史上都是资产阶级的，无产阶级都应该去做武装暴动夺取政权的工具，否则国家独立与统一的口号，在资产阶级手中，也可成为毕苏斯基①和希特勒反动

① 毕苏斯基（1867—1935），波兰军事独裁者、波兰国家元首（1918—1922）。

的工具，没收地主土地分配给农民的政纲，在资产阶级手中，也可以造成法国大革命后小农资本主义的法国，因此，就理论上说我们可以得到一种概念：一切民主任务的口号，都有可能由阶级斗争的力量改变其不同的作用与意义。这也是一种充足理由。无产阶级所以能够用自己的力量改变其在不同口号之下，解决资产阶级的民主任务，是为了自己的利益，而不是替资产阶级当苦力。如果无产阶级不愿意在民主斗争中夺取政权，这是有利于资产阶级的。如果我们反对在国民会议与斗争中，在国民会议口号之下夺取政权，国民党资产阶级的反蒋派必然拍掌欢迎，必然称赞我们道：你们是对的，现在是国民会议运动时代，你们用国民会议口号，帮助我们及蒋介石的军事独裁制，蒋倒了政权还应该是我们的，你们将来在苏维埃斗争中在苏维埃口号之下夺取政权吧！

货真价实的不断革命论者可以醒醒了。

署名：雪衣

原载1934年1月7日《火花》第2卷第1期

〔上海〕吴孟明、周履锵供稿于2009年5月

8.

对政治草案和其他问题的意见

雪衣

1934年4月30日

政治草案我读了一遍，觉得大致可以用得。我老早即认为民众运动的开始抬头而又低落下去的现在，正需要适合现状的这样一个政治决议案。我去年第一次向前临委建议就是这个意思。或者有人评以退却和消极；消极固然不可，依客观的形势，退却有时是必要的，而且有时是革命的。退到我们能够站住脚的地带，能够积极的为准备进攻而站住脚的地带，比任何激烈的词句都要革命些。

我虽大体赞成草案，然也有几个小的意见，特贡献同志们做参考：

（一）沪西区委的意见颇有价值，应该值得注意，有许多地方很可以采纳的。

（二）多瑙河流域的事变发展，是国际很重要的现象，草案对此忽略一点，我认为意大利助奥，奥对德，它的目的并不在德而在法，是要德、奥、匈等在它的领导之下压迫法国，只要希特勒稍稍抑制其“大日耳曼”的野心，德、意、奥、匈仍旧是一个集团。所以目前意、奥、匈与德不睦，还不是欧洲很重要的问题；重要的问题是将来形势一变而是意、德、奥、匈公开的联合对法，则战争便不很远了。德联法对意、

奥、匈，法助德征服奥、匈，都是不会有的事。我觉得将来的大战，会开始于欧洲，而不开始于远东。苏联固然不应该自启战端，日本只要它不积极的干涉满洲，也没有攻俄的必要，而且攻俄并非是很平安顺利的了。反赤吗？资产阶级不会有我们同志那样超经济的浪漫想法，美国的军事力量还非日本之敌；照现在的局势，大战会开始于奥、匈进攻小协约，于是法兰西出来援助小协约，于是意大利德国起来援奥、匈，于是法国求助于苏联，于是德、意求助于日本，于是法国求助于英、美。英国究竟站在哪方面？现在还看不出，依保守党的传统政策，是站在法国方面的；但将来的变化不会如此简单；在经济上，英对日、美冲突同样厉害（对美在欧洲，对日在中国和印度），苏联和中欧的市场，也同样不容易决定放弃那一个，所以它的态度恒动摇不定。此时帝国主义眼中的苏联还不会引起帝国主义有联合武装进攻的必要；今后某一集团的帝国主义和苏联开战，决不是简单的向苏联进攻，所以帝国主义联合向苏联武装进攻，已成为过去的名词。政治决议案中不应该仍旧用此种名词。

（三）我认为在决议案中应说到，明确的说到国际运动的总口号，应该是："打倒法西斯蒂的工人联合战线，"而不是"拥护苏联"（"拥护苏联"是某一时期某一环境的特殊口号）。中国运动的总口号，应该是"打倒国民党，实现彻底民主的全权的国民会议"，而不是"倒蒋"。（"倒蒋"只能是某一时期某一环境一种特殊的临时行动口号，等于"打倒资产阶级十个总长"。"打倒十个总长"若用为中心政治口号，岂不荒唐！）

（四）草案第十三最末一句"而且群众对它们也没有信仰"，未免过于乐观，过于太肯定了，并且会因此松懈了先锋队的戒备！这句话可以删去。

（五）草案第十七"肃清"应该改为"减轻"。肃清必须有革命的胜利，含糊地说"民主斗争过程中"是不正确不明了的，并且如下文括弧中所举诸事亦不能肃清资本主义的障碍。括弧中所举之事，应列入"苛捐杂税"这一具体名称。

（六）草案第十八第二段"根本不是什么法西斯运动"应改为"大会成为有力的法西斯运动。"各国法西斯运动，本无完全一致的形态与特质，况且敌人既自称为法西斯，我们没有为它辩解之必要。

（七）在没有革命运动的现在，国民党准备召集国民大会和颁布宪法。这些〔规〕意见是摆在我们面前的重要的政治问题。一个革命的政党对此置之不理，那便是自己表示不存在了。如果应该不理，亦必须向群众指出应该不理的理由，草案二十对此太过疏忽了。

（八）草案二十三——小资产阶级下应加"下层群众"四字，末一句小资产阶级下亦应加"群众"二字。

以上是我对草案的意见，以下再来讨论旁的问题。

署名：雪衣

1934年4月10日

原载《政治问题讨论集之(二)》，中共左派反对派中央宣传部出版，

1934年5月12日

上海周履锵、吴孟明供稿

9.

给托派国际书记局的信

1934年5月15日

译者王凡西按：这是一九三四年五月十五日陈独秀从南京监狱写给当时托派国际书记局的一封信。中文原稿当已失落。它的英文译稿现保存在美国加州斯丹福大学胡佛学院的胡佛学院档案库中。我这里是从英译稿译回中文的。1991年1月24日

从报纸上见到托洛茨基同志遭受法帝国主义的种种刁难，又见到斯大林主义者的所行所为的如何反动，我感到非常悲痛。斯大林的官僚党制已经摧毁了共产党的活力和精神。他已经把各国共产党的真正领袖代之以他一己的走狗。他在中国所扶植的"领袖们"，甚至还不是他本人的走狗，而是他手下人米夫①的走狗。西方的无产阶级多半不会知道，这些"领袖们"的斗争只是为了要控制党的机关。斯大林在替全世界的资产阶级服务。在苏联，斯大林的个人独裁正在代替无产阶级及其先锋队的专政。所谓"工人国家"与苏维埃政权只有名义上的存在。苏联是被骑在无产阶级背上的小资产阶级所统治着的，它正在为资产阶级的反革命打开门户。帝国主义者如今不再需要拿起武器来反对苏联，他们可以通过斯大林主义者达到这个目的。那个目前只是形式上存在的无产阶级政权，一旦被苏联各种

① 米夫(Mif Pavel 1901—1939)，真名为佛尔都斯·米哈依尔·亚历克山大洛维奇，生于乌克兰赫尔松省一个犹太人后裔。1917年5月加入俄共后化名米夫。1920—1921年斯维尔德洛夫大学肄业。1925年，一说1926年任孙逸仙大学副校长，1927年升为校长至1930年。1927年2—6月率联共(布)代表团访华并出席中共五大。1928年任共产国际执行委员会东方部书记处副主任。1931年1月7日于上海以突然袭击手段主持召开中共六届四中全会(原通知举行的是紧急会议)。会上以一次宣读名单副总表决的选举，达到将陈铭禹进入中央领导的目的，使党内矛盾激化至分裂状态，直接导致何孟雄、李求实及"左联五烈士"在内的24位党的干部都牺牲的龙华惨案。1935年获经济学博士。1936年任东方劳动者共产主义大学校长，兼任第三国际东方部民族殖民地问题研究所所长(1937年)和中国问题研究所所长。1939年遭非法镇压，死后恢复名誉。

反动势力最后压倒后，不一定要导致特米多的。无论如何，斯大林派会完成它。斯大林的立场与奥国的陶尔夫斯①的立场相似。斯大林把十月革命的领袖们交给了西欧资产阶级与流亡外的白俄政党。我们必须提高警觉。我们不应该仅仅组织一个新党，还必须反对以为斯大林政制尚能改良的那种幻想。我们必须把“保卫苏联”这个口号代之以“重建十月革命精神的苏联”②这个口号。这是我对国际书记局的建议。国民党囚禁了我们许多亲爱的同志，都不能阻遏我们与世界无产阶级联合一致的精神。我们身处在野蛮的地牢之中。唯一足以鼓励我们的乃是世界革命运动的消息。我们给斯大林派伪造虚构的答复乃是阶级斗争。

引自任建树主编：《陈独秀著作选编》第五卷，第 117 页

10.

肃清列尔士③毒害无产阶级先锋队的思想

顽石

列尔士经济复兴论的观点，不但未放弃，而且现在走得更远了。他在《我们的任务》一文中，分析现状的结果，认为“不能提出过高的革命要求（苏维埃和无产阶级革命），……应当负起肃清资本主义障碍的责任……国家统一和权力集中，生产力发展这些条件，比现在国家分裂和生产力衰败的条件，对于它（顽石按：指无产阶级）是有利些，它应当力争这些条件之实现，但这些条件正是国民党政权所不能和不欲（顽石按：蒋介石及其所代表的大资产阶级，果然不欲统一和

---

① 陶尔夫斯(Engelbert Dollfuss，1892—1934)，奥国基督教社会党领袖。1932—1934 年间曾任奥国总理，于 1933 年独揽大权，企图建立一个法西斯式的国家，但与希特勒支持的奥国国社党冲突，结果被纳粹党人所杀——王凡西注。

② 王凡西注：这个口号的英译为“Recreate the soviet union of October”。倘照字面直译应该是：“重建十月的苏联”。猜想这不见得是陈独秀原来的文字，故擅译如此。

③ 列尔士，即刘仁静(1902—1987)，湖北应城人。字养於，又名亦宇、敬云。1918 年入北京大学（外文系后转入哲学系毕业）。1920 年参加北大马克思学说研究会，1921 年 7 月代表中共北京地方党组织出席中共一大。1923 年任共青团中央书记，主编《政治生活》。同年冬与陈独秀一同出席共产国际四大并代表陈在大会发言。1926 年留学莫斯科东方大学，1929 年拜访在土耳其君士坦丁堡流放的托洛茨基，回国后以正统托派自居并组织十月社托派组织，与陈独秀为首的“无产者社”及王文元为首的“战斗社”等在理论、思想上发生争论。1934 年刘代托派常委起草关于福建事变的决议，反对陈独秀的国民会议策略，认为“是帮助蒋介石政府”，重申反对任何形式的联合战线。于是陈独秀撰《国民会议与苏维埃》一文反驳之。彭述之撰长文反驳陈。刘仁静又认为陈是“小资产阶级的表现，是浪漫主义”，“中国如无经济复兴不惟没有革命，且会走向野蛮主义”。刘写的决议被托派通过，作为目前的行动纲领。陈写信反对之。1934 年 5 月 17 日陈又撰文批判刘仁静在《我们的任务》一文中的托派“应当负起肃清资本主义障碍的责任”等观点，即本文（参见唐宝林等《陈独秀年谱》第 449—454 页）。

生产力发展，并且连权力集中也不欲吗？只要不是聋子，都能听到蒋介石及其党徒，正在大声疾呼的要求统一，要求增加生产，特别要求权力集中。）实现的，所以工人的斗争必然走到直接和国民党冲突。”

我现在只限于指出这一段妙文和几个根本的谬误：（一）无产阶级还没有发展和壮大，不能直接做政治斗争，要由经济斗争出发“走到”政治斗争，即是由要求发展资本主义工业的斗争，“走到”和国民党斗争，这种经济主义的思想，早已为列宁的《怎么办?》一书驳得体无完肤，我现在不用重述了。（二）障碍中国资本主义发展的是什么？大家应该都知道：在中国非经过无产阶级专政，不能完成民主革命任务，也就是不能肃清资本主义的障碍，这也是我们托洛斯基党人的ABC。列尔士认为中国无产阶级此时不能提出革命要求，却能肃清资本主义障碍，这不是十足的改良主义是什么？（三）中国的国家统一和民族独立是分不开的，民族独立和其他民主任务（民主的国民会议，没收土地归贫农等）一样，其实现性必须经过无产阶级革命，而在没有革命局势的时期，这些口号也有可能号召群众起来，为要求实现它而斗争，以推动革命，像简单的“国家统一”这一口号，除了蒋介石及其党徒所代表的大资产阶级以外，还能号召谁？如果我们忽略了中国统一之实现性，忽略了把国家统一和民族独立或其他革命的民主口号结合在一起，忽略了我们的统一是革命的统一，不是反革命的统一，而在反革命统治之下孤单的提出“国家统一”的口号，这很明显的是号召工人起来力争国民党政权之统一！假使不用经过革命，国民党甚至以前的吴佩孚〔也〕能统一中国，这在客观上，对于无产阶级之发展当然也是有利的条件，即在这样的情形之下，无产阶级的政党，便应该提出“民主的统一”口号，和军阀统一对抗，若只简单的提出“国家统一”口号，则不但已经不必要，而且包含了浓厚的反动性！

离开无产阶级革命，而要求国家统一，要求生产力发展，特别是要求权力集中，这恰好是法西斯的政纲！

我想，列尔士所提出的政纲，除了国家统一，权力集中和发展生产力之外，还遗漏了最重要的一项，即是“拥护国民党政权之稳定。”因为现政权不稳定，则所谓统一，权力集中和发展生产力，当然一概谈不到。这或是我的过虑，列尔士当然很懂得生产力发展、经济复兴，须以政治稳定为必不可少的前提，依他思想之逻辑发展终于走到拥护现政权之稳定这一步；届时他必然又要教训我们：政治稳定对于无产阶级之发展，比现在政治动摇纷乱是有利些，工人们应当力争现政权稳定之一条件，否则长此纷乱下去，国家莫由统一，权力莫由集中，生产力莫由发展，经济莫由复兴，中国还是完全无出路。

现在我们的任务不是肃清资本主义的障碍，而是肃清列尔士毒害无产阶级先锋队之昏乱的思想！

署名：顽石

原载《校内生活》 1934 年 5 月 17 日 第九期

上海周履锵、吴孟明供稿

11. 赠望江朱灿枢联① 1934 年

气概居贫颇招远；

文章垂老溢纵横。

原载王仁清《民国人物联话》（南京大学出版社 1993 年版）

12.

金粉泪 五十六首②

1934 年

（一）

放弃燕云战马豪，胡儿醉梦倚天骄。③

此身犹未成衰骨，梦里寒霜夜渡辽。④

（二）

要人玩耍新生活，贪吏难招死国魂。⑤

---

① 朱灿枢，安徽望江人。1934 年任国民党高等法院见习书记官的朱灿枢，久慕陈独秀的学识与为人，多次探监慰问，陈独秀赠朱此联。

② 《陈独秀著作选编》第五卷第 119 页注："亚东图书馆经理汪孟邹去南京监狱探望陈独秀时，见到这五十六首七言绝句诗，说：'你给我拿去，让我的侄辈和同事都去看看罢'。陈便给了汪。1953 年 2 月 11 日，亚东公司合营，汪孟邹将这组诗上交时，写了个便条。这组诗'有一个时期很不容易收藏，……今天检出十分难得，故把来历写下，独秀不曾署名，也无印章，我也应该为之证明。请给我一收条。'（见《党史资料》丛刊（上海）1983 年第 3 辑第 137 页）。"该诗手迹藏上海中共一大纪念馆。全诗注释取自陈旭麓《简释〈金粉泪〉五十六首》（《中共党史资料》1982 第 4 期），略有改动。为方便阅读，均移至页注。

③ 燕，河北。云，大同。五代时石敬瑭割燕、云十六州给契丹。这里借指国民党断送了东北、华北等地。天骄，汉时匈奴自称为"天之骄子"。这里借指日本。两句是说自从放弃燕、云大片国土后，敌人如醉如狂不可一世。概括了当时日本帝国主义进犯的形势。

④ 这两句抒发自己的抗敌之志，说自己并没有衰老，梦里还想踏过辽河的冰霜去抗日。颇有陆游"夜阑卧听潇潇雨，铁马冰河入梦来"之慨。

⑤ 这首是说要人们玩弄的"新生活"花招，你们这些腐败官僚哪能召回已逝的国魂！不过是把"国家兴亡"当作儿戏罢了。"新生活"指 1934 年 2 月国民党在全国发起的，以"礼义廉耻"为基础，生活实现三化（艺术化、生产化、军事化）的"新生活运动"。

家国兴亡都不管，满城争看放风筝。①

（三）

清党倒党一手来，万般复古太平哉！②

当年北伐诚多事，笑倒蓝衫吴秀才。③

（杨永泰以拥蒋倒党取悦于蒋）（括号内为陈独秀自注，下同。——编者）

（四）

经正民兴礼教尊，救亡端赖旧文明。④

投壶雅集孙联帅，不愧先知先觉人。⑤

（五）

世事从来似奕棋，黄龙青白要斯梯。（swastika）⑥

红袍不及蓝袍好，行酒青衣古有之。⑦

（六）

抽水马桶少不了，洋房汽车没不行。

此外摩登齐破坏，长袍骑射庆升平。⑧

（七）

五四五卅亡国祸，造反武昌更不该。

微笑捻须张大辫，石头城畔日徘徊。⑨

---

① 放风筝：国民党中央委员褚民谊等曾在南京组织大放风筝。

② 清党，指“四一二”政变后国民党进行的反共清党活动。倒党，南昌行营秘书长杨永泰以拥蒋倒党取悦于蒋。两句是说你们干的清党、倒党和复古勾当，难道天下就此太平了吗？

③ 蓝衫，古时候秀才的穿着。“吴秀才”即北洋军阀吴佩孚，他是秀才出身。两句是说你们和北洋军阀并没有什么两样，当年的北伐看来是多此一举，真要笑煞了吴佩孚。

④ 这里的“经正”、“礼教尊”、“旧文明”都是指“尊孔读经”等复古活动。孙联帅，孙传芳自称五省联帅。

⑤ 投壶，我国古代宴会中的礼制，也是一种游戏，用箭向盛酒的壶口投掷，多中者胜。孙联帅，即孙传芳，一九二五年称五省联军司令，正当北伐军挺进韶关的时候，他在南京邀集社会名流搞投壶的古礼。末一句是说孙传芳不愧为你们国民党的先辈，据李劼《枭雄与士林——20世纪中国政治演变的文化沧桑》一书中称，投壶古礼孙传芳并未举办。

⑥ 黄龙，指晚清国旗黄龙旗。青白，指国民党青天白日党旗，要斯梯指德国纳粹党旗。两句是说世局好像下棋一样变幻，由黄龙旗变为青天白日旗，现在又要变为纳粹旗了。

⑦ 红袍，大红色袍服，古时高官礼服。蓝袍，指蓝衣社，实即中华民族复兴社（简称复兴社），其核心圈为三民主义力行社（简称力行社），国民党的内部法西斯化的政治组织，从事迫害、盯梢、恐吓、绑架、监禁、暗杀等行动，其主要成员刘健群曾提议模仿墨索里尼黑衫党、希特勒褐衫党，穿国产蓝布服，用具、环境用蓝色，并改名蓝衣社。虽未真正实行，蓝衣社名声大扬。青衣，指贱服。晋愍帝被匈奴军掳去，曾着青衣行酒。两句是说官僚政权。历行特务统治，青衣行酒的臣虏命运正等着你们。一说1933年中日签订“塘沽协定”谈判时，日方曾要求制裁蓝衣社。随即，蓝衣社与中国军队及国民党组织一起，遵照“塘沽协定”，退出绥东、察北、冀东地区。

⑧ 抽水马桶、汽车洋房是你们少不了的，其他“摩登”（现代化）都可以破坏（当年四月南京等地出现“摩登破坏团”）。只要穿上古色古香的长袍马褂，表演着中世纪的骑射（当年九月十一日报载，张学良、何成濬、张群等发起“武汉骑射会”），就是一派升平气象了。

⑨ 张大辫，指辫帅张勋。石头城，即南京城。这首是说：“五四”、“五卅”既然是“亡国祸”，武昌起义就更没有必要了。如果这样，当年在长江辛亥革命的顽抗辫帅张勋，到可以悠然自得地徘徊于石头城上了。

(蒋介石谓五四运动为亡国祸)

(八)

一国三公赣港宁,可怜诸葛竟分身。①

党中无派缘清党,阿斗先生双眼明。②

(九)

庶人议政干刑典,民气销沉受品弹。

莫道官家难说话,本来百姓做人难。③

(十)

兵车方过忍朝饥,租吏追呼乌夜啼。④

壮者逃亡老者泣,将军救国要飞机。⑤

(广东、湖南皆以飞机捐榨取民间巨款)

(十一)

飞机轰炸名城堕,将士欢呼百姓愁。⑥

虏马临江却沉寂,天朝不战示怀柔。⑦

(十二)

批颊何颜见妇人,妇人忍辱重黄金。

高官我做他何恤,廉耻声声教国民。⑧

(蒋曾因事批邵元冲之颊)

(十三)

士气嚣张应付难,读书救国最平安。⑨

---

① 赣、港、宁,是指当时蒋介石的南昌行营、胡汉民在香港、汪精卫在南京主持行政院。诸葛,即诸葛亮,这里可能是借喻蒋介石的。两句是说国民党政府的三个首脑各有势力,可怜那个梦想统一的"诸葛亮"到处分身应付、弄得昏头转向。一说诸葛,指国民党诸元老。

② 两句是说:经过清党应该是"党中无派"了,可是仍然是"一国三公",这一点阿斗先生看得最清楚。阿斗,这里指老百姓。一说指蒋介石。

③ 这首是说老百姓议论政治就会触犯刑典,民气在受弹压中消沉了。不要瞎说官家不好说话,老百姓本来是当牛马的啊!

④ 乌夜啼,乐府曲名,这里借喻老百姓的悲苦作乌夜啼。两句是说早上方忍饥饿躲过兵,跟着又是胥吏来催收飞机捐。

⑤ 将军:指蒋介石。

⑥ 这里似指米春霖在锦州成立辽宁政府,日本派飞机轰炸,随失关外战略要地,日军随之进迫长城。

⑦ 两句说敌人快要饮马黄河,而临河还是一片沉寂,因为蒋家王朝在实行"怀柔"的投降政策啊!

⑧ 批颊,打耳光。妇人,指邵元冲的老婆张默君,国民党中央委员。这首是说蒋家王朝高唱"礼义廉耻",其实都是些寡廉鲜耻只图升官发财梦的无耻之徒:"高官我做他何恤,廉耻声声教国民"二语道破。邵元冲,国民党立法院副院长兼代理院长。

⑨ 指出自"九一八"起,学生爱国运动高涨,国民党反动派穷于应付,通过胡适之流叫嚷"读书救国"。想把学生禁锢在书斋里。

埋头学得胡儿语，好待荣膺甲必丹。①

（十四）

民智民权是祸胎，防微只有倒车开。

嬴家万世为皇帝，全仗愚民二字来。②

（十五）

木鞋踏破黄河北，救国三民有万能。③

革命维新皆反动，祭陵保墓建中兴。④

（十六）

四方烽火入边城，修庙扶乩更念经。⑤

国削民奴皆细事，首宜复古正人心。⑥

（十七）

人心一正般般古，四裔夷酋自罢兵。⑦

中国圣人长训政，紫金山色万年青。⑧

（十八）

德赛自来同命运，圣功王道怎分开。⑨

忏除犯上无君罪，齐到金刚法会来。⑩

---

① 胡儿语，外国语。甲必丹(captain)，船长、海陆军尉校级军衔，这里指做官，意谓学好了外国语，就好去充当买办官员，与“读书救国最平安”相呼应。

② 这首指蒋介石压抑民权，摧残民智，全是嬴家(秦始皇)帝王万世之业的愚民政策。

③ 木鞋，日本的代称，因为日本人习穿木屐。两句是说日本帝国主义已深入华北，国民党反动派只知空喊三民主义。

④ 祭陵，国民党提倡清明节扫墓，当年四月十三日报载戴传贤等到陕西谒周陵(周文王陵)、茂陵(汉武帝墓)。保墓，同日报载戴传贤指责考古学家发掘古墓是“自伤其祖先之德，败其同胞之行”，应严禁，犯者当判刑。两句是说革命、维新都是反动，只有祭陵、保墓才能使中国中兴。反话。戴传贤，国民党考试院院长、国民党中央宣传部部长。

⑤ 修庙，当时报载要筹一百万元以修孔庙和作祀孔基金。扶乩，请神预卜吉凶的迷信。当时国民党一些军政要员多借扶乩决策。念经，当时报载戴传贤在北京雍和宫举行“时轮金刚法会”，邀请班禅主坛讲念经。

⑥ 是说四边烽火告急，国民党的要员一味尊孔、崇道、念佛，在他们看来，头等紧要的是复古正人心。

⑦ 一正，双关语，指“正人心”；也指蒋中正这个人。四裔：四方边远地区。两句是说要人人从正，样样复古，边远国家的头目就会自动罢兵言好。

⑧ 中国圣人指蒋介石。训政，为孙中山规定建设“民国”分军政、训政、宪政三阶段之一，谓人民须经过教育训练才能实行宪政，蒋介石借此剥夺人民自由，长期独裁统治。紫金山，在南京市东，孙中山陵园所在地。这两句是说你蒋介石对人民长期训政下去，就会像中山陵一样万年长青了。反话。

⑨ 德，德莫克拉西。赛，赛因斯。两句是说民主与科学是互相依存的，事功与道德怎样分得开。

⑩ 金刚法会，讲经奉佛活动。当年四月，国民党要人和社会人士在报上刊出大幅《启建时轮金刚法会启事》，将定期在杭州灵隐寺举行法会，“切望十方善信如期到会恭候大法”。这两句是说为了忏悔犯上作乱、目无领袖的罪恶，都要到金刚法会上来听法修行。

（十九）

宝华山上暗生春，春满书斋不二门。
妒病难医今有药，老僧同榻尔何能。①
（戴传贤有惧内癖，营金屋于宝华山僧舍，颜曰不二书斋，以与僧同宿诳其妻。）

（二十）

艮兑成名老运亨，不虞落水仗天星。②
只怜虎子风流甚，斩祀汪汪长叹声。③
（吴敬恒以子有恶疾，绕室长叹曰，吴氏之祀斩矣！）

（二十一）

保墓贤人别有思，痛心考古播邪辞。
三皇五帝推翻后，稻桶（道统）灰飞大圣悲。④

（二十二）

两载匆匆忘四省，三民赫赫壮千秋。⑤
中华终有新生命，海底弘开纪念周。⑥

（二十三）

长城以外非吾土，万里黄河惨淡流。
还有长江天堑在，贵人高枕永无忧。⑦

（二十四）

苏马幽居蒋蔡逃，胡儿拍手汉号啕。⑧

---

① 宝华山，在江苏句容县北，离南京市中心约九十里。不二门，即不二法门，佛教语。二门，指不是两个极端。法门，指修行入道的门径。这首揭露戴传贤一伙假道学的丑行，看原注自明。

② 艮、兑，八卦中的两个卦名，这里指宦侍妇妾之行。落水，指吴稚晖早年在日本投水获救的事。两句是说吴稚晖仗着运气好早年没有溺死，便以钻营成名，到老官运亨通。

③ 这两句意思是：可是不肖子染上了花柳病，吴家的烟火将断种啊！

④ 这首是专讽戴传贤保护古墓事。大意是：保墓贤人别有怀抱，痛恨考古学家散播挖掘古墓的邪词，古墓发掘了，三皇五帝和他们的道统岂不荡然无存！道统就是稻桶（饭碗），所以死去的大圣、活着的大圣都那样悲痛。

⑤ 忘，疑亡字之误。四省，指东三省和热河。两句是说匆匆两年中就丢失了四省神圣领土，“三民主义万岁”倒是叫得怪响。

⑥ 海底：指1933年国民党代理行政院长宋子文告热河将士书中说：“诸君打到那里，子文跟到那里，诸君打到天上，子文跟到天上，诸君打到海里，子文跟到海里。”纪念周，国民党规定各机关、各学校每星期一早上集合诵读孙中山遗嘱和负责人讲话的仪式。两句是说中国终归有一条新生的路，那就是到海里去大做纪念周。

⑦ 这首是讽刺国民党的逃跑主义，是说长城以外已经丢了，万里黄河也已黯然失色。还有长江的天险，国民党的官老爷仍然可以高枕无忧。

⑧ 苏、马即东北义勇军将领苏炳文、马占山。蒋、蔡，即主张抗日的“福建人民政府”将领蒋光鼐、蔡廷锴。胡儿，指日本帝国主义。汉，指中华民族。两句是说苏炳文、马占山投闲置散了，蒋光鼐、蔡廷锴被赶跑了，亲者痛仇者快。

儿皇忠悃应无失，毋事皇军汗马劳。①

（二十五）

人心不古民德薄，中夏亡君世道忧。②

幸有安排谢邻国，首宜统一庆车邮。③

（二十六）

关东少帅如兄弟，淮上勋臣师道尊。④

钦慕抒诚承雅教，何郎软语最温存。

（何应钦在天津宴客语）

（二十七）

虎狼百万昼横行，兴复农村气象新。

吸尽苛捐三百种，贫民血肉有黄金。⑤

（二十八）

低头分取一杯羹，实业宣传花样新。

机器农场偷卖尽，增加生产厚民生。

（谓陈公博长实业部事）

（二十九）

分肥不及暗生嗔，蹩脚先生老气横。⑥

唯一辉煌新建设，前朝灯火万家明。

（张人杰长建设委员会，所建设者，李纯遗留之电灯公司而已）

（三十）

严刑重典事唐皇，炮烙凌迟亦大方。⑦

---

① 这两句是说蒋介石有了石敬瑭做儿皇帝的忠诚，就不用再为日本皇军去打仗了。

② 中夏，即中国。亡君，亡通无，意即无主。

③ 邻国，指日本。庆车邮，指北平政治分会讽刺国民党政府表面上不承认“伪满洲国”，实际上又指使北平当局派代表和“伪满洲国”签订与关内通车、通邮协定。

④ 关东少帅，指张学良，是蒋介石的结拜兄弟。淮上勋臣，指段祺瑞，曾任保定军官学校校长，蒋介石曾入保定肄业，段由天津南下，蒋介石到浦口迎接，执弟子礼。

⑤ 虎狼，指贪官污吏。兴复农村，指国民党设置的“农村复兴委员会”。这是讽刺国民党搞的“兴复农村”花招，不过是“虎狼百万”，“苛捐三百种”，把农民的血肉变为他们的黄金。

⑥ 这首是讽刺张人杰即张静江的。1926 年在广州一度任国民党主席，北伐期间宣布为浙江省主席，未到任。在南京政府的分赃中，争监察院长而不可得，为此发怒。张早年跛足，人称“张跷子”。

⑦ 唐皇，即“唐哉皇哉”。炮烙、凌迟，皆酷刑。大方，这里作大道理解。两句是说严刑重典做得很堂皇，炮烙、凌迟，也有大道理。

暴虐秦皇绝千古，未闻博浪狙张良。①

（三十一）

贪夫济济盈朝右，英俊雕残国脉衰。②
孕妇婴儿甘并命，血腥吹满雨花台。③

（三十二）

关门闭户两争持，佝偻主人佯不知。④
幸有雄兵过百万，威加百姓不迟疑。⑤
（开门闭户谓英、美与日本之争持）

（三十三）

感恩党国诚宽大⑥，并未焚书只禁书。⑦
民国也兴文字狱，共和一命早呜呼。

（三十四）

麻雀乌鸦总祸胎，投机彩票禁难开。⑧
检查毒品官家利，奖券航空大发财。⑨

（三十五）

故宫春色悄然去，无饰王冠只一端。⑩
南下明珠三百箧，满朝元老面团团。⑪
（故宫盗宝案乃李石曾、吴敬恒、张人杰合伙为之）⑫

---

① 秦皇，秦始皇，这里借喻蒋介石。博浪狙张良，张良曾遣人用铁锥狙击秦皇于博浪沙。这两句是代秦皇（指蒋介石）的暴虐真是千古少有，却没有听到像张良这样的人去刺杀他。

② 朝右，古代习惯尚右座。这里指权贵。两句是说国民党满朝文武都是贪夫，有作为的人才却横遭摧残，国家的命脉越来越衰微了。雕残，即为“凋残”。

③ 甘并命，愿意一块儿死。雨花台，在南京市中华门外，解放前国民党反动派在这里屠杀革命志士，解放后辟为烈士陵园。

④ 关门，开门之误。佝偻，病名。主人，指国民党政府。两句是说任英美和日本互相争持——一方要门户开放，一方要闭门独占，害了佝偻病的国民党政府却装聋作哑。

⑤ 这两句则说国民党雄兵百万不去抗日，用来“围剿”革命人民倒是毫不迟疑的。

⑥ 反话。“宽大”何在？

⑦ 他们只是禁书还没有烧书啊！但1932年2月，上海一次就被查禁了149种文学书刊。而且进步人士常以言论获罪，所以后两句则说国民党政府也公然屡兴文字狱，民主共和早就一命呜呼了。

⑧ 麻雀，赌具。乌鸦，指鸦片。两句是说烟赌是祸根要严禁，投机彩票也不能随便开放。

⑨ 这两句则说官家却禁赌禁烟恣意勒索，开办券航空奖券大发横财。当时在报上刊登了“航空救国，储蓄致富”。

⑩ 故宫，北京故宫博物院。春色，指宝物。无饰王冠，王冠上嵌镶的珠饰被拆偷。两句是说故宫博物院的宝物悄悄地溜走了，有珠饰的王冠变成了无饰是[之]一件[端]。

⑪ 这两句是说还有运转南方的三百箱珠宝，国民党元老们给趁机扒窃，他们都成了面团团的富家翁。

⑫ 一说故宫盗宝案主角易培基，为李石曾女婿。

（三十六）

珊珊媚骨吴兴体，书法由来见性真。

不识恩仇识权位，古今如此读书人。①

（谓汪兆铭也）

（三十七）

拳乱偿金万民血，故宫宝器尽连城。②

要人垄断伶人喜，一掷缠头十万金。③

（李石曾垄断庚款及故宫财物，以十万元赠程砚秋出洋）

（三十八）

十三万万债台高④，破产惊呼路政糟。

太子叨光三百万⑤，宗臣外府大荷包。⑥

（孙科长铁道部时侵吞三百万元，汪兆铭任行政院长以铁道部为外府）

（三十九）

萧何立法身难免，嗾杀陈郎道路哀。⑦

司马家儿同眷属⑧，祝君终老妙高台⑨。

（胡汉民嗾陈济棠杀陈树人⑩之子）

---

① 珊珊，妇女衣裾玉佩的声音。吴兴体，浙江吴兴赵孟頫，本赵宋宗室，仕元官至翰林学士，承旨，封魏国公。他的书法妩媚，称吴兴体。这首是借以讽刺汪精卫的毫无骨气。

② 拳乱偿金，指义和团运动中的庚子赔款，后来帝国主义者部分归还，指明用途，设立庚款委员会，李石曾是法国庚款委员。连城，即和氏璧，价值连城。两句是说庚款都是老百姓的血汗，故宫宝物都是价值连城的珍品。

③ 要人，指李石曾。伶人，戏曲演员。缠头，古时候歌舞者缠在头上的锦帛，这里是伶人的代称。两句是说要人垄断庚款和故宫宝物，伶人很高兴，因为一次就获得了十万元。

④ 指南京政府当时欠的外债。

⑤ 指孙科任铁道部长贪污了三百万。编注：叨光，占便宜。

⑥ 宗臣，位极群臣的大官，这里指国民党行政院长汪精卫。这句是说铁道部不仅是孙科的金窟，也是行政院长汪精卫的外库——大荷包。

⑦ 萧何为西汉制订法制的大臣，曾被刘邦猜疑，遭囚禁。这里借指曾任国民党立法院院长的胡汉民，与蒋介石争权，一度被囚禁于南京汤山，故说“身难免”。嗾杀，指使杀害。陈郎，陈树人之子。两句是说立法的萧何也公然违法，指使别人杀害陈家的儿郎，大家都很惊讶。

⑧ 司马家儿，指晋永嘉五年，匈奴军刘曜攻洛阳，掳晋惠帝羊皇后，不久，刘曜僭位又立羊氏为皇后，因问曰：“吾何如司马家儿？”后曰：“胡可并言，陛下开基之圣主，彼亡国之暗夫。”这句是说刘曜与晋惠帝司马衷同一个皇后。暗指陈树人之子与胡家眷属有暧昧事，所以胡汉民要嗾而杀之。

⑨ 君，似指胡汉民。妙高台，在金山上，僧了远建。这句是说还是到妙高台去修行养老吧！

⑩ 陈树人（1884—1948），广东番禺人。17岁投身反清斗争。1907年学画于日本京都美术学校等两所学校。1901年主编《广东日报》、《时事画报》，1905年入同盟会。1916年赴加拿大任中华革命党加拿大总部部长，1922年回国，1923年1月任国民党本部党务长。参加国民党一大，国民党二大选为后补中委。曾任国民政府侨务委员长。抗战中赴菲律宾募款。1946年自渝返宁。病逝。清末岑南画派代表画家、创始人。

（四十）

凛凛威风御史台，三光荫下集群才。①
狐狸暗笑苍蝇拍，心眼歪时嘴亦歪。②
（世谓监察院委员为苍蝇拍）

（四十一）

一门亲贵人称羡，宋玉高唐结主欢。③
几见司农轻授受，乃知裙带胜衣冠。④
（谓宋、孔相继为财长）

（四十二）

党权为重国权轻，破碎山河万众惊。⑤
弃地丧权非细事，庙谟密定两三人。⑥

（四十三）

严惩鸦片不容情，高坐唐皇国法尊。⑦
为免欠呻濒掩袖，好将烟泡暗中吞。⑧

（四十四）

鸦片专营陆海军，明严烟禁暗销行。
州官放火寻常事，巢县新焚八大村。⑨

（四十五）

嫌疑反动日惊心，拱默公卿致太平。⑩

---

① 御史台，谏官，这里指国民党监察委员。三光，日、月、星。两句是说威风凛凛的监察委员，是在三光照耀下汇集的人才。反话。

② 这两句是说有些狡猾的人讥笑监察委员只是拍拍苍蝇，因为这些谏官老爷心眼长歪了，话也是歪着说。一说狐狸，指借助四大家族势力为非作歹的人。

③ 一门亲贵，指蒋、宋、孔。宋玉，战国楚人，善词赋，有《高唐赋》、《神女赋》等名篇，这里指宋子文以女宠为蒋介石所宠信。司农，古代主管财政的官员，指财政部长。衣冠，古代士人穿戴儒衣儒冠，故常以衣冠代指士人，这里指一门亲贵，应指宋家，以女结欢蒋家和孔家

④ 司农，财政部。衣冠，指士人，知识分子。这两句是说何曾看见财政部长竟可私相授受，原来裙带关系胜过发愤读书。

⑤ 是说以国民党一党的私利为重、国家民族的公利为轻，祖国的大好山河任敌人蹂躏，谁不愤慨！

⑥ 庙谟，朝廷决策、国家大计。两三人，指蒋、宋、孔等。丢弃国土、丧失主权不是小事，现在糟到这步田地是由两三个人的谋划啊！

⑦ 唐皇，疑为堂皇之误。两句是说国民党要人冠冕堂皇地坐在那里发号施令，口口声声要严禁鸦片，他们实际是阳一套阴一套。

⑧ 欠呻，疲倦的表态，这里指烟瘾发了。这两句是说唯恐被人看到烟瘾发作，眼泪、鼻涕一大包，偷偷用袖子遮盖脸面吞下烟泡。

⑨ 这首仍是揭示国民党禁烟中的丑剧的，但丑剧已变为暴行。据 1934 年 4 月 19 日报载，皖北强行铲毁烟苗，巢县农民不服，群起反抗，官兵竟纵火焚烧，“十里方圆，惟见烽烟敝天”。“州官放火寻常事，巢县新焚八大村”两句，就是指的这件事。

⑩ 国民党诬革命为反动，略涉嫌疑，即遭迫害。拱默，两手拱着默不吱声。公卿，文武百官。两句是说人人自危的通“匪”嫌疑多么惊心动魄，满朝文武默不吱声的好一副太平景象！

干事委员资笑谑，女权不重重花瓶。①
（男干事女干事干事干干事，大委员小委员委员委委员，彼中自嘲之词也。）

（四十六）

法外有法党中党，继美沙俄黑百人。②
囚捕无须烦警吏，杀人如草不闻声。

（四十七）

皇皇大典枉抡才，官运高低靠后台。
封锁未成民已苦，七分政治费疑猜。③

（四十八）

苛捐榨尽民间血，百业凋残袖手看。
商贾不知遗教美，但愁歇业忍饥寒。④

（四十九）

观瞻对外苦周旋，索命难延建设捐。⑤
白发翁媪双跪泣，乞留敝絮过冬天。

（五十）

委员提款连翩至，心软州官挂印逃。
入室无人拘妇去，婴儿索乳苦哀号。⑥

（五十一）

垣墙属耳党先生，士气消沉官远亨。
闭户闭心兼闭口，莫伤亡国且偷生。⑦

---

① 两句讥笑国民党官员昏天黑地过日子。

② 前一句指南京政府的法律外还有《危害民国紧急治罪法》。国民党中还有CC和蓝衣社。后一句的“黑百人”，指沙皇时代的反动帮派组织“黑百党”，是说国民党效法沙俄“黑百人”的特务统治的。所以“囚捕无须烦警吏，杀人如草不闻声”，一片白色恐怖。

③ “皇皇大典枉抡才”，指国民党煞有介事地举行高等文官考试，不过是虚张声势，实际是“官运高低靠后台”。这样的作为，对革命根据地的封锁徒然苦了老百姓，你们叫嚣的三分军事七分政治又有什么用！故说“封锁未成民已苦，七分政治费疑猜。”

④ 这首是说世界经济恐慌袭击到中国，使得白银外流，百业萧条，民族工商业纷纷倒闭，国民党当局袖手不顾，苛捐杂税，有加无已。“商贾不知遗教美，但愁歇业忍饥寒”，是说工商业家不懂得他们说唱的美妙“遗教”，只怕遭致歇业破产，饥寒交迫。编注：遗教，即总理遗教。

⑤ 是说他们粉饰太平费尽了心机，却像索命一样催逼建设捐，造成“白发翁媪双跪泣，乞留敝絮过冬天”的悲惨情景。媪，老婆婆。

⑥ 这首同上一首所述的情节相似：委员接二连三地向州县提款，好心的州官无法应付弃官而去。恶吏闯入民家找不到男主人就把妇女抓走，留下了婴儿要吃奶的哀号声。

⑦ 这首写的是人们相戒“莫谈国事”的“万马齐喑”局面。所以说墙垣有耳，谨防国民党特务窃听惹祸，他们是借此摧残士气使自己官运亨通的。大家只有“闭户闭心兼闭口，莫伤亡国且偷生”。满纸悲愤。

（五十二）

虏民夺地数千里，使节依然笑语迎。

无力复仇应抱恨，如何握手进香苹。①

（五十三）

健儿委弃在疆场，万姓流离半死伤。②

未战先逃恬不耻，回銮盛典大铺张。③

（五十四）

嫩江血战惊强敌，爱国男儿自主张。④

雪地冰天谁管得，东风吹暖半闲堂。⑤

（五十五）

专制难期政令宽，每因功业震人寰。⑥

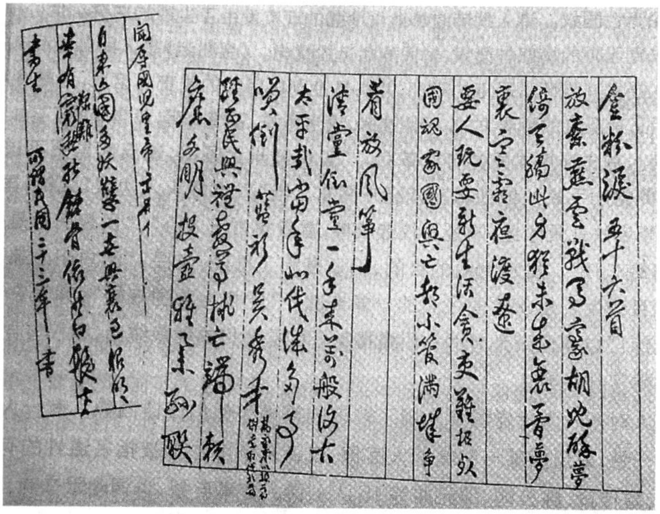

1934 年陈独秀狱中作组诗《金粉泪》56 首手迹（部分）

---

① 这首写国民党政府对日本的屈辱外交。意思是说东北、热河几千里的国土和人民被夺走了，使节还在那里打躬作揖。你们这些混蛋，即使没有能耐报仇雪恨，也不该低声下气再向侵略强盗敬香槟酒。编注：虏民，指日本侵略者。香苹，即香槟酒。

② 是说军队布防疆场而不御敌等于废物，多少老百姓在逃亡中或死或伤。

③ 回銮，帝王车驾称銮，出巡返回称回銮。这里指蒋介石于“一·二八”战起第三天宣布迁都洛阳，《淞沪协定》签字以后回到南京。这两句是说临阵当逃兵已经太可耻了，回来居然还有脸皮大摆威风。

④ 开头两句指出在嫩江血战的义勇军打击了强敌，他们这些爱国男儿是自己采取行动的。

⑤ 半闲堂，是南宋宰相贾似道在西湖葛岭建立的豪华庭园。这两句是说在嫩江冰天雪地里打仗的义勇军有谁去管他们？东风吹来的暖流都汇进了蒋介石及其权贵的豪华公馆。

⑥ 两句是说专制王朝很难期望政令宽大，每每却有功业彪炳、震动人寰的英雄人物。

未闻辱国儿皇帝，亦欲伊周一例看。①
(陈立夫谓国民党为伊尹、周公)

（五十六）

自来亡国多妖孽，一世兴衰照眼明。②
幸有艰难能炼骨，依然白发老书生。

陈独秀于诗末署：“所谓民国二十三年书”
原载《党史资料》丛刊(上海)1983年第3辑第137页

13. 赠觐玄同学　1935年1月③

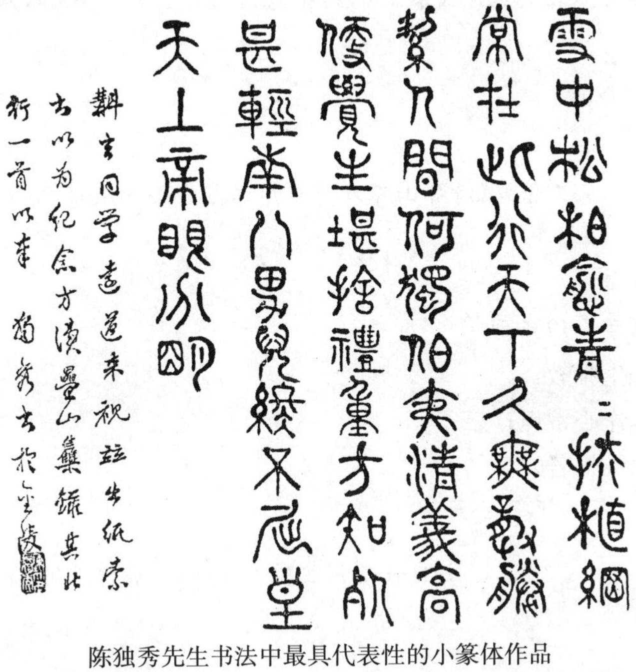

陈独秀先生书法中最具代表性的小篆体作品
见奚金芳《一代伟人陈独秀(1879—1942)幻灯片》第83张，1997年12月南京大学电教中心制作，中国现代文化学会陈独秀研究会发行

---

① 伊，商初政治家伊尹。周，西周政治家周公。这两句是说从来却没有听说过向敌国屈辱投降的儿皇帝，也可同伊尹、周公一样看待。

② 妖孽，古人说“国之将亡，必有妖孽”这里指国民党反动派。一世，一代，这里作当代讲。两句是说国民党这些妖孽把中国拖到了绝境，当代的兴衰早已逃不掉我的眼睛。接下去的两句则说我幸喜从艰难险阻中得到了磨炼，依然是个不改初衷的老书生。这最后一首又落到作者自己身上来，与第一首相呼应。如果说第一首是作者在寇深国危中发抒自己的怀抱，最后一首则表明了作者的境遇和意志。

③ 据南京大学中文系吴新雷(1933—)教授《陈独秀与陈中凡》一文称：1935年1月，陈中凡……“即趁寒假回南京家中的机会，到监狱中探望陈独秀先生”，陈独秀当即篆书此条幅。(见奚金芳主编，全国第七届陈独秀学术研讨会筹备处编印《纪念陈独秀先生逝世60周年论文集——陈独秀与20世纪学术、思想、文化》第117页)。

1935年1月，中山大学教授陈中凡（斠玄），探视陈独秀先生于江宁地方法院看守所，陈正在写作《实庵字说》，师生离别十余年畅叙别情后，陈中凡向之讨墨宝。陈独秀当即书写古人谢枋得的《北行别人》诗一首赠之以表心志。

雪中松柏愈青青，扶植纲常在此行。
天下久无龚胜絜，人间何独伯夷情。
义高便觉生堪舍，理重方知死是轻。
南八男儿终不屈，皇天上帝眼分明。
觐玄同学远道来视，并出纸索书以为纪念。方读《叠山集》①，录其《北行》一首以奉。

独秀书于金陵 印

〔一九三五年〕1月

原载《清晖山馆友声集》，江苏古籍出版社2000年版，第151页

标点系本书编者所加

14. 为刘海粟题字　1935秋②

海粟先生雅教：
行无愧怍心常坦；
身处艰难气若虹。

独秀

引自任建树主编：《陈独秀著作选编》第五卷，第140页

---

① 《叠山集》：作者宋谢枋得(1226—1289)，字君直，号叠山，南宋信州(今上饶)弋阳人。南宋著名的文学家和爱国诗人。入元以后，被押大都(北京)，誓不屈节，死于狱中。陈独秀以诗明志，喻示了虽陷狱而宁死不屈的崇高气节。

② 刘海粟说：1935年秋，我刚从欧洲回来，见到蔡元培、杨杏佛。他们想去监狱看望陈独秀，但又不便去，跟我说：你是无党无派，你去吧！我是通过段锡朋的关系去的，见到陈，紧握他的手说："你伟大！"他说："你伟大，敢于画模特儿，和封建势力斗。"还大声抗议，说："蒋介石要我反省，他倒要反省。"陈在狱中，没有忧忧不乐，很自然、有气派。我说到我在法国开画展的情况，他听了很高兴。我们谈话的一个小时，门口站着特务。临别时，我请他题字留念。他写了这副对子〔见下〕。在十年浩劫中，我把它辗转藏匿，才得以保存了下来。(1985年10月2日任建树访问刘海粟于上海衡山饭店，谈话笔录)

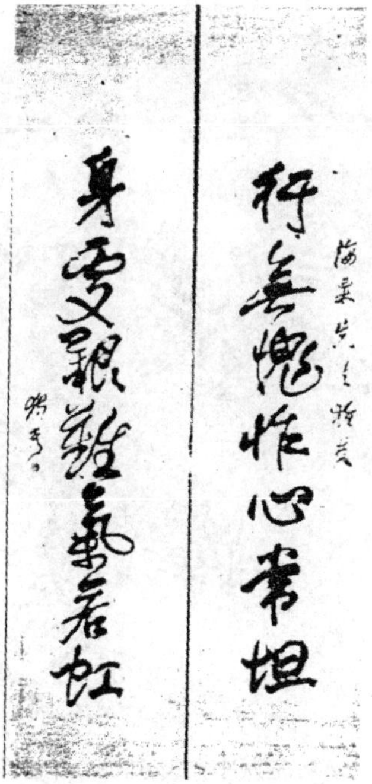

1935 年秋陈独秀回赠前来探监的刘海粟的手书对联

15. 题刘海粟古松图① 1935 年秋

黄山孤松，不孤而孤，孤而不孤。

孤与不孤，各有其境，各有其用。

此非调和折中于孤与不孤之间也

题奉

海粟先生

独秀印

引自任建树：《陈独秀著作选编》第五卷，第 141 页

① 1935 年 11 月，刘海粟从黄山写生归来，到南京老虎桥监狱看望陈独秀，赠《古松图》与陈共赏，陈为之写了此富哲理的题记于画面左下。

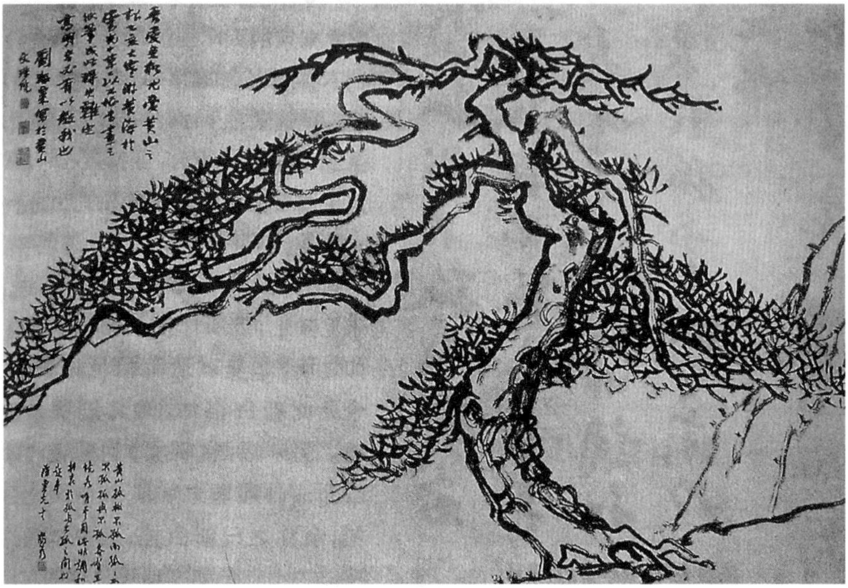

刘海粟在狱中赠陈独秀《古松图》

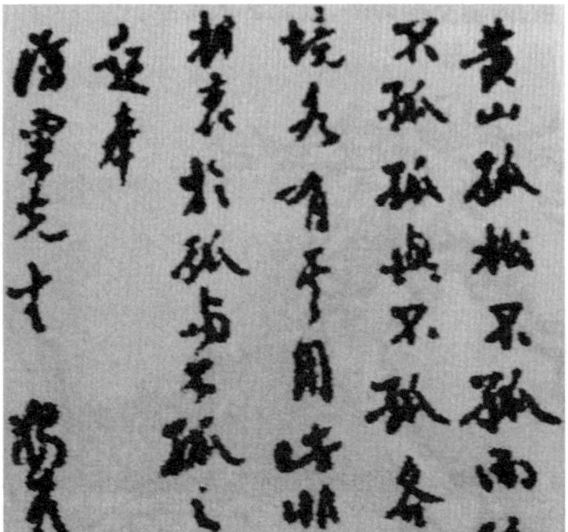

陈独秀在刘海粟赠《古松图》画上的题词

20 世纪 30 年代的刘海粟

16. 1936年3月10日《火花》第三卷一期

无产阶级与民主主义①

孔 甲

人们对于民主主义，自来有不少的误解。

最浅薄的见解，莫如把民主主义看做是资产阶级的专利品。

人类社会，自有政治的组织及其消灭，在此过程中，民主主义乃随着历史的发展，而形成各阶段的内容与形态。

在未有阶级未有国家的氏族社会，即已有政治组织，从莫尔干②所谓一权政府(酋长会议)至三权政府(酋长会议、人民会议及军事总指挥)都是民主主义的，即如莫尔干所说："会议，在全员周知的事件之下面召集，在民众环视公开演说之中开会，它在民众之下而行动，那是一定无疑的。形式上虽属寡头政治，实是民主主义的代议制。代表们虽然以终身任职，然须服从于民众。在各氏族人员之同胞关系上及关于公职之选举制度，乃是民主主义之萌芽与基础。民主主义，亦如其他大原则一样，在进步之初期阶段，即有此不完全的发达，人类是可以此而自豪的"。(《古代社会》第二篇第四章118页)。

到了阶级的社会，民主政制，受了土地贵族巨大的摧毁，直至第三阶层即市

---

① 关于这篇文章，王文元(王凡西)曾回忆说："在我第三次入狱之前(即一九三五年夏到一九三七年五月间——引者)，我们新建的理论机关报《火花》，记得只出了两期。那里主要刊载了第四国际筹备时期的一些有关文献，托洛茨基批评'人民阵线'与苏联新宪法的文章。其他内容中值得特别提出来的是陈独秀的一个提纲，关于民主主义的。它表示出这位中国启蒙运动大师思想上的新转变，他在不断跃进后的倒退。进了南京监狱，离开了实际斗争，陈独秀的思想开始发生了一种后退的酝酿。最初是对苏联的国家性质发生了疑问。他觉得当时苏联已经不再是工人国家，也不能像托洛茨基所说的是什么坠落的工人国家。……从这个直觉出发，他比较郑重地研究了民主主义的历史发展。结果他达到这样一个结论：人类的历史主要乃是一部民主的发展史。据他的看法，自从奴隶社会破坏了原始共产主义社会的民主以后，继起的各种社会形态更迭，不变地代表着民主的提高与扩大。虽然历史发展所循的途径是弯曲的，但在较长的时距内看，代表民主的那条线总在向上延伸。因此他获得了又一个结论：民主是社会进步抑或倒退最可信的指标，它本身并不含有阶级性，更不是资产阶级的专利品，社会主义者若在民主头上扣上某某阶级的帽子而加以根本排拒，则是反动而非进步。他认为一个真正的工人国家绝对应该比任何资产阶级更加民主。"王文元说："我们看到了独秀的文章，没有一个人同意。他把民主主义看成为一个超历史超阶级的范畴，还原成一个抽象的观念了……附在独秀那篇文章后面，我写了些反对意见，一起在《火花》上登载"(《双山回忆录》第242—243页)另外，当时在狱中与陈独秀辩论过此问题的濮清泉也有类似的回忆(见濮清泉：《我所知道的陈独秀》)。

王文元指的这期间的《火花》，我们见到了三期，即第三卷第一期外，还有第二期(1936年5月10日出版)、第三期(9月25日出版)。这三期中，只有这篇署名"孔甲"的文章的内容，与王文元上面所说的相符，也与陈独秀文章中的"民主观"一致，可见此文是陈独秀之作，"孔甲"是陈又一化名。——上海周履锵及编者合注。

② 莫尔干：即 Lewis Morgan，又译为摩尔根(1818—1881)，美国著名人类学家和民族学家，原始社会历史学家。1923年获名誉法学博士，代表作为1877年出版的《古代社会》。首次发现氏族是原始社会的基本组织，发现母系氏族和父系氏族存在和发展规律以及婚姻、家庭形态的历史演变等。参见郭玮：《从〈古代社会〉看摩尔根对民族学的贡献》一文，《贵州民族研究》2010年第6期(第31卷总第136期)。

民各阶级出现，才举起民主主义（Democracy）旗帜，来和贵族政治（Aristocracy）对抗。这一长期的市民运动之目标，综合起来，都是推翻压制平民之贵族、国王、教主、少数人的特权，在政治上经济上扩大普遍的民权，具体说来，即是以民选议会代替国王及贵族之专制，解放行会，解放农奴，这便是民主革命的任务之主要内容（有人以为民主任务只限于经济的，这是不合乎历史事实的胡说），在社会主义运动未发生以前，完成这些民主任务，乃人类进步之唯一的伟大指标。所以民主主义乃是人类社会进步之一种动力。

近世各国的革命运动，都或多或少的向着这指标进行。参加革命的各阶级及其各阶层，都在这指标之下，为自己的利益而行动，并非将民主要求看做是资产阶级的任务，预先为造成资产阶级的权力而行动，即资产阶级本身，亦非自始就有这种企图，相反的，只在其最初几个时期，尚企图和旧统治阶级妥协，在旧统治阶级权力之下，争得若干利益，以共同抑制下属人民，她并且不完全赞成这些民主任务的要求，特别是真正普选和彻底解放农民，资产阶级所最后保留的，只是一种形式的民主主义，即"法律之前人人平等"这一句谎话，和猪圈的议会。在法西斯特的今天，连这个都不要了。但斗争的结果，只因为当时还没有强大起来能够掌握政权的无产阶级，一切权力很自然的落到资产阶级的手中。因此，历史家不得不承认这一时期是资产阶级的历史时期，也就认为这一时期的革命是资产阶级性的民主革命，并认为革命中所需要完成的任务是资产阶级性的民主任务。我以为严格说起来，应该是人类社会进步过程中的历史任务。在理论上，完成这些历史任务的，并不限定是哪一阶级；在事实上，也只有在英国或者可以说是资产阶级领导农民完成的，在法国是小资产阶级领导工人完成的，在俄国乃是无产阶级领导农民完成的。

落后的俄国之无产阶级，在完成民主任务斗争的基础上，比诸先进国之无产阶级早些夺得了政权，这便是不断革命的战略得着了第一次实验之成功，把"首先完成民主革命再干社会主义革命"这一旧的传统思想，打得粉碎。这一战略，在中国革命中也得着了一种反证，即是：在中国的民主革命中，无产阶级若不能取得政权，革命只有失败，完成民主任务的话便无从谈起。资产阶级愈到东方愈无能愈无耻，孙中山的党——中国资产阶级最先进分子的党，从开始诞生第一秒钟，一直到今天，无论在理论上在行为上都是反民主主义的。他们的所谓革命，只是简单的等于北伐成功取得政权，至于完成民主任务如排除帝国主义势力使中国独立，解放农民，民选议会，等等，都算是"赤化"，都和他们如冰炭之不相容，连形式的民主主义和猪圈议会都没有。（在这里，我们还要注意：鲍罗庭从莫斯科带来的东西,除枪炮外,算是反民主主义的议论,最合他们的口味!)中国的小资产阶级,无论在数量上如何庞大,农民在革命中的作用无论如何重要,也不能居领导地位,所以中国完成民主任务的责任,终于要放在无产阶级的肩上,这便是中国革命之不断性的客观规律。

所谓"不断革命",并非如字面的解释:以为是说有利于革命的客观局势是不断的;这是一种曲解。或者以为是指主观上不断的努力进行革命,不停止在民主阶段上,或是说完成了民主革命的阶段,紧接着就是社会主义革命,很快就转到无产阶级专政,这不过是(紧接的)阶段论,而非"不断革命"的意义。

"不断革命"之真实意义,是指出落后国家的民主主义革命和社会主义革命之不可分离性,这就是说:落后国的无产阶级能够在民主革命的基础上取得政权;由无产阶级的政权来完成民主任务,没有无产阶级的政权,落后国的民主任务便无法完成,所以不能把完成民主革命和无产阶级夺取政权分成两个阶段,完成前者再进行后者。

"不断革命"之最基本的论点,托洛斯基在一九〇五年革命爆发之前,已经坚决的定义了,在这一点,我们可以说列宁是托洛斯基的学生,托洛斯基不是列宁的学生。

如果有人企图抽去民主主义的内容,仅仅把她当做一个抽象的空洞名词用,他便完全是一个为资产阶级欺骗民众的策士,甚至中国有时都会需要这种人物,一切真理都是具体的,所以无产阶级的马克思主义也是具体的,所以我们所谓民主主义,不是抽象的,而是指当普选全权的国民会议,排除帝国主义的势力使中国独立,实行八小时工作制,没收土地归贫民,以至出版集会结社罢工之自由这些具体内容。

如果有人认为无产阶级不应该把完成民主任务责任放在自己的肩上,那便有几方面的错误:(一)不懂得民主主义在人类社会进步上的历史意义;(二)幻想中国的资产阶级还有不少民主主义的气味,其实,聪明的中国资产阶级,很懂得民主主义运动,对于她比社会主义更是直接的现实的灾难;(三)把中国无产阶级的革命推迟到不可知之岁月,因为中国的资产阶级永世不能排除发展资本主义的障碍,使无产阶级有在社会主义基础上夺取政权之可能;(四)抛弃了民主的口号与斗争,便无法取得小资产阶级的群众,特别是农民,中国的无产阶级若没有农民的同盟,休想取得政权。如果他以为他并未主张抛弃民主斗争,那么便要问:斗争而不肯放在肩上,这是什么把戏?把民主斗争放在哪一阶级的肩上?是否无产阶级只应该把社会主义斗争放在自己的肩上，民主斗争是资产阶级和小资产阶级的事，无产阶级只好跟在他们后面参加斗争？

中国无产阶级将在什么口号之下夺取政权，我们现在不能知道，这不但要依国内局势，而且要依国际局势：国民会议运动在中国将经过哪些过程，作何结果，现在也不能知道，这要依阶级斗争来决定，国民会议和苏维埃一样，并非一定的模型。惟如果有人企图把人们现时采用的国民会议口号，预先和解决民主任务及夺取政权分开，这完全是自由资产阶级议会主义的观点，这明明是预先准备在资产阶级和小资产阶级的国民会议政府之下，在不能解决国家独立及土地等问题的国民会议之中，做一个反对派。

对民主斗争和民主斗争中之总的口号"国民会议"加以非革命的解释，这都是孟什维克的传统思想，此种思想虽只在萌芽，我们即应严加抵制，何况现在已经系统的坚持着他们的成见！

这些思想之错误，根本都由于不认识"不断革命"的战略之重要性与可能性。

或者又有人说：我们为了争取小资产阶级的群众，来推翻资产阶级的军事独裁，才采用民主义义的政纲与口号，这不过是一种手段，取得政权后便用不着她了。我答曰：否！否！我们取得政权之后，正是我们的民主政纲实现时代之开始，而不是他的终结，只可以说在那时我们不能以民主政纲自限，而不能说用不着他。我们采用民主主义的政纲与口号，是目的，并不是手段。民主主义是对于官僚主义的抗毒剂，他和社会主义并不是对立而不相容的东西，无产阶级取得政权之后，并不是抛弃民主主义，而是扩大民主主义，以无产阶级的民主主义来代替资产阶级的民主主义，即是从资产阶级的狭小范围，扩大到一切被剥削被压迫的占全国人口大多数的民众，从量改变到质，从议会到苏维埃，并且还要从大多数人民政治继续扩大到全体人民政治，即列宁在《国家与革命》中所说的，无产阶级的民主主义，是要采取迅速的手段，来彻底的刬除官僚主义，而且能够把这种手段应用到底，直到官僚主义完全消灭为止，直到代表民众的民主主义完全实现(按此即列宁所说的"真正全体人民都来参与国家行政")为止。在这一意义上，在现时代，只有无产阶级才是民主主义势力的真正代表，我们共产主义者同时也是真正的民主主义者。

史大林不懂得这一点，抛弃了民主主义，代之以官僚主义，才至把各级苏维埃，把职工会，把整个无产阶级政权，糟蹋得比托罗茨基所预料的还要可恶，使列宁几乎无话可以驳倒托罗茨基，真要气死列宁的幽灵。

平心而论，蔑视民主主义的人，并不只是史大林，有许多浅薄的老布尔什维克人，因为形式逻辑头脑的考茨基[①]一班先生们，拿民主主义来对抗无产阶级独裁，他们也就拿无产阶级独裁来和民主主义对抗，两方面都以为民主主义和无产阶级独裁是不能并存的，同样是形式逻辑的头脑，这便是史大林派的官僚主义无限制发展的大助手之一。

生长在官僚主义的祖国而没有马克斯主义素养的我们这一辈的中国青年，在莫斯科接受到这样的空气，自然认为民主主义是和资产阶级不可分离的，和资产阶级要同样抛弃在垃圾堆里，清洁的无产阶级，清洁的共产党人，应该和民主主义永远绝缘，沾着她总有点臭气，于是乎民主主义者便成了一个骂人的名词，在1924—1925年，有一位国际代表和几位由莫斯科回来的中国同志，都先后告诉我：提倡民主主义是托洛斯基的错误之一。

我们现在应该矫正的要点是：（一）不要把资产阶级狭小的形式的民主主义，当做是历史上随着各阶级发展的民主主义之全〔部〕内容！（二）不要把民主主义当做是和社会主义的不能并存的东西！（三）不要把民主主义的要求当做仅仅是推翻资产阶级军事独裁的手段而不是我们的目的！

署名：孔甲

原载1936年3月10日《火花》第三卷一期

转引自林致良、吴孟明、周履锵编：《陈独秀晚年著作选》

香港天地图书有限公司2012年版，第410—415页

17.

我们在时局中的任务

鳦　儿[②]

谁要幻想中国无论是中央或地方有权力的军阀能够进行解放民族的抗日战

① 即卡尔·约翰·考茨基(Karl Johanos Kautsky，1864—1938)，出生于布拉格，1874年入维也纳大学学习历史和哲学。次年加入奥地利社会民主党，1877年加入德国社会民主党，1885年往伦敦结识恩格斯并与之成为好友。1891年与德爱德华·伯恩斯坦、奥古斯特·倍倍尔一同起草德社会民主党爱尔福特纲领。1895年恩格斯逝世后，成为社会民主主义的主要理论家和德国社会民主党的核心。他认为列宁为代表的苏联共产党走上了歧途，追求独裁。而他也被列宁视为教条主义及修正主义和调和的中间派的代表而遭谴责。代表作是列宁于1918年所著《无产阶级革命与叛徒考茨基》一书。1938年他逝世于阿姆斯特丹。本文中陈独秀把考茨基的民主社会主义与斯大林的独裁从思想方法上并论是欠妥的。

② 陈独秀笔名。郑超麟、濮清泉、何之瑜生前均同此认定。鳦即燕子，玄鸟。相传陈姓第一代是殷商的胡公。周灭商后，封胡公于河南洛阳一带，国号陈，首都商丘。传说商是契的子孙，即“天命玄鸟，降而生商”。所以一些陈姓知识分子常以燕、鸟为雅号。陈独秀取“鳦”亦如此。参见唐宝林、林茂生《陈独秀年谱》第471页注4。

争,他不是骗子,便是疯子。

威胁中华民族生存的,在目前,不用说日本帝国主义者最露骨。抗日战争,不用说是民族解放战争,然而中国民族解放运动,还不是这样简单。

自鸦片战争至义和团事件,中国已经深深地陷入了在英帝国主义支配之下的半殖民地地位。中间经过帝俄及德国在北方的威胁,英国利用日本的力量击退了俄德,恢复了它在全中国的支配。然正因此把日本的暴力引进了中国的北方。形成了对英国在华北的竞争者比以前的俄德更难对付。“九一八”以后,日本帝国者为了更进一步的发展,而企图吞并全中国。即在中国的南方,亦不免要和英国正面冲突。英帝国主义者在中国南方的势力虽然根深蒂固。然以战争多事之故,在远东没有武力的后援,目前有被日本击败之可能。传说它向东京建议由英日南北平分中国,而都为远东的意大利所拒绝。英国现时抵御日本的攻势,是利用南京政府做它的长春,经过南京政府把他的经济势力扩大深入到中国南方的城市及农村,趁着南京政府能竭力撑持之时,它对于华南的权益,尽可能的多攫取一点是一点。以防日后万一不能阻止日本吞并全中国时,对日本要求承认它的既得权益。这样一来,使英日间的利益冲突更加尖锐。蒋介石的南京政权,更成了日本的眼中钉,日本对于俄罗斯英日共同投资援助中国之提议,答之以“英国独占中国海关,又将独占中国银行”之诺言。英国这种抵御日本的政策,是非常脆弱的。比任何阿比西尼亚①抵御意大利更加脆弱,因为此时像德意日本这类帝国主义者,不能够像英法这类只求保守现状的国家会跟着敌对者的后面承认既成事实的。中国重大的利权,大部分直接或间接操纵在英人手中,而不在中国政府自己手中,蒋介石的南京政府,不过是英帝国主义者的代理人。(在这里我们必须指出,史大林派曾经宣称:蒋介石政府是日本帝国主义的代理人,这简直是无稽之谈!)若照东京的外交辞令:“不侵犯英国在华利益”,那么,他还能从中国南方取得什么呢?什么也得不着。无论中国的解放运动,无论英日在中国的利益冲突,都不是外交途径所能解决的;因为日本要走出初期的幼年帝国主义阶段,囊括全中国的资源,特别是它所最缺的煤、铁、棉花、羊毛和煤油,是它必死的斗争。日本对中国的侵略,倘不遇着中国革命的抵抗,或为别的帝国主义者所战败,必然要沿着直线进行,不会自动的停止,这本是一切资本帝国主义发展之自然的规律,并非特别是什么日本军阀的冒险主义。英日两个帝国主义争夺中国支配权,是目前中国一切事变的骨干,其他事变都附属在这一骨干上面,连

① 阿比西尼亚:埃塞俄比亚联邦民主共和国的旧称,第二次世界大战被意大利侵占(1936—1941)。

自称代表中国无产阶级的共产党，也成了为英帝国主义向日帝国主义斗争之工具，国民党更不用说了。

日俄之间，没有重大的经济冲突必须诉之孤注一掷的战争；只有两种情形可以引起日俄战争：一是苏俄把他的命运和中国革命的命运联结在一起，一是苏俄为英国效劳将日本从中国南方驱逐出去。在苏俄统治者已公开宣布放弃世界革命政策的今天，前一可能是没有的了；史大林派在远东所行政策，正是最大限度的只能实现后一种可能，即是苏俄帮助英国逼令日本让出华南，英国便马上抛弃苏俄，默认日本占领华北蒙古，以阻止苏俄势力南下。

推翻英美日帝国主义者支配中国的势力，完成国家独立，这一政纲，在中国的资产阶级的眼中，并不是中国民主革命的任务，而是可怕的赤化运动。他们为镇压这一运动，最后不惜与任何帝国主义者合作。代表中国资产阶级的蒋介石及一切高等华人在目前(也只是目前)是一致反日的，他们之所以反日，是认为在英美支配之下，尚可奴颜婢膝地乞得一点余沥，以为替英美帝国主义镇压中国人民之报酬；日本在经济上企图消灭中国一点可怜的民族工业，把中国化为永远是供给它原料的农业国，在政治上不要有组织的资产阶级占政治的地位，而利用旧有各阶级的破落分子做它的傀儡，这便是蒋介石以及一切高等华人亲英反日的真实原因。他们这一亲英反日的内心愿望，或者因为英国和美国一样终于是口惠而实不到的援助。同时又遇到日本最后的压迫，会如日本帝国主义者所谓有所“觉悟”；或者如同阿比西尼亚的皇帝一样，失国后仍然跑到伦敦乞怜；现在还说不定，即使和阿比西尼亚的皇帝一样反日亲英到底，也算不得是甚么民族解放运动。阿比西尼亚皇帝亲英抗意，和奥地利政府睡在意大利政府怀抱里高喊独立，犹太财主在英帝国主义卵翼之下做反抗阿拉伯人的复国运动，都只是奴隶选择主人而已。无产阶级所以应该左祖民族解放运动，只是因为这一运动有打击帝国主义的作用。没有这一作用的民族运动，根本是反动的。日本是全世界帝国主义的远东守门狗，英国是全世界帝国主义的首领，亲英反日和亲日反英的观念，都同样不应该一秒钟在无产阶级的战士的头脑中存留，至于无产阶级已得到解放即无产阶级已取得政权的国家，在不牺牲世界革命的战略范围之内，在某种具体问题的斗争上，利用帝国主义间的冲突，当然可以取联甲制乙的策略；如果把无产阶级已取得政权时可能的策略，扩大起来，应用到无产阶级为阶级解放民族解放斗争时代的策略，这便是可耻的选择主人的态度！

一直到今天蒋介石还未放弃亲英反日政策，一方面心恋故主，另一方面又畏惧新主人现实的压迫，不得不节节退让以图苟存，眼见南京地位处于危险，遂改变以前退守川云贵政策，而企图收取广东，以为退步。在那里比退守川云贵政策易于得到英国的援助，因此侵犯到两广军阀地盘(攫取广西鸦片烟税和广东停止兑现所存储的现金七千万元，还是次要问题)。两广军阀走投无路，遂不得不步宋哲元的后尘，倒到日本怀里，而且演出一幕联日抗日滑稽戏。若得不到华北军阀军事进攻的响应，两广未必能够制发。即使华北独立，而无军事进攻，蒋介石并不着忙，因为蒋介石早已秉承英国的意志，"放弃华北，保持华南"。两广军阀本意只在保持原有的地盘，如果得到蒋介石的让步，再加以英国的压迫，不是绝对不能妥协的；如果日本接受了蒋介石正式承认日本对华北一切要求作为它停止援助两广的条件，再加以蒋介石收买广东将领之成功，两广便完全失败，这便是一幅全中国北自张家口南至两广一切军阀抗日的画图。也就是史大林派跪求国民党的军事长官们联合抗日之可耻的政策之□□□，如果有人认为两广的举动即宁粤冲突，是破坏了中国合力抗日的阵线，这不但是说梦话，简直替南京国民党中央党部做了义务宣传员；如果有人认为两广这是抗日的，把他们算在抗日救国的联合阵线之内，号召民众和他们开诚相见，和他们"团结一致"，这便是有意为两广军阀欺骗民众；可惜在莫斯科的史大林主义者正取了前一态度(六月十一塔斯电)。

中国的史大林主义者，在去年八月一日所发表的《为抗日救国告全体同胞书》中，不曾有任何解释，忽然由在山上建立中国苏维埃政府和国民党政府对抗，一跳跳到"愿意立刻参加各党派(不用说国民党也在内)各团体，各名流，(不用说杜月笙黄金荣也在内)，学者、政治家以及一切地方军政机关，进行谈判共同成立国防政府问题"，号召所谓"各界同胞"，特别是国民党和蓝衣社①中一切有民族意识的热血青年们，大家都应当有"兄弟阋于墙外御其侮"的〔态度〕，并且还"对于日寇提出解散国民党党部和蓝衣社组织的要求，也表示坚决的抗议"。这样的全国各界同胞大合作，比之前次四个阶级联盟还要扩大些，心胸狭小的马克思和列宁，当然在醉梦中也想不到如此高明的革命战略！(据他们自己说是战略)

然而在这一丢丑的文件中，丢丑还不彻底，因为还有"南京卖国政府，人面兽心的败类蒋介石……出卖我领土□□"和"蒋贼"，如同不合时代的词句.还是一个缺憾；果然不久以后，这一缺憾便补起来了，在朱德领衔的中国红军致全国各省军事长官，要求团结一致的快邮代电中，南京蒋总司令的官衔，也赫然列入了！

① 蓝衣社：又名复兴社，国民党的一个内部组织，它积极仿效意大利和德国法西斯，是国民党中统组织的前身。

这还不算。最近,在史大林主义者或准史大林主义者出版的《读书生活》中(六月二十五日出版),他们更清楚明白斩钉截铁地说:“我们当局党政领袖,处在敌人压迫之下,不是和我们同样被压得喘气不来吗?许多军事长官,不是被逼退入关内,退出河北察哈尔……,许多地主……工商家资本家,不是因敌人的包庇走私,弄得工厂商店关门吗?所以我们要抗敌救亡,决不能再如过去一样:各阶级互相对立……各党派互相对立……自己分散救亡的力量,致为敌人所乘,……各阶级的互相斗争,各党派的互相斗争,……不知牺牲了多少民族的实力,斫丧了多少国家的元气,招来今日亡国的现象。因此,我们殷切的希望……停止一切阶级的仇视,……我们对内没有敌人,对外只有一个敌人,就是日本帝国主义……消灭过去各党各派各阶级一切成见,致力于民族生存的战斗,我们国家才可获得安全的保障。我们大声呼喊:国内没有斗争!不管任何政党也罢,任何武装也罢,任何社团也罢,(蓝衣社当然也在内了)。资本家买办、工商业者也罢,地主、豪绅、军阀、官僚、政客也罢,我们立刻团结起来,动员起来……”(以前的四个阶级联盟,比起这一大团结,真是小巫见大巫!)这一段文字的读者们,一个不留心,便误认为是一位共产党员投降国民党时千篇一律的悔过书。因为其中不但是同样的理论,连字句也多相同:不错不错,一点也不错,这本是整个的史大林派即所谓“中国共产党”投降国民党的总悔过书。以前个别投降的叛徒,真算得是他们的先知先觉了!史大林派对国民党及蓝衣社这种悔过精诚的媚态,只有红楼梦上可怜的贾瑞对王熙凤竭诚苦献殷勤,庶可配对。其结果亦未必比贾瑞更幸福。

他们在另一篇答杨文君的文章中又说道:“照来信意见,将一切‘有作汉奸可能的阶级’除外,就是地主、官吏、买办都除外,资本家也要除外。可是目前可以抗敌的一切军事上经济上必须的实力,都在他们手中。我们目前第一步,就要联合他们……我们固然要驱逐一切帝国主义,但目前不妨利用日本独占和英美矛盾,专门做抗日运动,暂时并且可以和他们“默契”。原来他们又可以和英美帝国主义者默契,难怪在今年五卅纪念示威中,他们只提出打倒日本帝国主义的口号,反得到英帝国主义的上海租界当局之赞赏。他们反日联英政策,和蒋介石及一切高等华人是一致的!因为军事上经济上必须的实力都在地主、官吏、买办手中,便主张停止阶级斗争来和他们联合,并且高呼“对内没有敌人”,高呼“国内没有斗争”;这种卖身投靠的勾当,只有聪明而无耻的市侩才想得到,才说得出,愚蠢的列宁,在他起草殖民地决议案时代,他未尝不知道中国以及其他殖民地可以抗敌的一切军事上经济上必须的实力,都也在地主、官吏和买办手中，然而他却没能力想出像现在史大林主义者这样卖身投靠的奴计！的确，现在史大林先生，有许多愚蠢的马克思和列宁所不能了解的新发明，这不过是其中小小的一个马克思列宁主义，的确由他发扬光大了，猗欤休哉！

够了，他们自己的亲口供状，已经自己把自己形容得够受了，已经自己把自己的耳光打得红肿够痛了，不用别人再多加批评，我们只须问问他们：你们所骂的人面兽心出卖土地的蒋贼，何以不多几时竟变成你们的当局党政领袖和共同抗敌的战友兼总司令，请求与他“作兄弟之携手”，“一致团结共同御侮”呢？既然为了抗日救国，便应该停止阶级斗争，和资本家地主精诚团结，那么，生活于资本家地主残酷的剥削压迫之下之颠连无告的工人农民们，要是不明精诚团结的大义，起来对厂主、地主做罢工罢租的斗争，这岂不是以阶级斗争破坏了抗日救国的民族阵线，应该处以“危害民国”之罪，杀头枪毙吗？你们既然深深的悔悟过去各阶级对立，各党对立，自己分散了救亡的力量，致为敌人所乘：现在何以不改过自新，言行一致的立即取消共产党，取消苏维埃政府与红军的组织，免得仍旧相互对立，相互斗争，仍旧要牺牲民族实力，斫断国家元气，召来亡国的现象呢？

史大林派这种背叛阶级背叛革命的理论，在工人群众中将要发生很坏影响，我们是可以预见的。至少是大大帮助了国民党的工会领袖们阶级妥协阶级合作的反动宣传；在北平上海两广激进的青年学生中，已经显然发生了使他们对军阀怀了幻想的恶果！

有人以为史大林派并非真心要停止阶级斗争来和统治阶级一致团结，不过是对统治阶级一种阴谋。这种说法是不对的，无产阶级的政党，只知道光明正大的领导民众斗争，永远用不着阴谋。我们对于任何武装势力(即蒋介石也在内)，现实的对日战争，都不犹予的予以赞助，如果他们说，你们既然赞成联合抗日，便应该停止阶级斗争，我们斩钉截铁的回答道：否！这样的意见，我们可以公开的告诉任何人，丝毫用不着阴谋，况且史大林公开的号召民众为联合抗日而停止对国内资本阶级、地主、军阀买办、官吏的斗争，这是甚么阴谋呢？这一阴谋将要发生甚么影响呢？

又有人以为中国的史大林派诚然走得太远了，莫斯科的意见未必荒谬至此。这一推想是不对的。中国史大林派的干部分子，是莫斯科驯养的小卒，几乎放屁撒尿都不敢自主，在政治宣传上，哪敢自己多走一步；况且史大林对中国采用的新路线，是他的国际总路线之应用，并非特别行之中国，更非中国的史大林派走得太远。他这一总路线，是从他的反动理论“一个国家的社会主义”出发的；既然企图在一个国家实现他所谓“社会主义”，从而放弃世界革命政策，从而在各个国家内，放弃阶级斗争，代之以阶级合作。这本是他的思想之逻辑的发展所必至，他既然放弃了世界革命，又依靠甚么力量来保卫陷于资本主义国家包围中的苏联（实际还是保卫史大林的统治）呢？于是很自然的便一眼看中了所谓“爱好和平的帝国主义者”，所谓“民主的资产阶级”解决资产阶级的助手——社会民主党的顾问们加以痛骂的社会法西斯特；（联合民主的英法反对法西斯特的希特勒，和蒲列哈诺夫联合民主的英法反对军国主义的德意志，走着同样的道路，同样是认为国际战争可以由思想出发的唯心论。）于是在上面和爱好和平的帝国主义者亦即民主的资产阶级国家建立联盟，在下面和资产阶级的助手建立人民阵线，拿这两种力量来保卫苏联，所谓“手中没有可以抗敌的一切军事上经济上必须的实力”之无产阶级和劳苦大众，自然不在他的眼中。在他看来，在现在的时代，还高唱马克思列宁的老调“以阶级对抗阶级”，便是时代的落伍者，而且是反革命！因为用马克思列宁的老调，在欧洲便是以阶级斗争破坏了人民阵线，在中国便是以阶级斗争破坏了民族阵线，破坏了这些保卫苏联即保卫斯大林统治的力量，便是反革命！依照他们这一逻辑，可以产出如下的公式：现时反对民主的资产阶级，反对爱好和平的帝国主义者，反对中国的资本家地主军阀买办官吏都等于反革命！因此我们应该懂得中国的史大林派为甚么要向国民党写总悔过书，并非他们比莫斯科走得更远。

史大林先生如此修正马克思列宁主义，并不是新鲜的事，不过是抄袭伯恩斯坦及一切资产阶级御用学者攻击马克思的老法子，说马克思的时代和现在的时代不同。马克思以后之社会的发展与变迁，以及现在的时代所发展之特点，是马克思所不及知的，所以马克思主义者必须加以修正，即是：以民族阵线代替阶级阵线。史大林主义者所视为现在的时代新发展的特点，即是指“苏联存在”和“法西斯蒂猖獗”这两件事，这都是马克思和列宁时代所没有的。其实，因为社会的发展与变迁，每个时代都有它的特点，这是真理。并且，在社会进化的车轮渐近中轴之现代，发展变迁的速度日渐加增，几乎每个年度都有他的特点，这也是事实；然而如果因此遂认为现代社会的发展已根本改变了它的特质（即阶级对立），这便是把真理变成了胡说。不错，列宁在实际斗争中，不止一次的按照政治环境，很迅速的改变战术即策略；但是阶级斗争的根本战略，从来不曾改变。譬之旅行家，坐汽车或小车，甚至步行，应按照地域形势而改变，然而从来不曾有过睡在棺材里的旅行者。譬之战争，或用弓矢戈矛，或用枪炮，或用刺刀，是随着时代改变的，或用重炮或用机关枪，或用散兵线或用密集队，是按照形势改变的；然而从来未有过自己把手足捆绑起来交给敌人的战术。苏联利用敌人间的冲突，和某一资产阶级的国家军事联盟，来抵御另一资产阶级国家的进攻，在策略上这不是不容许的。然而这只是次要的策略，如果把策略变成了战略，把停止阶级斗争，向资产阶级的国家做卖身投靠的担保品，这只有剥削苏联，而不是保卫苏联，犹之在中国，无产阶级援助任何武装势力现实的抗日战争，也不是不容许的。如果拿停止阶级斗争做代价，如果拿停止阶级斗争做担保品，广插招标，招请资产阶级、地主、军阀、买办、官吏联合抗日，这种卖身投靠的政策，尽管你自美其名曰推动抗日斗争，领导抗日斗争，其实是解除自己反帝国主义的武装（无产阶级及农民的阶级斗争），而在自己头脑中，虚构一大批抗日的资本家、地主、买办、官吏，向他们卖身投靠，其结果只是卖了身而得不着投靠。这就是说，希望他的抗日是幻想（史大林派向蒋介石哀求“一致团结”，蒋介石的答复仍然是“安内始能攘外”！），共产党志愿的做他们束缚无产阶级手脚的镣铐是实际；这样并不是共产党利用了资产阶级，地主、军阀、买办、官吏抗日，而是他们利用了共产党制止工人农民的斗争；这样并不是资产阶级、地主、军阀、买办、官吏欺骗了共产党，而是共产党欺骗了工农群众；这样并不是推动了抗日斗争，而是阻塞群众走向革命抗日的道路！

法西斯蒂运动不是别的，乃是大资产阶级利用走投无路的小资产阶级群众，对无产阶级最后的挣扎，抵抗以致消灭这一运动，只有无产阶级领导劳苦大众的阶级斗争，而不是阶级合作。阶级合作只有削弱无产阶级的力量，减少小资产阶级群众对无产阶级的信赖，巩固资产阶级的统治（如在法国），切断国家间无产阶级的动脉（如法德间），加重法西斯特统治之社会的力量（如在德国），使无产阶级伏在英法资产阶级的胯下与之合作。英法资产阶级则跟在德意法西斯特的后面逐步妥协，以致墨索里尼公然嘲笑他们向他树白旗。这是助长法西斯特运动，而不是消灭他，这一愚蠢而有毒的政策，将于下次帝国主义大战中显现出更可怕的毒害，即是踏着第二国际的足迹，把各国的无产阶级驱逐到拥护祖国的战争血泊中，各为其本国的资产阶级当炮灰。殖民地民众各为其宗主国的资产阶级当炮灰，使列宁以国内革命战争推翻帝国主义国际战争的政策之应用，加上无穷的阻力！

所以根据“苏联存在”和“法西斯特猖獗”这两个特点，以阶级合作来修正马克思列宁“以阶级对抗阶级的战争”，是一点理由也没有的。

史大林这位先生，他根本不是无产阶级的国际主义者，而是一个小资产阶级的民族主义者。他的国际政策，只有民族观点，没有国际观点；他对各国国内，只看见民族，不看见阶级，他修正马克思列宁主义，正是根据他的小资产阶级民族主义。所谓根据“苏联存在”和“法西斯特猖獗”这两个特点，不过是临时搜索出来之不成理由的理由，（如果不是临时搜索出来的理由，那么，昨天高喊的“第三时期”乃是根据什么特点呢?）。这样的修正，便是背叛！最使全世界无产阶级战士难堪的，正是史大林主义者。如此背叛，如此堕落，如此卖身投靠，如此无耻，而还要恬然自称是马克思列宁主义！如果史大林主义者是对的，马克思列宁主义便根本破产，无论如何诡辩，也不能使之两全。

我们必须警告全世界的无产阶级：史大林主义者，背叛马克思列宁主义，背叛阶级，背叛革命，已明白无疑了。他们在世界革命运动中，只有负作用，不但不能推动革命，而且阻碍革命，而且在将来革命爆发中，他们还要凭借十月革命的遗产和威望，绞杀革命，使之中途夭折，如1927年在中国所做的一切那样！

我们必须不计较收效之大小迟速，千百遍告诉中国民众：

中国民族的生命，在英日两帝国主义夹攻互夺之下，日就衰亡。非脱离这两个帝国主义之任何压迫羁绊，中国民族便没有苏醒的希望。蒋介石及一切高等华人以至史大林派亲英反日政策，只是奴隶选择主人，而不是民族解放与国家独立。

中国救亡复兴的重任，只能放在民众自己的肩上，不能采取史大林派卖身投靠的政策，希望依靠资产阶级、地主、军阀、买办、官吏，能够有抗日救国的奇迹。

帝国主义侵略中国，不能时时单靠着枪炮，而是用千万条绳索，系住中国的资产阶级、地主、军阀、买办、官吏，组成布满全中国的侵略网；因为在压迫剥削民众以自肥的期望上，中国的资产阶级、地主、军阀、买办、官吏，和外国帝国主义根本是利害与共的。因此，资产阶级、地主、军阀、买办、官吏，已和被他们压迫的民众站在不可调和的敌对地位，为了镇压民众，他们随时都可以和帝国主义者联合行动；所以中国民众反对敌人（资产阶级、地主、军阀、买办、官吏）的斗争，和反抗国外敌人（英、日帝国主义者）的斗争，是不能分开的。史大林派高喊“停止阶级斗争”，高喊“对内没有敌人”，“国内没有战争”，在客观上是束缚起工农大众的手足，交给国内外的敌人，听其宰割，永远无翻身之日！

工农劳苦大众，是民主民族斗争的主力军，所以阶级解放斗争和民族解放斗争，是不能分开的。只有这一主力军蜂起为反抗国内外压迫势力而斗争，才能够影响全国的兵士大众以致下级军官如潮的加入，使中国民族抗日救国的光芒，照耀全世界，才能够得着全世界革命民众（日本也在内）的后援。才能够使英美日帝国主义退让，如果照史大林派的办法，号召工农大众及激进的青年和资产阶级、地主、军阀、买办、官吏，团结一致，这只是团结一致和平，镇静，退让，投降，而不是团结一致抗日救国！

这一宣传鼓动，乃是我们的当前任务。我们不能追随机会主义者，舍弃民族斗争的康庄大道，而希望奇迹。中国反抗国内外压迫的革命斗争之发展，将与我们的宣传鼓动之成功成为正比例；我们也只有在这一宣传鼓动的努力中，才能够建立真正的马克思主义的革命党！

一九三六年七月一日

× × × ×

此文尚未付印，两广军阀的“抗日”运动已告一段落；同时，王克敏①已代表南京政府到华北执行事实上的割让了；津日军部已决定对华北经济开发采直接行动，不由驻华大使正常交涉了；平津财政机关已由日本派遣顾问了；诸如此类之事，将日益急转直下，不可救药矣！这些事实说明了：（一）西南军阀此次举动，不但不是抗日，而且并非简单的内争，而日本帝国主义和英帝国主义暗斗之一幕。日本将在南方动手，英国不得不令南京政府在华北对日本大大的让步，以为釜底抽薪之计。日本暂一撒手，陈济棠②便瓦解了，如果认为只是蒋介石收买广东的将领之成功，还是表面的观察；（二）蒋介石政府仰承英帝国主义者意旨，牺牲华北保持华南的政策，更日益明显，这种戏还会有第二幕；（三）联英反日和联合军阀一致抗日救国的主张，一概可耻的破产！

七月二十二日

原载1936年9月25日《火花》第三卷第三期第1—14页。据香港马克思主义研究促进会林致良提供复印件校对

18. 中国的一日——五月二十一日③

朋友嘱我为《中国的一日》写点感想，在这天，我没有什么感想，且就本地风光，即就《中国的一日》这个题目，说几句话吧。

《中国的一日》似乎是模仿《世界的一日》而作的。在阶级的社会里，一个国际主义者的头脑中所谓世界，只有两个横断的世界，没有整个的世界；在这两个

---

① 王克敏（1879—1945），浙江杭州人，字叔鲁。中国近代的政治人物，曾经中过举人；任过清朝驻日大使馆参赞。段祺瑞执政期间出任中国银行总裁、财政部长等多项要职，后任北平财政处理委员会副委员长，国民党冀察政务委员等职。抗战爆发后，任汪伪政府华北政务委员会委员长。后又出任南京国民政府的内务总署督。抗战结束后，被重庆的国民政府以汉奸罪名逮捕，1945年12月26日于狱中自杀身亡。

② 陈济棠（1890—1954），字伯南，广东东兴市马路镇马路村人。1907年入广东陆军学校，参加过讨袁（世凯）倒龙（济光）运动。1928年任第八集团总指挥，掌握广东党政军大权，时称“南天王”，主粤八年，曾为红军北上抗日让路。后被任命为国民党政府委员、中央农村部长、海南行政长官兼警备司令等职。1950年4月去台湾，国民党陆军一级上将。任中央评议委员、总统府资政等职。1954年11月3日晨，突患脑血管栓塞症去世。

③ 汪原放《回忆亚东图书馆》写道：“1936年间，茅盾先生写给我一封短信，要我请仲翁写一篇《五月二十一日》，并附有几张《〈中国的一日〉征文简章》。我5月6日到南京，11日回来。在南京曾到监狱里去看过仲翁几次，《五月二十一日》仲翁写成寄给了我，我按照茅盾的嘱咐，于5月28日把仲翁的文稿寄给生活书店徐伯昕先生转交给茅盾先生。这篇文章后来收进了《中国的一日》一书。”此题将征文出版的书名与指定所写日期并列，系编者所加。

横断的世界之斗争中，若有人企图把所谓整个的世界这一抽象观念，来掩盖两个横断的世界之存在，而和缓其斗争，这是反动的观点。若有人把整个的世界纵断成不相依赖的无数世界，幻想在纵断的各别世界中，完成人类的理想，而不把国际间两个横断的世界之斗争看成各别的纵断世界中斗争胜利之锁钥，这也是反动的观点。在一个国家中，也是这样，也只有两个或两个以上横断的社会之存在，抽象的整个国家是不存在的。这两个或两个以上横断的社会，利害不同，取舍各异，如果有人相信这利害根本不同的横断世界及横断社会，可以合作，可以一致，这不是痴子，便是骗子。痴子犹可恕也，骗子不可恕矣！

整个的国家，永远是不存在的；整个的世界，只有在阶级消灭以后才会出现。凡是读《中国的一日》以至读《世界的一日》的人们，应该很客观的想想这个问题，不要做痴子，而受骗子的骗！

署名：陈独秀

原载茅盾 1936 年 9 月初版《中国的一日》

转引自任建树主编：《陈独秀著作选编》第五卷　第 143 页

19.

紧要声明[①]

1936 年 9 月 17 日

最近我们接到广西同志的来信，知有不肖之徒自称为中国共产主义同盟（布尔什维克——列宁派）代表，在广西军政领袖间大事活动，招摇撞骗，此种举动实属无耻之徒。我们对于这两次运动的态度，早已在《斗争》上明白宣布。对于国内的任何军阀，我们认为都是中国工农大众以及中国民族解放的敌人。只

① 本文经陆立之（1909—2014，笔名梦衣，湖南长沙人）两次证实：2011 年 12 月 26 日来电话证明本文系陈独秀先生的亲笔所写。说：因为当时刘仁静（陆立之的妻兄）就告诉我："《火花》上老先生（即陈独秀）最近写了两篇短文，涉及到鲁迅。"奚金芳于 2011 年 12 月 21 日寄去此文及下一文《紧要声明》的复印件，所得电话答复。2012 年 1 月 12 日编者收到陆老亲笔回信："关于那两篇短文，是刘仁静告诉我说：'老头子又动肝火了，一连写了两则'声明'泄愤。这是确实的。"两则"声明"即本文及下篇《特别声明》。又据日本庆应义塾大学长堀佑造教授亲访王凡西先生云，此为王之亲笔。编者之所以采陆说，一、此两则声明从口气到措辞用语完全符合陈独秀之文风、口气；二、同样内容的在本书濮清泉（一凡）《陈独秀在南京狱中的情况》一文有完全相同之说。

陆立之从小在常州生活，后随父去上海学徒。1925 年五卅运动中印刷业的积极分子，并由中国第一位工人党员徐梅坤（1900—2004）介绍入党。1926 年受周恩来直接训练成为武装军事干部，随后被派赴莫斯科东方大学（毕业），1929 年参加托派十月社。1930 年回国。1931 年受王明路线打击。所著《谁主沉浮——沧桑 90 年实录》一书于 2006 年 1 月由文史出版社出版。

有打倒国内的一切军阀，才能打倒日本帝国主义；因此，我们虽然愿意和任何人进行共同抗日的战争；但我们决不会，也决不会派“代表”和某一派的军阀进行上层的勾结与拉拢。为使工农大众以及一切革命者明了真相起见，特此声明。

中国共产主义同盟(布尔什维克——列宁派)

九月十七日

原载《火花》第三卷第三期　1936年9月25日

20.

特别声明

1936年9月25日

在史大林党的外围刊物《现实文学》[①]的第一期上，我们看到了鲁迅《答中国托洛茨基派的信》[②]，不甚骇异。为使一切中国革命的读者明解真相及得到是非起见，兹声明如下：

一、中国共产主义同盟(即鲁迅所说的“托洛斯基派”)从未给鲁迅写过什么信；同时对于像鲁迅的阿谀权威，缺乏真正革命者精神，徒尚谩骂而绝无政治常识的人，根本也不会给他写信。

二、此次陈中山[③]之致书鲁迅，完全是他私人的函件(见本文末——编者)。其中虽然也涉及政治问题，但完全与本组织无关，更不是代表本组织发言。

三、鲁迅将私人函件的往还，竟标以“答某某派”的大题而肆意污蔑，他不仅

---

① 《现实文学》，1936年7月尹庚(浙江义乌籍著名作家，原名楼曦，生卒不详)主编的月刊，只出过两期。封面题字是张天翼的书法，主要撰稿人几乎都是“左联”的革命作家。尹庚于20世纪30年代初在上海加入“左联”，是一位不屈不挠的文化战士。此刊是他编辑上的功力之作。作者不仅有鲁迅、巴金、茅盾等巨匠，还有吴奚如、蒋牧良、张天翼、胡风、田间、聂绀弩、宋之的、欧阳山、邵荃麟、罗烽等大家。1936年7月发创刊号，于1936年8月1日出版的第二期，其实也是终刊号。上面发表了胡风的《M·高尔基断片》，辛人的《论当前文学运动的诸问题》，胡风的《田间的诗》和田间的《北方》，罗烽的《忆故乡》、《生命的烽火》和《生命的鞭子》，曹靖华的译稿《我怎样创作的》，聂绀弩的《文章·语言·文字》，邵荃麟的《糖》等评论、散文、小说与诗，还有张春桥的散文《加速度，列车！》，田菲和尹庚合译的M·萧洛霍夫的《战争》长篇连载。由此可见《现实文学》的地位和倾向以及尹庚等人的凝聚之力。不幸的是，1954年，他从中央军委外国语文学院转到内蒙古河套行政区，在原傅作义创办的坝坎中学任教后，因受所谓“胡风反革命集团”株连被捕审查，被开除公职，赶到农村，以至妻离子散，孑然一身，一度致疯，沦为乞丐。

② 见本文附录(二)鲁迅回信(复陈其昌)。

③ 陈其昌(1900—1942)，河南洛阳人。1925年在北京大学就读时加入共产党，深入学生、工人中从事党的秘密工作，1929年加入托派，被开除党籍，1933—1937年任托派临委书记。1942年在上海被日本宪兵逮捕，严刑拷打英勇不屈，被日寇杀害于上海狱中。生前编译有关斯大林残害布哈林等冤案真相书籍多部。

污蔑本组织的全体，且诽谤到托洛斯基同志的名誉与人格。对于这，我们不屑费宝贵的时间与精力来和鲁迅作无益的争辩；我们只号召一切无产阶级的战士与全体革命者，起来抗议史大林党应合了全世界的阶级敌人向我们，尤其是向托洛斯基同志施行无耻的诬蔑这一事实。因为鲁迅的诬蔑，只是这一恶浊的洪流中之一股细支罢了。

中国共产主义同盟(布尔什维克——列宁派)启

《火花》1936年三卷三期，1936年9月25日出版

录自香港马克思主义研究促进会林致良提供之复印本

附录一　陈其昌来信(1)

鲁迅先生：

一九二七年革命失败后，中国康缪尼斯脱①不采取退兵政策以预备再起，而乃转向军事投机。他们放弃了城市工作，命令党员在革命退潮后到处暴动，想在农民基础上制造 Reds② 以打平天下。七八年来，几十万勇敢有为的青年，被这种政策所牺牲掉，使现在民族运动高涨之时，城市民众失掉革命的领袖，并把下次革命推远到难期的将来。

现在 Reds 打天下的运动失败了。中国康缪尼斯脱又盲目地接受了莫斯科官僚的命令，转向所谓“新政策”。他们一反过去的行为，放弃阶级的立场，改换面目，发宣言，派代表交涉，要求与官僚、政客、军阀，甚而与民众的刽子手“联合战线”。藏匿了自己的旗帜，模糊了民众的认识，使民众认为官僚、政客、刽子手，都是民族革命者，都能抗日，其结果必然是把革命民众送交刽子手们，使再遭一次屠杀。史太林党的这种无耻背叛行为，使中国革命者都感到羞耻。

现在上海的一般自由资产阶级与小资产阶级上层分子无不欢迎史太林党的这“新政策”。这是无足怪的。莫斯科的传统威信，中国 Reds 的流血史迹与现存力量——还有比这更值得利用的东西吗？可是史太林党的“新政策”越受欢迎，中国革命便越遭毒害。

我们这个团体，自一九三〇年后，在百般困苦的环境中，为我们的主张作不懈的斗争。大革命失败后我们即反对史太林派的盲动政策，而提出“革命的民主

① 康缪尼斯脱即 Comunist 共产党的中译。

② 红军；赤色分子。

中国共产主义同盟临时中央委员会1936年冬季开会时摄。从左至右为：王凡西、李福仁、一名负责印刷的非中委成员、寒君、陈其昌、蒋振东①

斗争”的道路。我们认为大革命既然失败了，一切只有再从头做起。我们不断地团结革命干部，研究革命理论，接受失败的教训，教育革命工人，期望在这反革命的艰苦时期，为下次革命打下坚固的基础。几年来的各种事变证明我们的政治路线与工作方法是正确的。我们反对史太林党的机会主义、盲动主义的政策与官僚党制，现在我们又坚决打击这背叛的“新政策”。但恰因为此，我们现在受到各投机分子与党官僚们的嫉视。这是幸呢，还是不幸？

先生的学识文章与品格，是我十余年来所景仰的，在许多有思想的人都沉溺到个人主义的坑中时，先生独能本自己的见解奋斗不息！我们的政治意见，如能得到先生的批评，私心将引为光荣。现在送上近期刊物数份，敬乞收阅。如蒙赐复，请留存×处，三日之内当来领取。顺颂健康！

陈××六月三日

附录二　回信

陈先生：

先生的来信及惠寄的《斗争》《火花》等刊物，我都收到了。

---

① 本照片录自刘平梅编著：《中国托派党史》，香港新苗出版社2005年版。

总括先生来信的意思，大概有两点，一是骂史太林先生们是官僚，再一是斥毛泽东先生们的“各派联合一致抗日”的主张为出卖革命。

这很使我“糊涂”起来了，因为史太林先生们的苏维埃俄罗斯社会主义共和国联邦在世界上的任何方面的成功，不就说明了托洛斯基先生的被逐，漂泊，潦倒，以致“不得不”用敌人金钱的晚景的可怜么？现在的流浪，当与革命前西伯利亚的当年风味不同，因为那时怕连送一片面包的人也没有；但心境又当不同，这却因了现在苏联的成功。事实胜于雄辩，竟不料现在就来了如此无情面的讽刺的。其次，你们的“理论”确比毛泽东先生们高超得多，岂但得多，简直一是在天上，一是在地下。但高超固然是可敬佩的，无奈这高超又恰恰为日本侵略者所欢迎，则这高超仍不免要从天上掉下来，掉到地上最不干净的地方去。因为你们高超的理论为日本所欢迎，我看了你们印出的很整齐的刊物，就不禁为你们捏一把汗，在大众面前，倘若有人造一个攻击你们的谣，说日本人出钱叫你们办报，你们能够洗刷得很清楚么？这决不是因为从前你们中曾有人跟着别人骂过我拿卢布，现在就来这一手以报复。不是的，我还不至于这样下流，因为我不相信你们会下作到拿日本人钱来出报攻击毛泽东先生们的一致抗日论。你们决不会的。我只要敬告你们一声，你们的高超的理论，将不受中国大众所欢迎，你们的所为有悖于中国人现在为人的道德。我要对你们讲的话，就仅仅这一点。

最后，我倒感到一点不舒服，就是你们忽然寄信寄书给我，不是没有原因的。那就因为我的某几个“战友”曾指我是什么什么的缘故。但我，即使怎样不行，自觉和你们总是相离很远的罢。那切切实实，足踏在地上，为着现在中国人的生存而流血奋斗者，我得引为同志，是自以为光荣的。要请你原谅，因为三日之期已过，你未必会再到那里去取，这信就公开作答了。即颂大安。

鲁迅　六月九日

（这信由先生口授，OV[①] 笔写。）

本篇最初同时发表于一九三六年七月的《文学丛报》月刊第四期和《现实文学》月刊第一期。

---

① OV即冯雪峰(1903—1976)，浙江义乌人。作家、文艺理论家。中国左翼作家联盟领导成员之一。著有《论文集》、《灵山歌》、《回忆鲁迅》等。

附录三

从鲁迅的一封信，谈到陈其昌这个人

王凡西①

（一）

在数量巨大的鲁迅书简中，他的《答托洛斯基派的信》非常出名。它一发表（一九三六年六月九日），便在文艺政治两个圈子中激起波澜，往后更发生了深远影响。可是就信论信，不管从文艺角度或思想角度来看，最客气，都只能说是鲁迅的一篇“失准”之作。它既不曾给人以“美的享受”，更谈不到予人以“真的启示”。因为是病中口述，文字失掉了鲁迅体常见的光彩。它让我们看到的，只是笔录者冯雪峰那种拖泥带水的“硬译笔法”。讲到内容，那简直令人惊奇——惊奇于作者对俄国革命历史知识之如此贫乏，更惊奇于他使用论据时的不加选择。说托洛次基在革命前被流放到西伯利亚的时候，“怕连送一块面包的人都没有”，可见他根本不知道托洛次基曾经两次流放又两次逃脱的事实。因为，谁要想从冰天雪地，交通困难，人烟稀少而警宪处处的西伯利亚逃脱成功，岂止要有肯“送一块面包的人”，还必须有普遍的同情与大众的援助。至于说如今某人“不得不”用敌人的金钱，这只能使我深深为这位具有良知的文豪悲哀：一旦酱在党派的纠纷中，连平素痛恶的“卢布”武器竟也“不得不”拿来使用了。这，实在是鲁门之玷。

王凡西②

但虽如此，这封信不但出名，而且让人捧上了天。从毛泽东开始，中共的政论家与文艺史家们曾经一再称道和引证这封信。这是为什么呢？理由很简单，

① 王凡西（1907—2002），字宇仁。笔名双山，凡西，原名文元，浙江海宁人。1923—1925年北京大学肄业，1925年加入共产党，赴武汉，1927年转赴莫斯科东方大学留学，因在该校看到托洛茨基批判斯大林的文章而赞同之。1929年秋返国后，在中宣部任干事，1930年被开除党籍。但仍在托派组织干革命（在上海从事地下工作，任托派临委中央委员，主编《斗争》杂志。），1931年及1934年两度入狱，坚贞不屈。出狱后与郑超麟一起译出托洛茨基《俄国革命史》、《文学与革命》、《中国革命问题》等著作。1949年建国前离大陆赴香港，又被港英当局驱赶至澳门。他写出了《双山回忆录》（1957年）和《毛泽东思想论稿》（1973年）等著作，至今被译成多国文字出版。20世纪70年代初赴英国里兹大学讲学，至2002年12月30日因心脏病逝世，受到英国华人团体和第四国际及里兹大学师生们的高度评价。称之为“身心许社会主义，牢狱流亡，殉道志不移”的“革命楷模”（冯存义挽联）。

② 录自刘平梅编著：《中国托派党史》，香港新苗社2005年版。

只因它恰好投合了中共领导者的要求，特别是投合了那个来自莫斯科的要求。这个要求是：必须以任何手段抹黑托洛次基的形象，必须不顾一切地败坏中国托派的声誉。

鲁迅这封信的此一意义值得详细讨论。不过我不想在此地讨论。有关这方面的种种问题，近年来已经有不少人说过，而且说得很好，例如一丁著的《鲁迅，其人、其事及其时代》，在我的回忆录（《双山回忆录》）中也曾比较详细地说过它们。

这里，我想说的是当年给鲁迅写这封信的人。

（二）

到底是谁给鲁迅写这封信的？这在当时，而且在后来很长一段时间内，都成了人们猜测的一个谜。因为与鲁迅复信一同发表出来的原函，署名“陈××”，不少人便猜度投书人竟是当时被国民党监禁着的陈独秀。见首不见尾的神秘感，无意中给复信增添若干份量，也引起了更多人的注意和兴趣。

解放前出版的《且介亭杂文末编》与《鲁迅卅年集》中收入这封信，对这个“陈××”不作任何注解。解放后，鲁迅著作大量出版，鲁迅的这封反托信更是广泛流传，甚至编入中学生的语文课本。但将投书人的真实姓名公布出来，据我所曾见到的来说，则始于一九六一年人民文学出版社出版的《鲁迅全集》。在有关的一条注释中编者说：“来信的陈××，原署名陈仲山。”至于陈仲山是怎样的一个人，他可是陈独秀的化名，并无一言提及。因此，对读者大众来说，这个谜仍然未曾解透。

冯雪峰曾经做过考证：“据说陈仲山是神州国光社的一个小编辑。”（见《鲁迅研究资料》第一辑，第五十一页）

一九八一年新版的《鲁迅全集》注释者对于“陈××”做了较多说明，他说：“来信的陈××，原署名陈仲山，本名陈其昌。据一些托派分子的回忆录，当时他是一个托派组织临时中央委员会的委员。”

这里明白告诉读者：陈仲山不是陈独秀，他是陈其昌。陈其昌不是某家书店的小编辑，而是当时中国托派组织的一个领导人。这比以前的报导充份得多了。不过，陈其昌究竟是怎样的一个托派，究竟他与鲁迅信中明讥暗讽的那些肮脏行径可有多少相干或相似之处，则注释者仍无一言道及。他宁愿，或只能，让读者自己去猜，自己去作出欢喜的结论。

把陈其昌这个人企图作完整与全面介绍，我只在最近一期《新文学史料》（一九八五年第三期）的一篇文章中第一次见到。文章题为《陈其昌其人其事》，作者：史明。文不长，对事情的看法依旧，但不失为一个具有重大意义并且值得欢迎的企图。因为无论如何，作者是想比较详尽与客观地叙述陈其昌的生平的。在以往，把鲁迅斥责的“陈××”划为“民族败类”，已成为中共千百件无可推翻的铁案之一。想把此案稍稍改动，或以任何方式来减轻“民族败类”的形象，都是触犯党禁的。可是史明君的文章不但报导了陈其昌的生平，而且宣布了他的“结局”，这不能不说是中共史家在此禁区中所作的一个空前突破。究竟它如何与过去的所说不同，请看如下的几个段落：

“陈其昌，又名陈清晨，河南洛阳人。北京大学毕业，一九二五年加入中国共产党。大革命失败后他住在上海。一九二九年他参加陈独秀、彭述之、郑超麟等人所组织的‘无产者社’，并与以陈独秀为首的六〔八〕十一人曾签名向党中央提出过意见书，因此被开除党籍。他一家三口，以卖文为生，经常向北新书局出版的《学生界》投稿，他的妻子有时为人帮佣，生活相当艰苦。

“一九三一年五月，当时四个托派小组织……联合组成‘中国共产主义者同盟’。同年八月和次年十月，陈独秀……等先后遭到国民党逮捕……陈其昌在那个时期是幸免于难的一个。一九三二年十月在陈独秀等人被捕后，他先后找到赵济和蒋振东……想设法找到那些未被捕的人……形成一个临时组织来维持残局，徐图发展，但是他们的愿望一直未能实现。不过他还是进行一些个别活动，如‘九·一八’事变发生后，在抗日的热潮中，上海出现了各界抗日救国的民众组织，其中之一是‘上海著作者抗日协会’，陈其昌和赵济都参加过这个‘协会’，进行过抗日工作。一九三六年春，……陈其昌窥测出鲁迅先生与‘左联’一些领导人之间有矛盾，便想乘机写信给鲁迅先生，宣传他们的‘政治主张’……这就引起鲁迅先生写出上述那封义正词严的回信。……

一九四一年十二月八日，太平洋战争发生，日本帝国主义占领整个上海后，即大肆搜捕，陈其昌惨遭杀害，这就是陈其昌的最后结局。”

史明君这里首先告诉大家，陈其昌原来是一九二五年入党的老共产主义者。他一向拥护陈独秀，后来随陈独秀转向中共的左派反对派（托派），被开除党籍。文章又说他生活艰苦，却竭力维持托派组织，参加抗日工作。这些话，过去的中共史家是不曾报导也不肯报导的。至于陈其昌的“最后结局”，即他被上海的日本帝国主义者捕去杀害，那更是中共史家所讳言的。因为，这是陈其昌对鲁迅指责的最后亦是最有力的答复——“我以我血荐轩辕”！

史明君的文章竟敢把这个足以“美化”托派的历史真实公布出来，实在是一件非同小可的事。从这里，我希望反映出来的不单单是作者个人的“科学良心”，而更是国内人们近年来努力争取、必须还历史以真实的那个巨大的斗争。

我热烈赞成这个斗争，我衷心欢迎每一个寻求真实的企图。这不但为了陈其昌个人的缘故，不但为了他清白身世的得以恢复；而且为了中国整个革命事业的缘故。因为任意抹煞或颠倒历史真实，随便给政治上的不同意见者加上罪名，乃是任何一个革命组织在政治上与思想上堕落的标志，也是它们堕落的一个原因。中共想从“信任危机”中真正解脱出来，首先，我以为必须在历史求真方面容许人们继续努力。

（三）

陈其昌是我的老同学。自从一九二六年缔交开始，直到他于一九四二年被日帝杀害为止，他与我在许多年中朝夕相处，甘苦共尝的。对于他的生平，他的思想和性格，我自信知道得比较清楚，了解得比较深刻。把它们如实地写出来，是我这个后死者的责任。

史明君写这篇简传所站的基本立场，显然还是中共的正统。不过同样明显，他没有为要维护这个立场而故意歪曲或捏造事实。不错，文章里有许多与事实不符的叙述，但它们显系由于作者根据不甚可靠的史料之故。这些错误，我将在我的叙述中顺便指出。

陈其昌年长我七岁，在大学里高我三级。但他与我相识，却不是因为同学而是由于同志关系。他加入中共比我早，我在一九二五年年底或一九二六年年初参加组织时，他已经是北京大学党支部的一个领导人——支部干事。当李大钊等被捕与被杀的时候，他正担任着中共北京东城区区委（当时不叫区委，叫部委）。因为年龄、班级以及工作岗位上的差别，当时我和其昌虽然相识，但彼此间的关系和了解，却不及我和王实味之间的那么亲切。他和我成为朋友，即从普通的同志进而为知己朋友，那是在四年之后，在上海一起干中共左派反对派活动时候开始的。

在反革命高奏凯歌，力图巩固其统治的头几年（一九二七年下半年至一九三〇年）中，大批共产党员退出了党，又有大批党员成了烈士，陈其昌与我既不曾走上懦弱或屈辱的路子，又有幸逃过不少惊险，尚未丢掉性命。

我们都留在党内继续斗争。只因工作的地方不同，部门不同，彼此不相问闻。他与我重新聚首，是我们不约而同的成为中共内部反对派以后的事。陈独秀起草了一个《政治意见书》，赞成苏联共党内反对派的主张。有八十一名（不是史文所说的“六十一名”)中共老干部在那上面签名,陈其昌是其中之一。结果,他与其他所有的“陈独秀派”一起给中央开除了。我在二年前早已是反对派,此时因拒绝放弃托派主张,也被逐于中央。当时上海有四个反对派组织,其昌与我不属一派。在四派协商统一时期,我和他才再次见面。

记得那是一九三〇年冬天,其昌特地来找我,约我与陈独秀会面。同时他告诉我他的家眷也在上海,约我去他家吃饭,会会他的家人,叙叙别后种种。这是我第一次也是唯一的一次在他家作客;是第一次也是唯一的一次和他作“社交式”的往来。为了工作,其昌一人在租界里赁了一个亭子间,我后来和他的全部接触,都是在那个亭子间里进行的。他把家人安顿在闸北郊外,每星期大概回去看他们一、二次。他一家数口(那时他好像已有一个或两个孩子。其昌后来有二子一女。史文说“一家三口”,不确),住的是一间普通农舍。室内的布置十分简陋,收拾得却非常洁净。一望而知,他们的生活是极其清苦的,但是你看不出一点凄凉景象。短暂相处,来客便感觉到主人家“贫而乐”的气氛,让你留着舒服。夫人与其昌同乡同里,是传统式的结合。她朴实诚挚,给我的印象极好。当时我和主人家说了些什么,事隔半个世纪有余,几乎完全记不起了。留在记忆中的,只有二事比较清晰:一,款待客人的菜肴中有南瓜韭菜;二,他说他在一九二七年秋天离开北京,在山东工作了一个时期,便来到上海,一直在江苏省委系统下面做工人运动。

此饭之后数月,一九三一年五月初,中国的托派组织统一了,成立了“中国共产党左派反对派”(史文称之为“中国共产主义同盟”,不确。这个名称是一九三五年才采用的)。本来,其昌与我又可以一起做事了。可是非常不幸,新组织产生后不到一个月,我和另一些领导同志便让国民党捕去,一去四年。直到一九三四年冬天出狱回沪,我才能和这位老友再度合作。此后七年,其昌和我是密切地工作在一起的。

陈其昌在这个期间,乃至他在中国托派的整个运动中,究竟前后做了些什么工作,担任过什么职位,我不想在此缕举,也不值得细说。真正的革命者决不计较或着眼于世俗的权位——不管在地下的小组织内或掌权的大政党内——其昌正是抱有这样的权位观的。我若历数“官职”“官衔”以显其重要,对老友将是莫大侮辱。

这里,我只想从我的《回忆录》中摘取如下的几句话:

“在一九三一年至一九三七年白色恐怖最猖狂的时期,中国托派组织一次接着一次地被破坏。在每次破坏后作惨淡的重建工作,使组织得有一线存续者,总是我们这位‘大哥’。”

这样的工作轻而易举，微不足道吗？当然不是。恰恰相反，对于一个奋斗于极端反动政权之下，从事秘密工作的革命党来说，这是最为难能可贵的。要做好这项工作，非具有几项最崇高的品质不可。而陈其昌乃是充分具有这个品德的少数人之一。

（四）

陈其昌在大学里学的是教育，后来改攻经济。对于古典经济学或马克思主义经济学，他都有心得的。他不搞文学，文章却写得很好。非常尊敬学有专长的学者，也很崇拜妙笔生花的作家（从来特别敬佩鲁迅）；但他自己却从不以什么家自命或自诩。他短短一生的最多时间与最大精力，都倾注在革命组织的建立、巩固与发展上了。他最讨厌那些徒事空谈的革命者。实干是他的一切。陈独秀非常赏识这一方面的陈其昌，曾经一再称赞他能积极工作，能在群众中活动，所以能抓住现实，能不为教条所囿（见陈独秀一九三七年十一月二十一日致上海几位朋友的信①）。

简括地说，陈其昌是列宁所提倡的"职业革命家"的一个典型人物。这种人物曾经造成了俄国的十月革命。也是这种人物促成了中国共产党的革命。中国托派的革命运动虽然以失败告终，但陈其昌这个典型人物却绝不因此而减损其意义或光彩。

当一个革命大党的"职业家"比较容易。因为党有充足经费，可以保证那些以全部时间与全部精力从事革命的党员们的生活，至少可以保障他们最低限度的生活。弱小的革命政党有如中国托派者，其情形却大不相同，它既无国际援助，又无大笔党费。"职业家"们不但无薪资可领，还得设法筹措组织之所需。他们得寻找一些"兼职"，得从事一点"副业"，借以维持本人及其家人的生活，同时提供组织活动的经费。在政治反动与经济衰落的环境里，革命者能够找到怎样的"兼职"与"副业"呢？除了卖文之外，几乎别无门路。

确如史明君的文章所说，陈其昌是"以卖文为生"的。不过他经常投稿的杂志我记得不叫《学生界》，而叫《青年界》。他大概每个月用"陈清晨"笔名给这本杂志写一二篇文章，固定地可以拿二十块钱（这个数目，在当时大约略低于一个小学教师的收入）。这关系记得是张友松替他跟北新书局接上的。当时，北大出身的各同学已有不少当了南京政府的高官，但其昌跟他们绝无来往。张友松似

---

① 《给陈其昌等人的信》，见任建树主编：《陈独秀著作选编》第五卷，上海人民出版社 2010 年版，第216—217 页。

乎也是北大出来的，又是与李大钊同遇难的张挹兰之弟。张友松翻译过托洛茨基的《英国往何处去?》，但他不是托派成员，根本不曾加入过共产党，与其昌有深厚的私交。

此外，其昌还给一份小报(记得是《社会日报》)写一点经济分析的文章，每月所得也是二十元左右。一家五口，便是靠这么一点收入来维持的。不仅借此养活自己和妻儿，在某些时候，他还要帮助比他更无办法的朋友。譬如，对于王实味，他就经常帮些小忙。当王实味和刘莹生下第二个女孩时，一钱莫名，他曾经将全家所有的"贵重衣物"送进当铺，把钱拿去让这对老同学渡过难关。

这一方面的陈其昌，我曾经在我的《回忆录》中做过如下的"总结"：

> "吃苦安贫，从不懂得生活享受……他身上混和着新式的同志爱和旧式的义气。对一般同志的生活和安全，照顾得无微不至，所以他是以'大哥'这个绰号闻名的。"

陈其昌的另一特点，亦即他所以能成一个出色的"职业革命家"，能先后在中共与中托内成为一个出色的秘密工作组织家的另一品格，乃是他的机警，大胆与坚贞。为了省力起见，我这里只想再从我的旧作里摘引几句有关的话。

> "他嫉恶如仇。对一切被践踏与被欺侮者怀有无上悲悯。最不喜欢架子；他不但没有领导份子的装腔作势，而且永远把自己安置在危险的最前

何孟雄在北大时拍摄

何孟雄遗像

线……其昌在秘密工作中非常机警，他的警惕性是永不松弛的。所以不止一次可能发生的组织大破坏，曾因他的事前觉察而勇敢的加以挽救了的。最著名的一次是他在寒君①家门口被特务追逐，他用尽方法使自己既脱于难而又把寒君救了出来。”

“职业革命家”成千上万，机警而大胆的大有人在，但又具坚贞者却比较的少见。不少冒险家型的“职业革命家”们，往往机警大胆有余，思想与认识的坚定不足。一旦出事，落入虎穴，这些人极易改变“职业”，由“猎虎人”变作“虎狼”。陈其昌则是三者俱备，所以他的命运亦自不同。

国民党统治时代，它的特务几乎把中国托派的重要份子全部捉去了。陈其昌长期间成为他们的缉捕对象，但他始终不曾落网。这，一部分固然由于幸运，而不小部分却由于他的机警与勇敢。在日军铁蹄下，他积极抗日，其工作绝不限于史文所论的“加入上海著作者协会”。他不但利用笔杆，而且更见之于行动。但文字上，他给组织的地下刊物——《斗争》—按期写作有关日伪经济困难的文章，给亚东图书馆编写小册子，还曾参加我们的“合法”刊物《动向》的编辑。在实际活动方面，他不但在学生界，而且在上海的部分工人中(主要是法租界的电车工人与纺织工人中)，进行了不懈的工作。

如此工作，不管他如何机警，如何勇敢，迟早总会让敌人觉察，追缉而逮住的。真所谓“上得山多终遇虎”，其昌终于在一九四二年春天(确切日期我现在已想不起来)给日本宪兵捉去了。这是他的第一次被捕，也是最后一次被捕。在狱中受尽酷刑，他坚不泄漏组织秘密，终为日帝杀害，享年四十二岁。

其昌那种坚贞性格，未经试炼就早已为同志和朋友们所赏识。他一经被捕，大家便都觉得他无生还之望。因为大家深信他决不会临危变志，决不肯卖友求生的。当时有一件事，我记得非常清楚，值得在此一提。其昌曾经给亚东图书馆写过三本书：1.《真理在前进中》(署名江维亮)，2.《人口西迁与中国之前途》，3.《海南岛与太平洋》(以上二书均署名陈清晨)，与亚东主人汪孟邹先生有相当深的交情。陈出事后，有些人便要汪老先生做点准备，以便可以应付日本宪兵的到来，汪老先生却处之坦然，说：“我相信大哥一定不会连累别人，决无问题，决无问题。”

---

① 寒君，又名瀚君，本名王璿。上世纪20年代初及中期与北大何孟雄(1898—1931年，中国共产党早期工人运动领袖)从事北方工人运动，托派。1937年抗战初担任托派中央临委委员兼华南区委书记。1945年初因肺结核病故(参见唐宝林、林茂生《陈独秀年谱》第432页)。

事实证明，正是如此。

附录四

关于《答托洛斯基派的信》(后篇)①

〔日〕长堀祐造

一、老托洛茨基派对胡风遗著《鲁迅先生》的反应

口号问题发生后、国防文学派集全力进攻。冯雪峰有些着慌了、想把攻势压一压。当时鲁迅在重病中，无力起坐，也无力说话，连和他商量一下都不可能。恰好愚蠢的托派相信谣言，竟以为这是可乘之机，就给鲁迅写了一封“拉拢”的信。鲁迅看了很生气。冯雪峰拿去看了后就拟了这封回信。“国防文学”派放出流言，说“民族解放战争的大众文学”是托派的口号。冯雪峰拟的回信就是为了解消这一诬栽的。他约我一道拿着拟稿去看鲁迅，把拟稿念给他听了。鲁迅闭着眼睛听了，没有说什么，只简单地点了点头，表示了同意。

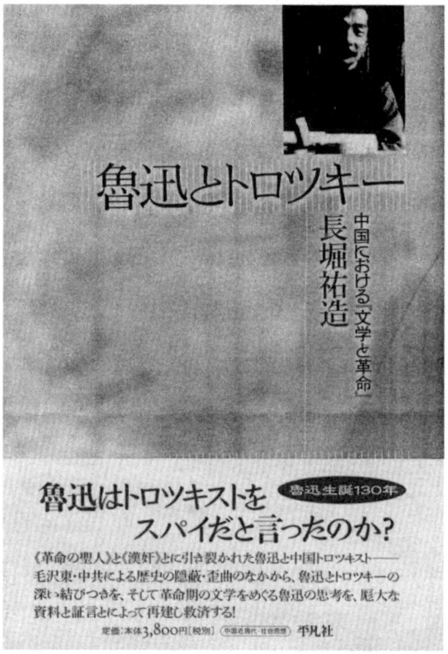

长堀祐造著《鲁迅与托洛茨基》(2011年)日本平凡社一书的封面

冯雪峰回去后，觉得对口号问题本身也得提出点理论根据来。于是又拟了《论现在我们的文学运动》，又约我一道去念给鲁迅听了。鲁迅显得比昨晚更衰弱一些，更没有力气说什么，只是点了点头，表示了同意，但略略显出了一点不耐烦的神

① 长堀祐造(1955—)，日本庆应义塾大学教授。著有《鲁迅与托洛茨基》一书，2011年日本平凡社出版。本文是其中一章。该作者书中注曰：“本文是刊登在《日本中国学会创立五十周年纪念论文集》(汲古书院一九九八年十月)上的拙稿的续(后)篇。一部分重复的内容以及注释有所省略。读者如能与前(正)篇一起阅读，笔者将不胜荣幸。”在此将延续两篇的整体目录记载如下，以供参考。
[前(正)篇]
前言　一、陈仲山致鲁迅书之始末　二、陈仲山的为人　三、中国托洛茨基派对“信”的反应与陈仲山的第二封信　四、“信”能说是鲁迅的作品吗？　结束语
[后(续)篇]　一、老托洛茨基派对胡风遗著《鲁迅先生》的反应　二、北京的拉丁区　三、《信》的文学史意义与今后展望
另外，同前篇一样，将《答托洛斯基派的信》简称为《信》。

色。一道出来后、雪峰马上对我说：鲁迅还是不行，不如高尔基；高尔基那些政论、都是党派给他的秘书写的、他只是签一个名。……（中略）

鲁迅在思想问题上是非常严正的。要他对没有经过深思熟虑（这时候绝不可能深思熟虑）的思想视点担负责任，那一定要引起他精神上的不安，对病情产生不利的影响。但他对鲁迅的不耐烦的神色，反而用了那样冷淡的口气表示了他自己对鲁迅的不满，不能不使我感到了意外。

到病情好转，恢复了常态生活和工作的时候，我提了一句："冯雪峰模仿周先生的语气倒很像……。"鲁迅淡淡地笑了笑，说"我看一点也不像。"

《新文学史料》一九九三年第一期刊登了上述内容的胡风遗著《鲁迅先生》后，老托洛茨基派的三位元老、居住在香港的楼国华（别名子春）、上海的郑超麟、英国利兹的王凡西都分别写下了各自的读后感，可谓反响迅捷。[①] 下面从一丁（楼国华的笔名）的《长达半世纪的一件历史公案》（文章写于一九九三年七月三〇日。刊登在香港《十月评论》第一六九期，一九九四年四月）、郑超麟的《读胡风〈鲁迅先生〉的长文》（写于一九九三年八月二十三日。刊登在《鲁迅研究月刊》同年第十期）与王凡西的《胡风遗著读后感》（写于一九九三年十一月二十三日、《十月评论》第一六九期）这三篇文章来看他们的具体反应。

楼国华的文章相当简洁。他首先从《鲁迅先生》中引用了上述那一段有关冯雪峰强迫鲁迅同意自己写的《信》之草稿内容，然后楼对此作了简单的评论。他说："这是一件公案，雪峰替鲁迅写的两篇文章，登在鲁迅死后《且介亭杂文末编》，从此五十余年，写鲁迅传、鲁迅年谱的人及其他文章，无不奉为规范，作为鲁迅反对托派义正词严的讨伐书。此一重公案，现在由于胡风的揭露，真相终于大白了"。楼还进一步对胡风文章的内容进行了解释，他说：当时鲁迅身患重病，已卧床不起，甚至连说话的力气都没有，冯雪峰代笔写了那两封信，称之为"O. V. 笔写"，这里不得不加上"O. V. 笔写"，借用冯雪峰的话讲就是：鲁迅的政治意识还未上升到苏联的高尔基的水平，因为他不会像高尔基那样在共产党派来的秘书起草的稿子上签署自己的名字。此外楼再次强调了自己早在《鲁迅；其人、其事、及其时代》（巴黎第七大学东亚研究中心，一九七八年出版）一文中就对将《信》看做鲁迅作品所持的怀疑态度。最后他阐述道：胡风的证

---

① 关于楼国华（1906—1995年）的情况请参阅本文前篇的相关内容；关于郑超麟（1901—1998），请参阅《郑超麟回忆录》（北京现代史编刊社1986年，日译本近期内将由平凡社出版发行）与长堀的译文《读胡风〈鲁迅先生〉长文有感》（《季刊托洛茨基研究》一三期、1994年）及长堀的《左翼反对派的一生—郑超麟》（《しにか》1998年10月）等；关于王凡西（1907—2000），请参见他本人著《双山回忆录》第17页等。

郑超麟(左)、楼国华(右)晚年重逢(录自《中国托派党史》)

词说明《信》是"如今胡风却证明雪峰写的《致托派信》,是他借鲁迅之名抒写自己的"党见",长达半世纪的反托运动,终于由历史自己"平反"了。

郑超麟的文章说:胡风的证词"即解决了半个多世纪以来中国政治斗争史上一件公案——鲁迅《答托洛斯基派的信》的公案"。而且他又更为具体地展开了有关《信》的论述。郑超麟是在国民党的监狱里读到这封公开发表的《信》的,他说:信中打出"卢布(日元)说",暗示等于臭骂中国托洛茨基派是接受日本资金援助的汉奸,我读完后觉得非常反感,鲁迅在我心目中的地位下降了许多。而且解放后这封《信》还被收入中国的高中教科书里,结果托洛茨基派等于汉奸这一偏见通过教育而深入人心,此事令郑颇为气愤。① 郑也从《鲁迅先生》中引用了同楼国华的引用相同的内容,发表了相似的评论,同时他又进一步讲道:"鲁迅[对冯雪峰读完的稿子——以下的[皆为笔者译注]点了点头,是否表示同意呢?他基本上是表示同意的,但并不全部表示同意。(中略)他正在被人戴上'托派'的帽子,而他并非托派,他必要同托派划清界限。"由此说明了《信》的意图与背景,并从胡风的证词引出如下结论,即《信》以"谩骂"的方式进行战斗,通过"日元说"置换"卢布说",这些都不能问罪于鲁迅。而且,《毛泽东选集》第二版的注释②里已

① 根据藤井省三氏提供的资料,至少"文革"期间还曾收入中学的教科书里。根据同一份资料得知,至少在1972—1976年间出版的北京市教育局教材编写组编的北京市中学课本《语文》里收录了《信》这篇文章。

② 毛泽东在第二卷的《论持久战》一文中写有"镇压汉奸托派"这样的字眼,对此,文后的注释(9)写道:"[这]是由于当时在共产国际内流行着中国托派与日本帝国主义间谍组织有关的错误论断造成的。"

经明确指出：陈独秀接受日本提供的资金一事纯属造谣，并强调托洛茨基派等于汉奸这一说法也就完全丧失了任何根据。郑最后说：读了胡风的《鲁迅先生》，"我则认为冯雪峰这些话不是贬低鲁迅，而是在我心目中提高了鲁迅的地位，知道了我们中国的高尔基毕竟高出于俄国的高尔基。我的残余的爱国主义将会引以此自豪的"。这是国际主义者郑超麟特有的妙趣横生的言语表达。(托洛茨基派常以"爱国主义者"一词代指中共派)

王凡西是在读完胡风的遗著《关于三十年代前期和鲁迅的二十二条提问》[①]与《鲁迅先生》这两篇文章之后写下的感想。王凡西对胡风关于《信》的"制作过程"的描述也很感兴趣，他这样写道："这项证言不但替中国托派再一次地洗雪掉莫须有的罪名，而且也替鲁迅终于解脱了诬陷他人的责任。"不过，因为楼国华、郑超麟二人对其已进行过描述，所以他不再赘述，只是对自己以前在《双山回忆录》中提到陈独秀看过那封《信》后脱口怒骂鲁迅说"鲁迅之于共产党，无异吴稚晖之于国民党，手捧之余，感恩图报，决不能再有不计利害的是非心了"(参见本稿正篇三)一事作了"补充"说明。"当时陈独秀正以托派身份被蒋介石关在监狱里，突然间看到他的一位旧同事与老朋友，竟将最不堪的罪状横加在以他为首的那一派同志们身上，怎能使这位性似烈火的革命者按捺住心头怒火呢?"王强调当时的陈独秀是受一时的愤怒情绪所驱使，陈独秀对鲁迅的正确评价应该参阅他写的《我对鲁迅之认识》一文。陈独秀在一九三七年十一月二十一日写下的这篇文章中讲道：他从《新青年》时代起就对鲁迅评价颇高，而且是鲁迅曾使中共的统一战线政策一直面临威胁。"这位老文学家终于还保持着一点独立思想的精神，不肯轻于随声附和，是值得我们钦佩的。"[②]鲁迅关于陈独秀的评价也应该看一看他在《我怎样做起小说来》(收入《南腔北调集》)。这篇文章中提到陈独秀时讲道："我必得记念陈独秀先生，他是催我做小说最着力的一个"，而这篇文章是写于一九三三年，即陈已被中共除名，变成了托派之时。胡风在《鲁迅先生》里说："他[鲁迅]对《新青年》编辑同人，五四文学革命领导者之一的陈独秀，始终表示敬重的态度，并不因陈独秀后来政治上的变化而否认他的革命功绩，提到他名字时总称为独秀先生或独秀"，也证明了上述这一点。因为在这里还提到他受到勃洛克的诗集《十二个》及厨川白村的影响，所以王凡西的文章就重点转入论述

① 刊登在上海《鲁迅研究月刊》第五期(1991 年 9 月)与《新文学史料》1992 年第四期上。但前者由于遭到上海当局的查封，实际的发行晚于后者。

② 收入《陈独秀著作选》第三卷(上海人民出版社 1993 年)；又见任建树主编：《陈独秀著作选编》第五卷，第 215 页。

胡风的文艺理论所受到的托洛茨基的影响。这部分的内容也非常重要,笔者亦将另外论述,在此暂且搁置不提。

由于搞清楚了《信》这篇文章对托洛茨基派的诬告并非鲁迅所为,上述三者都为此感到高兴。又因为中共本身都已宣告;诬告并不成立,由此将鲁迅从斯大林主义的陷阱中解救出来,三人都认为此事值得庆贺,这也是很自然的反应。尤其是后一点对今后亦将产生重要意义。

但是令人不可思议的是他们三人都未提及冯雪峰于一九七九年公开发表的那段证词(参见正篇四),即《信》并非鲁迅口授,而是冯雪峰起草,鲁迅于公开发表后才予以承认的。考虑到楼适夷与楼国华是表兄弟(应为堂兄弟——编者)的关系,至少楼国华不会不知道。① 大概由于冯雪峰的证词是文革期间的产物,使用它并不光明正大,甚至会令中国托洛茨基派处于不利的局面。因为文革期间,原托洛茨基派的各方面情况都遭到强制"供认"②(根据王凡西最近写给笔者的信,楼国华也并不知道有关冯雪峰的文章一事。)。

另外还有一件事应该代中国托洛茨基派考。冯雪峰说鲁迅把《信》与《论现在我们的文学运动》从所刊登的报纸上剪下来后,放到应该收入自己文集的堆积如山的稿件当中,而且鲁迅对陈仲山的第二封信不屑一顾的态度,是否就是承认那两篇文章为自己的作品的证明呢?笔者下边将对此谈谈不同的看法。

以鲁迅名义发表的这两篇文章在首次问世之后,如果不收入即将发行的单行本(实际上收入这两篇文章的《且介亭杂文末编》出版于鲁迅逝世后的一九三七年七月),会给读者留下极不自然的印象,这是鲁迅很容易就可以想象到的情况。何况从当时的政治状况考虑,这两篇也算是极其重要的文章。不将它们收录进去,就等于鲁迅自己承认这两篇文章有问题。而且两篇文章在首次发表时都注明了"O. V. 笔录",特别是《论现在我们的文学运动》还加上了副标题"病中答访问者"。所以就有可能进一步加深读者极其对立的当事者的怀疑:它们真的是鲁迅的著述吗?这种情况对于鲁迅是必须要避免出现的。何况还可以这样推测:作为鲁迅,他通过文章首次发表时注明的"O. V. 笔录""病中答

---

① 天马书店的创立者楼纬春(1910—1994 年)数次出现于《鲁迅全集》当中,根据该全集第一五卷《日记》的人物注释,他是楼适夷的表兄弟。那么或许他有可能就是楼国华(子春)的弟弟,当然关于这一点尚待调查。另外,本文前边提到的《我怎样做起小说来》这篇文章是鲁迅特意为天马书店出版的《创造的经验》这本书而写的。(根据《鲁迅研究月刊》1994 年 6 月刊收入的"楼纬春先生逝世")

② 例如唐宝林的《中国托派史》(台北东大图书公司 1994 年)采用了叶春华的供认书,对此郑超麟认为不妥,在书评中进行了批评。参见该书评的拙译(《季刊托洛茨基研究》第一七期,1995 年)。

访问者”,已将写作主体暧昧化,即暗示出自己对两篇文章的细节部分不负责任之意,所以他考虑收入文集也并无大碍。如果我们重视胡风的证词,即《信》发表以前,冯雪峰曾拿着自己起草的稿子向抱病在床的鲁迅征求过意见,那么,也不能排除这样一种可能性,即附记与副标题一定意义上是鲁迅与冯雪峰、或者说是与中共之间的妥协的产物。换言之,鲁迅依靠附记、副标题,从一开始就暗示出自己对《信》中的托洛茨基派等于汉奸的说法不负责任或者说是不能负责。

而且,虽然冯雪峰证明鲁迅将两篇文章从首次发表的杂志上剪下来,放到应收入自己的文集的堆积如山的稿件当中,但是《鲁迅手稿全集文稿》(文物出版社一九八六年)却没有把它们收进去。当然也可以考虑是由于在当时的条件下原件保存困难,导致这两篇文章散失不见。可是几乎同一时期(稍稍靠后)讨论相似问题的《答徐懋庸关于抗日统一战线问题》一文,也是从最初发表的杂志上剪下来的部分,包括冯雪峰的草稿,鲁迅的修订稿都一并收入了文集当中。考虑到这一点还是使人觉得有些奇怪。至于其中的原因,是否这样考虑比较自然呢?即:不存在鲁迅的草稿,又没有任何修改痕迹的剪自最初发表的杂志上的这两篇文章,令该全集编辑委员会对于是否收录这样的东西感到犹豫不决。而且最终编辑委员会的判断是不将这两篇文章看做鲁迅的作品。

鲁迅去世之前,即病情有所好转那段时期,并未打算放弃与这封信的关系。对此 G. 班顿[①]认为这并不意味着他承认了《信》中有关托洛茨基派等于汉奸的提示。G. 班顿这样写道:

“鲁迅在二十世纪三〇年代中期那样的政治状况下,并不打算与代表世界唯一进步势力的斯大林主义及中共决裂,也不可能那样做。假如鲁迅主张这封信不是自己的东西,那么毫无疑问他将不得不与中共的进步组织断绝关系。而鲁迅又为什么不答复陈其昌[仲山]的第二封信呢?大概鲁迅不想拖延问题,只想尽快结束这件事情。因为如果鲁迅答复第二封信,就不得不讲出自己的真心话,那样就等于反对或者是部分反对冯雪峰起草的信的内容。实际上数月后鲁迅以婉转的笔调写出“半夏小集”,发表了与陈其昌信上的内容相类似的意见,对中共

① Gregoc Benton 即高里戈·本顿(也译成班顿),又名班国瑞(1944—),英国人。英国里兹大学教授。著作有《野百合》、《燎原火》、《新四军》、《中国城市革命者》、《欧洲华人概况》、《荷兰华人概况》等多部。其《遍山战火》一书获 1992 年度最佳中国历史书籍奖。拙编《陈独秀与 20 世纪中国》一书收入了其《中国城市革命者》一书的第六章(见中国戏剧出版社 2000 年版,第 271—287 页)。此文于 2012 年香港天地图书有限公司出版《陈独秀晚年著作选》列为该书“前言”——奚金芳注。

进行了批评”。①

笔者基本上同意他的看法，以前在另外一篇论文上也写过自己的观点。②

如果鲁迅亲自执笔答复，可能就不至于出现这样的“辱骂”及“恐吓”。但结果它们却作为鲁迅的语言被固定下来，被中共和毛泽东最大限度地利用于反托洛茨基派的运动中。鲁迅逝世一周年的一九三七年十月十九日，陕北延安大学召开鲁迅逝世一周年纪念大会，会上毛泽东做了题为“《鲁迅论》的演讲”③，其中以《信》为依据，说鲁迅先于④王明、康生断定中国托洛茨基派即汉奸：“他（鲁迅——长堀注）在一九三六年就大胆地指出托派匪徒的危险倾向。现在的事实完全证明了他的见解是那样的稳定，那样的清楚。托派成为汉奸组织而直接拿日本特务机关的津贴，已是很明显的事实了。”

G·班顿指出，一九四九年以后为了给托洛茨基主义者打上汉奸或阶级敌人的烙印，《信》被作为强有力的武器来使用。他又进一步指出：“它还成为警告那些欲轻率提出任何异议的青年们的武器。”⑤现在《信》的真相已经大白于天下，但是更正被捏造的、已经渗透人心的“历史”的道路，无论在中国还是在日本都还将是漫长的。从这种意义上我们也应该祈祷楼国华去世后的两位在世的证人，即郑超麟、王凡西的长寿与更多的作品问世！（本文脱稿后的一九九八年八月一日，郑超麟先生在上海逝世，享年九十八岁。谨表哀悼之意。）

二、北京的拉丁区⑥

在这一部分笔者试图追溯到托洛茨基派诞生以前的北京，看一看当时包括

---

① G. Benton “LuXun, Leon Trotsky, and Chinese Trotskyists”, East Asian History, No. 7, June 1994, Institute of Advanced Studies Austraria National Univ. 班顿：《鲁迅，托洛茨基和中国的托洛茨基者》，载澳大利亚国立高级研究院《东亚历史》杂志第7期，1994年7月。

② 参见长堀《鲁迅“革命人”的建立》（《猫头鹰》第六号、1987年）。

③ 毛泽东的“鲁迅论”。此处依据的是《毛泽东选集》第二版第五卷（苍苍社、1983年）。《论鲁迅》首次发表在胡风主编的《七月》（半月刊）第二集第四期（汉口、1938年3月）上。《六十年来鲁迅研究论文选》（中国社会科学出版社1982年）上收入的刊登于1981年9月22日《人民日报》上的同一篇文章删去了“托派成为汉奸……”一句（《人民日报》CD-ROM版亦同）。

④ 康生在《解放》周刊第二九期（1938年1月28日）上发表的《铲除日寇侦探民族公敌托罗茨基匪帮》一文中正式提出托洛茨基派等于汉奸的说法。另参见孙其明：《陈独秀是否汉奸问题的探讨》；唐宝林“旧案新考”，二者都收入《陈独秀评论选编》（河南人民出版社1982年）。事实上中共近年来已为陈独秀恢复名誉，通过对《毛泽东选集》第二版注释的修订等，将托洛茨基派等于汉奸这一谬论归罪于共产国际、王明等人身上。而客观上已能够清楚地看出是毛泽东亲自指使冯雪峰上演了一出托洛茨基派等于汉奸说的闹剧。王观泉《诬陷陈独秀为汉奸问题的深究》（《鲁迅研究月刊》1998年第7期）从另一个角度补充、强调了这一看法。

⑤ 同注①。

⑥ 拉丁区即指没有固定职业和收入来源、落拓不羁的艺术家们在19世纪上半叶在巴黎拉丁区的一种生活方式。如今成为随意率性，开放自我的生活方式的代名词，亦是其新特点。参见亨利·缪尔热《波希米亚人——巴黎拉丁区文人生活场景》一书，华夏出版社2003年。

王凡西在《谈王实味与"王实味问题"》(《九十年代月刊》一九八五年五月)中证明说：王实味虽然曾经受到过托洛茨基思想，尤其是他的文学理论的影响，但是并未参加托洛茨基〔派〕组织。中共接受了这一证词，认为王实味不能算作托洛茨基主义者，为其进行了平反。王实味在内的中国托洛茨基派的种种情况与围绕《信》的当事者冯雪峰、胡风及鲁迅之间的关系。因为或许由此可以窥知以后那段残酷历史的一面。而且《信》的背景或许就隐藏在这微妙的人际关系里。

受创造社的影响，对文学产生兴趣的青年王凡西于一九二五年考入北京大学。恰好在那个时候，由于五卅事件的影响，王转而对政治格外关心，刚一入学就参加了中共的秘密活动，与大学的课程及文学越来越疏远。王凡西讲当时他住在北京大学旧址汉花园马神庙附近，在那一带居住的不仅仅是北京大学的学生，还有各种各样的青年文化人，就像巴黎的蒙马特尔即拉丁区。

"多少受过创造社浪漫主义影响的，原本向往于这种布希米亚生活的，一旦置身实有而近乎想像的环境中，自然非常高兴了。我竭力想和他们接近，不久也结识了其中的一些。杭州第一师范里①曾经相当出名的'湖畔诗社'，那时有二位主将——冯雪峰与潘训②，住在这个'蒙玛区'，我认识了他们，尤其和后来庾死于天津狱中的潘训(漠华)最合得来。文学团体此外还有不少，有出刊物的，有纯粹以研究为目的的，我对它们都怀有不同程度兴趣，可是始终不曾成为任何一个社团的成员。在我的同班同学中，有两个人与我较为接近：王实味与张光人(后来的胡风)。巧得很，这两个人后来都做了中共文艺政策下的牺牲者。"③

王凡西还谈到他与同乡的教授徐志摩④有私人的交往，虽然他很喜欢徐的诗文及坦率的性格，但是二人在思想及生活态度方面却存在着很大的差异。此外王凡西还谈到⑤他曾在《语丝》上发表过文章，不过未曾与鲁迅、周作人兄弟见过

---

① 王凡西生于1907年，比冯雪峰小四岁，曾就学于杭州第一师范相邻的浙江省甲种商业学校。《双山回忆录》(增订本)，第17页。

② 潘训(1902—1934)，又名漠华、恺尧，笔名潘四、锡田、若迦等。浙江宣平人。就读于浙江省立第一师范，1924年考入北京大学文科，1926年在校加入共产党并南下参加北伐军于武汉。1930年在上海加入左翼作家联盟。在该盟成立大会与代表中国自由大同盟在会上致词。继与段雪笙等到平津筹建北方"左联"，负责起草"理论纲领""行动纲领"和"成立宣言"，当选为执行委员，连任三届领导。1932年冬任中共天津市委宣传部长。1934年1月参加张家口察哈尔民众抗日同盟军，任军报《老百姓》编辑。10月回天津，2月被捕。屡受酷刑而不屈，三次发动绝食斗争，同年12月24日逝于狱中。1956年人民文学出版社《应修人潘漠华选集》中的《漠华集》即其代表作。

③ 《双山回忆录》(增订本)，第30—31页。

④ 徐志摩翻译过《杜洛斯基》(收入《徐志摩全集》第三卷，(香港)商务印书馆1983年，原载于《晨报·副刊》1925年12月)，原文出自卢那察尔斯基的《革命形象》。这篇译作或许与王凡西有何关联，当然有关这一点尚待核实。

⑤ 见《双山回忆录》(增订本)，第30—31页。

面，只与刘半农稍有个人上的来往。此事暂且不提，总之当时的北京大学，包括担任讲师的鲁迅在内，与“信”有关的人员都聚齐了。冯雪峰一九二五年来到北京，借用潘漠华的听课证旁听[①]北京大学的课程，同样胡风、王实味也已在北京大学预科学习。至少胡风也听过鲁迅的课。不过根据王凡西近年的证词，冯雪峰与胡风、王实味[②]二人都不认识。[③] 另有一位当事人陈仲山此时也在北京大学学习，并且也选过鲁迅的课，关于这一点笔者已在另一篇文章(正篇二)中叙述过。据楼国华讲，当时已成为中共党员、与文学无缘的陈仲山并未见过冯雪峰、胡风等。[④]

这一时期之后的楼国华与冯雪峰二人的关系也是重要的一个环节，对此楼国华是这样讲的：

“大约一九二八年末，有几个留苏学生回到上海，他们都是托洛次基派，我认识其中一个，当时革命失败，共产党内完全受盲动情绪支配，一经托派分子把当时托史的争论介绍过来，对于苦闷无出路的革命者，恍如在黑暗中睁开了眼睛，我参加过这种讨论，记得冯雪峰也参加过一次，我和雪峰的认识是由谢澹如介绍的，他们都是湖畔诗社的诗人；雪峰已和鲁迅来往，鲁迅当时正在译苏联的文艺理论[⑤]，虽从日文重译，但遇有难解之处，则用俄文参考，雪峰常常衔鲁迅之命，把某一段文章请我找留俄回来的托派代译，每条不过几十字或几百字，但鲁迅一定给予稿费一元或二元，当时翻译一千字的稿费不过一、二元，所以说来无人相信，鲁迅和托派并不是毫无渊源的。”[⑥]

其中提到的一九二八年年底前后，中国托洛茨基派组织正处于摇篮期，楼国华还不是托洛茨基派的成员。不过据说冯雪峰参加过似乎很接近托洛茨基派的讨论会。这反映出大革命失败后，年轻的共产党员思想上陷入混乱的状况；以及冯雪峰对托洛茨基与托洛茨基派的非对立态度。冯雪峰还参见过一九二六年在鲁迅的支持下由李霁野、韦素园翻译的托洛茨基的著作《文学与革命》的汉语翻

---

① 根据曲纬的《冯雪峰简历及著作》(收入王训昭选编《湖畔诗社评论资料选》，华东师范大学出版社1986年)。

② 关于胡风参见《中国现代文学辞典》(东京堂1985年)及《鲁迅先生》。关于王实味，参见温济泽等《王实味冤案平反纪实》(群众出版社1993年)。

③ 参见班顿：《鲁迅，托洛茨基和中国的托洛茨基者》一书及《上海鲁迅研究》第5期(1991年)与《新文学史料》1992年第4期上。但前者由于遭到上海当局的查禁，实际发行晚于后者。

④ 一丁：《鲁迅：其人、其事及其时代》，第246—247页。

⑤ 根据包子衍《雪峰年谱》(上海文艺出版社1985年)，冯雪峰与鲁迅的初次会面是在1928年12月9日。那以后，至1929年前半年，鲁迅翻译了一些苏联的文艺理论书籍，根据《鲁迅著译系年目录》(上海文艺出版社1981年)，其中包括有后来出版发行的鲁迅的译著《艺术论》(大江书铺，1926年6月，原著卢那察尔斯基)，以及《文艺与批评》(水沫书店、1929年10月)、《文艺政策》(水沫书店，1930年6月)中收入的诸篇译文。

⑥ 一丁：《鲁迅：其人、其事及其时代》，第286—287页。

译工作。他还曾援引托洛茨基的“同路人作家论”，写过关于把鲁迅当作“同路人”的文章。① 考虑到上述情况，楼国华证词中谈到冯曾经作为鲁迅的翻译帮手，请从俄国归来的托洛茨基派成员协助一事是可信的。虽然关于鲁迅是否直接点名要求从俄国归来的托洛茨基派成员协助这一点尚不清楚，但是考虑到当时鲁迅的托洛茨基观，即使有这种情况也并不奇怪。② 一九二九年楼国华成为托洛茨基派的一员。翌年的一九三〇年他去参见左联成立大会时，已是众所周知的“异端分子”，在会场上被老相识冯雪峰追问来意时，他请求允许他参加大会，聆听鲁迅的演讲，但是最后他被要求退出会场。③

如果要找出以鲁迅名义发表的冯雪峰之作《答托洛斯基派的信》的线索，大概基本上就是上述的情况。随着苏联内部斯大林独裁与个人崇拜的不断加强，以及血腥的肃托运动的不断开展，二十世纪三十年代中期托洛茨基及托洛茨基派成员在共产国际与中共内部已完全变为敌对的矛盾力量。无论鲁迅还是冯雪峰，与其保持距离也是很自然的事情。更何况他们早期就与托洛茨基派的几位成员打过交道，还参加过托洛茨基著作的翻译工作等。他们为划清界线而做出了极端的行为，尽管如此，恐怕对他们那种政治心理加以责难似乎不妥。当然，是否原谅《信》中表现出的无端的中伤，这自然应该算作另外的问题。

三、《信》的文学史意义与今后展望

《信》里暗示托洛茨基派等于汉奸这一说法是毫无根据的，关于这一点在《毛泽东选集》第二版的注释里已经明确指出陈独秀并未接受日本的资金，为其恢复了名誉。那封《信》曾被毛泽东利用作托洛茨基派等于汉奸说的根据，而今它却变成圣人鲁迅的“污点”，对中共也是如此。从这种意义上看，弄清《信》的真相，明确区分著者冯雪峰与名义人鲁迅的责任，已经不是利用鲁迅为中国托洛茨基派恢复名誉这种性质的问题，情况恰恰相反。应该救助的是鲁迅才对。

晚年的鲁迅确实对托洛茨基有意见，也试图与中国托洛茨基派保持距离，这都是事实。④ 但是这又都是起因于鲁迅对如同斯大林崇拜一般的托洛茨基英雄

① 参见长堀祐造《鲁迅“革命人”的建立》(《猫头鹰》第6号，1987年)，长堀的论文及《鲁迅革命文学论中的托洛茨基文艺理论》(《日本中国学会报》第四〇集，1988年)。所谓冯雪峰的评论是指《革命与知识阶级》(收入《冯雪峰论文集》上卷，人民出版社1981年)。

② 参见前边提到的长堀的论文及《试论鲁迅托洛茨基观的转变》(早稻田大学中国文学会)《中国文学研究》第十三期，1987年)、“韦素园·李霁野译著托洛茨基的《文学与革命》一书出版前及相关问题”(樱美林大学中国文学科《中国文学论丛》第十七期，1992年)、《1928—1932年鲁迅的托洛茨基观与革命文学论》(《日吉纪要言语文化交流》第十五期，1995年)。

③ 一丁：《鲁迅：其人、其事及其时代》，第257—258页。

④ 参见长堀的论文《试论鲁迅托洛茨基观的转变》。

论的排斥与围绕抗日统一战线的政治见解的不同，它与《信》中“拿敌人钱”式的言辞相去甚远。而且正因为鲁迅关于统一战线的见解实质上与托洛茨基派的看法比较接近，所以才产生与托洛茨基派划清界限的必要。把厌恶流言蜚语的鲁迅推至蛊惑人心者位置上的正是《信》。

可是要救出鲁迅，在中共圈内当然也具有恢复托洛茨基及中国托洛茨基派的名誉的问题。这件事本身毋庸说是应该受到欢迎的。虽然事实上已经恢复了陈独秀的名誉与王实味的地位。对陈独秀的事实上的名誉恢复是指中共强调了他晚年与托洛茨基派划清界限这一点（老托洛茨基派并不同意这种看法）；关于王实味的平反，如前所述是在认为他不是严格意义上的托洛茨基主义者的基础上进行的，因此并不是对一般的旧中国托洛茨基主义者的平反。但是对整个中国托洛茨基主义者的平反还存在着一定的困难。不过，最近中国的托洛茨基著作的翻译出版却一直在进行着，虽然还不算顺利。而且不仅是鲁迅与托洛茨基这样的题目，就连关于近代中国文学史上托洛茨基的《文学与革命》所发挥的作用等问题都将有可能受到人们的瞩目。该书于一九二六年被译成汉语首次出版以来，不断再版。受到它的文学理论的影响，或者对这一理论产生共鸣的作家并不仅限于鲁迅一人。试举一、二例。巴金一九二八年在《东方杂志》上发表了托洛茨基的《论托尔斯泰》一文的译文①；郁达夫写有明显受托洛茨基影响的文章。② 就连冯雪峰也是其中之一。③ 二十世纪二十～三十年代具有如此影响力的托洛茨基的文艺理论，到四十年代后估计也曾像地下水般保持着它的生命力。恐怕未必就能断定这种推测不符合实际。在延安时代以后的中国革命当中，已经成名的作家们就不曾想起过“同路人作家论”与“文艺的自律性”（包括“创作的自由”）之类的托洛茨基吗？新中国成立以后，托洛茨基的名字成为禁忌，在作家的文本当中很难寻觅到它的影子，但是作为填补起因于各种禁忌的文学史上的空白工作的一环，它是不可缺少的。

一九五二年中国托洛茨基派被清除出大陆，现在它不过是香港民主派内的一小股势力而已。但是作为中共的批判力量，它已成为最尖锐的合法性存在。中国托洛茨基派高举出的民主与人权的旗帜，也正是他们成立组织以来的传统。陈仲山的遗志大概将会在香港被继承下去，而鲁迅的批判精神也会或多或少地

---

① 《东方杂志》1928 年 10 月。

② 例如《无产阶级专政与无产阶级的文学》[写于 1927 年 2 月 1 日，收入《郁达夫文集》第五卷，(香港)三联书店 1982 年]等。

③ 冯雪峰的论文是指《革命与知识阶级》，《冯雪峰论文集》上卷，人民出版社 1981 年。

令他们产生共鸣。

原载于《二三十年代中国与东西文明——芦田孝昭教授退休纪念论文集》

（日本东方书店 1998 年 12 月刊）

附录五

这两篇文章不应再算作鲁迅的作品

周楠本

《答托洛斯基派的信》和《论现在我们的文学运动》这两篇文章不应再视为鲁迅的作品而被编入《鲁迅全集》了。理由是：这两篇文章都是冯雪峰用鲁迅的名义所写，而事后鲁迅并没有认可它们；代笔者所谓“先生口授，O. V. 笔写”及“O. V. 笔录”是不属实的。

胡风晚年出狱之后写的回忆文章中，关于冯雪峰代笔之事披露了其中的实情：

一、《答托洛斯基派的信》及《论现在我们的文学运动》并非鲁迅委托冯雪峰所写。“当时鲁迅在重病中，无力起坐，也无力说话，连和他商量一下都不可能”，更无法仔细思考问题。

2009 年 3 月出版的王福湘著《鲁迅与陈独秀》一书的封面

二、鲁迅身体稍微恢复后，曾明确向他表示了对代笔文章不满意的意思，说一点也不像他的东西。当时在场的胡风后来撰文说：“鲁迅在思想问题上是非常严正的，要他对没有经过深思熟虑（这时候决不可能深思熟虑）的思想观点担负责任，那一定要引起他精神上的不安……”（《鲁迅先生》，载《新文学史料》1993 年第 1 期）。胡风所说完全是事实，这有鲁迅日记为证。鲁迅这一次发病的确不轻，整整卧床一个月，连每日必写的日记也被迫中断。后来他病情稍为缓解，重新恢复写日记时特记下了这样一段话：

“自此以后（按：指 1936 年 6 月 5 日以后）日见委顿，终至艰于起坐，遂不复记。其间一时颇虞奄忽。但竟渐愈，稍能坐立诵读，至今则可略作数十字矣。但日记是否以明日始，则近颇懒散，未能定也。六月三十下午大热时志。”

冯雪峰代写的这两篇文章，一篇是6月9日，一篇是6月10日所写。这正是鲁迅处于“终至艰于起坐”，“一时颇虞奄忽”的时候，在这种病危状态之下，鲁迅哪里还有可能去管托派的闲事呢。

对于政治，鲁迅晚年的态度是，对于自己营垒中人从背后射来的暗箭，他的憎恶是在正面的敌人之上的。可是托陈派既不属于所谓自己营垒中人，更非正面的敌人，况且托派领袖俄国的托洛茨基和中国的陈独秀都是他十分尊敬的革命家，托洛茨基更是对他具有影响的文艺理论家；当时托洛茨基被黜流亡国外，陈独秀既遭共产党贬黜，又被国民党逮捕关押在牢房里，此时此刻，他怎么会因为托派一封表示友好的来信气愤到非要写一封落井下石、损人而不利己的公开信呢？

这封托派的来信，纯粹只是一封个人私信，虽说写得似乎不是时候，正是鲁迅被其论敌诬为托派之时，但信中对于时局的观点也并非都与鲁迅相左，尤其是对于国民党的态度，不仅不冲突，而且还是很相投的。此信提到1927年“四·一二”清党屠杀事件，鲁迅更会记忆犹新，他正是因为1927年的恐怖对国民党政权完全失去信任而站到反对派立场上的。关于“联合战线”问题，托派所针对的是第三国际的政治策略和中国的推行者王明的路线，而鲁迅对于放弃国内革命斗争是持批评态度的，因此在两个口号论争中(即“国防文学”与“民族革命战争的大众文学”两个口号)托派才引鲁迅为同调；可是在冯雪峰的笔下，托派的来信却完全变成了攻击毛泽东的抗日民族统一战线的政策了。按道理对于托派这封向鲁迅表示敬意的来信，鲁迅是没有必要公开表态予以谴责的，至少在他重病不起之时，没有可能非要当作天大的事去急急忙忙处理的。

这实在是冯雪峰担忧过度。《答托洛斯基派的信》表面看是答复托派的，实际上只是为了急于向左翼文学阵营中的谣言制造者表示自己与托派“汉奸”毫无干系。不但无干系，而且反对托派的态度是非常鲜明的，公开信中特别表明了自己拥护斯大林的苏联，拥护陕北苏区毛泽东的中共中央的心迹。但是冯雪峰既为鲁迅代笔却未能顾及鲁迅的为人，也未能够把握好鲁迅的思想和文风。《新青年》时期之后，鲁迅与陈独秀固然早已无联系，但对于陈独秀他是一直心怀感激的。

多年之后他在一篇回顾自己的文学道路的文章中写道：“……《新青年》的编辑者，却一回一回的来催，催几回，我就做一篇，这里我必得纪念陈独秀先生，他是催促我做小说最着力的一个。”(《我怎么做起小说来》，1933年3月)鲁迅记下对陈独秀表示感激的这一笔的时候，正是陈独秀身陷囹圄之时，并且早已遭到共产国际的嫁祸和清算，被中共开除出党了。在发表《答托洛斯基派的信》之前仅仅一个月，鲁迅在回答美国记者斯诺提问时还说中国最优秀的杂文作家是：“周作人、林语堂、周树人、陈独秀、梁启超。”（斯诺：《同鲁迅的谈话》，参见《鲁迅研究年刊（1990年）》）。

本文摘自《博览群书》杂志2009年第九期

附录六

关于《陈独秀往事》致靳树鹏先生①

龚育之②

……。（编者略）

第一个问题是鲁迅答托派的信。

1936年托派陈仲山（其昌）给鲁迅写信，大约是听到某些传闻，以为鲁迅同中国共产党有了矛盾，可能会支持托派的观点，才把托派的宣传品寄给他。信中集中攻击大革命失败后中国共产党在农村建立革命根据地的武装斗争政策，尤其是现时的各派联合一致抗日的统一战线政策。这些攻击的谬误和狂悖，当时在托派以外的人看来已经很显然。现在更是被历史所完全的证明了。鲁迅收到信后，很生气，在重病中无力写信，就由刚从陕北来到上海的冯雪峰为鲁迅起草了这封答托派的信。从回信本身看来，信中只是做出了托派这种言论“有利于谁”的分析和判断，认为攻击各派联合一致抗日的政策，“恰恰为日本侵略者所欢迎！”信中的确说了：“倘若有人造一个攻击你们的谣，说日本人出钱叫你们办报，你们能够洗刷得清楚么？”但接着就说：“我不相信你们会下作到拿日本人的钱出报攻击毛泽东先生们的一致抗日论。你们绝不会的。我只要敬告你们一声，你们的高超理论，将不受中国大众所欢迎，你们的所为有悖于中国人现在为人的道德。我要对你们讲的话，就仅仅这一点。”

根据这些话，把诬陷陈独秀和中国托派为拿日本人钱的汉奸的罪名，加到鲁迅头上，说鲁迅是始作俑者，恐怕不能算是很有根据的，就是加到冯雪峰头上，恐

---

① 本文发表于2005年1月24日《学习时报》第三版。原文第三个问题是反封建问题，见奚金芳编《陈独秀研究文集——陈独秀与20世纪学术、思想、文化》一书，第218—220页。此处从略。

靳树鹏（1937— ），长春市人。吉林师范大学中文系毕业，吉林省建设厅原副厅长、文史学家。著有《陋室随笔——不该忘记的人和事》（时代文艺出版社2004年版）、《陈独秀诗集》（与任建树、李岳山合著，时代文艺出版社1995年版）、《普列汉诺夫、陈独秀、顾准》（线装书局2010年版）等多部。

② 龚育之，中宣部原副部长、中央党校原副校长、中共中央党史研究室副主任。2007年6月12日在北京病逝，享年78岁。1948年入清华大学化学系。曾任北京大学科学与社会研究中心兼职教授、科学技术哲学专业博士生导师。

怕也不能算是很有根据的。

陈独秀是主张抗日的，别的不说，1934 年在狱中的组诗《金粉泪》，就洋溢着强烈而深沉的爱国悲情。抗日战争开始后，1937 年 8 月他从狱中出来，明确表示赞成国共联合抗日的统一战线。1940 年他写信同他从前的托派友人西流等争论，批评“有人称把列宁一九一四年大战的反帝理论与口号应用于中日战争，而忘记了被压迫民族的反帝斗争，无论他唱如何左的高调，只能有助于日本”。同鲁迅答托派的信所用的逻辑一样，陈独秀在这里也只是做出了这种言论“有利于谁”的分析和判断，而没有理由说陈独秀指控某人为日本奸细。

你引用了王观泉先生的文章《诬陷陈独秀为汉奸问题的深究》。王文的贡献，在于查出《救国时报》在 1936 年 10 月 5 日就鲁迅答托派的信发表过诬陷托陈派为日寇奸细的伍平通讯和报纸社论。比别的文章把此事追究到康生 1938 年初在《解放》周刊上发表的文章为止，追溯的更早、更深。但是，《救国时报》上那篇通讯和社论，引用了鲁迅那封信，但却不能说是严谨的遵照它的原意，而是引申了它的原意。文中说：“先生毕竟还是出语忠厚”，从而略去了鲁迅的“忠厚”之语不引，却举出据说是“中国托派”张慕陶等事例，说：其实“这早就证明托陈派这一干人是在替日寇服务了”。这表明作者自己知道，他引用鲁迅，是加了码的，不但分寸上加了码，性质上也加了码。

我请韩钢同志帮我查了一下《救国时报》，发现确如王观泉所说，伍平通讯把给鲁迅写信的陈××误认为可能就是陈独秀。伍平又说：“即令不是陈独秀，也是一位托陈派中重要人物，反正都是一样。”但是，伍平通讯并不是《救国时报》骂托陈派为汉奸的开始。在这之前(1936 年 2 月 29 日、5 月 10 日)，《救国时报》就已经发表过说托陈派是汉奸的文章，在这之后发表的就更是连篇累牍。《救国时报》是中国共产党驻共产国际代表主持下的报纸。1937 年底从共产国际回国的康生，在中国共产党中央主办的《解放》周刊上发表了一片连载两期的一万好几千字的洋洋大文，前一半说苏联托派为德日帝国主义当特务间谍，材料都是引用斯大林和苏联反托大审判，后一半说中国托派为日本帝国主义当特务间谍，相当一部分材料同《救国日报》上的材料相同。文中提到鲁迅那封信，只用了半句话(“无怪鲁迅先生痛骂陈独秀等托匪有悖中国人为人的道德”)，这里直指陈独秀，可能沿袭了伍平把陈××误认为陈独秀的错误。回国后的王明、康生为什么那么猛烈地发动反托陈派“汉奸”的舆论攻势？醉翁之意不在酒，而在于挟苏联反托正紧之威，把毛泽东、张闻天、周恩来等在国内的中共领导人曾考虑在一定原则条件下接受和联合陈独秀一事，置于被动的地位。这一点，许多研究文章已经指明。

陈独秀的汉奸罪名，十一届三中全会以后的中央已经为他洗刷了。这些诬陷从何而来？源头恐怕还要从苏联方面反托的材料中找。1988 年苏联最后为诬指托洛茨基派为德日匪谍一案平了反。但在三十年代，却是苏联和共产国际各国党认定的铁案。前面提到的康生文章，并不是说中国共产党反托派活动是自王明、康生回国才开始。自从陈独秀同党分裂进行托派活动开始，中国共产党就把托陈派当做反动派别。值得注意的是，1936 年 4 月 25 日中共中央为创立全国各党派的抗日人民阵线宣言中，把“中国托洛斯基主义者同盟”也列在呼吁联合的派别之中。但是，1936 年 8 月 5 如中共中央书记处给北方局及河北省委的内部指示信中又说：“陈独秀所代表的‘左倾’的托派的领导分子用尽了一切恶劣的字句，咒骂领导抗日的共产党，咒骂抗日主力的红军，咒骂为党所提出的联合各党派一致抗日的统一战线主张是出卖中国的革命，他们实际上已成了日寇的代言人，他们不仅是共产主义的叛徒，而且是整个被帝国主义压迫到吐不出气的中华民族的汉奸。这自然不是说被他们‘高尚理论’弄糊涂了的真正革命的分子，相反的，我们要尽力把这些分子从反革命的泥坑中解放出来，争取他们参加抗日战线。”（见《中共中央文件选集》）。不知道这是对四月宣言的补充说明还是有所修正。

我猜想，以冯雪峰的背景来说，为鲁迅起草那封信时说那些话，应有所本，不会是独出心裁，自作主张。

又，据胡风回忆，对冯起草的回信，重病中的鲁迅没有口授，只是表示同意。我相信这回忆大体是可信的。据冯雪峰回忆，鲁迅表示过对托派给他写信的恼怒，表示过同意冯起草的回信，还表示过把托派来信和鲁迅回信摆在同等地位发表是一个失算。这回忆我以为也大体是可信的。胡风回忆和冯雪峰回忆没有根本冲突。所以我认为新编《鲁迅全集》可注明信是冯起草、鲁同意，但没有充足理由把它从鲁集中撤除。

第二个问题是“党外有党，党内有派”。

“文化大革命”初期，毛泽东说过：“我们这个党从来不是党外无党，我看是党外有党，党内也有派，从来都是如此，这是正常现象。我们过去批评国民党，国民党说党外无党，党内无派，有人就说‘党外无党，帝王思想。党内无派，千奇百怪’。我们共产党也是这样。你说党内无派？它就是有，比如说对群众运动就有两派，不过是占多占少的问题。”（见《毛泽东传》）

这“有人说”，过去一般以为是社会上有此顺口溜。读了你编的《陈独秀诗集》，才知道是陈独秀说、陈独秀编的顺口溜！这是你关于陈独秀的一大发现（这是任建树先生的发现，不敢掠美——靳注）。发现的过程，郑超麟的回忆（发表在报纸的中缝里），回忆的误差（把《上海工人》的中缝记成《布尔塞维克》的中缝），萧老的回忆（在苏区的墙上看见的标语），包括他以为作者是红军的宣传员和他自己的几句续作，这些细节很有趣味。你那篇《萧克评说陈独秀诗》讲了这些细节，何不把这些内容也编入或者写入你这本《陈独秀往事》呢？

说我们这个党是“党外有党”，当然是说中国共产党之外还有个民主党派。毛说过，民主党派是反对派又不是反对派。它的重点在强调宪法他们都赞成，从反对走到不反对（1956 年《论十大关系》）。这番话并不意味着毛承认党外可以有同共产党争夺政权的反对党。毛又说过，不怕公开的反对派，只怕秘密的反对派（1962 年在七千人大会上的关于民主集中制的讲话）。这番话并不意味着毛承认党内可以有形成组织的反对派。1965 年《二十三条》讲“党内走资本主义道路的当权派”，记得文件一出来，中宣部副部长张际春在讨论中就提出：我们党内从来不允许有派别呀，怎么说有个“党内走资本主义道路的当权派”呢？但毛提出“走资派”，是把它当作社教运动要整的重点。毛在“文化大革命”初期说党内有派是“正常现象”，其实是要发动一场不正常的打倒从中央到地方的“党内走资派”的“文化大革命”运动，来克服和消灭这种现象。而毛却把“文化大革命”当作“正常的”运动，最初他没有想到运动会持续这么长时间，但他认为，这样的运动过七八年还有再来一次。

第三个问题是反封建（略）

编者附识：本文代表了当时对《鲁迅答托洛茨基派的信》的官方观点，特录于此，以供研究参考。感谢长春靳树鹏先生供此文稿。

2012 年 4 月 26 日

21.

关于民主主义的几点根本思想

孔　甲

（一）社会主义是经济的，民主主义是政治的，虽然随后有交流作用。

（二）古代社会根本没有文字，不但没有民主主义这一名词即所谓原始共产这一名词也是没有的，并且连氏族社会、古代社会，这一大串名词，一概没有，若因此而否认当时的事实，岂非滑稽。

（三）我们当中有许多人，每每喜欢唱民主主义及国民会议，作它的本质是什么这类讨论，是学院派的讨论，今且退一步来讨论它的本质。老托说得好，国民会议只是一个空洞名词，主要的是看谁来召集。我现在更要通俗的说，国民会议是一座大房子，外面挂着国民会议的招牌，里面有许多人议事，这便是国民会议的本质，此外无所谓唯心论的说法什么本质，它的内容，是由阶级斗争的力量来充实的，这是辩证的说法；凭空规定它的本质，规定它是属于哪一阶级的范畴，这是玄学的说法，教科书的说法。民主主义的本质即是人民公共的事由人民大多数或全体人民来管理，由多数人反对少数人把持，这即是民主斗争，此外没有别的乌烟瘴气的玄妙的唯心解释。

（四）资产阶级对土地贵族是多数，所以前者拿民主斗争推翻后者；无产阶级及一切劳苦人民对资产阶级是多数，所以它也要拿民主斗争来推翻资产阶级的统治。一切新兴的阶级，所有政治斗争的胜利，即把政权拿在自己手中，所有经济斗争是不能根本解决的，因此，我们有理由可以说，每个历史大的斗争，都是阶级斗争；每个阶级大的斗争，最后的斗争，都是政治斗争。多数被压迫者推翻统治阶级的斗争，这不是民主斗争是什么？每个被压迫阶级，若不采用政治斗争即取得政治权力的手段，而企图达到自己的所应达到之目的，例如资产阶级企图在封建统治之下发展资本主义，无产阶级企图在资产阶级统治之下走到社会主义，这不仅是幻想，而且是反动。在这里，我们可以说，政治的变动是经济变动的□□。民主主义与资本主义，是资产阶级高飞的两翼；民主主义与社会主义，是无产阶级高飞的两翼，不是无冲突无矛盾，而是缺一不可，而且后者须要依靠前者才能够实现。

（五）民主主义，不是超历史的，也不是超阶级的，而是随着历史的发展，随着阶级斗争的发展，形成不同的形态；因此，我们可以予以不同的名称。古代社会的民主主义，是原始的民主主义；资产阶级的民主主义，是形式的民主主义；无产阶级的民主主义才是真的民主主义。

（六）列、托所解释的民主主义二种意义，一为一般的，一为资产阶级的形式民主主义。我们可以引出一千个列、托攻击民主主义的文句，这都是指资产阶级的形式民主主义。马克思主义者，从来未曾根本非难任何民主主义，考茨基拿资产阶级的民主统治形式来非难无产阶级专政的统治形式，列宁的回答，不是说无产阶级专政好过民主统治，而是说苏维埃统治形式之民主的扩大胜过资产阶级之狭隘的民主。

（七）民主主义，在过去是资产阶级的统治形式，在将来也是无产阶级的统治形式。资产阶级的议会政制，对无产阶级及劳苦大众是专政的，对资产阶级是民主的；无产阶级的苏维埃政制，对资产阶级是专政的，对无产阶级及劳苦大众是民主的；无产阶级的苏维埃政制，并不是以专政代替了民主（简单的以为专政代替民主，此史大林官僚专政所以发生之最大因由。这是全世界无产阶级所万不可忽视的一件大事！），而是它的民主统治形式，比资产阶级的民主统治形式，在数量上是扩大了，在质量上是由保护剥削转变为推翻剥削。

（八）政治上原始的民主主义和经济上原始的共产主义，是同时存在的，后因为土地贵族所破坏。资产阶级革命，恢复了民主主义之一部分，无产阶级及劳苦大众未得着任何权利，所以称它为形式的。并且资产阶级拿这部分的民主主义，冒充民主主义来欺骗民众。无产阶级的革命，便要彻底恢复真的民主主义。无产阶级所要恢复的民主主义与共产主义，以近代生产力和古代不同，在组织形式上虽然是两样，而根本意义上没有两样。这种说法，是资产阶级所害怕的。是资产阶级学者所否认的。所以莫尔干（即摩尔根——编者）的《古代社会》和恩格斯的《家族的产生及国家之起源》这部书，同为资产阶级的学者所□□。我倒不想这样，随便把民主主义恭恭敬敬送给资产阶级，这就是资产阶级的义务宣传员！

（九）恢复民主主义是全世界无产阶级的责任，它为此而斗争。应该从今天一直到阶级与国家的消灭，从落后国家一直到进步的国家。若把它限制在反动时期的中国，我便要问：我们在中国此时提出民主政纲，是否降低口号？是否为资产阶级服务？是否站在资产阶级左派的立场来纠正资产阶级右派的错误？老托提出苏联党及工会民主化的口号，是否也限制在苏联才没有毛病？拿这种特殊国情的狭隘观点，来代替整个人类历史发展之观察与分析，这正是实际主义者的眼光。只能看见目前中国之实在的需要，而不看见过去及将来之需要。

（十）国民会议它不能解决民主任务，这种可能等于□□□□□□□□□□□□，国民会议□□□□都是一种组织形式，实际□□□□□的，是无产阶级专政，而不是国民会议□□□□，如果无产阶级的力量能支配了国民会议，□□它为在□不□□□□；如果无产阶级不能支配国民会议，如一九一七年二月至十月俄国的苏维埃。它的□□□□□□□？

以上十点，是我的根本思想，我根据这种思想□□□□□□□，中国革命正确路线是：站在无产阶级的阶级立场，□□□□□用□百分之百的力量□□民主斗争（民族斗争，全在民主斗争之内，无论民主斗争民族斗争，一个关于斗争的立场。□□□□□□□□□□，因为现代资产阶级的民主主义民族主义，其内容都是反动的了）。也因此，不得已□□，以□□□□代替国民会议的争论，不得不和区白[①]主

① 区白：即彭述之。

张在国民会议□的中□□□□□间相争论，不得不与商吉士[①]主张不把民主斗争放在无产阶级的肩上而争论，我非好斗者，实不得已也。我指连根[②]与纪它[③]，此时骑墙的态度，和列尔士[④]、区白、商吉士根本见解是相同的，即是："民主主义是资产级统治形式"和"国民会议不能解决问题"（列尔士以前并不如此说）这两个公式。

署名：孔甲

原载1936年9月25日《火花》第三卷第三期

上海周履锵，吴孟明供打印稿，香港马克思主义研究促进会供《火花》复印件

编者附识：这是当时与陈独秀两种对立的不同观点，连同以下两文均为论战之作，以飨读者，另一篇连根（王凡西）的《几点补充》因无法辨认只得从略——编者。

附录一

论无产阶级与民主主义

连　根[⑤]

关于孔甲同志论无产阶级与民主主义一文中的基本的论点，即"落后国家中的民主任务，终于要落在无产阶级肩上，无产阶级能够而且应该站在民主革命的基础上，夺取政权，由无产阶级的政权来完成民主任务。""民主口号及其任务，不单是动员群众的策略，而且在某一时期是历史的动力"以及"民主主义不是资产阶级的专利品"，这一切我都同意。不过关于民主主义的一般见解，尤其是学文同志文章中[⑥]所□□的，我总觉得太偏向于另一极端了。

人们认为民主主义永远是资产阶级的专利品，无产阶级的革命者连沾都不能沾一下，固然是太可笑；但，另一方面以为民主主义与社会主义始终是相互关联，并行不悖的（见学文的文章），那也未免失当。我以为，"民主主义不是资产阶

① 商吉士：即尹宽。

② 连根：即王凡西。

③ 纪他：即陈其昌。

④ 列尔士：即刘仁静。

⑤ 即王凡西。

⑥ 学文，即朱学文（生卒不详）。延安时期党内理论家。在1936年9月25日出版的第三卷三期《火花》上，首先发表了他的以"学文"署名的文章《思想上的重新武装》长文，他的观点与陈独秀类同。其文中说"民主主义是不是资产阶级的……？莫尔干告诉我们，人类生来就是民主的，自朦胧的中期氏族组织的建立，一直到氏族社会的灭亡，约十万年的长期，民主主义曾倔强的生存着，后来因为经过奴隶制度和封建社会一二千年的剥蚀，它才慢慢湮没无闻。卢梭研究过罗马的历史，他明白了这个真理"。然后是本文。第三篇是孔甲（即陈独秀）的文章。见《火花》三卷三期《关于民主主义的讨论》栏。

级的专利品”这一句话只能在这样的意义上去了解他，即是说，资产阶级曾经用以为反对封建的武器。民主主义，无产阶级在某种情形之下，也能用以反对资产阶级。至于民主主义从其政治的与经济的含义（即议会制度的统治方式、自由主义的经济政策等）来说，却仍不能不说是属于资产阶级性的。

列宁在《国家与革命》中说民主主义说“德谟克拉西是一种国家的形式；是他的各种形式中之一，因此，同一般的国家一样，他也是一种强力加于人类之有组织有系统的实践。□□□□□□□它是经过在一定阶段的另一专政来的。德谟克拉西是正式国家承认的一切公民的平等，就是说，一切公民都有平等的权利，来决定国家的□□和国家的行政的。

在这里我们可以看出，民主主义应该从两方面来看。第一，是从他作为统治的形式来看，第二即作为平等的意义来看。我觉得孔甲同志太偏重于第一种意义了，因为假使我们从第一种国家的统治的形式来看民主主义，那他似乎是属于资产阶级的，是历史发展中的一个特定的范畴，而不是上自氏族社会，下迄共产制度的一个普遍原则了。因为在整个的历史中，以民主主义这种形式来作统治制度，只有资产阶级，所以列宁说他是“各种国家形式中之一。”

假使我们从另一方面来观察民主主义，那么物至某是一时期，即当胜利的无产阶级夺取政权时，必然与社会主义发生冲突，无产阶级全体□□□□□民主主义的统治，而代之以自己的专政，资产阶级的民主主义自第一种含义对民主主义的否定，在第二种意义上说来乃是由量到质的生长。

我觉得我们说民主主义，必须从两方面来说，才能没有毛病

至于在政治上，我以为应该着重在民主主义的一般意义。因此，我认为严格的说来，在那未分阶级尚无国家的氏族社会中，并没有民主主义的存在，民主主义乃是阶级统治时一种形式。他也曾随着□□□□国家□□□而俱亡。

关于□□问题，我觉得托氏在其《恐怖主义与共产主义》一书中□□极好。他给民主主义下的定义是：“民主主义四字，在政治家的辞典中，其有两种含义。一方面，他指一种□□□□□□极其形式的民权的国家制度。另一方面民主主义表示□□□□□政治生活的民众。

托氏所说的民众，即是小资产阶级，他认为小资产阶级才是天生的民主主义者，所以他以为典型的民主主义国家，是那小资产阶级在政治与经济占着优势的国家，如瑞士。北美合众国。后来资本主义发展到帝国主义，小资产阶级极快地进行着两极化，于是民主主义亦渐趋堕落，战后各资本主义国家中的小资产阶级对民主主义都失了望，这趋势助成了法西斯的发展。

我觉得这样来解释民主主义是很对的。

在同书的另一段中，托氏又说到民主主义的另一方面，即关于平等的观念那一方面道："形式民主主义的学说，不是科学的社会主义，而是那所谓天赋人权说，这学说的本质就是承认一种永久刁；变的权利，他在各民族及各时代中表现其不同的形式。在近代史中，他表现为反特权、反专制，以及反其他的封建权利上。……这种天赋人权说的来源是基督教的精□说，即以为无论贫富，其灵魂在天国中都是平等的……。

因此，我觉得，随着历史发展的，与其说是民主主义，毋宁说是平等观念，即所谓天赋人权说。

总之，我以为要证明民主主义的斗争在目前中国的重要性，便可由此时此地的件来加以证明，我们不必将民主主义加以一般化，更不可因为反对那些轻视民主斗争的人们，于是就给他以过分的估量。且把他描写得仿佛与社会主义一样重要。

还有一点，我们提出国民会议的口号，当然与不能预先与解决民主主义任务及夺取政权有关，因为我们□□□□□的国民会议而斗争□□□□□□□□□□□说：国民会议只是一个幻想，事实上当我们为国民会议斗争的过程中，由于群众斗争的力量，不必等待国民会议的实现，已不断地在解决问题；而且国民会议的实际权力如何，须视那斗争的力量如何以为断，但是全民普选的国民会议本身，其权力或质量究竟如何，至少对于先锋队自己说一定不会是未知数的了。因为中国本身的历史中断然不曾有过。可是在其他的先进各国，已经有了不少的先例了，正如马克思在《哥达纲领批判》中所说：普选会议等在德国虽然还只是一种需求，但是在瑞、法等国都已经实现过了，所以我们先锋队□□□站在先进国经验上，它□预先知道。普选的国民会议即令实现，□□□是资产阶级的。他不会自身变为无【产阶】级政权。他不能解决问题。正因为有这个先见，我们才会有为国民会议斗争的□□过程中。□□和组织自己的力量。并且在高潮的初期就着手组织那□□□□□□□□□，以使□□□□□□的时期，由国民会议过渡到无产阶级专政。（当然国民会议在没有一定□□□□□，而何者已是革命目标也不是无条件预定的）。假使我们以为国民会议是权力的□□□是一个未知数。以为由我们的力量，未始不可以造成一个能□□坚决民主任务的国民会议，那么在革命最有利于民主主义转入于社会主义的无产阶级专政之时，一定会错失机会。俄国在十月革命时召集了一次立宪会议，解散了①，考茨基就发问道，

① 俄国立宪会议为1917年，俄国二月革命中推翻俄罗斯帝国后产生的一个宪政民主议会。这个民主的议会在1918年1月5日（儒略历）16时由民选产生，但翌日凌晨5时即遭布尔什维克武装分子强制解散，历史上仅仅存在了13个小时。

为什么不召集一个更民主更好的立宪会议呢？老托（托洛茨基—编者）则回答说：“我们看不到这个需要”。

因此，我以为在先锋队方面，应该“预先”□□□□□的国民会议□□□□□□民主任务的。因为□□信念，也就是加强了必须靠无【产阶】级专政的民主任务的□□。托同志说：“少数的共产主义者，固然在现在已经知道了普选权是资产阶级形式之一，只有无产阶级专政才能把资产阶级统治消灭……。”这句话已经说得很清楚了。

最后，斯大林对于民主主义的态度问题，我觉得虽然在国内和党内用官僚主义来扑灭了民主。可是在一般的政策上他却还过分看高了民主主义。如在中国的“民主专政”，以及目前遍及世界的“人民政府”，他简直堕落成一个“民主主义者”了！同时我们更应该认识史大林官僚主义的堕落，乃是他整个政策破产的结果，并不是因为缺乏了民主主义，民主之缺乏乃是官僚主义的结果而不是他的原因。

原载1936年9月25日油印出版之《火花》第三卷第三期第7—11页

附录二

补　遗

王凡西

在《论无产阶级与民主主义》一文，连阅两校，特补印如下：

□□□□□□□第五页第六行，有这样一段话：俄国的门什维克认为，俄国的革命是资产阶级性的，所以它保护资产阶级性政权；现在中国的门什维克，也认为中国的革命是资产阶级性的，所以要加入国民党；现在的国民会议运动也是资产阶级性的，所以主张在国民会议运动中，不喊出打倒国民党的口号，不提到政权问题。俄国无阶级可以在民主革命中夺取政权的说法，而做了俄国的门什维克；中国的无产阶级可以在国民会议运动中夺取政权的说法，也是做了中国的门什维克，他们的思想的前后如此相同，不是偶然的事。

英国里兹华人社团于2003年1月16日追悼王凡西的讣闻封面

第六页第五行，“真要气死列宁的幽灵！”之下有这样一段话：史大林过去拒绝了无产阶级的民主主义，现时在国内国际政策，却接受了资产阶级民主主义，做他对资产阶级投降的理论基础，他们前后一接受一拒绝，都由一个中心思想出发，即：民主主义是[与]资产阶级正如形影之不可分割，要拒绝则全拒绝，要接受则全接受，在他们头脑中，无论如何总想不出社会主义的无产阶级专政还要什么民主主义。

原载《火花》1936 年 9 月 25 日第三卷第三期第 18 页

附录三

中国共产主义同盟(托派)中央对"DS"来信的决议①

我们前后读了"DS"同志关于大战的三封信(即陈独秀 1940 年给西流、连根等的信——编者)之后，觉得在政治责任上不容许再事缄默，故特作如下表示：

(一)"DS"同志在三封信中所表现的根本思想是：这次世界大战决非帝国主义重新分割世界的战争，而是民主阵营反对法西斯阵营的战争。因此，他公开站在民主的英、法帝国主义方面，反对革命的"失败主义"，反对"以国内战争去转变帝国主义的战争"，而"认为不但在英、法、美国内反对战争是反动的，印度独立运动也是反动的"——这明显地完全承袭了过去史大林"以民主阵线反对法西斯阵线"之荒谬立场，这在本质上是英、法帝国主义的狭隘爱国主义思想，是蒲列汉诺夫、格德和亨得曼第一次大战中所表现的极端可耻的机会主义之再版。这与革命的马克思主义，与第四国际对第二次世界大战的基本立场和策略毫无共同之点。

(二)第四国际对第二次大战立场和策略，详见于《第四国际与战争》纲领(此纲领为托同志所起草，后由第四国际书记部通过，至今仍被视为第四国际对战争的基本文件之一，我们这里无需引证(因"DS"同志曾经阅过这一文件)。现在且将托同志自大战开始后对于战争所发表的意见略引一、二于下：

"把下次战争描写成为民主主义与法西斯主义之间的战争，这一企图已给事变的实际进程粉碎了。目前的战争(它的参加者在他们签定凡尔赛和约前后就已发动它了)从帝国主义的矛盾中生长起来。……(原件如此——编者)

"外交的各种阴谋诡计拿民主主义对抗法西斯主义的公式，拿关于责任的诡辩来欺骗人，但他们却不能使人忘记：这次战争是为着重新分割世界而在不同阵营的帝国主义之间进行的。照他的目的和方法看来，目前这次战争是过去第一

① 本文录自唐宝林主编之《陈独秀研究动态》第七期第 1—2 页，加以《陈独秀历史档案》栏目名。题目中之 DS 即陈独秀。

次大战直接延长，只不过资本主义经济较前变得更腐朽，破坏和毁灭的方法变得更可怕吧了。

“因此，我们找不出半点理由，把一九一四年和一九一七年在列宁领导的工人运动的最优良的代表所苦心制作出来的关于战争的原则，加以改变。目前战争的双方都有一种反动的性质，无论那一方阵营胜利，人类都会被抛到老远的后面的。

“工人阶级及被压迫民众的真正代表的任务不是帮助某一帝国主义阵营来反对另一阵营，而是教育各国的劳苦群众去了解目前这次战争的反动意义，高举他们自己的政纲——世界社会主义联邦——和自行准备用普遍的合作制度来代替掠夺的制度。

“这就是第四国际的政纲。……”（上文写于一九三九年九月五日，见《德苏协定的前因后果》二七—二八页——原注）

上面引证的托同志的几段话，我们认为是再明显也没有了。这也正是我们自大战开始以来所采取的立场。我们最近半年余来对大战所发表的意见（连《动向》的意见在内）也不外于此，当然这是与“DS”同志的意见完全相反的。因此，我们应郑重声明：“DS”同志对于这次大战所持的意见是根本错误的，是赤裸裸的英、法帝国主义的思想，是根本违反全世界无产阶级的利益，尤其是违反英、法帝国主义统治下的一切被压迫民族的利益的。“DS”同志如果不立刻放弃此种错误的危险思想，势必完全离开第四国际而重蹈亨德曼、格德和蒲列汉诺夫等之可悲的覆辙。我们最后希望“DS”同志对此加以慎重的考虑，我们准备继续与“DS”同志讨论这一当前的根本问题，但在考虑和讨论时，我们希望“DS”同志不要将自己的意见公开向外发展，以免引起我们中间的严重纠纷。

原载托派油印小册子《保卫马克思主义》卷一一九四〇年六月

引自唐宝林主编《陈独秀研究动态》第7期第1—2页，1996年3月；或《陈独秀研究动态》合订本(1—22)第81—82页。

编者附识：由于陈独秀大约从1939年8月苏德协定成立起彻底抛弃列宁、托洛茨基主义，而接受社会民主党的民主主义的观点。他认为第二次世界大战不可能引起社会主义革命和殖民地民族独立。只可能是同盟国和轴心国两个帝国主义集团胜利；同时认为民主主义的同盟国胜利比较好，所以主张支持同盟国作战。他还把独裁的苏联同德、意并列为世界三大反动堡垒，主张首先打倒他们（见陈独秀1940年3月2日、4月24日、7月31日及同年9月给西流、连根的信及《我的根本意见》等文。均见上海人民出版社任建树编《陈独秀著作选编》第五卷）。这样他与恪守托洛茨基手订的第四国际极左纲领的中国上海托派组织间发生了思想、立场与观念上的根本分歧，乃至于又一次分手了。这是陈独秀由托派转向无党派的真正民主斗士的重大转折。本决议及1941年1月10日托派中央常委作出的第二个决议即“中国共产主义同盟（托派）中央常委会‘关于DS对民主和独裁等问题的意见的决议’”（载唐宝林主编《陈独秀研究动态》合订本第66—67页）均持谴责与批判陈的观点，甚至说“这是陈独秀的最大的悲剧，一生中最不光彩的事迹。”（见香港《先驱》1994年第12期向青《似曾相识燕归来》，转载于上述合订本第72页，）也就可以理解了。

22.

中国共产主义同盟①为开除刘仁静党籍通告②

（陈独秀起草）

刘仁静（即列尔士）在去年被捕③之后，即表示了政治上的动摇，不能保持革

① 中国共产主义同盟是在1933年上海原陈其昌为书记的托派临时委员会基础上，几经分裂整合而成。经1933年1月5日陈独秀于南京狱中写信陈其昌、斯朝生，提议停止争论，立即召集代表大会来解决纷争。同年1月13日，举行了上海代表会议。会议决议：改变全国领导机构名称“临时委员会”为“中国共产主义同盟”。其中央委员会由斯朝生、刘仁静等十人组成，刘家良为书记。但是，这些年轻的领导们很快就将陈其昌连同陈独秀等不同意见者“开除”出党（以上参见刘平梅著《中国托派党史》第163—164页）。

由托洛茨基于1934年8月在挪威奥斯陆接见伊罗生后，据此谈话由伊罗生整理而成的《关于中国革命问题的谈话》小册子传入中国（见托洛茨基著《中国革命问题》第294—298页，2001年中国现代文化学会陈独秀研究会翻印）。托派内部对陈独秀转向肯定的情形下，于1935年12月3日托派在上海召开“重建组织会议”，陈其昌与王文元收拾残局，重搭临时中央委员会班子，李福仁为书记兼司库，尹宽为组织，王文元为宣传。陈其昌为新创刊之《斗争》报主编；再次出版《火花》杂志。此两报均采用“中国共产主义同盟机关报”之名（同上书第169—170页）。

② 陈独秀起草的原名为中国共产主义同盟（布尔什维克——列宁派）临时委员会《开除刘仁静启事》。该启事经一年核实后，稍加修改刊布于《斗争》报1936年12月15日第14期第3版，即此文（参见林茂生、唐宝林《陈独秀年谱》第465页）。编者2011年7月7日电话咨询唐宝林，他亲见并持有抄件，已交上海市公安局存档。同年8月18日唐宝林先生再次答复编者的征询谓：在狱中的陈独秀看到了这位老冤家刘仁静的文章，火冒三丈，立即建议托派临委开除刘仁静。1981年，笔者在收集陈独秀资料时，在某单位档案处保存的“陈独秀手稿”卷内，发现了一份以“中国共产主义同盟临时委员会”名义写的手稿——《开除刘仁静党籍启事》，启事写道：

“刘仁静于一九三五年春在北平被捕之后，未能保持革命者坚决的态度，后入苏州反省院，更显出动摇的倾向。最近我们在苏州反省院半月刊上，读到了他所投登的几篇论文如《节制资本刍议》（可能为《读〈资本论〉刍议》之误——编者）等，竟公然站在三民主义的旗帜下，宣传中国资本主义的发展……他整个思想，无疑已投降于反动的孙中山主义之前。为此，我们郑重声明：中国共产主义同盟（布尔什维克——列宁派）决不容许抱有这样思想的分子，继续容留在他的队伍中。”

“这个《启事》写于1935年11月17日。后来经过临委核实修改后，改名为《中国共产主义同盟开除刘仁静党籍通告》刊登在托派机关报上，《通告》一开头与上述《启事》一样，说他被捕后动摇，接着说：‘惟当时仅凭同志口传，本同盟不能率尔置信’。——这说明刘仁静问题的发现及处理意见，确是陈独秀首先提出。然后写道：‘近闻江苏反省院出版之半月刊，见有刘仁静投登的长文《读〈资本论〉刍议》、《读〈西洋史论〉》等篇，完全证实其思想的反动与叛变……为此，本同盟正式宣布刘仁静为共产主义叛徒，开除其党籍。’”（见唐宝林2011年8月17日给编者的邮件，文中引号为唐注）。今天看来，开除刘仁静未必正确。三民主义节制资本未必错误。问题是托派共同的一元思维决定不容异己，陈独秀亦然——编者。

③ 1933年7月因中国共产主义同盟上海组织内混入一名特工并向国民党当局告密，刘仁静和伊罗生在北京，刘家良、斯朝生等在上海先后被捕。刘仁静被判二年徒刑。（同上注刘平梅著《中国托派党史》第169—170页）

命者应有的坚决态度。为当时仅凭同事口传，本同盟不能率尔置信。今阅江苏反省院出版之半月刊，见有刘仁静投登的长文《节制资本刍议》（见半月刊三卷十一期）、《读西洋史论》（见三卷二十一期）等篇，完全证实其思想的反动与叛变。他认为“现在民族复兴的途径只有靠阶级调和，一致对外，一如罗马盛世贵族平民合作的情形”（读西洋史论）。他又认为“就中国现状看来，在中国想实现社会主义或非资本主义，乃是一种人道主义者的幻想”。因此他主张目前的中国应该“节制私人资本，即是创造国家资本，即是为了有计划的发展中国实业——如中山先生在实业计划中所指示的——而创造国家资本”。他认定“要实现中山先生的三民主义。”实现那“互为条件与不可分离的三民主义”（以上均《节制资本主义》）。

此种思想之反动与叛变极为明显，已毋庸再加指谪，文中有几句虽模棱两可，然此种说法决不能为其根本思想之叛变辩解。

本同盟认为中国民族之解放，必须彻底打倒帝国主义的势力，而欲打倒帝国主义的势力，则全靠中国无产阶级领导贫农及一切被压迫群众起来，进行不可调和的阶级斗争。首先铲除帝国主义的代理人——资产阶级、地主、军阀及其政治的工具——国民党，我们认为在殖民地国家宣传阶级调和，与在帝国主义国家中进行此种宣传同样反动，其结果只能帮助资产阶级，也就是间接帮助了帝国主义。

本同盟认为假使以中国单独一国目前的经济条件为准则，而空谈社会主义实现之是否可能，那不是史大林主义反动理论之可怜的应用，就是资产阶级学者有意的撤〔撒〕诳〔谎〕。我们认为社会主义之完全实现，不仅在落后的中国，即令在任何单独一国的先进资本主义国家中，亦属不能，盖社会主义的彻底实现，只能在世界的范围——至少在好几个先进国家中，才可思议。但社会主义革命在某一个国家中之首先爆发，乃至首先胜利，则绝对可能与必要。依国际形势及国内的阶级关系分析起来，中国革命之基本任务，虽仍系民主与民族的，但欲谋得其完全解决与胜利，则非靠社会主义性的无产阶级专政，及由此而开展社会主义的革命不可。如果以为中国民主与民族的任务可以在非社会主义的政治机构以内来实现，那简直是反动的幻想。刘仁静一面利用那吴稚晖等反动的老论据，断定“实现社会主义或非资本主义为人道主义的幻想”，另一方面则主张实现孙中山小资产阶级的反动理论——节制资本——以图发展资本主义。此种理论，完全自觉地为反革命的国民党服务，与本同盟的根本立场完全相反。

为此，本同盟正式宣布刘仁静为共产主义的叛徒，开除其党籍。

原载1936年12月15日《斗争》第14期第3版，林致良供稿

感谢唐宝林先生为本文提供证实资料

23. 自撰遣兴联①

海底乱尘终有日，

山头化石岂无时。

独秀

引自《陈独秀诗存》 安徽教育出版社2003年版

24. 赠望江吴毓卿联②

毓卿先生之属

金樽银烛销春雨

象管鸾笙护紫云

独秀

引自《陈独秀诗存》 安徽教育出版社2003年版

25. 赠薛太生③**联**

太生先生之属：

好书不厌百回读

嘉树④新成十亩阴

独秀[印]

26. 赠周溪璇联⑤

此骨非饥寒所困，

---

① 此联作于1936年，见濮清泉《我所知道的陈独秀》(全国政协《文史资料选辑》第71辑)。

② 吴毓卿：安徽望江人，在辛亥革命结时识陈独秀，交往甚笃，得陈独秀赠此联。1983年望江文物局在文物普查中发现并征集于吴毓卿孙辈手中。

③ 薛太生(1879—1948)，江苏南京人。晚清秀才，与陈独秀同庚，同在南京江南贡院参加1897年秋闱即举人考试，未中而从事云锦制造业，是拥有十张织机的云锦商。陈独秀与兄陈庆同等三人在江南贡院参加考举人时，借住南京城南胡家巷(连接健康路与南捕厅之间的小巷)薛太生姑妈家。因而相识交为朋友。后陈独秀在上海被捕，高君曼曾来宁向薛太生家借过400大洋并按期归还。20世纪30年代陈在宁服刑期间，薛太生探望并以亲题联赠陈独秀，此联为陈独秀回赠薛太生联——奚金芳据薛永福(薛太生孙)提供口述资料，2011年7月20日于南京整理。

④ 嘉树即指橘树。见屈原《橘颂》首句"后皇嘉树，橘徕服兮"意指"橘啊，你这天地间的佳树，生下来就适应当地的水土"。整联泛指"受命不迁，生南国兮"。生长在江南国度的品质坚贞不变橘树，以喻两人之间友谊之纯洁与牢固，必永存，就像那新长成的高大的橘树，必蔽荫后代(十亩)啊——南大中文系王继志教授识。

⑤ 沈寂《陈独秀传论》收有他的《我已发现而未被收录的一副对联》一文，其中写道："1991年我去绩溪筹备第一次胡适研讨会时，有一位胡寿民先生(时为黄埔军校安徽同乡会绩溪组组长)告诉我，陈独秀在南京监狱时，曾赠书周溪璇一副对联：'此骨非饥寒所困，一身为人类之桥'。周溪璇时何许人？此件原件的下落，均未曾记下，现在已无法追补。我只是认为联中所表达的，正是《独秀文存》中《过渡与造桥》的思想，他说：'我们生存在这大海中之一切努力，与其说是过渡，不如说是造桥。自古迄今，人人不断的努力，却像是些工程师和小工，在那里不断的造桥。'这副联语我在1995年安徽人民出版社出版的《陈独秀人生哲语》的《导言》中引用了(该书第18页)，也算是公布了，可能是搜集者不注意，或不认为是陈的作品吧！"

一身为人类之桥。

原载沈寂:《陈独秀传论》,安徽大学出版社2007年版,第455页

27.

老子考略

陈独秀

1937年6月1日

一 老子与道家

道家本黄帝之言,道家之名非古也,初见于《史记》,《史记·陈丞相世家》:"始陈平曰:我多阴谋,是道家之所禁。"前此战国诸子概称为"黄帝之言",当时所谓"黄帝之言"、"神农之言",与儒、墨并行于世,故司马迁曰:"《尚书》独裁尧以来,而百家言黄帝。"《荀子·解蔽篇》曾称引"道经",而他书则称"黄帝书"或"黄帝言",黄帝轩辕氏,当非一代帝王称号(远古无帝王),或亦非专谓一人,可假定其为诸夏有力之一族(因有阪泉涿鹿战争之传说)。据《大戴记·帝繫》,黄帝产青阳及昌意,昌意产颛顼,颛顼产老童,老童产重黎及吴回,吴回产陆终,陆终产子六人,六人即《国语·郑语》己、董、彭、秃、妘、曹、斟、芈,祝融八姓之祖,《史记·楚世家》称重黎、吴回相继居大正,为祝融,是祝融乃袭名号,非一人之称,黄、熊、融三字皆取于火,盖是族以发明用火著称于世,故或言黄帝,或言有熊,或言祝融。《淮南子》、贾逵注《左传》、许慎注《说文》、高诱注《淮南子》,均谓祝融死为火神,祀于灶,祝融为黄帝之后,亦两汉诸儒无异辞,芈、楚诸王率以熊名,亦可证有熊祝融同一族系,此族入中国或最早,自阪泉战胜,追逐先住民族之苗黎,渐至燕齐以南,析为八姓,与夏商之先王同时,其后八姓除楚外,多为商周所灭,其子孙当更由徐淮(八姓之彭已居彭城,即徐淮境)南徒吴越,留燕齐者与殷之遗民混合,西阻荆楚,与兴周声教遂不相通,然楚及吴越之文化,并不逊于北方,儒书率鄙夷之,实乃偏见。史称重黎世掌天地四时之官,即后世阴阳家及数术方技诸家之所祖(重黎之术或与南方原住民族有关,《大荒南经》曰:东南海之外,甘水之间,有羲和之国,有女子名曰羲和,方浴曰于甘渊,羲和者,帝俊之妻,生十日。郭注云:言生十子,各以日名名之。大荒西曰:有人反臂,名曰天虞,有女子方浴月,帝俊妻常羲生月十有二。按常羲、常仪、羲和,皆即重黎,八姓据地南达江淮,曰东南海,曰天虞——天虞即天吴,由地名或族名转化为人名,为水神名——曰生十日,皆可证南北文化之交流,羲和之传说,或即吴地故事,经过祝融八姓,传

至北方中国，犹后世以盘古为诸夏之初祖也①)，此皆道家者流，道家称黄帝，并不比儒家称尧舜更为无稽。周人崛起西土，祝融八姓则广布于东土滨海之地，其环境，其生活，其文化，其思想，自难强同；自姬周统一以至春秋之世，中国学术思想，惟儒道二派，余皆后起，老聃、杨朱、邹衍、秦越人、阳庆、淳于意、蜎渊、黔娄皆燕、齐、楚地之人，秦、汉间方士，亦多出于燕、齐海上，其操术与西土周儒之六艺(礼、乐、射、御、书、数)异趣，以六艺与道家之天文、地理、历象、医药较，其优劣亦难言也。自学术言，道固无逊于儒，以政治制度言，道术已不适用于经济发展之秦、汉社会，以此道家学术虽广行于民间(儒家且窃取道家之言为己有，如《周易·系辞》，如《洪范》、《五行传》)，而政治则不得不屈折在儒法二家之下(汉时法家言兵家言多羼入老聃书，即以此故)。自汉以来，貌为尊儒，实际所用者乃法家言，然儒有尊君之义，近于法家，以取宠于历世民贼，道家未能与之争衡(世之谀媚权贵不识人间有羞耻事者，缁流之外，即为儒者，黄冠多隐逸，其人品之高下，非偶然也)，故文献日益散佚，先秦诸子所称引之"黄帝书"及"道经"，今已不可考，即《汉书·艺文志》所录《黄帝四经》四篇，《杂黄帝》五十八篇，《黄帝君臣》十篇(班志于后二书均谓为六国时所作，而于黄帝四经则否。隋志亦谓："汉时诸子道书之流，有三十七家，大旨皆去健羡，处冲虚而已，其黄帝四篇老子二篇，最得深旨"。是《黄帝四经》隋时犹存也)，亦久已散亡，今所存者，惟先秦及两汉诸子百家所称述者而已，其言义理最完备者，则为《周易·系辞》及《老子》。汉初称黄帝之言为黄帝，或黄老言，或称黄帝老子之术，司马谈著《六家要旨》，班固著《艺文志》，始以道家与阴阳、儒、墨、名、法并称，魏晋以后，又称老庄，罕言黄帝矣，其后更以老子为道家之初祖。其实庄周并非道家(《庄子·天下篇》所举五家——惠施别篇，不计在内——《荀子·解蔽篇》所举六家，《天论篇》所举四家，《吕览·不二篇》所举十家，皆未老庄并列，以庄子与黄老同列道家者，始于刘歆班固)，庄子虽喜称引黄老，而其根本思想"一生死齐彭殇"，实与道家背道而驰也。老聃在春秋战国间，与秦越人杨朱、邹衍，皆道家巨子(阴阳，五行，医方，历数，皆黄帝之言，司马谈分道家与阴阳家为二，刘歆、班固从之，更置数术与方技于道家之外，是不知黄帝之术者也。《史记》自叙称父谈："习道论于黄子"，《汉书·司马迁传》师古注谓黄子为儒林传之黄生，按《史论·儒林传》，与辕固生争论之黄生，显然为法家，非道家，太史公父子于自身讲习之师承尚不明，述古学流别，自不了了

---

① 本文原作刮弧内均采用小一号字排印，以示区别。现因小五号字太小，不宜阅读，故均用五号楷体排之，下同。

也。汉之儒者，于各经师说之不同者，门户甚严，然以阴阳卦气说易，以五行说尚书春秋，则又大开其门户，不明古学流别，不独太史公父子然也），而非道家初祖，老子以前，已有“道经”与“黄帝书”行世，老聃不过祖述黄帝之言者之一人而已，《庄子·天下篇》曰：“以本为精，以物为粗，以有积为不足，淡然独与神明居，古之道术有在于是者，关尹、老聃闻其风而悦之，建之以常无有，主之以太一，以濡弱谦下为表，以空虚不毁万物为实。”老子与道家关系也如此。

二 老子略历

神仙家所传老子之神话固全然无稽，即《史记·老子传》，亦全不可信，即如开始一段中所云：“老子者，楚苦县厉乡曲仁里人也。姓李氏，名耳，字伯阳，谥曰聃，周守藏室之史也。孔子适周，将问礼于老子。”（据三注合刻本）此所记各事，无一足以征信。《庄子》、《列子》均载杨朱至沛见老聃，以老子为楚苦县人，乃由于以老莱子与老子相混而致误。先秦诸子称引老聃或老子之言，其词或义，多见于今本《老子》（例如：《庄子·天下篇》引老聃曰：“知其雄，守其雌，为天下溪；知其白，守其辱，为天下谷”。今本《老子》第二十八章作“知其雄，守其雌，为天下溪；……知其白，守其黑，为天下式；……知其荣，守其辱，为天下谷；……”《淮南子·道应训》引“知其雄，守其雌，其为天下溪。”为老子语，又如《韩非子·内储说》下：“权势不可以借人……其说在老聃之言失直也。”《喻老》篇：“势重者人君之渊也，……故曰鱼不可脱于渊。赏罚者邦之利器也……故曰邦之利器不可以示人。”）；《庄子》“天运”、“庚桑楚”、“则阳”、“寓言”诸篇，均于一事之中老聃与老子并用，明明以老聃、老子为一人。《史记》以前未有称老子为李耳者；老聃或即姓老，《韩非子》《战国策》以前，只见有老姓，不见有李姓，《风俗通义》：“老氏，颛顼子老童之后。”至于老子字伯阳，则更非《史记》原文所有，乃后人据《列仙传》而增改者（《史记》索隐曰：“许慎云，聃，耳曼也，故名耳字聃，有本字伯阳，非正也。”可见索隐本《史记》但云名耳字聃，并无伯阳之文。王念孙《读书杂志》按《经典释文》序录曰，老子者，姓李，名耳，字伯阳。《史秘》云字聃。《文选》征西官属送于陟阳侯诗注，引《史记》曰，老子字聃；游天台赋注，及《后汉书·桓帝纪》注，并引《史记》曰，老子名耳字聃姓李氏；则陆及二李所见本，并与小司马本同。……又按《文选》反招隐诗注，引《史记》曰，老子名耳字聃；又引《列仙传》曰，李耳字伯阳；然则字伯阳，乃《列仙传》文，非《史记》文也）。《史记》又称老子为隐君子，依老子之思想，此说颇可信；果尔，则东土之隐君子，何至不远千里西适周而为守藏史乎？史官世业，又岂容远方流寓之人为之。且周文史官又如何弃文武周公之道而祖述黄帝也。所谓周守藏史，乃由于以老聃与周太史儋相混而致误。不但

《论语》未称及老子(《论语·述而》篇何晏集解引“苞氏曰：老彭，殷贤大夫也。”皇侃亦以老彭为彭祖。郑玄以老为老聃，不足信；如果老是老聃，则应云彭老，不应称周人于殷人之上。或谓彭聃声通，老彭即老聃。更非是。彭聃二字，声类绝远，即声通亦不能以此决定重要史事；依声通假，亦如辨伪，固为解释古书之良法，然滥用之而流为谬妄者亦多矣)，即《墨子》亦无之，《孟子》只言杨朱而未言老聃，可知老子并不与孔子同时。《论语》“以德报怨”“无为而治”等语，或原为古语，或出于“道经”或“黄帝书”，不能据此以为老子在孔子以前之证；犹之《金人铭》亦颇类老子语意，然《荀子》(见《太平御览》)、《说苑》及《太公金匮》(《意林》)均以为黄帝之言，或即《汉志》所载黄帝六铭之一。至如王肃所辑《孔子家语》后复几经改窜，其中所载子路之言，更不足据。孔子问礼于老子之说，乃由于孔子见老莱子之传说演变而成。《史记》以老莱子为楚人，与孔子同时，著书十五篇；《汉书·艺文志》有《老莱子》十六篇，亦注云：楚人，与孔子同时。《大戴礼·卫将军文子篇》，记孔子称老莱子之行曰：“德恭而行信，终日言不在尤之内，在尤之外，贫而乐也。”《庄子·外物》篇老莱子教孔子之言曰：“丘！去汝躬矜与汝容知，斯为君子矣！”由此观之，孔子见老莱子即不必为信史，尚不失为一种近乎情理之传说。再就诸家言孔子见老子之事一观之：(一)《史记·老子传》。老子谓孔子曰：“吾闻之，良贾深藏若虚，君子盛德，容貌若愚。”《大戴礼》则以“良贾深藏如虚，君子有盛教如无”为曾子之言。《庄子》则以“大白若辱，盛德若不足。”为老聃教阳子居之言。又《史记·老子传》，老子谓孔子曰：“去子之骄气与多欲态色与淫志！”此与《庄子·外物》篇老莱子教孔子之言相同，仅“躬矜”易为“骄气”，“容知”易为“态色”而已。(二)《史记·孔子世家》所言孔子年十七，……偕敬叔适周见老子之事，其时间之违误，唐司马贞《史记索隐》即已致疑，清梁玉绳崔述更详证其误。(三)《庄子》言孔子见老子之事最多。《天地》篇称孔子问老聃以辩者离坚白若县寓之言；《天道》篇竟称孔子繙十二经以说老聃，又与老子谈仁义及兼爱；此皆墨翟孟轲以后之事。《天运》篇谓孔子行年五十有一而不闻道，乃南之沛见老聃，按《史记·孔子世家》，定公九年孔子年五十(实五十一)，定公以孔子为中都宰，明年定公十年，孔子为鲁司寇，此二年中皆无南见老聃之事；此篇又载孔子谓老聃曰：“吾求之于阴阳，十有二年而未得。”“丘治诗、书、礼、乐、易、春秋六经，自以为久矣。”又载“孔子见老聃而语仁义，”又载老聃谓子贡曰：“是以天下大骇，儒墨皆起。”此亦墨翟孟轲之事。(四)《礼记》乃杂采诸子而成，本不能谓为信史，其中《曾子问》尤来历不明(《大戴礼·曾子立事》等十篇，可视为汉志《曾子》十八篇之数，《小戴礼·曾子问》体裁与大戴十篇不同，不能视为十八篇之一)。

《春秋经》明载：哀公二年二月季孙斯……帅师伐邾；冬十月葬卫灵公；哀公三年秋七月季孙斯卒。而《曾子问》竟载：孔子告曾子曰，“昔者卫灵公适鲁，遭季桓子之丧。”其所称述不足信如此。此篇所载孔子自谓“吾闻诸老聃”者四事，无一非守礼（不仅是知礼）老儒之行；倘或欲以此证明老子与孔子同时，其须承认周末有两老聃，一为与孔子讲礼之老聃，一为著书反礼之老聃（如汪中即以孔子所问礼者为周守藏史老聃；著道德之意五千余言之老聃乃太史儋）。礼若作宗教民俗解，殷礼周礼自无根本差异，而儒家之所谓礼者，非尽为实有之宗教民俗，更非所谓“不争”、“柔道”、“拘谨”之义，乃儒家杂采殷周之宗教民俗而增损之，其微言大义，在别尊卑，教忠孝，以挽封建之颓势，此儒所谓“礼”之特殊意义，乃为儒道二家不可逾越之万丈鸿沟；不明此义者，不知儒亦不知道也。如谓老聃立反礼之教，而躬行又唯礼是崇，此曲学阿世之徒，以自身滑头改容之行为，厚诬古人也。近有妄人谓老子《道德经》之思想，乃在老聃五十岁以后即与孔子讲礼以后，思想改变之结果；此类无稽之谈，与老子亦儒家及老子化胡说同属妄诞。

《史记》又谓：老子，或是老莱子（有人谓老子传中言及老莱子，是附传，正义误认为太史公疑老子或是老莱子。此说非是，附传不应有或曰二字），或是周太史儋（《史记·老子传》自“或曰老莱子亦楚人也”至“世莫知其然否”一段，或非原文所有，而为魏晋间神仙家所增——《列仙传》已引“史记云二百余年”——原文首尾已确定老子之籍贯姓名及子孙系谱，而中间忽置以莫知然否之疑词，太史公不应糊涂至此。况《仲尼弟子列传》，明以老子老莱子为二人，周秦两本纪均载太史儋入秦之事，而无一涉及老子，衡以老子传首“字伯阳”为后人所增改，传尾又有人据自叙妄增，“李耳无为自化清静自正”十字，此段由后人妄增，亦非不可能也）。按《庄子》明分老子老莱子为二人，《史记》在《仲尼弟子列传》亦为二人，今本《老子》多载先秦诸子所引老聃之言而无一语属于老莱子《大戴礼》载孔子所称老莱子之行，亦不能证明与老子为一人。聃儋耽（《吕览》“不二”篇、“重言”篇均作老耽）三字音义相同，太史儋入秦在周烈王二年（西历纪元前三七四年），下至西汉文景之世，不过二百年，假解固得为其七八代子孙，太史儋即老聃，固不失为有力之见解（毕沅汪中同以老子为太史儋，然毕氏以孔子问礼之老子与著道德书之老子为一人；汪氏则以为彼此意见乖违，年代又远隔，不能为一人，乃分为“孔子所问礼者聃……而著道德之意五千余言者儋也”。按毕说固失，汪说未为得）；然而先秦诸子所称引老子之言见于今本《老子》书中者。概称之为老聃、老耽或老子，未有称老儋或太史儋者；且老聃与太史儋意见亦甚乖违：一指斥前识为愚之人，如何入秦予言周秦复合而霸王出；一隐居之道家，又如何同时而为游说诸侯之纵横家；周之太史，更不至同时成为痛斥周礼之叛徒。

《史记·老子传》中较为可信之事，仅末一段所记老子子孙之谱系：

老子，隐君子也。老子之子名宗，宗为魏将，封于段干，宗子注，注子宫，宫玄孙假。假仕于汉孝文帝，而假之子解为胶西王卬太傅，因家于齐焉。（按此谱系注字，日本河上本《老子》葛洪序作瑶，宫字神仙传作言，假字葛洪序及神仙传并作瑕，正义本亦作瑕，日本武内义雄谓宫为崇之讹，崇即《战国策》魏将段干崇，而斋藤拙堂则以宗为段干崇。）

胶西王卬[①]死于汉景帝三年，司马谈生于文景之世，与假解为同时人，见闻较确。以三十年为一代计算，由汉景帝三年（西历纪元前一五四年）上推二百四十年，为周安王八年（西历纪元前三九四年），在孔子死（西历纪元前四七九年）后八十年，老子果于此时生，则其时代应与孟子相前后，孟子见梁惠王，在惠王三十五年，即周显王三十三年（西历纪元前三三六年）在孔子死后一百四十三年，惠王称孟子为叟，此时孟子若在六十岁左右，其出生亦在孔子死后八十年顷。倘以魏将段干崇为老子之子宗，则已在战国末期，去秦始皇不远矣。《史记·魏世家》载魏将段干子请予秦南阳以和，《战国策》载魏不胜秦，使段干崇割地而和，事在魏安釐王四年，秦昭王三十四年，即周赧王四十二年（西历纪元前二七三年），去始皇元年只二十七年，此时在孔子死后二〇六年，在孟子见魏惠王后六十三年，则老子乃远在孟子之后。然《史记·庄子传》称庄子与梁惠王齐宣王同时，又载楚威王使使迎庄周，许以为相；《庄子》记与惠子之问答有八，《吕览》记匡章与惠子之问答有二；据《庄子·齐物论》及《徐无鬼》，则惠子死后庄子犹存；据《庄子·徐无鬼》“儒墨杨秉四”之说，则庄子犹得见少年公孙龙子之成名；由此可见庄子与孟子同时而年较幼。《庄子》各篇均无与老子会见之事，内篇《养生主》又明记老聃之死，则老子显然在庄子之前（近有人谓老在庄后，承袭庄子思想而发展之者；果尔则庄书明记“老聃死秦失吊之”以后，乃又有一老聃出世，承袭庄子而发展之乎？此谬见实不值一驳），决不能后于孟子，《战国策》颜斶对齐宣王已引老子语。因此，以宗之孙宫当魏将段干崇为妥。总之：《史记》即言老子之子为魏将，《文子·精神篇》亦引《老子》“秦、楚、燕、魏之歌异传而皆乐”之言，以燕魏与秦楚并称，应在战国之世；又《韩非子·内储说》上，有齐王问治国于文子之记载，文子乃老子弟子，生于齐称王以后，老子年代便不应前此过远也。《孟子》杨墨并称，杨朱当在孟子之前；《庄子》以后诸子无不称引老聃，而独不见于《孟子》（即庄子盛

---

① 卬读 yǎng 和 áng，古同仰。指仰望、仰慕、仰仗，表示向上之意。此处是周朝胶西王的名字——编者。

称老聃亦多在外杂篇，内篇仅三见，乃述其事而罕举其言，庄周盖未亲见老聃著述也)，可见老子并不在孟子之前，虽与孟子同时(或年稍长)，以其为隐君子之故，名亦未显于孟子生前也。孟子拒杨墨排神农之言，而未及道家或黄帝之言者，当时杨朱实道家之代表也。由此，吾人得以推定：

老子即老聃，沛之隐君子也。生于周威烈王或安王时，在墨子之后，庄子之前，略与申子、惠子、孟子同时，与关伊同悦黄帝道术，著书上下二篇，言道德之意，今名《道德经》。

关于老子略历，其比较可信者如此而已。

《史记·老子传》又谓：老子去周至关，为关令尹喜著书上下二篇，言道德之意五千余言而去，莫知所终。此一子虚乌有之事，亦由周太史儋入秦说献公之事伪变成。《史记》之后，复代有增饰，《史记》但云"至关"；葛洪乃谓为散关，且杜撰度关日期为十月二十五；《列仙传》作者更赠老子以青牛车；后《列异传》作者，又夺车而强令老子"乘青牛而过"。《史记》但云老子"著书上下篇言道德之意五千余言"；王弼、葛洪乃为之署名《道德经》。《史记》但云"关令尹喜曰：子将隐矣，强为我著书"。《列仙传》作者更加以老子西游，喜先见其气，知有真人当过，物色而迹(今本作遮，兹以《史记》集解所引及索隐注作迹)之，果得老子，老子亦知其奇，为著书授之；《列异传》作者又从而附益之曰："关令尹喜望见有紫气浮关。"《史记》但云：老子为喜著书而去，"莫知其所终"；班固《艺文志》增为"老子过关，喜去吏而从之"；《列仙传》作者则又强令关尹喜"与老子俱之流沙之西"(兹从集解引，今本《列仙传》作"与老子俱游流沙化胡")；于是道士王浮遂撰《化胡经》一卷，由晋至唐，增为十卷或十一卷，唐时更有老子化胡图，至宋时乃附八十一化图于《化胡经》内；附会老子西去流沙化胡成佛之事日益增盛。

其实，《庄子》内篇明记"老聃死，秦失〔佚〕吊之"，安有西游化胡之事。由《庄子·天下》篇观之，关尹似犹在老聃之前；合观《庄子·应帝王》及《吕览》"审已"篇、"下贤"篇，关尹子乃与子列子、壶丘子、郑子产同时；即令原本《老子》乃老聃自著，是否由于关尹之请，亦难确证；其他神话，更不足信。《化胡经》图虽经元朝屡次严禁之后而亡失，近年敦煌发见唐代《化胡经》残本，其第一卷中有如下之文：

后经四五十余年，我乘自然光明道气，从真寂境，飞入西那玉界，苏邻国中，降诞王室，示为太子，舍家入道，号末摩尼。转大法轮，说经，诫律，定慧等法，乃至三际及二宗门，教化人天，令知本际。上至明界，下至法涂，所有众生，皆由此度。摩尼之后，年垂五九，金气将兴，我法当盛。西方圣象衣彩，自然来入中洲，是效也。当此之时，黄白气合，三教混齐，同归于我。

1937年春,狱中的陈独秀自题照

此辈热中化胡成佛之道士,以道教而窃取佛教故事词句,以杜撰《化胡经》,已可耻矣;高谈化胡成佛,并印度佛教和波斯摩尼教之分别而不知之,益可悯矣。

三　老子著书

《老了邻氏经传》四卷,《老子傅氏经说》三十七篇,《老子徐氏经说》六篇,刘向《说老子》四篇,均见《汉书·艺文志》,而早已散佚;《汉志》虽无二篇之说,而《史记·老子传》言老子著书上下篇,《汉书·扬雄传》赞亦言"昔老聃著虚无之言两篇",两汉通行本《老子》,其为上下两篇可知。宋时《老子》注家谓:刘向定著《老子》二篇,八十一章,上经三十四章,下经四十三章,或云上经三十七章,下经四十四章(今本《老子》多为上经三十七章,下经四十四章);然司马迁、班固所见《老子》是否如此分章,殊难确知矣。《老子》注家,据唐陆德明《释文叙录》所载,共有三十一家,陆氏《释文音义》所征引者,只河上公、王弼等十三家,此谅为陆氏所亲见者。《老子》古注之存于今而可信的,亦仅王弼、河上公二家。河上公《老子章句》四卷成于汉文帝时之说,自不足信,葛玄、葛洪以前未闻有此注,为其祖孙所作而托名河上公无疑。至唐时河上公注已有二本(陆氏《释文》中往往举河上本及河上一本之异文),历代河上本经文存于今而可考者,有唐代景龙碑之《道德经》及焦山定慧寺之老子经幢,宋刊河上公本(今在《四部丛刊》中),明世德堂本《老子》及《道藏》各本,日本所传旧钞河上公本有五种,法国巴黎图书馆亦藏有敦煌唐钞河上经注残本,诸本字句颇有不同,而上篇题道经,下篇题德经则同;惟日本钞本之存于大阪府图书馆者,每章只提行,不题章名(见武内义雄之《老子原始》),此或为河上本之原式。王弼《老子》注本,只署《道德经》,与河上公本上篇题道经下篇德经者不同，每章又无章目，与通行之河上公本一章为体道章，二章为养身章等亦异，故宋晁说之云："弼题是书曰《道德经》，不析乎道德而上下之，犹近于古欤。"陆德明《释文老子音义》乃依据王注本，只分上下，不记章目，此为王本不分章目之证。现行之武英殿本及浙江书局本王注《老子》，虽非以道经德经为上下二篇，而标分章次与通行之河上本同。王注在河上本之前，两者字句之不同，显然为葛氏所校改者。二家所据经文，大体相同，所不同者，仅字句而已，此即魏晋以来流传于今日之今本《老子》。所谓今本，乃以别于淮南以前之本也；先秦及西汉各书所引老子之言，其章次及词句先后，多与今本《老子》不合，且有为今本所无者，可见太史公及淮南王所见《老子》必与王弼、河上之本不同也。

《史记》所谓老子"著书上下篇言道德之意五千余言"之说，亦不足信。此书一部分，或为老聃自述，或为及门弟子所记。自古相传黄帝以来之成语即所谓黄帝之言，其中韵语部分，显留口口相传之迹；其余或为老聃所作；或为老聃后学所述；最后又羼入兵家言（如第三十章，三十一章，六十八章，六十九章，皆是。自王弼以来已疑三十一章非老子所作），法家言（如第三章，十八章，十九章，五十七章，六十四章，六十五章，七十五章皆是。第十八章"六亲不和有孝慈，国家昏乱有忠臣"二句，《意林》所载《慎子》"孝子不生慈父之家，忠臣不生圣君之下"下，亦有之，一本作正文，一本列之注文。第七十五章，与《慎子》"民富则易治，民贫则难治，民富则重家，重家则安乡，安乡则敬上畏罪，敬上畏罪则易治也。贫则轻家则危乡，危乡则凌上犯禁，凌上犯禁则难治也"。义同），纵横家言（如第九章"功成名遂身退天之道"，第七十七章"功成而不居，"与《史记·蔡泽传》所引（周）书曰"成功之下不可以久处"义同。第三十六章首八句，与魏策所引周书——当即《史记·苏秦传》所谓"周书阴符"，战国秦策作"太公阴符"，此纵横之类；至所谓"黄帝阴符经"，乃道家之类，朱子谓为唐李筌所作——"将欲败之，必姑辅之；将欲取之，必姑予之"。义同。第四十七章与鬼谷之"不出户而知天下，不窥牖而见天道，不见而命，不行而至。"义同。本章末二句"鱼不可脱于渊，国之利器不可以示人。"与《意林》载《六韬》——庄子陆氏释文引"司马崔云，金版六弢，皆周书篇名。本又作六韬，谓太公六韬文武虎豹龙犬也。"汉志录《太公》二百三十七篇，阴符六韬或皆其篇名，惟太公在周如汉之良平，汉志列入道家是非。——"国柄借人则失其威。"义同。第六十一章亦策士语），使《老子》一书成为一部诸子大全，因此后世乃有"九流皆出于《老子》"之妄说。殷以前或仍为部落社会，即原始国家尚难言之，黄帝之言应无与治国明法；老子愤世嫉俗，亦志在复古；以此后起之儒法各家言，根本无与黄、老相通之理。不但儒之于道根本相非而不相承，即庄子亦非道家；近有人以儒墨老庄各派不同思想之分野，变为先相承袭而次第发展之思想统系，以此推断其年代，谓老在庄后者，真是梦呓。九流同源，三教亦同源，今日又有儒释道耶同源之说，一切一切，都无差别，吾族好齐恶歧之性达此极端，欲求科学之发达，必自力除此思想笼统之病始。各家羼入《老子》，当在西汉之初，其理由有三：（一）《庄子·胠箧》篇及《韩非子·喻老》篇均已引“鱼不可脱于渊，邦之利器不可以示人”二句为老子语；（二）司马谈已谓道家“采儒墨之善，撮名法之要”；（三）《史记》老子著书上下两篇五千余言之说，当非凭空捏造也。《老子》亦如其他古书，非一人一时所作，因此据《老子》以推断老聃年代，或据某章词义以推断《老子》全书年代，宜其支吾而难通也。竹简漆书时代，一人著书，自属难能之事，自《管子》《论语》以至《淮南子》，多为门徒宾客甚至后学所辑一家言，其书仍用本师之名，无所谓伪。若依据后代人著作之例（即以后代论，《康熙字典》亦非清帝自著），专以是否一人一时自著之书为真伪标准，妄疑古书，动辄斥为依托（自班固至今日），此事固大愚蠢；但如今本《老子》八十一章中羼入别家言者十六章，以至其词重复者十七：

（一）万物作焉而不辞，生而不有，为而不恃，功成而弗居。第二章

万物恃之而生而不辞，功成不名有。第三十四章

是以圣人为而不恃，功成而不居。第七十七章

（二）生之蓄之，生而不有，为而不恃，长而不宰，是谓玄德。第十章

道生之，德蓄之，……生而不有，为而不恃，长而不宰是谓玄德。第五十一章

（三）挫其锐，解其纷，和其光，同其尘。第四章

塞其兑，闭其门。第五十二章

塞其兑，闭其门，挫其锐，解其纷，和其光，同其尘。第五十六章

（四）不贵难得之货，使民不为盗；不见可欲，使心不乱。第三章

是以圣人欲不欲，不贵难得之货。第二十四章

（五）不自见故明，不自是故彰，不自伐故有功，不自矜故长。第二十二章

自见者不明，自是者不彰，自伐者无功，自矜者不长。第二十四章

（六）夫惟不争，故天下莫能与之争。第二十二章

以其不争，故天下莫能与之争。第六十六章

（七）物壮则老，谓之不道，不道早已。第三十章

物壮则老，是谓不道，不道早已。第五十五章

（八）道常无名，朴虽小，天下不敢臣。侯王若能守，万物将自宾。第三十二章

道常无为而无不为，侯王若能守，万物将自化，化而欲作，吾将镇之以无名之朴第三十七章

（九）知止所以不殆。第三十二章

知足不辱，知止不殆。第四十四章

（十）是以圣人终不为大，故能成其大。第三十四章

是以圣人终不为大，故能成其大。第六十三章

（十一）道常无为而无不为。第三十七章

以至于无为，无为而无不为矣。第四十八章

（十二）知常曰明。第十六章

知常曰明。第五十五章

（十三）侯王自谓孤寡不谷，此其以贱为本也。第三十九章

人之所恶，孤寡不谷，而王公以为称。第四十二章

（十四）故取天下者常以无事。第四十八章

以无事取天下。第五十七章

将欲取天下而为之，吾见其不得已。第二十九章

（十五）道之在天下，由[犹]川谷之于江海。第三十二章

江海所以能为百谷王者，以其善之下。第六十六章

（十六）为者败之，执者失之。第二十九章

为者败之，执者失之。第六十四章

（十七）道常无为而无不为……万物将自化……不欲以静，天下将自定。第三十七章

清静为天下正。第四十五章

我无为而民自化，我好静而民自正。第五十七章

其义矛盾者七：

（一）十八章言“六亲不和有孝慈”；而六十七章则言“我有三宝……一曰慈”。

（二）二十章言“善之与恶，相去几何”。而七十九章则言“天道无亲，常与善人”。

（三）三十八章对道、德、仁、义、礼以次薄之；而二十三章则言“同于道者道亦乐得之，同于德者德亦乐得之，同于失者亦乐得之”。殊非重道德而薄仁义礼

之旨。

（四）八十一章中言圣人处凡三十一，大抵皆至上人格之拟称，如《庄子》之言至人；而十九章则言“绝圣弃知，民利百倍”。

（五）同在六十四章中，始而言“其未兆易谋，其脆易泮，其微易散，为之于未有，治之于未乱”；继而又言“为者败之，执者失之，是以圣人无为故无败……以辅万物之自然，而不敢为”。依无为教义，前者显然非老子之言。

（六）三十章言“将欲歙之，必固张之；将欲弱之，必固彊之；将欲废之，必固兴之；将欲夺之，必固与之”。又言“鱼不可脱于渊，国之利器不可以示人”。六十五章言“古之善为道者，非以明民，将以愚之；民之难治，以其智多”。此与三十七章、四十五章及五十七章“无为自化清静自止”之旨不合。

（七）第七章言“以其不生，故能长生，是以圣人外其身而身存”。十三章言“吾所以有大患者，为吾有身；及吾无身，吾有何患”。三十三章言“死而不亡者寿”。这显然与五十九章所言长生久祇[视]之道相矛盾。

加以章句之错简，文字之讹夺，几至不可读，则不得不大加辨正也。今惟就《淮南子》以前各书所称引老聃之言以及见于今本《老子》而合乎黄、老道术者，辑成一家言，然后老子教义之真面目始可得而见也。

原载 1937 年 6 月 1 日《东方杂志》第三十四卷第十一号

28.

孔子与中国①

陈独秀

1937 年 10 月 1、16 日

尼采说得对：“经评定价值始有价值；不评定价值，则此生存之有壳果，将空无所有。”所有绝对的或相当的崇拜孔子的人们，倘若不愿孔子成为空无所有的东西，便不应该反对我们对孔子重新评定价值。

在现代知识的评定之下，孔子有没有价值？我敢肯定的说有。

孔子的第一价值是非宗教迷信的态度：自上古以至东周，先民宗教神话之传

---

① 此文本无具体的写作日期，但濮清泉《我所知道的陈独秀》谓《孔子与中国》写于狱中。另从陈独秀在狱中有一个写作计划，其中有一本是《孔子与儒家》可推测，此文有可能写作在狱中，正式发表在出狱后的 1938 年 10 月 1 日《东方杂志》第 18、19 号。

说，见之战国诸子及纬书者，多至不可阐述，孔子一概摈弃之，其设教惟德行、言语、政事、文学四科（见《论语·先进》），又“子以四教：文、行、忠、信。”（见《论语·述而》）其对于天道鬼神的态度，见诸《论语》者：

子贡曰：夫子之文章，可得而闻也；夫子之言性与天道，不可得而闻也已矣。（《公冶长》）

子疾病，子路请祷。子曰：有诸？子路对曰：有之，诔曰：祷尔于上下神祇，子曰：丘之祷久矣。（《述而》）

季路问事鬼神，子曰：未能事人，焉能事鬼？曰：敢问死，曰：未知生，焉知死！（《先进》）

子不语怪、力、乱、神。（《述而》）

非其鬼而祭之，谄也。（《为政》）

祭如在，祭神如神在。（《八佾》）

获罪于天，无所祷也。（《八佾》）

务民之义，敬鬼神而远之，可谓知矣。（《雍也》）

重人事而远鬼神，此孔墨之不同也。孔子之言鬼神，义在以祭享，为治天下之本，故《祭义》说：“建国之神位，右社稷而左宗庙。”《祭统》说：“凡治人之道，莫急于礼；礼有五经，莫重于祭。”至于鬼神之果有或无，则视为不可知之事，而非所深究；孔子之言天命，乃悬拟一道德上至高无上之鹄的，以制躬行，至于天地之始万物之母，则非所容心，此孔子之异于道家也。不但孔子如此，在儒道未混合以前，孔子的嫡派大儒如孟子如荀子，亦力唱仁义礼乐而不言天鬼，至战国之末，不知何人，糅合儒道二家之说，作《中庸》（《中庸》言华岳，又说：“生乎今之世，反古之道，如此者，灾及其身者也。”又说：“今天下车同轨，书同文。”这明明是和李斯辈同时代人的口气，决非孟子之前东鲁子思所作）。始盛称鬼神之德与天道，于是孔子之面目一变；汉初传《周易》者，取阴阳家《系辞》归之孔子，大谈其阴阳不测之谓神，大谈其幽明之故、死生之说，大谈其精气游魂鬼神之情状，大谈其极数知来、极深研几、探颐索隐、钩深致远（《中庸》犹说：“素隐行怪，后世有述焉，吾弗为之矣。”犹说：“道不远人，人之为道而远人，不可以为道。”），大谈其河出图、洛出书，（《论语》“凤鸟不至，河不出图。”之说，大约亦此时窜入，崔述已辨此非孔子之言。《春秋纬》有“龙负河图，龟具洛书”之说，可证为阴阳家言。）于是孔子之面目乃再变；董仲舒号为西汉大儒，实是方士，成、哀以后，谶纬大兴，刘氏父子著书，皆兼采儒与阴阳二家之说，班固、许慎承其谬，于是孔子之面目乃三变；东汉诸帝，笃信谶纬，无耻儒生，靡然从之，白虎观讲议诸人，都是桓谭、王充所讥的俗儒,班固所纂集的《白虎通德论》,广引纬书,侈言三纲、六纪、五行、灾变,可说是集儒道糟粕之大成;然而桓谭还公言反谶,几以非圣无法的罪名见诛于光武;郑兴亦不善谶,乃以逊辞仅免;王充著《论衡》力辟神怪;贱儒贾逵以附和谶纬取媚民贼,亦尚言"五经家皆无证图谶明刘氏为尧后者";到郑玄,他早年师事第五元,本是习京氏《易》、公羊《春秋》的,故晚年笃信谶纬,博采纬书神怪之言以注《毛诗》、《周礼》、《论语》、《孝经》、《礼记》、《尚书大传》等,至此孔子之面目乃四变,而与阴阳家正式联宗矣。从此贾逵、郑玄之学日显,桓谭、王充之说日微,影响于中国之学术思想不为小也。

孔子的第二价值是建立君、父、夫三权一体的礼教。这一价值,在二千年后的今天固然一文不值,并且在历史上造过无穷的罪恶,然而在孔子立教的当时,也有它相当的价值。中国的社会到了春秋时代,君权、父权、夫权虽早已确定,但并不像孔子特别提倡礼教以后的后世那样尊严,特别是君权更不像后世那样神圣不可侵犯,而三权一体的礼教,虽有它的连环性,尊君却是主要目的;这是因为自周平王东迁以后,王室渐陵夷,各诸侯国中的商业都日渐发达,景王之前,已行用金属货币(见《周语》及《汉书·食货志》)。郑桓公东迁新郑,与商人立"无强贾"、"毋匄(旁)夺"的盟誓(见昭十六年《左传》)。齐擅鱼盐之利,"人物归之,繦至而辐凑,故齐冠带衣履天下。"(见《史记·货殖传》)"管仲相桓公,通轻重之权,曰:岁有凶穰,故俗有贵贱,令有缓急,故物有轻重。人君不理,则畜贾游于市,乘民之不给,百倍其本矣。故万乘之国必有万金之贾,千乘之国必有千金之贾者,利有所并也。"(见《汉书·食货志》)"桓公曰:四郊之民贫,商贾之民富,寡人欲杀商贾之民以益四郊之民,为之奈何。"(见《管子·轻重篇》)"及周室衰,……士庶人莫不离制而弃本,稼穑之民少,商旅之民多,谷不足而货有余。"(见《汉书·货殖传》)由此可见当时的商业,已经动摇了闭关自给的封建农业经济之基础,由经济的兼并,开始了政治的兼并,为封建制度掘下了坟墓,为统一政权开辟了道路,同时也产生了孔子的政治思想。春秋之末,商旅之势益盛,即孔门的子贡亦"废著(《汉书》作"发贮")鬻财于曹鲁之间,……结驷连骑,束帛之币以聘享诸侯。所至国君无不分庭与之抗礼。"(见《史记·货殖传》)是为战国白圭、计然、猗顿之先驱(朱晓按:白圭是战国魏文侯时人,善经商;计然是战国越人,范蠡(陶朱公)的老师;猗顿是春秋鲁人,以畜牧及盐业,十年富比王侯。)这便是司马迁所谓"无秩禄之奉爵邑之入,而乐与之比者,命曰'素封'","素封"势力愈盛,封建制度愈动摇,遂至诸侯亦日渐陵夷,大夫陪臣挟"素封"之势力,政权乃以次下移。孔子生当此时,已预见封建颓势将无可挽救,当时的社会又无由封建走向民主之可能

（欧洲的中世纪之末，封建陵夷以后，亦非直接走向民主，中间曾经过王政复兴君主专制的时代，Machiavelli 的君主大权主义，正是这一时代的产物）。于是乃在封建的躯壳中抽出它的精髓，即所谓尊卑长幼之节，以为君臣之义、父子之恩、夫妇之别普遍而简单的礼教，来代替那“王臣公、公臣大夫、大夫臣士、士臣皁、皁臣舆、舆臣隶、隶臣僚、僚臣仆、仆臣台”（见昭七年《左传》）的十等制，冀图在“礼”的大帽子之下，不但在朝廷有君臣之礼，并且在整个社会复父子、夫妻等尊卑之礼，拿这样的连环法宝，来束缚压倒那封建诸侯大夫以至陪臣，使他们认识到君臣之义无所逃于天地之间，以维持那日就离析分崩的社会。所以孔门的礼教即孔门的政治思想，其内容是：

孔子曰：天下有道，则礼乐征伐自天子出；天下无道，则礼乐征伐自诸侯出。自诸侯出，盖十世希不失矣；自大夫出，五世希不失矣；陪臣执国命，三世希不失矣。天下有道，则政不在大夫；天下有道，则庶人不议。（《论语·季氏》）

孔子曰：……如有用我者，吾其为东周乎。（《论语·阳货》）

齐景公问政于孔子，孔子对曰：君君、臣臣、父父、子子。（《论语·颜渊》）

子曰：《书》云：孝乎惟孝，友于兄弟，施于有政。是亦为政，奚其为为政？（《论语·为政》）

有子曰：其为人也孝悌而好犯上者，鲜矣；不好犯上而好作乱者，未之有也。（《论语·学而》）

子路曰：不仕无义，长幼之节不可废也，君臣之义如之何其废之？欲洁其身而乱大伦。君子之仕也，行其义也。（《论语·微子》）

孔子曰：安土治民，莫善于礼。故朝觐之礼所以明君臣之义也，聘问之礼所以使诸侯相尊敬也，丧祭之礼所以明臣子之恩也，乡饮酒之礼所以明长幼之序也，婚姻之礼所以明男女之别也。夫礼，禁乱之所由生，犹防止水之所自来也。……故婚姻之礼废，则夫妇之道苦而淫辟之罪多矣；……聘觐见之礼废，则君臣之位失，诸侯之行恶，而倍畔侵陵之败起矣。（《礼记·经解》）

子云：天无二日，土无二王，家无二主，尊无二上，示民有君臣之别也。（《礼记·坊记》）

君臣上下父子兄弟，非礼不定。（《礼记·曲礼》）

是故礼者，君之大柄也，……所以治政安君也，故政不正则君位危，君位危则大臣倍，小臣窃，刑肃而俗敝。……故唯圣人为知礼之不可以已也，故坏国、丧家、亡人，必先去其礼。（《礼记·礼运》）

哀公问于孔子曰：大礼何如，君子之言礼何其尊也。孔子曰：丘闻之，民之所由生，礼为大，非礼无以节事天地之神也，非礼无以辨君臣上下长幼之位也，非礼无以别男女父子兄弟之亲、婚姻疏数之交也。（《礼记·哀公问》）

公曰：敢问为政如之何？孔子对曰：夫妇别，父子亲，君臣严，三者正则庶物从之矣。（《礼记·哀公问》，《大戴礼·哀公问》"庶物"作"庶民"）。

是故君子之教也，外则教之以尊其君长，内则教之以孝于其亲，是故明君在上则诸臣服从，崇事宗庙社稷则子孙顺孝，尽其道，端其义，而教生焉。（《礼记·祭统》）

曾子曰：忠者，其孝之本与。（《大戴礼·曾子本孝》）

曾子曰：君子立孝，其忠之用，礼之贵。……君子之孝也，忠爱以敬，反是，乱也。（《大戴礼·曾子立孝》）

天无二日，国无二君，家无二尊，以治之也。（《大戴礼·本命》）

女子者，言如男子之教而长其义理者也，故谓之妇人，妇人，伏于人也，是故无专制之义，有三从之道，在家从父，适人从夫，夫死从子，无所敢自遂也。（《大戴礼·本命》）

出乎大门而先，男帅女，女从男，夫妇之义由此始也；妇人，从人者也，幼从父兄，嫁从夫，夫死从子。（《礼记·郊特牲》）

男先于女，刚柔之义也，天先乎地，君先乎臣，其义一也。（《礼记·郊特牲》）

仲尼曰：……父子君臣长幼之道得而国治。……父子君臣长幼之道合，德音之致，礼之大者也。（《礼记·文王世子》）

不但孔子自己及他的及门弟子是这样，孔子之后，孔子的嫡派大儒孟子、荀子，他们的思想，无论对于天鬼，对于礼教，都是孔子的继承者。

齐宣王问曰：齐桓、晋文之事可得闻乎？孟子对曰：仲尼之徒无道桓文之事者，是以后世无传焉，臣未之闻也，无巳已[以]，则王乎。（《孟子·梁惠王上》）

学则三代共之，皆所以明人伦也。人伦明于上，小民亲于下，有王者起，必来取法，是为王者师也。（《孟子·滕文公》）

当尧之时，……使契为司徒，教以人伦，父子有亲，君臣有义，夫妇有别，长幼有序，朋友有信。（《孟子·滕文公》）

子未学礼乎？丈夫之冠也父命之，女子之嫁也，母命之，往送之门，戒之曰：往之女家，必敬必戒，无违夫子。以顺为正者，妾妇之道也。（《孟子·滕文公下》）

世衰道微，邪说暴行有作，臣弑其君者有之，子弑其父者有之，孔子惧，作《春秋》。《春秋》，天子之事也。……杨氏为我，是无君也；墨氏兼爱，是无父也。无父无君，是禽兽也。……昔者禹抑洪水而天下平，周公兼夷狄驱猛兽而百姓宁，

孔子成《春秋》而乱臣贼子惧。(《孟子·滕文公》)

君仁,莫不仁;君义,莫不义;君正,莫不正。一正君而国定矣。(《孟子·离娄上》)

礼有三本:天地者生之本也;先祖者类之本也;君师者治之本也。无天地恶生,无先祖恶出,无君师恶治,三者偏亡焉,无安人。(《荀子·礼论篇》、《大戴礼·礼三本》,"生之本"作"性之本","恶"作"焉","无安人"作"无安之人",后世天地君亲师并祀,即始于此。)

君之丧,所以取三年,何也?曰:君者,治辨之主也。……彼君者(依俞樾说"君"下删"子"字),固有为民父母之说焉,父能生之,不能养之;母能养之,不能教诲之;君者已能食之矣,又善教诲之者也。三年毕矣哉。(《荀子·礼论篇》)

上无君师,下无父子,夫是之谓至乱,君臣父子兄弟夫妇,始则终,终则始,与天地同理,与万世同久,夫是之谓大本。(《荀子·王制篇》)

故人道莫不有辨,辨莫大于分,分莫大于礼,礼莫大于圣王,……欲观圣王之迹,则于其粲然者矣,后王是也。彼后王者,天下之君也。舍后王而道上古,譬之是犹舍己之君而事人之君也。(《荀子·非相篇》)

故古者圣人,以人之性恶,似为偏险而不正,悖乱而不治,故为之立君上之执以临之,明礼义以化之,起法正以治之,重刑罚以禁之,使天下皆出于治,合于善也;……今当试去君上之执,无礼义之化,去法正之治,无刑罚之禁,倚而观天下民人之相与也;若是,则夫强者害弱而夺之,众者暴寡而哗之,天下之悖乱而相亡,不待顷矣。(《荀子·性恶篇》)

天子无妻,告人无匹也。(杨注云:告,言也;妻者,齐也;天子尊无与二,故无匹也。)四海之内无客礼,告无适也。(杨注云:适读为敌。《礼记》曰:天子无客礼,莫敢为主焉。)……圣王在上,分义行乎下,则士大夫无流淫之行,百吏官人无怠慢之事,众庶百姓无奸怪之俗,无盗贼之罪,莫敢犯上之禁。(《荀子·君子篇》)

这一君尊臣卑、父尊子卑、男尊女卑三权一体的礼教,创始者是孔子,实行者是韩非、李斯。(韩非、李斯都是荀子的及门弟子,法家本是儒家的支流,法家的法即儒家的礼,名虽不同,其君尊臣卑、父尊子卑、男尊女卑之义则同,故荀子说:"礼者,法之大分,类之纲纪也。"司马迁谓韩非"归本于黄老",真是牛头不对马嘴的胡说,这是由于他不懂得尊礼法与反礼法乃是儒法与黄老根本不同的中心点。）孔子是中国的 Machiavelli①，也就是韩非、李斯的先驱，世人尊孔子而薄韩非、李斯，真是二千年来一大冤案。历代民贼每每轻视儒者（例如汉朝的高祖和宣帝），然而仍旧要尊奉孔子，正是因为孔子尊君的礼教是有利于他们的东西，孔子之所以称为万世师表，其原因亦正在此。近世有人见尊君尊父尊夫之弊，而欲为孔子回护者，妄谓"三纲"之说盛倡于宋儒，非孔子之教，而不知董仲舒造《春秋繁露》，班固纂《白虎通德论》，马融注《论语》，都有"三纲"之说，岂可独罪宋儒？孔子、孟子、荀子虽然未说"三纲"这一名词，而其立教的实质不是"三纲"是什么呢？在孔子积极的教义中，若除去"三纲"的礼教，剩下来的只是些仁、恕、忠、信等美德，那么，孔子和历代一班笃行好学的君子，有什么不同呢？他积极建立起来他所独有的伦理政治学说之体系是什么呢？周末封建动摇，社会的飓风将至，故百家立说，于治世之术都有积极的独特主张：小国寡民，无为而治，这是黄老的主张；兼爱、非攻、明鬼、非命，这是墨家的主张；尚法、好作，这是慎到、田骈的主张；不法先王，不是礼义，这是惠施、邓析的主张；并耕、尽地力，这是农家的主张；儒家的独特主张是什么呢？除去三纲的礼教，他没有任何主张，孔子只不过是一个笃行好学的君子而已，人们凭什么奉他为万世师表呢？我向来反对拿二千年前孔子的礼教，来支配现代人的思想行为，却从来不曾认为孔子的伦理政治学说在他的时代也没有价值；人们倘若因为孔子的学说在现代无价值，遂极力掩蔽孔子的本来面目，力将孔子的教义现代化，甚至称孔教为"共和国魂"，这种诬罔孔子的孔子之徒，较之康有为更糊涂百倍。

《周礼·天官大宰》：师以贤得民，儒以道得民，吏以治得民。郑玄注云：师，诸侯师氏，有德行以教民者；儒，诸侯保氏，有六艺以教民者；吏，小吏在乡邑者。《地官大司徒》：联师儒。郑玄注云：师儒，乡里教以道艺者。是周之儒者，其地位与乡邑小吏同，其专职是礼、乐、射、御、书、数的六艺。贤属师，治属吏，非儒者之事。儒者所教的礼，当然说不上吉、凶、宾、军、嘉全部的礼，不过士民所需凶礼中的丧吊、嘉礼中的昏冠之礼节仪文而已，更说不上治术；若有人把孔门的礼教和孔子以前儒者所教六艺的礼并为一谈，便是天大的错误？孔子说："礼云礼云，玉帛云乎哉。"礼之所尊，尊其义也，失其义，陈其数，祝史之事也。（《礼记·郊特牲》）孔子对子夏说，"汝为君子儒，毋为小人儒。"（此所谓君子小人，与"小人哉樊须也"之小人同义，彼谓稼圃为小道末艺，非治国平天下的大道，此谓小人儒为习于礼、乐、射、御、书、数的小儒，非以礼教治国安民的君子儒。）这正是说礼之义不

① 马基雅维利。

在礼节仪文之末，君子儒不以六艺多能为贵，所以孔子以后的礼和儒，都有特殊的意义，儒是以礼治国的人，礼是君权、父权、夫权三纲一体的治国之道，而不是礼节仪文之末。不懂得这个，便不懂得孔子。

科学与民主，是人类社会进步之两大主要动力。孔子不言神怪，是近于科学的；孔子的礼教，是反民主的。人们把不言神怪的孔子打入了冷宫，把建立礼教的孔子尊为万世师表，中国人活该倒霉！

请看近数十年的历史，每逢民主运动失败一次，反动潮流便高涨一次；同时孔子便被人高抬一次，这是何等自然的逻辑！帝制虽然两次倒台，然而袁世凯和徐世昌的走狗，却先后昌言民国的大总统就是君，忠于大总统就是忠于君；善哉，善哉！原来中国的共和，是实君共和，还没有做到虚君共和！民国初年，女权运动的人们，竟认为夫妻平等，无伤于君父二纲；美哉，美哉！原来孔子三纲一体的礼教，是可以肢解的！这些新发明，真是中国人特有的天才。

孔子的礼教，真能够支配现代人的思想行为吗？就是一班主张尊孔的人们，也未必能作肯定的答复吧！礼教明明告诉我们：君臣大伦不可废，无君便是禽兽；然而许多主张尊孔的人，居然两次推翻帝制，把皇帝赶出皇宫，律以礼教，这当然是犯上作乱；一面犯上作乱，一面又力倡祀孔，这是何等滑稽的事！礼教明明告诉我们：天下有道则庶人不议；然而许多主张尊孔的人，居然身为议员，在国会中大议而特议！礼教明明告诉我们："妇人，从人者也，幼从父兄，嫁从夫，夫死从子；"然而许多主张尊孔的人，居然大倡其女权，大倡其男女平等，这不是反了吗！礼教明明告诉我们："信，妇德也，一与之齐，终身不改，故夫死不嫁。"（《礼记·郊特牲》）然而有些主张尊孔的人，自己竟和寡妇结婚。礼教明明告诉我们："生事之以礼，死葬之以礼，祭之以礼。"（《论语·为政》）"父母在，朝夕恒食，子妇佐馂，既食恒馂。"①"非馂莫之敢饮食。""子事父母，鸡初鸣，……妇事舅姑，如事父母，鸡初鸣，……以适父母舅姑之所，下气怡声，问衣、燠、寒、疾、痛、苛、痒，而敬抑搔之，……枣栗饴蜜以甘之，堇、荁、枌、榆、免，薨，滫瀡以滑之，脂膏以膏之，父母舅姑必尝之而后退。"（《礼记·内则》）然而主张尊孔的人，都这样孝敬父母吗？非父母舅姑之馂余不敢饮食吗？有此还要离开父母舅姑组织小家庭哩。礼教明明告诉我们："男不言内，女不言外""内言不出，外言不入""女子出门，必拥蔽其面""七年，男女不同席，不共食"（《内则》），"男女非有行媒不相知名""男女不杂坐"（《曲礼》），然而尊孔的人，能够愿意千百万女工一齐离开工厂，回到家

① 馂，jun 读俊。食之要吃完，"馂余不祭"；"既食恒馂"（《礼记·内则》）。

庭，使之内言不出吗？能禁止男女同学吗？他们宴会时不邀请女客同席杂坐共食吗？他们岂不常常和女朋友互换名片，社交公开吗？不但女子出门不蔽面，大家还要恭维学习美人鱼哩。礼教明明告诉我们："男女授受不亲"(《孟子》、《礼记》)，"非祭非丧，不相授器，其相授，则女受以篚，其无篚，则皆坐奠之而后取之"(《礼记·内则》)，然而尊孔的人，不但男女授受可亲，而且以握手为礼，搂腰跳舞，而且男子生病会请女医诊脉，女子产儿会请男医收生，孔子若活到现在，看见这些现象，岂不要气炸了肺吗？这班尊孔的人们，大约嘴里虽不说，心里却也明白二千年前的孔子礼教，已经不能支配现代人的思想行为了，所以只好通融办理；独至一件与他们权威有碍的事，还是不能通融，还得仰仗孔子的威灵，来压服一班犯上作乱的禽兽，至于他们自己曾否犯上作乱，这本糊涂账，一时也就难算了。孔子的三纲礼教所教训我们的三件事：一是"事君，可贵、可贱、可富、可贫、可生、可杀，而不可使为乱"(《礼记：表记》)；一是"父母怒，不悦而挞之流血，不敢疾怨，起敬起孝"(《礼记·内则》)；一是"寡妇不夜哭(郑注云：嫌思人道)，妇人疾，问之不问其疾"(郑注云：嫌媚，略之也，问增损而已)，"寡妇之子，不有见焉，则弗友也"(均见《礼记·坊记》)。今之尊孔者，对于第二、第三教训，未必接受，对于第一个教训，到有点正合孤意了，他们之所以尊孔，中心问题即在此；汉之高帝宣帝以及历朝民贼，并不重视儒生，而祀孔典礼，则历久而愈隆，其中心问题亦即在此；孔子立教之本身，其中心问题亦即在此，此孔子之所以被尊为万世师表也。如果孔子永久是万世师表，中国民族将不免万世倒霉，将一直倒霉到孔子之徒都公认外国统监就是君，忠于统监就是忠于君，那时万世师表的孔子，仍旧是万世师表，"三月无君则皇皇如也"的孔子之徒，只要能过事君的瘾，盗贼夷狄都无所择，冯道①、姚枢②、许衡③、李光地④、曾

① 冯道(882—954)，字可道，自号长乐老，五代瀛州景城(今河北交河东北)人。历仕后唐、后晋(契丹)、后汉、后周四朝"十君，拜相二"十余年，人称官场"不倒翁"。历来对冯道的评价不一。毁之者认为其气节丧尽；誉之者则称其为"佛位中人"。主持校定了《九经》文字，雕版印书，开启了我国官府正式刻印书籍之始。

② 姚枢(1203—1280)，元初政治家、理学家，字公茂，号雪斋、敬斋。祖籍营州柳城(今辽宁朝阳)，曾被忽必烈召至藩府，成为忽必烈的重要谋士。忽必烈即位后，历任东平宣抚使、大司农、中书左丞、昭文馆大学士、翰林学士承旨等职。

③ 许衡(1209—1281)，字仲平，人称鲁斋先生。怀州河内(今河南沁阳)人，元代理学家、教育家。1254年，忽必烈任其为京兆教授。1260年，忽必烈即位后，曾任国子祭酒，中书左丞、集贤大学士兼国子祭酒等职，先后五进五出，未被重用。为元朝奠定了国子学基础，弘扬了程朱理学。

④ 李光地(1642—1718)，字晋卿，号厚庵，福建泉州安溪湖头人。康熙九年(1670年)中进士，官至直隶巡抚、吏部尚书、文渊阁大学士。他为官期间，政绩显著，深得康熙信任，被三次授予御匾，为清初理学名臣。但也是一个有争议的人物，既被人尊称为"安溪先生"，或"安溪李相国"；又有人视其为初年卖友，中年夺情，晚年非婚生子的伪君子。

国藩①,郑孝胥②、罗振玉③等,正是他们的典型人物。

人类社会之进步,虽不幸而有一时的曲折,甚至于一时的倒退,然而只要不是过于近视的人,便不能否认历史的大〔潮〕流,终于是沿着人权民主运动的总方向前进的。如果我们不甘永远落后,便不应该乘着法西斯特的一时逆流,大开其倒车,使中国的进步再延迟数十年呀!不幸得很,中国经过了两次民主革命,而进步党人所号召的"贤人政治"、"东方文化",袁世凯、徐世昌所提倡的"特别国情"、"固有道德",还成为有力的主张;所谓"贤人政治",所谓"东方文化",所谓"特别国情",所谓"固有道德"哪一样不是孔子的礼教在作祟呢?哪一样不是和人权民主背道而驰呢?

人们如果定要尊孔,也应该在孔子不言神怪的方面加以发挥,不可再提倡阻害人权民主运动、助长官僚气焰的礼教了!

不塞不流,不止不行,孔子的礼教不废,人权民主自然不能不是犯上作乱的邪说;人权民主运动不高涨,束手束足意气消沉安分守己的奴才,那[哪]会有万众一心反抗强邻的朝气。在这样的政治环境之下,只能够产生冯道、姚枢、许衡、李光地、曾国藩、郑孝胥、罗振玉,而不能够产生马拉④、但顿⑤、罗伯士比尔⑥。幸

---

① 曾国藩(1811—1872),字伯函,号涤生。晚清重臣、理学家、湘军创立者和统帅。出生于湖南省双峰县(原属湘乡)荷叶镇。道光十八年(1838)中进士,官至两江总督、直隶总督、武英殿大学士,封一等毅勇侯。残酷镇压太平天国。洋务运动的重要代表人物,晚清中兴名臣。

② 郑孝胥(1860—1938),福建省闽候人。1882年清光绪八年举人,曾任广西边防大臣,安徽广东按察使,湖南布政使等职。辛亥革命后以遗老自居。1931年九一八事变后,负责起草满洲国国歌与建国宣言。1932年伪满洲国建立,任国务总理兼陆军大臣和文教部总长。同年9月,与日本关东军代表武藤信义签定日满议定书,承认日本在满洲国的特殊地位与驻军权,为旧时朋辈所不齿,导致与其绝交。

③ 罗振玉(1866—1940),字叔言,号雪堂,江苏淮安人。著名甲骨文学者,为"甲骨四堂(罗振玉、王国维、董作宾、郭沫若)"之一,学术上建树颇丰。政治上效忠清室,辛亥革命后逃亡日本。九一八事变后追随溥仪,出任伪满洲国参议府参议、满日文化协会会长等职。

④ 让-保尔·马拉(Jean-Paul Marat,1743年5月24日—1793年7月13日)是法国大革命时期著名的活动家和政论家。马拉原本是一名医生,1774年发表《奴隶制枷锁》一书,抨击英国的君主制。法国大革命爆发后,他投身革命。创办《人民之友》报,批评《人权宣言》只是富人安慰穷人的诱惑物。1790年参加科尔得利俱乐部并成为领导者之一。1792年9月,马拉当选国民公会代表。1793年5月参与起义,推翻吉伦特派统治,建立雅各宾专政。马拉为躲避反对派的迫害,长期在地窖里工作,因此,染上了严重的湿病。为了减轻病痛,同时,不影响工作,他每天不得不泡在带有药液的浴缸里坚持工作。1793年7月13日马拉被刺杀身亡,终年50岁。马拉死后被国民公会授以烈士葬礼,遗体被送进先贤祠,但不久后又迁出。

⑤ 阿利益利·但丁(1265—1321),意大利诗人、作家,现代意大利语的奠基者,欧洲文艺复兴时代的开拓人物之一,以长诗《神曲》留名后世。他被认为是意大利最伟大的诗人,也是西方最杰出的诗人之一,全世界最伟大的作家之一。恩格斯评价说:"封建的中世纪的终结和现代资本主义纪元的开端,是以一位大人物为标志的,这位人物就是意大利人但丁,他是中世纪的最后一位诗人,同时又是新时代的最初一位诗人。"

⑥ 即马克西米连·佛朗索瓦·马里·伊西多·德·罗伯斯比尔(Maximilien François Made lsidore de Robespierre,1758年5月6日—1794年7月28日),又译罗伯斯比,法国革命家,法国大革命时期重要的领袖人物,是雅各宾派政府的实际首脑之一。

运的是万世师表的孔子，倒霉的是全中国人民！

原载 1937 年 10 月 1 日、16 日《东方杂志》第三十四卷第十八、十九号

29.

实庵自传[①]

陈独秀

第一章　没有父亲的孩子

休谟[②]的自传开口便说："一个人写自己的生平时，如果说的太多了，总是免不了虚荣的，所以我的自传要力求简短，人们或者认为我自己之擅写自己的生平，那正是一种虚荣；不过这篇叙述文字所包含的东西，除了关于我自己著作的记载而外，很少有别的，我的一生也差不多是消耗在文字生涯中，至于我大部分著作之初成功，也并不足为虚荣的对象。"几年以来，许多朋友极力劝我写自传，我迟迟不写者，并不是因为避免什么虚荣；现在开始写一点，也不是因为什么虚荣；休谟的一生差不多是消耗在文字生涯中，我的一生差不多是消耗在政治生涯中，至于我大部分政治生涯之失败，也并不足为虚荣的对象。我现在写这本自传，关于我个人的事，打算照休谟的话"力求简短"，主要的是把我一生所见所闻的政治及社会思想之变动，尽我所记忆的描写出来，作为现代青年一种活的经验，不力求简短，也不滥钞不大有生气的政治经济材料，以夸张篇幅。

写自传怕人，照例都从幼年时代说起，可是我幼年时代的事，几乎完全记忆

---

① 陈独秀在四川江津时，曾将此文原稿赠予台静农，在稿末注明："此稿写于一九三七年七月十六至廿五日中，时居南京第一监狱，敌机日夜轰炸，写此遣闷，兹赠静农兄以为纪念，一九四〇年五月五日独秀识于江津。"（陈独秀：《台静农先生珍藏书札（一）》，"中央研究院"中国文史哲研究所筹备处 1996 年编印，第 368 页）

② 大卫·休谟（David Hume，1711 年 6 月 7 日—1776 年 8 月 25 日）是苏格兰的哲学家、经济学家和历史学家，他被视为是苏格兰启蒙运动以及西方哲学历史中最重要的人物之一。虽然现代对于休谟的著作研究聚焦于其哲学思想上，但他最先是以历史学家的身分成名。他所著的《英格兰史》一书在当时成为英格兰历史学界的基础著作长达 60—70 年。历史学家们一般将休谟的哲学归类为彻底的怀疑主义，但一些人主张自然主义也是休谟的中心思想之一。研究休谟的学者经常分为那些强调怀疑成分的（例如逻辑实证主义）以及那些强调自然主义成分的人。休谟的哲学受到经验主义者约翰·洛克和乔治·贝克莱的深刻影响，也受到一些法国作家的影响，他也吸收了各种英格兰知识分子如艾萨克·牛顿、法兰西斯·哈奇森、亚当·斯密等人的理论。

陈独秀 1937 年摄于南京狱中书写《实庵自传》时的照片，刊于亚东书局 1938 年出版单行本的封面照（任建树供原件）

不清了。富兰克林①的自传，一开始便说：“我向来喜欢搜集先人一切琐碎的遗事，你们当能忆及和我同住英格兰时，遍访亲戚故旧，我之长途跋涉，目的正在此。”我现在不能够这样做，也不愿意这样做，只略略写出在幼年时代印象较深的几件事而已。

第一件事：我自幼便是一个没有父亲的孩子。

民国十年（一九二一）我在广东时，有一次宴会席上，陈炯明正正经经的问我：“外间说你组织什么‘讨父团’，真有此事吗？”我也正正经经地回答道：“我的儿子有资格组织这一团体，我连参加的资格也没有，因为我自幼便是一个没有父

① 本杰明·富兰克林（Benjain Franklin，1706—1790），美国科学家、物理学家、发明家、政治家、社会活动家。作为政治家，他是美国建国的创始者、美国独立运动的领导者、民主精神缔造者、《独立宣言》的起草者；同时，他还是最杰出的科学家、外交家、出版家、作家和社会实业家，他像是“从天上偷窃火种的第二个普罗米修斯”（康德语），成为举世公认的现代文明之父、美国人的象征。富兰克林晚年根据自己的经历写成的《自传》，两个多世纪以来一直是世界出版史上的优秀畅销书，世界各国青年深受其影响，许多人因为这本书改变了自己的人生，走上了成功的道路。

亲的孩子。”当时在座的人们，有的听了我的话，呵呵大笑，有的睁大眼睛看着我，仿佛不明白我说些什么，或者因为言语不通，或者以为答非所问。

我出生几个月，我的父亲便死了，真的，我自幼便是一个没有父亲的孩子。我记得我幼时家在安徽省怀宁县城里，我记得家中有一个严厉的祖父，一个能干而慈爱的母亲，一个阿弥陀佛的大哥。

亲戚本家都绰号我的这位祖父为“白胡爹爹”，孩子们哭时，一说白胡爹爹来了，便停声不敢哭，这位白胡爹爹的严厉可怕便可想见了。这位白胡爹爹有两种怪脾气：一是好洁，一是好静。家中有一角地方有一件桌椅没扫抹干净，我的母亲，我的大姊，便要倒大霉。他不许家中人走起路来有脚步声，我的二姊年幼不知利害，为了走路有时有脚步声，也不知挨过多少次毒打，便是我们的外祖母到我们家里来，如果不是从他眼前经过，都不得不蹑手蹑脚的像做贼的一般走路，因为恐怕他三不知的骂起来，倒不好出头承认是她的脚步声。我那时心中老是有一个不可解的疑问：这位好洁好静的祖父，他是抽鸦片烟的，在家里开灯不算数，还时常要到街上极龌龊而嘈杂的烟馆去抽烟，才算过瘾，那时他好洁好静的脾气哪里去了呢？这一疑问直到半个世纪以后的今天，我才有了解答。第一解答是人有好群性，就是抽大烟，也得集体的抽起来才有趣；然而这一解答还不免浅薄，更精微奥妙的解答，是烧烟泡的艺术之相互欣赏，大家的全意识都沉没在相互欣赏这一艺术的世界，这一艺术世界之外的一切一切都忘怀了。我这样的解答，别人或者都以为我在说笑话，恐怕只有我的朋友刘叔雅才懂得这个哲学。

我从六岁到八九岁，都是这位祖父教我读书。我从小有点小聪明，可是这点小聪明却害苦了我。我大哥的读书，他从来不大注意，独独看中了我，恨不得我一年之中把《四书》、《五经》都读完，他才称意，《四书》、《诗经》还罢了，我最怕的是《左传》，幸亏这位祖父或者还不知道“三礼”的重要，否则会送掉我的小性命。我背书背不出，使他生气动手打，还是小事；使他最生气，气得怒目切齿几乎发狂令人可怕的，是我无论挨了如何毒打，总一声不哭，他不只一次愤怒而伤感地骂道：“这个小东西，将来长大成人，必定是一个杀人不眨眼的凶恶强盗，真是家门不幸！”我的母亲为此不知流了多少眼泪，可是母亲对我并不像祖父那样悲观，总是用好言劝勉我，说道：“小儿，你务必好好用心读书，将来书读好了，中个举人替你父亲争口气，你的父亲读书一生，未曾考中举人，是他生前一桩恨事！”我见了母亲流泪，倒哭出来了，母亲一面替我揩眼泪，一面责备我道：“你这孩子真淘气，爹爹那样打你，你不哭，现在倒无端的哭了！”母亲的眼泪，比祖父的板子，着实有权威，一直到现在，我还是不怕打，不怕杀，只怕人对我哭，尤其妇人哭，母亲的眼泪，是叫我用功读书之强有力的命令。我们知道打着不哭的孩子很多，后来虽不定有出息，也不定做强盗。祖父对我的预料，显然不符合，我后来并没有做强盗，并且最厌恶杀人。我以为现时代还不能免的战争，即令是革命战争中的杀人，也是残忍的野蛮的事，然而战争还有进步的作用；其余的杀人，如政治的暗杀，法律的宣告死刑，只有助长人们的残忍与野蛮性，没有一点好影响，别的杀人更不用说了。

父亲的性格，我不大知道。母亲之为人，很能干而疏财仗义，好打抱不平，亲戚本家都称她为女丈夫；其实她本质还是一个老好人，往往优容奸恶，缺乏严肃坚决的态度。据我所记忆的有两件事，可以充分表现出她这一弱点。

有一位我祖父辈的本家，是我们族里的族长，怀宁话称为"户尊"，在渌水乡地方上是一位颇有点名望的绅董，算得一位小小的社会栋梁。我的母亲很尊敬他，我们小辈更不用说了。有一年（大约是光绪十二年前后），大水冲破了广济圩，全渌水乡（怀宁东乡）都淹没了，这位族长哭丧着脸向我母亲诉说乡民的苦痛之后，接着借钱救济他的家属，我母亲对他十分恭敬，然而借钱的事却终于不曾答应。族长去后，我对母亲说："我们家里虽然穷，总比淹水的人家好些，何以一个钱不借给他呢？"母亲皱着眉头一言不发。我知道母亲的脾气，她不愿说的话，你再问也是枉然，我只在心中纳闷道：母亲时常当衣借钱济人之急，又时常教训我们，不要看不起穷人，不许骂叫花子。为什么今天不肯借钱给淹水的本家并且她一向尊敬的族长呢？事隔五六年，我才从许多人口中渐渐知道了这位族长的为人：族中及乡邻有争执的事，总得请他判断是非曲直，他于是非曲直的判断，很公平的不分亲疏，一概以所得鸡、米、烟土或老本洋多少为标准，因此有时他的亲戚本家会败诉，外人反而胜利，乡间人都称赞这位绅董公正无私！他还有一件事值得舆论称赞，就是每逢修圩放赈，他比任何的都热心，无论严寒酷暑，都忙着为大众奔波尽义务，凡他所督修的圩工，比别人所担任一段都更不坚固，大概他认为如果认真按照原定的工料做好，于他已是一种损失，失了将米放赈的机会，又是一种损失，这未免自己太对不住自己了！至此我才明白母亲皱眉不语的缘故，是因为她已经深知这位族长之为人，然而她仍旧恭敬他，这岂不是她的弱点吗？

还有这族长手下用的一位户差（户差的职务，是奉行族长命令，逮捕族中不法子孙到祠堂处罚）。同时又是一位阴差（阎王的差人），他常常到我们家里来，说他在阴间会见了我们的祖先，我们的祖先没有钱用，托他来要钱买钱纸银锭烧给他们，我的母亲很恭敬的款待他，并且给钱托他代买钱纸银锭，不用说那钱纸银锭是烧给这位当阴差先生了，这位阴差去后，母亲对我们总是表示不信任他的鬼话，有一天他又来到我们家里过阴，大张开嘴打了一个呵欠，直挺挺地倒在床上，口中喃喃说胡话，谁也听不清楚他说些什么，大概是酆都城的土话罢！是我气他不过，跑去约了同屋及近邻十多个孩子，从前后门奔进来，同声大喊某处失了火，这位阴差先生顿时停止了声响，急忙打了一个小小呵欠便回到阳间来了，闭着眼睛问道："这边有了火烛了罢?"我的母亲站在床边微笑的答道"是的"！他接着说："这可不错罢，我在那边就知道了。"我在旁边弯着腰，缩着颈脖子，用小手捂着嘴，几乎要大笑出来，母亲拿起鸡毛帚子将我赶走的很远，强忍着笑，骂道："你这班小鬼!"但她还是恭恭敬敬用酒肉款待这位阴差爹爹，并且送钱托他买钱纸银锭，这便是我母亲优容奸恶之又一事实。

有人称赞疾恶如仇，有人批评我性情暴躁，其实我性情暴躁则有之，疾恶如仇则不尽然。在这方面，我和我的母亲同样缺乏严肃坚决的态度，有时简直是优容奸恶，因此误过多少大事，上过多少恶当，至今虽然深知之，还未必痛改之，其主要原因固然由于政治上之不严肃，不坚决，而母亲的性格之遗传，也有影响罢。

幸而我母亲崇重科举的思想，我始终没有受到影响。这件事我们当然不应该苛责前一辈的人，尤其是不曾受过新旧任何教育的妇人。

因为在那一时代的社会，科举不仅仅是一虚荣，实已支配了全社会一般人的实际生活，有了功名才能做大官(那时捐班出身的官，人们还不大瞧得起，而且官也做不大，大官必须正途出身，洋博士那时还未发明)，做大官才能发大财，发了财才能买田置地，做地主(那时存银行和做交易所生意，也还未发明)，盖大屋(并非洋房)，欺压乡农，荣宗耀祖。那时人家生了儿子，恭维他将来做刚白度(即买办)的，还只有上海十里洋场这一块小地方，其余普遍的吉利话，一概是进学，中举，会进士，点状元。婆婆看待媳妇之厚薄，全以儿子有无功名和功名大小为标准，丈夫有功名的，公婆便捧在头上，没有功名的连用人的气都得受。贫苦农民的儿子，举人、进士、状元不用说，连秀才的好梦都不敢做，用尽九牛二虎之力，供给儿子读几年书，好歹能写出百而八十字，已经算是才子，如果能够跟着先生进城过一次考，胡乱写几百字交了卷，哪怕第一场就榜上无名，回家去也算得出人头地。穷凶极恶的地主们，对这一家佃户，便另眼看待，所以当时乡间有这样两句流行的谚语："去到考场放个屁，也替祖宗争口气。"农民的儿子如果考取了秀才，便是一步登天，也就是立了将来做土豪劣绅的基础，一生吃着不尽。所以无论城乡，屡考不中的人们，往往埋怨祖坟的风水不好，掘出尸骨来改葬，这便是那班圣人之徒扬名显亲的孝道。在这样的社会空气中，在人们尤其是妇女的头脑里面，科举当然是一件神圣事业了。

我的母亲虽然没有受过任何教育，当时传统的"忠孝节义"之通俗教育标语，她是知道的，我很感谢她从来不曾拿这些标语教育我们，她对于我们之教育，是考科举，起码也要中个举人，替父亲争气。当大哥考取了秀才时，母亲很高兴，而我却一则以喜，一则以惧，喜的是母亲高兴，惧的是学八股文章和应考的灾难，要临到我身上来了！

自从祖父死后，经过好几个塾师，我都大不满意，到了十二三岁时，由大哥教我读书，大哥知道我不喜欢八股文章，除温习经书外，新教我读《昭明文选》。初读时，我也有点头痛，后来渐渐读出味道来了，从此更加看不起八股文，这件事使我阿弥陀佛的大哥夹在中间很为难，一面受了母亲的严命，教我习八股，预备应考，一面他知道我不喜欢这一套。一直到光绪二十二年（一八九六），我已经十七岁了，在县考前一两个月，大哥实在再挨不过去了，才硬着头皮对我说："考期已近了，你也得看看八股文章罢！"我当时一声不响。他知道我的脾气，不做声并非反对，而是承认。他高高兴兴的拿出合于小考格式的路德的文章为我讲解，我表面上是在听他的讲解，心里还是想着我的《昭明文选》，不久大哥也看出路德的文章太不合我的口味，于是再拿出金黄和袁枚的制艺给我看，我对于这几个人的文章虽然有点兴趣，而终于格格不入，他对于这位难说话的弟弟，实在无法可想，只好听其自然了。大哥虽然十分忠厚老实，我猜想他此时急则智生，必然向母亲做了一个虚伪的报告，说我如何用心学八股文，那是在这期间母亲喜悦的面容中可以看出的。像我那样的八股文程度，县考、府考自然名次都考得很低，到了院试，宗师（安徽语称学院为宗师）出的题目是什么"鱼鳖不可胜食也材木"的截搭题，我对于这样不通的题目，也就用不通的文章来对付，把"文选"上所有鸟兽草木的难字和《康熙字典》上荒谬的古文，不管三七二十一，牛头不对马嘴上文不接下文的填满了一篇皇皇大文，正在收拾考具要交卷，那位山东大个儿的李宗师亲自走过来收取我的卷子（那时我和别的几个人，因为是幼童和县、府试录取第一名，或是经古考取了提堂，在宗师案前面试，所以他很便当的亲自收取卷子，我并不是考幼童，县、府试也非第一名，一入场看见卷面上印了提堂字样，知道经古已经考取了，不用说这也是昭明太子帮的忙），他翻开我的卷子大约看了两三行，便说："站住，别慌走！"我听了着实一吓，不知闯下了什么大祸。他略略看完了通篇，睁开大眼睛对我从头到脚看了一遍，问我十几岁，为啥不考幼童？我说童生今年十七岁了。他点点头说道："年纪还轻，回家好好用功，好好用功。"我回家把文章稿子交给大哥看，大哥看完文稿，皱着眉头足足有个把钟头一声不响，在我，应考本来是敷衍母亲，算不得什么正经事，这时看见大哥那种失望的情形，却有点令我难受。谁也想不到我那篇不通的文章，竟蒙住了不通的大宗师，把我取了第一名，这件事使我更加一层鄙薄科举。捷报传来，母亲乐得几乎掉下眼泪。"眼皮子浅"这句批评，怀宁人自己也承认，人家倒了霉，亲友邻舍们，照例总是编排得比实际倒霉要超过几十倍；人家有点兴旺，他们也要附会得比实际超过几十倍。我们这一门姓陈的，在怀宁本是一个小户人家，绅士们向来是瞧不起的，全族中到我的父亲时才有一个秀才，叔父还中了举，现在看见我们弟兄又都是青年秀才，不但另眼相看，而且造出许多神话，说我们家的祖坟是如何如何好风水，说城外迎江寺的定塔是陈家祖坟前一管笔，说我出世的前夜，我母亲做过什么什么梦，诸如此类，不一而足，他们真想不到我后来接二连三做了使他们吓破了胆的康党、乱党、共产党，而不是他们所想像的举人、进士、状元郎。最有趣的是几家富户，竟看中了我这没有父亲的穷孩子，争先恐后地托人向母亲问我可曾定亲。这就是我母亲大乐而特乐的社会原因。母亲快乐，我自然很高兴；所害怕的，来年江南乡试的灾难，又要临到我身上来了！

第二章　江 南 乡 试

江南乡试是当时社会上一件大事，虽然经过了甲午战败，大家仍旧在梦中。我那时所想像的灾难，还远不及后来在考场中所经验的那样厉害；并且我觉得这场灾难是免了的，不如积极的用点功，考个举人以了母亲的心愿，以后好让我专心做点正经学问。所以在那一年中，虽然多病，也还着实准备了考试的工夫，好在经义和策问，我是觉得有点兴趣的，就是八股文也勉强研究了一番。至于写字，我喜欢临碑帖，大哥总劝我学馆阁体，我心里实在好笑，我已打定主意，只想考个举人了事，决不愿意再上进，习那讨厌的馆阁字做什么！我们弟兄感情极好，虽然意见是没有一件事不冲突，没有一件事依他的话做，而始终总保持着温和态度，不肯在口头上反驳他，免得伤了手足的感情。

大概是光绪二十三年七月罢，我不得不初次离开母亲，初次出门到南京乡试了。同行的人们是大哥，大哥的先生，大哥的同学和先生的几位弟兄，大家都决计坐轮船去，因为轮船比民船快得多。那时到南京乡试的人，很多愿意坐民船，这并非保存国粹，而是因为坐民船可以发一笔财，船头上扯起一条写着“奉旨江南乡试”几个大字的黄布旗，一路上的关卡，虽然明明知道船上装满着私货，也不敢前来查问，比现在日本人走私或者还威风凛凛。我们一批人，居然不想发这笔横财，可算得是正人君子了！

我们这一批正人君子，除我以外，都到过南京乡试的，只有我初次出门，一到南京，看见仪凤门①那样高大的城门，真是乡下佬上街，大开眼界，往日以为可以

---

① 仪凤门位于南京城北，今称兴中门。在卢龙山（即狮子山）南与绣球山之间，建于洪武初年。据称太平军攻打南京城就是从此门附近挖地道埋炸药的。1931 年国民政府改为此名，由谭延闿题写城门名至今仍在。参见南京市地图。

骄傲的省城——周围九里十三步的安庆城，此时在我的脑中陡然变成一个山城小市了。我坐在驴子背上，一路幻想着，南京城内的房屋街市不知如何繁华美丽，又幻想着上海的城门更不知如何的高大，因为曾听人说上海比南京还要热闹多少倍。进城一看，使我失望了，城北几条大街道之平阔，诚然比起安庆来在天上，然而房屋却和安庆一样的矮小破烂，城北一带的荒凉，也和安庆是弟兄，南京所有的特色，只是一个"大"。可是房屋虽然破烂，好像人血堆起来的洋房还没有；城厢内外唯一的交通工具，只有小驴子，跑起路来，驴子头间一串铃铛的丁令当郎声，和四个小蹄子的得得声相应和着，坐在驴背上的人，似乎都有点诗意，那时南京用人拖的东洋车，马车还没有，现在广州人所讥讽的"市虎"，南京人所诅咒的"棺材"和公共汽车，更不用说；城南的街道和安庆一样窄小，在万人哭声中开辟的马路也还没有；因为甲午战后付了巨额的赔款，物价已日见高涨，乡试时南京市的人口，临时又增加了一万多，米卖到七八十钱一升，猪肉卖到一百钱一斤，人们已经叫苦，现在回想起来，那时南京市人的面容，还算是自由的，快活的，至少，人见着人，还不会相互疑心对方是扒手，或是暗探；这难道是物质文明和革命的罪恶吗？不是，绝对不是，这是别有原因的。

我们这一批正人君子，到南京的头一夜，是睡在一家熟人屋里的楼板上，第二天一早起来，留下三个人看守行李，其余都出去分途找寓处。留下的三个人，第一个是大哥的先生，他是我们这一批正人君子的最高领袖，当然不便御驾亲征，失了尊严；第二个是我大哥，因为他不善言辞；我这小小人自然更不胜任；就是留下看守行李的第三个。午后寓处找着了，立刻搬过去，一进屋，找房子的几个正人君子，全大睁着眼睛，你看看我，我看看你，异口同声地说："这屋子又贵又坏，真上当！"我听了真莫名其妙，他们刚才亲自看好的房子，怎么忽然觉得上了当呢？过了三四天，在他们和同寓中别的考生谈话中间，才发现了上当的缘故。原来在我们之先搬来的几位正人君子，来找房子的时候，大家也明明看见房东家里有一位花枝招展的大姐儿，坐在窗口做针线，等到一搬进来，那位仙女便化做一阵清风不知何处去了。后来听说这种美人计，乃是南京房东招揽考先生的惯技，上当的并不止我们这几位正人君子，那些临时请来的仙女，有的是亲眷，有的是土娼。考先生上当的固然很多，房东上当也不是没有。如果他们家中真有年轻的妇女，如果他们不小心把咸鱼、腊肉挂在厨房里或屋檐下，此时也会不翼而飞；好在考先生都有"读书人"这张体面的护符，奸淫窃盗的罪名，房东那敢加在他们身上！他们到商店里买东西，有机会也顺带一点藏在袖子里，店家就是看见了也不敢声张，因为他们开口便说："我们是奉着皇帝圣旨来乡试的，你们侮辱我们做贼,便是侮辱了皇帝!”天高皇帝远,他们这几句大话,未必真能吓倒商人,商人所最怕的还是他们人多,一句话得罪了他们,他们便要动野蛮,他们一和人打架,路过的考先生,无论认识不认识,都会上前动手帮助,商人知道他们上前帮着打架还不是真正目的,在人多手多的混乱中,商人的损失可就更大了,就是闹到官,对于人多势大的考先生,官也没有办法。南京每逢乡试,临时增加一万多人,平均一人用五十元,市面上有五十万元的进账,临时商店遍城南到处都有,特别是状元境①一带,商人们只要能够赚钱,受点气也就算不了什么。这班文武双全的考先生,惟有到钓鱼巷②嫖妓时,却不动野蛮,只口口声声自称寒士,商请妓家减价而已,他们此时或者以为必须这样,才不失读书人的斯文气派!

我们寓处的房子,诚然又坏又贵,我跟着他们上当,这还是小事,使我最难受的要算是解大手的问题,现在回想起来还有点头痛。屋里没有茅厕,男人们又没有用惯马桶,大门外路旁空地,便是解大小手的处所,我记得那时南京稍微偏僻一点的地主,差不多每个人家大门外两旁空地上,都有一堆一堆的小小金字塔,不仅我们的寓处是如此。不但我大哥,就是我们那位老夫子,本来是个道学先生,开口孔、孟,闭口程、朱,这位博学的老夫子,不但读过几本宋儒的语录,并且还知道什么“男女有别”、“男女授受不亲”的礼教,他也是天天那样在路旁空地上解大手,有的妇女在路上走过,只好当做没看见。同寓的有几个荒唐鬼,在高声朗诵那礼义、廉耻、正心、修身的八股文章之余暇,时到门前探望,远远发见有年轻的妇女姗姗而来,他便扯下裤子登下去解大手,好像急于献宝似的,虽然他并无大手可解。我总是挨到天黑才敢出去解大手,因此有时踏了一脚屎回来,已经气闷,还要受别人的笑骂,骂我假正经,为什么白天不去解手,如今踏了一屎回来,弄得一屋子的臭气!“假正经”这句话,骂得我也许对,也许不对,我那时不但已解人事,而且自己戕贼得很厉害,如果有机会和女人睡觉,大约不会推辞,可是像那样冒冒失失的对一个陌生的女子当街献宝,我总认为是太无聊了。

到了八月初七日,我们要进场考试了,我背了考篮、书籍、文具、食粮、烧饭的

---

① 状元境,路名。位于南京秦淮区夫子庙秦桧府所在地,因秦桧父子均考取状元而得名。原称秦状元境,因秦桧害死忠精报国的岳飞,故秦字被老百姓去掉而称之。现南京秦淮区夫子庙状元楼酒店,即状元境9号。

② 钓鱼巷,南京青楼史(即金陵十三钗)发祥地。清乾嘉后妓女由分散变为群居于妓院,即在秦淮区夫子庙地段。此巷民国建立初非常繁荣。现仍名钓鱼巷。

锅炉和油布，已竭尽了生平的气力，若不是大哥代我领试卷，我便会在人丛中挤死。一进考棚，三魂吓掉了二魂半，每条十多丈长的号筒，都有几十或上百个号舍，号舍的大小仿佛现时警察的岗棚，然而要低得多，长个子站在里面是要低头弯腰的，这就是那时科举出身的大老以尝过“矮屋”滋味自豪的“矮屋”。矮屋的三面七齐八不齐的砖墙，当然里外都不曾用石灰泥过，里面蜘蛛网和灰尘是满满的，好容易打扫干净，坐进去拿一块板安放在面前，就算是写字台，睡起觉来，不用说就得坐在那里睡。一条号筒内，总有一两间空号，便是这一号筒的公共厕所，考场的特别名词叫做“屎号”；考过头场，如果没有冤鬼缠身，不曾在考卷上写出自己缺德的事，或用墨盒泼污了试卷被贴出来，二场进去，如果不幸座位编在“屎号”，三天饱尝异味，还要被人家议论是干了亏心事的果报。那一年南京的天气，到了八月中旬还是奇热，大家都把带来的油布挂起遮住太阳光，号门都紧对着高墙，中间是只能容一个半人来往的一条长巷，上面露着一线天，大家挂上油布之后，连这一线天也一线不露了，空气简直不通，每人都在对面墙上挂起烧饭的锅炉，大家烧起来饭，再加上赤日当空，那条长巷便成了火巷，煮饭做菜，我一窍不通，三场九天，总是吃那半生不熟或煨成的挂面。有一件事给我的印象最深。考头场时，看见一位徐州的大胖子，一条大辫子盘在头顶上，全身一丝不挂，脚步踏一双破鞋，手里捧着试卷，在如火的长巷中走来走去，走着走着，上下大小脑袋左右摇晃着，拖长着怪声念他那得意的文章，念到最得意处，用力把大腿一拍，翘起大拇指叫道：“好！今科必中！”

这位“今科必中”的先生，使我看呆了一两个钟头。在这一两个钟头当中，我并非尽看他，乃是由他联想到所有考生的怪现状；由那此怪现状联想到这班动物得了志，国家和人民要如何遭殃；因此又联想到所谓抡才大典，简直是隔几年把这班猴子、狗熊搬出来开一次动物展览会，因此又联想到国家一切制度，恐怕都有如此这般的毛病；因此最后感觉到梁启超那班人们在《时务报》上说的话是有些道理呀！这便是我由选学妖孽转变到康、梁派之最大动机。一两个钟头的冥想，决定了我个人往后十几年的行动。我此次乡试，本来很勉强，不料其结果却对于我意外有益！

署名：陈独秀

原载 1937 年 11 月 11 日、11 月 21 日、12 月 1 日
《宇宙风》散文十日刊第五十一、五十二、五十三期
本文据任建树主编：《陈独秀著作选编》第五卷，第 201—211 页校对。

30. 武装保卫上海！发动全面抗战！ 1937年8月15日

武装保卫上海！发动全面抗战！①

工人们、兵士们及一切劳苦民众们：

日本帝国主义强盗又来蹂躏上海了，这次战争比"一·二八"，无比地严重，日本帝国主义强盗的铁蹄已经踏遍了我国华北，它企图一举而攻下上海以威胁国民党并保障它在华北的胜利。如果我们让这次战争失败，则今后整个中华民族必将长期处在日本帝国主义的统治下难以翻身。因此这次上海战争的胜败不仅关系上海一隅，而是关系全局，关系中国整个民族的存亡！

保卫上海，使这次战争达到胜利，把日本帝国主义强盗驱逐出境；这是我们必须担负起和必须完成的任务。要实现和完成这个任务，必须全体工人及一切劳苦群众武装起来和前线兵士站在一道积极参加这次战争！我们必须立刻组织各种义勇军、宣传队、救护队，到前方参战，在后方镇压汉奸，救护伤兵与难民，并向国民党要求武装，充实民众的抗战力量。为要保证这次战争达到胜利，我们又必须自动在各个地方消灭日本帝国主义的一切势力，没收其一切财产，必须变国民党局部应战为全面的抗战！同时我们必须注意到在目前局势中潜伏着的危机：日本帝国主义已经极野蛮在中国各地进攻了，而国民党不立即对日本帝国主义断绝一切关系，不立即宣战，甚至还企图一面抵抗，一面谈判，这显然是准备着中途妥协和投降！在成千成万的青年，都立待以满腔热血贡献民族时，而国民党则把持包办已成的民众团体，不许民众自动成立抗日团体，以极卑鄙方法消散民众的抗日情绪，总之它极害怕民众真正起来参加抗日战争。这显然表示在目前上海抗战中，国民党毫未放弃其对日妥协的一贯政策。

工人们及一切劳苦群众们！只有发挥我们伟大的力量，才能把日本帝国主义的势力彻底驱逐，才能使国民党的"应战"欲罢不能！只有坚决反对战争限于局部的应战，反对任何妥协的谈判，才能保护战争的最终胜利！

起来，用我们的力量保卫上海！用我们的力量促成全面的战争！用我们的力量扫荡日本帝国主义强盗！我们参加这次战争！并以我们的全部力量争取战争的最后胜利！我们反对任何使这次战争中途而止的企图！

---

① 这是1937年8月13日日本军国主义侵占上海战事发生的第三天，陈独秀代表中国共产主义同盟——布尔什维克列宁派所写的传单。见唐宝林《中国托派史》，台湾东大图书公司1994年版，第370页原件照片。

工人们，一切劳苦民众们，我们要一致起来作不妥协的抗战，使战争进行到底，我们要为中国民族的解放而作殊死战！我们应当：

一，武装保卫上海，积极参加这次战争把日本帝国主义强盗驱逐出上海及全中国！

二，要求国民党立即对日本帝国主义绝交，立即宣战，立即发动全国普遍的战争！

三，没收日本帝国主义在华一切银行工厂及一切财产，自动废除不平等条约！

四，反对任何妥协的谈判！不达到彻底扫荡日本帝国主义在华一切势力及收回失地，决不停战！

五，群众起来组织各种抗战团，要求国民党政府发给武装，进行群众自动抗战！

六，要求释放一切政治犯，反对箝制民众运动，力争集会结社言论出版之自由！

七，征收资本家特别捐作为抗战经费；强迫征收一切大建筑物，收容和救济事业工人与难民！

八，反对国民党御用的国民大会，召集普选全权的国民会议，领导抗战解决国事！

中国共产主义同盟——布尔什维克列宁派

一九三七年八月十五日

31. 和斠玄兄赠诗原韵[①] 1937年9月

暮气薄大地，憔悴苦斯民。
豺狼骋郊邑，兼之惩尘频。
悠悠道途上，白发污红尘。

---

① 陈中凡，即斠玄，在《陈独秀先生印象记》中记载：陈独秀“在故宅住了半个月，各方面来慰问的人很多，也有送赆仪的，他一概不受。惟有北大同学和旧友的略受少许；还有许多人和他交换政治意见，借此探他的意向，尤其是周佛海、陶希圣等，常请他吃饭，参加他们所谓‘低调座谈会’，先生始终毫无表示，他们无可为何。”……表现了卓尔不群的凛然正气。这使陈中凡十分感佩，特地赋诗一首赞美他说：

荒荒人海里，聒目几天民？
侠骨霜云健，豪情风雨频；
人方厌狂士，世岂识清尘？
且任鸾凤逝，高翔不可训！”

陈独秀也即步原韵和诗一首即此——编者引自吴新雷《陈独秀与陈中凡》

沧溟何辽阔，龙性岂能训！

转引自任建树等编《陈独秀著作选编》第五卷 193 页

32. 悼老友李光炯①先生

六年前老友李光炯先生视余于金陵狱中，别时余有奇感，以为永诀。其时余生死未卜，先生亦体弱多病也。抗日军兴，余出狱避寇入蜀卜居江津，嗣闻光炯先生亦至成都，久病颇动归思。闻耗后数日梦中见先生推户而入。余惊曰："闻君病已笃，何遽至此?"彼但紧握余手笑而不言。觉而作此诗录寄余光烺②君以纪哀思。光烺笃行好学，足继先生之志。先生无子而有婿矣。

民卅〔1941 年〕夏日

自古谁无死，于君独怆神。
撄心为教育，抑气历风尘。
苦忆狱中别，惊疑梦里情。
艰难已万岭，凄绝未归魂。

原载《陈独秀诗存》，安徽教育出版社 2003 年

转引自任建树主编：《陈独秀著作选编》第五卷，第 371 页

① 李光炯(1870—1941)，名德膏，桐城黄羹乡李兰庄(今属枞阳县)人。1897 年，与陈独秀一道参加江南乡试并成为挚友。曾创办安徽公学、芜湖职业学校、宏实小学，从事教育与社会改革。陈独秀被捕，曾前往南京狱中探望，并嘱其女李相珏及婿余光烺(金陵大学理学院教授)时做小菜送到狱中。1941 年 4 月 8 日，在成都病逝。

② 余光烺：李光炯女婿，金陵大学数学系教授。

(二) 文字音韵学著述

1.

實庵字説

陳獨秀

(一)

邠 豳 汃

自來釋邠豳字者，皆忽於汃，其義遂不可解。《説文》云：汃，西極之水也，從水，八聲，《爾雅》曰：西至於汃國，謂之四極。按今本《爾雅·釋地》作西至於邠國，《釋文》云：邠本或作豳，《説文》作汃。是東漢時許慎所見《爾雅》作汃，隋唐間陸德明所見《爾雅》作邠或豳也，汃、邠、豳蓋一字，段玉裁謂：汃之作豳，聲之誤也，作邠則更俗矣。按汃字《玉篇》雖音彼銀切，《廣韵》則真黠二韵並收，真韵之汃音府巾切，黠韵之汃音普八切，汃從八得聲，即從八得義，普八切當爲本音，今語懷寧、桐城謂相差極遠曰“差到八國裏去了”，猶存《爾雅》西極汃國之義。分爲八之孳乳字，故從分得聲之頒、鴔、肦，《廣韵》皆在删韵(an)，讀同班，攽、頒古今字，《説文》云：攽讀與彪同，《廣韵》攽在真韵，彪字真山二韵並收，《説文》大徐注，攽、彪均音布還切，在删韵。文吻韵之扮，今音讀 Pan，魂韵之盆，今吴音讀 b'an，邠汃只陽入之别，段氏不識古音，乃以邠爲俗字。西極汃國或即今之帕米爾高原，亞洲諸大水皆自此向各方分流，故名之曰汃，公劉館邠，乃志遠祖西來之義，字或作豳，其音猶承汃邠，其形義則謂其地山林初啓，野猪衆多也。豳之從豩，猶燹之從豩，家之從豕，燹謂縱火焚林與豕鬭，家謂人佔豕穴也(説文燹訓火，廣韵引字統云：野火也。徐鉉説文注云：豩又呼關切，按呼關切在删韵，當爲燹之初音，正像縱野火以逐豕之呼喊聲，故後世用爲兵燹字。喊字廣韵在閉口音談咸韵，字或作㘎，説文無喊㘎，作呼喊聲時，理不關閉口，呼喊字古當作燹，咸及咸之孳乳之緘喊，均當有噤閉之義，不應用爲呼燹字，呼燹爲雙聲叠韵之聯詞，讀陰韵爲呼，讀陽韵則爲燹，以喊爲呼喊字，乃失去閉口音，由咸韵(am)讀入删韵(an)時之事，廣韵仍收咸韵者，存古也)。

豆 壴 豈

《大雅·生民》：于豆于登。傳云：木曰豆，瓦曰登；箋云：祀天用瓦豆，陶器質也；《爾雅·釋器》亦云：木豆謂之豆，瓦豆謂之登。登，《説文》，作𤼷①甲文作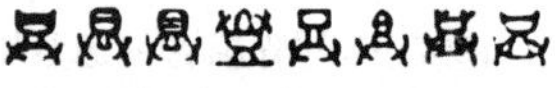諸形，皆象兩手捧豆形，非從肉。虘鼓皆樂器，彭爲鼓聲，

【校注】

① 當爲“《説文》又作𤼷”或“《説文》籀文作𤼷”。

豈爲還師振旅之樂，喜樂皆由奏樂而引伸，其字皆不當從食器之豆。説文：，陳樂立而上見也。段玉裁云：謂凡樂器有虡者，豎之其顛上出可望見，如《詩》、《禮》所謂崇牙、金部所謂鎛鱗也。此説皆是，惟《説文》謂從屮、豆則非。(隸作壴)、(隸作豈)一字，鼓之初文也，〇象鼓形，上下爲虡(考工記及詩靈台傳，皆作虡)，爲鼓架及飾。虘亦鼓，樂器也(陶器當後起之義)，上以虍易中者，《説文》所謂“虡，鐘鼓之柎，飾爲猛獸”是也，加戈爲戲，謂擊鼓執戈以舞，即樂舞，故後世用爲嬉戲、遊戲、戲劇字，戲劇字從虍者，兼有畫虎之假面舞蹈義。鼓象手執木擊鼓；彭之從彡，猶彤之從彡，皆左旁象鼓(尚書肜日字，説文不見，段玉裁謂即彤字，是也，舟、凡、盤初形均爲，在彤則象鼓，故後訛爲彤或彭)，右旁象鼓聲彭彭彭與鼕鼕鼕也。還師振旅，必奏金鼓，故豈孳乳爲愷(周禮大司樂：王師大獻則令奏愷樂)，後又作凱；壴加口爲喜，或加欠爲歖，與愷皆示奏愷樂時欣悦之義，喜在止韵，愷凱在海韵，古韵同，喜爲曉母，古聲亦與愷同。侸、豎、頭、短、逗之從豆，皆取豆有止立義，樹木①字亦應從豆作樹，不應從壴作樹，甲文作，石鼓文作，皆從木、從豆、從又，謂以手植木，與鼓義無涉，《説文》木部樹字籀文亦作，從寸猶從也。自訛爲，遂於左旁加木作樹。

單 彈

彈字甲文作諸形，乃象弓彈之形。《説文》云：彈，行丸也，從弓，單聲，或從弓持丸作。其説與甲文合，惟字形有誤，右旁蓋爲，爲弓(甲文金文弓字均有此形)，中畫爲彈丸，《汗簡》以爲彈字，謂出《説文》，是郭忠恕所見《説文》彈之或體作，《佩觿》及《集韵》亦均有弓字，正象弓持丸，不應又加弓作，古本《説文》彈之或體，誠如段玉裁所云作非作也，爲彈丸字，爲(仄)之反文，正反一字一音，許氏以形近誤以爲丸耳。彈象彈出之聲，丸象圓轉之形，均謂“・”也；施之於弓者字爲，其數一，此單一字之來源；施之於繩索者字爲(甲文金文同)，或(見金文)，其數二，中爲繩團，下爲柄，此蟬聯字之來源也。《詩》：其軍三單，傳云：三單，相襲也；三謂衆多，襲同沓，三單，謂繩彈之器雜沓相聯也。或謂單與干盾爲一字，按《周禮・夏官・司兵》鄭注、《詩・公劉》鄭箋、《方言》及《孟子》趙注，雖干盾互訓，蓋混言之也，析言之則干盾同爲扞衛之器，而有小大之别，小者曰干，中干曰伐(見詩秦風小戎毛傳，即説文之瞂)，大者曰盾，其形制亦各殊，干之用在歧首以禦戈戟，盾之用在其器闊大得如《説文》所云“扞身蔽目”、《釋名》所云“跪其後以隱遁也”，此

【校注】

① 根據文義，此處當作“樹木”。

皆非干之所能；《禮記·儒行》鄭注云：干櫓，小楯大楯也，《說文》亦云：櫓，大盾也。櫓或作鹵，《史記·始皇本紀》：流血漂鹵，徐廣曰：鹵，楯也，《左氏·襄十年》傳：狄虒彌建大車之輪，而蒙之以甲以爲櫓。杜注云：櫓，大楯。審是則盾形如大車之輪，顯非干比矣。單之爲物，益與干盾殊異，關於狩獵征戰之字，或從干，或從單，皆隨取一器之名以見義，未可據此以爲干單同字。釋鳥獸及古器之字，重在特徵，“口口”爲單之特徵，釋單爲干盾者，未見其釋單之從○○或··或口口之義，何邪？但據甲形，器之類此者多矣。論古器者重在分別形制與用途，未可僅據字形字音之偶合以爲斷，況單與干盾之形、音均不合也。若合諸器形制與用途之各別，而溯其初源，則1—10已足，以此釋器說字，豈有當耶。

示

示字《說文》篆文作示，古文作𥘠，甲文示字及從示之偏旁有丅、工、亍、示、𥘅、示諸形，金文從示之偏旁亦𥘅亍示諸形。最初形當爲丅，蓋起源於結繩之世，懸圖騰以祀祖先，與美洲土人供奉圖騰杆（Totempole）之意略同。後於下加一作工，已爲置於地上而非懸之以繩矣。或於上加一，以與下之古文別，後作亍、亍、𥘅、示者，即後世祔字之義，《說文》祔下所謂“後死者合食於先祖”是也。世界各族初民宗教思想之發展，皆由人鬼以推演至天神地祇物魅，蓋其初惟能想像最切身之死去人鬼即祖先之存在於別一世界，供奉圖騰，以爲祖先之神靈所寄，向之禳禍而祈福，故祖、祔、祠、祀、祭均從示。殷之卜辭，祀但作示，示即圖騰，亦即後世木主之濫觴（《史記·殷本紀》，殷之先祖主壬，主癸，甲文作亍工，[illegible]，是主與示不分也；祖妣字，甲文金文均作且匕，牝牡字，甲文作[illegible][illegible]，或合作[illegible]，是匕丄乃象徵兩性，丄且同意，木主正肖此形，取用男性者，造字時已在父系社會故也）。《說文》：祏，宗廟主也[①]，《周禮》有郊宗石室。莊十四年《左傳》命我先人典司宗祏，杜注曰：宗祏，宗廟中藏主石室。《釋文》曰：祏[②]，藏主石函也，《疏》曰：慮有非常火灾，於廟之北壁内爲石室，以藏木主。按甲文有[illegible]、[illegible]字，從石從示，正象藏主於石，當即祏字，此示爲後世木主之確證，然則此事非始於周矣。神、祇、禪、社、禂、禡諸字之從示，乃祀祖義之引伸。《說文》謂示爲天垂象見吉凶，所以示人也，從二（二古文上字）。三垂，日月星也，觀乎天文以察時變，示神事也。此明爲晚周占驗家言（《漢書·藝文志》曰：天文者，序二十八宿，步五星日月，以祀吉凶之象，聖王所以參政也。《易》曰，觀乎天文以察時變。許氏正用此說），非殷代制字之意。祝字甲文有作[illegible]

【校注】

① “主”，原文作“之”，誤，據《說文》改正。

② 原文作“柘”，乃“祏”之誤。

者,與大祝禽鼎作□同象祝者跽於神象前,非跽於日月星之前[也]明矣①。何以知其起於結繩之世?以繩懸圖騰也,以示字而知之;示非從二示,乃象懸繩。古者結繩以計數,猶之筭從竹,謂刻竹持籌以計數也。

巫

《説文》以"以舞降神"釋巫字,不誤,惟謂"女能事無形,象人兩袖②舞形,與工同意"則均非也。工非工,乃示字,巫字象二人於神前對舞也,屈原《九歌》:翾飛兮翠曾,展詩兮會舞,正爲巫對舞以降神之寫照,今廣東北江瑶民③祀神猶如此。或據甲文巫字作□、□,謂象巫在神幄中兩手奉玉以事神。余則以爲兩手猶兩人,甲文玉字多作豐或□,少作王,作工者更罕見(豐字作□、□、□、□、□、□、□諸形,除□□外,皆難確定其從玉),而示字則有作王者(見殷虚書契後編上卷第十頁),不必爲玉;王果是玉非示,在∩中兩手奉玉,何以知其事神邪?巫似受聲於舞,且《九歌》會舞以降神,較《説文》靈篆下巫以玉事神之説合於民俗,《説文》謂靈或從巫作靈,按《九歌》巫皆作靈,王注云:靈,巫也,楚人名巫爲靈子。靈字當以從巫爲正,從玉無巫義。

無 武 伐

無爲旄舞字,武爲兵舞字,音同而義有微別者也。《説文》□(隸省亾作無)篆下曰:亾也,從亾無聲;□(無)篆下曰:豐也,從林、□,或説規模字,從大、卌,數之積也,林者,木之多也,□(各本皆作册,段玉裁改作□,是也)與□(庶)同意,《商書》曰:庶草繁□(今本洪範文作蕃廡)。按無之訓豐與庶之訓衆,皆其引伸義,□之本義,爲衆人在屋下共火,無爲舞(□)之初字,甲文無舞均作□或□,金文無字有作□,□,□、□諸形者,皆象人二手執旄以舞形,後加舛作舞,後又加人作僢,《説文》廣部□(廡)篆下云:籀文從舞作□,可證無舞一字也。無爲旄舞,無旄音亦同,孳乳爲秏,《漢書·高惠高后文功臣表》:靡有孑遺,秏矣。師古注曰:言無有獨存者至於秏盡也。今俗語猶謂無爲秏,音毛;《後漢書·馮衍傳》:饑者毛食。章懷注云:案衍集毛字作無,今俗語猶然者;《佩觿》:河朔謂無曰毛。今語,湖南言無爲毛字去聲,廣東讀巫、無、模、毛皆爲 mou,舞、武、冇(無之土字)皆讀毛之上聲,通語"没有",則無字古音之反切也。舞必合群,故引伸訓豊④;舞必合節協⑤步,故又用爲規模字,《説

【校注】

① 原文衍"也"字。
② 周案:袖,原文作"褎",當爲褎之誤,《説文》原文作"褎"。"褎"即"袖"之古字。
③ 原文作"猺民"。
④ 原文作"豐",當作"豊",即"禮"。
⑤ 原文作"習",疑誤。

文》：撫，一曰循也；摹，規也；《集韵》云：摹，有所規仿也；又云：撫與摹同。《漢書·高帝紀》：規摹弘遠矣，注引鄧展曰：若畫工規模物之摹。後世摹寫書畫，亦謂之撫，此皆無之古義也。有無之無，本字以亾(論語多用此)，古或假舞蹈字爲之，秦篆乃合二字作𣞤，隸省亾作無，正合於古而優於篆，段玉裁謂亾爲舞之假借，乃迷信許書形聲之謬説而不悟舞無亾義，反謂隸變之無有聲無義，段氏日言所謂六書，獨於無字而不達同聲假借之誼，何邪？武字，甲文篆文均從戈從止，金文亦多從戈，惟戉辰彝從戉作武，戉爲斧類，空首幣有作武者，古鉩①文有作武者，皆似從干，武爲兵舞字(兵舞或名干舞，或名武舞)，持戈、持干、持戉、持盾(中山經郭注曰：干儛，持盾，武儛也)，皆兵也。《樂記》：干戚羽旄謂之樂，鄭注曰：干，盾也；戚，斧也，武舞所執。是武舞不必皆執戈。《詩·大雅·維清》小序象舞字(傳云：象舞，象用兵時刺伐之舞)，《禮記·仲尼燕居》作象武；《春秋·莊十年》：以蔡侯獻舞歸，《穀梁》作獻武；《論語》韶舞字，《春秋繁露》作招武，《論衡》作韶武；《史記刺客傳》之秦舞陽，武梁祠刻石作武陽，此皆以武爲舞也。舞必運步合節，故武從止，引伸爲步武足迹之義。《大雅·下武》：繩其祖武，傳云：武，迹也；箋云：戒慎其祖考所踐履之迹。《生民》：履帝武敏歆。傳云：履，踐也，武，迹。《曲禮》：堂上接武堂下布武，鄭注云：武，迹也，迹相接，謂每移足半躡之，布武謂移足各自成迹，不相躡。殷卜辭有伐三十人、伐十人等，伐亦兵舞字也。《詩·秦風·小戎》：蒙伐有苑。傳曰：蒙，討羽也，伐，中干也；箋云：蒙，厖也，討，雜也，畫雜羽之文於伐，故曰厖伐；《釋文》云：蒙【伐】②本或作瞂。按伐即説文訓盾之瞂，是伐乃執戈或盾以舞也。《樂記》之駟伐，即《尚書·牧誓》及《史記·樂書》之四伐(樂記駟伐鄭注云：駟當爲四，聲之訛也。按四駟古通用，秦風之駟鐵，俴駟，箋傳云：四馬)，伐三十人，伐十人，謂三十人或十人合舞，四伐謂四人或四列人合舞，猶之八佾、六佾、四佾、二佾之爲八列六列四列二列合舞也，鄭謂一擊一刺爲一伐，未必然也。武舞伐舞皆兵舞，即駟伐，鄭注所謂戰象也，故武引伸爲文武字，伐引伸爲征伐字。

夭　夨　笑　吳

《説文》：夭，屈也，從大，象形。夨，傾頭也，從大，象形。按大即人，從大象形，即象人舞時身首左右傾屈之形，夭夨蓋一字，頭向左傾或向右傾無别，古文向左向右，初皆一字一音一義，如又與𠂇，丿與乀，永(永)與𠂢(𠂢)，片與爿，卩與卩，身與

【校注】

① 鉩，即璽，異體作“鉨”，原文誤作“鈋”。

② 原文脱“伐”字，據上下文當補。

□，止與□，爪與□，丮與□，丂與□，□（欠）與□（旡），彡（彳）與□（亍）之類皆是。甲文夨字作□或夭，均頭向右傾與夭同；夭字甲文作□石鼓文偏旁從□（走）諸字作□，皆上下其左右手，舞態也。夭夨爲人舞字（《周禮・樂師》：凡舞，有帗舞、有羽舞、有皇舞、有旄舞、有干舞、有人舞，鄭司農云：帗舞者全羽，羽舞者析羽，皇舞者以羽冒覆頭上，衣飾翡翠之羽，旄舞者氂牛尾，干舞者兵舞，人舞者手舞，……䍿讀爲皇，書亦或爲皇。鄭玄云：帗，析五采繒，皇，雜五采羽如鳳皇色，持以舞。人舞無所執，以手袖爲威儀。按後鄭於此羽舞、旄舞、干舞無説，意必同於先鄭，舞師注云：羽，析白羽爲之，形如帗也。析羽與先鄭同，形如帗，意謂持以舞，説較詳；謂帗舞爲析五采繒，是繒非羽，義長於先鄭［説文云：翇，樂舞，執全羽。亦誤用先鄭之説。帗作翇，當亦從故書］；謂皇爲雜五采羽如鳳皇色持以舞，則遜於先鄭"皇舞蒙羽舞"〔舞師注引〕之説遠矣。周禮故書作翇，今書作帗，從巾，故後鄭知其爲析五采繒；故書䍿，今書作皇，後鄭從今書，則不知其義；皇字，金文率作□□□□□□□□諸形，本象日出地上，皇舞以羽蒙頭上，正肖此形，説文從先鄭之説，謂"䍿，樂舞，以羽翿自翳其首以祀星辰也"是矣。先鄭謂"四方以皇"，後鄭謂"旱暵以皇"，皆非也，由皇字字形觀之，許氏"以祀星辰"之説爲長，雩爲旱祭［見公羊傳］，翌爲旱暵之舞，説文：雩，夏祭樂於赤帝以祈甘雨也，或從羽作翌，雩舞羽也。是翌爲羽舞字，旱暵以羽也，鄭玄月令注知雩爲"求雨之祭"，周禮注則囿於舞師之文，謂"旱暵以皇"，又謂"旱暵之事謂雩也"，真張冠李戴矣。古之祭與樂與舞，每爲一事而一名，卜辭之䍿，祭名亦舞名，説文：䍿，飛貌。正貌羽舞也）。夭加竹爲笑（説文笑字乃徐鉉所增十九字之一。徐鉉曰：案孫愐唐韵引説文云，喜也，從竹，從夭，而不述其義，今俗皆從犬；又案李陽冰刊定説文，從竹，從夭，義云，竹得風，其體夭屈如人之笑，未知其審。商務四部叢刊影印宋刊鉉本説文及小徐係傳本所引孫愐唐韵均如此，明言所引説文從夭，且以從竹爲俗，段玉裁據今本説文從夭訛爲從犬，且奪漏"今俗皆從犬"句，遂確認笑字從犬非從夭，鄭珍又從而和之，皆舉哭從犬爲例，不知哭聲似犬號，笑聲則不然也，此古書善本之所以可貴。吕忱字林、楊承慶字統，皆在唐韵元孫干禄字書、張參五經文字及宋修玉篇、廣韵之前，而字林〔玄應一切經音義引〕字統〔唐玄度九經字機引〕皆謂笑字從竹，從夭，竹爲樂器；是從犬乃自干禄字書始，唐以前皆從夭也。吕楊謂竹爲樂器，亦夭字象舞態之一證，視李陽冰之説爲長。段鄭諸人力持笑從犬，亦不解從竹之義，皆由不識夭象舞態故），夨加口爲吴，皆歌且舞也。《論語》：夭夭如也，馬融曰：夭夭，和舒之貌也；《説文》：媄，巧也，一曰女子笑貌，《詩》曰：桃之媄媄，從女，芺聲（枖下引詩曰：桃之枖枖，）今本毛詩作桃之夭夭，作媄作枖，蓋韓魯詩，夭本象舞者摇首折腰之態，舞必笑樂而氣和舒，人大笑時（微笑曰哂），恒屈首折腰，今語每云笑死，故夭引伸爲夭折字。《説文》訓女子笑貌之媄，後省作妖，用爲女子妖媚字；白居易詩：錢塘蘇小小，人道最夭斜，自注云：夭音歪，蓋謂腰肢輕捷摇曳如舞態也；此皆用夭字之本義。吴謂歌且舞，故娱樂歡娱字從之；《詩邶風》；碩人俣俣，正謂碩人歌舞之態，吴加人作俣，猶舞加人作儛，其義一也；《周頌・絲衣》，《魯頌・泮水》，兩言不吴，傳、箋皆云：吴，譁也，吴之訓譁，猶夭之訓喜，《説文》讙譁互訓，不吴，謂不歌舞讙譁也；屈原《九章》：齊吴榜以擊汰，王注云：齊舉大櫂，或曰齊悲歌，然則或養正謂吴榜爲舉櫂而歌舞。吴地之吴，或曰句吴（《史記》），或曰攻吴（夫差鑒銘文），或曰攻敔（元厰劍銘文），或曰工獻（者減鐘銘文），無定字，當爲土語譯音，《史記·吴太伯世家》：太伯之奔荆蠻，自號句吴。《索隱》引顔師古注《漢書》以吴，言句者，夷之發音，猶言於越耳，此言號句吴，當如顔解；是顔師古及司馬貞皆不採《史記》之説，而以句吴爲夷音也。古人取句吴二字以譯夷音者，句謂其地山水句曲，吴謂其俗競尚歌舞。吴加虍爲虞，謂畫虎之假面跳舞也，與劇戲諸字從虍同意（虍與甶皆畫虎畫鬼之假面，虎與鬼皆人戴假面以舞，虎豹之虎，甲文金文皆象虎之全形，不作虎；鬼之古文作䰠，取假面舞蹈之鬼，加示以爲人鬼字也；今語猶謂假面爲虎臉子[江蘇海門]、鬼臉子[通用語]）。吴虞古通用，太伯之弟仲雍，繼太伯而君吴，遂放虞仲；《孟子》：霸者之民驩虞如也，驩虞即歡娱。地名取義於歌舞者，不獨吴也，贑亦然，贑爲吴之西境，與吴同俗，《説文》：贑，繇也，舞也（段玉裁曰：繇當作䍃，䍃，徒歌也，上也字衍，䍃舞者，䍃且舞也；伐木釋文引説文云，舞曲也；二説皆可通）。樂有章，從章，從夅，從夊（按非從夅，乃從舛，與舞同意），《詩》曰：竷竷舞我（詩小雅伐木作坎坎鼓我，釋文云：説文作竷，音同，云舞曲也），可證（今本兩漢志竷均訛作贑，如諄曰：音感，可見三國時漢書作竷，不作贑，竷一訛爲贑，再訛爲贑，訓賜之贑在送韵，與感韵之竷，音義均不同，後俗竷贑均訛作贑，贑不成字，宋修廣韵尚無贑字，若取章貢二水合流之義，則直作贛字，亦甚合理，無取乎非驢非馬之贑）。①

萬

千萬字，古鉨文有作𠀃者，以經典概用萬，万字遂不爲士流所識，至今但通行於市井之間，惟《詩》鄭箋及《廣韵》尚存此字，而世稱爲小萬字，以爲俗字，其實万當爲千萬之本字，萬乃假借萬舞字爲之也。《廣韵》二十五願：万，十千，又虜三字姓，西魏有柱國万紐于謹，《周書》唐瑾樊深並賜姓万紐于氏；萬，萬舞。是万、萬乃同音異義之二字也。按万紐于、万俟，在後魏、周及北齊，俱爲虜中望族，頗有聞人，万紐于後省姓於，《魏書》于栗磾傳，于栗磾，代人，栗磾子洛拔，洛拔子烈，烈子祚，世爲魏將；《北史》于栗磾傳，于謹爲栗磾六世孫；《通志·氏族志》代北三字姓勿忸于氏下云："《官氏志》云，改爲于氏，疑與万紐于同"；後魏于烈碑云：遠祖之在幽州者，世有部落，陰山之北，有山號万紐于者，奕葉居之，遂以爲氏；《姓譜》亦謂：万俟氏，因万俟部落而爲姓；《北齊書·万俟普傳》謂：普之先爲匈奴别種。是万紐于乃代北匈奴部落聚居万紐于山麓者，以山名名其族，後以爲姓，万及萬或勿，乃以漢字譯彼族語三合音或二合音之首音（万萬古音當爲 mbuam 在凡韵，中國語以避同異化作用[dissimilation]，變爲 mnan 或 man，今廣東讀凡韵[nam]字爲删山韵〔an〕，福建語爲 uan，删山韵之合口，m 雖變 n 而 u 尚存；西藏語讀萬爲 hbum；日本讀萬爲 ban，可證也。勿古音當爲 mbuap 在乏韵，廣韵勿在物韵，讀 muet 矣，福建語讀乏爲 huak，廣東讀乏韵字爲 at，物勿均讀 mat，較廣韵爲近古。日本讀物字漢音爲

【校注】

① 贑，細審前文，當作贛。

bnt,勿字爲 but,或 mot,中國勿與弗不同義,皆勿字聲母爲 mb 之證),万本爲千万字,乃以爲万紐于之万,萬本爲萬舞字,象万紐于人舉手舞蹈之形,乃以爲千萬之萬,同音固可互假也。《周禮》以六舞教國子,而萬舞不與焉;舞師掌教兵舞、帗舞、羽舞、皇舞,樂師有帗舞、羽舞、皇舞、旄舞、干舞、人舞,亦不言萬舞;旄人,掌教舞散樂,舞夷樂,鄭注云:四夷之樂,亦皆有聲歌及舞;韎師掌教韎樂,祭祀則帥其屬而舞之,鄭注云:舞之以東夷之舞;鞮鞻氏掌四夷之樂與其聲歌,鄭注云:四夷之樂,東方曰韎,南方曰任,西方曰株離,北方曰禁(蔡邕《獨斷》云:西方曰株離,一作禁,北方曰禁,一作昧),是四夷樂舞自古即行於中國,萬舞亦其一也。《詩・魯頌・閟宮》:萬舞洋洋;《邶風》方將萬舞。傳曰:方,四方也,將,行也,是謂萬舞乃行於四方夷舞,公庭萬舞,謂夷舞且演於公庭也。碩人俁俁,有力如虎,謂舞者之高大勇壯,史於于栗磾以下諸人,咸稱其勇力過人;赫如渥赭,乃謂舞者皮色,其人皮色深赤如赭,其舞則發揚蹈厲(故厲邁均從萬);此均不類中國之人及中國之舞。邶在冀北,代及陰山,正在其西,故云:彼美人兮,西方之人兮。萬舞蓋爲代北万紐於万俟諸族之舞;番(用爲夷族之稱,乃萬之番同音,日本讀番萬二字皆爲 bau)俗類尚衆人會舞,故萬亦用爲衆意,詩書之言萬邦萬國,謂其衆也,非十千之義,以萬爲蟲者,乃蠆([illegible]即蝎)字形近之訛,或假借字,非萬舞字。

獄

《詩・召南・行露》獄、訟並言,《毛傳》云:獄,埆也;《釋文》云:埆,音角,引盧植云:相質觳争訟者也。《論語》:片言可以折獄者,其由也與。《集解》引孔安國曰:片猶偏也,聽訟必須兩辭以定是非,偏信一言以折獄者,唯子路可也。《尚書大傳》:孔子如衛,人謂曰:公甫不能聽訟,曰:非公甫之不能聽獄也,公甫之聽獄也,有罪者懼,無罪者耻,民近禮矣。君子之於人也,其語也無不聽者,皇於聽獄乎?必盡其辭矣,聽獄者,或從其情,或從其辭。《周語》:夫君臣無獄。韋注云:獄,訟也。《周禮・大司寇》:以兩劑禁民獄。鄭注云:獄,謂相各以罪名者。《大司徒》:凡萬民之不服教而有獄訟者,聽而斷之。鄭注云:争罪曰獄。凡周秦六書,皆以獄爲獄訟字,從犾者,取相争之意,從言者,謂相争以言也,獄訟同義,非縶囚之所。蔡邕《獨斷》曰:夏曰均台,殷曰牖里,周曰囹圄,漢曰獄,是囚所稱獄,自漢始,乃獄訟字之引伸義也。《史記・李斯傳》云:乃從獄中上書。又云:斯出獄,或秦已稱獄,或太史公稱用漢制,不可知也。《漢書・周勃傳》:"吾嘗將百萬軍,安知獄吏之貴也。"是漢初確已稱獄矣。

件 半 告

件半告三字皆從[illegible],非從[illegible](牛)。牛字及從牛之偏旁,甲文金文皆作[illegible],象角上出,牛之特徵也,半字起源於結繩之記數,爲件之正字,本無人旁,丫爲繩結之頭,與叀束之上作屮同意,横一爲數之標識,後加人爲伴,徐鍇所云:件,若言物一件二件也,是矣。加八爲半,一件分之則爲半也;加口爲告,以口報數也。自秦篆牛亦作半,混二字而爲一,許氏遂不識半字,《説文》人部件字,乃徐鉉所增十九字之一,謂半從八從牛,牛爲物大可以分;謂告從口從牛,牛觸人,角箸横木所以告人,皆迂曲而難通也。

有 得

有字從又持肉,得字從又持貝,肉在手爲有,貝在手爲得,月字古文作D,肉字古文作月,本不同形,近出土之秦始皇二十二年之瓦壺銘文,月字作D,有字作有,此有字從肉非從月之確證,小篆月肉二字並作月,《説文》遂誤以有字從月又聲,訓爲不宜有,義不可通;賄字從有從貝,謂賄贈以肉或貝,月豈可以爲賄贈之物?有不從月,無可疑也。得字甲文作㝵或得;金文作㝵或得;初形象手持貝;後乃加彳,謂往取也。《説文》見部㝵篆下曰:取也,從見,從寸;彳部得篆下曰:行有所得也,從彳,見寸聲,古文省彳作㝵;按彳爲後加,非古文省彳(㝵本初文,後加彳作得,而許氏以爲古文省彳;秫初文爲朮,後加禾作秫,而許氏謂或省禾作術;其顛倒錯亂類如此),見爲貝之訛,得㝵一字,既云㝵爲得之古文,而見部又有㝵字,非許書之謬誤,即後人所妄增也。

午 許 可 歌

午字甲文作[illegible]或[illegible],金文作[illegible]或[illegible]。·變爲一,則作午矣,本象杵形,後加木作杵,以别於①午未字也。[illegible](舂)從午,象二手持杵臨臼上也;牾迕從午,由杵觸地而引伸也;仵從午,象人以杵逆敵也(玉篇、廣韵仵均訓偶敵,後用爲仵作字,取以針驗傷之義,蓋午字有由杵轉以象徵針與鞭諸義)。許從午,持杵力作之聲也。《詩·小雅》:伐木許許。朱傳云:衆人共力之聲;《淮南子·道應訓》:今夫舉大木者,前者邪許,後亦應之,此舉重勸力之歌也。注云:許音虎。《吕氏春秋·淫辭篇》:今舉大木,前呼輿謣,後亦應之。《莊子·齊物論》:前者唱於,而隨者唱喁。毛公鼎:虩許上下。按許許、邪許、輿謣、於喁、虩許,皆持杵力作之聲,即今語之呵呵、哈哈、哈呵、邪呵也。《説文》許訓聽,《玉篇》訓從,《廣韵》訓可,《廣雅》訓與,《詩》毛傳及《博雅》均訓進,皆衆力相與唱和而進義之引伸。許之訓可,曰許可,曰稱許,正《吕氏春秋》前呼後應之義也。可從反丂,從口,象呵腰前進口出應聲,哥從二可,後加言作謌,加欠作歌,皆起源於衆人共力之聲,與許同意。

---

① 原文"午"前有·符,不可通,删。

甲

甲字始於黽鱉之甲殼，今猶稱鱉爲甲魚，人身自衛之甲冑，即仿於此。與介同意；爪甲指甲字，亦取義於硬殼似甲。十干之甲乙字，卜辭及金器銘文均有十與田二形，初時取用數名之十，後嫌混淆，乃加口作田以爲之别；農事興起之後，又以與田疇字相混，乃改爲甲(秦陽陵虎符甲兵之甲即如此作；魏三體石經及吴天發神讖碑甲乙字皆作甲，雖小變古文，而其中作十尚不訛)；篆文訛作𠇉，隸變爲甲，遂與黽甲字相混矣(混二字爲一字之例，如牛爲牛，尸(尸)與皮(皮本字)，莫與堇，孚與子，四與四，倒巳之已與耒目之目，根豕與豕，祖妣之匕與匕箸之匕，福禄之尗與刻木之彔〔克录一字〕原泉之原與高平之邍，皆是也)。黽甲字作十者何？乃以象黽甲之縱横文理也，黽字之形雖代有小變，而自卜辭之龜龜，金文之龜，説文古文之龜，篆文之龜，以至今字之黽，以⊗或田象黽甲之縱横文理則皆同，古或黽甲不分，以甲爲黽之特徵故，自以甲爲十干之首，一切訓首之義，皆由此引伸：孚甲，草木之初生也；令甲或甲令，法令之首章也；甲第，首第也(漢書高帝紀：賜大第室，孟康曰：有甲乙次第，故曰第也。張衡西京賦：北闕甲第，注云：第，館也，甲言第一也。)。科甲，漢時歲課有甲乙丙科也；富甲於天下，天下之首富也；此皆甲乙之甲所引伸。柙、匣從甲者，乃取象於黽藏甲中以文①管束之義。後出之押字(説文有柙無押，柙下曰：檻也，以藏虎兕；柍下曰：檢柙也；檢下曰：書署也。是柙爲藏物之器，亦爲柙署之稱，即今語所謂簽押也。徐鍇柍下注曰：謂書封函之上，恐磨滅文字，更以一版於上柙護之，今人言文書柙署是也；是押署字古亦用柙。玉篇、廣韵、韵會始有押字，玉篇云：押，署也；韵會十七洽云：押，説文署也。蓋用鍇注而又誤柙爲押耳)，有二義：用爲押班、押衙、押韵、押寨、押車、押解、押送、拘押、管押字者，皆有管束之義，黽甲字之引伸也；用爲押署字者，乃甲乙字之引伸，凡文書契約，必待最後之押署以結束之，始生效力，甲乙字初作十(隸書早字戎字均從十，篆文均從甲)。十爲數之最後結束，故後世訟獄之具切結(切從七，七字古文作十)，畫十字以代押署，皆以示事之結束及最後之拘束力也。狎從甲者，又由柙義而來，虎兕處於柙中，乃習近可玩弄也，故狎字有習、近、易、輕侮、玩弄諸義。鴨、呷之從甲，則爲象聲字，與形義無關。

介

古分一切動物爲鱗、羽、倮、毛、介爲五類(吕氏春秋：鱗、羽、倮、毛、介，皆謂之蟲，禮記月令同，周禮大司徒倮作蠃，大戴記易本命篇介作甲，説文羽作行，倮亦作蠃，餘均同吕氏春秋。易本命篇云：倮之蟲三百六十，而聖人爲之長。此乃以倮爲一切淺毛屬，今動物學之脊椎動物哺乳類中之靈長類如人及類人猿，亦包含於其中也)，鱗謂魚類，羽謂鳥類，倮謂淺毛如虎豹，毛謂長毛如犬馬，介謂

---

① 文，疑有誤，原文如此。

硬殼之物。據今動物學，硬殼之物，並非一類，乃分屬三大種别：一屬軟體動物，此中又分數類：（甲）兩貝類，如蚌（蚌即蛤之大者）、蛤、牡蠣、蠔等，其自身爲無骨之軟體，身外有介殼二片，以開合自衛，故名兩貝；（乙）卷貝類，如田螺、法螺、蝸牛等，其身外之硬殼爲螺旋形，而非二片，故名卷貝。二屬於節肢動物中之甲殼類，如蟹、蝦等。三屬於脊椎動物，此中又分多種，硬殼者有二種：一爲龜鱉等，屬於脊椎動物中之爬蟲類，此類有背腹兩甲，與他物之硬殼者特異；一爲鱗骨魚、鰭魚、鱣魚等，屬於脊椎動物中之硬鱗類（Canoidei），此類古代極盛，後漸稀少。上舉三種，爲今日之僅存者，其特徵爲皮而有五縱列之硬鱗如板狀，表面被以琺瑯質，頭向下曲，狹義之介，應專指此類。甲文介字作或，正象其縱列之板鱗、長鼻與曲首。《爾雅》郭注所謂：鱣，大魚，似鱘而短，鼻口在頷下，體有邪行甲；《詩・碩人》疏引陸璣亦云：鱣身形似龍，鋭頭，頭在頷下，背上腹下皆有甲；《字林》亦謂鱣爲長鼻魚。此皆與甲文及今動物學合。小篆作，亦即甲文之省形，非如許書所云從八從人也。《月令》鄭注曰：介，甲也，象物閉藏地中，龜鱉之屬；《吕氏春秋》高注亦云：介，甲也，象冬閉固皮漫胡也；《周禮・大司徒》：辨五地之物生，四曰墳衍，其動物，宜介物。鄭注亦云：介物龜鱉之屬，水居陸生者（按周禮所謂生於墳衍之介物，當包括三大種别之介物而言，不必如鄭氏所云專謂龜鱉也）；此皆以介爲甲，即謂廣義之介。介本謂介類之板鱗或硬殼，人身自衛之介，即仿於此，介甲互用，介冑或云甲冑，故被甲之人爲价（詩大雅板：价人維藩，鄭箋云：介，甲也，被甲之人，謂卿士掌軍事者），貴介字即由此引伸。從手訓刮之扴，謂以手持介而刮也；從石之砎，謂以介刮石也；古時字少，未有扴與砎，以介刮石亦謂之介（猶之以首爲道，以甬爲通，皆取義於其物之用），《易・豫卦》"介於石"是也（馬本作扴於石，鄭本作砎，注云：砎，謂磨砎也）。古者石器之前，並石斧而無之，刮石成斧，必賴於介；其後用介益精，不獨磨刮，且以爲鋸，近時新鄭出土之蚌鋸，邊有鋸齒，可證也。及農事之興，又用介以爲芟除田草之器，故籀文芥字從介從茻作。介爲板硬之物，故引伸爲狷介耿介字。縱列之板鱗相比次，故引伸爲疆介、介畫字，後加田作畍，或書作界。相比次者必有間，故引伸爲間介媒介介紹字（襄九年左傳：介居二大國之間；古者主有擯，客有介，禮記聘義：上公七介，侯伯五介，子男三介……介紹而傳命；孔叢子難訓：士無介不見，皆即此義）。介字古匋器有作者，故介、个二字往往互譌：襄八年《左傳》：亦不使一个行李告於寡君（杜注云：一个，獨使也；行李，行人也），此與昭二十八年《左傳》君亦不使一个辱在寡人（杜注亦云：一个，單使）同義，今本襄八年《左傳》譌爲一介行李（商務印書館四部叢刊影印宋本作一个行李，不誤）。《大學》引《秦誓》曰：若有一个臣。今《尚書・秦誓》作如有一介臣，亦一个臣譌爲一介臣。此皆个之譌爲介者也。《月令》之左个右个，則爲左介右介之譌，《吕氏春秋》高注曰：青陽者，明堂也，中方外圓，通達四出，各有左右房謂之个，猶隔也。按以隔訓个，明爲介字之譌，左介右介，猶言左界右界左邊右邊也；《考工記》：梓人爲侯，上兩个與其身三，下兩个半之，此亦介之譌。射侯之制，上廣下狹，身中爲鵠，鵠下兩邊，惟得鵠上幅兩邊之半，兩介亦即兩邊也。此則介之譌爲个者也。《孟子》：一介不以與人，一介不以取諸人；《漢書・元后傳》：不以往事爲纖介；此皆假介爲芥之引伸義草芥字。《詩・豳風》：爲此春酒，以介眉壽；僖七年《左傳》：求介於大國；文六年《左傳》：介人之寵非勇也；此皆匃之假借，金文中之用匃眉壽，即《詩》之以介眉壽。

貝

貝字甲文作或；金文作或；均象蚌殼之雙貝形，小篆作，取其半也。古者初以貝爲磨物之具，又以爲頸飾，《説文》云：賏，頸飾也；後加女作嬰，《説文》亦訓頸飾，從女賏，蓋謂婦人之飾，以《説文》嬰篆列於娄妓二篆之次，娄妓皆訓婦人小物也，段玉裁據《文選》李注引《説文》改爲繞也，按纏繞爲嬰之引伸義，李氏所見唐初本《説文》，亦未必無誤；後又加糸作纓，《説文》纓訓冠系，按冠系乃以二系係於冠卷，結於頤下以固冠，亦賏繞於頸之引伸義也。其後農事興，乃以貝爲田器，《淮南子》所謂摩蜃而耨是也；但蜃乃卷貝，非兩貝之蚌，説在蜃。後又仿頸飾之形制以爲貨幣（貝朋字甲文金文皆作拜①，象頸飾二系之形，可證也），《小雅》鄭箋及許氏《説文》均謂古者貨貝、員賑二字均從貝，《説文》：員，物數也；賑、富也；此蓋起源於漁獵之世，以貝之數計富，亦如畜牧時代以牛羊頭數計富也。《尚書・盤庚》：具乃貝玉；《詩・小雅・菁菁者莪》：錫我百朋，鄭箋云：古者貨貝，五貝爲朋（此詩與六月爲次，當亦宣王時所作）；《易・損卦》爻辭：或益之十朋之龜，崔憬注云：雙貝曰朋。西周金器銘文，每言錫貝若干朋，或錫金若〈干〉寽，用作寶尊彝。作於夷王前後之敔毁尚如此；依此可知殷用貝，周初金貝並用，景王時患錢輕，更鑄大錢（見《周語》及《漢書・食貨志》），乃在春秋末魯昭公之世矣。《説文》所謂"至秦廢貝行錢"之説，則非也。

辰 蜃 辱

《韓非子・八説篇》："古者寡事而備簡，樸陋而不盡，故有珧銚而推車者。"注云："珧蜃，以蜃爲銚也，即推輪也，上古摩蜃也。"《淮南子・氾論訓》："古者剡耜而耕，摩蜃而耨。"高注云："蜃，大蛤，摩令利，用之耨，除苗穢也。"《説文》有蜃無蜃；《玉篇》作蠯，亦作蜃；《禮記》鄭注、《國語》韋注及《説文》、《玉篇》、《廣韵》均謂蜃爲

【校注】

① 原文作"拜"，誤。

大蛤;《説文》謂蚌爲蜃屬;《爾雅》郭注云:蚌即蜃也,郭注《山海經》亦云:蜃一名蚌。按蚌蛤一物,蛤之大者曰蚌,《吴都賦》所謂蚌蛤珠胎是也。稽之古文,蜃蜄之初文爲辰,乃卷貝類之蠃(即螺),非兩貝類之蚌蛤,古説以蜃爲大蛤即蚌,則殊未審,《月令》及《吕氏春秋》謂爵入大水爲蛤,雉入大水爲蜃,雖似别爲二物,恐亦只謂大小之分,未必以蜃爲蠃類也。辰字古有二形:其一如甲文作諸形,金文作諸形,與蠃卣蠃之偏旁作、筍伯簋蠃之偏旁作極近,此即蠃,亦即卷貝類之螺,其大者曰法螺,形頗似鐮,故可以爲耕耨之器;其一如甲文作諸形,金文作者,乃象在石上摩利之蜃甲。《説文》:磬,樂石也,籀文作殸,古文作;甲文石字作,磬字作(象手執物擊石器),其中之,象磬折之石,辰字之從,正與之同,辰字篆文作,其上之,正與古文磬之左旁同象石,其下之,正與甲文之同,篆文,即甲文,金文之小變,同爲摩利之蜃甲也。辰爲田器,故農、晨、辱均從之;辱即耨之初字,後專以辱爲榮辱字(榮辱義相對,榮取義於木華,辱取義於苗穢),始加木作槈、加金作鎒、加耒作耨以爲之别(説文有槈鎒而無耨)。金文辱字從手或爪,不從寸,甲文之,從止,從辰,當即辱字,用手足用辰操作,正爲耕耨之義。蓐之從草,(籀文從作。)正象手執辰以除田草,亦耕耨之義,非如《説文》所云陳草復生也。《説文》:薅,拔去田草也,籀文省作薅,此正與辱、蓐同義,《説文》分辱、蓐、薅爲三字三義,非也。薅從女者,謂此操作由女子任之,非如《説文》所云從蓐,好省聲。

(二)

日 晉 皇

日字 Crete 文作,Ojibwa(北美印第安人之一族)文作,Moqui(北美印第安人之一族)文作,或,均象日光四射。中國原始象形字,今之遺文可考者,惟伯姬鼎日字猶作(日人高田忠周古籀篇所録中國古文日字諸形,殊難徵信),其他金器文,晉陽幣晉字作、、、諸形,似亦象日光,《易·晉卦》彖、象,傳均以"明出地上"釋晉可證。皇字,金文率作(盄和鐘)、(文王命癘鼎)、(公緘鼎)、(伯姬鼎)、(寰鼎)、(牧毁)、(痝姑敦)、(箓伯敦)、(王孫鐘)、(毛公鼎)、(三頌)、(沇兒鐘)諸形,亦象日出地上,皇舞以祀星辰,正以羽覆頭上摹肖此形。今日所見殷武丁以後之甲骨文,日字已無作日光四射形者,蓋其時去圖畫文字已遠,殷初尚有更古文字可以推知:甲文或,爲晝及暈、暉、煇、輝諸字之初形,尚有日光四射之意;秦篆晝作,《説文》訓爲日之出入與夜爲界,從畫省,從日。暈、暉、煇、輝一字,均謂日光(二徐本説文日部均有暉,訓光也,鉉本以暈爲新附,訓日月氣也,火部又有煇,亦訓光也,按孟康謂暈爲日旁氣,鄭衆謂煇爲日光炁，是暈、琿、煇一字之證。輝字最後出，説文無之)，《説文》謂：暉，從日軍聲，煇，從火軍聲；古形古義，遂至全晦。

星 晶

《説文》□篆下云：精光也，從三日；□篆下云：萬物之精，上爲列星，從晶，生聲，一曰象形，從○(徐鍇本如此作，徐鉉本作口，誤)，古○復注中，故與日同。□古文星，□或省作□，徐鍇謂：□本象星形，注其中偶與晶字同。按古匋器文星字有作□者，此當爲原始象形字，後或注中作□(晶星一字，非偶同)，或作□，乃加連綫，以定星群之名，如後世天文圖之所爲，又其後轉誤爲□，爲□，最後省作□，形義均不可解矣。參星字，宗周鐘作□，克鼎作□，毛公鼎作□，舀鼎作□，曶鼎作□，此可證星字初形爲□或□，非□□也，《説文》既謂□爲古文，又謂古○注中，於參星字篆文作□，亦云：或省作□；又如ㄨ本古文五，秦篆改作□，《説文》乃謂ㄨ古文省，一若秦篆在前，古文省之作ㄨ；如此之類，不可悉舉，許氏蓋謬以秦篆爲造字初形，定爲一尊，其他古文皆後出之異體也。

王 庶 叟 黨 朕 往

《説文》云：王，天下所歸往也，董仲舒曰：古之造文者，三畫而連其中謂之王，三者天地人也，而參通之者王也，孔子曰：一貫三爲王，此與士下引孔子曰推十合一爲士、用下引衛宏説從卜從中、造下引譚長説造上士也、東下引官溥説從日在木中、黍下引孔子曰黍可爲酒禾入水也、兒引孔子曰在人下故詰屈、禿下引王育説蒼頡出見禿人伏禾中因以制字、県下引賈侍中説此斷首到縣字、□下引韓非曰蒼頡作字自營爲厶、易下引秘書説日月爲易象陰陽也、氏下引揚雄賦響若氏隤、武下引《左傳》止戈爲武、無下引王育説天屈西北爲無、亥下引《春秋傳》曰亥有二首六身，皆秦漢人不見殷周古文者之謬説。龜甲卜辭王字作□、□、□、□、諸形，以時遞變也；金文作□(盂鼎)、□(格仲尊)、□(宰甹敦)、□(者沪鐘)諸形；吴大澂謂王字從二從□，□，古火字。按從火是也，從二則非。火字甲文作□或□，篆文□即由此變，金文赤字作□(曶鼎)，然字作□(虎敦)，此王字從火之證；吴氏謂：火盛曰王，德盛亦曰王，是其知王字之從火而不知從火之義矣。□象火焰，上加一或二，示掌火之義也，非謂德盛；火盛曰王，《廣韵》作旺，今用爲旺盛火旺字，猶存王字之古義。或以甲文□似□，謂王即立，古位字，非也。造字非一代一人之事，異義之字，或偶然同形，釋字固以形聲義三者俱通爲確詁，否則寧舍形而取重音義；況甲文□之與□，並不同形，□之□爲□之虚形，象火焰上行，□象人立地上，二手微向下垂，形聲義均絶遠。古文《春秋經》公即位作公即立，倘王位一字，則爲公即王矣，此成何説？毛公鼎一器之中，先王命之王作□，朕位之位作□，形義各别，安得爲一字？用火乃人類最初最需要最大發明之一，故火之崇重，爲各國初民之通俗，人人户户得而鑽木或擊石以取火，事屬後起，上古得火不易，保存火種，爲各族姓中一大事業，在定居以前，尤爲難能之事，即現代淺化民族中，其游牧之群，移住他方時，猶必珍重攜帶火種，其法恒由女子燃一木藏於熱灰之内，携以俱行。現代各宗教殿堂所置之長明燈，猶古代保存火種之遺制。在古希臘神話中，女神赫斯梯亞(Hestia)，即竈神之名，又引伸爲房屋住所之義；古希臘人視此女神(原以女神者，母系社會之遺風也)爲每一家族每一城市之聖火守護者，穀物新登，必先享之，宴飲中亦必首舉以饗此女神，其廟堂即號爲希臘公竈；蓋游牧之群，眠食悉圍聚火旁，因此即在定居以後，築室共居，亦只置一公竈於廣厦之中心，故蒲利大内(Prytanée)之赫斯梯亞廟堂，成爲希臘人原始住宅之紀念，羅馬人之威士達(Vesta)廟亦如此(威士達爲羅馬之竈神，神爲貞女，守護神壇之火者，其廟中無神像，以城市之爐竈爲象徵，於羅馬新年，即三月一日，由供奉此神之貞女，擦木燃火以祀之)。在有史時代，希臘人之移住國外者，尚必由蒲利大内携取聖火以行，以建立新國之公竈。蒲利大内聖火，爲一切權威之源泉，故希臘"蒲利登"(Prytane)一語，與首領、國王同義。在中國亦有類此之傳説，《史記·封禪書》：先炊之屬。正義曰：先炊，古炊母神也。《禮記·禮器》：燔柴於奥(鄭注云：奥當爲爨，字之誤也，或作竈)。夫奥者，老婦之祭也，盛於盆，尊於瓶(鄭注云：老婦，先炊也，盆瓶，炊器也。按盆瓶不類炊器，當代表移火時分火貯火之器)；《史記·武帝本紀》索隱引司馬彪《莊子注》云：浩，竈神也，如美女，衣赤衣。是中國古亦祀竈爲女神也。庹(庶)字從广象屋，從廿，衆也，從火，謂衆人在屋下共火；宊(叟)字從宀，穴室也，從又從火，手執火也，或作傁，家長掌火之義，嫂字從叟，乃長嫂藏火主火之義，加手作搜，或加广作廋，後出之字，執火搜匿，後起之義也；黨字從尚，象屋上窗，從黑，《説文》□篆下云：黑，火所熏之色，從炎上出□，□古窗字，是黨字之本義，乃高出屋上之竈突也，鄭衆注《周禮》、劉熙《釋名》均謂五百家爲黨(周禮地官，鄉制分州、黨、族、閭、比五級，五家爲比，四閭爲族，鄭衆云：二十五家爲閭，百家爲族，五百家爲黨，二千五百家爲州，是五家爲比，五比爲閭，四閭爲族，五族爲黨，五黨爲州也)，古書計數每好爲整齊，不可盡信，而若干共火之户稱曰一黨，其事不誣；是共火之事中國古亦有之也。㞷、徃、迋一字，初形爲㞷，即甲文之□或□，從止，從王，後加彳作徃(往)，或書作迋(迋)(辵本從彳從止，古文從辵字，或只從止或彳，皆取行義。説文分爲三字，㞷入㞢部，從㞢在土上，讀若皇，訓草木妄生；往入彳部，訓之也，從彳㞷；迋入辵部，訓往也，從辵，王聲，非也。往既從㞷，之往同義，迬迋之别無他，惟止在王上或彳下而已，即以許證許，㞷亦從王不從土。草木妄生之字，應爲枉，篆文作□，析木以斤，曲木必以火，此亦王字從火之一證)，謂往王處取火也，火之所在，亦即王之所在；朕字甲文作□，金文作□或□(豐兮敦、□侯鼎、寶和鐘、伯碩父鼎、高克尊、師毁敦、師田父尊、善夫克鼎、舀鼎、豆閉敦、宗周鐘、仲叡父敦、叔向敦、周公敦、師寰敦、師遽敦、父癸尊，戠敦，屬此類），皆象盆盛燃火之木兩手捧之以與人也，金文或作（郝敦、師酉敦、曶鼎、毛公鼎、三頌、鄭𤔲父鼎、師酉敦、宴敦、麓伯敦、叔角父敦、大敦、追敦、鑄公簠、屬此類），乃以象鑽木之火種（與金文氏字作，以·象種子同意），篆文從火作，表象稍疎，而本義不失（朕之初義，當爲送火種，蓋初民共財，惟難之火種，非比户所有，其後分工事起，人事漸繁，私財肇端，饋送乃興，饋送男女俘虜，其字作倂（佚），饋送女奴，其字作媵（媵），古之媵不限於女子，西周金器銘文中所謂錫小臣若干，錫臣若干家，錫臣若干人，皆爲戰爭俘獲之男女奴僕，與車馬弓矢金貝土田，同爲賜物，及貨幣制興，饋送朋①貝，其字作賸或貴（篆文作，古鉢作，叜字隸變作叟，亦以象二手執火，與同意。故孳乳爲（送），籀文作，（貴）孳乳爲（饋），爲（遺），曶鼎舀鼎均作）。一氏族之火由酋長主之，一家族之火由家長主之，酋長家長以及後之王者貴族遂以朕自稱，尊貴之字，義即由此而起，屈原《離騷》亦自稱朕，屈姓楚之貴族也；《禮記·月令》：其帝炎帝，其神祝融。鄭注云：顓頊氏之子曰黎，爲火官。賈逵注《左傳》云：祝融祀於竈。《淮南子·時則訓》：孟夏之月，其祀竈。高注云：祝融吴回，爲高辛氏火正，死爲火神，托祀於竈，是同火王，故祀竈，《史記·封禪書》索隱引《説文》：《周禮》以竈祠祝融，《淮南子》，炎帝作火官，死爲今之竈神；是中國古時亦以掌火爲酋長王者之事業與名號也。王之從火，由庶、叟、黨、朕、之從火而其義益明白矣。

帝　不　音

帝字甲文作、、、、或倒之作；金文作（齊侯鎛鐘）、（周窓鼎）、（寡子卣）、（歎狄鐘）諸形；《説文》篆文作，古文作，與甲文金文俱合。吴大澂釋▼已且丁父癸鼎之▼、▽已且丁父癸卣之▽，均爲帝字，謂如花之有蒂，果之所自出也，是矣。郭沫若謂：▽象子房，象萼，个象蕊，説尤詳盡。按爲全蒂，爲子房及蕊，其上加一或作或者，謂其上猶有花蕾也；用爲不字者（甲文不字有作者），謂子房猶未熟而成果，《淮南子》所謂"萌兆牙蘖，未有形埒"是也（説文：櫱，伐木餘也，或作蘖，古文櫱，從木無頭，許氏不識爲之一體［甲文帝字有作者］，義爲牙蘖萌蘖，妄訓爲伐木餘，又别訓爲鳥飛翔不下來，俱非也）；不孳乳爲否，栝從之，或作杯，用之本義也。爲牙蘖，故孳乳爲肧爲坏；花房熟則盛大成果，故引伸訓大，《小雅·棠棣》：鄂不韡韡。箋云：承華者曰鄂（釋文云：鄭改作萼。），不當作柎，柎，鄂足也，正用此義，篆又作，金文丕不一字，均作或（·象種子），故肧坏或作胚坯。孳乳爲（音），爲栽培字之初形，從口，謂栽培之園地或器也，後加土作（培）；賠補賠償之賠、酦醅之醅、

【校注】

① 原文作"期"，誤。

以手杷土之掊均爲栽培義之引伸；瓦器之瓿，義出栽培之器；陪伴之陪、覆倍加倍之倍均取義於種子之孳生；剖判之剖，取義於種子外殼之分裂；分别部居之部，正謂一蒂之内房蕚有分也。締之從帝，取義於花蕾與蒂及果相締結也；諦啻從帝，啻又孳乳爲適爲嫡者，皆取義於蒂之開花結果其種性無或訛失也，花止於蒂，蒂次於花，相爲次第，故啻有止義次義，何啻猶言何止，不啻猶言不次，字或作翅、作適，《孟子》：奚翅食重，奚翅色重；《莊子》：陰陽於人，不翅於父母；《戰國策》：疑臣者不適三人；皆以翅或適爲啻。皇爲象日光之皇舞字，故引伸之義爲光爲大，帝爲花蒂字之初文，淺化之初民，見花之有蒂，果所從出，果之種子又復爲花，驚爲神奇，乃以帝爲神號，《詩》、《書》之言上帝，皆神也，《吕刑》言皇帝，當爲戰國之書，三皇五帝之説，乃戰國時陰陽家僞造以求勝於孔門僞造之堯舜，佞人李斯取之以媚嬴政，其後佞人之徒，伏勝、孔安國、董仲舒、應劭、班固、蔡邕皆以陰陽家僞造之説爲信史，許慎造《説文》，謂皇字從自，自，始也，始皇者，三皇大君也，帝者王天下之號也，惑世誣民之邪説，流傳至於今日，猶視爲天經地義而莫敢以爲非。中國有史時代始於殷商，農耕與文字初興，兄弟世及之制，猶居優勢，去氏族社會未遠可知。其時初由酋長而稱王，與歐美之古史同轍（例如希臘，由氏族社會末期之酋長協議會[bule]，變而爲初期國家元老院，由氏族社會末期之民會[Agora]，變而爲初期國家之 Ecciesia[國民會議]，由氏族社會末期之軍事首領[basilens]，變而爲初期國家時代之執政官[Archons]。羅馬氏族社會末期之軍事首領名曰 Rex，其職權亦如希臘之 basilens，同爲後世歐洲各國王制之濫觴。basileus 之義爲軍事首領，拉丁語之 Rex 與克勒特愛爾蘭語之 Righ（部落長），哥德語之 Reiks，日耳曼語之 Furst，英語之 First，丹麥語之 Forste[首長]，其義皆爲氏族長或部落長，即後世釋爲王字之 King[英]及 Konig[德]，其語源亦出於 Knni，Kunne，義爲氏族長，法語王曰 Roi 亦出於拉丁語之 Rex 也），其前之氏族社會，國家刑政猶未興，王尚無之，更安得有皇與帝之尊號。愚妄者流，每喜賤今而尊古，諱言草昧之事，不惜僞造古史以文之，一若吾族真爲退化之民，禍害中於人心，非細事也，故不得不辨。

才　哉　在　存

甲文之，金文之，古鉩文之，皆象插枝下子土中形，即才亦即（在），栽種字之初文也；後加土作在，以别於才也（周金文已有作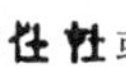或者，加土非始於篆文）；加子作（存），謂栽種子也（古初草木自生，後至庭間農業時代，乃有人工插枝栽子之事，播種廣耕之田野農業時代又在其後，壓枝與接木，乃後世最進步之園藝技術，非殷周之世所能有也）；故甲文金文才在同字，古書存在通用。才加戈爲，字篆文作，從戈者，掘土以插枝栽種之器也，隸變作者，仿於金文之或，亦即才也。甲文字作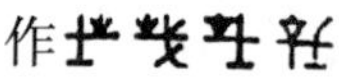諸形，金文字作或，從插土中，與從才無異，金文在字作、（大夫始鼎）、（南宫中鼎）、（盂鼎）、（亦盂鼎）、（父乙甗）諸形，亦才並

用。才加木爲材，謂插枝種子爲成材之始，初只作才，後始加木，故才哉均又訓始，栽種初興，非由人智，乃由經驗，即偶然插枝及目睹子落生芽，初試爲之，成效有無，每相察問，故存在二字，均訓問訓察；當其未成，每相疑問，及其已成，每相讚嘆，故加口爲哉，用爲疑問詞(論語：其何以行之哉)、語已詞(堯典：岳曰異哉，試可乃已，傳曰：異，已也，言餘人盡已，惟縣可試。詩王風：君子於投，不知其期曷至哉，今吴語猶用哉爲語已詞)、感嘆詞(論語：大哉問，鬱鬱乎文哉，君子哉若人，賢哉回也，時哉時哉，管仲之器小哉，皆感嘆詞，説文以爲言之閑也，非是)。𢦏加車爲載，謂車之載物如土之載草木也，古哉載通用，《大雅》陳錫哉周，傳曰：哉，載也，宣十五年、昭十年《左傳》引《詩》哉均作載；用爲年載字者，謂種植之物年一熟也，與年字從禾同意。加異爲戴，謂插枝種子分異之而增多也，引伸爲凡增加之義。加衣爲裁，喻插枝必有所剪裁也。加木爲栽，中庸：栽者培之，用栽之本義；莊二十九年《左傳》：水昏正面栽，杜注云：樹板干而興作，《釋文》引《説文》云：栽，築墻長板，定元年《左傳》：城成周，庚寅栽，杜注云：栽，設板築，哀元年《左傳》：楚子圍蔡，里而栽，杜注云：栽，設板築，爲圍壘，周帀去蔡城一里，此栽之引伸義也，謂樹板灌土以築墻如種殖。才爲語根，哉、在、存、材、載、栽、裁，均爲孳乳，古音當同讀 Zöi，《廣韵》存字獨不在之咍韵而在魂韵，今廣東語讀真、諄、魂，諸韵之舌聲齒聲字，其韵母往往爲 öin，知存字古亦當在之咍韵也。

冐 肌 筋 力 腱 骨

冐字隸作肯，篆文爲，《説文》云：骨間肉冐冐箸也，從肉，從冎省，一曰骨無肉也。此説形義俱非，按脂肪爲肥肉(通俗文曰脂在腰曰肪)，肉爲瘦肉，一曰臠(説文云：臠，臞也，《詩・檜風・素冠》：棘入欒欒兮[説文引詩作臠臠]，謂居喪者哀愁，脂肪消瘦也)，冐即肌(肌字篆文作，古鉩文作，或，在右與在上無别，説文分肌冐爲二字，非也)，爲瘦肉之一部，即德語之 Sehne，法語英語之 tendon，據今解剖學，瘦肉纖維結合成束，覆以肉束衣(Perimy Sium)，諸束衣集合而成肌(Sehne)，爲瘦肉末端附骨之堅韌部分，狀如繩索，瘦肉由肌之媒介，始與骨骼相結；冐字之，正象肌索在骨肉之間。骨字以象骨形，從冐，謂其與肌肉相聯結也。《説文》謂骨字從冎有肉，非也，許訓冎爲剔人肉置其骨，而骨又從冎，若骨字在前，則明非從冎，若冎字在前，何以知其爲去肉置骨耶？許書之謬誤類如此；其謂豈從微省，又謂敳從豈省，亦此之類。《莊子・養生主》：技經肯綮之未嘗。《釋文》引《字林》云：肯，著骨肉，此肯字之正解；語中肯綮(養生主釋文引司馬彪云：綮，猶結處也)，則點頭稱是，故肯訓可。後世肌肉不分，渾言之也，歐語 Muskulatur〔德〕、Musculature〔英、法〕亦肌肉不分，此普通用語，解剖學精析言之，附骨之肌則爲 Sehne、tendon 也；華譯 Musculature 爲肌、爲筋、爲筋肉，譯 Sehne、tendon 爲筋、爲腱，方言中亦有稱瘦肉爲筋肉者，皆名之不正者也。按解剖

學筋曰 fascia，各國解剖學者通用此名，上下肢皆有筋，所以固肌肉也；小腿全部肌肉皆爲筋膜所掩護，小腿筋膜，上接膝凹筋膜，經過踝凹，與足筋相連，在横韌帶處，尤緊張而堅實，即腿後粗筋，俗名腿肚者也。人類自直立行動以來，小腿之筋日益增强，行止力作，胥有賴於此。後人筋力聯文，實爲一字。力爲初文，齊侯鎛鐘作，篆文作，師艅尊功字力旁作，皆象筋形，《周禮》：治功曰力，力之引伸義也，後引伸義專行，乃别加肉加竹作筋（從竹者，象竹多筋而能堅立也），《説文》云：力，筋也，象人筋之形，猶存古義；《説文》云：笏，筋之本也，或從肉。建作腱，王逸注《招魂》云：腱，筋頭也。按古書有腱無笏，腱當爲筋之或體，笏當爲筋之訛形，腱從建，取建立之義。筋腱與肌肉爲二物，未可混同，今語猪蹄筋、牛筋則不誤也。

丨

厥、橛、棍、困、梱、工、杠、扛、楨、杆、桿、竿、干、戈、篙、根、槀、骨、干、厷、公、拐、弓、耕、梗、骾、等之音義，皆丨之所演化；徐鉉《説文》注，丨音古本切；徐鍇《説文係傳》音衮，孤損反。按丨即木干（亦兼竹杆而言），橛字之初文，今語曰棍，自原始之木干以至近世最精機器之槓桿，乃人類一切工作用具之基本工具。丨竪用之則爲丈（杖）、爲午（杵）、爲梱、爲斤、爲斧、爲槍、爲矢，曲之則爲弓、爲耜，歧首者爲耒、爲卜，爲弋、爲干（孳乳爲杆、桿、竿）、爲戈、爲矛、爲戟，平首者爲辛，横用之則爲（孳乳爲壬、冘、央），横竪交加用之則爲工（孳乳爲杠、楨）、爲巨（孳乳爲矩、架）、爲（孳乳爲癸、規）、爲（孳乳爲其、基）、爲册（孳乳爲栅）、爲楙（孳乳爲樊）、爲井、爲冓（孳乳爲構）、爲囱（孳乳爲窗）。古書無丨字，惟用橛（或作橜）、杖、棁、棓、棒（説文有棓無棒，玉篇作柈或棒）、榜、棍（説文、玉篇均無棍字，宋修廣韵始有之）等後出之字。甲文金文均無丨字，惟偏旁有之。《説文》丨訓上下通，中從丨，亦訓上下通，均非是；㫃訓旌旗杠貌，從丨，則爲丨之正解。

父　尹

梁啓超謂父與尹同形同義，非也。甲文父尹二字雖有同作形者，然父字又有諸形，尹①字則否；金文尹字，尹考鼎作，他器率作，父字率作，與尹字作長丨有别。近出土之令彝，一器銘文中，三尹字均作，三父字均作，其明白不同如此；篆文有别，亦【與】甲文金文合。象手執短壯而削尖之木斧，故金文父斧均作；象手執長棍（法國考古學家在法國瑞士洞穴中發見之指揮棒[baton de commandement]，即此物也），此形之不同也。父謂家長舉斧率耕（説文謂：家長率教者，從又舉杖，非也），尹謂酋長舉棍率戰，此義之不同也。古者用蜃除草，削木令鋭以耕，《淮南

【校注】

① 原文作"甲"，誤。

子·氾論訓》所謂“剡耜而耕，摩蜃而耨”是也。古初惟有木棍，繼而削首令鋭以爲投槍，繼乃以象牙或其他獸骨角裝置槍首。槍首始爲平尖，繼增逆鋌之銛，後演爲矢，亦由平銛進而爲逆铓之铦。至新石器時代，由投槍易爲裝置横石（後用金爲之）之石斧，後之干戈矛戟，亦導源於裝置鋭首之投槍與石斧；後至庭園農業時代，乃肖原始投槍之鋭首，制爲短柄之木斧以發土；其後耕地漸廣，短柄木斧不足以發深而致廣，乃變爲曲木長柄之耜（後至用金之世，耜首乃改用金爲之），歧首者爲耒（後用二金爲首），《易·繫辭》云：斫木爲耜，揉木爲耒。故知耒耜初皆用木。又其後，交易事起，斧又用爲貨幣，《易·旅卦》爻辭所謂“旅於處，得其資斧”是也。此可證農器仿於兵器，貨幣又仿於農器。蓋以初民之所需，惟在却敵取獸，故首制兵器，農事興始需耕器，交易興乃需貨幣，此各時代之生活需要使然，非人類之意想所得而先後之也。發明耕種爲人類發明火、發明投槍、發明網與舟、發明石器與陶器後之一大事，故凡率耕之長老，皆尊之曰父，且用爲一切男子之美稱，不獨子稱其父也；因之諸利用厚生之發明，其字亦多從父，如斫木之斧，制衣之布（篆文作[glyph]）、熟食之釜，均從父，以志作器利用之功；或假同聲之甫爲之，父甫同爲男子之美稱，釜一作鬴。尹加口爲君，猶之令加口爲命，皆一字之孳乳也。

氏　氐

氏字甲文作[glyph]、[glyph]，金文作[glyph][glyph]二形（散氏盤及三頌均二形並用），篆文作氏，均象人執木橛俯身掘地形，金文之·象種子，篆文變·爲一。氏加一爲氐，一象地，謂以耕器抵地，氏、氐一字，形雖微異，而音義並同，古無舌上，氐讀如氏，故偏旁互用無别，例如：昭二十九年《左傳》：物乃坻伏，鬱湮不育，杜注云：坻，止也，開成石經作坁，《説文》坁訓箸，《韵會》作箸止，小渚曰沚，謂水之所止，與汦同義。土之所止曰坁，水之所止曰汦，曰沚，箸止皆即氐義，故坻坁之義無别；又如：《漢書·揚雄傳》：響若阺隤，《説文》引作響若氐隤，師古《漢書》注曰：阺音氏，巴蜀人名山旁堆欲墮落曰阺，應劭以爲天水隴氐，失之矣。按小顔正用《説文》山堆落墮之説，以應説隴氐爲非，然亦以氐爲阺也，《説文》云：秦謂陵阪曰阺。此可證氏氐一字，阺阺亦一字，故氐羌字，《汲冢紀年》作氐羌、《汲冢周書》作月氏或禺氏、《管子》亦作禺氏、《穆天子傳》作禺知、《山海經》作月支、《史記》、《漢書》均作月氏，《史記》正義、《廣韵》支韵之氏，均音支，支、知、氏古音皆讀如氏。古謂因生以賜姓，胙之土而命之氏，又謂姓統於上，氏别於下，蓋以姓爲大統，氏爲小别，此猶母系社會初變爲父系時之事，尚知姓氏有别，直至春秋時猶有此遺風。父系制日益固定，姓遂隨母系制以俱亡，乃改用父之氏以爲姓。在父系社會，姓之爲物根本不能成立，此時之所謂姓，蒙馬以虎皮也。姓字從女、生，謂女所生，《説文》女部所録姜、姬、姞、嬴、姚、嬀、妘、㚰、嬿、玫、娸皆古之著姓，字皆從女，在母系社會時，所生子女，皆以母方之圖騰爲姓，故知有母，而不知有父，此感生之神話所由來也。鄭玄據《商頌》以左袒《詩》齊、魯、韓《春秋》、《公羊》聖人皆無父感天而生之説，許慎作《五經異義》時，依左氏説聖人皆有父以駁之，及造《説文》，則謂“古之神聖人，母感天而生”，與鄭説同。實則上古母系社會時，人人皆不知有父（現存未開化之民族猶如此），無所謂聖人之母感天而生也。兩漢去古已遠，而無父之説，西漢諸儒無異議，東漢之末，許、鄭雖有争論，後復從同，此事非偶然也。以母系圖騰爲姓，故曰因生以賜姓，以父系耕地爲姓，故曰胙之土而命之氏，古之耕地，初爲一氏族所有，後爲各家族所有，自母系變爲父系，氏族變爲國家，乃以一大氏族或數氏族合成之部落所據之耕地爲氏，此即所謂以國爲氏以邑爲氏也；氏族之酋長，入國家而爲貴族、爲長老，以其家族所據之耕地爲氏，此即所謂以爵爲氏、以族爲氏也。氏别於姓，其義起於父系之耕地，其事已在氏族制度之末期，漸由母系氏族變爲父系氏族，姓屬母系，氏族制固不限於母系，在姓氏混淆之後世，自可舉氏以概姓；且氏含種子之義，華語氏族與歐語 Gens（義爲同一祖先之族）正合。漢碑有云姓某是者，以是爲氏也，《漢書》多以氏爲是，古氏、是二字通用，非獨以其同音，種殖必選地擇種，氏亦有是非及别事之義也。《三國志》謂：是儀本姓氏，乃因孔融譏議而改，此説本無稽，《隸釋》有是盛是遷，皆在是儀以前，乃以何人之譏議而改耶？陳壽不知氏、是古通之誼，妄採市井流言，而謂是儀因孔融一言而改姓也。段玉裁知氏、是古通矣，然不知其所以通之故，又惑於《説文》氏爲巴蜀山堆落墮之説，謂姓氏之字本作是，作氏爲假借，而不知姓氏山墮皆氏之引義，而非本義，姓氏之本字果爲是，則胙土命氏之義作何解耶？氏之本義謂人俯身掘地，山旁堆欲墮曰氏，或氏，後加阜作阺作阺，天水隴阺，正謂山勢盤桓而上如龍，旁堆低垂欲墮地如氏，乃氏之引伸義，段氏謂氏今專爲姓氏字，而氏之本義惟許言之，乃誤信許書所詁皆本義，且又不識氏氏爲一字也。氏象箸地，故孳乳爲低、爲底、爲抵，又由抵地引伸爲一切抵抗字。不獨氏、氏爲一字，《説文》之氒亦與氏、氏爲一字，《説文》云：氒，木本也，從氏而大於末，讀若厥。按氏、氏之音義取於橛之抵地，氒之音義取於抵地之橛，非有二也；初形爲丨，孳乳爲**氏**或**氏**，後變爲厥，孳乳爲撅及橛。**氏**加一爲**氏**、爲**氏**，**氏**謂木橛箸地，**氏**則木橛穿地矣，此依篆文而言也，若金文則**氏**、**氏**與氏並同，不加一也（**氏**、**氏**同爲加一，只所加之地位不同，非如説文所云從**丅**作氒也）。初文爲氏，**氏**、**氏**同爲加一之異體，皆象以木橛掘地；後氏專用爲姓氏字，乃别作厥爲發掘字（金文無厥字，厥字象在厂下用氣力用屰[屰即干]發掘形。説文云：厥，發石也；山海經：相柳之所抵厥，郭注云：厥，掘也；或用闕，左傳：闕地及泉，國語：闕爲深溝，皆假闕爲厥），又以爲木厥字,或加木作橛(説文云:槷[橛],弋也;一曰門梱也;梱,門槷也;槷或作厥,梱或作困,荀子:井里之厥,晏子作井里之困,是也);以氒厥爲假借字之其所奪,乃加手作撅,後又作掘(説文云:撅,從手有所把也[玉篇引説文無從字];集韵、韵會均謂撅與掘同;説文搰掘互訓;詩曹風:蜉蝣掘閲;孟子:辟若掘井;此二掘字,或後人所改,或周時已有此字,不可知也)。氒爲厥之初文,金文厥皆作氒,經典作厥者,皆後人所改,敦煌本《尚書》厥皆作氒可證也;《莊子》:若厥株拘,《列子》作若橜株駒,殷敬順《列子釋文》云:橜,《説文》作氒,《廣韵》謂氒爲古文厥,《汗簡》亦云:氒即厥,出《尚書》。此亦可證氒厥爲古今字,《史記》引《尚書》,厥多改作其,厥爲本字,其則同聲假借也。氏氐與氒厥用爲是非及別事詞,引伸於農事選地擇種之義,後世之别事詞底事,者個,今北方語之這個,吴語之地個,粤語之點,皆氏氐也;粤語之佢即渠(浙江金華讀 ki,安徽懷寧桐城之間讀 k'e),吴語之格個,粤語之嗰個,皆氒厥也。其爲箕之初文,假借爲别事詞之厥,乃别加竹作箕,其義不能引伸爲别事詞,或謂其爲本字,厥爲假借者,大誤。用氒爲别事詞,乃經典及金文之通例,經典之氒,後世傳寫者改爲厥,用其者,假借也。金文之氒,釋者或誤爲乃,克鼎之氒,欮敦之氒,散氏盤之氒,舊釋爲厥即氒,不誤;召父彝之氒,邾公鐘之氒,亦氒字,舊釋或爲乃,則誤矣;大盂鼎,畯正氒民,與井氒嗣祖南公,氒、氒明爲異字,而《攈古録》均釋作乃;毛公鼎:猷氒德,集氒命,辪氒辟,此三氒字,孫釋文亦均爲乃,皆氒即厥之誤釋也。

(三)

臣 民 氓 宰 奴 婢 隸 僕 童 妾

上古氏族社會,人皆平等,無主奴階級之别。及其末也,牧畜日蕃,田野日辟,需人爲助,戰勝之所俘獲,以奴易戮,其後俘奴日衆,比户而居,已亂氏族之紀,加以私産肇興,遂由氏族組織,一變而氏族與地域并存之組織,再變而單純地域組織,合若干氏族而爲民族,合若干地域而爲國家,昔之以不平等待遇奴隸者,至是則一國中之統治者,亦施之於初非奴隸之人民矣。《堯典》分九族、百姓、黎民爲三,正言殷商以前氏族社會末年之事也。九族,謂諸大部族(tribe);百姓(曰九族,曰百姓,謂諸衆族,諸衆姓,非一定之數名,傳以上自高祖下至玄孫釋九族,以百官釋百姓,是以後世之制釋古事也,非是),謂諸氏族(Gens)、諸胞族(Phratry);黎民,即楚語之九黎,亦即被征服之苗民;於己族稱曰百姓,於俘獲征服之族則命之曰民(命九黎之人曰民,見吕刑鄭注),《小雅·天保》亦群黎百姓對舉,百姓與民,在古初有主奴貴賤之别,官吏出於百姓,俘民以之助牧畜耕種而已(楚語:王公子弟之實能言能聽徹其官者,而物賜之姓以監其官,是爲百姓……天子之田九畡,以食兆民。韋注曰:食兆民,耕而食其中也)。《吕刑》鄭注云:民之言冥,言未見仁道也;《說文》云：民，衆萌也，從古文之象，(徐鍇本如此，鉉本作)，古文民。按金文民字作(齊侯鎛鐘)、(晉姜鼎)、(盂鼎)、(齊侯鎛)、(齊侯壺)、(王孫鐘)、(克鼎)、(秦公敦)諸形，篆文小變作，是民字取象於草木之萌芽，其中之・爲種子(六書略謂：氏與民同體，象民俯首力作之貌，非也。民氏二字形雖近，而義決於音，民之義起於萌芽、懵昧，氏之義起於低首以橛氏地而力作，氏與民有别，亦如不與帝有别，六書略謂：不與帝均象華蒂之形，亦以形近而淆亂其音義也)，故《說文》訓爲衆萌，有繁生幼稚懵昧無知之義(凡明母[m]字皆有懵昧無知隱晦難見等義，如民、萌、懵、昧、冥、瞑、杳、渺、茫、亡、盲、蒙、濛、朦、曼、漫、默、滅、霧、瞀、眊、耄、懜、夢、泯、眠、莫(暮)、漠、没、歿、迷、眯、謎、微、埋、霾等)，取以稱俘獲征服之人，賤之也。後又孳乳爲氓，亦爲賤稱(詩：氓之蚩蚩，傳曰：氓，民也；玉篇：蚩，痴也)，民謂俘獲或征服之人，氓(或作甿，古書萌氓通用)謂封建之世自别國或鄰近封邑逃亡來歸之農奴，《孟子》所謂"則天下之民皆悦而願爲之氓矣"是也，故其字從亡、從民或從田，《說文》云：氓，民也；甿，田民也；皆從亡聲，失其義矣(說文所謂形聲字，或云亦聲，謂義兼聲也，其不云亦聲者，無義可知；徐鍇謂：六書之内，形聲居多，其會意之字，學者不了，鄙近傳寫，多妄加聲字。按後人妄加，固所不免，然只極少數，其餘徐氏所認爲形聲居多，許書又未云亦聲者，其非後人妄加又可知。六書爲漢人謬説，古初造字惟象形而已，事物之複雜一文不足者，多文以象之，無形狀可象者，則舉有形狀之物以喻之，聲音無可象也，則假已成之字之音以象之，凡所謂指事、會意、形聲、皆屬之，同聲假借，即後世之别字，更非造字之誼，許書自叙所舉令長二字，乃引伸非假借也。文字非一代一人所造，轉注之説，尤爲無稽，歷世造字者前後不相謀也，更未聞有人創爲造字之條例，使千載共循之如外國文拼音字母然也。漢人所謂六書、鄭樵起一成文圖，皆强爲之説而終於不可通也。許書以形聲爲解字之萬應丸藥，凡不得其解之形體，均以某聲了之，便則便矣，其如文字之古音古義均以此湮没何。語言先於文字，故聲之所在，即義之所在，聲同者義亦不甚相遠，古代字少，一聲之單文，每引伸爲義近之數字，後世事繁，勢不得不加偏旁以爲之别，而聲根義根仍在右旁[實亦不盡在右旁，左右上下内外不一]之初文。許氏不明此義，乃輕重倒置，依形聲之謬説[古無形聲字，諸凡標音而無義之形聲字，乃漢後依許當形聲之説而爲之者，其事未嘗不便，而古無是也]，目聲根義根所在之初文爲無義之聲，依次義即後加之偏旁分别部居，使主要聲根義根相同之字散在各部，聲根義根絶不相同之字，反雜厠一部，一部説文乃依牛、羊、犬、馬、山、水、草、木、隹、鳥、蟲、魚、金、石、絲、竹、人、手、耳、耳、口、肉等分類之雜字而已，此許書全盤之根本謬誤所在，非一二枝節小失。俗儒每尊説文而賤康熙字典，實則二者之謬誤，只五十步百步之間，其爲分類雜字則一也。今之爲文字學者，當以擯棄六書形聲之説爲入門之鑰)。《說文》云：臣，象屈服之形；宰，辠人在屋下執事者；本義皆爲俘奴也。古之俘獲，奴戮並行，後漸奴多而戮少，宰從辛，辛爲刑人之具，意謂殺戮之餘也，故後世用爲屠宰字，西周金文多言錫臣若干家，或錫小臣若干人，是臣由俘獲，得與車馬弓矢貝玉土田同爲錫品，巫史吏職則不如是也；《小雅・正月》：民之無辜，並其臣僕。傳曰：古者有罪不入於刑，則役之以爲臣僕；《小雅・楚茨》：諸宰君婦，廢徹不遲，乃以供奔走徹饌之給事者，與執豆之豎同。至春秋時之宰，猶爲大夫之家臣，惟臣宰雖屬俘奴，當爲彼中豪右，後或有選以爲役員如後世之土司、甲必丹者，其身份似與助耕牧、執賤役之齊民有異，《説文》云：奴婢皆古之辠人也；《周禮》曰：其奴，男子入於辠隸，女子入於舂槀(周禮秋官司厲文，鄭玄曰：奴，從坐而没入縣官者，男女同名)；隸，附箸也(蓋謂附箸於主人，九經字樣及楊孟文頌、王純碑，均作隸，一切經音義及魯峻碑均作隸，右旁皆爲柰，從柰蓋謂舂槀之役，從隶謂執帚以糞除也；左旁之柰或祟，謂木簡丹書以誓於神。周禮秋官司隸鄭注云：隸，給勞辱之役者；罪隸，盗賊之家爲奴者；蠻隸，征南夷所獲；閩隸，南蠻之别；夷隸，征東夷所獲；貉隸，征東北夷所獲；凡隸衆矣，此其選以爲役員，其餘謂之隸民。鄭衆司厲注引春秋傳曰：斐豹，隸也，著於丹書，請焚丹書，我殺督戎[事在懷二十三年左傳]，耻爲奴，欲焚其籍也。是隸民之數甚衆，爲征夷所俘獲，且有奴籍，固班班可考者也)；菐，瀆菐也；僕：給事者，古文作䑑(甲文有字，手奉糞棄之箕，蓋即菐字，後加臣作䑑，或加人作僕。公伐郐鐘作，公伐郐鼎作，皆加臣；史僕壺作，静敦作，旂鼎作，皆加人；其右旁均象手奉糞棄之箕，與甲文同，即許書所謂瀆菐之事，俘奴所執賤役也，菐之篆文作，即之小變，亦爲手奉箕形，齊鎛作，宰辟父敦作，召伯虎敦作，其變不自秦篆始也)；童，男有辠曰奴，男曰童，女曰妾(奴爲通名，男曰童，女曰妾，易旅卦，得童僕貞，或加人作僮，史記貨殖傳：僮手指千，漢書作童，今分别童蒙字僮僕字爲二，古無是也。毛公鼎毋，吴大澂釋爲毋動，是也；[孫詒讓釋爲毋瞳，義不可解]説文：動，作也，古文從辵作連，按童爲重動之初文，重、連、動、皆後出之字，童之本義爲童奴舉重力作，從辛，與辛、菐、妾、辠同意，從目、猶重之從人、從東、從土，謂地上束禾，聚之則爲重，移行之則爲動。知童重爲一字，則古書種穜互用，古器文鍾鐘互用，其故皆不煩言而解矣)；妾，有辠女子給事之得接於君者，從辛，從女。按臣、民、宰、初義爲俘奴，奴、婢、隸、僕、童、妾、(臣妾、童妾、皆男女奴也，非妻妾之義)初亦爲俘奴，後犯罪者之家屬亦從坐没入之；所執者率爲糞棄、舂槀、侍食、及《周禮》所云牛助、牽徬、養馬、養鳥、搏盗、守宫，《士喪禮》所云涅厠諸賤役，與古希臘、古羅馬委以全部生産事業者異趣，謂古之中國氏族社會後繼之以奴隸社會若古希臘、古羅馬然者，則大誤矣，希臘、羅馬由奴隸制而入封建，中國、印度、日本、則皆由亞細亞生産制而入封建者也。

奚　雞　谿　磎

《周禮·天官·酒人》：女酒三十人，奚三百人。鄭注云：女酒，女奴曉酒者，古者從坐男女没入縣官爲奴，其少才智以爲奚。按奚字從𦃃省(説文云：系，繫也，籀文系從爪絲作)，象手持繩索也，從大，人也，義爲以手持索拘人，象俘奴或罪隸初被拘狀，不必有男女之别(周禮春官奚四人鄭注雖云：奚，女奴也；然秋官禁暴氏注則云：奚隸，女奴男奴也)，後加人作傒(徯同)，加女作嫨。《淮南子·本經訓》：大國出攻，小國城守，驅人之牛馬，傒人之子女，毁人之宗廟，遷人之重寶。高注云：傒，繫囚之係，讀曰雞。是用傒爲男女俘囚之義也。《南史·胡諧之傳》：上(南齊高帝)方欲奬以貴族盛姻，以諧之家人語傒音不正，乃遣宫内四五人，往諧之家教子女語，二年後，帝問曰：卿家人語音已正未？諧之答曰：宫人少，臣家人多，非唯不能得正音，遂使宫人頓成傒語。

按胡諧之豫章南昌人，其地接近苗越，其人其語，夷漢淆雜，至南北朝時猶存傒音，蓋謂其地俘人之音也。史稱胡諧之就梁州刺史范柏年求佳馬，柏年罵之曰：胡諧【之】是何傒狗無厭之求！乃以傒爲豫章人之惡稱矣。《説文》有徯、嫨、而無傒；《玉篇》謂傒徯同字，均訓待；《廣韵》奚傒均訓東北夷名。徯訓有所望也，均承《説文》徯訓待之説；嫨字，《玉篇》、《廣韵》均承《説文》訓女隸；《説文》：奚，大腹也，《玉篇》、《廣韵》均承之，斯固大謬，而吴大澂謂奚字象人戴器之形，與婁同意，婁數盝三字與奚字雙聲，皆一語之轉，亦非也。按奚古音在舌根，婁音在舌尖，並非雙聲，故由奚婁所孳乳之字，音義亦各别，婁象女子(貧女，非罪隸)以頭頂戴物，有中空或重叠之義，故孳乳爲寠、爲窶、爲簍、爲鏤、爲屢、爲廔、爲樓、爲縷、爲數(取重叠之義而不取聲)、爲摟、爲屨，奚象以索拘人(罪隸，不限於女子)，有拘束之義，故孳乳爲雞、爲谿、爲溪、爲鞵，稽、嵇(説文無嵇字，徐鉉新附云：奚氏避難，特造此字)、繫、鸂(鸂)其音義亦皆受於奚，雞、鸂、稽、繫、皆見母(K)，谿、溪、皆溪母(K′)，嵇、鞵、系、奚、皆匣母(y)，見、溪、匣、古音皆在群母(g')，雞字甲文或象高冠之雞形(金文亦如此)，或加奚，《説文》篆文作雞，籀文作鷄，蓋雞爲羽類，馴爲家畜，初必待於拘繫，今入市購雞，猶必繫足數日，或剪短其羽，始能馴養，此即從奚之義也(牛之有牿；馬之有馽，犬之有犮，豕之有豖，其義皆起於初馴養爲家畜時之防範，羊性最馴，故不須此)。若如許書所云從隹或鳥，奚聲無義，則知其爲何鳥耶？猶之氓之從亡，有聲無義，知其爲何民耶？又若牝牡之匕土無義，則牝牡之分安在？此形聲説之所以不可通也。谿本作谷，或加奚以合體見義，如甲文雞之或加奚然。谷字甲文作或，金文作或，均象水流至山口一束而止，雖不必皆爲死水，而水自山穴流出成谷，指尚未出口通川時而言，《詩·大雅·桑柔》進退維谷，即用此義。《老子》所謂“谷神不死”，亦謂神行身内，不馳外景也，《説文》謂：泉出通川爲谷，從水半見出於口，乃據篆文訛形之而言，於義不當。加奚作谿，取拘束稽留之義，許書訓谿爲山瀆無所通者，與谷義相反，則又不然也；後作溪作嵠作磎，皆谿之重文，故《説文》未收。鞵之從革，猶履之從尸，古初以皮革爲之也，後易以布帛，而字仍從革，存古制也。從奚者，有物以繫之也。履爲初名，後以爲通名，曰屝，草履也；曰屣(或作蹝、作躧)，草履而無跟者也；曰鞁，小兒履也；曰舄、曰屐、曰鞩角，履而下有木齒者；曰屩，草履下籍以麻者(或作蹻，莊子音義云：屩以籍鞋下也；廣韵云屩，草履也；增韵云：木曰屐，麻曰屩)；曰屨(或作鞻，周禮鞮鞻氏鄭注云讀爲屨，鞮鞻，四夷舞者所屝也)，如今之套鞋(周禮天官屨人鄭注曰：複下曰舄，禪下曰屨，曲禮鄭注亦云單下曰屨，按單下謂加於屨外而無齒也；曲禮：户外有二屨，言聞則入，言不聞則不入；蓋古者蓆地，入則解屨置户外，出則納屨，此非今之套鞋而何?)；曰鞮，韡也(説文云：鞮，革履也，胡人履連脛，謂之絡鞮；[韵會引説文有此九字]釋名曰韡本胡服，趙武靈王所服也)；曰鞵，履之有綌者，鞵不連脛，中國之履，異於胡服之鞾也，惟以其不連脛，故必繫之以繶(今語曰鞵絆)，猶固冠之纓，鞵字之從奚也以此(説文云：繶，以絲介履也；詩小雅采菽：汎汎楊舟，紼纚維之，傳曰：紼，綷也，纚，緌也；爾雅作紼繶維之，紼，䋥也，繶，緌也，郭注訓䋥爲索，訓緌爲繫；説文云：緌，係冠纓也。此可證繫履之有繶，如繫舟之有索、繫冠之有纓)。《説文》有鞮、鞵，《釋名》有鞾(隋書禮儀志及玉篇廣韵又有靴，乃六朝以後字)、鞋，此四名自漢已有之，鞵、鞋《廣韵》皆在佳韵，其字均從齊韵之奚圭得聲，乃由齊變入佳皆也。鞋字雖後出，然從圭乃取其上圓下方以象鞋形，尚非形聲字。

凡 帆 風 鳳

北美洲印第安人圖畫文字，以船帆喻風，以蛇喻生命，以獅子喻勇敢，中國凡字，亦承其前圖畫文字時代以帆喻風之意也。散氏盤銘文，凡散有辭十夫之凡作，凡十又五夫之凡作，此與甲文凡字作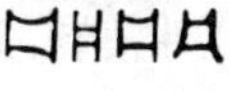諸形，完全吻合，本象船帆，取以喻風，帆御八方風，故引伸爲冣括之義，《説文》凡篆作，謂從二，二偶也；從了，了古文及；按從二從及，無冣括之義，且從二明與篆文不合，或以訛奪解之，然此篆明明列在二部，何訛奪之有，許迷之流亦知從二與篆文不相應，於是紛爲强解，愈解而愈謬，段玉裁不惜僞造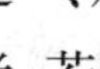爲凡之古文，江沅則仍意割裂篆文、謂爲二，皆欲以救從二之謬也；後之解者，若不達以帆喻風之誼，雖千萬人將仍不免於謬。《説文》云：(玉篇作凬)，古文風，⊙，帆上所繪日形，篆文即由此省變者也。帆之用在使風，故凡字可以喻風，帆風古皆用凡，甲文及戰國以前金器銘文皆無帆風，風字當作於晚周，帆、颿東漢時始有之(釋名云：帆，汎也，隨風張幔曰帆；馬融廣成頌：張云帆；此凡之加巾，謂制以布也。説文云：颿，馬疾步也；左思吴都賦：樓船舉颿而過肆；制此字者猶議風凡爲一字。玉篇又有颿，云古文帆；廣韵又有颿，音篷，今語正謂船帆曰篷，即颿也，此爲凡字之確詁)。甲文凡、風不分同作，風、鳳亦不分同作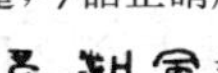諸形，其無者，即《説文》所謂古文鳳象形之也①(朋黨之朋，引伸於貝朋字之，説文以爲風之古文，非也)；有者，即《説文》篆文之，合船帆與大鳥二物以喻風也。甲文卜辭風之作鳳，猶《周禮・大宗伯》風師之作飌師(玉篇廣韵均謂飌爲風之古文)，蓋以大鳥御風而行，亦如船帆，故取以喻風，鳳與飌皆言風，非言鳥，猶之後世風之從虫，取風動虫生之義，颿之從馬，取義於馬行疾，若執此以尋求風爲何虫，颿爲何馬，豈不謬哉。鳳由大鳥喻風之稱，經累世之附會，變而神鳥之專名，復於凡下加虫作風，凡旁加巾作帆或加風作颿，一母之子，别爲路人，《説文》依形聲之謬説，又使聲根義根同出於凡之鳳入鳥部，颿入馬部，風次虫部，初文象形之凡，乃入二部，謂爲從二從及，鳳颿風與凡遂至隔絶而爲聲義各不相關之字

【校注】

①《説文》原文作“鳳之象也”。

矣。中國文字，乃由數百單體象形之初文，爲一切字之基本形體，若外國字母然，一切字皆由此基本形體，相互結合，以次孳乳而漸多。一切初文皆各有其當時約定俗成之音讀(即以拼音文字而言，其字母本身之音讀，非約定俗成亦無由共喻)；惟孳乳爲合體象形字時，或以單體之文，或以數體組成之字，表見其字之聲根與義根(即説文所謂亦聲)，餘體但以見義，不以見聲，或同音或異音、故非所重，此中國字組織之特點也。其用以兼聲者，率爲象工具象動作之單體或合體；蓋以文字代表語言，而語言起源於自然聲音之模仿，蕃衍於社會勞動相依之需要，非此者，即爲象形初文，在合體象形字中，只以爲輔助之義而已。許慎造《説文》，正依此等輔助義之偏旁以分部，而於同一聲根義根所孳乳之字，多視爲諧聲無義，而加以車裂之刑，分散於非聲根義根之山、水、草、木、隹、鳥、蟲、魚、牛、羊、犬、馬、金、石、絲、竹、人、手、耳、目、口、肉、等部，使中國文字由聲根義根而演化之條理，隱晦千餘年，許氏以"解謬誤，曉學者"自許，實乃重謬誤，害學者，其書可謂功不掩罪矣。今人篤信古有形聲字者，每喜舉甲文有雞鳳以爲之證，不知甲文雞鳳之從奚凡，乃合體象形以見義，亦非無義之聲也。或謂甲文雞鳳乃加奚凡於象形字之旁以爲之聲，猶後世有聲無義之註音，果爾，則此與形聲非一物，且視形聲説爲尤謬矣。形聲説猶托義於字之孳乳，非謂注讀另一偏旁之音，以許書所舉形聲字例江河言之：江從水工聲，河從水可聲，非以工可注水之音，乃以工可之聲與水之形結合而爲江河；又如泯之從亡，颿之從風，亦非以亡與風注民與馬之音，乃以亡與風之聲結合民與馬之形而爲泯颿；又如牝牡之從匕土，麒麟之從其粦，非以匕土其粦注牛鹿之音，乃以匕土其粦之聲與牛鹿之形結合而爲牝牡麒麟；此即許書自叙所謂形聲相益，字孳乳而浸多也。形聲相益，乃謂形聲二體平等相加而孳乳新字，非謂右旁之聲爲注左旁之形之音而隸屬之也，故許書有時尚有亦聲之説；無義之註音，僅只另一形體偏旁之隸屬，於音於義，自一無所孳乳，此乃後世注釋之法，非古初造字之誼，形聲之外，果復有註音，則六書之外又有七書矣。且文字爲語言之標識，雖最原始之象形字，既爲約定俗成之字，即已有其約定俗成之音，當時識其字者，見形而知音，聞音而知義，若必待註音，何以牛馬犬羊草木蟲魚皆不注，而獨注雞鳳乎？

臥 監 臨

甲文金文目及從目之字，多横作形或形，亦有竪書者如相字，甲文或作，相侯敦作，中象黑白眼球；篆文多竪書作目，亦有横書者如睘、眔等，中二，乃○之變，非《説文》所謂重童子也。臣字甲文金文多竪書作或形，亦有横書者如甲文或作，令鼎作，乃示目直下不敢平視之意。目臣二字，初或以横竪爲别，然同爲取象於目，書寫取便，又不盡嚴横竪之别，二字遂至混淆，諸應從目之字

如臥、監、臨等,《説文》皆解作臣,其義乃不可通矣。臥象人睡時目下垂,與睡從目垂同意,而《説文》謂從人臣,取其伏也。監臨同字,乃復聲母 gl 之所演化,監()象人以目注視皿上之物,臨()象人以目注視品物,其義一也;《説文》云：監,臨下也,從臥衉省聲,臨,監臨也,從臥品聲。按臥象人臣之伏,已牽强迂曲矣,監臨均以從臥爲義,將謂臥而監臨之乎？則更過於滑稽也。《小雅・節南山》：國既卒斬,何用不監,傳云：監,視也(大雅皇矣序傳亦云：監,視也;爾雅釋詁亦云：監,視也;方言云：監,察也;大抵西漢之人猶知監從目,故訓視、訓察);《箋》云：天下之諸侯日相侵伐,其國已盡絶滅,女何用爲職,不監察之。此豈臥而能監察者乎。《大雅・皇矣》：監觀四方,求民之莫。《箋》云：以殷紂之暴亂,乃監察天下之衆國,求民之定。此亦豈臥而能監察者乎。未有銅鏡以前,古以水爲鏡,字即用監,象人立盛水之皿旁,俯首凝目以察其容,《尚書・酒誥》"人無於水監,當於民監"是也(後世詩文猶以明鏡與止水互喻);吴王夫差鏡銘曰御監;《論語》：周監於二代,《大學》引《詩》儀監於殷(大雅文王作宜鑒於殷,箋云：宜以殷王賢愚爲鏡;蕩殷鑒不遠,箋亦以明鏡訓鑒),《尚書》鑒皆作監,此皆古書之用監而未經後人修改者也。自漢有銅監,遂加金作鑑,或書作鑒,於是古書本作監者,多改爲鑒或鑑(許氏不識監爲鑑之初文,反謂監爲鑑字無義之聲,段玉裁乃謂經典多假監爲鑑,清儒多不識古字古義,遂倡爲經典用字多假借之謬説)。《説文・目部》：瞷,視也;從目監聲;見部;覽,觀也,從見監,監亦聲(覽、濫均從監得聲,由復聲母 gl 之演化與臨同);此漢人不識監之從目,乃别加目或見而爲之者。《説文》：鏡,景也;鑑,大盆也,從金監聲,一曰鑑,方諸(各本無方字,依段氏補),可以取明水於月。按景爲影之初文,謂日光所映之影;竟爲樂曲之終,與鏡義絶遠;鏡之從竟,或爲景之借音,或爲景之訛形,本從景作鐛,鐛字見《方言》,郭注：鐛音映,盧校本從宋本作音影,《周禮》：司烜氏掌以夫遂取明火於日,以鑒取明水於月。鄭注云：夫遂,陽遂也,鑒,鏡屬,取水者,世謂之方諸;《淮南子》：方諸見月則津而爲水,高注云：方諸,謂陰燧大蛤也,孰摩令熱,月盛時,以向月下則水生,以銅盤受之,下水數滴;據此方諸陰燧乃大蛤,非金制,以取水於月,夫遂陽燧,即《内則》之金燧(内則鄭注：金燧,可取火於日),以取火於日,二者乃以取日月之光景,名皆曰鏡,金燧即銅鏡,取火鑒容,蓋有兩用,猶之鑒古亦有兩用,一以盛水鑒容,一以盛冰置食物於中以御温氣,許訓大盆,蓋兼二義,一曰方諸,則與鏡相混矣。鑒鏡初雖二器二名,後因銅鏡亦以鑒容,且已取水鑒而代之,以鏡爲鑒,名實不乖,故《詩》鄭箋以漢之鏡釋周之鑒,而初文則爲監也。

臤

《説文》云：臤,堅也,從又臣聲,讀若鏗鏘之鏗,古文以爲賢字。按臤亦從目,非從臣，手持之，目注之，義爲固持；加土爲堅，土之堅也；加糸爲緊，絲之堅也；加豆爲豎，童僕以手奉豆，注視直立於主人之旁也；加貝爲賢，《漢書·食貨志》引《周易·繫辭》曰：天地之大德曰生，聖人之大寶曰位，何以守位，曰仁，何以聚人，曰財，賢字從目、從又、從貝，手持之，目注之，善守貝聚財，故以爲賢勞，《小雅·北山》：大夫不均，我從事獨賢，傳曰：賢，勞也；賢勞謂聚財守貝事多而勞，故引伸爲多，《禮記·投壺》某賢於某若干純是也；善守貝聚財者恒悋，故臤孶乳爲掔（説文：掔，固也），爲慳（廣韵：慳，悋也）。

朔 望 朢

朔從屰者，由晦而朔，轉終爲始，非順延前期，與泝之從屰同意，《説文》云：逆流而上曰泝洄，或從朔作遡，《集韵》又有溯。甲文有，金文朢望俱有，按𡈼爲仰望字，象人挺身舉目以望，後加月作朢，望爲朔望字；古書無朢字，仰望朔望均作望，《易·小畜·爻辭》"月幾望"、《書·召誥》"惟二月既望"是也。金文有朢字，而鄦惠鼎既望字作。《釋名》：望，月滿之名也，月大十六日，小十五日，日在東，月在西，遥在望也；桓三年《左傳》疏：月體無光，待日照而光生，半照即爲弦，全照乃成望；此亦以望爲朔望字。由甲文而見殷商曆法：以十干紀旬；十二月後間有十三月而無閏，有大月與小月，而無朔望；至周初而有哉生明（武成）、哉生魄（康誥及顧命）、既生魄（武成）、旁死魄（武成）、既死霸（魄）（律曆志引武成及金文三頌）、朔日（小雅十月之交）、既望（召誥）等名，馬注《康誥》、《白虎通義》、《説文》皆以月初生爲魄，《漢書·律曆志》則依劉歆三統歷，謂死霸朔也、生霸望也，孟康從而爲之説曰：月二日以往，月生魄死，故言死魄，魄，月質也。按月魄之生死，即謂光明之盈虧，此外别無何物月質之生死可言，《律曆志》之説非也。或生魄，哉生明，皆謂自朔以至上弦之半照；既生魄謂自上弦至望；旁死魄即既望，謂自望而下弦之半照；下弦以後，謂之既死魄；月除望外，皆非滿月，故月字甲文金文皆作半月形，《説文》云：月，闕也，《釋名》云：月，缺也，滿則缺也，正用此誼，望之從亡，亦此誼也，月滿則缺，既望則行向死亡，故曰旁死魄。説文以朢爲朔望字，望爲仰望字，適相顛倒，周時始有朔望之名，其前已有仰𡈼字（説文云：古文朢，與甲文合，揚雄太玄謂作謹，亦無月），許謂望從朢省聲，則朢爲仰望而非朔望，彰彰明矣，衹以許不識朢之從臣爲目，遂妄造"月滿與日相望以朝君"之臆説，段玉裁又從而附益之曰：朢不入月部者，古文以從臣壬見尊君之義，皆以後世賤儒鄙陋之見説古文字也。《説文》頁部之頣，訓舉目視人貌，此臣之爲目，豈尚有疑義乎？

子 巳 育 巟

古今文中乙子、丁子、辛子、癸子諸文皆六十甲子所不能有，自來説者頗多，而無一得當；劉鐵云初得甲骨，亦謂其中所稱甲子如“乙子卜”“己子不雨”“癸子卜”與後人不同；據殷墟出土之甲子表，子丑之子作，辰巳之巳作（卜辭中甲子字，子有作、、諸形，無作者，上與己辛連文之或，皆無發無囟，與甲子表之大同小異），今人已知乙子之爲乙巳，己子之爲己巳，癸子之爲癸巳，則前疑已釋矣；然以此乃生新疑，即子丑字與辰巳字應爲異字、既皆辰巳字、亦即子孫字、則與子丑字之區别何在是也。按子丑之子，篆文作，《説文》云：古文作，巛象髮也，籀文作，從囟有髮，臂脛在兒上也；金文子丑字師田父尊作、召伯虎敦作，傳卣作、皆有髮有囟，與甲文子丑字合，乃兒字之初形也。《説文》：兒，孺子也，從兒象小兒頭囟未合；《廣韵》支韵兒下重文作皃，上象頭囟，正與甲文、籀文、金文子丑字均合（説文頭囟字篆文作，居簠兒字作，正象未合，篆文兒字從，不象囟之未合，乃似舂臼而實象齒之未全者，此之變異體，甲文之，金文之，即此字，居簠之，其中間形也）；義爲猶未束髮之幼兒，子丑字本用此。辰巳之巳，甲文甲子表作，卜辭作、、、、、、、、諸形；金文作（辛巳敦）、（觯尊之丁巳）、（宂鼎，叔上匜之乙巳，馭八卣之辛巳，史頌之丁巳，格伯敦之癸巳）、（盂鼎）、（毛公鼎）諸形；無一有髮有囟者，義爲一切生物之種子（説文篆下曰：人以爲偁，象形；李陽冰亦知篆不象人形，乃曲爲之解曰：子在襁褓中，足並也；皆不得解之臆説），與子丑字有髮有囟之異字。在植物：子孳乳爲存，謂草木之種子在土中也；《廣韵》有籽與秄，訓擁苗本；季之本義，謂由種子初生之稚禾，引伸爲一切少稚之稱，如伯仲叔季，如月令四時之孟仲季，及四時之末月曰季，故四時亦稱四季，《儀禮・特牲・饋食》之季指即小指；《説文》：穀乳也，按穀象子在㱿中，猶之禾在㱿中爲谷，鳥在㱿中爲鷇。在動物：子孳乳爲孚，後又加卵作孵，謂鳥以爪覆卵而生子也；孚加乙爲乳，《説文》云：人及鳥生子曰乳；子又孳乳爲孳、爲字，孳、字一字，謂鳥獸之孳生也，《堯典》：鳥獸孳尾，傳曰：乳化曰孳，交接曰尾，《廣韵》云：孳，孳息也，《説文》曰：字，乳也，《廣雅》、《釋詁》曰：字，生也，《史記・平準書》：乘字牝者擯而不得聚會，《漢書・食貨志》作牸牝，謂牝畜之有孕者也。在人：則子象肢體未備之胎兒，形若蝌蚪也；胎兒爲其親之子嗣，故金器銘文以爲子孫字。同爲辰巳字，在人同象胎兒，子爲人子，巳亦爲人子，故包胎字從巳，《説文》云：包，象人懷妊，巳在中，象子未成形也（後加肉作胞）；妃配一字，均從巳（説文妃配之篆皆從己，然甲文妃字作，鄘侯敦作，陳侯午作，皆從巳，非從己；毛公鼎配字作，亦非從己），妃配爲【懷】妊嗣續之始也，《斯干》：似續妣祖，箋云：似讀爲巳午之巳，按巳似皆有嗣續之義，故鄭以巳釋似；巳加示作祀。（篆文作，金文作或；甲文作或不加示）謂人子祀其祖先也；巳加水爲汜，《説文》云：汜，水别復入水也，《爾雅》云：水决復入爲汜，如人之子復爲人，一切生物之種子復還其生物之原形也；篆文變爲，變爲，《説文》誤以爲子丑字，與辰字相亂，古金器中乙子、丁子、辛子、癸子諸文，遂至不可解讀矣。子在胎中，肢體雖未備，然已略具人形，故引伸爲已然字（甲文之，金文之或，篆文小變作，隸小變爲巳，皆不甚相遠，隸尤近古文），《説文》云：，巳也；乃巳之引伸義。已然之巳，古語有用爲一字句者，略如今語之“好了”，“得啦”，英語之 well，日本語之“ヨシ”，《書・大誥》：巳、予惟小子；《康誥》：巳、汝惟小子；《洛誥》：公曰：巳、汝惟冲子；惟終；僞孔傳謂巳爲發端嘆辭，非也。盂鼎：巳、女妹辰又大服；毛公鼎：王曰：父厝！巳、曰：役兹卿事寮大史寮，亦皆一字句，非發端辭。子在人爲胎兒，故孕、挽、孟、育均從子；孕，篆文作，象人懷妊形（段玉裁依隸書改篆作，改説文從子兒聲，爲從子乃聲；按兒竪固非，從乃亦無義，且乃字無論甲文金文篆文左畫均不引長）；挽，《説文》云：生子免身也；孟，象子在皿上，胎兒之臨盆也；育從倒子，胎兒恒倒出也，《説文》云：育或從每作毓，按甲文或，即毓字，倒子在母體下，正象産子形，倒子下之三小點，乃象血液，非從㐬（爲倒子，爲兒之古文，非子之古文，説文謂爲倒古飲字，非也。上從倒子，下從川，象水流形，與㐬同意，謂水自山谷突出成川，如嬰兒之流出母胎，後加水作流，或加林作㳅，故盥器飲器瀉水酒之口亦曰流，從㐬得聲之流、𡍮、旒、蓅、䓁、㽌、硫、粇、皆讀力求切，不讀如突，可證也。説文云：游，旌旗之流也，從㫃汓聲；按旗斿字，甲文作或，中斿鼎作，格伯敦作，石鼓作，周禮亦作斿，詩商頌、禮記、玉藻均作旒，㫃象旗懸干上，加子或水或㐬，謂旗之斿如水之流，㐬之從㐬，斿之從子，皆取義於流出，音亦讀流[周禮九斿釋文云，斿音留]不讀由，字本作斿不作游，後加辵作遊，引伸爲遊行字，作游者，乃合旒、斿二形之訛字，許書謂從汓聲，形聲義俱乖，段玉裁謂斿爲游省，尤爲瞽説，旗斿字，古文古書均作斿，無作游者。俗儒誤信説文㐬爲倒子而不識㐬即流，遂妄謂旒爲俗字，其實旒之從㐬，勝於説文從汓之説遠矣），育從肉無義，或謂育字即甲文之或，從肉，從子，按甲文爲口，肉作或，無作者，甲文之與之，皆謂胎兒所從出之母陰也，篆文訛作從肉耳。

耒　目(耜)　以　台　始

甲骨文中雖尚未見有耒字，而有、、、、諸字，均象人扶耒，即耕耤字之初形；至周時金器銘文率加昔作（令鼎）、、（均㦰敦），（後又作藉，古書耤田字多用藉。歧首上之横畫，爲扶耒而耕者舉足加力之木，此從昔之義也，昔即遣，謂用耒者遣足處，故耤訓蹈，藉訓承藉）。令鼎尤近甲文，㦰敦之左旁亦爲耒也。其單作耒字者爲耒彝之，耒作父巳彝之，及耒敦之皆下象耒之歧首及横木，上象人手持耒柄。綜觀諸文，、、、、、、皆爲長柄歧首之耒，其形復見於比、丽（比從兩匕即兩耒，非二人，比彝作，可證；説文云：比古文作，乃之小變；古者耦耕，二耒相比，引伸比併、朋比、比鄰、比較字。丽，甲文作，亦兩耒；麗，甲文作或，從兩耒兩犬，與篆文麗字從鹿同意，金文丽字作或或，亦兩耒，麗字父丁尊及盄和鐘均從兩耒三犬；古者或以犬鹿助耕，如後世之用牛馬，北方通古斯族有使犬使鹿之部，今悉伯利亞東部及北滿猶然。丽麗亦取義於耦耕，説文云：丽，兩耦也，象兩兩相附之形；其義則是，其形則非，蓋許書所謂古文作，篆文作，皆之訛變，猶之訛變爲也。説文之驪馬，周禮作麗馬，鄭注曰：麗，耦也；左傳之伉儷，杜注云：儷，偶也；月令：宿離不貣，鄭注曰：離讀爲儷偶之儷，聘禮儷皮鄭注云：儷，猶兩也；皆用丽麗之本義兩兩相附。士冠禮俪皮鄭注謂：儷皮爲兩鹿皮，乃不識篆文麗字從鹿之誼而妄説之也）及利、荆、勿等字之偏旁（古者五兵無刀，考工記廬人爲廬器，亦有戈、殳、戟、矛而無刀，古之石刀，初爲削器，後以助耕雜於農器，入貨幣時代，尚錢刀並稱，以字形言，刀［］與耒［］匙［］皆極近而易訛，應以義爲斷，如初、劓、券義應從刀，召則從匙，利則從耒。利字甲文作或或，象以耒剌土，以手殖禾，殖禾得利，剌土之物必鋭，故引伸爲鋭利字；説文篆文作，古文作，晉姜鼎利字亦作，皆從耒非刀；犂字説文作𥝢，謂𥝢從黎聲，從秎省聲，秎古文利，此亦利古文不從刀之證。篆文從刀之荆字，金文亦從耒：貞敦：從王伐荆，作，遇伯敦：從王反荆，作，執敦：從王南征伐荆，亦作，從井從，謂持耒而耕井田也，芈楚爲祝融八姓之一，諸夏南遷之最早者，其文化並不通於商周，荆楚之字作者，正謂其人亦用耒而耕之民族也。勿字，甲文作或或或，盂鼎作，召伯敦作，克鼎作，石鼓作，皆象耒之剌地發土，甲文利之，晉姜鼎利之，即耒亦即勿，萬物生於土，故引伸爲萬勿字，後用物者，假用雜色牛之名爲之也；［小雅無羊：三十雜物，傳云：異色者三十也；箋云：牛羊之色異者三十。］一畝之土，非皆純土，故雜色牛名之物從勿，雜帛旗名之㫃亦從勿；牛犂未興以前，不及深耕，只以耒耜抄土隆起，以納日光，故昜字從日從勿；説文云：勿，州里所建旗，雜帛，幅半異，所以趣民，故遽稱勿勿，或從㫃作㫃；按勿㫃非一字，許所説乃㫃之義，非勿之義，許不識勿字，妄以㫃爲勿之或體，㫃爲繪勿形之旗，鄉官栽以促耕，［周禮：鄉遂載物，此假物爲㫃，鄭注曰：鄉遂，鄉大夫也。］與勿爲異物異字），《説文》謂耒爲手耕曲木則是，謂從木推則非矣，"耒非推草之用"，朱駿聲已知之矣，篆文作，乃之訛變，許氏遂據以臆造從木推之説。耜字，甲文、金文、石鼓、均作，象不歧首之耜，《説文》訓用之，實爲，非反巳。隸變爲目，後又加耒作耜。牧敦作，隸遂作叺；古鉨文有作者，曹魏三體石經古文作，篆文作，隸變作以。耒之初形當爲［大］，即歧首之木橛，首向上則爲（干）、爲（弋），《説文》云：弋，橜也，象折木衺鋭者形，農卣弋作，叔妣敦妣作，皆爲歧首之木橛；耜初爲不歧首之木橛，父、氏均從此，後加人工遂爲耒耜，耒則曲其柄，耜則增一圓板之木首，《易·繫辭》所謂斫木爲耜揉木爲耒是也（説文云：柔，木曲直也；煣，屈申木也；考工記作揉，鄭注曰：揉，謂以火槁之。蓋謂生木柔，有可曲可直性，以火煣之，可令屈者伸，伸者屈）。斫木謂增耜之首，利於發土；揉木謂曲耒之柄，利於推之剌地，甲文偏旁多有，而罕見，《詩》豳風、小雅、周頌皆言耜而不言耒，可知殷人多用耒，周人多用耜，耜之發土遠優於耒（考工記：耜廣五寸，二耜爲耦，一耦之伐，廣尺深尺謂之甽。又云：車人爲耒庛，長尺有一寸，而未言其廣，庛即耒之歧首，先鄭讀爲疵，後鄭讀爲剌，其用在剌地，有深而無廣，視耜之發土方一尺者，遜矣，故後世主要耕器之犂，乃蜕變於耜，非蜕變於耒，蜕變於耒之鏵鍫、杈杷之類，今且不爲耕器矣），此殷周興亡之大本也，所謂紂之暴與周之盛德，皆當時戰勝者及後世賤儒之讕言而已。耒之形制，自甲文金文以至東漢武梁祠刻石，均爲上柄微曲，下首兩歧，與耜有别；顔師古《急就篇》注云：耒，今之曲把茉鍬①，其遺制也；《説文》云：茉，兩刃臿也，從木丫，象形，宋魏曰茉也。按茉即鏵鍪，從木謂柄，艹象歧首形也；《方言》云：燕之東北，朝鮮洌水之間，謂之臿；宋魏之間，謂之鏵，江淮南楚之間謂之臿；《淮南子》高注亦云：臿，鏵也；《爾雅》郭注云：斛，即古鍪臿字；按臿字從干，形爲歧首，《爾雅》、《方言》均作斛，《説文》斛銚均訓田器，《説文》又云：錢，銚也，古田器，按斛銚從重八之兆，錢從二戈之戔，皆取義於耒首兩歧，今之鏵鍪，猶爲歧首之器，此就耒之形制蜕變爲後世之茉、鍪、斛、銚、錢、臿，皆爲歧首，與不歧首之耜非一物也。二鄭注《考工記》，先鄭謂庛爲耒下歧；後鄭謂古者耜一金，兩人并發之……今之耕歧頭兩金，象古之耦也。據此，古耜一金，漢器兩金，漢以前歧首者曰耒，不歧首者曰耜，從可知矣。然後鄭又謂庛讀爲棘刺之刺，刺耒下前曲接耜，是乃混耒耜爲一器，上爲耒而下爲耜，蓋漢人不知古耒耜之别，雖康成亦不免，故其《月令》注云：耒，耜之上曲也。又云：耜者耒之金也。此與《説文》梠訓臿、枱訓耒耑以及京房《易》注"耜，耒下耓也，耒，耜上句木也"、《莊子釋文》引《三蒼》"耜，耒頭鐵也"、《漢書·食貨志》師古注"耜，耒端木，所以施金也"同一謬誤。試思歧首之耒之下，又接以一木或一金之耜，成何物乎？耜上曲木，何須歧首，一木或一金之耜，又如何與其上歧首之物相接乎？二名既已混淆，古只作目者，後竟加耒作耜，此事當在漢後，《説文》尚有梠、梩、鈶、辞而無耜也。世以目以爲一字，實則目爲之變，以爲之變，乃以耒耜象雌雄二器之義，□以鼎之、牧敦之（古鉩文鐵冶官字作，是亦作△也），古鉩文之、魏三體石經之，古文古義之僅存者也。一切生物自微蟲以至人類，莫不資始於雌雄之交接，《周易》乾卦彖辭：大哉乾元，萬物資始；《繫辭》所謂乾道成男，坤道成女，乾知大始，坤作成物；皆即字之義也。爲初形，孳乳爲姒爲始，即公姒敦及奋敦之也，甲文之省形爲，郘伯達敦之省形爲，齊鞶氏鐘之省形爲，鄧公敦之省形爲，叔向父敦之省形爲或，三頌之省形爲，石鼓文因之作，《説文》篆文作，隸變爲始；或省爲，齊侯鎛、陳侯因資敦、王孫鐘、歸父盤、邾公華鐘、簷鼎、大史申鼎、其彤句鑃皆用台爲以；臺孳乳爲胎、爲冶、爲治：肧胎爲胎生動物之始（説文云：肧，婦孕一月也；胎，婦孕三月也。爾雅釋詁：胎，始也，郭注云：肧胎未成，亦物之始也，釋文云：胎本或作台），冶金冶器，初制之型，亦曰肧胎（正字通云：器物未成者，亦曰肧，俗作胚；按今用坏），冶之本義爲冶器，故金文治作辭，辭謂治絲，治亦通理，理

【校注】

① 《急就篇》原文作"茉"。《説文》所無。《説文》所載之"茉"，在木部，明言从丫，楷書之"茉"，艹乃丫之省訛。《急就篇》之"茉"，亦丫之訛。

謂治玉，治器始於胚胎，故治始古通用(書益稷：在治忽，史記夏本紀作來始滑)；台又孳乳爲炱，爲枲，爲殆，爲迨，爲怠：炱，燒木而猶未成炭者；枲，牡麻也，《説文》籀文作𣏟，皆取義於；《豳風·七月》：殆及公子同歸，傳：殆，始也，《釋文》殆作迨；《鴟鴞》：迨天之未陰雨，《説文》引作隸，毛許均訓及；《説文》台訓悦，怡訓和，怠訓慢，按怡怠一字，人情憂勤悦豫，台爲初文，義起於婚媾，後加心作怡與怠，《禹貢》祗台德先，鄭注以敬和釋祗台，《釋文》云：台，徐音怡；段玉裁謂古多叚台爲怡，而不知喻母古讀定母，怡本作臺，段氏蔽於經典字多叚借之成見，並《説文》台訓悦之誼而忘之矣。《説文》郘篆下云：姒姓國(國語韋注亦云：杞繒二國姒姓。詩大雅思齊：大似嗣徽音，傳云大姒，文王之妃也；大明：纘女維莘，傳云：莘，大姒國也；史記周本紀正義引括地志云：古㜪國城，在同州河西縣南二十里，世本云：莘國姒姓，夏禹之後，即散宜生等求有莘美女獻紂者。按大明言大似生地在洽之陽，在渭之涘，又言文王親迎於渭，傳云：洽，水名，在今同州郃陽夏陽縣；漢書地理志左馮翊有郃陽，應劭曰：在郃水之陽也，師古曰，即大雅大明之詩所謂在洽之陽；是姒姓之莘國，在今陝西郃陽同州境，介於殷周間，其爲耒耜並用之族歟)，在東海，按許書女部，備録姜、姬、姞、嬴、姚、嬀、妘、姺諸古之著姓，而獨無姒篆，吴大澂曰：《爾雅》女子同出謂先生爲姒，凡經典姒字皆當作始，古文台、以爲一字，許書無姒字，此説是也。《説文》篆文之，即亦即以，只之左右易位，非如隸之加人作似也。有二義：《説文》：，象也；《廣雅》：似，類也，象也，若也，謂兩親之所産，象其先人也，此義通於巳，故《斯干》似續妣祖箋云：似讀爲巳午之巳；《小雅·斯干》：似續妣祖，《裳裳者華》：是以似之，《大雅·卷阿》：似先公酋矣，《江漢》：召公是似，毛傳似皆訓嗣，《裳裳者華》箋云：先王使之世禄，子孫嗣之，《卷阿》似先公酋矣下云：爾土宇昄章，乃謂嗣先公之位且增大其封地也，《江漢》召公是似下云：厘爾圭瓚，錫山土田，於周受命，自召祖命，箋云：宣王欲尊顯召虎故如岐周使虎受山川土田之賜命，用其祖召康公受封之禮，此似之又一義也，謂似續先人之禄位，義通於嗣。《説文》云：嗣，諸侯嗣國也；微欒鼎作，晉姜鼎作，盂鼎作，、、、皆耒也，嗣或作怡、作台(舜典：舜讓於德弗嗣，史記作不懌，索隱曰：古文作不嗣，今文作不怡；史記自叙；唐堯遜位，虞舜不台：李善文選典引注云：漢書音義韋昭曰：古文台爲嗣)，乃取義於耜；《説文》爵之古文作，即㪅匜之父丁觶之之倒形，父癸尊作，此爵禄之爵，與《説文》所謂象爵(雀)形之禮器爲異字；嗣與爵之所以取義於耒耜者，蓋以私財世襲之制，肇端於兵器耕器及俘奴，遠在氏族末期已有之，其後私財日益張，氏族制日益僕，國家乃代興，延至封建之周世，猶以耒耜爲嗣位襲爵之象徵，《書·康誥》侯甸男邦采衛之男(男女古曰士女)，亦從耒作(甲文男字皆義爲男爵，非男女)，作(齊侯鐘)，作(師寰敦)，作(𡨦侯簠)，與爵之從耒同意。私有興而爾我予舍辤受之義嚴，故我字甲文作，金文作(叔我鼎，僕兒鐘)、作(盂鼎，毛公敦，

師寰敦，召伯敦），《説文》古文作，皆從戈，從耒；予訓推予，義亦爲我，篆文作，以牧敦之古鉩之推之，亦或從二耜一耦；《説文》謂余從八，舍省聲，實乃舍字初形，並非從八，余字甲文作，或，金文亦作（盂鼎、毛公鼎，宗周鐘、散氏盤、召伯敦）或（大保敦），石鼓作，象屋頂，或木象屋柱，即舍字，《説文》：市居曰舍，即後世所謂旅亭也，古無旅舍，旅人惟止宿於路旁居人舍中，《周禮》所謂路室也，舍之主人以其私有之室舍施人止宿，故自稱曰余，今語所謂舍下，皆施身自謂之義，因之舍亦訓施（毛公鼎之舍命即施令），訓捨（論語不舍晝夜，金器銘文捨皆作舍，舍爲初文，後始加手），余孳乳爲餘、爲賒，余舍古同音，《廣韵》余字魚麻並收，故從余得聲之賒讀如舍，後世余姓訛作佘，音讀仍如舍，今方音讀沙、讀灑、讀咱，皆余之變也；《説文》辤，不受也，籀文作辞，按金文皆從台作辞，不作辤，《説文》枱（耜）之籀文從辝作辝；台訓予我之我（爾雅：台，我也；書湯誓：非台小子，敢行稱亂；齊鞶氏鐘：用享以孝於[台]皇且文考），又訓贈予之予（爾雅：台，予也；後加貝作貽），義亦起於耒耜之私有也，物爲私有，始有爾予贈貽之事。

（四）

刀 匕 勺 升 斗

刀（甲文偏旁作，金文作）、匕（甲文偏旁作，金文作）、耒（或）、匕（祖妣字甲文作，金文作）、匕（變匕字金文作，篆文作）、人（甲文作，金文作，篆文作）六字，每以形近致訛，例如到應從人，而篆文訛作刀，《説文》遂以爲刀聲；召應從匕勺之匕，而《説文》亦以爲刀聲；匕爲女陰，妣（籀文妣）、牝、駝、麀均從之，而《説文》訓比，又以爲取飯之柶，訓匙爲匕；利本從耒，篆文則從刀；眞、𡿺均應從匕勺之匕，而《説文》以爲真從變匕之匕（從倒人，象人在胎中形。吕覽“紂剖孕婦欲觀其化”是也），𡿺從相比之匕；卬（篆文作）應從二人，一立一跽，而《説文》以爲從匕從卩；（鍇本説文作）象二耒，《説文》以爲創傷字，㓞業字荆楚字均從二耒，而《説文》以爲創從創傷之刅，荆從刀；化即貨（齊刀貨字皆不從貝），本從一耒一刀（齊刀文），或二耒一貝（大貨六銖錢），而《説文》則以貨從貝化聲，訓財，化從匕從人，以爲教化字；或迂曲而難解，或直不可通，此皆應以義爲斷，未可以形似而强解也。或謂刀匕勺爲一器一字之分化，吾則以爲不然。刀斧同起源於石片，刃薄而背厚，其特徵也；其後分化，横面較長，利於斫伐者爲斧，縱面較長，利於切削者爲刀；Crete 圖畫文字刀作形（甲文金文雙刀形之卯字，與此酷肖），中國古文刀字作、（祖乙卣）（刀索父癸爵）、、（庚瞿）、（甲文俎字之刀旁）、（甲文初字之刀旁）諸形，均上象刃，下象柄；篆文訛作，其上似柄，下似兩刃（徐鍇亦悟刀無兩刃，詭云刀背與刃,然依古文虚鈎之例,不應空首也),今人遂誤以刀匕同字矣。匕起源於歧首之木束,《詩·小雅》、“有捄棘匕”是也(棘謂仿於棘形之叉器,任何木皆可爲之,毛傳云:棘,赤心也,安得隨地皆有赤心木取以爲日用之器),利於刺取肉食於器,不可以切削,故異於刀,不可以挹酒漿,故異於勺;後制器日精,廢匕用勺,故勺亦蒙以匕名,並别制匙字,今之湯匙,明爲勺也,短劍曰匕首,其首亦似勺,而不似歧首之匕(匕匙一字,應同音,讀如束,匕讀卑履切者,一誤於説文相與比叙之説,復誤於以匕與祖妣之匕爲一字也)。勺起源蚌殼(漢書東方朔傳:以筦闚天,以蠡測海,張晏曰:蠡,瓠瓢也。方言作蠡,郭注云:瓠勺也。説文:斡,蠡柄也。史記貨殖傳:范蠡變姓名爲鴟夷子皮,揚雄酒箴:鴟夷滑稽,腹如大壺,類篇曰:蠡,蚌屬),小者曰勺,甲文作[illegible]者是也(甲文敦、役、玫、般、敲之偏旁,均作[illegible],象手持勺,篆文訛作攴或殳),大者曰升曰斗,甲文作[illegible]者是也(甲文勺作[illegible][illegible]諸形,中有實或無實;賢既礿祭字作[illegible],與甲文同;篆文變作[illegible],中亦有實;秦公敦升作[illegible],斗作[illegible],周陽侯鐘、谷口甬、好畤鼎、眉妹鼎、釁脒鼎斗均作[illegible],可證升斗皆大勺),皆以挹酒漿,小者若今之湯匙及銅鐵勺,大者若今之瓠瓢而木制有柄者,安徽曰宛子,江蘇曰幻子,又若各地通行竹木銅制之簞子(方言云:蠡,陳楚宋魏之間或謂之簞,或謂之瓢,今語簞讀合口桓韵如端),皆挹器,非若刀之能切、匕之能刺也。刀匕勺三者,來源各異,器用不同,余不以爲一字。反之,升斗勺三者,只大小深淺之殊,非根本異器,故古文乃爲一字也。《説文》篆文斗作[illegible],升作[illegible],皆古文[illegible]之訛形,漢時讖緯家人持十爲斗之説雖謬,然可證當時通行之斗字尚近古文[illegible](谷口甬或作[illegible]、汾陰鼎作[illegible]可證),不似《説文》篆文訛變之甚。《説文》云:斗,象形,有柄;升從斗,亦象形;按[illegible][illegible]實不象升斗之形,許亦無以説升斗之别,蓋升斗勺本均無别,故《説文》木部云:料,勺也;杓、料柄也(料杓乃斗勺加木之後起字)。《考工記》:梓人爲飲器,勺一升,鄭注云:勺,尊斗也(今本考工記及士冠禮鄭注,均作尊升,兹依段玉裁説改爲尊斗,蓋以六朝人依人持十爲斗之説作升字也),此亦升斗勺一器一字之證。升斗與勺同爲挹酒漿之器,後用爲量名,《史記·商君傳》:平斗桶權衡丈尺;《月令》:同度量,鈞衡石,角斗甬(吕氏春秋作桶),正權概(鄭注曰:丈尺曰度,斗斛曰量,甬,今斛也。漢書律曆志曰:合龠爲合,十合爲升,十升爲斗,十斗爲斛。周秦曰桶,漢曰斛,皆十斗之量名,今斛二斗五升,十斗曰石,則爲衡名而非量器之名);蓋六國時商業大盛,度量衡須有定制,至漢更增益而爲龠、合、升、斗、斛五量矣(何氏論語集解引馬融曰:六斗四升曰釜,苞氏曰:十六斗爲庾,馬融曰:十六斛曰秉,孔安國曰:九百,九百斗也。按此不足爲春秋時量名之證,九百不必以斗計;釜謂一釜之粟,恐非定量量名;庾,説文云:水漕倉也,一曰倉無屋者,小雅:曾孫之庾,傳云:露積曰庾,史記文帝紀:發倉庾以振貧民,集解引應劭曰:水漕倉曰庾,胡公曰:在邑曰倉,在野曰庾,索隱引郭璞注三蒼云,庾,倉無屋也,是庾爲露倉,明非量名;説文:秉,禾束也,從又持禾,五秉,蓋猶今語五把,以庾例之,秉亦非量名,聘禮:米三十車,車秉有五籔,鄭注云:秉有五籔,二十四斛也,疏云:十斗曰斛,十六斗曰籔,十籔曰秉,按寠籔爲頭戴竹器之名,十六斗之籔頭何以戴,二百四十斗之秉車何以載,注疏作者均未之思也;六國以前,蓋無定量量名如漢儒所確鑿言之者。論語斗筲,爲竹器,前漢書平帝紀：以石斗受錢，後漢書仲長統傳：斛取一㪷，尚加豆，不逕作斗）。以挹器爲量名，猶之以斧斤之斤，陶鈞之鈞，石塊之石，爲衡權之名也（律曆志曰：十六兩爲斤，三十斤爲鈞，四鈞爲石；鄭注月令，高注吕覽均云：石，百二十斤。石後加禾作秙，段玉裁謂古多假石爲秙，非也，按假借者，謂假用異形同聲之字，清儒蔽於形聲之説，不識初文，每以初文爲假借，以後加偏旁者爲本字，顛倒甚矣。史記平準書：米至石萬錢，又云：漕轉山東粟，以給中都官，歲不過數十萬石。貨殖傳：醬千甔，又云：榻布皮革千石，棗栗千石，是甔石並用也；漢書貨殖傳作醬千傳，荅布皮革千石，棗栗千石，是儋石並用也；孟康曰：儋，甖也，師古曰：儋，人儋之也，一儋兩甖；漢書蒯通傳：守儋石之禄，揚雄傳：家無儋石之儲，皆儋石連文，義應有别，師古之説是也。今作擔又作担，讀同儋石，據宕、拓、柘均從石得聲，知石字古音不讀當隻切也）。古之刁斗（説文作鐎斗，史記漢書李廣傳均作刁斗，廣韵引纂文亦作刁斗，孟康曰：刁斗，以銅作鐎，受一斗，晝炊飯食，夜擊持行，蘇林曰：形如鋗，師古曰：鋗即銚也，今俗或呼銅銚，按説文：鋗，小盆也，銚，温器也，鋗銚蓋即今煮物之銚子，瓦制或銅制，刁斗有柄，故可炊飯，又可持擊。刁爲刀之訛，鐎之借字，鐎爲周禮春官先鄭注"以煮之鐎中"之鐎，埤蒼云：鐎，温器，有柄斗，似銚，博古圖所録漢銅制地斗，高廣皆不及尺，容僅一升四合有半或三升，有柄，有流，蓋鐎之有柄似斗勺者，非受一斗也），今之熨斗，皆以斗名，似有柄之古斗也；斗星有柄，科斗有尾，亦不類今斗。

匕　牝　尼

《説文》：牡，畜父也；牝，畜母也，牝牡初謂牛之雌雄，後引伸以爲凡雌雄字。麀爲牝鹿，字亦從匕，甲文有，即爲牡鹿字（爾雅説文均謂牡鹿曰麚，與甲文異，牝馬曰騇，牡馬曰騭，牝羊曰牂，牡羊曰羒，牝豕曰豝，牡豕曰豭，亦均與甲文異，蓋東周之字），甲文凡犬、羊、牛、馬、鹿、豕字，皆以匕丄分象雌雄，石鼓文之駇，正謂牝馬，與甲文同，《説文》有馬匕篆，即石鼓之駇，許訓馬名，非也。雌畜之字，牝外唯存一麀，段玉裁曰：牝本從匕聲，讀扶死反，麀音蓋本同，後人以鹿聲呦呦，改其音並改其字作䴠（説文云：麀或從幽聲作䴠）；此説極是。雌從此，此從止匕，尾隨女性者指之曰此，猶之追逐毛類者指皮呼曰彼。祖妣字甲文概作且匕，金文祖亦多作且，妣作匕、妣、礼、𡚱諸形，《説文》籀文作𡛷，篆文作妣，蓋漸由質入文也。尼之從匕，猶屬之從蜀（屬説見下文），匕在尸下，猶蜀在尾下，《説文》尼訓從後近之，正狀鳥獸之交尾，故尼義引伸爲近；後加日作昵，義爲私昵（或作暱）；加口作呢，呢喃，私語；加心作怩，女性忸怩；加㫃作旎，以女性之忸怩，狀旌旗之旖旎（説文作旖施；詩檜風作猗儺，狀淫女之摇曳多姿也；九辨九嘆均作旖旎，上林賦：旖旎從風，張揖曰：旖旎，猶阿那也，鄭衆注考工記引作倚移從風，義亦爲摇曳；廣韵作婀娜或婀娜，上林賦：妩媚姌嫋，杜甫詩：連竿動嫋娜，李白詩：花腰呈嫋娜，皆狀女子腰肢摇曳；初音初義起於尼，謂交接時女性腰臀之動作），加丘作泥，加水作泥，皆謂受水凹處（爾雅：水潦所止泥丘，釋文云：泥又作屔，廣韵引爾雅亦作屔丘，説文：屔，反頂受水丘也。孔子世家：叔梁紇與顔氏女禱於尼丘，得孔子，生而首上圩頂，故因名丘，字仲尼）。《廣韵》匕、妣、在旨韵，牝字旨軫二韵並收，讀扶履毗忍二切，旨（i）軫（in）陰陽同韵，故匕牝同讀。今語女陰仍讀爲匕（pi），桐城語音小變爲匹(p'it)，苗語爲 hi(日本語ハ行(h)濁音讀バ(p)，半濁讀パ(p')，皆初音送氣音 ph 之所演變也)，由脂變佳皆，則廣東語讀爲 hai 矣；由脂變麻，則爲吴語駡女子之爲老 ha 小 ha 矣。

公 私 厷 屬 皋 睪 了 𠄌 允 信 夋

公字甲文金文皆從八從口作㕣，篆文作公，皆象男陰，從八者，公然顯露而無所隱蔽也，私則加禾裳以蔽之矣(如新幾内亞土人，全體裸露，惟以椰葉蔽其陰部)，此公私之初義也。稱父曰家公(列子黄帝篇)，婦人稱夫之父亦曰公(前漢書賈誼傳)，亦曰妐(吕氏春秋)，父曰翁，夫之父亦曰翁，夫之兄曰公(釋名)，亦曰兄公(爾雅)，或曰妐(玉篇廣韵)，姊妹互謂其夫曰私(爾雅釋名)，今語稱夫之父母曰公婆，鳥獸之雌雄曰公母，金石木器凸凹之榫曰公母榫(英語亦然，例如螺旋亦别雌雄，凸者曰 male screw，凹者曰 female screw.)，是皆以公私爲雄性也。雌爲鳥母，雄爲鳥父，雌之聲根義根爲匕，雄之聲根義根則爲厶，雄從厷，《説文》云：厷，臂上也，從又，從古文，𠃋古文厷，象形；隸變爲厶，其形與公之厶相會矣，公在東韵，厷在登韵，東韵(uŋ)字古音多在蒸登韵之合口(uəŋ)，其音亦屬同源，群母流變爲喻母之於，則雄讀羽弓切矣(弓字古音亦讀登韵之合口)，古之人，雄性以壯美稱，今鳥獸猶如此，故從厶從厷之字，率有俊偉之義，如弘、宏、閎皆訓大，雄亦引伸爲英雄字(雄性之引申雖有雄大義，而謂雄雌受名於大小者，則本末顛倒矣。雄雌以器官分不以大小分也)。雄本謂雄器，今語由器所出之精亦曰雄；私亦謂雄器，乃推衍爲通稱，男女均云私處，於是女子之褻服曰私(葛覃：薄污我私，傳云：私，燕服也)，私處所出之小便亦曰私(襄十五年左傳：師慧過宋朝將私焉，杜注云：私，小便)，猶之脽爲臀，脽近處所出之小便亦曰脽(今湖北安徽以至南京，小便皆曰脽，讀如綏，江蘇南部則曰私)，公所出之小便亦曰小公(推演之出大便亦曰出大公，作恭者，聲之訛也)。屬爲雄器，雌雄之合亦曰屬，《禹貢》：涇屬渭汭，《釋文》引馬云：屬，入也；《士昏禮》：酌元酒三屬於尊，鄭注云：屬，注也；《説文》：屬，連也，從尾蜀聲，蜀，葵中蠶也；尾下安蠶，無由訓入、訓注、訓連，亦以葵蠶喻尾下男陰耳(説文：斀，去陰之刑也，周書曰：刖劓斀黥。今本吕刑作劓刵椓黥，正義曰：賈馬鄭古文尚書作劓刵劅剠；按斀劅同，椓爲音借，此以蜀蠶喻男陰之證。三國志，先主以諸毛繞涿嘲張裕之多須，亦借涿爲屬，以喻陰竅也。説文豚訓尾下竅，廣韵謂启爲豚之俗字，尸下安口，乃象竅形矣，蜀、屬、斀、劅、椓、涿、豚、启皆在屋沃燭韵，古無舌上，同讀爲 duk，北山經借州，内則借醜，鄭郭並訓爲竅，蓋古无尤侯幽韵，州丑讀 du，與 duk 同音)。《堯典》：鳥獸孳尾，傳曰：交接曰尾，今云交尾，尾不可交，乃謂尾下之器，猶之尿(尿)從尾水，義爲小便，亦謂尾下器官所出，非尾之有水也，今語牝牡之合，曰入，曰屬或觸，獸曰連(吴語曰狗連連)，此皆屬之初義也。《説文》：夲，進趣也，從大，從十，讀若滔；皋氣皋白之進也，從白夲；䒤，進也，從夲，從屮，允聲，《易》曰：䒤升大吉(今本易作允升大吉。説文旞篆下曰：導車所以載全羽以爲允，允，進也；是夲允皆有進義，允説見下文）；夰，放也，從大而八分也（古老切）；臭，大白澤也（大白疑即靈樞六腑十二原之太白，决無白澤連文義爲獸名之理），從大，從白，古文以爲澤字（古老切）；㚔（段玉裁依五經文字改作㚔，按𢆉羊即干羊，皆干也），所以驚人也，從大，從羊，一曰讀若瓠；睪（隸變爲睪，澤從之），司視也，從横目，從㚔（羊益切），自語音言之，夲在舌頭，𣅀、睪、喻母出於定母，亦在舌頭（漢書中盾即中允，鐸從睪得聲，日本讀澤爲"タク"[tak]），古音爲 d，此一類也；皋、夰、臭、㚔、在舌根，古音爲 g，此一類也。自形義言之，夲、皋、夰、臭、㚔、睪均從大，大象人體之形，允之下半亦從人，夲之十，㚔之干，蓋皆象男陰，鐸之從睪，乃象其中垂舌如男陰，皋臭之白，蓋謂腎囊，故訓澤（玉篇廣韵皋臭均訓澤，説文云：腎，水藏也），皋與睪澤每互通（小雅：鶴鳴於九皋，傳云：九折之澤；襄二十五年左傳：牧隰皋，杜注云：隰皋，水厓下濕爲芻牧之地；漢書賈山傳：江皋河濱，李奇曰：皋，水邊淤地也；史記武帝紀：泰一皋山山君地長用牛，封禪書作澤山，集解引徐廣曰：澤一作皋；天官書：其色大圜黄滜，註音澤；列子天瑞篇：睪如，殷敬類釋文音皋；荀子王霸篇睪牢天下而制之，後漢書馬融傳作皋牢，章懷注云：皋牢，猶牢籠也，引荀子皋牢天下而制之；靈樞經：腰脊控睪而痛，史崧注云：睪，音高，陰丸也），蓋皋睪一字，初本從⊖，正象牢籠囊括之形，後訛爲罒或血，字遂作睪或睾（睾字當作於唐宋以後，宋修玉篇廣韵，均未收此字，紹興中史崧注靈樞，尚作睪，不作睾）；夲、皋、𣅀之訓進，猶屬之訓入訓連，古名動每爲一字，夰下從八，象兩股之分開，今語牝牡之合，猶讀古老切，字當爲臭或夰（元包經云：物萌於囷，又云：夰入於囷，傳曰：夰入於囷，元氣降也）；廣東語，男陰曰皋（音爲 Kan，皋字廣韵在豪韵，正讀 Kan），曰澤，或並云皋澤，蓋此字自古即讀舌根舌頭二音也。公從厶，篆文厶作ᕳ，亦有舌根舌頭二讀，讀舌根則如公（讀如私者，誤於韓非子自營爲私之説也），讀舌頭則如佻。ᑭ爲ᕳ之倒文，ᑭᕳ隸作了𠄏，《玉篇》了，力鳥切，掛也；𠄏，丁了切，懸物貌也（廣韵亦云：𠄏：懸貌，都了切。説文有了無𠄏，了訓尥，從子無臂；尥訓行脛相交，牛行脚相交爲尥；皆非也。尥義同逴、踔，方言又有尦，爲跳躍之本字，今北方謂牛馬曲後足觸人曰尥，讀如料，孳乳爲今語之踢，皆取義於長柄曲勺，尥踢異讀，乃演化於古音復聲母之 di，此皆與脛脚相交義遠。交象交繩，説文亦誤訓交脛，古者字少，决無爲交脛相事而造數字之理。了更與交脛尥踢無涉）。了𠄏或作了佻，《方言》：佻，懸也，燕趙之郊懸物於台上謂之佻，郭注云：了佻，懸物，丁小反。了𠄏倒順一字，引伸爲懸掛者，謂長柄曲首之物有以鈎之也，讀二音者，亦復聲母 dl 之演化；其本義則爲男陰，今語男陰正讀都了切，字即𠄏，南方或讀力鳥切，北方或讀力堯切，字即了，了𠄏謂男陰下垂時懸狀，孳乳爲吊，故後世又作從尸從吊之屌（字彙），懸物率用鈎環，後用以掩門者亦曰了佻；了佻有止義，故近代語引伸爲了結、了當及語已詞，今北方語已詞，了又變爲啦；垂下來曰搭拉下來，則猶爲𠄏了之舊義也；用爲明了字者，假了爲同音之憭瞭也。允字甲文作ᕳ，金文篆文作ᕳ，上爲ᕳ，下爲人，象人向男陰頂禮形，初民篤信於此以爲隆重之典禮者，往往而有，遠者且弗征，今日北平雍和宫及嗎嘎啦廟供奉陰器之堂殿，猶爲蒙古人神聖莊嚴之地，絶無所謂猥褻也。良以含生負氣之倫，由無性生殖進而爲有性生殖，即由自體分裂進而爲雄精細胞與雌卵細胞之遘合而孳生，《周易·繫辭》所云"男女構精萬物化生"是也，此爲世間動地驚天一大事，吾人之有今日及今後之延嗣繁種，胥賴於是，其神聖莊嚴，理應遠在清廟明堂之上，古人堂而皇之供奉而祀禱之，本無足怪，甲骨卜辭中有允兄、(祝)允令、(即命亦即祝命)允求、(求即禱)諸文，即祀禱於男陰也，近人已有知允爲殷人祭名者，然猶不識允祭之義。田畯字，甲文金文均從允，不從夋(古文無夋字，秦篆始於允下加夊作夋。字彙補謂吮爲古文允，實畯字古文之偶存者)，甲文作或，金文作(頌敦，秦公敦)或(頌鼎、盂鼎、追敦、宗周鐘)，均一象人頂，一象人跽而頂，田畯蓋謂土田之神，非田官，《豳風》七月之詩，蓋謂農夫於四月舉家至南畝以酒食享田畯，如今農村之祭土地也。卜辭之允求，或爲允祭於田畯而求年，古人以男陰與土田爲一切生殖之源泉，甲文牝牡字從丄作，丄爲男陰亦爲土(土字，甲文作，金文作，然甲文埜作，金文散氏盤，土字作丄，是丄亦土字，故篆文牡字從土)，故田畯字從田從允。樹蓺字，勢力字，古只作埶，金文從手持木種土作(父乙甗)或(南宫中鼎，義爲蓺)，大克鼎作(義爲勢)，字皆從土，割陰曰去勢，從埶之褻訓私服，便器曰褻器，引伸爲穢褻猥褻字，此皆男陰與土田之義相會矣。允訓信，《説文》謂信古文作，此非從人口，乃雌雄二器匕與厶也(公字，公伐郐鼎作，作，晉公盦作，古鉨文有作者，皆可證可作)，信之初義蓋爲符節(周禮司關：凡所達貨賄者，則以節傳出之，鄭注以節爲璽節，傳爲過所文書；掌節：凡通達於天下者，必有節，以傳輔之，鄭注曰：輔之以傳者，節爲信耳；又掌節邦節鄭注曰：輔王命者執以行爲信；使節鄭注曰：行道所執之信也；春官典瑞鄭注曰：瑞，節信也。説文：卩(節)，瑞信也，象相合之形；卬，輔信也。文十二年左傳：以爲瑞節，杜注曰：節，信也。漢書平帝紀注：如淳曰：律，諸當乘傳及發駕置傳者，皆持尺五寸木傳信，封以御史大夫印章。漢書文帝紀：除關無用傳，張晏曰：傳，信也，若今過所；如淳曰：兩行書繒帛，分持其一，出入關，合之乃得過，謂之傳也；李奇曰：傳，棨也；師古曰：古者或用棨，或用繒帛，棨者刻木爲合符也。後漢書竇武傳：取棨信閉諸禁門；説文：棨，傳信也。按符、節、傳、棨、過所以至今之聯單、公文，古今用玉、用竹木、用金、用繒帛、用紙不同，而分持合驗之用則皆同，皆即信，此信字之初義也)，取雌雄二器兩相嵌合之義，符、節、傳、棨、均不象二物相合形，《説文》謂卩象相合之形，按卩象人跽形，非符節字，亦不象相合之形；相合之形，蓋謂信之古文也，此符、節、傳、棨等之初文象形字，《説文》信訓誠，乃符節義之引伸，非信之本義，古多用信爲屈信字(詩邶風擊鼓：不我信兮，釋文云：信，毛音申，按信即古伸字也；易繫辭：往者屈也，來者信也，屈信相感而利生焉，尺蠖之屈以求信也；説文：尺蠖，屈申蟲，御覽引作曲信蟲；韋昭漢書音義云：信古伸字)，屈信之義，惟男陰可解，誠信之義，無由引伸。不嫛敦玁允字從女作，乃與之形義相會矣。後世允下加夊(足也)作夋，祭肉之餘曰餕，《祭統》：尸亦餕鬼神之餘也。此亦允爲祭名之證。從夋之字，多有高大壯美之義，則與雄、竑、弘、閎、強、松從厶之義相會矣。《説文》：𠅩，直項莽𠅩貌，從亢，從夋；亢，人頸也，或從頁作頏；項，頭後也；按亢項皆頸，且不限於人（爾雅鳥嚨亦曰亢），人首賴頸以舉，故項用爲強項字，頡頏（詩及東方朔畫贊）或頡亢（漢書揚雄傳）有高舉及強直傲世之義，亢加夋作𠅩，病名亢陽者，字當作此。《老子》：未知牝牡之合而朘作，徐鉉曰：朘，赤子陰也，或從血（河上本作峻，王弼本作全）。按朘作義即陽舉，《老子釋文》：朘，子和反，又子壘反，壘在旨韵，讀平聲正爲今音之鷄，今語謂小兒陰曰小鷄鷄，鷄無義，字即朘也，小兒陰尖削，故引伸爲朘削字，義變音亦隨之而變矣。朘削又孳乳爲酸爲痠，故寒酸亦作寒畯，孳乳爲梭，則直取象於小兒陰也。通語鷄巴，字亦爲朘，凡物之可握可搏者，其語尾恒爲巴，如今語苕巴、尾巴、粢（集韵作糌，稻餅也，音慈）巴、泥巴之類。

几 丌 爿 兀 俎 宜 且

几、且、俎、宜諸字，每多混亂，几且二字，或混而爲一，俎宜一字，乃分而爲二。几爲四足之几（側面惟見二足），與丌、爿同，孳乳爲机（周易渙卦：渙奔其机，釋文机音几，王弼注云：机，承物者也；家語：俯察机筵，注机作几；昭五年左傳：設机而不倚；玉篇：几，案也，亦作机；今日本猶稱短足小桌曰机），小變增周爲案（考工記：諸侯以享夫人，案十有二寸，後漢書梁鴻傳：舉案齊眉；按案當爲有足有周承器上食之盤，如今日本之案，説文云：案，几屬，蓋謂有周而别於几也。戴震訓案爲棜禁之屬，微誤，棜禁似今上食之托盤，有周而無足也。鄭注特牲饋食禮謂棜上有四周，下無足；玉藻：大夫側尊用棜，士側尊用禁，鄭注曰：棜，斯禁也，無足有似於棜，是以言棜；禮器：大夫士棜禁，鄭注曰：大夫用斯禁，士用棜禁[大夫用棜，士用禁，禮文本明，鄭説迂曲不可通]，如今方案，隋長，蹋足，高三寸；依鄭説，棜無足，禁蹋足，均與案有異，蓋有足無周爲几，有周無足或蹋足爲棜禁，有周有足則爲案，三者大同而小異），几在近世變爲大者曰茶几，曰案桌（廣韵卓桌同字，卓即罩，桌置地上，猶罩之張於水上也。無周之桌，亦蒙以案名，用承食器之舊義也。市肉之桌曰肉案，沿俎之義。聽訟之桌曰公案，故引伸爲案件、案問字），小者曰兀凳（廣韵：橙，几橙，凳，床凳，出字林。凳謂人登几上，兀蓋爲去枝葉之木根，古用以爲無足之几，如後世石或瓦制鼓墩，今吴語猶謂四足或三足凳曰兀子，人去髮曰髡，樹去枝亦曰髡，人無足曰兀者[莊子德充符]，説文跀訓斷足，或作趴，故臬兀[易困卦作臲卼，書秦誓作杌隉]。義爲不安。玉篇：杌，木無枝也；集韵：杌，木短出貌，皆兀之本義也），曰炕几。古者置肉之俎，亦爲小几，俎字甲骨文作、、、、諸形，金文作（盤甗）、（貉子卣）、（秦公敦）、（聃敦）、（秦子戈）諸形（舊均釋爲宜），皆象置肉於几上之形；且爲祖之初文，甲文金文均作諸形，惟齊鎛鐘加作，是則東周之字矣，祖妣古作且匕，均象男女陰形；祖之與俎，字形絶異，吴大澂謂古文祖俎一字均作且，非也。篆文訛爲（隸作宜，訓安），遂别作（隸作俎，訓禮俎），几、且遂至混亂，《説文》且篆下曰：薦也，從几，足有二横，其一下地也。是以且爲几，而且字二横不在足，其説謬誤可知；俎篆下曰：禮俎也，從半肉在且上，是亦以且爲几，而肉在旁不在上，其説之謬誤又可知；宜篆下曰：所安也，從宀之下一之上，多省聲。則愈謬矣。甲文金文〓〓均爲肉，說文宜字篆文作〓，古文作〓，顯爲〓〓之訛變。祭從手持肉，宜之訓肉（詩女曰鷄鳴傳箋均訓宜爲肴；爾雅釋言：宜，肴也，乃用詩毛傳，郭注引詩曰：與子宜之，正義引李巡曰：宜，飲酒之肴也；按宜之訓肴，正謂俎上之肉，故俎亦訓肴，鄉飲酒禮注"俎者肴之貴者"是也），亦爲祭名（書泰誓：類於上帝，宜於冢土，傳曰：祭社曰宜，冢土，社也；王制：類乎上帝，宜乎社，鄭注云：類宜皆祭名。宜俎一字，祭器亦爲祭名，魯頌閟宮之籩豆大房，即明堂位之房俎，鄭玄曰：房謂足下跗也，上下兩間，有似於堂房，魯頌曰：籩豆大房；此謂〓制中有木隔之如房，故曰房俎，房爲狀詞，若如某君之說〓即讀房，後入假房爲之，則房俎應作〓〓，是何說也），正與禮俎之義相會。宜之訓安，猶奠之訓定，肉置几上則安，酒置丌上則定（盤庚：奠厥攸居，禹貢，奠高山大川，傳皆以定訓奠；周禮春官小史：奠繫世，杜子春云：奠讀爲定，釋文云：奠音定；天官職幣：辨其物而奠其録，鄭注云：奠，定也）。丌、爿皆爲四足之几，《說文》云"丌，下基也，薦物之丌，象形，讀若箕同"是也。凡器，下有丌以薦之則安定矣，酋（酋即酉，酒器也）置丌上爲奠，册置丌上爲典，〓置丌上爲〓（隸變爲其，即箕），由（盛土器也。畀畁之從由，與甹之從由，皆〓之訛，段玉裁謂"畁從東楚名缶之〓"是也。〓隸變爲甾，〓亦從〓，隸變作畚，或作畚，畀畁亦或作畀畁，〓又均訛爲田矣）置丌上爲畁，〓或頭（〓爲二人跽形；說文：頁，頭也，顛爲人頭二）在丌上爲〓或顨（〓顨一字，說文分爲二，隸變作巽。古殺俘以爲人祭，屢見於左傳，巽字即象人祭之形；易巽卦爻辭曰：進退利武人之貞，曰：巽在床下，用史巫紛若，此正言刑戰勝之俘，用史巫以告神，故巽之義爲遜順，爲卑怯；孳乳爲選，詩邶風柏舟：威儀棣棣，不可選也，謂不若俘人可以加以侮辱也；義又爲懦怯，漢書西南夷傳"議者選耎，復守和議"、後漢書西羌傳"公卿選懦，容頭過身"是也；義又爲撰，字或作撰，周禮大司馬"群吏撰車徒"是也，撰金文不從手，從〓作𦋺，說文：𦋺，引給也，蓋謂引露體之俘以供給犧牲；孳乳爲饌，義爲陳食矣，饌或作籑，計俘獲之數也，選撰之訓算，義亦由此）；爿字有二源：一爲〓即古文斨（且辛父庚鼎，〓當爲釋名所云：傍有枝格之戟，今戟正肖此形）之訛形，後加斤或戈作斨戕，斨戕應爲一字，以戕殺人亦曰戕也；一爲床之初文，古文正反不分，爿、𠂈一字，《說文》有𠂈無爿（其實說文訓倚之疒，即爿之訛形，說文疾之古文作𤵸，亦從爿不從疒），段玉裁加爿於《說文》𠂈部之末，曰反𠂈爲爿，是也，而用李陽冰木右爲片左爲爿之說，謂爿𠂈爲一〓（木）析而爲二之形，則非，其誤蓋起於許書𠂈下云從半木，鼎下云象析木以炊之謬說也。說爿者謬見紛紜，皆以不知爿之義也。徐鍇謂爿爲疒之省，牆、壯、戕、狀之屬，并當從牀省聲，其實爿即牀，《說文》云：牀，安身之几座也（依鍇本），爿字橫書之則爲〓，與四足支版之几丌無别，《孟子》：隱几而卧，則似今炕上小几，《說文》：凭，依几也，《周書》凭玉几，讀若馮，此亦謂手所馮依之小几；凥，處也，從尸得几而止，《孝經》曰：仲尼凥，凥謂閑居如此；此尸下之几，則謂牀矣，閑居，謂閑坐於牀也，是牀几不分之證。版牑均謂牀版（今字作板，說文：牑，牀版也；方言：牀，其上版，衛之北郊，趙魏之間，謂之牒，或曰牑；按從扁者，編木爲之也，從反

【爿】①者，覆木於其上也），□即爿亦即牀也。《論語》：片言可以折獄者，《集解》引孔安國曰：片猶偏也，編木以爲牀版，非用生材，必待鋸判，片訓判木，訓偏，皆起義於牀版之編木；編木非一木，故用爲片段字，今語一家店曰一爿（讀版之平聲）店，爿即片，亦片段之義。牘牒之從片，謂簡札之在丌上也，與典同意。牖從片者，《説文》云：在牆曰牖，在屋曰窗，牖即今之窗也，古者牖東户西，皆南向，牀必依牖，若今北方之南炕（古牀不施幄帳，若後世之木榻，用兼坐卧，舜在牀琴，管寧常坐一木榻，皆坐牀之證，今北方多南炕，男讀女工，皆坐其上，以其向陽也，古牀依牖，亦以此故），孔子問伯牛之疾，自牖執其手，牀不依牖，手何由執？牖之從片，謂近床也。《説文》：牏，築牆短版也；牆，垣蔽也；一從片，一從爿，皆取義於牀版，牆爲垣蔽，猶屏風之爲床蔽也（顧命之數扆，明堂位作斧依，鄭注均謂爲屏風，畫斧文，置户牖間，今日本薦地而卧處亦曰牀，蔽以屏風，制類黻扆，何晏論語集解謂蕭牆爲屏，左思三都賦有蕭斧，除錯謂蕭斧爲芟艾之斧，是蕭牆亦爲畫斧之屏風如斧扆也）。甲骨卜辭有告□、又□、亡□、弗□、亡降□、□止、王□、妣壬□、子漁□、□□等語，其義皆爲告病、有病、無病、弗病，勿降病、病止、王病、妣壬病、子漁病、病齒，其形或作人卧床上病體支離之狀，或象膿血潰出，此字後訛變爲二：一訛□爲父，後變爲痡（詩毛傳及説文均訓痡爲病），後又假同聲之丙作病；一訛□爲犬，由病狀字引伸爲凡形狀字（從犬無義），古代字少，後世不獨以孳乳而增多，亦以訛變而增多也。壯之從爿，當爲□之訛形，從爿無義。將之從爿，則爲几矣，《小雅·楚茨》或肆或將，箋云：有肆其骨體於俎者，或奉持而進之者；爾殽既將傳云：將，行也；《大雅·既醉》爾殽既將，傳亦云：將，行也；箋云：殽謂牲體；《周頌》我將我享，箋云：將，猶奉也；此皆用將之本義。甲骨文及金文（豐鼎，南宫中鼎，宰峀敦，剌鼎，君夫敦，旗婦鼎，王作敦，應公鼎，姬鼎）均有從爿、從肉、從鼎之鼎字，甲骨文或從匕作□（曆鼎作□同），或省肉作□（□敦作□，師毀敦作□同），或但置匕、几、肉於鼎上作□、□、□（師望敦作□同），若其全形當爲金文之□（史頌敦，員鼎，善奚鼎，彔敦，免簠，父甲鼎，叔姬簠，鬸鼎，遣小子敦，師兑敦，鄀娶襲敦，蔡姑敦，克鼎，庚姬鼎，婦姑鼎，均從□，從□，從□，從□），索諆角省鼎作□，篆文乃訛爲□（隸作將），其義蓋謂以匕出鼎中之肉置於几上，行將持以奉享矣，故將之義引伸爲將養（詩四牡毛傳，廣雅釋詁，吕覽高注，皆訓將爲養，今語補養身體猶云將養）、爲將來、爲將甲（莊子秋水篇：將甲者，釋文云：亦作持甲）、爲將命、爲將軍。古人用鼎，匕俎從設（士昏禮，士虞禮，公食大夫禮，士喪禮，特牲饋食禮，少牢饋食禮，有司徹，並同），鄭玄《士昏禮》注曰：匕俎從鼎而設，匕所以别②出牲

【校注】

① 周按：原文無“爿”字，不可通，依前文補。

② “别”字於義不通，从字形上看，疑爲“剮”之訛，从前後文看，或爲“剌”字之誤。

體也，俎所以載也；按禮所謂俎，即几，亦即鼐字所從之爿，《方言》云：俎，几也；《一切經音義》：俎，肉几也，亦四脚小盤也；几爿俎之爲異器異字而形制相同，蓋較然明白矣。醬、漿（説文作醬、浆）之從爿，皆取義於鼎中之肉，醖釀於酒器中則爲《曲禮》之醯醬（後世以豆米爲之者亦曰醬），其汁則爲《説文》之酢漿（後世豆米之汁亦曰漿）；鼐以進食，故將亦引伸爲進、爲送，《周頌》：日就月將，謂日有所就月有所進也，《鵲巢》：百兩將之，《燕燕》：遠於將之，義皆爲送，後世加木作槳（方言及玉篇），送舟推進之義也。

則

《説文》：則，籀文從鼎作□，按金文均從鼎，無從貝者，石鼓文亦從鼎，篆文從貝，貝猶鼎也。□從鼎，從匕（説文謂從刀，非也），亦匕俎從設之義。《少牢饋食禮》：匕皆加於鼎東，枋俎皆設於鼎西（有司徹文略同，左手執爵，禮有明文，用匕當爲右手，匕置於鼎東，取便也），蓋匕鼎之設，古有定法，故則用爲法則字；鼎東即鼎之左側，故孳乳爲側；廁之從則，屋之側室也，故廁亦訓側，《漢書・汲黯傳》：大將軍青侍中，上踞廁視之。孟康曰：廁，牀邊側也，《劉向傳》：北臨廁。服虔曰：廁，側近水也。《莊子・外物篇》：廁足而墊之。《釋文》云：廁音側。此皆以廁爲側；測、惻之從則，均起義於利匕之刺牲體，《周頌》：畟畟良耜，傳云：畟畟猶測測也，箋訓利，《説文》云：測，深所至也，《玉篇》曰：度深曰測，乃利匕深入牲體之引伸；刺牲有不忍之心，故加心爲惻隱字。

貞 鼎 鬲 甗 甑

今世所存之銅器，鼎、鬲、甗、皆兩耳，三足或四足，鬲除空足之外與鼎無别。《説文》云：鬲，鼎屬，或從瓦作瓹，漢令，鬲從瓦厤聲作歷；鬳，鬲屬；甗，甑也；甑，甗也；鬸，鬵屬；鬵，大釜也，一曰鼎，大上小下若甑；初文爲鬲、鬳、曾，後加瓦作瓹、甗、甑，鬸鬵亦皆甑也。最古烹器與食器不分，皆用貝，閔二年《左傳》：受脤於社，杜注云：脤，宜社之肉，盛以脤器；《説文》及《漢書・五行志》服虔注，均謂脤爲社祭之肉，盛以蜃器，故謂之脤，此社祭之器猶存古風也。後瓦器興乃有鬲，鬲讀格厤二音，乃謂初器之爲蛤蜊也；原始鬲無耳，貔子窩出土之甗可證，鬲字召仲鬲作□，最肖鬲形，盂鼎作□，戲仲鬲作□，篆文作□，亦均三足無耳，《説文》所云"象腹交文三足"是也（古者匋器初興，乃由於偶然以粘土涂於樹皮或蘆葦竹木所編之籃，使之耐火，後始發見去籃而純用成塈之粘土，亦可爲耐火之烹器，後世匋器之花紋，即今日考古家所謂繩紋，亦即説文所謂交文，乃上古用籃之遺迹），其有耳之鬲，乃後世仿銅鼎而爲之也，鬲之空足，乃以注水，字中有横隔，孳乳爲隔，是鬲已具甗甑之用，故後蜕化而爲甗甑，近日貔子窩出之瓦甗，故宫博物院所藏之銅甗，皆大上小下二器合成之物，如今蒸籠加鍋上盛水以蒸也。《考工記》：陶人爲甗，厚半寸，脣寸，盆厚半寸，脣寸；甑，厚半寸，脣寸，七穿；鄭衆曰：甗，無底甑。《説文》云：窐，甑空也；箅，蔽也，所以蔽甑底；是甑底有七孔，必著竹箄，飯始不至下落(世說新語：賓客詣陳太邱宿，太邱使元方季方炊，客與太邱論議，二人進火，俱隻而竊聽，炊忘著箄，飯落釜中成糜)，無底之甗，將何以炊，《考工記》言甗之上下器皆厚半寸，脣寸，甑亦厚半寸，脣寸，蓋上器即甑(今語甑及蒸籠，均謂上器。甑有孔，非獨立器，不加於鬲釜之上，無以炊也)，下器爲鬲(自漢以來皆用釜)，合之則曰甗，非别有無底之甗，故《說文》甑、甗互訓，《方言》亦云：甑，自關而東謂之甗，或謂之鬵。鬳字鬲上加虍，乃象鬲中水沸之聲，後加瓦作甗；曾字金文作或。八象炊氣上出，象有空之甑，下爲承器，篆文從鬲之鬳、鬻、鬻、甲文皆從、、、、甲文金文皆以爲承器之公符，在曾則爲鬲也，《說文》云："曾，詞之舒也，從八，從曰，聲"，形義均非。曾加瓦作甑，與甗甗同例。甑加鬲釜之上，故孳乳爲增，爲層，《爾雅》曾祖首孫郭注云：曾，猶重也，矰之從曾，謂加繳於矢也，罾之從曾，謂加竹索於上以便舉網，師古所謂"形如仰繖蓋四維而舉之"是也。《說文》：貞，卜問也，從卜，貝以爲贄，一曰鼎省聲；鼎，三足兩耳，和五味之寶器也，從貞省聲，古文以貞爲鼎，籀文以鼎爲貞(依鍇本)；金文貞正作鼎，鼎亦有如此作者(鼎上之卜，非從占卜字，乃象鼎蓋之紐，與卣同意)，不但貞鼎同音一字，貝亦鼎也，貝字甲文作(盂鼎同)或(貝父己爵同)，金文作、作，皆無足，極少數金文之及篆文之，乃以鼎之形蒙以蚌之名也，《說文》：則，籀文作鼎，員，籀文作鼎，史頌敦之，史頌鼎作，此皆貝即鼎也。甲文鼎字作或，貞字作諸形或象鼎，或象雙貝，鼎仿於鬲，無論以瓦以金，已非貝矣，其字仍象雙貝者，志初器也(卜問用鼎者，當爲燃木以灼鼎)，猶之金文鼎字作(父子鼎)、(父己鼎)、(卣文)者，乃象三足兩耳之鼎形，而多數仍作或。《說文》謂鼎三足兩耳，本不誤，【乃】而①贅以析木以炊一語，乃誤解篆文鼎之四足兩耳爲析木也。

(五)

釜 鍋 灶 鑊 复 敦

《方言》(方言即非揚雄作，亦許慎應劭以前人所爲)：鍑，北燕朝鮮洌水之間或謂之錪，或謂之鉼，江淮陳楚之間謂之錡(郭注：或曰三脚釜也)，或謂之鏤，吴揚之間謂之鬲；釜，自關而西或謂之釜，或謂之鍑；甑，自關而東謂之甗，或謂之鬵(郭注云：音岑，梁州呼鉹)，或謂之酢餾。《說文》：鍑，釜大者；朝鮮謂釜曰錪，江淮之間謂釜曰錡；鏤一曰釜也；鉹一曰鬵鼎；鬴，鍑屬，或作釜(方言郭注謂鍑爲釜屬，又云鍑亦釜之總名)；甑，甗也，甗，甑也。二書所言略同，綜爲鍑、釜、甑、三類；《說文》又云：秦名土釜曰斛，讀若

【校注】

① 原文作"乃"，揆之文義，當爲"而"，因涉下而誤作"乃"。

過；鑊，鐫也；漢人言古烹器略盡於此，餘則爲同器之異名。《詩·檜風》：誰能亨魚，溉之釜鬵，傳云：鬵，釜屬(按烹魚只能用釜，此言釜而連類及於鬵，鬵非釜，釜鬵並言，應爲異器)；《召南·采蘋》：于以湘之，維錡及釜，傳云：湘，烹也，有足曰錡，無足曰釜。按錡即《說文》訓三足鍑之鬷(玉篇又有鈘)，亦即鬲，釜則烹器之無足者(史記：黄帝合符釜山，魏土地記云：山形如覆釜，故以名之。此亦可證釜無足，與鬲異)，篆文從金作釜，或從鬲作鬴，金文從缶作釜，當瓦、金並用，字見於《檜風》及《召南》，西周之末已有之，與秦名土釜之鬴，今器之鍋，蓋同一形制，鬴、鬴均從鬲，而實非鬲類。《說文》有鬴無鍋，《方言》、《玉篇》均謂鍋爲盛膏之器，《正字通》云：俗謂釜爲鍋，此亦可證今之鍋即古之釜。《孟子》：以釜甑爨，《世説新語》亦云飯落釜中成糜，是周、漢均以釜代鬲承甑以炊，蓋炊飯可用有孔之甑，烹魚、烹蘋藻、盛膏則皆必用無孔之釜與鍋也。釜與鬲來源不同，故形制各異，鬲仿於卷貝之螺(爾雅釋魚郭注云：螺大者如斗，出日南漲海中，可以爲酒杯)，竪用之，故有足，一足不能立，故三之，非合三螺爲一器，猶之飲器角斝亦三足，非合三角爲一斝也；釜與鬴仿於兩貝之蚌(字或作蜯)，平用之，故無足。蠣蠃(說文或作蜾蠃，又作蠣蠃；玉篇、南史王融傳、類篇均作蛤蜊；論衡作合蜸；蜀志郤正傳注引淮南子作合黎；皆隨取同聲之字，以肖其圓轉之形與聲也)，爲螺蚌之通名，故鬲有格麻二讀，鬲、鬴、咼、鍋皆同聲，鬴加虫爲蠣，咼加虫爲蝸；蠣蠃一曰蒲盧，蚌貝釜蒲皆同聲。釜鬴無足加灶上始能炊，鬴從，謂跨於灶上也，爲胯與跨之初字，《說文》云：，跨步也，鬴從此；《玉篇》云：，越也，與跨同；昭十三年《左傳》：康王跨之，杜注云：過其上也；灶字(五音集韵云：灶俗竈字，今用之)見於《論語》，《月令》、《左傳》有鄭大夫裨灶，竈當與釜鬴起於同時，其字從穴，謂火穴，黽謂繪黽類於灶基。咼字古鉩文作，爲洞穴之初文，加於其上則謂鍋也；篆文作，上象鍋，其下之，亦象灶之洞穴及火門，與爨同意。咼孳乳爲過，猶跨之訓過，之訓越也，篆文之，即金文之，金文鑄字有(大保鼎)、(芮公鼎)二形，一則從鬲，一則從咼也。鑊字甲骨文作，象烹鳥於鬲中，鑊爲後起之字，《周禮·春官》：省牲鑊，鄭玄注云：鑊，烹牲器也；《天官·亨人》：掌共鼎鑊，鄭玄注云：鑊所以煮肉及魚臘之器，既孰乃脀於鼎；《内饔》：陳其鼎俎以牲體實之，鄭注亦云：取於鑊以實鼎，取於鼎以實俎，是鑊即烹牲之鬲，非別一器也(說文：鬺，煮也；此謂以鬲烹羊，與甲文同意，玉篇、廣韵謂鬺、鬺同字，非是)。鍑蓋二器二字之混同：一爲《漢書·匈奴傳》多齎鬴鍑薪炭之鍑(鬴鍑並舉，鍑非鬴可知，師古注謂鍑爲釜之大者，乃沿說文之誤)，《說文》篆文作，周陽侯甗作，均象兩器相叠，鬲上加甑爲甗(甲文即象甗形)，甑上复加甑爲鍑，《古銅精華》卷三第二三五圖之漢獸環座飾甑鍑，即此物也(今之蒸籠且叠至五層以上)；一爲《士昏禮》：黍稷四敦皆蓋，《明堂

位》：有虞之兩敦（釋文云：敦音對），《周禮》天官玉府：珠槃玉敦（釋文亦云：敦音對）、之敦（士喪禮：廢敦重鬲，鄭玄曰：廢敦，敦無足者，按敦有足，無足則爲簋，即甲文之，金文之，篆文訛作，後人因此不識此字，亦不識此器，遂誤釋（簋）爲敦，簋有座無足，或足極短，敦三足，器與蓋大小相若，其無蓋者乃失去，易誤認爲簋）亦即陳侯午鐏錞之錞，《説文》（作敦）在攴部，（隸作錞）在金部，實爲一字（金文敦錞不分），初形爲，乃甲文或金文（曶鼎复字右旁）或（鬲比簋复字右旁）之訛，在古文爲獻亯字（甲文作或，金文作或省羊作諸形，象獻牲於宗廟之形），非黍稷器之敦，或均象上覆下仰兩器（豆或簋）相合形，今故宫博物院所藏之素敦，即此物也。《博古圖》所謂周獸耳鍑，似釜而口斂，口上載鬲（實乃載甑，非載鬲）以熟物者，此鍑也；所謂鍑似二甌俯仰合甌者，乃敦，非鍑。自訛爲，又孳乳爲，隸變作敦，合甌三足之器，遂以敦名，無足非合甌之（簋），亦誤釋爲敦；又訛爲，隸變爲复，遂與甑上加甑之鍑旁相混矣；此鍑敦既三器三字相亂之故也。鍑敦皆兩器之合，故孳乳爲復、爲複，人坐時腹部肌肉相疊，故腹從复，敦之上器爲蓋之覆於器上，故敦讀如對，義亦爲覆（周禮司几筵鄭玄注云：敦讀曰燾，燾，覆也），敦爲二器相合，故敦、淳、惇皆訓厚，孳乳爲鐓爲墩，敦复二字，聲類絶遠，而文字爲語言之符識，古者字少，凡義類相從之形皆可取用，故同形之初文往往義隨聲變，讀脣及舌頭二聲，即其一例，後加偏旁（如复、復）或因仍訛形（如复敦）以爲之别，字遂孳乳而漸多，此誠大便，而其源流則不可不知也。

古初烹器，石器時代當爲螺蚌；匋器時代初作鬲，乃以烹牲；迄乎殷周之際，農事漸興，器亦用銅，烹與食不同器，乃仿鬲爲鼎而實其足（此時鬲鼎皆兼用瓦銅），烹牲於鬲，熟則盛於鼎中以食（宣四年左傳：及食大夫灶，召子公而弗與也，子公怒，染指於鼎，嘗之而出，此周人之用鼎也；玉篇、廣韵之䰞字，甲文作，正象出牲於鼎以實俎，此殷人之用鼎也，皆可證鼎爲食器，非烹器，故根本無析木以炊之事，省鼎之多足而爲一足之豆，亦食肉器），别爲甑加於鬲上曰甗，以炊黍稷，甑上復加器曰鍑，皆别於烹牲之鬲，敦爲盛黍稷之禮器，與盛牲之鼎别，簋則食黍稷器，與食肉之豆别；加釜甑於灶以爨（周禮亨人：職外内饔之爨亨煮，鄭玄注曰：爨，今之竈。説文爨下云：臼象持甑，冂爲竈口，廾推林内火，亦以竈代鬲也），春秋戰國已如此，此時烹牲已用釜，炊飯則加甑於釜上也。

皀 簋 𣪘 食 即 既 鄉 卿 合 會

《説文》：皀，谷之馨香也，象嘉谷在裹中之形，匕所以扱之，或説，皀，一粒也，又讀若香。此説形義俱非。按篆文乃金文窒叔敦之訛形，上象器及蓋，下爲座，非從匕。卽（即）甲文作，金文作（散盤）、（盂鼎）、（頌鼎）、、（毛公鼎）諸形，象人跽而就食也。旣（既）字甲文作，金文作（師空父鼎）、（頌鼎）、（大鼎）、

(㽙鼎)、、(師㡭敦)諸形,石鼓文作或,皆象人食既,回首張口作噎形。甲文有及,象二人對食之形;毛公鼎卿事寮之卿作,宰敦王饗酒之饗作,趞曹鼎北鄉之鄉作,虢季子白盤受饗之饗作,皆象饗食時賓主相向;羅振玉曰:古公卿之卿,鄉黨之鄉,饗食之饗,皆爲一字,後世析爲三,許君遂以鄉入𨛜部、卿入卯部、饗入食部,而初形初誼不可見矣。此説極是。按卿之本義爲賓主相向饗食,其用爲鄉黨公卿字者,蓋以古者都邑未興,鄉黨爲人所歸向(周禮地官:五家爲比,五比爲閭,四閭爲族,五族爲黨,五黨爲州,五州爲鄉。鄉儺、鄉射、鄉飲酒,並爲令典),由酋長蜕化爲鄉老,由鄉老蜕化而爲公卿(周禮地官:鄉老,二鄉則公一人,鄉大夫,每鄉卿一人,鄭玄注曰:老,尊稱也,王置六鄉,則公有三人也,三公者,内與王論道,中參六官之事,外與六鄉之教,其要爲民,是以屬之鄉焉。鄭司農云:百里内爲六鄉,外爲六遂),亦爲人所歸向也(白虎通:卿之言嚮也,爲人所歸向)。《廣韵》皀、香、鄉、讀曉母,卿讀溪母,日本語香、鄉、卿均讀溪母(香字漢音讀k'io,吴音讀 k'o,鄉卿二字吴音同讀 k'io),此皆隋唐時音也,古音曉溪均在群,以此可證皀讀若香,皀殳、簋、鄉、卿同得聲於皀,都無疑滯。即既鄉卿所從之皀,皆之訛形,即簋之初字,金文作,即甲文之,象手持勺取食於也,自宋以來,不識金器銘文之即簋,誤釋爲敦(據古録所載伯致敦、朕敦、父辛敦、員父敦、叔若敦、中惟父敦、白要敦、師貝敦、芇侯敦、田强敦、睘敦、司土敦、兄敦、録敦、師寏敦、貞敦、叔友父敦、叔㪟敦、旋車敦、齊侯敦、中岡父敦、中自父敦、晉妊敦、旂敦、豐㛗敦、白庶父敦、伯司敦、吒敦、虢姜敦、紀侯敦、伯就敦、保子達敦、史寏敦、叔𣏟父敦、降父敦、邿季敦、虢遣生敦、兮仲敦、姞衍敦、伯冋敦、南旁敦、齊癸姜敦、孟鄭父敦、器侯敦、陳侯敦、簮敦、德敦、祖辛敦、叔彭父敦、杞伯敦、周棘生敦、仲幾敦、長生敦、叔角父敦、姞氏敦、大宰原父敦、虢季氏敦、魯伯大父敦、慧姬敦、中殷父敦、鄧公子敦、格伯敦、中惠父敦、伯角父敦、叔角父敦、吴彖父敦、孕林父敦、蘇公子敦、豐兮𠃌敦、師遽敦、邿遣敦、莒小子敦、陳逆敦、畢鮮敦、豐伯車父敦、伯據敦、史族敦、仲叡父敦、芮伯敦、魯士商叡敦、師周敦、叔皮父敦、㑹仲敦、伯淮父敦、宴敦、周娼敦、郗公敦、守敦、豐姞敦、師遽敦、舉敦、追敦、冘敦、叔向敦、望敦、召伯虎敦、師酉敦、楊敦、大敦、録伯成敦、師寰敦、虎敦、卯敦、頌敦、不嬰敦,百又五器,其銘文皆明爲;惟滕侯簋蓋,銘文作,不誤,餘釋簋者,銘文皆作盨。説文:盨,櫝盨,負戴器也,段玉裁謂即寠數,按盨字形,當爲頮面之器,漢書東方朔傳師古注曰:寠數,戴器也,以盆盛物戴於頭者,則以寠數薦之,今賣白團餅人所用者也。按盨與寠數,當皆爲淺器,如今之面盆,用爲負戴器曰寠數,用爲顔面器則曰盨乎),敦爲之隸變,即爲《攈古録》陳侯午之(錞),與異器異字異音。《説文》之,乃之訛形(字金文有作者,如頌敦等,乃以卜象蓋上之鈕,與卣貞鼎同意),許謂:皀殳,揉屈也,從殳,從,古文叀字,廄字從此。此説形義俱非(説文云:廄,馬舍也,從广,既聲,周禮曰:馬有二百十四匹爲廄,廄有僕夫,古文從九作。汗簡九部亦云:廄,古論語作;説文謂皆古文斷,從,古文叀字;按叀象繩團,以斤斷絲,以刀斷繩,其義同,爲皮革之帶,繩與革帶,均係馬之具,謂僕夫之手;諆田鼎、令鼎之[?]①,亦即㕭字;今隸又從既作廄;古今字變化

【校注】

① 原文無法辨認。

之迷離也如此。馬舍之廄與食器之𣪘風馬牛不相及，且廄之古文固不從既，亦不從𣪘，吾人既知𣪘爲□之訛形，音讀自同簋，而不必依據說文簋之古文匭及朹以推求簋與𣪘𣪘音讀之異同）。篆文簋之聲根義根仍爲□，加竹皿者，猶存凡匋器起源於竹器涂泥之初制也。食字甲文作□或□，金文作□或□，篆文作□，乃器上加以覆巾，與鼏冪同意（古者樽覆曰冪，鼎覆曰鼏，士冠禮：離肺實於鼎，設扃鼏；鄉飲酒禮：尊綌冪，賓至徹之；是也。然禮器：犧尊疏布鼏，鄭注曰：鼏或作冪，釋文云：幎本又作冪，又作鼏，莫歷反，是樽覆亦稱鼏，按初形爲□，義爲方食前覆器之巾，初無別於樽鼎，冪鼏之分蓋稍後矣，故每通用無別），與亯同字（說文：亯，讀若適），古今人之用字，每皆體用不分，故食器之字亦用爲進食之義，金文卿鄉字作□（虢季子白盤等）、□（效卣、朔敦、虎敦、通敦等）、□（令鼎、諆田鼎、静敦等，合爲盒之初形，象器與蓋之相合，盇合音義並同，說文：盇，覆也，從血，從大，徐鉉曰：大象蓋覆之形，孳乳爲蓋）三形，𣪘字甲文或從食作□，金文亦或作□（函皇父敦、伯敦、姞氏敦、師嫠敦、㰱敦、己侯敦、大宰原父敦、鄦侯敦），或□（杞伯敦），均可證食亦象食器之形，所異者以覆巾示方食前之狀耳。簋字《廣韵》在旨韵；讀 gui，由合口上聲變爲齊齒入聲送聲音，則爲《玉篇》、《廣韵》苦擊切之吃，讀 k'ik，今語或假口吃字爲，之此亦□食音義相同之一證。會字《說文》古文作□，魏三體石經會之古文亦作□；且子鼎：王命且子□西方於相，從合，從辵，乃與《說文》辵部訓遝之□同（說文迨遝互訓，玉篇：迨遝，行相及也）；畢敦之□，古鉨之□，依卿字從食或合推之，亦當爲會；《說文》辵部又有遻，訓恭謹行；是徐、迨、追、遻皆行往會食之義，後引伸爲凡會合字，篆文□、金文□（趠亥鼎）、□（王子口匜）之省變也，□亦象食器形。

卩 㔾 卯

卩，篆文作□；㔾，篆文作□，甲骨文凡從卩之字皆作□，或作□，即㔾字，皆象人跽形，古文無反正左右之別，甲文之□□，金文之□□或□□，乃以倒置而異形異義，其形同而向左或向右作反正體者，皆一字，卩之與㔾，□之與□。□之與□，爪之與□，丮之與□，欠之與旡，永之與𠂢，身之與㐆，片之與爿，□之與□，□之與□，□之與□，彳之與亍，□之與□，□之與□，皆此類也。□或□象一人獨跽，□或□象二人依次而跽（冀從此），□或□象二人相對而跽（卿從此）。古者席地而坐，跽跪均不若今之煩難，安坐則體弛，跽則坐而聳體以示敬忌（甲文金文□□之外，則無跽字，甲文有□，金文歸父盤有□，均從己從□，齊侯鐘、邾公鐘，從心作□或□，當爲禁忌之義，秦篆因之作跽）；跪則係於拜（不拜則曰跽），俯首屈體以示敬，即跪而拜手（拱手而頭俯至手與心齊，即周禮九拜之空手），或稽首（拱手屈體，頭伏手上至地），或頓首（周禮曰頓首，士喪禮檀弓曰稽顙，俯首額觸地，即叩頭），《釋名》云：跪，危也，兩膝隱地，體危陧也，是矣。《史記・范雎傳》，四言秦王向雎跽而請教，後乃云范雎拜，秦王亦拜，此明爲秦王對雎而坐，先跽而後拜，非立而屈膝至地以拜也。

一人跽而食爲即，孳乳爲垐、爲節，垐取義於皀（説文垐爲垐之古文，檀弓：夏后氏垐周，鄭注曰：火孰曰垐，燒土冶以周於棺也，或謂土周由是也；釋文云：冶土爲甎四周於冢；按垐爲燒土作器之初名，秦漢時變爲垐，魏晉時變爲瓷，今或用磁石字之省體作磁）；節取義於卩（人跽則曲厀折股脛，引伸爲骨卩字，故厀[膝]字從卩；由骨卩字引伸爲竹卩字，乃加竹作節；璽節字用竹節之義也），二人跽而對食曰卿，孳乳爲向、爲饗。

令，象人跽鈴下聽令，今字甲文有作令者，者汈鐘作令，最有鈴鐸之形，甲文有作亼者，南宮中鼎作亼，即篆文令字之所從也。《説文》令訓是時，振鈴以號召及時之義也。令加口爲命，古金文令命二字無别。亼加卩爲令，後因之作鈴，猶之夂加仌爲冬（冬），後因之作終，令所從者古文亼，非後出之鈴，冬所從者古文夂，非後起之終也。今鈴音讀之不同，乃復聲母 gl 所演化。

卮，象人跽而飲酒之形；卻，象人跽而食肉之形。卮，篆文作卮，與觛、觶、觗、觝爲一器一字，古音支寒同韵，讀 da 或 dan，𠂆爲酒勺，《説文》云象人，非也；《説文》卩部又有㔸篆，隸作厄，徐鍇曰：厄從此。按《説文》之㔸，其形爲卮之訛，其音義則𠂆之訛。《大雅·韓奕》：鞗革金厄，金厄即録伯㦰敦之金𠂆畫轉，毛公鼎之右𠂆畫轉，𠂆篆文訛作㔸，或加車作軛，隸變作厄軶或厄軛，又或從木作梔。卻，篆文作卻，仌爲肉之省，凵爲盛肉之器，跽則脛足卻後，故用爲卻後字，腳字從之，隸變作却、作脚。《説文》云：谷，口上阿也，從口，上象其理，或作㖂，又或【作】從肉從豦作臄；卻，節欲也。按口上阿謂上唇曲處，今日人中，乃直理，非仌象，口上阿與節欲之義亦不相應。㖂從口、臄從肉，正顯食肉之義；豦象虎據豕而食，故孳乳爲醵、爲噱、爲據、爲臄，《大雅·行葦》：嘉殽脾臄，《集韵》曰：取脾腎置腸炙之曰臄，此類今之香腸，脾臄之義或即如此，蓋食肉曰臄，所食之肉亦曰臄。

古初以玉爲瑞信，後乃以土或金玉爲璽（説文篆文作璽，籀文作璽，銅器作鉨），以竹爲符節（符節一物，或簡稱符，或簡稱節，玉篇云：符，符節也。按符節字從竹，其物必用竹爲之，周禮八節之玉節，乃謂古之瑞信，鄭注所謂珍圭、牙璋、穀圭、琬圭、琰圭是也，五者皆玉，實非節；角節，鄭云：其制未聞：虎節、人節、龍節皆用金，此漢制，史記孝文本紀所謂"始與郡國守相爲銅虎符"是也；璽節，亦非節，鄭注云：璽節者，今之印章也；旄節用竹，史記秦始皇本紀：衣服旄旌節旗皆上黑，正義云：旄節者，編毛爲之，以象竹節，漢書云"蘇武執節在匈奴牧羊，節毛盡落"是也，又引韋昭云：道路以旌節，門關用符節，都鄙用管節，皆用竹爲之，按管節即周禮之角節；周禮乃漢人述古之書，異代殊制，往往相亂），《史記·孝文本紀》注引張晏云"符以代古之圭璋，從簡易也"是矣。六國以來，璽或稱印（史記蘇秦傳：佩六國相印，世傳工師之印，亦六國齊印），至漢文景以後，印始盛行，古無是也。甲文有印或印，象手抑人使之跽，其義爲《説文》之抑，其形爲《説文》之印，印抑蓋一字，爪在左在右無别，抑訓按、訓屈、訓枉、訓止、訓謙，均與甲文印篆文印之字形合，依陽入互用之例，印抑亦同讀也。漢以來執政以印施治，乃按印義之引伸(今語印刷印象字，亦按印之引伸義)，後遂從反印加手作抑以别於印信字耳(古書抑字，當爲漢後所改)。《説文》謂：(隸作印，金文作或，爪亦或向左或向右)，執政所持信也，從爪，從；，按也，從反印，俗從手作(隸作抑)。印既從爪，而又加手，自屬後出之字，反印何以始有按義，許無説矣；惟以抑爲俗字，故書雅記不用此可知也。

𠬝，甲文作，宗周鐘南國服要字作，盂鼎有大服字作，毛公鼎服字作，《説文》(𠬝)訓治，(服)訓用，按訓治爲印之義非𠬝之義，𠬝字形雖近印，然手在人後，本義當爲服從、服事，由奴僕之服事，引伸爲主人之服用。𠬝加赤作赧，乃謂俘奴而慚而赤；𠬝加舟作䑺(隸變作服)，由服用俘奴引伸爲服用牛象、服用車馬、服用佩巾，再引伸爲衣服；故服字用爲制服、服從二義。服之從舟，猶佩珮之從凡，初文爲，爲舟與帆之初形，在受、朕、般均爲盤，在履爲䩞，在風爲帆，在彤爲鼓，在佩珮爲玉(説文：珩，佩上玉也；詩鄭風：雜佩以贈之，傳云：雜佩，珩、璜、琚、瑀、衝牙之類；按佩字已以象珩璜佩諸玉，故説文無珮)，在服則爲囊(克鼎、周公敦、番生敦服均作，甲文金文舟字作或)，故服與矢囊之葡通用，篆文因之加竹作箙(説文：箙，弩矢箙也；周禮司弓矢鄭注：箙，盛矢器也；詩小雅采芑：簟茀魚服，箋云：魚服矢服也；番生敦、毛公鼎均作簟弼魚[即説文葡字]，易服牛乘馬，説文引作犕牛乘馬；左傳之伯服，史記鄭世家作伯犕)。

𠨲，篆文作，《説文》云：從匕，從卪，詩曰：高山𠨲止。按象一人立一人跽而仰望之，故孳乳爲仰，爲昂，爲迎，從匕無義。色之本義爲人之皮色，引伸爲采色字，今語猶謂采色曰顔色，然非《説文》所謂顔氣也，篆文作，乃象一人立在上一人跽在下，言戰勝之族與降服之族皮色各異，例如九黎之别於諸夏，色目之别於蒙漢(元時分各民族爲蒙古、色目、漢人三級，待遇各有等差，據輟耕録氏族條，蒙古七十二種；色目三十一種，如欽察、畏吾兒、回回等；漢人八種，如契丹、高麗、女直①、渤海、等。當時北方漢人隸屬於契丹女直之内，原在宋朝治下者曰南人，待遇又其次焉)。危從人在厂上或跽在厂下，皆危象也。

《説文》：，舍車解馬也，從卪止午；，使馬也，從彳從卸，古文御從又從馬作馭；徐鍇曰：卸，解車馬也，或彳或卸，皆御者之職。甲骨文有作者，象人執鞭策於人行道中，或省作，作；金文多從卪，從午，從，與《説文》篆文同，盂鼎、師寰敦、不嬰敦均從攴從馬，與《説文》古文同，山敦作，與甲文省形同。按即午與丨卜均爲鞭策，御者策馬行車，坐於轅側，故從卪，從彳，從止，從辵，其義無别，御卸一字，非御從卸，徐鍇所云：或彳或卸，皆御者之職，是也。

【校注】

① 周按：原文作“直”，“女直”即“女真”，明天都山臣輯、陳繼儒訂正之《女直考》亦作《建州女真考》。

《禮記·昏義》：共牢而食，合巹而酳，所以合體同尊卑，以親之也；《釋文》云：巹，徐音謹，破瓢爲卮也，《説文》作𢍰，云：蠡也，《字林》：幾敏反；《士昏禮》：實四爵合巹，鄭注云：合巹，破匏也。按《士昏禮》之巹，即《昏義》之巹，《説文》豆部之□訓蠡，己部之□，訓謹身有所承，皆□之譌形，□象婿婦相對而跽。□爲瓢匏，□象有人從旁持瓢匏以飲之，即所謂合巹而酳也，今語曰吃交杯酒。《廣韵》十九隱有巹𢍰而無巹，巹下云：以瓢爲酒器，婚禮用之也；此亦合巹字從卩不從己之一證。古音無舌上，巹讀如盾，舌頭顎化，則讀幾敏切如謹矣。

甲骨文有□字，象人陷坎中，□從上救之也，此即篆文□（□爲□之譌），隸變爲丞，即拯之初文，字又或作抍（易明夷：拯馬壯吉，釋文云，拯音拯救之拯，説文云：舉也，鄭云：承也，子夏作抍，字林云：抍，上舉，音承。按今本説文作抍，引易曰：抍馬壯吉，據釋文所云，則陸氏所見説文本作拯，作抍者，吕氏字林也）。甲骨文又有□字，齊侯鐘作□，師𩛥敦作□，皆即篆文□。隸變爲承。《説文》云：丞，翊也，從廾，從卩，從山；抍，上舉也，從手升聲；或從登作撜；承，奉也，受也，從手，從卩，從廾，或謂丞承一字，然丞承音同而形義各别，丞之□在人上，□在人下，故義爲拯救；承之□在人下，故訓奉、訓受，與奉同意，奉玉爲奉（奉字，己亥鼎作□，毛公鼎作□，篆文作□，均象人手奉玉），奉人則爲承。《列子·黄帝篇》：使弟子並流而承之，此假同音之承爲丞也，故殷敬順《釋文》云：《方言》出溺爲承（按今本方言作出休爲抍），諸家直作拯，又作撜。奇字象人騎人肩背上之形，承則象人以手臂奉人形，蓋謂一事，必古有此俗，今兒童嬉戲及歐美對所敬奉之人猶如此爲之。

《説文》：□（舁），共舉也，從□，從廾；□（舉），對舉也，從手，與聲；□（與），黨與也，從舁，從與，□，古文與；□（受），相付也，從𠬪，舟省聲；□（興），起也，從舁，從同，同力也；□，升高也，從舁，囟聲，或從卩作□（䙴）。此等字可大别爲二類：子父舉鼎之□，即衆手共舉之舁；甲骨文之□□或□，父辛爵之□（甲文金文舟盤均作□，鄭玄周禮司尊彝注引鄭司農云：舟，尊下台，若今時承槃，此□象盤，篆文變作□）。甲骨文金文之□或□，（□亦盤，即説文所謂舟省），鬲叔簋之□，古鉨之□（□象盤，□口均爲承器，篆文譌作同），皆象衆手舉物相與授受之形，與、舉、受、興、一①字（篆文與又加手作舉，受又加手作授，猶之□又加手作□、□又加手作□，均重贅），此一類也；□象衆手舉器，《説文》云：古文遷從手西作□，即□之異體，故□之隸變作䙴；□乃滅人國者遷其寶器、人民之義，《漢書·郊祀志》湯伐桀，欲䙴夏社（史記殷本紀作遷），此即䙴字之本義，孳乳爲

【校注】

① 原文有“一”字，不通，對照下文，知爲衍字。

遷，引伸爲凡遷移變遷字，此一類也。此二類之字，形雖極近，而音義則有別。

《説文》：，摶飯也，從廾，釆聲，釆，古文辨字，讀若書卷（説文：釆，辨別也，象獸指爪分別也，讀若辨。按從釆之字，或爲燔之初文，或爲米之訛形，非象獸爪，摶飯之，明爲從米，若爲獸爪，何以有摶飯之義？辨音在唇，卷音在舌根，聲類亦絶遠）；，膝曲也，從卩，𢍏聲（若依説文卩訓瑞信，從卩之卷，何以有膝曲之義？以許證許，已不可通）。《特牲饋食禮》：佐食摶黍授祝，祝授尸，（卷）字即象佐食曲膝而跽摶飯以授尸祝之形（説文又有篆，當與祭同意，即象少牢饋食禮：下佐食取牢一切肺於俎以授上佐食，上佐食兼與黍以授尸，許訓𢍏爲持弩拊，義與形遠，故徐鉉云：從肉未詳），摶飯則指曲，跽則膝曲，故引伸爲卷阿、卷石、書卷、卷舒、卷曲、卷舌字，孳乳爲餋、爲拳、爲劵、爲䖭、爲捲、爲倦、爲圈、爲棬、爲鬈、爲痿、爲蜷、爲踡、爲卷、睠，皆有曲義。

《説文》：，轉卧也，從夕，從卩，卧有卩也。按甲骨卜辭月夕一字，蓋以日出爲日，月出爲夕也。曆鼎：夙鬻亯，以月爲夕，子璋鐘：隹正十初吉，以夕爲月，甲骨之，月季尊之，月魚基鼎之，皆月字之初形，夗字從月，從卩，乃取其曲窊之義，故從夗之字其義率爲曲窊，如宛、盌、智（廣韵：智，目空貌；故廢井曰智井）、鴛（埤雅：鵲好外反，鴛好内思，從夗，正狀其曲頸俛首而内思）、帵（帵即旛，謂旗幅之下垂者，有因風飄揚宛曲之狀）、怨（心有所冤屈也）等。

《通俗文》曰：脂在腰曰肪。按腰在身之兩旁，方旁同字，故肪從方；人及鳥獸之肉均多在股，故肥從卩。

《論語》：我叩其兩端而竭焉，義爲叩問；《樂記》：叩之以小則小鳴，《論語》：以杖叩其脛，《前漢書・李陵傳》：叩頭自請，《周禮・辨九拜》鄭注：頓首，拜頭叩地也，義皆爲叩擊。《玉篇》、《廣韵》有叩，《説文》無叩，而有扣、敂、訂，扣訓牽馬；敂訓擊，讀若扣；訂篆下云：扣也，如求婦先訂叕之，徐鍇曰：頻繁哀求之意也。叩問、叩頭字，從卩義均可通，叩擊字以作敂扣爲順，訂叕字從口又從言，似嫌重贅，義應作叩，謂跽而哀求之也，許時想尚無叩，反唁作訂以寫俗語耳。

辟與屖初爲一字，辟字甲骨文作，宰辟父敦作或，王孫鐘作，都公鼎作，競卣：，即伯屖父，篆文辟字作，屖字作，《説文》云：屖，遲也，從尸，辛聲。按從尸與從卩從人無異，辛非聲，乃象刑人之器，人陳辛旁，刑人之象（書蔡仲之命：辟管叔於商，即屖管叔於商也），此刑辟字之初形。加○作辟（盂鼎、克鼎、師望鼎、毛公鼎，均作非從），○象刀環，故孳乳爲辟、爲避（古書辟避均只作辟，刑辟人之所避也）、爲劈。辟訓法、訓罪、訓君，君執法以刑罪人者也，辟即刑法，《吕刑》之墨辟、劓辟、剕辟、宫辟、大辟，是謂五刑。璧之從辟，乃取義於○，猶之初文爲，圓、圜、環、之

初形爲○也,《爾雅》:肉倍好謂之璧,肉好若一謂之環,乃後起分別之器與字,初只○形之玉,中空由於鑿孔以便懸於身旁(由石斧蜕化而爲圭戚,皆有孔,其用同)。後乃以孔之大小別環璧耳,金文環字作◎者,猶象二環之相聯,《説文》:璧,瑞玉圜也;環,璧也;猶存環璧同物之初義。《説文》:璧,垣也;璧之從辟,垣之從亘,義爲垣壁之環回於室也。自屖辟分化,音亦異讀,辟讀如壁,屖讀初音,後世所謂凌遲處死,安徽語殺魚曰剮魚(唐韵有剮字),猶存屖字之音義。古無舌上,屖讀爲 di,喻母之夷,古音亦爲 di,故得假夷爲屖,《漢書·刑法志》:秦用商鞅,連相坐之法,造參夷之誅,師古曰:參夷,夷三族;按夷即屖也,鬄、鬀、鬀、剃、薙音義亦受於屖。

《書盤庚》:不常厥邑,於今五邦,又曰:天其永我命,於兹新邑;《詩·大雅》作邑於豐;《書·康誥》:周公初基作新大邑於東國之洛;《史記·五帝本紀》:舜一年而所居成聚,二年成邑;是邑之初義爲城郭定居,○象城郭,㔾謂安居城郭之人也。《説文》云:邑,國也,從囗,先王之制尊卑有大小,從卩;《釋名》云:邑,人聚會之稱也;劉説長於許。《孟子·王制》之説即可信,亦始於周,《書·湯誓》有夏邑,《詩·商頌》有商邑,甲骨卜辭已有邑或邑,則何説邪?且盤庚作新邑於殷,文王作邑於豐,周公作新大邑於洛,明爲城邑,非謂封域,無爵與地尊卑大小之可言也。

許氏不識㔾字,誤以㔾爲節,又誤以節爲瑞信,以瑞信訓㔾,凡從㔾之字,均以瑞信節制解之,其義遂無一可通。李陽冰亦知卩非瑞玉,然其謂一重爲卩,二爲𠂤,三爲自,則益謬矣。

又 ナ 廾 手 拜

《説文》:又,手也,象形,三指者,手之列多,略不過三也;右,手口相助也,從又,從口;ナ,左手也,象形;左,手相左助也,從ナ工。《説文》無佐佑字,左右即佐佑也,徐鉉曰:今俗別作佐佑,段玉裁曰:俗以左右爲ナ又,乃以佐佑爲左右字。按佐佑字當作於六朝,ナ又之作左右,則遠自西周矣,散氏盤:以東表於榦東彊右,井邑田自桹木道左至於井邑表道;師寰敦:左右虎目;虎敦:辭ナ右戲緐荆;石鼓:左驂旛旛,右驂騝騝,可證。甲骨文則無左右字,ナ又即左右,義皆爲手,從手之字從ナ從又無別,例如父作父或父,尹作尹或尹,友作友或友,史作史或史;金文豚鼎、父乙敦、父字均作父,叡字盂鼎、太保敦、父辛尊、丁師卣、散盤、商叡敦、仲叡父敦均從ナ,不從又,史字吴王姬鼎、史農觶均作史,卑字金文篆文均從ナ,而古鉩則從又作卑(徐鍇謂卑從ナ乃右重而左賤;朱駿聲謂卑即椑之古文,酒器,象形,ナ持之,尊,禮器,故爲貴,椑,常器,故爲賤。按朱説是也,尊卑之分在器,不在持者之手之左或右);篆文從又之字,隸書或作ナ,例如右、有、灰等。甲骨文無手字,又、ナ、𠬞、皆手也,無左手右手之別,ナ,手也，亦手也，故又訓亦、訓再；物在手爲有，故甲文金文石鼓每以爲，古書以爲。《説文》：，竦手也，隸變爲廾，甲文作，義爲二手；《説文》：，拳也，象形，，古文手，金文率作或；按象五指之乃後出字，象三指之爲初形，以甲文金文篆文凡從從從義皆爲手而知之。《説文》云：，首至地也，從手𠦪，𠦪音忽，揚雄説，拜從兩手下，作；下云：揚雄説，廾從兩手作。按甲文、金文、篆文之，《唐韵》音居竦切，孳乳爲（拱），後變爲，亦變爲，即象兩手拱拜之形，《周禮・春官》大祝：辨九𢷎，一曰稽首，二曰頓首，三曰空首，鄭注云：稽首，拜頭至地也，頓首，拜頭叩地也，空首，拜頭至手，所謂拜手也；《荀子・大略》篇：平衡曰拜，下衡曰稽首，至地曰稽顙，注云：平衡，謂磬折頭與腰，如衡之平；《公羊傳》何注曰：頭至手曰拜；《書・太甲》僞孔傳云：拜手，首至手，《召誥》僞孔傳云：拜手，首至手，稽首，首至地；按九拜乃拜之行伸義，拜之本義爲拜手，首至手不至地，亦即九拜之初儀，後世禮節增繁，故稽首頓首等亦稱拜，古初之拜惟拱手而已，拱手而拜，手不下，首亦不至地，依楊許之説，則空首與稽首頓首無别矣。𢷎字惟見於《周禮》，他書皆作拜，即揚雄説之也；金文多作（頌鼎）、（師酉敦）、（截敦）、（伯晨鼎）、（師奎父鼎）、（師遽方尊）、（窨鼎）、（克鼎、不嬰敦）、（静敦）諸形，左旁皆爲來字，以來麥之垂穗象人之鞠躬拱拜，《詩・甘棠》：勿剪勿拜，正謂勿折曲樹枝如人之拜，其來在右旁作（師和父敦）者，爰禮遂據此以説之未央庭中，揚雄採入《訓纂》作，作者，或又甄豐等所改，劉歆據之以寫定《周禮》，許慎據之以入《説文》，且誤以來旁爲手之古文，其源流蓋如此也。友敦從首作，虘彝從首作，正拜手首至手之義。

爪 𠬪 臼

爪亦手也，反爪爲𠬪，二爪爲臼；臼與（舁）（舉）（與）爲音義相同之字惟形之繁簡不同耳。爲字金文、石鼓文均從爪，甲文則從，作手牽象形與金文石鼓文同；爰字金文、篆文均上從爪下從，甲文則上下均從手作；受字金文篆文亦均上從爪下從，甲文則或上從爪下從手作，或上下均從手作；再字金文篆文均從，甲文則或從作，或從作，或從手作；與字金文篆文均上從臼下從，甲文則或上下均從臼作，或上下均從作；農字篆文從臼作，都公鼎亦從臼作，均象手持辰耕田形，甲文則或從手作（説文亦謂農字籀文古文從林）；此皆爪、𠬪、臼均即手之證。《説文》云：爪，丮也，覆手曰爪，象形；𠬪，亦丮也，從反爪，闕；，叉手也，從。按即爪𠬪，臼訓叉手，猶訓竦手，均兩手也，爪𠬪均訓丮，許意亦以爲一字（爲字鄧公敦作，曶鼎之，師舍敦之，克鐘作，奚字甲文作，爯字甲文作□，孚字古鉩文作□，皆爪𠂹通用），𠂹下之闕與𠃨下之闕，均後人妄增，非《説文》原有，許説𠂹𠃨形義俱足，全書之字不盡傳音，本無所闕也，爪下無某聲，無讀若，亦不言闕，即其顯例。自蘇林以𠂹爲掌，顔師古謂𠂹古掌字，《唐韻》乃音諸兩切矣；《廣韻》有仉及□，□訓反爪，王筠遂謂𠂹仉一字，𠂹即仉姓之仉，錢大昕更謂𠂹即莊三十二年《左傳》築臺臨党氏之党，讀如掌，其輾轉滋謬如此；博學精思如段玉裁嚴可均亦以𠂹𠃨之闕爲音讀；此皆由於不知爪與𠂹，丮與𠃨，乃一字一音之故也。

丮 卩 鬥 執 埶 夙

《説文》：丮，持也，象手有所丮據也，讀若戟；𠃨，拖持也，從反丮，闕（説文大徐本拖持，小徐本及玉篇所引均作持，是許亦以丮𠃨□一字，讀亦當若戟，戟，今字作戟，段嚴亦以爲音讀不傳，故云闕，非也）；鬥兩士相對，兵杖在後，象鬥之形。丮字隸變有三：在執埶爲丸、爲丸；在巩夙爲卂；在鬥爲彐；甲文之□□即篆文之丮𠃨，反正一字，依字形手無所持據，羅振玉謂象兩手執事形，是也。《説文》：埶，種也，從坴，丮持而種之，《詩》曰：我埶黍稷（今本詩小雅楚茨作我蓺黍稷）；甲文作□，象手持屮，或作□，象手持木；南宫中鼎作□，石鼓作□，父乙甗作□，皆象手持木種於土（篆文坴，當爲□之訛形，坴，土塊也，手持土而種，於義不順，以古文持木爲長）；孳乳爲蓺、爲藝（説文無蓺藝，唐人樹埶字作蓺，六埶字作藝，今皆用藝）、爲勢（説文無勢，禮運：在埶者去，釋文云：埶本亦作勢；蓺、藝、勢，皆南北朝以後字）。埶，克鼎作□，番生敦作□，埶馭敦作□，皆從犬，其義與獻之從犬同（金器甗之銘文均從犬作），蓋起於今猶流傳大河南北犬傳穀種之神話，此神話當溯源於漁獵時代，田犬助人獵（古者犬分田犬吠犬食犬三種），所獲之物，人犬共食，故樹埶之埶烹器及獻食之獻均從犬，《説文》獻篆下云：宗廟犬名羹獻，犬肥者以獻之；《曲禮》：凡祭宗廟之禮，牛曰一元大武，豕曰剛鬣，豚曰腯肥，羊曰柔毛，鷄曰翰音，犬曰羹獻，鄭注云：羹獻，食人之餘也。按羹獻皆不限於犬，鄭説自長於許，牲號獨於犬取食人餘之義，於他牲爲特尊，猶存上古人犬共食之遺風，器之從犬，義亦由此。今犬傳穀種之神話，乃謂天帝賜人穀種，命犬銜來，故麥稱來麰，《周頌・思文》：貽我來牟，帝命率育，亦謂麥種貽自天帝，惟諱言由犬銜來耳，其後秦漢緯書變爲烏銜穀來，《思文》鄭箋引《尚書旋機鈐》云：武王渡孟津，白魚躍入王舟，出涘以燎，後五日，火流爲烏五至，以穀俱來，……《書》説烏以穀俱來，云穀，紀后稷之德，按麥爲九穀之一，麥亦穀，殷甲骨卜辭已有來麥字，《詩書》皆言后稷播百穀，《周頌・思文》亦以後稷配天之詩，非謂中國之有麥始於武王伐商之世，《説文》乃謂來爲周所受瑞麥來麰，天所來也，故爲行來之來，《周頌》及鄭箋之意，均又如此。《説文》：𩞁，食飪也，易曰孰飪(今本易鼎卦彖傳作亨飪，亨説文篆文作，古文象宗廟形作，隸變爲亨，六朝時分亨烹享三形，古者享神之廟，烹以享神，享神之享，均用一字，孰謂持烹孰之物，故孰飪或作亨飪)；蓋象手持烹享之物，如羊等，享物必烹熟，故引伸爲孰食字，假借爲同音之孰①，遂别加火作熟(曹憲曰：顧野王玉篇始有熟字)。《説文》：，褒也；擁也；義爲手持斧鉞以擁衛(工本象斧鉞，引伸爲以斧工作)，毛公鼎：丕先王配命，又云：永先王，即用此義；攣乳爲鞏(包之以革則益固)，爲銎(斧斤有穿，柄器之間包擁益固)，爲恐(手持斧鉞所以懼惡)。《説文》：，早敬也，從丮持事，雖夕不休，早敬者也，古文作，亦古文夙，從人、㐁，宿從此。按形本無所持據，許於訓持事，益證羅説象兩手執事形爲不誤；既訓早敬，又謂雖夕不休，許義自相矛盾，以宿之初形或爲夙之古文，亦不然也。《書·舜典》：夙夜惟寅，傳云：夙，早也；《詩·召南》：夙夜在公，箋云夙，早也；《小雅·雨無正》：三事大夫，莫肯夙夜，邦君諸侯，莫肯朝夕，箋云：不肯晨夜朝莫省王也；《小雅·小宛》、《大雅·抑》兩言夙興夜寐；夙義爲早、爲朝、爲晨，而與暮、夕、夜、相對，無可疑。夙字，甲文從月作或(此亦一字之證)；金文或從夕作(盂鼎)、(師虎敦)、(克鼎)、(伯中父敦)，或從月作(毛公鼎)、(曆鼎)；古夕月一字，在夙義當爲月，謂晨旦執事時殘月猶在也，《詩》、《書》言夙夜，金文言夙夕，夙若謂夕，豈非詞廢，旦[且]夙興夜寐，必不可作夕興夜寐解也。宿字，甲文作、、、諸形，象人在席旁或席上，即《説文》古文；豊姞敦宿窒叔敦均作，象人在室下席旁，即《説文》篆文之；爲之初形，非夙之古文，古書雖宿夙通用，然乃同音假借，夙爲晨起執事，宿爲夜休，義正相反。甲文之或，即篆文之，象兩人徒手相鬥之形，並無兵杖在後，段玉裁謂：此必他家異説，淺人取而竄改許書，雖《孝經音義》引之，未可信也。又云：古凡鬬接用鬬字，鬥争用鬥字，俗皆用鬬爲争競而鬥廢矣。按今用鬥以爲省便，其實本應作鬥。

欠　旡

《説文》：，張口氣悟也，象氣從人上出之形；，飲食氣屰不得息曰旡，從反欠，古文作，李陽冰謂當作，許氏擅改作；小徐本《説文》從之，凡大徐本《説文》作者，小徐本皆作；小徐《祛妄篇》，特爲駁斥陽冰而作，獨此則從其説，亦以理有所詘也。大徐本篆文從之字如欽、歇、歡、款、歐等，古金文、鉨文皆從或，反之古文既作，則欠之古文自當作，李陽冰之説不爲無據，惟陽

【校注】

① 原文作“誰”，不通，當作“孰”。

冰謂上象人開口則近是，謂下象氣亦非也。大徐反謂《説文》作，李斯小變其勢作，一若《説文》之篆皆古文，李斯乃小變《説文》之篆，其顛倒謬誤，與説同。隸變作欠，隸變作旡，亦反正一字，《説文》旡訓氣屰，從欠之欬亦訓屰氣；從欠之歐訓嗄，《玉篇》：嗄，氣屰也；從欠之歓訓咽中息不利；歑訓歐，歐訓吐，亦由於飲食氣逆；欯訓心有所惡若吐，范注《太玄》曰：歐欯，逆吐之聲也，欯即噁，今語所謂作噁，作嘔，即若吐之義；此皆欠旡同義之證。甲骨文旡字作或作，既字作或；石鼓既字從，與《説文》旡之古文同，爲甲文之反，其義則同；次字篆文從金文則從或，即從旡或欠，此欠、旡同字之又一證。不得息曰旡，謂氣息不利不足也，欠訓張口氣悟，亦由氣息之不利不足，故引伸爲欠缺字，義本相通，次、(次涎古今字)羨、欲、飲(欲得也)、歉(食不滿也)、㵣(飢渴之本字)均從欠，炁(古文愛)、夓(篆文愛)則從旡，皆不足貪得之義，所謂欲起於不足也，此亦欠、旡之義無分。人或飢，或飽，或倦，或飲食逆氣，或病反胃，凡此等咽中息不利者，張口出氣時，其聲與態皆與尋常出氣不同，故旡與欠非有二事二義，氣息不順利，張口呼出則舒矣，故歔(飢虚也)，𣢾(愁貌)、歙(縮鼻也)、歆(悲意)、欷、歔、等字從欠，而歇、歡、歎、欣、歌、歠等字亦從欠。

永 𠂢

《説文》：(永)，水長也(依小徐本)，象水巠理之長；(𠂢)，水之衺流别也，從反永，讀若稗縣。按永字，仲駒敦作或，伯敦作或，杞伯敦作或，皆象干流及枝流之巠脈形，其作(沇兒鐘、三子申盥蓋、㝨鼎、子璋鐘、之永字)或(都公敦、鄭饔原公鼎之永字)者，象此形尤酷，永謂干流之長，𠂢謂其枝干歧分之脈，一文含有二義，枝流之向右向左，初無别也。其後分化，永惟訓長，孳乳爲羕《説文》羕亦訓水長，後又加水作漾，義爲水紋，金器銘文永實用或作羕實用，《詩・漢廣》：江之永矣，韓詩永作羕，或假用同音之養，《夏小正》：時有養夜，注云：猶言永夜也，後因之作瀁；𠂢惟用爲流𠂢、𠂢别字，孳乳爲派，《説文》：派，别水也，《博雅》：水自分出爲派；孳乳爲衇，爲脈，爲𧖴，《説文》：衇，血理分衺行體中者，或從肉作脈，籀文作𧖴，近代又有脉字，世以爲俗字，其實正合永𠂢同字之古義。

身 㐆 殷

身，篆文作，《説文》云：躳也，象人之身，從人，厂聲；㐆，篆文作，《説文》云：歸也，從反身。按身從厂聲固非，段玉裁依《韵會》所據小徐本訂正爲從人，申省聲，亦非，小徐《係傳》謂象冠帶之形，近似而不全確，身字蓋象人身衣甲腰懸弓矢形，反身之㐆，與身一字，向左或向右，未有二義，故加弓爲躬，加矢爲䠶，加殳爲殷，皆戎裝之義(説文云：躳，身也，或從弓作躬。按吕象脊骨，躳爲人身字，古鉩及汗簡皆從吕，不從弓，説文竆字亦不從弓，從弓之躬，五經文字以爲俗躳字，當爲身字後出之異體，非躳之或字，汪氏鐘鼎字源：躬，書言府弩機，亦不以爲躳躬一字）。《書·武成》：一戎衣，天下大定，傳云：衣，服也，一著戎服而滅紂；《中庸》：一戎衣而有天下，此與《武成》義同；《書·康誥》：天乃大命文王，殪戎殷，傳云：天美文王，乃大命之殺兵殷；《中庸》鄭注云：戎，兵也，衣讀如殷，聲之誤也，齊人言殷聲如衣，虞夏殷周氏者多矣，今姓有衣者殷之胄歟，一戎殷者，一用兵伐殷也。按《武成》之一戎衣，僞孔傳訓爲一著戎服，《康誥》之殪戎殷，則訓爲殺兵殷，二義不同，尋繹其上下全文，似亦爲二義；《武成》之文爲"罔有敵於我師，前徒倒戈，攻於後以北，"故下云"一戎衣天下大定，"此言武王伐殷事也，《中庸》亦言武王之事；《康誥》之文則爲"天乃大命文王，殪戎殷，誕受厥命，"此言文王翦商事也，殪戎殷，乃謂翦削兵力强大之殷商（近人有以戎殷之戎作戎狄解者，非是，説文：戎，兵也，從戈，從甲；月令：以習五戎，鄭注云：五戎，謂五兵，弓矢殳戈戟也；故僞孔傳訓戎殷爲兵殷），以奠定武王伐紂之基業，此與《武成》一戎衣天下大定之義顯然有别；鄭注《中庸》，取《康誥》戎殷之文，用《武成》一戎衣之義，謂一戎殷爲一用兵伐殷，語義尤迂曲難通；即衣讀如殷，義亦無别，亦非聲誤，一戎殷即一戎衣，一兵殷，殊不辭，亦不得作一用兵伐殷解也，古音微(e)欣(en)二韵字，每陰陽互用不分，殷字《廣韵》在欣韵，衣㐆二字則皆在微韵；大豐敦之衣祀，即《曾子問》之殷祭，《曾子問》：服除而後殷祭，禮也，大豐敦：衣祀於王，乃言武王喪服除後，始戎裝以祀文王也。《周禮·春官·大宗伯》：時見曰會，殷見曰同，鄭注云：時見者，言無常期，殷猶衆也；《説文》云：同，合會也；按殷見即定期之戎裝大會，傳卣：令師田父殷成周，近出土之父乙彝：明保殷成周，皆殷見之義，亦即戎裝大會於成周也。身㐆古今字，《大雅》：大任有身，傳曰：身重也；箋云：重謂懷孕也；此謂孕婦身重，如武士之衣甲。殷訓盛，訓大，訓衆，乃戎裝盛會義之引伸。

𠂆 乀

《説文》：丿，右戾也，象左引之形；乀，左戾也，從反丿，讀與弗同；𠂆，抴也，明也，象抴引之形，虒從此；乁，流也，從反𠂆，讀若移；此真極盡杜撰之能事。此四文同象抴引之形，向左抴引與向右抴引無别，乀與𠂆同，丿乀即𠂆乁也；音讀同爲 qi 或 di，後由影母(q)或定母(d)轉入喻母(j)讀 ji，凡 i 韵之字，多有弛曼之義，如脂韵(i)之脂、遲、夷、祇、阺、耆、鬐、犂、追、累、綏、夊、逵、眉、推、旟、底、砥、匕、矢、水、來、彗、隧、襚、旞、遂、濧、圯、淚、帥、率、屁、棄、寐、恣、呬、泗、地、墜、等；支韵之支、枝、岐、歧、披、鈹、旇、破、波、委、虵、逶、迆、匜、施、漪、猗、旖、旎、馳、池、虒、痿、靡、罷、毁、垝、屣、尓、沵、瀰、侈、哆、弛、帔、被、易、倚、縊、翅等（切韵支韵字，含有古音 i、a、in、三韵；六朝變爲 i、ie、二韵；唐以後皆讀 i，並入脂韵：南宋平水韵合支、脂、之爲支，與微、齊俱别；元末中原音韵以

"支[即支脂韵字]思"[即之韵字]爲一類，"齊微"爲一類；明洪武正韵分支、齊二韵，韵略易通分"支辭"與"西微"二類，皆即中原音韵之"支思""齊微"也；韵略匯通亦尚分"支辭""灰微"爲二，度曲須知則惟有"齊微"而無"支辭"，又以"皆來"攝皆來灰微四韵；清初樊氏五方元音，則統攝於"地"；今註音字母，有 l[衣]∧[危]二韵母，除支、微、齊少數字用∧韵母外，餘悉用 l 韵母，[i]實際語音[閩粵除外]確實如此。由此觀之，切韵支韵中若干字讀與脂韵[i]同，或自古至今不變，陸法言支脂共韵之譏，蓋彼自未審别耳。歷世韵書之合韵，皆略依當時語音，非率意爲之，然大部分仍勇於泥古，怯於求實，致使歷世語音變遷，未能據以完全推知，至可痛惜，而泥古之徒，反以變亂舊章責之，直不識古今音變爲何事，未足與言學也)；齊韵之犂、低、嗁、啼、稊、兮、棲、栖、嘶、迷、遞、洗、灑、啓、擠、嚏、替、鬀、剃、薙、涕、洟、滯、髢、逮、系、係、繼、禊、殹等；祭韵之蜕、敝、彗、逝、曳、裔、泄、洩、猘、𠂆、枻、褙、抴、礪、癘、憩、世、貰、跇等；泰韵之艾、靄、帶、蔡等；夬韵之夬、快、邁、敗等；佳皆韵之排、涯、解、懈、差、唉、瘥、𠂢、派等(齊、祭、泰、夬、廢及佳，皆韵字，多爲古音 öi[之、咍]或 a、i、[支]之流變)；皆有弛曼之義。《説文》所謂從左右戾之乂字，或加刀作刈，甲文作乂，殺字從此，即徐鍇所謂象刈草之刀形，然並無鍇所謂丿舉首而𠂆不舉首之别；《説文》所謂從左右戾之弗字，篆文作弗，即甲文之弗弗弗弗或弗，金文之弗，象編物之形，其中之‖爲縱柱，不獨甲文、金文如此，即許書篆文亦作‖而不作舉首左右戾之丿乀形，可見四文之分，許亦不能自圓其説，乂弗均非從丿乀，又别無從丿乀之字，蓋許氏不解乂弗之義而臆説之，非𠂆乀之外别有丿乀也。

止 𣥂 癶 步 涉 足 夂 夊 舛

甲骨文凡從止從足之字皆作止或止，即篆文止與反止之𣥂；金文止作止(亞形尊)，足作足(足跡罍)或足(師兑敦)。古書從足之距字踵字，《説文》皆從止，《説文》：跟或從止作𧿹；正古文正，從一、足，足者亦止也；蓋止足皆象人足，足指三岐，猶手之列不過三也，足爲止之加○以象踝骨耳，非二字；人身止於足，故引伸爲停止知止知足字。𣥂之向左與向右之止無别，觀癶、步、涉、韋諸字可證；《説文》：癶，足刺癶也，讀若撥(隸變作癶，登從之)，今吴語言兩足張開猶曰兩脚撥開；步(步)，行也，從止𣥂相背，甲文作步，均象左右二足一前一後形；𣶒，徒行厲水也，從林，從步，篆文作涉(涉)，甲文作涉或步，金文散氏盤作涉，效卣作涉，石鼓作步，或從二止，或從一止一𣥂如篆文；韋，相背也，從舛，囗聲，按○謂邦域，兩足相隔，睽離之義，孳乳爲違；是止𣥂均爲足無疑也。《説文》分止、𣥂、足爲三字；止訓下基，象草木出有址；𣥂，蹈也，從反止，讀若撻；足，人之足也，在體下(依段氏據玉篇增體字)，從口止，非也。夂、夊(隸變爲夂夊)同爲甲文倒止(或謂倒止於古文無征，按甲文麦字從夂，即倒止，亦即夂，又有夆、夅、复諸字，雖未識何義，其上則亦皆倒止也。篆文之𣦼[隸變爲𣦼，孳乳爲澀]從四止，上二止亦作倒形)，《説文》亦别爲二文：夂訓行遲；夊訓從後至，亦非也。篆文舛

(致)字，伯致敦從㞢(即甲文之止)作𦤳；夏字《説文》古文從足；舞字僕兒鐘、餘義鐘均從辵；甲文麥字從倒止作夂或夊；此皆夊夂與止足同義之證。《説文》反夊之㐄訓跨步，𡕒從此，夊部並無反夊之㐄，而謂舛從夊㐄相背，此非遺漏，蓋夊夂一字，㐄爲夂之反，亦即夊之反，舛不妨作㐄夊，形義均爲二足，故舞字從之，《説文》舛(隸作舛)訓對卧，舞從舛無聲，卧而舞，卧而監臨，許説之謬，童昏亦應知之。㐄訓跨步，《唐韵》音苦瓦切推之，音義亦當同此，孳乳爲胯、爲髁、爲跨、爲絝、爲袴。《説文》：胯股也(廣韵：胯，兩股間也，苦化切。唐韵音苦故切)；髁，髀骨也(廣韵：髁音苦瓦切，又有骻)；跨，渡也(唐韵：苦化切。廣韵：越也，又兩股間)：絝，脛衣也(唐韵：苦故切，段玉裁曰：今所謂套袴，左右各一，分衣兩脛，古之所謂絝，亦謂之褰，亦謂之襗，若今之滿當袴，則古謂之幝，亦謂之幒，今皆作袴。按袴字見史紀及玉篇，説文廣韵均無之，當六朝後字，今俗又作褲)；《史記》《淮陰侯列傳》：不能死出我袴下(漢書作跨下，師古曰：跨下，兩股之間也)，徐廣曰：袴一作胯，按㐄非兩股，兩股之間正謂舛下即胯下，在骨曰骻，在衣曰袴，張股越過曰跨，今語：楚皖之間謂兩股間曰 k'a，胯之開口，讀去聲；髀骨曰 k'ua，正《廣韵》苦瓦切之髁，亦如《唐韵》之讀㐄；跨步而渡曰 k'a，㐄跨之開口，讀平聲，吴語仍合口讀k'ua，北方以至南京讀 tc'ia，轉爲齊齒矣；袴褲通語讀 k'u，如《唐韵》，由古音麻之合口轉虞，初音當與㐄、胯、骻、跨同讀 k'ua，故《韓信傳》袴下或作胯下，或作跨下，音義皆可通也。胯謂兩股之間，跨步時一股向前，則左右兩股相錯矣，故㐄舛均可訓跨步，此與步同意；舞步亦作此狀，故舞字、𦏲字均從舛，跨馬時則兩足並立而左右相距，故亦曰跨；許書舛訓對卧，非矣，《唐韵》音昌兖切，亦必然也(説文云：揚雄説，舛作踳；玉篇云：踳，姝允尺轉二切，踳駮[駁]①，色雜不同；舛踳二字音近義别，舛音昌兖切，或由此而訛。玉篇謂夊爲古文綏字，按綏爲士昏禮"婿御婦車授綏"之綏，引車索也，踳之非舛，亦猶綏之非夊，説文不言夊爲綏之古文，廣韵支韵之夊，楚危所危二切；脂韵之夊，息遺楚危二切，亦不以夊綏爲一字)。《漢書·楚元王傳》：朝臣舛午膠戾乖剌；左思《吴都賦》：詭類舛錯；王融詩：遵涂每多舛；《增韵》：舛，錯也；皆用二足跨步時左右相錯之義。

【校后记】

《实庵字说》是陈独秀 1932—1737 年期间在南京老虎桥监狱完成的一部文字学著作，首次发表于 1937 年《东方杂志》，分 5 次连载于第 34 卷第 5、6、7、10、13 号，繁体竖排。这次重印，先是改为简体横排，虽然克服很多困难，但仍有很多问题无

【校注】
① 原文作"駮"，當爲"駁"之誤。

法解决，排印稿至五校，出版社从谏，同意改为繁体横排，但先前因繁简字转换不完全对应所带来的问题又成了六校中的大麻烦，因为时间有限，可能个别简体字未能改回，不无遗憾。除此之外，校勘中还有几点需说明：

1. 这次印刷是根据1937年《东方杂志》复印件改为横排的，校注所称“原文”指《东方杂志》印刷文本，非《实庵字说》原稿；

2. 1937年的用字习惯与今天不尽相同，文字学著作的用字习惯与一般文章的用字习惯不尽相同，前者如“联接—连接”，后者如“同意—同义”，为存真计，皆保留原貌，未做改变；

3. 当年的标点符号使用尚处于草创试验阶段，远未达到今天的规范标准，校勘中改不胜改，深感无奈，殊难尽善；

4. 陈独秀先生原著有笔误，《东方杂志》印刷过程有误植，校对中时有发现，斟酌再三，以[ ]、【 】标出或加注以说明，读者宜根据上下文留心审察，明辨是非；

5.《实庵字说》堪称是中国文字学史上一部革故鼎新的重要文献，如何排印才能完整、精确地呈现其精深博大的学术思想？当年的《东方杂志》只是完成了将手写体转换成印刷体的初始工作，远未达到一部学术专著应有的系统、精密、完备的程度。怎样让这部具有划时代意义的文字学著作更适合阅读和流传？这是我们当下所面临的问题，仅就排印的格式和体例而言，尚有很大的改进和调整空间，有很多精细的工作要做，需要大量的精力和充足的时间投入。此次校勘，主观上学力不逮，客观上时间紧迫，奈何捉襟见肘，实难尽如人意。

周同科

2015年12月7日六校于南京成贤街客寓

2.《中国古代语音有复声母说》(存目)①

见2001年12月中华书局《陈独秀音韵学论文集》

3.《连语类编》(存目)

见2001年12月中华书局《陈独秀音韵学论文集》

① 曾发表于《东方杂志》34卷第20、21号。

4.《荀子韵表及考释》[①]**(存目)**

见2001年12月中华书局《陈独秀音韵学论文集》

5.《屈宋韵表及考释》[②]**(存目)**

见2001年12月中华书局《陈独秀音韵学论文集》

6.《晋吕静韵集目》(存目)

见2001年12月中华书局《陈独秀音韵学论文集》

7.《广韵冬东钟江中之古韵考》[③]**(存目)**

见2001年12月中华书局《陈独秀音韵学论文集》

《陈独秀音韵学论文集》封面

8.《古音阴阳入互用例表》 1936年手稿

见2001年12月中华书局《陈独秀音韵学论文集》

9.《干支为字母说》(存目)

手稿,未发表,存中国社科院资料室

10.《识字初阶》[④]**(存目)**

见《小学识字教本》任建树主编:《陈独秀著作选编》第六卷,上海人民出版社2010年版,第143—551页

11.《表》(存目)

见任建树主编:《陈独秀著作选编》第六卷,第42页

---

① 曾发表于《东方杂志》34卷第2号。

② 为未完成稿。

③ 曾发表于《东方杂志》36卷第4号。

④ 《识字初阶》为陈独秀在南京狱中(1932—1935)所撰。出狱后有所修订与扩展,改名《小学识字教本》,1940年11月完成上篇。本拟出版,因书名与国民政府教育部长陈立夫有争议而未成,遂由编译馆油印50份,分赠学界人士,同时续写下篇。但1942年5月13日,当写到"抛"字时,因病倒,遂成绝笔。见任建树主编:《陈独秀著作选编》第六卷,第143—551页(原件影印)。

12.《甲戌随笔》(存目)

见《陈独秀先生遗稿》,北京图书馆出版社 2006 年版。陈独秀著,方继孝点校,吴永坤审订,任继愈题签。影印及排字本合一套二本。

《陈独秀先生遗稿》封面

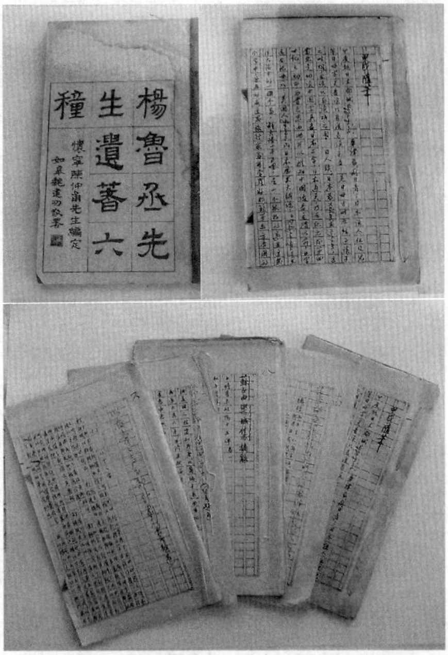

陈独秀狱中著作及读书札记(部分)
(方继孝供稿)

13.《以右旁之声分部计划》①(存目)

见《陈独秀先生遗稿》,第 65—94 页。

以上参照唐宝林著述及 2001 年中华书局出版之《陈独秀音韵学论文集》即何之瑜编订之陈独秀音韵学著作集《古音阴阳入互用例表及其他》一书而成,谨致谢!

---

① 此文原无标题。1948 年由何之瑜整理时所加。何之瑜(1898—1952),又名资深,湖南安乡人,何之瑜即刘少奇元配夫人何宝珍之胞兄。北京大学读书时入党。大革命时期任湘潭县委书记,代表湖南党参加中共五大。1927 年 5 月 21 日"马日事变"后任湖南省委组织部长、省委书记。参加中共六大,历任山东省委秘书长、上海总工会秘书长等职。1931 年 5 月被捕,1937 年获释后改名之瑜,在四川江津国立九中教书。受北大同学会委托照顾陈独秀生活。陈去世后成为遗嘱执行人,并负责整理出版陈独秀遗著。《陈独秀最后论文和书信》一书等大量著述因上海解放未及出版。他解放前夕参加郑超龄、王文元组织的"国际主义工人党",被捕入狱后病死(参见唐宝林、林茂生《陈独秀年谱》第 360 页注⑤)。

陈独秀在南京狱中大事记

1932年

10月15日

下午三点　国民党上海市公安局据密报，公共租界东有恒路春阳里第210号楼上设有共产党中央机关，随即派督察员唐豹、张清泰，会同捕房西方探长戈而特、探目克老司来等，按址前往，将正在开每星期常会的中国共产党左派反对派（托派）谢少珊、濮一凡、彭述之（即张次南）、王武（即宋逢春）、王兆群（即罗世藩）等五人逮捕，当场抄出各项文件106件，俄文共产书籍34种，小条通信处数纸，一并带回嘉兴路捕房羁押。①

谢少珊称“甘愿自首”，并供出陈独秀居住地址。

晚七点　国民党探捕根据谢供地址至岳州路永兴里11号楼上，将患病在家休养的陈独秀拘获，并获大批中、日、俄文文件，一并带回捕房。

因陈独秀正患病，带入捕房略讯后，被送上海斐伦路工部局医院治疗。

晚九时许　国民党探捕与法探捕至圣母院路高福里322号楼上濮一凡家内搜查，查出共产党文件三十余种，拘获王晓春一名，被带回捕房。②

夜十二时许　中西探捕据谢少珊口述地点，至新闸大通路斯文里1044号捕人。夜

---

① 往捕时间，吴铁城密电作15日下午2时，中央日报作15日晨、申报作15日午后2时半，此据《陈独秀案起诉书》及《中央日报》1933年4月15日庭审情况报道。

② 王晓春捕获时间、地点《申报》作午夜十一时，新闸大通路斯文里1044号，此据《陈独秀案起诉书》及《中央日报》1933年4月15日庭审情况报道。

深打门，屋内人闻声，两人跳窗而逃。一人逃脱，另一人梁有光被拘获。搜出文件28种，一并带回捕房。①

10月16日

晨七时半　国民党捕房探员又据谢少珊口述地点到唐山路业广里335号楼下，将正在印刷共产党刊物《火花》及《校内生活》的王子平、何阿芳，一并抓获，抄出俄文文件78种，并派人暗中留守。

十二时　国民党捕房继续赴法租界福履理路建业里22号，捕获王鉴堂，抄获书籍十种，复写纸一张，字迹犹可辨认。

继赴白克路修德里532号搜查，人已转移，留有告知机关被破字条一纸在室。获文件8种。

遂往霞飞路284号、东嘉兴路善吉里3号、白克路394号搜查，已人去屋空，一无所获。

自15日下午至16日午夜，共有陈独秀、彭述之、王武、王兆群、濮一凡、谢少珊、王晓春、王子平、何阿芳、梁有光、王鉴堂十一人被捕。

10月17日

晨　陈独秀等十一人被解送到位于上海浙江北路191号七浦路口的江苏高等法院第二分院，各种书籍文件亦用汽车运送至高法院二分院。

赵钲镗推事开第一法庭，对十一人隔别审至中午。

午后二时　苏高等第二法院续审讯陈等十一人。至四时半问讯完毕②，退庭。

期间，上海市公安局代表以陈独秀系政府通缉之要犯，禁止旁听，并要求引渡。法庭同意禁止旁听，但引渡暂缓。

下午三时三刻　郭竞豪(即彭道之)不知事已败露，前往福履理22号，被守于屋内探捕捕获，带入复兴路捕房诘讯。③ 陈被捕房填具"罪行记录卡"，化名王旦甫，号衣为B9123号。遂又搜查彭道之白克路531号寓所，抄出共产文献甚多。

五时　开会议庭，捕房以被告一部分所犯案件不在租界，为便利起见，声请撤回告诉，郁华庭长宣布准予公安局引渡。陈独秀等极力反对引渡，历时一小时之久，终无效。

---

① 《申报》作十一时，此据《中央日报》1933年4月15日庭审情况报道。

② 一说四时，此据1932年10月18日《申报》。

③ 《中央日报》作18日晨，此据1932年10月19日《申报》、《陈独秀案起诉书》。

六时　　　宣告退庭。公安局遂将陈独秀等连同抄获文件书籍，一并押登汽车，解往该局警察大队部。审讯进行间公共租界复兴路捕房又在陈独秀家内续获文件四十余种。

当日上海市市长吴铁城三次用电报向南京行政院密报捕获陈独秀等十一人的经过、引渡等情况。日本《朝日新闻》、《读卖新闻》、《日日新闻》同日刊登陈独秀被捕信息。

当日晚　　　陈独秀等被引渡至上海市公安局，押该局警察大队部并加镣。

10月18日

晨　公安局长文鸿恩派员逐一续审陈独秀等。

晨　彭道之被解送高等法院第二分院，赵推事开庭预审。公安局引渡彭道之。

10月19日

国民党中央电令沪市府妥慎押解陈独秀等往南京。

公安局侦缉队长慕陈独秀大名，请写字留念，陈独秀写了“还我河山”和“先天下忧”两幅字。

夜十一时　陈独秀、彭述之二人由夜车押往南京。陈独秀在火车酣然大睡，处危不惊，被传为佳话。

10月20日

晨八时　押解陈独秀、彭述之二人的火车抵达南京，即由大汽车押解进城，先至中央党部，接洽后解交位于羊皮巷十凛巷的军政部军法司看守所拘押。书籍文件十余箱存中央党部。

陈彭在沪仓促被捕，衣被无多，面有病容，军法司函请当局添购衣被，国民党中央党部拨洋百元，作陈、彭添购衣被之用。

10月21日

陈独秀向中央党部声请派医诊治疾病。

10月22日

国民党中央派组织委员干事黄凯携陈案重要文件多种赴武汉向蒋介石报告情况。

“蒋介石又把叛徒谢德盘等人调到武汉行营，亲自审问。”①

翁文灏、胡适、罗文干致电蒋介石：“请将陈独秀案付司法审判”，不由军法从事。

“蒋复电陈独秀案已由京移交法院公开审判矣。”

---

① 王光远：《陈独秀年谱》，重庆出版社1987年版，第326页。

10 月 23 日

陈、彭要求会见顾孟余、陈公博；要求读报、通信，被拒；要求读书。准读三民主义或总理其他遗教。外来访客及新闻记者，一概不准接见。

蔡元培、杨杏佛、柳亚子、林语堂、潘光旦、董任坚、全增嘏、朱少屏等八人致电南京中央党部、国民政府，营救陈独秀。

10 月 24 日

按蒋介石复电指示陈独秀系危害民国罪，应交法院审判。以维护司法尊严。

国民党中央举行中央谈话会，就蒋电报提出讨论，决交法院审判。

胡适等电蔡元培，请就近营救陈独秀。

10 月 25 日

晨　柏文蔚晋京，探询当局对陈独秀处置态度。

上午十时　国民党南京市第十区执行委员会在该会办公处举行第卅七次会议，作出决议呈请中央警告保释陈独秀的蔡元培等，对陈独秀予以严办。

下午二时　自称陈独秀家属子王女哲亚①往军法司探望陈，被拒，留下纸条。

下午三时　何应钦会见陈独秀，询问政治主张及共产党在赣鄂等省活动情况。有人要求陈独秀写字，陈写了“三军可夺帅也，匹夫不可夺志也”、“先天下之忧而忧，后天下之乐而乐”。更有一纸则用岳飞句曰“莫等闲，白了少年头”等五幅字。

许寿裳致电蔡元培，请求从宽处理陈独秀。

蒋梦麟、徐松明、刘复、马裕藻、周作人、陶履恭、钱玄同、沈兼士、周炳琳、徐鸿宝、赵万里、樊际昌十二人致电蔡元培、吴稚晖、戴季陶、张静江、陈果夫，请求将陈独秀交由司法机关从宽处理。

马君武致函蔡元培营救陈独秀。

蒋介石表示，对各方营救陈独秀的缓颊文电，不作答复。

10 月 26 日

上午十时　陈独秀、彭述之移押江宁地方法院，入住犯人病室第二号房间。禁止接见宾客。

《中央日报》报道陈独秀在狱中读党义，要求购买水浒一部。《晨报》报道全国各方积极营救陈独秀情况。长沙市执行委员会代电要求将陈独秀立处极刑。

10 月 27 日

国民党广东省党部电请中央，要求“惩办出名保释之人”。

---

① 应为女儿子美的化名，前往狱中探望。

10 月 28 日

检察官朱隽等到宁。

晨九时半　高法院检察官朱隽于江宁法院刑二庭秘密提审陈、彭二人至十一时许(《申报》作 29 日,此据《中央日报》、《大公报》)。

《大公报》发表短评:《营救陈独秀》。

罗文干(南京政府外交部长兼行政司法部长)致信胡适,告知营救陈独秀情况。

蔡晓舟发代电给天津《大公报》转达呼吁蔡孑民、顾孟余、王抚五、高一涵、田炯锦、罗家伦、段锡朋诸先生暨各省各市北大同学会营救陈独秀。

10 月 29 日

国民党南京特别市党部执行委员会议决,"呈请国民党中央依法惩办陈独秀等不准保释,并通电全国";对蔡元培杨铨等请求宽释陈独秀发函警告。

国民党中央党部将陈独秀案部分证据送呈蒋介石审阅。

胡适在北大国文系发表演讲《陈独秀与文学革命》,充分肯定陈独秀所倡导的以三大自由主义为内容的文学革命的历史性贡献。

曹聚仁在《涛声》发表《致吴稚晖、蔡孑民、邵力子的一封公开信》。

10 月 30 日

苏高法院派员到国民党中央取捕获的八大箱文件书籍。

傅斯年在《独立评论》发表文章《陈独秀案》。介绍陈独秀革命经历,希望当局依法办案。文章结尾呼吁:"国民党决无在今日一切反动势力大膨胀中杀这个中国革命史上光焰万丈的大彗星之理。"

国民党 79 师特别党筹会致电南京,要求严办陈独秀。

国民党南京特别市党部执行委员会致电南京并通电全国:呈请国民党中央依法惩办陈独秀等,不准保释。

《大公报》刊登陈独秀、彭述之在江宁地方法院候审室的照片。

10 月 31 日

晨　宋庆龄由沪夜车抵京,旋飞武汉,《大公报》《申报》称宋为牛兰案、陈独秀①事谒蒋介石夫妇。

下午　北京大学校长蒋梦麟携书籍水果赴地方法院探望陈独秀。

夜八时　郭蔚然致电蔡元培,表示愿为陈独秀"为不要钱之辩护人"。

---

① 为陈独秀不可能。她正在贯彻共产国际指示反对救陈。参见本书上册第 193—196 页(36)《共产国际远东局给中共地下党关于对陈独秀救援活动问题的意见(草)》——编者

10 月底

陈独秀被解到南京后不久，通过前去探望的刘梦符（高君曼生前的好友及同乡）转给吴静如（郑超麟的妻子刘静贞的假名）一封信，要吴去南京京军人监狱探望郑超麟时住到刘家（南京中华门），并随刘一起去探望他。

11 月 1 日

国民党广东英德县第七次全县代表大会代电南京国民政府要求明令枪决陈独秀。

国民党南京特别市执行委员会发函，书面警告蔡元培杨铨等请求宽释陈独秀。

蒋梦麟再探陈独秀。蒋发表对陈独秀案意见，认为全国学术界赈灾营救，中央之意业主宽大，当不致有生命之虞。

国民党国立中山大学校区党部筹备委员会致电南京中央党部、国民政府等，要求对陈独秀迅以典型。

《红色中华》（第 38 期）以《不幸而言中，陈独秀要当蒋介石的反共参谋了》为标题，报道抨击陈独秀要求晋谒蒋介石的消息。

11 月 2 日

国民党 27 军特别党部筹备会致电国民党中央党部、国民政府主席等要求严重处置陈独秀等危害民国之罪。

国民党中央执行委员会秘书处复函蔡元培等八人，陈独秀"由江苏高等法院派员来京审判。"

11 月 3 日

接见来访的段锡朋（国民党教育部次长），托其致函胡适，转告已请定律师。谢绝蔡元培、胡适推荐的律师。

下午　陈、彭二人签订聘任平章律师事务所彭望邺、吴之屏及章士钊为辩护人的委托书。

国民党 19 师特别党部致电要求严办陈独秀。国民党湖南邵阳县执委会代电，要求将陈独秀明正典刑。

11 月 5 日

广州市党部电中央请诛陈独秀，蔡元培袒共应警告。

江苏地方法院呈文江苏高法院，请示陈独秀等伙食费用问题。

江苏地方法院呈文江苏高法院，请示看守陈独秀等三名看守工饷支付问题。

11 月 7 日

下午　二时半至四时，江苏高等法院检察处开第二次侦查庭，由检察官朱隽讯问，书记官孙增厚记录，历时九十分钟，禁止旁听。

国民党湖北省执委会呈中央，要求依法严办陈独秀。

11月8日

国民党江苏高法院指令江宁地方法院，看守陈独秀等所添工饷拟在节余囚粮项下开支。

11月9日

国民党江苏高法院呈文司法行政部，陈独秀等一案添临时看守等费用拟援案于留用法收项下拨支。

11月10日

湖南长沙农会代电南京国民政府，要求将陈独秀明正典刑。

陈独秀致信李时蕊大律师，告知已聘请章士钊、郭蔚然、彭望邺三律师及他们的联络方式。

11月11日

国民党司法行政部次长郑天锡谈陈彭案内容复杂，侦查需时日，年内难开审。

国民党湖南衡山县执行委员会致电南京国民政府，要求将陈独秀、彭述之等照正典型。

11月12日

湖南省立通俗教育馆馆长发电报、国民党山东邹县县党部发代电，要求严办陈独秀。

11月14日

下午二时　苏高法院开第三次侦查庭，检察官钟尚斌审讯，主任书记官孙增厚记录，历两小时。

11月16日

下午　蒋梦麟抵宁晤陈独秀，告以中央依法处理其案的意见。

11月17日

《先锋》报第4期发表陈独秀入狱前(1932年9月29日)写的《谁能救中国？怎样救中国?》一文。

《先锋》报第4期，刊登出版先锋小丛书《陈独秀底生平及其政治主张》的广告。

国民党江西上高县执行委员会致电南京政府，要求依法严惩陈独秀。

湖北罗田县党务特派员办事处发代电要求严办陈独秀。

11月19日

国民党陆军16师特别党部致电国民党南京政府，要求严办陈独秀。

11月21日

国民党53师特别党部执行委员会张敬兮等代电要求迅将陈独秀、彭述之明正典刑。

11月23日

陈独秀为托派起草《目前行势和反对派的任务》发表在《校内生活》第3期。

11月26日

国民党湖南清乡司令何键致电南京国民政府，要求独断乾纲，当机立断，迅予处决陈独秀。

11月27日

致王灵钧信(1)，询问信函收悉及岳州路旧居等情况，请尽所知告知岳州路旧居屋中一切情形。

11月28日

《中央日报》刊登国民党广东省党部致国民党中央党部，要求严惩陈独秀及出名保释陈独秀者的电文全文。

11月29日

新疆省主席金树仁致电南京中央政府，要求严办陈独秀。

11月30日

致王灵钧信(2)，嘱王到家中找寻女友潘兰珍内装积蓄小袋，以便告知潘女士前往领取；嘱找出郭沫若甲骨文等书托彭律师带至监房。

12月1日

致胡适信(1)，对朋友奔走焦虑表示歉意；认为终日禁闭室中不如大辟爽快；要求为其找亚当斯密《原富》等来阅读，希望存在胡适处的"拼音文字稿"早日出版。

国民党国立中山大学校区党部筹委会致电南京中央党部、国民政府要求对陈独秀等迅予典刑，对蔡孑民等保释陈独秀严加痛斥。国民党广东英德县第七次全县代表大会发快邮代电，要求迅予枪决陈独秀。

12月5日

杨杏佛探望陈独秀，馈以药品。

12月6日

罗文干致函蔡元培报告杨杏佛探望情况及陈独秀近况。

12月9日

金家凤致函蔡元培，报告陈立夫允为关照陈独秀处有特务活动事。

12月13日

致王灵钧信(3)嘱转交信函、用款、转告潘兰珍自己的生活近况、案情无大危险，以免潘兰珍惧虑等，对王灵均怀疑陈独秀对她有怀疑作解释。

12月15日

陈独秀写了《对区白两篇文章的批评》，后发表在《国民会议与苏维埃》一书中。

12 月 22 日

致王灵钧信(4)：告知由于谢少珊叛变导致被捕释其嫌疑、身体状况及自传的写作出版安排。

12 月 26 日

即日起，陈独秀案转归国民党江苏高等法院刑庭管辖。

12 月 31 日

国民党江苏高法院检察处以违犯《危害民国紧急治罪法》第六条及第二条第二款为由对陈独秀等提出公诉(《大公报》作 30 日，《中央日报》作 28 日，《申报》作 29 日，此据高法院起诉书)。

《申报》全文刊登陈独秀案起诉书。

上海托派临委向托派各区委、各支部及狱中的陈独秀等人，发出《反对派政治问题争论提纲》(油印小册子)。

冬

吴静如按陈独秀嘱咐，到南京探望。从此，陈独秀委派吴静如作交通，建立与其他托派尤其是上海托派领导机关的联系，每月一次有时二次，传进上海托派临委的文件、刊物和书信，带出陈独秀的文章、意见和书信。

是月

左派反对派临时委员会(中国地区)为陈独秀等人被捕向国际无产者发出呼吁书。

1933 年

1 月 7 日

致函王灵均(5)，告知受到信、物，谈某君译书费、《晶报》刊登影印楹联、岳州路房租及潘女士取藏物包等事。

1 月 12 日

上午十点，江苏高法院起诉书邮达南京，由该院分至各被告。

陈独秀以起诉书送达，侦查期已过，要求即日起恢复准许接见之权利。

1 月 17 日

江宁地方法院去文催促江苏高法院指定之推事(即法官)来宁办案。

1 月 26 日

国民党司法行政部向江苏高等法院院长下达准予陈独秀一案添临时看守及口粮优给等问题的指令。

1月30日

国民党江苏高法院关于准予陈独秀一案添临时看守及口粮优给问题给江宁地院的训令。

2月7日

致灵均女士信(6),告知自传动手情况、物色出版社及欲得托洛茨基的《不断革命论》、《西方革命史》、《法兰西革命》、《我的生平》英汉字典辞源等多种研究参考书籍。

致灵均女士信(7),向仲三(即李仲山)询问郑超麟等人情况。

2月20日

陈独秀辩诉状完成。

2月26日

致灵均女士信(8),告知前信索书均未得及近期身体状况、书信邮寄方式等。

3月5日

江宁地方法院刑庭为公开审理陈、彭案作准备。

3月6日

晚　审判长(高法院刑庭长)胡善称,推事张秉慈,书记官沈育仁、检察官丁毅四人由苏州抵达南京。

3月7日

晨　胡善称等一行四人赴江宁法院,接洽一切开庭手续,开设立临时办事处。为明了事实,决定先开调查庭,所聘律师不得出席。

3月8日

上海托派临委通过《目前形势与我们的任务》(油印小册子)。

3月10日

日日社记者访问审判长胡善称,询问陈案真相及审判日期等。

3月11日

高等法院刑庭长胡善称携推事六人来宁。

3月12日

晨八时　接陈、彭辩诉状。

上午十时　苏高法院通知地方14日开庭。

下午一时半　吴、彭、蒋、刘赴看守所探视陈独秀等。

3月14日

致灵均信(9)，告收到之书、药，托嘱潘兰珍捡出羊皮袍及驼绒被二件衣服的当票，以备赎取，讯问潘是有怨言。又告自传尚未动手，只要汪孟邹即时付印即可，别的条件都不重要。

3月15日

江苏省高法院呈文司法部，建议由胡善称代行陈独秀一案所有文件的审理。

3月17日

经高等法院审判长胡善称来京审查陈案证据，外文部分已译竣，即回苏。

3月29日

司法行政部同意苏高法院审判长胡善称代行陈独秀一案所有文件的审理。

3月30日

陈独秀案定4月14日在江宁地方法院公开审判。

国民党江苏高法院裁定延长陈独秀等羁押时间。

是月

陈东晓编《陈独秀评论》一书由北平东亚书局出版，书中共收国内各派评论26篇，附录收录陈独秀案起诉书。

本年春

刘半农《初期白话诗稿》由北平星云堂书店出版，收录陈独秀《丁巳除夕歌》手稿。

4月5日

致灵均信(10)，交代购书事宜、询问郑超麟等情况、托油印辩诉状及婉劝潘兰珍不必去看他。但潘还是时时前往照看，直至出狱。

4月6日

致灵均信(11)，托带信一封，交代来信。

是月

致灵均信(12)，询问、交代辩诉状的印发况情及报纸发表问题。

4月11日

庭长胡善称偕同推事张秉慈、林哲长，书记官沈育仁、丁毅暨，起诉陈独秀的检察官朱隽由苏来宁，住江宁地方法院。

4月12日

晨　吴之屏(全案十人律师)、彭望邺(陈独秀、彭述之等八人律师)联袂由沪抵宁，刘祖望律师(濮一凡律师)由苏州抵宁。

上午八时　吴之屏、彭望业两律师将陈独秀、彭述之刑事辩诉状送递审判长胡善称。胡善称在书记官丁毅、郭有松陪同下详加审阅。

上午十时　苏高法院通知江宁地方法院看守所陈独秀案定 14 日开庭，高院刑事庭长承审是案。

下午一时半　吴、彭、蒋、刘四律师赴看守所探望陈独秀等，谈约一小时。

4 月 13 日

章士钊律师(陈独秀、彭述之律师)昨晚乘车，今晨抵宁。

中午十二时　章、吴、彭、蒋、刘五律师至法院看守所与陈等交换出庭意见，谈约两小时。

4 月 14 日

上午九时　江苏高等法院假江宁地方法院法首次开庭，公开审讯陈彭等十人。

法院旁听席拥挤，先由检察官提起公诉，追述逮捕经过、起诉理由；然后传审陈独秀、彭述之、濮一凡、宋逢春，时至下午一时三十分。

4 月 15 日

上午九时五十五分　第二次开庭审讯，先核对陈、彭、濮一凡、王武(宋逢春)四人笔录，继审讯王子平、何阿芳、王兆群、郭竞豪、梁有光、王鉴堂六人。历时三小时有奇，至下午一时十五分结束。原定十八日再审，因被告律师要求，改期 20 日再审。

下午三时二十分　五律师乘车返沪。

4 月 18 日

蒋豪士、彭望业律师抵京。

4 月 19 日

下午　上海公安局和租界捕房证人戈而特、唐豹赴南京，二人曾直接参与抓捕陈独秀等人。

4 月 20 日

晨　　章士钊、刘祖望、吴之屏三律师抵京。

上午十时四十二分　第三次开审，至下午二时。下午四时开始，六时三十分结束。定 4 月 26 日宣判。

《大公报》刊登陈东晓编《陈独秀评论》广告。

4 月 21 日

章士钊夜车返沪。

《大公报》再次刊登陈东晓编《陈独秀评论》广告。

4 月 26 日

《中央日报》发表由该报社长程沧波执笔的社评：《今日中国之国家与政府——答陈独秀与章士钊》。

下午一时半　江苏高等法院开庭宣判：陈独秀、彭述之共同以文字未叛国自己宣传，各处有期徒刑13年，褫夺公权15年，陈彭不服，决定依法上诉。

记者访问由法庭退归看守所中的陈、彭。

4月27日

《中央日报》刊登陈独秀案判决书主文。

《大公报》发表社评：陈独秀等一案判决矣。

是月

上海托派临委因内部矛盾发生分裂。

蔡元培为《独秀文存》再版撰写"前言"。

5月4日

《申报》发表章士钊律师为陈独秀的辩护词。

陈独秀患阑尾炎，南京鼓楼医院派医治疗。

5月7日

《中央日报》发表由该报社长程苍波执笔社评：《再答章士钊——再论今日中国之国家与政府国民党》。

5月24日

《中央日报》刊登陈独秀案判决书全文。

5月28日

江苏高等法院判决书送达陈彭等十人，各人一分。陈彭不服，决意提起上诉。

是月

《大公报》、《益世报》、《法律评论》等纷纷刊登陈独秀案判决书全文。

亚东图书馆汪原放将江苏高法院审理理陈独秀案的文字材料（包括起诉、审判、辩论、判决）由章士钊编辑成书，名为《陈案书状汇录》，印行一千册散发。

陈独秀在狱中见此书后，对章士钊辩护词中为陈独秀开脱罪责而说陈独秀在国民党"清共而后"转化为托派等语十分不满，即进行删改。

一日汪原放来狱中探望，陈独秀即就此对汪说："行严真糟！你回去，马上告诉他，我再也不要他替我答辩了！你看罢！……这成什么话。"让汪把此批改本带回去，给章士钊看看。

6月13日

午饭后，胡适与段书贻、慰慈、仙槎至看守所看望陈独秀。

6月15日

陈独秀起草完《上诉状》。

6月16日

托律师蒋豪士携"上诉状"赴沪与章士钊律师研究后上交国民党南京政府最高法院。

致函杨杏佛，呈二份上诉状。一份呈杨、一份转呈蔡元培。

致函汪原放(1)，要求清理自己欠亚东图书馆的债务。

6月22日

江苏高等法院检察官作《上诉答辩书》，驳回陈独秀和彭述之上诉。

7月2日

江苏高等法院检察官向最高法院呈上诉答辩书，请驳回陈等上诉。

7月4日

陈等上诉被驳回通知书及答辩书六分已送至看守所。

7月7日

《再抗辩书》成。

8月1日

致函汪原放(2)，求购书报，告知服药情况，再次要求章士钊将"掎角"一段"删去"。信末请汪代购或向李季借一部英文的莫尔干著的《古代社会》。

8月9日

致函汪原放(3)，谈黄医生川资、旅费，嘱购日本改造社出版的莫尔干《古代社会》(上下卷)、《列宁的组织论》、《卢森堡致考茨基书信》、《论理与唯物史观《马克思主义方法论》等书。推荐孟博、刘仁静释译《马可波罗游记》，认为"此书在近代东方史(特别是小国)极有价值"，自己可尽力帮助考证其中很难译的人名、地名部分。建议由李季重译《古代社会》。

8月17日

致函汪原放(4)，告知收到的书和药，身体状况，谈论汪原放的婚事。

9月12日

致函汪原放(5、6、7)，托购何礼著的12本小册子(内容是主张共和政治的)、《中亚细亚游记》。又说日本出版的《文学杂志》、《满洲历史、地理》、《史林》三种刊物中多名著请托函购。建议亚东选择几种出版，因其有永久价值；亚东如真有意可为寻可靠而价贱的日文译手，并由他选编指导为之。

同日另一信中，告知服药、身体状况。

同日又一信中，请汪代售北大的《国学季刊》、清华的《国学丛刊》、罗振玉的《殷虚书契》。

9月22日

致信汪原放(8)，谈服药及身体状况。

9月23日

致罗家伦信(1)，为陈训丹请托谋大学教职。

9月29日

致函托派“临委”并代为起草《目前形势与反对派的任务》。

夏秋间一日

邓叔存(以蛰)在段锡朋(书贻)陪同下人前往江宁地方法院看守所狱中探望陈独秀。

10月2日

致信汪原放(9)，谈买书、售地、汪原放婚事及身体服药情况。因罗振玉的《殷虚书契》太贵，改买为托人借阅。

致罗家伦信(2)，询问章太炎弟子吴承仕情况，望与吴一谈。

10月5日

致函汪原放(10)，托觅英德及德英小字典、日本出的各国语独羽小丛书。(同上)

10月8日

撰写《几个争论的问题》。

10月10日

致函汪原放(11)，告收到赵健带来的书，又一信托购《廿五史》。

10月11日

致函汪原放(12)，索要英文的《世界地理新字典》等书。又一信中，谈偿还亚东债，及《独秀文存》重印问题、《字义类例》销售问题。

10月13日

在11日致汪原放信上加批语索要1930年由“无产者社”译编的托洛茨基关于中国革命问题的文集《中国革命问题》第一、二集，撰写自传及读书问题。

10月15日

致汪原放信(13)，托买药和书。

10月24日

致信汪原放信(15)，托购《古代社会》上下二册等。

10月25日

致胡适信(2)，托刚从美国出访回来的胡适为翻译《资本论》的李季谋一商务或庚子赔款翻译机关之职；希望商务能早日付印他的拼音文字书稿。

10月30日

夜半四点，四川大学教授吴虞作诗《寄陈独秀狱中》：早年谈易记儒生，意气翻惊

四海横。锢固应关国计，罪言犹足见神明。尽知大胆如王雅，何必高文似马卿。万古江河真不废，新书还望狱中成。（《吴虞日记》）

11 月 1 日

致蔡元培信，托为陈训廷寻一相当职业。

11 月 2 日

胡适致函陈独秀，告《资本论》翻译事及路过南京仓促未能前去探望。

11 月 8 日

将胡适信寄汪原放(16)转李季一阅。

11 月 15 日

致函汪原放(17)，对胡适过门不入深感气愤，表示与胡适绝交。

《大公报》文艺副刊第 16 期刊登邓叔存文章《癸酉行笥杂记》，谈高法院看守所拜访陈独秀。是唯一的第一手记事文。

是月

刘仁静致函陈独秀，批判陈主持托派常委期间的路线和 9 月 29 日起草的《日前形势和反对派的任务》。

任曙弃职他去，由陈其吕、赵济、蒋振东等人组成托派新临委。

11 月 19 日

以明信片致汪原放(18)，谈托购《经济学批判》、《工资、价格、利润》等书情况。

11 月 26 日

致汪原放信(19)，询问灵、羽、高一涵等情况，告知身体状况。

12 月 2 日

致汪原放信(20)，询问托王灵均取款事。

12 月 7 日

致汪原放信(21)告知身体、服药状况及《大美晚报》送达情况等。

12 月 9 日

致汪原放信(22)，谈《大美晚报》收阅情况等。

12 月 15 日

撰《对于区白两篇文章的批评》，批判彭述之对蒋介石的态度，是“以简单的倒蒋口号代替‘打倒国民党’”。

12 月 27 日

彭述之致函“临委”，谈他与陈独秀及尹宽、刘仁静等人分歧，并攻击陈独秀的观点是“机会主义”。

陈独秀撰文反驳彭述之的意见，称彭的《万言书》只是"一些老生常谈，背诵文件和一些不需要再说的废话"，"不值批评"。

致信汪原放(23)，谈文稿等事。

1934 年

1月5日

彭述之撰文《对雪衣(陈独秀)的政治意见的批评和答复》，批评陈独秀从右边来接受托派路线、成了国民会议狂等。①

1月7日

陈独秀撰文《国民会议与苏维埃》，驳斥彭述之。认为彭述之等把国民会议和苏维埃对立起来。彭述之"在苏维埃口号之下夺取政权"的公式是对托洛茨基不断革命论的背叛。②

1月16日

复函并撰文《我们走那条路》，批判刘仁静。③

1月27日

彭述之撰长文《评雪衣的"国民会议与苏维埃"》——再论十月革命的经验抨击陈独秀的《国民会议与苏维埃》④。

2月3日

刘仁静撰文《经济复兴与民主斗争——答雪衣》回击陈独秀。⑤

2月5日

刘仁静撰《评区白的政治意见》赞同陈独秀对彭述之"单纯倒蒋"观点的批评。⑥

2月8日

写《对宋庆龄集团的策略》，后在《校内生活》13期上发表。⑦

2月10日

陈独秀撰文《应该这样答复吗》指责彭述之只会"乱造谣言和乱抄革命文件"，避

---

① 唐宝林：《陈独秀年谱》，第450页。
② 同上。
③ 同上。
④ 同上。
⑤ 同上，第451页。
⑥ 同上。
⑦ 王光远：《陈独秀年谱》，重庆人民出版社1987年版，第333页。

而不提辩论的中心问题而“满纸的题外游词，这样的答复只是他自己表示没有争辩能力”。[①]

2月12日

《中央日报》报道陈独秀狱中生活情况。

4月6日

撰《读“列尔士评区白的政治意见”后》[②]。

4月10日

撰写《对政治草案和其他问题的意见》。

4月12日

托派临委宣委成员史朝生在格拉斯、刘仁静的支持下致函陈独秀批评陈被捕后的托派中央没及时组织讨论，统一思想，并召集全国代表大会，以至组织“几乎溃散”，“极无生气”。[③]

4月17日

史朝生致函陈其昌为首的托派“常委”，批评“对总的问题——特别是重要的政治问题，准备得太缓慢和太不充分，工作方式好像是个保姆或教授”；要求常委自身将各种重要的问题（包括陈独秀等新提出的）作一扼要的总的讨论和大致的决定。[④]

4月26日

江宁地方法院呈文江苏高法院，请示陈独秀案临时看守工饷在法收项下开支。

4月30日

在《校内生活》第八期上发表《对政治草案和其他问题的意见》。

是月

王森然《近代二十家评传》出版，其中的《陈独秀评传》约三万字影响深远。

5月12日

撰写《我对于几个问题的意见》，批判刘仁静、史朝生，主张以“打倒国民党、国民会议万岁”为基本路线。

5月15日

撰《给托派国际书记局的信》，反对斯大林迫害托洛茨基。

---

① 唐宝林：《陈独秀年谱》，第451页。
② 同上，第452页。
③ 同上。
④ 唐宝林：《陈独秀年谱》，第452页。

5月17日

撰文《肃清列尔士毒害无产阶级先锋队的思想》抨击刘仁静在《我们的任务》一文中的观点。

5月21日

江宁地方法院致函江苏高法院会计科，催办陈独秀案临时看守工饷开支。

5月28日

江苏高法院指令，同意陈独秀案临时看守工饷由法收项下开支。

6月1日

刘仁静撰文反驳陈独秀对“经济复兴”论的批判，指责陈独秀是“小资产阶级政客戴着反对派的假面具，极盼望无产阶级受到刺激走上革命以拥护他们取得政权”。

是月

托派北方区委负责人刘家良调上海，任护西区委书记，与史朝生、胡文华、王树本等人一路进行反对陈其昌为首的临委和陈独秀的斗争。

6月30日

国民党政府最高法院终审判决陈独秀、彭述之以文字为叛国之宣传，减处有期徒刑八年。所用文件书籍，均没收，其他上诉驳回。

7月7日

最高法院刑事第二庭书记科将判决书正本暨送达证书函送苏高法院。

7月21日

各报报道陈独秀案终审判决。

7月30日

判决书全文送达当事人。江宁地院复函 江苏省高等法院书记室

7月31日

陈独秀在《校内生活》第九期上发表《肃清列尔士毒害无产阶级先锋队的思想》。

8月3日

江宁地方法院缴还送达证书。

8月10日

国民党最高法院发布陈彭案判决书。

8月11、12日

《中央日报》全文刊载陈彭案判决书全文。

8月18日

致信汪原放信(24)谈付第四子哲民零杂用费。

5、8 月 19 日

江苏第一监狱向江苏高等法院呈报陈独秀监房修建费用及图样、估价单。

8 月 26 日

致汪原放信(25),告知寄信地址等。

8 月 28 日

上午九时,陈独秀、彭述之、濮一凡、王兆群、王武等一起五人,由江宁第一法院看守所移入江苏第一模范监狱即老虎桥监狱。

8 月 29 日

江苏高等法院向司法行政部呈报陈独秀监房图及估价单。

江苏高等法院苏向江苏第一监狱下达收悉陈独秀监房呈件的指令。

9 月 4 日

致函汪原放(26),谈文章出版等问题。

9 月 22 日

致函汪原放(27),告收到《独逸文法教程》,"极好,正合用",又要《世界地理新字典》。

9 月 27 日

致函汪原放(28),托吴静如转上宣纸一条,送交章士钊,"请其以最近诗作写一条幅,以便与朋友中能书者,各书一幅,合为一小屏,朝夕瞻对,以释消愁"。

10 月 4 日

江苏高等法院向江苏第一监狱下达陈独秀监房费用从该监正常费用内妥筹开支的训令。

10 月 10 日

致函汪原放(29),告"文稿已动手,题为《道家概论》"。

秋

潘兰珍按照陈独秀的旨意由沪迁居南京,住段锡朋家(傅厚岗 3 号)。从此,潘每日上午九时至下午五时到狱中照顾陈独秀的生活,并帮助吴静如做陈与上海托派临委的交通工作。

10 月 15 日

致函汪原放(30),要求代购《廿五史》预约券等。

11 月 3 日

致函汪原放(31),告托吴静如带上文稿一册转交章士钊。又告拟在两三年内的写书计划届《古代的中国》、《现代中国》、《道家概论》、《孔子与儒家》、《耶稣与基督教》、《我的回忆录》等事。

11月8日

致函汪原放(32),代购《玉函山房辑佚书》等。

11月25日

致函托派"临委",称:"只要有接近群众的机会,不但急进的小资产阶级之运动应该参加,即反动的资产阶级机关(如基督教青年会)亦应该参加。"①

11月26日

致函汪原放(33),询问《二十五史》出版时间等。

12月2日

尹宽致函陈独秀,抱怨五、六年来,反对派尚停滞在小团体的状况中,要求陈独秀舍弃那些以单个问题为中心的争论,以"抗日"、"反战"为中心,讨论托派目前的政治任务,扩大政治影响。②

12月3日

致信罗家伦(3)告知代借三书,已获一部,又欲借卫聚贤《古史研究》、胡适之《儒论》等。

12月7日

致函汪原放(34),询问亚东出书事宜。

是年初冬

章士钊为陈独秀撰写一条屏。

12月18日

为亚东图书馆年关需款周转事,致函拍烈武(文蔚),望设法借款。

12月24日

致信汪原放(35),询问书店加新资金、文稿、筹款等事。

12月28日

陈其昌致函陈独秀,汇报其与史朝生等人争论情况。③

是年

写赠朱灿枢联。

赋诗《金粉泪》五十六首,揭露、抨击国民党统治裁腐败无能,寡廉鲜耻、独裁卖国

---

① 唐宝林:《陈独秀年谱》,第456页。
② 同上,第457页。
③ 同上,第457页。

的，抒发自己的忧国爱民情怀。

1935年

1月2日

史朝生、刘家良等人背着陈其昌拟发《临委紧要通告》①，通知召开托派“上海代表会议”，并要求陈独秀、陈其昌、尹宽等人放弃与资产阶级或小资产阶级上层集团成立“反战”“倒蒋”等联合战线的主张。②

1月5日

复函陈其昌、史朝生，提出反驳意见。③

1月10日

写成《现局势与我们的政治任务议决案草案》。④

1月13日

托派“上海代表会议”举行（七人）。会议决定陈独秀等必须放弃“联合战线”主张，否则将开除出党；改“临委”为“中央委员会”（十人组成），刘家良等三人组成常委。⑤

致汪原放信(36)，询问托购书、药等事，谈书店经营及汪婚姻问题。

1月15日

陈其昌由沪来宁至狱中探访陈独秀。

致信陈其昌、史朝生、尹宽，抨击史朝生等人的做法，警告外国同志格拉斯（即李福仁）搞分裂运动国际要负责。⑥

1月19日

陈其昌发表《为目前组织纠纷事告全体同志书》。⑦

1月25日

刘家良、史朝生为首的托派中央给陈独秀一封长信，系统批判陈独秀四大机会主义错误。⑧

---

① 《校内生活》第13期，1935年2月8日出版。
② 唐宝林：《陈独秀年谱》，第460页。
③ 同上。
④⑤ 唐宝林：《陈独秀年谱》，第461页。
⑥ 同上。
⑦ 同上，第462页。
⑧ 唐宝林：《陈独秀年谱》，第462页。

1月28日

致汪原放信(37),关于《老子考略》稿等事。

是月

陈中凡即趁寒假回南京家中的机会,到监狱中探望,陈独秀录南宋谢枋得《叠山集》中《北行》一首相赠。

2月4日

托派"常委"发表通告《为撤销陈其昌商吉士(尹宽)党籍及要求其他同志表示最后态度事》,开除陈尹两人党籍,并要求陈独秀等人表态。①

2月5日

陈其昌撰文揭露格拉斯、史朝生、刘家良在"联合战线"问题上歪曲陈独秀、陈其昌、尹宽等人的真实意见。②

2月6日

江苏第一监狱就垫款修理陈独秀监房呈文江苏高法院。

2月11日

致函汪原放(38),要求校阅李季翻译的《马可波罗》并关心亚东的经济状况。

2月12日

江苏高法院就垫款修理陈独秀监房给江苏第一监狱典狱长钮传錡的指令。

江苏高法院就垫款修理陈独秀监房呈文司法部。

2月14日

此前收到由段书贻转来的胡适的信及陈的拼音文字稿,告知稿费已付、修改后"商务"即可出版、"商务"还要他的其他著作等。

复函胡适,望向王云五("商务出版社"总编)询明出版陈著作情况。

2月15日

司法行政部向江苏高法院下达催缴陈独秀监房修理垫款的训令。

2月18日

致函汪原放(39),为亚东改组事出主意。

2月25日

致函汪原放(40),告知哲民转学等事。

又致函汪原放(41),询问稿费事。

---

① 唐宝林:《陈独秀年谱》,第463页。

② 《全体起来,制止无理的分裂组织!!!》,唐宝林:《陈独秀年谱》,第463页。

2月26日

司法行政部向江苏高法院下达陈独秀监房修理费由预备费动支的指令。

3月5日

江苏高法院向江苏第一监狱下达司法行政部核准陈独秀监房修理可由预备费动支的训令。

3月8日

致函汪原放(42),谈关于亚东欠款等事。

3月16日

江苏第一监狱典狱长钮传锜关于保存皇城地租等情形及修理陈独秀监房动支留院法收呈文江苏高法院。

3月20日

江苏高等法院向江苏第一监狱下达关于专案保存之皇城地租及鱼塘租金情形并填具动支法收表的指令。

江苏高等法院就专案保存之皇城地租及鱼塘租金情形并填具动支法表呈文司法行政部。

4月3日

司法行政部向江苏高法院下达江苏第一监狱修理监房动支法收表已予注册的指令。

4月9日

江苏高等法院向江苏第一监狱下达修理陈独秀监房用款准予注册的训令。

是年春

董作宾至狱中拜访陈独秀,畅谈半日。

5月22日

此前国民党军统调查局向司法行政部报告第一监狱陈独秀等共犯之现状与活动之情状,司法行政部于22日函复军统调查局,令第一监狱设法制止,严于防范,并命令各该省高等法院转饬所属各监所对于此项人犯特别注意,严加戒护,如有疏忽情事,将该职员严惩在案。

5月28日

司法行政部向江苏高等法院下达严防第一监狱陈独秀等活动的训令。

6月13日

江苏第一监狱向江苏高等法院呈报严防第一监狱陈独秀等活动的情形。

7月22日

司法行政部向苏高等法院下达迅将陈独秀监房修理费措齐解部的训令。

7 月 27 日

江苏高法院向江苏第一监狱下达一星期内将监狱修理费径行解部的训令。

8 月 10 日

托洛茨基致信李福仁，信中对陈独秀予以肯定，说："他是一位具有国际声望的人物。现在狱中。他不仅仍然忠于革命，而且忠于我们这个特殊的派别。"

8 月 8—13 日

托洛茨基在挪威奥斯陆接见伊罗生，听取中国托派情况。托认为刘仁静夸大了不同意见，和陈独秀的分裂是不允许的，陈独秀"有更多的经验"，"他能贡献于我们许多好的意见……我们绝对需要留他在第四国际的总委员会中与我们合作"。①

9 月 4 日

尹宽撰文批评陈独秀起草的《现局势与我们的任务议决案草案》是"极端的右倾机会主义"，"中心思想是在以民主斗争反对无产阶级夺取政权的斗争"；"代表右派，即资产阶级的民主派"等。②

是年夏

陈独秀数次致函陈其昌等人，主张由陈其昌、赵济、王文元组成三人委员会整顿托派组织，并力阻再和格拉斯合作，并拒绝格拉斯到狱中拜会。③

是年秋

刘海粟从欧洲归来，前往狱中探望陈独秀。陈独秀为刘海粟题字"行无愧怍心常坦，身处艰难气若虹"。

10 月 18 日

陈独秀致罗家伦信(4)日　谈陈训丹至中大任教职事。

11 月 15 日

尹宽、蒋振东等致函陈独秀，谈重组"第四国际中国支部"临委问题，批评陈其昌挟陈独秀"以自重"，"算旧账"。④

11 月 17 日

为"中国国共产主义同盟(布尔什维克——列宁派)临时委员会"起草《开除刘仁静党籍启事》，次年修改后，改名《中国共产主义同盟为开除刘仁静党费通告》发表在

---

① 唐宝林：《陈独秀年谱》，第 464 页。

② 同上，第 465 页。

③ 同上。

④ 同上。

托派机关报上。①

11月18日

尹宽、蒋振东、王文元等八人发表《为成立第四国际中国支部(布尔什维克列宁派)临时委员会的建议》,影射陈独秀和刘仁静的观点。

是月

刘海粟从黄山写生归来,前来看望陈独秀,呈《古松图》,陈为《古松图》题字。

12月

上海托派代表会议召开选出陈其昌、尹宽、蒋振东、王文元、格拉斯为临时中央委员会。陈独秀对与格拉斯的合作表示谅解。

1936年

2月7日

致蔡元培信,请蔡致函上海警备司令部允许关押在国民党中央陆军监狱的郑超麟、何之瑜保释就医。

2月10日

上海托派组织中分化出一派,以"印刷工人工军、绸厂工人钟仪"等人签名发表《中国共产主义同盟(布尔什维克列宁派)筹备宣言》。指责1927年以后陈独秀所领导的左派共产党实际上是"立宪党"(即他们所唯一崇拜的"召集国民会议")和"马克思主义学会"。他们要把这些"挂羊头、卖狗肉"的东西打为粉碎。②

3月10日

以"孔甲"为笔名,在《火花》第三卷第一期发表《无产阶级与民主主义》。

5月6日

受茅盾之托,汪原放到南京约陈独秀写《中国的一日》中的《五月二十一日》征文。

5月28日

汪原放将陈独秀写好的《五月二十一日》寄生活书店徐伯昕转交茅盾。

春夏间

陈独秀就托派分子黎彩莲去世,致函赵济,表示哀悼。③

---

① 陈独秀手稿及《斗争》第24期(1936年12月15日出版)。

② 唐宝林:《陈独秀年谱》,第468页。

③ 《双山回忆录》,第278页。

某日

得知陈其昌6月3日以陈中山化名写信给与鲁迅，鲁迅6月9日公开回信，激烈抨击托派，后，大发脾气，责问托派“临委”为什么对鲁迅发生幻想。①

7月1日

《我们在时局中的任务》(笔名乾儿)完稿。

7月22日

为《我们在时局中的任务》补充新内容。

9月

茅盾主编的《中国一日》出版，陈独秀写的《五月二十一日》收入其中。②

9月17日

撰写《紧要声明》，申明托派对军阀的一贯立场。

9月25日

在《火花》第三卷第三期上发表《紧要声明》、《特别声明》。《特别声明》声明陈其昌致信鲁迅为私人行为，指称鲁迅对托派的抨击是污蔑和诽谤。

在《火花》第三卷第三期以孔甲为名发表《关于民主主义的几点根本思想》一文，阐述十点根本思想。但其他人不同意他的观点，王文元写了一篇反对文章，同期刊出。

10月13日

致信罗家伦(5)，为借书事。

10月25日

《救国时报》以《鲁迅给托派的信》为题刊登鲁迅给陈其昌的复函(此复函直至胡风出狱后的上世纪八十年代才澄清非鲁迅所写，而系雪峰(O. V)代笔的名义写成)。

10月30日

致信罗家伦(6)，为借书事。

12月12日

西安事变发生。

陈独秀听到蒋介石被扣消息，十分后激动，以酒祭奠被杀害的延年、乔年，痛哭失声。濮德志等人一起举杯痛饮。③

---

① 《双山回忆录》，第207页。

② 此文影射攻击共产国际和中共提出的反法西斯统一战线策略，参见原文。

③ 濮清泉：《我所知道的陈独秀》。

12月15日

撰写开除刘仁静托派党籍通告。

12月26日

蒋介石被放回南京,南京放了一夜爆竹。陈独秀等被惊醒,到第二天才知道是蒋介石回到了南京,感到惘然。①

是年

自撰遣兴联。

1936年或1937年

汪孟邹将陈独秀1934年写的《金粉泪五十六首》从狱中带出。②

在狱中完成以下文字学著作(手稿),

甲戌随笔

卷一,甲戌随笔

卷二,音韵文字杂志

卷三,古史资料。

古音阴阳入互用例表及其他

一、古音阴阳入互用例麦

二、中国古代语音有复声母说

三、连语类编

四、荀子韵表及考释

五、屈宋韵表及考释

六、晋吕静韵集目

七、广韵东冬钟江中之古韵考

八、中国古史表

实庵字说及其他

实庵字说

识字初阶

干支为字母说

老子考略

---

① 濮清泉:《我所知道的陈独秀》。

② 汪原放:《亚东图书馆与陈独秀》,学林出版社2006年版,第176页。

1937 年

1 月 14 日

陈独秀致罗家伦信(7),告知《栾城集》已用毕,求《古史研究》等书。

1 月 16 日

在《东方杂志》(第 34 卷第 2 号)上发表《荀子韵表及考释》。

3 月 1 日

在《东方杂志》第 34 卷第 5 号上发表《实庵字说》(一)。

3 月 16 日

在《东方杂志》第 34 卷第 6 号上发表《实庵字说》(二)。

4 月 1 日

在《东方杂志》第 34 卷第 7 号上发表《实庵字说》(三),除文字学研究外,还从文字学角度,对当时国内"中国社会史问题论战"中多数托派主张中国没有奴隶社会,中国是"由亚细亚生产制而入封建社会"的观点进行了论证。

4 月 24 日

延安《解放》杂志创刊号发表文章《肃清托洛茨基主义——日寇侵略的别动队》,指托陈派为"中国民族解放之死敌,是日寇侵华之别动队"。

5 月 3 日

毛泽东在《中国共产党在抗日时期的任务》中指出"陈独秀尾巴主义的复活是不能容许的"。

5 月 16 日

在《东方杂志》第 34 卷第 10 号上发表《实庵字说》(四)。

5 月 30 日

《救国时报》报道陈独秀领取日方"冰敬"。

6 月 1 日

在《东方杂志》第 34 卷第 11 号上发表《老子考略》。

初夏

陈独秀为潘玉良白描画题字。

潘玉良在上海举办画展。

6 月 12 日

《中央日报》以《潘玉良画展巡礼白描速写冶中西画理于一炉陈独秀在狱中题字大加赞赏》为题报道陈独秀为潘玉良画画题字。

6月29日

汪原放要去北平,受汪孟邹之托,过南京时到狱中探望陈独秀。是日,两人叙谈一天。汪求赐小屏,陈独写秀写了《古诗十九首》中"冉冉孤生伶"一首和"天才贡献于社会考甚大,而社会每迫害天才。成功愈缓愈少者,天才愈大,此人类进步之所以为蚁行而非龙飞"两屏。①

7月1日

在《东方杂志》第34第13号上发表《实庵字说》(五)。

7月8日

致函《宇宙风》主编陶亢德,答复陶托汪孟邹约他写《自传》的问题。②

某日

段锡朋邀蒋梦麟和杨亮功到监狱看望陈独秀。闲谈中,陈表示:"我现在虽然是有期徒刑,实际上是无期徒刑。我现在年事已高,那能等期满出狱呢?现在我真不愿出去,哪有像这个地方清静安适。"段问他是否需要冬季衣服,他笑着论:"我先后收到送我的皮袍有十四件之多,正苦无法遣送呢。"③

7月16—20日

撰写《实庵自传》。④

7月24日

致信蔡元培,请托设法释放被关在中央陆军监狱的郑超麟。

7月30日

致函陶亢德,告两章自传写就,"第一章拟为'没有父亲的孩子',第二军拟为'由选学妖孽到康梁派'"。

8月中旬

将写就的两章《实庵自传》寄上海《宇宙风》杂志。

8月11日

托洛茨基在墨西哥考约奥冈寓所,与中国托派临委成员格拉斯(中文名李福仁)谈话。指示中国托派"尽可能注意秘密",如果斯大林与蒋介石签订盟约,为防他们杀

① 汪原放:《亚东图书馆与陈独秀》,学林出版社2006年版,第197页。

② 《宇宙风》(乙刊)第四期,《作家书简(三)》1939年4月16日出版。

③ 杨亮功:《早期三十年的教学生活》,台湾《传记文学》1980年版,第18—19页。

④ 陈独秀在四川江津时,将此文章稿赠与台静农,并在稿末注明:"此稿写于一九三七年七月十六至廿,五日中,时居南京第一监狱,敌机日夜轰炸,写此遣闷,兹赠静农兄以为纪念,一九四〇年五月五日独秀识于江津。"见陈独秀《台静农先生珍藏书札(一)》,台北市"中央研究院"中国文史哲研究所筹备处1996年编印,第368页。

死陈独秀，要发起护陈运动。

8月中旬

日机轰炸南京，陈独秀监房屋顶坍倒，陈幸卧桌底无恙。陈钟凡与胡适、张柏苓等商量联名保释。国民党政府示意本人具悔过书。陈独秀宁愿炸死在狱中，无过可悔。

8月15日

撰写《武装保卫上海！发动全面抗战！》，号召工人、兵士及一切劳苦民众们组织抗日团体，武装抗日。

8月19日

汪精卫复函胡适：已商蒋介石转司法院设法开释陈独秀。

8月21日

国民党司法院院长居正呈文国民政府主席林森，提议将陈独秀原处8年有期徒刑减为3年。

当日，国民政府向司法院下达陈独秀有期徒刑减为3年的"指令"。

当日，司法院向司法行政部下达陈独秀有期徒刑减为3年，及因时局紧迫，可将陈独秀先行开释的"训令"。

8月22日

《中央日报》、《申报》等报刊刊登陈独秀减刑消息。

当日，濮德治、罗世璠见《中央日报》刊登陈独秀减刑有"爱国情殷，深自忏悔"，建议陈独秀对"深自忏悔"四字声明更正。陈未发表声明，回避新闻记者。①

当日

致函陶亢德，告两章自传中有两处增减，并告"日内即可出去。此间小报乱造谣言，请转告一切朋友勿信"。

8月23日

晨　司法行政部训令南京模范监狱遵办陈独秀出狱手续。

上午　陈独秀办妥出狱手续，故旧十余人前来探望。

下午二时　陈独秀奉令出狱，由潘兰珍、陈松年、陈中凡等接出。

前往接待的国民党中统局处长丁默村，提议住国民党中央党部招待所，遭陈独秀拒绝。

入住原北大学生、时任国民党中央研究院总干事、语言研究所所长、中央大学教

---

① 参见濮清泉《我所知道的陈独秀》。

授傅斯年家。

《大公报》发表短评:《陈独秀减刑》,谓“我们欢迎这位老斗士出狱,为他的祖国努力”。①

8月25日

写《书面谈话》寄上海《申报》编辑部,声明“我本无罪,悔悟失其对象”,《申报》未予发表。

8月下旬

罗汉到南京,拜访八路军办事处叶剑英、李克农,请求帮助营救狱中陈独秀等托派分子。②

8月29日

郑超麟出狱,与夫人刘静贞(化名吴静如)在陈独秀处住宿一夜。二人就抗战问题发生争执。

第二天郑去安徽乡下养病,从此二人再未见面。③

月底

因傅斯年家附近被炸,旋与潘兰珍一起移居原北大学生,时任金陵女子大学理学院院长陈钟凡云南路阴阳营23号的家。

陈独秀托人向国民党中统局负责人打听王文元的下落。④

9月上旬

陈独秀两次拜见叶剑英和博古⑤,谋求与中共中央合作抗日,未达成一致。

8月底至9月上旬

住陈钟凡家半月。其间,各方人士前来慰问、探望。有送赙仪的,一概不受,唯北大同学和旧友的略受少许。周佛海、陶希圣常请吃饭、参加他们“低调座谈会”,陈始终无表示。⑥

胡适、周佛海等人请陈独秀参加“国防参议会”,陈拒绝此说:“将介石杀了我许多同志。还杀了我两个儿子,我和他不共戴天。现在大敌当前,国共二次合作,既然国家需要他合作抗日,我不反对他就是了。”⑦

---

① 唐宝林:《陈独秀年谱》,第479页。但查大公报,无此条内容。
② 同上。
③ 同上。
④ 唐宝林:《陈独秀年谱》,第479页。
⑤ 叶剑英等三人给《新华日报》的信(1938年3月20日)。
⑥ 陈钟凡:《陈仲甫先生印象记》。
⑦ 包惠僧:《我所知道的陈独秀》。

后来蒋介石让国民党中央秘书长、教育部长朱家骅拉拢陈独秀，要他组织一个“新共党”，许以供给十万元经费和国民参政会五个名额，甚至请陈出任劳动部长，皆遭拒绝。

胡适传话，美国一家图书公司，请陈独秀去美国写自传，陈表示不去，说他生活很简单，不用去美国，也厌烦见生人。①

陈钟凡感动于陈独秀的坚贞不屈，赠诗一首，陈独秀率笔和诗一首。

一日，在中英协会，与胡适、傅斯年晤谈，傅对人类前途悲观，陈独秀则坚定乐观。傅对胡适说：“我真佩服仲甫先生，我们比他年纪轻，还没他精神旺，他现在还是乐观。”②

9 月 8 日

写信给汪孟邹，告知明日赴武汉。③

9 月 9 日

由南京乘轮船赴武汉。④

9 月 14 日

抵达汉口，暂寓旅社，两日后移居武昌双柏庙后街 26 号。⑤

是年

陈独秀撰联赠望江吴幼卿。

是年

陈独秀撰联赠南京薛太生。

是年

陈独秀撰联赠安徽周溪璇。

---

① 唐宝林：《陈独秀年谱》，第 481 页。

② 陈独秀：《我们断然有效》，任建树主编：《陈独秀著作选编》第五卷，上海人民出版社 2010 年版，第 249 页。

③ 陈独秀致耕野(汪孟邹)的信，任建树主编：《陈独秀著作选编》第五卷，第162 页。

④ 同上。

⑤ 同上。

附录

陈独秀被捕史实的几点考证

伍玲玲

1. 吴铁城三封密电考

当年陈独秀在上海被捕后,国民党上海市市长吴铁城曾经用密电的形式向南京行政院报告逮捕陈独秀等人的情况。显然,吴铁城的密电是了解陈独秀当年如何被捕及国民党态度的一个重要史料,因而往往被一些著述收录或引用。如强重华等人编撰的《陈独秀被捕资料汇编》(河南人民出版社 1982 年版)就把吴铁城向南京行政院报告陈独秀等十一人业已引渡归案的密电全文收录其中。唐宝林、林茂生的《陈独秀年谱》(上海人民出版社 1988 年版)在脚注中也引用了吴铁城致南京行政院密电的有关内容。

由于《陈独秀年谱》在引用吴铁城电报时未标明电报的具体时间和主题,只是称"当时国民党上海市市长吴铁城致南京政府密电",一般读者很容易把《陈独秀年谱》中所引用的吴铁城电报与《陈独秀被捕资料汇编》中收录的吴铁城电报看成是同一封电报。但细心的读者如果将两书对照起来看到话,就会发现他们所引用的是两封不同的电报,因《陈独秀年谱》中所引用的电报文句"共犯谢少珊称甘愿自首,并可将共党首领陈独秀拘捕到案"和"按谢供地址将陈捕获"在《陈独秀被捕资料汇编》中收录的吴铁城电报全文中是没有的。

可见在陈独秀等人被捕问题上吴铁城向南京政府发的密电不止一封。那么到底有几封呢?

2005 年中国文史出版社出版的袁亚忠的《陈独秀的最后 15 年》可以说给了这个问题一个回答。袁亚忠在书中说到吴铁城的密电时写道:"当时国民党上海市市长吴铁城给南京政府的两个密电中,是这样说的:陈独秀被捕的第三天,即 17 日的电报称‘……共党首领陈独秀在沪活动，前经与租界当局特别交涉，协同捕房侦查月余，于兹咸日在虹口破获共党常委会议机关捕获共党谢少珊等五人，按谢供地址将陈独秀捕获。’在19日的代电，讲得更为详细‘……据共犯谢少珊称甘愿自首，并可将共党首领陈独秀拘捕到案等语，即于当日下午七时带同该犯至岳州路永兴里十一号楼上，将共党首领陈独秀拘获……。’”袁在书中还说：“10月17日，陈独秀一行被押到江苏省高等法院第二法院开庭受理……会审后，法院将情况报告了上海市长吴铁城。吴铁城对如何处置陈独秀不敢擅自作主，18日用快电报告了南京政府行政院，他不知道陈独秀已被中共中央开除党籍，仍称之为‘共党重要分子’。”

由此看来，在陈独秀等人被捕问题上，吴铁城向南京行政院至少发过三封电报，而且是17、18、19三日各一封。那么实际情况又是如何呢？

我们在编撰本书时搜集到了这三封电报，现照录如下（为了指称方便，分别编为1、2、3号）：

1号电报：上海

限即刻到

南京行政院钧鉴：

团秘共党首领陈独秀在沪活动，前经与租界当局特别交涉，协同捕房侦查月余，于兹咸日在虹口破获共党常委会议机关捕获共党谢少珊等五人，按谢供地址将陈独秀捕获。铣日又在塘山路破获该党印刷机关，抄出文件甚多，缉获共党王之平、何阿方二名。续在福履理路又破获机关一处，拿获共党王剑肠？（问号原有——笔者）一名，现正交涉陈独秀等一干人即日引渡，并按熊文任供词搜捕余党归案法办，谨先电陈。上海市市长吴铁城叩篆印。（电文原无标点，此系笔者所加，下同）

2号电报：南京行政院钧鉴：关于破获共党机关及拿获共党首领陈独秀等一案，已于篆日电呈在案，兹谨将经过详情撮要报告如下：案据市公安局报告称，前奉钧谕共党首领陈独秀在沪甚为活动，着即与租界捕房秘商缉捕毋延等因，遵经严密侦查并将侦查情形报告在案。咸日据密报，虹口有恒路春阳里二百十号楼上设有共党机关，为共党常委会议之所。当函特区法院签发搜捕证，于删日下午二时会同公共租界工部局政治部及虹口捕房中西探员前往查抄，当场捕获共党中常委会秘书谢少珊及中常委王武、王兆群、张次南、濮一凡、王武等五名，并抄获反动文件二皮箱、一小藤箱、一网篮。据共犯谢少珊称甘愿自首，并可将共党首领陈独秀拘捕到案等语，即于当日下午七时带同该犯至岳州路永兴里十一号楼上，将共党首领陈独秀拘获，当场抄获反动文件甚多。复据共犯濮一凡供出圣母院路高福里三二二号住所，即于当日下十九时带同该犯前往，抄获反动文件一藤箱，并拘获嫌疑犯王晓春一名。继据谢少珊称有同党梁有光匿居新闸路东斯文路一零四四号，即于铣日晨一时按址，将梁拘获，抄出反动文件甚多，又于反动文件中发现反动机关地址，即于当日下午七时在唐山路业广里三三五号，捕获共党王子平、何阿方二名，当场抄获油印机及大批反动文件。于同日下午十二时在福履理路四五六弄二二号拘获王鉴堂，当场抄获反动文件数种。是役共拘获陈独秀、谢少珊、王武、王兆群、张次南、濮一凡、王晓春、梁有光、王子平、何阿方、王剑堂等十一人，连同所有反动证物由捕房押解高等第二分院，现正交涉引渡归案法办等情谨以转呈茯乞鉴察。上海市市长吴铁城叩篆未印。

3. 上海

限一小时到。

南京政院钧鉴：团密陈独秀、谢少山、王武、王兆群、张次南、濮一凡、王春、梁有光、王之平、何阿方、王剑堂十一人业经引渡归案。查王武即宋逢春，王兆群即罗世凡，张次南即彭述之，与陈独秀、濮一凡皆系共党中央常委，俱属共党重要分子，除饬公安局严慎各别管押候命讯办外，谨电奉陈。上海市市长吴铁城叩篆戌二印。

如果将上述三书所引与这三封电报相对照，都可以在电报中找到相应的文句。所以，从目前所见的史料来看，吴铁城就陈独秀等人逮捕一事向南京行政院发的密电确实有三封，说得准确一点，应该至少有三封。

问题是这三封电报的时间先后是怎样的，哪封在前，哪封在后？对此，《陈独秀被捕资料汇编》和《陈独秀年谱》都没有说明，似乎也不必说明，因为他们在书中都只引用了一封电报，无所谓先后。而袁亚忠的书中是作了交代的，即 17、18、19 日各一封，先后也就不言自明。问题是事实果真如袁亚忠书中所说的那样吗？我们在编辑《陈独秀在南京狱中资料汇编》时，对电文原稿复印件进行了探究，下面是我们对这三封电报的观点和看法，敬请各位专家不吝赐教。

一、关于电报的成文时间。一般来说，要确定这三封电报的时间先后，只要看这三封电报的成文时间就可以了。按照通常的惯例，电报的成文时间，是以电报的发出时间为准，而不是以电报到达的时间或归档的时间为准。电报的发出时间一般签署在电文的落款栏。但在这三封电报的落款栏看不到常见的日期签署，只是在“上海市市长吴铁城叩”后面都一有个“篆”字。其实，这个“篆”字就是这三封电报的发出日期。那么“篆”是个什么日期呢？这就要说到中国历史上的一种电报纪日法：“韵目代日法”了。

什么是“韵目代日法”？一说在清朝开通电报之初，发送电报十分昂贵，按字论价，字字是金。为了节约用字，于是发明了一种新的纪日办法，即用传统音韵学中《韵目表》的韵目来代替日期。也有一说认为以韵目代日是因为韵目这些字不易被人篡改。《韵目表》共有106个韵目，分为三十组，分别代阴历的三十天。具体用法是一月前面十五天用的是韵目上平声的全部，然后是中间十天用韵目上声的十个，最后五天用韵目去声的五个，具体见下表：

韵目代日表①

日期	韵目					日期	韵母			替代
	上平声	下平声	上声	去声	入声		上声	去声	入声	
1日	东	先	董	送	屋	16	铣	谏	叶	
2日	冬	萧	肿	宋	沃	17日	筿	霰	洽	
3日	江	肴	讲	绛	觉	18日	巧	啸		
4日	支	豪	纸	寘	质	19日	晧	效		
5日	微	歌	尾	未	物	20日	哿	号		
6日	鱼	麻	语	御	月	21日	马	个		
7日	虞	阳	麌	遇	曷	22日	养	祃		
8日	齐	庚	荠	霁	黠	23日	梗	漾		
9日	佳	青	蟹	泰	屑	24日	迥	敬		
10日	灰	蒸	贿	卦	药	25日	有	径		
11日	真	尤	轸	队	陌	26日	寝	宥		
12日	文	侵	吻	震	锡	27日	感	沁		
13日	元	覃	阮	问	职	28日	俭	勘		
14日	寒	盐	旱	愿	缉	29日	豏	艳		
15日	删	咸	潸	翰	合	30日		陷		卅②
						31日				世、引③

从《韵目代日表》，我们可以清楚地看到“筿”字所代表的是17日。三封电报的日期都是“筿”日，也就是说都是17日。所以吴铁城的密电不是17、18、19三日各一封，而是17日一日三封。强重华等人编撰的《陈独秀被捕资料汇编》在收录吴铁城的密电时，注明电文的成文时间为“一九三二年十月十八日”，显然是不对的。

二、关于同日（17日）三封电报的时间先后问题。上面我们虽然论证了三封电报同是17日发出的，但并没有解决三封电报的时间先后问题。然而仅凭日期是分不出

① 见 http://www.baidu.com，韵目代日——维基百科。

② 据《韵目表》，30日应用“陷”字，但“陷”字对军队不吉利，改用“卅”字。

③ 阴历没有31日。后来使用公历，公历的31日便没有韵目可用，于是又添了原《韵目表》中没有的“世”和“引”，代表三十一日。“世”是卅一的合写；“引”象征阿拉伯数字“31”。

先后的。好在其中有两封电报的时间不仅签署到日期,还签署到“时辰”。“时辰”是中国古代的计时单位,一昼夜 24 小时分为 12 个时辰,用十二地支命名。一个时辰相当于现在的两小时。我们可以看到 2 号电报在代表 17 日的篆字后有一个“未”字,3 号电报在代表 17 日的篆字后面有一个“戌”字。“未”即未时,为下午 1 点到 3 点;“戌”即戌时,为晚上 7 点到 9 点。所以 2 号电报在先,3 号电报在后,一目了然。

三、从电报的内容辨先后。上面已经从时辰上分辨出 2 号电报先于 3 号电报,可是 1 号电报只签署到日期,没有签署到时辰,那 1 号电报与 2 号、3 号电报的先后关系如何来确定呢?我们可以从电报的内容来进行分辨。国民党的这次大肆逮捕活动从 15 日下午二时(一说三时)开始,一直持续至 16 日午夜,先后共捕获陈独秀等十一人。但从 1 号电报的内容来看,只提及九人,其中一人的姓名还不确定,打了问号;电报中没有报告逮捕的确切人数,只说“陈独秀等一干人”;电报中提到的“熊任文”,在以后整个案子中再也未出现过。这说明在该电报发出时,情况尚不完全清楚。而且电文在简要陈述了逮捕情况后有“谨先电陈”一句,此句的言外之意不难推测,想来无非是“详情待后”之类。再看 2 号电报,其开头即说:“关于破获共党机关及拿获共党首领陈独秀等一案,已于篆日电呈在案,兹谨将经过详情撮要报告如下”,很显然,2 号不是 17 日的第一封电报,而是一封继简要报告后的详情的电报。相对 1 号电报说,2 号电报不仅内容详细,而且对被捕人员的姓名、人数已完全搞清楚,电报中说“是役共拘获陈独秀、谢少珊、王武、王兆群、张次南、濮一凡、王晓春、梁有光、王子平、何阿方、王剑堂等十一人”。所以从电报内容上来看显然是 1 号电报在先,2 号电报在后。这样,1 号电报早于 2 号电报,2 号电报又早于 3 号电报,三封电报的先后顺序就出来了,这就是 1 号电报最早,2 号电报第二,3 号电报是最后的。再者,三封电报都提到了陈独秀等人的引渡归案问题,1 号电报说“正交涉将陈独秀等一干人犯即日引渡”,2 号电报说:“现正交涉引渡归案办法”,引渡问题钧正在交涉中。而 3 号电报则说:“陈独秀、谢少珊、王武、王兆群、张次南、濮一凡、王晓春、梁有光、王子平、何阿方、王剑堂等十一人业经引渡归案”,是已经引渡归案,进一步说明 3 号电报在三封电报中时间是最后的。

四、为什么会有三封电报为 17、18、19 日各一封一说?我们分析认为很可能是将电报封页上的时间误认为是发文时间了,因为这三封已成档案的电报都有两个时间,一个是里面电文中落款处签署的时间,另一个是外面封页上签署的时间。三电报封页上的时间 1 号电报为 17 日、2 号电报为 19 日、3 号电报为 18 日。为什么会有两个签署时间?这是因为公务电报尤其是密电,是当时国民政府的重要文书,从发文、收文到归档都有严格的程序,时间签署就是其中的一个重要程序。一份公务文书从发文、收文到归档往往有多个签署时间。以当时国民政府司法院为例，一份公文在时间签署栏有就有十项之多，分别为收文时间、交办时间、拟稿时间、核签时间、判行时间、缮写时间、校对时间、盖印时间、封发时间和收文发文相距时间。虽然在实际行文时，这十项时间不一定每份公文都会填写，会简化，但一般不会只有一个时间。这三封电报就有里外两个时间。问题是外面封页上签署的时间到底是什么时间，并没有注明（可能是收文或归档时间，一般应为收文时间），这样当现代人不了解旧时的公文格式时，在时间判断上便容易出错。

不过，当《陈独秀的最后 15 年》一书把电报封页的收文时间误作电报发出时间时，在 1 号电报上还看不出有问题，因为 1 号电报发文的时间与封页上的收文时间是一个时间，同为 17 日。但当用同样的方法来对待 2 号 3 号电报时，就有问题了，本是 17 日的 2 号电报成了 19 日电报，本是 17 日的 3 号电报成了 18 日电报，不仅日期不对，先后顺序也颠倒了。

那为什么 2 号电报的发文时间早于 3 号电报，但 2 号电报封页上的收文时间会迟于 3 号电报呢？这是因为 3 号电报是一封限时电报，明确标明“限一小时到”，电文很快就会传到南京。而 2 号电报则是一封快邮代电①。快邮代电严格讲，不是电报，只是行文格式与电报相同，发文不用代码，直接用汉字，用邮寄方式发送，邮局收到即发，有点类似于今天的特快专递。由于当时电报按字论价，费用昂贵，因此在处理篇幅较长、紧急程度介于电报和一般公文之间的文件时，就会采用快邮代电的方式②。2 号电报就是一封这样的快邮代电，所以虽然发文的时间早于 3 号电报，但由于是邮寄的，到达时间较慢，到南京的时间会迟于 3 号电报。

2. 王震南乎？王振南乎？

陈独秀 1932 年 10 月 15 日晚上在海被捕后，于 19 日十一时由夜车押往南京。20 日清晨抵达下关车站，随即被用两辆大汽车押解进城。先押到国民党中央党部（现湖南路 10 号），卸下在上海搜出的八大箱文件书籍，略加审问，即用军车转到位于羊皮巷 18 号军法司看守所暂押。26 日上午，又由羊皮巷看守所移押至位于娃娃桥的江宁地方法院看守所。此间陈独秀关押在羊皮巷看守所的时间有一周。此看守所为国民政府军政部军法司所设。有这样一位轰动全国的大案案主、大名鼎鼎的陈独秀关押在此，作为羊皮巷看守所直接主管部门的负责人——军法司司长，可谓责任重

① 其封页上注明是“代电”，代电是快邮代电的简称。
② 见 http：//www. baidu. com：《明初贴“快信票签条”的“快邮代电”红条公文封》。

大,"公务"繁忙。在这一周的时间里,这位军法司长于 20 日上午到看守所办理接收手续、将陈彭安置在看守所的两间禁闭室内;下午又前往看守所视察,解决陈彭的衣服床褥日常用品等问题;当晚十一时,再次前往看守所察看陈彭状况。25 日接受《中央日报》记者采访,披露陈独秀彭述之在看守所内情况;下午三点,应部长何应钦之召,偕陈独秀至军政部会客厅,接受何应钦亲对陈独秀的审讯,事毕又偕陈返回军法司。26 日,奉令于上午十时派人将陈、彭二人押送至江宁地方法院看守所;会晤记者,大谈陈独秀等拘押军法司及移解江宁地方法院看守所的经过。在此期间,这位司长,还两度审讯了陈独秀。

那么这段时间这位与陈独秀过从甚密的军法司长是谁呢?当时 10 月 21 日的《大公报》报道说:"陈独秀、彭述之等二十晨由沪公安局派警押送到京,中央组织(委)会派员迎提入城,交军政部军法司收管,陈立夫已派定张冲等会同军法司长王震南审讯。"可见军法司长叫"王震南"。可是在同天《益世报》的报道中则说:"黄(凯)递军法司长王振南一手条,文为:此奉命押送重要共党陈独秀、彭述之二犯,请贵司收押……。"称军法司长为"王振南。而此后报纸的报道则多称"王振南"。如 10 月 26 日、27 日《中央日报》的报道,10 月 26 日《申报》的报道,10 月 27 日《晨报》的报道、10 月 27 日《大公报》等的报道,都称"军法司长王振南"。然而到了 10 月 30 日,《晨报》则在报道中则又采用了"军法司长王震南"的说法。11 月 9 日《晶报》的报道中也取此说。于是就有了两个问题:一、当时的军法司长到底是叫王震南呢还是叫王振南?二、王震南与王振南是一个人呢还是两个人呢?

而从后来人们的研究来看,对此人们都采取了"军法司长王振南"一说。如唐宝林、林茂生的《陈独秀年谱》、任建树的《陈独秀传》、朱洪的《陈独秀风雨人生》、袁亚忠的《陈独秀的最后十五年》等。但从本人在编撰《陈独秀在南京狱中资料汇编》时所接触到的资料来看,当时的这位军法司长应是王震南而非王振南。

从本人所接触到的资料来看,王震南,生于 1892 年 9 月 15 日,族名良汉,别字子沛。一说学生时代和从政后用过王汉杰和王子沛等名。浙江奉化人,蒋介石的表弟。毕业于浙江省立法政学堂。1924 年到广州,跟随蒋介石,先后任黄埔军校政治部军法处军法官,国民革命军总司令部军法处少将军法官,陆海空军总司令部少将军法官等职。南京政府成立后,成立军政部军法司,王震南先任军法司副司长,1930 年 1 月任军政部陆军署军法司司长。1936 年 7 月授陆军少将。1948 年秋,离开上海,到香港九龙居住。1951 年到台湾,辞去公职,不问政事,直到 1963 年在台北去世。

而王振南,也是浙江人,不过是浙江绍兴人。1927 年曾在北京任"京师审判厅"刑庭推事(当时对法官的称呼)。1930 年 3 月—1935 年 1 月在上海任江苏高等法院第二分院首席检察官。据本人查阅的上海市第一中级人民法院王振南判决书，王振南在解放前的35年中，直接迫害的共产党员和非党革命志士有案可查的达一百八十人之多，被杀害的有三十四人，其中包括李大钊、左联五烈士、龙华24烈士等。解放后，王振南隐瞒事实，匿居上海。后于1955年12月被逮捕。1957年12月13日上海市第一中级人民法院，举行有六百五十人参加的公开审判，依法判处王振南死刑。

所以，从目前所见到的资料来看，王震南未使用过"王振南"作自己的姓名字号，王振南也未使用过"王震南"作自己的姓名字号，王震南与王振南应是两个人。而在王振南的任职生涯中，未担任过军法司司长一职，所以在陈独秀暂押军法司时，那位与陈独秀过从甚密的军法司长应是王震南。

也许由于两人都是浙江人，名字仅一字之差，又都在政法系统任职，在新闻报道中容易搞混淆，可以理解。但更有甚者硬是把两个人说成是一个人，这就不对了。如有一篇题为《"骨朽人间骂未消"——杀害李大钊的刽子手的下场》(见《中国共产党新闻网》)的文章，认为王振南不仅在北京杀害了李大钊等烈士，在上海杀害了龙华24烈士，还在南京杀害了恽代英烈士。说"王振南手持恽代英在武汉中央军事政治学校(即黄埔军校)任教官时的照片，亲赴'中央军人监狱'指认恽代英，许以高官厚禄，劝诱恽代英背叛革命，受到严词痛斥，王振南向蒋介石报告后，蒋介石当即下达了杀害恽代英的手令。29日，恽代英在刑场上大义凛然，高唱国际悲歌，怒斥蒋介石走袁世凯的老路"，"临场监斩的王振南见状，暴跳如雷，急令开枪，又欠下了人民一笔血债。"似乎张冠李戴了。理由是，一、本人调阅了当时上海市第一中级人民法院的王振南判决书，判决书上所罗列的王振南罪状中并没有杀害恽代英或与恽代英遇害有关系的内容。如果确有其事，不可能不列入。二、从关于描述恽代英牺牲经过的诸多文章来看，细节虽有不同，但恽代英被捕，初未被认出身份，周恩来、瞿秋白等人在狱外积极营救，后顾顺章被捕叛变，出卖了恽代英；蒋介石得知后大喜过望，令表弟、军法司司长王震南到狱中核对，认出恽代英；王震南奉令劝降，遭到拒绝；蒋介石闻讯后，亲自下令，立即就地处决；第二天中午，恽代英即被枪杀的过程是一致的。三，从推理来看，恽代英所在的南京中央军人监狱，直属国民党军政部军法司管辖。监狱长先后由崔景新及蒋介石的表弟、军法司司长王震南兼任，而此时的王振南为地处上海的江苏高等法院第二分院首席检察官，不可能插手军法司的事，所以把恽代英遇害的事，归记到王振南头上，把王震南、王振南混为一谈是不恰当的。

3. 关于陈独秀军政部题词

陈独秀1932年10月15日晚上在海被捕，19日十一时由夜车押往南京。20日清晨抵达下关车站，先押到国民党中央党部，略加审讯后，即被用军车转到位于羊皮巷18号军法司看守所暂押，直至26日上午。25日下午3时，时任军政部部长的何应钦将陈独秀提至军政部会客室，面询中国共产党在湘鄂等省活动情形及陈独秀与之之关系。军政部一些青年军人久慕陈独秀大名，向陈索取墨宝，以资留念。那陈独秀写了几幅字、内容又是什么呢？长期以来，人们沿用了1932年11月9日《晶报》一篇署名为白门的报道《陈独秀军政部挥毫》的说法。该文说：

"陈独秀自解京后，初押于军政部军法司，继遂移送江宁地方法院。上月二十五日，军政部何敬之①部长，特提陈氏于军部，询其主持托罗〔洛〕斯〔茨〕基派及中国共产党情形，军法司司长，王震南伴之同来。先于会客室中，有军部诸职员皆欲一靓陈氏之颜色，但见其双颊苍白，意志亦殊颓唐，有某君出纸数幅，请其作数字以为纪念。陈欣然写数纸，其第一纸，即书'三军可夺帅，匹夫不可夺志也'，十二字，（如铜版）。尚有一纸曰：'先天下之忧而忧，后天下之乐而乐'，更有一纸则用岳飞句曰'莫等闲，白了少年头'，后与何氏谈半小时而去。"并展示了"三军可夺帅，匹夫不可夺志也"的手迹。

在新资料没有被发现前，这是关于陈独秀军政部题词的最早最详细的报道，所以大家都认为，陈独秀在军政部的题词即是上述三条。

但也有人对此提出了质疑。2012年2月任建树的《陈独秀大传》出版。书中任建树根据1935年1月7日陈独秀给高语罕妻子王灵均信中对题词情况的描述，对题词仅有三幅一说提出了质疑。陈独秀在给王灵均的信中是这样描述的："《晶报》所影印的，大约是我在军部所写，弟②在军部受何应钦半谈话、半审问后，许多青年军人纷纷持笔墨数寸长之小纸条，索书纪念，情意殷殷（充满同情心，毫无敌视表示）。令人欣感，四面包围（长官不能禁制〔止〕），弟真应接不暇，幸而墨尽，才得解围。"③任建树质疑说："据1932年11月9日《晶报》载：陈欣然书数纸。其第一纸即书'三军可夺帅，匹夫不可夺志也'，十二字，（如铜版）。尚有一纸曰：'先天下之忧而忧，后天下之乐而乐'，更有一纸则用岳飞句曰'莫等闲，白了少年头'。"当然还会有第四第五纸，总不至于三个人能形成'包围'，写三纸而'墨尽'罢，那些未经披露的墨宝现在已很难寻觅了。"④

当时读任建树书，只觉得任先生质疑得有道理，并未对发现第四第五纸抱有希

① 何敬之：何应钦之字。
② 陈独秀自称。
③ 见《陈独秀著作选编》第五卷，上海人民出版社2009年版，第48页。
④ 见任建树：《陈独秀大传》，上海人民出版社2012年版，第406页。

望。前不久笔者搜寻到的一条新的资料，正印证了任先生的质疑。这条资料是刊登在1932年《新生》杂志第1卷第2期，第42页上署名为五郎的一篇报道，题目是《共产党领袖狱中真笔》。这篇报道是这样写的："共产党托而斯基派中国领袖狱陈独秀，自沪上捕获解京后，即押于军政部军法司，有不日将移送法院审讯之说。本月面询其主持托而〔洛〕斯〔茨〕基派中国共产党情形之时，有好奇者请其书字，以见其志。陈氏扶病，连挥五张。一为'三军可夺帅，匹夫不可夺志也。'二为'先天下之忧而忧，后天下之乐而乐。'三为'莫等闲白了少年头。'四为'梦中夺得松亭关。'五为'双鬓向人无再青。'等句，统观上面四十八个字中，倒有三个'夺'字，于此可见陈氏迄无悔悟之心。兹觅得第一张，特制版刊载于上，以飨读者。"闻陈氏曾为共党毁家财数十万，二子皆殉党，今年逾半百，两鬓苍白，抱病囹圄，大有英雄临暮之感。误入歧途，不为国用，深可叹息！二一、一〇、二八于南京。"

这篇写于民国二十一年十月二十八日，即1936年10月28日的报道不仅告诉我们陈独秀确实写了第四第五纸，还告知了第四第五纸的内容，印证了任先生的推测。但由于当时只刊载了第一纸手迹，其余四纸的手迹就很难寻觅了，不能不说是一大遗憾。

编后记

中华民族向以尊重、爱护和记录真史为传统。但在当今史学危机存在的现实之下，能看真史料是一种享受和幸福。多少代中国学者都为之不懈奋斗。我们有幸生在廿世纪，迈入廿一世纪，又能从许多创造祖国灿烂文化的前辈手中接下编真史的接力棒，前后近十年的苦苦搜索，终于将陈独秀先生在南京近五年的牢狱生活的历史资料汇编成册。应当说这个过程本身是在创造新文化。

本书自 2003 年 7 月 14 日最初稿目录拟出，2005 年秋南京大学历史学系董国强教授的三位硕士生就开始协助翻阅旧报刊，伍玲玲教授的两位硕士生、一位博士生则泛查民国刊物，广泛搜寻史料。至 2008 年 12 月 9 日第八稿目录出笼，当年就被中共江苏省委宣传部列入专项社科基金 08－MLD007 号，批准立项并资助 1.6 万元项目费。本书也就正式进入编撰。迄今仅目录业经补充达 34 稿之多。反复征集、补充与修改，耗时费日，殚精竭虑，唯恐遗漏。接着上北京、下上海、赴滁州，到南京图书馆、北京图书馆、第二历史档案馆、上海市图书馆、上海市档案馆、江苏省档案馆、南京大学图书馆和南京市江宁区档案馆、上海市徐家汇藏书楼等处搜集、觅取资料，历经八年翻检报刊杂志前后达 114 种之多，然后锁定以《中央日报》、《申报》、《世界日报》、《益世报》、《大公报》等五种为主要录入报刊，兼及《救国时报》、《红旗周报》、《时事新报》等报刊，逐步发展而转向征集小报，如当时的《晶报》(民国时期四大小报之一)。由于长春靳树鹏先生慷慨相送《涛声》第 31 期的一页(郑超麟先生生前赠予靳的复印件)。我们再以此线索向北京图书馆和北大图书馆求助，取得第 31 和 28 期上曹聚仁为陈独秀案写给国民党蔡元培等三名中央委员的营救信。北京图书馆特藏部为南京大学图书馆提供了该刊珍本，这解决了编者久困的难题，取得了馆际互助的新成果。

感谢兄弟图书馆的大力支持!

本资料集编撰思想强调三个方面:一力求资料全,二注释观点新颖,三研究型。所以我们从中文到英文报(如上海《密勒氏译论报》、《中国论坛》、《大美晚报》),逐步查录,终于有现在这书里的许多新资料呈现于读者。

这里必须感谢日本国庆应义塾大学长堀祐造教授的鼎力相助,查到本书现有的当年日本国三份报纸上对陈独秀被捕的报道;感谢孙江教授从东京东洋文库里找出《中国论坛》上当年对陈独秀被判13年徒刑的报道。感谢上海徐家汇藏书楼提供了《密勒氏译论报》及《大美晚报》(英文报),找到了相应的珍贵史料和图片。对二老即滁州市政协时年104岁的陆立之老(大革命时期见过陈独秀先生,由陈亲自发展的上海第一个工人党员、中共三大的中央委员徐梅坤1925年介绍入党的五卅运动积极分子)和时年95岁的叶尚志老(1937年入党,原中共上海市委组织部常务副部长),以高龄之躯,抱砥犊之心写的前言和高质量的文章,留下了老前辈们对陈独秀先生的无比深情的怀念和崇敬。特致衷心的谢忱!遗憾的是二老均于2014年谢世,陆老的文章未能录入,拟另编《名家笔下的陈独秀》一书采用,特致歉!

资料收集是件十分艰苦的事,因为国内对托派问题的资料至今尚未全部开放。幸有香港马克思主义研究促进会林致良先生无私地提供了他从荷兰社会科学院取得的《火花》及《无产者》杂志大部分文章的复印本,直接促成此书及《陈独秀轶文选》的两项成果。呈现在本书中的有关陈独秀在狱中的文章即由此而来。林先生还多次不断地提供一批档案资料的复印件。唐宝林先生早在20世纪90年代中期,为奚金芳编制《一代伟人陈独秀先生》幻灯片,提供了一批图片资料,使本书能在图文并茂方面有所增色。从这个意义上说,这部书也是国内外、境内外陈独秀研究者们的合力之作。此情此义令人铭感终身。

编者对及时而准确地翻译出英文原件的南京大学历史学系副主任计秋枫教授;协助打印全书的南京大学图书馆馆长助理任亚肃同志等表示由衷的感谢和无比的敬意!是他们自2008年本课题确定至今无私的协助,才得以完成书稿。

尤其难能可贵的是南京大学已故的新闻学院裴显生(1933—2011)教授,每当编者遇到陈独秀先生手迹中难以辨认的字向他请教时,他就请问南大海外教育学院周同科教授(文字学家),并与南大中文系博士生导师王继志教授一起切磋琢磨,往往为识别陈先生的行草书信中的一个字而上下反复地研究辨认。此情此景,令编者对南大像裴显生教授和已故的吴永坤(1937—2008)教授们的学风严谨、一丝不苟的精神肃然起敬！从这个意义说，此书的成果也是集体性成果；也包括对 20 世纪 70 年代末引领主编奚金芳进入陈独秀研究队伍的北大国际政治系向青（1927—2000）教授最好的纪念！他为陈独秀研究所作的开创性贡献，编者和学界永远铭记。是北大、南大的优良学风成就了编者编出本书。

正是周同科教授在本书中提供了对陈独秀《实庵字说》这一文字学名篇最新而准确的六次校对稿，为我国的文字学界和陈独秀研究提供了一篇代表作。此文勘正了原《东方杂志》连载中的许多讹误，益显陈独秀原著的光辉。由于原先几稿为简体字版，到四校经任建树先生指点，一定要用繁体字校勘，否则搞不清，也看不出字源的历史演变规律。这样从第五稿起改为繁体字，走了一些弯路，周同科先生始终字字辨校，查原文，圈标点，毫不倦怠，其情其景，感人至深！循此继进，我们深信周校版《实庵字说》单行本将是指日可待的，敬请读者耐心等待。

旅美学人罗久芳副研究员把她的《五四飞鸿——罗家伦珍藏书札》一书中未用的陈独秀给她父亲的信（1935 年 10 月 18 日）给予本书首次发表，并对校对相关信件发表了写作年份的高见，使本书增添了新内容。这为我国史学界又抢救出一份珍贵文献。特向提供此件的长春文艺出版社该书责任编辑高艳华同志表示感谢。我们由衷地感谢大庆高等专科学校阿城分校林修明教授对这批信的发表年代的认真考证，对他的负责和钻研精神表示十分钦佩！

美国威斯康辛州麦迪逊市埃奇伍德学院（Edgewood College）历史系华裔旅美学者陈锦骅副教授，于麻省理工学院伊罗生的档案中发现的当年共产国际远东局给中共地下党的一个关于救援陈独秀问题的指示文件的草稿，并及时翻译成中文提供本书，更为本书增色，谨此一并向远在异国的同仁们致谢！

北京大学历史学系 88 岁的史料学泰斗、中国史料学会名誉会长张注洪教授以年迈之躯，领同主编一起进入北京大学图书馆寻觅外文资料的身影，令人永远铭记，肃然起敬，张老师，您辛苦了，谢谢您一贯的支持与关爱！

为表达对陈独秀先生的崇敬之情，三次旅美又三次旅德成功举办个人画展的江苏教育学院美术系曹英义教授（退休），以如篆之笔专为本书画了《月竹图》，以作本书扉页，为本书大大增色。其情真意切令人钦佩！特致谢忱。

特别感谢陈独秀外孙、上海市劳动模范吴孟明先生为本书题写的书名。

衷心感谢上海人民出版社编辑对本书的特别关注和帮助！他们的付出才是本书出版的最大保证。长期来，以该社审读部主任陆宗寅为首，由该部孙瑜、毕胜、周峥三任副编审，加该室鲍静同志无私持续的支持等，无不体现出我国人文科学尤其是出版界同仁们身上体现出来的历史责任感。我们深感敬佩，并向上海人民出版社同仁深深致谢。

我们殷切期待开放利用原托派档案，能提供全部原始案卷以校对和补充本书，以供我国两岸及国外同行学者们利用研究，早日结束“写历史只写一半”的状况。反观中国、亚洲的历史，乃至世界近代史上，陈独秀先生已经是代表现代化和革命家的一个光辉符号，是学者们研究的热点之一（自北京纪念五四运动六十周年学术研讨会开始重新研究陈独秀至今，中国已经热了36年）。这一要求如能实现，当是编者及广大读者之幸，学术之幸，陈独秀先生之幸！当然也是写一部科学的中共党史、中国近代史之急需！

感谢南京大学政府管理学院、原南大人文科研处处长王明生教授给予的支持，他指导本书应有3万字左右的《导读》等宝贵意见。编者才循此前进，不懈努力而终于成书。他在任时给本书批的经费，正由继任者王月清处长落实了出版补贴和零用伍仟元（出差等费用自筹）。我们终身铭感的是，在缺乏编研经费的时候，是远在美国的两位南大同仁支持本书5 000元人民币。前中共江苏省委老秘书长、80年代任中共江苏省委党史办公室主任叶胥昌老同志慷慨捐助10 000元经费，解燃眉之急。这些均足以告慰历史和先贤陈独秀先生说：我们大家已经尽力了，给南京大学110—112周年校庆献了一份厚礼。

特别要感谢的是两位主编的家人黄宗华、华嘉先生在电脑技术和照片资料拍摄、查询注释等诸多方面七年来一以贯之、不厌其烦的帮助。本书没有他们两人的力挺是不可能完成书稿的。

对以客观、公正、求真态度审阅本书稿，并提出极其宝贵而忠肯的五个方面36条修改意见的中央党史研究室教学科研部的专家领导们，我们由衷地致以学者的敬意！

由于主编者（奚金芳）年迈有病，精力不济，加上水平所限，本书还有众多不足与缺漏。还因我们二人担负了原江苏省历史学会陈独秀研究分会（2004—2010）繁重的会务工作，故本书迟迟未完成。

敬请专家学者和广大读者对本书提出宝贵批评与意见，当然更欢迎提供本书未有的史料，以便再版时补充之。

本书原已收集并编就第十部分《名家学者笔下的陈独秀在南京狱中》近20万字，因故抽出，拟另行组稿申请出版之，特向作者和读者致歉！

对以各种形式帮助，关心，支持本书的同志和同仁，一并致谢！

陈独秀先生地下有知，当含笑于九泉。有道是高风亮节震寰宇，铁骨铮铮民族魂。

仅以此书献给陈独秀先生逝世70周年！陈先生主持的中共二大召开90周年！

更是陈先生第四次在上海被捕80周年！南京大学校庆110—112周年！陈独秀先生诞生135周年(1879—2014)！

编 者

2011年12月29日

2012年3月28日再修改于南大

2014年1月13日终校

2015年12月终稿

2015年12月7日六校终稿

图书在版编目(CIP)数据

陈独秀南京狱中资料汇编/奚金芳,伍玲玲主编.
—上海:上海人民出版社,2016
ISBN 978-7-208-12872-9

Ⅰ.①陈... Ⅱ.①奚...②伍... Ⅲ.①陈独秀(1800～1942)-生平事迹 Ⅳ.①K827=6

中国版本图书馆CIP数据核字(2015)第052425号

责任编辑 鲍 静
封面设计 范昊如

陈独秀南京狱中资料汇编
奚金芳 伍玲玲 主编

出 版 上海人民出版社
(200001 上海福建中路193号)
发 行 上海人民出版社发行中心
印 刷 常熟市新骅印刷有限公司印刷
开 本 720×1000 1/16
印 张 54
插 页 12
字 数 945,000
版 次 2016年4月第1版
印 次 2019年11月第2次印刷
ISBN 978-7-208-12872-9/K·2330
定 价 328.00元(全二册)